BSF सीमा सुरक्षा बल

ASI (Steno) & हेड कॉन्सटेबल

मिनिस्ट्रिअल (in CAPFs)

वॉरण्ट ऑफिसर हवलदार

(in Assam Rifles)

भर्ती परीक्षा 2024

लेखक

संजीव दीक्षित, सुशील सिंह,
प्रदीप श्रीवास्तव, श्वेता भार्गव

arihant
SUCCESS AND NOTHING LESS

arihant
SUCCESS AND NOTHING LESS

अरिहन्त पब्लिकेशन्स (इण्डिया) लिमिटेड

卐 **रजि. कार्यालय**
'रामछाया' 4577/15, अग्रवाल रोड, दरियागंज, नई दिल्ली- 110002
फोन: 011-47630600, 43518550

卐 **मुख्य कार्यालय**
कालिन्दी, टी.पी. नगर, मेरठ (यूपी)– 250002
फोन: 0121-7156203, 7156204

卐 **शाखा कार्यालय**
आगरा, अहमदाबाद, बरेली, बेंगलुरु, चेन्नई, दिल्ली, गुवाहाटी, हैदराबाद, जयपुर, झाँसी, कोलकाता, लखनऊ, नागपुर तथा पुणे

卐 **मूल्य** ₹ 285.00

PO No : TXT-XX-XXXXXXX-X-XX

PUBLISHED BY ARIHANT PUBLICATIONS (INDIA) LTD.

'अरिहन्त' की पुस्तकों के बारे में अधिक जानकारी के लिए हमारी वेबसाइट **www.arihantbooks.com** पर लॉग इन करें या **info@arihantbooks.com** पर सम्पर्क करें।

Follow us on...

विषय-सूची

Syllabus

DETAILED ADVERTISEMENT FOR DIRECT RECRUITMENT OF ASSISTANT SUB INSPECTOR (STENOGRAPHER/COMBATANT STENOGRAPHER) & HEAD CONSTABLE (MINISTERIAL/COMBATANT MINISTERIAL) IN CENTRAL ARMED POLICE FORCES (CAPFS) AND WARRANT OFFICER (PERSONAL ASSISTANT) & HAVILDAR (CLERK) IN ASSAM RIFLE EXAMINATION - 2024

Start date of submission of online application form	09.06.2024 at 00.01 AM
Last date and time for receipt of online applications form and online fee payment	08.07.2024 at 23.59 PM

"GOVERNMENT STRIVES TO HAVE A WORKFORCE WHICH REFLECTS GENDER BALANCE AND WOMEN CANDIDATES ARE ENCOURAGED TO APPLY"

Scheme of Examination:

The examination will consist of Physical Standard Test (PST), Physical Efficiency Test (PET), Computer Base Test (CBT), Skill Test, Documents Verification and Medical Examination (DME/RME). All these stages of examination are mandatory. The examination will be conducted in three phases as per follows:-

(a) 1st Phase : Physical Standards Test (PST) & Physical Efficiency Test (PET)

(b) 2nd Phase : Computer Base Test (CBT

(c) 3rd Phase : Skill Test, Documents Verification and Medical examination (DME/RME)

Computer Based Test (CBT) (2nd Phase):

Outsourced firm will conduct Computer Based Test (CBT) for all candidates to be qualified in Physical Standard Test (PST) and Physical Efficiency Test (PET). Computer Base Test will consist of one paper with 100 objective type multiple choice questions. It should be attempted in 01 hour and 40 minutes.

Part	Subject	No. of Questions/Maximum Marks	Time Duration & Marks
(a)	Hindi/English Language (optional)	20/20	01 Hour and 40 Minutes/100 Marks
(b)	General Intelligence	20/20	
(c)	Numerical Aptitude	20/20	
(d)	Clerical Aptitude	20/20	
(e)	Computer Knowledge	20/20	

1. Question Paper will be se in Hindi and English only.
2. Date & Centre of CBT will be informed to candidates via e-admit card (to be downloaded from BSF website), SMS & Email.
3. **Indicative syllabus for Computer Base Test:**
4. **For English Language only**

   This will include spot the error, fill in the blanks, synonyms/homonyms, antonyms, spellings/detecting miss-spelt words, idioms & phrases, one word substitution, improvement of sentences, active/passive voice of verbs, conversion into direct/indirect narration, shuffling of sentence parts, shuffling of sentences in a passage, close passage, comprehension passage and miscellaneous.

Or

केवल हिन्दी भाषा के लिए

इसमें 1. हिन्दी भाषा की सामान्य जानकारी, 2. हिन्दी व्याकरण का मौलिक ज्ञान, हिन्दी वर्णमाला, तद्भव–तत्सम्, प्रयायवाची विलोम, अनेकार्थक, वाक्यांशों के स्थान पर एक शब्द समरूपी भिन्नार्थक शब्द, अशुद्ध वाक्यों को शुद्ध करना, लिंग, वचन, कारक, सर्वनाम, विशेषण, क्रिया, काल, वाच्य, अव्यय, उपसर्ग, प्रत्यय सन्धि समास, विराम–चिह, मुहावरे एवं लोकोक्तियाँ, रस, छन्द, अलंकार आदि, 3. अपठितबोध, 4. प्रसिद्ध कवि, लेखक एवं उनकी प्रसिद्ध कवि, लेखक एवं उनकी प्रसिद्ध रचनाएँ, 5. हिन्दी भाषा में पुरस्कार, 6. विविध इत्यादि शामिल होगा।

General Intelligence:

It will include questions of both verbal and non-verbal type, questions on semantic analogy, symbolic operations, symbolic/number analogy, trends, figural analogy, space orientation, semantic classification, venn diagrams, symbolic/number classification, drawing inferences, figural classification, punched hole/pattern (folding & unfolding), semantic series, figural pattern (folding & completion), number series, embedded figures, figural series, critical thinking, problem solving, emotional intelligence, word building, social intelligence, coding & de-coding, other sub topics, if any numerical operations & miscellaneous intelligence tests.

Numerical Aptitude:

It will include number system, fundamental arithmetical operations, algebra, geometry, mensuration, trigonometry, statistical charts & miscellaneous.

Clerical Aptitude:

It will include alphabetic filing, attention to detail, data checking, comparison ability, spelling checking, errors spotting and other miscellaneous issues to aptitude of clerk.

Computer Knowledge:

It will include basic computer fundamentals, history & future of computers, operating system and basic of windows computer abbreviation, Microsoft office (MS Word & Excel), shot keys, computer communication & internet and miscellaneous.

करेण्ट अफेयर्स

राष्ट्रीय

☐ भारतीय शान्ति सैनिक को 2023 संयुक्त राष्ट्र सैन्य जेण्डर अधिवक्ता पुरस्कार

29 मई, 2024 को कांगो लोकतान्त्रिक गणराज्य (DRC) में भारतीय शान्ति सैनिक मेजर राधिका सेन ने वर्ष 2023 का प्रतिष्ठित 'संयुक्त राष्ट्र जेण्डर एडवोकेट ऑफ द ईयर' पुरस्कार जीता।

यह पुरस्कार उन्हें संयुक्त राष्ट्र शान्ति अभियान मोनूस्को में जेण्डर-संवेदनशील परियोजनाओं में उनकी उत्कृष्ट सेवा व सक्रिय भागीदारी के कारण प्रदान किया गया।

☐ भारत में 18वीं लोकसभा चुनाव, 2024 परिणाम

भारत में 18वीं लोकसभा के लिए 7 चरणों में (19 अप्रैल से 1 जून, 2024 तक) चुनाव कराए गए, जिसके परिणाम 4 जून, 2024 को जारी किए गए।

इसके अन्तर्गत 543 सीटों पर नेशनल डेमोक्रेटिव एलायन्स (NDA) ने 292 सीटों के साथ बहुमत हासिल किया, जबकि इण्डियन नेशनल डेवलपमेण्ट इन्क्लूसिव एलायन्स (INDIA) ने 234 सीटों पर जीत दर्ज की। इसके अतिरिक्त 18 सीटें अन्य पार्टियों को मिली।

☐ भारत वर्ष 2025 में 81वीं IATA की वार्षिक बैठक की मेजबानी

वर्ष 2025 में भारत 81वीं अन्तर्राष्ट्रीय वायु परिवहन संघ (IATA) की वार्षिक बैठक की मेजबानी करेगा।

इस बैठक का आयोजन वर्ष 2025 में नई दिल्ली में किया जाएगा। इस बैठक में भारत की अग्रणी एयरलाइन इण्डिगो, एजीएम व एयर इण्डिया इस सम्मेलन के लिए मेजबान एयरलाइन के रूप में कार्य करेगी।

ध्यातव्य है कि भारत तीसरी बार (वर्ष 1958 व वर्ष 1983 में) इस वार्षिक शिखर सम्मेलन की मेजबानी करेगा।

☐ भारतीय प्रधानमन्त्री द्वारा 'एक पेड़ माँ के नाम' अभियान का शुभारम्भ

5 जून, 2024 को विश्व पर्यावरण दिवस के अवसर पर भारतीय प्रधानमन्त्री नरेन्द्र मोदी द्वारा 'एक पेड़ माँ के नाम' नामक अभियान की शुरुआत की गई।

इस अभियान के तहत उन्होंने दिल्ली के 'बुद्ध जयन्ती पार्क' में पीपल के पेड़ का पौधा लगाया।

इस अभियान के माध्यम से उन्होंने सभी नागरिकों से पेड़ लगाने का आह्वान किया तथा मातृ प्रकृति की रक्षा करने व स्वस्थ जीवन शैली अपनाने के लिए सभी को जागरुक किया।

ध्यातव्य है कि विश्व पर्यावरण दिवस, 2024 की थीम- 'भूमि पुनर्स्थापन, मरुस्थलीकरण व सूखा लचीलापन' रही।

☐ 6.80 लाख मोबाइल कनेक्शन अवैध घोषित

दूरसंचार विभाग ने 23 मई, 2024 को लगभग 6.80 लाख मोबाइल कनेक्शनों को अवैध और धोखाधड़ी वाला घोषित कर दिया।

एजेन्सी द्वारा ऑपरेटरों को इन चिह्नित मोबाइल नम्बरों को फिर से सत्यापित करने का निर्देश दिया गया है।

सभी दूरसंचार सेवा प्रदाताओं के लिए यह आवश्यक है कि वे 60 दिनों के भीतर पहचान किए गए कनेक्शनों की पुनः जाँच करें।

इसमें कहा गया है कि यदि दोबारा सत्यापन पूरा नहीं हुआ, तो प्रभावित मोबाइल नम्बर काट दिए जाएँगे।

☐ NHPC को 'द इकोनॉमिक टाइम्स HR वर्ल्ड फ्यूचर रेडी ऑर्गेनाइजेशन' द्वारा सम्मानित किया गया

भारत की अग्रणी जलविद्युत कम्पनी, NHPC को 23 मई, 2024 को सम्मानित 'द इकोनॉमिक टाइम्स HR वर्ल्ड फ्यूचर रेडी ऑर्गेनाइजेशन अवॉर्ड 2024-25' प्राप्त हुआ।

कर्मचारियों के कौशल बढ़ाने और 'पर्यावरण, सामाजिक एवं शासन' (ESG) कार्यों के लिए NHPC की तत्परता की स्वीकृति में कम्पनी को पुरस्कार से सम्मानित किया गया।

इसकी व्यापक कॉर्पोरेट प्रशासन विधियाँ, चल रही तकनीकी प्रगति, कर्मचारी जुड़ाव कार्यक्रम तथा विविधता, समानता और समावेशन (DEI) प्रयास सभी अपने सभी हितधारकों के मध्य एक विश्वसनीय ब्राण्ड के रूप में अपनी प्रतिष्ठा में योगदान करते हैं।

☐ आतंकवाद निरोध पर भारत–ब्रिटेन संयुक्त कार्य समूह की 16वीं बैठक

नई दिल्ली में 22 मई, 2024 को आतंकवाद निरोध पर भारत-ब्रिटेन संयुक्त कार्य समूह की 16वीं बैठक हुई।

चर्चा के दौरान दोनों देशों के आतंकवाद विरोधी सहयोग जारी रखने पर चर्चा की गई।

दोनों देशों ने आतंकवाद से व्यापक और लगातार लड़ने के लिए वैश्विक सहयोग बढ़ाने की आवश्यकता पर बल दिया।

दोनों पक्षों ने अन्तर्राष्ट्रीय स्तर पर स्वीकृत आतंकवादी संगठनों और लोगों द्वारा उत्पन्न खतरों के साथ-साथ अपने-अपने सम्बन्धित देशों और क्षेत्रों के अन्तर्गत चरमपन्थियों और आतंकवादियों द्वारा उत्पन्न खतरों के आकलन का आदान-प्रदान किया।

☐ CCI का 15वाँ स्थापना दिवस

भारतीय प्रतिस्पर्द्धा आयोग (CCI) ने 20 मई, 2024 को नई दिल्ली में अपना 15वाँ स्थापना दिवस मनाया।

भारत के अटॉर्नी जनरल आर वेंकटरमणी ने इस बात पर बल दिया कि डिजिटल मार्केटप्लेस में बढ़ती प्रवृत्ति विश्व स्तर पर सभी प्रतिस्पर्द्धा नियामकों के लिए एक चुनौती है। डेटा और गोपनीयता ने तत्काल प्रतियोगिता बहस में अधिक संकर्षण प्राप्त किया है।

उन्होंने डेटा सुरक्षा नियमों के महत्त्व और गोपनीयता के मौलिक अधिकार के मध्य सम्बन्ध पर बल दिया।

इसके अतिरिक्त, वेंकटरमणी ने मानवीय प्राथमिकताओं को समझने में व्यावहारिक अर्थशास्त्र के मूल्य पर बल दिया।

☐ भारत में जिम्मेदार व्यवसाय आचरण कार्यशाला

भारत सरकार के कॉर्पोरेट मामलों के मन्त्रालय (MCA) के सहयोग से UNDP द्वारा भारत में जिम्मेदार व्यवसाय आचरण पर एक अन्तर-मन्त्रालयी कार्यशाला 20 मई, 2024 को नई दिल्ली में आयोजित की गई।

कार्यशाला का लक्ष्य विभिन्न मन्त्रालयों की नीतियों का मानचित्रण करना था, जो जिम्मेदार व्यवसाय का समर्थन करते हैं और इन नीतियों एवं योजनाओं के साथ हुई प्रगति पर चर्चा करते हैं।

उद्देश्यों में सहयोगात्मक कार्रवाई की आवश्यकता और विकसित भारत का समर्थन करने वाले जिम्मेदार व्यवसायों के बारे में पहलों के दस्तावेजीकरण करने के लिए जानकारी एकत्र करना भी शामिल था।

☐ राष्ट्रीय पिछड़ा वर्ग आयोग की रिपोर्ट

NCBC द्वारा 19 मई, 2024 को जारी रिपोर्ट के अनुसार, वर्ष 2014 और 2022 के मध्य SC छात्रों के लिए नामांकन में 44% की वृद्धि हुई।

सरकारी आरक्षण नियमों के कारण ST, OBC और अल्पसंख्यक महिला नामांकन में भी उल्लेखनीय वृद्धि देखी गई।

अनुसूचित जाति (SC) छात्र नामांकन 4.61 मिलियन से बढ़कर 6.62 मिलियन हो गया, जो 44% की वृद्धि है। SC में महिला छात्रों के नामांकन में 51% की वृद्धि हुई।

इसके अतिरिक्त, नामांकित अनुसूचित जनजाति (ST) छात्रों की संख्या 65.2% से बढ़कर 1.641 मिलियन-2.71 मिलियन हो गई, महिला ST नामांकन में 80% की वृद्धि हुई।

नामांकित अल्पसंख्यक महिला छात्रों की संख्या में 42.3% की उल्लेखनीय वृद्धि हुई, जो 1.07 मिलियन-1.52 मिलियन हो गई।

NCBC के अध्यक्ष हंसराज गंगाराम अहीर ने शैक्षणिक संस्थानों में 27% आरक्षण के कार्यान्वयन सहित अन्य पिछड़ा वर्ग (OBC) के संवैधानिक अधिकारों को मजबूत करने के लिए सरकार की पहल पर बल दिया।

☐ ONDC स्टार्टअप महोत्सव

'स्टार्टअप इण्डिया प्रोग्राम' और 'ओपन नेटवर्क फॉर डिजिटल कॉमर्स' (ONDC) ने 17 मई, 2024 को नई दिल्ली में ONDC स्टार्टअप महोत्सव की मेजबानी करने के लिए साझेदारी की।

महोत्सव में 5000 से अधिक स्टार्टअप ने भाग लिया, जिसे उद्योग और आन्तरिक व्यापार संवर्द्धन विभाग (DPIIT) द्वारा हाइब्रिड शैली में आयोजित किया गया था।

विभाग के अनुसार, 125 से अधिक फर्में और 12 यूनिकॉर्न ONDC नेटवर्क से जुड़ने के लिए प्रतिबद्ध हैं।

DPIIT के सचिव राजेश कुमार सिंह ने नवाचार और स्टार्टअप विकास के लिए पारिस्थितिकी तन्त्र को बढ़ावा देने और समर्थन करने के लिए सरकार के दृढ़ समर्पण पर बल दिया। DPIIT के संयुक्त सचिव संजीव ने स्टार्टअप और ONDC के मध्य चल रहे सहयोग के सरकार के लक्ष्य पर बल दिया।

☐ वर्ल्ड हाइड्रोजन समिट 2024

भारत ने वर्ल्ड हाइड्रोजन समिट 2024 में पहली बार अपना मण्डप (पवेलियन) बनाया है, जो 13-15 मई, 2024 तक नीदरलैण्ड के रॉटरडैम में हुआ है।

विश्वव्यापी हरित हाइड्रोजन पारिस्थितिकी तन्त्र में वर्ल्ड हाइड्रोजन समिट एक प्रमुख अवसर है।

सम्पूर्ण विश्व से 15000 प्रतिनिधि शिखर सम्मेलन में शामिल हुए।

भारत के पास 'इण्डिया पवेलियन' के माध्यम से सम्मेलन में हरित हाइड्रोजन के क्षेत्र में अपनी प्रगति को विश्व के सामने प्रदर्शित करने का अवसर है।

☐ वर्ष 2023-24 में भारत का निर्यात प्रदर्शन

केन्द्रीय मन्त्री पीयूष गोयल के नेतृत्व में व्यापारिक निर्यात में मामूली गिरावट के बावजूद 11 मई, 2024 को 115 देशों में भारत का निर्यात बढ़ गया।

वर्ष 2023-24 में भारत ने संयुक्त राज्य अमेरिका, संयुक्त अरब अमीरात, चीन और यूनाइटेड किंगडम जैसे प्रमुख बाज़ारों में महत्त्वपूर्ण लाभ के साथ 238 देशों/क्षेत्रों में से 115 में सकारात्मक निर्यात वृद्धि देखी गई।

सेवा निर्यात बढ़कर 341.1 बिलियन हो गया, जबकि व्यापारिक निर्यात 3% घटकर 437.06 बिलियन हो गया।

वैश्विक निर्यात बाजार में भारत की हिस्सेदारी वर्ष 2023 में मामूली रूप से बढ़कर 1.82% हो गई, जिससे इसकी रैंक सुधरकर 19वीं से 17वीं हो गई। इससे पता चलता है कि भारत की सम्पूर्ण विश्व में निर्यात क्षमता लगातार बढ़ रही है।

☐ ASEAN "भारत ट्रेड इन गुड्स एग्रीमेण्ट" संयुक्त समिति की चौथी बैठक

AITIGA (ASEAN-भारत ट्रेड इन गुड्स एग्रीमेण्ट) की समीक्षा के लिए संयुक्त समिति की चौथी बैठक 7-9 मई, 2024 को मलेशिया के पुत्रजया में आयोजित की गई।

अधिक व्यापार-अनुकूल और क्षेत्रीय व्यवसायों के लिए लाभप्रद बनाने के लिए AITIGA समीक्षा चर्चा मई, 2023 में शुरू हुई थी। समीक्षा कार्य के प्रभारी संयुक्त समिति की 4 बैठकें हो चुकी हैं।

अपनी पहली 2 बैठकों में संयुक्त समिति ने अपने सन्दर्भ की शर्तों और समीक्षा वार्ता के लिए बातचीत संरचना को पूरा किया और AITIGA की समीक्षा के लिए बातचीत तीसरी बैठक में शुरू हुई, जो 18-19 फरवरी, 2024 को नई दिल्ली में हुई थी।

ASEAN भारत के सबसे बड़े व्यापारिक साझेदारों में से एक है, जो भारत के वैश्विक व्यापार का 11% हिस्सा है।

☐ IREDA हितधारकों की 16वीं बैठक आयोजित

भारतीय नवीकरणीय ऊर्जा विकास एजेन्सी लिमिटेड (IREDA) ने 4 मई, 2024 को नई दिल्ली में इण्डिया इण्टरनेशनल सेण्टर में अपनी 16वीं हितधारकों की बातचीत बैठक आयोजित की।

सौर ऊर्जा, पवन, पनबिजली, जैव ऊर्जा और नई एवं उभरती प्रौद्योगिकियों सहित नवीकरणीय ऊर्जा स्रोतों की एक विस्तृत शृंखला का प्रतिनिधित्व करने वाले व्यावसायिक साझेदारों ने हितधारकों की बैठक में उत्साहपूर्वक भाग लिया। उल्लेखनीय रूप से 16 सत्रों में से यह दूसरी व्यक्तिगत बैठक थी; अन्य 14 को वर्चुअली आयोजित किया गया था।

IREDA की हालिया उपलब्धियों और वित्त वर्ष 2023-24 में इसके अभूतपूर्व वार्षिक प्रदर्शन की प्रस्तुति इस अवसर का हिस्सा थी।

☐ 'रन फॉर सन' मैराथन का आयोजन

भारत सरकार ने सम्पूर्ण विश्व के साथ 3 मई, 2024 को इण्टरनेशनल सन डे मनाया, जो एक हरित और स्वस्थ ग्रह को बढ़ावा देने में सौर ऊर्जा के प्रमुख लाभों का एक वार्षिक अनुस्मारक है।

नई दिल्ली के जवाहरलाल नेहरू स्टेडियम में भारत सरकार के नवीन और नवीकरणीय ऊर्जा मन्त्रालय (MNRE) ने इस दिन 'रन फॉर सन' मैराथन की मेजबानी की।

'रन फॉर सन' मैराथन का उद्देश्य जलवायु परिवर्तन को कम करने और सभी के लिए एक स्वच्छ एवं स्वस्थ भविष्य को आगे बढ़ाने में सौर ऊर्जा की महत्त्वपूर्ण भूमिका के बारे में सार्वजनिक जागरुकता बढ़ाना है।

मैराथन ने नवीकरणीय ऊर्जा स्रोतों और पारिस्थितिक स्थिरता के लिए देश के अटूट समर्थन का प्रदर्शन किया।

शारीरिक फिटनेस और खुशहाली को प्रोत्साहित करने का सरकार का लक्ष्य आदर्श रूप से मैराथन के अनुरूप है।

☐ ड्राफ्ट विस्फोटक विधेयक, 2024 प्रस्तावित

सरकार का इरादा 2 मई, 2024 को विस्फोटक अधिनियम, 1884 को ड्राफ्ट विस्फोटक विधेयक, 2024 से बदलने का है।

उद्योग और आंतरिक व्यापार संवर्धन विभाग (DPIIT) ने नियामक उल्लंघनों से जुड़े दंड को बढ़ाने और लाइसेंसिंग प्रक्रियाओं की प्रभावशीलता को अनुकूलित करने के लिए एक प्रस्ताव रखा है। गनपाउडर, नाइट्रोग्लिसरीन, नाइट्रोग्लिस्कोल, डाइनिट्रोटोल्यूनि और पिक्रिक एसिड विस्फोटकों के उदाहरण हैं।

उनकी अस्थिरता और अनुचित तरीके से संभाले जाने पर सार्वजनिक सुरक्षा के लिए संभावित जोखिम के कारण, ये सामग्रियाँ सख्त नियमों के अधीन हैं।

प्रस्तावित विस्फोटक विधेयक, 2024 केंद्र सरकार को नए कानून के तहत अन्य निर्दिष्ट कार्यों को करने के अतिरिक्त लाइसेंस जारी करने, निलंबित करने या रद्द करने की जिम्मेदारी प्रदान करेगा।

नियामक संगठन पेट्रोलियम और विस्फोटक सुरक्षा संगठन (PESO) है, जो DPIIT के भीतर स्थित है

☐ IGNCA द्वारा कार्ल एरिच मुलर के लिथोग्राफ की प्रदर्शनी की मेजबानी

इंदिरा गाँधी राष्ट्रीय कला केंद्र (IGNCA) ने 1 मई, 2024 को इंटरनेशनल लेबर डे के सम्मान में, पीपल एंड प्लेसेज ऑफ इंडिया-एरेट्रोस्पेक्ट विषय पर एक प्रदर्शनी आयोजित की।

प्रसिद्ध जर्मन कलाकार कार्ल एरिच मुलर द्वारा IGNCA अभिलेखागार के लिथोग्राफ प्रदर्शन पर थे।

इस अवसर पर IGNCA के सदस्य सचिव सच्चिदानंद जोशी ने इस बात पर बल दिया कि कैसे लिथोग्राफ उनकी विशिष्टता, दुर्लभता और असली गुणवत्ता पर प्रकाश डालते हुए रोजमर्रा की जिंदगी के सार को पकड़ते हैं। उन्होंने दोहराया कि कार्ल एरिच मुलर अपने लिथोग्राफ का उपयोग इस विचार को व्यक्त करने के लिए करते हैं कि सभी अभिव्यक्तियों को बहुत अधिक संसाधनों की आवश्यकता नहीं होती है।

सच्चिदानंद जोशी ने सांस्कृतिक कलाकृतियों के भंडार के रूप में IGNCA के महत्त्व और प्रदर्शन में प्रदर्शित विवरणों पर ध्यान देते हुए इसे संरक्षित करने की आवश्यकता पर बल दिया।

☐ मनाया गया आयुष्मान भारत दिवस 2024

आयुष्मान भारत दिवस 30 अप्रैल, 2024 को मनाया गया। प्रत्येक वर्ष 30 अप्रैल को लोग आयुष्मान भारत योजना और उसके उद्देश्यों के बारे में जागरुकता फैलाने के लिए आयुष्मान भारत दिवस' मनाते हैं।

केंद्र सरकार ने उच्च गुणवत्ता वाली उचित मूल्य वाली स्वास्थ्य सेवाओं तक पहुँच में सुधार के कार्यक्रम के लक्ष्य पर ध्यान आकर्षित करने के लिए यह दिन विशेष रूप से गरीबों के लिए बनाया है।

आयुष्मान भारत योजना (PM-JAY), वर्ष 2018 में प्रधानमंत्री नरेंद्र मोदी द्वारा शुरू की गई एक स्वास्थ्य सेवा पहल है, जो लगभग 10.74 करोड़ गरीब और वंचित परिवारों को वार्षिक ₹ 5 लाख का मुफ्त स्वास्थ्य बीमा प्रदान करती है।

कार्यक्रम यह सुनिश्चित करता है कि रोगियों को अस्पताल में भर्ती होने के 15 दिनों के उपचार और 3 दिनों की अस्पताल में भर्ती होने से पहले की देखभाल को कवर करके पूरी सहायता प्राप्त हो।

☐ महत्त्वपूर्ण खनिज शिखर सम्मेलन आयोजित

खान मंत्रालय ने 29 अप्रैल, 2024 को प्रमुख खनिज प्रसंस्करण और लाभकारी के क्षेत्र में सहयोग, ज्ञान के आदान - प्रदान और नवाचार को बढ़ावा देने के लक्ष्य के साथ नई दिल्ली में एक शिखर सम्मेलन की मेजबानी की। खान मंत्रालय के सचिव वीएल कांथा राव ने कहा कि भारत के त्वरित आर्थिक विकास और स्वच्छ ऊर्जा की इच्छा की तत्काल आवश्यकता है। उन्होंने रेखांकित किया कि देश में महत्त्वपूर्ण संसाधनों की खोज कितनी महत्त्वपूर्ण है।

इसके अतिरिक्त, वीएल कांथा राव ने कहा कि नवंबर, 2023 में, सरकार ने सामरिक और महत्त्वपूर्ण खनिजों के 20 ब्लॉकों के लिए नीलामी प्रक्रिया शुरू की।

18 ब्लॉकों की दूसरी किश्त फरवरी, 2024 में आयोजित की गई थी। उन्होंने आगे कहा कि इस तरह की और नीलामी की उम्मीद है।

खान मंत्रालय और शक्ति सस्टेनेबल ने ऊर्जा, पर्यावरण और जल परिषद्, एवं भारतीय सतत् विकास संस्थान के साथ शक्ति सस्टेनेबल एनर्जी फाउंडेशन के साथ एक MoU पर हस्ताक्षर किए।

☐ NSDC और ISKCON का जनजातीय कौशल विकास के लिए सहयोग

ISKCON और NSDC भारत में आदिवासी और गरीब युवाओं को व्यावसायिक प्रशिक्षण प्रदान करने के लिए मिलकर काम करेंगे।

साझेदारी का प्रारंभिक केंद्र उत्तर प्रदेश, महाराष्ट्र, राजस्थान, गुजरात और मध्य प्रदेश पर होगा, जिसका उद्देश्य वंचित लोगों को व्यावसायिक प्रशिक्षण प्रदान करना है।

इस रणनीतिक समझौते के अंतर्गत अल्पकालिक पाठ्यक्रम पेश किए जाएँगे, जो स्किल इंडिया डिजिटल हब प्लेटफॉर्म के माध्यम से उद्योग-मान्यता प्राप्त क्रेडेंशियल्स प्रदान करेंगे।

इसका उद्देश्य रोजगार में सुधार करना और कुशल व्यक्तियों को NSDC इंटरनेशनल के माध्यम से घरेलू और अंतर्राष्ट्रीय कार्य संभावनाओं तक पहुँच प्रदान करना है। अपने प्रयास के हिस्से के रूप में, ISKCON आस-पास के राज्यों और महाराष्ट्र के पालघर एवं गढ़चिरौली जैसे क्षेत्रों के युवा आदिवासी व्यक्तियों को सशक्त बनाने के व्यक्त लक्ष्य के साथ एक पाक विद्यालय की स्थापना कर रहा है।

2025 में, प्रयागराज में महाकुंभ रसोई प्रशिक्षित व्यक्तियों को काम पर रखेगी और दुनिया भर में NSDC उनके लिए संपूर्ण विश्व में पोस्टिंग की व्यवस्था करेगा।

☐ DPIIT द्वारा महिला कार्यबल भागीदारी को सक्षम करने पर हितधारक परामर्श आयोजित

उद्योग और आंतरिक व्यापार संवर्द्धन विभाग (DPIIT) ने 23 मार्च, 2024 को नई दिल्ली में हितधारक परामर्श कार्यक्रम आयोजित किया।

इसका उद्देश्य महिलाओं को लॉजिस्टिक्स उद्योग में कर्मचारियों के रूप में भाग लेने में सक्षम बनाना है।

परामर्श में उद्योग संघों, MSMEs, बड़े उद्यमों, कौशल प्रशिक्षण संस्थानों, द्विपक्षीय और बहुपक्षीय संस्थानों के 50 से अधिक पेशेवरों को एक साथ लाया गया।

कार्यक्रम ने एक स्वस्थ पारिस्थितिकी तंत्र विकसित करने की आवश्यकता पर बल दिया, जो लॉजिस्टिक्स शृंखला के सभी चरणों में महिलाओं की भागीदारी को प्रोत्साहित और उनका समर्थन करता है।

☐ सुप्रीम कोर्ट द्वारा ग्रेट इंडियन बस्टर्ड संरक्षण के लिए समिति नियुक्त

सुप्रीम कोर्ट के मुख्य न्यायाधीश डीवाई चंद्रचूड़ ने 26 मार्च, 2024 को ग्रेट इंडियन बस्टर्ड के गंभीर खतरे से निपटने के लिए एक विशेषज्ञ समिति नियुक्त की, जिसमें संरक्षण को संतुलित करने की आवश्यकता पर बल दिया गया है।

गुजरात और राजस्थान में शक्तिशाली बिजली तारों के साथ टकराव से ग्रेट इंडियन बस्टर्ड की आबादी विलुप्त हो सकती है। सुप्रीम कोर्ट ने पक्षियों की प्रजातियों की सुरक्षा के लिए भूमिगत बिजली तारों के अपने आदेश पर पुनर्विचार किया है।

समिति वन्यजीव, विशेषज्ञ, पर्यावरणविद् और संबंधित विभागों के सरकारी अधिकारी शामिल हैं।

समिति का कार्य यह निर्धारित करना है कि प्राथमिकता वाले पक्षियों के लिए आवासों में ओवरहेड और भूमिगत विद्युत लाइनें स्थापित करना संभव है या नहीं।

पक्षी संरक्षण सुनिश्चित करने के लिए समूह सतत् विकास विकल्पों की जाँच करेगा।

☐ सार्वजनिक नीति और शासन पर चौथा प्रशिक्षण कार्यक्रम

नेशनल सेंटर फॉर गुड गवर्नेंस ने 28 मार्च, 2024 को कंबोडिया के सिविल सेवकों के लिए सार्वजनिक नीति और शासन पर 2 सप्ताह के चौथे प्रशिक्षण कार्यक्रम की मेजबानी की।

यह कार्यक्रम 26 मार्च, 2024 से 6 अप्रैल, 2024 तक विदेश मंत्रालय (MEA) के सहयोग से आयोजित किया जा रहा है।

भारत सरकार की ''नेबरहुड फर्स्ट'' रणनीति क्षेत्रीय सहयोग विकसित करने और पड़ोसी देशों के साथ द्विपक्षीय संबंधों को और सुदृढ़ करने को प्राथमिकता देती है। क्षमता निर्माण कार्यक्रम का मुख्य लक्ष्य प्रतिभागियों को एक समृद्ध क्रॉस-कंट्री अनुभव और नीतियों पर चर्चा एवं नीतियों के आदान-प्रदान के लिए एक मंच प्रदान करना है।

☐ GeM में सकल व्यापारिक मूल्य में उल्लेखनीय वृद्धि

गवर्नमेंट ई-मार्केटप्लेस (GeM) ने वित्तीय वर्ष 2023-24 में अपने सकल व्यापारिक मूल्य (GMV) को दोगुना कर ₹ 4 लाख करोड़ कर दिया, जो 30 मार्च, 2024 को एक अभूतपूर्व विकास को चिह्नित करता है।

CEO पीके सिंह ने इसके संभावित विकास के लिए विचारों का खुलासा किया, जिसमें सेवाओं में सुधार और ग्राहकों के लिए पोर्टल उपलब्ध कराना शामिल था।

1.5 लाख से अधिक सरकारी खरीदारों के साथ-साथ 21 लाख विक्रेताओं और सेवा प्रदाताओं को GeM द्वारा सेवा प्रदान की जाती है।

89421 पंचायतों और 760 से अधिक सहकारी समितियों को खरीद पारिस्थितिकी तंत्र में एकीकृत किया गया है।

GeM रक्षा हार्डवेयर और कार्यालय आपूर्ति सहित वस्तुओं और सेवाओं की एक विस्तृत शृंखला प्रदान करता है। सेवाओं में कचरा प्रबंधन, रसद और परिवहन शामिल हैं।

☐ केन्द्र सरकार द्वारा नागरिकता संशोधन अधिनियम (CAA) लागू

11 मार्च, 2024 के केन्द्र सरकार द्वारा नागरिकता संशोधन अधिनियम (CAA) नियमों की अधिसूचना जारी कर दी गई। इस अधिनियम के लागू होने के बाद 31 दिसम्बर, 2014 तक बांग्लादेश, पाकिस्तान, अफगानिस्तान, श्रीलंका से आए लोगों को केन्द्र सरकार द्वारा भारतीय राष्ट्रीयता प्रदान की जाएगी।

उल्लेखनीय है कि दिसम्बर, 2019 में नागरिकता संशोधन अधिनियम (CAA) संसद द्वारा पारित हुआ था। लेकिन इसके खिलाफ देश के कई हिस्सों में हुए विरोध प्रदर्शन के कारण यह अधिनियम अब तक लागू नहीं किया जा सका।

☐ राष्ट्रीय बागवानी मेला–2024

भारतीय बागवानी अनुसन्धान संस्थान (IIHR) द्वारा 5-7 मार्च, 2024 तक बेंगलुरु के हेसरघट्टा परिसर में 3 दिवसीय राष्ट्रीय बागवानी मेले का आयोजन किया गया। इस मेले की थीम (विषय) 'Nextgen Technology-Led Horticulture for Sustainable Development' रही।

इस मेले में बागवानी क्षेत्र में देश की सबसे उन्नत व नवीनतम प्रौद्योगिकी का प्रदर्शन किया गया, जिसमें स्मार्ट सिंचाई प्रणाली, नियन्त्रित पर्यावरण प्रबन्धन, खड़ी खेती, डिजिटल बागवानी व टिकाऊ बागवानी के लिए पर्यावरण अनुकूल प्रथाएँ शामिल रहीं।

☐ भारत द्वारा तेंदुए की जनसंख्या स्थिति रिपोर्ट जारी

29 फरवरी, 2024 को राष्ट्रीय बाघ संरक्षण प्राधिकरण (NTCA) ने भारत में तेंदुए की जनसंख्या स्थिति रिपोर्ट जारी की। इस रिपोर्ट के अन्तर्गत भारत में तेंदुए की अनुमानित आबादी 13,874 है, जो वर्ष 2018 के 12852 तेंदुओं की तुलना में 7.95% अधिक है।

भारत में सर्वाधिक तेंदुए मध्य प्रदेश (संख्या 3907) में हैं, इसके बाद क्रमशः महाराष्ट्र (1985) व कर्नाटक (1879) का स्थान है।

नागार्जुन सागर, श्री सैलम टाईगर रिजर्व (आन्ध्र प्रदेश), पन्ना टाईगर रिजर्व (मध्य प्रदेश) व सतपुड़ा टाईगर रिजर्व (मध्य प्रदेश) जैसे संरक्षित क्षेत्र व बाघ अभयारण्यों में तेंदुओं का उच्च जनसंख्या घनत्व है।

☐ भारत टेक्स, 2024

26 फरवरी, 2024 को भारतीय प्रधानमन्त्री नरेन्द्र मोदी द्वारा नई दिल्ली के भारत मण्डपम् में भारत के अब तक सबसे बड़े वैश्विक कपड़ा कार्यक्रम भारत टेक्स, 2024 का शुभारम्भ किया गया।

यह चार दिवसीय कार्यक्रम है, जो न केवल भारत के विभिन्न राज्यों की प्रतिष्ठित हथकरघा व हस्तशिल्प परम्पराओं को प्रदर्शित करने हेतु एक मंच के रूप में कार्य करता है, बल्कि भारत की शिल्प कौशल, रचनात्मकता व नवीनता को प्रदर्शित करने हेतु एक मंच प्रदान करता है।

इस कार्यक्रम में उत्तर प्रदेश व महाराष्ट्र को 'साझेदार राज्य' के रूप में नामित किया गया है। जबकि गुजरात, तेलंगाना व मध्य प्रदेश को सहायक भागीदार राज्य के रूप में शामिल किया गया है।

☐ सुदर्शन सेतु–भारत का सबसे लम्बा केबल आधारित पुल

24 फरवरी, 2024 को भारतीय प्रधानमन्त्री नरेन्द्र मोदी द्वारा गुजरात के द्वारका में स्थित ओखा मुख्य भूमि व बेट द्वारका को जोड़ने वाले देश के सबसे लम्बे केबल आधारित पुल 'सुदर्शन सेतु' का उद्घाटन किया गया।

इस ब्रिज को पूर्व में 'सिग्नेचर ब्रिज' के नाम से जाना जाता था। यह ब्रिज ओखा मुख्य भूमि व गुजरात में बेट द्वारका द्वीप को जोड़ता है। इसकी लम्बाई 2.321 किमी है। यह कुल ₹ 978 करोड़ की लागत से तैयार किया गया है।

☐ रायसीना डायलॉग सम्मेलन 2024

23 फरवरी, 2024 को प्रधानमन्त्री नरेन्द्र मोदी द्वारा मुख्य अतिथि के रूप में उपस्थित ग्रीस के प्रधानमन्त्री क्यारीकोस मित्सोटाकिस के साथ नई दिल्ली में वैश्विक मुद्दों पर केन्द्रित रायसीना डॉयलॉग सम्मेलन 2024 का उद्घाटन किया गया।

यह इस तीन दिवसीय कार्यक्रम का 9वाँ संस्करण था, जिसकी थीम (विषय) 'चतुरंगा संघर्ष, प्रतियोगिता, सहयोग व निर्माण' रही, जो वैश्विक अनिश्चितताओं व अशान्ति के साथ-साथ साझेदारी के माध्यम से अवसरों को समाहित करता है।

☐ भारत का 57 बिलियन डॉलर का भविष्यवादी टैंक विकास कार्यक्रम

21 फरवरी, 2024 को भारतीय सेना द्वारा अपने पुराने रूसी मूल के T-72 बेड़ों को वर्ष 2030 के बाद बदलने हेतु 57 बिलियन डॉलर का भविष्यवाणी टैंक विकास कार्यक्रम प्रस्तुत किया।

इस कार्यक्रम के अन्तर्गत 1770 तकनीकी रूप से उन्नत फ्यूचर रेडी कॉम्बैट व्हीकल (FRCV) बनाने की योजना है। इन टैंकों में आर्टिफिशियल इण्टेलिजेन्स, नेटवर्क-केन्द्रित युद्ध क्षमताएँ, सक्रिय सुरक्षा प्रणाली व उन्नत इलेक्ट्रॉनिक्स जैसी क्षमताएँ शामिल होंगी।

☐ प्रधानमन्त्री नरेन्द्र मोदी द्वारा आबूधाबी (यूएई) के पहले पारम्परिक हिन्दू मन्दिर का उद्घाटन

16 फरवरी, 2024 को भारतीय प्रधानमन्त्री नरेन्द्र मोदी ने संयुक्त अरब अमीरात की यात्रा के दौरान आबूधाबी स्थित पहले पारम्परिक हिन्दू मन्दिर का उद्घाटन किया।

इस मन्दिर का नाम 'बीएपीएस हिन्दू मन्दिर आबूधाबी' रखा गया, जो बोवासनवासी अक्षर पुरुषोत्तम स्वामीनारायण (BAPS) के नाम पर रखा गया है।

□ भारत सरकार द्वारा SWATI पोर्टल लॉन्च

15 फरवरी, 2024 को भारत सरकार द्वारा SWATI (Science for Women-A Technology and Innovation) पोर्टल लॉन्च किया गया। यह पार्टल विज्ञान, प्रौद्योगिकी इन्जीनियरिंग, गणित व चिकित्सा क्षेत्र में भारतीय महिलाओं की उपलब्धियों को दर्शाने वाला डेटाबेस है।

यह पोर्टल विशेषज्ञता, योग्यता, प्रकाशन आदि को ध्यान में रखते हुए विभिन्न स्तरों पर महिला छात्रों, संकार्य व वैज्ञानिकों के प्रोफाइल के स्व-पंजीकरण की अनुमति देता है।

डैशबोर्ड राज्यों व संस्थानों में STEMM भूमिकाओं में महिलाओं के वितरण पर गतिशील विश्लेषण प्रदान करता है।

□ भारत द्वारा वर्ष 2047 तक 6 मेगा बन्दरगाहों के विकास की घोषणा

14 फरवरी, 2024 को भारत सरकार के केन्द्रीय बन्दरगाह, जहाजरानी व जलमार्ग मन्त्रालय ने मैरीटाइम इण्डिया विजन के अनुरूप वर्ष 2047 तक 6 मेगा तटीय बन्दरगाहों के विकास की रूपरेखा (नीति) प्रस्तुत की। यह नीति हिन्द महासागर क्षेत्र (IOR) में आर्थिक व रणनीतिक हितों के विस्तार पर बल देती है। इस नीति का मूल उद्देश्य वर्ष 2047 तक वैश्विक समुद्री व्यापार में विस्तार करना व कनेक्टिविटी के माध्यम से 'एक्ट ईस्ट' के तहत क्षेत्रीय त्वरण को सक्षम बनाना है।

□ भारत व ओमान के बीच रक्षा सहयोग समझौता

3 फरवरी, 2024 को ओमान की राजधानी मस्कट में भारत-ओमान संयुक्त सैन्य सहयोग समिति (JMCC) की बैठक के दौरान दोनों देशों के बीच एक रक्षा समझौते पर हस्ताक्षर हुए।

यह समझौता सैन्य उपकरणों की खरीद व रक्षा जुड़ाव के नए क्षेत्रों में सहयोग से सम्बन्धित है। इस बैठक में भारतीय प्रतिनिधिमण्डल का नेतृत्व रक्षा सचिव गिरिधर अरामने ने किया।

□ भारत द्वारा मराठा सैन्य परिदृश्य को यूनेस्को की विश्व विरासत सूची हेतु नामांकन

31 जनवरी, 2024 को भारत ने वर्ष 2024-25 में यूनेस्को की विश्व विरासत सूची हेतु 'भारत के मराठा सैन्य परिदृश्य' को नामांकित किया है। ये स्थल 17वीं व 19वीं शताब्दी के बीच मराठा साम्राज्य की रणनीतिक सैन्य क्षमता को प्रदर्शित करते हैं।

इसके लिए महाराष्ट्र के 390 किलो में से 12 प्रतिनिधि किलो को मराठा सैन्य परिदृश्य के अन्तर्गत विश्व धरोहर स्थल के नामांकन हेतु चुना गया है। ये स्थल सीधे तौर पर मराठा साम्राज्य के सैन्य विचारों, मान्यताओं व परम्पराओं का प्रतिनिधित्व करते हैं।

□ मनाया गया 75वाँ गणतन्त्र दिवस

नई दिल्ली के कर्त्तव्य पथ पर 26 जनवरी, 2024 को 75वें गणतन्त्र दिवस समारोह का आयोजन किया गया। समारोह में राष्ट्रपति द्रौपदी मुर्मू के साथ उपराष्ट्रपति जगदीप धनखड़ और प्रधानमन्त्री नरेन्द्र मोदी मौजूद थे। समारोह में मुख्य अतिथि के रूप में फ्रांस के राष्ट्रपति इमैनुएल मैक्रॉन उपस्थित थे।

इस वर्ष की गणतन्त्र दिवस परेड में 'विकसित भारत' और 'भारत-लोकतन्त्र की मातृका' के दोहरे विषय प्रतिबिम्बित हुए, जिसमें 13000 विशेष अतिथियों की भागीदारी देखी गई।

□ अयोध्या में श्री रामलला का भव्य प्राण प्रतिष्ठा समारोह

अयोध्या में 22 जनवरी, 2024 को रामलला का प्राण प्रतिष्ठा समारोह आयोजित किया गया, जिसमें प्रधानमन्त्री नरेन्द्र मोदी ने नवनिर्मित भव्य मन्दिर में अनुष्ठान का नेतृत्व किया। प्रधानमन्त्री ने मन्दिर के गर्भगृह में रामलला की मूर्ति का अनावरण भी किया।

समारोह के दौरान उत्तर प्रदेश की राज्यपाल आनन्दीबेन पटेल, मुख्यमन्त्री योगी आदित्यनाथ और RSS प्रमुख मोहन भागवत ने भी रामलला की पूजा-अर्चना की। उद्योगपति मुकेश अंबानी, सुनील मित्तल और अनिल अंबानी, फिल्म अभिनेता अमिताभ बच्चन, रजनीकांत, रणबीर कपूर, चिरंजीवी, माधुरी दीक्षित, कैटरीना कैफ, आलिया भट्ट और कंगना रनौत के साथ-साथ खेल जगत की हस्तियाँ सचिन तेंदुलकर, अनिल कुंबले और साइना नेहवाल सहित जीवन के सभी क्षेत्रों के लोग राम जन्मभूमि पर मौजूद रहे।

□ विंग्स इण्डिया 2024 आयोजित

हैदराबाद के बेगमपेट हवाई अड्डे पर 18-21 जनवरी, 2024 के बीच एशिया में नागरिक उड्डयन क्षेत्र का सबसे बड़ा कार्यक्रम 'विंग्स इण्डिया 2024' आयोजित किया गया। इसका आयोजन नागरिक उड्डयन मन्त्रालय, भारत सरकार और FICCI द्वारा किया गया। इस शो का मुख्य विषय ''अमृत काल में भारत को विश्व से जोड़ना: भारत नागरिक उड्डयन 2047 के लिए मंच तैयार करना'' था। इस कार्यक्रम को कई विचार-विमर्श, पैनल चर्चा, B2B बैठकों, प्रदर्शनियों, उड़ानों के स्थिर प्रदर्शन और एयर शो ने चिह्नित किया।

□ भारत अन्तर्राष्ट्रीय विज्ञान महोत्सव 2023 आयोजित

फरीदाबाद (हरियाणा) में 17-20 जनवरी, 2024 तक भारत अन्तर्राष्ट्रीय विज्ञान महोत्सव (IISF) 2023 का 9वाँ संस्करण आयोजित किया गया। IISF 2023 की विषय-वस्तु 'अमृत काल में विज्ञान और प्रौद्योगिकी सार्वजनिक लोकसम्पर्क' थी। IISF 2023 का उद्देश्य व्यापक स्तर पर लोगों को प्रेरित करना और छात्रों, शिक्षकों, वैज्ञानिकों, शोधकर्ताओं, उद्योग के पेशेवरों, उद्यमियों तथा विज्ञान सम्प्रेषकों जैसे विविध स्तर के हितों वाले व्यक्तियों के लिए एक मंच प्रदान करना था।

□ 'प्रधानमन्त्री सूर्योदय योजना' की घोषणा

प्रधानमन्त्री नरेन्द्र मोदी ने 22 जनवरी, 2024 को 'प्रधानमन्त्री सूर्योदय योजना' की घोषणा की, जिसके तहत एक करोड़ परिवारों को छत पर सौर प्रणाली मिलेगी। प्रधानमन्त्री मोदी ने कहा कि देश के लोगों के पास अपना सोलर रूफ टॉप सिस्टम होना चाहिए। इससे न केवल गरीबों और मध्यम वर्ग का बिजली बिल कम होगा, बल्कि भारत ऊर्जा क्षेत्र में आत्मनिर्भर भी बनेगा।

□ बोइंग इण्डिया इंजीनियरिंग एण्ड टेक्नोलॉजी सेण्टर का उद्घाटन

प्रधानमन्त्री नरेन्द्र मोदी ने 19 जनवरी, 2024 को बेंगलुरु में नए 'बोइंग इण्डिया इंजीनियरिंग एण्ड टेक्नोलॉजी सेण्टर' का उद्घाटन किया और 'बोइंग सुकन्या' कार्यक्रम लॉन्च किया। प्रधानमन्त्री ने बताया कि बेंगलुरु में बोइंग सुविधा 'मेक इन इण्डिया-मेक फॉर द वर्ल्ड' संकल्प को मजबूत करती है और भारत की प्रतिभा में दुनिया के विश्वास को मजबूत करती है। बोइंग सुकन्या कार्यक्रम 150 स्थानों पर STEM लैब बनाएगा।

यह कार्यक्रम उन महिलाओं को छात्रवृत्ति भी प्रदान करेगा, जो पायलट बनने के लिए प्रशिक्षण ले रही हैं।

□ भारत व क्यूबा के बीच डिजिटल सार्वजनिक अवसंरचना पर समझौता

इलेक्ट्रॉनिक्स और सूचना प्रौद्योगिकी मन्त्रालय ने 19 जनवरी, 2024 को नई दिल्ली में डिजिटल परिवर्तन के लिए जनसंख्या पैमाने पर लागू सफल डिजिटल समाधानों को साझा करने के क्षेत्र में सहयोग पर क्यूबा गणराज्य के संचार मन्त्रालय के साथ एक समझौता-ज्ञापन पर हस्ताक्षर किए।

समझौता-ज्ञापन का उद्देश्य दोनों देशों के डिजिटल पारिस्थितिकी तन्त्र को पारस्परिक रूप से लाभ पहुँचाने के लिए क्षमता निर्माण कार्यक्रमों, सर्वोत्तम प्रथाओं के आदान-प्रदान और अन्य सहयोगी गतिविधियों के माध्यम से डिजिटल परिवर्तन को बढ़ावा देना है।

□ प्रधानमन्त्री आवास योजना-ग्रामीण की किस्त का शुभारम्भ

प्रधानमन्त्री नरेन्द्र मोदी ने 15 जनवरी, 2024 को वीडियो कॉफ्रेंन्सिग के माध्यम से PM-JANMAN के तहत PM आवास योजना - ग्रामीण के एक लाख लाभार्थियों को पहली किस्त जारी की। लगभग ₹ 24000 करोड़ के बजट के साथ PM-JANMAN, 9 मन्त्रालयों के माध्यम से 11 महत्त्वपूर्ण अन्तःक्षेपों पर केन्द्रित है।

इस पहल का उद्देश्य आवास, शिक्षा, स्वास्थ्य देखभाल आदि जैसी आवश्यक सुविधाएँ प्रदान करके विशेष रूप से कमजोर जनजातीय समूहों (PVTGs) के लिए सामाजिक-आर्थिक स्थितियों को बढ़ाना है।

□ भारत के पहले डार्क स्काई पार्क की घोषणा

महाराष्ट्र में पेंच टाइगर रिजर्व ने 14 जनवरी, 2024 को भारत के पहले डार्क स्काई पार्क के उद्घाटनकर्ता के रूप में मान्यता हासिल करके इतिहास रच दिया, जो एशिया में पाँचवें स्थान पर है।

रिज़र्व पार्क मध्य प्रदेश में सिवनी और छिन्दवाड़ा जिलों में सतपुड़ा पहाड़ियों के दक्षिणी हिस्से में स्थित है। ये पहाड़ियाँ नागपुर जिले में एक अलग अभयारण्य के रूप में मौजूद हैं।

□ 'मुम्बई ट्रान्स हार्बर लिंक' का उद्घाटन

प्रधानमन्त्री नरेन्द्र मोदी ने 12 जनवरी, 2024 को मुम्बई ट्रान्स हार्बर लिंक (MTHL) का उद्घाटन किया। इसे अटल सेतु के रूप में भी जाना जाता है, जो भारत के अब तक के सबसे लम्बे समुद्री पुल के उद्घाटन को चिह्नित करता है।

₹ 17840 करोड़ से अधिक की लागत से निर्मित 21.8 किमी के लिंक का उद्देश्य दक्षिण मुम्बई और नवी मुम्बई के बीच यात्रा के समय को 120 मिनट से घटाकर केवल 20 मिनट करना है।

□ 'एनजेण्डरिंग लैण्ड पोर्ट्स इन इण्डिया' रिपोर्ट जारी

भारतीय भूमि पत्तन प्राधिकरण (LPAI) ने 11 जनवरी, 2024 को नई दिल्ली में एनजेण्डरिंग लैण्ड पोर्ट्स इन इण्डिया' शीर्षक से एक रिपोर्ट जारी की। रिपोर्ट का प्राथमिक लक्ष्य देश में भूमि बन्दरगाहों के माध्यम से

लिंग-समावेशी सीमा पार व्यापार और पर्यटन को बढ़ावा देने के लिए एक ढांचा तैयार करना है।

रिपोर्ट का उद्देश्य लिंग-सकारात्मक वातावरण को बढ़ावा देना है।

☐ भारत 2047 तक बन जाएगा 30 ट्रिलियन की अर्थव्यवस्था

वित्त मन्त्री निर्मला सीतारमण ने 11 जनवरी, 2024 को घोषणा की कि भारत वर्ष 2047 तक $ 30 ट्रिलियन की अर्थव्यवस्था बन जाएगा।

उन्होंने कहा कि देश वर्ष 2028 तक $ 5 ट्रिलियन की अर्थव्यवस्था बन जाएगा।

भारत को वर्ष 2023 तक 23 वर्षों में $ 919 बिलियन का प्रत्यक्ष विदेशी निवेश प्राप्त हुआ है। कुल 65% निवेश पिछले 9 वर्षों में आया है।

☐ वाइब्रेण्ट गुजरात ट्रेड शो का आयोजन

प्रधानमन्त्री नरेन्द्र मोदी ने 9 जनवरी, 2024 को गाँधीनगर में वाइब्रेण्ट गुजरात ग्लोबल ट्रेड शो का उद्घाटन किया।

इस पाँच दिवसीय ट्रेड शो में कुल 100 देश विजिटिंग देशों के रूप में, जबकि 33 देश भागीदार के रूप में शामिल हुए। ट्रेड शो इलेक्ट्रिक वाहन, ग्रीन हाइड्रोजन, नवीकरणीय ऊर्जा, सेमीकण्डक्टर और साइबर सुरक्षा जैसे उभरते क्षेत्रों पर केन्द्रित था।

☐ इण्डियन रेलवेज कंस्ट्रक्शन मैनुअल 2023 लॉन्च

रेल मन्त्री अश्विनी वैष्णव ने 9 जनवरी, 2024 को नई दिल्ली में 'इण्डियन रेलवेज कंस्ट्रक्शन मैनुअल 2023' को लॉन्च किया। इस निर्माण नियमावली से भूमि अधिग्रहण, वन मंजूरी, पुल डिजाइन, अनुबंध प्रबन्धन, सुरंगों और अण्डर ब्रिज के निर्माण सहित कई गतिविधियों में मदद मिलेगी। यह मैनुअल विश्व के सबसे तेजी से बढ़ते रेल नेटवर्क को स्थापित करने में भी मदद करेगा।

☐ देश की पहली स्मार्ट लैब की शुरुआत

ऑल इण्डिया इन्स्टीट्यूट ऑफ मेडिकल साइंसेज (AIIMS) नई दिल्ली ने 5 जनवरी, 2024 को एक छत के नीचे परीक्षण सुविधाएं प्रदान करने के लिए अपने OPD ब्लॉक में देश की पहली स्मार्ट लैब शुरू की। यह सुविधा निर्बाध रूप से एकीकृत है, जो हेमेटोलॉजी, बायोकैमिस्ट्री, सीरोलॉजी, एण्डोक्रिनोलॉजी और विभिन्न प्रतिरक्षी परीक्षण सहित प्रयोगशाला परीक्षण सेवाओं की एक विस्तृत श्रृंखला प्रदान करती है। AIIMS की स्मार्ट लैब की 90% रिपोर्ट उसी दिन मिल जाती है, जिस दिन सैम्पल मिलता है।

☐ अयोध्या हवाई अड्डे का नाम परिवर्तित

केन्द्र सरकार द्वारा अनुमोदित उत्तर प्रदेश के अयोध्या हवाई अड्डे का नाम 5 जनवरी, 2024 को 'महर्षि वाल्मीकि अन्तर्राष्ट्रीय हवाई अड्डा, अयोध्याधाम' रखा गया। यह इस क्षेत्र के ऐतिहासिक और सांस्कृतिक महत्त्व को दर्शाता है। यह निर्णय अयोध्या को एक प्रमुख आर्थिक केन्द्र और एक प्रमुख तीर्थ स्थल के रूप में स्थापित करने के सरकार के दृष्टिकोण के अनुरूप है।

☐ मथुरा में देश का पहला बालिका सैनिक स्कूल

रक्षा मन्त्री राजनाथ सिंह ने 2 जनवरी, 2024 को वृन्दावन (मथुरा), उत्तर प्रदेश में पहले बालिका सैनिक स्कूल का उद्घाटन किया। इसका नाम 'संविद गुरुकुलम गर्ल्स सैनिक स्कूल' है और इस स्कूल में लगभग 870 छात्राओं की क्षमता है। केन्द्रीय माध्यमिक शिक्षा बोर्ड (CBSE) से सम्बद्ध यह स्कूल पूर्व सैनिकों के मार्गदर्शन में शिक्षा और प्रशिक्षण प्रदान करेगा।

इस स्कूल का सत्र अप्रैल 2024 से शुरू होगा और देश में ऐसे 100 स्कूल खोले जाएँगे।

☐ ISRO द्वारा पहला एक्स–रे पोलरिमीटर उपग्रह लॉन्च

भारतीय अन्तरिक्ष अनुसन्धान संगठन (ISRO) ने 1 जनवरी, 2024 को पोलर सैटेलाइट लॉन्च व्हीकल PSLV-C58 द्वारा एक्स-रे पोलरिमीटर सैटेलाइट (XPoSat) को सफलतापूर्वक लॉन्च किया। उपग्रह को आन्ध्र प्रदेश के श्रीहरिकोटा में सतीश धवन अन्तरिक्ष केन्द्र से लॉन्च किया गया था। XPoSat के साथ 10 अन्य वैज्ञानिक पेलोड भी लॉन्च किए गए। अब, भारत संयुक्त राज्य अमेरिका के बाद आकाशगंगा में ब्लैक होल और न्यूट्रॉन सितारों का अध्ययन करने के लिए एक विशेष खगोल विज्ञान वैधशाला भेजने वाला विश्व का दूसरा देश बन गया है।

☐ केन्द्रीय अन्तरिम बजट 2024-25

वित्त मन्त्री निर्मला सीतारमण ने 1 फरवरी, 2024 को लोकसभा में केन्द्रीय अन्तरिम बजट 2024-25 पेश किया। यह **वित्त मन्त्री के रूप में** उनका **छठा बजट** है और मौजूदा लोकसभा का आखिरी बजट है। पिछले तीन पूर्ण केन्द्रीय बजट की तरह, अन्तरिम बजट 2024 भी पेपरलेस रूप में दिया गया है। आम चुनाव 2024 के बाद नई सरकार के चुने जाने के बाद पूर्ण केन्द्रीय बजट पेश किया जाएगा।

☐ प्रमुख विशेषताएँ

- अगले वर्ष के लिए **पूँजीगत व्यय परिव्यय 11.1% बढ़ाकर ₹ 11,11,111 करोड़** किया गया, जो सकल घरेलू उत्पाद (GDP) का 3.4% होगा।
- वित्त वर्ष 2024-25 में **राजकोषीय घाटा GDP का 5.1%** रहने का अनुमान है।
- **गरीब**, **महिलाएँ**, **युवा** और **अन्नदाता** (किसानों) के उत्थान के लिए युवाओं को **50-वर्ष का ब्याज मुक्त ऋण** देने के लिए ₹ 1 लाख करोड़ का कोष बनाया जाएगा।
- **सनराइज टेक्नोलॉजीज में निजी निवेश** को बढ़ावा देने के लिए ₹ 1 लाख करोड़ का कोष बनाने का प्रस्ताव।
- कॉर्पोरेट कर को घटाकर **22%** कर दिया गया; **सॉवरेन फण्ड्स के लिए टैक्स छूट बढ़ाई** गई; सॉवरेन फण्ड पर टैक्स छूट मार्च, 2025 तक बढ़ाइ गई; **स्टार्टअप्स के लिए टैक्स छूट का दायरा बढ़ाया** गया।
- आयुष्मान भारत योजना का **दायरा और बढ़ाया** जाएगा। अब इसका लाभ **आशा और आँगनबाड़ी कार्यकर्ताओं** को भी दिया जाएगा।
- सरकार **''किराए के घरों, या झुग्गी, या चॉल और अनधिकृत कॉलोनियों में रहने वाले''** मध्यम वर्ग के योग्य वर्गों को अपने घर खरीदने या बनाने में मदद करने के लिए एक योजना शुरू करेगी।
- **'अमृत काल' के लिए रणनीति** बनाई गई है। **'पंचामृत' लक्ष्यों** के अनुरूप, सरकार उच्च और अधिक संसाधन-कुशल आर्थिक विकास की सुविधा प्रदान करेगी; ऊर्जा सुरक्षा की दिशा में भी कार्य किया जाएगा।
- **कृषि क्षेत्र में मूल्यवर्धन बढ़ाने और किसानों की आय बढ़ाने** का वादा किया गया है।
- तिलहन के लिए 'आत्मनिर्भरता' प्राप्त करने के लिए रणनीति तैयार की जाएगी।
- सभी कृषि-जलवायु क्षेत्रों में **विभिन्न फसलों पर नैनो DAP के अनुप्रयोग** का विस्तार किया जाएगा।
- सरकार प्रधानमन्त्री आवास योजना (ग्रामीण) के तहत **अगले 5 वर्षों में दो करोड़ और घरों का निर्माण** करेगी।
- **रूफटॉप सोलराइजेशन** से एक करोड़ परिवार हर महीने 300 यूनिट तक मुफ्त बिजली प्राप्त कर सकेंगे।
- सुविधाओं और सेवाओं की गुणवत्ता के आधार पर **प्रतिष्ठित पर्यटन केन्द्रों की रेटिंग के लिए एक ढाँचा** स्थापित किया जाएगा।
- सरकार वर्ष 2014 तक के **'आर्थिक हालात और मौजूदा स्थिति' पर श्वेत-पत्र** लाएगी।
- **लखपति दीदी** का लक्ष्य **2 करोड़ से बढ़ाकर 3 करोड़** किया जाएगा।
- **5 एकीकृत एक्वापार्क** स्थापित किए जाएँगे।
- **ब्लू इकोनॉमी 2.0 के लिए नई जलवायु गतिशील योजना** आरम्भ की जाएगी।
- **डेयरी किसानों की सहायता के लिए व्यापक कार्यक्रम** की रूपरेखा बनाई जाएगी।
- **अधिक मेडिकल कॉलेज** खोले जाएँगे। नए मेडिकल कॉलेज विभिन्न विभागों के तहत मौजूदा अस्पताल के बुनियादी ढाँचे का उपयोग करेंगे।
- **तीन प्रमुख आर्थिक रेलवे कॉरिडोर कार्यक्रम** लागू किए जाएँगे, जिनमें ऊर्जा, खनिज और सीमेण्ट गलियारे शामिल हैं।
- **40000 सामान्य रेल बोगियों** को **वन्दे भारत मानकों** में परिवर्तित किया जाएगा।
- **सर्वाइकल कैन्सर को रोकने के लिए टीकाकरण** की घोषणा। सर्वाइकल कैन्सर की रोकथाम के लिए टीकाकरण कार्यक्रम **9 से 14 वर्ष की आयु वर्ग की लड़कियों के लिए** होगा।
- **सक्षम आँगनबाड़ी** एवं **पोषण 2.0** के तहत उन्नयन किए जाने वाले आँगनबाड़ी केन्द्रों में तेजी लाई जाएगी।
- **डिजिटल इण्डिया** पहल को और मजबूत करने के लिए नया **U-Win प्लेटफॉर्म** डिजाइन किया गया।
- **राज्यों को पूँजीगत व्यय** के लिए 50-वर्षीय ब्याज-मुक्त ऋण की योजना इस वर्ष भी जारी रहेगी, जिसका कुल परिव्यय ₹ 1.3 लाख करोड़ होगा।
- 2030 तक 100 मीट्रिक टन **कोयला गैसीकरण और द्रवीकरण क्षमता** स्थापित की जाएगी।

☐ 'इण्डियन इकोनॉमी : ए रिव्यू–जनवरी 2024' रिपोर्ट

वित्त मन्त्रालय ने 29 जनवरी, 2024 को 'आर्थिक सर्वेक्षण 2023-24' के बजाय 'द इण्डियन इकोनॉमी : ए रिव्यू–जनवरी 2024' रिपोर्ट जारी की।

इस रिपोर्ट की कुछ मुख्य बातें निम्नलिखित हैं

- **आर्थिक विकास अनुमान** भारतीय अर्थव्यवस्था को वित्त वर्ष 2024 के लिए 7% या उससे अधिक की वृद्धि दर हासिल करने की उम्मीद है, और वित्त वर्ष 2025 में इस वृद्धि को बनाए रखने की भविष्यवाणी की गई है। यह महामारी के बाद लगातार चार वर्षों तक मजबूत वृद्धि का प्रतीक होगा।
- **वैश्विक चुनौतियाँ और रुझान** वैश्विक अर्थव्यवस्था आपूर्ति श्रृंखला में व्यवधान, व्यापार में मन्दी और आर्टिफिशियल इण्टेलिजेन्स के प्रभाव जैसी चुनौतियों का सामना कर रही है। भारत को लचीला माना जा रहा है, जिसने पिछले झटकों पर काबू पा लिया है और इन चुनौतियों से प्रभावी ढंग से निपट रहा है।

- **वैश्विक विनिर्माण में बदलाव** वैश्विक विनिर्माण में अति-वैश्वीकरण का युग समाप्त हो रहा है। सरकारें ऑनशोरिंग और फ्रेण्ड-शोरिंग पर ध्यान केन्द्रित कर रही हैं, जिससे परिवहन, रसद लागत और अन्तिम उत्पाद की कीमतें प्रभावित हो रही हैं।
- **आर्टिफिशियल इण्टेलिजेन्स और ऊर्जा संक्रमण** आर्टिफिशियल इण्टेलिजेन्स के उद्भव ने सेवा व्यापार और रोजगार के लिए चुनौतियाँ खड़ी कर दी हैं। इसके अतिरिक्त, कार्बन उत्सर्जन को कम करने के लिए विकासशील देशों पर अन्तर्राष्ट्रीय दबाव के साथ, ऊर्जा परिवर्तन पर महत्वपूर्ण ध्यान दिया गया है।
- **घरेलू आर्थिक ताकत** पिछले दशक में, भारत ने बुनियादी ढाँचे में महत्त्वपूर्ण निवेश किया है, जिससे सार्वजनिक क्षेत्र के पूँजी निवेश में 3.3 गुना की वृद्धि हुई है। मजबूत गैर-खाद्य ऋण वृद्धि के साथ वित्तीय क्षेत्र स्वस्थ है।

अन्तर्राष्ट्रीय

☐ भारत की मानवाधिकार आयोग की मान्यता पर रोक

भारत का राष्ट्रीय मानवाधिकार आयोग (NHRC) 23 मई, 2024 को अधिक ध्यान का केन्द्र रहा, क्योंकि इसे राष्ट्रीय मानवाधिकार संस्थानों के वैश्विक गठबन्धन (GANHRI) के साथ अपनी मान्यता की स्थिति बनाए रखने के लिए पेरिस सिद्धान्तों का पालन करना होगा।

भारत को संयुक्त राष्ट्र मानवाधिकार परिषद् में भाग लेने और वोट डालने में सक्षम होने के लिए, इस प्रकार की अनुमति महत्त्वपूर्ण है।

संयुक्त राष्ट्र संगठन GANHRI का आदेश है कि उसके सदस्य राष्ट्रीय मानवाधिकार संस्थान (NHRIs), जैसे NHRC, अपनी निरन्तर मान्यता सुनिश्चित करने के लिए आवर्ती मूल्यांकन से गुजरें।

यह पेरिस सिद्धान्तों का पालन सुनिश्चित करता है, जो NHRIs की निष्पक्षता, स्वतन्त्रता और क्षमता का मूल्यांकन करता है।

☐ AI सियोल शिखर सम्मेलन

दक्षिण कोरिया और यूनाइटेड किंगडम की सरकारों द्वारा 22 मई, 2024 को आयोजित AI सियोल शिखर सम्मेलन, मुख्य रूप से सम्भावित खतरों पर चर्चा करने और AI के लाभकारी अनुप्रयोगों को प्रोत्साहित करने पर केन्द्रित था। इन आश्वासनों में अत्यधिक उच्च जोखिमों के लिए आपातकालीन उपाय शामिल हैं, जैसे Kill Switch स्थापित करना।

शिखर सम्मेलन का एजेण्डा, जिसमें रचनात्मकता और समावेशिता के अतिरिक्त सुरक्षा पर व्याख्यान शामिल थे, ने AI के लिए एक सन्तुलित दृष्टिकोण की आवश्यकता पर प्रकाश डाला।

कृत्रिम बुद्धिमत्ता (AI) प्रौद्योगिकियों और अनुप्रयोगों पर विश्व की सबसे महत्त्वपूर्ण सभा को AI Sioul Summit कहा जाता है। यह प्रतिवर्ष सियोल में आयोजित किया जाता है। यह कृत्रिम बुद्धिमत्ता में प्रगति, सामाजिक चिन्ताओं और रुझानों पर चर्चा करने के लिए विश्व भर के पेशेवरों, विद्वानों और कम्पनियों को एक साथ लाता है। रोबोट में कृत्रिम बुद्धिमत्ता, स्व-चालित कारें और डेटा सुरक्षा आम विषय हैं।

☐ NTPC को ATD BEST अवॉर्ड 2024 में तीसरी रैंक

NTPC ने 21 मई, 2024 को ATD बेस्ट अवॉर्ड्स 2024 में, सम्पूर्ण विश्व में तीसरा स्थान हासिल किया, जो किसी भी भारतीय कम्पनी की उच्चतम रेटिंग को चिह्नित करता है।

पिछले 8 वर्षों में 7 बार इस प्रतिष्ठित सम्मान को जीतने वाला एकमात्र PSU NTPC है।

न्यू ऑरलियन्स, USA में एक समारोह में NTPC की CGM (स्ट्रेटेजिक HR एण्ड टैलेण्ट मैनेजमेण्ट), रचना सिंह भाल को पुरस्कार मिला।

लर्निंग एण्ड डेवलपमेण्ट (LD) के विषय में सबसे प्रतिष्ठित अन्तर्राष्ट्रीय पुरस्कारों में से एक ATD BEST अवॉर्ड्स है, जिसकी स्थापना एसोसिएशन फॉर टैलेण्ट डेवलपमेण्ट (ATD), USA द्वारा स्थापित की गई थी।

यह उन कम्पनियों को मान्यता देता है, जो प्रतिभा विकास को एक सामरिक व्यवसाय उपकरण के रूप में उपयोग करते हैं और दिखाते हैं कि कैसे कुशल कर्मचारी विकास रणनीतियों से उद्यम-व्यापी सफलता मिल सकती है।

☐ ब्लूमबर्ग बिलियनेयर्स इण्डेक्स 2024

मुकेश अंबानी और गौतम अडानी को 20 मई, 2024 को ब्लूमबर्ग बिलियनेयर्स इण्डेक्स की विश्व के 15 सबसे अमीर लोगों की सूची में शामिल किया गया।

विशेष रूप से, शीर्ष 15 में प्रत्येक व्यक्ति की पहली बार शुद्ध सम्पत्ति कम-से-कम $ 100 अरब है।

$110 अरब की सम्पत्ति के साथ 12वें नम्बर पर रिलायन्स इण्डस्ट्रीज लिमिटेड (RIL) के चेयरमैन और प्रबन्ध निदेशक मुकेश अंबानी हैं।

14वें नम्बर पर, $ 100 अरब की सम्पत्ति के साथ, गौतम अडानी हैं।

अडानी समूह के आर्थिक हितों में खाद्य तेल, सीमेण्ट, रियल एस्टेट, बन्दरगाह, हवाई अड्डे, बिजली उत्पादन और ट्रान्समिशन और नवीकरणीय ऊर्जा शामिल हैं।

प्रसिद्ध लोरियल फर्म की मालिक बेटनकोर्ट मेयर्स अब $100 अरब की सम्पत्ति वाली पहली महिला हैं।

$106 अरब की सम्पत्ति के साथ, मैक्सिको के कार्लोस स्लिम इस सूची में 13वें स्थान पर हैं और वह पहली बार इस सूची में उपस्थित हुए हैं।

☐ मोरी ऑफ द वर्ल्ड का एक हिस्सा है 'सुल्ताना स ड्रीम'

बेगम रुकय्या सखावत हुसैन के 'सुल्ताना स ड्रीम' को 17 मई, 2024 को UNESCO की मेमोरी ऑफ द वर्ल्ड सूची में शामिल किया गया।

यह सम्मान उलानबटार, मंगोलिया में एशिया और प्रशान्त के लिए मेमोरी ऑफ़ द वर्ल्ड समिति की 10वीं आम बैठक के दौरान प्रदान किया गया।

'सुल्ताना स ड्रीम' वर्ष 1905 में ब्रिटिश भारत की नारीवादी लेखिका बेगम रुकय्या सखावत हुसैन द्वारा लिखी गई थी। यह अब तक लिखी गई पहली नारीवादी और विज्ञान कथा कृतियों में से एक थी।

UNESCO के मेमोरी ऑफ द वर्ल्ड रजिस्टर में सूचीबद्ध होना ऐतिहासिक और सांस्कृतिक रूप से 'सुल्ताना स ड्रीम' के महत्त्व को दर्शाता है।

☐ इण्डिया स्किल्स कम्पटीशन 2024 आयोजित

देश की सबसे बड़ी कौशल प्रतियोगिता, द इण्डिया स्किल्स कम्पटीशन 2024, जिसका उद्देश्य स्किलिंग के उच्चतम मानकों को प्रदर्शित करना है, 15 मई, 2024 को शुरू हुई।

यशोभूमि, द्वारका, नई दिल्ली में आयोजित एक उद्घाटन समारोह में, कौशल विकास और उद्यमिता मन्त्रालय (MSDE) 30 से अधिक राज्यों और केन्द्रशासित प्रदेशों के 900 से अधिक छात्रों के साथ-साथ 400 से अधिक उद्योग विशेषज्ञों की उम्मीद कर रहा है।

4 दिवसीय इण्डिया स्किल्स इवेण्ट के माध्यम से, प्रतिभागी पारम्परिक शिल्प से लेकर अत्याधुनिक प्रौद्योगिकियों तक 61 प्रतिभाओं के साथ एक राष्ट्रीय मंच पर अपनी व्यापक क्षमताओं और प्रतिभा का प्रदर्शन करने में सक्षम होंगे।

उपलब्ध सर्वोत्तम बुनियादी ढाँचे को ध्यान में रखते हुए ऑनसाइट आयोजित की जाने वाली 47 कौशल प्रतियोगिताओं के अतिरिक्त, गुजरात, कर्नाटक, हरियाणा और उत्तर प्रदेश में 14 कौशल प्रतियोगिताओं ऑफसाइट आयोजित की जाएँगी।

☐ प्रख्यात व्यक्तियों के 'समूह' की तीसरी बैठक

बहु-क्षेत्रीय तकनीकी और आर्थिक सहयोग के लिए बंगाल की खाड़ी पहल (BIMSTEC) की भविष्य की दिशाओं पर प्रख्यात व्यक्तियों के समूह (EPG) की तीसरी बैठक 12-13 मई, 2024 को आयोजित की गई।

बैठक ढाका, बांग्लादेश में BIMSTEC सचिवालय में आयोजित की गई और इसका नेतृत्व थाइलैण्ड के EPG सदस्य डॉ. सूनथॉर्न चैयिनदीपम ने किया।

थाइलैण्ड BIMSTEC का वर्तमान अध्यक्ष है। EPG को समृद्ध, लचीला और विकसित बंगाल की खाड़ी क्षेत्र को बढ़ावा देने के लिए BIMSTEC में सुधार, पुनरुद्धार और पुनः उपयोग के लिए सुझाव विकसित करने का कार्य सौंपा गया है।

EPG की स्थापना अपने सदस्य देशों की दीर्घकालिक व्यवहार्यता और सुरक्षा में सुधार के लिए क्षेत्रीय सहयोग को मजबूत करने और विस्तारित करने के लिए आवश्यक कदम उठाने की BIMSTEC की प्रतिबद्धता को दर्शाती है।

☐ भारत का संयुक्त राष्ट्र का पूर्ण सदस्य बनने के लिए फिलिस्तीन के प्रयास के पक्ष में मतदान

भारत ने 11 मई, 2024 को संयुक्त राष्ट्र महासभा द्वारा अनुमोदित एक मसौदा प्रस्ताव के पक्ष में मतदान करके संयुक्त राष्ट्र की पूर्ण सदस्यता के लिए फिलिस्तीन की महत्त्वाकांक्षा का समर्थन किया।

193-सदस्यीय महासभा ने एक आपातकालीन असाधारण सत्र बुलाया, जिसके दौरान संयुक्त अरब अमीरात ने संयुक्त राष्ट्र में फिलिस्तीन की पूर्ण सदस्यता का समर्थन करने वाले अरब समूह के प्रस्ताव को पारित किया।

प्रस्ताव में कहा गया है कि फिलिस्तीन योग्य है और उसे संयुक्त राष्ट्र के पूर्ण सदस्य के रूप में स्वीकार किया जाना चाहिए तथा सुरक्षा परिषद् को इस मामले पर अनुकूल रूप से विचार करना चाहिए।

फिलिस्तीन संयुक्त राष्ट्र में एक गैर-सदस्य पर्यवेक्षक राज्य है। वर्ष 2012 में आम सभा ने फिलिस्तीन को यह दर्जा दिया था।

भारत पहला गैर-अरब देश था, जिसने वर्ष 1974 में फिलिस्तीनी 'मुक्ति संगठन' को फिलिस्तीनी लोगों के एकमात्र वैध प्रतिनिधि के रूप में स्वीकार किया था।

☐ अरेबियन ट्रैवल मार्केट 2024 का 31वाँ संस्करण

भारतीय पर्यटन मन्त्रालय अरेबियन ट्रैवल मार्ट 2024' में भाग ले रहा है, जो 6-9 मई, 2024 को दुबई में होने वाला है।

यह अवसर मध्य पूर्वी यात्रा उद्योग में भारत की स्थिति को बढ़ाने की दिशा में एक महत्त्वपूर्ण कदम है।

अतुल्य भारत मण्डप का उद्घाटन दुबई में भारत के महावाणिज्य दूत सतीश कुमार सिवान द्वारा किया गया।

पूरे UAE बाजार पर कब्जा जमानें के इरादे से, मण्डप ने बड़ी धूम मचा दी है।

एक प्रतिनिधिमण्डल के प्रभारी, जिसमें ट्रैवल एजेन्सियाँ, 5 सितारा होटल, स्पा और भारतीय रेलवे खानपान एवं पर्यटन निगम शामिल हैं, भारत स्वयं को पूरे वर्ष यात्रा गन्तव्य के रूप में पेश करने के लिए तैयार है।

पर्यटन मन्त्रालय ने अरेबियन ट्रैवल मार्ट में कूल समर्स ऑफ इण्डिया अभियान शुरू किया है, जो कम प्रसिद्ध लेकिन नई तरह के यात्रा स्थलों को प्रदर्शित करता है।

यह डिजिटल विज्ञापन हिमालय जैसे पहाड़ी रिसॉर्ट्स में भारत की पेशकशों पर प्रकाश डालता है और इस विचार का खण्डन करता है कि देश गर्मियों की यात्रा के लिए बहुत गर्म है।

विज्ञापन का लक्ष्य भारत को पूरे वर्ष चलने वाले, सर्वव्यापी यात्रा गन्तव्य के रूप में प्रदर्शित करना है।

☐ वर्ल्ड प्रेस फ्रीडम इण्डेक्स 2024 जारी

रिपोर्ट्स विदाउट बॉर्डर्स (RSF) के वार्षिक वर्ल्ड प्रेस फ्रीडम इण्डेक्स में 4 मई, 2024 को भारत 180 देशों में से 159वें स्थान पर है।

यद्यपि यह इसकी पिछली रैंकिंग 161 में थोड़ी वृद्धि है, फिर भी यह उन प्रमुख बाधाओं को उजागर करता है, जिन्हें देश के पत्रकारों को दूर करना चाहिए।

वर्ल्ड प्रेस फ्रीडम इण्डेक्स में डेनमार्क को दूसरे स्थान पर और नॉर्वे को सूची में शीर्ष पर रखा गया है।

स्वीडन तीसरे स्थान पर है। पत्रकारों को कार्य करने और रिपोर्ट करने की फ्रीडम और स्वतन्त्रता के आधार पर वर्ल्ड प्रेस फ्रीडम इण्डेक्स द्वारा 180 देशों की रैंकिंग की जाती है।

सूचकांक में कोई भी एशियाई राष्ट्र शीर्ष 15 में नहीं था।

☐ वर्ल्ड आर्ट दुबई का 10वाँ संस्करण हुआ शुरू

वर्ल्ड आर्ट दुबई का 10वाँ संस्करण, जिसमें भारतीय कलाकारों और कला संगठनों की कलाकृतियाँ प्रदर्शित की गईं, 2 मई, 2024 को दुबई के वर्ल्ड ट्रेड सेंटर में शुरू हुआ।

5 मई तक चलने वाले प्रतिष्ठित एक्सपो, 60 से अधिक देशों का प्रतिनिधित्व करने वाले 400 से अधिक प्रतिष्ठित दीर्घाओं और एकल कलाकारों के साथ-साथ पेंटिंग, मूर्तियाँ, डिजिटल कला प्रतिष्ठानों और अधिक सहित कला के 10000 टुकड़े प्रदर्शित कर रहा है।

भारतीय कला को विश्व स्तर पर प्रदर्शित किया जा रहा है। क्षेत्र के सबसे बड़े समकालीन कला मेले का केन्द्र, इंडियन पवेलियन आधुनिक भारतीय कला से अभिप्रेत है।

आगंतुक यहाँ पर गतिशील पॉप कला, इमर्सिव इंस्टॉलेशन एवं इंटीरियर डिजाइन और कला के अनूठे संयोजन का अनुभव करें।

ये प्रदर्शनियाँ, जिनमें ज्ञात और उभरते हुए दोनों कलाकारों की कलाकृतियाँ शामिल हैं, भारत के कला परिदृश्य की समकालीन भावना को उजागर करती हैं।

चीन, तुर्कीए, ईरान, अमेरिका, रूस, संयुक्त अरब अमीरात, यूरोप, ब्रिटेन और अरब विश्व के कलात्मक अभिव्यक्तियाँ प्रदर्शित करने वाले 12 राष्ट्रीय मंडप कलाकृतियों के साथ प्रदर्शित किए गए हैं।

यह अनुमान लगाया गया है कि हजारों कला प्रेमी, संग्रहकर्ता और आलोचक 4 दिवसीय मेले में भाग लेंगे।

☐ अप्रैल का GST कलेक्शन

सकल वस्तु और सेवा कर (GST) प्राप्तियाँ अप्रैल, 2024 में 2.10 लाख करोड़ के नए उच्च स्तर पर मई, 2024 को पहुँच गईं।

यह 12.4% की उल्लेखनीय वार्षिक वृद्धि को इंगित करता है, जो ज्यादातर घरेलू लेन-देन (13.4%) और आयात (8.3% ऊपर) दोनों में मजबूत वृद्धि के कारण है।

रिफंड को ध्यान में रखते हुए, अप्रैल, 2024 के लिए शुद्ध GST राजस्व ₹ 1.92 लाख करोड़ है, जो पिछले वर्ष की इसी अवधि की तुलना में उल्लेखनीय 15.5% की वृद्धि है।

केंद्र सरकार ने अप्रैल, 2024 में एकत्र किए गए IGST का उपयोग CGST को ₹ 50307 करोड़ और SGST को ₹ 41,600 करोड़ का भुगतान करने के लिए किया।

नियमित निपटान के पश्चात्, यह अप्रैल, 2024 के लिए CGST के लिए ₹ 94153 करोड़ और SGST के लिए ₹ 95138 करोड़ के कुल राजस्व के बराबर है।

☐ 2035 तक कोयला चरणबद्ध समाप्ति पर C7 देशों की चर्चा

G7 ऊर्जा मंत्रियों ने 30 अप्रैल, 2024 को जीवाश्म ईंधन से दूर जाने के लिए प्रतिबद्ध किया और ट्यूरिन, इटली में अपने शिखर सम्मेलन के दौरान कोयले से चलने वाले बिजली स्टेशनों को बंद करने की संभावित समय सीमा के बारे में बात की।

वार्ता दिसंबर में संयुक्त राष्ट्र की COP28 जलवायु बैठक के दौरान कोयला, तेल और गैस को छोड़ने की वैश्विक प्रतिबद्धता का पालन करती है।

G7 के ऊर्जा मंत्री कोयले से चलने वाले बिजली संयंत्रों को बंद करने के साझा लक्ष्य पर सहमत होने के लिए लगभग तैयार हैं।

यह सुझाव दिया जाता है कि कोयला बिजली उत्पादन को वर्ष 2035 तक या शायद वर्ष 2030 के दशक की पहली छमाही में चरणबद्ध रूप से समाप्त किया जाए।

सबसे हालिया G7 मसौदे के अनुसार, कोयला बिजली उत्पादन को वर्ष 2030 के दशक की पहली छमाही में या एक समय-सीमा में बिना किसी रुकावट के चरणबद्ध किया जाएगा, जो पहुँच के भीतर 1.5°C तापमान वृद्धि सीमा को बनाए रखने के अनुरूप है।

☐ इंटरनेशनल हेल्थ रेगुलेशन्स (2005) में संशोधन

वर्ल्ड हेल्थ ऑर्गेनाइजेशन (WHO) ने 29 अप्रैल, 2024 को कहा कि सदस्य राष्ट्र इंटरनेशनल हेल्थ रेगुलेशन्स (2005) में बदलावों के एक सेट पर लगभग आम सहमति पर थे, जो भविष्य में सार्वजनिक स्वास्थ्य आपात स्थितियों के लिये वैश्विक तत्परता को बढ़ाएगा।

WHO के प्रत्येक सदस्य राज्य सहित 196 देशों के मध्य एक कानूनी रूप से बाध्यकारी समझौता, इंटरनेशनल हेल्थ रेगुलेशन्स (IHR) विश्व स्वास्थ्य के खतरों को रोकने और संबोधित करने के लिए सहकारी प्रयासों को अनिवार्य करता है।

विचाराधीन संशोधनों में निम्नलिखित हैं: प्रारंभिक चेतावनी और संभावित स्वास्थ्य जोखिमों का पता लगाने के तरीकों में सुधार। यह आपात स्थिति से निपटने के लिए मानव संसाधन की क्षमता को बढ़ाएगा; जैसे-महामारी के मामले में वित्तीय तत्परता तथा अंतर्राष्ट्रीय सहयोग और सूचना विनिमय को बढ़ावा देना।

जटिल स्वास्थ्य जोखिम वाले वैश्वीकृत समाज में IHR को अधिक ''उद्देश्य के लिए उपयुक्त'' बनाना।

☐ भारतीयों के लिए नए शेंगेन वीजा नियम

यूरोपीय संघ ने भारतीयों के लिए नए शेंगेन वीज़ा नियम लागू किए हैं, जो 23 अप्रैल, 2024 को लागू हुए और उन्होंने भारतीय नागरिकों के लिए वीज़ा आवेदन प्रक्रिया को नाटकीय रूप से बदल दिया है।

अप्रैल, 2024 से प्रभावी, यह संशोधन शेंगेन क्षेत्र के अंतर्गत भारतीयों की यात्रा के तरीके को महत्त्वपूर्ण रूप से बदल देता है।

शेंगेन वीजा ऐतिहासिक रूप से कम वैधता अवधि के साथ जारी किए गए हैं, जिसने लगातार यात्रियों को प्रतिबंधित कर दिया है।

संशोधित नीति, जिसका उद्देश्य यात्रा को सुव्यवस्थित करना और भारत एवं यूरोपीय संघ के मध्य द्विपक्षीय संबंधों को मजबूत करना है, अब लंबे समय तक रहने और कई प्रविष्टियों की अनुमति देता है।

शेंगेन वीजा एक यात्रा दस्तावेज है जो शेंगेन क्षेत्र को बनाने वाले 25 देशों में से किसी में भी 180 दिनों की अवधि के दौरान 90 दिनों तक संक्षिप्त यात्राओं के लिए प्रवेश की अनुमति देता है।

इसे यूरोपीय भू-राजनीति और यात्रा व्यावहारिकताओं को ध्यान में रखकर डिजाइन किया गया था।

इनमें नॉर्वे और स्विट्जरलैंड जैसे गैर-यूरोपीय संघ के सदस्यों के साथ-साथ फ्रांस, जर्मनी और इटली जैसे महत्त्वपूर्ण यूरोपीय देश शामिल है।

एक या अधिक प्रविष्टियों की अनुमति देने में वीजा का लचीलापन व्यापार और पर्यटन सहित विभिन्न प्रकार की यात्रा व्यवस्थाओं की अनुमति देता है।

☐ शैक्षणिक वर्ष 2024-25 के लिए परमानेंट एजुकेशन नंबर अनिवार्य

शैक्षणिक वर्ष 2024-25 से शुरुआत करते हुए, राज्य के स्कूल शिक्षा विभाग ने 20 अप्रैल, 2024 को परमानेंट एजुकेशन नंबर (PENs) को अपनाना अनिवार्य कर दिया।

केंद्रीय शिक्षा मंत्रालय UDISE+ (यूनिफाइड डिस्ट्रिक्ट इंफॉर्मेशन सिस्टम फॉर एजुकेशन प्लस) पोर्टल के माध्यम से प्रत्येक छात्र को PEN या विशिष्ट पहचान संख्या प्रदान करता है, जो 14.89 लाख से अधिक स्कूलों, 95 लाख शिक्षकों और 26.5 करोड़ छात्रों को सेवा प्रदान करता है।

PEN की शुरुआत शैक्षणिक वर्ष 2024-25 के दौरान विद्यार्थियों के एक नए स्कूल में स्थानांतरण को सरल और तेज करने की प्रक्रिया को सुविधाजनक बनाएगी।

नया दृष्टिकोण माता-पिता को उनके चयनित स्कूल में छात्र के स्थानांतरण पर एक SMS नोटिस या स्वागत संदेश भेजकर एक सहज और सूचित संक्रमण सुनिश्चित करता है। छात्रों के कक्षा 1 में प्रवेश लेने के पश्चात् केवल चाइल्ड ID (आधार) और PEN की जरूरत होग, क्योंकि सभी कागजी कार्रवाई कंप्यूटराइज्ड हो रही है।

प्रक्रिया को और तेज करने के लिए, अधिकारियों से कक्षा 1 से शुरू होने वाले प्रत्येक बच्चे के लिए डिजिलॉकर खाते खोलने का भी आग्रह किया गया है।

☐ हुरुन रिसर्च इंस्टीट्यूट रिपोर्ट

मुंबई 26 मार्च, 2024 को 92 अरबपतियों के साथ, अरबपतियों की एशियाई राजधानी के रूप में बीजिंग से आगे निकल गया।

चीन को अत्यधिक धनी व्यक्तियों की संख्या में कमी से निपटना होगा।

ग्लोबल रिच लिस्ट में 3279 व्यक्ति शामिल हैं। यह महत्त्वपूर्ण उपलब्धि संपूर्ण विश्व में धन के वितरण में भारत के बढ़ते महत्त्व को उजागर करती है और मुंबई के विकासशील आर्थिक वातावरण का प्रतिनिधित्व करती है।

न्यूयॉर्क (119) और लंदन (97) के पश्चात्, मुंबई अब 92 अरबपतियों के साथ विश्व का तीसरा सबसे अमीर शहर है।

अडानी समूह के गौतम अडानी और रिलायंस इंडस्ट्रीज के मुकेश अंबानी मुंबई के अरबपति स्थिति के लिए जिम्मेदार 2 प्रमुख व्यक्ति हैं।

भारत की मज़बूत अर्थव्यवस्था, जिसका विस्तार वर्ष 2023 में 7.5% वार्षिक दर से हुआ, ने देश को 94 अरबपतियों का स्वागत करने में सक्षम बनाया, जो वर्ष 2013 के बाद से सबसे अधिक है।

☐ फ्लोरिडा द्वारा नाबालिगों के लिए सोशल मीडिया पर प्रतिबंध

एक कानून जो 14 वर्ष से कम आयु के किशोरों को सोशल मीडिया अकाउंट स्थापित करने से रोकता है, उसे 28 मार्च, 2024 को फ्लोरिडा के गवर्नर रॉन डेसेंटिस द्वारा कानून में अधिनियमित किया गया।

14 और 15 वर्ष के बच्चों के लिए मेटा, टिकटॉक और अन्य जैसी वेबसाइटों पर खाता पंजीकृत करने से पहले माता-पिता की सहमति प्राप्त करना कानूनी रूप से आवश्यक है।

फ्लोरिडा के सभी सोशल मीडिया उपयोगकर्ताओं को अपनी उम्र साबित करने के लिए अब पहचान दस्तावेज प्रस्तुत करने की आवश्यकता होगी।

'फ्लोरिडा कानून' कुछ सरकारों द्वारा सोशल मीडिया कंपनियों पर प्रतिबंध लगाने के लिए एक व्यापक पहल का एक घटक है। स्पष्ट यौन जानकारी के प्रसार और युवा लोगों के मानसिक स्वास्थ्य पर इसके प्रभाव के बारे में चिंताएँ बढ़ रही हैं।

☐ 13वाँ WTO मन्त्रीस्तरीय सम्मेलन का आयोजन

26 फरवरी, 2024 को विश्व व्यापार संगठन (WTO) का 13वाँ मन्त्रीस्तरीय सम्मेलन आबूधाबी (संयुक्त अरब अमीरात) में आयोजित किया गया। यह चार दिवसीय मन्त्रीस्तरीय सम्मेलन 26 फरवरी से 2 मार्च, 2024 तक आयोजित किया गया।इस कार्यक्रम में वैश्विक व्यापार को प्रभावित करने वाले प्रमुख मुद्दों पर बातचीत को आगे बढ़ाने हेतु WHO के 164 सदस्य देशों के मन्त्रियों ने हिस्सा लिया। इस सम्मेलन में व्यापार निगरानी प्रक्रियाओं को बढ़ाने की प्रतिबद्धता व मत्स्य पालन सब्सिडी व ई-कॉमर्स मे बाधाओं को कम करने हेतु चर्चा की गई।

☐ इजरायल को मानवीय पहुँच की अनुमति देने का आदेश

अन्तर्राष्ट्रीय न्यायालय (ICJ) ने 26 जनवरी, 2024 को एक ऐतिहासिक फैसले में इजरायल को मानवीय पहुँच की अनुमति देने का आदेश दिया। संयुक्त राष्ट्र की शीर्ष अदालत ने यह भी फैसला सुनाया कि इजरायल को तत्काल प्रभाव से यह सुनिश्चित करने के लिए सभी उपाय करने चाहिए कि उसकी सेना कोई ऐसा कार्य न करे जो संयुक्त राष्ट्र नरसंहार कन्वेन्शन 1948 के उल्लंघन का कारण बने।

अन्तर्राष्ट्रीय न्यायालय के 17-न्यायाधीशों के पैनल ने ऐसे उपाय जारी किए, जिसमें इजरायल को अपने सैन्य अभियान के कारण होने वाली मृत्यु और विनाश को सीमित करने के लिए कदम उठाने के साथ-साथ नरसंहार के लिए उकसाने को रोकने और दण्डित करने का आदेश दिया गया।

☐ 19वें NAM शिखर सम्मेलन का आयोजन

कम्पाला (युगाण्डा) में 15-20 जनवरी, 2024 तक गुटनिरपेक्ष आन्दोलन (NAM) का 19वाँ शिखर सम्मेलन आयोजित किया गया। इस शिखर सम्मेलन का मुख्य विषय 'Deepening Cooperation for Shared Global Affluence' था। शिखर सम्मेलन ने 'कम्पाला डिक्लेरेशन' को अपनाया, जिसमें इजरायली सैन्य आक्रामकता की निन्दा की गई और घिरे गाजा पट्टी में मानवीय सहायता की अनुमति देने के लिए संयुक्त राष्ट्र सुरक्षा परिषद के प्रस्ताव को लागू करने का आह्वान किया गया।

शिखर सम्मेलन में भारतीय प्रतिनिधिमण्डल का नेतृत्व भारत के विदेश मन्त्री ने किया।

☐ दावोस में 54वाँ WEF शिखर सम्मेलन

स्विट्ज़रलैण्ड के दावोस में 15-19 जनवरी, 2024 तक वर्ल्ड इकोनॉमिक फोरम (WEF) की 54वीं वार्षिक बैठक आयोजित की गई। इसका विषय 'रिबिल्डिंग ट्रस्ट' था, जो नई प्रौद्योगिकियों द्वारा सक्षम अवसरों की खोज और निर्णय लेने एवं वैश्विक साझेदारी पर उनके प्रभाव पर ध्यान केन्द्रीय करने पर जोर देता है।

इसमें जलवायु परिवर्तन, कृत्रिम बुद्धिमत्ता के खतरों, भू-राजनीतिक बिखराव के बीच सहयोग और विश्व भर में अन्य समस्याओं से सम्बन्धित मुद्दों पर चर्चा की गई। यूक्रेन युद्ध, इजरायल-हमास युद्ध जैसे चल रहे संघर्ष भी एजेण्डे का हिस्सा थे।

☐ क्राउन प्रिन्स फ्रेडरिक X बने डेनमार्क के राजा

क्राउन प्रिन्स फ्रेडरिक X 15 जनवरी, 2024 को डेनमार्क के राजा बने, उन्होंने अपनी माँ, रानी मार्गरेट II का स्थान लिया, जिन्होंने औपचारिक रूप से सम्राट के रूप में 52 वर्ष बाद पद त्यागा है। 83 वर्षीय मार्गरेट लगभग 900 वर्षों में स्वेच्छा से सिंहासन छोड़ने वाली पहली डेनिश सम्राट हैं।

उन्होंने नए वर्ष की पूर्व संध्या पर टेलीविजन पर पद छोड़ने की अपनी योजना की घोषणा करके देश को चौंका दिया था।

☐ विलियम लाई चिंग–ते ताइवान के राष्ट्रपति निर्वाचित

ताइवान के मतदाताओं ने 14 जनवरी, 2024 को विलियम लाई चिंग-ते को अपने राष्ट्रपति के रूप में चुना। वह डेमोक्रेटिक प्रोग्रेसिव पार्टी (DPP) से सम्प्रभुता समर्थक उम्मीदवार और वर्तमान उपराष्ट्रपति हैं। लाई ने अपने रूढ़िवादी प्रतिद्वन्द्वी, कुओमितांग (KMT) के होउ यू-इह को 900000 से अधिक मतों से हराकर DPP के लिए अभूतपूर्व लगातार तीसरा कार्यकाल हासिल किया।

☐ ग्लोबल वाटर मॉनिटर रिपोर्ट 2023 जारी

13 जनवरी, 2024 को जारी ग्लोबल वाटर मॉनिटर रिपोर्ट 2023 में जानकारी दी गई है कि 77 से अधिक देशों ने पिछले 45 वर्षों में अपने उच्चतम औसत वार्षिक तापमान को सहन किया। अभूतपूर्व गर्मी सभी मौसमों में प्रकट हुई, जो जल बजट के साथ वर्षा पैटर्न को प्रभावित करती है।

अध्ययन के अनुसार, पिछला वर्ष वैश्विक जल चक्र उभरते अल नीनो के उष्णकटिबन्धीय वर्षा क्षेत्रों से प्रभावित हुआ था। गर्म और शुष्क हवा के बावजूद, कृषि प्रथाओं को विकसित करने जैसे कई सम्भावित कारकों के कारण वार्षिक मिट्टी की नमी का स्तर वर्ष 1998-2005 के औसत से 3.5% बढ़ गया।

☐ दक्षिण कोरिया द्वारा कुत्ते के माँस के व्यापार पर प्रतिबन्ध

दक्षिण कोरिया की संसद ने 11 जनवरी, 2024 को कुत्ते के माँस को खाने और बेचने पर प्रतिबन्ध लगाने वाले एक अभूतपूर्व विधेयक को पारित करके इतिहास रच दिया। यह कदम सदियों पुरानी प्रथा के अन्त का प्रतीक है, जिसकी पशु कल्याण के लिए बढ़ते समर्थन की तेजी से आलोचना की गई। सत्तारूढ़ पार्टी द्वारा प्रस्तावित और अपूर्व द्विदलीय समर्थन प्राप्त विधेयक 208 मतों के भारी बहुमत से पारित हो गया और एकल-कक्ष संसद में दो सदस्यों ने मतदान में भाग नहीं लिया।

☐ गैब्रियल एटल बने फ्रांस के प्रधानमन्त्री

राष्ट्रपति इमैनुएल मैक्रो ने 9 जनवरी, 2024 को गैब्रियल एटल को फ्रांस के नए प्रधानमन्त्री के रूप में नियुक्त किया। 34 वर्ष की आयु में, एटल फ्रांसीसी इतिहास में सबसे कम आयु के प्रधानमन्त्री हैं और इस प्रतिष्ठित पद को धारण करने वाले पहले आधिकारिक रूप से समलैंगिक व्यक्ति हैं।

एटल की नियुक्ति ऐसे समय में हुई है, जब मैक्रो ने अपनी सरकार में नई जान फूँकने के लिए मन्त्रिमण्डल में फेरबदल शुरू किया है।

☐ बांग्लादेश की प्रधानमन्त्री बनीं शेख हसीना

शेख हसीना 9 जनवरी, 2024 को पाँचवीं बार बांग्लादेश की प्रधानमन्त्री चुनी गईं। बांग्लादेश की प्रधानमन्त्री शेख हसीना वर्ष 2009 से सत्ता में हैं और वह अवामी लीग पार्टी से सम्बन्ध रखती हैं।

हसीना की पार्टी अवामी लीग ने 300 सीटों वाली संसद में 223 सीटें हासिल की हैं। विपक्षी दल बांग्लादेश नेशनलिस्ट पार्टी ने चुनावों का बहिष्कार किया है।

☐ हिम तेन्दुआ बना किर्गिस्तान का राष्ट्रीय प्रतीक

मध्य एशियाई देश किर्गिस्तान ने 8 जनवरी, 2024 को हिम तेन्दुए को राष्ट्रीय प्रतीक के रूप में घोषित किया। राष्ट्रपति झापारोव का आदेश पारिस्थितिक सन्तुलन बनाए रखने में हिम तेन्दुओं की महत्त्वपूर्ण भूमिका पर प्रकाश डालता है। जंगल में इन शानदार प्राणियों की हानि पर्वतीय पारिस्थितिक तन्त्र के नाजुक सन्तुलन के लिए एक महत्त्वपूर्ण खतरा पैदा करती है। किर्गिस्तान ने वर्ष 2013 में 'ग्लोबल स्नो लेपर्ड फोरम' की मेजबानी की थी।

खेल-खिलाड़ी

क्रिकेट

☐ भारत–अफगानिस्तान T20 सीरीज 2024

भारत ने 11-17 जनवरी, 2024 तक तीन मैचों की T20 सीरीज के लिए अफगानिस्तान की क्रिकेट टीम की मेजबानी की। यह इन दोनों देशों के बीच पहली बहु-मैचों वाली वाइट बॉल सीरीज थी।

भारत ने यह सीरीज 3-0 से जीती। भारत ने पहले दो मैच 6-6 विकेट के अन्तर से जीते, जबकि तीसरा मैच टाई रहा जिसे भारत ने सुपर ओवर के बाद जीता।
भारतीय ऑलराउण्डर शिवम दुबे को 'प्लेयर ऑफ द सीरीज' चुना गया।

☐ ICC विश्व कप 2023

भारत ने 5 अक्टूबर से 19 नवम्बर, 2023 तक ICC पुरुष क्रिकेट विश्व कप के 13वें संस्करण की मेजबानी की। इसके फाइनल में ऑस्ट्रेलिया ने भारत को 6 विकेट से हराकर खिताब अपने नाम किया।
ऑस्ट्रेलिया ने छठी बार यह खिताब जीता है। भारतीय क्रिकेटर विराट कोहली को 'प्लेयर ऑफ द टूर्नामेंट' का पुरस्कार मिला।
यह पहला पुरुष क्रिकेट विश्व कप था जिसकी मेजबानी पूरी तरह से भारत ने की थी।

☐ सैयद मुश्ताक अली ट्रॉफी 2023

पंजाब ने 6 नवम्बर, 2023 को बड़ौदा को 20 रन से हराकर अपना पहला सैयद मुश्ताक अली ट्रॉफी खिताब जीत लिया।
अभिषेक शर्मा (पंजाब) को इस टूर्नामेंट में 'प्लेयर ऑफ द सीरीज' चुना गया। यह सैयद मुश्ताक अली ट्रॉफी का 16वां संस्करण था, जो भारत में आयोजित एक ट्वेंटी-20 क्रिकेट प्रतियोगिता थी।

☐ ईरानी कप 2023-24

राजकोट (गुजरात) के सौराष्ट्र क्रिकेट एसोसिएशन (SCA) स्टेडियम में 3 अक्टूबर, 2023 को शेष भारत ने सौराष्ट्र को हराकर ईरानी कप 2023-24 जीत लिया।
शेष भारत ने सौराष्ट्र को 175 रन से हराकर अपना 31वाँ ईरानी कप खिताब जीता।
सौरभ कुमार (शेष भारत) को 'प्लेयर ऑफ द मैच' के रूप में नामित किया गया। ईरानी कप 2023-24 इस घरेलू क्रिकेट प्रतियोगिता का 60वाँ संस्करण था।

☐ एशिया कप 2023

पाकिस्तान और श्रीलंका में 30 अगस्त से 17 सितम्बर, 2023 के बीच पुरुषों के एशिया कप क्रिकेट टूर्नामेंट का 16वाँ संस्करण आयोजित किया गया। भारत ने फाइनल में श्रीलंका को 10 विकेट से हराकर रिकॉर्ड आठवीं बार एशिया कप का खिताब जीत लिया।
फाइनल मैच के लिए प्लेयर ऑफ द मैच का पुरस्कार भारत के तेज गेंदबाज मोहम्मद सिराज को दिया गया।
भारतीय स्पिन गेंदबाज कुलदीप यादव को 'प्लेयर ऑफ द सीरीज' का पुरस्कार दिया गया।

☐ ACC मेन इमर्जिंग टीम एशिया कप 2023

पाकिस्तान की क्रिकेट टीम ने 23 जुलाई, 2023 को फाइनल में भारत A को हराकर एशियाई क्रिकेट परिषद (ACC) मेन इमर्जिंग टीम एशिया कप 2023 जीता।
यह टूर्नामेण्ट आर. प्रेमदासा स्टेडियम, कोलम्बो (श्रीलंका) में आयोजित किया गया था।
इस टूर्नामेण्ट में पाकिस्तान की लगातार दूसरी जीत है, इससे पहले उसने ढाका, बांग्लादेश में बांग्लादेश के खिलाफ वर्ष 2019 के फाइनल में कप जीता था।

☐ दलीप ट्रॉफी 2023

दक्षिण क्षेत्र ने 16 जुलाई, 2023 को बेंगलुरु (कर्नाटक) में पश्चिम क्षेत्र को 75 रन से शिकस्त देकर दलीप ट्रॉफी क्रिकेट टूर्नामेण्ट का खिताब जीता।
पश्चिम क्षेत्र ने 298 रन के लक्ष्य का पीछा करते हुए 5वें दिन 222 रन बनाकर आउट हो गई।
दक्षिण क्षेत्र की तरफ से बाएँ हाथ के स्पिनर साई किशोर और तेज गेंदबाज वासुकी कौशिक ने 4-4 विकेट लिए। दक्षिण क्षेत्र ने 14वीं बार दलीप ट्रॉफी का खिताब जीता है।

☐ वर्ल्ड टेस्ट चैम्पियनशिप 2023

ऑस्ट्रेलिया ने भारत को 209 रनों से हराकर अपना पहला ICC वर्ल्ड टेस्ट चैम्पियनशिप 2023 जीती।
चैम्पियनशिप 11 जून, 2023 को लन्दन के केनिंग्टन ओवल में आयोजित की गई।
ऑस्ट्रेलिया सभी ICC खिताब जीतने वाली पहली टीम बन गई। भारतीय कप्तान रोहित शर्मा ने टॉस जीतकर पहले गेंदबाजी करने का फैसला किया।
भारतीय टीम लगातार दूसरी बार टेस्ट चैम्पियनशिप के फाइनल में हारी है।

☐ IPL 2023

चेन्नई सुपर किंग्स (CSK) ने 29 मई, 2023 को मुम्बई इण्डियन्स के एक रिकॉर्ड की बराबरी करते हुए अपना पाँचवाँ इण्डियन प्रीमियर लीग (IPL) खिताब जीता।

प्रमुख पुरस्कार विजेता और पुरस्कार राशि

पुरस्कार	विजेता	पुरस्कार राशि
विजेता	चेन्नई सुपर किंग्स (CSK)	₹ 20 करोड़
उप-विजेता	गुजरात टाइटन्स (GT)	₹ 12.5 करोड़
MVP ऑफ द सीजन	शुबमन गिल (GT)	₹ 10 लाख
पर्पल कैप (सर्वाधिक विकेट)	मोहम्मद शामी (GT)	₹ 10 लाख
ऑरेन्ज कैप (सर्वाधिक रन)	शुबमन गिल (GT)	₹ 10 लाख

बहु-खेल स्पर्द्धा

☐ 37वें राष्ट्रीय खेल 2023

गोवा राज्य में 25 अक्टूबर से 9 नवम्बर, 2023 तक भारत के 37वें राष्ट्रीय खेल आयोजित किए गए।
महाराष्ट्र ने राष्ट्रीय खेलों में शुरू से ही अपना दबदबा कायम रखा और अपना पहला स्थान बरकरार रखा।
महाराष्ट्र ने 80 स्वर्ण सहित कुल 228 पदक जीते।
सेना खेल नियंत्रण बोर्ड 66 स्वर्ण पदक सहित कुल 126 पदकों के साथ पदक तालिका में दूसरे स्थान पर रहा।
जबकि हरियाणा 62 स्वर्ण पदक सहित कुल 192 पदकों के साथ तीसरे स्थान पर रहा।
सर्वश्रेष्ठ महिला एथलीट ट्रॉफी 'प्रणति नाइक' और 'संयुक्ता केट' को दी गई जबकि सर्वश्रेष्ठ पुरुष एथलीट ट्रॉफी 'श्रीहरि नटराज' को दी गई।

☐ एशियन पैरा गेम्स 2022

हांग्जो (चीन) में 22-28 अक्टूबर, 2023 तक एशियाई दिव्यांग एथलीटों के लिए एशियन पैरा गेम्स 2022 आयोजित किए गए। एशियन पैरा गेम्स 2022 का आधिकारिक प्रतीक 'एवर फॉरवर्ड' था।
जबकि आधिकारिक आदर्श वाक्य 'हार्ट्स मीट, ड्रीम्स शाइन' था।

पदक तालिका में टॉप-5

देश	G	S	B	कुल
चीन	214	167	140	521
ईरान	44	46	41	131
जापान	42	49	59	150
दक्षिण कोरिया	30	33	40	103
भारत	29	31	51	111

☐ एशियन गेम्स 2023

हांगझोउ (चीन) में 23 सितम्बर से 8 अक्टूबर, 2023 तक 19वें एशियाई खेलों का आयोजन किया गया। इन खेलों में कुल 45 ओलम्पिक खेलों और 61 विषयों में 45 देशों और क्षेत्रों के 11000 से अधिक एथलीटों ने भाग लिया।
भारत ने 28 स्वर्ण, 38 रजत और 41 कांस्य सहित कुल 107 पदकों के साथ पदक तालिका में चौथा स्थान प्राप्त कर शानदार प्रदर्शन किया। चीन कुल 382 पदक (200 स्वर्ण, 111 रजत और 71 कांस्य) के साथ पदक तालिका में पहले स्थान पर रहा। जापान दूसरे स्थान (186 पदक) पर रहा, जबकि कोरिया गणराज्य को तीसरा स्थान (190 पदक) मिला।

☐ स्पेशल ओलम्पिक वर्ल्ड गेम्स 2023

16वें स्पेशल ओलम्पिक वर्ल्ड गेम्स का आयोजन 17-24 जून, 2023 तक बर्लिन (जर्मनी) में किया गया।
यह पहली बार है जब जर्मनी ने स्पेशल ओलम्पिक वर्ल्ड गेम्स की मेजबानी की है। भारत ने 202 पदक (76 स्वर्ण, 75 रजत और 51 कांस्य) जीतकर अपने स्पेशल ओलम्पिक गेम्स का समापन किया।

कबड्डी

☐ एशियन चैम्पियनशिप 2023

भारत एशियन कबड्डी चैम्पियनशिप 2023 के फाइनल में ईरान को 42-32 के स्कोर से 30 जून, 2023 को हराकर विजयी हुआ। इस चैम्पियनशिप का आयोजन बुसान, कोरिया में किया गया था।
नौवें संस्करण में भारत को इस जीत ने अब तक का कुल आठवाँ खिताब दिलवाया। भारत ने लीग चरण के समापन में अपराजित रहकर 5 मैचों की अंकतालिका में शीर्ष स्थान हासिल किया।

टेनिस

☐ ऑस्ट्रेलियन ओपन 2024

मेलबर्न पार्क में 15-28 जनवरी, 2024 तक वर्ष का पहला ग्रैंड स्लैम टेनिस टूर्नामेण्ट 'ऑस्ट्रेलियन ओपन 2024' आयोजित किया गया।
यह ऑस्ट्रेलियन ओपन का 112वाँ संस्करण था। भारत के रोहन बोपन्ना ने ऑस्ट्रेलिया के मैथ्यू एब्डेन के साथ मिलकर पुरुष युगल खिताब जीता।
इसके साथ ही बोपन्ना पुरुष युगल ग्रैंड स्लैम खिताब जीतने वाले तीसरे भारतीय बन गए। विजेताओं की सूची इस प्रकार है

- पुरुष एकल : यानिक सिनर (इटली)
- महिला एकल : एरिना सबालेन्का (बेलारूस)
- पुरुष युगल : रोहन बोपन्ना (भारत)/मैथ्यू एब्डेन (ऑस्ट्रेलिया)
- महिला युगल : सिएह सु-वेई (ताइपे)/एलिसे मर्टेन्स (बेल्जियम)

- मिश्रित युगल : सिएह सु-वेई (ताइपे)/जान ज़िलिंस्की (पोलैण्ड)

☐ पेरिस मास्टर्स 2023

पेरिस (फ्रांस) में 30 अक्टूबर से 5 नवम्बर, 2023 तक पेरिस मास्टर्स टेनिस टूर्नामेंट 2023 का आयोजन किया गया। सर्बियाई खिलाड़ी नोवाक जोकोविच ने फाइनल में ग्रिगोर दिमित्रोव को हराकर पुरुष एकल का खिताब जीता।

टूर्नामेंट के इतिहास में किसी अन्य खिलाड़ी ने इसे तीन से अधिक बार नहीं जीता है। इस जीत के साथ ही उन्होंने मास्टर्स 1000 के इतिहास में सर्वश्रेष्ठ जीत प्रतिशत के मामले में राफेल नडाल को पीछे छोड़ दिया।

☐ US ओपन 2023

वर्ष की चौथी और अंतिम ग्रैंड स्लैम टेनिस प्रतियोगिता, US ओपन 2023, 28 अगस्त से 10 सितम्बर, 2023 तक न्यूयॉर्क सिटी (USA) के USTA बिली जीन किंग नेशनल टेनिस सेंटर में आयोजित की गई। यह इस प्रतिष्ठित टेनिस टूर्नामेंट का 143वाँ संस्करण था।

प्रमुख विजेता और उपविजेता इस प्रकार हैं

वर्ग	विजेता	उपविजेता
पुरुष एकल	नोवाक जोकोविच (सर्बिया)	डेनिल मेदवेदेव (रूस)
महिला एकल	कोको गॉफ (USA)	एरिना सबालेंका (बेलारूस)
पुरुष युगल	राजीव राम (अमेरिका)/जो सैलिसबरी (UK)	रोहन बोपन्ना (भारत)/ मैथ्यू एबडेन (ऑस्ट्रेलिया)
महिला युगल	गैब्रिएला डाब्रोवस्की (कनाडा)/एरिन रूटलिफ (न्यूजीलैंड)	लौरा सिगेमंड (जर्मनी)/वेरा ज्वोनारेवा (रूस)
मिश्रित युगल	अन्ना दानिलिना (कजाखस्तान)/हैरी हेलियोवारा (फिनलैंड)	जेसिका पेगुला / ऑस्टिन क्राइसेक (USA)

☐ टाम्परे ओपन 2023

टाम्परे ओपन 2023 का आयोजन 17-23 जुलाई, 2023 के बीच फिनलैण्ड के टाम्परे में हुआ था। इसमें सुमित नागल ने यह ATP चैलेंजर पुरुष एकल खिताब जीता। यह उनका चौथा ATP चैलेंजर टूर खिताब है।

25 वर्षीय भारतीय टेनिस खिलाड़ी, नागल ने चेक गणराज्य के डालीबोर स्वेरासिना को हराया।

☐ विम्बलडन 2023

स्पेन के कार्लोस अल्कैराज ने 17 जुलाई, 2023 को पुरुष एकल वर्ग में चार बार के चैम्पियन नोवाक जोकोविच को हराकर विम्बलडन खिताब 2023 हासिल किया।

मार्केटा वोंद्रोसोवा महिला एकल चैम्पियनशिप जीतने वाली पहली गैर-वरीयता प्राप्त खिलाड़ी बनीं।

फाइनल में मार्केटा वोंद्रोसोवा ने ओन्स जाबेउर को हराया, जो पिछले वर्ष के टूर्नामेण्ट में उप-विजेता रही थी।

☐ फ्रेंच ओपन 2023

नोवाक जोकोविच ने 9 जून, 2023 को फ्रेंच ओपन फाइनल में अपना पुरुषों का रिकॉर्ड 23वाँ ग्रैण्ड स्लैम खिताब जीता। जोकोविच ने सबसे बड़ी एकल ट्रॉफियों के लिए प्रतिद्वन्द्वी राफेल नडाल के साथ टाई तोड़ दिया। वह कम से कम तीन बार सभी चार ग्रैण्ड स्लैम जीतने वाले पहले व्यक्ति भी बन गए। दुनिया की नम्बर एक खिलाड़ी और शीर्ष वरीयता प्राप्त पोलैण्ड की इगा स्वियाटेक ने महिला एकल का ताज जीता।

विजेताओं के नाम

श्रेणी	विजेता	उप-विजेता
पुरुष एकल	नोवाक जोकोविच (सर्बिया)	कैस्पर रूड (नॉर्वे)
महिला एकल	इगा स्वियाटेक (पोलैण्ड)	कैरोलिना मुचोवा (चेक गणराज्य)
पुरुष युगल	इवान डूडिग (क्रोएशिया) / आस्टिन क्रेजीसेक (USA)	सांडर गिल्ली / जोरान विलीजेन (बेल्जियम)
महिला युगल	हिसी सु-वेई (ताइवान) / वांग झंयू (चीन)	लेलाह फर्नाण्डेज (कनाडा) / टॉयलर टाउनसेण्ड (USA)
मिश्रित युगल	मियू काटो (जापान) / टिम पुट्ज (जर्मनी)	बियांका एण्ड्रेसू (कनाडा) / माइकल वेनिस (न्यूजीलैण्ड)

फुटबॉल

☐ स्पेनिश सुपर कप 2024

रियल मैड्रिड ने 14 जनवरी, 2024 को खेले गए स्पेनिश सुपर कप के फाइनल में बार्सिलोना को 4-1 से हराकर जीत हासिल की। यह फाइनल मैच रियाद (सऊदी अरब) में हुआ था।

विनिसियस जूनियर खेल के हीरो रहे और उन्होंने रियल मैड्रिड के लिए 3 गोल (हैट्रिक) किए। बार्सिलोना ने 1 गोल किया, जो रॉबर्ट लेवांडोवस्की ने किया।

☐ डूरण्ड कप 2023

डूरण्ड कप 2023 एक घरेलू फुटबॉल टूर्नामेंट था जिसका आयोजन कोलकाता, गुवाहाटी और कोकराझार में 3 अगस्त से 3 सितम्बर, 2023 तक किया गया था। यह डूरण्ड कप का 132वां संस्करण था, जो एशिया का सबसे पुराना फुटबॉल टूर्नामेंट था।

एशियाई फुटबॉल परिसंघ (एएफसी) द्वारा समर्थित होने के बाद से यह दूसरा संस्करण था। फाइनल में, मोहन बागान सुपर जायंट ने अपने चिर-प्रतिद्वंद्वी ईस्ट बंगाल इण को 1-0 से हराकर खिताब जीता। यह मोहन बागान का 17वाँ डूरंड कप खिताब है।

☐ FIFA महिला विश्व कप 2023

ऑस्ट्रेलिया और न्यूजीलैंड ने संयुक्त रूप से 20 जुलाई से 20 अगस्त, 2023 तक FIFA महिला विश्व कप 2023 की मेजबानी की। यह FIFA महिला विश्व कप का नौवाँ संस्करण था।

स्पेन ने फाइनल में इंग्लैंड को 1-0 से हराकर खिताब जीता। स्पेन ने पहली बार FIFA महिला विश्व कप जीता है। इस जीत के साथ, स्पेन जर्मनी के बाद पुरुष और महिला दोनों विश्व कप जीतने वाला केवल दूसरा देश बन गया।

☐ CONCACAF गोल्ड कप 2023

सेण्टियागो गिमनेज ने 17 जुलाई, 2023 को 88वें मिनट में गोल किए जिसकी बदौलत मैक्सिको ने पनामा को 1-0 से हराया। इस प्रकार मैक्सिको ने रिकॉर्ड 9वीं बार CONCACAF गोल्ड कप फुटबॉल टूर्नामेण्ट का खिताब जीता। टूर्नामेण्ट में मैक्सिको के खिलाफ सिर्फ 2 गोल हुए।

☐ SAFF चैम्पियनशिप 2023

मेजबान भारत ने 4 जुलाई, 2023 को कुवैत को पैनल्टी शूटआउट में 5-4 से हराकर 9वीं बार SAFF फुटबॉल चैम्पियनशिप जीत ली।

खिताबी मैच बेंगलुरु के श्री कांतीरवा स्टेडियम में खेला गया। यह भारत का कुल नौवाँ और लगातार दूसरा सैफ चैम्पियनशिप खिताब है। भारत ने इससे पहले खिताब वर्ष 1993, 1997, 1999, 2005, 2009, 2011, 2015 और 2021 में जीते हैं।

☐ इण्टरकाण्टिनेण्टल कप 2023

भारत ने 18 जून, 2023 को कलिंगा स्टेडियम में लेबनान की युवा टीम को दूसरे हाफ में दो गोल से हराकर इण्टरकण्टिनेण्टल कप जीता। भारत ने लेबनान को 2-0 से हराया। सुनील छेत्री के 46वें मिनट में किए गए गोल ने गतिरोध तोड़ा लेकिन लालियानजुआला छांगटे ने 66वें मिनट में स्कोर 2-0 कर दिया। भारत ने वर्ष 1977 के बाद पहली बार लेबनान को हराया।

शतरंज

☐ वर्ल्ड रैपिड चेस चैम्पियनशिप 2023

नॉर्वे के मैग्नस कार्लसन ने 29 दिसम्बर, 2023 को FIDE वर्ल्ड रैपिड चेस चैम्पियनशिप 2023 का खिताब जीता। FIDE वर्ल्ड रैपिड चेस चैम्पियनशिप दिसम्बर 2023 में उज्बेकिस्तान के समरकन्द में आयोजित की गई थी। व्लादिमीर फेडोसेव दूसरे स्थान पर रहे और यू यांगी चैम्पियनशिप में तीसरे स्थान पर रहे। मैग्नस कार्लसन ने रिकॉर्ड पांचवीं बार वर्ल्ड रैपिड चेस टाइटल जीता है।

☐ FIDE वर्ल्ड कप 2023

बाकू (अजरबैजान) में 29 जुलाई से 25 अगस्त 2023 तक FIDE वर्ल्ड कप 2023 आयोजित किया गया। यह FIDE वर्ल्ड कप का दसवाँ संस्करण था। नॉर्वे के ग्रैंडमास्टर मैग्नस कार्लसन ने फाइनल में भारत के GM रमेशबाबू प्रागनानंदा को हराकर अपना पहला FIDE वर्ल्ड कप खिताब जीता।

अमेरिकी ग्रैंडमास्टर फैबियानो कारुआना ने अजरबैजान के निजात असाबोव को हराकर तीसरा स्थान हासिल किया। अलेक्सांद्रा गोरयाकिना (रूस) ने फाइनल में नुरग्यूल सलीमोवा (बुल्गारिया) को हराकर FIDE वुमेन्स वर्ल्ड कप 2023 का खिताब जीता।

☐ सुपर GM शतरंज टूर्नामेण्ट 2023

17 वर्षीय भारतीय ग्रैण्डमास्टर आर. प्रागनानन्दा ने 20 जुलाई, 2023 को सुपर GM शतरंज टूर्नामेण्ट वर्ष 2023 में शानदार जीत हासिल की।

आर. प्रागनानन्दा ने हंगरी में आयोजित वी गेजा हेटेनयी मेमोरियल सुपर GM शतरंज टूर्नामेण्ट 2023 का टाइटल जीता है। आर. प्रागनानन्दा ने 6.5 अंक अर्जित कर 10-खिलाड़ियों की प्रतियोगिता में पहला स्थान हासिल किया।

☐ 23वाँ दुबई ओपन 2023

ग्रैण्डमास्टर (GM) अरविन्द चिथांबरम ने लगातार दूसरे वर्ष 23वाँ दुबई ओपन 2023 जीता। दुबई शतरंज ओपन

का 23वाँ संस्करण 5 जून, 2023 को दुबई शतरंज और संस्कृति क्लब द्वारा आयोजित किया गया।

इस टूर्नामेण्ट में 46 से अधिक विभिन्न देशों के कुल 172 प्रतिभागियों (श्रेणी A में) ने भाग लिया।

☐ सुपरबेट रैपिड एण्ड ब्लिट्ज पोलैण्ड 2023

विश्व शतरंज चैम्पियन मैग्नस कार्लसन ने 26 मई, 2023 को सुपरबेट रैपिड एण्ड ब्लिट्ज पोलैण्ड 2023 जीता। यह पोलिश यहूदियों के इतिहास में ग्रैण्ड शतरंज टूर (GCT) का दूसरा चरण है।

एथलेटिक्स

☐ शिकागो मैराथन 2023

केन्या के केल्विन किप्टम ने 8 अक्टूबर, 2023 को शिकागो मैराथन 2023 को 2 घण्टे और 35 सेकण्ड के समय के साथ जीतकर पुरुषों का विश्व रिकॉर्ड तोड़ दिया।

इथियोपिया में जन्मी नीदरलैण्ड की 30 वर्षीय धाविका 'सिफान हसन' ने 2 घण्टे, 13 मिनट और 44 सेकण्ड में शिकागो मैराथन जीतकर महिला खिताब जीता।

☐ वर्ल्ड चैंपियनशिप 2023

बुडापेस्ट (हंगरी) में 19-27 अगस्त, 2023 तक विश्व एथलेटिक्स चैंपियनशिप 2023 आयोजित की गई। भारत के नीरज चोपड़ा ने चैंपियनशिप में पुरुषों की भाला फेंक स्पर्धा में स्वर्ण पदक जीतकर इतिहास बनाया।

ओलंपिक चैंपियन नीरज चोपड़ा 88.17 मीटर के सर्वश्रेष्ठ थ्रो के साथ सीनियर वर्ल्ड चैंपियनशिप में स्वर्ण पदक जीतने वाले पहले भारतीय एथलीट बन गए।

भारतीय एथलीटों ने एक स्वर्ण पदक के साथ समापन किया और पदक तालिका में 18वां स्थान हासिल किया।

पदक तालिका में शीर्ष-5 देश हैं

देश	G	S	B	कुल
अमेरिका	12	8	9	29
कनाडा	4	2	0	6
स्पेन	4	1	0	5
जमैका	3	5	4	12
केन्या	3	3	4	10

☐ श्रीलंका नेशनल चैम्पियनशिप 2023

भारत ने 30 जुलाई, 2023 को श्रीलंका एथलेटिक्स नेशनल चैम्पियनशिप में उल्लेखनीय सफलता दर्ज की। भारत ने 9 स्वर्ण, 4 रजत और 1 कांस्य सहित कुल 14 पदक जीते। कोलम्बो के सुगाथादासा स्टेडियम में प्रतियोगिता के अन्तिम दिन भारतीय एथलीटों ने 6 पदक अपने नाम किए।

भारत के स्वर्ण पदक विजेता भाला फेंक एथलीट किशोर कुमार जेना को प्रतिष्ठित सर्वश्रेष्ठ पुरुष थ्रोअर ट्रॉफी मिली।

☐ वर्ल्ड पैरा चैम्पियनशिप 2023

वर्ल्ड पैरा एथलेटिक्स चैम्पियनशिप 2023 का आयोजन 8-17 जुलाई, 2023 तक फ्रांस के पेरिस के चारलेटी स्टेडियम में किया गया था।

भारत ने इस चैम्पियनशिप में 3 स्वर्ण, 4 रजत, 3 कांस्य सहित 10 पदक हासिल करके अपना अभियान समाप्त किया। सुमित अंतिल, अजीत सिंह और सचिन खिलारी ने अपने-अपने वर्गों में स्वर्ण पदक हासिल किए। टोक्यो ओलंपिक के स्वर्ण पदक विजेता सुमित अंतिल ने एक और विश्व रिकॉर्ड बनाया।

उन्होंने 70.83 मीटर भाला फेंककर विश्व रिकॉर्ड बनाया और इस प्रक्रिया में पेरिस पैरालम्पिक वर्ष 2024 के लिए कोटा भी हासिल किया। यह दूसरी बार है जब सुमित अपना ही कुल मिलाकर 6वीं बार विश्व रिकॉर्ड तोड़ रहे हैं।

☐ एशियन चैम्पियनशिप 2023

थाईलैण्ड के बैंकॉक में स्थित सुफाचलासाई नेशनल स्टेडियम में एशियन एथलेटिक्स चैम्पियनशिप 2023 का आयोजन 12-16 जुलाई, 2023 तक हुआ।

इस पाँच दिवसीय इवेण्ट में भारतीय एथलीटों ने कुल 27 पदक जीते जिसमें 6 स्वर्ण, 12 रजत और 9 कांस्य पदक शामिल थे। पदक तालिका में भारत, जापान और चीन के बाद तीसरे स्थान पर रहा।

☐ लुसाने डायमण्ड लीग 2023

भारत के स्टार भाला फैंक एथलीट नीरज चोपड़ा ने 1 जुलाई, 2023 को 87.66 मीटर के सर्वश्रेष्ठ थ्रो के साथ लुसाने डायमण्ड लीग का खिताब जीता। जर्मनी के जूलियन वेबर 87.03 मीटर के सर्वश्रेष्ठ थ्रो के साथ दूसरे स्थान पर रहे।

जबकि चेक गणराज्य के जाकुब वाडलेक 86.13 मीटर के थ्रो के साथ तीसरे स्थान पर रहे।

☐ पेरिस डायमण्ड लीग 2023

भारत के मुरली श्रीशंकर 9 जून, 2023 को फ्रांस में पेरिस डायमण्ड लीग 2023 में तीसरे स्थान पर रहे। वह पुरुषों की लम्बी कूद स्पर्धा में 8.09 मीटर के प्रभावशाली प्रयास के साथ तीसरे स्थान पर रहे। ग्रीस के मिल्टियाडिस तांतोग्लू ने 8.13 मीटर की छलांग के साथ पेरिस डायमण्ड लीग जीती।

स्विट्जरलैण्ड के सिमोन एहमर ने 8.11 मीटर की छलांग लगाकर भारत के लम्बी कूद के खिलाड़ी को तीसरे स्थान पर पहुँचा दिया।

☐ डायमण्ड लीग 2023

ओलम्पिक स्वर्ण पदक विजेता नीरज चोपड़ा ने 5 मई, 2023 को दोहा डायमण्ड लीग 2023 में 88.67 मी थ्रो के साथ जीत हासिल की। चेक गणराज्य के वाडलेजिच दूसरे और ग्रेनाडा के पीटर्स तीसरे स्थान पर रहे।

☐ नीरज चोपड़ा को प्राप्त पुरस्कार

- अर्जुन पुरस्कार-2018
- विशिष्ट सेवा पदक (VSM)-2020
- मेजर ध्यानचंद खेल रत्न-2021
- पद्मश्री-2022
- परम विशिष्ट सेवा पदक (PVSM)-2022

हॉकी

☐ सुल्तान जोहोर कप 2023

भारतीय जूनियर पुरुष हॉकी टीम ने 6 नवम्बर, 2023 को मलेशिया के जोहोर में सुल्तान जोहोर कप 2023 में कांस्य पदक हासिल किया।

जर्मनी ने पेनल्टी शूटआउट में ऑस्ट्रेलिया को 3-1 से हराकर 11 साल के इंतजार के बाद दूसरी बार सुल्तान जोहोर कप का खिताब जीता।

भारत की जूनियर पुरुष हॉकी टीम इससे पहले वर्ष 2013 और 2014 में दो बार प्रतिष्ठित जोहोर बाहरू कप जीत चुकी है।

☐ महिला एशियन चैम्पियन्स ट्रॉफी 2023

रांची (झारखण्ड) में 27 अक्टूबर से 5 नवम्बर, 2023 तक महिला हॉकी एशियन चैम्पियन्स ट्रॉफी का सातवाँ संस्करण आयोजित किया गया।

इसके फाइनल में भारत ने जापान को 4-0 से हराकर खिताब जीत लिया। चीन ने दक्षिण कोरिया को 2-1 से हराकर तीसरा स्थान हासिल किया। यह भारत का दूसरा एशियन चैम्पियन्स ट्रॉफी खिताब था, जिसमें पहला वर्ष 2016 में आया था।

☐ हॉकी 5S एशिया कप 2023

पुरुष और महिला हॉकी 5S एशिया कप 2023 का आयोजन 25-28 अगस्त, 2023 तक सलालाह (ओमान) में किया गया। महिला हॉकी 5S एशिया कप 2023 इस टूर्नामेंट का उद्घाटन संस्करण था।

भारत ने पुरुष और महिला दोनों वर्गों में खिताब जीते। पुरुष वर्ग में भारतीय टीम ने पाकिस्तान को 4-4 (2-0 SO) से हराया।

जबकि भारतीय महिला टीम ने फाइनल में थाईलैंड को 7-2 से हराकर टूर्नामेंट जीता। इन जीत के साथ,भारतीय पुरुष और महिला दोनों टीमों ने हॉकी 5 विश्व कप ओमान 2024 के लिए अपनी योग्यता हासिल कर ली है।

शूटिंग

☐ ISSF वर्ल्ड चैंपियनशिप 2023

ISSF वर्ल्ड चैंपियनशिप 2023 बाकू (अजरबैजान) में 14 अगस्त से 1 सितम्बर 2023 तक आयोजित की गई।

इस टूर्नामेंट में भारतीय निशानेबाजों ने 6 स्वर्ण और 8 कांस्य पदक सहित कुल 14 पदक जीते और ओवरऑल पदक तालिका में तीसरे स्थान पर रहे।

पदक तालिका में शीर्ष 5 देश इस प्रकार हैं

देश	G	S	B	कुल
चीन	15	7	6	28
यूक्रेन	6	4	2	12
भारत	6	-	8	14
स्विट्ज़रलैंड	5	4	4	13
अमेरिका	5	2	3	10

☐ ISSF जूनियर वर्ल्ड चैम्पियनशिप 2023

ISSF जूनियर वर्ल्ड चैम्पियनशिप 2023 में दक्षिण कोरिया में 16-24 जुलाई, 2023 तक आयोजित की जाएगी। भारत ने ISSF जूनियर वर्ल्ड चैम्पियनशिप के तीसरे संस्करण में दूसरा स्थान हासिल किया। भारत को प्रभावशाली प्रदर्शन से इस चैम्पियनशिप में 6 स्वर्ण, 6 रजत और 5 कांस्य सहित कुल 17 पदक मिले।

टॉप 5 देश

देश	G	S	B	कुल
चीन	12	9	7	28
भारत	6	6	5	17
यूक्रेन	5	3	2	10
कज़ाकस्तान	4	4	2	10
इटली	4	3	4	11

☐ ISSF शॉटगन वर्ल्ड कप 2023

भारतीय निशानेबाज पृथ्वीराज टोण्डाइमन ने 17 जुलाई, 2023 को लोनाटो (इटली) में ISSF शॉटगन वर्ल्ड कप 2023 में पुरुषों की ट्रैप स्पर्धा में कांस्य पदक जीता।

लोनाटो निशानेबाजी प्रतियोगिता में पृथ्वीराज टोण्डाइमन का कांस्य पदक भारत का एकमात्र पदक था। यह उनका दूसरा व्यक्तिगत ISSF विश्व कप पदक था, इससे पहले उन्होंने मार्च, 2023 में दोहा में कांस्य पदक जीता था।

भारत लोनाटो में पदक तालिका में नौवें स्थान पर रहा जिसमें अमेरिका दो स्वर्ण और एक रजत के साथ शीर्ष पर रहा। इटली में ISSF शॉटगन वर्ल्ड कप पेरिस 2024 ओलम्पिक के लिए क्वालीफाइंग प्रतियोगिता थी।

☐ ISSF जूनियर वर्ल्ड कप 2023

ISSF जूनियर वर्ल्ड कप 2023 का आयोजन जर्मनी के सुहल में 1 से 9 जून, 2023 तक किया गया। भारत इस चैम्पियनशिप में 6 स्वर्ण, 6 रजत और 3 कांस्य सहित कुल 15 पदकों के साथ शीर्ष पर रहा।

ISSF जूनियर वर्ल्ड कप 2023 में कुल 39 भारतीय निशानेबाजों ने हिस्सा लिया था। कुल मिलाकर, 46 विभिन्न देशों के 511 जूनियर निशानेबाजों ने चैम्पियनशिप में भाग लिया। भारत के बाद कोरिया (12), अमेरिका (9) और इटली (7) का नम्बर आता है।

☐ ISSF विश्व कप 2023

भारतीय राइफल और पिस्टल निशानेबाजों ने 17 मई, 2023 को अजरबैजान के बाकू में ISSF विश्व कप 2023 में चार पदक जीते। बाकू मीट में भारत एक स्वर्ण, दो रजत और एक कांस्य के साथ कुल पदक तालिका में दूसरे स्थान पर रहा।

भारत चीन के बाद दूसरे स्थान पर रहा। सरबजोत सिंह और दिव्या टीएस ने मिलकर 10 मीटर एयर पिस्टल मिक्स्ड टीम स्पर्धा में स्वर्ण पदक जीता। हृदय हजारिका और नैंसी मंढोत्रा ने पुरुष और महिला 10 मी एयर राइफल स्पर्धा में रजत पदक जीते।

● टेबल टेनिस

☐ अल्टीमेट टेबल टेनिस 2023

गोवा चैलेंजर्स ने 30 जुलाई, 2023 को अल्टीमेट टेबल टेनिस सीजन 4 का खिताब जीतने के लिए गत चैम्पियन चेन्नई लायन्स पर 8-7 से सनसनीखेज जीत हासिल की। फ्रेंचाइजी आधारित इस लीग का प्रचार नीरज बजाज और वीता दानी ने भारतीय टेबल टेनिस महासंघ (TTFI) के तत्वावधान में किया।

☐ साउथ एशियन यूथ चैम्पियनशिप 2023

दक्षिण एशियाई युवा टेबल टेनिस चैम्पियनशिप 2023, 3-दिवसीय अन्तर्राष्ट्रीय आयोजन, अरुणाचल प्रदेश के ईटानगर में 17 मई, 2023 को समाप्त हो गया।

भूटान, बांग्लादेश, भारत, मालदीव, श्रीलंका और नेपाल, सहित 6 देशों के 100 से अधिक एथलीटों ने चैम्पियनशिप में भाग लिया। अन्तिम दिन, मेजबान देश भारत ने टूर्नामेण्ट में स्वर्ण पदक जीतकर एक उल्लेखनीय उपलब्धि हासिल की। अण्डर-19 लड़कों के सिंगल्स में अंकुर भट्टाचार्जी ने पायस जैन को 4-2 से हराकर गोल्ड जीता।

इस बीच अण्डर-19 लड़कियों के एकल में सुहाना सैनी ने यशस्विनी घोरपड़े को एकतरफा फाइनल में 4-1 से हराया।

● तीरंदाजी

☐ विश्व युवा चैम्पियनशिप 2023

विश्व तीरंदाजी युवा चैम्पियनशिप, 2023 आयरलैण्ड के लिमरिक में 3-9 जुलाई, 2023 तक आयोजित की गई। भारत ने सबसे अधिक 11 पदक जीतकर चैम्पियनशिप में दूसरा स्थान हासिल किया।

कोरिया 6 स्वर्ण और 4 रजत सहित कुल 10 पदकों के साथ पहले स्थान पर रहा। भारत कुल 11 पदकों के साथ दूसरे स्थान पर रहा।

☐ तीरंदाजी विश्व कप 2023 (चरण 2)

भारत 21 मई, 2023 को शंघाई में तीरंदाजी विश्व कप चरण 2 में कम्पाउण्ड सेक्शन में 3 पदक के साथ पदक तालिका में दूसरे स्थान पर रहा। भारत ने कम्पाउण्ड सेक्शन में सभी तीन पदक जीते, जिसमें प्रथमेश जावकर ने व्यक्तिगत स्वर्ण और अवनीत कौर ने कांस्य पदक जीता।ओजस देवताले और ज्योति सुरेखा वेन्नम ने मिश्रित टीम स्पर्द्धा का स्वर्ण पदक जीता। भारत दो स्वर्ण और एक कांस्य पदक के साथ कोरिया के बाद दूसरे स्थान पर रहा।

☐ आर्चरी विश्व कप 2023 (चरण 1)

तुर्की के अन्ताल्या में आयोजित हुण्डई तीरन्दाजी विश्व कप चरण 1 में भारत 4 पदकों के साथ समग्र पदक तालिका में दूसरे स्थान पर रहा। हुण्डई तीरंदाजी विश्व कप चरण 1, 18-23 अप्रैल, 2023 तक आयोजित किया गया था। यह विश्व तीरंदाजी द्वारा प्रतिवर्ष आयोजित अन्तर्राष्ट्रीय तीरंदाजी सर्किट का 17वाँ संस्करण है।

पदक तालिका (टॉप-3)

देश	पदक
USA	4 (2 स्वर्ण, 2 रजत)
भारत	4 (2 स्वर्ण, 1 रजत, 1 कांस्य)
चीन	3 (1 स्वर्ण, 1 रजत, 1 कांस्य)

● बैडमिण्टन

☐ आबू धाबी मास्टर्स 2023

आबू धाबी (UAE) में 17 से 22 अक्टूबर, 2023 तक आबू धाबी मास्टर्स बैडमिंटन टूर्नामेंट 2023 आयोजित हुआ। 16 वर्षीय उन्नति हुड्डा (भारत) ने महिला एकल में 20 वर्षीय सामिया इमाद फारूकी (भारत) को हराया और यह उनका दूसरा BWF सुपर 100 विश्व टूर खिताब है। डेनमार्क के मैड्स क्रिस्टोफरसेन ने अबू धाबी मास्टर्स 2023 में पुरुष एकल जीता।

भारतीय जोड़ी तनीषा क्रैस्टो और अश्विनी पोनप्पा ने इस टूर्नामेंट में महिला युगल और मलेशिया की गोह सेजे फेई और नूर इजुद्दीन ने पुरुष युगल जीता।

☐ BWF वर्ल्ड चैंपियनशिप 2023

BWF वर्ल्ड चैंपियनशिप 2023 का आयोजन 21-27 अगस्त 2023 तक कोपेनहेगन (डेनमार्क) में किया गया। भारत के एचएस प्रणॉय ने पुरुष एकल वर्ग में कांस्य पदक जीता।

सभी श्रेणियों में विजेता और उपविजेता इस प्रकार हैं

वर्ग	विजेता	उपविजेता
पुरुष एकल	कुनलावुत विदितसर्न (थाईलैंड)	कोडाई नाराओका (जापान)
महिला एकल	एन से-यंग (दक्षिण कोरिया)	कैरोलिना मारिन (स्पेन)
पुरुष युगल	कांग मिन-हयुक/सियो सेउंग-जे (दक्षिण कोरिया)	किम एस्ट्रप/ एंडर्स स्कारूप रासमुसेन (डेनमार्क)
महिला युगल	चेन किंगचेन/जिया यिफान (चीन)	अप्रियानी रहायु/सिति फादिया सिल्वा रामधंती (इंडोनेशिया)
मिश्रित युगल	सेओ सियुंग-जे/चाए यू-जुंग (दक्षिण कोरिया)	झेंग सिवेई/हुआंग याकियोंग (चीन)

☐ जापान ओपन 2023

जापान ओपन 2023 एक बैडमिण्टन टूर्नामेण्ट था जो 25 से 30 जुलाई, 2023 तक टोक्यो, जापान में योयोगी नेशनल जिम्नेजियम में हुआ।

2023 जापान ओपन 2023 BWF वर्ल्ड टूर का अठारहवाँ टूर्नामेण्ट था और जापान ओपन चैम्पियनशिप का भी हिस्सा था, जो वर्ष 1977 से आयोजित किया गया था।

विजेताओं की सूची

वर्ग	विजेता	उप-विजेता
पुरुष एकल	विक्टर एक्सेलसेन (डेनमार्क)	जोनाथन क्रिस्टी (इण्डोनेशिया)
महिला एकल	आन सी यांग (दक्षिण कोरिया)	ही बिंग जियाओ (चीन)

☐ US ओपन 2023

US ओपन 2023 एक बैडमिण्टन टूर्नामेण्ट था जो 11-16 जुलाई, 2023 तक काउंसिल ब्लफ्स (आयोवा, US) में हुआ था।

यह BWF विश्व टूर 2023 का सोलहवाँ टूर्नामेण्ट था। यह US ओपन चैपियनशिप का भी हिस्सा है जो 1954 से आयोजित की जा रही है।

विजेताओं की सूची

वर्ग	विजेता
पुरुष एकल	ली शिफेंग (चीन)
महिला एकल	सुपानिडा कातेथोंग (थाईलैण्ड)
पुरुष युगल	गोह सेज फेई / नूर इजुद्दीन (मलेशिया)

☐ कोरिया ओपन 2023

कोरिया ओपन 2023 का आयोजन 18-23 जुलाई 2023 तक दक्षिण कोरिया के येओसु के जिन्नम स्टेडियम में किया गया था। वर्ष 2023 कोरिया ओपन 2023 BWF वर्ल्ड टूर का पाँचवाँ सुपर 500 टूर्नामेण्ट था।

विजेताओं की सूची

वर्ग	विजेता	उप-विजेता
पुरुष एकल	एंडर्स एण्डीटोसेन (डेनमार्क)	लोह कीयन येयी (सिंगापुर)
महिला एकल	एनसी यंग (दक्षिण कोरिया)	ताई जू-यिंग (चीनी-ताइपी)

☐ कनाडा ओपन 2023

कनाडा ओपन एक बैडमिण्टन टूर्नामेण्ट है जो 4-1 जुलाई, 2023 तक कैलगरी, कनाडा में हुआ। लक्ष्य सेन ने कनाडा ओपन 2023 में पुरुष एकल का खिताब जीत लिया है।

सेन ने वर्ल्ड नम्बर-10 खिलाड़ी चीन की ली शी फेंग को हराकर कनाडा ओपन जीता है। लक्ष्य का इस सत्र में यह दूसरा BWF विश्व टूर खिताब है। वह जनवरी 2022 में इण्डिया ओपन का खिताब जीत चुके हैं।

विजेताओं की सूची

वर्ग	विजेता
पुरुष एकल	लक्ष्य सेन (भारत)
महिला एकल	अकाने यामागुची (जापान)

साइकिलिंग

☐ टूर डी फ्रांस 2023

जम्बो-विस्मा के डेनमार्क के जोनास विंगेगार्ड ने 26 जुलाई, 2023 को पेरिस (फ्रांस) में चैम्प्स- एलिसिस पर लगातार दूसरे वर्ष टूर डी फ्रांस का 110वाँ संस्करण जीता। विंगेगार्ड ने 2020-2021 के चैम्पियन स्लोवेनिया के तादेज पोगाकर से 7 मिनट 29 सेकण्ड आगे 21-दिवसीय दौड़ के बाद फिनिश लाइन पार की।

गोल्फ

☐ वुमेन्स ब्रिटिश ओपन 2023

वुमेन्स ब्रिटिश ओपन 2023 गोल्फ टूर्नामेंट 10-13 अगस्त, 2023 तक वाल्टन हीथ गोल्फ क्लब (सुर्रे, इंग्लैंड) में आयोजित किया गया था।

अमेरिकी गोल्फर लिलिया वू ने वर्ष 2023 के अपने दूसरे प्रमुख खिताब का दावा करने के लिए महिला ब्रिटिश ओपन जीता।

कैलिफोर्निया की 25 वर्षीय खिलाड़ी वर्ष 2019 में जिन यंग को के बाद एक ही वर्ष में दो मेजर जीतने वाली पहली महिला खिलाड़ी बन गई और वर्ष 1999 में जूली इंकस्टर के बाद पहली अमेरिकी महिला बन गईं। उसने अप्रैल 2023 में शेवरॉन चैंपियनशिप भी जीती थी।

☐ द ओपन 2023

ओपन चैम्पियनशिप 2023 एक गोल्फ टूर्नामेण्ट है जो 20 से 23 जुलाई, 2023 तक रॉयल लिवरपूल गोल्फ क्लब में होयलेक, मर्सीसाइड, इंग्लैण्ड में खेला गया। ब्रायन हरमन ने अपनी पहला करियर ओपन चैम्पियनशिप जीती। यह हरमन के करियर की पहली बड़ी चैम्पियनशिप थी और 6 वर्ष में उनकी पहली PGA टूर जीत थी।

स्क्वैश

☐ स्कॉटिश जूनियर ओपन 2023

भारतीय किशोरी अनाहत सिंह ने 31 दिसम्बर, 2023 को एडिनबर्ग में आयोजित स्कॉटिश जूनियर ओपन स्क्वैश 2023 में लड़कियों के अण्डर-19 खिताब पर कब्जा कर लिया। अनाहत ने फाइनल में स्वदेशी प्रबल दावेदार रॉबिन मैकअल्पाइन को 11-6, 11-1, 11-5 से हराया। दिल्ली की अनाहत के लिए यह वर्ष शानदार रहा, जिन्होंने अण्डर-19 और सीनियर नेशनल चैम्पियनशिप में डबल खिताब जीते।

पुरस्कार एवं सम्मान

☐ शॉ पुरस्कार प्राइज इन एस्ट्रोनोमी 2024

वर्ष 2024 के लिए खगोल विज्ञान में प्रतिष्ठित शॉ पुरस्कार 23 मई, 2024 को अमेरिका में जन्मे भारतीय मूल के खगोल विज्ञान के प्रोफेसर श्रीनिवास आर कुलकर्णी को प्रदान किया गया।

वह मिलीसेकण्ड तक चलने वाले पल्सर, सुपरनोवा, गामा-रे बर्स्टर और अन्य तेजी से बदलती खगोलीय घटनाओं की जाँच करने वाले पहले व्यक्तियों में से एक होने के लिए प्रसिद्ध है।

अन्तर्राष्ट्रीय शॉ पुरस्कार वर्ष 2002 में हाँगकाँग के परोपकारी रन रन शॉ द्वारा स्थापित किया गया था।

यह पुरस्कार गणित, खगोल विज्ञान, जीवन विज्ञान और चिकित्सा के क्षेत्र में उत्कृष्ट योगदान को मान्यता देता है। प्रत्येक वर्ष ये सभी तीनों पुरस्कार-प्रत्येक का मूल्य 1.2 मिलियन है, प्रदान किए जाते हैं।

☐ MoFA उत्कृष्टता पुरस्कार

संयुक्त अरब अमीरात के विदेश मामलों के मन्त्री, संयुक्त अरब अमीरात में भारत के राजनयिक मिशनों को 22 मई, 2024 को 5वें विदेश मन्त्री उत्कृष्टता पुरस्कार समारोह में उनके असाधारण कार्य के लिए सम्मानित किया गया।

अबू धाबी में भारतीय दूतावास और दुबई में भारत के महावाणिज्य दूतावास दोनों को सम्मानित शील्ड ऑफ ऑनर दिया गया, जिससे भारत 2 सम्मान प्राप्त करने वाला एकमात्र राष्ट्र बन गया।

CGI दुबई में भारतीय महावाणिज्य दूत, सतीश कुमार सिवन और राजदूत संजय सुधीर ने सम्मान स्वीकार किया।

''UAE में प्रतिष्ठित मान्यता प्राप्त मिशन'' श्रेणी में शेख अब्दुल्ला बिन जायद ने पुरस्कार प्रदान किए, जिसमें भारत और UAE के मध्य द्विपक्षीय सम्बन्धों को मजबूत करने में भारतीय मिशनों के कार्य को मान्यता दी।

☐ डॉ. सौम्या स्वामीनाथन

डॉ. सौम्या स्वामीनाथन को उन 10 उत्कृष्ट लोगों में से 1 के रूप में चुना गया, जिन्हें कनाडा के प्रतिष्ठित मैकगिल विश्वविद्यालय द्वारा 13 मई, 2024 को स्प्रिंग 2024 दीक्षान्त समारोह में मानद् उपाधि से सम्मानित किया गया।

65 वर्षीय डॉ. सौम्या स्वामीनाथन का 40 से अधिक वर्षों तक नैदानिक उपचार और अनुसन्धान में एक विशिष्ट करियर रहा है।

COVID-19 महामारी के दौरान वर्ल्ड हेल्थ ऑर्गेनाइजेशन (WHO) में उनकी नियुक्ति वर्ष 2022 के अन्त तक चली।

उन्होंने वर्ष 2017 में एजेन्सी के लिए उप-महानिदेशक (कार्यक्रम) के रूप में कार्य करना शुरू किया और मार्च 2019 में उन्हें मुख्य वैज्ञानिक नामित किया गया।

मानद् उपाधि मॉण्ट्रियल के मैकगिल विश्वविद्यालय द्वारा प्रदान की जाती है, जो 200 वर्ष के इतिहास के साथ एक सार्वजनिक अनुसन्धान विश्वविद्यालय है, ''जिनके पास उत्कृष्ट विद्वानों, वैज्ञानिक या कलात्मक उपलब्धि या जनता के लिए असाधारण योगदान का जीवनकाल रिकॉर्ड है।''

☐ यूनेस्को/गिलर्मो कैनो वर्ल्ड प्रेस फ्रीडम प्राइज 2024

गाजा स्थिति को कवर करने वाले फिलिस्तीनी पत्रकारों के एक समूह को 4 मई, 2024 को यूनेस्को/गिलर्मो कैनो वर्ल्ड प्रेस फ्रीडम प्राइज 2024 के विजेताओं के रूप में सम्मानित किया गया।

यह घोषणा मीडिया पेशेवरों की एक अन्तर्राष्ट्रीय जूरी की सिफारिश का परिणाम है, जो कठिन परिस्थितियों का सामना करने में इन पत्रकारों की बहादुरी और समर्पण को उजागर करती है।

अन्तर्राष्ट्रीय जूरी के अध्यक्ष, मौरिसियो वेइबेल, इस बात पर बल देते हैं कि हम इन पत्रकारों की बहादुरी और अभिव्यक्ति की स्वतन्त्रता के प्रति प्रतिबद्धता के लिए कितने प्रशंसक हैं।

सहमति में, यूनेस्को महानिदेशक ऑड्रे अज़ोले ने रिपोर्टिंग और पूछताछ की उनकी आवश्यक भूमिकाओं में सम्पूर्ण विश्व के पत्रकारों को सहायता करने के लिए समूह प्रयासों के महत्त्व पर प्रकाश डाला।

☐ ग्लोबल इनिक्वालिटी रिसर्च अवॉर्ड

जेम्स बॉयस और बीना अग्रवाल को वैश्विक असमानताओं को समझने में उनके योगदान के सम्मान में 23 मार्च, 2024 को पहला ग्लोबल इनिक्वालिटी रिसर्च अवार्ड (GiRA) प्राप्त हुआ।

वर्ष 2024 के पतझड़ और वसंत में, पेरिस में सम्मेलन पुरस्कार विजेताओं का उनके सम्मान स्वीकार करने और उनके कार्य का सारांश देने के लिए स्वागत करेंगे।

साइंसेज पो का सामाजिक-पारिस्थितिक परिवर्तन (SET) कार्यक्रम इन सम्मेलनों के संगठन का समन्वय करेगा।

GiRA पुरस्कार कई विषयों और दृष्टिकोणों से वैश्विक असमानता से निपटने के महत्त्व का सम्मान करता है।

☐ एविएशन वीक लॉरेट्स अवॉर्ड

ISRO को चंद्रयान-3 मिशन के लिए 23 मार्च, 2024 को एविएशन वीक लॉरेट्स अवॉर्ड' दिया गया। यह एयरोस्पेस में उपलब्धि, नवाचार और अन्वेषण को प्रदर्शित करने का सम्मान करता है।

विमानन और एयरोस्पेस क्षेत्रों में, एविएशन वीक नेटवर्क का लॉरेट अवॉर्ड्स अत्यधिक प्रतिष्ठित सम्मान है।

ये सम्मान उत्कृष्त उपलब्धियों का सम्मान करते हैं, जो रचनात्मकता, कल्पना और अन्वेषण की भावना का उदाहरण हैं।

इस समारोह में 400 से अधिक प्रभावशाली लोग और उद्योग के सदस्य भाग लेते हैं, जो अभूतपूर्व उपलब्धियों का सम्मान करता है। चंद्रयान-3 मिशन, जिसे ISRO ने सफलतापूर्वक पूरा किया।

एयरोस्पेस अन्वेषण में असाधारण उपलब्धियों को पहचानने की पुरस्कार विजेता की विरासत का एक प्रमुख उदाहरण है।

☐ ज्ञानपीठ पुरस्कार, 2023

18 फरवरी, 2024 को ज्ञानपीठ चयन बोर्ड द्वारा प्रसिद्ध भारतीय उर्दू कवि, गीतकार व फिल्म निर्माता गुलजार तथा संस्कृत विद्वान व शिक्षक जगद्गुरु रामभद्राचार्य को वर्ष 2023 के प्रतिष्ठित ज्ञानपीठ पुरस्कार से संयुक्त रूप से नामित किया।

यह पुरस्कार सभी मान्यता प्राप्त भारतीय भाषाओं में शामिल भारतीय को समृद्ध करने की दिशा में लेखकों द्वारा उनके योगदान हेतु प्रदान किया जाता है।

इसमें पुरस्कार स्वरूप ₹ 11 लाख नकद, एक प्रशस्ति-पत्र व देवी सरस्वती की एक कांस्य मूर्ति प्रदान का जाती है।

☐ भारत रत्न 2024

केन्द्र सरकार ने 9 फरवरी, 2024 को तीन और व्यक्तियों को भारत के सर्वोच्च नागरिक पुरस्कार 'भारत रत्न' देने की घोषणा की। पूर्व प्रधानमन्त्री पी.वी. नरसिम्हा राव एवं चौधरी चरण सिंह तथा भारत में हरित क्रान्ति के जनक डॉ. एम.एस. स्वामीनाथन इनमें शामिल है। केन्द्र सरकार ने 3 फरवरी, 2024 को भाजपा के वरिष्ठ नेता लाल कृष्ण आडवाणी को 'भारत रत्न' देने की घोषणा की।

पूर्व में 23 जनवरी, 2024 को समाजवादी प्रतीक और बिहार के पूर्व मुख्यमन्त्री स्वर्गीय कर्पूरी ठाकुर को भी इस पुरस्कार से सम्मानित करने की घोषणा की गई थी। वह 49वें प्राप्तकर्ता होंगे और मरणोपरांत यह सम्मान पाने वाले 15वें होंगे।

यह घोषणा स्वर्गीय ठाकुर के 100वें जन्मोत्सव की पूर्व संध्या पर की गई।

☐ 69वें फिल्मफेयर पुरस्कार 2024

गाँधीनगर (गुजरात) में 28 जनवरी, 2024 को 69वाँ फिल्मफेयर पुरस्कार समारोह आयोजित हुआ। इसमें करण जौहर ने मेजबान की भूमिका निभाई।

प्रमुख वर्गों में पुरस्कार विजेताओं की सूची निम्न है

वर्ग	विजेता
सर्वश्रेष्ठ फिल्म	12वीं फेल
सर्वश्रेष्ठ निर्देशक	विधु विनोद चोपड़ा (12वीं फेल)
सर्वश्रेष्ठ अभिनेता	रणबीर कपूर (एनिमल)
सर्वश्रेष्ठ अभिनेत्री	आलिया भट्ट (रॉकी और रानी की प्रेम कहानी)
सर्वश्रेष्ठ सहायक अभिनेता	विक्की कौशल (डन्की)
सर्वश्रेष्ठ सहायक अभिनेत्री	शबाना आजमी (रॉकी और रानी की प्रेम कहानी)
सर्वश्रेष्ठ पार्श्व गायक	भूपिन्दर बब्बल (*अर्जन वैली* – एनिमल)
सर्वश्रेष्ठ पार्श्व गायिका	शिल्पा राव (*बेशरम रंग* – पठान)
सर्वश्रेष्ठ म्यूजिक एल्बम	एनिमल

☐ पद्म पुरस्कार 2024

केन्द्र सरकार ने 25 जनवरी, 2024 को पद्म पुरस्कार 2024 के विजेताओं की सूची जारी की। राष्ट्रपति ने 2 युगल मामलों सहित 132 पद्म पुरस्कार प्रदान करने को मंजूरी दी है। इस सूची में 5 पद्म विभूषण, 17 पद्म भूषण और 110 पद्म श्री पुरस्कार शामिल हैं।

पद्म विभूषण (5) वैजयंतीमाला बाली (कला), कोनिडेला चिरंजीवी (कला), एम. वैंकेया नायडू (सार्वजनिक मामलें), बिंदेश्वर पाठक (*मरणोपरांत*) (सामाजिक कार्य), पद्मा सुब्रमण्यम (कला)।

पद्म भूषण (17) एम. फातिमा बीवी (*मरणोपरांत*) (सार्वजनिक मामले), होर्मुसजी एन. कामा (साहित्य और शिक्षा-पत्रकारिता), मिथुन चक्रवर्ती (कला), सीताराम जिंदल (व्यापार और उद्योग), यंग लियू (व्यापार और उद्योग-ताइवान), अश्विन बालचन्द मेहता (चिकित्सा), सत्यब्रत मुखर्जी (*मरणोपरांत*) (सार्वजनिक मामले), राम नाइक (सार्वजनिक मामले), तेजस मधुसूदन पटेल (चिकित्सा), ओलानचेरी राजगोपाल (सार्वजनिक मामले), दत्तात्रय अंबादास मयालू उर्फ राजदत्त (कला), तोगदान रिनपोछे (*मरणोपरांत*) (अन्य-अध्यात्मवाद), प्यारेलाल शर्मा (कला), चन्द्रेश्वर प्रसाद ठाकुर (चिकित्सा), उषा उथुप (कला), विजयकांत (*मरणोपरांत*) (कला), कुन्दन व्यास (साहित्य एवं शिक्षा-पत्रकारिता)।

☐ सुभाषचन्द्र बोस आपदा प्रबन्धन पुरस्कार 2024

केन्द्रीय गृह मन्त्रालय द्वारा 23 जनवरी, 2024 को वर्ष 2024 के लिए संस्थागत श्रेणी में '60 पैराशूट फील्ड हॉस्पिटल, उत्तर प्रदेश' को आपदा प्रबन्धन में उत्कृष्ट कार्य के लिए सुभाषचन्द्र बोस आपदा प्रबन्धन पुरस्कार 2024 के लिए चुना गया।

60 पैराशूट फील्ड हॉस्पिटल, उत्तर प्रदेश की स्थापना वर्ष 1942 में हुई थी। यह भारतीय सशस्त्र बलों का एकमात्र हवाई चिकित्सा प्रतिष्ठान है, जिसे विभिन्न वैश्विक संकटों में अपनी असाधारण सेवा के लिए मान्यता प्राप्त है।

☐ प्रधानमन्त्री राष्ट्रीय बाल पुरस्कार 2024

राष्ट्रपति द्रौपदी मुर्मू ने 22 जनवरी, 2024 को नई दिल्ली में 19 असाधारण बच्चों को प्रधानमन्त्री राष्ट्रीय बाल पुरस्कार 2024 से सम्मानित किया। पुरस्कार विजेताओं में 9 लड़के और 10 लड़कियाँ हैं।

विजेताओं में आदित्य विजय ब्रम्हणे (मरणोपरान्त) (महाराष्ट्र), अनुष्का पाठक (उत्तर प्रदेश), अरिजीत बनर्जी (पश्चिम बंगाल), अरमान उबरानी (छत्तीसगढ़), हेतवी कांतिभाई खिमसुरिया (गुजरात), इशफाक हामिद (जम्मू-कश्मीर), मोहम्मद हुसैन (बिहार), पेंड्याला लक्ष्मी प्रिया (तेलंगाना), सुहानी चौहान (दिल्ली), आर्यन सिंह (राजस्थान), अवनीश तिवारी (मध्य प्रदेश), गरिमा (हरियाणा), ज्योत्सना अख्तर (त्रिपुरा), सय्याम मजूमदार (असम), आदित्य यादव (उत्तर प्रदेश), चार्वी ए (कर्नाटक), जेसिका नेयी सरिंग (अरुणाचल प्रदेश), लिनथोई चानंबम (मणिपुर) तथा आर सूर्य प्रसाद (आन्ध्र प्रदेश) शामिल हैं।

☐ स्वच्छ सर्वेक्षण 2023 पुरस्कार

राष्ट्रपति द्रौपदी मुर्मू ने 11 जनवरी, 2024 को नई दिल्ली में भारत मण्डपम में 'स्वच्छ सर्वेक्षण-2023 पुरस्कार' प्रदान किए। स्वच्छता सर्वेक्षण-2023 पुरस्कार में एक लाख से अधिक आबादी की श्रेणी में इंदौर और सूरत को देश के सबसे स्वच्छ शहरों का पुरस्कार मिला। इंदौर को लगातार 7वीं बार यह पुरस्कार मिला है और इसी श्रेणी में नवी मुम्बई को तीसरा स्थान मिला है।

राज्य श्रेणी में स्वच्छता के लिए महाराष्ट्र को प्रथम, मध्य प्रदेश को द्वितीय और छत्तीसगढ़ को तीसरे सबसे स्वच्छ राज्य का पुरस्कार मिला। उत्तर प्रदेश के वाराणसी और प्रयागराज ने सबसे स्वच्छ गंगा शहरों के रूप में शीर्ष स्थान हासिल किया।

☐ सर्वश्रेष्ठ नवाचार पुरस्कार

'SVAMITVA योजना' ने ISB (हैदराबाद) में 6 जनवरी, 2024 को पब्लिक पॉलिसी डायलॉग-2024 के दौरान इनोवेशन सैण्डबॉक्स प्रेजेंटेशन के लिए सर्वश्रेष्ठ नवाचार पुरस्कार जीता। यह एक केन्द्रीय सरकार की योजना है और GIS मैपिंग प्रौद्योगिकी के तरीकों का उपयोग करके लैंड पार्सल का उचित और सटीक सीमांकन सुनिश्चित करती है। इस योजना को इंदौर में ई-गवर्नेंस 2023 के लिए राष्ट्रीय पुरस्कारों में ''यूजिंग इमर्जिंग टेक्नोलॉजी टू प्रोवाइड सिटीजन-सेंट्रिक सर्विसिज'' श्रेणी में स्वर्ण पुरस्कार भी मिला।

☐ एमएस स्वामीनाथन पुरस्कार

चौधरी चरण सिंह हरियाणा एग्रीकल्चर यूनिवर्सिटी के वाइस चांसलर प्रोफेसर बी आर कंबोज को 2 जनवरी, 2024 को प्रतिष्ठित एमएस स्वामीनाथन पुरस्कार से सम्मानित किया गया। यह पुरस्कार कृषि विज्ञान के क्षेत्र में एक वैज्ञानिक और विस्तार विशेषज्ञ के रूप में उनके योगदान के लिए दिया गया है। कर्नाटक के राज्यपाल थावर चन्द गहलोत ने उन्हें यह पुरस्कार प्रदान किया।

नवीनतम कौन-क्या

राष्ट्रपति	द्रौपदी मुर्मू
उप-राष्ट्रपति	जगदीप धनखड़
प्रधानमन्त्री	नरेन्द्र मोदी

कैबिनेट मन्त्री

मन्त्री	पोर्टफोलियो
राजनाथ सिंह	रक्षा
अमित शाह	गृह; सहकारिता
नितिन जयराम गडकरी	सड़क परिवहन एवं राजमार्ग
जगत प्रकाश नड्डा	स्वास्थ्य एवं परिवार कल्याण; रसायन एवं उर्वरक
शिवराज सिंह चौहान	कृषि एवं किसान कल्याण; ग्रामीण विकास
श्रीमती निर्मला सीतारमण	वित्त; कॉर्पोरेट कार्य
डॉ. सुब्रह्मण्यम जयशंकर	विदेश
मनोहर लाल	आवासन एवं शहरी कार्य; ऊर्जा
एचडी कुमारस्वामी	भारी उद्योग; इस्पात
पीयूष गोयल	वाणिज्य एवं उद्योग
धर्मेन्द्र प्रधान	शिक्षा
जीतन राम मांझी	सूक्ष्म, लघु एवं मध्यम उद्यम
राजीव रंजन सिंह उर्फ ललन सिंह	पंचायती राज; मत्स्य पालन, पशुपालन डेयरी
सर्बानन्द सोनोवाल	पत्तन, पोत परिवहन एवं जलमार्ग
डॉ. वीरेन्द्र कुमार	सामाजिक न्याय एवं अधिकारिता
किंजरापु राममोहन नायडू	नागर विमानन
प्रल्हाद जोशी	उपभोक्ता मामले, खाद्य एवं सार्वजनिक वितरण; नवीन एवं नवीकरणीय ऊर्जा
जुएल ओराम	जनजातीय कार्य
गिरिराज सिंह	वस्त्र
अश्विनी वैष्णव	रेल; सूचना एवं प्रसारण; इलेक्ट्रॉनिक्स एवं सूचना प्रौद्योगिकी
ज्योतिरादित्य सिन्धिया	संचार; पूर्वोत्तर क्षेत्र विकास
भूपेन्द्र यादव	पर्यावरण, वन एवं जलवायु परिवर्तन

मन्त्री	पोर्टफोलियो
गजेन्द्र सिंह शेखावत	संस्कृति; पर्यटन
श्रीमती अन्नपूर्णा देवी	महिला एवं बाल विकास
किरेन रिजिजू	संसदीय कार्य; अल्पसंख्यक कार्य
हरदीप सिंह पुरी	पेट्रोलियम एवं प्राकृतिक गैस
डॉ. मनसुख मण्डाविया	श्रम एवं रोजगार; युवा कार्यक्रम एवं खेल
जी. किशन रेड्डी	कोयला मन्त्री; खान
चिराग पासवान	खाद्य प्रसंस्करण उद्योग
सीआर पाटिल	जल शक्ति

राज्य मन्त्री (स्वतन्त्र प्रभार)

मन्त्री	पोर्टफोलियो
राव इन्द्रजीत सिंह	सांख्यिकी एवं कार्यक्रम कार्यान्वयन (स्वतन्त्र प्रभार); योजना (स्वतन्त्र प्रभार); संस्कृति
डॉ. जितेन्द्र सिंह	विज्ञान एवं प्रौद्योगिकी (स्वतन्त्र प्रभार); पृथ्वी विज्ञान (स्वतन्त्र प्रभार); प्रधानमन्त्री कार्यालय; कार्मिक, लोक शिकायत एवं पेंशन; परमाणु ऊर्जा विभाग; अन्तरिक्ष विभाग
अर्जुन राम मेघवाल	विधि एवं न्याय (स्वतन्त्र प्रभार); संसदीय कार्य
जाधव प्रतापराव गणपतराव	आयुष (स्वतन्त्र प्रभार); स्वास्थ्य एवं परिवार कल्याण
जयन्त चौधरी	कौशल विकास और उद्यमिता (स्वतन्त्र प्रभार); शिक्षा

राज्य मन्त्री

मन्त्री	पोर्टफोलियो
जितिन प्रसाद	वाणिज्य एवं उद्योग; इलेक्ट्रॉनिक्स एवं सूचना प्रौद्योगिकी
श्रीपद येसो नाइक	विद्युत; नवीन एवं नवीकरणीय ऊर्जा
पंकज चौधरी	वित्त
कृष्ण पाल	सहकारिता
रामदास अठावले	सामाजिक न्याय एवं अधिकारिता
रामनाथ ठाकुर	कृषि एवं किसान कल्याण
नित्यानन्द राय	गृह
अनुप्रिया पटेल	स्वास्थ्य एवं परिवार कल्याण; रसायन एवं उर्वरक
वी. सोमन्ना	जल शक्ति; रेलवे
डॉ. चन्द्र शेखर पेम्मासानी	ग्रामीण विकास; संचार
एसपी सिंह बघेल	मत्स्य पालन, पशुपालन एवं डेयरी; पंचायती राज
सुश्री शोभा करंदलाजे	सूक्ष्म, लघु एवं मध्यम उद्यम; श्रम एवं रोजगार
कीर्तिवर्धन सिंह	पर्यावरण, वन एवं जलवायु परिवर्तन; विदेश
बीएल वर्मा	उपभोक्ता मामले, खाद्य एवं सार्वजनिक वितरण; सामाजिक न्याय एवं अधिकारिता
शान्तनु ठाकुर	पत्तन, पोत परिवहन एवं जलमार्ग

मन्त्री	पोर्टफोलियो
सुरेश गोपी	पेट्रोलियम एवं प्राकृतिक गैस; पर्यटन
डॉ. एल. मुरुगन	सूचना एवं प्रसारण; संसदीय कार्य
अजय टम्टा	सड़क परिवहन एवं राजमार्ग
बंदी संजय कुमार	गृह
कमलेश पासवान	ग्रामीण विकास
भागीरथ चौधरी	कृषि एवं किसान कल्याण
सतीश चन्द्र दुबे	कोयला; खान
संजय सेठ	रक्षा
रवनीत सिंह	खाद्य प्रसंस्करण उद्योग; रेलवे
दुर्गादास उइके	जनजातीय कार्य
श्रीमती रक्षा निखिल खडसे	युवा कार्यक्रम एवं खेल
सुकान्त मजूमदार	शिक्षा; उत्तर-पूर्वी क्षेत्र विकास
श्रीमती सावित्री ठाकुर	महिला एवं बाल विकास
तोखन साहू	आवासन एवं शहरी कार्य
राज भूषण चौधरी	जल शक्ति
भूपति राजू श्रीनिवास वर्मा	भारी उद्योग; इस्पात
हर्ष मल्होत्रा	कॉर्पोरेट कार्य; सड़क परिवहन एवं राजमार्ग
श्रीमती निमुबेन जयन्तीभाई बांभणिया	उपभोक्ता मामले, खाद्य एवं सार्वजनिक वितरण
मुरलीधर मोहोल	सहकारिता; नागर विमानन
जॉर्ज कुरियन	अल्पसंख्यक कार्य; मत्स्य पालन, पशुपालन एवं डेयरी
पबित्र मार्गेरिटा	विदेश; वस्त्र

भारत के राज्य एवं केन्द्रशासित प्रदेश

भारतीय राज्य

नाम	राज्यपाल	मुख्यमन्त्री
आन्ध्र प्रदेश	एस. अब्दुल नजीर	एन. चन्द्रबाबू नायडू
अरुणाचल प्रदेश	केटी परनाइक	पेमा खाण्डू
असम	गुलाब चन्द कटारिया	हिमन्त बिस्वा सरमा
उत्तर प्रदेश	आनन्दीबेन पटेल	योगी आदित्यनाथ
उत्तराखण्ड	गुरमीत सिंह	पुष्कर सिंह धामी
ओडिशा	रघुबर दास	मोहन मांझी
कर्नाटक	थावरचन्द गहलोत	सिद्धारमैया
केरल	आरिफ मोहम्मद खान	पिनाराई विजयन
गोवा	पीएस श्रीधरन पिल्लै	प्रमोद सावन्त
गुजरात	आचार्य देव व्रत	भूपेन्द्र पटेल
छत्तीसगढ़	बिस्व भूसन हरिचन्दन	विष्णुदेव साय
झारखण्ड	सीपी राधाकृष्णन	चम्पई सोरेन
तमिलनाडु	आरएन रवि	एमके स्टालिन
तेलंगाना	सीपी राधाकृष्णन (अति. प्रभार)	ए. रेवन्त रेड्डी
नागालैण्ड	ला गणेशन	नीपिहु रियो
पंजाब	बनवारीलाल पुरोहित	भगवन्त सिंह मान
पश्चिम बंगाल	सीवी आनन्द बोस	ममता बनर्जी
बिहार	राजेन्द्र विश्वनाथ अर्लेकर	नीतीश कुमार
मध्य प्रदेश	मंगूभाई छगनभाई पटेल	मोहन यादव
महाराष्ट्र	रमेश बैस	एकनाथ शिन्दे
मणिपुर	अनुसूइया उइके	एन. बीरेन सिंह
मेघालय	फागू चौहान	कोनराड संगमा
मिजोरम	हरि बाबू कम्भमपति	लालदुहोमा
राजस्थान	कलराज मिश्र	भजनलाल शर्मा
सिक्किम	लक्ष्मण प्रसाद आचार्य	प्रेम सिंह तमांग
हिमाचल प्रदेश	शिव प्रताप शुक्ला	सुखविन्दर सिंह
हरियाणा	बण्डारू दत्तात्रेय	नायब सिंह सैनी
त्रिपुरा	इन्द्र सेन रेड्डी नल्लू	माणिक साहा

केन्द्रशासित प्रदेश

नाम	मुख्यमन्त्री	उप-राज्यपाल/ प्रशासक
अण्डमान-निकोबार द्वीपसमूह	–	देवेन्द्र कुमार जोशी (उप-राज्यपाल)
चण्डीगढ़	–	बनवारीलाल पुरोहित (प्रशासक)
जम्मू-कश्मीर	–	मनोज सिन्हा (उप-राज्यपाल)
दिल्ली	अरविन्द केजरीवाल	विनय के. सक्सेना (उप-राज्यपाल)
दादरा एवं नगर हवेली और दमन एवं दीव	–	प्रफुल्ल पटेल (प्रशासक)
पुदुचेरी	एन. रंगास्वामी	सीपी राधाकृष्णन (उप-राज्यपाल) (अतिरिक्त प्रभार)
लक्षद्वीप	–	प्रफुल्ल पटेल (प्रशासक)
लद्दाख	–	बीडी मिश्रा (उप-राज्यपाल)

संवैधानिक प्रमुख

पद	व्यक्तित्व
अध्यक्ष, लोकसभा	ओम बिड़ला
उप-सभापति, राज्यसभा	हरिवंश नारायण सिंह

पद	व्यक्तित्व
नियन्त्रक एवं महालेखा परीक्षक	गिरीश चन्द्र मुर्मू
अध्यक्ष, 16वाँ वित्त आयोग	अरविन्द पनगढ़िया
अध्यक्ष, राष्ट्रीय अनुसूचित जाति आयोग	विजय सांपला
अध्यक्ष, राष्ट्रीय महिला आयोग	रेखा शर्मा
अध्यक्ष, राष्ट्रीय मानवाधिकार आयोग	अरुण कुमार मिश्रा
अध्यक्ष, संघ लोक सेवा आयोग	मनोज सोनी

सशस्त्र सेनाओं के प्रमुख

पद	व्यक्तित्व
चीफ ऑफ डिफेन्स स्टाफ (CDS)	अनिल चौहान
थल सेनाध्यक्ष	मनोज पाण्डे
नौसेनाध्यक्ष	आर. हरि कुमार
वायु सेनाध्यक्ष	वीआर चौधरी

न्यायिक प्रमुख

पद	व्यक्तित्व
सर्वोच्च न्यायालय के मुख्य न्यायाधीश	डीवाई चन्द्रचूड़
लोकपाल अध्यक्ष (कार्यकारी)	प्रदीप कुमार मोहन्ती
अटॉर्नी जनरल	आर. वेंकटरमणी
सॉलिसिटर जनरल	तुषार मेहता

राष्ट्रीय संस्थाओं/संगठनों के प्रमुख

पद	व्यक्तित्व
मुख्य चुनाव आयुक्त	राजीव कुमार
मुख्य सूचना आयुक्त	हीरालाल सामरिया
निदेशक, केन्द्रीय अन्वेषण ब्यूरो	प्रवीण सूद

पद	व्यक्तित्व
निदेशक, इण्टेलीजेन्स ब्यूरो	तपन कुमार डेका
निदेशक, रिसर्च एण्ड एनालिसिस विंग	रवि सिन्हा
निदेशक, NTRI	अनिल धस्माना
अध्यक्ष, राष्ट्रीय अन्वेषण अभिकरण (NIA)	दिनकर गुप्ता
अध्यक्ष, रेलवे बोर्ड	जया वर्मा सिन्हा
अध्यक्ष, ISRO	एस. सोमनाथ
अध्यक्ष, परमाणु ऊर्जा नियामक बोर्ड (AERB)	डीके शुक्ला
गवर्नर, भारतीय रिजर्व बैंक	शक्तिकान्त दास
अध्यक्ष, केन्द्रीय अप्रत्यक्ष कर एवं सीमा शुल्क बोर्ड (CBIC)	संजय कुमार अग्रवाल
अध्यक्ष, केन्द्रीय प्रत्यक्ष कर बोर्ड	नितिन गुप्ता
अध्यक्ष, भारतीय प्रतिभूति एवं विनियामक बोर्ड (SEBI)	माधबी पुरी बुच
अध्यक्ष, केन्द्रीय फिल्म प्रमाणन बोर्ड (CBFC)	प्रसून जोशी
अध्यक्ष, केन्द्रीय माध्यमिक शिक्षा बोर्ड (CBSE)	राहुल सिंह
निदेशक, राष्ट्रीय शैक्षिक अनुसंधान और प्रशिक्षण परिषद (NCERT)	दिनेश प्रसाद सकलानी
अध्यक्ष, विश्वविद्यालय अनुदान आयोग (UGC)	एम. जगदीश कुमार
उपाध्यक्ष, नीति आयोग	सुमन बेरी
चेयरमैन, भारतीय जीवन बीमा निगम (LIC)	सिद्धार्थ मोहंती
अध्यक्ष, राष्ट्रीय कृषि और ग्रामीण विकास बैंक (NABARD)	शाजी केवी

पद	व्यक्तित्व
MD, राष्ट्रीय आवास बैंक (NHB)	सारदा कुमार होटा
अध्यक्ष, ASSOCHAM	संजय नायर
अध्यक्ष, भारतीय उद्योग परिसंघ (CII)	संजीव पुरी

अन्तर्राष्ट्रीय संस्थाओं/संगठनों के प्रमुख

पद	व्यक्तित्व
महासचिव, UNO	एण्टोनियो गुटेरेस (पुर्तगाल)
महासचिव, SAARC	मो. गुलाम सरवर (बांग्लादेश)
अध्यक्ष, संयुक्त राष्ट्र महासभा (UNGA)	डेनिस फ्रांसिस (ट्रिनीडाड एण्ड टोबैगो)
महानिदेशक, WHO	ट्रेडोस एधानॉम घेब्रेयेसस (इथियोपिया)
महानिदेशक, WTO	न्गोजी ओकोन्जो-इवेला (नाइजीरिया)
महासचिव, UNCTAD	रेबेका ग्रिनस्पैन (कोस्टा रिका)
महानिदेशक, IAEA	राफेल ग्रॉसी (अर्जेण्टीना)
महानिदेशक, UNESCO	ऑद्रेय आजूले (फ्रांस)
महानिदेशक, IMF	क्रिस्टलिना जॉर्जिएवा (बल्गारिया)
अध्यक्ष, वर्ल्ड बैंक	अजय बांगा (USA)
अध्यक्ष, NDB	डिल्मा रौजेफ (ब्राजील)
अध्यक्ष, ECB	क्रिस्टीन लगार्डे (फ्रांस)
महानिदेशक, ILO	गिल्बर्ट हॉग्बो (टोगो)
महानिदेशक, UNICEF	कैथरीन रसेल (USA)

सामान्य हिन्दी

अध्याय 01

हिन्दी भाषा की सामान्य जानकारी

हिन्दी भाषा का उद्भव

भारत में प्रमुखत: आर्य परिवार व द्रविड़ परिवार की भाषाएँ बोली जाती हैं। उत्तर भारत की भाषाएँ आर्य परिवार की एवं दक्षिण भारत की भाषाएँ द्रविड़ परिवार की हैं। उत्तर भारत की भाषाओं में संस्कृत सबसे प्राचीन भाषा है। संस्कृत भाषा का उल्लेख ऋग्वेद में मिलता है। हिन्दी, संस्कृत की ही उत्तराधिकारिणी भाषा है। भारतीय आर्य भाषाओं को तीन कालखण्डों में विभाजित किया गया है

1. प्राचीन भारतीय आर्य भाषा (1500 ई. पूर्व से 500 ई. पूर्व तक)
2. मध्यकालीन भारतीय आर्य भाषा (500 ई. पूर्व से 1000 ई. तक)
3. आधुनिक भारतीय आर्य भाषा (1000 ई. से अब तक)

चारों वेद (ऋग्वेद, यजुर्वेद, सामवेद, अथर्ववेद), ब्राह्मण ग्रन्थ, उपनिषद् प्राचीन भारतीय आर्य भाषा काल के ही हैं। ऋग्वेद संस्कृत का प्राचीनतम ग्रन्थ है।

मध्यकालीन आर्य भाषा काल में तीन भाषाएँ विकसित हुईं

1. पालि भाषा (500 ई. पू. से 1 ई. तक)
2. प्राकृत भाषा (1 ई. से 500 ई. तक)
3. अपभ्रंश भाषा (500 ई. से 1000 ई. तक)

पालि भाषा बौद्ध धर्म की भाषा है, जिसका एक अन्य नाम **मागधी भाषा** भी है। बौद्ध साहित्य पालि भाषा में रचा गया है। त्रिपिटक की रचना भी पालि भाषा में हुई है। ये निम्न हैं

1. सुत्त पिटक 2. विनय पिटक 3. अभिधम्भ पिटक

जैन साहित्य प्राकृत भाषा में रचा गया है। प्राकृत भाषा के प्रमुख प्रकार निम्नलिखित हैं

1. शौरसेनी प्राकृत 2. पैशाची प्राकृत 3. महाराष्ट्री प्राकृत
4. अर्द्धमागधी प्राकृत 5. मागधी प्राकृत।

अपभ्रंश भाषा का स्वरूप

अपभ्रंश भाषा मध्यकालीन आर्यभाषा की तीसरी अवस्था है। अपभ्रंश का शाब्दिक अर्थ है– 'बिगड़ा हुआ' या 'गिरा हुआ'। आचार्य हेमचन्द्र व वाग्भट्ट ने अपभ्रंश को ग्रामभाषा कहा है। दण्डी ने इसे आभीरादि की भाषा कहा है।

मार्कण्डेय व इतर आचार्यों ने अपभ्रंश के कुल तीन भेद बताए हैं

1. नागर (गुजरात की बोली)
2. उपनागर (राजस्थान की बोली)
3. ब्राचड़ (सिन्ध की बोली)

- डॉ. उदय नारायण तिवारी ने अपनी पुस्तक 'हिन्दी भाषा का उद्‌गम व विकास' में अपभ्रंश का जन्मकाल 700 ई. स्वीकारा है।
- डॉ. नामवर सिंह भी अपने ग्रन्थ 'हिन्दी के विकास में अपभ्रंश का योगदान' में 700 ई. स्वीकार करते हैं। डॉ. भोलानाथ तिवारी अपभ्रंश का जन्म 500 ई. के आस-पास मानते हैं।
- अपभ्रंश का प्रयोग साहित्य में 12वीं शताब्दी तक होता रहा, परन्तु 1000 ई. तक यह बोली हिन्दी के रूप में प्रतिष्ठित हो गई थी।
- अपभ्रंश की ध्वनियाँ भी हिन्दी में प्रचलित हैं साथ ही कुछ नई ध्वनियों का भी हिन्दी में विकास हुआ। हिन्दी शब्दों की इसी अधिकता को लक्ष्य कर महापण्डित राहुल सांकृत्यायन और चन्द्रधर शर्मा 'गुलेरी' ने इस भाषा को पुरानी हिन्दी के नाम से सम्बोधित किया। इस प्रकार हम कह सकते हैं कि 1000 ई. के लगभग साहित्य में हिन्दी का प्रयोग अधिकांशत: होने लगा।
- हिन्दी ने अपभ्रंश की सारी प्रवृत्तियों को अपनाया है। संस्कृत, पालि, प्राकृत आदि संयोगात्मक भाषाएँ थीं, जबकि अपभ्रंश वियोगात्मक भाषा थी। संज्ञा, सर्वनाम के कारक रूपों के लिए अपभ्रंश में कारक चिह्न अलग से प्रयुक्त हुए। अपभ्रंश को उकार बहुला भाषा कहा गया है। सामान्यत: अपभ्रंश ट वर्ग प्रधान भाषा है। इसमें 'ण' की बहुलता है। अपभ्रंश में 2 वचन तथा दो लिंग मिलते हैं। नपुंसक लिंग का उदाहरण नागर अपभ्रंश में मिलता है।
- अपभ्रंश के महान् कवि स्वयंभू हैं, जिन्होंने 'पउमचरिउ', 'रिट्ठणेमिचरिउ' तथा स्वयंभू छन्द नामक तीन ग्रन्थों की रचना की। पउमचरिउ एक अपूर्ण ग्रन्थ है फिर भी इसमें राम का चरित्र विस्तार से वर्णित है। कथा के अन्त में राम निर्वाण प्राप्त करते हैं। अपभ्रंश के दूसरे कवि पुष्पदन्त 10वीं शताब्दी में हुए। इनकी भी तीन रचनाएँ हैं—महापुराण, णयकुमार चरिउ, जसहर चरिउ।
- अपभ्रंश के तीसरे प्रमुख कवि धनपाल ने 10वीं शताब्दी में 'भविसयत्तकहा' की रचना की। अपभ्रंश साहित्य के समर्थ कवियों में अब्दुल रहमान का नाम आता है, जिन्होंने 'सन्देशरासक' लिखा। सन्देशरासक एक खण्डकाव्य है, जिसमें विक्रमपुर की एक वियोगिनी की विरह कथा है। कनकामर मुनि की करकंडचरित अपभ्रंश काल की प्रसिद्ध रचना है।

अपभ्रंश काल की कुछ अन्य रचनाएँ निम्न तालिका में दी गई हैं

अपभ्रंश काल की रचनाएँ व रचनाकार

रचना	रचनाकार
शब्दानुशासन (प्राकृत व्याकरण)	जैन आचार्य हेमचन्द्र
प्रबन्ध चिन्तामणि	मेरुतुंग
प्राकृत पैंगलम	लक्ष्मीधर
राउलवेल	रोडा
सन्देशरासक	अब्दुल रहमान
पाहुडदोहा	रामसिंह
उपदेश रसायनरास	जिनदत्त सूरि
कीर्तिलता व कीर्तिपताका	विद्यापति
श्रावकाचार	देवसेन
मुक्तक रचनाएँ	सरहपा (सरहपाद)

- डॉ. सुनीति कुमार चटर्जी एवं बहुत से अन्य भाषाविदों ने अपभ्रंश को भारतीय आर्य भाषा के विकास की एक स्थिति माना है। अपभ्रंश भाषा से हिन्दी की विभिन्न बोलियों एवं भाषाओं का विकास हुआ है, जिनका उल्लेख इस प्रकार है

अपभ्रंश का क्षेत्रीय रूप	विकसित बोलियाँ अथवा भाषा
शौरसेनी अपभ्रंश	पश्चिमी हिन्दी, राजस्थानी, गुजराती
पैशाची अपभ्रंश	पंजाबी, लहँदा
ब्राचड़ अपभ्रंश	सिन्धी
खस अपभ्रंश	पहाड़ी
महाराष्ट्री अपभ्रंश	मराठी
अर्द्धमागधी अपभ्रंश	पूर्वी हिन्दी
मागधी अपभ्रंश	बिहारी, उड़िया, बंगला, असमिया

काव्यभाषा के रूप में अवधी : उदय एवं विकास

पूर्वी हिन्दी की तीन बोलियाँ हैं; अवधी, बघेली, छत्तीसगढ़ी। अवधी भाषा अवध क्षेत्र की भाषा है। इसका विकास अर्द्धमागधी अपभ्रंश से माना जाता है। भोलानाथ तिवारी, बाबूराम सक्सेना और सुनीति कुमार चटर्जी जैसे विद्वानों ने 'कोसली' से ही अवधी के विकास को स्वीकार किया है। भोलानाथ तिवारी स्पष्ट रूप से प्रमाणित करते हैं कि अवधी कोई आज की भाषा नहीं है बल्कि पालि भाषा युगीन रचनाओं और अभिलेखों में अवधी का आरम्भिक रूप दिखाई देता है। अवधी के विकास को तीन चरणों में बाँटा जा सकता है

1. आरम्भ से लेकर 1400 ई. तक विकास का प्रथम चरण
2. 1400 ई. से 1700 ई. तक विकास का द्वितीय चरण
3. 1700 ई. से आज तक विकास का तीसरा एवं आधुनिक चरण

अवधी के विकास का द्वितीय चरण सर्वाधिक महत्त्वपूर्ण है, क्योंकि इसी चरण में सूफी काव्यधारा, प्रेमाश्रयी काव्यधारा एवं रामकाव्य धारा का विकास हुआ। अवधी भाषा का प्रयोग सर्वप्रथम हिन्दी में सूफी कवियों ने अपनी रचनाओं में किया। मुल्ला दाउद कृत 'चन्दायन' (रचनाकाल 1379 ई.) सूफी प्रेमाख्यानों में सबसे पहली रचना है।

जायसी द्वारा रचित 'पद्मावत' अवधी भाषा की श्रेष्ठ अभिव्यक्ति है। जायसी सूफी कवियों की भाव अभिव्यक्ति के लिए अवधी को सराहते हैं। *यथा*

तुरकी अरबी हिन्दुई, भाषा जेती आहि।
जेहि मँह मारग प्रेमकर, सबै सराहै ताहिं।।

तुलसीदास द्वारा रचित 'रामचरितमानस' अवधी भाषा की सर्वश्रेष्ठ रचना है। मधुसूदन कृत रामाश्रमेघ भी अवधी की बेहतरीन रचना है। 'भीमकवि' अवधी के प्रथम हिन्दू कवि हैं। 'डंगवै' व 'चक्रव्यूह' इनकी प्रसिद्ध रचनाएँ हैं।

अवधी भाषा में रचित रचनाएँ व रचनाकार

रचनाकार	रचनाएँ
तुलसीदास	रामचरितमानस, बरवै रामायण, पार्वती मंगल, रामलला नहछू, कृष्णगीतावली
ईश्वरदास	सत्यवती कथा, भरतमिलाप, अंगद पैर
स्वामी अग्रदास	ध्यानमंजरी, कुण्डलिया, रामध्यानमंजरी, रामायण
रहीम	बरवैनायिकाभेद
लालदास	अवध विलास

आधुनिक काल की अवधी

मध्य प्रदेश के पूर्व मुख्यमन्त्री पण्डित द्वारिकानाथ मिश्र ने दोहा चौपाई शैली में अवधी भाषा में 'कृष्णायन' नामक ग्रन्थ की रचना की। यह अवधी का आधुनिक महाकाव्य है। वंशीधर शुक्ल भी अवधी भाषा के आधुनिक काल के कवि हैं। अवधी भाषा में रचित कुछ काव्य पंक्तियाँ व रचनाकार

1. जानत है वो सिरजनहारा, जो किछु मन मरम हमारा।
   हिन्दू मग्ग पर पाँव न राखेऊँ, का जो भाखा बहुत माखेऊँ।।
   (*नूर मोहम्मद, सूफी कवि*)
2. होइहें वही जो राम रचि राखा।
   जो जस करहिं तस फल चाखा।। (*तुलसीदास*)

काव्यभाषा के रूप में ब्रजभाषा : उदय एवं विकास

ब्रजभाषा पश्चिमी हिन्दी के अन्तर्गत बोली जाने वाली भाषा है। इस भाषा को तीन चरणों में बाँटा गया है

1. 1000 ई. से 1525 ई.
2. 1525 ई. से 1800 ई.
3. 1800 ई. से अब तक

- ब्रजभाषा का प्रारम्भिक विकास अपभ्रंशकालीन रचनाओं में भी दिखता है। ब्रजभाषा का द्वितीयकाल सुधीर अग्रवाल, आचार्य त्रिलोचन एवं अष्टछाप के कवियों में सूरदास, नन्ददास, कुम्भनदास, परमानन्ददास, गोविन्ददास व छीतस्वामी की रचनाओं को दर्शाता है।
- द्वितीय चरण की परिपक्वता रीतिकाव्य की रचनाओं में दिखाई पड़ती है। अष्टछाप के कवियों में वल्लभाचार्य के चार शिष्य सूरदास, नन्ददास, चतुर्भुजदास, गोविन्दस्वामी व छीतस्वामी थे।
- विट्ठलदास के शिष्य सूरदास ने ब्रजभाषा को साहित्यिक चरमोत्कर्ष पर पहुँचाया। 'सूरदास' द्वारा रचित 'सूरसागर', 'सूर सारावली', 'साहित्यलहरी' तीन रचनाएँ उपलब्ध होती हैं।
- 'भ्रमरगीत' सूरसागर का महत्त्वपूर्ण अंश है। नन्ददास कृत भंवरगीत नामक काव्यग्रन्थ भी ब्रजभाषा में लिखा गया है। नन्ददास की प्रसिद्ध रचना 'रासपंचाध्यायी' है, जो रोला छन्द में रचित है। नन्ददास की भाषा में अनुप्रासंगिकता, काव्यात्मकता, चित्रोपमता एवं लाक्षणिकता भी दिखाई देती है।
- नन्ददास की अन्य रचनाएँ भगवत दशम स्कन्ध, सिद्धान्त पंचाध्यायी, रूपमंजरी, रसमंजरी, मानमंजरी, विरहमंजरी, नामचिन्तामणिमाला, अनेकार्थ नाममाला, दानलीला, मानलीला, ज्ञानमंजरी, श्यामसगाई, भ्रमरगीत, सुदामाचरित आदि हैं।
- 'जुगलमानचरित्र' कृष्णदास द्वारा रचित छोटा-सा ग्रन्थ है। 'परमानन्दसागर' परमानन्ददास की रचना है। 'द्वादशयश', 'भक्तिप्रताप' तथा 'हितजू को मंगल' चतुर्भुजदास द्वारा रचित ग्रन्थ हैं।
- चतुर्भुजदास कुम्भनदास के पुत्र थे। रसखान की दो रचनाएँ सुजान रसखान, प्रेमवाटिका ब्रजभाषा में उपलब्ध होती हैं। 'हितचौरासी' की रचना गोस्वामी हित हरिवंश ने की। ये राधावल्लभ सम्प्रदाय के समर्थक थे।
- मीराबाई ब्रजभाषा की प्रसिद्ध एवं एकमात्र कवयित्री हैं। माधुर्यभाव से उपासना करना इन्हें पसन्द था। मीराबाई की रचनाएँ, नरसी जी का मायरा, गीत गोविन्द की टीका, राग गोविन्द, राग सोरठा
- कृष्ण काव्य परम्परा में 'युगल शतक' का नाम आदर के साथ लिया जाता है। इसकी रचना श्री भट्ट ने की है। भारतेन्दु हरिश्चन्द्र, रत्नाकर आधुनिक काल के प्रमुख ब्रजभाषी कवि हैं। 'उद्धवशतक' की रचना रत्नाकर ने की। यह आधुनिक ब्रजभाषा का एक उत्तम ग्रन्थ है।

- ब्रजभाषा पश्चिमी हिन्दी की प्रमुख बोली है, परन्तु अपनी साहित्यिक समृद्धि के कारण मध्यकाल में यह भाषा के पद पर प्रतिष्ठित हो गई थी। रत्नाकर जी की मान्यता थी कि शौरसेनी क्षेत्र की भाषाओं की विशेषता शब्दों का उकारान्त होना है।
- पूर्व में यह भाषा बंगाल, असम, गुजरात, दक्षिण महाराष्ट्र, काठियावाड़, उत्तर में पंजाब तक फैली थी, परन्तु आधुनिक काल के आते-आते ब्रजभाषा कुछ ही क्षेत्रों तक सीमित रह गई। वर्तमान में यह मथुरा, आगरा, अलीगढ़, बुलन्दशहर, एटा, फिरोजाबाद, बदायूँ, बरेली, गुड़गाँव, भरतपुर, धौलपुर, करौली, जयपुर के पूर्वी भाग व ग्वालियर के पश्चिमी भाग में बोली जाती है। कृष्ण भक्त कवियों के अतिरिक्त यह भाषा रीतिकाल में भी प्रसिद्ध रही।

ब्रजभाषा की कुछ प्रमुख उपबोलियाँ इस प्रकार हैं

ब्रजभाषा की उपबोलियाँ

(i) **गाँववारी**	आगरा के पूर्वी भाग में
(ii) **धौलपुरी**	राजस्थान के धौलपुर क्षेत्र में
(iii) **भरतपुरी**	भरतपुर में
(iv) **जदोवाटी**	भरतपुर, करौली, ग्वालियर
(v) **सिकरवाड़ी**	ग्वालियर के उत्तरी-पूर्वी भाग में
(vi) **कठेरिया**	बदायूँ जिले में
(vii) **डांगी**	भरतपुर, जयपुर, करौली
(viii) **माधुरी**	मथुरा

- सूरदास जी ने ब्रजभाषा को इतना लोकप्रिय बना दिया था, जिससे तुलसी जैसे अवधी के सशक्त कवि को भी ब्रजभाषा में काव्य रचना करने के लिए विवश होना पड़ा। तुलसीदास जी ने अपनी रचनाओं गीतावली, विनयपत्रिका, कवितावली में ब्रजभाषा का प्रयोग किया है।
- नरोत्तमदास कृत 'सुदामाचरित' व नाभादास कृत 'भक्तमाल' में सुन्दर साहित्यिक ब्रजभाषा का प्रयोग किया गया है। रामचन्द्रिका, रसिकप्रिया, कविप्रिया आदि कृतियाँ केशवदास रचित ब्रजभाषा में ही हैं।
- ब्रजभाषा अपने क्षेत्र के बाहर भी अति लोकप्रिय रही। यद्यपि रीतिकाल में ब्रजभाषा का स्वरूप स्थिर हो जाना चाहिए था, किन्तु ऐसा न हो सका। भाषा में मनमाने प्रयोग होने लगे।
- शब्द समूह की दृष्टि से रीतिकालीन ब्रजभाषा में अरबी, फारसी, तुर्की के पर्याप्त शब्द आ गए हैं। भूषण की कविता में इस प्रकार के पर्याप्त शब्द हैं, परन्तु घनानन्द की कविता में नहीं।
- घनानन्द शुद्ध ब्रजभाषा के आदर्श कवि माने जाते हैं। रीतिकालीन कवि पद्माकर को रीतिकालीन ब्रजभाषा का अन्तिम कवि माना जा सकता है। बिहारी, घनानन्द, केशव, मतिराम, सेनापति, ग्वाल, पद्माकर, देव तथा चिन्तामणि आदि भी रीतिकालीन ब्रजभाषी कवि हैं।
- आधुनिक काल में भारतेन्दु युग में ब्रजभाषा की काव्य-भाषा के रूप में पर्याप्त प्रतिष्ठा रही। भारतेन्दु हरिश्चन्द्र, बाबू जगन्नाथ दास रत्नाकर आदि आधुनिक काल के ब्रजभाषा के सशक्त कवि हैं। द्विवेदी युग में खड़ी बोली के प्रतिष्ठित हो जाने पर ब्रजभाषा की रचनाएँ कम होती गईं।
- हिन्दी की किसी भी भाषा को इतनी प्रतिष्ठा नहीं मिली जितनी कि ब्रजभाषा को। सिखों के दसवें गुरु ने भी ब्रजभाषा में अपनी रचनाएँ लिखीं। ब्रजभाषा ने लगभग 600 वर्षों तक हिन्दी काव्य पर शासन किया है।

हिन्दी की बोलियों का वर्गीकरण तथा क्षेत्र

हिन्दी भारत के बहुसंख्यक लोगों की भाषा होने के साथ विश्व की तीसरी सबसे अधिक बोली जाने वाली भाषा है। हिन्दी ऐतिहासिक दृष्टि से युग-युग की मध्यदेशीय भाषाओं संस्कृत, पालि, प्राकृत, अपभ्रंश आदि की उत्तराधिकारिणी है। वस्तुतः हिन्दी सारे देश में व्याप्त है। व्यवहार में यह राष्ट्रभाषा है, परन्तु राजनीतिक स्वार्थों के कारण कुछ राज्यों में इसे मान्यता नहीं मिल पाई। इसलिए यह कहना ठीक नहीं है कि हिन्दी का क्षेत्र सम्पूर्ण भारत है।

इसका प्रयोग क्षेत्र बिहार, उत्तर प्रदेश, छत्तीसगढ़, झारखण्ड, उत्तराखण्ड, हरियाणा, हिमाचल प्रदेश, दिल्ली, राजस्थान व मध्य प्रदेश हैं। इस पूरे क्षेत्र को ही हिन्दी प्रदेश कहते हैं।

हिन्दी के अन्तर्गत आने वाली उपभाषाएँ एवं बोलियाँ इस प्रकार हैं

उपभाषाएँ	बोलियाँ
पश्चिमी हिन्दी	खड़ी बोली, ब्रजभाषा, बुन्देली, हरियाणवी, कन्नौजी
पूर्वी हिन्दी	अवधी, बघेली, छत्तीसगढ़ी
राजस्थानी	मारवाड़ी, जयपुरी, मेवाती, मालवी
पहाड़ी	गढ़वाली, कुमाऊँनी
बिहारी	मैथिली, मगही, भोजपुरी

उपरोक्त वर्गीकरण से स्पष्ट है कि हिन्दी भाषी क्षेत्र में कुल पाँच उपभाषाएँ व सत्रह बोलियाँ सम्मिलित हैं। इन बोलियों के क्षेत्र इस प्रकार हैं

पश्चिमी हिन्दी

पश्चिमी हिन्दी का वर्गीकरण निम्नलिखित रूप से किया जा सकता है

- **खड़ी बोली** इस बोली को हिन्दुस्तानी सरहिन्दी, बोल-चाल की हिन्दुस्तानी खड़ी बोली कौरवी आदि नाम दिए गए हैं। सुनीति कुमार चटर्जी इसे जनपदीय हिन्दुस्तानी कहते हैं। कौरवी या खड़ी बोली रामपुर, मुरादाबाद, बिजनौर, मुजफ्फरनगर, मेरठ, सहारनपुर, देहरादून के मैदानी भाग, अम्बाला (पूर्वी भाग) तथा पटियाला के पूर्वी भागों में बोली जाती है।
- **ब्रजभाषा** मथुरा, आगरा, अलीगढ़, बरेली, बदायूँ, मैनपुरी, एटा, हाथरस, धौलपुर, भरतपुर जिले ब्रजभाषी क्षेत्र हैं।
- **बुन्देली** बुन्देला राजपूतों का प्रदेश होने के कारण इस क्षेत्र का नाम बुन्देलखण्ड पड़ा, उसकी बोली बुन्देलखण्डी या बुन्देली कहलाती है। यह बोली झाँसी, जालौन, हमीरपुर, उरई, बाँदा, ओरछा, सागर, सिवनी, होशंगाबाद, ग्वालियर के पूर्वी भाग व भोपाल के कुछ भाग में बोली जाती है।
- **हरियाणवी** हरियाणा तथा दिल्ली के ग्रामीण क्षेत्रों में यह बोली बोली जाती है। इसका एक अन्य नाम बांगरु बोली भी है।
- **कन्नौजी** इस बोली का केन्द्र कन्नौज है। यह पूर्व में कानपुर तक, दक्षिण में यमुना नदी तक और उत्तर में गंगापार हरदोई, शाहजहाँपुर, पीलीभीत, फर्रुखाबाद, इटावा इत्यादि जिलों में बोली जाती है।

पूर्वी हिन्दी

पूर्वी हिन्दी का वर्गीकरण उनके क्षेत्रों में प्रयोग के आधार पर निम्न रूप से किया जा सकता है

- **अवधी** अवध की बोली अवधी है। इसका प्रयोग क्षेत्र लखीमपुर खीरी, सीतापुर, लखनऊ, बाराबंकी, बहराइच, गोण्डा, फैजाबाद, उन्नाव, रायबरेली आदि जिले हैं।
- **बघेली** बघेलखण्ड में बघेल राजाओं का राज्य था, जिसकी राजधानी रीवा थी। अतः इसका केन्द्र रीवा है। इसके अतिरिक्त यह नागौर, सतना, शहडोल, मैहर में बोली जाती है।
- **छत्तीसगढ़ी** यह भाषा रायपुर, बिलासपुर, रायगढ़, दुर्ग, राजनान्दगाँव, कांकेर, सरगुजा, कोरबा में बोली जाती है।

राजस्थानी

राजस्थानी बोली का विभाजन निम्न रूप से किया जा सकता है

- **मारवाड़ी** राजस्थान के मारवाड़ क्षेत्र की बोली मारवाड़ी है। शुद्ध मारवाड़ी जोधपुर और उसके आस-पास बोली जाती है। कुछ मिश्रित रूप;
  जैसे—अजमेर, किशनगढ़, मेवाड़, सिरोही, पालनपुर व जैसलमेर में भी यह बोली जाती है।
- **जयपुरी** इस बोली का एक अन्य नाम ढूँढाणी भी है। यह बोली जयपुर व अजमेर में बोली जाती है।
- **मेवाती** यह बोली मेवात क्षेत्र में बोली जाती है। इसे उत्तरी राजस्थानी भी कहते हैं।
- **मालवी** यह बोली उज्जैन के अतिरिक्त प्रतापगढ़, रतलाम, इन्दौर और देवास में बोली जाती है।

पहाड़ी

पहाड़ी भाषा का वर्गीकरण निम्न रूप से किया जा सकता है

- **गढ़वाली** यह बोली उत्तराखण्ड के गढ़वाल क्षेत्र की बोली है। इसके अन्तर्गत पौढ़ी गढ़वाल, टिहरी गढ़वाल, उत्तरकाशी, चमोली, रुद्रप्रयाग जिले शामिल हैं। इस बोली पर पंजाबी व राजस्थानी तथा कुछ हद तक वैशाली का प्रभाव रहा है।
- **कुमाऊँनी** कुमाऊँ का पुराना नाम कूर्मांचल था। इसके अन्तर्गत नैनीताल, पिथौरागढ़, अल्मोड़ा व रानीखेत, बागेश्वर, चम्पावत जिले शामिल हैं, जहाँ यह भाषा बोली जाती है।

बिहारी

बिहारी बोली का वर्गीकरण निम्न रूप से किया जा सकता है

- **मैथिली** मैथिली भाषा का सम्बन्ध मिथिला से है, जो वैशाली, विदेह और अंग जनपदों का संयुक्त प्रान्त है। विशुद्ध मैथिली दरभंगा, मुजफ्फरपुर, पूर्णिया, उत्तरी मुंगेर व उत्तरी भागलपुर में बोली जाती है। साहित्य की दृष्टि से यह सम्पन्न बोली है।
- **मगही** मगध प्रान्त की बोली को मगही कहते हैं। पटना, गया, हजारीबाग, भागलपुर का कुछ भाग इत्यादि इसके प्रयोग क्षेत्र हैं।
- **भोजपुरी** यह बोली बस्ती, गोरखपुर, देवरिया, गाजीपुर, बलिया, बनारस, जौनपुर (पूर्वी भाग), छपरा, चम्पारण में बोली जाती है। हिन्दी बोलियों में यह प्रयोग करने के आधार पर सबसे बड़ी बोली है। भारत के बाहर मॉरिशस में भी यह बोली जाती है।

हिन्दी के विकास से सम्बन्धित संस्थाएँ

संस्था का नाम	स्थापना वर्ष
फोर्ट विलियम कॉलेज कलकत्ता, (पश्चिम बंगाल)	1800 ई.
हिन्दी उद्धारिणी प्रतिनिधि मध्य सभा प्रयाग, (उत्तर प्रदेश)	1884 ई.
नागरी प्रचारिणी सभा काशी, (उत्तर प्रदेश)	1893 ई.
हिन्दी साहित्य सम्मेलन प्रयाग, (उत्तर प्रदेश)	1910 ई.
दक्षिण भारत हिन्दी प्रचार संस्था मद्रास, (चेन्नई)	1915 ई.
अखिल भारतीय संगीत परिषद् बम्बई, (महाराष्ट्र)	1919 ई.
गुजरात विद्यापीठ अहमदाबाद, (गुजरात)	1920 ई.
हिन्दी विद्यापीठ देवघर, (झारखण्ड)	1929 ई.
नागरी लिपि सुधार समिति (गाँधीजी की अध्यक्षता में) इन्दौर, (मध्य प्रदेश)	1935 ई.
प्रगतिशील लेखक संघ लखनऊ, (उत्तर प्रदेश)	1936 ई.
राष्ट्रभाषा प्रचार समिति वर्धा, (महाराष्ट्र)	1936 ई.
असम राष्ट्रभाषा प्रचार समिति गुवाहाटी, (असम)	1938 ई.
बम्बई हिन्दी विद्यापीठ बम्बई, (महाराष्ट्र)	1938 ई.
इण्डियन पीपुल्स थियेटर एसोसिएशन बम्बई, (महाराष्ट्र)	1942 ई.
राष्ट्रभाषा परिषद् पुणे, (महाराष्ट्र)	1945 ई.
देवनागरी लिपि सुधार समिति (उत्तर प्रदेश)	1947 ई.
बिहार राष्ट्रभाषा परिषद् पटना, (बिहार)	1951 ई.
हिन्दी साहित्य अकादमी (नई दिल्ली)	1953 ई.
संगीत नाटक अकादमी (नई दिल्ली)	1953 ई.
नेशनल बुक ट्रस्ट (नई दिल्ली)	1957 ई.
राष्ट्रीय नाट्य विद्यालय (नई दिल्ली)	1959 ई.
नागरी लिपि परिषद् (नई दिल्ली)	1975 ई.
महात्मा गाँधी अन्तर्राष्ट्रीय हिन्दी विश्वविद्यालय वर्धा, (महाराष्ट्र)	1997 ई.

राजभाषा के रूप में हिन्दी का विकास

राजभाषा के रूप में हिन्दी का विकास निम्नलिखित रूप से हुआ है

- जिस भाषा में शासन का कामकाज सम्पादित होता है, उसे राजभाषा कहते हैं। अशोक के समय में पालि, मुगल काल में फारसी तथा ब्रिटिश काल में अंग्रेज़ी राजभाषा के पद पर सुशोभित थीं।
- पं. मदनमोहन मालवीय के सतत प्रयत्नों से वर्ष 1901 में संयुक्त प्रान्त की कचहरी की भाषा के रूप में हिन्दी को उर्दू के समान अधिकार मिला।
- भारतवर्ष के लिए हिन्दी भाषा का नाम सबसे पहले पं. मदनमोहन मालवीय ने सुझाया।
- संविधान सभा में हिन्दी को राजभाषा बनाने का प्रस्ताव गोपाल स्वामी आयंगर ने प्रस्तुत किया। भारतीय संविधान में हिन्दी को 14 सितम्बर, 1949 को मान्यता प्रदान की गई।
- संविधान के अनुच्छेद 343 के अनुसार, संघ की राजभाषा हिन्दी और लिपि देवनागरी है। संविधान के अनुच्छेद 344 में राजभाषा सम्बन्धी आयोग और संसद की समिति का उल्लेख है।
- संविधान के अनुच्छेद 344(1) के अनुसार, राष्ट्रपति ने 7 जून, 1955 को राजभाषा आयोग के गठन का आदेश जारी किया।
- संविधान के अनुच्छेद 344(4) के अनुसार, राजभाषा आयोग की सिफारिशों की जाँच के लिए एक समिति गठित की गई, जिसमें लोकसभा के 20 तथा राज्यसभा के 10, इस प्रकार कुल 30 सदस्य थे।
- राजभाषा आयोग के प्रथम अध्यक्ष बाल गंगाधर खेर थे। आयोग की प्रथम बैठक 15 जुलाई, 1955 को हुई थी।
- संविधान का अनुच्छेद 345 राज्य में प्रयुक्त होने वाली भाषाओं में किसी एक या अनेक या हिन्दी को शासकीय प्रयोजनों के लिए अंगीकृत करने से सम्बन्धित है।
- संविधान के अनुच्छेद 346 के अनुसार, एक राज्य तथा दूसरे राज्य के मध्य तथा राज्य व संघ के मध्य संचार की भाषा वही होगी, जो उस समय संघ की राजभाषा होगी।

- संविधान के अनुच्छेद 347 में किसी राज्य की जनसंख्या के किसी भाग द्वारा बोली जाने वाली भाषा के सम्बन्ध में विशेष उपबन्ध उल्लिखित हैं।
- संविधान के अनुच्छेद 348 में उच्चतम न्यायालय, उच्च न्यायालयों में और अधिनियमों, विधेयकों आदि के लिए प्रयोग की जाने वाली भाषा का उल्लेख है।
- संविधान के अनुच्छेद 349 में भाषा सम्बन्धी विधियों को अधिनियमित करने के लिए विशेष प्रक्रिया का उल्लेख हुआ है।
- संविधान के अनुच्छेद 350 में शिकायतों को दूर करने के लिए अभ्यावेदन में प्रयोग की जाने वाली भाषा का उल्लेख हुआ है।
- संविधान के अनुच्छेद 350(क) में प्राथमिक स्तर पर मातृभाषा में शिक्षा की सुविधाओं का उल्लेख हुआ है।
- संविधान के अनुच्छेद 350(ख) में भाषायी अल्पसंख्यक वर्गों के लिए राष्ट्रपति द्वारा विशेष अधिकारी की नियुक्ति का उल्लेख हुआ है।
- संविधान की अष्टम सूची [अनुच्छेद 344 (1) और 351] में 22 भाषाएँ सम्मिलित हैं।

अष्टम सूची में सम्मिलित 22 भाषाएँ

- आरम्भ में 14 भाषाओं को इस सूची में सम्मिलित किया गया, जो निम्न हैं (1) असमिया (2) बांग्ला (3) गुजराती (4) हिन्दी (5) कन्नड़ (6) कश्मीरी (7) मलयालम (8) मराठी (9) उड़िया (10) पंजाबी (11) संस्कृत (12) तमिल (13) तेलुगू (14) उर्दू।
- **21वें संशोधन** के अन्तर्गत वर्ष 1967 में सिन्धी भाषा (15) को शामिल किया गया।

  71वें संशोधन के अन्तर्गत वर्ष 1992 में कोंकणी (16) मणिपुरी (17) नेपाली (18) भाषाओं को शामिल किया गया।

  92वें संशोधन के अन्तर्गत वर्ष 2003 में बोडो (19) डोगरी (20) मैथिली (21) सन्थाली (22) भाषाओं को शामिल किया गया।
- संविधान के **अनुच्छेद 351** में हिन्दी भाषा के विकास के लिए निर्देशों का उल्लेख है।
- भारत की राजभाषा हिन्दी एवं अंग्रेज़ी दोनों हैं, क्योंकि संविधान के अनुच्छेद 120 की धारा 1 भाग 17 के अनुसार अनुच्छेद 348 के उपबन्धों के अधीन संसद का कार्य हिन्दी या अंग्रेज़ी में किया जाता है।
- संविधान में आश्वासन दिया गया था कि वर्ष 1965 से सारा कामकाज हिन्दी में होगा, परन्तु सरकारी नीतियों के कारण ऐसा न हो सका। वर्ष 1963 और वर्ष 1967 में राजभाषा अधिनियम द्वारा हिन्दी के साथ ही अंग्रेज़ी को सदा के लिए राजभाषा बना दिया गया।

केन्द्रीय हिन्दी निदेशालय

- केन्द्रीय हिन्दी निदेशालय की स्थापना 1 मार्च, 1960 को हुई।
- इसके कार्यों में हिन्दी भाषा के कोशों का संकलन करना और उसका प्रकाशन करना, देवनागरी लिपि एवं हिन्दी वर्तनी का मानकीकरण करना है।
- केन्द्रीय हिन्दी निदेशालय ने लिपि के मानकीकरण पर अधिक ध्यान दिया और 'देवनागरी लिपि तथा हिन्दी वर्तनी का मानकीकरण' (1983) का प्रकाशन किया।

अभ्यास प्रश्न

1. निम्न भाषाओं के कालक्रम के अनुसार कौन-सा सही है?
(a) संस्कृत, पालि, प्राकृत, अपभ्रंश
(b) पालि, संस्कृत, अपभ्रंश, प्राकृत
(c) अपभ्रंश, पालि, प्राकृत, संस्कृत
(d) अपभ्रंश, पालि, प्राकृत, संस्कृत

2. दक्षिण भारत की भाषाएँ किस परिवार की हैं?
(a) द्रविड़ परिवार (b) आर्य परिवार
(c) (a) और (b) दोनों (d) इनमें से कोई नहीं

3. हिन्दी भाषा की उत्पत्ति हुई है
(a) वैदिक संस्कृत (b) लौकिक संस्कृत
(c) शौरसेनी अपभ्रंश (d) प्राकृत

4. अपभ्रंश भाषा का काल इनमें से क्या है?
(a) 1500 ई. पू. से 500 ई. पू.
(b) 500 ई. पू. से 1 ई. पू.
(c) 500 ई. पू. से 1000 ई.
(d) 1000 ई. पू. से 1500 ई.

5. ऋग्वेद में किस भाषा का प्रयोग हुआ है?
(a) पालि (b) वैदिक संस्कृत (c) अवहट्ठ (d) प्राकृत

6. इनमें से कौन-सा नाम अपभ्रंश के लिए प्रयुक्त नहीं होता?
(a) अवहट्ठ (b) अवहत्थ (c) देशभाषा (d) डिंगल

7. इनमें से कौन-सी भाषा वियोगात्मक भाषा है?
(a) संस्कृत (b) प्राकृत (c) अपभ्रंश (d) पालि

8. हिन्दी भाषा का प्रारम्भ कब से माना जाता है?
(a) 1500 ई. (b) 500 ई.
(c) 1800 ई. (d) 1000 ई.

9. अपभ्रंश के भेद नागर, उपनागर व ब्राचड़ किसने दिए हैं?
(a) हेमचन्द्र (b) विद्यापति (c) लक्ष्मीधर (d) मार्कण्डेय

10. सुमेलित कीजिए

सूची I (अपभ्रंश क्षेत्रीय रूप)	सूची II (विकसित होने वाली भाषा)
A. शौरसेनी अपभ्रंश	1. ब्रजभाषा
B. मागधी अपभ्रंश	2. अवधी
C. अर्द्ध मागधी अपभ्रंश	3. पंजाबी
D. पैशाची अपभ्रंश	4. मैथिली

कूट

	A	B	C	D
(a)	3	2	1	4
(b)	2	1	4	3
(c)	1	4	2	3
(d)	3	4	1	2

11. पालि भाषा का एक अन्य नाम है
(a) मागधी (b) प्राकृत
(c) अपभ्रंश (d) ब्राचड़

12. अपभ्रंश के प्रथम महाकवि कौन थे?
(a) हेमचन्द्र (b) स्वयंभू
(c) रामचन्द्र (d) सोमप्रभ सूरि

13. पूर्वी हिन्दी की उत्पत्ति किस अपभ्रंश से हुई है?
(a) ब्राचड़ (b) शौरसेनी
(c) अर्द्धमागधी (d) मागधी

14. अपभ्रंश काल में बोलचाल की भाषा का नाम क्या था?
(a) हिन्दी (b) देशभाषा
(c) अवहट्ठ (d) अवहत्थ

15. पालि किस धर्म की भाषा है?
(a) वैदिक धर्म (b) बौद्ध धर्म
(c) जैन धर्म (d) सिक्ख धर्म

16. 'रामचरितमानस' किस भाषा में लिखी गई?
(a) ब्रज (b) भोजपुरी
(c) अवधी (d) मागधी

17. अपभ्रंश की उत्तरकालीन अवस्था का नाम है
(a) पालि (b) प्राकृत
(c) संस्कृत (d) अवहट्ठ

18. अपभ्रंश और पुरानी हिन्दी के मध्य का समय कहा जाता है
(a) उत्कर्ष काल (b) अवसान काल
(c) संक्रान्ति काल (d) प्राकृत काल

19. शौरसेनी अपभ्रंश से उत्पन्न भाषाएँ हैं
(a) ब्रजभाषा, अवधी, कुमाऊँनी और गढ़वाली
(b) पश्चिमी हिन्दी, राजस्थानी और गुजराती
(c) बिहारी, बांग्ला, उड़िया और असमिया
(d) लहँदा, पंजाबी, गुजराती और मराठी

20. बिहारी, बांग्ला, उड़िया और असमिया भाषाओं का उद्भव किस अपभ्रंश से हुआ है?
(a) मागधी (b) अर्द्धमागधी
(c) पैशाची (d) शौरसेनी

21. अर्द्धमागधी अपभ्रंश से किसका विकास हुआ है?
(a) पश्चिमी हिन्दी (b) पूर्वी हिन्दी
(c) मराठी (d) गुजराती

22. सुमेलित कीजिए

सूची I		सूची II	
A.	शौरसेनी	1.	पूर्वी हिन्दी
B.	पैशाची	2.	असमिया
C.	मागधी	3.	लहँदा
D.	अर्द्धमागधी	4.	राजस्थानी
		5.	सिन्धी

कूट

	A	B	C	D		A	B	C	D
(a)	1	2	3	4	(b)	4	3	2	1
(c)	5	1	4	2	(d)	2	4	1	3

23. हिन्दी के अन्तर्गत कुल कितनी बोलियाँ हैं?
(a) दस (b) पाँच (c) सत्रह (d) पन्द्रह

24. इनमें से कौन पश्चिमी हिन्दी की बोली नहीं है?
(a) मगही (b) बुन्देली
(c) बांगरू (d) खड़ी बोली

25. इनमें से कौन-सी बोली बिहारी हिन्दी की नहीं हैं?
(a) मारवाड़ी (b) मगही
(c) भोजपुरी (d) मैथिली

26. लखनऊ-बाराबंकी किस बोली के क्षेत्र में आते हैं?
(a) कन्नौजी (b) बैसवाड़ी
(c) अवधी (d) बुन्देली

27. मेरठ, सहारनपुर, बिजनौर किस बोली के क्षेत्र में आते हैं?
(a) खड़ी बोली (b) ब्रजभाषा
(c) कन्नौजी (d) अवधी

28. बघेली बोली का केन्द्र कहाँ माना जा सकता है?
(a) रीवा (b) रायपुर (c) भोपाल (d) इन्दौर

29. इनमें से ब्रजभाषा किस नगर की बोली नहीं है?
(a) मथुरा (b) आगरा (c) इटावा (d) हाथरस

30. नैनीताल के आसपास बोली जाने वाली बोली का नाम क्या है?
(a) गढ़वाली (b) नेपाली (c) कुमाऊँनी (d) लहँदा

31. भाषा वैज्ञानिक दृष्टि से हिन्दी के अन्तर्गत कितनी उपभाषाएँ एवं बोलियाँ मानी गई हैं?
(a) दो उपभाषाएँ-आठ बोलियाँ (b) पाँच उपभाषाएँ-सत्रह बोलियाँ
(c) एक उपभाषा पाँच बोलियाँ (d) इनमें से कोई नहीं

32. सिन्धी भाषा का विकास किस अपभ्रंश से हुआ?
(a) ब्राचड़ (b) पैशाची (c) शौरसेनी (d) मागधी

33. इनमें से असत्य कथन छाँटिए
(a) छत्तीसगढ़ी-बिलासपुर, रायपुर, दुर्ग की बोली है।
(b) विद्यापति भोजपुरी के कवि हैं।
(c) हरियाणवी का एक नाम बांगरू है।
(d) बघेली का क्षेत्र झाँसी-ललितपुर है।

34. इनमें से कौन-सा जिला ब्रजभाषा क्षेत्र में नहीं आता?
(a) अलीगढ़ (b) गाजियाबाद
(c) मथुरा (d) भरतपुर

35. कौरवी का अन्य नाम है
(a) हरियाणवी (b) ब्रजभाषा
(c) बुन्देली (d) खड़ी बोली

36. ढूँढाणी बोली का दूसरा नाम जो अधिक प्रचलित है, क्या है?
(a) जयपुरी (b) मालवी
(c) मेवाती (d) मारवाड़ी

37. ब्रजभाषा कहाँ बोली जाती है?
(a) इलाहाबाद (b) ओरछा एवं झाँसी
(c) मथुरा-वृन्दावन (d) बनारस

38. 'फर्रुखाबाद' में बोली जाने वाली बोली का नाम इनमें से क्या है?
(a) ब्रजभाषा
(b) अवधी
(c) बुन्देली
(d) कन्नौजी

39. कौन-सा क्षेत्र छत्तीसगढ़ी बोली का नहीं है?
(a) बिलासपुर (b) राजनन्दगाँव
(c) कांकेर (d) ललितपुर

40. खड़ी बोली का सर्वाधिक उपयुक्त प्राचीन नाम है
(a) रेख़्ता (b) हिन्दवी
(c) कौरवी (d) देहलवी

41. 'ढूँढाणी' राजस्थान के किस क्षेत्र में प्रचलित है?
(a) कोटा-बूँदी
(b) अलवर-भरतपुर
(c) जयपुर-सवाई माधोपुर
(d) जोधपुर-बीकानेर

42. पश्चिम से पूर्व की ओर जाते समय भाषाओं का सही क्रम है
(a) पंजाबी, कौरवी, अवधी, भोजपुरी
(b) भोजपुरी, अवधी, कौरवी, पंजाबी
(c) कौरवी, पंजाबी, अवधी, भोजपुरी
(d) कौरवी, भोजपुरी, अवधी, पंजाबी

43. हिन्दी भाषा की बोलियों के वर्गीकरण के आधार पर छत्तीसगढ़ी बोली है
(a) पूर्वी हिन्दी (b) पश्चिमी हिन्दी
(c) पहाड़ी हिन्दी (d) राजस्थानी हिन्दी

44. निम्नलिखित में से खड़ी बोली का प्रयोग सबसे पहले किस पुस्तक में हुआ?
(a) भक्तिसागर (b) सुखसागर
(c) काव्यसागर (d) प्रेमसागर

45. खड़ी बोली को हिन्दुस्तानी किसने कहा है?
(a) उदयनारा
(b) सुनीति कुमार चटर्जी
(c) जार्ज ग्रियर्सन
(d) रवीन्द्रनाथ श्रीवास्तव

46. निम्न बोलियों को क्षेत्र के अनुसार सुमेलित कीजिए

बोली	क्षेत्र
A. बुन्देली	1. लखनऊ
B. अवधी	2. इटावा
C. ब्रज	3. झाँसी
D. कन्नौजी	4. आगरा

कूट

	A	B	C	D		A	B	C	D
(a)	3	1	4	2	(b)	2	3	4	1
(c)	1	4	3	2	(d)	4	2	3	1

47. रोहतक, हिसार, करनाल कौन-सी बोली का क्षेत्र है?
(a) खड़ी बोली (b) बाँगरू
(c) बुन्देली (d) मारवाड़ी

48. मेवाती किस वर्ग की बोली है?
(a) बिहारी (b) पश्चिमी हिन्दी
(c) राजस्थानी (d) पहाड़ी

49. हिन्दी के प्रचार-प्रसार में योगदान देने वाली संस्थाओं का काल क्रम निर्धारित करें।
1. नागरी प्रचारिणी सभा, काशी
2. राष्ट्रभाषा प्रचार समिति, वर्धा
3. राष्ट्रभाषा परिषद्, पूणे
4. बिहार राष्ट्रभाषा परिषद्, पटना
कूट
(a) 1, 2, 3, 4 (b) 3, 2, 4, 1
(c) 2, 4, 1, 3 (d) 4, 2, 1, 3

50. राजभाषा आयोग का गठन कब हुआ?
(a) 1950 ई. (b) 1955 ई. (c) 1960 ई. (d) 1976 ई.

उत्तरमाला

1.	(a)	2.	(a)	3.	(c)	4.	(c)	5.	(b)	6.	(d)	7.	(c)	8.	(d)	9.	(d)	10.	(c)
11.	(a)	12.	(b)	13.	(c)	14.	(c)	15.	(b)	16.	(c)	17.	(d)	18.	(c)	19.	(b)	20.	(a)
21.	(b)	22.	(b)	23.	(c)	24.	(a)	25.	(a)	26.	(c)	27.	(a)	28.	(a)	29.	(c)	30.	(c)
31.	(b)	32.	(a)	33.	(b)	34.	(b)	35.	(d)	36.	(a)	37.	(c)	38.	(d)	39.	(d)	40.	(c)
41.	(c)	42.	(a)	43.	(a)	44.	(b)	45.	(b)	46.	(a)	47.	(b)	48.	(c)	49.	(a)	50.	(b)

अध्याय 02

वर्ण तथा उनका उच्चारण

वर्ण एवं वर्णमाला

वर्ण

- वर्ण भाषा की सबसे छोटी इकाई है। वर्ण उस मूल ध्वनि को कहते हैं, जिसके खण्ड या टुकड़े नहीं किए जा सकते; जैसे—अ, ई, क्, ख् इत्यादि।
- उदाहरणस्वरूप मूल ध्वनियों को इस प्रकार स्पष्ट किया जा सकता है 'आम' शब्द में तीन मूल ध्वनियाँ हैं—आ + म् + अ। इन्हीं अखण्ड मूल ध्वनियों को वर्ण कहते हैं।
- प्रत्येक वर्ण की अपनी लिपि होती है। लिपि को 'वर्ण संकेत' भी कहते हैं। हिन्दी में **52 वर्ण** होते हैं।

वर्णमाला

- वर्णों के व्यवस्थित समूह या समुदाय को वर्णमाला कहते हैं। हिन्दी वर्णमाला में वर्णों की गणना दो आधार पर की जाती है
  1. **उच्चारण के आधार पर** हिन्दी में उच्चारण के आधार पर वर्णों की संख्या **45** है, जिनमें **10** स्वर तथा **35** व्यंजन हैं।
  2. **लेखन के आधार पर** लेखन के आधार पर वर्णों की संख्या 52 है, जिनमें 13 स्वर, **35** व्यंजन तथा 4 संयुक्त व्यंजन हैं।
- हिन्दी वर्णमाला में दो प्रकार के वर्ण होते हैं—स्वर तथा व्यंजन।

स्वर अ, आ, इ, ई, उ, ऊ, (ऋ), ए, ऐ, ओ, औ, (अं), (अः)

[कुल 10 + 3 = 13]

व्यंजन व्यंजनों को निम्न प्रकार विभाजित किया गया है

- क वर्ग— क, ख, ग, घ, ङ
- च वर्ग— च, छ, ज, झ, ञ
- ट वर्ग— ट, ठ, ड, (ड़), ढ (ढ़) ण (ड़, ढ़—द्विगुण व्यंजन)
- त वर्ग— त, थ, द, ध, न
- प वर्ग— प, फ, ब, भ, म
- अंत:स्थ व्यंजन— य, र, ल, व [कुल = 4]
- ऊष्म व्यंजन— श, ष, स, ह [कुल = 4]
- संयुक्त व्यंजन— क्ष (क् + ष), त्र (त् + र), ज्ञ (ज् + ञ), श्र (श + र) [कुल = 4]

स्वर

स्वर, स्वतन्त्र रूप से बोले जाने वाले वर्ण हैं। इनके उच्चारण में हवा मुख-विवर (मुख द्वार) से अबाध गति से निकलती है। इनकी संख्या **13** मानी गई है, परन्तु उच्चारण के आधार पर इनकी संख्या केवल **10** ही मानी गई है।

नोट ऋ को लिखने के आधार पर स्वर की संज्ञा दी जाती है, परन्तु इसका उच्चारण 'रि' होता है। अत: ऋ को उच्चारण के आधार पर स्वरों में स्थान नहीं दिया गया।

स्वरों का वर्गीकरण

स्वरों को निम्न प्रकार से वर्गीकृत किया गया है

1. मात्रा/उच्चारण काल के आधार पर
2. मुख-द्वार के खुलने के आधार पर
3. जीभ के प्रयोग के आधार पर
4. ओंठों की स्थिति के आधार पर
5. हवा के नाक व मुँह से निकलने
6. प्राणत्व के आधार पर के आधार पर
7. घोषत्व के आधार पर

मात्रा/उच्चारण काल के आधार पर

मात्रा/उच्चारण के आधार पर स्वर तीन प्रकार के होते हैं

स्वर

ह्रस्व स्वर	**दीर्घ स्वर**	**प्लुत स्वर**
अ,इ,उ,ऋ (कुल 4)	आ,ई,ऊ,ए,ऐ,ओ,औ (कुल 7)	ऽऽऽऽ

ह्रस्व/मूल स्वर वे स्वर जिनके उच्चारण में **कम समय** (एक मात्रा का समय) लगता है, मूल स्वर या ह्रस्व स्वर कहलाते हैं; जैसे—अ, इ, उ, ऋ।

दीर्घ स्वर जिन स्वरों के उच्चारण में **अधिक समय** (दो मात्रा का समय) लगता है, दीर्घ स्वर कहलाते हैं; जैसे—आ, ई, ऊ, ए, ऐ, ओ, औ। दीर्घ स्वरों की रचना दो स्वरों को जोड़कर होती, इसलिए इन्हें **संयुक्त स्वर** भी कहा जाता है। ये निम्न दो प्रकार के होते हैं

- **सजातीय स्वर** ऐसे दीर्घ स्वर जिनका निर्माण एक ही स्थान से बोले जाने वाले स्वर के संयोग से होता है, सजातीय स्वर कहलाते हैं; जैसे—आ, ई, ऊ।
- **विजातीय स्वर** ऐसे स्वर जो विभिन्न स्थानों से बोले जाने वाले स्वर के संयोग से निर्मित हुए हों, विजातीय स्वर कहलाते हैं; जैसे— ए, ऐ, ओ, औ। इन्हें संयुक्त स्वर के नाम से भी जाना जाता है।

प्लुत स्वर वे स्वर जिनके उच्चारण में दीर्घ स्वर से भी अधिक समय लगता है, प्लुत स्वर कहलाते हैं; जैसे—ओऽऽऽम। इन स्वरों का उपयोग मुख्यत: नाटक के संवादों में अथवा किसी को पुकारने के लिए किया जाता है।

मुख विवर (मुख द्वार) के खुलने के आधार पर

इस आधार पर स्वर चार वर्गों में विभाजित किए जा सकते हैं

विवृत जिन स्वरों के उच्चारण में मुख द्वार पूरा खुलता है; उन्हें विवृत स्वर कहते हैं; जैसे—आ।

अर्ध विवृत जिन स्वरों के उच्चारण में मुख द्वार आधा खुलता है, उन्हें अर्ध विवृत स्वर कहते हैं; जैसे—अ, ऐ, औ, ऑ।

संवृत जिन स्वरों के उच्चारण में मुख द्वार लगभग बन्द रहता है, उन्हें संवृत स्वर कहते हैं; जैसे—इ, ई, उ, ऊ।

अर्ध संवृत जिन स्वरों के उच्चारण में मुख द्वार आधा बन्द रहता है, उन्हें अर्ध संवृत स्वर कहते हैं; जैसे—ए, ओ।

जिह्वा (जीभ) के प्रयोग के आधार पर

इस आधार पर स्वरों को तीन वर्गों में विभाजित किया जा सकता है

अग्र स्वर जिन स्वरों के उच्चारण में जिह्वा का अग्र भाग ऊपर उठता है, वे अग्र स्वर कहलाते हैं; जैसे—इ, ई, ए, ऐ।

मध्य स्वर जिन स्वरों के उच्चारण में जिह्वा समान अवस्था में रहती है, वे मध्य स्वर कहलाते हैं; जैसे—'अ'।

पश्च स्वर जिन स्वरों के उच्चारण में जिह्वा का पश्च भाग ऊपर उठता है, वे पश्च स्वर कहलाते हैं; जैसे—आ, उ, ऊ, ओ, औ, ऑ।

ओंठों की स्थिति के आधार पर

इस आधार पर स्वर दो प्रकार के होते हैं

अवृतमुखी जिन स्वरों के उच्चारण में ओंठ (होंठ) वृतमुखी या गोलाकार नहीं होते हैं, उन्हें अवृतमुखी स्वर कहते हैं; जैसे—अ, आ, इ, ई, ए, ऐ।

वृतमुखी जिन स्वरों के उच्चारण में ओंठ वृतमुखी या गोलाकार होते हैं, उन्हें वृतमुखी स्वर कहते हैं; जैसे—उ, ऊ, ओ, औ, ऑ।

हवा के नाक व मुँह से निकलने के आधार पर

इस आधार पर स्वर दो प्रकार के होते हैं

निरनुनासिक या मौखिक स्वर जिन स्वरों के उच्चारण में हवा केवल मुँह से निकलती है, उन्हें निरनुनासिक या मौखिक स्वर कहते हैं; जैसे—अ, आ, इ आदि।

अनुनासिक स्वर जिन स्वरों के उच्चारण में हवा मुँह के साथ-साथ नाक से भी निकलती है, उन्हें अनुनासिक स्वर कहते हैं; जैसे—अँ, आँ, इँ आदि।

प्राणत्व के आधार पर

यहाँ प्राण का अर्थ हवा (वायु) से है। सभी स्वरों के उच्चारण में मुख से हवा कम निकलती है, इसलिए सभी स्वरों को **अल्पप्राण** माना जाता है।

घोषत्व के आधार पर

यहाँ घोष का अर्थ स्वरतन्त्रियों में श्वास के कंपन से है। स्वरों के उच्चारण से स्वरतन्त्रियों में कंपन उत्पन्न होती है, इसलिए सभी स्वर **सघोष** (Voiced) ध्वनियाँ हैं।

स्वरों का वर्गीकरण व उच्चारण स्थान

वर्णनाम	उच्चारण स्थान	ह्रस्व स्वर	दीर्घ स्वर	निरानुनासिक /मौखिक स्वर	अनुनासिक
कण्ठ्य	कण्ठ	अ	आ	अ, आ	अँ, आँ
तालव्य	तालु	इ	ई	इ	इँ
मूर्धन्य	मूर्धा	ऋ			
ओष्ठ्य	ओष्ठ/ओंठ	उ	ऊ		
कण्ठतालव्य	कण्ठ + तालु		ए, ऐ		
कण्ठोष्ठय	कण्ठ + ओष्ठ		ओ, औ		

अयोगवाह

- **अनुस्वार** (ं) और **विसर्ग** (:) ऐसी ध्वनियाँ हैं, जो न स्वर हैं और न ही व्यंजन। आचार्य किशोरीदास वाजपेयी ने इन्हें अयोगवाह कहा है, क्योंकि ये बिना किसी से योग किए ही अर्थ वहन करते हैं। हिन्दी वर्णमाला में इनका स्थान स्वरों के बाद और व्यंजनों से पहले निर्धारित किया गया है।
- अनुस्वार को 'शीर्ष बिन्दु वाला वर्ण' तथा विसर्ग को 'पार्श्व बिन्दु वाला वर्ण' भी कहते हैं। परम्परा के अनुसार, अनुस्वार व विसर्ग को स्वरों के साथ रखा जाता है, लेकिन ये स्वर ध्वनियाँ नहीं हैं, क्योंकि इनका उच्चारण व्यंजनों के उच्चारण की तरह 'अ' स्वर की सहायता से होता है। इनमें अन्तर इतना है कि व्यंजन में स्वर पीछे आता है (क् + अ = क) तथा इन दोनों में स्वर पहले आता है (अ + ं = अं, अ +: = अः)।
- इन दोनों वर्णों का जातीय योग न तो स्वर के साथ बैठता है और न ही व्यंजन के साथ। यही कारण है कि इन्हें अयोग कहा जाता है। ये अपना अलग अर्थ वहन करते हैं, इसलिए अयोगवाह कहलाते हैं।

व्यंजन

- वे ध्वनियाँ जो बिना स्वरों की सहायता के उच्चरित नहीं हो सकती हैं, व्यंजन कहलाती हैं; जैसे—क = क् + अ, ख = ख् + अ।
- अन्य शब्दों में, जिन ध्वनियों के उच्चारण में हवा मुख-द्वार से अबाध गति से नहीं निकलती, वरन् उसमें पूर्ण या अपूर्ण अवरोध होता है, व्यंजन कहलाती हैं।
- जब व्यंजनों के नीचे हलन्त का चिन्ह (्) लगता है, तब वह व्यंजन आधा होता है।
- व्यंजनों का उच्चारण 'अ' के बिना संभव नहीं है। इसलिए प्रत्येक व्यंजन के उच्चारण के अंत में 'अ' स्वर आता है।
- इनकी संख्या 33 मानी गयी है, परन्तु 'ड़', 'ढ़' (द्विगुण व्यंजन) जुड़ने पर इनकी संख्या 35 हो जाती है।

व्यंजनों का वर्गीकरण निम्न इस प्रकार है

प्रयत्न स्थान (उच्चारण स्थान) के आधार पर

1. **कण्ठ्य व्यंजन** जिन व्यंजन ध्वनियों के उच्चारण में जिह्वा के पिछले भाग से कोमल तालु का स्पर्श होता है, कण्ठ्य ध्वनियाँ (व्यंजन) कहलाती हैं; जैसे—क, ख, ग, घ, ङ।
2. **तालव्य व्यंजन** जिन व्यंजनों के उच्चारण में जिह्वा का अग्र भाग कठोर तालु को स्पर्श करता है, तालव्य व्यंजन कहलाते हैं; जैसे—च, छ, ज, क्ष, ञ और श, य।
3. **मूर्धन्य व्यंजन** कठोर तालु के मध्य का भाग मूर्धा कहलाता है। जब जिह्वा की उल्टी हुई नोंक का निचला भाग मूर्धा से स्पर्श करता है, ऐसी स्थिति में उत्पन्न ध्वनि को मूर्धन्य व्यंजन कहते हैं; जैसे—ट, ठ, ड, ढ, ण, ष।
4. **दन्त्य व्यंजन** जिन व्यंजनों के उच्चारण में जिह्वा की नोंक ऊपरी दाँतों को स्पर्श करती है, दन्त्य व्यंजन कहलाते हैं; जैसे—त, थ, द, ध, स।
5. **ओष्ठ्य व्यंजन** जिन व्यंजनों के उच्चारण में दोनों ओष्ठों द्वारा श्वास का अवरोध होता है, ओष्ठ्य व्यंजन कहलाते हैं; जैसे—प, फ, ब, भ, म।
6. **दन्त्योष्ठ्य व्यंजन** जिन व्यंजनों के उच्चारण में दोनों ओष्ठ दाँतों को स्पर्श करता है, दन्त्योष्ठ्य व्यंजन कहलाते हैं; जैसे—व।
7. **वर्त्स्य व्यंजन** जिन व्यंजनों के उच्चारण में जिह्वा ऊपरी मसूढ़ों (वर्त्स) को स्पर्श करती है, वर्त्स्य व्यंजन कहलाते हैं;
जैसे—न, र, ल।

प्रयत्न विधि के आधार पर

1. **स्पर्श व्यंजन** जिन व्यंजनों के उच्चारण में जिह्वा का कोई-न-कोई भाग मुख के किसी-न-किसी भाग को स्पर्श करता है, स्पर्श व्यंजन कहलाते हैं। **क** से लेकर **म** तक 25 व्यंजन स्पर्श हैं। इन्हें पाँच-पाँच के वर्गों में विभाजित किया गया है। अत: इन्हें **वर्गीय व्यंजन** भी कहते हैं।
2. **स्पर्श संघर्षी व्यंजन** 'च' वर्ग के उच्चारण में वायु कुछ घर्षण के साथ निकलती है, इसलिए इस वर्ग के व्यंजनों को (च, छ, ज, झ, ञ) स्पर्श संघर्षी व्यंजन कहते हैं।
3. **नासिक्य व्यंजन** ङ, ञ, ण, न तथा म व्यंजनों के उच्चारण में वायु नाक से निकलती है, इसलिए इन्हें नासिक्य या अनुनासिक व्यंजन कहते हैं।
4. **उक्षिप्त व्यंजन** जिन व्यंजनों के उच्चारण में जीभ सबसे पहले ऊपर उठकर मूर्धा को छूती है, उसके बाद झटके से नीचे आ जाती है, उन्हें उत्क्षिप्त व्यंजन कहते हैं। ड़, ढ़ उत्क्षिप्त व्यंजन हैं। ये व्यंजन संस्कृत में नहीं थे।
5. **लुण्ठित व्यंजन** इन व्यंजनों के उच्चारण में जीभ तालु से लुढ़ककर स्पर्श करती है; जैसे—'र'।
6. **पार्श्विक व्यंजन** जिन व्यंजनों के उच्चारण में जीभ तालु को छुए, किन्तु पार्श्व (बगल) में से हवा निकल जाए, उन्हें पार्श्विक व्यंजन कहते हैं; जैसे—'ल'।
7. **अन्त:स्थ व्यंजन** जिन व्यंजनों के उच्चारण में मुख बहुत संकुचित हो जाता है फिर भी वायु स्वरों की भाँति बीच से निकल जाती है, उस समय उत्पन्न होने वाली ध्वनि अन्त:स्थ व्यंजन कहलाती है;
   जैसे—य, र, ल, व।
8. **ऊष्म व्यंजन** जिन व्यंजनों के उच्चारण में एक प्रकार की गरमाहट या सुरसुराहट-सी प्रतीत होती है, ऊष्म (संघर्षी) व्यंजन कहलाते हैं; जैसे—श, ष, स और ह।
9. **स्वरयन्त्रमुखी या काकल्य व्यंजन** जिन व्यंजनों के उच्चारण में अन्दर से आती हुई श्वास, तीव्र वेग से स्वर यन्त्र मुख पर संघर्ष उत्पन्न करती है, स्वरयन्त्रमुखी व्यंजन कहलाते हैं; जैसे—'ह'।

प्राणत्व के आधार पर

1. **अल्पप्राण** जिन व्यंजनों के उच्चारण में मुख से कम हवा निकले, अल्पप्राण व्यंजन होते हैं। प्रत्येक वर्ग का **पहला**, **तीसरा** और **पाँचवाँ** व्यंजन वर्ण अल्पप्राण ध्वनि होता है;
   जैसे—क, ग, ङ, च, ज, ञ, ट, ड, ण, ड़ आदि।
2. **महाप्राण** जिन व्यंजनों के उच्चारण में मुख से अधिक हवा निकले, वे महाप्राण व्यंजन होते हैं।
   प्रत्येक वर्ग का **दूसरा** और **चौथा** व्यंजन वर्ण महाप्राण ध्वनि होता है; जैसे—ख, घ, छ, झ, ठ, ढ, ढ़, श, ष, स, ह आदि।

घोषत्व के आधार पर

1. **अघोष व्यंजन** जिन व्यंजनों के उच्चारण में स्वरतन्त्रियों में कम्पन न हो, अघोष व्यंजन कहलाते हैं। प्रत्येक वर्ग का पहला तथा दूसरा व्यंजन (क, ख, च, छ, ट, ठ, त, थ, प, फ) और श, ष, स अघोष व्यंजन होते हैं।
2. **सघोष व्यंजन** जिन व्यंजनों के उच्चारण में स्वरतन्त्रियों में कम्पन हो, सघोष या घोष व्यंजन कहलाते हैं। प्रत्येक वर्ग का तीसरा, चौथा और पाँचवाँ व्यंजन (ग, घ, ङ, ज, झ, ञ, ड, ढ, ण, द, ध, न, ब, भ, म), ड़, ढ़ तथा य, र, ल, व, ह सघोष व्यंजन होते हैं।

द्वित्व व्यंजन

- जब एक ही व्यंजन वर्ण को दो बार प्रयोग किया जाता है, तब उसे द्वित्व व्यंजन कहते हैं; जैसे-

क् + क = क्क — पक्का, चक्का
च् + च = च्च — सच्चा, बच्चा
ड् + ड = ड्ड — गुड्डु, गुड्डा
त् + त = त्त — सत्ता, कुत्ता
न् + न = न्न — मुन्नी, सुन्नी
स् + स = स्सा — रस्सी, गुस्सा

उच्चारण की दृष्टि से ध्वनियाँ

1. **संयुक्त ध्वनि** दो-या-दो से अधिक व्यंजन ध्वनियाँ परस्पर संयुक्त होकर संयुक्त ध्वनियाँ कहलाती हैं; जैसे—प्राण, घ्राण, कलान्त आदि। ये ध्वनियाँ अधिकतर तत्सम शब्दों में पाई जाती हैं।
2. **सम्पृक्त ध्वनि** जब एक ध्वनि दो ध्वनियों से जुड़ी होती है, तब यह 'सम्पृक्त ध्वनि' कहलाती है; जैसे—'सम्बल'। यहाँ 'स' और 'ब' ध्वनियों के साथ 'म्' ध्वनि जुड़ी है।
3. **युग्मक ध्वनि** जब एक ही ध्वनि द्वित्व हो जाए, तब यह युग्मक ध्वनि कहलाती है; जैसे—अक्षुण्ण, प्रफुल्ल, प्रसन्नता आदि।

व्यंजनों का वर्गीकरण व उच्चारण स्थान

वर्ग नाम	उच्चारण स्थान	अघोष अल्पप्राण	अघोष महाप्राण	सघोष अल्पप्राण	सघोष महाप्राण	सघोष अल्पप्राण
कण्ठ्य	कण्ठ	क	ख	ग	घ	ङ
तालव्य	तालु (मुँह के भीतर की ऊपर वाली छत का पिछला भाग)	च	छ	ज, ज़	झ	ञ
मूर्धन्य	मूर्धा मुँह के भीतर की ऊपर वाली छत का अगला भाग	ट	ठ, ष	ड	ढ, ढ़	ण
दन्त्य	दाँत	त	थ	द	ध	न
ओष्ठ्य	ओष्ठ/ओंठ	प	फ, फ़	ब	भ	म

आगत/गृहीत ध्वनियाँ

हिन्दी में अंग्रेजी तथा उर्दू (अरबी-फारसी) भाषा के शब्द भी प्रयोग किए जाते हैं, इन्हें आगत/गृहीत ध्वनियाँ कहा जाता है, क्योंकि ये ध्वनियाँ हिन्दी वर्णमाला में विदेशी भाषा से सम्मिलित हुई हैं।

आगत/गृहीत ध्वनियों का वर्गीकरण

वर्ण	उच्चारण स्थान	घोषत्व/प्राणत्व
क़ (स्पर्शी)	कण्ठ + जिह्वामूल	अघोष, अल्प्राण
ख़ (ऊष्म/संघर्षी)	कण्ठ + जिह्वामूल	अघोष, महाप्राण

वर्ण	उच्चारण स्थान	घोषत्व/प्राणत्व
ग़ (ऊष्म/संघर्षी)	कण्ठ + जिह्वामूल	सघोष, अल्प्राण
ज़ (ऊष्म/संघर्षी)	वत्सर्य	सघोष, अल्प्राण
फ़ (ऊष्म/संघर्षी)	दंतोष्ठ्य	अघोष, महाप्राण

अंग्रेजी भाषा से आगत ध्वनियाँ

- अंग्रेजी भाषा से आगत ध्वनि **अर्धचन्द्राकार** (ॅ) होती है।
- हिन्दी भाषा में अंग्रेजी भाषा के अनेक शब्दों का प्रयोग किया जाता है। इनमें कुछ शब्दों में प्रयोग होने वाली ध्वनि हिन्दी से भिन्न है। यह ध्वनि **ऑ** है, जो हिन्दी की 'आ' तथा 'ओ' के बीच की ध्वनि है। इसलिए हिन्दी में इसके शुद्ध उच्चारण तथा लेखन के लिए अर्धचन्द्राकार (ॅ) नामक चिह्न विकसित किया गया है।
- 'ऑ' ध्वनि निर्मित शब्द निम्नलिखित हैं; जैसे—बॉल (गेंद), हॉट (गर्म), कॉफी (पेय पदार्थ), डॉक्टर (चिकित्सक)

अरबी-फ़ारसी/नुक्ते (तल बिन्दु) ध्वनियाँ

- उर्दू की अरबी-फ़ारसी भाषा से नुक्ते वाली ध्वनियाँ आती हैं; जैसे—'अ़', क़, ख़, ग़, फ़,' जो हिन्दी में भी प्रयुक्त होने लगी हैं। अरबी-फारसी नुक्ते वाले कुछ शब्द इस प्रकार हैं

  अ़— अ़जब, अ़क्स, अ़दालत आदि।

  क़— क़ुरबान, क़ैद, वक़्त, बाक़ी, मजाक़, क़हर, फर्क़ आदि।

  ख़— ख़याल, ख़ातून, तनख़्वाह, दाख़िल, सख़्त, तारीख़ आदि।

  ग़— ग़जल, ग़लत, नग़मा, दिमाग़, सुराग़, बालिग़, बग़ैर आदि।

  ज़— ज़हीन, ज़ेहन, औज़ार, महाज़, आज़ादी, मज़दूर आदि

  फ़— फ़तह, फ़ना, फ़ौलाद, फ़ुर्सत, नफ़रत, फ़ौजी, फ़ौरन आदि।
- अंग्रेजी के (F) 'फ़' तथा (Z) 'ज़' ध्वनियों के वर्णों में नुक्ते का प्रयोग होता है; जैसे—Father (फ़ादर), Film (फ़िल्म), Form (फ़ॉर्म), Zero (ज़ीरो), Zinc (ज़िंक), Zoo (ज़ू) आदि।

शब्दकोश में प्रयुक्त वर्णानुक्रम सम्बन्धित नियम

- शब्दकोश में पहले स्वर उसके पश्चात् व्यंजन का क्रम आता है।
- शब्दकोश में **अनुस्वार** (ं) और **विसर्ग** (:) का स्वतन्त्र वर्ण के रूप में प्रयोग नहीं होता, लेकिन संयुक्त वर्णों के रूप में इन्हें अ, आ, इ, ई, उ, ऊ आदि से पहले स्थान प्रदान किया जाता है; जैसे—

  कं, क:, क, का, कि, की, कु, कू, के, कै, को, कौ।
- शब्दकोश में पूर्ण वर्ण के पश्चात् **संयुक्ताक्षर** का क्रम आता है; जैसे—

  कं, क: ······· को, कौ के पश्चात् क्य, क्र, क्ल, क्व, क्ष।
- शब्दकोश में 'क्ष', 'त्र', 'ज्ञ' का कोई पृथक् शब्द संग्रह नहीं मिलता, क्योंकि ये संयुक्ताक्षर होते हैं।
- इनसे सम्बन्धित शब्दों को ढूँढने हेतु इन संयुक्ताक्षरों के पहले वर्ण वाले खाने में देखना होता है; जैसे—यदि हमें 'क्ष' (क् + ष) से सम्बन्धित शब्द को ढूँढना है, तो हमें 'क' वाले खाने में जाना होगा। इसी तरह 'त्र' (त् + र), 'ज्ञ' (ज् + ञ), श्र (श् + र) के लिए क्रमश: 'त', 'ज' और 'श' वाले खाने में जाना पड़ेगा।
- ङ, ञ, ण, ड़, ढ़ से कोई शब्द आरम्भ नहीं होता, इसलिए ये स्वतन्त्र रूप से शब्दकोश में नहीं मिलते।

अभ्यास प्रश्न

1. भाषा की सबसे छोटी इकाई है
(a) शब्द (b) व्यंजन (c) स्वर (d) वर्ण

2. हिन्दी में मूलत: कितने वर्ण हैं?
(a) 52 (b) 50 (c) 40 (d) 46

3. हिन्दी भाषा में वे कौन-सी ध्वनियाँ हैं, जो स्वतन्त्र रूप से बोली या लिखी जाती हैं?
(a) स्वर (b) व्यंजन (c) वर्ण (d) अक्षर

4. हिन्दी में स्वरों के कितने प्रकार हैं?
(a) 1 (b) 2 (c) 3 (d) 4

5. निम्नलिखित में से कौन स्वर नहीं है?
(a) अ (b) उ (c) ए (d) ञ

6. इनमें से कौन-सा ऊष्म व्यंजन है?
(a) य (b) प
(c) श (d) ट

7. संयुक्त को छोड़कर हिन्दी में मूल वर्णों की संख्या है।
(a) 36 (b) 44
(c) 48 (d) 53

8. स्वर कहते हैं
(a) जिनका उच्चारण 'लघु' और 'गुरु' में होता है
(b) जिनका उच्चारण बिना अवरोध अथवा विघ्न-बाधा के होता है
(c) जिनका उच्चारण स्वरों की सहायता से होता है
(d) जिनका उच्चारण नाक और मुँह से होता है

9. निम्न में से कौन-सा वर्ण अघोष है?
(a) क (b) ग (c) घ (d) ज

10. निम्न में से तालव्य ध्वनि है?
(a) ट (b) प (c) श (d) क

11. हिन्दी वर्णमाला में 'अं' और 'अ:' क्या है?
(a) स्वर (b) व्यंजन
(c) अयोगवाह (d) संयुक्ताक्षर

12. जिनके उच्चारण में दीर्घ स्वर से भी अधिक समय लगता है, वे कहलाते हैं
(a) मूल स्वर (b) प्लुत स्वर
(c) संयुक्त स्वर (d) अयोगवाह

13. स्वर रहित व्यंजन जब स्वर सहित व्यंजन से मिलता है, तब क्या कहलाता है?
(a) संयुक्ताक्षर (b) द्वित्व
(c) तालव्य (d) स्वरतन्त्रीय

14. कौन-सा व्यंजन नासिका द्वारा उच्चरित होता है?
(a) ण (b) ज
(c) ड (d) द

15. उच्चारण के समय जीभ की स्थिति के अनुसार स्वरों के कितने भेद किए गए हैं?
(a) दो (b) तीन
(c) पाँच (d) सात

16. निम्नलिखित प्रश्न में चार विकल्पों में से उस विकल्प को चुनिए जो सही पूर्णरूपेण वर्ण-विच्छेद वाला है।
कृपण
(a) करी + प + ण (b) क + ऋ + प + आ + ण
(c) क + ऋ + प + आ + ण + अ (d) क् + ऋ + प् + अ + ण् + अ

17. वे ध्वनियाँ जो स्वरों की सहायता के बिना उच्चारित नहीं हो सकतीं; वह क्या कहलाती हैं?
(a) स्वर (b) शब्द
(c) व्यंजन (d) संयुक्ताक्षर

18. हिन्दी वर्णमाला के अन्तिम पंचमाक्षरों का उच्चारण स्थान क्या है?
(a) अनुनासिक (b) कण्ठ्य (c) तालव्य (d) मूर्धन्य

19. निम्नलिखित में से कौन-से शब्द में 'ऋ' की मात्रा का उपयोग हुआ है?
(a) क्रिया (b) वर्षा (c) रिपु (d) वृष्टि

20. अन्त:स्थ व्यंजन हैं
(a) श, स, ह (b) क्ष, त्र, ज्ञ
(c) अं, अँ, अ: (d) य, र, ल, व

21. 'श' का उच्चारण स्थान है
(a) कण्ठ (b) तालु (c) दन्त (d) मूर्धा

22. कौन-से शब्द में 'र' व्यंजन नहीं है?
(a) मात्र (b) मूर्धा
(c) क्रम (d) मातृभूमि

23. उत्क्षिप्त व्यंजन है
(a) श, ष, स (b) य, र, ल
(c) क्ष, त्र, ज्ञ (d) ड़, ढ़

24. वर्णों के समुदाय को क्या कहते हैं?
(a) वर्णमाला (b) सर्वनाम
(c) अक्षर (d) क्रिया

25. उत्क्षिप्त ध्वनि का प्रयोग हुआ है
(a) आरजू में (b) खसरा में
(c) पढ़ाई में (d) ज़फ़र में

26. वर्णों के कितने भेद हैं?
(a) दस (b) सात (c) दो (d) आठ

27. क्ष, त्र और ज्ञ की गणना स्वतन्त्र वर्णों में नहीं होती, क्योकि
(a) ये संयुक्त व्यंजन हैं
(b) इनका प्रयोग केवल तत्सम शब्दों में ही होता है
(c) ये व्यंजन 'अर्द्धस्वर' माने गए हैं
(d) ये पूर्णत: स्वतन्त्र व्यंजन हैं

उत्तरमाला

1.	(d)	2.	(a)	3.	(a)	4.	(c)	5.	(d)	6.	(c)	7.	(b)	8.	(b)	9.	(a)	10.	(c)
11.	(c)	12.	(b)	13.	(a)	14.	(a)	15.	(b)	16.	(d)	17.	(c)	18.	(a)	19.	(d)	20.	(d)
21.	(b)	22.	(d)	23.	(d)	24.	(a)	25.	(c)	26.	(c)	27.	(a)						

अध्याय 03

हिन्दी व्याकरण

व्याकरण का अर्थ है-व्याकृत या विश्लेषण करने वाला शास्त्र। व्याकरण वह शास्त्र है, जो किसी भाषा के स्वरूप को स्पष्ट करता है तथा उसे शुद्ध उच्चारित करने, लिखने और समझने की विधि बताता है। इसके द्वारा भाषा विशेष के वे नियम स्पष्ट किए जाते हैं, जो शिष्ट एवं सुशिक्षित जनों के भाषा-प्रयोग में दिखाई देते हैं। व्याकरण के अन्तर्गत संज्ञा, लिंग, वचन, कारक, सर्वनाम, विशेषण, क्रिया इत्यादि का वर्णन किया गया है। हिन्दी व्याकरण के अन्तर्गत इनका विशेष स्थान है।

संज्ञा

- संज्ञा का शाब्दिक अर्थ नाम है। किसी वस्तु, व्यक्ति (जिसका अस्तित्व होता है या होने की कल्पना की जा सकती है), स्थान इत्यादि के नाम को ही संज्ञा (Noun) कहा जाता है।
- अन्य शब्दों में, जिन विकारी शब्दों से किसी व्यक्ति, स्थान, प्राणी, गुण, काम, भाव इत्यादि का बोध होता है, उन्हें संज्ञा कहते हैं। इस प्रकार नाम और संज्ञा समानार्थक शब्द हैं। व्याकरण में संज्ञा शब्द ही प्रचलित है।

संज्ञा के प्रकार

अर्थ के आधार पर संज्ञा पाँच प्रकार की होती है

1. जातिवाचक संज्ञा
2. व्यक्तिवाचक संज्ञा
3. भाववाचक संज्ञा
4. समूहवाचक संज्ञा
5. द्रव्यवाचक संज्ञा

1. जातिवाचक संज्ञा

वह संज्ञा शब्द जिनसे किसी एक ही प्रकार की अनेक वस्तुओं का बोध होता है अर्थात् वे संज्ञा शब्द जहाँ एक ही शब्द से पूरी जाति का बोध हो जाता है, उन्हें जातिवाचक (Common Noun) संज्ञा कहते हैं; जैसे— घर, पहाड़, नदी, शहर, पक्षी, पशु इत्यादि।

घर कहने से सभी तरह के घरों का, पहाड़ कहने से संसार के सभी पहाड़ों का और नदी कहने से सभी नदियों का जातिगत बोध होता है। जातिवाचक संज्ञाओं की स्थितियाँ इस प्रकार हैं; जैसे—

- **वस्तुओं के नाम** मकान, कुर्सी, मेज, पुस्तक, कलम, चाकू इत्यादि।
- **पशु-पक्षियों के नाम** बैल, घोड़ा, हिरण, तोता, मैना, मोर इत्यादि।
- **प्राकृतिक तत्त्वों के नाम** बिजली, वर्षा, आँधी, तूफान, भूकम्प, ज्वालामुखी, ओला वृष्टि, हिमपात इत्यादि।
- **सम्बन्धियों, व्यवसायों, पदों और कार्यों के नाम** भाई, माँ, डॉक्टर, वकील, मन्त्री, अध्यक्ष, किसान, अध्यापक, मजदूर इत्यादि।

2. व्यक्तिवाचक संज्ञा

जिन संज्ञा शब्दों से किसी एक ही वस्तु, व्यक्ति या स्थान इत्यादि का बोध होता है, उन्हें व्यक्तिवाचक संज्ञा (Proper Noun) कहते हैं; जैसे—

- **व्यक्तियों के नाम** राम, कृष्ण, गौतम बुद्ध, हनुमान, ईसा मसीह इत्यादि।
- **फलों के नाम** आम, अमरूद, सेब, संतरा, टमाटर, मिर्च, केला इत्यादि।
- **ग्रन्थों के नाम** रामायण, रामचरितमानस, कामायनी, कुरान, साकेत इत्यादि।
- **समाचार-पत्रों के नाम** हिन्दुस्तान, दैनिक जागरण, अमर उजाला इत्यादि।
- **नदियों के नाम** गंगा, ब्रह्मपुत्र, यमुना, गोदावरी, कावेरी, सिन्धु इत्यादि।

जातिवाचक और व्यक्तिवाचक संज्ञा में अन्तर

जातिवाचक संज्ञा	कवि	स्त्री	नदी	नगर	पर्वत
व्यक्तिवाचक संज्ञा	सूरदास	राधा	यमुना	मुम्बई	हिमालय

3. भाववाचक संज्ञा

जिन संज्ञा शब्दों से किसी वस्तु के गुण, दशा, भाव या अवस्था का बोध होता है, उन्हें भाववाचक संज्ञा (Abstract Noun) कहते हैं; जैसे—

- **गुण के अर्थ में** सुन्दरता, कुशाग्रता, बुद्धिमत्ता इत्यादि।
- **अवस्था के अर्थ में** जवानी, बचपन, बुढ़ापा इत्यादि।
- **दशा के अर्थ में** उन्नति, अवनति, चढ़ाई, ढलान इत्यादि।
- **भाव के अर्थ में** मित्रता, शत्रुता, कृपणता इत्यादि।

इन शब्दों से भाव विशेष का बोध होता है। अत: ये सभी भाववाचक संज्ञा शब्द हैं। भाववाचक संज्ञाएँ मुख्यत: दो प्रकार की होती हैं

(i) **स्वतन्त्र** भाववाचक संज्ञाएँ ईर्ष्या, द्वेष, सुख, दु:ख, लोभ इत्यादि स्वतन्त्र भाववाचक संज्ञा के उदाहरण हैं। इन्हें वाक्यों में स्वतन्त्र रूप में प्रयोग किया जाता है।

(ii) **परतन्त्र** कुछ भाववाचक संज्ञाओं का निर्माण जातिवाचक संज्ञा, व्यक्तिवाचक संज्ञा, सर्वनाम, विशेषण, क्रिया तथा अव्यय में आव, अन, ई, ता, त्व, पन, आई इत्यादि प्रत्यय जोड़कर किया जाता है, इन्हें ही परतन्त्र भाववाचक संज्ञा कहते हैं; जैसे—

अपना + त्व = अपनत्व, लिखा + ई = लिखाई इत्यादि।

भाववाचक संज्ञाओं का विशिष्ट परिवर्तन

जातिवाचक संज्ञा से भाववाचक संज्ञा

जातिवाचक संज्ञा	भाववाचक संज्ञा	जातिवाचक संज्ञा	भाववाचक संज्ञा
मनुष्य	मनुष्यता/मनुष्यत्व	पुरुष	पुरुषत्व
लड़का	लड़कपन	नारी	नारीत्व

व्यक्तिवाचक संज्ञा से भाववाचक संज्ञा

व्यक्तिवाचक संज्ञा	भाववाचक संज्ञा	व्यक्तिवाचक संज्ञा	भाववाचक संज्ञा
राम	रामत्व	शिव	शिवत्व
रावण	रावणत्व	गुरु	गुरुत्व

सर्वनाम से भाववाचक संज्ञा

सर्वनाम	भाववाचक संज्ञा	सर्वनाम	भाववाचक संज्ञा
अपना	अपनापन/अपनत्व	मम	ममत्व/ममता
अहं	अहंकार	निज	निजत्व

विशेषण से भाववाचक संज्ञा

विशेषण	भाववाचक संज्ञा	विशेषण	भाववाचक संज्ञा
कठोर	कठोरता	सुन्दर	सुन्दरता/सौन्दर्य
चौड़ा	चौड़ाई	ललित	लालित्य
वीर	वीरता/वीरत्व	भोला	भोलापन

क्रिया से भाववाचक संज्ञा

क्रिया	भाववाचक संज्ञा	क्रिया	भाववाचक संज्ञा
घबराना	घबराहट	पढ़ना	पढ़ाई
खेलना	खेल	मिलना	मिलाप

अव्यय से भाववाचक संज्ञा

अव्यय	भाववाचक संज्ञा	अव्यय	भाववाचक संज्ञा
दूर	दूरी	निकट	निकटता
नीचे	नीचाई	समीप	सामीप्य

4. समूहवाचक संज्ञा

जिन संज्ञा शब्दों से एक ही जाति की वस्तुओं के समूह (समुदाय) का बोध होता है, उन्हें समूहवाचक संज्ञा (Collective Noun) कहते हैं; जैसे—

- **व्यक्तियों के समूह** कक्षा, सेना, समूह, संघ, टुकड़ी, गिरोह और दल, वर्ग, टीम, समिति, परिवार, सभा इत्यादि।
- **वस्तुओं के समूह** कुंज, ढेर, गट्ठर, गुच्छा, ताश, टी-सेट इत्यादि।

5. द्रव्यवाचक संज्ञा

जिन संज्ञा शब्दों से किसी ऐसे पदार्थ (सामग्री) या द्रव्य का बोध होता है, जिसे हम नाप-तौल सकते हैं लेकिन गिन नहीं सकते, उन्हें द्रव्यवाचक संज्ञा (Material Noun) कहते हैं; जैसे—

- **धातुओं (ठोस) के नाम** सोना, चाँदी, लोहा, ताँबा, पीतल इत्यादि।
- **पदार्थों के नाम** दूध, दही, घी, तेल, पानी इत्यादि।
- **गैसीय पदार्थों के नाम** हाइड्रोजन, ऑक्सीजन, धुआँ इत्यादि।

अत: ये सभी द्रव्यवाचक संज्ञा शब्द हैं।

संज्ञाओं के विभिन्न प्रयोग

संज्ञाओं के विभिन्न प्रयोग निम्न प्रकार हैं

जातिवाचक संज्ञा का व्यक्तिवाचक के रूप में प्रयोग

जब कोई जातिवाचक संज्ञा किसी विशेष व्यक्ति के लिए प्रयुक्त हो, तब जातिवाचक संज्ञा होते हुए भी वह व्यक्तिवाचक संज्ञा बन जाती है; जैसे—

- **पंडितजी** देश के लिए कई बार जेल गए।
- **गाँधीजी** ने देश के लिए अपना तन-मन धन लगा दिया।

यहाँ 'पंडितजी' और 'गाँधीजी' शब्द जातिवाचक होते हुए भी व्यक्ति विशेष अर्थात् पंडित जवाहरलाल नेहरू और महात्मा गाँधी के लिए प्रयुक्त हुए हैं। अत: यहाँ ये दोनों शब्द व्यक्तिवाचक हो गए हैं।

व्यक्तिवाचक संज्ञा का जातिवाचक के रूप में प्रयोग

व्यक्तिवाचक संज्ञा का प्रयोग सदा एकवचन में होता है, परन्तु जब कोई व्यक्तिवाचक संज्ञा किसी व्यक्ति विशेष का बोध न कराकर उस व्यक्ति के गुण-दोषों वाले व्यक्तियों (अन्य) का बोध कराती है, तब वह संज्ञा व्यक्तिवाचक न रहकर जातिवाचक संज्ञा बन जाती है; जैसे—

- कलियुग में **हरिश्चन्द्रों** की कमी नहीं है।

यहाँ 'हरिश्चन्द्र' व्यक्तिवाचक संज्ञा उसके 'सत्य' और 'निष्ठा' के गुण को प्रकट करने से जातिवाचक संज्ञा बन गई है।

- हमें भारत में **जयचन्दों** पर कड़ी नजर रखनी चाहिए।

यहाँ 'जयचन्द' शब्द व्यक्तिवाचक संज्ञा होते हुए भी उसके 'विश्वासघात' गुण को प्रकट करने के कारण अन्य व्यक्तियों का बोध कराती है। अत: यह जातिवाचक संज्ञा है।

द्रव्यवाचक, भाववाचक एवं समूहवाचक संज्ञाओं का प्रयोग

जातिवाचक के रूप में द्रव्यवाचक, भाववाचक और समूहवाचक संज्ञाओं का प्रयोग बहुवचन में नहीं होता, इसका कारण यह है कि जब इन्हें बहुवचन के रूप में प्रयोग करते हैं, तो ये सभी जातिवाचक संज्ञा में परिवर्तित हो जाती हैं; जैसे—

- यहाँ **तेल** बिकता है।
  उपर्युक्त उदाहरण में तेल का एकवचन में प्रयोग किया गया है। इसलिए तेल (द्रव्यवाचक संज्ञा) है।
- वहाँ अनेक प्रकार के **तेल** बिकते हैं।
  उपर्युक्त उदाहरण में तेल का बहुवचन में प्रयोग किया गया है। इसलिए तेल (जातिवाचक संज्ञा) है।
- राहुल की **चोरी** पकड़ी गई।
  उपर्युक्त उदाहरण में चोरी का एकवचन में प्रयोग किया गया है। इसलिए चोरी (भाववाचक संज्ञा) है।
- दिल्ली के वसंतकुंज में कई **चोरियाँ** हुईं।
  उपर्युक्त उदाहरण में चोरी का बहुवचन में प्रयोग किया गया है। इसलिए चोरियाँ (जातिवाचक संज्ञा) है।
- **सेना** युद्ध के लिए तैयार है।
  उपर्युक्त उदाहरण में सेना का एकवचन में प्रयोग किया गया है। इसलिए सेना (समूहवाचक संज्ञा) है।
- **सेनाओं** में भयंकर युद्ध हुआ।
  उपर्युक्त उदाहरण में सेनाओं का बहुवचन में प्रयोग किया गया है। इसलिए सेनाओं (जातिवाचक संज्ञा) है।

विशेषण का प्रयोग संज्ञा के रूप में

जहाँ विशेषण के साथ विशेष्य का अभाव हो तब उस विशेषण का प्रयोग संज्ञा के रूप में किया जाता है; जैसे–

- **राम** बहुत **अमीर** है। *(विशेष्य-राम, विशेषण-अमीर)*
- **गरीबों** की सहायता करो। *(जातिवाचक संज्ञा-गरीबों)*

(यहाँ गरीबों शब्द से समस्त गरीब व्यक्तियों का बोध हो रहा है।)

क्रिया का प्रयोग संज्ञा के रूप में

जब किसी क्रिया का प्रयोग वाक्य में संज्ञा के स्थान पर हो, तो वह क्रियार्थक संज्ञा कहलाती है; जैसे–

- **हँसना** सेहत के लिए लाभकारी होता है।
- **दौड़ना** अच्छी आदत है।

अव्यव का प्रयोग संज्ञा के रूप में

अव्यव (वाह-वाह, हाँ-हाँ, हाय-हाय) का प्रयोग कभी-कभी संज्ञा के रूप में होता है; जैसे–

- क्यों **हाय-हाय** कर रहे हो।
- मोहन के जीतने के बाद बड़ी **वाह-वाह** हो रही है।
- यहाँ 'हाय-हाय' तथा 'वाह-वाह' विस्मयादिबोधक अव्यवों का संज्ञा के रूप में प्रयोग हुआ है।

लिंग

शब्द की जाति लिंग कहलाती है। संज्ञा के जिस रूप से व्यक्ति या वस्तु के नर अथवा मादा जाति का पता चलता है, उसे 'लिंग' कहते हैं।

संस्कृत में संज्ञा के तीन भेद बताए गए हैं। *ये हैं* पुल्लिंग, स्त्रीलिंग तथा नपुंसक लिंग। हिन्दी में शब्दों को दो लिंगों में रखा गया है। यहाँ नपुंसक लिंग नहीं है। हिन्दी में सारे जड़ अथवा चेतन शब्द पुल्लिंग तथा स्त्रीलिंग दो लिंगों में विभक्त हैं। हिन्दी में लिंगों की अभिव्यक्ति वाक्यों में होती है। वाक्य प्रयोग द्वारा संज्ञा शब्दों के लिंग का भेद स्पष्ट होता है। वाक्यों में लिंग सर्वनाम, विशेषण, क्रिया तथा कारक की विभक्तियों में विकार से उत्पन्न होता है।

लिंग-निर्णय

सर्वनाम में विकार से

मेरी घड़ी सुन्दर है।
('घड़ी' स्त्रीलिंग के कारण सर्वनाम में विकार उत्पन्न हुआ)
मेरा मकान अच्छा है। *('मकान' पुल्लिंग है)*

विशेषण में विकार से

वह **बड़ा** मकान है।

वह **बड़ी** घड़ी है।

क्रिया में विकार से

रोटी **जली** है। *(जलना में विकार 'रोटी' स्त्रीलिंग के कारण)*

बुढ़ापा **आ** गया *('बुढ़ापा' पुल्लिंग के अनुसार क्रिया)*

विभक्ति में विकार से

गुलाब **का** लाल रंग सुन्दर है।

उस**की** नाक कट गई।

तत्सम शब्दों का लिंग-निर्णय

- तत्सम शब्द जिनके अन्त में 'त्र', 'न', 'ज', त्व, त्य, व, य होता है, पुल्लिंग शब्द होते हैं। वैसे कई शब्द अपवाद स्वरूप हो सकते हैं; **जैसे** पवन का प्रयोग दोनों लिंगों में होता है।
- तत्सम शब्द जिनके अन्त में 'आर', 'आय' तथा 'आस' हो, वे भी पुल्लिंग होते हैं; **जैसे** समुदाय, अध्याय, विकास, विकार इत्यादि।
- अ-प्रत्ययान्त, त-प्रत्ययान्त तथा ख-प्रत्ययान्त वाले तत्सम शब्द भी होते हैं; **जैसे** जय, पराजय, गणित, फलित, नख, मुख, लेख इत्यादि।

पुल्लिंग एवं स्त्रीलिंग के उदाहरण

1. तत्सम पुल्लिंग शब्दों के उदाहरण
पत्र, मित्र, गगन, पालन, कार्य, माधुर्य, प्रसार, प्रहार, विहार, कमल, व्यवसाय, क्रोध, मोद, सुख, मेघ, अलंकार, यवन, रविवार, अपराध, विवाह, निबन्ध, अनुच्छेद, नाटक, आवास, प्रतिवेदन, संकल्प, उत्पादन, संस्करण, शासन, विवाद, विरोध इत्यादि।

2. तत्सम स्त्रीलिंग शब्दों के उदाहरण
दया, माया, ममता, शोभा, प्रार्थना, प्रस्तावना, सुन्दरता, कला, गणना, परीक्षा, योग्यता, शिक्षा, समता, सेना, सूचना, कृति, स्थिति, विकृति, क्षति, हानि, नदी, मृत्यु, वायु, महिमा, गरिमा, कालिमा, लालिमा, वस्तु, कुण्डली, अग्नि, शान्ति, क्रान्ति, इच्छा, भाषा, विधा

तद्भव शब्दों का लिंग-निर्णय

- ऊनवाचक संज्ञाओं को छोड़कर सभी तद्भव आकारान्त संज्ञाएँ पुल्लिंग हैं; **जैसे** कपड़ा, पहिया, आटा इत्यादि।
- जिन तद्भव भाववाचक संज्ञाओं के अन्त में ना, आव, पन, वा, पा इत्यादि होता है, पुल्लिंग शब्द होते हैं; **जैसे** गाना, चढ़ाव, बुढ़ापा इत्यादि।
- 'आन' कृदन्तान्त संज्ञाएँ पुल्लिंग होती हैं; **जैसे** लगान, पठान, खान-पान इत्यादि। वैसे कतिपय अपवाद भी हैं; **जैसे** उड़ान, चट्टान स्त्रीलिंग शब्द हैं।

अर्थ के अनुसार लिंग-निर्णय

- शरीर के अधिकांश अंग पुल्लिंग होते हैं, किन्तु नाक, आँख, जीभ नस, हड्डी इत्यादि स्त्रीलिंग हैं।
- रत्नों के नाम, धातुओं के नाम, अनाजों के नाम, पेड़ों के नाम, द्रव्य पदार्थ तथा भौगोलिक परिदृश्यों के नाम प्राय: पुल्लिंग होते हैं; **जैसे** मोती, हीरा, सोना, तांबा, गेहूँ, चावल, पीपल, आम, पानी, तेल, देश, नगर, समुद्र, पर्वत इत्यादि।

वचन

संज्ञा, सर्वनाम, विशेषण तथा क्रिया के जिस रूप से संख्या का बोध होता है, उसे 'वचन' कहते हैं। वचन संख्याबोधक विकारी शब्द होते हैं।

वचन के भेद

वचन के दो भेद हैं

1. एकवचन तथा 2. बहुवचन

1. **एकवचन** शब्द के जिस रूप से एक व्यक्ति या वस्तु का बोध होता है, उसे 'एकवचन' कहते हैं; **जैसे** लड़का, पुस्तक, कलम, घड़ी इत्यादि।
2. **बहुवचन** शब्द के जिस रूप से दो या दो से अधिक व्यक्ति या वस्तु का बोध होता हो, उसे बहुवचन कहते हैं; **जैसे** लड़के, पुस्तकें, कलमें, घड़ियाँ इत्यादि।

कारक

वाक्य में जिस शब्द का सम्बन्ध क्रिया से होता है, उसे कारक (Case) कहते हैं। अन्य शब्दों में, संज्ञा अथवा सर्वनाम का किसी भी वाक्य के अन्य पदों मुख्यत: क्रिया से जो सम्बन्ध होता है, वह कारक कहलाता है; जैसे–

- अभय ने कुत्ते को **डण्डे** से मारा।

इस वाक्य में अभय, क्रिया (मारा) का कर्ता है, 'कुत्ता' क्रिया का कर्म है, 'डण्डे से' यह क्रिया पूर्ण की गई है। अत: 'डण्डा' क्रिया का साधन होने से करण कारक है। कारक को **विभक्ति** या **परसर्ग** (बाद में जुड़ने वाले) भी कहा जाता है; ये सामान्यत: स्वतन्त्र होते हैं और संज्ञा या सर्वनाम के साथ प्रयुक्त होते हैं।

कारक के प्रकार

हिन्दी में आठ कारक माने गए हैं, जो निम्न हैं

विभक्ति	कारण	चिह्न	अर्थ
प्रथमा	कर्ता	ने	काम करने वाला
द्वितीया	कर्म	को	जिस पर काम का प्रभाव पड़े
तृतीया	करण	से, द्वारा	जिसके द्वारा कर्ता काम करे
चतुर्थी	सम्प्रदान	को, के लिए	जिसके लिए क्रिया की जाए
पंचमी	अपादान	से (अलग होना)	जिससे अलगाव हो
षष्ठी	सम्बन्ध	का, के, की	अन्य पदों से सम्बन्ध
सप्तमी	अधिकरण	में, पर	क्रिया का आधार
सम्बोधन	सम्बोधन	हे! अरे! अजी!	किसी को पुकारना, बुलाना

1. कर्ता कारक

वाक्य में जिस शब्द द्वारा काम करने का बोध होता है, उसे कर्ता कारक (Nominative) कहते हैं; जैसे–

- **राम** ने श्याम को मारा।

इस वाक्य में राम कर्ता है, क्योंकि 'मारा' क्रिया करने वाला राम ही है। इस वाक्य में कर्ता के साथ कारक चिह्न 'ने' का प्रयोग हुआ है। अत: यह कर्ता कारक है। कर्ता कारक वाक्य में बिना कारक चिह्न के भी प्रयुक्त होता है; जैसे–राम छत पर चढ़ गया।

2. कर्म कारक

वाक्य में क्रिया का प्रभाव या फल जिस शब्द पर पड़ता है, उसे कर्म (क्रिया द्वारा प्रभावित) कारक (Accusative) कहते हैं; जैसे–

- राम ने **श्याम** को मारा।

यहाँ कर्ता राम है और उसके 'मारने' का फल श्याम पर पड़ता है। अत: श्याम कर्म है। यहाँ श्याम के साथ कारक चिह्न 'को' का प्रयोग हुआ है। अत: यह कर्म कारक है।

3. करण कारक

करण का शाब्दिक अर्थ 'साधन' है। संज्ञा का वह रूप जिससे किसी क्रिया के साधन का बोध हो, उसे करण (क्रिया का उपकरण) कारक (Instrumental) कहते हैं; जैसे–

- शिकारी ने शेर को **बन्दूक** से मारा।

इस वाक्य में बन्दूक द्वारा शेर को मारने का उल्लेख है। अत: यहाँ 'बन्दूक' करण कारक है। करण कारक के अन्य चिह्न 'से', 'के द्वारा', 'के कारण', 'के साथ', 'के बिना' इत्यादि हैं।

4. सम्प्रदान कारक

सम्प्रदान का शाब्दिक अर्थ 'देना' है। जब वाक्य में किसी को कुछ दिया जाए या किसी के लिए कुछ किया जाए, तो वहाँ सम्प्रदान कारक (Dative) होता है; जैसे–

- उसने **विद्यार्थी** को पुस्तक दी।

वाक्य में विद्यार्थी को कुछ दिया गया है इसलिए 'विद्यार्थी' सम्प्रदान है और इसका चिह्न 'को' है। अत: यहाँ सम्प्रदान कारक है।

5. अपादान कारक

अपादान का शाब्दिक अर्थ 'अलगाव' होता है। संज्ञा या सर्वनाम के जिस रूप से दूर होने, निकलने, डरने, रक्षा करने, विद्या सीखने, तुलना करने का भाव प्रकट होता है, उसे अपादान कारक (Ablative) कहते हैं; जैसे–

- मैं **अल्मोड़ा से** आया हूँ।

उपर्युक्त उदाहरण में कर्ता 'मैं' अल्मोड़ा से अलग हुआ है और 'से' (अलग होने का भाव) कारक चिह्न का प्रयोग हुआ है। अत: यहाँ अपादान कारक है।

6. सम्बन्ध कारक

संज्ञा या सर्वनाम के जिस रूप से किसी अन्य शब्द के साथ सम्बन्ध या लगाव प्रतीत हो, उसे सम्बन्ध कारक (Genitive) कहते हैं। सम्बन्ध कारक का प्रयोग हमेशा विभक्ति के साथ ही होता है। सम्बन्ध कारक का प्रयोग निम्नलिखित स्थितियों में होता है; जैसे–

- अनीता **सुरेश की बहन** है।

नेताजी का लड़का बदमाश है।

उपर्युक्त उदाहरण में 'की' एवं 'का' कारक चिह्न का प्रयोग सम्बन्ध दर्शाने के लिए हुआ है। अत: यहाँ सम्बन्ध कारक है।

7. अधिकरण कारक

संज्ञा या सर्वनाम के जिस रूप से क्रिया के आधार, स्थान, समय, अवसर का बोध होता है, उसे अधिकरण कारक (Locative) कहते हैं; जैसे–

- वह **तीन दिन** में आएगा।

छोटी-सी बात पर मत लड़ो।

उपर्युक्त उदाहरणों में 'में,' 'पर' कारक चिह्नों का प्रयोग हुआ है। अत: यहाँ अधिकरण कारक है।

8. सम्बोधन कारक

संज्ञा के जिस रूप से किसी को पुकारने, चेतावनी देने या सम्बोधित करने का बोध होता है, उसे सम्बोधन कारक (Vocative) कहते हैं। सम्बोधन कारक की कोई विभक्ति नहीं होती है। इसे प्रकट करने के लिए **हे, अरे, अजी, रे** इत्यादि शब्दों का प्रयोग होता है; जैसे–

- **हे राम!** रक्षा करो।
- अजी, सुनते हो।

कर्म कारक और सम्प्रदान कारक में अन्तर

- दोनों कारकों में 'को' परसर्ग (कारक चिह्न) का प्रयोग होने पर भी दोनों में अन्तर है।
- वह शब्द जिस पर कर्ता द्वारा की गई क्रिया पर फल पड़ता है कर्म कारक कहलाता है; जैसे–

  राम ने **श्याम को बुलाया**।

  यहाँ 'को' परसर्ग का फल श्याम पर पड़ता है।
- सम्प्रदान कारक में देने या उपकार का भाव मुख्य होता है; जैसे–

  मालिक ने नौकर को धन दिया।

  यहाँ देने का प्रभाव सम्प्रदान कारक को प्रकट कर रहा है।

करण कारक और अपादान कारक में अन्तर

- करण और अपादान कारकों में 'से' कारक चिह्न का प्रयोग किया जाता है, इसके बाद भी इन दोनों में मुख्य अन्तर है। करण क्रिया का साधन या उपकरण है; जबकि अपादान से अलग होने का भाव प्रकट होता है।
- कर्ता कार्य पूर्ण करने के लिए जिस उपकरण या साधन का प्रयोग करता है, उसे करण कारक कहते हैं; जैसे–

  मैं **चाकू से फल** काटता हूँ।

यहाँ चाकू से काटने का कार्य हुआ है। अत: चाकू शब्द का प्रयोग करण कारक में हुआ है।

- अपादान कारक में अलग होने का भाव निहित रहता है; जैसे–

  रोहन गाँव से चला गया।
- यहाँ अपादान कारक गाँव में माना जाएगा न कि रोहन में, क्योंकि जो अलग होता है उसमें अपादान कारक नहीं माना जाता, बल्कि जिस स्थान या वस्तु से वह अलग हुआ है, उसमें अपादान कारक माना जाता है।

काल

क्रिया का वह रूप-परिवर्तन जिसके द्वारा कार्य-व्यापार के समय तथा कार्य की पूर्णता या अपूर्णता का बोध हो, उसे काल कहते हैं।

काल के भेद

काल के तीन भेद हैं

1. वर्तमान काल, 2. भूतकाल तथा 3. भविष्यत् काल

वर्तमान काल

वर्तमान काल में क्रिया के कार्य-व्यापार की निरन्तरता का पता चलता है; **जैसे** वह खाता है। इस वाक्य से खाने की क्रिया का कार्य-व्यापार चल रहा है। यह प्रमाणित होता है। वर्तमान काल के पाँच भेद हैं

(i) सामान्य वर्तमान काल (ii) तात्कालिक वर्तमान
(iii) पूर्ण वर्तमान (iv) संदिग्ध वर्तमान
(v) सम्भाव्य वर्तमान

भूतकाल

जिससे क्रिया के कार्य-व्यापार की समाप्ति का बोध हो, उसे भूतकाल कहते हैं; **जैसे** लड़का चला गया। भूतकाल के छ: भेद हैं

(i) सामान्य भूतकाल (ii) आसन्न भूतकाल
(iii) पूर्ण भूतकाल (iv) अपूर्ण भूतकाल
(v) संदिग्ध भूतकाल तथा (vi) हेतुहेतुमद् भूतकाल

भविष्यत् काल

भविष्यत् काल द्वारा भविष्य में होने वाली क्रिया का पता चलता है; **जैसे** वह कल जाएगा।

भविष्यत् काल के तीन भेद हैं

(i) सामान्य भविष्यत्
(ii) सम्भाव्य भविष्यत् काल तथा
(iii) हेतुहेतुमद् भविष्यत् काल।

- किसी भाषा का कोई सार्थक शब्द किसी शब्दकोश में जिस रूप में लिखा जाता है, उसे **वर्तनी** कहते हैं। वर्तनी को अंग्रेजी भाषा में 'स्पेलिंग', हिन्दी में इसे 'उच्चारण' भी कहा जाता है। लिखते समय वर्तनी की गलतियाँ प्राय: गलत उच्चारण करने अथवा नियमों की जानकारी न होने के कारण होती है।

अभ्यास प्रश्न

1. 'लिंग' किस भाषा का शब्द है?
(a) हिन्दी (b) अंग्रेजी
(c) संस्कृत (d) जर्मन

2. निम्न में कौन जातिवाचक पुल्लिंग संज्ञा है?
(a) चावल (b) मोहन
(c) चपरासी (d) हिमालय

3. 'दही' शब्द है
(a) पुल्लिंग (b) स्त्रीलिंग
(c) नपुंसक लिंग (d) उभयलिंग

4. निम्नलिखित प्रश्न में, चार विकल्प दिए गए हैं, जिनमें से उस विकल्प का चयन करें, जो दिए गए शब्द का सही स्त्रीलिंग है
'प्रबन्धकर्ता'
(a) प्रबन्धकारती (b) प्रबन्धकीन
(c) प्रबन्धकर्त्री (d) प्रबन्धकर्ती

5. निम्नलिखित प्रश्न में चार विकल्पों में से दिए गए शब्द का सही पुल्लिंग रूप वाला विकल्प चुनिए।
'कुम्हार'
(a) कुम्हारी (b) कुम्हारिन
(c) कॉमहिन (d) कुम्हरईन

6. 'ठाकुर' शब्द का स्त्रीलिंग क्या होगा?
(a) ठकुरानी (b) ठकुराइन
(c) ठकुरिन (d) ठाकुरी

7. निम्नलिखित प्रश्न में चार विकल्पों में से उस विकल्प का चयन करें जो दिए गए शब्द का सही स्त्रीलिंग वाला विकल्प है।
'हंस'
(a) हंसिनी (b) हंसीनी (c) हंसी (d) हंसिया

8. निम्न में से कौन-सा शब्द स्त्रीलिंग है?
(a) उपहार (b) ग्रन्थ (c) मस्तक (d) रचना

9. लिंग भेद में किसका रूपान्तर नहीं होता?
(a) संज्ञा (b) सर्वनाम
(c) विशेषण (d) कारक

10. निम्नलिखित में से कौन-सा शब्द पुल्लिंग है?
(a) वचन (b) हानि (c) प्यास (d) बचत

11. निम्नलिखित शब्दों में से स्त्रीलिंग शब्द को पहचानिए।
(a) संसार (b) गौरव
(c) समुदाय (d) अश्विनी

12. निम्नलिखित में कौन-सा शब्द पुल्लिंग है?
(a) बनावट (b) चिल्लाहट
(c) बचपन (d) सिलाई

13. निम्नलिखित में से कौन-सा शब्द स्त्रीलिंग है?
(a) मालिक (b) कहार
(c) पाठक (d) योगिनी

14. पुल्लिंग शब्द का चयन कीजिए
(a) नायिका (b) लेखिका
(c) वधू (d) धावक

15. 'जेठ' का स्त्रीलिंग शब्द क्या होता है?
(a) जेठीन (b) जेठरानी
(c) जेठराइन (d) जेठानी

16. नीचे दिए गए शब्द का सही बहुवचन रूप वाला विकल्प पहचानिए।
'चिड़िया'
(a) चिड़ियाँ (b) चिड़ियाएँ
(c) चिड़ियों (d) चिड़ा

17. नीचे दिए गए शब्द का सही बहुवचन रूप वाला विकल्प पहचानिए।
'तलवार'
(a) तलवारें (b) तलवारों
(c) तलवार (d) तलवारे

18. पुल्लिग-स्त्रीलिंग में कौन विषम संयोजन है?
(a) प्राचार्य-प्राचार्या (b) मोर-मोरनी
(c) सेवक-सेविका (d) श्याम-श्यामी

19. नीचे दिए गए शब्द का सही बहुवचन रूप वाला विकल्प पहचानिए।
'नेता'
(a) नेते (b) नेतों (c) नेताओं (d) नेता

20. नीचे दिए गए शब्द का सही बहुवचन रूप वाला विकल्प पहचानिए।
'ऋतु'
(a) ऋतुएँ (b) ऋतुओं
(c) ऋतुयो (d) ऋतुएँ

21. निम्नलिखित में कौन-सा शब्द स्त्रीलिंग है?
(a) नमक (b) जीरा (c) पीपल (d) दाल

22. नीचे दिए गए शब्द का सही बहुवचन रूप वाला विकल्प पहचानिए।
चुटिया
(a) चुटियाँ (b) चुटियों (c) चुटियो (d) चटियाये

23. किस शब्द का प्रयोग सदा बहुवचन में होता है?
(a) लड़का (b) घोड़ा (c) प्राण (d) वधू

24. 'चिड़िया' शब्द का बहुवचन क्या होता है?
(a) चिड़ियाँ (b) चिड़ियों
(c) चिड़िओं (d) चिड़ियें

25. सदा ही बहुवचन में प्रयुक्त होने वाला शब्द है
(a) घर (b) प्रत्येक (c) दर्शन (d) मुनि

26. शिक्षक का बहुवचन होगा
(a) शिक्षकों (b) शिक्षका
(c) शिक्षिकाएँ (d) शिक्षकगण

27. निम्न में से किस शब्द का प्रयोग हमेशा बहुवचन में होता है?
(a) आँसू (b) दर्शन
(c) प्राण (d) ये सभी

28. निम्नलिखित में कौन-सा शब्द पुल्लिंग है?
(a) कपट (b) सुन्दरता (c) मूर्खता (d) निद्रा

29. निम्नलिखित प्रश्न में चार विकल्पों में से सही कर्त्ता कारक को पहचानिए।
"रोहन ने हॉकी खेली।"
(a) रोहन (b) ने
(c) हॉकी (d) खेली

30. नीचे दिए गए प्रश्न का सही विकल्प पहचानिए
कर्त्ता का क्या अर्थ होता है?
(a) जो सम्बन्ध जोड़े (b) जो कार्य करे
(c) जिससे काम हो (d) जिसका काम हो

31. 'बुद्धिमान' का स्त्रीलिंग शब्द क्या है?
(a) बुद्धिमती (b) बुद्धिमान्या
(c) विदुषी (d) बुद्धिवाली

32. निम्नलिखित प्रश्न में, चार विकल्पों में से रेखांकित पद के उचित कारक को पहचानिए।
'हे प्रभु! रक्षा कीजिए।'
(a) सम्बोधन कारक (b) अधिकरण कारक
(c) सम्बन्ध कारक (d) कर्म कारक

33. निम्नलिखित प्रश्न में, चार विकल्पों में से अधिकरण कारक की विभक्ति पहचानिए।
(a) रा, रे (b) से, के
(c) हे, अरे (d) में, पर

34. 'महाशय' शब्द का सही स्त्रीलिंग रूप क्या है?
(a) महाशया (b) महाशयी
(c) महाशियी (d) महाशिनी

35. निम्नलिखित प्रश्न में, चार विकल्पों में से रेखांकित पद के उचित कारक को पहचानिए।
'बोतल में दूध बचा है।'
(a) सम्बोधन कारक (b) अधिकरण कारक
(c) सम्बन्ध कारक (d) कर्म कारक

36. 'ने' किस कारक का चिह्न है?
(a) कर्ता (b) कर्म
(c) करण (d) सम्प्रदान

37. 'कवि' शब्द का सही स्त्रीलिंग रूप क्या है?
(a) कवियत्री (b) कवियित्री
(c) कवियानी (d) महाशिनी

38. 'हरि मोहन अपनी बहन को पुस्तक देता है', वाक्य में रेखांकित पद में कारक है
(a) कर्म (b) सम्प्रदान
(c) सम्बन्ध (d) अधिकरण

39. निम्नलिखित में से कौन-सा शब्द हमेशा बहुवचन में प्रयुक्त होता है?
(a) हस्ताक्षर (b) समाचार-पत्र
(c) चिड़िया (d) तिजोरी

40. निम्नलिखित वाक्यों में से सम्बन्ध कारक वाले वाक्य को पहचानिए।
(a) राम खाना खाता है।
(b) राधा का कुत्ता बहुत तेज दोड़ता है।
(c) राम ने रावण को मारा।
(d) माँ अपने बच्चे को मारती है।

41. निम्नलिखित में किस शब्द का प्रयोग हमेशा बहुवचन में होता है?
(a) घर (b) भवन
(c) प्राण (d) पत्नी

42. "माँ ने बाजार से <u>कपड़ा</u> खरीदा।" रेखांकित शब्द का कारक बताइए।
(a) कर्ता कारक (b) करण कारक
(c) कर्म कारक (d) अधिकरण कारक

43. निम्नलिखित में किस संज्ञा का प्रयोग प्राय: एकवचन में होता है?
(a) द्रव्यवाचक (b) जातिवाचक
(c) व्यक्तिवाचक (d) इनमें से कोई नहीं

44. निम्नलिखित प्रश्न में चार विकल्पों में से दिए गए वाक्य का सही काल वाला विकल्प पहचानिए।
"आज वर्षा होगी।"
(a) सामान्य वर्तमान काल (b) सम्भाव्य भविष्य काल
(c) सामान्य भविष्य काल (d) भूतकाल

45. 'तुम्हारे घर में कौन है', इस वाक्य में किस कारक का परसर्ग प्रयुक्त है?
(a) सम्बन्ध (b) अधिकरण (c) करण (d) सम्प्रदान

46. निम्नलिखित प्रश्न में चार विकल्पों में से उस विकल्प का चयन करें जो निर्देशानुसार काल परिवर्तन वाला सही विकल्प है
बच्चों ने खेल खेला। (भविष्यत् काल)
(a) बच्चे खेल खेल चुके (b) बच्चे खेल खेल रहे हैं
(c) बच्चे खेल खेल चुके होंगे (d) बच्चे खेल खेलेंगे

47. निम्नलिखित प्रश्न में, चार विकल्पों में से, उस सही विकल्प का चयन करें जो बताता है कि–
क्रिया भूतकाल से शुरू होकर अभी-अभी समाप्त हुई हो।
(a) सामान्य भूतकाल (b) आसन्न भूतकाल
(c) अपूर्ण भूतकाल (d) पूर्ण भूतकाल

48. निम्नलिखित में से कौन-सा शब्द पुल्लिंग है?
(a) सड़क (b) किताब
(c) नाक (d) दही

49. निम्नलिखित प्रश्न में, चार विकल्पों में से, क्रिया का सही रूप वाला विकल्प पहचानिए।
'स्कूल बस पाँच मिनट ....।' (आना – सामान्य भविष्यत् काल)
(a) में आ गई (b) में आएगी
(c) में आ के गई (d) में आ के चली गई

50. निम्नलिखित में से किस शब्द का प्रयोग बहुवचन में नहीं होता है?
(a) चिड़िया (b) प्रत्येक
(c) दर्शन (d) साधु

51. निम्नलिखित वाक्यों में से पूर्ण वर्तमान काल को स्पष्ट कीजिए।
(a) अब हमारे पढ़ने का समय हो गया है।
(b) वह घूमने जा रही है।
(c) वह पढ़ रहा था।
(d) मैं बाहर जाऊँगी।

52. "सुरेश गीत गा रहा था" वाक्य में काल है
(a) अपूर्ण भूत (b) पूर्ण भूत
(c) सामान्य भूत (d) आसन्न भूत

53. 'यह किताब रमेश को दे दो।' इस वाक्य में प्रयुक्त कारक विभक्ति है
(a) सम्प्रदान (b) अधिकरण
(c) करण (d) कर्म

54. "लड़के ने पुस्तक पढ़ी है।" वाक्य का काल है
(a) सामान्य वर्तमान (b) पूर्ण वर्तमान
(c) सन्दिग्ध वर्तमान (d) सम्भाव्य वर्तमान

55. निम्नलिखित में किस वाक्य में क्रिया वर्तमान काल में है?
(a) उसने फल खा लिए थे
(b) मैं तुम्हारा पत्र पढ़ रहा हूँ
(c) अचानक बिजली कौंध उठी
(d) कल वे आने वाले थे

56. भूतकाल के कितने भेद हैं?
(a) सात (b) छह (c) नौ (d) चार

57. निम्नलिखित में समूहवाचक संज्ञा का उदाहरण है
(a) मनुष्य (b) परिवार
(c) यमुना (d) वैदेही

58. 'दरिद्रता' है
(a) जातिवाचक संज्ञा (b) व्यक्तिवाचक संज्ञा
(c) भाववाचक संज्ञा (d) समूहवाचक संज्ञा

उत्तरमाला

1.	(c)	2.	(c)	3.	(a)	4.	(c)	5.	(b)	6.	(b)	7.	(a)	8.	(d)	9.	(b)	10.	(a)
11.	(d)	12.	(c)	13.	(d)	14.	(d)	15.	(d)	16.	(a)	17.	(a)	18.	(d)	19.	(c)	20.	(a)
21.	(d)	22.	(a)	23.	(c)	24.	(a)	25.	(c)	26.	(d)	27.	(d)	28.	(a)	29.	(a)	30.	(b)
31.	(a)	32.	(a)	33.	(d)	34.	(a)	35.	(b)	36.	(a)	37.	(b)	38.	(a)	39.	(a)	40.	(b)
41.	(c)	42.	(c)	43.	(a)	44.	(b)	45.	(d)	46.	(d)	47.	(b)	48.	(d)	49.	(b)	50.	(b)
51.	(a)	52.	(a)	53.	(a)	54.	(b)	55.	(b)	56.	(b)	57.	(b)	58.	(c)				

सर्वनाम तथा विशेषण

सर्वनाम

'सर्वनाम' उस विकारी शब्द को कहते हैं, जो पूर्वापर सम्बन्ध से किसी संज्ञा के बदले आता है; **जैसे** मैं, तुम, वह, यह इत्यादि। सब नामों के बदले जो शब्द आते हैं, उन्हें 'सर्वनाम' कहते हैं।

संज्ञा से उस वस्तु का या उस व्यक्ति का बोध होता है जो लिखा या बोला गया हो, किन्तु सर्वनाम में पूर्वापर सम्बन्ध के अनुसार बोध बदलता रहता है। **जैसे** 'लड़का' के लिए यदि 'वह' आता है तो वह कहने से लड़के का बोध पूर्वापर सम्बन्ध के कारण होता है। हिन्दी में ग्यारह सर्वनाम हैं मैं, तू, आप, वह, यह, जो, सो, कोई, कुछ, कौन, क्या।

सर्वनाम के भेद

प्रयोग के अनुसार सर्वनाम के छः भेद हैं

1. पुरुषवाचक	2. निजवाचक	3. निश्चयवाचक
4. अनिश्चयवाचक	5. सम्बन्धवाचक तथा	6. प्रश्नवाचक

पुरुषवाचक सर्वनाम

पुरुषवाचक सर्वनाम किसी व्यक्ति के नाम के बाद आता है। उत्तम पुरुष में वक्ता या लेखक होता है, मध्यम पुरुष में पाठक या श्रोता तथा अन्य पुरुष में लेखक, पाठक या वक्ता, श्रोता के अतिरिक्त अन्य लोग आते हैं।

उत्तम पुरुष मैं, हम (बहुवचन)

मध्यम पुरुष तू या तुम, आप, आप लोग (बहुवचन)

अन्य पुरुष वह, यह, ये, वे (बहुवचन)

निजवाचक सर्वनाम

निजवाचक सर्वनाम का रूप 'आप' है, लेकिन पुरुषवाचक सर्वनाम मध्यम पुरुष (बहुवचन) में प्रयुक्त होने वाले 'आप' से भिन्न होता है। इस सर्वनाम का प्रयोग किसी निराकरण तथा अवधारण के लिए होता है;

जैसे मैं **आप** ही चला आया था।

निश्चयवाचक सर्वनाम

जिस शब्द के प्रयोग से वस्तु तथा वक्ता की दूरी का पता चलता है, उसे निश्चयवाचक सर्वनाम कहते हैं;

जैसे वह, यह;

यह कोई भला काम नहीं है।, **वह** कौन आ रहा है?

अनिश्चयवाचक सर्वनाम

जिस सर्वनाम से किसी निश्चित वस्तु का बोध न हो, उसे अनिश्चयवाचक सर्वनाम कहा जाता है;

जैसे कोई, कुछ;

उसने **कुछ** खाया कि नहीं?, **कोई** आ रहा है।

सम्बन्धवाचक सर्वनाम

जिस सर्वनाम से वाक्य में किसी दूसरे सर्वनाम से सम्बन्ध स्थापित किया जाए, उसे सम्बन्धवाचक सर्वनाम कहते हैं;

जैसे जो, सो;

वह कौन है **जो** हँस रहा है?

वह जो है **सो** है ही।

प्रश्नवाचक सर्वनाम

प्रश्न करने के लिए जिन सर्वनामों का प्रयोग होता है, उसे 'प्रश्नवाचक सर्वनाम' कहते हैं; **जैसे** कौन, क्या

वह **कौन** जा रहा है?

तुमने **क्या** खाया है?

'क्या' का प्रयोग जड़ पदार्थों के साथ ही होता है तथा 'कौन' का प्रयोग चेतन जीवों के लिए होता है।

विशेषण

जो शब्द संज्ञा या सर्वनाम की विशेषता बताते हैं, उन्हें विशेषण (Adjective) कहते हैं। विशेषण जिसकी विशेषता बताता है, उसे विशेष्य कहते हैं। विशेषणों की विशेषता बताने वाले शब्द प्रविशेषण कहलाते हैं; जैसे—

- राम बहुत **तेज** दौड़ता है।

दिए गए उदाहरण में **राम** संज्ञा शब्द है, जिसकी विशेषता **तेज़** दौड़ने से है। अतः यहाँ **तेज़** विशेषण है। विशेषण (तेज़), राम की विशेषता बता रहा है। अतः **राम** विशेष्य है। यहाँ 'बहुत' शब्द विशेषण 'तेज' की विशेषता बता रहा है। अतः यह प्रविशेषण है। विशेषण के चार प्रमुख भेद हैं

1. गुणवाचक विशेषण

जिन शब्दों द्वारा संज्ञा के गुण अथवा दोष का बोध होता है, उन्हें 'गुणवाचक विशेषण' (Adjective of Quality) कहते हैं। गुणवाचक विशेषण के प्रमुख रूप निम्नलिखित हैं

- **भाव** शूरवीर, कायर, बलवान, दयालु, निर्दयी, अच्छा, बुरा इत्यादि।
- **काल** अगला, पिछला, नया, पुराना इत्यादि।
- **स्थान** ग्रामीण, शहरी, मैदानी, पहाड़ी, पंजाबी, बिहारी इत्यादि।
- **आकार** टेढ़ा-मेढ़ा, सुन्दर, भद्दा, लम्बा, ऊँचा, नीचा, चौड़ा इत्यादि।
- **समय** प्रातःकालीन, मासिक, त्रैमासिक, साप्ताहिक, दैनिक इत्यादि।
- **दशा** स्वस्थ, अस्वस्थ, रोगी, निरोग, दुबला, कमजोर, बलिष्ठ इत्यादि।
- **रंग** लाल, हरा, पीला, नीला, काला, सफेद, बैंगनी, नारंगी इत्यादि।

2. परिमाणवाचक विशेषण

जिन विशेषण शब्दों द्वारा संज्ञा की मात्रा (नाप-तौल) का बोध होता है, उन्हें 'परिमाणवाचक विशेषण' (Adjective of Quantity) कहते हैं।

परिमाणवाचक विशेषण दो प्रकार के होते हैं

(i) **निश्चित परिमाणवाचक** जिन विशेषण शब्दों से संज्ञा की निश्चित मात्रा का बोध होता है, उन्हें 'निश्चित परिमाणवाचक' (Quantity) विशेषण कहते हैं; जैसे—**एक लीटर** दूध, **दस मीटर** कपड़ा, **एक किलो** आलू इत्यादि।

(ii) **अनिश्चित परिमाणवाचक** जिन विशेषण शब्दों से संज्ञा की अनिश्चित मात्रा का बोध होता है, उन्हें 'अनिश्चित परिमाणवाचक' विशेषण कहते हैं; जैसे—**थोड़ा** दूध, **कुछ** शहद, **बहुत** पानी, **अधिक** पैसा इत्यादि।

3. संख्यावाचक विशेषण

जिन विशेषण शब्दों से संज्ञा की संख्या का बोध होता है, उन्हें संख्यावाचक विशेषण (Adjective of Number) कहते हैं; जैसे—**एक** मेज, **चार** कुर्सियाँ, **दस** पुस्तकें, **कुछ** रुपए इत्यादि।

संख्यावाचक विशेषण दो प्रकार के होते हैं

(i) **निश्चित संख्यावाचक** जिन विशेषण शब्दों से निश्चित संख्या का बोध होता है, उन्हें 'निश्चित संख्यावाचक' विशेषण कहते हैं; जैसे—एक, दूसरा, तीसरा, दोनों, तीनों, प्रति, प्रत्येक, हर-एक, एक-एक इत्यादि।

विशेषण	उदाहरण
पूर्णांकवाचक	एक, दो, चार, आठ, दस इत्यादि।
अपूर्णांकवाचक	आधा, सवा, डेढ़, पौना, ढाई इत्यादि।
कर्मवाचक	दूसरा, पाँचवाँ, आठवाँ, दसवाँ इत्यादि।
आवृत्तिवाचक	दोगुना, तिगुना, सौगुना इत्यादि।
समुदायवाचक	दोनों, तीनों, पाँचों, सातों इत्यादि।
विभागबोधक	एक-एक, दस-दस घोड़े, प्रत्येक इत्यादि।

(ii) **अनिश्चित संख्यावाचक** जिन विशेषण शब्दों से अनिश्चित संख्या का बोध होता है, उन्हें 'अनिश्चित संख्यावाचक' विशेषण कहते हैं; जैसे—**थोड़े** आदमी, **कुछ** रुपए इत्यादि।

4. सार्वनामिक विशेषण

जो सर्वनाम शब्द संज्ञा के लिए विशेषण का काम करते हैं, उन्हें 'सार्वनामिक विशेषण' (Demonstrative Adjective) कहते हैं। 'यह', 'वह', 'जो', 'कौन', 'क्या', 'कोई', 'ऐसा', 'ऐसी', 'वैसा', 'वैसी' इत्यादि ऐसे सर्वनाम हैं, जो संज्ञा शब्दों के पहले प्रयुक्त होकर विशेषण का कार्य करते हैं, इसलिए इन्हें सार्वनामिक विशेषण कहते हैं; जैसे—

वह लड़का बदमाश है।

इस परीक्षार्थी ने नकल की है।

सार्वनामिक विशेषण	उदाहरण
निश्चयवाचक सार्वनामिक विशेषण	यह, वह, ये, वे।
अनिश्चयवाचक सार्वनामिक विशेषण	कोई, कुछ।
सम्बन्धवाचक सार्वनामिक विशेषण	जो, सो।
प्रश्नवाचक सार्वनामिक विशेषण	कौन, क्या।

जब ये सर्वनाम अकेले प्रयुक्त होते हैं, तो वे केवल सर्वनाम होते हैं; जैसे—

- वह घर चला गया।

विशेषण की तुलनावस्था

विशेषण संज्ञा शब्दों की विशेषता बताते हैं। यह विशेषता किसी में सामान्य, किसी में कुछ अधिक और किसी में सबसे अधिक होती है। विशेषणों के इसी उतार-चढ़ाव को तुलना कहा जाता है। इस प्रकार, दो या दो-से-अधिक वस्तुओं या भावों के गुण, मान इत्यादि के मिलान या तुलना करने वाले विशेषण को तुलनात्मक विशेषण कहते हैं। हिन्दी में तुलनात्मक विशेषण की तीन अवस्थाएँ हैं

1. मूलावस्था (Positive Degree)
2. उत्तरावस्था (Comparative Degree)
3. उत्तमावस्था (Superlative Degree)

तुलनात्मक विशेषण की दृष्टि से विशेषणों की अवस्थाएँ

मूलावस्था	उत्तरावस्था	उत्तमावस्था
अधिक	अधिकतर	अधिकतम
उच्च	उच्चतर	उच्चतम
कोमल	कोमलतर	कोमलतम
गुरु	गुरुतर	गुरुतम
निकट	निकटतर	निकटतम
निम्न	निम्नतर	निम्नतम
बृहत्	बृहत्तर	बृहत्तम
महत्	महत्तर	महत्तम
सुन्दर	सुन्दरतर	सुन्दरतम
लघु	लघुतर	लघुतम

विशेषण सम्बन्धी महत्त्वपूर्ण निर्देश

विशेषण का प्रयोग करते समय निम्नलिखित बातों को ध्यान में रखना चाहिए

- हिन्दी में विशेषण शब्दों के आगे विभक्ति चिह्न नहीं लगते; जैसे—वीर मनुष्य, अच्छे घर का।
- विशेषण के लिंग, वचन और कारक वही होते हैं, जो विशेष्य के; जैसे—अच्छे विद्यार्थी, अच्छा विद्यार्थी। आकारान्त विशेषण स्त्रीलिंग में ईकारान्त हो जाते हैं; जैसे—काला घोड़ा, काली घोड़ी, अच्छा लड़का, अच्छी लड़की इत्यादि।
- पुल्लिंग आकारान्त विशेषण का अन्तिम 'आ' कर्ता कारक, एकवचन को छोड़कर अन्य सब कारकों में 'ए' हो जाता है; जैसे—अच्छे लड़के को।
- संस्कृत विशेषणों के रूप हिन्दी में विशेष्य के लिंग के अनुसार कभी नहीं बदलते और कभी बदल जाते हैं; जैसे—सुन्दर काया, सुशील लड़की इत्यादि।
- ऐसे विशेषण जो विशेष्य से ठीक पहले आते हैं, उन्हें उद्देश्य विशेषण कहते हैं। वे विशेषण जो विशेष्य के ठीक बाद आते हैं, उन्हें विधेय विशेषण कहते हैं।

विशेषण की रचना

विशेषण विकारी और अविकारी दोनों होते हैं। अविकारी विशेषण के रूपों में परिवर्तन नहीं होता। ये अपने मूल रूप में हमेशा रहते हैं लाल, सुन्दर, गोल, भारी इत्यादि। कुछ विशेषण संज्ञाओं में प्रत्यय लगाकर बनते हैं;

जैसे बल + वान = बलवान,
आत्मा + ईय = आत्मीय,
दान + ई = दानी।

तुलनात्मक विशेषण हिन्दी में मूल शब्द में 'तर' और 'तम' लगाकर बनाए जाते हैं; **जैसे** लघु से लघुत्तर, लघुत्तम, उच्च से उच्चतर, उच्चतम इत्यादि।

विधेय विशेषण उस विशेषण को कहते हैं, जो संज्ञा (विशेष्य) के बाद आता है।

प्रविशेषण

विशेषणों की विशेषता बताने वाले शब्द प्रविशेषण कहलाते हैं; **जैसे** राठौर बहुत अच्छा निशानेबाज है। यहाँ 'अच्छा' विशेषण की विशेषता बताने वाला शब्द 'बहुत' प्रविशेषण है। इसे 'अन्तर्विशेषण' भी कहा जाता है।

अभ्यास प्रश्न

1. सर्वनाम के भेदों की संख्या क्या है?
(a) पाँच (b) चार (c) छ: (d) सात

2. प्रश्नवाचक सर्वनाम का उदाहरण है
(a) जो (b) वे (c) कौन (d) आप

3. 'मैं' किस प्रकार का सर्वनाम है?
(a) निजवाचक (b) पुरुषवाचक
(c) निश्चयवाचक (d) अनिश्चयवाचक

4. 'कोई' किस प्रकार के सर्वनाम का उदाहरण है?
(a) प्रश्नवाचक सर्वनाम (b) अनिश्चयवाचक सर्वनाम
(c) सम्बन्धवाचक सर्वनाम (d) निजवाचक सर्वनाम

5. निम्नलिखित प्रश्न में, चार विकल्पों में से, उस सही विकल्प का चयन करें जो बताता है कि—
कौन-सा पुरुषवाचक सर्वनाम का भेद नहीं है?
(a) अन्य पुरुष (b) मध्यम पुरुष
(c) अतिउत्तम पुरुष (d) उत्तम पुरुष

6. 'वह अच्छा है।' इस वाक्य में 'वह' कौन-सा सर्वनाम है?
(a) निजवाचक (b) प्रश्नवाचक (c) पुरुषवाचक (d) निश्चयवाचक

7. निम्नलिखित प्रश्न में चार विकल्पों में से उस विकल्प का चयन करें जो दिए गए वाक्य का सही विकल्प है।
'सर्वनाम' का शाब्दिक अर्थ क्या होता है?
(a) सबका नाम (b) दूसरों का नाम
(c) अपना नाम (d) सम्बन्ध का नाम

8. निम्नलिखित में कौन-सा अनिश्चयवाचक सर्वनाम नहीं है?
(a) कुछ भी (b) कुछ-न-कुछ
(c) सब कुछ (d) जो, वह

9. निम्नलिखित प्रश्न में चार विकल्पों में से संज्ञा शब्द से बनने वाला सही विशेषण शब्द वाला विकल्प चुनिए।
'शक्ति'
(a) शक्तिवर्धक (b) शक्तिशाली (c) शक्तिरोधक (d) सशक्त

10. 'जो, सो' किस प्रकार का सर्वनाम है?
(a) सम्बन्धवाचक (b) प्रश्नवाचक
(c) निश्चयवाचक (d) अनिश्चयवाचक

11. 'क्या आप घर भी जाएँगे?' वाक्य में रेखांकित पद है
(a) संज्ञा (b) विशेषण (c) सर्वनाम (d) क्रिया

12. 'मुझे' पुरुषवाचक सर्वनाम के किस रूप का शब्द है?
(a) उत्तम पुरुष (b) मध्यम पुरुष
(c) अन्य पुरुष (d) इनमें से कोई नहीं

13. 'संज्ञा' का भेद नहीं होता
(a) व्यक्तिवचाक (b) जातिवाचक
(c) निजवाचक (d) भाववाचक

14. विशेषण किस शब्द की विशेषता बताते हैं?
(a) संज्ञा (b) सर्वनाम
(c) संज्ञा तथा सर्वनाम (d) क्रिया

15. "यह मेरी पतंग है।" रेखांकित का भेद बताइए
(a) निश्चयवाचक सर्वनाम (b) अनिश्चयवाचक सर्वनाम
(c) निजवाचक सर्वनाम (d) प्रश्नवाचक सर्वनाम

16. निम्नलिखित में कौन गुणवाचक विशेषण नहीं है?
(a) टिकाऊ (b) गुजराती (c) प्रत्येक (d) लम्बा

17. निम्नलिखित में सर्वनाम है
(a) घर (b) आप (c) पहाड़ (d) नदी

18. निम्नलिखित में कौन गुणवाचक विशेषण नहीं है?
(a) गोल (b) अधिक (c) नुकीला (d) भीतरी

19. दी गई जोड़ियों में कौन-सी जोड़ी सही संज्ञा व उससे बनने वाले विशेषण शब्द की है?
(a) पक्ष-पाक्षिक (b) प्रेम-प्यार
(c) सुख-दु:ख (d) स्वर्ण-सोना

20. सार्वनामिक विशेषण कहते हैं
(a) जो शब्द संज्ञा के पहले आते हैं
(b) जो शब्द संज्ञा के बाद आते हैं
(c) जो शब्द सर्वनाम के बाद आते हैं
(d) ये शब्द वाक्य में नहीं आते

21. निम्न वाक्य विशेषण की किस अवस्था से है?
"यह करेला कड़वा है।"
(a) उत्तरावस्था (b) मूलावस्था
(c) उत्तमावस्था (d) अधिकावस्था

22. निम्नलिखित प्रश्न में चार विकल्पों में से उस विकल्प का चयन करें जो दिए गए वाक्य में विशेषण शब्द की विशेषता प्रकट करता है।
"इस पर्वतमाला में बहुत ऊंचे-ऊंचे पहाड़ हैं।"
(a) इस (b) बहुत (c) ऊँचे-ऊँचे (d) पहाड़

23. 'वह बहुत धार्मिक व्यक्ति है', वाक्य में रेखांकित पद है
(a) संज्ञा (b) सर्वनाम (c) क्रिया (d) विशेषण

24. निम्नलिखित में विशेषण है
(a) लम्बाई (b) बुढ़ापा (c) समझ (d) शान्त

25. निम्नलिखित शब्दों में से विशेषण को पहचानिए।
(a) ऐतिहासिक (b) उपासना (c) आवश्वासन (d) अपेक्षा

26. 'चर्चा' शब्द से बना विशेषण शब्द है
(a) चर्चाएँ (b) चार्चा (c) चर्चित (d) चर्या

27. 'समझदार' शब्द विशेषण का कौन-सा भेद है?
(a) सार्वनामिक विशेषण (b) संख्यावाचक विशेषण
(c) परिणामवाचक विशेषण (d) गुणवाचक विशेषण

उत्तरमाला

1.	(c)	2.	(c)	3.	(b)	4.	(b)	5.	(c)	6.	(d)	7.	(a)	8.	(d)	9.	(b)	10.	(a)
11.	(c)	12.	(a)	13.	(c)	14.	(c)	15.	(a)	16.	(c)	17.	(b)	18.	(b)	19.	(a)	20.	(a)
21.	(b)	22.	(b)	23.	(d)	24.	(d)	25.	(a)	26.	(c)	27.	(d)						

क्रिया, वाच्य एवं अव्यय

क्रिया

जिस शब्द से किसी कार्य के होने की प्रवृत्ति प्रकट हो, उसे 'क्रिया' कहा जाता है; **जैसे** पढ़ना, लिखना, चलना इत्यादि। क्रिया विकारी शब्द है, जिसके रूप लिंग, वचन तथा पुरुष के अनुसार बदलते हैं। क्रिया के रूप में यह परिवर्तन हिन्दी की अपनी विशेषता है।

क्रिया का मूल 'धातु' है। धातु क्रिया पद के उस अंश को कहते हैं, जो प्रायः सभी रूपों में अपनी उपस्थिति दर्शाता है। वस्तुतः जिन मूल अक्षरों से क्रिया का निर्माण होता है, उन्हें धातु कहते हैं; **जैसे** 'पढ़ना' क्रिया में 'पढ्' धातु के साथ 'ना' प्रत्यय लगा है।

हिन्दी में क्रिया का निर्माण धातुओं के अतिरिक्त संज्ञा तथा विशेषण से भी होता है।

क्रिया के भेद

रचना की दृष्टि से क्रिया के दो भेद हैं

1. सकर्मक तथा 2. अकर्मक

सकर्मक क्रिया

सकर्मक क्रिया, उस क्रिया को कहते हैं, जिसका फल कर्त्ता पर न पड़कर कहीं और पड़े। सकर्मक क्रिया के साथ 'कर्म' रहता है या उसके रहने की सम्भावना होती है; **जैसे** राम खाना खाता है। इस वाक्य में क्रिया का फल 'भोजन' पर पड़ता है जो प्रत्यक्षतः उपस्थित नहीं है। 'जाता है' के साथ यदि गन्तव्य स्थल की चर्चा वाक्य में नहीं होती है, तब भी फल, घर, विद्यालय आदि शब्दों पर पड़ता है। ऐसी क्रियाएँ 'सकर्मक' होती हैं।

अकर्मक क्रिया

जिस क्रिया के कार्य का फल कर्त्ता पर पड़े, उसे अकर्मक क्रिया कहते हैं। अकर्मक क्रिया के साथ कोई कर्म कारक नहीं होता। इस कारण इसे अकर्मक क्रिया कहते हैं; **जैसे** मोहन हँसता है। 'हँसने' या 'रोने' की क्रिया का फल कर्त्ता पर पड़ता है।

कतिपय ऐसी क्रियाएँ हैं जो अकर्मक तथा सकर्मक दोनों होती हैं, यह निर्धारण वाक्य में उनके प्रयोग द्वारा होता है। इन्हें उभयविध धातु भी कहते हैं;

जैसे मेरा जी घबराता है। (घबराना (क्रिया)—सकर्मक)

मुसीबत में सभी घबराते हैं। (घबराना (क्रिया)—अकर्मक)

अकर्मक क्रिया में उ, ना आना, प्रत्यय लगाकर सकर्मक क्रिया बनाया जाता है; **जैसे**

रोना (अकर्मक)-रुलाना (सकर्मक)

उड़ना (अकर्मक)-उड़ाना (सकर्मक)

कटना (अकर्मक)-काटना (सकर्मक)

अकर्मक क्रिया के धातुओं को उकार, ओकार, इकार तथा एकार में बदलकर तथा अन्त्य में ना प्रत्यय जोड़कर सकर्मक क्रियाएँ बनाई जाती हैं; **जैसे** खुलना (अकर्मक)-खोलना (सकर्मक)

द्विकर्मक क्रिया

कुछ क्रियाएँ एक कर्म वाली होती हैं जबकि कतिपय दो कर्म वाली होती हैं। ऐसी क्रियाओं को 'द्विकर्मक क्रिया' कहते हैं;

जैसे उसने राम को डण्डे से मारा। यहाँ दो कर्म हैं-'राम को' और 'डण्डा'।

संयुक्त क्रिया

जो क्रिया दो या दो से अधिक धातुओं के मेल से बनती है, उसे 'संयुक्त क्रिया' कहते हैं; **जैसे** वह घर पहुँच गया। इस वाक्य में 'पहुँच गया' संयुक्त क्रिया का उदाहरण है। संयुक्त क्रिया का निर्माण अकर्मक तथा सकर्मक दोनों क्रियाओं द्वारा हो सकता है; **जैसे** लेट जाना, गिर पड़ना, बेच लेना इत्यादि।

संयुक्त क्रिया में पहली क्रिया प्रधान होती है तथा बाद वाली क्रिया उसमें विशेषता उत्पन्न करती है; **जैसे** मैं पढ़ सकता हूँ। इस वाक्य में 'पढ़ना' तथा 'सकना' दो क्रियाएँ हैं। 'सकना' 'पढ़ना' क्रिया की विशेषता उत्पन्न करती है।

संयुक्त क्रियाएँ अभ्यास, अनिष्टता, अनुमति, अवकाश, आरम्भ, आवश्यकता, इच्छा, निरन्तर, समाप्ति इत्यादि अर्थों में प्रयुक्त होती हैं।

सहायक क्रिया

मुख्य क्रिया के अर्थ को स्पष्ट करने में सहायता करने वाली क्रिया को 'सहायक क्रिया' कहा जाता है; **जैसे** उसने बाघ को मार डाला। 'मारना' इस वाक्य में मुख्य क्रिया है, जिसके अर्थ को स्पष्टता प्रदान करने वाली क्रिया 'डालना' है। है, थे, हुए, रहे इत्यादि सहायक क्रियाएँ हैं।

वाच्य

क्रिया के जिस रूप परिवर्तन से यह पता चले कि वाक्य में क्रिया के व्यापार का मुख्य विषय कर्त्ता, कर्म या भाव है, उसे वाच्य (Voice) कहते हैं।

वाच्य के भेद

वाच्य के तीन भेद हैं

1. कर्तृवाच्य 2. कर्मवाच्य 3. भाववाच्य

कर्तृवाच्य

क्रिया के जिस रूप-परिवर्तन से वाक्य में कर्त्ता की प्रधानता स्पष्ट हो उसे 'कर्तृवाच्य' कहते हैं; **जैसे** वह आम खाता है। यहाँ कर्ता प्रधान है।

कर्मवाच्य

क्रिया के जिस रूप परिवर्तन से वाक्य में कर्म की प्रधानता स्पष्ट हो उसे 'कर्मवाच्य' कहते हैं; **जैसे** आम खाया जाता है।

भाववाच्य

क्रिया के जिस रूप-परिवर्तन से वाक्य में भाव की प्रधानता स्पष्ट हो, उसे भाववाच्य कहते हैं; **जैसे** उससे खाया ही नहीं गया।

अव्यय

ऐसे शब्द जिसके रूप में लिंग, वचन, पुरुष, कारक इत्यादि में परिवर्तन के बावजूद कोई विकार उत्पन्न नहीं होता, अव्यय कहते हैं; **जैसे** राम धीरे-धीरे जाता है। यहाँ 'धीरे-धीरे' अव्यय है। ऐसे शब्दों में किसी भी परिस्थिति में कोई परिवर्तन नहीं होता। इसलिए ये शब्द अविकारी होते हैं।

अव्यय शब्दों के कुछ उदाहरण निम्न हैं—

जब, तब, अभी, इधर, उधर, इसलिए, अतः, ठीक, अर्थात्, इत्यादि। अव्यय के अन्तर्गत क्रिया-विशेषण सम्बन्धबोधक समुच्चयबोधक तथा विस्मयादिबोधक शब्दों का स्थान है। सामान्य रूप से अव्यय के यही चार भेद भी हैं।

अंग्रेजी की तरह हिन्दी में सभी क्रिया विशेषण शब्दों को अव्यय नहीं माना गया है। बहुत-से शब्द क्रिया की विशेषता नहीं बताते।

कालवाचक अव्यय—आज, कल, आगे, पीछे; स्थानवाचक—यहाँ, वहाँ; दिशावाचक—इधर, उधर; स्थितिवाचक—नीचे, ऊपर इत्यादि क्रिया की विशेषता नहीं बताते।

1. क्रिया-विशेषण

जिस शब्द से क्रिया, विशेषण तथा अन्य क्रिया-विशेषण शब्दों की विशेषता प्रकट हो उसे क्रिया-विशेषण कहते हैं। **जैसे**

सीता धीरे-धीरे आ रही है। श्याम अभी खा रहा है।

इन वाक्यों में 'धीरे-धीरे' तथा 'अभी' 'आने' तथा 'खाने' की क्रिया की विशेषता बताते हैं।

बहुत धीरे चलता है।

इस वाक्य में 'बहुत' क्रिया-विशेषण है क्योंकि वह 'धीरे' क्रिया-विशेषण की विशेषता बतलाता है।

प्रयोग के आधार

प्रयोग के आधार पर क्रिया-विशेषण के तीन भेद हैं (i) साधारण, (ii) संयोजक तथा (iii) अनुबद्ध।

- वाक्य में स्वतन्त्र रूप से प्रयुक्त क्रिया-विशेषण को 'साधारण क्रिया-विशेषण' कहते हैं; **जैसे** जल्दी आ जाओ। यहाँ 'जल्दी' स्वतन्त्र रूप से वाक्य में प्रयुक्त हुआ है।
- जिन क्रिया-विशेषणों का सम्बन्ध किसी उपवाक्य से रहता है, उन्हें 'संयोजक क्रिया-विशेषण' कहा जाता है; **जैसे** जहाँ अभी महल है, वहाँ कभी जंगल था।
- वाक्य में प्रयुक्त होकर निश्चय (अवधारण) का बोध कराने वाले क्रिया-विशेषण शब्द को 'अनुबद्ध क्रिया-विशेषण' कहते हैं।

रूप के आधार पर

रूप के आधार पर क्रिया-विशेषण को तीन भागों में बाँटा जाता है। ये हैं

(i) मूल, (ii) यौगिक तथा (iii) स्थानीय।

मूल क्रिया-विशेषण दूसरे शब्दों के मेल से नहीं बनते; **जैसे** ठीक, अचानक, नहीं इत्यादि।

यौगिक क्रिया-विशेषण शब्द प्रत्यय अथवा पद जोड़ने से बनते हैं; **जैसे** मन से, जिस से, भूल से इत्यादि।

स्थानीय क्रिया-विशेषण बिना रूपान्तरण के किसी विशेष स्थान में आते हैं; **जैसे** क्यों अपना सिर खपाते हो?

अर्थ के आधार पर

अर्थ के आधार पर क्रिया-विशेषण के दो भेद हैं

(i) परिमाणबोधक तथा (ii) रीतिबोधक।

परिमाणबोधक

क्रिया-विशेषण को अधिकताबोधक, न्यूनताबोधक, पर्याप्तिवाचक, तुलनावाचक, श्रेणीवाचक उपभेदों में बाँटा जाता है।

(i) अधिकताबोधक के उदाहरण, बहुत, अति, बड़ा, बिल्कुल, सर्वथा इत्यादि।
(ii) न्यूनताबोधक के उदाहरण, कुछ, लगभग, थोड़ा, जरा इत्यादि।
(iii) पर्याप्तिवाचक के उदाहरण, केवल, बस, बराबर, ठीक इत्यादि।
(iv) तुलनावाचक के उदाहरण, जितना, कितना, इतना, अधिक, कम इत्यादि।
(v) श्रेणीवाचक के उदाहरण, थोड़ा-थोड़ा, तिल-तिल इत्यादि।

रीतिबोधक

क्रिया-विशेषण गुणवाचक विशेषण से अधिक जुड़ते हैं। ये क्रिया-विशेषण प्रकार, निश्चय, अनिश्चय, स्वीकार, कारण, निषेध, अवधारण जैसे अर्थों में आते हैं।

(i) प्रकार—कैसे, स्वयं, स्वत:, मानो इत्यादि।
(ii) निश्चय—अवश्य, सही, सचमुच इत्यादि।
(iii) अनिश्चय—कदाचित, शायद, यथासम्भव इत्यादि।
(iv) स्वीकार—हाँ, जी, ठीक, सच इत्यादि।
(v) कारण—इसलिए, क्यों, काहे इत्यादि।
(vi) निषेध—न, नहीं, मत इत्यादि।
(vii) अवधारण—तो, भी, मात्र इत्यादि।

2. सम्बन्धबोधक

जिन अविकारी शब्दों से संज्ञा या सर्वनाम का सम्बन्ध वाक्य के दूसरे शब्दों से प्रकट होता है, उन्हें 'सम्बन्धबोधक अव्यय' (Preposition) कहते हैं; जैसे—

- **मैं गोपाल के बिना** नहीं जाऊँगा।

इस वाक्य में 'बिना' शब्द 'गोपाल' और 'मैं' के बीच सम्बन्ध प्रकट करता है। अत: बिना शब्द सम्बन्धबोधक अव्यय है।

सम्बन्धबोधक अव्ययों का वर्गीकरण तीन आधारों पर किया गया है

प्रयोग के आधार पर

सम्बन्धबोधक अव्यय का प्रयोग तीन प्रकार से होता है

अव्यय	प्रयोग
विभक्ति सहित	जिन अव्यय शब्दों का प्रयोग कारक विभक्तियों (ने, को, से इत्यादि) के साथ होता है; उन्हें विभक्ति सहित सम्बन्धबोधक अव्यय कहते हैं; जैसे—यथा, पास, लिए इत्यादि।
विभक्ति रहित	जिस अव्यय का प्रयोग बिना कारक विभक्तियों के होता है, उसे विभक्ति रहित सम्बन्धबोधक अव्यय कहते हैं; जैसे—रहित, सहित इत्यादि।
उभयविधि	जिस अव्यय का प्रयोग विभक्ति सहित और विभक्ति रहित दोनों प्रकार से होता है, उसे उभयविधि सम्बन्धबोधक कहते हैं; जैसे—द्वारा, बिना इत्यादि।

अर्थ के आधार पर

सम्बन्धबोधक अव्यय तेरह प्रकार के होते हैं

अव्यय	प्रयोग
कालवाचक	जिन अव्यय शब्दों से **समय** का बोध होता है, उन्हें 'कालवाचक सम्बन्धबोधक अव्यय' कहते हैं; जैसे—के आगे, के पीछे, के बाद में, के पश्चात्, उपरान्त इत्यादि।
स्थानवाचक	जिन अव्यय शब्दों से **स्थान** का बोध हो उन्हें स्थानवाचक सम्बन्धबोधक अव्यय कहते हैं; जैसे—के आगे, के पीछे, ऊपर, नीचे, सामने, निकट, भीतर इत्यादि।
दिशावाचक	जिन अव्यय शब्दों से किसी **दिशा** का बोध होता है, उन्हें दिशावाचक सम्बन्धबोधक अव्यय कहते हैं; जैसे—की ओर, तरफ, के आस-पास, के प्रति, के आर-पार इत्यादि।

अव्यय	प्रयोग
साधनवाचक	जिन अव्यय शब्दों से किसी **साधन** का बोध होता है, उन्हें साधनवाचक सम्बन्धबोधक अव्यय कहते हैं; जैसे— माध्यम, मार्फ़त, द्वारा, सहारे, ज़रिए इत्यादि।
कारणवाचक/हेतु वाचक	जिन अव्यय शब्दों से किसी **कारण** का बोध होता है, उन्हें कारणवाचक सम्बन्धबोधक अव्यय कहते हैं, इसे 'हेतु वाचक' भी कहा जाता है; जैसे—कारण, हेतु, वास्ते, निमित्त, ख़ातिर इत्यादि।
सादृश्यवाचक	जिन अव्यय शब्दों से **समानता** का बोध होता है, उन्हें सादृश्यवाचक सम्बन्धबोधक अव्यय कहते हैं; जैसे—के समान, की तरह, के जैसा, वैसा ही इत्यादि।
विरोधवाचक	जिन अव्यय शब्दों से प्रतिकूलता या **विरोध** का बोध होता है, उन्हें विरोधवाचक सम्बन्धबोधक अव्यय कहते हैं; जैसे—के विरुद्ध, के प्रतिकूल, के विपरीत, से उल्टा इत्यादि।
संग्रहवाचक	जिन अव्यय शब्दों से किसी **संग्रह** का पता चलता है, उन्हें संग्रहवाचक सम्बन्धबोधक अव्यय कहते हैं; जैसे—तक, पर्यन्त, भर, मात्र इत्यादि।
विषयवाचक	जिन अव्यय शब्दों से विषय का बोध हो, उन्हें विषयवाचक सम्बन्धबोधक अव्यय कहते हैं; जैसे—के लेखे, की बावत, के भरोसे, निस्बत, के मद्दे इत्यादि।
विनिमयवाचक	जिन अव्यय शब्दों से विनिमय का बोध हो, उन्हें विनिमयवाचक सम्बन्धबोधक अव्यय कहते हैं; जैसे—के बदले, की जगह, के एवज में इत्यादि।
व्यतिरेकवाचक	जिन अव्यय शब्दों से व्यतिरेक (अभाव या अन्त) का बोध हो, उन्हें व्यतिरेकवाचक सम्बन्धबोधक अव्यय कहते हैं; जैसे—के बिना, के अलावा, के सिवा, के अतिरिक्त इत्यादि।
साहचर्यवाचक	जिन अव्यय शब्दों से सहचर (साथ) का बोध हो, उन्हें सहचरवाचक सम्बन्धबोधक अव्यय कहते हैं; जैसे—के संग, साथ, के सहित, समेत इत्यादि।
तुलनावाचक	जिन अव्यय शब्दों से तुलना का बोध हो, उन्हें तुलनावाचक सम्बन्धबोधक अव्यय कहते हैं; जैसे—की अपेक्षा, बनिस्पत, के सामने इत्यादि।

व्युत्पत्ति या रूप के आधार पर

सम्बन्धबोधक अव्यय दो प्रकार क होते हैं, जो निम्न हैं

मूल सम्बन्धबोधक	जो अव्यय किसी दूसरे शब्द के योग से नहीं बनते अपितु अपने मूलरूप में ही रहते हैं, उन्हें मूल सम्बन्धबोधक अव्यय कहते हैं; जैसे—बिना, समेत, तक इत्यादि।
यौगिक सम्बन्धबोधक	जो अव्यय संज्ञा, विशेषण, क्रिया इत्यादि के योग से बनते हैं, उन्हें यौगिक सम्बन्धबोधक अव्यय कहते हैं; जैसे—पर्यन्त (परि + अन्त)।

3. समुच्चयबोधक

जो अव्यय क्रिया या संज्ञा की विशेषता न बतलाकर शब्दों, वाक्यांशों अथवा वाक्यों को जोड़ने का कार्य करते हैं, उन्हें 'समुच्चयबोधक अव्यय' (Conjunction) कहते हैं; जैसे—

- **अखिल और सुहेल** कॉलेज को **जाते हैं।**

इस वाक्य में 'और' शब्द अखिल और सुहेल को क्रिया 'जाते हैं' से जोड़ता है इसलिए यहाँ 'और' शब्द समुच्चयबोधक है।

प्रयोग की दृष्टि से समुच्चयबोधक अव्यय के भेद

प्रयोग की दृष्टि से समुच्चयबोधक अव्यय के दो भेद हैं

(i) **समानाधिकरण समुच्चयबोधक** जो अव्यय दो या दो-से-अधिक पदों, शब्दों या वाक्यों का संयोजन-विभाजन करते हैं, उन्हें समानाधिकरण समुच्चयबोधक कहते हैं। इसके चार भेद निम्न हैं

संयोजक तथा, एवं, और, व, या इत्यादि।

विभाजक अथवा, या, वा, किंवा, कि, चाहे, नहीं तो इत्यादि।

विरोधदर्शक वरन्, मगर, किन्तु, परन्तु, लेकिन पर इत्यादि।

परिणामदर्शक अतः, अतएव, इसलिए इत्यादि।

(ii) **व्यधिकरण समुच्चयबोधक** जो अव्यय मुख्य वाक्य से एक या एक से अधिक आश्रित वाक्यों को जोड़ने का कार्य करते हैं, उन्हें व्यधिकरण समुच्चयबोधक अव्यय कहते हैं। इसके चार भेद हैं

कारणवाचक इसलिए, कि, जो कि, क्योंकि इत्यादि।

उद्देश्यवाचक ताकि, जो, इसलिए, कि इत्यादि।

संकेतवाचक यदि तो, जो तो, यद्यपि, तथापि इत्यादि।

स्वरूपवाचक अर्थात्, मानो, यानि, कि, जो इत्यादि।

रचना की दृष्टि से समुच्चयबोधक अव्यय के भेद

रचना की दृष्टि से समुच्चयबोधक अव्यय के दो भेद हैं

(i) **रूढ़ समुच्चयबोधक अव्यय** इसके अन्तर्गत और, एवं, कि, यदि इत्यादि आते हैं।

(ii) **यौगिक समुच्चयबोधक अव्यय** इसके अन्तर्गत क्योंकि, यद्यपि, तथापि, न ····· न, जो ···· तो, यदि ···· तो इत्यादि आते हैं।

4. विस्मयादिबोधक

जिन अव्यय शब्दों से हर्ष, विस्मय, शोक, लज्जा, ग्लानि इत्यादि मनोभाव प्रकट होते हैं, उन्हें विस्मयादिबोधक (Interjection) अव्यय कहते हैं; जैसे—

- हाय! वह चल बसा।, वाह! क्या मौसम है।

विस्मयादिबोधक निम्नलिखित प्रकार के होते हैं

हर्षबोधक	अहा! वाह! वाह-वाह इत्यादि।
शोकबोधक	हाय! हा! ऊँह! उफ! त्राहि-त्राहि इत्यादि।
प्रशंसाबोधक	शाबाश! खूब! इत्यादि।
तिरस्कारबोधक	राम-राम! थू-थू! छिः!-छिः! धत्! धिक् इत्यादि।
आश्चर्यबोधक	अरे! हैं! ऐ! ओह! इत्यादि।
क्रोधबोधक	अबे! पाजी! अजी! इत्यादि।
व्यथाबोधक	हाय रे! बाप रे! अरे दादा! ऊँह इत्यादि।
विनयबोधक	जी! जी हाँ! हजूर! साहब इत्यादि।
स्वीकारबोधक	ठीक! हाँ-हाँ! अच्छा! बहुत अच्छा इत्यादि।

निपात

निपात का प्रयोग अव्ययों के लिए होता है। इनका कोई लिंग, वचन नहीं होता। निपातों का प्रयोग निश्चित शब्द या पूरे वाक्य को श्रव्य भावार्थ प्रदान करने के लिए होता है। निपात सहायक शब्द होते हुए भी वाक्य के अंग नहीं होते। निपात का कार्य शब्द समूह को बल प्रदान करना भी है।

निपात के निम्नलिखित प्रकार हैं

- **स्वीकृतिबोधक** हाँ, जी, जी हाँ।
- **नकारबोधक** जी नहीं, नहीं।
- **निषेधात्मक** मत।
- **प्रश्नबोधक** क्या।
- **विस्मयादिबोधक** क्या, काश।
- **तुलनाबोधक** सा।
- **आदरबोधक** जी।
- **बलप्रदायक** तो, ही, भी, तक, भर, सिर्फ, केवल।

अवधारणाबोधक ठीक, करीब, लगभग, तकरीबन।

अभ्यास प्रश्न

1. 'वह घर पहुँच गया' इस वाक्य में 'पहुँच गया' निम्नलिखित में से किस क्रिया का उदाहरण है?
(a) प्रेरणार्थक क्रिया (b) द्विकर्मक क्रिया
(c) संयुक्त क्रिया (d) पूर्वकालिक क्रिया

2. 'हँसना' कैसी क्रिया है?
(a) सकर्मक क्रिया (b) अकर्मक क्रिया
(c) संयुक्त क्रिया (d) प्रेरणार्थक क्रिया

3. 'गाड़ी चलने लगी' इस वाक्य की क्रिया का रूप बताएँ
(a) द्विकर्मक क्रिया (b) सहायक क्रिया
(c) संयुक्त क्रिया (d) प्रेरणार्थक क्रिया

4. निम्न में कौन-सी सकर्मक क्रिया है?
(a) आना (b) जाना
(c) लेना (d) मरना

5. निम्नलिखित में कौन-सी अकर्मक क्रिया है?
(a) खाना (b) पीना
(c) उठाना (d) आना

6. निम्नलिखित प्रश्न में, वाक्य के संरचना के आधार पर उसका भेद बताइए।
"अनु ने देखकर निबन्ध लिखा।"
(a) कृदन्त क्रिया (b) पूर्वकालिक क्रिया
(c) नामधातु क्रिया (d) संयुक्त क्रिया

7. 'वह इधर-उधर देख रहा है।' इस वाक्य में 'इधर-उधर' शब्द कौन-सी क्रिया विशेषण है?
(a) कालवाचक (b) स्थानवाचक
(c) रीतिवाचक (d) परिमाणवाचक

8. निम्नलिखित प्रश्न में वाक्य की संरचना के आधार पर उसका भेद बताइए।
"रवि दीवार रंगने लगा है।"
(a) कृदंत क्रिया (b) पूर्वकालिक क्रिया
(c) नामधातु क्रिया (d) संयुक्त क्रिया

9. निम्नलिखित में किस वाक्य में क्रिया-विशेषण का प्रयोग मिलता है?
(a) राम न पढ़ता है, न खेलता है
(b) यदि वह आएगा तो मैं जाऊँगा
(c) एक धनी है तो दूसरा गरीब
(d) उमा बहुत पढ़ती है

10. 'जागना' मूल रूप क्रिया का प्रथम प्रेरणार्थक रूप क्या होगा?
(a) जगाना (b) जगवाना (c) जागवाना (d) जाग

11. 'वह खाना खाकर सो गया।' इस वाक्य में कौन-सी क्रिया है?
(a) सहायक (b) पूर्वकालिक
(c) नामबोधक (d) इनमें से कोई नहीं

12. 'धातु' कहते हैं
(a) क्रिया के मूल रूप को (b) क्रिया के सामान्य रूप को
(c) क्रिया के उत्तम रूप को (d) क्रिया के सम्पूर्ण रूप को

13. जब क्रिया का प्रधान कर्त्ता होता है, तो कौन-सा वाच्य होता है?
(a) कर्मवाच्य (b) कर्तृवाच्य
(c) भाववाच्य (d) इनमें से कोई नहीं

14. निम्नलिखित प्रश्न में चार विकल्पों में से उस सही विकल्प का चयन करें, जो निर्देशानुसार वाक्य परिवर्तन वाला सही विकल्प है।
"राधा स्कूटी चला रही है।" (भाववाच्य)
(a) राधा से स्कूटी चलाई जाती है। (b) राधा से स्कूटी चलती है।
(c) राधा स्कूटी चलाई। (d) स्कूटी राधा चलाई।

15. 'राधा से गाया नहीं गया' इस वाक्य में कौन-सा वाच्य है?
(a) कर्मवाच्य (b) कर्तृवाच्य
(c) भाववाच्य (d) इनमें से कोई नहीं

16. 'राम से पढ़ाया नहीं गया' इस वाक्य में कौन-सा वाच्य है?
(a) कर्मवाच्य (b) भाववाच्य
(c) कर्तृवाच्य (d) इनमें से कोई नहीं

17. निम्नलिखित प्रश्न में चार विकल्पों में से उस सही विकल्प का चयन करें जो निर्देशानुसार वाक्य परिवर्तन वाला सही विकल्प है।
"आप इस किताब को पढ़े हैं" (कर्मवाच्य)
(a) इस किताब को आप के द्वारा पढ़ा गया है।
(b) क्या आपने इस किताब को पढ़ा।
(c) यह किताब आपके द्वारा पढ़ी गई।
(d) आपने यह किताब पढ़ी।

18. 'वह रात-दिन पढ़ता रहता है' इस वाक्य में किस प्रकार का 'क्रिया-विशेषण' है?
(a) संयोजक क्रिया-विशेषण (b) स्थानीय क्रिया-विशेषण
(c) संयुक्त क्रिया-विशेषण
(d) अनुबद्ध क्रिया-विशेषण

19. 'तुम अपना हिसाब थोड़ा-थोड़ा कर चुकता कर लो' इस वाक्य में कौन-सा क्रिया-विशेषण है?
(a) संयुक्त क्रिया-विशेषण
(b) रीतिवाचक क्रिया-विशेषण
(c) परिमाणवाचक क्रिया-विशेषण
(d) स्थानीय क्रिया-विशेषण

20. निम्नलिखित प्रश्न में, चार विकल्पों में से, उस सही विकल्प का चयन करें जो निर्देशानुसार वाक्य परिवर्तन वाला सही विकल्प है
"हाथी ने केला खाया।" (कर्मवाच्य)
(a) हाथी केला खाता है। (b) हाथी केला खा लिया।
(c) हाथी द्वारा केला खाया गया। (d) हाथी केला खाया।

21. निम्न में कौन सही नहीं है?
(a) अव्यय और क्रिया-विशेषण में कोई अन्तर नहीं होता
(b) अव्यय अविकारी होते हैं
(c) सभी अव्यय क्रिया-विशेषण नहीं होते
(d) क्रिया-विशेषण अविकारी होते हैं

22. 'वह लाचार है क्योंकि वह विकलांग है।' इस वाक्य में कौन-सा अव्यय है?
(a) संकेतवाचक (b) कारणवाचक
(c) परिमाणवाचक (d) समुच्चयबोधक

23. निम्नलिखित प्रश्न में चार विकल्पों में से उस सही विकल्प का चयन करें जो निर्देशानुसार वाक्य परिवर्तन वाला सही विकल्प है।
"पिता जी पत्र पढ़ रहे है।" (कर्मवाच्य)
(a) पत्र पिता जी द्वारा पढ़ा गया
(b) पिता जी ने पत्र पढ़ा
(c) पिता जी से पत्र पढ़ा जा रहा है
(d) पिता जी पत्र पढ़ रहे हैं

24. जिस शब्द से क्रिया के होने का समय निर्धारित हो, उसे कहते हैं
(a) कारक (b) काल
(c) अव्यय (d) क्रिया-विशेषण

25. निम्न में से किस वाक्य में क्रिया-विशेषण का अशुद्ध प्रयोग हुआ है?
(a) वह मन से पढ़ता है
(b) वह चुपचाप से चला गया
(c) तब की बात कुछ और थी
(d) यह पुस्तक उससे कहीं अच्छी है

26. "पुस्तक पढ़ी जाती है।" में कौन-सा वाच्य है?
(a) कर्तृवाच्य (b) कर्मवाच्य
(c) भाववाच्य (d) क्रियावाच्य

27. निम्न में से किस वाक्य में क्रिया-विशेषण अशुद्ध रूप से प्रयुक्त है?
(a) आप मेरी मदद करेंगे न
(b) मानसिक दासता सदा काल से चली आ रही है
(c) वह न सोता है, न खाता है
(d) वह धीरे-धीरे चला जा रहा है

28. निम्नलिखित में से 'भाववाच्य' का उदाहरण कौन-सा है?
(a) अब चला जाए
(b) रवि आम चूसता है
(c) मोहिनी पत्र लिखती है
(d) शीला से खाया नहीं जाता

29. 'उससे पढ़ा ही नहीं जाता' इस वाक्य में 'वाच्य' का कौन-सा रूप प्रयुक्त है?
(a) भाववाच्य (b) कर्तृवाच्य
(c) कर्मवाच्य (d) इनमें से कोई नहीं

30. वाच्य के कितने प्रकार हैं?
(a) तीन (b) चार
(c) एक (d) कोई प्रकार नहीं

31. "मैं खाता हूँ।" कर्मवाच्य रूप होगा
(a) मुझसे खाया जाता था। (b) मेरे से खाया जाता है।
(c) मुझसे खाया नहीं जाता है। (d) मुझसे खाया जाता है।

32. निम्नलिखित प्रश्न में चार विकल्पों में से उस सही विकल्प का चयन करें, जो रेखांकित शब्द के सही अव्यय का भेद हो
"सबने उसे बुरा कहा लेकिन वह अच्छा बना।"
(a) विस्मयादिबोधक अव्यय (b) सम्बन्ध बोधक अव्यय
(c) समुच्चयबोधक अव्यय (d) क्रिया विशेषण अव्यय

33. निम्नलिखित प्रश्न में चार विकल्पों में से उस सही विकल्प का चयन करें जो रेखांकित शब्द के सही अव्यय के भेद हो
"दरवाजे के बाहर कोई खड़ा है।"
(a) समुच्चयबोधक अव्यय (b) विस्मयादिबोधक अव्यय
(c) सम्बन्धबोधक अव्यय (d) निपात

34. निम्नलिखित प्रश्न में, चार विकल्पों में से, उस सही विकल्प का चयन करें जो रेखांकित शब्दों का सही अव्यय का भेद हो
"आज दिनभर वर्षा होती रही।"
(a) क्रिया-विशेषण अव्यय (b) सम्बन्धबोधक अव्यय
(c) समुच्चयबोधक अव्यय (d) विस्मयादिबोधक अव्यय

35. निम्नलिखित प्रश्न में, चार विकल्पों में से, उस सही विकल्प का चयन करें जो रेखांकित शब्दों के सही अव्यय के भेद हो– "सीता के आगे रमा खड़ी है।"
(a) क्रिया-विशेषण अव्यय (b) सम्बन्धबोधक अव्यय
(c) समुच्चयबोधक अव्यय (d) विस्मयादिबोधक अव्यय

36. निम्नलिखित में से अव्यय है
(a) प्राचीन (b) मोटा
(c) गरीब (d) और

37. 'वह काम नहीं करता।' वाक्य में अव्यय पद है
(a) वह (b) काम
(c) नहीं (d) करता

38. "हमें प्रतिदिन सूर्य नमस्कार करना चाहिए।" रेखांकित शब्द को पहचानिए।
(a) उपसर्ग (b) अव्यय
(c) सर्वनाम (d) कारक

उत्तरमाला

1.	(c)	2.	(b)	3.	(c)	4.	(c)	5.	(d)	6.	(b)	7.	(b)	8.	(d)	9.	(a)	10.	(a)
11.	(b)	12.	(a)	13.	(b)	14.	(a)	15.	(c)	16.	(b)	17.	(a)	18.	(c)	19.	(c)	20.	(c)
21.	(a)	22.	(b)	23.	(c)	24.	(b)	25.	(b)	26.	(b)	27.	(b)	28.	(d)	29.	(a)	30.	(a)
31.	(d)	32.	(c)	33.	(c)	34.	(a)	35.	(b)	36.	(d)	37.	(c)	38.	(b)				

अध्याय 04 तत्सम एवं तद्भव शब्द

तत्सम शब्द

जो शब्द संस्कृत भाषा से ज्यों के त्यों बिना किसी परिवर्तन के हिन्दी में ले लिए गए हैं, उन्हें तत्सम शब्द कहते हैं; **जैसे** पुष्प, नारी, साधु, विद्वान, राजा, पृथ्वी, पुस्तक, बालक इत्यादि। अन्य भाषाओं से संस्कृत में लिए गए शब्द भी तत्सम शब्द माने जाते हैं; **जैसे** यवन, मर्कट, ताम्बूल, नीर, असुर, रात्रि इत्यादि।

तद्भव शब्द

संस्कृत के जो शब्द प्राकृत, अपभ्रंश, पुरानी हिन्दी आदि से विकृत होकर हिन्दी भाषा में आए हैं, वे तद्भव शब्द कहलाते हैं; **जैसे** आग, हाथ, हाथी, ऊँट, बच्चा, मोर, कीड़ा इत्यादि।

स्मरणीय तथ्य

हिन्दी में कुछ ऐसे शब्द भी हैं जो तद्भव होने पर भी तत्सम जान पड़ते हैं, जिस कारण भूलवश हम इन्हें तत्सम मान लेते हैं; **जैसे** निराशा। यह संस्कृत का शब्द नहीं है। यह 'निराश' शब्द में 'अ' जोड़कर बना लिया गया है। 'निराश' तत्सम शब्द है। इस प्रकार 'निराशा' तद्भव शब्द है।

तत्सम शब्द मूलतः दो प्रकार के होते हैं **(i)** परम्परागत तथा **(ii)** निर्मित

परम्परागत तत्सम शब्द मूल रूप से संस्कृत साहित्य से लिया गया है, जबकि निर्मित तत्सम शब्द नये विचारों एवं अभिव्यक्ति के माध्यम से समय-समय पर बने हैं।

तत्सम एवं तद्भव शब्द

तत्सम	तद्भव	तत्सम	तद्भव
अगम्य	अगम	एला	इलायची
अक्षर	अच्छर	अमलीका	इमली
अमृत	अमिय	उत्साह	उछाह
अन्ध	अन्धा	उत्थान	उठान
अन्धकार	अंधेरा	उज्ज्वल	उजला
आम्र	आम	उच्च	ऊँचा
अर्द्ध	आधा	उद्घाटन	उघाड़ना
अष्ट	आठ	उच्छ्वास	उसास
आश्चर्य	अचरज	उलूक	उल्लू
अग्नि	आग	कुपुत्र	कपूत
अन्न	अनाज	कपोत	कबूतर
अक्षि	आँख	कर्पूर	कपूर
अश्रु	आँसू	कदली	केला
ईर्ष्या	इरषा	कर्ण	कान
इक्षि	ईख	कपाट	किवाड़

तत्सम	तद्भव	तत्सम	तद्भव
काष्ठ	काठ	घोटक	घोड़ा
कोकिल	कोयल	घटिका	घड़ी
कुक्षि	कोख	चूर्ण	चूरन
कन्दुक	गेंद	ताम्र	ताँबा
कृषक	किसान	दुग्ध	दूध
कर्म	काम	दधि	दही
कच्छप	कछुआ	दन्त	दाँत
कुष्ठ	कोढ़	दीप	दीया
कूप	कुआँ	धूलि	धूल
क्षेत्र	खेत	नित्य	नित
गर्दभ	गधा	निद्रा	नींद
गोधूम	गेहूँ	नृत्य	नाच
गुहा	गुफा	नग्न	नंगा
गृह	घर	नयन	नैन
गर्त	गड्ढा	पक्ष	पंख

अभ्यास प्रश्न

1. नीचे दिए गए विकल्पों में से तत्सम शब्द का चयन कीजिए।
(a) आम्र (b) दूध
(c) शहीद (d) खिड़की

2. दिए गए विकल्पों में से तद्भव शब्द का चयन कीजिए।
(a) बैंक (b) अमीर
(c) अग्नि (d) मुँह

निर्देश (प्र.सं. 3-27) *नीचे दिए गए चार विकल्पों में से तत्सम शब्द का चयन कीजिए।*

3. (a) अंस (b) अंश
(c) अश (d) अस

4. (a) अक्षि (b) आँख
(c) अच्छि (d) आक्षि

5. (a) उल्लू (b) उलूल
(c) उलूक (d) उलक

6. (a) ऊँट (b) उष्ट्र
(c) उष्ट (d) उट

7. (a) किवाड़ (b) कपाट
(c) किंपट (d) कवाड़

8. (a) कंचन (b) काँचन
(c) कचन (d) काँचान

9. (a) केवट (b) केवत
(c) केवर्त्त (d) केवेत

10. (a) कान्ह (b) कृष्ण
(c) किशन (d) कन्हैया

11. (a) केंची (b) कतरी
(c) कर्त्तरी (d) कर्तरि

12. (a) खेती (b) क्षेत्रित
(c) क्षेतित (d) क्षेत्र

13. (a) गेंद (b) कदुक
(c) कन्दुक (d) कुंदक

14. (a) गाय (b) गेय
(c) गौ (d) गय्या

15. (a) घरनी (b) गृहणी
(c) ग्रहेणी (d) गृहिणी

16. (a) चंद्र (b) चाँद
(c) चंदा (d) चन्द्रमा

17. (a) चितेरा (b) चित्रकर
(c) चित्रकार (d) चित्रकेर

18. (a) छाता (b) छत्र
(c) छात्र (d) छता

19. (a) जीभ (b) जिह्वा
(c) जिह्व (d) जिम्भिका

20. (a) जौ (b) यव
(c) येव (d) यैव

21. (a) झरना (b) निझर
(c) निर्झर (d) निर्झरा

22. (a) तेल (b) तैल
(c) तिल (d) तील

23. (a) थान (b) स्थान
(c) स्तान (d) स्नान

24. (a) दाहिना (b) दक्षिण
(c) दक्षण (d) दक्खन

25. (a) दीवाली (b) दीपाली
(c) दीपावली (d) दीवालि

26. (a) दसवाँ (b) दशम
(c) दशन (d) दशेन

27. (a) नौ (b) नव
(c) नैव (d) नेव

निर्देश (प्र.सं. 28-32) *नीचे दिए गए चार विकल्पों में से तद्भव शब्द का चयन कीजिए।*

28. (a) अंत्र (b) अन्ध
(c) अंगुष्ठ (d) अंडी

29. (a) अर्धपूरक (b) अर्धतृतीय
(c) अढ़ाई (d) अमृत

30. (a) अज्ञान (b) अज्ञानी
(c) अजान (d) अनार्य

31. (a) अग्नि (b) उद्वर्तन
(c) आग (d) उच्चु

32. (a) अनत
(b) अन्यत्र
(c) आगार
(d) आत्मनः

उत्तरमाला

1. (a)	2. (d)	3. (b)	4. (a)	5. (c)	6. (b)	7. (b)	8. (a)	9. (c)	10. (b)
11. (c)	12. (d)	13. (c)	14. (c)	15. (d)	16. (a)	17. (a)	18. (b)	19. (b)	20. (b)
21. (c)	22. (b)	23. (b)	24. (b)	25. (c)	26. (b)	27. (b)	28. (d)	29. (c)	30. (c)
31. (c)	32. (a)								

अध्याय 05

पर्यायवाची, विलोम तथा अनेकार्थक शब्द

ऐसे शब्द जिनके अर्थ में समानता हो, **पर्यायवाची** कहलाते हैं। किसी भी सुदृढ़ भाषा में पर्यायवाची शब्दों की संख्या अत्यधिक होती है। संस्कृत में पर्यायवाची शब्दों की संख्या अधिक है। हिन्दी में भी शब्दों के पर्यायवाची शब्द संस्कृत के तत्सम शब्द ही अधिक हैं, जिसे उसी रूप में स्थान दिया गया है। पर्यायवाची शब्द सामान्य रूप से अर्थ की समानता रखते हैं, लेकिन इनके प्रयोग समान अर्थ में नहीं होते हैं। प्रत्येक शब्द का महत्त्व विषय और स्थान के अनुसार होता है।

महत्त्वपूर्ण पर्यायवाची शब्द

शब्द	पर्यायवाची शब्द
अंग	अंश, अवयव, भाग, खण्ड, हिस्सा, टुकड़ा
अग्नि	अनल, आग, पावक, वह्नि, शिखी, शुचि, हरि, वैश्वानर, हुताशन, ज्वलन, कृशानु
अमृत	पीयूष, सुधा, अमिय, अमित, जीवन, जीवनोदक, सोम।
अश्व	घोड़ा, बाजि, हय, तुरंग, तुरंगम्, घोटक, सैन्धव, दधिका, सर्ता
असुर	निशाचर, निशिचर, दैत्य, राक्षस, दनुज, दानव, यातुधान, देवारि
आँख	नेत्र, नयन, लोचन, चक्षु, दृग, अक्षि, दृष्टि, विलोचन
आकाश	गगन, आसमान, अम्बर, व्योम, अन्तरिक्ष, अनन्त, नभ, अभ्र, शून्य
आनन्द	मोद, आमोद, प्रमोद, हर्ष, सुख, प्रसन्नता, उल्लास, आह्लाद, खुशी
इच्छा	आकांक्षा, ईप्सा, अभिलाषा, चाह, कामना, मनोरथ, स्पर्द्धा, मर्जी
कमल	जलज, सरोज, पंकज, नीरज, अरविन्द, पद्म, कंज, सिद्धि, शतदल, अम्बुज, सरसिज, नलिन, राजीव, पुण्डरीक, इन्दीवर, पुष्कर
गणेश	लम्बोदर, विनायक, गणपति, एकदन्त, गजवन्त, गजवदन, गजानन, गणनायक, भवानीनन्दन, पार्वतीनन्दन, मोदकदाता, विघ्नेश, गौरीनन्दन, गिरिजानन्दन, गणाधिप, हेरंब
गंगा	देवनद, सुरसरिता, जाह्नवी, देवनदी, मन्दाकिनी, भागीरथी, ध्रुवनन्दा, सुरापगा, त्रिपथगा, सुरसरि, सुरधुनी
चाँद	चन्द्र, चन्द्रमा, हिमांशु, सुधांशु, सुधाकर, राकेश, शशि, सारंग, निशाकर, निशापति, मृगांक, कलानिधि, कलाधर, कलाप, रजनीश, राकापति, इन्दु, शशांक, विधु, मयंक, हिमकर, शीतांशु
जल	पानी, नीर, तोय, वारि, अम्बु, पय, सलिल, उदक, अमृत, मेघपुष्प, सारंग
नदी	सरिता, वाहिनी, शैलजा, अपगा, तटिनी, निम्नगा, निर्झरिणी, तरंगिणी, जलमाला, नद, शैवालिनी, प्रवाहिनी
पति	वल्लभ, स्वामी, आर्य, ईश, दूल्हा, भर्तार, सहचर, सुहाग, सौहर, साजन, बालम, भर्ता
पत्नी	भार्या, स्त्री, दारा, गृहिणी, बहू, कलत्र, प्राणप्रिया, औरत, अर्द्धांगिनी, गृहलक्ष्मी, जीवन संगिनी, सहचरी, बेगम
पर्वत	भूधर, शैल, अचल, महीधर, गिरि, पहाड़, नग, नगपति, धरणीधर, मेरु, शिखर, नाग, अद्रि, तुंग
पुत्री	आत्मजा, तनया, सुता, नन्दिनी, दुहिता, तनुजा, बेटी, लड़की
पृथ्वी	धरा, भूमि, वसुन्धरा, धरती, धरित्री, धरणी, वसुधा, भू, क्षिति, मही, इला, उर्वी
पवन	हवा, अनिल, गन्धवह, पवमान, प्रभंजन, प्रवात, वात, वायु, समीर, समीरण, मातरिश्वा
बिजली	विद्युत, चपला, चंचला, दामिनी, तड़ित, सौदामिनी
बादल	मेघ, अभ्र, जलद, अम्बुद, जीमूत, धराधर, नीरद, पयोद, बलाहक, मेघ, वारिद, वारिधर, वारिवाह
महादेव	शिव, शम्भु, शंकर, चन्द्रशेखर, शशिशेखर, गिरीश, नीलकण्ठ, पशुपति, त्रिलोचन, उमाकान्त, गौरीनाथ, रुद्र, व्योमकेश, विरुपाक्ष, श्रीकण्ठ, चन्द्रचूड़, त्र्यम्बक, धूर्जटि
रात्रि	निशा, रैन, रात, रजनी, यामिनी, विभावरी, क्षणदा, त्रियामा, शर्वरी
राजा	नृप, भूपति, भूप, महीप, महीपति, महेश, नरेश, राव, सम्राट, अवनीश, नरेन्द्र, महिपाल
विष्णु	अच्युत, जनार्दन, चक्रपाणि, विश्वम्भर, मुकुन्द, नारायण, हृषिकेश, गोविन्द, माधव, लक्ष्मीपति, विश्वरूप, उपेन्द्र, कमलाकान्त
समुद्र	सागर, जलधि, पारावार, सिन्धु, नीरनिधि, नदीश, पयोधि, अर्णव, रत्नाकर, वारीश, नीरधि, जलधाम, अकूपाद, उदधि, नदीश
सूर्य	मार्तण्ड, दिनकर, रवि, भास्कर, प्रभाकर, सविता, पतंग, दिवाकर, आदित्य, अंशुमाली, भानु, तरणि, सूर, हंस, विरोचन, दिनेश
सिंह	शार्दूल, मृगराज, मृगेन्द्र, केसरी, केहरि, केशी, शेर, व्याघ्र, पशुराज, वनराज
स्त्री	अबला, नारी, रमणी, कामिनी, सुन्दरी, वामा, भामा, औरत, वनिता, महिला, कांता

हाथी	गज, हस्ति, मतंग, नाग, कुंजर, द्विप, द्विरद, वारण, कुंभी, करीश, करवर, करी, सारंग
हिरण	मृग, कुरंग, सारंग, कृष्णसार
साँप	सर्प, अहि, उरग, काकोदर, चक्षुश्रवा, पन्नग, जिह्वाग्र, नाग, फणी, फणीश, भुजंग, विषधर, मणी, सारंग, हरि, व्याल
हिमालय	नगराज, हिमगिरि, हिमाद्रि, हिमाचल, नगाधिराज, नगपति
हनुमान	कपीश, महावीर, आंजनेय, मारुतिनन्दन, पवनपुत्र, मारुतेय, रामदास, रामदूत
रावण	दशमुख, दशानन, लंकेश, लंकापति
सोना	स्वर्ण, कंचन, कनक, हेम, हाटक, सुवर्ण, तपनीय, महारजत, हिरण्य
पत्थर	पाहन, पाषाण, शिला, शैल, प्रस्तर, उपल, अश्म
मोर	मयूर, शिखी, मेहप्रिय, मेहनर्तक, नीलकण्ठ, सितापांग
सरस्वती	भारती, वागेश्वरी, शारदा, वीणापाणि, वाग्देवी, महाश्वेता, ज्ञानदा, हंसवाहिनी
दुर्गा	चण्डी, चण्डिका, चामुण्डा, भवानी, सुभद्रा, भव्या, महागौरी, कल्याणी, शैलपुत्री, शाम्भवी, अम्बा, अम्बिका
लक्ष्मी	इन्दिरा, कमला, श्री, सिन्धुजा, पद्मा विष्णुप्रिया
पार्वती	उमा, गौरी, भवानी, अम्बिका, दुर्गा, अभया, रुद्राणी, शैलजा, शिवानी, शैलसुता, सती, भगवती, गिरिजा
राम	रघुनायक, राघव, रघुपति, सियाराम, श्रीराम, रघुनाथ
कृष्ण	मुरलीधर, गिरिधर, नागर, कन्हैया, कान्ह, किशन, गोपीनाथ, द्वारकाधीश

विलोम शब्द

शब्दों के अपने निश्चित अर्थ होते हैं। इसके विपरीत अर्थ को वहन करने वाले शब्द **विपरीतार्थक** अथवा **विलोम शब्द** कहलाते हैं। संज्ञा के विपरीतार्थक शब्द संज्ञा तथा विशेषण के विपरीतार्थक शब्द सर्वदा विशेषण ही होते हैं। विपरीतार्थक शब्दों की रचना कई प्रकारों से होती है। कभी मूल शब्द में उपसर्ग लगाकर विपरीतार्थक शब्द बनाया जाता है तो कभी-कभी पूर्णतया कोई भिन्न शब्द भी विपरीत अर्थ के लिए प्रयुक्त होते हैं। विपरीतार्थक शब्द बनाने के लिए सात नियम हैं

1. **लिंग परिवर्तन द्वारा**
   जैसे—भाई-बहन, लड़का-लड़की इत्यादि
2. **उपसर्ग की सहायता से**
   जैसे—आस्था-अनास्था, ईश्वर-अनीश्वर इत्यादि
3. **नञ् समास के पद रूप में**
   जैसे—सार्थक-निरर्थक, सनाथ-अनाथ इत्यादि
4. **भिन्न जातीय शब्दों द्वारा**
   जैसे—स्वतन्त्र-परतन्त्र, अन्तर्मुखी-बहिर्मुखी इत्यादि
5. **प्रत्यय के समान प्रयोग द्वारा**
   जैसे—उदयाचल-अस्ताचल, विशालकाय-सूक्ष्मकाय इत्यादि
6. **प्रचलित शब्दों द्वारा**
   जैसे—अमृत-विष, अधम-उत्तम इत्यादि
7. **स्वतन्त्र शब्दों द्वारा**
   जैसे—अधूरा-पूरा, अमीर-गरीब इत्यादि

महत्त्वपूर्ण विलोम शब्द

शब्द	विलोम शब्द	शब्द	विलोम शब्द
अनाथ	सनाथ	असभ्य	सभ्य
अवनति	उन्नति	अनावरण	आवरण
अल्पायु	दीर्घायु	अशुभ	शुभ
अवनत	उन्नत	अकर्मण्य	कर्मण्य
अपेक्षा	उपेक्षा	अज्ञानी	ज्ञानी
अग्रज	अनुज	आकर्षण	विकर्षण
अधम	उत्तम	अनुचित	उचित
अन्धकार	प्रकाश	आत्मा	अनात्मा
अन्तर्द्वन्द्व	बहिर्द्वन्द्व	आदान	प्रदान
अक्षम	सक्षम	आस्था	अनास्था
अनुकूल	प्रतिकूल	आज्ञा	अवज्ञा
अतिवृष्टि	अनावृष्टि	अपकर्ष	उत्कर्ष
अनभिज्ञ	भिज्ञ	इहलौकिक	पारलौकिक
अगम	सुगम	इच्छा	अनिच्छा
अतल	वितल	ईश्वर	अनीश्वर
अवनि	अम्बर	ईमानदार	बेईमान
अस्त	उदय	दुर्जन	सज्जन
उत्तीर्ण	अनुत्तीर्ण	ध्वंस	निर्माण
उत्कृष्ट	निकृष्ट	नूतन	पुरातन
उत्थान	पतन	न्यून	अधिक
उत्साह	निरुत्साह	निरक्षर	साक्षर
उदात्त	अनुदात्त	परमार्थ	स्वार्थ
उन्मुख	विमुख	प्रत्यक्ष	परोक्ष
उपयोग	दुरुपयोग	बहिरंग	अन्तरंग
उपस्थिति	अनुपस्थिति	भूत	भविष्य
उपयोगी	अनुपयोगी	भौतिक	आध्यात्मिक
ऊर्ध्वमुख	अधोमुख	महात्मा	दुरात्मा
ऐश्वर्य	अनैश्वर्य	संयोग	वियोग
कीर्ति	अपकीर्ति	लिप्त	निर्लिप्त
कृतज्ञ	कृतघ्न	लौकिक	अलौकिक
कृत्रिम	प्राकृत	सगुण	निर्गुण
कनिष्ठ	ज्येष्ठ	सजीव	निर्जीव
कर्मण्य	अकर्मण्य	सबल	दुर्बल
कठोर	मसृण	पाश्चात्य	पौरस्त्य, प्राच्य
कायर	निडर	पूर्ववर्ती	उत्तरवर्ती
गहरा	छिछला	संकल्प	विकल्प
गृहस्थ	संन्यासी	स्मरण	विस्मरण
घृणा	प्रेम	श्रव्य	दृश्य
चपल	गम्भीर	शयन	जागरण

शब्द	विलोम शब्द	शब्द	विलोम शब्द
जटिल	सरल	क्षणिक	शाश्वत
ज्वार	भाटा	प्रेषण	प्रेषित
जीवित	मृत	प्रवेश	प्रस्थान
तिमिर	प्रकाश	सत्य	मिथ्या
तीक्ष्ण	कुण्ठित	आदर	अनादर
तटस्थ	पक्षपाती	संक्षेप	विस्तार
त्याज्य	ग्राह्य	विष	अमृत
क्षमा	दण्ड	सार्थक	निरर्थक
शोषक	पोषक	विधि	निषेध
ह्रास	विकास	विशेष	सामान्य
क्षुद्र	विराट	निराकार	साकार
स्वकीय	परकीय	उपसर्ग	परसर्ग
सदुपयोग	दुरुपयोग	संकीर्ण	विस्तीर्ण
सूक्ष्म	स्थूल	सक्षम	अक्षम
सत्कार	तिरस्कार	भूतकाल	भविष्यत्काल
सम्मान	अपमान	शोभनीय	अशोभनीय
सौभाग्य	दुर्भाग्य	शिथिल	स्फूर्त
सुलभ	दुर्लभ	विलम्ब	अविलम्ब
सद्भावना	दुर्भावना	व्यष्टि	समष्टि
हित	अहित	सम्पृक्त	असम्पृक्त
आग्रह	दुराग्रह	लुप्त	व्यक्त
उर्वर	अनुर्वर	सजल	निर्जल
बाढ़	सूखा	विस्तृत	संक्षिप्त
शीत	उष्ण	सौम्य	उग्र
वसन्त	पतझड़	पतनोन्मुख	विकासोन्मुख
उत्तरायण	दक्षिणायण	पराजेय	अपराजेय
हिंसा	अहिंसा	पापी	पुण्यात्मा
घात	प्रतिघात	निराधार	साधार
उत्सर्पिणी	अवसर्पिणी	निर्दय	सदय
गुरु	लघु	आविर्भाव	तिरोभाव
गमन	आगमन	अनुलोम	प्रतिलोम
कपटी	निष्कपट	अनुरक्ति	विरक्ति
जड़	चेतन	आयात	निर्यात
पुरस्कार	तिरस्कार	एकेश्वरवाद	बहुदेववाद
सहयोगी	प्रतियोगी	प्रदोष	प्रत्यूष
सृजन	विनाश		

अनेकार्थक शब्द

हिन्दी साहित्य में अनेकार्थी शब्दों का प्रयोग अधिकतर काव्य में ही मिलता है। काव्य के रसास्वादन के लिए इनका ज्ञान आवश्यक है। इन्हीं शब्दों द्वारा कवियों ने यमक और श्लेष अलंकारों का भरपूर प्रयोग किया है। कविवर सेनापति के अनुसार कवि वही है, जिसकी कविता कम-से-कम दो अर्थों का निर्वाह करने वाली हो

''सेनापति कवि सोई, जाकी द्वै अरथ कविताई निर्वाह की।''

अनेकार्थक शब्दों की तालिका

अंक	गिनती के अंक, गोद भाग्य, चिह्न, रूपक के दस भेदों में से एक, नाटक का अध्याय
अंग	शरीर, टुकड़ा अवयव, भेद, पक्ष, सहायक, भाग, हिस्सा
अचल	अटल, पहाड़, निश्चल, स्थिर, वृक्ष, पार्वती
अज	बकरा, दशरथ के पिता, अजन्मा, शिव, ब्रह्मा, मेषराशि, जीव, आत्मा, कामदेव
अजया	बकरी, भांग, विजया
अच्युत	स्थिर, विष्णु, कृष्ण, अपतित
अक्षर	वर्ण ईश्वर, आत्मा, स्थिर, शिव, विष्णु
अधर	होंठ, आकाश, अनाधार, नीच, बुरा, चंचल
अदिति	पृथ्वी, प्रकृति, देवताओं की माता, रक्षा, देवलोक वाणी
अमृत	जल, दूध, अमर, अन्न, सुधा, पारा, प्रिय, सुन्दर, आत्मा, शिव, घी, धन
अब्ज	कपूर, अरब की संख्या, कमल, चन्द्रमा, शंख
अब्द	बादल, वर्षा, मेघ, आकाश, साल
अपेक्षा	आशा, आवश्यकता, इच्छा, आकांक्षा, लालच, अनुरोध, भरोसा, तुलना
अनन्त	अन्तहीन, शेषनाग, लक्ष्मण, आकाश, विष्णु
अरुण	सूर्य का सारथी, लाल, सूर्य, गरुड़, तड़का, सिन्दूर, केसर
अन्तर	फर्क, भीतर, अन्तरिक्ष, समय, व्यवधान
अपवाद	किसी नियम के विपरीत, कलंक, निन्दा, विरोध, आदेश, आज्ञा
अतिथि	मेहमान, अग्नि, अपरिचित, संन्यासी, आगन्तुक, अभ्यागत
अर्क	सूर्य, सत्त्व, ताँबा, बिजली की चमक, स्फटिक, मदार, क्वाथ (काढ़ा) रविवार
अर्थ	धन, प्रयोजन, तात्पर्य, कारण, लिए, अभिप्राय, निमित्त, फल, वस्तु, प्रकार
अलि	सखी, भ्रमर, कोयल, बिच्छू, मदिरा, कौवा, कोयल, सहेली
अवि	सूर्य, पहाड़, पर्वत, आक, बरकरी, मेष, वायु, कम्बल
अहि	दुष्ट, सूर्य, साँप, राहु, पृथ्वी, जल, बादल
आम	सामान्य, एक फल, मामूली, अपक्व, आँव, कच्चा
आत्मज	पुत्र, कामदेव, बेटा
आन	दूसरा, क्षण, शपथ, टेक, सीमा, बनावट, लज्जा, प्रतिज्ञा, विचार
आतुर	उत्सुक, उतावला, रोगी, कमजोर, दुःखी, आहत, पीड़ित, व्यग्र, व्याकुल
आराम	विश्राम, वाटिका, एक प्रकार का दण्डक वृत्त, फुलवाड़ी
अलि	बिच्छु, पंक्ति, बाँध, सेतु, भ्रमरी, सखी
इतर	अन्य, नीच, चरस, अन्त्यज, अवशेष, बाकी, साधारण, दूसरा
इन्दु	गणित में एक की संख्या, चन्द्रमा, कपूर
उर्मी	लहर, पीड़ा, तरंग, प्रकाश, वेग, भंग,भूल
कंज	कमल, सिर के बाल, अमृत ब्रह्म केश
कनक	सोना, धतूरा, गेहूँ, आटा, खजूर, नागकेसर, पलास
कर	हाथ, टैक्स, सूँड, किरण, ओला, विषय, छल, युक्ति, काम

कल	मशीन, चैन, आने वाला कल, बीता हुआ कल, शान्ति, सुन्दर
कन्द	जड़, मिश्री, बादल, समूह, सूजन, गाँठ, शोथ
कटाक्ष	आक्षेप, तिरछी चितवन, व्यंग्य
कर्ण	कान, कुन्ती का पुत्र, समकोण त्रिभुज के सामने की भुजा।
काम	कार्य, इच्छा, कामना, अनुराग, चार पुरुषार्थों में एक पुरुषार्थ काम
काल	समय, शत्रु, यमराज, अवसर, अकाल
कुशल	चतुर, क्षेम (खैरियत), योग्य, कुल लाने वाला
कृष्ण	भगवान कृष्ण, काला, वेदव्यास
केतु	एक ग्रह, ध्वजा, पुच्छल तारा, ज्ञान, प्रकाश
कौशिक	विश्वामित्र, इन्द्र, सपेरा, उल्लू नेवला
खग	पक्षी, वाण, गन्धर्व, सूर्य, ग्रह, चन्द्रमा, देवता, वायु
खर	गधा, दुष्ट, तिनका, गर्दभ, खच्चर, कौआ, रावण के भाई का नाम
खल	दवा कूटने का पात्र, धतूरा, दुष्ट
गण	समूह, छन्दों में तीन वर्णों का समूह, शिव के अनुचर
गति	चाल, मोक्ष, हालत, गमन, परिणाम, ज्ञान, प्रमाण, मुक्ति, कर्मफल, दशा
गुरु	शिक्षक, बड़ा, माता-पिता, भारी, छन्द में दीर्घ
घट	शरीर, घड़ा, कम, कलश, जलपात्र, पिण्ड, मन, हृदय, न्यून
चपला	चंचल स्त्री, लक्ष्मी, बिजली, मदिरा, जीभ, भांग।
चर	विचरण करने वाला, पशुओं के चरने का स्थान, जासूस
चश्मा	स्रोत, ऐनक, सोत
चाप	धनुष, दबाव, परिधि का एक भाग, धनु राशि
जड़	मूल, मूर्ख, हठी, अचेतन, स्तब्ध, चेष्टाहीन, मूक, गूँगा
जर	जल, जड़, ज्वर, जरा, वृद्धावस्था
जलज	कमल, शंख, सीप, मोती, सेवार
जालक	झरोखा, जाल, घोंसला गवाक्ष
जीवन	जिन्दगी, वायु, जल, वृत्ति, प्राणधारण, पानी, घी, मज्जा
जया	पार्वती, दुर्गा, हरी दूब, पताका, त्रयोदशी, ध्वजा, हड़
टीका	तिलक, व्याख्या, चेचक आदि का टीका, धब्बा, बदनामी का टीका
ठाकुर	जाति विशेष, भगवान, स्वामी, नाई, बड़ा
तक्षक	विश्वकर्मा, बढ़ई, सूत्रधार, सर्प विशेष
तारा	बृहस्पति की स्त्री, नक्षत्र, बालि की स्त्री, आँख के बीच की काली पुतली
ताल	संगीता का ताल, झील, तालाब, ताड़ का वृक्ष
तीर	बाण, नदी का किनारा, किनारा, तट, समीप
तात	पूज्य, पिता, गुरु, मित्र, भाई
द्रोण	द्रोणाचार्य, कौआ, दोना, नाव
दहर	छोटा भाई, कुण्ड, नरक, छछून्दर, चूहा, बालक
दिवा	दिन, दीपक, दिवस, बाईस अक्षरों का एक वर्ण वृत्त
धन	जोड़, स्त्री, सम्पत्ति, लाभ, द्रव्य, पूँजी, चौपायों का समूह
धर्म	सम्प्रदाय, स्वभावए कर्त्तव्य, प्रकृति
धारा	सन्तान, सेना, नियम, पानी का झरना, धार, झुण्ड
नाक	स्वर्ग, इज्जत, एक फल, नासिका, अन्तरिक्ष, आकार, मान, प्रतिष्ठा
नाग	सर्प, हाथी, बादल, नागवल्ली, एक पर्वत
निशाचर	राक्षस, चोर, उल्लू, सियार, सर्प, बिल्ली, प्रेत, भूत, महादेव
पर	पंख, ऊपर, दूसरा, किन्तु, पराया
पत्र	पत्ता, चिट्ठी, पन्ना, आवरण
पानी	इज्जत, जल, चमक, शस्त्र की धार
फल	परिणाम, लाभ, सन्तान, खाने वाला फल, हल, चाकू आदि का फल
बलि	पितरों को दिया गया भोग, एक राजा, उपहार, न्यौछावर, बलिहारी
बिम्ब	छाया, चन्द्रमण्डल, बाँबी, घेरा, सूर्य
भाव	विचार, अभिप्राय, मनोविकार, दर, श्रद्धा
भूत	प्रेत, पंचभूत, बीता हुआ समय, मृत शरीर, तत्व, सत्य
मधु	शहद, वसन्त, पराग, चैत्रमास, ऋतु, शराब
माधव	वसन्त ऋतु, विष्णु, बैसाख महीना, श्रीकृष्ण
मद	नशा, मस्ती, हाथी के मस्तक का स्राव, गर्व, कस्तूरी
मुद्रा	सिक्का, छापा, आकृति, कुण्डल, चिह्न, अँगूठी
मूल	पूँजी, एक नक्षत्र, जड़, कन्द, आरम्भ, पास, समीप
रंग	सातों रंग, आनन्द, विलास, नाटक का प्रदर्शन
रक्त	खून, केशर, लाल, कुमकुम, ताँबा, कमल, सिन्दूर, रुधिर
रसाल	ईख, आम, मीठा, रसीला, कटहल, गेहूँ, अमलबेन्त
राशि	समूह, मेष-वृष आदि 12 राशियाँ, ढेर, पुँज, समुच्चय
वर्ण	रंग, अक्षर, चतुर्वर्ण्य भेद, रूप
वन	वाटिका, जंगल, पानी, भवन
वृत्त	गोल-घेरा, हाल, चरित्र
विहंग	पक्षी, वाण, बादल, विमान, सूर्य, चन्द्रमा, देवता
शर	सरकण्डा, बाण, तीर, नरकट, जल, पाँच की संख्या, रूस
सरि	समता, माला, नदी, सरिता, बराबरी, सदृश
सारंग	हिरन, बादल, पानी, मोर, शंख, पपीहा, हाथी, सिंह, राजहंस, भ्रमर, कपूर, कामदेव, कोयल, धनुष, मधुमक्खी, कमल, भूषण
सार	रस, रक्षा, जुआ, लाभ, उत्तम, पत्नी का भाई, तलवार, तत्व
सूर	वीर, अन्धा, एक कवि, सूर्य, अर्क, मदार, आचार्य, पण्डित
हर	हरण करना, प्रत्येक, शिव, गणित में अंश के नीचे वाली संख्या
सूत	बढ़ई, धागा, पौराणिक, सारथी, सूत्रकार, सूर्य, पारा
हरि	विष्णु, इन्द्र, बन्दर, हवा, सर्प, सिंह, आग, कामदेव, हंस, मेढक, चाँद, हरा रंग
हार	पराजय, माला, गले का आभूषण
हीन	नीच, तुच्छ, कम, रहित, छोड़ा हुआ, अल्प, निष्कपट, बुरा, शून्य
हंस	आत्मा, योगी, श्वेत, घोड़ा, सूर्य, सरोवर का पक्षी
क्षेत्र	शरीर, तीर्थ गृह, प्रकृति, खेल, स्त्री

अभ्यास प्रश्न

निर्देश (प्र.सं. 1 और 2) *प्रश्नों में दिए गए शब्द के समानार्थक शब्द का चयन उसके नीचे दिए गए विकल्पों में से कीजिए।*

1. विप्र
(a) निर्धन (b) धनी (c) ब्राह्मण (d) सैनिक

2. आविर्भाव
(a) मृत्यु (b) मोक्ष (c) वानप्रस्थ (d) उत्पत्ति

3. निम्नलिखित में पर्यायवाची शब्द है
(a) अचिर, अचर (b) राधारमण, कंसनिकन्दन
(c) अम्बुज, अम्बुधि (d) नीरद, नीरज

4. कौन-सा विकल्प वैचारिक अन्तर के समानार्थी शब्दों का है?
(a) देखना, घूरना (b) बेहद, असीम
(c) जल, नीर (d) सौन्दर्य, खूबसूरती

5. 'नौका' शब्द का पर्याय बताइए।
(a) तिया (b) तरंगिणी (c) तरी (d) तरणिजा

6. 'घर' के लिए यह पर्यायवाची नहीं है
(a) गृह (b) ग्रह (c) आलय (d) निलय

7. 'पवन' का पर्यायवाची शब्द है
(a) मिलना (b) पूजना (c) समीर (d) आदर

8. 'खर' का पर्यायवाची शब्द है
(a) खरगोश (b) शशक (c) मूर्ख (d) गधा

9. अनिल पर्यायवाची है
(a) पवन का (b) चक्रवात का
(c) पावस का (d) अनल का

10. 'प्रसून' शब्द का पर्यायवाची है
(a) वृक्ष (b) पुष्प
(c) चन्द्रमा (d) अग्नि

11. 'नियति' शब्द का समानार्थी शब्द है
(a) चरित्र (b) स्वभाव
(c) भाग्य (d) कर्म

12. 'व्यवहार' और 'मत' शब्दों के सही पर्याय हैं
(a) आचार और विचार (b) आचरण और सिद्धान्त
(c) विचार और राय (d) बरताव और निर्णय

13. निम्न विकल्पों में से जो 'चतुर' शब्द का समानार्थी नहीं है वह छाँटिए।
(a) नागर (b) पटु (c) देवप्रिय (d) दक्ष

14. पर्यायवाची शब्द का कौन-सा युग्म सही नहीं है?
(a) वसुमती-धरती (b) वाजि-सिंह
(c) मरीचि-किरण (d) वहिन-आग

15. 'सम्भावना' शब्द का विलोम है
(a) असम्भावना (b) असम्भव (c) असम्भाव्य (d) असन्तोष

16. 'संकल्प' का विलोम शब्द होगा
(a) असंकल्प (b) संकल्पहीन (c) असम्बद्ध (d) असन्तोष

17. 'विशिष्ट' शब्द का विलोम है
(a) सामान्य (b) विशुद्ध (c) लघु (d) अविवेकी

18. 'विकास' शब्द का विलोम है
(a) विनाश (b) विकृत (c) विकल (d) लक्षित

19. 'शत्रुता' का विलोम शब्द है
(a) मित्र (b) मित्रता (c) अशंकित (d) व्यस्त

20. 'अतिवृष्टि' का विलोम क्या होगा?
(a) अनावृष्टि (b) अकाल (c) तूफान (d) वर्षा

21. आहूत का विलोम क्या होगा?
(a) बन्धन (b) अविश्वास (c) विराग (d) अनाहूत

22. 'अभिजात्य' का विलोम बताइए।
(a) कुलीन (b) सामान्य (c) अकुलीन (d) वंचित

23. 'साकार' का विपरीतार्थक शब्द क्या है?
(a) आकार (b) निराकार
(c) प्रकार (d) विकार

24. कौन सही सुमेलित है?
(a) अनुरक्ति–विरक्ति (b) असमय–कुसमय
(c) अवसर–सुअवसर (d) दीर्घायु–चिरायु

25. 'राजा' शब्द का विपरीतार्थक शब्द होगा
(a) रानी (b) गरीब (c) अमीर (d) प्रजा

26. 'पूर्णिमा' शब्द का विपरीतार्थक शब्द होगा
(a) विभावरी (b) निशीथ (c) अमावस्या (d) कालिमा

27. 'वक्र' का विपरीतार्थक शब्द क्या होगा?
(a) ऋजु (b) अक्र (c) क्षम (d) कठोर

28. निम्नलिखित में 'राग' शब्द का विलोम क्या होगा?
(a) विराग (b) अनुराग (c) ईर्ष्या (d) द्वेष

29. निम्न में 'ऊसर' का विलोम क्या होगा?
(a) बंजर (b) मरुभूमि (c) उपजाऊ (d) उर्वर

30. निम्न में 'आदि' शब्द का विलोम क्या है?
(a) प्रथम (b) अन्तिम (c) अन्त (d) आद्य

31. निम्नलिखित में 'हर्ष' का विलोम क्या है?
(a) विषाद (b) खेद (c) वेदना (d) दुःख

32. निम्न में 'उपेक्षा' शब्द का विपरीतार्थक शब्द क्या होगा?
(a) सापेक्ष (b) अपेक्षा (c) आदर (d) सम्मान

33. निम्न में कौन-सा शब्द 'निन्दा' शब्द का विपरीतार्थक है?
(a) दोषारोपण (b) स्तुति (c) कृतज्ञ (d) सम्मान

34. 'आस्तिक' का विपरीतार्थक शब्द क्या है?
(a) अन्ध आस्था (b) अन्धविश्वासी
(c) नास्तिक (d) रूढ़िवादी

निर्देश (प्र.सं. 35-54) *सभी प्रश्नों में दिए गए शब्द के अर्थ विकल्पों में दिए गए हैं। इनमें से कोई एक विकल्प गलत है। आपको गलत विकल्प अर्थात् जो सम्बन्धित शब्द का अर्थ नहीं है, का चयन कर चिह्नित करना है।*

35. अंक
(a) दैनन्दिनी (b) गोद (c) भाग्य (d) संख्या

36. अक्षर
(a) वर्ण (b) अक्षत (c) आत्मा (d) स्थिर

37. अज
(a) अजन्मा (b) बकरा (c) संन्यासी (d) मेष राशि

38. अधर
(a) आकाश (b) अनाधार (c) होंठ (d) पाताल

39. अपेक्षा
(a) निराशा (b) आशा (c) आवश्यकता (d) इच्छा

40. अमृत
(a) अमर (b) अनमोल (c) दूध (d) जल

41. अर्क
(a) सत्त्व (b) सूर्य (c) बुध (d) ताँबा

42. अर्थ
(a) कारण (b) प्रयोजन (c) धन (d) अन्न

43. अलि
(a) रूपसी (b) सखी (c) बिच्छू (d) भ्रमर

44. आम
(a) सामान्य (b) अप्रचलित
(c) व्यापक (d) एक फल का नाम

45. इतर
(a) अन्य (b) चरस
(c) ऊँच (d) नीच

46. उत्तर
(a) बाद में (b) श्रेष्ठ (c) उत्तर दिशा (d) प्रश्न

47. कनक
(a) बिच्छू (b) आटा (c) धतूरा (d) सोना

48. कुशल
(a) क्षेम (b) क्षमा (c) चतुर (d) योग्य

49. खग
(a) वाण (b) पक्षी (c) मृग (d) गन्धर्व

50. खर
(a) दुष्ट (b) तिनका (c) गधा (d) शृंगाल

51. गुरु
(a) उत्कोच (b) छन्द में दीर्घ
(c) माता-पिता (d) शिक्षक

52. गोपाल
(a) ग्वाला (b) बटुक
(c) कृष्ण (d) गाय पालने वाला

53. गोली
(a)दवा की टिकिया (b) कारतूस
(c)धोखेबाज (d) खेल में गोल रक्षक

54. गौतम
(a) महात्मा बुद्ध (b) भारद्वाज
(c) द्रोणाचार्य का साला (d) महावीर

उत्तरमाला

1. *(c)*	2. *(d)*	3. *(b)*	4. *(a)*	5. *(c)*	6. *(b)*	7. *(c)*	8. *(d)*	9. *(a)*	10. *(b)*
11. *(c)*	12. *(a)*	13. *(c)*	14. *(b)*	15. *(a)*	16. *(a)*	17. *(a)*	18. *(a)*	19. *(b)*	20. *(a)*
21. *(d)*	22. *(c)*	23. *(b)*	24. *(a)*	25. *(b)*	26. *(a)*	27. *(a)*	28. *(a)*	29. *(a)*	30. *(b)*
31. *(a)*	32. *(a)*	33. *(a)*	34. *(c)*	35. *(b)*	36. *(d)*	37. *(a)*	38. *(c)*	39. *(c)*	40. *(a)*
41. *(a)*	42. *(a)*	43. *(c)*	44. *(a)*	45. *(a)*	46. *(b)*	47. *(b)*	48. *(b)*	49. *(b)*	50. *(a)*
51. *(c)*	52. *(a)*	53. *(a)*	54. *(d)*						

अध्याय 06

वाक्यांश के लिए एक शब्द

हिन्दी में एक वाक्य, वाक्यांश अथवा अनेक शब्दों के लिए एक शब्द के प्रयोग की परम्परा संस्कृत से आई है। हिन्दी में ऐसे शब्दों का प्रयोग रूढ़ तौर पर होता है। वैसे हिन्दी में 'वाक्यांश के लिए एक शब्द' का प्रयोग संस्कृत की अपेक्षा कम होता है। वस्तुत: कम-से-कम शब्दों में अधिक-से-अधिक विचारों की अभिव्यक्ति के लिए 'वाक्यांश के लिए एक शब्द' का प्रयोग उपयोगी होता है। ऐसे शब्दों को 'अनेक शब्दों के बदले एक शब्द' भी कहते हैं।

प्रतियोगिता परीक्षाओं में हिन्दी भाषा के प्रश्न-पत्र में 'वाक्यांश के लिए एक शब्द' वाले प्रश्न अवश्य पूछे जाते हैं। इसलिए यह जरूरी है कि ऐसे प्रश्नों का अध्ययन गम्भीरता से किया जाए। यहाँ 'वाक्यांश के लिए एक शब्द' के कुछ परीक्षोपयोगी उदाहरण दिए जा रहे हैं

महत्त्वपूर्ण वाक्यांशों के लिए एक शब्द

वाक्यांश	एक शब्द
जिसका आदि न हो	अनादि
जिसका अन्त न हो	अनन्त
जिसके आने की तिथि निश्चित न हो	अतिथि
जिसे जीता न जा सके	अजेय
जिसके समान कोई दूसरा न हो	अद्वितीय
जो पहले कभी नहीं हुआ	अभूतपूर्व
जिसके टुकड़े न हो सकें	अखण्ड
जो गाए जाने योग्य न हो	अगेय
जिसकी गहराई का पता न हो	अथाह
जो बीत चुका है	अतीत
जो सदा से चला आ रहा है	अनवरत
जिसकी कल्पना न की जा सके	अकल्पनीय
कम खाने वाला	अल्पाहारी
जिसका जन्म न हो सके	अजन्मा
जिसकी तुलना न की जा सके	अतुलनीय
जो कानून के विरुद्ध हो	अवैध
बड़ा भाई	अग्रज
जहाँ जाना सम्भव न हो	अगम
जिसे कभी बुढ़ापा न आए	अजर
जो आँखों के सामने न हो	अप्रत्यक्ष
जो कभी मरता न हो	अमर
अवसर के अनुसार बदल जाने वाला	अवसरवादी
जिसमें चेतना न हो	अचेतन
जो कभी मरता नहीं	अमर्त्य
जो आगे की न सोचता हो	अदूरदर्शी
मन में होने वाला ज्ञान	अन्तर्ज्ञान
धरती और आकाश के बीच का स्थान	अन्तरिक्ष
वध करने के योग्य	वध्य
दूसरे के पीछे चलने वाला	अनुयायी
जिसे स्पर्श करना वर्जित हो	अस्पृश्य
जिसका कोई शत्रु न हो	अजातशत्रु
जिसका मूल्य आँका न जा सके	अमूल्य
जो इस संसार से बाहर की वस्तु हो	अलौकिक
जिसके पास कुछ न हो	अकिंचन
जो कानून के प्रतिकूल हो	अवैध
दोपहर के बाद का समय	अपराह्न
अधिक बढ़ा-चढ़ा कर कहना	अतिशयोक्ति
जो कुछ नहीं जानता हो	अज्ञ
जिसमें कुछ करने की क्षमता न हो	अक्षम
जिसकी उपमा न हो	अनुपम
जिसका निवारण न हो सकता हो	अनिवारणीय
जिसकी अपेक्षा न हो	अनपेक्षित
छोटा भाई	अनुज
जो वाणी द्वारा व्यक्त न किया जा सके	अनिर्वचनीय
अपनी प्रशंसा करने वाला	आत्मश्लाघी
ईश्वर में विश्वास रखने वाला	आस्तिक
आदि से अन्त तक	आद्योपान्त, आद्यंत
एक ही आदमी का अधिकार	एकाधिकार
जहाँ कोई दूसरा न हो	एकान्त
जो अपनी इच्छा पर निर्भर हो	ऐच्छिक
कार्य करने वाला व्यक्ति	कार्यकर्ता
क्रम के अनुसार	क्रमानुसार
आलोचना करने वाला	आलोचक
जिसकी आयु लम्बी हो	दीर्घायु
जो बहुत बोलता हो	वाचाल
जो स्वयं पैदा हुआ हो	स्वयंभू
जो किसी के पक्ष में न हो	तटस्थ
जिसके हाथ में वज्र हो	वज्रपाणि
जिसकी आत्मा महान् हो	महात्मा
जिसका रूप अच्छा न हो	कुरूप
तीनों लोकों का स्वामी	त्रिलोकी
जो अभी पैदा हुआ हो	नवजात
जंगल में लगने वाली आग	दावाग्नि (दावानल)
जो जन्म से अन्धा हो	जन्मान्ध
जो क्षमा करने योग्य हो	क्षम्य
जिस पुरुष की पत्नी की मृत्यु हो गई हो	विधुर
जिसका आचरण अच्छा हो	सदाचार
जो उच्च कुल में पैदा हुआ हो	कुलीन
जिस पर उपकार किया गया हो	उपकृत
जो धर्म का काम करे	धर्मात्मा

अभ्यास प्रश्न

1. 'जिसके समान कोई दूसरा न हो' वाक्यांश के लिए एक शब्द है
(a) शक्तिशाली (b) प्रतिभाशाली
(c) अद्वितीय (d) पराक्रमी

2. 'आवश्यकता से अधिक धन का त्याग' कहलाता है
(a) अपरिगृहण (b) अपरिग्रह
(c) इन्द्रियनिग्रह (d) परिग्रह

3. 'जिसके पास कुछ भी न हो' उसे कहेंगे
(a) गरीब (b) दरिद्र
(c) अकिंचन (d) विनीत

4. 'जिसका ज्ञान इन्द्रियों द्वारा न हो' उसे कहेंगे
(a) इन्द्रियरहित (b) मतिहीन
(c) इन्द्रीमय (d) अगोचर

5. 'जिसे जीता न जा सकता हो' उसे कहेंगे
(a) अभय (b) अजेय
(c) विजय (d) इनमें से कोई नहीं

6. 'सबसे प्रथम गिना जाने वाला' कहलाता है
(a) प्रथम (b) अग्रज
(c) आरम्भ (d) अग्रगण्य

7. 'वह कवि जो तत्काल कविता करने में कुशल हो'
(a) सुकवि (b) महाकवि
(c) आशुकवि (d) राजकवि

8. 'आरम्भ से अन्त तक' के लिए एक शब्द क्या होगा?
(a) आरम्भिक (b) आद्योपन्त
(c) आद्योपान्त (d) सम्पूर्ण

9. 'जिसे मापा न जा सकता हो', कहलाता है
(a) अमापित (b) अपर
(c) अनुपेय (d) अपरिमेय

10. 'परम्परागत उक्ति' को कहते हैं
(a) अनुश्रुति (b) सूक्ति
(c) विरक्ति (d) इनमें से कोई नहीं

11. 'जो स्त्री सूर्य भी नहीं देख पाती', उसे कहेंगे
(a) असूर्यपश्या (b) अनूढ़ा
(c) सूर्यपुत्री (d) असूर्ययश्मा

12. 'जिसका कोई शत्रु पैदा ही न हुआ हो', के लिए एक शब्द है
(a) स्कन्दगुप्त (b) अजातशत्रु
(c) अजानबाहु (d) अजेय

13. 'धन को व्यर्थ ही खर्च करने वाला' होता है
(a) व्ययी (b) धनिक
(c) मितव्ययी (d) अपव्ययी

14. जिसके हस्ताक्षर नीचे अंकित हों, को कहते हैं
(a) अधोहस्ताक्षर (b) हस्ताक्षरित
(c) अधोहस्ताक्षरकर्ता (d) अनुमोदन

15. 'बरसात बिलकुल न होना', कहलाता है
(a) अनवृष्टि (b) अल्पवृष्टि
(c) अनासृष्टि (d) अनावृष्टि

16. 'सरकार के प्रयास से जारी होने वाली सूचना' कहलाती है
(a) संसूचना (b) अध्यादेश
(c) राज्यादेश (d) अधिसूचना

17. 'जो किसी के प्रति आसक्त हो' कहलाएगा
(a) आसक्ति (b) आस्थावान
(c) अनुरक्त (d) विरक्त

18. 'बहुत दान देने वाले' को कहेंगे
(a) दानी (b) औढरदानी
(c) दीनदयाल (d) दानवीर

19. 'जो शीघ्र प्रसन्न हो जाए', उसे कहेंगे
(a) प्रसन्नचित्त (b) प्रसून
(c) प्रसन्ना (d) आशुतोष

20. 'जिसकी भुजाएँ घुटनों तक लम्बी हों' उसे कहते हैं
(a) अजानबाहु (b) आजानुबाहु
(c) समबाहु (d) विषमबाहु

21. 'आघ्रेय' का अर्थ होता है
(a) सुगन्धित पदार्थ (b) सुगन्धहीन पदार्थ
(c) जिसे सूँघा न जा सके
(d) जिसे सूँघा जा सके

22. 'जिसकी इच्छा की गई हो', वह कहलाता है
(a) इच्छित (b) ईप्सित
(c) आकांक्षा (d) महत्त्वाकांक्षा

23. 'जो इन्द्र पर विजय प्राप्त कर चुका हो' कहलाएगा
(a) इन्द्रजेय (b) इन्दु
(c) जितेन्द्रिय (d) इन्द्रजीत

24. 'घटनाओं का कालक्रम से किया गया वर्णन' कहलाता है
(a) इतिवृत (b) कहानी
(c) संस्मरण (d) नाटक

25. 'जो दो में निष्ठा रखता हो', उसे कहते हैं
(a) निष्ठावान (b) निर्जरा
(c) निर्लिप्त (d) उभयनिष्ठ

26. 'इन्द्रियों को भ्रमित करने वाला' कहलाता है
(a) ऐन्द्रिक (b) ऐन्द्रजालिक
(c) इन्द्रिलोलुप (d) इनमें से कोई नहीं

27. 'धर्मपत्नी से उत्पन्न पुत्र' को कहते हैं
(a) धर्मपुत्र (b) औरस
(c) बलशाली (d) तेजस्वी

28. 'काँटों से भरा हुआ' कहलाता है
(a) कण्टक (b) कण्टका
(c) गुलदस्ता (d) कण्टकाकीर्ण

29. 'अपने ही कुल के नाशक' को कहते हैं
(a) वंशज (b) कपूत
(c) कुलटा (d) कुलांगार

30. 'कुश की नोक-सी तीखी बुद्धि' को कहते हैं
(a) विद्वान् (b) कुशा
(c) कुशाग्रबुद्धि (d) मन्दबुद्धि

31. 'शुद्ध आत्मा' का मनुष्य कहलाता है
(a) पवित्र (b) दार्शनिक
(c) कृतात्मा (d) शुद्धोधन

32. 'उपकार को भूल जाने वाला' व्यक्ति होता है
(a) कृतज्ञ (b) कृतकृत्य
(c) दुष्ट (d) कृतघ्न

33. 'उपकार को याद रखने वाला' व्यक्ति कहलाता है
(a) कृतज्ञ (b) कृतघ्न
(c) कर्मठ (d) कृतकृत्य

34. 'गंगा से उत्पन्न' होने वाले को कहते हैं
(a) गांगेय (b) गंगू
(c) गंगपुत्र (d) गंगीय

35. 'सायंकाल गायों के चरकर लौटने का समय' कहलाता है
(a) संध्या (b) गोधूलि
(c) गोधूम (d) गोकाल

36. 'चक्र धारण करने वाला' होता है
(a) चक्रेश (b) चक्रधर
(c) चक्रेषु (d) चक्रक

37. 'जिनके चार-चार पैर होते हैं', उन्हें कहते हैं
(a) चतुष्पद (b) चौपाय
(c) चतुदर्शी (d) चौरा

38. 'दूसरों के दोष देखने वाला' कहलाता है
(a) आलोचक (b) निन्दक
(c) छिद्रान्वेषी (d) ईर्ष्यालु

39. 'जीने की इच्छा' को कहते हैं
(a) महत्त्वाकांक्षा (b) सत्आकांक्षा
(c) जिजीविषा (d) विजयकामना

40. 'जीतने की इच्छा रखने वाला' कहलाता है
(a) जिगीषा (b) जिगीषु
(c) उन्माद (d) आकांक्षी

41. 'भोजन की इच्छा रखने वाले' को कहते हैं
(a) भोजक (b) बुभुक्षु
(c) बुभुक्षा (d) जिघत्सु

42. 'तैरकर पार करने की इच्छा रखने वाले' को कहते हैं
(a) तितीर्षा (b) तैराक
(c) तिरेषु (d) तितीर्षु

43. 'दोनों भौंहों का मध्यवर्ती स्थान' कहलाता है
(a) भौंहस्थल (b) त्रिकुटी
(c) भृकुटी (d) इनमें से कोई नहीं

44. 'स्त्री जिसे स्वामी प्रेम न करे', कहलाती है
(a) दुर्भगा (b) स्वकीया
(c) परकीया (d) प्रेमविहीता

45. 'जो कठिनाई से समझ में आता है' उसे कहते हैं
(a) दुर्बोध (b) दुर्जन
(c) दुर्लंघ्य (d) दुसाध्य

46. 'मुश्किल से खाया जाने वाला' कहलाता है
(a) दुर्भेक्ष (b) सुर्भेक्ष
(c) कुर्भेक्ष (d) अपाच्य

47. 'जंगल में लगी आग' कहलाती है
(a) अग्निय (b) दावानल
(c) हावानल (d) नावानल

48. 'जिसके पेट पर माँ ने रस्सी बाँधी थी' उसे कहते हैं
(a) गंगाधर (b) यशोवर्मन
(c) मनु (d) दामोदर

49. 'वह नायक जो बहुत प्रचण्ड और चंचल हो', कहलाता है
(a) हीरो (b) धीरवीर
(c) धीरोदात्त (d) ओजस्वी

50. 'जिसकी कोई इच्छा (स्पृहा) न हो', कहलाता है
(a) निर्लिप्त (b) निराश
(c) निस्पृह (d) निर्बाध

51. 'रंगमंच पर पर्दे के पीछे का स्थान' कहलाता है
(a) नेपथ्य (b) हेपथ्य
(c) पृष्ठभाग (d) पृष्ठभूमि

52. 'नाटक का परदा गिरना' कहलाता है
(a) अन्त (b) विराम
(c) पटाक्षेप (d) पटाक्ष

53. 'पूछने के योग्य' को कहेंगे
(a) प्रष्टव्य (b) सम्प्रेषनीय
(c) प्रशंसनीय (d) अनुल्लंघनीय

54. 'एक बार कही बात को दोहराते रहना' के लिए एक शब्द होगा
(a) संस्मरण (b) रेखाचित्र
(c) अभ्यास (d) पिष्टपेषण

55. 'पीने की इच्छा रखने वाला' कहलाता है
(a) पिपास (b) पिपासो
(c) पिपासु (d) पिपोस

56. 'पति द्वारा परित्यक्त स्त्री' को कहेंगे
(a) परकीय (b) विरक्ता
(c) परित्यक्ता (d) विदग्धा

57. 'जो दोनों हाथ से तीर चलाता है', उसे कहा जाता है
(a) स्तम्भित (b) सव्यसाची
(c) स्वयंपाठी (d) स्तबक

58. 'प्रयोग में लाने योग्य वस्तु' कहलाती है
(a) उपर्युक्त
(b) प्रायोगिक
(c) प्रयोजनीय
(d) परिपूर्ण

59. 'प्रतिकार करने की इच्छा रखने वाले' को कहेंगे
(a) प्रतिवाद (b) प्रतिकांक्षा
(c) प्रतिचिकीर्षा (d) प्रतिवेग

60. 'पृथ्वी के तीन ओर पानी वाला स्थान' कहलाता है
(a) द्वीप (b) प्रायद्वीप
(c) महाद्वीप (d) इनमें से कोई नहीं

निर्देश *(प्र. सं. 61-70) नीचे दिए गए वाक्यांश के बदले एक शब्द के सही विकल्प का चयन कीजिए।*

61. धरती और आकाश के बीच का स्थान
(a) अन्तरिक्ष (b) वायुयान
(c) भूगर्भ (d) ब्रह्माण्ड

62. जिसे गिनना असम्भव हो
(a) गणित (b) गिनती
(c) अनगिनत (d) अग्रगण्य

63. जो नियमानुकूल न हो
(a) नियमित (b) अनियमित
(c) अनाहूत (d) अनियन्त्रित

64. जिसकी उपमा न की जा सके
(a) उपमेय (b) उपमान
(c) अनुपम (d) अनुपमा

65. जो पढ़ा न जा सके
(a) अपठनीय (b) अपठित
(c) पाठक (d) पठित

66. जिसमें सामर्थ्य न हो
(a) समर्थवान (b) असमर्थ
(c) सार्थक (d) असाध्य

67. गुरु के समीप रहने वाला शिष्य
(a) अन्तेवासी (b) अनुचर
(c) अन्त:वासी (d) निकटस्थ

68. आत्मा तथा ईश्वर से सम्बन्धित
(a) आध्यात्मिक (b) आधुनिक
(c) भौतिक (d) भौतिकता

69. इन्द्रियों से सम्बन्धित
(a) इन्द्राणी (b) ऐन्द्रिक
(c) इन्द्री (d) इन्द्रनील

70. जो कहा गया है
(a) कथ्य (b) कथित
(c) वक्तव्य (d) वक्ता

निर्देश (प्र.सं. 71-82) *दिए गए प्रत्येक वाक्यांश के लिए शब्द दीजिए। इसके लिए चार-चार विकल्प दिए गए हैं। उचित विकल्प का चयन कीजिए।*

71. जिसको प्राप्त न किया जा सके
(a) दुष्कर (b) दुर्लभ्य
(c) अलभ्य (d) दुष्प्राप्य

72. मन को आनन्दित करने वाला
(a) मोहित (b) प्रिय
(c) श्रेयस (d) मनोरंजक

73. समुद्र में लगने वाली आग
(a) जठराग्नि (b) दावाग्नि
(c) बड़वाग्नि (d) वनाग्नि

74. जो संविधान के प्रतिकूल हो
(a) सैद्धान्तिक (b) असवैधानिक
(c) अवैधानिक (d) वैधानिक

75. जो कठिनाई से भेदा या तोड़ा जा सके
(a) दुर्भेद्य (b) अभेद्य
(c) भेदनीय (d) भेद्य

76. आदि से अन्त तक
(a) आद्यंत (b) उपरान्त
(c) अधोपंत (d) समाप्त

77. तेज चलने वाला
(a) गतिशील (b) चुस्त
(c) कर्मठ (d) द्रुतगामी

78. बिना स्वार्थ के कार्य करने वाला
(a) सहायक (b) निस्वार्थी
(c) पुण्यात्मा (d) हितैषी

79. किसी की सहायता करने वाला
(a) सहकार (b) सहायक
(c) सहृदय (d) सहचर

80. जिसका निवारण करना कठिन हो
(a) अनिवार्य (b) अपरिहार्य
(c) दुर्निवार (d) अवश्यम्भावी

81. आशा जगाने वाला
(a) आशाजनक (b) आशातीत
(c) आशानुगत (d) आशीष

82. जो सबके लिए हो
(a) सार्वजनिक (b) सार्वभौमिक
(c) सार्वकालिक (d) सार्वदेशिक

उत्तरमाला

1. (c)	2. (b)	3. (c)	4. (d)	5. (b)	6. (d)	7. (c)	8. (c)	9. (d)	10. (a)
11. (a)	12. (b)	13. (d)	14. (c)	15. (d)	16. (d)	17. (c)	18. (b)	19. (d)	20. (b)
21. (d)	22. (b)	23. (d)	24. (a)	25. (d)	26. (b)	27. (b)	28. (d)	29. (d)	30. (c)
31. (d)	32. (d)	33. (a)	34. (a)	35. (b)	36. (b)	37. (a)	38. (c)	39. (c)	40. (b)
41. (d)	42. (d)	43. (b)	44. (a)	45. (a)	46. (a)	47. (b)	48. (d)	49. (c)	50. (c)
51. (a)	52. (c)	53. (a)	54. (a)	55. (c)	56. (c)	57. (b)	58. (c)	59. (c)	60. (b)
61. (a)	62. (c)	63. (b)	64. (c)	65. (a)	66. (b)	67. (a)	68. (a)	69. (b)	70. (b)
71. (d)	72. (d)	73. (c)	74. (b)	75. (a)	76. (a)	77. (d)	78. (b)	79. (b)	80. (a)
81. (a)	82. (a)								

अध्याय 07

समरूपी भिन्नार्थक शब्द

समोच्चारित-भिन्नार्थक शब्दों को 'युग्म-शब्द', 'समध्वन्यात्मक शब्द', 'समानाभास शब्द' भी कहते हैं; जैसे—'अनल' और 'अनिल' शब्द का उच्चारण समान-सा है, लेकिन 'अनल' का अर्थ है—'आग' और 'अनिल' का अर्थ है—'वायु'।
विद्यार्थियों के अध्ययन हेतु समोच्चारित भिन्नार्थक शब्दों की तालिका प्रस्तुत है

शब्द	अर्थ	शब्द	अर्थ
अकर	न करने योग्य	अधूत	निर्भय
आकर	खान/खदान	अवधूत	योगी
अग	सूर्य/अचल	अब्ज	कमल
अघ	पाप	अब्द	वर्ष
अचल	स्थिर	अभिराम	सुन्दर
अंचल	साड़ी का छोर/किनारा	अविराम	लगातार
अंचित	गुथा हुआ/पूजित	अपकार	बुराई
अचित्	जड़/चेतन रहित	अपमान	तिरस्कार
अजय	जो जीता न जा सके	अभिहित	पीटा गया
अजया	भाँग/बकरी	अभिहत	पुकारा गया
अतप	शीतल	अभियान	चढ़ाई
आतप	धूप	अभिमान	घमण्ड
अनल	आग	अविरोध	मेल
अनिल	वायु	अवरोध	रुकावट
अंगना	स्त्री	अविलम्ब	तुरन्त
अँगना	छोटा/आँगन	अवलम्ब	सहारा
अन्त	समाप्ति	अर्जन	संग्रह
अन्त्य	नीच	अर्चन	पूजा
अन्तर	भिन्नता	अर्घ	जलदान
अनन्तर	बाद में	अर्घ्य	पूजाद्रव्य
अपर	दूसरा	अजर	जो पुराना न हो
अपार	असीम	अजिर	आँगन
अम्बुज	कमल	अलिक	ललाट
अम्बुद	बादल	अलीक	झूठ
अंश	भाग/हिस्सा	अलि	भौंरा
अंस	कन्धा	आली	सखी
अतल	जिसका तल न हो	अवलि	पंक्ति
अतुल	जिसकी तुलना न हो	आविल	गन्दा

शब्द	अर्थ	शब्द	अर्थ
उपेक्षा	तिरस्कार/उदासीनता	अशक्त	असमर्थ
अपेक्षा	तुलना में/आशा	असक्त	उदासीन
अचार	खट्टा खाद्य पदार्थ	अपत	बिना पत्ते का
आचार	व्यवहार	अपट	वस्त्रहीन
अभ्यास	किसी काम को करना	अश्म	पत्थर
अभ्याश	निकट	अश्व	घोड़ा
अम्ब	माता	अविज्ञ	मूर्ख
अम्बु	जल	अभिज्ञ	जानकार
अगम	दुर्लभ	अभय	निर्भय
आगम	शास्त्र/उत्पत्ति	उभय	दोनों
अणी	नोंक/अनी	आहूत	बुलाया हुआ
आणि	तलवार की धार	आहूति	होम
अभिज्ञ	जानकार	आवृत्ति	दोहराना
अनभिज्ञ	अनजान	आवृत्त	घिरा हुआ
अभिसार	प्रेमी से छिपकर मिलना	आदी	अभ्यस्त
अभीसार	आक्रमण	आदि	आरम्भ
अरथी	टिकठी/झाँजी	आसकत	सुस्ती
अर्थी	चाहने वाला	आसक्त	लिप्त
अरबी	अरब की भाषा	आकर	खान
अरवी	कन्द या घुइयाँ	आकार	आकृति
अनिष्ट	बुराई/हानि	आसन्न	निकट
अनिष्ठ	निष्ठाहीन	आसन	लेटने/बैठने का वस्त्र
अमित	बहुत/अधिक	आँठी	गुठली
अमीत	दुश्मन	आँटी	सूत का लच्छा
अमूल	बेजड़	आरती	धूप-दीप दिखाना
अमूल्य	अनमोल	आरति	दुख/विरक्ति
अन्य	दूसरा	आभरण	आभूषण
अन्न	अनाज	आवरण	पर्दा/पट

शब्द	अर्थ	शब्द	अर्थ
इति	अन्त	कुम्हार	बर्तन बनाने वाला
ईति	आपदा	कुमार	बिना ब्याहा
इन्दिरा	लक्ष्मी	कृती	पुण्यात्मा/विद्वान
इन्द्रा	इन्द्राणी	कृति	रचना
इत्र	सुगन्ध	कृपाण	तलवार
इतर	दूसरा/चरस	कृपण	कंजूस
इस्तरी	प्रेस	केस	मुकदमा
स्त्री	महिला	केश	बाल
ईश	स्वामी/मालिक	केसर	जाफरान/कुमकुम
ईष	शिव का एक अनुचर	केशर	सिंह की गर्दन के बाल
ईसा	हरिष/बल/ईसा मसीह	कौशल	नैपुण्य
ईशा	ऐश्वर्य/सुख	कोशल	अवध प्रदेश
उपमान	तुलना	कौड़ी	कपर्दिका
अपमान	तिरस्कार	कोड़ी	बीस या बीस का समूह
उपल	पत्थर	कौर	ग्रास
उपला	कण्डा	कोर	किनारा
उबारना	बचाना	कपीश	हनुमान/सुग्रीव
उभारना	उकसाना/ऊँचा करना	कपिश	मटमैला
उपयुक्त	उचित	करता	करना
उपर्युक्त	ऊपर कहा गया	कर्ता	एक प्रकार का कारक
उद्धत	अक्खड़/उद्दण्ड	कथा	कहानी
उद्यत	तैयार	कत्था	खैर का सत
उपस्थिति	उपलब्धता	कड़ी	सख्त
उपस्थिति	हाजिर	कढ़ी	दही और बेसन का सालन
उत्कच	गंजा	कटिबन्ध	नाड़ा
उत्कट	तीव्र/प्रबल	कटिबद्ध	तैयार
उद्धार	कष्ट से मुक्ति	कोश	शब्द
उधार	कर्ज	कोष	खजाना
ऋत्	सत्य/मोक्ष	करण	साधन
ऋतु	मौसम	कर्ण	कान
ओटना	बिनौले अलग करना	काख	बगल
औटना	खौलने की क्रिया	काक	कौआ
ओर	तरफ	कड़ाई	कड़ापन
और	तथा	कढ़ाई	कशीदाकारी
कटौती	कमी	खर्राच	अमितव्ययी/खर्चीला
कठौती	काठ का बर्तन	खरोंच	छिल जाने का चिह्न
कीला	खूँटी/कील	ग्रह	सूर्य/चन्द्र आदि नक्षत्र
किला	गढ़	गृह	घर
कुल	वंश	गाड़ी	सवारी/यान
कूल	किनारा	गाढ़ी	घनी
कुट	किला/घर	गिरि	पर्वत
कूट	पहाड़ की चोटी/व्यंग्य	गिरी	बीज का गूदा
कँटीला	काँटेदार	गिरा	वाणी
कटीला	काटने वाला	गिरा	पतित
कांता	सुन्दर स्त्री	गेय	गाने वाला
कांतार	जंगल	ज्ञेय	जो जाना जा सके
कुच	स्तन	गूँथना	सानना
कूच	प्रस्थान	गूथना	पिरोना

शब्द	अर्थ	शब्द	अर्थ
चरित	जीवनी	ताक	घूरकर देखना
चरित्र	आचरण	ताख	दीवार का आला
चित्त	मन	तरणि	सूर्य
चित	पड़ा हुआ	तरणी	नाव
चिर	दीर्घ	तोष	सन्तुष्टि
चीर	कपड़ा	तोश	हिंसा
चपत	थप्पड़	तरंग	लहर
चम्पत	गायब	तुरंग	घोड़ा
चरस	गाँजा/अतर	थति	धरोहर
चरसा	चमड़े का थैला	तिथि	दिनांक
चक्रवाक	चकवा पक्षी	दशा	हालत
चक्रवात	बवण्डर	दिशा	ओर/तरफ
चिता	मुर्दा (जलने वाला)	दारू	शराब/उपचार
चिन्ता	सोचनीय भाव	दारु	लकड़ी
छात्र	विद्यार्थी	दशन	काटना
छत्र	छत	दंशन	दाँत
जूठा	उच्छिष्ट भोजन	दिया	देना
झूठा	असत्यवादी	दीया	दीपक
जरा	थोड़ा/अल्प	दिन	दिवस
जरा	बुढ़ापा	दीन	गरीब
जन्ता	चक्की	दीप	दीपक
जनता	लोग	द्वीप	टापू
जरठ	बूढ़ा	देव	देवता
जठर	पेट	दैव	भाग्य
जुड़ा	संलग्न	दारा	स्त्री
जूड़ा	केशों का बन्धन	द्वारा	मार्फत
जुआ	बैलों के कन्धे की लकड़ी	द्रव	तरल पदार्थ
जूआ	द्यूत क्रीड़ा	द्रव्य	वस्तु
जगत	संसार	धूरा	धूल
जगत	कुएँ का चबूतरा	धुरा	अक्ष
छर	छर्रों के वेग का शब्द	धान	अन्न विशेष
झर	पानी गिरने का स्थान	धन्य	सराहना
डोल	लोहे का बर्तन	नीत	लाया हुआ
डौल	ढाँचा	नीति	सदाचार पद्धति
डोंगी	छोटी नाव	नन्दी	शिवजी का बैल
ढोंगी	पाखण्डी	नान्दी	मंगलाचरण
डीठ	नजर	नाइ	तरह/समान
ढीठ	धृष्ट	नाई	बाल काटने वाला
डाल	वृक्ष की शाखा	नाड़ी	शिरा या नब्ज
ढाल	रक्षक/ढलान	नारी	स्त्री
ढलाई	ढालने की क्रिया	नित	प्रतिदिन
ढिलाई	शिथिलता	नत	झुका हुआ
तप्त	गरम	निर्वाण	मोक्ष
तृप्त	संतुष्ट	निर्माण	बनाना
ताकत	शक्ति/बल	नावक	छोटा तीर
तखत	चारपाई	नाविक	मल्लाह
तरुण	युवा	निमित्त	हेतु
तरु	वृक्ष	नमित	झुका हुआ

शब्द	अर्थ	शब्द	अर्थ
नीर	पानी	परिणति	समाप्ति
नीड़	घोंसला	परिणत	रूपान्तरित
निसान	झण्डा	पीड़ा	दर्द
निशान	चिह्न	पीढ़ा	चौकी
निहित	छिपा हुआ/मौज	पुरी	नगरी
निहत	मारा हुआ	पूरी	पूड़ी/सम्पूर्ण
नियत	निश्चित	पूछ	पूछने की क्रिया
नियति	भाग्य	पूँछ	दुम
नीरद	बादल	प्रेषित	भेजा हुआ
नीरज	कमल	प्रोषित	प्रवासी
परुष	कठोर	फल	खाने वाला फल
पुरुष	नर/मर्द	फाल	हल की नोंक
पट	वस्त्र	फन	सर्प का फन
पट्ट	तख्ती	फन	कला/गुण
परिणाम	फल	बहु	बहुत
परिमाण	मात्रा	बहू	वधू
पास	निकट	बहन	सहोदरा
पाश	बन्धन	वहन	ढोना
प्रदीप	दीपक	बान	आदत
प्रतीप	उल्टा	बाण	तीर
प्रसाद	भोग/कृपा	बार	दफा
प्रासाद	महल	वार	दिन
प्रणाम	अभिवादन शब्द	बास	गंध
प्रमाण	सबूत	वास	निवास
पता	ठिकाना	बात	वार्ता
पत्ता	पर्ण	वात	वायु
पतन	गिरना	बाग	लगाम
पत्तन	बन्दरगाह	बाग़	उद्यान
पड़ना	गिरना	बुरा	खराब
पढ़ना	अध्ययन	बूरा	शक्कर
पथ	रास्ता	बलि	नैवेद्य/पशु बलि
पंथ	मत/सम्प्रदाय	बली	बलवान
पवन	हवा	बाड़	फसल रक्षा घेरा
पावन	पवित्र	बाढ़	प्राकृतिक आपदा
प्रवाह	बहाव	भीत	डरा हुआ
परवाह	फिक्र/ध्यान	भित्ति	दीवार
प्रदेश	प्रान्त	भुवन	संसार
परदेश	विदेश	भवन	घर
प्रचारक	प्रचार करने वाला	मणि	रत्न
परिचारक	सेवक	मणी	साँप
परिणय	विवाह	मानक	स्तर
प्रणय	प्रेम	मानिक	लाल रंग का रत्न
प्रकृत	यथार्थ	मनोज	कामदेव
प्राकृत	एक भाषा	मनोज्ञ	सुन्दर
परिहार	त्याग	मेध	यज्ञ
प्रहार	चोट	मेधा	बुद्धि

शब्द	अर्थ	शब्द	अर्थ
मेदा	पेट	स्वजन	सम्बन्धी/मित्र
मैदा	आटा	श्वजन	कुत्ते का बच्चा
तथागत	भगवान बुद्ध	साम	गेय वेद मन्त्र
यथागत	मूर्ख	शाम	सायं
रसा	तरी	संकरी	संकर का स्त्रीलिंग
रस्सा	मोटी रस्सी	सँकरी	तंग
रेखा	लकीर	श्याम	कृष्ण
लेखा	हिसाब-किताब	स्याम	एशिया का एक देश
लक्ष	लाख	संखिया	विष
लक्ष्य	ध्येय	संख्या	गिनती
बँसी	मछली का काँटा	सूत	धागा
वंशी	मुरली	सुत	बेटा
बदन	शरीर	सर्ग	अध्याय
वदन	चेहरा	स्वर्ग	तीसरा लोक
ब्याज	सूद	सती	पतिव्रता
व्याज	कपट/फरेब	शती	शताब्दी
बादी	गरिष्ठ भोजन	सप्त	सात
वादी	मुद्दई/वक्ता	शप्त	श्राप पाया हुआ
वाद	तर्क	सदेह	सशरीर
विवाद	झगड़ा	सन्देह	शक
वस्तु	चीज़	सागर	समुद्र
वास्तु	मकान	सागर	प्याला
विलक्षण	अद्भुत	सुधि	स्मरण
विचक्षण	चतुर	सुधी	समझदार
व्यग	अपंग	सजा	सजाया हुआ
व्यंग्य	परिहास	सजा	दण्ड
व्यजन	पंखा	सत्त्व	सार
व्यंजन	वर्ण/खाद्य पदार्थ	स्वत्त्व	अधिकार
सकल	सम्पूर्ण	हाल	समाचार
शकल	टुकड़ा	हाला	शराब
शकठ	मचान	हेम	स्वर्ण
शकट	बैलगाड़ी	हिम	बर्फ
संकर	मिश्रित	हंसी	मादा हंस
शंकर	शिवजी	हँसी	हँसने की क्रिया
शशधर	चन्द्रमा	हंसमुख	हंस का मुख
शशिधर	शिव	हँसमुख	मजाकिया
साला	पत्नी का भाई	हल्का	कम वजन
शाला	घर	हलका	क्षेत्र
शिरा	नाड़ी/नालिका	क्षत्र	मुकुट
सिरा	छोर/किनारा	क्षात्र	क्षत्रिय
शूर	वीर	क्षिति	पृथ्वी
सूर	अन्धा	क्षति	हानि
शुक्ल	सफेद	क्षमा	माफ करना
शुल्क	फीस	छमाही	छः महीने का
षष्टि	साठ	ज्ञानी	बुद्धिमान
षष्ठी	छठी	ज्ञान	बुद्धि

अभ्यास प्रश्न

निर्देश (प्र. सं. 1-70 तक) *सभी प्रश्नों के शब्द-युग्म के सही अर्थ-भेद का चयन कीजिए।*

1. अब्ज—अब्द
(a) कमल-वर्ष (b) सुन्दर-लगातार
(c) चढ़ाई-घमण्ड (d) मतलब-धन

2. अपर—अपार
(a) विस्तृत–संकुचित (b) दूसरा–असीम
(c) ऊँचा–अथाह (d) छोटा–हिस्सा

3. अम्बुज—अम्बुद
(a) बादल–कमल (b) समुद्र–बादल
(c) कमल–बादल (d) भ्रमर–मकरन्द

4. अपेक्षा—उपेक्षा
(a) ग्रहण–त्याग (b) निकट–दूर
(c) तिरस्कार–आशा (d) आशा–तिरस्कार

5. अगम—आगम
(a) दुर्लभ–उत्पत्ति (b) शास्त्र–शास्त्री
(c) उत्पत्ति–दुर्लभ (d) स्वानुभूत–अनजान

6. अवर—अपर
(a) अतिरिक्त-निम्न (b) निम्न-अन्य
(c) उच्च-निम्न (d) निम्न-उच्च

7. अभियुक्त—अभ्युक्ति
(a) वादी–प्रतिवादी (b) टिप्पणी–अपराधी
(c) अपराधी–टिप्पणी (d) अभ्यर्थी–नियोक्ता

8. अभिराम—अविराम
(a) सामर्थ्य–उन्नति (b) प्रातःकाल–सायंकाल
(c) लगातार–सुन्दर (d) सुन्दर–लगातार

9. अमित—अमीत
(a) बहुत–शत्रु (b) शत्रु–मित्र
(c) पर्याप्त–अधिक (d) अधिक–न्यून

10. अविरोध—अवरोध
(a) तुरन्त-सहारा (b) मेल-रुकावट
(c) असमर्थ-आरम्भ (d) मेल-तुरन्त

11. आभास—अभ्यास
(a) दृश्य–परिश्रम (b) अनुभूति–कसरत
(c) भ्रम–आदत (d) छाया–प्रतिछाया

12. आसन—आसन्न
(a) योग–ध्यान (b) निकट–दूर
(c) चटाई–बिछाया हुआ (d) बिछौना–निकट आया हुआ

13. आयुक्त—अयुक्त
(a) कमिश्नर–जो उचित न हो (b) अधिकारी–जो कहा न जाए
(c) अनुचित–उच्चाधिकारी (d) संलग्न–अनुचित

14. आद्य—अद्य
(a) वर्तमान–भूत (b) पहला–आज
(c) मर्यादा–अनुचित (d) प्रकाश–वर्तमान

15. आचार—आचार्य
(a) प्रकृति–पुरुष (b) शिक्षक–स्वभाव
(c) रीति-व्यवहार–विद्वान् (d) अनुष्ठान–कथावाचक

16. ईशा—ईषा
(a) महान्–तपस्वी (b) परोपकारी–प्रभुत्व
(c) त्याग–ऐश्वर्य (d) ऐश्वर्य–हल की लम्बी लकड़ी

17. उपल—उत्पल
(a) ओला–कमल (b) ऊपरी–पानी
(c) जवाब–वर्षा (d) कमल–शैवाल

18. ऋत—ऋतु
(a) मौसम–वर्षा (b) सत्य–मौसम
(c) अनित्य–सर्दी (d) ईश्वर–गर्मी

19. उपमान—उपकार
(a) उचित-भलाई (b) सत्य-साधन
(c) तुलना-भलाई (d) वाणी-पतित

20. कर्ण—करण
(a) ऊपर–कर्ता (b) ऊपरी–इन्द्रिय
(c) कोण की भुजा–कारक (d) कान–साधन

21. कंकाल—कंगाल
(a) अस्थिपंजर–दरिद्र (b) कर्कश–भिखारी
(c) अकिंचन–बेईमान (d) दरिद्रता–तुच्छत

22. कक्षा—कच्छा
(a) जाँघिया–छात्र समूह (b) छात्र समूह–जाँघिया
(c) घेरा–परिधान (d) चक्र–व्यायाम

23. कुल—कूल
(a) समस्त–शान्ति (b) योग–ठण्डा
(c) वंश–किनारा (d) ठण्डाई–योग

24. कल्मष—कुल्माष
(a) मन का मैल–सात्विक (b) पाप–पुण्य
(c) कुल्थी, उर्द–कालिख (d) कालिख–कुल्थी, उर्द

25. कृतज्ञ—कृतघ्न
(a) उपकार मानने वाला–उपकार न मानने वाला
(b) उपकारी–अपकारी
(c) अपकारी–उपकारी
(d) उपरोक्त में से कोई नहीं

26. कृपण—कृपाण
(a) तलवार–कंजूस (b) कंजूस–तलवार
(c) अपव्ययी–मितव्ययी (d) मितव्ययी–अपव्ययी

27. कटिबद्ध—कटिबन्ध
(a) करधनी–तैयार (b) तटबंध–कटुत्व
(c) तैयार–कमरबंद (d) कटुत्व–तटबंध

28. केश—केस
(a) मामला–घोड़े की गर्दन के बाल (b) केसर–कस्तूरी
(c) हल्दी–दूब (d) बाल–मुकदमा

29. खाद—खाद्य
(a) उर्वरक–खाने योग्य (b) सड़न–पथ्य
(c) पाथेय–अन्न (d) शीतलपेय–भोजन

30. गणना—गड़ना
(a) संख्या–दबाना (b) गिनती–चुभना
(c) जोड़ना–घटाना (d) योग–भोग

31. गृह—ग्रह
(a) निवास–कक्षा (b) नक्षत्र–मगरमच्छ
(c) घर–नक्षत्र (d) घड़ियाल–तारागण

32. चित्त—चित
(a) दुविधा–थका हुआ (b) पराजित–अन्तःकरण
(c) चंचल–पराजित (d) मन–पीठ के बल पड़ा हुआ

33. अण—अनु
(a) कण–पश्चात् (b) पश्चात्–कण
(c) मिट्टी–पत्थर (d) अनाज-पश्चात्

34. छत्र—क्षत्र
(a) मुकुट–छाता (b) छाता–क्षत्रिय
(c) राजा–सेनापति (d) विद्यार्थी–सैनिक

35. जर-जरा
(a) मूल–रोग (b) बुखार–जला हुआ
(c) दौलत–थोड़ा, अल्प (d) ज्वार-भाटा

36. जुड़ा-जूड़ा
(a) बन्धन–संलग्न (b) व्यसन–द्यूत क्रिया
(c) यौगिक–मिश्रण (d) संलग्न–केश बन्धन

37. तरंग—तुरंग
(a) लहर–घोड़ा (b) आवेश–त्वरित क्रिया
(c) आनन्द–हाथी (d) वैभव–तीव्रगामी

38. तृण—त्राण
(a) साधारण–शोषण (b) तिनका–मुक्ति, छुटकारा
(c) विनम्र–कुटिल (d) कुश की नोंक–आसन

39. तनु—तनू
(a) हल्का–तीक्ष्ण (b) शरीर–प्रिय
(c) पतला–शरीर, देह (d) पुत्र–पतला

40. द्वार—द्वारा
(a) प्रवेश–निकास (b) घर–गृहस्थ
(c) माध्यम–पत्नी (d) दरवाजा–माध्यम

41. धरा—धारा
(a) पृथ्वी–प्रवाह (b) आधार–आवेश
(c) रखा हुआ–तीव्र वेग (d) स्थिर–अस्थिर

42. धन—धना
(a) योग–पत्नी (b) सम्पत्ति–प्रीतम
(c) लाभ–धानी रंग (d) रुपया–भू-सम्पत्ति

43. नारी—नाड़ी
(a) मादा–कमरबन्द (करधनी) (b) महिला–जल निकास
(c) स्त्री–नब्ज (d) एक प्रकार का साग–बथुआ

44. नित—नत
(a) मोक्ष-बनाना (b) वाण-मल्लाह
(c) पानी-ताड़ का रस (d) प्रतिदिन-झुका हुआ

45. निर्वाद—निर्विवाद
(a) भ्रम, निन्दा–बिना विवाद के (b) गन्दगी–समझौता
(c) निष्कासन–भाईचारा (d) सद्गुण–मित्रता

46. परुष—पुरुष
(a) कायर–निडर (b) कठोर–आदमी
(c) निर्भय–बलवान (d) लचीला–बहादुर

47. प्रहार—परिहार
(a) आक्रमण–अपनाना (b) हमला–रक्षा करना
(c) मारना–त्यागना (d) उत्पीड़न–प्रतिज्ञा

48. पर्जन्य—परिजन
(a) आत्मीयजन–सामाजिक लोग (b) अन्न उगाना–आत्मीयजन
(c) सिंचाई–उपकार करना (d) मेघ–परिवार के लोग

49. यथागत—तथागत
(a) मूर्ख–भगवान् बुद्ध (b) आज्ञाकारी–भगवान् महावीर
(c) किंकर्तव्यविमूढ़–पार्श्वनाथ (d) ज्ञानी–नागार्जुन

50. सकल—शकल
(a) सफेद-फीस (b) सम्पूर्ण-टुकड़ा
(c) मचान-बैलगाड़ी (d) विष-गिनती

उत्तरमाला

1.	(a)	2.	(b)	3.	(c)	4.	(d)	5.	(a)	6.	(b)	7.	(c)	8.	(d)	9.	(a)	10.	(b)
11.	(c)	12.	(d)	13.	(a)	14.	(b)	15.	(c)	16.	(d)	17.	(a)	18.	(b)	19.	(c)	20.	(d)
21.	(a)	22.	(b)	23.	(c)	24.	(d)	25.	(a)	26.	(b)	27.	(c)	28.	(d)	29.	(a)	30.	(b)
31.	(c)	32.	(d)	33.	(a)	34.	(b)	35.	(c)	36.	(d)	37.	(a)	38.	(b)	39.	(c)	40.	(d)
41.	(a)	42.	(b)	43.	(c)	44.	(d)	45.	(a)	46.	(b)	47.	(c)	48.	(d)	49.	(a)	50.	(b)

अध्याय 08 अशुद्ध शब्द एवं वाक्यों का शुद्धिकरण

शुद्धता मानव जीवन का आदर्श है। अत: मनुष्य जीवन के प्रत्येक क्षेत्र में शुद्धता चाहता है। भाषा के शुद्ध संयमित, प्रयोग से शिष्टाचार, सहयोग, आत्मीयता, प्रेम सदृश अनेक सद्‌गुणों का विकास होता है। कहावत है— *'बातहिं हाथी पाइए, बातहिं हाथी पाँव* अर्थात् बातचीत अच्छी है तो व्यक्ति को हाथी पर बिठाया जाता है अर्थात् उसे सम्मानित किया जाता है और यदि बातचीत खराब है तो उसे हाथी के पैरों से कुचलवा दिया जाता है अर्थात् उसे दण्डित किया जाता है।

मनुष्य के व्यक्तित्व की पहचान उसकी भाषा से होती है। भाषा का सौन्दर्य श्रेष्ठ विचार, वाक् संयम, सरलता, स्पष्टता और भावों के अनुकूल शब्दों के प्रयोग से पल्लवित होता है। अपने मन के भाव-विचार लिखते समय हम से प्राय: दो प्रकार की अशुद्धियाँ हो जाती हैं

1. शब्द स्तर पर 2. वाक्य स्तर पर हम इनका क्रमिक अध्ययन करते हैं।

अ-आ सम्बन्धी अशुद्धियाँ

अशुद्ध	शुद्ध	अशुद्ध	शुद्ध
अगामी	आगामी	अहार	आहार
नराज	नाराज	परिवारिक	पारिवारिक
बरात	बारात	अधार	आधार
समाजिक	सामाजिक	संसारिक	सांसारिक
व्यवहारिक	व्यावहारिक	लागान	लगान
हस्ताक्षेप	हस्तक्षेप	अकार	आकार

इ,ई सम्बन्धी अशुद्धियाँ

अशुद्ध	शुद्ध	अशुद्ध	शुद्ध
उन्नती	उन्नति	कवी	कवि
शक्ती	शक्ति	भक्ती	भक्ति
दवाईया	दवाइयाँ	परिक्षा	परीक्षा
तिथी	तिथि	बिमारी	बीमारी
क्योंकी	क्योंकि	श्रीमति	श्रीमती

उ,ऊ सम्बन्धी अशुद्धियाँ

अशुद्ध	शुद्ध	अशुद्ध	शुद्ध
गुरू	गुरु	शुरु	शुरू
पुर्व	पूर्व	साधू	साधु
दूकान	दुकान	पुज्य	पूज्य
रूचि	रुचि	नुपुर	नूपुर
लघू	लघु	हिंदु	हिंदू

ऋ सम्बन्धी अशुद्धियाँ

अशुद्ध	शुद्ध	अशुद्ध	शुद्ध
रिण	ऋण	रिषि	ऋषि
रितु	ऋतु	द्रश्य	दृश्य
श्रृंगार	शृंगार	किरपा	कृपा
किरषि	कृषि	क्रिष्ण	कृष्ण
प्रथक	पृथक्	घ्रत	घृत

ए-ऐ सम्बन्धी अशुद्धियाँ

अशुद्ध	शब्द	अशुद्ध	शब्द
सेनिक	सैनिक	इतिहासिक	ऐतिहासिक
ऐकता	एकता	एसा	ऐसा
चाहिऐ	चाहिए	पेसा	पैसा
कसा	कैसा	देनिक	दैनिक

ओ-औ सम्बन्धी अशुद्धियाँ

अशुद्ध	शुद्ध	अशुद्ध	शुद्ध
ओजार	औजार	ओरत	औरत
मोखिक	मौखिक	अलोकिक	अलौकिक
नोकरी	नौकरी	त्यौहार	त्योहार
भोगौलिक	भौगोलिक	औद्‌योगिक	औद्योगिक

अं-अँ सम्बन्धी अशुद्धियाँ

अशुद्ध	शुद्ध	अशुद्ध	शुद्ध
गांव	गाँव	आंख	आँख
मुंह	मुँह	दांत	दाँत
चांद	चाँद	यहां	यहाँ
अंगूर	अँगूर	हंसी	हँसी
सँगम	संगम	आंधी	आँधी

श-ष-स सम्बन्धी अशुद्धियाँ

अशुद्ध	शुद्ध	अशुद्ध	शुद्ध
संतोश	संतोष	शाषन	शासन
कृश्ण	कृष्ण	भासा	भाषा
विकाश	विकास	विनाष	विनाश
देस	देश	नमश्ते	नमस्ते

वाक्य अशुद्धि

हिन्दी में सामान्यत: पाँच प्रकार की अशुद्धियाँ होती हैं

1. वर्तनीगत अशुद्धियाँ
2. शब्द निर्माण की अशुद्धिया
3. शब्द चयन की अशुद्धियाँ
4. अनावश्यक शब्द प्रयोग की अशुद्धियाँ
5. व्याकरण की अशुद्धियाँ

1. वर्तनीगत अशुद्धियाँ

वर्तनीगत अशुद्धियाँ दो प्रकार की होती हैं—स्वर सम्बन्धी अशुद्धियाँ और व्यंजन सम्बन्धी अशुद्धियाँ।

स्वर सम्बन्धी अशुद्धियाँ

क्र.सं.	अशुद्ध	शुद्ध
1.	आप **अनाधिकार** चेष्टा न करें।	आप **अनधिकार** चेष्टा न करें।
2.	महंत जी को **आध्यात्म** का अच्छा ज्ञान है।	महंत जी को **अध्यात्म** का अच्छा ज्ञान है।
3.	**महादेवि आधुनीक** युग की मीरा हैं।	**महादेवी आधुनिक** युग की मीरा हैं।
4.	मेरा **परिक्षा-परणाम** कल घोषित होगा।	मेरा **परीक्षा-परिणाम** कल घोषित होगा।
5.	**अहिल्या** का उद्धार राम ने किया था।	**अहल्या** का उद्धार राम ने किया था।
6.	**धोबन** अपनी **पड़ोसन** के बच्चों को प्यार करने लगी।	**धोबिन** अपनी **पड़ोसिन** के बच्चों को प्यार करने लगी।
7.	श्रीलंका **भरत** के **आधीन** था।	श्रीलंका **भारत** के **अधीन** था।
8.	**वाल्मीकी** संस्कृत के **आदिकवी** माने जाते हैं।	**वाल्मीकि** संस्कृत के **आदिकवि** माने जाते हैं।
9.	**विधाएक** जी **अगामी** रविवार को आएँगे।	**विधायक** जी **आगामी** रविवार को आएँगे।
10.	मेरी **अवाज** संसद में गूँजेगी।	मेरी **आवाज** संसद में गूँजेगी।

व्यंजन सम्बन्धी अशुद्धियाँ

क्र.सं.	अशुद्ध	शुद्ध
1.	प्रातः **प्राड़ायाम** करो।	प्रातः **प्राणायाम** करो।
2.	मैं **तुमारी इक्षा** पूरी करूँगा।	मैं **तुम्हारी इच्छा** पूरी करूँगा।
3.	**शरोबर** में कमल के **पुस्प** खिले हैं।	**सरोवर** में कमल के **पुष्प** खिले हैं।
4.	हिन्दी भाषा का **श्रोत संस्क्रत** है।	हिन्दी भाषा का **स्रोत संस्कृत** है।
5.	हमारा **संघटन** मजबूत है।	हमारा **संगठन** मजबूत है।
6.	सोहन **जबरजस्त** आदमी है।	सोहन **जबरदस्त** आदमी है।
7.	भगवान् **भाष्कर** को **प्रड़ाम** करो।	भगवान् **भास्कर** को **प्रणाम** करो।
8.	हिन्दी संघ की **राज्यभासा** है।	हिन्दी संघ की **राजभाषा** है।
9.	**तल्ला-भुन्ना मस्सालेदार** भोजन **गरिष्ट** होता है।	**तला-भुना मसालेदार** भोजन **गरिष्ठ** होता है।
10.	**वरिष्ट** अधिकारी से **सर्म्पक** करो।	**वरिष्ठ** अधिकारी से **सम्पर्क** करो।

2. शब्द निर्माण की अशुद्धियाँ

क्र.सं.	अशुद्ध	शुद्ध
1.	भारत सबसे बड़ा **लोकतंत्रिक** देश है।	भारत सबसे बड़ा **लोकतान्त्रिक** देश है।
2.	समस्या का **तत्कालिक** समाधान करें।	समस्या का **तात्कालिक** समाधान करें।
3.	गिरीश जी **लब्धप्रतिष्ठित** नेता हैं।	गिरीश जी **लब्धप्रतिष्ठ** नेता हैं।
4.	इस इमारत की इतिहासिकता संदिग्ध है।	इस इमारत की **ऐतिहासिकता** संदिग्ध है।
5.	घटना स्थल पर काफी भीड़ **एकत्रित** हो गई।	घटना स्थल पर काफी भीड़ **एकत्र** हो गई।
6.	आपकी **मनोकामना** पूरी हो।	आपकी **मनःकामना** पूरी हो।
7.	महात्मा जी **यावत्‌जीवन** काशी में रहे।	महात्मा जी **यावज्जीवन** काशी में रहे।
8.	संगम तट पर भिखारियों की **बाहुल्यता** है।	संगम तट पर भिखारियों की **बहुलता** है अथवा संगम तट पर भिखारियों का **बाहुल्य** है।
9.	**श्रद्धामान्** को ही ज्ञान की प्राप्ति होती है।	**श्रद्धावान्** को ही ज्ञान की प्राप्ति होती है।
10.	भगवान् श्रीकृष्ण को **योगीराज** कहा जाता है।	भगवान् श्रीकृष्ण को **योगिराज** कहा जाता है।

3. शब्द चयन की अशुद्धियाँ

क्र.सं.	अशुद्ध	शुद्ध
1.	मन की चंचलता घटने पर **एकाग्रचित्तता** बढ़ती है।	मन की चंचलता घटने पर **एकाग्रता** बढ़ती है।
2.	इस पुस्तक की यही **अच्छाई** है।	इस पुस्तक की यही **विशेषता** है।
3.	आपके कथन से मुझे **शक्ति** मिली है।	आपके कथन से मुझे **बल** मिला है।
4.	रंगशाला में **नाटक का खेल** हुआ।	रंगशाला में **नाटक खेला गया**।
5.	**गले** में पराधीनता की बेड़ियाँ पड़ गईं।	**पैरों** में पराधीनता की बेड़ियाँ पड़ गईं।
6.	आयकर जमा करने में ही तुम्हारी **अच्छाई** है।	आयकर जमा करने में ही तुम्हारी **भलाई** है।
7.	कार्यक्रम की **सभापति** श्रीमती रेखा जैन है	कार्यक्रम की **सभानेत्री** श्रीमती रेखा जैन हैं।
8.	चिड़ियाँ **बोल** रही हैं।	चिड़ियाँ **चहक** रही हैं।

क्र.सं.	अशुद्ध	शुद्ध
9.	प्रेम करना तलवार की **नोंक** पर चलना है।	प्रेम करना तलवार की **धार** पर चलना है।
10.	छात्रों में पारस्परिक **युद्ध** हो गया।	छात्रों में पारस्परिक **लड़ाई** हो गई।

4. अनावश्यक शब्द प्रयोग की अशुद्धियाँ

क्र.सं.	अशुद्ध	शुद्ध
1.	कुछ लोग **परस्पर आपस** में बातें कर रहे थे।	कुछ लोग परस्पर बातें कर रहे थे।
2.	मैंने उनकी बात पर आपत्ति **प्रकट** की।	मैंने उनकी बात पर आपत्ति की।
3.	वह **समस्त** प्राणिमात्र का हितैषी है।	वह प्राणिमात्र का हितैषी है।
4.	आप लोगों का परस्पर **में** सहयोग होना चाहिए।	आप लोगों का परस्पर सहयोग होना चाहिए।
5.	सभी छात्रों में गोपाल **बहुत** श्रेष्ठ है।	सभी छात्रों में गोपाल श्रेष्ठ है।
6.	नेताजी को सब **कोई** जानते हैं।	नेताजी को सब जानते हैं।
7.	यह दवा रोग को समूल **से** नष्ट कर देगी।	यह दवा रोग को समूल नष्ट कर देगी।
8.	व्यापारी ने सारा माल मनोहर के हाथ **में** बेच दिया है।	व्यापारी ने सारा माल मनोहर के हाथ बेच दिया है।
9.	कवि ने प्रकृति की **सुन्दर** शोभा का वर्णन किया है।	कनि ने प्रकृति की शोभा का वर्णन किया है।
10.	आप **कभी भी** किसी समय हमारे घर आएँ।	आप किसी समय हमारे घर आएँ।

5. व्याकरण की अशुद्धियाँ

संज्ञा सम्बन्धी

क्र.सं.	अशुद्ध	शुद्ध
1.	ये **लड़किए** परीक्षा में प्रथम आई है।	ये **लड़की** परीक्षा में प्रथम आई है।
2.	आज **घोड़ा दौड़** भी होगी।	आज **घुड़दौड़** भी होगी।
3.	**चिड़ियामार** पक्षी बेचता है।	**चिड़ीमार** पक्षी बेचता है।
4.	**लोहार लोहा** का सामान बनाता है।	**लुहार लोहे** का सामान बनाता है।
5.	क्या कुछ **अशगुन** हो गया?	क्या कुछ **अपशकुन** हो गया?
6.	**भिखारिणी** को देखकर दया आ गई।	**भिखारिन** को देखकर दया आ गई।
7.	**अल्मोड़े** की बालमिठाई मशहूर है।	**अल्मोड़ा** की बालमिठाई मशहूर है।
8.	अपने **घोड़ा** का इलाज करो।	अपने **घोड़े** का इलाज करो।
9.	**पति** और **स्त्री** बातें कर रहे हैं।	**पति** और **पत्नी** बातें कर रहे हैं।
10.	वह अंग्रेजी बोलने की **कसरत** कर रहा है।	वह अंग्रेजी बोलने का **अभ्यास** कर रहा है।

लिंग सम्बन्धी

क्र.सं.	अशुद्ध	शुद्ध
1.	कल विद्यालय बन्द **रहेगी**।	कल विद्यालय बन्द **रहेगा**।
2.	कृष्ण और राधा मधुवन में **गई**।	कृष्ण और राधा मधुवन में **गए**।
3.	आपकी लिखावट बहुत **अच्छा** है।	आपकी लिखावट बहुत **अच्छी** है।
4.	दही बहुत **खट्टा** है।	दही बहुत **खट्टी** है।
5.	सुधा बड़ी **बुद्धिमान** है।	सुधा बड़ी **बुद्धिमती** है।
6.	सभी स्त्रियाँ **गुणवान** नहीं होती हैं।	सभी स्त्रियाँ **गुणवती** नहीं होती हैं।
7.	उसके मन में लालच बहुत बढ़ **रही** है।	उसके मन में लालच बहुत बढ़ **रहा** है।
8.	सभा को अनेक **विद्वान** महिलाओं ने सम्बोधित किया।	सभा को अनेक **विदुषी** महिलाओं ने सम्बोधित किया।
9.	सुरेश **का** आदत **बड़ा** खराब है।	सुरेश **की** आदत **बड़ी** खराब है।
10.	**हमारा** नाक में दम है।	**हमारी** नाम में दम है।

वचन सम्बन्धी

क्र.सं.	अशुद्ध	शुद्ध
1.	प्यास से मेरे होंठ सूख **रहा है**।	प्यास से मेरे होंठ सूख **रहे हैं**।
2.	पिताजी **आ रहा है**।	पिताजी **आ रहे हैं**।
3.	चार **आदमी** ने नगर की यात्रा की।	चार **आदमियों** ने नगर की यात्रा की।
4.	हमारी कमीज में पाँच **बटनें** हैं।	हमारी कमीज में पाँच **बटन** हैं।
5.	**पाँच किलो आलुओं** के दाम पचास रुपये हैं।	**पाँच किलो आलू** के दाम पचास रुपये हैं।
6.	उसने **चार-पाँच जलेबी** खाईं।	उसने **चार-पाँच जलेबियाँ** खाईं।
7.	मैं **मोटरसाइकिलों** पर सवार होकर गया।	मैं **मोटरसाइकिल** पर सवार होकर गया।
8.	खगवृन्द **कलरव कर रहा था**।	खगवृन्द **कलरव कर रहे थे।**
9.	दस सिपाही **एक साथ आ रहा है**।	दस सिपाही **एक साथ आ रहे हैं**।
10.	आज चेला भी गुरु **का** कान काट रहा है।	आज चेला भी गुरु **के** कान काट रहा है।

कारक सम्बन्धी

क्र.सं.	अशुद्ध	शुद्ध
1.	आप अपनी साइकिल **को** भी लाए हैं।	आप अपनी साइकिल भी लाए हैं।
2.	अतुल घर नहीं है।	अतुल घर **में** नहीं है।
3.	कवि सम्मेलन का दायित्व **आपके ऊपर** है।	कवि सम्मेलन का दायित्व **आप पर** है।
4.	जनता **के अन्दर** असन्तोष है।	जनता **में** असन्तोष है।
5.	**आपने** यह काम करना है।	**आपको** यह काम करना है।
6.	आपके हाथ **में** कुछ नहीं आया।	आपके हाथ कुछ नहीं आया।
7.	वह चाँद **को** देखता है।	वह चाँद देखता है।
8.	आपके नए पते **से** पत्र भेजा है।	आपके नए पते **पर** पत्र भेजा है।
9.	**तुमको** क्या कहें?	**तुम्हें** क्या कहें?
10.	मैंने अपनी आँखों **से** वह घटना देखी।	मैंने अपनी आँखों वह घटना देखी।

सर्वनाम सम्बन्धी

क्र.सं.	अशुद्ध	शुद्ध
1.	**वह** बड़े विद्वान व्यक्ति हैं।	**वे** बड़े विद्वान व्यक्ति हैं।
2.	पिताजी **तुम कहाँ जा रहे हो**?	पिताजी **आप कहाँ जा रहे हैं**?
3.	आप **आपके** विद्यालय जाएँ।	आप **अपने** विद्यालय जाएँ।
4.	उसके पास जो कलम है **यह** हमारा है।	उसके पास जो कलम है **वह** हमारा है
5.	दूध में **कौन** पड़ गया?	दूध में **क्या** पड़ गया?
6.	वहाँ **क्या** जा रहा है?	वहाँ **कौन** जा रहा है?
7.	सन्दूक में **कौन-कौन-सी** वस्तुएँ हैं?	सन्दूक में **क्या-क्या** वस्तुएँ हैं?
8.	हम **हमारे** घर जाएँगे।	हम **अपने** घर जाएँगे।
9.	**उनने** हमारे यहाँ चाय पिया।	**उन्होंने** हमारे यहाँ चाय पी।
10.	**मैंने** अल्मोड़ा जाना है।	**मुझे** अल्मोड़ा जाना है।

विशेषण सम्बन्धी

क्र.सं.	अशुद्ध	शुद्ध
1.	**अधिकांश** लोगों का यही हाल है।	**अधिकतर** लोगों का यही हाल है।
2.	आकाश बहुत **ऊँचा** है।	आकाश बहुत **विशाल** है।
3.	सभी लोग **अपना** काम करें।	सभी लोग **अपना-अपना** काम करें।
4.	किसी **और** लड़के को बुलाओ।	किसी **दूसरे** लड़के को बुलाओ।
5.	**निरपराधी** को दण्ड देना पाप है।	**निरपराध** को दण्ड देना पाप है।
6.	यह **हमारा वाला** घर है।	यह हमारा घर है।
7.	मेरे घर **सुपुत्री** का जन्म हुआ है।	मेरे घर **पुत्री** का जन्म हुआ है।
8.	निराला की दशा **गम्भीर** थी।	निराला की दशा **चिन्ताजनक** थी।
9.	नीरज की **सौभाग्यवती** कन्या का विवाह कल होगा।	नीरज की **सौभाग्यकांक्षिणी** कन्या का विवाह कल होगा।
10.	रमा ने उस दृश्य का सुन्दर चित्रण **उपस्थित** किया।	रमा ने उस दृश्य का सुन्दर चित्रण किया।

क्रिया सम्बन्धी

क्र.सं.	अशुद्ध	शुद्ध
1.	क्या **यह सम्भव हो सकता है**?	क्या **यह सम्भव** है?
2.	मैं इसका कारण **दे सकता** हूँ।	मैं इसका कारण **बता सकता** हूँ।
3.	वहाँ अकस्मात् **अट्टहास हो उठा**।	वहाँ अकस्मात् **अट्टहास हुआ**।
4.	तुम चार बजे तक मेरी **प्रतीक्षा देखना**।	तुम चार बजे तक मेरी **प्रतीक्षा करना**।
5.	इस कथन **का** स्पष्टीकरण **करने** की आवश्यकता है।	इस कथन **के** स्पष्टीकरण की आवश्यकता है।
6.	पुस्तक मेज पर **डाल दो**।	पुस्तक मेज पर **रख दो**।
7.	मैंने बहुत **परिश्रम उठाकर** धन कमाया है।	मैंने बहुत **परिश्रम करके** धन कमाया है।
8.	वह डरकर **दौड़ खड़ा हुआ**।	वह डरकर **भाग खड़ा हुआ**।
9.	उसने नहाकर **भोजन खाया**।	उसने नहाकर **भोजन किया**।
10.	आप इन्हें इतना परेशान क्यों **बना** रहे हैं?	आप इन्हें इतना परेशान क्यों **कर** रहे हैं?

क्रिया-विशेषण सम्बन्धी

क्र.सं.	अशुद्ध	शुद्ध
1.	यह पुस्तक **विद्वतापूर्ण** लिखी गई है।	यह पुस्तक **विद्वतापूर्वक** लिखी गई है।
2.	यह कार्य आपके स्वभाव के **अनुरूप** है।	यह कार्य आपके स्वभाव के **अनुकूल** है।
3.	आपकी आज्ञा के **अनुकूल** कार्य होगा।	आपकी आज्ञा के **अनुसार** कार्य होगा।
4.	आप इस कार्य को **सरलतापूर्ण** कर सकता हैं।	आप इस कार्य को **सरलता से** कर सकते हैं।
5.	आपसे मिलकर **महानतम्** प्रसन्नता हुई।	आपसे मिलकर **अत्यन्त** प्रसन्नता हुई।

अव्यय सम्बन्धी

क्र.सं.	अशुद्ध	शुद्ध
1.	यह पाप है या कि पुण्य।	यह पाप है **या** पुण्य अथवा यह पाप है कि पुण्य।
2.	सीता **तथा** गीता और राधा एक साथ पढ़ती हैं।	सीता, गीता और राधा एक साथ पढ़ती हैं।
3.	शिक्षक ने छात्रों से कहा कि भारत उनका देश है।	शिक्षक ने छात्रों से कहा कि भारत **हमारा** देश है।
4.	यदि वह आता तब मैं जाता।	यदि वह आता **तो** मैं जाता।
5.	वह आ जाए तो **कैसी रहेगी**।	वह आ आए तो **कैसा रहेगा**।
6.	जब मैं पढ़ता हूँ **जभी** तुम आ जाते हो।	जब मैं बढ़ता हूँ **तभी** तुम आ जाते हो।
7.	ज्यों ही मैं स्टेशन पहुँचा **वैसे ही** गाड़ी चल दी।	ज्यों ही मैं स्टेशन पहुँचा **त्यों ही** गाड़ी चल दी।

अभ्यास प्रश्न

1. इनमें से शुद्ध वर्तनी वाला शब्द कौन-सा है?
(a) घनिष्ट (b) गनिष्ट
(c) घनिष्ठ (d) घनिश्ट

2. शुद्ध रूप है
(a) पैत्रिक (b) पैत्रक
(c) पैतृक (d) पैर्तक

3. सही रूप है
(a) इतिहासिक (b) ऐतिहासिक
(c) एतिहासिक (d) ऐतिहसिक

4. निम्नलिखित में से कौन-सा शब्द वर्तनी की दृष्टि से शुद्ध है?
(a) प्रतिनीधी (b) प्रतिनीधि (c) प्रतिनिधी (d) प्रतिनिधि

निर्देश (प्र.सं. 5 और 6) *इन प्रश्नों में एक शब्द के लिए चार वर्तनी दी गई हैं, जिनमें से केवल एक शुद्ध है। उस शुद्ध वर्तनी वाले विकल्प का चयन कीजिए।*

5. (a) अभीव्यक्ति (b) अभिव्यक्ति (c) अभिव्यक्ती (d) अभिवयक्ति

6. (a) अवसिष्ट (b) अवशिष्ट (c) अवशीष्ट (d) अवषिश्ट

7. कौन-सा शब्द सही है?
(a) पूज्यनीय (b) पूजनीय (c) पुजनीय (d) पूजनिय

8. निम्नलिखित में से किसकी वर्तनी शुद्ध है?
(a) प्रार्थ्य (b) चर्ण (c) पूज्यनीय (d) अनुगृहीत

9. इनमें से किस शब्द की वर्तनी शुद्ध है?
(a) उपरोक्त (b) उपर्युक्त (c) उपरियुक्त (d) ऊपरियुक्त

10. 'औदार्य' की तरह 'व्यवहार' शब्द से कौन-सा शब्द ठीक है?
(a) व्यवहार्य (b) व्यावहार्य
(c) व्यवहारी (d) व्यावहारिक

11. निम्नलिखित में से किस शब्द की वर्तनी अशुद्ध है?
(a) अनंग (b) परिहास
(c) व्यंग (d) हास्य

12. वार्तनिक दृष्टि से अशुद्ध विकल्प चुनिए
(a) दुरावस्था (b) मातृभक्त
(c) मनःकामना (d) अन्तर्धान

13. निम्नलिखित में से शुद्ध वर्तनी वाले शब्द का चयन कीजिए
(a) शुसुप्त (b) द्रष्टा
(c) रचइता (d) सृष्टा

14. निम्नांकित में वर्तनी की दृष्टि से अशुद्ध शब्द बताइए।
(a) अनधिकार (b) कवयित्री
(c) पुरस्कार (d) सन्यास

15. व्याकरण की दृष्टि से कौन-सा शब्द अशुद्ध है?
(a) विरहणी (b) गृहिणी
(c) विभीषण (d) जगद्‌गुरु

16. निम्नलिखित में वर्तनी की दृष्टि से कौन-सा शब्द-युग्म शुद्ध है?
(a) बारात, बसंत (b) बारात, वसंत
(c) बरात, वसंत (d) बरात, बसंत

17. शुद्ध वर्तनी पहचानिए
(a) कवयित्री (b) कवियत्री
(c) कवियित्री (d) ये सभी अशुद्ध हैं

18. शुद्ध वर्तनी वाला शब्द है
(a) शुश्रूषा (b) सुश्रूषा (c) शुश्रुषा (d) श्रुशूषा

19. शुद्ध शब्द रूप है
(a) दुरनिवार (b) दुर्नीवार
(c) दुःनिवार (d) दुर्निवार

20. वर्तनी की दृष्टि से शुद्ध शब्द है
(a) इक्षा (b) आव्हान
(c) श्रृंगार (d) प्रत्यूस

21. अधोलिखित में से शुद्ध वर्तनी वाला शब्द है
(a) रचयिता (b) अनुग्रहीत
(c) अहार (d) सृष्टा

22. वर्तनी की दृष्टि से अशुद्ध शब्द है
(a) सदुपदेश (b) तदोपरान्त
(c) वाल्मीकि (d) अकिंचन

निर्देश (प्र.सं. 23-32) *सभी प्रश्नों में चार-चार वाक्य दिए गए हैं, इनमें से एक वाक्य सही है। आपको सही वाक्य चुनना है, वही आपका उत्तर होगा।*

23. (a) अंकुर सातवीं कक्षा में पढ़ता है।
(b) अंकुर सातवें कक्षा में पढ़ता है।
(c) अंकुर सातवें में पढ़ता है।
(d) अंकुर सात कक्षा में पढ़ता है।

24. (a) अपने सभी सामानों को सँभालकर रखिए।
(b) अपने सामान को सँभालकर रखिए।
(c) अपने सामानों को सँभालकर रखिए।
(d) अपनी सामानों को सँभालकर रखिए।

25. (a) आपने आपके घर जाएँ। (b) आप ही आपके घर जाएँ।
(c) आप अपने घर जाएँ। (d) आप आपकी घर जाएँ।

26. (a) आपको आशीर्वाद की आवश्यकता है।
(b) आपका आशीर्वाद आवश्यकीय है।
(c) आपके आशीर्वाद आवश्यक हैं।
(d) आपका आशीर्वाद आवश्यक है।

27. (a) ईश्वर की कृपा से सानन्दित पहुँच गया।
(b) ईश्वर की कृपा से सानन्द पहुँच गया।
(c) ईश्वर की कृपा से आनन्दित पहुँच गया।
(d) ईश्वर की आनन्दित कृपा से पहुँच गया।

28. (a) उनके एक पुत्र है। (b) उनको एक पुत्र है।
(c) उनका एक पुत्र है। (d) उनकी एक पुत्र है।

29. (a) उसने बुद्धिमानता का काम किया।
(b) उसने बुद्धिमानिता का काम किया।
(c) उसने बुद्धिमाननीय काम किया।
(d) उसने बुद्धिमानी का काम किया।

30. (a) उनने हमारे यहाँ चाय पिया।
(b) उन्होंने यहाँ चाय पी।
(c) उन्हें हमारे यहाँ चाय पी।
(d) उनसे हमारे यहाँ चाय पिया।

31. (a) उसने चार-पाँच जलेबी खाईं।
(b) उसने चारों-पाँचों जलेबी खाईं।
(c) उसने चार ही पाँच जलेबी खाईं।
(d) उसने चार-पाँच जलेबियाँ खाईं।

32. (a) उसके पास जो कलम है वह हमारा है।
(b) उसके पास जो कलम है यह हमारा है।
(c) उसके पास जो कलम है सो हमारा है।
(d) उसके पास जो कलम है ये हमारा है।

33. कौन-सा वाक्य शुद्ध है?
(a) रागिनी अपने आप चली गई। (b) रागिनी खुद से चली गई।
(c) रागिनी अपने से ही चली गई। (d) रागिनी आपके आप चली गई।

34. अशुद्ध वाक्य छाँटिए
(a) इसके बाद क्या हुआ? (b) मेरे पास केवल एक घड़ी है।
(c) मेरा चश्मा तुमसे अच्छा है। (d) तुम सबसे सुन्दर हो।

35. शुद्ध वाक्य छाँटिए
(a) वह सब भले लोग हैं।
(b) भीड़ में चार जयपुर के व्यक्ति भी थे।
(c) मनुष्य ईश्वर की उत्कृष्टतम् कृति है।
(d) वह सारे गुप्त रहस्य प्रकट कर देगा।

36. शुद्ध वाक्य छाँटिए
(a) राम को अनुत्तीर्ण होने की आशंका है।
(b) राम को अनुत्तीर्ण होने का शक है।
(c) जंगल में प्रातःकाल के समय बहुत सुहावना दृश्य होता है।
(d) मेरे से मत पूछो।

37. शुद्ध वाक्य छाँटिए
(a) बन्दूक एक उपयोगी अस्त्र है।
(b) यह मेरा पुस्तक है।
(c) इन्हें एक पुत्र है।
(d) भारत में अनेकों जातियाँ हैं।

38. नीचे लिखे वाक्यों में से कौन-सा वाक्य सही है?
(a) उसकी आयु तीस वर्ष है इस समय।
(b) इस समय उसकी अवस्था तीस वर्ष है।
(c) तीस वर्ष की अवस्था है इस समय उसकी।
(d) इस समय तीस वर्ष की अवस्था है उसकी।

39. 'मैंने यह कुर्सी सौ रुपए की खरीदी है' इस वाक्य में दोष है
(a) विशेषण का
(b) क्रिया का
(c) परसर्ग का
(d) क्रिया-विशेषण का

40. 'मैं इतना मीठा चाय नहीं पी सकता' इस वाक्य में दोष है
(a) अन्विति का (b) पदक्रम का
(c) क्रिया का (d) सर्वनाम का

उत्तरमाला

1. *(c)*	2. *(c)*	3. *(b)*	4. *(d)*	5. *(b)*	6. *(b)*	7. *(b)*	8. *(d)*	9. *(b)*	10. *(b)*
11. *(c)*	12. *(a)*	13. *(b)*	14. *(d)*	15. *(a)*	16. *(c)*	17. *(a)*	18. *(a)*	19. *(d)*	20. *(c)*
21. *(a)*	22. *(b)*	23. *(a)*	24. *(b)*	25. *(c)*	26. *(d)*	27. *(b)*	28. *(a)*	29. *(d)*	30. *(b)*
31. *(d)*	32. *(d)*	33. *(a)*	34. *(c)*	35. *(c)*	36. *(a)*	37. *(a)*	38. *(b)*	39. *(c)*	40. *(a)*

अध्याय 09

उपसर्ग-प्रत्यय

उपसर्ग

- 'उपसर्ग' दो शब्दों (उप + सर्ग) के योग से निर्मित हुआ है। 'उप' का अर्थ 'समीप', 'निकट' या 'पास में' है, जबकि 'सर्ग' का अर्थ सृष्टि करना है।
- ऐसे शब्दांश जो शब्दों के प्रारम्भ (आदि) में जुड़कर उनके अर्थ में कुछ विशेषता लाते हैं या नए शब्द का निर्माण करते हैं, उपसर्ग (Prefixes) कहलाते हैं; जैसे—'हार' के पहले 'प्र' उपसर्ग लगा दिया जाए, तो नया शब्द 'प्रहार' बन गया, जिसका नया अर्थ हुआ 'मारना'।
- उपसर्ग को **आदि प्रत्यय** भी कहा जाता है, क्योंकि इसका प्रयोग शब्द के आदि (प्रारम्भ) में किया जाता है।

हिन्दी भाषा में प्रयुक्त होने वाले उपसर्ग निम्न भागों में विभक्त किए जा सकते हैं

1. संस्कृत के उपसर्ग (तत्सम्) [कुल = 22]
2. हिन्दी के उपसर्ग (तद्भव) [कुल = 10]
3. आगत उपसर्ग (उर्दू/अरबी-फ़ारसी/अंग्रेज़ी)

1. संस्कृत के उपसर्ग (तत्सम्)

संस्कृत के कुल 22 उपसर्ग हैं किन्तु 'निस्', 'निर्' तथा 'दुस्', 'दुर्' में कोई अन्तर नहीं होता है, अतः 'संस्कृत' भाषा के 19 उपसर्ग उन तत्सम् शब्दों के साथ प्रयुक्त होते हैं जिनका प्रयोग 'हिन्दी' भाषा में होता है, इसलिए इन्हें 'तत्सम्' उपसर्ग भी कहा जाता है।

संस्कृत के उपसर्ग

उपसर्ग	अर्थ	उदाहरण
अति	अधिक, सीमा से परे	अतिवृद्धि, अत्युक्ति, अत्याचार
अधि	अधिक, ऊपर, श्रेष्ठ समीपता	अधिकृत, अध्यवसाय, अधिकार
अनु	पीछे, क्रम, समानता	अनुमान, अनुकूल, अनुप्रास
अप	बुरा, अभाव, विपरीत	अपराध, अपहरण, अपशब्द
अभि	सामने, अधिक, अच्छा	अभिमान, अभिलाषा, अभियान
अव	पतन, हीनता	अवनति, अवगुण, अवमानना
आ	तक, सब तरफ से, ओर	आदर, आडम्बर, आचरण
उत्, उद्	ऊपर, अधिक	उद्भव, उत्संग, उद्गम, उत्पात, उत्पन्न
उप	समीप, सहायक, छोटा	उपयुक्त, उपहार, उपद्रव, उपसम्पादक
दुः (दुर्, दुस्)	बुरा, दुष्ट, कठिन	दुर्गम, दुष्कर, दुर्लंघ्य, दुर्लभ, दुर्जन
नि	बहुत-नीचे, अलावा	निवास, निवेदन, निकट, निबन्ध, निदान
निः (निस्, निर्)	बिना, बाहर, निषेध	निर्देश, निराकरण, निर्जीव, निष्काम, निःशब्द
परा	विपरीत, अनादर	पराधीन, पराकाष्ठा, परार्द्ध, परामर्श, पराविद्या
परि	चारों ओर, आस-पास	परिचय, परिणाम, परिसर, परित्याग
प्र	अधिक, ऊपर, आगे, गति	प्रणाम, प्रख्यात, प्रगति, प्रवेग, प्रयोग
प्रति	विपरीत, समान, प्रत्येक परिवर्तन	प्रतिकूल, प्रतिमूर्ति, प्रतिदिन, प्रतिहिंसा
वि	विशेष, रहित, विपरीत भिन्न	विहार, विरह, विपक्ष, वियोग, विदेश, विवाद, विमर्श
सम्	संयोग, पूर्णता	सन्तोष, संचय, सम्भाषण, सन्देश
सु	अच्छा, सरल	स्वागत, सुवासित, सुअवसर, सुकवि

2. हिन्दी के उपसर्ग (तद्भव)

हिन्दी के उपसर्ग मूलतः संस्कृत से ही विकसित हुए हैं। इनकी कुल संख्या 10 है, जो निम्न हैं

हिन्दी के उपसर्ग

उपसर्ग	अर्थ	उदाहरण
अ/अन्	निषेध, अभाव	अपढ़, अलग, अनाम, अजान, अथाह, अनपढ़, अनमोल, अनगढ़, अनिच्छा
अध्	आधा	अधखिला, अधपका, अधकचरा
उन	एक कम	उनचास, उनहत्तर, उनतालीस
औ (अव)	हीनता, नहीं	औघड़, औघट, अवगुण
क, कु	बुरा	कुपात्र, कुलेख कुपूत, कुचाल
स, सु	अच्छा, सहित	सगोत्र, सरस, सहित, सजग, सुकर्म, सुपूत, सुजान
दु	बुरा, हीन	दुकाल, दुलारा, दुसाध्य
नि	नहीं, अभाव	निधड़क, निडर, निकम्मा
बिन	बिना, निषेध	बिनबादल, बिनपाए, बिनब्याहा
भर	पूरा	भरपूर, भरपेट, भरमार, भरसक

3. आगत उपसर्ग (विदेशी)

हिन्दी में विदेशी भाषाओं से आए आगत उपसर्ग मुख्यत: उर्दू (अरबी, फ़ारसी) भाषा से विकसित हुए हैं, जो निम्न हैं

उर्दू के उपसर्ग (अरबी, फ़ारसी)

उपसर्ग	अर्थ	उदाहरण
कम	थोड़ा, हीन	कमज़ोर, कमअक्ल, कमउम्र
खुश	अच्छा	खुशबू, खुशदिल, खुशहाल
गैर	नहीं, अभाव	गैरहाजिर, गैर-कानूनी, गैर-सरकारी
दर	में	दरअसल, दरमियान, दरकार
ना	अभाव	नापसन्द, नासमझ, नाराज़
ब	अनुसार में	बनाम, बदस्तूर, बदौलत
अल	निश्चित	अलबत्ता, अलमस्त, अलगरज़
बिल	के साथ	बिल्कुल, बिलआखिर, बिलवजह
बर	ऊपर, पर, बाहर	बरदाश्त, बरखास्त
फ़िल/फी	में, प्रति	फिलहाल, फ़ीआदमी
बद	बुरा	बदमाश, बदनीयत, बदतमीज़
बा	साथ	बाइंसाफ, बाकायदा, बावफा
बिला	बिना	बिलाकसूर, बिलाशक
बे	बिना	बेइमान, बेचारा
ला	बिना	लाचार, लाजबाव
सर	मुख्य	सरदार, सरताज
हम	बराबर	हमउम्र, हमवतन
हर	प्रत्येक	हररोज, हरएक

अंग्रेजी के उपसर्ग

हिन्दी में विदेशी भाषा (अंग्रेजी) से आए आगत उपसर्ग मुख्यत: निम्न हैं

अंग्रेज़ी के उपसर्ग

उपसर्ग	अर्थ	उदाहरण
सब	अधीन, नीचे	सब-जज, सब-कमेटी
डिप्टी	सहायक	डिप्टी कलेक्टर, डिप्टी रजिस्ट्रार
वाइस	सहायक	वाइसराय, वाइस चांसलर
जनरल	प्रधान	जनरल मैनेजर, जनरल सेक्रेटरी
चीफ	प्रमुख	चीफ-मिनिस्टर, चीफ-इन्जीनियर
हेड	मुख्य	हेड मास्टर, हेड क्लर्क
डबल	दुगुना	डबलरोटी, डबल बेड
फुल	पूरा	फुल शर्ट, फुल प्रूफ
हाफ	आधा	हाफ शर्ट, हाफ पैंट

प्रत्यय

- 'प्रत्यय' दो शब्दों से बना है— प्रति + अय। 'प्रति' का अर्थ है 'साथ में, पर बाद में जबकि 'अय' का अर्थ 'चलने वाला' है। अत: 'प्रत्यय' का अर्थ हुआ—शब्दों के साथ, पर बाद में चलने वाला या लगने वाला।
- ऐसे शब्दांश जो शब्दों के अन्त में जुड़कर उनके अर्थ में कुछ परिवर्तन कर देते हैं या नए शब्द का निर्माण करते हैं, प्रत्यय (Suffixes) कहलाते हैं; जैसे— सफल + ता = सफलता
  अच्छा + ई = अच्छाई

यहाँ 'ता' और 'आई' दोनों शब्दांश प्रत्यय हैं, जो 'सफल' और 'अच्छा' मूल शब्द के बाद में जोड़ दिए जाने पर 'सफलता' और 'अच्छाई' शब्द की रचना करते हैं।

प्रत्यय के भेद

प्रत्यय के दो भेद कृत् प्रत्यय व तद्धित प्रत्यय होते हैं

1. कृत् प्रत्यय

- वे प्रत्यय जो क्रिया या धातु के अन्त में प्रयुक्त होते हैं, कृत् प्रत्यय कहलाते हैं। कृत् प्रत्यय से बने शब्द कृदन्त शब्द कहलाते हैं;
- जैसे-पढ़ना (क्रियापद) + वाला (कृत् प्रत्यय) = पढ़ने वाला (कृदन्त शब्द)। कृदन्त या कृत् प्रत्यय पाँच प्रकार के होते हैं
  1. कर्तृवाचक कृदन्त
  2. कर्मवाचक कृदन्त
  3. करणवाचक कृदन्त
  4. भाववाचक कृदन्त
  5. क्रियावाचक कृदन्त
- हिन्दी एवं संस्कृत के कृत् प्रत्ययों का हिन्दी भाषा में महत्त्वपूर्ण स्थान है। हिन्दी के लगभग सभी कृत् प्रत्यय संस्कृत के कृत् प्रत्ययों से ही विकसित हुए हैं। हिन्दी एवं संस्कृत के महत्त्वपूर्ण कृत् प्रत्यय निम्नलिखित हैं

हिन्दी के कृत् प्रत्यय

प्रत्यय	मूल क्रिया	उदाहरण
अ	लूट्, खेल्	लूट, खेल
अक	लेख, पाठ	लेखक, गायक, पाठक
अन्त	लड़, पिट्	लड़न्त, पिटन्त
आई	खेल, लिख्	खेलाई, लिखाई
आऊ	टिक्, खा	टिकाऊ, खाऊ
आहट	घबर, झनझन	घबराहट, झनझनाहट
आस	पी, मीठा	प्यास, मिठास
औता, औती	समझ, चुन्	समझौता, चुनौती
इया	छल, घट	छलिया, घटिया
ई	घुड़क्, लग्	घुड़की, लगी
ऊ	मार्, काट्	मारू, काटू
एरा	लूट्, बस्	लुटेरा, बसेरा
ऐया	हँस, बच	हँसैया, बचैया

प्रत्यय	मूल क्रिया	उदाहरण
ऐत	लड़, बिगड़	लड़ैत, बिगड़ैत
का	छील, फूल	छिलका, फूलका
ना	ओढ़, पढ़	ओढ़ना, पढ़ना, खाना
नी	चट, छल	चटनी, छलनी, कहानी
वाला	जा, सो	जानेवाला, सोनेवाला

संस्कृत के कृत् प्रत्यय

प्रत्यय	मूल धातु	उदाहरण
क्तिन् (ति)	दृश्, कृ	दृष्टि, कृति
तव्य	गम्, रक्ष्	गन्तव्य, रक्षितव्य
क्त	पठ्, दा	पठित, दत्त
अनीय	कथ्, रक्ष	कथनीय, रक्षणीय
यत् (य)	लभ्, गम्	लभ्य, गम्य
तृच् (तृ)	दा, कृ	दातृ, कर्तृ
अक्	पाठ्, लेख	पाठक, लेखक
धञ्	धृ, भृ	धर, भर

2. तद्धित प्रत्यय

- वे प्रत्यय जो क्रिया या धातु को छोड़कर अन्य शब्दों; जैसे-संज्ञा, सर्वनाम, विशेषण व अव्यय में जुड़ते हैं, तद्धित प्रत्यय कहलाते हैं।
- तद्धित प्रत्यय से बने शब्द **तद्धितांत** शब्द कहलाते हैं; जैसे-नील + इमा = नीलिमा; यहाँ 'इमा' तद्धित प्रत्यय तथा 'नीलिमा' तद्धितांत शब्द है।
- हिन्दी के लगभग सभी तद्धित प्रत्यय संस्कृत के तद्धित प्रत्ययों से ही विकसित हुए हैं।
- तद्धित प्रत्यय के नौ भेद होते हैं

i. कर्तृवाचक	ii. भाववाचक	iii. सम्बन्धवाचक
iv. गणनावाचक	v. गुणवाचक	vi. स्थानवाचक
vii. सादृश्यवाचक	viii. ऊनवाचक	ix. स्त्रीवाचक

हिन्दी के तद्धित प्रत्यय

प्रत्यय	मूल शब्द	उदाहरण
आ	भूख, प्यास	भूखा, प्यासा
आई	विदा, ठाकुर	विदाई, ठकुराई
आलु	दया, श्रद्धा	दयालु, श्रद्धालु
आन	ऊँचा, नीचा	ऊँचान, निचान
आना	तेलंग, बघेल	तेलंगाना, बघेलाना
आर	कुम्भ, सोना	कुम्भार, सोनार
इया	दुःख, भोजपुर	दुखिया, भोजपुरिया
इमा	लालि, अरूण	लालिमा, महिमा, अरुणिमा
इक	शरीर, धर्म	शारीरिक, नैतिक, धार्मिक
इत	पुष्प, आनन्द	पुष्पित, आनंदित, क्रोधित
ई	खेत, सुस्त	खेती, सुस्ती
ईला	रंग, जहर	रंगीला, जहरीला
उ	दया, कृपा	दयालु, कृपालु, शंकालु
ऊ	गँवार, बाज़ार	गँवारू, बाज़ारू
एरा	मामा, चाचा	ममेरा, चचेरा
एड़ी	भांग, गाँजा	भँगेड़ी, गँजेड़ी
ऐला	विष, कस	विषैला, कसैला
औती	काठ, मान	कठौती, मनौती
ओला	साँप, खाट	सँपोला, खटोला

संस्कृत के तद्धित प्रत्यय

प्रत्यय	मूल शब्द	उदाहरण
अ	मृदु, गुरु	मार्दव, गौरव
आयन	तिलक, वत्स	तिलकायन, वात्स्यायन
इक	मुख, मातृ	मौखिक, मातृक
इत्	पुष्प, तृषा	पुष्पित, तृषित
इम्	पश्च, अग्र	पश्चिम, अग्रिम
इमा	हरित, महा	हरीतिमा, महिमा
इय्	क्षत्र	क्षत्रिय
इष्ठ	भूमि, धर्म	भूमिष्ठ, धर्मिष्ठ
ई	वसन्त, लोभ	वसन्ती, लोभी
ईन्	काल, नव	कालीन, नवीन
ईय	मत्, नगर	मदीय, नगरीय
ता	शिशु, लघु	शिशुता, लघुता
त्व	पुरुष, स्त्री	पुरुषत्व, स्त्रीत्व
त्र	यत्, कु	यत्र, कुत्र
था	सर्व, अन्य	सर्वथा, अन्यथा
दा	फल, सर्व	फलदा, सर्वदा
धा	द्वि, बहु	द्विधा, बहुधा
मान्	शक्ति, श्री	शक्तिमान्, श्रीमान्
वान्	श्रद्धा, धन	श्रद्धावान्, धनवान्
वत्	पुत्र, ब्राह्मण	पुत्रवत्, ब्राह्मणवत्
वी	यश, तेज	यशस्वी, तेजस्वी

स्रोतों के आधार पर प्रत्ययों का विभाजन

हिन्दी भाषा के कुछ विद्वान् प्रत्यय के वर्गीकरण कृत् एवं तद्धित् प्रत्यय को सही नहीं मानते, क्योंकि हिन्दी भाषा में ऐसे अनेक प्रत्यय हैं जो धातु में जुड़ते हैं तथा संज्ञा में जुड़ते हैं; जैसे—

आई— लिखा + आई (लिखाई) —*कृत् प्रत्यय*

विदा + आई (विदाई) —*तद्धित प्रत्यय*

आहट— घबर + आहट (घबराहट) —*कृत् प्रत्यय*

चिकना + आहट (चिकनाहट) —*तद्धित प्रत्यय*

इसलिए हिन्दी भाषा के विद्वानों ने इतिहास या स्रोत के आधार पर प्रत्ययों को चार भागों में बाँटा गया है

1. देशज प्रत्यय
2. विदेशज प्रत्यय
3. तत्सम प्रत्यय
4. तद्‌भव प्रत्यय

1. देशज प्रत्यय

प्रत्यय	मूल शब्द	उदाहरण
अक्कड़	पी, घूम्	पिअक्कड़, घुमक्कड़
आवट	बन्, दिख्	बनावट, दिखावट
इयल	मर्, अड़	मरियल, अड़ियल
अड़	अंध्, भूख	अंधड़, भुक्खड़
आटा	फर्र्, खर्र्	फर्राटा, खर्राटा

2. विदेशज प्रत्यय

उर्दू एवं फ़ारसी के प्रत्यय

प्रत्यय	मूल शब्द	उदाहरण
आनी	बर्फ, रूह	बर्फानी, रूहानी
इयत	इंसान, खैर	इंसानियत, खैरियत
चा/ची	वाला	बगीचा, डोलची
गार	करने वाला	मद्दगार, रोजगार
गी.	भाव प्रधानता	जिंदगी, गन्दगी
मन्द	अक्ल, जरूरत	अक्लमन्द, ज़रूरतमन्द
बाज/बाजी	चाल, धोखा	चालबाज, धोखेबाज
दार	कर्म प्रधान	ईमानदार, कर्जदार
कार	पेश, काश्त	पेशकार, काश्तकार
खाना	डाक, मुर्गी	डाकखाना, मुर्गीखाना
खोर	रिश्वत, चुगल	रिश्वतखोर, चुगलखोर
दान	कलम, पान	कलमदान, पानदान
दार	फल, माल	फलदार, मालदार
आ	खराब, चश्म	खराबा, चश्मा
आब	गुल, जूल	गुलाब, जुलाब
इन्दा	बसि, चुनि	बसिन्दा, चुनिन्दा

अंग्रेजी के प्रत्यय

प्रत्यय	मूल शब्द	उदाहरण
अर	पेंट, डेंट	पेन्टर, डेन्टर
आइट	नक्सल	नक्सलाइट
इयन	द्रविड़	द्रविड़ियन
इज्म	कम्यून, बुद्ध	कम्यूनिज्म, बुद्धिज्म
इस्ट	कम्यु, सोशल	कम्युनिस्ट, सोशललिस्ट

3. तत्सम प्रत्यय

प्रत्यय	मूल शब्द	उदाहरण
आ	पूज्, कथ्	पूजा, कथा
आनी	देव, भव	देवरानी, भवानी
ईन	कुल, युग	कुलीन, युगीन
ईय	भारत, भवत्	भारतीय, भवदीय
इत	फल, पुष्प	फलित, पुष्पित
इक	लोक, वेद	लौकिक, वैदिक
कार	पत्र, लेख	पत्रकार, लेखाकार
तया	साधारण, मुख्यत्	साधारणतया, मुख्यतया
ता	कोमल, मम	कोमलता, ममता
तम	उच्च, निकट	उच्चतम, निकटतम
त्व	लघु, कवि	लघुत्व, कवित्व
आयु	अल्प, दीर्घ	अल्पायु, दीर्घायु
लु	दया, कृपा	दयालु, कृपालु
मान्	विद्या, बुद्धि	विद्यामान, बुद्धिमान
वान्	गुण, बल	गुणवान, बलवान

4. तद्‌भव प्रत्यय

प्रत्यय	मूल शब्द	उदाहरण
आ	सफ़ेद, चश्म	सफ़ेदा, चश्मा
आना	मर्द, मस्त	मर्दाना, मस्ताना
आनी	जिस्म, रुह	ज़िस्मानी, रुहानी
ई	खुश, दुःख	खुशी, दुःखी
इचा	बाग, दरी	बागीचा, दरीचा
कार	पेश, काश्त	पेशकार, काश्तकार
खाना	डाक, मुर्गी	डाकखाना, मुर्गीखाना
खोर	रिश्वत, चुगल	रिश्वतखोर, चुगलखोर
गी	मर्दाना, गंद	मर्दानगी, गंदगी
गार	मदद, रोज़	मददगार, रोज़गार

अभ्यास प्रश्न

1. उपसर्ग-प्रत्यय है
(a) शब्द (b) धातु (c) शब्दांश (d) वर्ण

2. उपसर्ग को कहते हैं
(a) अन्त्य प्रत्यय (b) आदि प्रत्यय
(c) मध्य प्रत्यय (d) इनमें से कोई नहीं

3. उपसर्ग शब्द की व्युत्पत्ति है
(a) उपर्स + ग (b) उप + सर्ग
(c) उ + पसर्ग (d) उपस + र्ग

4. उपसर्ग के नहीं किए जा सकते हैं
(a) खण्ड (b) सार्थक खण्ड
(c) निरर्थक खण्ड (d) इनमें से कोई नहीं

5. उपसर्ग का प्रयोग कहाँ होता है?
(a) शब्द के आदि में (b) शब्द के मध्य में
(c) शब्द के अन्त में (d) इनमें से कोई नहीं

6. 'उत्कर्ष' शब्द में उपसर्ग है
(a) उत (b) उत्
(c) उतक (d) इनमें से कोई नहीं

7. 'निष्कपट' शब्द में उपसर्ग है
(a) निष (b) निष् (c) निस् (d) निस

8. 'जय' शब्द में कौन-सा उपसर्ग लगाने से वह 'जय' का विलोमार्थक हो जाता है?
(a) वि (b) परि (c) परा (d) अ

9. किस शब्द में उपसर्ग का प्रयोग हुआ है?
(a) उपकार (b) लाभदायक (c) अपनापन (d) समझदार

10. निम्नलिखित में से कौन-सा उपसर्ग रहित शब्द है?
(a) संयोग (b) विदेश
(c) अत्यधिक (d) सुरेश

11. 'अत्यन्त' में कौन-सा उपसर्ग है?
(a) अ (b) अति (c) अन्त (d) अ

12. इन्दिरा गाँधी के मन्त्रिमण्डल में मोरारजी देसाई उप-प्रधानमन्त्री भी रह चुके थे। 'उप-प्रधानमन्त्री' में प्रयुक्त उपसर्ग है
(a) तत्सम उपसर्ग (b) तद्भव उपसर्ग
(c) विदेशज उपसर्ग (d) देशज उपसर्ग

13. 'प्रत्यय' शब्द निर्मित है
(a) प्रत् + अय (b) प्रत्य + य (c) प्रति + अय (d) प्रति + य

14. 'प्रत्यय' लगाए जाते हैं
(a) शब्द के आदि में (b) शब्द के मध्य में
(c) शब्द के अन्त में (d) इनमें से कोई नहीं

15. जो शब्द के अन्त में जुड़कर उसके अर्थ या भाव में परिवर्तन कर देते हैं, उसे क्या कहते हैं?
(a) समास (b) अव्यय
(c) उपसर्ग (d) प्रत्यय

16. 'कृत्' प्रत्यय किन शब्दों के साथ जुड़ते हैं?
(a) संज्ञा (b) सर्वनाम
(c) विशेषण (d) क्रिया

17. निम्नलिखित में कौन-सा पद 'इक' प्रत्यय से नहीं बना है?
(a) दैविक (b) सामाजिक
(c) भौमिक (d) इनमें से कोई नहीं

18. 'अनुज' शब्द को स्त्रीवाचक बनाने के लिए किस प्रत्यय का प्रयोग किया जाता है?
(a) आई (b) ईय (c) आ (d) ई

19. 'सनसनाहट' में कौन-सा प्रत्यय है?
(a) सन (b) सनसन (c) हट (d) आहट

20. 'दासत्व' में प्रत्यय है
(a) त्व (b) सत्व (c) व (d) तव

21. संज्ञा, सर्वनाम, विशेषण, क्रिया-विशेषण आदि के साथ लगने वाले प्रत्यय कहलाते हैं
(a) तद्धित (b) कृत् (c) स्त्री (d) ये सभी

22. किस शब्द में 'हार' प्रत्यय नहीं है?
(a) लुहार (b) खेवनहार (c) जाननहार (d) पालनहार

23. 'उल्लंघन' में कौन-सा उपसर्ग है?
(a) उल् (b) उ (c) उत् (d) न

24. 'साहित्यिक' में कौन-सा प्रत्यय है?
(a) इक (b) इत्यिक (c) सा (d) क

25. 'बहिर्मुखी' शब्द में कौन-सा उपसर्ग है?
(a) बहिस (b) बहि (c) बहिर् (d) बहिर

26. शीला तभी नाचेगी जब उसे पूरे पैसे मिलेंगे, इस वाक्य में रेखांकित शब्द की रचना हुई है
(a) तब + भी (b) तब + ही
(c) तभ + ई (d) तब + ई

27. 'गवैया' किस प्रत्यय का शुद्ध रूप है?
(a) कर्तृवाच्य (b) कर्मवाचक कृत् प्रत्यय
(c) करणवाचक कृत् प्रत्यय (d) भाववाचक कृत् प्रत्यय

28. किस शब्द में 'अन्' उपसर्ग का प्रयोग नहीं हुआ है?
(a) अनिच्छा (b) अनुचित (c) अनुपम (d) अनुगमन

29. एक से अधिक उपसर्गों से बना शब्द है
(a) असुरक्षित (b) अत्याचार
(c) अधकचरा (d) पर्यावरण

30. 'अप्रत्याशित' शब्द में मूल शब्द है
(a) प्रत्याशित (b) आशा
(c) आशित (d) प्रत्य

31. निम्नलिखित में से कौन-सा शब्द प्रत्यय से बना है?
(a) देहदान (b) पीकदान (c) जीवनदान (d) धनदान

32. कौन-सा शब्द प्रत्यय से नहीं बना है?
(a) नवल (b) मृदुल
(c) बहुत (d) निगल

33. किस शब्द में प्रत्यय नहीं है?
(a) गन्तव्य (b) वैधव्य
(c) ज्ञातव्य (d) द्रष्टव्य

34. किस शब्द में प्रत्यय है?
(a) ननिहाल (b) बेहाल (c) खुशहाल (d) बहाल

35. 'स्वयंवर' शब्द में कौन-सा उपसर्ग है?
(a) स्व (b) स (c) स्वयं (d) सम्

36. इनमें से एक उपसर्ग नहीं है
(a) अ (b) स (c) कु (d) ता

37. उपसर्ग युक्त शब्द है
(a) आहार-विहार (b) चढ़ावा-चढ़ाई
(c) भुलावा-छलावा (d) डूबता-बहता

38. क्रिया के अन्त में लगकर बने यौगिक शब्दों को कहते हैं
(a) प्रत्यय (b) स्त्री प्रत्यय
(c) तद्धितान्त (d) कृदन्त

39. 'धुंधला' शब्द में प्रयुक्त प्रत्यय है
(a) धुं (b) धुंध
(c) ला (d) इनमें से कोई नहीं

40. 'निर्वासित' शब्द में प्रयुक्त प्रत्यय है
(a) इक (b) नि (c) सित (d) इत

41. किस शब्द में उपसर्ग नहीं है?
(a) अपवाद (b) पराजय
(c) प्रभाव (d) ओढ़ना

42. 'अभ्यागत' शब्द में उपसर्ग है
(a) अभि (b) अ (c) अभ्य (d) अंभ

43. निम्नलिखित में से किस शब्द में प्रत्यय नहीं है?
(a) गुणवान (b) दूजा (c) इकहरा (d) दुबला

44. उपसर्ग को कहते हैं
(a) शब्दांश (b) वाक्यांश (c) शब्द (d) पद

45. इनमें से नया उपसर्ग नहीं है?
(a) अ (b) चिर (c) प्रति (d) इका

46. महान शब्द में 'त्व' प्रत्यय जोड़ने से शब्द बनेगा?
(a) महनीय (b) महत्ता (c) महत्व (d) महती

47. 'प्रत्यय' शब्द कितने शब्दों से बना है?
(a) दो (b) तीन (c) चार (d) छः

48. निम्नलिखित में से कौन-सा उपसर्ग रहित शब्द है?
(a) सुयोग (b) सुरेश
(c) विदेश (d) अत्यधिक

49. किस शब्द में 'अव' उपसर्ग का प्रयोग नहीं हुआ है?
(a) अवनद्ध (b) अवलेह
(c) अवेक्षण (d) अवधी

50. ……… वे शब्दांश हैं जो किसी शब्द से पूर्व लगकर उस शब्द का अर्थ बदल देते हैं।
(a) उपसर्ग (b) प्रत्यय (c) पद (d) पदबन्ध

51. 'अना' प्रत्यय से कौन-सा शब्द बनेगा?
(a) भावना (b) कामना
(c) 'a' और 'b' दोनों (d) पढ़नी

52. 'अध्यक्ष' में कौन-सा उपसर्ग है?
(a) अभि (b) अधि (c) अत (d) अद

53. 'संग्राम' में उपसर्ग बताइए।
(a) सन (b) सम् (c) स (d) सत

54. 'सावधानी' में कौन-सा प्रत्यय है?
(a) नी (b) धानी (c) ई (d) आनी

55. 'जिन्दगी' में कौन-सा प्रत्यय है?
(a) गी (b) ई (c) दगी (d) यी

56. निम्नलिखित शब्दों में किसमें उपसर्ग का निर्देश अशुद्ध है?
(a) निम् + अज्जित = निमज्जित (b) उत् + ग्रीव = उद्गीव
(c) अध + सेरा = अधसेरा (d) नि + खरा = निखरा

57. 'नीलिमा' शब्द में प्रयुक्त प्रत्यय है
(a) इमा (b) लिमा (c) नी (d) मा

58. 'निश्चितता' मूल शब्द से जुड़े उपसर्ग-प्रत्यय सही है
(a) निः + चिंत + ता (b) निः + चिन्त + ता
(c) नि + चिंत + ता (d) निश् + चिंत + ता

59. 'प्राक्तन' शब्द में उपसर्ग एवं मूल शब्द का सही विकल्प है
(a) प्रा + तन (b) प्राक् + तन
(c) पर् + तन (d) प्रा + कतन

60. 'प्रागैतिहासिक' में किस उपसर्ग का प्रयोग हुआ है?
(a) प्राक् (b) प्राग (c) प्रा (d) प्रागैति

61. 'सरकार' शब्द में कौन-सा उपसर्ग है?
(a) स (b) सर (c) कार (d) सरक

62. निम्नलिखित विकल्पों में से उपसर्ग-रहित शब्द है
(a) विज्ञान (b) अधिवक्ता
(c) प्राचार्य (d) छात्र

63. इनमें से कौन-सा शब्द 'ओड़ा' प्रत्यय से बना है?
(a) हसोड़ा (b) हसोरा (c) हंसोड (d) हँसोड़ा

64. इनमें से कौन-सा शब्द 'गार' प्रत्यय से बना शब्द है?
(a) मदगर (b) मददगार (c) कमगर (d) कामगार

65. निम्नांकित में तद्धित प्रत्ययान्त शब्द बताइए।
(a) शान्त (b) निन्दित (c) पतित (d) आदित्य

उत्तरमाला

1. *(c)*	2. *(b)*	3. *(b)*	4. *(b)*	5. *(a)*	6. *(b)*	7. *(c)*	8. *(c)*	9. *(a)*	10. *(d)*
11. *(b)*	12. *(a)*	13. *(c)*	14. *(c)*	15. *(d)*	16. *(d)*	17. *(d)*	18. *(c)*	19. *(d)*	20. *(a)*
21. *(a)*	22. *(a)*	23. *(c)*	24. *(a)*	25. *(c)*	26. *(b)*	27. *(b)*	28. *(d)*	29. *(d)*	30. *(b)*
31. *(b)*	32. *(d)*	33. *(b)*	34. *(c)*	35. *(c)*	36. *(d)*	37. *(a)*	38. *(d)*	39. *(c)*	40. *(d)*
41. *(d)*	42. *(a)*	43. *(b)*	44. *(a)*	45. *(d)*	46. *(c)*	47. *(a)*	48. *(b)*	49. *(d)*	50. *(a)*
51. *(c)*	52. *(b)*	53. *(b)*	54. *(c)*	55. *(a)*	56. *(a)*	57. *(a)*	58. *(a)*	59. *(b)*	60. *(a)*
61. *(b)*	62. *(d)*	63. *(d)*	64. *(b)*	65. *(b)*					

अध्याय 10

सन्धि एवं सन्धि-विच्छेद

दो वर्णों के मेल से उत्पन्न होने वाले परिवर्तन को **सन्धि** कहते हैं। सन्धि में दो शब्द या पद एक-दूसरे से जुड़कर एक नए शब्द का निर्माण करते हैं। पहले शब्द का अन्तिम वर्ण दूसरे शब्द के प्रथम वर्ण से मिलकर विकार उत्पन्न करते हैं। यह विकारजन्य सम्पर्क ही 'सन्धि' है। सन्धि को समझकर वर्णों को पृथक् करना, जिससे वे मूल रूप में आ जाएँ, 'सन्धि-विच्छेद' कहलाता है।

वर्णों के आधार पर सन्धि तीन प्रकार की होती हैं

1. स्वर सन्धि

दो स्वरों के मिलने से जो विकार या रूप-परिवर्तन होता है, उसे स्वर सन्धि कहते हैं। दो स्वर आपस में मिलकर एक अन्य स्वर का निर्माण करते हैं तथा आपस में जुड़े शब्दों से एक तीसरे अर्थपूर्ण शब्द की उत्पत्ति करते हैं। स्वर सन्धि में स्वरों का आपसी मेल होता है।

स्वर सन्धि के पाँच होते भेद हैं

(i) **दीर्घ स्वर सन्धि** दो सजातीय अथवा सवर्ण स्वर (जैसे—अ, आ आदि) मिलकर दीर्घ स्वर के रूप में परिवर्तित होते हैं। ऐसी सन्धि को दीर्घ स्वर सन्धि कहते हैं। यदि अ, आ, इ, ई, उ, ऊ तथा ऋ के बाद ही ह्रस्व या दीर्घ स्वर जुड़ता है, तो दोनों मिलकर आ, ई, ऊ तथा ऋ के रूप में सामने आते हैं।

उदाहरण

अन्न	+	अभाव	=	अन्नाभाव		(अ + अ = आ)
देव	+	आलय	=	देवालय		(अ + आ = आ)
विद्या	+	अर्थी	=	विद्यार्थी		(आ + अ = आ)
विद्या	+	आलय	=	विद्यालय		(आ + आ = आ)
रवि	+	इन्द्र	=	रवीन्द्र		(इ + इ = ई)
हरि	+	ईश	=	हरीश		(इ + ई = ई)
रजनी	+	ईश	=	रजनीश		(ई + ई = ई)
भानु	+	उदय	=	भानूदय		(उ + उ = ऊ)
स्वयंभू	+	उदय	=	स्वयंभूदय		(ऊ + उ = ऊ)
पितृ	+	ऋण	=	पितृण		(ऋ + ऋ = ऋ)

(ii) **गुण स्वर सन्धि** यदि अ, आ के बाद इ, ई आए तो ए, उ, ऊ आए तो ओ तथा ऋ आए तो 'अर्' हो जाता है।

उदाहरण

सुर	+	इन्द्र	=	सुरेन्द्र	(अ + इ = ए)
देव	+	ईश	=	देवेश	(अ + ई = ए)
रमा	+	इन्द्र	=	रमेन्द्र	(आ + इ = ए)
सूर्य	+	उदय	=	सूर्योदय	(अ + उ = ए)
समुद्र	+	ऊर्मि	=	समुद्रोर्मि	(अ + उ = ओ)
महा	+	उदय	=	महोदय	(आ + उ = ओ)
गंगा	+	ऊर्मि	=	गंगोर्मि	(आ + ऊ = ओ)
देव	+	ऋषि	=	देवर्षि	(अ + ऋ = अर्)
महा	+	ऋषि	=	महर्षि	(आ + ऋ = अर्)

(iii) **वृद्धि स्वर सन्धि** अ या आ के बाद ए या ऐ हो, तो दोनों मिलकर ऐ, ओ या औ हो तो दोनों मिलकर औ हो जाता है। स्वर वर्ण के इस विकार को 'वृद्धि स्वर' सन्धि कहते हैं।

उदाहरण

एक	+	एक	=	एकैक	(अ + ए = ऐ)
मत	+	ऐक्य	=	मतैक्य	(अ + ऐ = ऐ)
सदा	+	एव	=	सदैव	(आ + ए = ऐ)
शिवा	+	ऐश्वर्य	=	शिवैश्वर्य	(आ + ए = ऐ)
परम	+	ओजस्वी	=	परमौजस्वी	(अ + ओ = औ)
परम	+	औषध	=	परमौषध	(अ + औ = औ)

(iv) **यण् स्वर सन्धि** इ, ई, उ, ऊ तथा ऋ के बाद यदि कोई भिन्न तथा विजातीय स्वर आता है तो इ, ई, का 'य्', उ, ऊ का 'व्' तथा 'ऋ' की जगह 'र्' हो जाता है। स्वर वर्ण के इस विकार को यण् स्वर सन्धि कहते हैं।

उदाहरण

यदि	+	अपि	=	यद्यपि	(इ + अ = य्)
इति	+	आदि	=	इत्यादि	(इ + आ = य्)
अति	+	उत्तम	=	अत्युत्तम	(इ + उ = य)
नि	+	ऊन	=	न्यून	(इ + ऊ = य)
नदी	+	अर्पण	=	नद्यर्पण	(ई + अ = य)
देवी	+	आगमन	=	देव्यागमन	(ई + आ = य)
मनु	+	अंतर	=	मन्वंतर	(उ + अ = व)
सु	+	आगत	=	स्वागत	(उ + आ = व)
अनु	+	एषण	=	अन्वेषण	(उ + ए = व)
पितृ	+	अनुमति	=	पित्रनुमति	(ऋ + अ = र्)
मातृ	+	आनन्द	=	मात्रानन्द	(ऋ + आ = र्)

(v) **अयादि स्वर सन्धि** ए, ऐ, ओ या औ के बाद कोई भिन्न अथवा विजातीय स्वर आता है, तो यह मेल ए का 'अय्', ऐ का 'आय्', ओ का 'अव' तथा औ का 'आव्' हो जाता है।

उदाहरण

ने	+	अन	=	नयन	(ए + अ = अय्)
नै	+	अक	=	नायक	(ऐ + अ = आय्)
पो	+	अन	=	पवन	(ओ + अ = अव्)
पौ	+	अन	=	पावन	(औ + अ = आव्)

2. व्यंजन सन्धि

व्यंजन से स्वर अथवा व्यंजन के मेल से उत्पन्न विकार को व्यंजन सन्धि कहा जाता है।

(i) यदि क्, च्, ट्, त्, प् के बाद किसी वर्ग का तृतीय या चतुर्थ वर्ण आता है या य, र, ल, व तथा कोई स्वर आए तो क्, च्, ट्, त्, प् के स्थान पर इसी वर्ग का तीसरा वर्ण आ जाता है; जैसे–

दिक्	+	गज	=	दिग्गज	(क् + ग = ग)
सत्	+	वाणी	=	सद्वाणी	(त् + व = द्)
दिक्	+	अन्त	=	दिगंत	(क् + अ = ग)

(ii) यदि क्, च्, ट्, त्, प् के बाद न् या म् के मेल से क्, च्, ट्, त्, प् अपने वर्ग के पंचम वर्ण में रूपान्तरित हो जाता है; जैसे–

वाक्	+	मय	=	वाङ्मय	(क् + म = ङ)
उत्	+	नति	=	उन्नति	(त् + न = न)
जगत्	+	नाथ	=	जगन्नाथ	(त् + न = न)

(iii) त् या द् के बाद यदि च् या फ् हो, तो त् या द् के बदले च्; ज या झ हो, तो ज; ट् या ठ् हो, तो ट्; ड् या ढ् हो, तो ड तथा ल् हो, तो ल हो जाता है; जैसे–

उत्	+	चारण	=	उच्चारण	(त् + च = च)
सत्	+	जन	=	सज्जन	(त् + ज = ज)
उत्	+	डयन	=	उड्डयन	(त् + ड = ड)
उत्	+	लास	=	उल्लास	(त् + ल = ल)

(iv) म् के बाद यदि कोई स्पर्श व्यंजन वर्ण आए, तो 'म' का अनुस्वार तथा बाद वाले वर्ण का रूपान्तरण स्पर्श व्यंजन के वर्ग का पंचम वर्ण हो जाता है; जैसे–

अहम्	+	कार	=	अहंकार	(म् + क = ङ्)
सम्	+	गम	=	संगम	(म् + ग = ङ्)
किम्	+	चित	=	किंचित	(म् + च = ञ्)

(v) त वर्ग का च वर्ग से योग में च वर्ग तथा त वर्ग के ष्कार से योग में ट वर्ग हो जाता है; जैसे–

महत्	+	छत्र	=	महच्छत्र	(त् + छ = छ)
द्रष्	+	ता	=	द्रष्टा	(ष् + त् = ट)

(vi) किसी वर्ग के अन्तिम वर्ण को छोड़कर शेष वर्णों के साथ 'ह' का मेल होता है, तो ह उस वर्ग का चतुर्थ वर्ण हो जाता है तथा ह के साथ जुड़ने वाला वर्ण अपने वर्ग का तीसरा वर्ण हो जाता है; जैसे–

उत्	+	हत	=	उद्धत	(त् + ह = ध्)
उत्	+	हार	=	उद्धार	(त् + ह = ध्)

(vii) ह्रस्व स्वर के बाद 'छ' हो, तो 'छ' के पहले 'च्' जुड़ जाता है। दीर्घ स्वर के बाद 'छ' होने पर भी ऐसा ही होता है; जैसे–

अनु	+	छेद	=	अनुच्छेद
परि	+	छेद	=	परिच्छेद
शाला	+	छादन	=	शालाच्छादन

3. विसर्ग सन्धि

विसर्ग के साथ स्वर या व्यंजन के मेल से जो विकार उत्पन्न होता है, उसे विसर्ग सन्धि कहते हैं।

(i) यदि विसर्ग के बाद च, छ हो, तो विसर्ग का 'श'; 'ट, ठ' हो तो 'ष' और 'त, थ' हो तो 'स' हो जाता है;
जैसे–

नि:	+	चय	=	निश्चय	(विसर्ग + च = श्)
धनु:	+	टंकार	=	धनुष्टंकार	(विसर्ग + ट = ष्)
नि:	+	तार	=	निस्तार	(विसर्ग + त = स्)

(ii) यदि विसर्ग के पहले इकार या उकार हो तथा विसर्ग के बाद क, ख, प, फ वर्ण हो, तो विसर्ग का ष् हो जाता है; जैसे–

नि:	+	कपट	=	निष्कपट
नि:	+	फल	=	निष्फल
नि:	+	पाप	=	निष्पाप

(iii) यदि विसर्ग से पहले 'अ' हो तथा उससे जुड़ने वाला वर्ण क, ख, प, फ कुछ भी हो तो विसर्ग यथावत् रहता है;
जैसे–

प्रात:	+	काल	=	प्रात:काल
पय:	+	पान	=	पय:पान

(iv) यदि विसर्ग के पहले 'अ' हो तथा उससे जुड़ने वाले शब्द का पहला वर्ण भी 'अ' हो, तो विसर्ग 'ओकार' हो जाता है तथा 'अ' का लोप हो जाता है; जैसे–

प्रथम:	+	अध्याय	=	प्रथमोध्याय
यश:	+	अभिलाषी	=	यशोभिलाषी

(v) यदि विसर्ग के पहले 'अ' हो और उससे जुड़ने वाला वर्ण अपने वर्ग का तीसरा, चौथा या पाँचवाँ वर्ण या य, र, ल, व, ह रहे, तो विसर्ग 'उ' हो जाता है, यह 'उ' पूर्ववर्ती 'अ' से मिलकर 'ओ' हो जाता है;
जैसे–

मन:	+	रथ	=	मनोरथ
यश:	+	धरा	=	यशोधरा
यश:	+	दा	=	यशोदा

(vi) यदि विसर्ग के पहले 'अ' और 'आ' को छोड़कर कोई दूसरा स्वर आए अथवा जुड़ने वाले वर्ण में कोई स्वर हो या वह वर्ण अपने वर्ग का तीसरा, चौथा तथा पाँचवाँ वर्ण हो या य, र, ल, व, ह हो, तो विसर्ग 'र' हो जाता है;

जैसे–

नि:	+	उपाय	=	निरुपाय
दु:	+	आत्मा	=	दुरात्मा
नि:	+	गुण	=	निर्गुण

(vii) यदि 'इ' 'उ' के बाद विसर्ग हो और उसके बाद 'र' आए, तो 'इ', 'उ' का क्रमश: 'ई', 'ऊ' हो जाता है तथा विसर्ग लुप्त हो जाता है;

जैसे–

नि:	+	रव	=	नीरव
दु:	+	राज	=	दूराज
नि:	+	रस	=	नीरस

महत्त्वपूर्ण सन्धियाँ

अभि + उदय = अभ्युदय	उत् + नयन = उन्नयन	उत् + श्वास = उच्छवास	भाग्य + उदय = भाग्योदय
अति + अधिक = अत्यधिक	उन् + माद = उन्माद	उत् + योग = उद्योग	मुनि + इन्द्र = मुनीन्द्र
अति + आचार = अत्याचार	तथा + एव = तथैव	उत् + भव = उद्भव	मही + इन्द्र = महीन्द्र
आत्म + उत्सर्ग = आत्मोत्सर्ग	तिर: + कार = तिरस्कार	कृत् + अन्त = कृदन्त	स्व + अर्थ = स्वार्थ
अम्बु + ऊर्मि = अम्बूर्मि	तप: + वन = तपोवन	भो + अन = भवन	सम् + योग = संयोग
आशी: + वाद = आशीर्वाद	देव + इन्द्र = देवेन्द्र	पो + अन = पवन	सत् + चरित्र = सच्चरित्र
आवि: + कार = आविष्कार	देव + ईश = देवेश	पौ + अन = पावन	सप्त + ऋषि = सप्तर्षि
अत: + एव = अतएव	दिक् + अम्बर = दिगम्बर	पौ + अक = पावक	सर: + ज = सरोज
अह: + निश = अहर्निश	दु: + दिन = दुर्दिन	पौ + इत्र = पवित्र	श्रेय: + कर = श्रेयस्कर
अध + गति = अधोगति	दु: + जन = दुर्जन	मन: + ज = मनोज	सदा + एव = सदैव
इति + आदि = इत्यादि	नम: + कार = नमस्कार	मृग + इन्द्र = मृगेन्द्र	सम् + गठन = संगठन
उप + ईक्षा = उपेक्षा	नि: + जल = निर्जल	दीप + ईश = दीपेश	सम् + वाद = संवाद
उत् + गम = उद्गम	परम + ईश्वर = परमेश्वर	जीत + ईश = जीतेश	वधू + उत्सव = वधूत्सव

अभ्यास प्रश्न

1. 'सूर्योदय' का सन्धि-विच्छेद क्या है?
(a) सूर्यो + दय (b) सूर्य + उदय
(c) सूर्ये + उदय (d) सूर्यः + उदय

2. 'व्यर्थ' का सन्धि-विच्छेद क्या है?
(a) व्यय + अर्थ (b) व + अर्थ
(c) वि + अर्थ (d) व्य + अर्थ

3. 'अन्तर्गत' का सन्धि-विच्छेद क्या है?
(a) अन्तः + गत (b) अन्तर + गत
(c) अन्त + गर्त (d) अन्त + गत

4. 'नारायण' का सही-सन्धि विच्छेद क्या है?
(a) नर + आयण (b) नार + आयन
(c) नार + अयन (d) नार + अयण

5. 'नायक' का सन्धि-विच्छेद क्या है?
(a) ना + अक (b) न + अक
(c) ने + अक (d) नै + अक

6. 'साष्टांग' का सन्धि-विच्छेद क्या है?
(a) सास + टांग (b) सा + अष्टांग
(c) स + अष्ट + अंग (d) सः + अष्ट + अंग

7. 'नमस्कार' में निम्न में से कौन-सी सन्धि है?
(a) विसर्ग सन्धि (b) व्यंजन सन्धि
(c) यण् स्वर सन्धि (d) दीर्घ स्वर सन्धि

8. 'यद्यपि' में निम्न में से कौन-सी सन्धि है?
(a) यण् स्वर सन्धि (b) गुण स्वर सन्धि
(c) वृद्धि स्वर सन्धि (d) अयादि स्वर सन्धि

9. 'वेदर्षि' में कौन-सी सन्धि है?
(a) गुण स्वर सन्धि (b) दीर्घ स्वर सन्धि
(c) व्यंजन सन्धि (d) विसर्ग सन्धि

10. 'लघूर्मि' में कौन-सी सन्धि है?
(a) अयादि स्वर सन्धि (b) दीर्घ स्वर सन्धि
(c) वृद्धि स्वर सन्धि (d) यण् स्वर सन्धि

11. 'वार्तालाप' का सही सन्धि-विच्छेद क्या है?
(a) वार्ता + अलाप (b) वार्ता + आलाप
(c) वर्ता + अलाप (d) वार्ताः + आलाप

12. 'हितैषी' का सही सन्धि-विच्छेद क्या है?
(a) हितै + अषी (b) हित + ऐषी
(c) हित + एषी (d) हिः + अषी

13. 'पुनर्जन्म' का सही सन्धि-विच्छेद क्या है?
(a) पुनः + जन्म (b) पुनर् + जन्म
(c) पुनः + आजन्म (d) पुन + जर्न्म

14. 'निर्मल' का सही सन्धि-विच्छेद क्या है?
(a) नीः + मल (b) निः + मल
(c) नि + र्मल (d) नि + मल

15. 'मुनीश' में कौन-सी सन्धि है?
(a) दीर्घ स्वर सन्धि (b) वृद्धि स्वर सन्धि
(c) गुण स्वर सन्धि (d) यण् स्वर सन्धि

16. 'देवी + ऐश्वर्य' किसका सन्धि-विच्छेद है?
(a) देवेश्वर्य (b) देवैश्वर्य
(c) देवीश्वर्य (d) देवोश्वर्य

17. 'भौ + ऊक' किसका सन्धि-विच्छेद है?
(a) भौंक (b) भावुक
(c) भौमक (d) भौइक

18. 'वाक् + मय' किस शब्द का सन्धि-विच्छेद है?
(a) वाक्मय (b) वाङ्मय
(c) वायकोम (d) वाक्यम्

19. 'विद्याभ्यास' का सन्धि-विच्छेद क्या होगा?
(a) विद्या + अभियास (b) विद्य + अभ्यास
(c) विद्या + अभ्यास (d) विद्या + भ्यास

20. 'पित्रादेश' का सन्धि-विच्छेद क्या होगा?
(a) पित्र + आदेश (b) पितृ + आदेश
(c) पित्रा + आदेश (d) पिता + देश

21. सन्धि के मुख्य भेद हैं
(a) दो (b) तीन
(c) चार (d) पाँच

22. दो स्वरों के योग से बनने वाला शब्द किस सन्धि के अन्तर्गत आता है?
(a) यण् सन्धि (b) व्यंजन सन्धि
(c) विसर्ग सन्धि (d) स्वर सन्धि

23. निम्न में से कौन स्वर सन्धि का भेद नहीं है?
(a) विसर्ग सन्धि (b) दीर्घ सन्धि
(c) यण् सन्धि (d) गुण सन्धि

24. किस सन्धि में स्वरों का परिवर्तन य्, र्, ल्, व् में होता है?
(a) अयादि सन्धि (b) वृद्धि सन्धि
(c) गुण सन्धि (d) यण् सन्धि

25. सजातीय लघु तथा दीर्घ स्वरों का मिलकर दीर्घ होने का लक्षण किस सन्धि में होता है?
(a) दीर्घ सन्धि (b) वृद्धि सन्धि
(c) गुण सन्धि (d) अयादि सन्धि

26. विसर्ग सन्धि में किसका मेल होता है?
(a) विसर्ग के साथ विसर्ग (b) विसर्ग के साथ स्वर या व्यंजन
(c) विसर्ग और स्वर (d) विसर्ग और व्यंजन

27. निम्न में से कौन-सा सन्धि-विच्छेद 'व्यंजन सन्धि' में नहीं आता?
(a) उत् + अय (b) किम् + चित
(c) जगत् + नाथ (d) पौ + अन

28. 'प्रत्येक' में कौन-सी सन्धि है?
(a) यण् सन्धि (b) गुण सन्धि
(c) वृद्धि सन्धि (d) अयादि सन्धि

29. निम्न में से किस में व्यंजन सन्धि नहीं है?
(a) दिग्गज (b) निर्विकार (c) अहंकार (d) संसार

30. निम्न में से कौन विसर्ग सन्धि नहीं है?
(a) निः + कपट (b) पदः + उन्नति
(c) सरः + ज (d) निः + उपाय

31. 'पवन' का सही सन्धि-विच्छेद क्या है?
(a) पव + अन् (b) पव + न्
(c) पः + अवन (d) पो + अन

32. इत्यादि का सही सन्धि-विच्छेद क्या है?
(a) इति + यादि (b) इति + आदि
(c) इत्य + आदि (d) इती + आदि

33. 'यशोगान' का सही सन्धि-विच्छेद क्या है?
(a) यशः + गान (b) यशो + गान
(c) यशः + उगान (d) यशो + उगान

34. 'यशोदा' का सही सन्धि-विच्छेद क्या है?
(a) यश + उदा (b) यशः + दा
(c) यश + ओदा (d) यः + अशोदा

35. निम्न में से किस शब्द में विसर्ग सन्धि नहीं है?
(a) निश्चय (b) निष्ठुर (c) नितान्त (d) निश्छल

36. 'महोदय' का उचित सन्धि-विच्छेद है
(a) महा + ऊदय (b) महा + उदय
(c) महो + दय (d) महा + ओदय

37. 'महौषधम' में कौन-सी सन्धि है?
(a) दीर्घ सन्धि (b) वृद्धि सन्धि
(c) गुण सन्धि (d) अयादि सन्धि

38. 'निश्छल' में कौन-सी सन्धि है?
(a) विसर्ग सन्धि (b) यण् सन्धि
(c) दीर्घ सन्धि (d) गुण सन्धि

39. 'विपज्जाल' शब्द का सन्धि-विच्छेद है
(a) विपः + जाल (b) विपत् + जाल
(c) विपस + जाल (d) विपद् + जाल

उत्तरमाला

1. (b)	2. (c)	3. (a)	4. (c)	5. (d)	6. (c)	7. (a)	8. (a)	9. (a)	10. (b)
11. (b)	12. (c)	13. (a)	14. (b)	15. (a)	16. (b)	17. (b)	18. (b)	19. (c)	20. (b)
21. (b)	22. (d)	23. (a)	24. (d)	25. (a)	26. (b)	27. (d)	28. (a)	29. (b)	30. (b)
31. (d)	32. (b)	33. (a)	34. (b)	35. (c)	36. (b)	37. (b)	38. (a)	39. (b)	

अध्याय 11 समास एवं भेद

समास का अर्थ 'संक्षिप्त' होता है। कम-से-कम शब्दों में अधिक-से-अधिक अर्थ प्रकट करना 'समास' का लक्ष्य होता है। वस्तुत: दो या दो से अधिक शब्दों का परस्पर सम्बन्ध बताने वाले शब्दों अथवा प्रत्ययों का लोप होने पर जो नया शब्द बनता है, उसे **सामासिक शब्द** अथवा **सामासिक पद** कहते हैं।

दो या दो से अधिक शब्दों अथवा पदों के संयोग को **समास** कहा जाता है। 'सामासिक शब्द' अथवा 'पद' को अर्थ के अनुकूल विभाजित करना 'विग्रह' कहलाता है। सामान्यतया समास के चार भेद होते हैं

1. अव्ययीभाव समास

जिस सामासिक पद का पूर्वपद प्रधान हो तथा सामासिक पद अव्यय हो, उसे अव्ययीभाव कहते हैं। इस समास में सम्पूर्ण पद क्रिया-विशेषण अव्यय हो जाता है; जैसे—प्रतिदिन, यथासम्भव, आमरण इत्यादि।

उदाहरण

पद	विग्रह	पद	विग्रह
अनुकूल	मन के अनुसार	यथास्थान	स्थान के अनुसार
अनुरूप	रूप के अनुसार	यथासमय	समय के अनुसार
अभ्यागत	अभि आगत	यथाशीघ्र	शीघ्रता से
आजन्म	जन्म से लेकर	यथाक्रम	क्रम के अनुसार
आमरण	मृत्यु तक	अकारण	बिना कारण के
आपादमस्तक	सिर से पैर तक	अभूतपूर्व	जो पहले नहीं हुआ
प्रतिपल	हर पल	निर्विकार	बिना विकार के
प्रतिदिन	हर दिन	निर्विवाद	बिना विवाद के
भरपेट	पेट भर	निर्भय	बिना भय के

2. तत्पुरुष समास

तत्पुरुष समास का अन्तिम पद प्रधान होता है। ऐसे समास में प्राय: प्रथम पद विशेषण तथा द्वितीय पद विशेष्य होता है। द्वितीय पद के विशेष्य होने के कारण समास में इसकी प्रधानता होती है।

ऐसे समास तीन प्रकार के हैं—तत्पुरुष, कर्मधारय तथा द्विगु। तत्पुरुष के छ: भेद हैं। ये हैं—कर्म, करण, सम्प्रदान, अपादान, सम्बन्ध तथा अधिकरण तत्पुरुष समास। कर्मधारय तथा द्विगु तत्पुरूष के भेद हैं।

कर्म तत्पुरुष के उदाहरण

पद	विग्रह	पद	विग्रह
कठफोड़वा	काठ को फोड़ने वाला	यशप्राप्त	यश को प्राप्त
कुम्भकार	कुम्भ को बनाने वाला	गिरिधर	गिरि को धारण करने वाला
गृहागत	गृह को आगत	मनोहर	मन को हरने वाला
शत्रुघ्न	शत्रु को मारने वाला	सर्वभक्षी	सबको भक्षण करने वाला
माखनचोर	माखन को चुराने वाला	मुँहतोड़	मुँह को तोड़ने वाला

करण तत्पुरुष के उदाहरण

पद	विग्रह	पद	विग्रह
अकालपीड़ित	अकाल से पीड़ित	करुणापूर्ण	करुणा से पूर्ण
अन्धकारयुक्त	अन्धकार से युक्त	जलाभिषेक	जल से अभिषेक
कर्मवीर	कर्म से वीर	तुलसीकृत	तुलसी द्वारा रचित
गुणयुक्त	गुण से युक्त	पर्णकुटीर	पर्ण से बनी कुटीर
रक्तरंजित	रक्त से रंजित	रेखांकित	रेखा से अंकित
रोगग्रस्त	रोग से ग्रस्त	क्षुधातुर	क्षुधा से आतुर

सम्प्रदान तत्पुरुष के उदाहरण

पद	विग्रह	पद	विग्रह
देशभक्ति	देश के लिए भक्ति	युद्धभूमि	युद्ध के लिए भूमि
देवालय	देव के लिए आलय	विधानसभा	विधान के लिए सभा
धर्मशाला	धर्म के लिए शाला	स्नानघर	स्नान के लिए घर
पुस्तकालय	पुस्तक के लिए आलय	विद्यालय	विद्या के लिए आलय
भिक्षाटन	भिक्षा के लिए भ्रमण	राहखर्च	राह के लिए खर्च
सत्याग्रह	सत्य के लिए आग्रह	रसोईघर	रसोई के लिए घर

अपादान तत्पुरुष के उदाहरण

पद	विग्रह	पद	विग्रह
अन्नहीन	अन्न से हीन	कर्त्तव्यच्युत	कर्त्तव्य से च्युत
कर्महीन	कर्म से हीन	भयभीत	भय से डरा हुआ
जातिभ्रष्ट	जाति से भ्रष्ट	वनरहित	वन से रहित
जन्मान्ध	जन्म से अन्धा	स्वादरहित	स्वाद से रहित
नेत्रहीन	नेत्र से हीन	फलहीन	फल से हीन

सम्बन्ध तत्पुरुष के उदाहरण

पद	विग्रह	पद	विग्रह
विद्याभ्यास	विद्या का अभ्यास	छात्रावास	छात्र का आवास
सेनापति	सेना का पति	गंगाजल	गंगा का जल
आनन्दाश्रम	आनन्द का आश्रम	जलयान	जल का यान
कार्यकर्ता	कार्य का कर्ता	गोपाल	गौ का पालक
चरित्रहनन	चरित्र का हनन	कन्यादान	कन्या का दान

अधिकरण तत्पुरुष के उदाहरण

पद	विग्रह	पद	विग्रह
गृहप्रवेश	गृह में प्रवेश	कविश्रेष्ठ	कवियों में श्रेष्ठ
आत्मनिर्भर	आत्म पर निर्भर	कृषिप्रधान	कृषि में प्रधान
युधिष्ठिर	युद्ध में स्थिर	रणधीर	रण में धीर
पुरुषोत्तम	पुरुषों में उत्तम	शरणागत	शरण में आगत
क्षणभंगुर	क्षण में भंगुर	कलाप्रवीण	कला में प्रवीण

तत्पुरुष समास के दो उपभेद हैं

कर्मधारय समास

जिस तत्पुरुष समास के समस्त पद समान रूप से प्रधान हों तथा विशेष्य-विशेषण या उपमेय-उपमान के भाव को प्राप्त होते हैं तथा जिनके लिंग, वचन भी समान हों, वहाँ कर्मधारय समास होता है।

कर्मधारय समास चार प्रकार के होते हैं

1. विशेषण पूर्वपद, 2. विशेष्य पूर्वपद,
3. विशेषणोभय पद 4. विशेष्योभय पद।

उदाहरण

पद	विग्रह	पद	विग्रह
नीलकमल	नीला कमल	महाकाव्य	महान काव्य
महात्मा	महान् आत्मा	श्यामसुन्दर	श्याम जो सुन्दर है
महावीर	महान वीर	चन्द्रवदन	चन्द्र के समान मुख
नरसिंह	नर में सिंह के समान	विद्यारत्न	विद्या ही है रत्न
चरणकमल	चरण कमल के समान	दुर्जन	दुष्ट जो है जन

द्विगु समास

जिस समास का पहला पद संख्याबोधक हो, वह द्विगु समास कहलाता है। द्विगु समास दो प्रकार के होते हैं- 1. समाहार द्विगु 2. उपपद प्रधान द्विगु। **उदाहरण**

पद	विग्रह	पद	विग्रह
त्रिभुवन	तीन भुवनों का समाहार	चतुर्वेद	चार वेदों का समाहार
नवग्रह	नौ ग्रहों का समाहार	पंचमुख	पाँच मुखों का समाहार
चौराहा	चार राहों का समाहार	तिमाही	तीन माहों का समाहार
त्रिनेत्र	तीन नेत्रों का समाहार	त्रिकाल	तीन कालों का समाहार
अष्टधातु	आठ धातुओं का समाहार	पंचमेवा	पाँच फलों का समाहार

3. बहुव्रीहि समास

जहाँ दोनों पदों को छोड़कर अन्य पद की प्रधानता हो, वहाँ बहुव्रीहि समास होता है। **उदाहरण**

पद	विग्रह
चतुरानन	चार हैं आनन जिसके अर्थात् ब्रह्मा
लम्बोदर	लम्बा है उदर जिसका अर्थात् गणेश
वीणापाणि	वीणा है कर में जिसके अर्थात् सरस्वती
नीलाम्बर	नीला है जिसका अम्बर अर्थात् श्रीकृष्ण

4. द्वन्द्व समास

द्वन्द्व समास में सभी पद प्रधान होते हैं। इस समास के दोनों पदों के बीच में योजक चिह्न लगा होता है; जैसे—और, या, अथवा आदि। द्वन्द्व समास के तीन भेद होते हैं-1. इतरेत्तर द्वन्द्व 2. समाहार द्वन्द्व 3. वैकल्पिक द्वन्द्व।

उदाहरण

पद	विग्रह
अन्न-जल	अन्न और जल
आग-पानी	आग और पानी
मार-पीट	मार या पीट
धन-दौलत	धन, दौलत आदि
पाप-पुण्य	पाप या पुण्य इत्यादि।

अभ्यास प्रश्न

1. 'यथाशक्ति' में कौन-सा समास है?
(a) कर्मधारय (b) तत्पुरुष
(c) द्वन्द्व (d) अव्ययीभाव

2. 'त्रिभुज' शब्द में कौन-सा समास है?
(a) षष्ठी तत्पुरुष (b) द्विगु
(c) मध्यम पद लोपी (d) अलुक

3. 'देशभक्त' में कौन-सा समास है?
(a) षष्ठी तत्पुरुष (b) द्वन्द्व
(c) बहुव्रीहि (d) अव्ययीभाव

4. 'चतुर्भुज' शब्द में कौन-सा समास है?
(a) द्विगु (b) अव्ययीभाव
(c) बहुव्रीहि (d) तत्पुरुष

5. 'दही-बड़ा' शब्द में कौन-सा समास है?
(a) सप्तमी तत्पुरुष (b) द्विगु
(c) मध्यम पद लोपी (d) अलुक

6. 'आजकल' शब्द में कौन-सा समास है?
(a) अव्ययीभाव (b) तत्पुरुष
(c) कर्मधारय (d) द्वन्द्व

7. 'पंचपात्र' शब्द में कौन-सा समास है?
(a) कर्मधारय (b) बहुव्रीहि
(c) द्विगु (d) तत्पुरुष

8. 'शोकाकुल' शब्द में कौन-सा समास है?
(a) कर्मधारय (b) तत्पुरुष
(c) द्वन्द्व (d) द्विगु

9. 'नीलगाय' में कौन-सा समास है?
(a) तत्पुरुष (b) अव्ययीभाव
(c) कर्मधारय (d) द्वन्द्व

10. 'रोगपीड़ित' में कौन-सा समास है?
(a) कर्मधारय (b) तत्पुरुष
(c) द्वन्द्व (d) अव्ययीभाव

11. 'पंचानन' में कौन-सा समास है?
(a) द्विगु (b) बहुव्रीहि
(c) कर्मधारय (d) अव्ययीभाव

12. 'रसोईघर' में कौन-सा समास है?
(a) तत्पुरुष (b) बहुव्रीहि
(c) द्वन्द्व (d) कर्मधारय

13. 'लोकनायक' में कौन-सा समास है?
(a) तत्पुरुष (b) द्विगु
(c) द्वन्द्व (d) अव्ययीभाव

14. 'लौहपुरुष' में कौन-सा समास है?
(a) कर्मधारय (b) तत्पुरुष
(c) द्वन्द्व (d) द्विगु

15. 'मुँहतोड़' में कौन-सा समास है?
(a) तत्पुरुष (b) अव्ययीभाव
(c) द्विगु (d) द्वन्द्व

16. 'नीलकण्ठ' में कौन-सा समास है?
(a) तत्पुरुष (b) बहुव्रीहि
(c) द्विगु (d) द्वन्द्व

17. 'मृगनयन' में कौन-सा समास है?
(a) कर्मधारय (b) द्विगु
(c) द्वन्द्व (d) तत्पुरुष

18. 'कृषि प्रधान' में कौन-सा समास है?
(a) तत्पुरुष (b) द्विगु
(c) द्वन्द्व (d) कर्मधारय

18. 'दूध-रोटी' में कौन-सा समास है?
(a) तत्पुरुष (b) द्वन्द्व
(c) द्विगु (d) कर्मधारय

20. 'भूदान' में कौन-सा समास है?
(a) अव्ययीभाव (b) तत्पुरुष
(c) कर्मधारय (d) द्विगु

21. 'देशसेवा' में कौन-सा समास है?
(a) कर्मधारय (b) द्विगु
(c) तत्पुरुष (d) बहुव्रीहि

22. 'दिनकर' में कौन-सा समास है?
(a) तत्पुरुष (b) द्विगु
(c) द्वन्द्व (d) कर्मधारय

उत्तरमाला

1. *(d)*	2. *(b)*	3. *(a)*	4. *(c)*	5. *(a)*	6. *(d)*	7. *(c)*	8. *(b)*	9. *(c)*	10. *(b)*
11. *(b)*	12. *(a)*	13. *(a)*	14. *(a)*	15. *(a)*	16. *(b)*	17. *(a)*	18. *(a)*	19. *(b)*	20. *(b)*
21. *(c)*	22. *(a)*								

अध्याय 12 विराम-चिह्न

- विराम का शाब्दिक अर्थ रुकना या ठहरना है। वाक्यों को लिखते समय उनमें विराम या ठहराव को जिन चिह्नों द्वारा प्रकट किया जाता है, उन्हें विराम-चिह्न (Punctuation) कहते हैं।
- विराम-चिह्न के प्रयोग से वाक्य अर्थपूर्ण एवं स्पष्ट हो जाता है। इनके अनुचित प्रयोग से अर्थ का अनर्थ भी हो जाता है; जैसे—
  1. गाड़ी रोको मत, जाने दो।
  2. गाड़ी रोको, मत जाने दो।
- उपर्युक्त उदाहरणों में अल्प-विराम का स्थान परिवर्तन होते ही वाक्यों के अर्थों में परिवर्तन हो गया। प्रथम वाक्य में रोको मत के बाद अल्प विराम लगाया गया है, जिसके द्वारा गाड़ी को न रोकने के लिए कहा गया है। दूसरे वाक्य में रोको के बाद अल्प विराम लगाया गया है, जिसका अर्थ प्रथम वाक्य के विपरीत हो गया है। यहाँ गाड़ी को रोकने के लिए कहा गया है।

अत: विराम-चिह्नों के विषय में व उनके प्रयोग के सन्दर्भ में पूर्ण जानकारी होना अत्यावश्यक है।

प्रमुख विराम चिह्न

- उन्नीसवीं शताब्दी में पूर्वार्द्ध तक हिन्दी तथा अन्य भारतीय भाषाओं में विराम-चिह्नों के रूप में एक पाई (।) तथा दो पाई (॥) का प्रयोग होता था। कलकत्ता में फोर्ट विलियम कॉलेज की स्थापना के बाद अंग्रेज़ों के सम्पर्क में आने के कारण उन्नीसवीं शताब्दी के अन्त तक अंग्रेज़ी के ही बहुत-से विराम-चिह्न हिन्दी में आ गए।
- बीसवीं शताब्दी के आरम्भ से हिन्दी में विरामादि चिह्नों का व्यवस्थित प्रयोग होने लगा और आज हिन्दी व्याकरण में उन्हें पूर्ण मान्यता प्राप्त है।

हिन्दी के प्रमुख विराम-चिह्न

नाम	चिह्न
पूर्ण विराम-चिह्न (Sign of full-stop)	।
अर्द्ध विराम-चिह्न (Sign of semi colon)	;
अल्प विराम-चिह्न (Sign of comma)	,
प्रश्नवाचक चिह्न (Sign of interrogation)	?
विस्मयादिबोधक चिह्न (Sign of exclamation)	!
उद्धरण चिह्न (Sign of inverted commas)	(" ") (' ')
निर्देशक (Sign of dash)	—
रेखा चिह्न (Sign of Line)	_____
विवरण चिह्न (Sign of colon dash)	:–
अपूर्ण विराम-चिह्न (Sign of colon)	:
योजक विराम-चिह्न (Sign of hyphen)	-
कोष्ठक (Brackets)	() {} []
संक्षेपसूचक/लाघव चिह्न (Sign of abbreviation)	o/, /.
लोपसूचक चिह्न (Sign of elimination)	+ × + × + /..../----
प्रतिशत चिह्न (Sign of percentage)	%
समानतासूचक चिह्न (Sign of equality)	=
तारक चिह्न/पाद-टिप्पणी चिह्न (Sign of foot note)	*
त्रुटिबोधक चिह्न (Sign of error; indicator)	^

नोट: हिन्दी के विराम-चिह्नों में फुल स्टॉप (.) के अतिरिक्त शेष सभी विराम-चिह्न वही प्रयोग किए गए हैं, जो अंग्रेजी भाषा में हैं। हिन्दी में फुल स्टाप के स्थान पर खड़ी पाई (।) का प्रयोग किया जाता है।

विराम-चिह्नों का प्रयोग

नीचे दिए गए विराम-चिह्नों का प्रयोग हिन्दी भाषा में निम्न प्रकार किया जाता है

पूर्ण विराम (।) का प्रयोग

पूर्ण विराम (Full Stop) का अर्थ है—भली-भाँति ठहरना। जहाँ वाक्य की गति अन्तिम रूप ले ले अर्थात् विचार के तार टूट जाएँ, वहाँ पूर्ण विराम का प्रयोग होता है।

हिन्दी में सबसे अधिक प्रयोग इस चिह्न का किया जाता है। सामान्यत: पूर्ण विराम का प्रयोग निम्नलिखित स्थितियों में होता है

1. प्रश्नवाचक और विस्मयादिबोधक वाक्यों को छोड़कर शेष सभी वाक्यों के अन्त में पूर्ण विराम का प्रयोग होता है; जैसे—
   - यह पुस्तक अच्छी है।
   - गीता खेलती है।
   - बालक लिखता है।
2. किसी व्यक्ति या वस्तु का सजीव वर्णन करते समय वाक्यांशों के अन्त में भी पूर्ण विराम का प्रयोग होता है; जैसे—
   - मुस्कुराता चेहरा।
   - स्फूर्तिमय काया।
   - मनमोहक नेत्र।
3. मुख्यत: दोहा, श्लोक आदि की प्रथम पंक्ति में एक पूर्ण विराम (।) व दूसरी पंक्ति में दो पूर्ण विरामों (॥) का प्रयोग किया जाता है; जैसे—
   - परहित सरिस धरम नहिं भाई।
     परपीड़ा सम नहिं अधमाई॥

अर्द्ध विराम (;) का प्रयोग

अर्द्ध विराम (Semicolon) का अर्थ है—आधा विराम। जहाँ पूर्ण विराम की तुलना में कम रुकना होता है, वहाँ अर्द्ध विराम का प्रयोग होता है। सामान्यत: अर्द्ध विराम का प्रयोग निम्नलिखित स्थितियों में होता है

1. जहाँ संयुक्त वाक्यों के मुख्य उपवाक्यों में परस्पर विशेष सम्बन्ध नहीं होता है, वहाँ अर्द्ध विराम द्वारा उन्हें अलग किया जाता है; जैसे—
   - उसने अपने माल को बचाने के लिए अनेक उपाय किए, परन्तु वे सब निष्फल हुए।
2. मिश्र वाक्यों में प्रधान वाक्य के साथ पार्थक्य प्रकट करने के लिए अर्द्ध विराम का प्रयोग किया जाता है; जैसे—
   - जब मेरे पास रुपये होंगे; तब मैं आपकी सहायता करूँगा।
3. अनेक उपाधियों को एक साथ लिखने तथा उनमें पार्थक्य प्रकट करने के लिए इसका प्रयोग होता है; जैसे—
   - डॉ. अशोक जायसवाल, बी.ए.; पी.एच.डी.; डी.लिट्.।

अल्प विराम (,) का प्रयोग

अल्प विराम (Comma) का अर्थ है- न्यून ठहराव। वाक्य में जहाँ बहुत ही कम ठहराव होता है, वहाँ अल्प विराम का प्रयोग होता है। इस चिह्न का प्रयोग सर्वाधिक होता है। सामान्यत: अल्प विराम का प्रयोग निम्नलिखित स्थितियों में होता है

1. जहाँ एक तरह के अनेक शब्द, वाक्यांश या वाक्य एक साथ आते हैं, तब उनके बीच अल्प विराम का प्रयोग होता है। साथ ही अन्तिम शब्द से पूर्व 'और' का प्रयोग किया जाता है; जैसे—
   - रमेश, सुरेश, महेश और वीरेन्द्र घूमने गए।
2. जहाँ भावातिरेक के कारण वाक्य में शब्दों की पुनरावृत्ति होती है, वहाँ अल्प विराम का प्रयोग होता है; जैसे—
   - सुनो, सुनो, ध्यान से सुनो, कोई गा रहा है।
3. सम्बोधन के समय जिसे सम्बोधित किया जाता है, उसके बाद अल्प विराम का प्रयोग होता है; जैसे—
   - वीरेन्द्र, तुम यहीं ठहरो।
4. औपचारिक पत्रों में भी सम्बोधन से पूर्व अल्प विराम का प्रयोग किया जाता है; जैसे—महोदय, मान्यवर आदि।
5. जब हाँ अथवा नहीं को शेष वाक्य से पृथक् किया जाता है, तो उसके बाद अल्प विराम का प्रयोग होता है; जैसे—
   - हाँ, मैं कविता करूँगा।
6. पर, परन्तु, इसलिए, अत:, क्योंकि, बल्कि, तथापि, जिससे आदि समुच्चयबोधक शब्दों के पूर्व अल्प विराम का प्रयोग होता है; जैसे—
   - वह विद्यालय न जा सका, क्योंकि अस्वस्थ था।
7. उद्धरण से पूर्व 'कि' के लोप के लिए अल्प विराम का प्रयोग होता है; जैसे—
   - राम ने श्याम से कहा, "अपना काम करो।" (*कि का लोप*)
8. यह, वह, तब, तो, और, अब आदि के लोप होने पर वाक्य में अल्प विराम का प्रयोग होता है; जैसे—
   - जब जाना ही है, जाओ। (*'तो' का लोप*)
   - मैं जो बोलता हूँ, ध्यान से सुनो। (*'वह' का लोप*)
   - वह शहर से कब लौटेगा, कहा नहीं जा सकता। (*'यह' का लोप*)
9. बस, हाँ, नहीं, वस्तुत:, अच्छा, वास्तव में आदि से आरम्भ होने वाले वाक्यों में इनके पश्चात् अल्प विराम का प्रयोग होता है; जैसे—
   - वास्तव में, मनोबल सफलता की कुंजी है।
   - हाँ, मुझे ज्ञात है।
   - नहीं, रोहन को वहाँ नहीं जाना चाहिए था।
10. दिनांक के साथ महीने का नाम लिखने के बाद तथा सन्, संवत् के पूर्व अल्प विराम का प्रयोग किया जाता है; जैसे—
   - 2 अक्टूबर, 1869 ई. को गाँधी जी का जन्म हुआ।
11. अंकों को लिखते समय भी अल्प विराम का प्रयोग किया जाता है; जैसे— 5, 6, 7, 8, 10, 20, 30, 40, 50, 60, 70, 80, 90, 100, 1000 आदि।

प्रश्नवाचक चिह्न (?) का प्रयोग

जब किसी वाक्य में प्रश्नात्मक भाव हो, उसके अन्त में प्रश्नवाचक चिह्न (?) लगाया जाता है। प्रश्नवाचक चिह्न का प्रयोग निम्नलिखित स्थितियों में होता है

1. प्रश्नवाचक चिह्न (Mark of Interrogation) का प्रयोग प्रश्नवाचक वाक्यों के अन्त में किया जाता है; जैसे—
   - तुम्हारा क्या नाम है?
   - वह कहाँ रहता है?
2. प्रश्नवाचक चिह्न का प्रयोग अनिश्चय की स्थिति में किया जाता है; जैसे—
   - आप सम्भवत: दिल्ली के निवासी हैं?
3. व्यंग्य करने की स्थिति में भी प्रश्नवाचक चिह्न का प्रयोग होता है; जैसे—
   - घूसखोरी नौकरशाही की सबसे बड़ी देन है, है न?
4. जहाँ शुद्ध-अशुद्ध का सन्देह उत्पन्न हो, तो उस पर या उसकी बगल में कोष्ठक लगाकर उसके अन्तर्गत प्रश्नवाचक चिह्न लगा दिया जाता है; जैसे—
   - हिन्दी की पहली कहानी 'ग्यारह वर्ष का समय' (?) मानी जाती है।

ऐसे वाक्य जिनमें प्रश्नवाचक चिह्न का प्रयोग नहीं होता

- अप्रत्यक्ष कथन वाले प्रश्नवाचक वाक्यों के अन्त में प्रश्नवाचक चिह्न नहीं लगाया जाता; जैसे-
  मैं यह नहीं जानता कि मैं क्या चाहता हूँ।
- जिन वाक्यों में प्रश्न आज्ञा के रूप में हों, उन वाक्यों में प्रश्नवाचक चिह्न नहीं लगाया जाता है; जैसे-
  महाराष्ट्र की राजधानी बताओ।

विस्मयादिबोधक चिह्न (!) का प्रयोग

आश्चर्य, करुणा, घृणा, भय, विषाद, विस्मय आदि भावों की अभिव्यक्ति के लिए विस्मयादिबोधक चिह्न (Mark of Exclamation) का प्रयोग होता है। इसका प्रयोग निम्नलिखित स्थितियों में होता है

1. विस्मयादिबोधक चिह्न का प्रयोग हर्ष, घृणा, आश्चर्य आदि भावों को व्यक्त करने वाले शब्दों के साथ होता है; जैसे—
   - अरे! वह अनुत्तीर्ण हो गया।
   - वाह! तुम धन्य हो।
2. विनय, व्यंग्य, उपहास इत्यादि के व्यक्त करने वाले वाक्यों के अन्त में पूर्ण विराम के स्थान पर विस्मयादिबोधक चिह्न का प्रयोग होता है; जैसे—
   - आप तो हरिश्चन्द्र हैं! (*व्यंग्य*)
   - हे भगवान! दया करो! (*विनय*)
   - वाह! वाह! फिर साइकिल चलाइए! (*उपहास*)

उद्धरण चिह्न ('....') ("....") का प्रयोग

उद्धरण चिह्न (Inverted Commas) दो प्रकार के होते हैं—इकहरे ('....') और दोहरे ("....") उद्धरण चिह्नों का प्रयोग निम्नलिखित स्थितियों में होता है

1. किसी लेख, कविता, समाचार-पत्र और पुस्तक इत्यादि का शीर्षक लिखने में इकहरे उद्धरण चिह्न का प्रयोग होता है; जैसे—
   - मैंने तुलसीदास जी कृत ग्रंथ 'रामचरितमानस' पढ़ा है।
2. जब किसी शब्द की विशिष्टता अथवा विलगता सूचित करनी होती है, तो इकहरे उद्धरण चिह्न का प्रयोग होता है; जैसे—
   - खाना का अर्थ 'घर' होता है।
3. उद्धरण के अन्तर्गत कोई दूसरा उद्धरण होने पर इकहरे उद्धरण चिह्न का प्रयोग होता है; जैसे—
   - डॉ. वर्मा ने कहा है, "निराला जी की कविता 'वह तोड़ती पत्थर' बड़ी मार्मिक है।"
4. जब किसी कथन या वाक्य को उसकी यथास्थिति या उसके पूर्व की स्थिति (ज्यों का त्यों) में ही प्रयोग किया जाता है, तब दोहरे उद्धरण चिह्न का प्रयोग होता है; जैसे—
   - सरदार पूर्णसिंह का कथन है
     "हल चलाने वाले और भेड़ चराने वाले स्वभाव से ही साधु होते हैं।"

निर्देशक (—) का प्रयोग

किसी विषय-विचार अथवा विभाग के मन्तव्य को सुस्पष्ट करने के लिए निर्देशक चिह्न (Dash) या रेखिका चिह्न का प्रयोग किया जाता है। निर्देशक चिह्न सामान्यत: योजक चिह्न से बड़ा होता है। निर्देशक या रेखिका का प्रयोग निम्नलिखित स्थितियों में होता है

1. किसी के द्वारा कहे गए कथन या लिखे गए कथन से पहले रेखिका का प्रयोग किया जाता है; जैसे—
   - तुलसी ने कहा है—"परहित सरिस धरम नहिं भाई।"
2. विवरण प्रस्तुत करने के पहले निर्देशक (रेखिका) का प्रयोग किया जाता है; जैसे—
   - रचना के आधार पर शब्द तीन प्रकार के होते हैं—रूढ़, यौगिक और योगरूढ़।
3. जैसे, यथा और उदाहरण आदि शब्दों के बाद रेखिका का प्रयोग होता है; यथा-उदाहरण—
   - संस्कृति की 'स' ध्वनि फ़ारसी में 'ह' हो जाती है; जैसे—असुर > अहुर।
4. वाक्य में टूटे हुए विचारों को जोड़ने के लिए रेखिका का प्रयोग होता है; जैसे—
   - आज ऐसा लग रहा है—मैं घर पहुँच गया हूँ।
5. किसी कविता या अन्य रचना के अन्त में रचनाकार का नाम देने से पूर्व रेखिका का प्रयोग होता है; जैसे—
   - शायद समझ नहीं पाओ तुम, मैं कितना मज़बूर हूँ।
     मन है पास तुम्हारे लेकिन, रहता इतनी दूर हूँ। —*ओंकारनाथ वर्मा*
6. संवादों को लिखने के लिए निर्देशक चिह्न का प्रयोग किया जाता है; जैसे—
   - सुरेश— क्या तुम स्कूल आओगे?
   - रमेश— हाँ।
7. सूची बनाने से पूर्व भी निर्देशक चिह्न का प्रयोग किया जाता है; जैसे—
   - प्रतियोगिता में सफल होने वाले विद्यार्थियों की सूची इस प्रकार है—सुमित, राघव, मोहन और रोहित।

रेखा चिह्न (—)

जिन शब्दों पर विशेष रूप से बल दिया जाता है या शब्दों को अलग से प्रदर्शित करने के लिए उनके नीचे एक लम्बी रेखा खींच दी जाती है जैसे—<u>कोरोना वायरस</u> का प्रकोप जारी है।

विवरण चिह्न (:—) का प्रयोग

सामान्यत: विवरण चिह्न (Sign of Colon Dash) का प्रयोग निर्देशक चिह्न की भाँति ही होता है। विशेष रूप से जब किसी विवरण को प्रारम्भ करना होता है अथवा किसी कथन को विस्तार देना होता है तब विवरण चिह्न का प्रयोग किया जाता है; जैसे—

1. निम्नलिखित विषयों में किसी एक पर निबन्ध लिखिए :-
   (क) साहित्य और समाज (ख) भाषा और व्याकरण (ग) देशाटन (घ) विज्ञान वरदान है या अभिशाप (ङ) नई कविता।
2. जयशंकर प्रसाद ने कहा है:—'जीवन विश्व की सम्पत्ति है।'
3. किसी वस्तु का सविस्तार वर्णन करने में विवरण चिह्न का प्रयोग होता है; जैसे:— इस देश में कई बड़ी-बड़ी नदियाँ हैं; जैसे:— गंगा, सिन्धु, यमुना, गोदावरी आदि।

अपूर्ण विराम (:) का प्रयोग

अपूर्ण विराम (Sign of Colon) चिह्न विसर्ग की तरह दो बिन्दुओं के रूप में होता है, इसलिए कभी-कभी विसर्ग का भ्रम होता है, फलत: इसका प्रयोग कम होता है। अपूर्ण विराम का स्वतन्त्र प्रयोग किसी शीर्षक को उसी के आगे स्पष्ट करने में होता है; जैसे—

- कामायनी : एक अध्ययन।
- विज्ञान : वरदान या अभिशाप

योजक चिह्न (-) का प्रयोग

दो शब्दों में परस्पर सम्बन्ध स्पष्ट करने के लिए तथा उन्हें जोड़कर लिखने के लिए योजक चिह्न का प्रयोग किया जाता है। योजक चिह्न को विभाजक चिह्न भी कहते हैं। हिन्दी में अल्प विराम के बाद योजक चिह्न का अधिक प्रयोग होता है।

योजक चिह्न (Sign of Hypen) का प्रयोग निम्नलिखित परिस्थितियों में किया जाता है

1. दो विलोम शब्दों के बीच योजक चिह्न का प्रयोग होता है; जैसे—
   - रात-दिन, यश-अपयश, आना-जाना।
2. द्वन्द्व समास के बीच योजक चिह्न का प्रयोग होता है; जैसे—
   - माता-पिता, भाई-बहन, गुरु-शिष्य।
3. दो समानार्थी शब्दों की पुनरुक्ति के बीच में भी इसका प्रयोग होता है; जैसे—घर-घर, रात-रात्रि, धन-दौलत, रुपया-पैसा।
4. जब विशेषण पदों का प्रयोग संज्ञा के अर्थ में होता है; जैसे—
   - भूखा-प्यासा, थका-माँदा, लूला-लँगड़ा
5. गुणवाचक विशेषण के साथ यदि **सा**, **सी** का संयोग हो, तो उनके बीच योजक-चिह्न का प्रयोग होता है; जैसे—
   - छोटा-सा घर, नन्हीं-सी बच्ची, बड़ा-सा कष्ट।
6. दो प्रथम-द्वितीय प्रेरणार्थक के योग के बीच भी योजक चिह्न का प्रयोग होता है; जैसे—
   - करना-करवाना
   - जीतना-जितवाना
   - पीना-पिलवाना

कोष्ठक ( ), { }, [ ] का प्रयोग

कोष्ठकों (Sign of Brackets) का प्रयोग निम्नलिखित स्थितियों में होता है

1. जब किसी भाव या शब्द की व्याख्या करना चाहते हैं, किन्तु उस अंश को मूल वाक्य से अलग ही रखना चाहते हैं, तो छोटे कोष्ठक ( ) का प्रयोग किया जाता है। साथ ही छोटे कोष्ठक ( ) का प्रयोग कठिन शब्दों के अर्थ को स्पष्ट करने के लिए भी किया जाता है; जैसे–
   - उन दिनों मैं सेठ जयदयाल हाईस्कूल (अब इण्टर कॉलेज) में हिन्दी अध्यापक था।
   - अर्जुन, कर्ण के सामर्थ्य (शक्ति) से भली-भाँति परिचित था।
2. नाटक या एकांकी में निर्देश देने के लिए कोष्ठक का प्रयोग होता है; जैसे–
   - मन्त्री (राजा से धीरे से)- यह व्यक्ति जासूस प्रतीत होता है।
   - रोहन कक्षा में प्रवेश करता है (चेहरे पर हल्की मुस्कान के साथ)
3. किसी वर्ग के उपवर्गों, विषय, विभाग को लिखते समय वर्णों या संख्याओं को कोष्ठक में लिखा जाता है; जैसे–
   - (क)(ख) • (1) (2) • 1. 2.
4. प्राय: बड़े [ ] और मझोले { } कोष्ठकों का उपयोग गणित के कोष्ठक वाले प्रश्नों को हल करने के लिए किया जाता है।

संक्षेपसूचक/लाघव चिह्न (o) का प्रयोग

संक्षेपसूचक चिह्न (Sign of Abbreviation) का प्रयोग किसी नाम या शब्द के संक्षिप्त रूप के साथ होता है; जैसे–डॉक्टर के लिए (डॉ.), प्रोफेसर या प्रोपराइटर के लिए (प्रो.), पण्डित के लिए (पं.), मास्टर ऑफ आर्ट्स के लिए (एम.ए.) और डॉ. ऑफ फिलॉसफी के लिए (पी-एच.डी.) आदि।

(शून्य अधिक स्थान घेरता है, अत: इसके स्थान पर बिन्दु (.) का भी प्रयोग किया जाता है।)

लोपसूचक चिह्न (××××/..../----) का प्रयोग

जब किसी अवतरण का पूरा उद्धरण न देकर कुछ अंश छोड़ दिया जाता है, तब लोपसूचक चिह्न (Mark of Omission) का प्रयोग किया जाता है; जैसे–

- सच-सरासर-सच, आज देश का हर नेता ...... है।
- मैं टिकट ले आऊँगा पर ---- मैं साथ नहीं चलूँगा।

प्रतिशत चिह्न (%) का प्रयोग

सौ (100) संख्या के अन्तर्गत, जिस संख्या को प्रदर्शित करना होता है, उसके आगे प्रतिशत चिह्न (Percentage) का प्रयोग किया जाता है; जैसे–

- सभा में 25% स्त्रियाँ थीं।
- 30% छूट के साथ पुस्तक की 50 प्रतियाँ भेज दें।

समानतासूचक/तुल्यतासूचक चिह्न (=) का प्रयोग

किसी शब्द का अर्थ अथवा भाषा के व्याकरणिक विश्लेषण में समानता सूचक चिह्न का प्रयोग किया जाता है; जैसे–

- कृतघ्न = उपकार न मानने वाला।
- अग्रज = जो पहले जन्मा हो।

तारक/पाद चिह्न (*) का प्रयोग

किसी विषय के बारे में विशेष सूचना या निर्देश देना हो, तो ऊपर तारक चिह्न लगा दिया जाता है और फिर पृष्ठ के अधोभाग में रेखा के नीचे तारक चिह्न लगाकर उसका विवरण दिया जाता है, जिसे पाद-टिप्पणी (Foot Note) कहा जाता है; जैसे–

- रामचरितमानस* हमारे देश में अत्यन्त लोकप्रिय ग्रन्थ है।

** रामचरितमानस से हमारा तात्पर्य तुलसीदास विरचित राम-कथा पर आधारित महाकाव्य से है।*

त्रुटिबोधक या हंसपद चिह्न (∧) का प्रयोग

अक्षर, पद, पद्यांश या वाक्य के छूट जाने पर छूटे अंश को उस वाक्य के ऊपर लिखने हेतु वाक्य के अंश के नीचे त्रुटि या हंसपद चिह्न (Sing of Caret) का प्रयोग किया जाता है; जैसे–

- राम ने खाना $\overset{\text{नहीं}}{\wedge}$ खाया।
- 2 अक्टूबर को गाँधी $\overset{\text{जयंती}}{\wedge}$ होती है।

अभ्यास प्रश्न

1. नीचे लिखे वाक्यों में से किसमें विराम-चिह्नों का सही प्रयोग हुआ है?
(a) हाँ, मैं सच कहता हूँ बाबूजी। माँ बीमार है। इसलिए मैं नहीं गया।
(b) हाँ मैं सच कहता हूँ। बाबूजी, माँ बीमार है। इसलिए मैं नहीं गया।
(c) हाँ, मैं सच कहता हूँ, बाबू जी, माँ बीमार है, इसलिए मैं नहीं गया।
(d) हाँ, मैं सच कहता हूँ, बाबू जी। माँ बीमार है इसलिए मैं नहीं गया।

2. विरामादि चिह्नों की दृष्टि से कौन-सा वाक्य शुद्ध है?
(a) पिता ने पुत्र से कहा—देर हो रही है, कब आओगे
(b) पिता ने पुत्र से कहा—देर हो रही है, कब आओगे?
(c) पिता ने पुत्र से कहा—''देर हो रही है, कब आओगे?''
(d) पिता ने पुत्र से कहा, ''देर हो रही है कब आओगे।

3. जहाँ वाक्य की गति अन्तिम रूप ले ले, विचार के तार एकदम टूट जाएँ, वहाँ किस चिह्न का प्रयोग किया जाता है?
(a) योजक (b) उद्धरण चिह्न
(c) अल्प विराम (d) पूर्ण विराम

4. किस वाक्य में विरामादि चिह्नों का सही प्रयोग हुआ है?
(a) आप मुझे नहीं जानते! महीने में मैं दो दिन ही व्यस्त रहता हूँ।
(b) आप, मुझे नहीं जानते? महीने में मैं, दो दिन ही व्यस्त रहता हूँ
(c) आप मुझे, नहीं जानते, महीने में मैं! दो दिन ही व्यस्त रहता हूँ
(d) आप मुझे नहीं, जानते; महीने में मैं दो दिन ही व्यस्त रहता हूँ?

5. किस वाक्य में विरामादि चिह्नों का सही प्रयोग हुआ है?
(a) मैं मनुष्य में, मानवता देखना चाहता हूँ। उसे देवता बनाने की मेरी इच्छा नहीं।
(b) मैं मनुष्य में मानवता देखना चाहता हूँ। उसे देवता बनाने की, मेरी इच्छा नहीं।
(c) मैं मनुष्य में मानवता, देखना चाहता हूँ। उसे देवता बनाने की मेरी इच्छा नहीं।
(d) मैं, मनुष्य में मानवता देखना चाहता हूँ। उसे देवता बनाने की मेरी इच्छा नहीं।

6. पूर्ण विराम के स्थान पर एक अन्य चिह्न भी प्रचलित है, वह है
(a) अल्प विराम (b) योजक चिह्न (c) फुलस्टॉप (d) विवरण चिह्न

7. जब से हिन्दी में अन्तर्राष्ट्रीय अंकों 1, 2, 3, 4, 5, 6, 7, 8, 9, 0 का प्रयोग आरम्भ हुआ, तब से '।' के स्थान पर किसका प्रयोग होने लगा है?
(a) अर्द्ध विराम (b) अल्प विराम (c) विस्मयादिबोधक (d) फुलस्टॉप

8. प्रश्नवाचक तथा विस्मयादिबोधक को छोड़कर सभी वाक्यों के अन्त में प्रयुक्त होता है
(a) पूर्ण विराम (b) अर्द्ध विराम (c) उद्धरण चिह्न (d) विवरण चिह्न

9. किस वाक्य में विराम-चिह्नों का सही प्रयोग हुआ है?
(a) राम, मोहन, घर, पर्वत; संज्ञाएँ। यह, वह, तुम, मैं; सर्वनाम। लिखना, गाना, दौड़ना; क्रियाएँ।
(b) राम, मोहन, घर, पर्वत संज्ञाएँ; यह, वह, तुम, मैं सर्वनाम; लिखना, गाना, दौड़ना क्रियाएँ
(c) राम-मोहन, घर-पर्वत संज्ञाएँ! यह-वह-तुम-मैं सर्वनाम! लिखना-गाना-दौड़ना संज्ञाएँ।
(d) राम मोहन घर पर्वत संज्ञाएँ। यह वह तुम मैं सर्वनाम। लिखना, गाना, दौड़ना क्रियाएँ।

10. जहाँ पूर्ण विराम की अपेक्षा कम रुकना अपेक्षित हो, वहाँ .... चिह्न का प्रयोग किया जाता है।
(a) अर्द्ध विराम (b) अल्प विराम
(c) संक्षेप चिह्न (d) कोष्ठक

11. ऐसे उपवाक्यों के बीच जो परस्पर सम्बद्ध होने पर भी स्वतन्त्र वाक्य प्रतीत होते हैं, वहाँ किस चिह्न का प्रयोग होता है?
(a) पूर्ण विराम (b) अर्द्ध विराम
(c) अल्प विराम (d) निर्देश चिह्न

12. जहाँ पर अल्प विराम के प्रयोग से भ्रान्ति होने की सम्भावना हो, वहाँ पर किस चिह्न का प्रयोग अनिवार्य हो जाता है?
(a) अर्द्ध विराम (b) विस्मयादिबोधक
(c) प्रश्नवाचक (d) योजक

13. पूर्ण विराम के बाद सर्वाधिक प्रयुक्त होने वाला विराम-चिह्न है
(a) विस्मयादिबोधक (b) प्रश्नवाचक
(c) अल्प विराम (d) अर्द्ध विराम

14. वाक्य में जहाँ सबसे कम रुकना पड़ता हो, वहाँ प्रयुक्त होता है
(a) विवरण निर्देश (b) निर्देश चिह्न
(c) अर्द्ध विराम (d) अल्प विराम

15. एक ही वाक्य या वाक्यांश में एक ही तरह के पद, शब्द, पदबन्ध या वाक्यांश एक साथ आने पर .... लगाया जाता है।
(a) अल्प विराम (b) अर्द्ध विराम
(c) पूर्ण विराम (d) विस्मयादिबोधक

16. निषेधसूचक 'नहीं' और स्वीकारसूचक 'हाँ' के बाद कुछ लिखना हो, तो कौन-सा चिह्न प्रयुक्त किया जाएगा?
(a) पूर्ण विराम (b) अल्प विराम
(c) अर्द्ध विराम (d) इनमें से कोई नहीं

17. समुच्चयबोधक अव्यय का लोप होने पर प्रयुक्त होता है
(a) पूर्ण विराम (b) अर्द्ध विराम
(c) अल्प विराम (d) अविराम

निर्देश (प्र.सं. 18 से 22 तक) *प्रत्येक प्रश्न में जिस विकल्प में विराम-चिह्नों का सही प्रयोग हुआ है, उसका चयन कीजिए।*

18. (a) कह सकते हैं कि वाक्य, अनुशासित शब्दों की व्यवस्थित कड़ी है।
(b) कह सकते हैं, ''कि वाक्य अनुशासित शब्दों की कड़ी है!''
(c) कह सकते हैं कि; वाक्य अनुशासित शब्दों की कड़ी है।
(d) कह सकते हैं—कि वाक्य अनुशासित शब्दों-की-कड़ी है।

19. (a) घर जाकर, उसने नहाया। कपड़े धोए। और सारे घर की सफाई की।
(b) घर जाकर उसने नहाया, कपड़े धोए और सारे घर की सफाई की।
(c) घर जाकर उसने—नहाया—कपड़े—धोए और, सारे घर की सफाई की।
(d) घर, जाकर, उसने नहाया; कपड़े धोए और सारे घर की सफाई की

20. (a) राम की पत्नी दोनों बच्चे और नौकर घूमने गए हैं।
(b) राम की पत्नी : दोनों बच्चे : और नौकर घूमने गए हैं।
(c) राम की पत्नी, दोनों बच्चे और नौकर घूमने गए हैं।
(d) राम, की पत्नी दोनों, बच्चे और नौकर, घूमने गए हैं।

21. (a) जीना, मरना, सुख, दुःख, हानि, लाभ और होनी, अनहोनी लगे ही रहते हैं।
(b) जीना मरना; सुख दुःख; हानि लाभ और होनी, अनहोनी; लगे ही रहते हैं।
(c) जीना मरना, सुख दुःख, हानि-लाभ और होनी-अनहोनी लगे ही रहते हैं।
(d) जीना-मरना, सुख-दुःख, हानि-लाभ और होनी, अनहोनी लगे ही रहते हैं।

22. (a) नहीं, यह मुझसे न होगा। (b) नहीं यह, मुझसे न होगा। (c) नहीं! यह मुझसे न होगा? (d) नहीं! यह मुझसे न होगा

23. एक व्यक्ति से प्रश्न किए जाने पर उत्तर नहीं मिलता या गलत उत्तर मिलता है तो दूसरे से प्रश्न किए जाने पर वाक्यांश में कौन-सा चिह्न लगाया जाता है?
(a) प्रश्नवाचक (b) विस्मयवाचक
(c) पूर्ण विराम (d) अर्द्ध विराम

24. विनय, व्यंग्य, उपहास को व्यक्त करने के लिए किस विराम-चिह्न का प्रयोग किया जाता है?
(a) प्रश्नवाचक (b) विस्मयादिबोधक
(c) पूर्ण विराम (d) अल्प विराम

25. दो विपरीतार्थक शब्दों के बीच किस चिह्न का प्रयोग होता है?
(a) योजक (b) विस्मयादि (c) अल्प विराम (d) अर्द्ध विराम

26. जब दो शब्दों में एक सार्थक और दूसरा निरर्थक हो तब वहाँ लगाया जाता है
(a) उद्धरण चिह्न (b) योजक चिह्न
(c) प्रश्नवाचक चिह्न (d) विस्मयादिसूचक चिह्न

27. जब दो संयुक्त क्रियाएँ एक साथ प्रयुक्त हों तो कौन-सा चिह्न लगाया जाता है?
(a) अल्प विराम (b) पूर्ण विराम
(c) योजक (d) इनमें से कोई नहीं

28. किस वाक्य में विराम-चिह्न का गलत प्रयोग हुआ है?
(a) बुद्ध ने घर-घर जाकर उपदेश दिए
(b) उसके पास कपड़ा-लत्ता कुछ है भी या नहीं
(c) विराम-चिह्नों का प्रयोग सही नहीं हुआ है
(d) पिता-पुत्र में झगड़ा हो गया

29. निम्न में से कौन-सा विराम-चिह्न अंग्रेजी भाषा में प्रचलित नहीं है?
(a) ; (b) , (c) ! (d) ।

30. निम्नलिखित में से कौन-सा योजक चिह्न है?
(a) । (b) , (c) – (d) “ ”

31. विराम-चिह्न की दृष्टि से कौन-सा वाक्य अशुद्ध है?
(a) नहीं कल मैं तुम्हारे घर नहीं आ सकूँगा।
(b) मैं क्या कहता?
(c) महक रागिनी, श्वेता आदि भी आई हैं; ये सब अब गाना गाएँगी।
(d) उसने पूछा, “तुम कहाँ थे?”

32. विराम चिह्न (;) का नाम है
(a) अर्द्धविराम (b) विराम
(c) अल्पविराम (d) हंसपद

33. विराम-चिह्न के सत्य युग्म का चयन कीजिए
(a) विस्मय सूचक – (!) (b) इत्यादि-चिह्न – (......)
(c) अर्द्ध विराम – (;) (d) ये सभी

34. सामासिक पदों/पुनरुक्त/युग्म शब्दों के मध्य प्रयोग किया जाता है।
(a) अल्प विराम (b) अर्द्ध विराम
(c) योजक चिह्न (d) उद्धरण चिह्न

35. विराम-चिह्न की दृष्टि से कौन-सा वाक्य अशुद्ध है?
(a) वह ईमानदार, परिश्रमी, कर्मठ और मृदुभाषी है।
(b) उसके पास धन-वैभव, नौकर-चाकर आदि सभी कुछ था।
(c) हाँ मेरा यही विचार है।
(d) आप हमारे घर आना चाहते हैं, तो आइए ठहरना चाहते हैं, तो ठहरिए।

36. आकाश-पाताल के बीच लगने वाला (-) चिह्न है
(a) अल्पविराम (b) विस्मयादिबोधक
(c) योजक चिह्न (d) उद्धरण चिह्न

37. निम्नलिखित वाक्य में एक विराम चिह्न का लोप है वह विराम चिह्न कौन-सा है? वाक्य है
आप एक ऐसे मनुष्य की खोज कराइए, जिसने कभी दुःख का नाम न सुना हो
(a) अर्द्ध विराम (b) आश्चर्यसूचक
(c) अल्पविराम (d) पूर्णविराम

38. किसी कठिन शब्द को स्पष्ट करने के लिए किस विराम चिह्न का प्रयोग होता है
(a) विवरण चिह्न (b) निर्देशक
(c) कोष्ठक (d) उप विराम

39. किसी के कथन को उद्धृत करते समय किस विराम चिह्न का प्रयोग किया जाता है?
(a) विस्मयादिबोधक (b) अवतरण का उद्धरण चिह्न
(c) प्रश्नवाचक चिह्न (d) निर्देशक चिह्न

उत्तरमाला

1. *(c)*	2. *(c)*	3. *(d)*	4. *(a)*	5. *(b)*	6. *(c)*	7. *(d)*	8. *(a)*	9. *(b)*	10. *(a)*
11. *(b)*	12. *(a)*	13. *(c)*	14. *(d)*	15. *(a)*	16. *(b)*	17. *(c)*	18. *(a)*	19. *(b)*	20. *(c)*
21. *(c)*	22. *(a)*	23. *(c)*	24. *(b)*	25. *(a)*	26. *(b)*	27. *(d)*	28. *(c)*	29. *(d)*	30. *(c)*
31. *(a)*	32. *(a)*	33. *(d)*	34. *(c)*	35. *(c)*	36. *(c)*	37. *(d)*	38. *(c)*	39. *(b)*	

अध्याय 13

मुहावरे एवं लोकोक्तियाँ

मुहावरा वो वाक्यांश है, जो सामान्य अर्थ का बोध न कराकर विशिष्ट, विलक्षण तथा लाक्षणिक अर्थ देता है। जो शब्द-समूह या पदबन्ध अपने शाब्दिक अर्थ से भिन्न अर्थ प्रकट करता है, वह 'मुहावरा' कहलाता है। मुहावरों का स्वतन्त्र रूप से प्रयोग नहीं होता, बल्कि वाक्य के साथ ही प्रयुक्त होकर ये उचित अर्थ दे सकते हैं। वाक्य में मुहावरे के प्रयोग से भाषा आकर्षक हो जाती है। मुहावरों के प्रयोग से भाषा में सरलता, सरसता तथा चमत्कारपूर्ण प्रवाह उत्पन्न होता है। 'मुहावरा' भाषा की समृद्धि तथा सांस्कृतिक विस्तार का प्रतीक है। इससे भाषिक परिदृश्य के सामाजिक-सांस्कृतिक सम्बन्धों का पता चलता है। मुहावरों में युगीन चेतना के आधार पर परिवर्तन भी होता रहता है।

'मुहावरा' कम-से-कम दो शब्दों से बना है। ये शब्द विशेषण, संज्ञा अथवा क्रिया हो सकते हैं।

जैसे—चिकना घड़ा (यहाँ 'चिकना' विशेषण तथा 'घड़ा' संज्ञा शब्द है।); आँखों में रात काटना (यहाँ 'आँख' संज्ञा तथा 'काटना' क्रिया है।)

मुहावरा एक सिद्ध और रूढ़ इकाई होता है। शब्दों के हेर-फेर से मुहावरे का अर्थ असहज हो जाता है और वह मुहावरा नहीं रह जता।

हिन्दी के महत्त्वपूर्ण मुहावरे तथा उनके अर्थ

- **अंक भरना** (आलिंगन करना)—माता ने अपने पुत्र को अंक में भर लिया।
- **अंग-अंग खिलना** (प्रसन्न हो जाना)—विदेश प्रवास से घर आने पर रमेश का अंग-अंग खिल उठा था।
- **अँगूठा दिखाना** (समय पर इनकार कर देना)—राम ने सहायता का वादा किया था, पर आज उसने अँगूठा दिखा दिया।
- **अंगूर खट्टे होना** (प्राप्त न होने वाली वस्तु को बेकार मानना)— पहले तो राजीव नौकरी के लिए हाय-तौबा मचाता था, अब जब नौकरी नहीं मिली, तो कहता है कि नौकरी अच्छी नहीं थी अर्थात् अंगूर खट्टे हैं।
- **अन्धे की लाठी** (एकमात्र सहारा)—परेशानी की हालत में उसने मेरी सहायता अन्धे की लाठी के समान की।
- **अन्धे के हाथ बटेर लगना** (बिना प्रयास का लाभ)—लॉटरी क्या लगी, रमेश घमण्डी हो गया है। क्यों न हो, अन्धे के हाथ बटेर जो लगी है।
- **अँधेरे में रखना** (भेद छिपाना)—उसने अन्तर्जातीय प्रेम-विवाह किया, लेकिन मुझे अँधेरे में ही रखा।
- **अन्धों में काना राजा** (अयोग्य लोगों के बीच कम योग्यता वाला भी बहुत योग्य माना जाता है)—ग्रामीण विद्यालय में पढ़ने वाला रामू थोड़ी-बहुत अंग्रेजी जानता है, जिस कारण सभी उसे तेज विद्यार्थी मानते हैं। वह अन्धों में काना राजा बना हुआ है।
- **अक्ल पर पर्दा पड़ना** (समझ न आना)—एक ही सवाल को तुम्हें कितनी बार समझाऊँ? तुम्हारी अक्ल पर तो पर्दा पड़ा हुआ है।
- **अपना उल्लू सीधा करना** (अपना मतलब निकालना)— आजकल के राजनेता जनता की नहीं सोचते, वे अपना उल्लू सीधा करने में लगे रहते हैं।
- **अपना-सा मुँह लेकर रह जाना** (लज्जित होना)—जब उसकी चोरी पकड़ी गई तो वह अपना-सा मुँह लेकर रह गया।
- **अपने मुँह मियाँ मिट्ठू बनना** (अपनी बड़ाई आप ही करना)—कोई तुम्हारी तारीफ करे तो समझ में आता है, पर अपने मुँह मियाँ मिट्ठू बनने से क्या फायदा।
- **आँख उठाकर न देखना** (तिरस्कार करना)—सिद्धार्थ ने उसके निकट आने पर भी उसे आँख उठाकर नहीं देखा।
- **आँख का काँटा** (शत्रु बनना)—मित्र भी कभी आँख का काँटा बन जाता है।
- **आँख का तारा** (बहुत प्यारा)—सभी बच्चे माता की आँखों के तारे होते हैं।
- **आँख मारना** (इशारा देना)—उसने आँख मारी और मैं समझ गया कि यहाँ से निकलना चाहिए।
- **आँखें फेर लेना** (प्रतिकूल होना)—सहायता की जरूरत के समय परिजनों ने आँखें फेर लीं।
- **आँखों में धूल झोंकना** (धोखा देना)—जेबकतरे ने आँखों में धूल झोंककर जेब से सारे पैसे निकाल लिए।
- **आँखों से गिरना** (आदर घट जाना)—रमेश अपनी हरकतों के कारण हम सब की आँखों से गिर गया है।
- **आग-बबूला होना** (बहुत गुस्सा होना)—रमेश ने राकेश की घड़ी तोड़ दी, जिस कारण वह आग-बबूला हो गया।
- **आग में कूदना** (जान जोखिम में डालना)—देश की रक्षा के लिए जवान हमेशा आग में कूदने के लिए तैयार रहते हैं।
- **आसमान टूट पड़ना** (अचानक विपत्ति आना)—अमेरिका में प्रोफेसर की हत्या से उसके वृद्ध माता-पिता पर आसमान टूट पड़ा।
- **आसमान सिर पर उठाना** (बहुत हो-हल्ला करना)—शहर में बिजली आपूर्ति की कटौती के कारण लोगों ने आसमान सिर पर उठा लिया।
- **ईद का चाँद होना** (बहुत समय बाद दिखना)—रमेश, आजकल कहाँ रहते हो, तुम तो ईद के चाँद हो गए हो।
- **उगल देना** (भेद खोल देना)—नक्सली नेता ने गिरफ्तारी के बाद अपनी सारी रणनीति उगल दी।

- **उलटी गंगा बहाना** (उलटा काम करना)—अतिथि यदि आकर खर्च करने लगे तो इसे ही उलटी गंगा बहाना कहते हैं।
- **उलटी पट्टी पढ़ाना** (बहकाना)—किसी ने राकेश को उलटी पट्टी पढ़ा दी है कि शिक्षक के डाँटने के पीछे मेरा हाथ है।
- **ऊँट का सूई के छेद से निकलना** (असम्भव कार्य)—पढ़ाई नहीं करने वालों का प्रतियोगिता में सफल होना, ऊँट का सूई के छेद से निकलना है।
- **एड़ी-चोटी का पसीना एक करना** (अत्यधिक परिश्रम करना)—रमाकान्त जी अपनी लड़की के लिए सुयोग्य वर की तलाश में एड़ी-चोटी का पसीना एक कर चुके हैं।
- **ओखली में सिर देना** (अपने से जोखिम लेना)—तुम्हें उन दोनों के आपसी झगड़े में नहीं पड़ना चाहिए, अब ओखली में सिर दे चुके हो तो भुगतो।
- **कलेजे पर साँप लोटना** (ईर्ष्या करना)—परिश्रम से धन अर्जित करने वाले को देख कलेजे पर साँप लोटने का क्या फायदा।
- **कलेजा ठण्डा होना** (सन्तोष होना)—पड़ोसी एक मुकदमे में जेल चला गया, तब रमेश का कलेजा ठण्डा हुआ।
- **कलेजा मुँह को आना** (दु:ख होना)—ट्रक और कार की टक्कर को देखकर राकेश का कलेजा मुँह को आ गया।
- **खरी-खोटी सुनाना** (भला-बुरा कहना)—कितनी खरी-खोटी सुनने के बाद भी सुनील की आदत सुधरती ही नहीं।
- **खेत आना** (वीरगति पाना)—कई लड़ाइयों में मराठा सैनिकों की बड़ी संख्या खेत आई, जिस कारण मराठों को पराजित होना पड़ा।
- **खून-पसीना एक करना** (कठिन परिश्रम)—पिता ने खून-पसीना एक कर बेटे को पढ़ाया, पर बेटे ने बूढ़े पिता को घर से निकाल दिया।
- **खाक छानना** (भटकना)—नौकरी की खोज में मोहन आज-कल खाक छान रहा है।
- **खेल खेलना** (परेशान करना)—उसने मेरी कलम ले ली और खोज देने के लिए शर्तें लगाकर खेल खेलता है।
- **गड़े मुर्दे उखाड़ना** (दबी बात को फिर से उभारना)—जो कुछ हुआ उसे भूल जाओ, गड़े मुर्दे उखाड़ने का क्या फायदा।
- **गाँठ का पूरा** (मालदार)—धूर्त लोगों को अक्ल के अन्धे तथा गाँठ के पूरे दोस्त बहुत अच्छे लगते हैं।
- **गाँठ में बाँधना** (खूब याद रखना)—यह बात गाँठ में बाँध लो कि रोज व्यायाम करना स्वास्थ्य के लिए लाभप्रद है।
- **घोड़े बेचकर सोना** (बेफिक्र होना)—बेटी के विवाह के बाद प्रत्येक पिता घोड़े बेचकर सोता है।
- **घड़ों पानी पड़ जाना** (अत्यन्त लज्जित होना)—हमेशा कक्षा में प्रथम आने वाले रोहित को इस बार प्रधानाध्यापक ने परीक्षा में चोरी करते पकड़ा तो उसके ऊपर घड़ों पानी पड़ गया।
- **घी के दीये जलाना** (अप्रत्याशित लाभ पर प्रसन्नता)—भगवान श्रीराम के अयोध्या वापस लौटने की खुशी में अयोध्यावासियों ने घी के दीये जलाए।
- **चुल्लू भर पानी में डूब मरना** (शर्मिन्दा होना)—कुकर्म करने वालों को तो चुल्लू भर पानी में डूब मरना चाहिए।
- **चैन की बंशी बजाना** (आनन्दपूर्वक जीवन बिताना)—नौकरी मिलने के बाद वह चैन की बंशी बजा रहा है।
- **छक्के छुड़ाना** (परास्त करना)—बांग्लादेश ने विश्वकप क्रिकेट के पहले ही मैच में भारत के छक्के छुड़ा दिए।
- **छठी का दूध याद आना** (कठिनाई अनुभव होना)—मैंने उसे इतना पीटा कि उसे छठी का दूध याद आ गया होगा।
- **जमीन-आसमान एक करना** (बड़े-बड़े उपाय करना)— चुनाव में सफलता के लिए नेतागण जमीन-आसमान एक कर रहे हैं।
- **जहर का घूंट पीना** (क्रोध को दबा लेना)—उसके दुर्व्यवहार से मुझे बहुत गुस्सा आया, लेकिन परिस्थिति को देखते हुए मैंने जहर का घूँट पी लिया।
- **टाँय-टाँय फिस्स होना** (असफल होना)—उसने योजना तो सोच-समझ कर बनाई, पर सब टाँय-टाँय फिस्स हो गया।
- **टेढ़ी खीर होना** (कठिन काम)—रमेश को सही रास्ते पर लाना टेढ़ी खीर है।
- **डूबते को तिनके का सहारा** (असहाय को थोड़ी राहत)—रामू ने मोहन को कठिन समय में कुछ धन उपलब्ध कराया, बेचारे को राहत मिली, मानो डूबते को तिनके का सहारा मिल गया।
- **तख्ता पलटना** (सत्ता समाप्त करना)—पाकिस्तान के सैनिक प्रमुख हमेशा से तख्ता पलट कर सत्ता पर काबिज होते रहे हैं।
- **दाँत खट्टे करना** (परास्त करना)—कारगिल युद्ध में भारतीय सेना ने पाकिस्तान के दाँत खट्टे कर दिए।
- **धूल फाँकना** (मारा-मारा फिरना)—पढ़ाई-लिखाई छोड़कर हरीश इधर-उधर की धूल फाँकता है।
- **नाक का बाल होना** (बहुत प्रिय होना)—अपनी चंचलता और हाजिर जवाबी के कारण वह सबकी नाक का बाल है।
- **नौ-दो ग्यारह होना** (भाग जाना)—स्टेशन पर अपने सामान की सुरक्षा करना, नहीं तो कोई लेकर नौ-दो ग्यारह हो सकता है।
- **बाल की खाल निकालना** (निरर्थक बहस करना)—रमेश हर बात में बाल की खाल निकालने लगता है, जिस कारण उसे लोग पसन्द नहीं करते।
- **रँगे हाथों पकड़ना** (अपराध के समय पकड़ना)—पुलिस ने शहर में गश्ती के दौरान लुटेरों को रँगे हाथों पकड़ा।
- **सब्ज बाग दिखाना** (झूठी आशा देना)—इण्टरनेट पर धन को दोगुना करने का सब्ज बाग दिखा कर ठगी का धन्धा तेजी से चल रहा है।
- **हथियार डाल देना** (हार मान लेना)—अहमदशाह अब्दाली के विरुद्ध मराठों ने रसद की आपूर्ति बन्द होने के कारण हथियार डाल दिए।
- **होश उड़ना** (आशंका से व्याकुल)—अचानक दरवाजे पर पुलिस देखकर रामू के होश उड़ गए।

लोकोक्तियाँ

लोकोक्ति या कहावत के पीछे कोई कहानी होती है। इससे निकली बात लोगों की वाणी का अंग बन **लोकोक्ति** कहलाने लगती है। लोकोक्ति या कहावत सम्पूर्ण तथा स्वतन्त्र वाक्य होते हैं। इसमें एक प्रकार का प्रवाह होता है। वार्तालाप में इनके प्रयोग से श्रुतिमधुर वाक्यों का सृजन होता है, साथ ही प्रयुक्त लोकोक्तियों का व्यावहारिक रूप भी सामने आता है। मुहावरे की तरह लोकोक्ति का अर्थ भी लाक्षणिक होता है।

मुहावरे और लोकोक्ति में मुख्य अन्तर यह है कि मुहावरा एक पदबन्ध, वाक्यांश या वाक्यखण्ड होता है, जबकि लोकोक्ति एक स्वतन्त्र वाक्य है। प्रयोग की दृष्टि से भी मुहावरे और लोकोक्ति में अन्तर है। मुहावरा किसी वाक्य में समा जाता है तथा उक्त वाक्य में चमत्कार, विशालता ला देता है जबकि लोकोक्ति किसी वाक्य के समर्थन या खण्डन के लिए प्रयुक्त की जाती है।

महत्त्वपूर्ण लोकोक्तियाँ

कहावत या लोकोक्ति	सामान्य अर्थ
• अधजल गगरी छलकत जाए	ओछा आदमी थोड़ा गुण होने पर अहंकारी हो जाता है।
• अब पछताए होत क्या, जब चिड़िया चुग गई खेत	नुकसान हो जाने के बाद पछताना बेकार।
• आँख का अन्धा नाम नयनसुख	नाम के विपरीत गुण होना।
• आम के आम गुठलियों के दाम	दोहरा लाभ।
• ऊँची दुकान फीके पकवान	केवल बाहरी दिखावा।
• का वर्षा जब कृषि सुखाने	अवसर निकल जाने पर सहायता व्यर्थ।
• खिसियानी बिल्ली खम्भा नोचे	शर्म के मारे क्रोध करना।
• बिल्ली के भाग से छींका टूटा	जैसा चाहा, वैसा हुआ।
• नाच न जाने आँगन टेढ़ा	अपनी असफलता का दोष दूसरे पर डालना।
• अन्त भला तो सब भला	परिणाम अच्छा हो तो कार्य सफल होता है।
• अँधेर नगरी चौपट राजा	मुखिया मूर्ख हो तो परिवार में कलह बनी रहती है।
• अन्धे के हाथ बटेर	अनायास इच्छित वस्तु का मिलना।
• आसमान से गिरा खजूर में अटका	काम पूरा होते-होते रह जाना।
• आए थे हरिभजन को ओटन लगे कपास	उच्च लक्ष्य के लिए निकलना और घटिया काम में लग जाना।
• इधर कुआँ, उधर खाई	हर ओर मुसीबत।
• उलटे बाँस बरेली को	विपरीत कार्य करना।
• ऊँट के मुँह में जीरा	बहुत थोड़ा।
• एक करेला दूसरे नीम चढ़ा	एक के साथ दूसरा दोष।
• एक चोरी दूसरे सीना-जोरी	अपराध कर उलटे रौब दिखाना।

कहावत या लोकोक्ति	सामान्य अर्थ
• करत करत अभ्यास के जड़मति होत सुजान	प्रयत्न से सफलता मिलती है।
• काठ की हाण्डी एक बार ही चढ़ती है	बेईमानी एक बार ही चलती है।
• खोदा पहाड़ निकली चुहिया	परिश्रम की तुलना में बहुत कम परिणाम।
• घर का भेदी लंका ढहाए	आपसी फूट से कमजोरी आती है।
• घर की मुर्गी दाल बराबर	सहजता से प्राप्त वस्तु का आदर नहीं होता।
• चोर की दाढ़ी में तिनका	दोषी हमेशा चौकन्ना रहता है।
• जिसकी लाठी उसकी भैंस	ताकतवर की जीत होती है।
• न रहेगा बाँस न बजेगी बाँसुरी	न कारण होगा, न कार्य होगा।
• रस्सी जल गई पर ऐंठन न गई	पतन के बाद भी घमण्ड का होना।
• हाथ कंगन को आरसी क्या	जो प्रत्यक्ष है, उसके लिए प्रमाण क्या।
• नीम हकीम खतरे जान	अयोग्य व्यक्ति से हानि होती है।
• दस की लाठी एक का बोझ	सहयोग से काम आसान होता है।
• मुख में राम बगल में छुरी	कपटी आदमी।
• एकहि साधे सब सधे, सब साधे सब जाए	एकाग्रता से कार्य होता है।
• मन चंगा तो कठौती में गंगा	मन की पवित्रता ही सबसे बड़ा पुण्य है।
• होनहार बिरवान के होत चीकने पात	होनहार के लक्षण शुरू में ही पता चल जाते हैं।
• साँप भी मरा लाठी भी न टूटी	बिना किसी नुकसान के काम बनना।

अभ्यास प्रश्न

1. 'लोहे के चने चबाना' मुहावरे का अर्थ है
(a) भूख लगना (b) कठिन संघर्ष में फँसना
(c) युद्ध करना (d) चने भूनना

2. 'कान पर जूँ न रेंगना' मुहावरे का अर्थ है
(a) माथे में जूँ होना (b) बात को अनसुना करना
(c) कान में कीड़े होना (d) बिल्कुल भी नहीं सुनना

3. 'बीड़ा उठाना' मुहावरे का अर्थ है
(a) पान लगाना (b) किसी काम का भार लेना
(c) मरने को तैयार होना (d) बेकार काम करना

4. 'कान भरना' मुहावरे का अर्थ है
(a) बहकाना (b) बहकावे में आना
(c) बहक जाना (d) कान में तेल डालना

5. 'हजामत बनाना' मुहावरे का अर्थ है
(a) आर्थिक तंगी होना
(b) बेवकूफ बनाना
(c) उपहास करना
(d) नरमी से काम करना

6. 'हौसला पस्त होना' मुहावरे का अर्थ है
(a) उत्साह न रह जाना (b) इच्छा पूर्ण होना
(c) भय का कारण (d) खाली बैठे रहना

7. 'हाँ में हाँ मिलाना' मुहावरे का अर्थ है
(a) खुशामद करना (b) हार मान लेना
(c) बुद्धि ठीक होना (d) तेज चलना

8. 'सिर पर सवार होना' मुहावरे का अर्थ है
(a) पीछे पड़ना (b) शोक करना
(c) प्रतिवाद करना (d) चकित होना

9. 'मुँह की खाना' मुहावरे का अर्थ है
(a) बुरी तरह हारना (b) मुँह से खाना
(c) तंग करना (d) विरोध करना

10. 'मुट्ठी गर्म करना' मुहावरे का अर्थ है
(a) आग तापना (b) घूस देना (c) मुक्का लगाना (d) धाक जमाना

11. 'पहाड़ टूट पड़ना' मुहावरे का अर्थ है
(a) भारी विपत्ति आना (b) खूब लाभ कमाना
(c) इज्जत बचाना (d) तूफान आना

12. 'बाँसों उछलना' मुहावरे का सही अर्थ है
(a) नीचे से उछलकर ऊपर चढ़ना (b) प्रसन्न होना
(c) कलाबाजी करना (d) पागल होना

13. 'फूँक-फूँक कर पैर रखना' मुहावरे का सही अर्थ है
(a) धीरे-धीरे चलना (b) डर कर काम करना
(c) सोच-विचार कर काम करना (d) परेशान रहना

14. 'नाक रगड़ना' मुहावरे का सही अर्थ है
(a) नाक में चोट लगना (b) बहुत खुशामद करना
(c) इज्जत देना (d) ये सभी

15. 'अपना उल्लू सीधा करना' मुहावरे का सही अर्थ है
(a) धूर्तता करना (b) अपना काम निकालना
(c) गाली देना (d) उल्लू पकड़ना

16. 'गाल बजाना' मुहावरे का सही अर्थ है
(a) बाजा बजाना (b) चपत जमाना
(c) डींग हाँकना (d) डफली बजाना

17. 'आसन डोलना' मुहावरे का सही अर्थ है
(a) चंचल होना
(b) भूकम्प आना
(c) बिस्तर बदलना
(d) एक स्थान से दूसरे स्थान पर परिवर्तन

18. 'लल्लो-चप्पो करना' मुहावरे का सही अर्थ है
(a) बातें बनाना (b) डींग मारना
(c) खुशामद करना (d) शिकायत करना

19. 'घड़ों पानी पड़ जाना' मुहावरे का सही अर्थ है
(a) स्नान करना (b) परेशान होना
(c) अत्यन्त लज्जित होना (d) सिर पर पानी डालना

20. 'पुरानी प्रथा पर चलना' किस मुहावरे का सही अर्थ है?
(a) लोहा लेना (b) हाथ के तोते उड़ाना
(c) लकीर का फकीर होना (d) दो कौड़ी का आदमी

21. 'ऊँट के मुँह में जीरा' का सही अर्थ है
(a) बहुत थोड़ा (b) ऊँट के मुँह में पीड़ा होना
(c) ऊँट को जीरा खिलाना (d) पेट भरने के लिए कुछ भी खाना

22. 'चोर की दाढ़ी में तिनका' का अर्थ है
(a) बुरा हाल होना
(b) पराजित होने पर भी हार नहीं मानना
(c) धोखेबाज
(d) दोषी हमेशा चौकन्ना रहता है

23. 'एक पन्थ दो काज' का सही अर्थ है
(a) अनेक कार्य करना (b) क्या करें, क्या न करें, सोचना
(c) एक साथ दो लाभ होना (d) एक साथ दो पद ग्रहण करना

24. 'दाल-भात में मूसलचन्द' का सही अर्थ है
(a) बुरा हाल होना (b) पराजित होना
(c) बेकार दखल देना (d) भोजन के पीछे मरना

25. 'तन पर नहीं लत्ता पान खाए अलबत्ता' का अर्थ है
(a) बुरी आदत में पड़ना
(b) झूठा दिखावा करना
(c) रौब डालना
(d) बहुत गरीब होना

26. 'धोबी का कुत्ता न घर का न घाट का' लोकोक्ति का सही अर्थ है
(a) धीरे-धीरे जाना (b) कहीं भी ठिकाना न होना
(c) बहुत मार खाना (d) बहुत भार उठाना

27. 'अकेला चना भाड़ नहीं फोड़ता' का अर्थ है
(a) अकेला व्यक्ति बेकार होता है
(b) अकेला व्यक्ति लड़ नहीं सकता
(c) अकेले कोई बड़ा काम करना सम्भव नहीं
(d) चने से भाड़ नहीं फूटता

28. 'आधा तीतर आधा बटेर' का अर्थ है
(a) मूर्खतापूर्ण कार्य (b) मनचाहा कार्य
(c) बेमेल बेढंगा होना (d) गड़बड़ होना

29. 'एक अनार सौ बीमार' का अर्थ है
(a) एक वस्तु के कम चाहने वाले
(b) एक वस्तु के अनेक चाहने वाले
(c) माँग कम पूर्ति अधिक
(d) अनार का बँटवारा

30. 'खोदा पहाड़ निकली चुहिया' का अर्थ है
(a) श्रम अधिक, फल न्यून (b) पहाड़ों पर भी चूहे पाए जाते हैं
(c) बड़ों के साथ छोटे का वास (d) पहाड़ खोदना कठिन है

31. 'जिसकी लाठी उसकी भैंस' का अर्थ है
(a) दुर्बल की सम्पत्ति
(b) शक्तिशाली का बोलबाला होता है
(c) भैंस लाठी से ही नियन्त्रित होती है
(d) भैंस लाठी से मार खाती है

32. 'नाच न जाने आँगन टेढ़ा' का अर्थ है
(a) अपनी अयोग्यता छिपाने के लिए दूसरे पर दोष मढ़ना
(b) अहंकार दिखाना
(c) नाचने की अयोग्यता
(d) आँगन टेढ़ा बनाकर रखना

33. 'मुँह में राम बगल में छुरी' लोकोक्ति का अर्थ है
(a) ऊपरी मित्रता मन में शत्रुता
(b) ईश्वर के नाम पर छल करना
(c) चालाकी करना
(d) राम का नाम पापी भी ले सकता है

34. 'सब धान बाइस पंसेरी' लोकोक्ति का सामान्य अर्थ है
(a) सभी वस्तुओं को समान समझना
(b) सभी वस्तुओं का समान मूल्य
(c) सब वस्तुओं को एक जगह रखना
(d) मन में खोट होना

उत्तरमाला

1. (b)	2. (b)	3. (b)	4. (a)	5. (b)	6. (a)	7. (a)	8. (a)	9. (a)	10. (b)
11. (a)	12. (b)	13. (c)	14. (b)	15. (b)	16. (c)	17. (d)	18. (c)	19. (c)	20. (c)
21. (a)	22. (d)	23. (c)	24. (b)	25. (b)	26. (b)	27. (c)	28. (c)	29. (b)	30. (a)
31. (b)	32. (a)	33. (a)	34. (a)						

अध्याय 14

रस, छन्द तथा अलंकार

रस

- रस (Sentiments) का शाब्दिक अर्थ 'आनन्द' है। किसी भी काव्य अथवा साहित्य को पढ़ने, सुनने या नाटक आदि को देखने से मन में जो आनन्द की अनुभूति होती है, उसे ही 'रस' कहते हैं। रस को काव्य की आत्मा/प्राणतत्व भी कहा जाता है।
- सर्वप्रथम **आचार्य भरतमुनि** ने अपने प्रसिद्ध ग्रन्थ नाट्यशास्त्र में रसों की विवेचना की थी, इन्हें **रस सम्प्रदाय के प्रवर्तक** भी कहा जाता है।

रस के अंग/अव्यव

रस के मुख्य रूप से चार अंग माने जाते हैं, जो निम्न प्रकार हैं

1. **स्थायी भाव** अर्थात् भाव की प्रधानता। हृदय में मूलरूप से विद्यमान रहने वाले भावों को स्थायी भाव कहते हैं। स्थायी भाव को रसों का आधार माना गया है। एक-रस के अर्थ में अर्थात् मूल भाव में एक ही स्थायी भाव रहता है। बाद के कुछ आचार्यों ने 9 स्थायी भावों में 2 स्थायी भावों को और जोड़ दिया, जिससे इनकी संख्या 11 हो गई। स्थायी भावों की संख्या 9 है, इसलिए इन्हें **नवरस** भी कहा जाता है।

रसों के स्थायी भाव

रस	स्थायी भाव
श्रृंगार रस	रति
हास्य रस	हास (हँसी)
करुण रस	शोक (दुख)
वीर रस	उत्साह
रौद्र रस	क्रोध
भयानक रस	भय
बीभत्स रस	जुगुप्सा/घृणा
अद्भुत रस	विस्मय/आश्चर्य
शान्त रस	निर्वेद
वत्सल्य रस	वात्सल्य रति
भक्ति रस	देव रति/अनुराग

2. **विभाव** जो व्यक्ति, वस्तु या परिस्थितियाँ स्थायी भावों को उद्दीपन या जागृत करती हैं, उन्हें विभाव कहते हैं। विभाव दो प्रकार के होते हैं
   - **आलम्बन विभाव** जिन वस्तुओं या विषयों पर आलम्बित होकर (सहारा पाकर) स्थायी भाव उत्पन्न होते हैं, उन्हें आलम्बन विभाव कहते हैं; जैसे—नायक-नायिका।
     आलम्बन विभाव के भी दो भेद होते हैं
     (i) **आश्रय** जिस व्यक्ति के मन में रति आदि भाव उत्पन्न होते हैं, उसे आश्रय कहते हैं।
     (ii) **विषय** जिस वस्तु या व्यक्ति के लिए आश्रय के मन में भाव उत्पन्न होते हैं, उसे विषय कहते हैं।
   - **उद्दीपन विभाव** स्थायी भाव को उद्दीपन या तीव्र करने वाले कारण उद्दीपन विभाव होते हैं। नायक-नायिका का रूप सौन्दर्य, पात्रों की चेष्टाएँ, ऋतु, उद्यान, चाँदनी, देश-काल आदि उद्दीपन विभाव होते हैं।
3. **अनुभाव** मन के भावों को प्रकट करने वाले शारीरिक विकार को अनुभाव कहते हैं। अनुभाव की संख्या 8 है; जो निम्न प्रकार हैं
   (i) स्तम्भ (ii) स्वेद (iii) रोमांच (iv) स्वर-भंग (v) कम्प (vi) विवर्णता (रंगहीनता) (vii) अश्रु (viii) प्रलय (संज्ञाहीनता)।
4. **संचारी या व्यभिचारी भाव** मन में उत्पन्न होने वाले अस्थिर मनोविकारों को संचारी भाव कहते हैं। संचारी भावों की संख्या 33 है; जो निम्न प्रकार हैं

संचारी भाव

1. हर्ष 2. विषाद 3. त्रास 4. लज्जा (व्रीड़ा) 5. ग्लानि
6. चिन्ता 7. शंका 8. असूया 9. अमर्ष 10. मोह
11. गर्व 12. उत्सुकता 13. उग्रता 14. चपलता 15. दीनता
16. जड़ता 17. आवेग 18. व्याधि (रोग) 19. धृति
20. मति 21. विबोध 22. वितर्क 23. श्रम 24. आलस्य
25. निद्रा 26. स्वप्न 27. स्मृति 28. मद 29. उन्माद 30. मरण।
31. अपस्मार (मूर्च्छा) 32. निर्वेद (अपने को कोसना या धिक्कारना)
33. अवहित्था (हर्ष आदि भावों को छिपाना)

रस के प्रकार

रसों की संख्या को लेकर अनेक मतभेद रहे हैं। भरत मुनि ने रसों की संख्या 8 मानी है। पण्डितराज जगन्नाथ ने रसों की संख्या 9 मानी है। कुछ विद्वानों ने रसों की संख्या 11 मानी है। प्रमुख रसों का विवरण इस प्रकार है

श्रृंगार रस

आचार्य भोजराज ने श्रृंगार को **रसराज** कहा है। श्रृंगार रस का आधार स्त्री-पुरुष का पारस्परिक आकर्षण है, जिसे काव्यशास्त्र में **रति** स्थायी भाव कहते हैं।
श्रृंगार रस में सुखद और दु:खद दोनों प्रकार की अनुभूतियाँ होती हैं। श्रृंगार रस के दो भेद होते हैं। जिनका वर्णन इस प्रकार है

(i) **संयोग श्रृंगार** जहाँ नायक-नायिका के संयोग या मिलन का वर्णन होता है, वहाँ संयोग श्रृंगार होता है;

जैसे—

"कहत, नटत, रीझत, खीझत, मिलत, खिलत, लजियात।
भरै भौन मैं करत हैं, नैनन् हीं सब बात।"

उपर्युक्त उदाहरण में बिहारी कवि ने एक नायक-नायिका के प्रेमपूर्ण चेष्टाओं का बड़ा वर्णन किया है। अत: यहाँ संयोग श्रृंगार है।

(ii) **वियोग या विप्रलम्भ श्रृंगार** जहाँ वियोग की अवस्था में नायक-नायिका के प्रेम का वर्णन होता है, वहाँ वियोग या विप्रलम्भ श्रृंगार होता है;

जैसे—

"मधुबन तुम क्यों रहत हरे, बिरह बियोग स्याम
सुन्दर के ठाढ़े क्यौं न जरे।"

उपर्युक्त उदाहरण में सूरदास जी ने कृष्ण के वियोग में राधा के मनोभावों एवं दुख का वर्णन किया है। अत: यहाँ वियोग श्रृंगार है।

हास्य रस

जब किसी व्यक्ति की विकृत वेशभूषा, क्रियाकलाप, हाव-भाव आदि को देखकर मन में जो उल्लास उत्पन्न होता है, उसे हास्य रस कहते हैं;
जैसे—

"जेहि दिसि बैठे नारद फूली। सो दिसि तेहि न विलोकी भूली।।
पुनि पुनि मुनि उकसहिं अकुलाहीं। देखि दसा हरिगन मुसकाहीं।।"

यहाँ स्थायी भाव हास तथा संचारी भाव हर्ष, चपलता, उत्सुकता आदि हैं।

करुण रस

जब किसी प्रिय व्यक्ति, वस्तु की हानि से अथवा अपनों से बिछुड़ जाने या दूर चले जाने से मन एवं हृदय में जो वेदना या दु:ख होता है, उसे करुण रस कहते हैं। इस रस में नि:श्वास होना, छाती पीटना, रोना, भूमि पर गिरना आदि का भाव व्यक्त होता है;

जैसे—

"सोक बिकल सब रोवहिं रानी। रूपु सीलु बलु तेजु बखानी।।
करहिं बिलाप अनेक प्रकारा। परहिं भूमितल बारहिं बारा।।"

यहाँ स्थायी भाव शोक तथा संचारी भाव मोह, उद्वेग, भूमि पर गिरना आदि हैं।

वीर रस

जब युद्ध अथवा किसी कठिन कार्य को करने के लिए मन में जो **उत्साह** की भावना विकसित होती है, उसे वीर रस कहा जाता है। इस रस में शत्रु पर विजय प्राप्त करने, यश प्राप्त करने आदि के भाव को व्यक्त किया जाता है;

जैसे—

"मैं सत्य कहता हूँ सखे! सुकुमार मत मानो मुझे।
यमराज से भी युद्ध में प्रस्तुत सदा जानो मुझे।।
हे सारथे! हैं द्रोण क्या? आवें स्वयं देवेन्द्र भी।
वे भी न जीतेंगे समर में आज क्या मुझसे कभी।।"

यहाँ स्थायी भाव उत्साह तथा संचारी भाव गर्व, हर्ष, उत्सुकता आदि हैं।

रौद्र रस

विरोधी पक्ष द्वारा किसी व्यक्ति, देश, समाज या धर्म का अपमान या अपकार करने से उसकी प्रतिक्रिया में जो क्रोध उत्पन्न होता है, उसे रौद्र रस कहते हैं;

जैसे—

श्री कृष्ण के सुन वचन, अर्जुन क्रोध से जलने लगे।
सब शोक अपना भूलकर, करतल युगल मलने लगे।।

यहाँ स्थायी भाव क्रोध तथा संचारी भाव अमर्ष-उग्रता, आवेग, कम्प आदि हैं।

भयानक रस

जब किसी भयानक व्यक्ति, वस्तु, जीव आदि को देखने या उससे सम्बन्धित वर्णन करने से तथा किसी अनिष्टवादी घटना का स्मरण करने से मन में जो व्याकुलता से **भय** उत्पन्न होता है उसे ही भयानक रस कहते हैं;
जैसे—

"एक ओर अजगरहि लखि, एक ओर मृगराय।
विकल बटोही बीच ही, परयो मूर्च्छा खाय।।"

यहाँ भय स्थायी भाव तथा संचारी भाव आवेग, त्रास आदि हैं।

वीभत्स रस

वीभत्स रस का स्थायी भाव **जुगुप्सा** या **घृणा** है। जब किसी घृणित वस्तु, व्यक्ति को देखकर, उनके सम्बन्ध में विचार करके या उनके सम्बन्ध में सुनकर मन में उत्पन्न होने वाली घृणा को ही वीभत्स रस कहते हैं;

जैसे—

"सिर पर बैठ्यो काग आँख दोउ खात निकारत।
खींचत जीभहिं स्यार अतिहि आनन्द उर धारत।।
गीध जाँघ को खोदि खोदि कै मांस उपारत।
स्वान आंगुरिन काटि-काटि कै खात विदारत।।"

यहाँ स्थायी भाव जुगुप्सा या घृणा तथा संचारी भाव, मोह, ग्लानि, आवेग, व्याधि आदि हैं।

अद्भुत रस

जब किसी अलौकिक, आश्चर्यजनक दृश्य या वस्तु को देखकर सहसा विश्वास नहीं होता और मन में आश्चर्य (विस्मय) का भाव उत्पन्न हो, उसे ही अद्भुत रस कहते हैं; जैसे—

"अम्बर में कुन्तल जाल देख, पद के नीचे पाताल देख,
मुट्ठी में तीनों काल देख, मेरा स्वरूप विकराल देख,
सब जन्म मुझी से पाते हैं, फिर लौट मुझी में आते हैं।"

यहाँ स्थायी भाव विस्मय और संचारी भाव भ्रम, औत्सुक्य, चिन्ता, त्रास आदि हैं।

शान्त रस

जब तत्व ज्ञान की प्राप्ति अथवा संसार से वैराग्य होने पर परमात्मा के वास्तविक रूप का ज्ञान होने पर मन को जो शान्ति मिलती है तब शान्त रस की उत्पत्ति होती है। अन्य शब्दों में, जहाँ न दुःख होता है, न द्वेष होता है, मन सांसारिक कार्यों से मुक्त हो जाता है और मनुष्य वैराग्य प्राप्त कर लेता है उसे शान्त रस कहते हैं;

जैसे—

"सुत वनितादि जानि स्वारथरत न करु नेह सबही ते।
अन्तहिं तोहि तजेंगे पामर! तू न तजै अबही ते।।
अब नाथहिं अनुराग जाग जड़, त्यागु दुरदसा जीते।
बुझै न काम अगिनि 'तुलसी' कहुँ विषय भोग बहु घी ते।।"

यहाँ स्थायी भाव निर्वेद तथा संचारी भाव धृति, मति, विमर्श आदि हैं।

वात्सल्य रस

वात्सल्य रस का सम्बन्ध छोटे बालक-बालिकाओं के प्रति माता-पिता एवं सगे-सम्बन्धियों का प्रेम एवं ममता के भाव से है। हिन्दी कवियों में सूरदास ने वात्सल्य रस को पूर्ण प्रतिष्ठा दी है। तुलसीदास की विभिन्न कृतियों के बालकाण्ड में वात्सल्य रस की सुन्दर रचना की गई है;

जैसे—

"किलकत कान्ह घुटुरुवनि आवत।
मनिमय कनक नन्द के आँगन बिम्ब पकरिबे धावत।।
कबहुँ निरखि हरि आप छाँह को कर सो पकरन चाहत।
किलकि हँसत राजत द्वै दतियाँ पुनि पुनि तिहि अवगाहत।।"

यहाँ स्थायी भाव वत्सलता या स्नेह तथा संचारी भाव हर्ष, गर्व, उत्सुकता हैं।

भक्ति रस

इसका स्थायी भाव देव रति अर्थात् ईश्वर के प्रति प्रेम है। भक्ति रस शान्त रस से भिन्न है। शान्त रस जहाँ निर्वेद या वैराग्य की ओर ले जाता है वहीं भक्ति रस ईश्वर की भक्ति या ईश्वर के प्रति प्रेम की ओर ले जाता है। भक्ति रस के पाँच भेद हैं—शान्त, प्रीति, प्रेम, वत्सल और मधुर;

जैसे—

"मेरे तो गिरिधर गोपाल दूसरो न कोई।
जाके सिर मोर मुकुट मेरो पति सोई।।
साधुन संग बैठि बैठि लोक-लाज खोई।
अब तो बात फैल गई जाने सब कोई।।"

यहाँ स्थायी भाव ईश्वर विषयक रति तथा संचारी भाव हर्ष, निर्वेद आदि हैं।

छन्द

छन्द से तात्पर्य

- छन्द शब्द की उत्पत्ति संस्कृत की **छद्** धातु से हुई है, जिसका शाब्दिक अर्थ है प्रसन्न अर्थात् आह्लादित करना। जब वर्णों या मात्राओं की नियमित संख्या के विन्यास से किसी काव्य में प्रसन्नता उत्पन्न होती है, तो उसे छन्द कहते हैं। अन्य शब्दों में, निश्चित चरण, वर्ण, मात्रा, क्रम, यति, गति, तुक और गण आदि के द्वारा नियोजित रचना को छन्द कहते हैं।
- छन्द को **पिंगल** नाम से भी जाना जाता है। इसका सर्वप्रथम विवरण **ऋग्वेद** से प्राप्त होता है। हिन्दी साहित्य में छन्दशास्त्र की दृष्टि से प्रथम कृति 'छन्दमाला' है। जिस प्रकार व्याकरण गद्य का महत्त्वपूर्ण भाग है उसी प्रकार छन्दशास्त्र पद्य का महत्त्वपूर्ण भाग है।

छन्द के भाग (अंग)

छन्द के प्रमुख अंग निम्नलिखित हैं

1. चरण	2. वर्ण	3. मात्रा	4. संख्या एवं क्रम
5. यति (विराम)	6. गति	7. तुक	8. गण

चरण

- छन्द पंक्तियों का समूह होता है जिसके 4 भाग होते हैं और प्रत्येक पंक्ति में समान वर्ण या मात्राएँ होती हैं। इन्हीं पंक्तियों को चरण या पाद या पद कहते हैं।
- चरण मुख्यत: दो प्रकार **सम** एवं **विषम** चरण होते हैं। छन्द के प्रथम-तृतीय चरण को **विषम** तथा दूसरे-चौथे चरण को **सम** कहते हैं।
- हिन्दी में कुछ छन्दों में चरण चार होते हैं; परन्तु उन्हें लिखा दो ही पंक्तियों में जाता है; जैसे—सोरठा, दोहा आदि। इस प्रकार के छन्द की प्रत्येक पंक्ति को 'दल' कहा जाता है।
- कुछ छन्दों को 6 पंक्तियों में लिखा जाता है। इस प्रकार के छन्द दो प्रकार के छन्दों से बनते हैं; जैसे—कुण्डलिया छन्द (दोहा + रोला), छप्पय (रोला + उल्लाला आदि।)

वर्ण

किसी भी एक स्वर वाली ध्वनि को **वर्ण** कहते हैं। वर्ण (अक्षर) ध्वनि की मूल इकाई है। जिन ध्वनियों में स्वर नहीं होता उन्हें वर्ण नहीं माना जाता।

उदाहरण के लिए; हलन्त वाले शब्द; जैसे—अहम् का 'म्' वर्ण नहीं माना जाता, संयुक्ताक्षर वाले शब्द का पहला अक्षर जैसे—सत्य का 'त' वर्ण नहीं माना जाता। वर्ण दो प्रकार के होते हैं

लघु (ह्रस्व) वर्ण

जिन वर्णों के उच्चारण में एक मात्रा काल का समय लगता है, उन्हें लघु (ह्रस्व) वर्ण कहते हैं। लघु वर्ण के लिए **। (एक पाई रेखा)** चिह्न प्रयुक्त किया जाता है। लघु वर्ण में निम्नलिखित को शामिल किया जाता है

- अ, इ, उ, ऋ, कि, नु, पृ।
- संयुक्ताक्षर वाले वर्ण; जैसे—सत्य (यहाँ त्य-संयुक्त व्यंजन है)
- चँन्द्रबिन्दु (ँ) वाले वर्ण; जैसे—हँसना, चाँदनी आदि।
- हलन्त् (्) वाले वर्ण; जैसे—सुखद्, अहम्, अर्थात् आदि।

नोट: दो लघु वर्ण मिलकर एक गुरु के बराबर माने जाते हैं।

दीर्घ (गुरु) वर्ण

जिन वर्णों में लघु वर्णों की अपेक्षा बोलने में अधिक समय अर्थात् दो मात्रा का समय लगता है, उन्हें दीर्घ (गुरु) वर्ण कहते हैं। दीर्घ वर्ण के लिए ऽ **(एक वर्तुल रेखा)** चिह्न प्रयुक्त किया जाता है। दीर्घ वर्ण में निम्नलिखित को शामिल किया जाता है

- आ, ई, ऊ, ए, ऐ, ओ, औ, की, कू।
- अनुस्वार (ं) वाले वर्ण; जैसे—अंग, भंग आदि।
- विसर्ग (:) वाले वर्ण; जैसे—छ:, अध: आदि।
- संयुक्ताक्षर का पूर्ववर्ती वर्ण; जैसे—अष्टम का 'अ' दीर्घ वर्ण माना जाता है।
- हलन्त वाले शब्द; जैसे—सुखद् में हलन्त् वाले वर्ण के पहले का वर्ण 'ख' दीर्घ वर्ण माना जाता है।

लघु वर्ण, दीर्घ वर्ण व मात्राओं को दिए गए उदाहरण की सहायता से समझा जा सकता है

उदाहरण: **मेरी भव बाधा हरौ, राधा नागरि सोय।** में वर्णों और मात्राओं की गणना करें।

1	2	= 2 **वर्ण**	1	2	3	4	5	6	7	8	9	10	11	12	13	14	15	= 15 **वर्ण**
मे	री		मे	री	भ	व	बा	धा	ह	रौ	रा	धा	ना	ग	रि	सो	य	
ए	ई		ए	ई	अ	अ	आ	आ	अ	औ	आ	आ	आ	अ	इ	ओ	अ	
ऽ	ऽ		ऽ	ऽ	।	।	ऽ	ऽ	।	ऽ	ऽ	ऽ	ऽ	।	।	ऽ	।	
2	2	= 4 **मात्रा**	2	2	1	1	2	2	1	2	2	2	2	1	1	2	1	= 24 **मात्राएँ**

मात्रा

- वर्णों के उच्चारण में जो समय लगता है, उसे 'मात्रा' कहते हैं।
- लघु वर्णों की मात्रा **एक** और गुरु वर्णों की मात्राएँ **दो** होती हैं।
- इस तरह मात्राएँ दो प्रकार की होती हैं
  - (i) **लघु (ह्रस्व)** (।)— अ, इ, उ, ऋ (एक मात्रा)
  - (ii) **दीर्घ (गुरु)** (ऽ)— आ, ई, ऊ, ए, ऐ, ओ, औ (दो मात्रा)

संख्या एवं क्रम

- वर्ण या मात्रा की व्यवस्था को 'क्रम' कहते हैं अर्थात् गुरु और लघु के सही स्थान निर्धारण को क्रम कहते हैं।
- वर्णों एवं मात्राओं की गणना को संख्या कहते हैं।

यति (विराम)

- छन्दों को पढ़ते समय बीच-बीच में कुछ रुकना पड़ता है। इन्हीं विराम स्थलों को 'यति' कहते हैं। सामान्यत: छन्द के चार चरण होते हैं और प्रत्येक चरण के अन्त में 'यति' होती है।
- छोटे छन्दों में यति चरण के अन्त में होती है, जबकि बड़े छन्दों में एक ही चरण में एक से अधिक यति होती है।
- यति को विभिन्न चिह्नों; जैसे—(,), (।), (।।), (?) आदि द्वारा दर्शाया जाता है।

गति

- 'गति' का अर्थ 'लय' है। छन्दों को पढ़ते समय मात्राओं के लघु अथवा दीर्घ होने के कारण जो विशेष प्रवाह उत्पन्न होता है, उसे ही 'गति' (लय) कहते हैं।
- मात्राओं की संख्या, लघु तथा गुरु का गति में विशेष महत्त्व होता है। मात्राओं की संख्याओं में उतार-चढ़ाव से गति में अवरोध उत्पन्न होता है।

तुक

- छन्द के प्रत्येक चरण के अन्त में स्वर-व्यंजन की समानता को 'तुक' कहते हैं।
- जिस छन्द में तुक नहीं मिलता है, उसे **अतुकान्त** और जिसमें तुक मिलता है, उसे **तुकान्त** छन्द कहते हैं।

गण

- तीन वर्णों के समूह को 'गण' कहते हैं। गणों की संख्या 8 है—यगण, मगण, तगण, रगण, जगण, भगण, नगण और सगण।
- इन गणों के नाम रूप **यमाताराजभानसलगा** सूत्र द्वारा सरलता से ज्ञात हो जाते हैं।
- सूत्र में पहले आठ वर्णों से गण का तथा अन्तिम वर्ण (ल-लघु, गा-गुरु) से मात्रा का ज्ञान होता है। गणों के नाम, सूत्र, चिह्न और उदाहरण इस प्रकार हैं

गण	**सूत्र**	**चिह्न**	**उदाहरण**
यगण	यमाता	।ऽऽ	बहाना
मगण	मातारा	ऽऽऽ	आज़ादी
तगण	ताराज	ऽऽ।	बाज़ार
रगण	राजभा	ऽ।ऽ	नीरजा
जगण	जभान	।ऽ।	महेश
भगण	भानस	ऽ।।	मानस
नगण	नसल	।।।	कमल
सगण	सलगा	।।ऽ	ममता

छन्द के प्रकार

छन्द तीन प्रकार के होते हैं

1. वर्णिक
2. मात्रिक
3. मुक्तक या स्वच्छन्द।

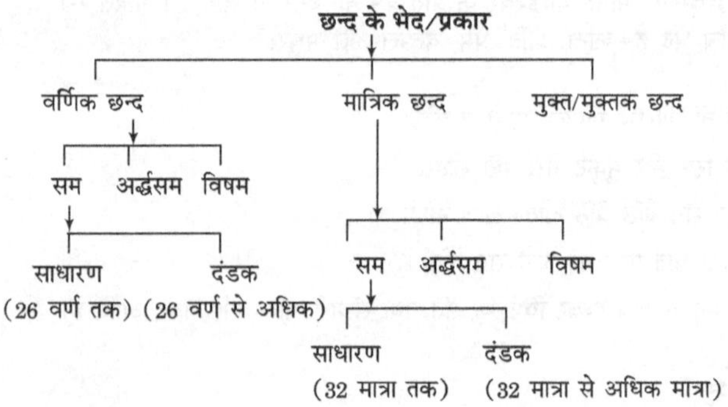

1. वर्णिक छन्द

जिन छन्दों की रचना वर्णों की गणना के आधार पर की जाती है और लघु-गुरु का क्रम समान होता है, उन्हें वर्णिक छन्द कहते हैं। वर्णिक छन्दों के सभी चरणों में वर्णों व मात्राओं की संख्या समान रहती है।

वर्णिक छन्द के मुख्य उदाहरण निम्न हैं

वर्ण संख्या	वर्णिक छन्द	वर्ण संख्या	वर्णिक छन्द
8 वर्ण	प्रमाणिका	19 वर्ण	स्रग्धरा
11 वर्ण	स्वागता, भुजंगी, शालिनी, इन्द्रवज्रा, दोधक	21 वर्ण	शार्दूलविक्रीडित
12 वर्ण	वंशस्थ, भुजंगप्रयात, द्रुतविलम्बित, त्रोटक	22-26 वर्ण	सवैया
14 वर्ण	वसन्ततिलका	31 वर्ण	घनाक्षरी
15 वर्ण	मालिनी	32 वर्ण	देवघनाक्षरी
16 वर्ण	पंचचामर, चंचला	31-33 वर्ण	कवित्त/मनहरण
17 वर्ण	मन्दाक्रान्ता, शिखरिणा		

यहाँ इन्द्रवज्रा व मालिनी छन्द को वर्णों की गणना के आधार पर उदाहरण सहित समझाया गया है

इन्द्रवज्रा

इसके प्रत्येक चरण में **11** वर्ण होते हैं, पाँचवें या छठे वर्ण पर यति होती है। इसमें दो तगण (ऽऽ।, ऽऽ।), एक जगण (।ऽ।) तथा अन्त में दो गुरु (ऽऽ) होते हैं; जैसे—

ऽ ऽ । ऽ ऽ । । ऽ । ऽ ऽ
"जो मैं नया ग्रन्थ, विलोकता हूँ, —*प्रथम चरण*

ऽऽ । ऽ ऽ । । ऽ । ऽ ऽ
भाता मुझे सो, नव मित्र सा है। —*द्वितीय चरण*

ऽऽ । ऽ ऽ । । ऽ । ऽऽ
देखूँ उसे मैं, नित सार वाला, —*तृतीय चरण*

ऽऽ । ऽ ऽ । । ऽ । ऽऽ
मानो मिला मित्र, मुझे पुराना।" —*चतुर्थ चरण*

तगण (ऽ ऽ ।) तगण (ऽ ऽ ।) जगण (। ऽ ।) दो गुरु (ऽ ऽ)
"जो(1) मैं(2) न(3) या(4) ग्र(5) न्थ(6) वि(7) लो(8) क(9) ता(10) हूँ(11) = 11 वर्ण

मालिनी

इस छन्द में 15 वर्ण होते हैं तथा आठवें व सातवें वर्ण पर यति होती है। इसके प्रत्येक चरण में दो नगण (।।।, ।।।), एक मगण (ऽऽऽ) तथा दो यगण (।ऽऽ, ।ऽऽ) होते हैं अर्थात् जिस छन्द के प्रत्येक चरण में न, न, म, य, य गण होते हैं, वहाँ मालिनी छन्द होता है; जैसे—

। । । । । । ऽ ऽ ऽ । ऽ ऽ । ऽ ऽ
"प्रिय पति वह मेरा, प्राण प्यारा कहाँ है?

। । ।।। । ऽ ऽ ऽ । ऽ ऽ । ऽ ऽ
दु:ख जलधि निमग्ना का सहारा कहाँ है?

।। ।। । । ऽ ऽ ऽ । ऽ ऽ । ऽ ऽ
अब तक जिसको मैं, देख के जी सकी हूँ;

। । ।।। । ऽ ऽ ऽ । ऽ ऽ । ऽ ऽ
वह हृदय हमारा, नेत्र-तारा कहाँ है?"

नगण (। । ।) नगण (। । ।) मगण (ऽ ऽ ऽ) यगण (। ऽ ऽ) यगण (। ऽ ऽ)
प्रि(1) य(2) प(3) ति(4) व(5) ह(6) मे(7) रा(8) प्रा(9) ण(10) प्या(11) रा(12) क(13) हाँ(14) है(15)
(वर्णों की संख्या)

2. मात्रिक छन्द

यह छन्द मात्रा की गणना पर आश्रित रहता है, इसलिए इसका नामक मात्रिक छन्द है। जिन छन्दों में मात्राओं की समानता के नियम का पालन किया जाता है किन्तु वर्णों की समानता पर ध्यान नहीं दिया जाता, उन्हें मात्रिक छन्द कहा जाता है।

इन छन्दों में गति का महत्त्वपूर्ण स्थान होता है, क्योंकि इसमें लघु व गुरु वर्ण का स्थान निश्चित नहीं होता।

मात्रिक छन्द के भेद

1. **सम** छन्द के चार चरण होते हैं और चारों की मात्राएँ या वर्ण समान ही होते हैं; जैसे—चौपाई, इन्द्रवज्रा आदि
2. **अर्द्धसम** छन्द के पहले और तीसरे तथा दूसरे और चौथे चरणों की मात्राओं या वर्णों में परस्पर समानता होती है; जैसे—दोहा, सोरठा आदि।
3. **विषम** नाम से ही स्पष्ट है। इसमें चार से अधिक, छ: चरण होते हैं और वे एक समान (वजन के) नहीं होते; जैसे—कुण्डलियाँ, छप्पय आदि।

प्रमुख मात्रिक छन्द के उदाहरण निम्न हैं

- **सम मात्रिक छन्द** इस छन्द के उदाहरण अहीर (11 मात्रा), तोमर (12 मात्रा), मानव (14 मात्रा), अरिल्ल, पद्धरि/पद्धटिका, चौपाई (सभी 16 मात्रा), पीयूषवर्ष, सुमेरु (दोनों 19 मात्रा), राधिका (22 मात्रा), रोला, दिक्पाल, रूपमाला (सभी 24 मात्रा), गीतिका (26 मात्रा), सरसी (27 मात्रा), सार (28 मात्रा), हरिगतिका (28 मात्रा), ताटंक (30 मात्रा), वीर या आल्हा (31 मात्रा) आदि छन्द हैं।
- **अर्द्धसम मात्रिक छन्द** इस छन्द के उदाहरण बरवै (विषम चरण में 12 मात्रा, सम चरण में 7 मात्रा), दोहा (विषम 13, सम 11), सोरठा (दोहा का उल्टा), उल्लाला (विषम 15, सम 13) आदि छन्द है।
- **विषम मात्रिक छन्द** इस छन्द के उदाहरण कुण्डलिया (दोहा + रोला), छप्पय (रोला + उल्लाला) आदि छन्द हैं।

चौपाई

यह **सम मात्रिक छन्द** है, इसमें चार चरण होते हैं। इसके प्रत्येक चरण में 16 मात्राएँ होती हैं। चरण के अन्त में दो गुरु होते हैं;

जैसे—

ऽ।। ।। ।। ।।। ।ऽऽ —*16 मात्राएँ*
"बंदउँ गुरु पद पदुम परागा, — *प्रथम (विषम) चरण*

।।। ।ऽ। ।।। ।।ऽऽ —*16 मात्राएँ*
सुरुचि सुवास सरस अनुरागा। —*द्वितीय (सम) चरण*

।।। ऽ।।। ऽ।। ऽऽ —*16 मात्राएँ*
अमिय मूरिमय चूरन चारू, —*तृतीय (विषम) चरण*

।।। ।।। ।।।। ।।ऽऽ —*16 मात्राएँ*
समन सकल भवरुज परिवारु॥" —*चतुर्थ (सम) चरण*

रोला (काव्यछन्द)

यह चार चरण वाला **सम मात्रिक** छन्द है। इसके प्रत्येक चरण में 24 मात्राएँ होती हैं तथा 11 व 13 मात्राओं पर 'यति' होती है। इसके चारों चरणों की ग्यारहवीं मात्रा लघु रहने पर इसे **काव्यछन्द** भी कहते हैं;

जैसे–

ऽ ऽ ।। ।। ऽ । ।।। ।। ।। ऽ ।। ऽ *–24 मात्राएँ*

नीलाम्बर परिधान, हरित पट पर सुंदर है। *–प्रथम चरण*

ऽ । ऽ । ।।।।। ऽ ऽ ऽ ऽ ।। ऽ *–24 मात्राएँ*

सूर्य-चन्द्र युग-मुकुट, मेरग्ला रत्नाकार है।। *–द्वितीय चरण*

।। ऽ ऽ ।। ऽ । ऽ । ऽ ऽ ऽ ।। ऽ *–24 मात्राएँ*

नदियाँ प्रेम-प्रवाह, फूल तारा-मंडल हैं। *–तृतीय चरण*

ऽ ऽ ।। ।। ऽ । ऽ ।।। ऽ ऽ ।। ऽ *–24 मात्राएँ*

बंदीजन खगवृन्द, शेष-फन सिंहासन है। *–चतुर्थ चरण*

हरिगीतिका

यह चार चरण वाला **सम मात्रिक** छन्द है। इसके प्रत्येक चरण में 28 मात्राएँ होती हैं, अन्त में लघु और गुरु होता है तथा 16 व 12 मात्राओं पर यति होती है;

जैसे–

।। ऽ। ऽ।। ।।। ऽ।। ।।। ऽ।। ऽ।ऽ *–28 मात्राएँ*

"मन जाहि राँचउ मिलहि सोवर, सहज सुन्दर साँवरो। *–प्रथम चरण*

।। ऽ ।ऽ। । ऽ। ऽ। ।ऽ। ऽ।। ऽ।ऽ *–28 मात्राएँ*

करुना निधान सुजान सीलु, सनेह जानत रावरो।। *–द्वितीय चरण*

।। ऽ। ऽ। । ऽ। ।। ।। ।।। ।। ।।।। ।ऽ *–28 मात्राएँ*

इहि भाँति गौरि असीस सुनि सिय, सहित हिय हरषित अली। *–तृतीय चरण*

।।ऽ ।ऽ।। ऽ। ।। ।। ।।। ।। ऽ।। ।ऽ *–28 मात्राएँ*

तुलसी भवानिहिं पूजि पुनि, पुनि मुदित मन मंदिर चली ।।" *चतुर्थ चरण*

गीतिका

यह **सम मात्रिक** छन्द है। गीतिका में 26 मात्राएँ होती हैं, 14 व 12 मात्राओं पर यति होती है। चरण के अन्त में लघु-गुरु होना आवश्यक है; जैसे–

ऽ। ऽऽ ऽ।ऽऽ ऽ।ऽ ।।ऽ।ऽ *–26 मात्राएँ*

"साधु-भक्तों में सुयोगी, संयमी बढ़ने लगे। *–(प्रथम चरण)*

ऽ।ऽ ऽ ऽ।ऽ ऽ ऽ।ऽ ।।ऽ।ऽ *–26 मात्राएँ*

सभ्यता की सीढ़ियों पै, सूरमा चढ़ने लगे ।। *–(द्वितीय चरण)*

ऽ।ऽऽ ऽ ।ऽऽ ऽ। ऽ ।।ऽ ।ऽ *–26 मात्राएँ*

वेद-मन्त्रों को विवेकी, प्रेम से पढ़ने लगे। *–(तृतीय चरण)*

ऽ।ऽ ऽ ऽ।ऽ ऽ ऽ। ऽ ।।ऽ ।ऽ *–26 मात्राएँ*

वंचकों की छातियों में शूल-से गड़ने लगे।" *–(चतुर्थ चरण)*

वीर (आल्हा)

यह भी **सम मात्रिक** छन्द है। वीर छन्द के प्रत्येक चरण में 16 व 15 मात्राओं पर यति देकर 31 मात्राएँ होती हैं तथा अन्त में गुरु-लघु होना आवश्यक है;

जैसे–

।।।। ऽ ऽऽ। ।।। ।। *–16 मात्राएँ*

"हिमगिरि के उत्तुंग शिखर पर,

ऽ। ।ऽ ऽ ऽ।। ऽ। *–15 मात्राएँ*

बैठ शिला की शीतल छाँह। *–प्रथम चरण*

।। ।ऽ। ऽऽ ।।ऽ ऽ *–16 मात्राएँ*

एक पुरुष भीगे नयनों से,

।। ।ऽ ऽ ।।।ऽ। *–15 मात्राएँ*

देख रहा था प्रलय-प्रवाह ।।" *–द्वितीय चरण*

दोहा

यह **अर्द्धसम मात्रिक** छन्द है। इसमें 24 मात्राएँ होती हैं। इसके विषम चरण (प्रथम व तृतीय) में 13-13 तथा सम चरण (द्वितीय व चतुर्थ) में 11-11 मात्राएँ होती हैं; जैसे–

ऽऽ ।। ऽऽ ।ऽ *–13 मात्राएँ*

"मेरी भव बाधा हरौ, *–प्रथम चरण*

ऽऽ ऽ।। ऽ। *–11 मात्राएँ*

राधा नागरि सोय। *–द्वितीय चरण*

ऽ ।। ऽ ऽऽ ।ऽ *–13 मात्राएँ*

जा तन की झाँईं परे, *–तृतीय चरण*

ऽ। ।।। ।। ऽ। *–11 मात्राएँ*

स्याम हरित दुति होय।।" *–चतुर्थ चरण*

सोरठा

यह भी **अर्द्धसम मात्रिक** छन्द है। यह दोहा का विलोम है। इसमें चार चरण होते हैं। इसके प्रथम व तृतीय चरण में 11-11 और द्वितीय व चतुर्थ चरण में 13-13 मात्राएँ होती हैं। इसमें कुल मात्राएँ 24 होती हैं; जैसे–

।। ऽ।। ऽ ऽ। *–11 मात्राएँ*

"सुनि केवट के बैन, *–प्रथम चरण*

ऽ। ।ऽऽ ।।ऽ *–13 मात्राएँ*

प्रेम लपेटे अटपटे। *–द्वितीय चरण*

।।ऽ ।।ऽ ऽ। *–11 मात्राएँ*

बिहँसे करुना ऐन, *–तृतीय चरण*

।।। ऽ।ऽ ।।। ।। *–13 मात्राएँ*

चितइ जानकी लखन तन।।" *–चतुर्थ चरण*

उल्लाला

यह भी **अर्द्धसम मात्रिक** छन्द है। इसके प्रथम और तृतीय चरण में 15-15 मात्राएँ होती है तथा द्वितीय और चतुर्थ चरण में 13-13 मात्राएँ होती हैं; जैसे–

ऽ ।।।ऽ।ऽ ऽ। ऽ *–15 मात्राएँ*

हे शरणदायिनी देवि तू, *–प्रथम चरण*

।।ऽ ।।ऽ ऽ। ऽ *–13 मात्राएँ*

करती सबका त्राण है। *–द्वितीय चरण*

ऽ ऽ।ऽ। ऽऽ। ।। *–15 मात्राएँ*

हे मातृभूमि! संतान हम, *–तृतीय चरण*

ऽ ।।ऽ ऽ ऽ। ऽ *–13 मात्राएँ*

तू जननी, तू प्राण है। *–चतुर्थ चरण*

बरवै

यह भी **अर्द्धसम मात्रिक** छन्द है। बरवै के प्रथम और तृतीय चरण में 12 तथा द्वितीय और चतुर्थ चरण में 7 मात्राएँ होती हैं, इस प्रकार इसकी प्रत्येक पंक्ति में 19 मात्राएँ होती हैं; जैसे–

।।ऽ ऽ। ऽ। ।।	–12 मात्राएँ
"तुलसी राम नाम सम,	–प्रथम चरण
ऽ। । ऽ।	–7 मात्राएँ
मीत न आन।	–द्वितीय चरण
ऽ ।।ऽ। ऽ।।।	–12 मात्राएँ
जो पहुँचाव रामपुर,	–तृतीय चरण
।। ।।ऽ।	–7 मात्राएँ
तनु अवसान ।।'	–चतुर्थ चरण

छप्पय (रोला + उल्लाला)

यह छ: चरण वाला **विषम मात्रिक** छन्द है। इसके प्रथम चार चरण **रोला** के 24-24 मात्राएँ तथा अन्तिम दो चरण **उल्लाला** 26 या 28 मात्राओं के होते हैं। इसके प्रथम व तृतीय चरण में 15-15 व द्वितीय और चतुर्थ चरण में 13-13 मात्राएँ होती हैं। इसमें कुल मात्राएँ 28 होती हैं।

इसके प्रत्येक चरण का अन्तिम शब्द समान रहता है–

ऽऽ।। ।।ऽ। ।।। ।।।। ऽ।। ऽ = 24 मात्राएँ

'नीलाम्बर परिधान हरित पट पर सुन्दर है ।
सूर्य-चन्द्र युग मुकुट मेखला रत्नाकर है ।
नदियाँ प्रेम-प्रवाह, फूल तारा मण्डल है ।
बन्दी जन खगवृन्द शेष फन सिंहासन है।

रोला (प्रथम चार चरण)

।।ऽ ।।ऽ। ।ऽ। ऽ ।।ऽऽ ।। ऽ। ऽ = 28 मात्राएँ

करते अभिषेक पयोद हैं बलिहारी इस वेष की ।
हे मातृभूमि तू सत्य ही, सगुण मूर्ति सर्वेश की ।।''

उल्लाला (अन्तिम दो चरण)

कुण्डलिया (दोहा + रोला)

यह छ: चरण वाला **विषम मात्रिक** छन्द है। इसके प्रत्येक चरण में 24 मात्राएँ होती हैं। इसके प्रथम दो चरण **दोहा** और अन्तिम चार चरण **रोला** के होते हैं।

ये दोनों छन्द कुण्डली के रूप में एक दूसरे से गुँथे रहते हैं, इसीलिए इन्हें कुण्डलिया छन्द कहते हैं; इसकी मुख्य पहचान यह है कि जिस शब्द से यह प्रारम्भ होती है, समाप्त भी उसी शब्द से होती है। जैसे–

।।ऽऽऽऽ।ऽऽऽ ऽ ।। ऽ। = 24 मात्राएँ

''पहले दो दोहा रहैं, रोला अन्तिम चार।
रहें जहाँ चौबीस कला, कुण्डलिया का सार।

दोहा (प्रथम दो चरण)

ऽ।।ऽ ऽऽ। ।।।ऽ ।ऽ ।ऽऽ

कुण्डलिया का सार, चरण छ: जहाँ बिराजे।
दोहा अन्तिम पाद, सुरोला आदिहि छाजे।
पर सबही के अन्त शब्द वह ही दुहराले।
दोहा का प्रारम्भ, हुआ हो जिससे पहले।''

रोला (अन्तिम चार चरण)

3. मुक्त/मुक्तक छन्द

मुक्त छन्द को आधुनिक युग की देन माना जाता है। चरणों की अनियमितता, असमानता तथा भावों के अनुकूल यति विधान ही मुक्त छन्द की विशेषता होती है। इसमें वर्णों और मात्राओं की गिनती नहीं होती है। मुक्तक छन्द को स्वच्छन्द भी कहा जाता है।

अलंकार से तात्पर्य

अलंकार शब्द की उत्पत्ति 'अलम्' धातु में 'कार' प्रत्यय लगाने से हुई है। अलम् का शाब्दिक अर्थ 'आभूषण' है। जिस प्रकार आभूषणों से शरीर की सुन्दरता बढ़ती है, ठीक उसी प्रकार अलंकारों के प्रयोग से काव्य की शोभा बढ़ती है। अन्य शब्दों में काव्य की शोभा बढ़ाने वाले तत्त्वों को **अलंकार** कहते हैं। अलंकार के चार भेद हैं

1. शब्दालंकार 2. अर्थालंकार
3. उभयालंकार 4. पाश्चात्य अलंकार

1. शब्दालंकार

काव्य में शब्दगत चमत्कार को शब्दालंकार कहते हैं। शब्दालंकार काव्य के शब्दों पर आश्रित होता है। शब्दालंकार मुख्य रूप से सात हैं, जो निम्न प्रकार हैं

(i) अनुप्रास (ii) यमक (iii) श्लेष (iv) वक्रोक्ति
(v) पुनरुक्तिप्रकाश (vi) पुनररूक्तिवदाभास (vii) वीप्सा

अनुप्रास

जहाँ काव्य में एक या अनेक व्यंजन वर्णों की पास-पास तथा क्रमानुसार आवृत्ति हो, उसे 'अनुप्रास अलंकार' कहते हैं; जैसे–

चारु चन्द्र की चंचल किरणें, खेल रही थी जल-थल में।

उपर्युक्त पंक्ति में **च** वर्ण की आवृत्ति पास-पास तथा क्रमानुसार हो रही है। अत: यहाँ अनुप्रास अलंकार है।

अनुप्रास अलंकार के पाँच भेद होते हैं, जो निम्नलिखित हैं

अलंकार	परिभाषा	उदाहरण
छेकानुप्रास	जहाँ एक या अनेक वर्णों की एक ही क्रम में एक बार आवृत्ति हो, वहाँ छेकानुप्रास अलंकार होता है।	*''रीझि रीझि, रहसि रहसि हँसि हँसि उठे, साँसैं भरि आँसू भरि कहत दई दई।''* • यहाँ 'रीझि-रीझि', 'रहसि-रहसि', 'हँसि-हँसि तथा 'दई-दई' में व्यंजन वर्णों की आवृत्ति समान क्रम व स्वरूप में हुई है, इसलिए यहाँ छेकानुप्रास अलंकार है।
वृत्यानुप्रास	जहाँ एक या अनेक व्यंजनों की अनेक बार स्वरूपत: व क्रमत: आवृत्ति हो, वहाँ वृत्यानुप्रास अलंकार होता है।	*'कंकन, किंकिनि, नूपुर, धुनि, सुनि'* • यहाँ पर 'न' की क्रमगत आवृत्ति पाँच बार हुई है और स्वरूपत: आवृत्ति (नि) तीन बार हुई है। अत: यहाँ वृत्यानुप्रास है।
श्रुत्यानुप्रास	जहाँ एक ही उच्चारण स्थान से बोले जाने वाले वर्णों की आवृत्ति होती है, वहाँ श्रुत्यानुप्रास अलंकार होता है।	*'तुलसीदास सीदति निसिदिन देखत तुम्हार निठुराई'* • यहाँ 'त', 'द', 'स', 'न' एक ही उच्चारण स्थान (दन्त्य से उच्चारण) से उच्चरित होने वाले वर्णों की कई बार आवृत्ति हुई है, अत: यहाँ श्रुत्यानुप्रास अलंकार है।

अलंकार	परिभाषा	उदाहरण
अन्त्यानुप्रास	जहाँ पद के अन्त के एक ही वर्ण और एक ही स्वर की आवृत्ति हो, वहाँ अन्त्यानुप्रास अलंकार होता है।	*"जय हनुमान ज्ञान गुन सागर। जय कपीश तिहुँ लोक उजागर"।।* • यहाँ दोनों पदों के अन्त में 'आगर' की आवृत्ति हुई है, अत अन्त्यानुप्रास अलंकार है।
लाटानुप्रास	जहाँ समानार्थक शब्दों या वाक्यांशों की आवृत्ति हो परन्तु अर्थ में अन्तर हो, वहाँ लाटानुप्रास अलंकार होता है।	*"पूत सपूत, तो क्यों धन संचय? पूत कपूत, तो क्यों धन संचय"?* • यहाँ प्रथम और द्वितीय पंक्तियों में एक ही अर्थ वाले शब्दों का प्रयोग हुआ है परन्तु प्रथम और द्वितीय पंक्ति में अन्तर स्पष्ट है, अत: यहाँ लाटानुप्रास अलंकार है।

यमक

यमक का शाब्दिक अर्थ 'युग्मक अर्थात् जोड़ा' है। जहाँ एक शब्द या शब्द समूह की एक साथ या अलग-अलग पद में आवृत्ति हो किन्तु उनका अर्थ प्रत्येक बार भिन्न हो, वहाँ यमक अलंकार होता है। यमक अलंकार में शब्द की दो बार आवृत्ति होती है;

जैसे–

''जेते तुम तारे, तेते नभ में न तारे हैं''

उपर्युक्त पंक्ति में 'तारे' शब्द दो बार आया है परन्तु दोनों का अर्थ भिन्न-भिन्न है। प्रथम का अर्थ 'तारण करना' या 'उद्धार करना' है और द्वितीय 'तारे' का अर्थ 'तारागण' (आकाशीय) है, अत: यहाँ यमक अलंकार है।

श्लेष

श्लेष का शाब्दिक अर्थ होता है—चिपका हुआ। जहाँ एक शब्द जोड़े के रूप में उपस्थित न होकर अलग-अलग कथन में उपस्थित होता है और प्रत्येक बार उसका अर्थ अलग होता है। वहाँ श्लेष अलंकार होता है;

जैसे–

''रहिमन पानी राखिए बिन पानी सब सून।
पानी गए न ऊबरै, *मोती मानुष चून।।''*

उपर्युक्त पंक्तियों में यहाँ 'पानी' के तीन अर्थ हैं—मोती के अर्थ में चमक, मानुष के अर्थ में प्रतिष्ठा और चून के अर्थ में जल है, अत: यहाँ श्लेष अलंकार है।

वक्रोक्ति

जहाँ पर वक्ता (बोलने वाला) द्वारा किसी भिन्न अभिप्राय से व्यक्त किए गए कथन का श्रोता (सुनने वाला) अपने अनुसार भिन्न अर्थ की कल्पना कर लेता है, वहाँ वक्रोक्ति अलंकार होता है। इसके दो भेद हैं—श्लेष वक्रोक्ति और काकु वक्रोक्ति।

- **श्लेष वक्रोक्ति** जहाँ श्रोता, वक्ता के कथन से अपनी रुचि या परिस्थिति के अनुकूल भिन्न अर्थ ग्रहण करता है, वहाँ श्लेष वक्रोक्ति अलंकार होता है;
  जैसे–
  को तुम हो इत आये कहा,
  घनश्याम हो तू कितू बरसो।

उपर्युक्त पंक्तियों में घनश्याम के दो अर्थ हैं— श्री कृष्णा और काले बादल। यहाँ श्रोता ने घनश्याम का अर्थ श्रीकृष्ण न ग्रहण न करके काले बादल ग्रहण किया है। अत: यहाँ घनश्याम के दो अर्थ होने के कारण श्लेष वक्रोक्ति अलंकार है।

- **काकु वक्रोक्ति** जहाँ किसी कथन का कण्ठ की ध्वनि के कारण दूसरा अर्थ निकलता है, वहाँ काकु वक्रोक्ति अलंकार होता है;
  जैसे–

उसने कहा : जाओ मत, बैठो यहाँ।
मैंने सुना : जाओ, मत बैठो।

उपर्युक्त पंक्तियों में उच्चारण के कारण वक्ता ने कुछ और कहा और श्रोता ने कुछ और समझ लिया। वक्ता ने रुकने के लिए कहा जबकि श्रोता ने समझा कि उसे जाने के लिए कहा जा रहा। अत: उच्चारण के कारण वक्ता और श्रोता द्वारा अलग-अलग अर्थ ग्रहण किया गया इसलिए यहाँ काकु वक्रोक्ति अलंकार है।

पुनरुक्तिप्रकाश

पुनरुक्ति का शाब्दिक अर्थ है–'पुन: दोहराना'। जब किसी काव्य में सौन्दर्यता उत्पन्न करने के लिए एक ही शब्द को दो बार दोहराया जाता है, वहाँ पुनरुक्तिप्रकाश अलंकार होता है। इस अलंकार में शब्द की आवृत्ति तो दो बार होती है, परन्तु उसके अर्थ में कोई परिवर्तन नहीं होता;

जैसे–

''ठौर-ठौर विहार करती सुन्दरी
सुरनारियाँ।''

उपर्युक्त पंक्तियों में 'ठौर-ठौर' की आवृत्ति में पुनरुक्तिप्रकाश है। दोनों 'ठौर' का अर्थ 'जगह-जगह' है, परन्तु पुनरुक्ति से कथन में बल आ गया है।

पुनरुक्तिवदाभास

जहाँ कथन में पुनरुक्ति का आभास होता है, वहाँ पुनरुक्तिवदाभास अलंकार होता है;

जैसे–

''पुनि फिरि राम निकट सो आई।''

उपर्युक्त पंक्ति में 'पुनि' और 'फिरि' का समान अर्थ प्रतीत होता है, परन्तु पुनि का अर्थ-पुन: (फिर) है और 'फिरि' का अर्थ लौटकर होने से यहाँ पुनरुक्तिवदाभास अलंकार है।

वीप्सा

जब किसी काव्य में आदर, हर्ष, शोक, आश्चर्य, घृणा, मन के भाव आदि को को प्रकट करने के लिए एक शब्द की पुनरावृत्ति होती है, तो वहाँ वीप्सा अलंकार होता है;

जैसे–

बार-बार गर्जन वर्षण है मूसलधार,
हृदय थाम लेता संसार सुन-सुन घोर वज्र हुंकार।

उपर्युक्त पंक्तियों में 'बार-बार' और 'सुन-सुन' की पुनरावृत्ति हुई है (एक ही शब्द एक से अधिक बार) जिससे वर्ण और बादलों का प्रभाव और भी गहरा हो गया है।

2. अर्थालंकार

साहित्य में अर्थगत चमत्कार को अर्थालंकार कहते हैं अर्थात् जहाँ पर अर्थ के कारण किसी काव्य के सौन्दर्य में वृद्धि होती है, वहाँ अर्थालंकार होता है। अर्थालंकार काव्य के अर्थ पर आश्रित होते हैं।

अर्थालंकार के प्रमुख भेद, उपमा, रूपक, उत्प्रेक्षा, भ्रान्तिमान, सन्देह, दृष्टान्त, अतिशयोक्ति, विभावना, अन्योक्ति, विरोधाभास, विशेषोक्ति, प्रतीप तथा अर्थान्तरन्यास हैं।

उपमा

समान धर्म के आधार पर जहाँ एक वस्तु की समानता या तुलना किसी दूसरी वस्तु से की जाती है, वहाँ उपमा अलंकार होता है।

उपमा के चार अंग हैं

(i) **उपमेय** वर्णनीय वस्तु जिसकी उपमा या समानता दी जाती है, उसे 'उपमेय' कहते हैं; जैसे—सीता का मुख चन्द्रमा के समान सुन्दर है। वाक्य में 'मुख' की चन्द्रमा से समानता बताई गई है, अत: मुख उपमेय है।

(ii) **उपमान** जिससे उपमेय की समानता या तुलना की जाती है, उसे उपमान कहते हैं; जैसे—मुख (उपमेय) की समानता चन्द्रमा से की गई है, अत: चन्द्रमा उपमान है।

(iii) **साधारण धर्म** जिस गुण के लिए उपमा दी जाती है, उसे साधारण धर्म कहते हैं। उक्त उदाहरण में 'सुन्दरता' के लिए उपमा दी गई है, अत: 'सुन्दरता' साधारण धर्म है।

(iv) **वाचक शब्द** जिस शब्द के द्वारा उपमा दी जाती है, उसे वाचक शब्द कहते हैं। उपर्युक्त उदाहरण में 'समान' शब्द वाचक है। इसके अतिरिक्त ऐसा, जैसा, सा, सदृश आदि शब्द वाचक शब्द के उदाहरण हैं।

उपमा के भेद

पूर्णोपमा जहाँ उपमा के चारों अंग विद्यमान हों, वहाँ पूर्णोपमा अलंकार होता है; जैसे— "प्रात: नभ था बहुत नीला शंख जैसे"।

उपर्युक्त काव्य पंक्ति में 'प्रात:कालीन नभ' उपमेय है, शंख उपमान है, 'नीला साधारण' धर्म है और 'जैसे' वाचक शब्द है। यहाँ उपमा के चारों अंग उपस्थित हैं, अत: यहाँ पूर्णोपमा अलंकार होगा।

लुप्तोपमा जहाँ उपमा के एक या अनेक अंगों का अभाव हो, वहाँ लुप्तोपमा अलंकार होता है; जैसे—

मखमल के झूले पड़े, हाथी सा टीला

उपर्युक्त काव्य पंक्ति में 'टीला' उपमेय है, 'हाथी' उपमान एवं 'सा' वाचक है, किन्तु इसमें साधारण धर्म नहीं है। वह छिपा हुआ है। कवि का आशय है "मखमल के झूले पड़े विशाल हाथी सा टीला" यहाँ 'विशाल' जैसा कोई साधारण धर्म लुप्त है, अत: इस प्रकार के उपमा का प्रयोग लुप्तोपमा अलंकार कहलाता है।

मालोपमा जहाँ किसी कथन में एक ही उपमेय के अनेक उपमान होते हैं, वहाँ मालोपमा अलंकार होता है; जैसे—

काम-सा रूप, प्रताप दिनेश-सा
सोम सा सील है राम महीप का।

उपर्युक्त उदाहरण में 'राम' उपमेय है, किन्तु उपमान, साधारण धर्म और वाचक शब्द तीन हैं—काम सा रूप, दिनेश सा प्रताप और सोम सा शील। इस प्रकार जहाँ उपमेय और उपमान अनेकों हों, वहाँ मालोपमा अलंकार होता है।

रूपक

जहाँ उपमेय में उपमान का निषेधरहित आरोप हो अर्थात् उपमेय और उपमान को एक रूप कह दिया जाए, वहाँ रूपक अलंकार होता है;

जैसे—

पायो जी मैंने राम रतन धन पायो।

उपर्युक्त पंक्ति में राम रतन को ही धन कहा गया है। यहाँ उपमेय और उपमान (धन) में अन्तर स्पष्ट नहीं (राम रतन) हो पा रहा है। 'राम रतन' उपमेय पर 'धन' उपमान का आरोप है तथा दोनों में भिन्नता है। अत: यहाँ रूपक अलंकार है।

उत्प्रेक्षा

जहाँ उपमेय में उपमान की सम्भावना व्यक्त की जाए, वहाँ उत्प्रेक्षा अलंकार होता है। इसमें जनु, मनु, मानो, जानो, इव जैसे वाचक शब्दों का प्रयोग होता है। उत्प्रेक्षा के तीन भेद हैं—वस्तूत्प्रेक्षा, हेतूत्प्रेक्षा और फलोत्प्रेक्षा।

जैसे—

सिर फट गया उसका वहीं।
मानो अरुण रंग का घड़ा हो।

उपर्युक्त पंक्तियों में सिर के लाल रंग का घड़ा होने की कल्पना की जा रही है। यहाँ सिर-उपमेय है एवं लाल रंग का घड़ा उपमान है। उपमेय में उपमान के होने की कल्पना की जा रही है। अत: यहाँ उत्प्रेक्षा अलंकार है।

भ्रान्तिमान

जहाँ समानता के कारण एक वस्तु में किसी दूसरी वस्तु का भ्रम हो, वहाँ भ्रान्तिमान अलंकार होता है;

जैसे—

जान स्याम घन स्याम को, नाच उठे वन-मोर

उपर्युक्त पंक्ति में श्री कृष्ण को देखकर उनके साँवलेपन के कारण वन के मोरों को काले बादल होने का भ्रम होता है और वे वर्षा होने वाली है ऐसा समझकर मोर नाचने लगते हैं, अत: यहाँ भ्रान्तिमान अलंकार है।

सन्देह

जहाँ अति सादृश्य के कारण उपमेय और उपमान में अनिश्चय की स्थिति बनी रहे अर्थात् जब उपमेय में अन्य किसी वस्तु का संशय उत्पन्न हो जाए, तो वहाँ सन्देह अलंकार होता है;

जैसे—

"सारी बीच नारी है या नारी बीच सारी है,
कि सारी की नारी है कि नारी की ही सारी।"

उपर्युक्त पंक्तियों में नारी और साड़ी में सन्देह बना हुआ है। साड़ी के बीच नारी है या नारी के बीच साड़ी है इसका निश्चय नहीं हो पाने के कारण यहाँ सन्देह अलंकार है।

दृष्टान्त

जहाँ किसी बात को स्पष्ट करने के लिए सादृश्यमूलक दृष्टान्त अर्थात् उदाहरण सहित प्रस्तुत किया जाता है, वहाँ दृष्टान्त अलंकार होता है;

जैसे—

जो रहीम उत्तम प्रकृति का कर सकत कुसंग।
चंदन विष व्यापत नहीं लिपटे रहत भुजंग।

उपर्युक्त पंक्तियों में कहा गया है कि जो मनुष्य उत्तम प्रकृति का होता है उस पर कोई दुष्ट व्यक्ति का प्रभाव नहीं पड़ता है। जिस प्रकार चन्दन के वृक्ष पर विषधारी सर्प लिपटे रहते हैं किन्तु उसकी सुगन्ध पर कोई प्रभाव नहीं पड़ता है। यहाँ पर पहली पंक्ति की बात को दूसरी पंक्ति के उदाहरण के साथ प्रस्तुत किया गया, अत: यहाँ दृष्टान्त अलंकार है।

अतिशयोक्ति

जहाँ किसी विषयवस्तु का लोकमर्यादा के विरुद्ध बढ़ा-चढ़ाकर वर्णन किया जाता है, वहाँ अतिशयोक्ति अलंकार होता है;

जैसे—

"हनुमान की पूँछ में, लगन न पाई आग।
सारी लंका जरि गई, गए निशाचर भाग।"

उपर्युक्त पंक्तियों में हनुमान की पूँछ में आग लगने के पहले ही सारी लंका का जलना और राक्षसों के भागने का बढ़ा-चढ़ाकर वर्णन होने से अतिशयोक्ति अलंकार है।

विभावना

जहाँ कारण के बिना कार्य के होने का वर्णन हो, वहाँ विभावना अलंकार होता है;
जैसे–
"बिनु पग चलइ सुनइ बिनु काना। कर बिनु करम करै विधि नाना।।
आनन रहित सकल रस भोगी। बिनु बानी वक्ता बड़ जोगी।।"

उपर्युक्त पंक्तियों में पैरों के बिना चलना, कानों के बिना सुनना, बिना हाथों के विविध कार्य करना, बिना मुख के सभी वस्तुओं को ग्रहण करना और वाणी के बिना वक्ता होने का उल्लेख होने से विभावना अलंकार है।

अन्योक्ति

जहाँ किसी वस्तु या व्यक्ति को लक्ष्य कर कही जाने वाली बात दूसरे के लिए कही जाए, वहाँ अन्योक्ति अलंकार होता है;
जैसे–
"फूलों के आसपास रहते हैं। फिर भी काँटे उदास रहते हैं।।"

उपर्युक्त पंक्तियों में फूलों और काँटों के माध्यम से मनुष्य को लक्षित किया गया है। इसमें फूल 'सुख-सुविधा' का प्रतीक है और काँटे 'दु:ख' का प्रतीक है। अत: यहाँ सभी प्रकार की सुख-सुविधाएँ होते हुए भी दु:खी प्राणियों का वर्णन किया गया है। अत: यहाँ अन्योक्ति अलंकार है।

विरोधाभास

जहाँ वास्तविक विरोध न होने पर भी विरोध का आभास हो, वहाँ विरोधाभास अलंकार होता है;
जैसे–
"या अनुरागी चित्त की, गति समुझै नहिं कोय।
ज्यों ज्यों बूड़ै स्याम रंग, त्यों त्यों उजलों होय।।"

उपर्युक्त पंक्तियों में कवि यह कहना चाहता है कि हमारे अनुरागी मन की गति को कोई भी नहीं समझ सकता है, क्योंकि यह जैसे-जैसे कृष्ण भक्ति के रंग में डूबता जाता है, वैसे-वैसे ही उसके विकार दूर होते चले जाते हैं।

यहाँ कोई भी सामान्य बुद्धि का पाठक यह विरोध कर सकता है कि जो काले रंग में डूबता है, वह उज्ज्वल कैसे हो सकता है। इस प्रकार विरोध का आभास होने के कारण यहाँ विरोधाभास अलंकार माना जाता है।

विशेषोक्ति

जहाँ कारण के रहने पर भी कार्य नहीं होता है, वहाँ विशेषोक्ति अलंकार होता है;
जैसे–
दो-दो मेघ बरसते मैं प्यासी की प्यासी।
नीर भरे नित प्रति रहै, तऊ न प्यास बुझाई।।

उपर्युक्त पंक्तियों में यह कहा गया है कि दो-दो मेघ बरस रहे हैं फिर भी मैं प्यासी की प्यासी हूँ। यहाँ पर कारण तो है कि वर्षा हो रही है, परन्तु प्यास नहीं बुझ रही है अर्थात् कार्य शुरू तो हुआ, परन्तु उस कार्य का कोई मोल नहीं है इसलिए यहाँ पर विशेषोक्ति अलंकार है।

प्रतीप

प्रतीप का शाब्दिक अर्थ है–'उल्टा या विपरीत'। जहाँ उपमेय का कथन उपमान के रूप में तथा उपमान का उपमेय के रूप में किया जाता है, वहाँ प्रतीप अलंकार होता है;
जैसे–
"उतरि नहाए जमुन जल, जो शरीर सम स्याम"

उपर्युक्त पंक्ति में यमुना के श्याम जल की समानता रामचन्द्र के शरीर से देकर उसे उपमेय बना दिया है, अत: यहाँ प्रतीप अलंकार है।

अर्थान्तरन्यास

जहाँ किसी सामान्य बात का विशेष बात से तथा विशेष बात का सामान्य बात से समर्थन किया जाए, वहाँ अर्थान्तरन्यास अलंकार होता है;
जैसे–
बड़ें न हूजे गुनन बिनु, निरद बड़ाई पाय।
कहत धतूरे सों कनक, गहनो गढ़ा न जाय।।

उपर्युक्त पंक्तियों में सामान्य कथन-'कोई भी मनुष्य चाहे कितना बड़ा ही यश क्यों न प्राप्त कर ले, परन्तु बिना गुणों के महान नहीं बन सकता' का समर्थन विशेष जैसे–'धतूरे को कनक (सोना) कहने से वह सोना नहीं बन जाता और न ही उससे गहनें बनाए जा सकते हैं' से किया गया है।

3. उभयालंकार

जो शब्द और अर्थ दोनों में चमत्कार की वृद्धि करते हैं, उन्हें उभयालंकार कहते हैं। इसके दो भेद हैं

(i) **संकर** जहाँ पर दो या अधिक अलंकार आपस में 'नीर-क्षीर' के समान रूप से घुले-मिले रहते हैं, वहाँ 'संकर' अलंकार होता है;
जैसे–
सठ सुधरहिं सत संगति पाई।
पारस-परस कुधातु सुहाई।

उपर्युक्त पंक्तियों में 'पारस-परस' में अनुप्रास तथा यमक दोनों अलंकार इस प्रकार मिले हैं कि पृथक् करना सम्भव नहीं है, अत: यहाँ 'संकर' अलंकार है।

(ii) **संसृष्टि** जहाँ दो अथवा दो से अधिक अलंकार परस्पर मिलकर भी स्पष्ट रहे अर्थात् उनकी पहचान में किसी भी प्रकार की कोई कठिनाई नहीं होती वहाँ 'संसृष्टि' अलंकार होता है;
जैसे–
भूपति भवनु सुभायँ सुहाव।
सुरपति सदनु न परतर पावा।
मनिमय रचित चारु चौबारे।
जनु रतिपति निज हाथ संवारे।।

उपर्युक्त पंक्तियों में प्रथम दो चरणों में प्रतीप अलंकार है तथा बाद के दो चरणों में उत्प्रेक्षा अलंकार। यहाँ प्रतीप और उत्प्रेक्षा की संसृष्टि है। अत: यहाँ संसृष्टि अलंकार है।

4. पाश्चात्य अलंकार

हिन्दी साहित्य पर पाश्चात्य प्रभाव पड़ने के फलस्वरूप पाश्चात्य अलंकारों का समावेश हुआ है। प्रमुख पाश्चात्य अलंकार मानवीकरण, भावोक्ति, ध्वन्यात्मकता और विरोध चमत्कार है।

परीक्षा की दृष्टि से मानवीकरण अलंकार ही महत्त्वपूर्ण है, इसलिए यहाँ उसी का विवरण दिया गया है।

मानवीकरण

जहाँ प्राकृतिक वस्तुओं; जैसे-पेड़, पौधे, बादल आदि में मानवीय भावनाओं का वर्णन हो या निर्जीव वस्तुओं की सजीव के रूप में चित्रित किया गया हो वहाँ मानवीकरण अलंकार होता है;
जैसे–
फूल हँसे कलियाँ मुसकाई।

उपर्युक्त पंक्ति में फूलों के हँसने और कलियों के मुस्कुराने का वर्णन किया गया है, परन्तु ये सब मानवीय क्रियाएँ हैं। यहाँ प्रकृति के माध्यम से मानवीय भावों को चित्रित किया गया है। अत: यहाँ मानवीकरण अलंकार है।

अभ्यास प्रश्न

1. "मेरी भव बाधा हरौ राधा नागरि सोइ।
जा तन की झाईं परै स्याम हरित दुति होइ।।"
इन पंक्तियों में कौन-सा रस है?
(a) भक्ति रस (b) भयानक रस
(c) अद्‌भुत रस (d) वीभत्स रस

2. "तुम आ जाते एक बार।
कितनी करुणा, कितने सन्देश,
पथ में बिछ जाते बन पराग।"
इन पंक्तियों में कौन-सा रस सृजित होता है?
(a) शृंगार रस (b) वीर रस
(c) अद्‌भुत रस (d) वीभत्स रस

3. "दुख ही जीवन की कथा रही,
क्या कहुँ, आज जो नहीं कही।"
इन पंक्तियों में कौन-सा रस सृजित होता है?
(a) करुण रस (b) शृंगार रस
(c) अद्‌भुत रस (d) वीभत्स रस

4. "माता ऐसा बेटा जनिये,
कै शूरां कै भक्त् कहाय।"
इन पंक्तियों में कौन-सा रस सृजित होता है?
(a) शृंगार रस (b) वीर रस
(c) अद्‌भुत रस (d) वीभत्स रस

5. 'वीरों का कैसा हो वसन्त' में किस रस की सृष्टि हुई है?
(a) वीर रस (b) शृंगार रस
(c) अद्‌भुत रस (d) वीभत्स रस

6. 'रस' का सम्बन्ध किस धातु से माना जाता है?
(a) सृ (b) कृ
(c) पृ (d) मृ

7. "जेहिं गिरि चरण देहि हनुमन्ता।
चलेउ सो गा पाताल तुरन्ता।।"
इन पंक्तियों में किस रस की भावना है?
(a) वीर रस (b) अद्‌भुत रस
(c) शृंगार रस (d) रौद्र रस

8. निम्नलिखित प्रश्न में चार विकल्पों में से उस सही विकल्प का चयन करें जो बताता है कि
संयोग और वियोग किस रस के रूप हैं?
(a) वात्सल्य (b) भयानक
(c) शृंगार (d) अद्‌भुत

9. "अस कहि रघुपति चाप चढ़ावा। यह मत लछिमन के मन भावा।।
संधानेऊ प्रभु बिसिख कराला। उठी उदधि उर अन्तर ज्वाला।"
इन पंक्तियों में किस रस की सृष्टि हुई है?
(a) रौद्र रस (b) अद्‌भुत रस
(c) वीर रस (d) शृंगार रस

10. 'भयानक रस' का स्थायी भाव है
(a) क्रोध (b) भय
(c) विस्मय (d) उत्साह

11. "समरस थे जड़ या चेतन सुन्दर साकार बना था।
चेतनता एक विलसती आनन्द अखण्ड घना था।"
इन पंक्तियों में कौन-सा रस सृष्ट हुआ है?
(a) शान्त रस
(b) शृंगार रस
(c) वीर रस
(d) रौद्र रस

12. "हे खग, मृग, हे मधुकर श्रेणी,
तुम देखी सीता मृगनयनी?"
इन पंक्तियों में कौन-सा रस है?
(a) संयोग शृंगार (b) करुण
(c) वियोग शृंगार (d) अद्‌भुत

13. 'वीर रस' का स्थायी भाव होता है
(a) रति (b) शोक
(c) क्रोध (d) उत्साह

14. 'चरण कमल बन्दौ हरि राई' में कौन-सा अलंकार है?
(a) उपमा (b) रूपक
(c) अनुप्रास (d) श्लेष

15. करुण रस का स्थायी भाव होता है
(a) क्रोध (b) शोक
(c) उत्साह (d) विस्मय

16. "बीती विभावरी जाग री
अम्बर-पनघट में डुबो रही तारा घट ऊषा नागरी"
इन पंक्तियों में कौन-सा अलंकार है?
(a) उत्प्रेक्षा (b) उपमा
(c) रूपक (d) उपमेयोपमा

17. "चमक उठी सन सत्तावन में वो तलवार पुरानी थी।" रस भेद बताइए।
(a) भक्ति रस (b) वीर रस
(c) हास्य रस (d) शृंगार रस

18. निम्न में से कौन वार्णिक छन्द है?
(a) दोहा (b) रोला
(c) सवैया (d) चौपाई

19. निम्नलिखित प्रश्न में चार विकल्पों में से उस सही विकल्प का चयन करें, जो दिए गए पद्य के उचित अलंकार रूप का सबसे अच्छा विकल्प है।
"भिखारिन को देखकर पट देत बार-बार"
(a) श्लेष अलंकार (b) अतिशयोक्ति अलंकार
(c) रूपक अंलकार (d) उत्प्रेक्षा अलंकार

20. निम्न में कौन मात्रिक छन्द है?
(a) दोहा (b) चौपाई
(c) रोला (d) ये सभी

21. निम्नलिखित प्रश्न में चार विकल्पों में से उस सही विकल्प का चयन करें जो दिए गए पद्य के उचित अलंकार रूप का सबसे अच्छा विकल्प है।
'काली घटा का घमण्ड घटा'
(a) यमक अलंकार (b) अतिशयोक्ति अलंकार
(c) उत्प्रेक्षा अलंकार (d) उपमा अलंकार

22. ''मंगल भवन अमंगल हारी।
द्रवहु सो दशरथ अजिर बिहारी।।''
इन पंक्तियों में किस छन्द का प्रयोग हुआ है?
(a) सोरठा (b) चौपाई
(c) दोहा (d) सवैया

23. निम्नलिखित प्रश्न में, चार विकल्पों में से, उस सही विकल्प का चयन करें जो दिए गए पद्य के उचित अलंकार रूप का सबसे अच्छा विकास है।
''तरनि तनुजा तट-तमाल तरुवर बहु छाए''
(a) अनुप्रास अलंकार (b) यमक अलंकार
(c) श्लेष अलंकार (d) उपमा अलकार

24. निम्नलिखित प्रश्न में, चार विकल्पों में से, उस सही विकल्प का चयन करें जो दिए गए पद्य के उचित अलंकार रूप का सबसे अच्छा विकल्प है।
''रघुपति राघव राजा राम''
(a) अनुप्रास अलंकार (b) यमक अलंकार
(c) रूपक अलंकार (d) उपमा अलंकार

25. 'छन्दशास्त्र' के प्रणेता आचार्य माने जाते हैं
(a) पतंजलि (b) पिंगल
(c) पाणिनी (d) मनु

26. 'मुद्रित मनोहर मानस देखा' पंक्ति में अलंकार है
(a) यमक (b) अनुप्रास
(c) उपमा (d) रूपक

27. जहाँ एक ही वर्ण की बार-बार आवृत्ति होती है, वहाँ अलंकार होगा।
(a) यमक (b) अनुप्रास
(c) श्लेष (d) उपमा

28. निम्नलिखित में कौन-सा शब्दालंकार है?
(a) उपमा (b) रूपक
(c) उत्प्रेक्षा (d) यमक

29. ''कहै कवि बेनी बेनी व्याल की चुराई लीनी'' पंक्ति में अलंकार बताइए
(a) यमक अलंकार
(b) उपमा अलंकार
(c) अनुप्रास अलंकार
(d) रूपक अलंकार

30. निम्नलिखित प्रश्न में चार विकल्पों में से उस सही विकल्प का चयन करें, जो बताता है कि
जहाँ छन्द में सभी चरण समान होते हैं, उसे क्या कहा जाता है?
(a) विषममात्रिक छन्द (b) अर्द्धमात्रिक छन्द
(c) सममात्रिक छन्द (d) मात्रिक छन्द

31. छन्द में प्रयुक्त अक्षर को क्या कहा जाता है?
(a) व्यंजन (b) चरण
(c) मात्रा (d) वर्ण

32. एक छन्द में कितने चरण होते हैं?
(a) चार (b) छह
(c) आठ (d) दस

33. निम्नलिखित प्रश्न में, चार विकल्पों में से, उस सही विकल्प का चयन करें जो बताता है कि नीचे दिए गए छन्द के प्रत्येक चरण में कितनी मात्राएँ हैं?
''करते अभिषेक पयोद हैं, बलिहारी इस देश की।
हे मातृभूमि! तू सत्य ही, सगुण-मर्ति सर्वेश की।।''
(a) 15 से 13 के क्रम से 28 (b) पहले और तीसरे में 12
(c) प्रत्येक चरण में 12 (d) प्रत्येक चरण में 24

34. 'दोहा' के प्रथम चरण में कितनी मात्राएँ होती हैं?
(a) 11 (b) 12
(c) 13 (d) 14

35. दामिनि दमक रही घन माही।
खल के प्रति जथा थिर नाही।।
इन पंक्तियों में कौन-सा छन्द है?
(a) सवैया (b) दोहा
(c) चौपाई (d) सोरठा

36. जो मात्रिक सम छन्द है। प्रत्येक चरण में 16 मात्राएँ होती हैं, उसे कहते हैं
(a) चौपाई (b) दोहा
(c) सोरठा (d) रोला

37. चौपाई के प्रत्येक चरण में कितनी मात्राएँ होती हैं?
(a) बीस (b) सत्रह
(c) पन्द्रह (d) सोलह

उत्तरमाला

1. (a)	2. (a)	3. (a)	4. (b)	5. (a)	6. (a)	7. (b)	8. (c)	9. (a)	10. (b)
11. (a)	12. (c)	13. (d)	14. (b)	15. (b)	16. (c)	17. (b)	18. (c)	19. (a)	20. (d)
21. (a)	22. (b)	23. (a)	24. (a)	25. (b)	26. (b)	27. (b)	28. (d)	29. (a)	30. (c)
31. (d)	32. (a)	33. (a)	34. (c)	35. (c)	36. (a)	37. (d)			

अध्याय 15

प्रसिद्ध कवि, लेखक एवं उनकी प्रसिद्ध रचनाएँ

हिन्दी के प्रमुख नाटककार *एवं* उनकी नाट्य कृतियाँ

नाटककार	नाट्य कृतियों के नाम
भारतेन्दु हरिश्चन्द्र	**मौलिक नाटक** भारत जननी, वैदिकी हिंसा हिंसा न भवति, सत्य हरिश्चन्द्र, श्री चन्द्रवली नाटिका, विषस्य विषमौषधम्, भारत दुर्दशा, नील देवी, अन्धेर नगरी, सती प्रताप, प्रेम जोगिनी। हिंसा हिंसा **अनूदित नाटक** विद्या सुन्दर, रत्नावली, धनंजय विजय, कर्पूर मंजरी, पाखण्ड विडम्बन, मुद्राराक्षस, दुर्लभ बन्धु।
जी. पी. श्रीवास्तव	उलट फेर, दुमदार आदमी, गड़बड़झाला, कुर्सी मैन, न घर का न घाट का
पाण्डेय बेचन शर्मा 'उग्र'	चार बेचारे, उजबक।
जयशंकर प्रसाद	विशाख, अजातशत्रु, राज्यश्री, स्कन्दगुप्त, चन्द्रगुप्त, ध्रुवस्वामिनी, जनमेजय का नाग यज्ञ।
हरिकृष्ण 'प्रेमी'	रक्षाबन्धन, शिव साधना, प्रतिशोध, स्वप्नभंग, आहुति, विषपान, उद्धार, शपथ, विजय स्तम्भ, कीर्ति स्तम्भ, संरक्षक, विदा, आन का मान, संवत् प्रवर्तन, अमृत पुत्री, छायाबन्धन।
लक्ष्मीनारायण मिश्र	संन्यासी, राक्षस का मन्दिर, मुक्ति का रहस्य, राजयोग, सिन्दूर की होली, आधी रात, गरुड़ध्वज, वत्सराज, दशाश्वमेघ, वितस्ता की लहरें।
सेठ गोविन्ददास	प्रकाश, स्वातन्त्र्य सिद्धान्त, सेवापथ, सन्तोष कहाँ, त्याग और ग्रहण, बड़ा पापी कौन, सुख किसमें, महत्त्व किससे, गरीबी या अमीरी।
लाला श्रीनिवासदास	श्री प्रह्लाद चरित्र, तप्तासंवरण, रणधीर प्रेम मोहिनी, संयोगिता स्वयंवर।
राधाकृष्णदास	महाराणा प्रताप, महारानी पद्मावती, धर्मालाप, दु:खिनी बाला।
बालकृष्ण भट्ट	दमयन्ती स्वयंवर, बृहन्नला, वेणी संहार, कलिराज की सभा, शिक्षादान, रेल का विकट खेल, बाल विवाह।
राधाचरण गोस्वामी	तन मन धन गोसाईं जी के अर्पण, बूढ़े मुँह मुँहासे लोग देखें तमासें, अमरसिंह राठौड़, सती चन्द्रावली, श्रीदामा।
गोपालराम गहमरी	देश दशा, जैसे को तैसा।
जगदीशचन्द्र माथुर	कोणार्क, शारदीया, पहला राजा, दशरथनन्दन।
मोहन राकेश	आषाढ़ का एक दिन, लहरों के राजहंस, आधे-अधूरे।
लक्ष्मीनारायण लाल	अन्धा कुँआ, दर्पण, मादा कैक्टस, सूर्यमुख, मिस्टर अभिमन्यु, कर्फ्यू, अब्दुल्ला दीवाना, व्यक्तिगत, एक सत्य हरिश्चन्द्र, सगुन पंछी, सबरंग मोह भंग।
धर्मवीर भारती	अन्धा युग।
सुरेन्द्र वर्मा	सेतुबन्ध, द्रौपदी, नायक, खलनायक, विदूषक, आठवाँ सर्ग।
गोविन्दवल्लभ पन्त	अँगूर की बेटी, सिन्दूर की बिन्दी, राजमुकुट, अन्त:पुर का छिद्र।
उपेन्द्रनाथ 'अश्क'	स्वर्ग की झलक, छठा बेटा, अलग-अलग रास्ते, अंजो दीदी, अन्धी गली, कैद, उड़ान, जय पराजय।
उदयशंकर भट्ट	दादर, शक विजय, मुक्तिपथ।
वृन्दावनलाल वर्मा	फूलों की बोली, पूर्व की ओर, बीरबल, ललित-विक्रम, राखी की लाज, सगुन, नीलकण्ठ, केवल, निस्तार, देखा-देखी।
विष्णु प्रभाकर	समाधि, डॉक्टर, युगे-युगे क्रान्ति, टूटते परिवेश।

हिन्दी के प्रमुख कहानीकार *एवं* उनकी कहानियाँ

कहानीकार	प्रमुख कहानियों के नाम	विशेष टिप्पणी
शिवप्रसाद सितारेहिन्द	राजा भोज का सपना	कुछ लोग इसमें कहानी के तत्त्व नहीं मानते।
किशोरीलाल गोस्वामी	इन्दुमती	हिन्दी की प्रथम कहानी वर्ष 1909 में 'सरस्वती' पत्रिका में प्रकाशित हुई।
बंग महिला	दुलाईवाली	वर्ष 1907 में 'सरस्वती' में प्रकाशित।
माधवराव सप्रे	एक टोकरी पर मिट्‌टी	वर्ष 1901 में 'छत्तीसगढ़ मित्र' में प्रकाशित।
रामचन्द्र शुक्ल	ग्यारह वर्ष का समय	वर्ष 1903 में 'सरस्वती' में प्रकाशित।
चन्द्रधर शर्मा 'गुलेरी'	उसने कहा था, बुद्ध का काँटा, सुखमय जीवन	1. उसने कहा था–हिन्दी की सर्वश्रेष्ठ कहानी है। 2. यह कहानी वर्ष 1915 में 'सरस्वती' पत्रिका में प्रकाशित हुई थी।
प्रेमचन्द्र	पंच परमेश्वर, बूढ़ी काकी, मन्त्र, सवा सेर गेहूँ, शतरंज के खिलाड़ी, बड़े भाईसाहब, आत्माराम, गृहदाह, सुजान भगत, माता का मन्दिर, ठाकुर का कुँआ, लाटरी, पूस की रात, नमक का दरोगा, कफन आदि।	1. लगभग 300 कहानियाँ लिखीं। 2. 'मानसरोवर' के आठ खण्डों में संकलित। 3. प्रेम पचीसी, प्रेम द्वादशी, सप्त सरोज, सप्त सुमन, प्रेम तीर्थ, नवनिधि, प्रेम पूर्णिमा। 4. उर्दू में नवाबराय नाम से लिखते थे। 5. 'सोजे वतन' कहानी संग्रह को सरकार ने जब्त कर लिया।
जयशंकर प्रसाद	आकाशदीप, पुरस्कार, ममता, आँधी, देवरथ, बेड़ी, प्रतिध्वनि, सालवती, मधुवा इन्द्रजाल	1. पहली कहानी वर्ष 1912 में 'इन्दु' में प्रकाशित। 2. छाया, प्रतिध्वनि, आकाशदीप, आँधी, इन्द्रजाल इनके कहानी संग्रह हैं। 3. व्यक्तिकेन्द्रित कहानियों के रचयिता।
सुदर्शन	हार की जीत, दो मित्र, कवि की स्त्री, प्रेम तरु, एथेन्स की सत्यार्थी, पत्थरों का सौदागर, कमल की बेटी, तीर्थ-यात्रा।	1. सुदर्शन सुधा, सुमन, पुष्पलता, सुप्रभात, तीर्थयात्रा, पनघट, परिवर्तन इनके कहानी संग्रह हैं। 2. सुधारवादी दृष्टिकोण अन्तर्द्वन्द्व की प्रधानता।
आचार्य चतुरसेन शास्त्री	अम्बपालिका, भिक्षुराज, सिंहगढ़ विजय, पन्नाधाय, रूठी रानी, दे खुदा की राह पर, ककड़ी की कीमत, हल्दी घाटी में, बावर्चिन, बाणबधू, प्रबुद्ध।	
पाण्डेय बेचन शर्मा 'उग्र'	चिनगारियाँ शैतान मण्डली, इन्द्रधनुष , दोजरव की आग, निर्लज्जा, मन की अमीर चॉकलेट।	1. अनाचार एवं कुरीतियों के प्रति आक्रोश। 2. प्रमुख कहानियों के नाम पर ही इनके कहानी संकलन प्रकाशित हुए हैं।
लाला भगवानदीन	प्लेग की चुड़ैल।	
विश्वम्भरनाथ शर्मा 'कौशिक'	रक्षाबन्धन, ताई, विधवा, कर्त्तव्यबल, विद्रोही, पतित पावन।	1. 200 कहानियाँ लिखीं। 2. गल्प मन्दिर, चित्रशाला, प्रेम प्रतिमा, मणिमाला, कल्लोल कहानी संकलन हैं।
राधिकारमण प्रसाद सिंह	कानों में कँगना, दरिद्रनारायण, पैसे की घुंघनी	1. 'गाँधी टोपी' इनकी कहानियों का संकलन है।
यशपाल	परदा, आदमी और खच्चर, मक्रील, फूलों का कुर्ता, पिंजरे की उड़ान, उत्तमी की माँ, अभिशप्त, सच बोलने की भूल।	1. प्रगतिवादी कथाकार हैं। 2. भस्मावृत्त, चिंगारी, पिंजरे की उड़ान, धर्म युद्ध, तर्क का तूफान आदि इनके प्रमुख कहानी संग्रह हैं।
मोहन राकेश	मलबे का आदमी, एक और जिन्दगी, आर्द्रा, फौलाद का आकाश, जानवर और जानवर, मिस पाल।	1. नई कहानी के सूत्रधार 2. इनके कहानी संकलन हैं—नए बादल, जानवर और जानवर, आज के साए, फौलाद का आकाश।
राजेन्द्र यादव	टूटना, जहाँ लक्ष्मी कैद है, अभिमन्यु की आत्महत्या, छोटे-छोटे ताजमहल, किनारे से किनारे तक प्रतीक्षा।	1. नई कहानी के सूत्रधार। 2. अपने पार कहानी संग्रह है।
कमलेश्वर	राजा निरबंसिया, तलाश, बयान, नीली झील।	1. मांस का दरिया, बयान कहानी संग्रह है। 2. नई कहानी एवं समानान्तर कहानी के सूत्रधार।
निर्मल वर्मा	लन्दन की रात, कुत्ते की मौत, परिन्दे।	1. परिन्दे, बीच बहस में, पिछली गर्मियों में इनके कहानी संकलन हैं।
भगवतीप्रसाद वाजपेयी	दीपमालिका, हिलोर, मिठाईवाला, झाँकी, हृदयगति, स्वप्नमयी, शबनम, त्याग और वंशीवादन, निन्दिया लागी।	1. लगभग 300 कहानियाँ लिखीं। 2. प्रमुख कहानी संग्रह हैं—मधुपर्व, दीपमालिका, हिलोर, पुष्करिणी, खाली बोतल, मेरे सपने, ज्वार-भाटा।

कहानीकार	प्रमुख कहानियों के नाम	विशेष टिप्पणी
सच्चिदानन्द हीरानन्द वात्स्यायन 'अज्ञेय'	कड़ियाँ, अमरवल्लरी, खितीन बाबू, रोज, रेल की सीटी, हरसिंगार, शरणार्थी, मैना, सिगनेलर, गैंगरीन, पठार का धीरज, हजामत का साबुन।	त्रिपथगा, कोठरी की बात, जयदोल, अमर वल्लरी, ये तेरे प्रतिरूप, परम्परा इनके कहानी संग्रह हैं।
इलाचन्द्र जोशी	रोगी, मिस्त्री, चौथे विवाह की पत्नी, प्रेतात्मा।	1. मनोविश्लेषणवादी कथाकार। 2. खण्डहर की आत्माएँ, डायरी के नीरस पृष्ठ, अहुति और दिवाली इनके प्रमुख कहानी संग्रह हैं।
जैनेन्द्र	जाह्नवी, पत्नी, मास्टर साहब, परख एक रात, ध्रुव यात्रा, ग्रामोफोन का रिकॉर्ड, पानवाला, अपना-अपना भाग्य, पाजेब, एक दिन, नीलम देश की राजकन्या, वातायन।	1. मनोविश्लेषणवादी कथाकार। 2. फाँसी कहानी संकलन है। —
मन्नू भण्डारी	यही सच है, बन्द दराजों का साथ, त्रिशंकु, मैं हार गई, अलगाव।	त्रिशंकु, बन्द दराजों का साथ, तीन निगाहों की तस्वीर इनके कहानी संकलन हैं।
धर्मवीर भारती	गुलकीबन्नों सावित्री नं. 2, बन्द गली का आखिरी मकान, चाँद और टूटे हुए लोग।	—
गोविन्द मिश्र	धाँसू, खुद के खिलाफ, रगड़ खाती आत्महत्याएँ, नए-पुराने माँ-बाप, आसमान कितना नीला।	—
मृदुला गर्ग	दुनिया का कायदा, उसका विद्रोह डेफोडिल जल रहे हैं।	—
मंजुल भगत	सफेद कौआ, मृत्यु की ओर।	—
मणिका मोहिनी	हम बुरे नहीं थे।	—
मार्कण्डेय	हंसा जाई अकेला।	—
राजी सेठ	तीसरी हथेली।	—
ज्ञानरंजन	सम्बन्ध, शेष होते हुए।	—
ओम गोस्वामी	दर्द की मछली।	—
महेन्द्र भल्ला	एक पति के नोट्स, तीन चार दिन।	—
गिरिराज किशोर	पेपरवेट।	—
अमरकान्त	जिन्दगी और जोंक, बहादुर।	—
दिनेश पालीवाल	बंजर, गिरता जटायु	—
द्विजेन्द्रनाथ मिश्र 'निर्गुण'	छोटा डॉक्टर	—

हिन्दी के प्रमुख उपन्यासकार *एवं* उनकी कृतियाँ

उपन्यासकार	कृतियाँ
श्रीनिवासदास	• परीक्षा गुरु (1882 ई.) हिन्दी का प्रथम उपन्यास।
श्रद्धाराम फिल्लौरी	• भाग्यवती (1877 ई.)।
बालकृष्ण भट्ट	• रहस्य कथा (1879 ई.) नूतन ब्रह्मचारी (1886 ई.), एक अजान सौ सुजान (1892 ई.)।
ठाकुर जगमोहनसिंह	• श्यामा स्वप्न (1888 ई.)।
लज्जाराम मेहता	• धूर्त रसिकलाल (वर्ष 1899), स्वतन्त्र रमा और परतन्त लक्ष्मी (वर्ष 1899), बिगड़े का सुधार (वर्ष 1907), आदर्श हिन्दू (वर्ष 1907)।
लज्जाराम शर्मा	• आदर्श दम्पत्ति, आदर्श हिन्दू, बिगड़े का सुधार।
राधिकारमण प्रसाद सिंह	• प्रेम लहरी।
प्रेमचन्द्र	• सेवासदन (वर्ष 1981), प्रेमाश्रम (वर्ष 1922), रंगभूमि (वर्ष 1925), कायाकल्प (वर्ष 1926) निर्मला (वर्ष 1927), गबन (वर्ष 1931) कर्मभूमि (वर्ष 1933), गोदान (वर्ष 1935), मंगलसूत्र (अपूर्ण)।
विश्वम्भरनाथ शर्मा 'कौशिक'	• माँ भिखारिणी
जयशंकर प्रसाद	• कंकाल (वर्ष 1929), तितली (वर्ष 1934), इरावती (अपूर्ण)।
राधाकृष्णदास	• निस्सहाय हिन्दू (1890 ई.)
बाबू देवकीनन्द खत्री	• चन्द्रकान्ता (1891 ई.), चन्द्रकान्ता सन्तति, काजर की कोठरी, भूतनाथ, कुसुम कुमारी, नरेन्द्र मोहिनी, वीरेन्द्र वीर।

उपन्यासकार	कृतियाँ
गोपालराम गहमरी	• सरवटठी लाश (वर्ष 1900), जासूस की भूल (वर्ष 1901), जासूस पर जासूसी (वर्ष 1904), गुप्त भेद (वर्ष 1931), जासूस की ऐयारी (वर्ष 1914)
किशोरीलाल गोस्वामी	• जिन्दे की लाश, तिलस्मी शीशमहल, लीलावती, याकूती तख्ती, प्रणयिनी प्रणयिनी परिणय, मस्तानी, सुखशर्वरी, प्रेममयी, लवंगलता, कुसुम कुमारी।
अयोध्यासिंह उपाध्याय 'हरिऔध'	• ठेठ हिन्दी का ठाठ (1899 ई.), अधलिखा फूल (1907 ई.)।
सूर्यकान्त त्रिपाठी 'निराला'	• अप्सरा (वर्ष 1931), अलका (वर्ष 1931), निरुपमा (वर्ष 1936), प्रभावती, कुल्ली भाट, काले कारनामे।
जैनेन्द्र	• परख (वर्ष 1929), सुनीता, (वर्ष 1935), त्यागपत्र (वर्ष 1937), कल्याणी (वर्ष 1939), सुखदा (वर्ष 1952), विवर्त (वर्ष 1953), व्यतीत (वर्ष 1853)।
इलाचन्द जोशी	• संन्यासी (वर्ष 1941), परदे की रानी (वर्ष 1941), प्रेत और छाया (वर्ष 1945) ऋतु चक्र।
सच्चिदानन्द हीरानन्द वात्स्यायन 'अज्ञेय'	• शेखर एक जीवनी (वर्ष 1941), नदी के द्वीप (वर्ष 1951), अपने-अपने अजनबी।
यशपाल	• पार्टी कामरेड, दादा कामरेड देशद्रोही, मनुष्य के रूप, अमिता, दिव्या, झूठा-सच, तेरी मेरी उसकी बात।
पाण्डेय बेचन शर्मा 'उग्र'	• चन्द हसीनों के खतूत (वर्ष 1927), दिल्ली का दलाल (वर्ष 1927), बुधुआ की बेटी (वर्ष 1928), शराबी (वर्ष 1930), सरकार तुम्हारी आँखों में (वर्ष 1936), जीजाजी (वर्ष 1944), फागुन के दिन (वर्ष 1955)
ऋषभचरण जैन	• दिल्ली का व्यभिचार, दुराचार के अड्डे, वेश्यापुत्र, चम्पाकली, मास्टर साहब, मयखाना, चाँदनी रात।
आचार्य चतुरसेन शास्त्री	• वैशाली की नगरवधू, वयं रक्षामः, सोमनाथ, आलमगीर, सोना और खून, रक्त की प्यास, आत्मदाह, अमर अभिलाषा, मन्दिर की नर्तकी, नरमेध, अपराजिता।
प्रतापनारायण श्रीवास्तव	• विदा (वर्ष 1929), विजय (वर्ष 1937), विकास, विसर्जन, बेकसी का मजार।
नागार्जुन	• वरुण के बेटे, रतिनाथ की चाची, दुखमोचन, बाबा बटेसरनाथ, बलचनमा
राही मासूम रजा	• आधा गाँव, टोपी शुक्ला, ओंस की बूँद, सीन-75, हिम्मत जौनपुरी, दिल एक सादा कागज
शिवप्रसाद	• अलग-अलग वैतरणी, गली आगे मुड़ती है, दिल्ली दूर है, औरत, कुहरे में युद्ध, वैश्वानर
विवेकी राय	• बबूल, सोनामाटी।
हिमांशु श्रीवास्तव	• रथ के पहिए।
भगवतीचरण वर्मा	• चित्रलेखा, भूले बिसरे चित्र, टेढ़े-मेढ़े रास्ते, सामर्थ्य और सीमा, सबहिं नचावत राम गोसाईं।
अमृतलाल नागर	• बूँद और समुद्र, सुहाग के नूपुर, सेठ बाँकेमल, अमृत और विष, मानस का हंस, खंजन नयन, महाकाल, शतरंज के मोहरे।
हजारी प्रसाद द्विवेदी	• बाणभट्ट की आत्मकथा, चारू चन्द्रलेख, पुनर्नवा, अनामदास का पोथा (अथरैक्व आख्यान)
फणीश्वरनाथ रेणु	• मैला आँचल, (वर्ष 1954) परती परिकथा, जुलूस, दीर्घतपा, कितने चौराहे, कलंकमुक्ति
मोहन राकेश	• अन्धेरे बन्द कमरे, न आने वाला कल, अन्तराल।
धर्मवीर भारती	• गुनाहों का देवता, सूरज का सातवाँ घोड़ा।
निर्मल वर्मा	• वे दिन, लाल टीन की छत, एक चिथड़ा सुख।
उषा प्रियंवदा	• रुकोगी नहीं राधिका, पचपन खम्भे लाल दीवारें।
भीष्म साहनी	• तमस, बसन्ती, कुन्ती, भाग्यरेखा, कड़ियाँ, झरोखे, मय्यादास की माड़ी
श्रीलाल शुक्ल	• राग दरबारी आदमी का जहर, अज्ञातवास।
रामदरश मिश्र	• पानी के प्राचीर, जल टूटता हुआ, सूखता हुआ तालाब।
राजेन्द्र यादव	• उखड़े हुए लोग, सारा आकाश, शह और मात, कुलटा, मुखर चिन्तन।
मन्नू भण्डारी	• महाभोज, आपका बन्टी।
नरेश मेहता	• यह पथबन्धु था, डूबते मस्तूल।
राजेन्द्र अवस्थी	• जंगल के फूल, जाने कितनी आँखें।
सच्चिदानन्द धूमकेतु	• माटी की महक।
सर्वेश्वरदयाल सक्सेना	• सोया हुआ जल, पागल कुत्तों का मसीहा, सूने चौखटे।
देवराज	• पथ की खोज, अजय की डायरी, मैं, वे और आप, रोड़े और पत्थर, बाहर-भीतर।

उपन्यासकार	कृतियाँ
अमृतराय	• बीज, नागफनी का देश, हाथी के दाँत, सुख-दु:ख।
कमलेश्वर	• सुबह-दोपहर-शाम, काली आँधी, तीसरा आदमी, आगामी अतीत, समुद्र में खोया हुआ आदमी
यादवेन्द्र शर्मा	• पथहीन, दिया जला, दिया बुझा, गुनाहों की देवी।
शैलेश मटियानी	• बोरीवली से बोरीबन्दर।
मनोहरश्याम जोशी	• कुरु कुरु स्वाहा।
गिरधर गोपाल	• चाँदनी के खण्डहर, कन्दील और कुहासे।
भैरवप्रसाद गुप्त	• सती मैया का चौरा, मशाल, गंगा मैया
नरेन्द्र कोहली	• दीक्षा, संघर्ष, युद्ध अवसर, आतंक, साथ सहा गया दु:ख।
उदयशंकर भट्ट	• सागर, लहरें और मनुष्य।
प्रभाकर माचवे	• तीस चालीस पचास, दर्द के पैबन्द, किसलिए, अनदेखी, कहाँ से कहाँ।
कृष्णा सोबती	• सूरजमुखी अन्धेरे के, यारों का यार, मित्रो मरजानी, डार से बिछुड़ी, जिन्दगी नामा, ए लड़की, परन्तु, क्षमा, साँचा।
काशीनाथ सिंह	• अपना मोर्चा
रमेश बख्शी	• बैसाखियों वाली इमारत।
मणि मधुकर	• सफेद मेमने।
मृणाल पाण्डे	• पण्ढरपुर पुराण।
रवीन्द्र कालिया	• खुदा सही सलामत है।
मृदुला गर्ग	• चितकोबरा, उसके हिस्से की धूप, वंशज अनित्य।
विष्णु प्रभाकर	• अर्द्धनारीश्वर, तट के बन्धन, निशिकान्त।
गजानन माधव 'मुक्तिबोध'	• विपात्र।
सुरेन्द्र वर्मा	• मुझे चाँद चाहिए।
मंजुल भगत	• लेडी क्लब, अनारों।
राजकमल चौधरी	• मछली मरी हुई।
हरिशंकर परसाईं	• रानी नागमती की कहानी।
कृष्ण अग्निहोत्री	• टपरेवाले।
शानी	• काला जल।
कृष्ण बलदेव वैद्य	• नर-नारी।

हिन्दी के प्रमुख जीवनी-साहित्यकार और उनकी कृतियाँ

जीवनी लेखक	कृति का नाम
भारतेन्दु बाबू हरिश्चन्द्र	बादशह दर्पण, पंच पवित्रात्मा, चरितावली
अमृतराय	कलम का सिपाही (प्रेमचन्द्र की जीवनी)
शान्ति जोशी	पन्त की जीवनी
विष्णु प्रभाकर	आवारा मसीहा (बांगला भाषा के प्रसिद्ध उपन्यासकार शरतचन्द्र की जीवनी)
भगवतीप्रसाद सिंह	मनीषी की लोकयात्रा (कविराज गोपीनाथ की जीवनी)

जीवनी लेखक	कृति का नाम
कार्तिकप्रसाद खत्री	मीराबाई का जीवन-चरित्र
ब्रजरत्नदास	भारतेन्दु हरिश्चन्द्र
घनश्यामदास बिड़ला	बापू
गौरीशंकर चटर्जी	हर्षवर्धन
जीवनप्रकाश जोशी	बच्चन निकट पे
डॉ. भागीरथ मिश्र	युगपुरुष निराला
डॉ. लक्ष्मीसागर वार्ष्णेय	प्रेमचन्द्र
डॉ. महीप सिंह	गुरुनानक
शिवकुमार	प्रियदर्शनी इन्दिरा
सुमंगल प्रकाश	वह नन्हा-सा आदमी
डॉ. हरिवंशराय बच्चन	कवियों में सौम्य सन्त
मदनगोपाल	कलम का मजदूर
बनारसीदास चतुर्वेदी	पण्डित सत्यनारायण की जीवनी

हिन्दी के कुछ प्रमुख संस्मरणकार *एवं* उनकी कृतियाँ

लेखक का नाम	कृतियों का नाम
रामवृक्ष बेनीपुरी	1. माटी की मूरतें, 2. मील के पत्थर
देवेन्द्र सत्यार्थी	1. क्या गोरी क्या साँवरी, 2. रेखाएँ बोल उठीं
भदन्त आनन्द कौशल्यायन	1. जो भूले न भूल सका, 2. जो लिखना पड़ा
शान्तिप्रिय द्विवेदी	1. पदचिह्न, 2. परिव्राजक की कथा
कन्हैयालाल मिश्र 'प्रभाकर'	1. भूले हुए चेहरे, 2. दीप जले शंख बजे 3. माटी हो गई सोना
महादेवी वर्मा	1. अतीत के चलचित्र, 2. स्मृति की रेखाएँ, 3. पथ के साथी
भगवतीचरण वर्मा	वे सात और हम
डॉ. हरिवंशराय बच्चन	कवियों में सौम्य सनत
उपेन्द्रनाथ 'अश्क'	1. मेरा दोस्त मेरा दुश्मन, 2. ज्यादा अपनी कम पराई, 3. रेखाएँ और चित्र
कौशल्या अश्क	अश्क-एक रंगीन व्यक्तित्व
श्रीनारायण चतुर्वेदी	मनोरंजक संस्मरण
महावीर त्यागी	मेरी कौन सुनेगा
विष्णुशर्मा	इन लोगों के बीच
तनसुखराम गुप्त	1. विस्मृति के भय से, 2. जीवन के कुछ क्षणों, 3. संघर्ष के पथ पर
कृष्णा सोबती	हम हशमत

हिन्दी के कुछ प्रमुख आत्मकथा लेखक *एवं* उनकी कृतियाँ

आत्मकथा लेखक	कृति का नाम
बनारसीदास जैन	अर्द्ध कथानक-हिन्दी की पहली आत्मकथा
भारतेन्दु बाबू हरिश्चन्द्र	कुछ आपबीती, कुछ जग बीती (अपूर्ण)
अम्बिकादत्त व्यास	निज वृत्तान्त
स्वामी श्रद्धानन्द	कल्याण पथ का पथिक
भाई परमानन्द	आपबीती
जवाहरलाल नेहरू	मेरी कहानी-मूलतः अंग्रेजी में
के. एम. मुन्शी	आधे रास्ते, सीधी चढ़ान-मूलतः गुजराती में
सत्यदेव परिव्राजक	स्वतन्त्रता की खोज
राहुल सांकृत्यायन	मेरी जीवन यात्रा
वियोगी हरि	मेरा जीवन प्रवाह
शान्तिप्रिय द्विवेदी	परिव्राजक की कथा
यशपाल	सिंहावलोकन
गुलाबराय	मेरी असफलताएँ
देवेन्द्र सत्यार्थी	चाँद सूरज के बीरन
महात्मा गाँधी	सत्य के प्रयोग
डॉ. हरिवंशराय बच्चन	1. क्या भूलूँ क्या याद करूँ 2. नीड़ का निर्माण फिर 3. बसेरे से दूर 4. प्रवास की डायरी 5. दशद्वार से सोपान तक
पाण्डेय बेचन शर्मा 'उग्र'	अपनी खबर
स्वामी दयानन्द	पूना व्याख्यान
महावीर प्रसाद द्विवेदी	आत्मकथा
श्यामसुन्दर दास	मेरी आत्मकहानी
सियारामचरण गुप्त	झूठ-सच
भवानीदयाल संन्यासी	प्रवासी की आत्मकथा
सेठ गोविन्ददास	उथल-पुथल का युग, आत्मनिरीक्षण
रामवृक्ष बेनीपुरी	मुझे याद है
कालीदास कपूर	मुदरिस की रामकहानी
धीरेन्द्र वर्मा	मेरी कॉलिजडायरी
विनोदशंकर व्यास	उलझी स्मृतियाँ
चतुरसेन	मेरी आत्मकहानी
प्रणय कुमार बन्द्योपाध्याय	आत्मकथा
डॉ. राजेन्द्र प्रसाद	मेरी आत्मकथा

हिन्दी के कुछ प्रमुख रेखाचित्रकार *एवं* उनकी रचनाएँ

रेखाचित्रकार	रचनाएँ
पण्डित श्रीराम शर्मा	बोलती प्रतिमा
सूर्यकान्त त्रिपाठी 'निराला'	कुल्ली भाट, बिल्लेपुर यकरिहा
बनारसीदास चतुर्वेदी	रेखाचित्र
पदुमलाल पुन्नालाल बख्शी	कुछ
रामवृक्ष बेनीपुरी	लाल तारा, माटी की मूरतें, गेहूँ और गुलाब, मील के पत्थर
प्रकाशचन्द्र गुप्त	पुरानी स्मृतियाँ, नए स्केच
देवेन्द्र सत्यार्थी	रेखाएँ बोल उठीं
कन्हैयालाल मिश्र 'प्रभाकर'	भूले हुए चेहरे, दीप जले शंख बजे, माटी हो गई सोना
महादेवी वर्मा	अतीत के चलचित्र, स्मृति की रेखाएँ, पथ के साथी
सच्चिदानन्द हीरानन्द वात्स्यायन 'अज्ञेय'	अरे यायावर रहेगा याद
ओंकार शरद्	खाँ साहब
गुलाबराय	मेरी असफलताएँ
उपेन्द्रनाथ 'अश्क'	मेरा दोस्त मेरा दुश्मन
भगवतीचरण वर्मा	वे सात और हम
शिवपूजन सहाय	वे दिन वे लोग
डॉ. नगेन्द्र	चेतना के बिम्ब
रामधारीसिंह 'दिनकर'	लोकदेव नेहरू
डॉ. हरिवंशराय बच्चन	नए पुराने झरोखे
ओंकार शरद	लंका महाराजिन
कुन्तल गोयल	कुछ रेखाएँ कुछ चित्र
हरगुलाल	घेरे के भीतर और बाहर
डॉ. संसारचन्द्र	सोने के दाँत
राजेन्द्र हाण्डा	दिल्ली में दस वर्ष
डॉ. सुधांशु	व्यक्तित्व की झाँकियाँ
आचार्य विनयमोहन शर्मा	रेखाएँ और रंग

प्रमुख यात्रावृत्त लेखक *एवं* उनकी रचनाएँ

यात्रावृत्त लेखक	यात्रावृत्त का नाम
भारतेन्दु हरिश्चन्द्र	1. हरिद्वार की यात्रा 2. वैद्यनाथ की यात्रा 3. सरयू पार की यात्रा 4. मेरी लखनऊ यात्रा

यात्रावृत्त लेखक	यात्रावृत्त का नाम
गणेशनारायण सोमानी	मेरी यूरोप यात्रा
सत्यदेव 'परिव्राजक'	1. मेरी जर्मन यात्रा 2. यात्री मित्र 3. यूरोप की सुखद स्मृतियाँ 4. ज्ञान के उद्योग में 5. नई दुनिया के मेरे अद्भुत संस्मरण 6. अमेरिका प्रवास की मेरी अद्भुत कहानी 7. मेरी कैलाश यात्रा
कन्हैयालाल मिश्र	हमारी जापान यात्रा
शिवप्रसाद गुप्त	पृथ्वी प्रदक्षिणा
राहुल सांकृत्यायन	1. मेरी लद्दाख यात्रा 2. मेरी तिब्बत यात्रा 3. मेरी यूरोप यात्रा 4. यात्रा के पन्ने 5. घुमक्कड़शास्त्र 6. रूस में पच्चीस मास 7. एशिया के दुर्लभ भूखण्डों में
यशपाल	1. लोहे की दीवार के दोनों ओर 2. राहबीती
सच्चिदानन्द हीरानन्द वात्स्यायन 'अज्ञेय'	1. एक बूँद सहसा दछला 2. अरे यायावर रहेगा याद 3. बहता पानी निर्मल
प्रभाकर माचवे	गोरी नजरों में हम
निर्मल वर्मा	1. चीड़ों पर चाँदनी 2. हँसती घाटी दहकते निर्झर
डॉ. नगेन्द्र	अप्रवासी की यात्राएँ
मोहन राकेश	आखिरी चट्टान तक
विद्यानिधि सिद्धान्तालंकार	शिवालिक की घाटियों में
डॉ. रघुवंश	हरी घाटी
काका कालेलकर	हिमालय की यात्रा
मुनि कान्तिसागर	1. खोज की पगडण्डियाँ, 2. खण्डहरों का वैभव
भगवानदास वर्मा	लन्दन की यात्रा
पण्डित जवाहरलाल नेहरू	रूस की सैर
भगवतशरण उपाध्याय	1. लाला चीन, 2. वो दुनिया, 3. सागर की लहरों पर, 4. कलकत्ता से पेकिंग
अमृतराय	सुबह के रंग
रांगेय राघव	तूफानों के बीच
रामवृक्ष बेनीपुरी	1. पैरों में पँख बाँधकर 2. हवा पर, 3. पेरिस नहीं भूलती
धर्मवीर भारती	ठेले पर हिमालय
अक्षय कुमार जैन	दूसरी दुनिया
डॉ. जगदीशचन्द्र शर्मा	ज्ञान की खोज में

विभिन्न प्रमुख व्यंग्यकार और उनकी रचनाएँ

व्यंग्यकार	रचनाएँ
हरिशंकर परसाई	हँसते हैं रोते हैं, तब की बात और थी, भूत के पाँव पीछे, जैसे उनके दिन फिरे, सुनो भाई साधो, ठिठुरता हुआ गणतन्त्र, तिरछी रेखाएँ
रवीन्द्रनाथ त्यागी	खुली धूप में नाँव पर, भित्ति चित्र, मल्लीनाथ की परम्परा, देवदार के पेड़
शरद जोशी	परिक्रमा, जीप पर सवार इल्लियाँ, किसी बहाने, रहा किनारे बैठ, तिलस्म
बरसानेलाल चतुर्वेदी	महामति चाणक्य राजूदत बने, बुरे फँसे, भोला पण्डित की बैठक
इन्द्रनाथ मदान	कुछ उथले कुछ गहरे, रानी और कानी, बहानेबाजी, विदा-अलविदा
श्रीलाल शुक्ल	अंगद का पाँव, उमराव नगर में कुछ दिन, मेरी श्रेष्ठ व्यंग्य रचनाएँ, यहाँ-वहाँ
डॉ. शंकर पुणतांवेकर	बचाओ मुझे डॉक्टर से बचाओ, रेडिमेड कपड़े, कैम्टस के काँटे, बचाओ मुझे कवियों से बचाओ
लतीफ घोंघी	तिकोने चेहरे, उड़ते उल्लू के पंख, तीसरे बन्दर की कथा, बीमार न होने का दुःख, किस्सा दाढ़ी का; जूते का दर्द, नीर-क्षीर
गोपाल चतुर्वेदी	खम्भों के खेल, फाइल पढ़ि पढ़ि, दुम की वापसी, अफसर की मौत
केशवचन्द्र वर्मा	लोमड़ी का मांस, प्यासा और बेपानी के लोग, मुर्गाछाप हीरो, अफलातूनों का शहर
रोशनलाल सुरीरवाला	खाट पर हजामत, मंच के विक्रमादित्य, ये माँगने वाले मूर्ख शिरोमणि
सन्तोष खरे	धूप का चश्मा, चमचे का विलाप, गाँव-शहर की लड़कियाँ
यशवंत कोठारी	कुर्सी सूत्र, यश का शिकंजा

हिन्दी के प्रमुख कवि एवं उनकी कृतियाँ

कवि का नाम	रचनाएँ
चन्दबरबाई	पृथ्वीराज रासों
विद्यापति	पुरुषपरीक्षा, पदावली
तुलसीदास	रामचरितमानस, कवितावली, रामललानहछू, गीतावली, करखा रामायण, हनुमान चालिसा, वैराग्य-संदीपनी, बरवै रामायण, विनय-पत्रिका, पार्वती-मंगल, जानकी-मंगल, दोहावली
कबीर दास	बीजक-साखी, सबद, रमैनी
सूरदास	सूरसागर, सूरसारावली, साहित्य-लहरी

कवि का नाम	रचनाएँ
रसखान	प्रेमवाटिका, सुजान-रसखान
रहीम	रहीम दोहावली, बरवै, नायिका भेद, मदनाष्टक, रास पंचाध्यायी, नगर शोभा
मीराबाई	नरसी का मायरा, गीत गोविन्द टीका, राग गोविन्द, राग सोरठा के पद
बिहारी	बिहारी सतसई
केशव	रसिक प्रिया, कवि प्रिया, नखशिख, छन्द माला, रामचन्द्रिका, वीरसिंह देव चरित, रतनबनी, विज्ञानगीता और जहाँगीर जसचन्द्रिका
भूषण	शिवराजभूषण, शिवाबावनी, छत्रसाल दशक, भूषण उल्लास, भूषण हजारा, दूषनोल्लास
पद्माकार	जगत विनोद, हिम्मत-बहादुर-विरुदावली, आलीजाप्रकाश, प्रबोध-पचासा
देव	भावविलास, अष्टयाम, भवानी विलास, रस विलास, प्रेमचन्द्रिका, सुजानविनोद, प्रेम पचीसी, तत्वदर्शिनी पचीसीं, आत्मदर्शन पचीसी, शब्द रसायन
घनानन्द	सुजान हित, इश्क लता, वियोगबेलि, प्रेम पत्रिका, प्रेमसरोवर, गोकुल गीत, स्फुट पदावली
बोधा	इश्कनामा, विरहवारीश
भारतेन्दु हरिश्चन्द्र	भक्त सर्वस्व, प्रेम-प्रलाप, प्रेम-माधुरी, प्रेम-तरंग, राग-संग्रह, वर्षा-विनोद, विनय प्रेम पचासा, प्रेम फुलवारी, तन्मय लीला
हरिऔध	प्रिय प्रवास, वैदेही वनवास, पारिजात, रस-कलश, चुभते चौपदे, चौखे चौपदे, ठेठ हिन्दी का ठाठ, अधखिला फूल, रुक्मिणी परिचय

कवि का नाम	रचनाएँ
गयाप्रसाद शुक्ल सनेही	असहयोग कर दो, षरतन्त्रता की गाँठ, प्रभात किरण, पावन प्रतिज्ञा
श्रीधर पाठक	मनोविनोद, धन विनय, वनाष्टक, काश्मीर सुषमा, भारत गीत
मैथिलीशरण गुप्त	साकेत, जयद्रथ वध, भारत-भारती, पंचवटी, यशोधरा, द्वापर
जयशंकर प्रसाद	कानन कुसुम, झरना, आँसू, लहर, कामायनी, प्रेम पथिक, महाराणा का महत्त्व
सूर्यकान्त त्रिपाठी निराला	जूही की कली, अनामिका, परिमल, गीतिका, राम की शक्तिपूजा
सुमित्रानन्दन पन्त	ग्रन्थि, गुंजन, ग्राम्या, युगांत, स्वर्णकिरण, स्वर्णधूलि, लोकायतन
महादेवी वर्मा	नीहार, दीपशिखा, रश्मि, नीरजा, सप्तपर्णा, सांध्य गीत, अग्निरेखा
माखनलाल चतुर्वेदी	हिमकिरीटिनी, हिम तरंगिणी, युग चरण, समर्पण, मरण ज्वार, वेणु लो गूँजे धरा
बालकृष्ण शर्मा नवीन	रश्मिरेखा, कुंकुम, उर्मिला
सुभद्रा कुमारी चौहान	मुकुल, त्रिधारा, प्रसिद्ध पंक्तियाँ
रामधारी सिंह दिनकर	प्रणभंग, रेणुका, हुंकार, रसवन्ती, कुरुक्षेत्र, सामधेनी, बापू, रश्मिरथी, सीपी और शेख
हरिवंशराय बच्चन	तेरा हार, मधुशाला, मधुबाला, मधु कलश, आत्म परिचय, निशा निमन्त्रण, हलाहल, आकुल अन्तर, मिलन यामिनी

अभ्यास प्रश्न

1. निम्नलिखित प्रश्न में चार विकल्पों में से उस सही विकल्प का चयन करें, जो बताता है कि 'फणीश्वरनाथ रेणु' द्वारा रचित उपन्यास कौन-सा है?
(a) मधुशाला (b) मैला आँचल
(c) मुद्राराक्षस (d) मृगनयनी

2. अयोध्या सिंह उपाध्याय 'हरिऔध' जी की प्रसिद्ध रचना कौन-सी है?
(a) झरना (b) प्रिय प्रवास
(c) प्रेम प्रलाप (d) अंधा युग

3. 'राज्यश्री' किसकी रचना है?
(a) प्रेमचन्द (b) सेठ गोविन्ददास
(c) जयशंकर प्रसाद (d) मोहन राकेश

4. जायसी द्वारा रचित प्रसिद्ध रचना कौन-सी है?
(a) पद्मावत (b) रस विलास
(c) विज्ञान गीता (d) शृंगार लहरी

5. 'भारत दुर्दशा' किस प्रसिद्ध लेखक द्वारा रचित उपन्यास है?
(a) वृन्दावनलाल शर्मा (b) देवकीनन्दन खत्री
(c) अयोध्या सिंह (d) भारतेन्दु हरिश्चन्द्र

6. 'प्लेग की चुड़ैल' के रचनाकार है
(a) सुदर्शन (b) विष्णु प्रभाकर
(c) उदयशंकर भट्ट (d) लाला भगवानदीन

7. नीचे दी गई रचनाएँ किस कवि की है?
चिदम्बरा, उत्तरा, कला और बूढ़ा चाँद, पल्लव
(a) सुमित्रानन्दन पन्त (b) अज्ञेय
(c) केदारनाथ सिंह (d) सुभद्रा कुमारी चौहान

8. 'सफेद कौआ' किसकी कहानी है?
(a) जैनेन्द्र (b) मंजुल भगत
(c) यशपाल (d) शिवानी

9. तुलसीदास जी द्वारा रचित प्रसिद्ध 'महाकाव्य' का नाम क्या है?
(a) रामचन्द्रिका (b) रामचरितमानस
(c) अखरावट (d) चन्द्रसार

10. 'रक्त की प्यास' के रचनाकार हैं
(a) अज्ञेय
(b) आचार्य चतुरसेन शास्त्री
(c) यशपाल
(d) गोपालराम गहमरी

11. 'रंगभूमि' किस प्रसिद्ध लेखक द्वारा रचित उपन्यास है?
(a) प्रेमचन्द (b) हरिशंकर परसाई
(c) धर्मवीर भारती (d) विष्णु शर्मा

12. इनमें से कौन-सी जयशंकर प्रसाद जी की प्रसिद्ध रचना है?
(a) परिमल (b) नीरजा
(c) कामायनी (d) अनामिका

13. 'मुझे चाँद चाहिए' के रचनाकार हैं
(a) वेद प्रकाश शर्मा (b) सुरेन्द्र मोहन
(c) सुरेन्द्र वर्मा (d) शानी

14. इनमें से कौन-सी रचना 'गजानन माधव मुक्तिबोध जी' द्वारा रचित नहीं है?
(a) अन्धा युग
(b) चाँद का मुँह टेढ़ा
(c) भूरी-भूरी खाक धूल
(d) नए साहित्यकार का सौन्दर्य शास्त्र

15. निम्नलिखित प्रश्न में चार विकल्पों में से उस सही विकल्प का चयन करें जो बताता है कि
'पृथ्वीराज रासो' किस लेखक की रचना है?
(a) चन्दबरदाई (b) कल्हण
(c) वाल्मीकि (d) हर्षवर्धन

16. निम्नलिखित प्रश्न में चार विकल्पों में से उस सही विकल्प का चयन करें जो बताता है कि
'सत्यार्थ प्रकाश' उपन्यास के लेखक का नाम क्या है?
(a) दयानन्द सरस्वती (b) अरबिन्दो घोष
(c) भवभूति (d) हर्षवर्धन

17. हम हशमत
(a) शिवानी (b) फणीश्वरनाथ रेणु
(c) यशपाल (d) कृष्णा सोबती

18. 'उर्वशी' के रचनाकार हैं
(a) जयशंकर प्रसाद (b) रामधारी सिंह दिनकर
(c) मैथिलीशरण गुप्त (d) महादेवी वर्मा

19. 'गोदान' किसकी रचना है?
(a) प्रेमचन्द्र की
(b) जैनेन्द्र की
(c) अज्ञेय की
(d) नागार्जुन की

20. माटी की मूरतें
(a) देवेन्द्र सत्यार्थी (b) रामवृक्ष बेनीपुरी
(c) निराला (d) सुमित्रानन्दन पन्त

21. 'देवदास' उपन्यास पर तीन बार फिल्म बन चुकी है। उपन्यासकार का क्या नाम है?
(a) प्रेमचन्दजी
(b) शरतचन्द्र चट्टोपाध्याय
(c) धर्मवीर भारती
(d) रामचन्द्र शुक्लजी

22. 'कामायनी' के रचयिता कौन हैं?
(a) जयशंकर प्रसाद (b) महादेवी वर्मा
(c) सूर्यकान्त त्रिपाठी (d) सुमित्रानन्दन पन्त

23. कौन-सी रचना तुलसीदासजी की नहीं है?
(a) दोहावली (b) गीतावली
(c) रामचरितमानस (d) यामा

24. 'रसिक प्रिया' के रचनाकार हैं
(a) महादेवी वर्मा (b) देव
(c) केशव (d) बिहारी

25. 'बीजक' किसकी रचनाओं का संग्रह है?
(a) कबीर (b) जायसी
(c) सूरदास (d) तुलसीदास

26. 'अन्धेर नगरी' नाटक के रचयिता है
(a) जयशंकर प्रसाद (b) मोहन राकेश
(c) भारतेन्दु हरिश्चन्द्र (d) भीष्म साहनी

27. 'राम की शक्ति पूजा' के रचनाकार हैं
(a) जयशंकर प्रसाद (b) सुमित्रानन्दन पन्त
(c) सूर्यकान्त त्रिपाठी 'निराला' (d) महादेवी वर्मा

28. 'द्वापर' किसकी रचना है?
(a) हरिऔध (b) अज्ञेय
(c) मैथिलीशरण गुप्त (d) हरिवंशराय बच्चन

29. 'जयद्रथ वध' किसकी रचना है?
(a) जयशंकर प्रसाद (b) मैथिलीशरण गुप्त
(c) सूर्यकान्त त्रिपाठी निराला (d) सुमित्रानन्दन पन्त

30. 'अतीत के चलचित्र' किसकी रचना है?
(a) महादेवी वर्मा (b) अयोध्या सिंह
(c) सियारामशरण गुप्त (d) सूर्यकान्त त्रिपाठी निराला

उत्तरमाला

1. *(b)*	2. *(b)*	3. *(c)*	4. *(a)*	5. *(d)*	6. *(d)*	7. *(a)*	8. *(b)*	9. *(b)*	10. *(b)*
11. *(a)*	12. *(c)*	13. *(c)*	14. *(a)*	15. *(a)*	16. *(d)*	17. *(d)*	18. *(b)*	19. *(a)*	20. *(b)*
21. *(b)*	22. *(a)*	23. *(d)*	24. *(c)*	25. *(a)*	26. *(c)*	27. *(c)*	28. *(c)*	29. *(b)*	30. *(a)*

अध्याय 16

हिन्दी भाषा में पुरस्कार

साहित्य अकादमी पुरस्कार

रचना	रचनाकार	वर्ष
निराला की साहित्य साधना (आलोचना)	डॉ. रामविलास शर्मा	1970
बुनी हुई रस्सी (काव्य)	भवानी प्रसाद मिश्र	1972
आलोक पर्व (निबन्ध)	हजारी प्रसाद द्विवेदी	1973
मिट्टी की बारात (काव्य)	शिवमंगल सिंह सुमन	1974
तेरी मेरी उसकी बात (उपन्यास)	यशपाल	1976
चुका भी नहीं हूँ मैं (काव्य)	शमशेर	1977
उतना बस सूरज हूँ (काव्य)	भारत भूषण अग्रवाल	1978
कल सुनना मुझे (काव्य)	धूमिल	1979
ज़िन्दगीनामा जिन्दारुख (उपन्यास)	कृष्णा सोबती	1980
ताप के ताए हुए दिन (काव्य)	त्रिलोचन	1981
विकलांग श्रद्धा का दौर (व्यंग्य)	हरिशंकर परसाई	1982
खूँटियों पर टँगे लोग (काव्य)	सर्वेश्वर दयाल सक्सेना	1983
लोग भूल गए हैं (काव्य)	रघुवीर सहाय	1984
कौवे और काला पानी (काव्य)	निर्मल वर्मा	1985
अपूर्व (काव्य)	केदारनाथ अग्रवाल	1986
मगध (काव्य)	श्रीकान्त वर्मा	1987
अरण्य (काव्य)	नरेश मेहता	1988
अकाल में सारस (काव्य)	केदारनाथ सिंह	1989
नीला चाँद (उपन्यास)	शिवप्रसाद सिंह	1990
मैं वक्त के हूँ सामने (काव्य)	गिरिजाकुमार माथुर	1991
ढाई घर (उपन्यास)	गिरिराज किशोर	1992
अर्द्धनारीश्वर (उपन्यास)	विष्णु प्रभाकर	1993
कहीं नहीं वहीं (काव्य)	अशोक वाजपेयी	1994
कोई दूसरा नहीं (काव्य)	कुँवरनारायण	1995
मुझे चाँद चाहिए (उपन्यास)	सुरेन्द्र वर्मा	1996
अनुभव के आकाश में चाँद (काव्य)	लीलाधर जगूड़ी	1997
नए इलाके में (काव्य)	अरुण कमल	1998
दीवार में एक खिड़की रहती थी (उपन्यास)	विनोद कुमार शुक्ल	1999
हम जो देखते हैं (काव्य)	मंगलेश डबराल	2000
कलिकथा : वाया बाईपास (उपन्यास)	अलका सरावगी	2001
दो पंक्तियों के बीच (काव्य)	राजेश जोशी	2002
कितने पाकिस्तान (उपन्यास)	कमलेश्वर	2003
दुष्चक्र में स्रष्टा (काव्य)	वीरेन डंगवाल	2004
क्याप (उपन्यास)	मनोहर श्याम जोशी	2005
संशयात्मा (काव्य)	ज्ञानेन्द्रपति	2006
इन्हीं हथियारों से	अमरकान्त	2007
कोहरे में कैद रंग (उपन्यास)	गोविन्द मिश्र	2008
हवा में हस्ताक्षर (काव्य)	कैलाश वाजपेयी	2009
मोहनदास (महाकाव्यात्मक कहानी)	उदय प्रकाश	2010
रेहन पर रघु (उपन्यास)	काशीनाथ सिंह	2011
पत्थर फेंक रहा हूँ (कविता संग्रह)	चन्द्रकान्त देवताले	2012
मिलजुल मन (उपन्यास)	मृदुला गर्ग	2013
विनायक (उपन्यास)	रमेश चन्द्र साह	2014
विश्व मिथक सरित सागर	रमेश कुंतल	2017

व्यास सम्मान

रचना	रचनाकार	वर्ष
भारत के भाषा परिवार और हिन्दी	डॉ. रामविलास शर्मा	1991
नीलाचाँद (उपन्यास)	शिवप्रसाद सिंह	1992
मैं वक्त के हूँ सामने (काव्य)	गिरिजाकुमार माथुर	1993
आत्मजयी (काव्य)	कुँवरनारायण	1995
हिन्दी साहित्य और संवेदना का विकास	डॉ. रामस्वरूप चतुर्वेदी	1996
उत्तर कबीर व अन्य कविताएँ (काव्य)	केदारनाथ सिंह	1997
पाँच आँगनों वाला घर (उपन्यास)	गोविन्द मिश्र	1998
कथा सतीसर (उपन्यास)	चन्द्रकान्ता	2005
समय-सरगम (उपन्यास)	कृष्णा सोबती	2007
एक कहानी यह भी (आत्मकथा)	मन्नू भण्डारी	2008
इन्हीं हथियारों से (उपन्यास)	अमरकान्त	2009
आम के पत्ते (कविता संग्रह)	रामदरश मिश्र	2011
व्योमकेश दरवेश (संस्मरण)	विश्वनाथ त्रिपाठी	2013
सुनीता जैन	क्षमा	2015
ममता कालिया	सुखम दुखम	2017

ज्ञानपीठ पुरस्कार

(वर्ष 1984 ई. के बाद से यह पुरस्कार लेखक के समग्र योगदान पर दिया जाता है)

रचना	रचनाकार	वर्ष
चिदम्बरा	सुमित्रानन्दन पन्त	1968
उर्वशी	रामधारी सिंह 'दिनकर'	1972
कितनी नावों में कितनी बार	अज्ञेय	1978
यामा	महादेवी वर्मा	1982
सम्पूर्ण साहित्य	नरेश मेहता	1992
सम्पूर्ण साहित्य	निर्मल वर्मा (पंजाबी लेखक गुरदयाल सिंह के साथ संयुक्त रूप से)	1999
सम्पूर्ण साहित्य	कुँवरनारायण	2005
सम्पूर्ण साहित्य	श्रीलाल शुक्ल और अमरकान्त (संयुक्त रूप से)	2009
मराठी साहित्य	भालचन्द्र नेमाड़े	2014
गुजराती साहित्य	रघुवीर चौधरी	2015
बंगली साहित्य	शंखा घोष	2016
हिन्दी साहित्य	कृष्णा सोबती	2017

अभ्यास प्रश्न

1. माखनलाल चतुर्वेदी को किस रचना के लिए साहित्य अकादमी पुरस्कार दिया गया था?
(a) हिमतरंगिनी (b) समर्पण
(c) युगचरण (d) माता

2. 'सर्वेश्वर दयाल सक्सेना' को किस रचना के लिए 'साहित्य अकादमी पुरस्कार' दिया गया था?
(a) खूँटियों पर टँगे लोग (b) जंगल का दर्द
(c) क्या कह कर पुकारूँ (d) गर्म हवाएँ

3. निम्न में से किसे साहित्य अकादमी पुरस्कार मिला है?
(a) वासुदेवशरण अग्रवाल (b) ममता-मलिया
(c) सुनीता जैन (d) कुँवर नारायण

4. निम्न में से किसे व्यास सम्मान मिला है?
(a) नरेश मेहता (b) मन्नू मण्डारी
(c) सुमित्रानन्दन पन्त (d) अज्ञेय

5. वर्ष 2017 का 'साहित्य अकादमी पुरस्कार', किस लेखक को दिया गया?
(a) रामदरश मिश्र (b) रमेश कुन्तल मेघ
(c) रमेशचन्द्र शाह (d) मृदुला गर्ग

6. हिन्दी साहित्य अकादमी की ओर से हर वर्ष 'शलाका सम्मान पुरस्कार' किस क्षेत्र में दिया जाता है?
(a) भाषा और संस्कृति
(b) खेलकूद
(c) तकनीकी
(d) हिन्दी को नई दिशा प्रदान करने के लिए

7. केदारनाथ सिंह को अपनी किस रचना पर साहित्य अकादमी पुरस्कार मिला है?
(a) उत्तर कबीर (b) कब्रिस्तान में पंचायता
(c) कल्पना और छायावाद (d) अकाल में सारस

8. महादेवी वर्मा को ज्ञानपीठ पुरस्कार किस कृति पर मिला है?
(a) दीपशिखा (b) नीरजा
(c) यामा (d) श्रृंखला की कड़ियाँ

9. हिमतरंगिनी किसकी रचना है, जिस पर साहित्य अकादमी पुरस्कार मिला है?
(a) राहुल सांकृत्यायन (b) रामधारी सिंह दिनकर
(c) अरुण कमल (d) कमलेश्वर

10. शिवप्रसादा सिंह को अपने किस उपन्यास पर साहित्य अकादमी पुरस्कार मिला है?
(a) नीला चाँद (b) दादी माँ
(c) नेहरु की प्रासंगिकता (d) कोई नहीं

11. 'अज्ञेय' जी को किस कृति पर ज्ञानपीठ पुरस्कार मिला है?
(a) भग्नदूत (b) इत्यलम
(c) हरी घास पर क्षण भर (d) कितनी नावों में कितनी बार

12. महादेवी वर्मा की निम्न में से किस रचना पर उन्हें ज्ञानपीठ सम्मान मिला है?
(a) रश्मि (b) निहार (c) यामा (d) नीरजा

13. रामधारी सिंह दिनकर को अपनी किस रचना पर ज्ञानपीठ पुरस्कार मिला है?
(a) रश्मिरथी (b) रेणुका (c) हुँकार (d) उर्वशी

14. निम्नलिखित कवियों में से गाँधीजी ने किस कवि को राष्ट्रकवि का सम्मान दिया?
(a) महादेवी वर्मा (b) जयशंकर प्रसाद
(c) मैथिलीशरण गुप्त (d) सुमित्रानन्दन पन्त

15. निम्न में से किस रचनाकार को अपने सम्पूर्ण साहित्य पर ज्ञानपीठ पुरस्कार मिला है?
(a) अज्ञेय (b) सुमित्रानन्दन पन्त
(c) नरेश मेहता (d) मन्नू भण्डारी

उत्तरमाला

1. (a) 2. (a) 3. (a) 4. (b) 5. (b) 6. (a) 7. (d) 8. (c) 9. (b) 10. (a)
11. (d) 12. (c) 13. (d) 14. (c) 15. (c)

अध्याय 17 अपठित बोध

अपठित गद्यांश का अर्थ

गद्य का ऐसा अंश जिसका पहले अध्ययन नहीं किया गया हो, वह अपठित गद्यांश कहलाता है। प्राय: अपठित गद्यांश के अन्तर्गत किसी विषय को समझने, भाषा और शैली के बीच के सम्बन्धों को खोजने तथा विद्यार्थियों की अबोध क्षमता को परखना होता है। अपठित गद्यांश के अन्तर्गत विद्यार्थियों का भावार्थ (मूल भाव) व केन्द्रीय भाव को समझकर उसका सावधानीपूर्वक, गम्भीरता व गहनता से अध्ययन करना अत्यन्त आवश्यक है।

अपठित गद्यांश को हल करने का चरणबद्ध तरीका

अपठित गद्यांश को हल करने के नीचे दिए गए तरीकों का अनुकरण करना चाहिए

- सर्वप्रथम दिए गए अपठित गद्यांश को दो-तीन बार ध्यानपूर्वक पढ़कर उसके मूलभाव को आत्मसात करना चाहिए।
- गद्यांश में दी गई महत्त्वपूर्ण सूचनाओं को रेखांकित करते रहना चाहिए। इससे प्रश्नों को हल करने में आसानी होती है।
- भाषिक संरचना एवं व्याकरण सम्बन्धी प्रश्नों के लिए गद्यांश में दिए गए कठिन शब्दों, मुहावरों आदि को रेखांकित करना चाहिए।
- सभी प्रश्नों को ध्यानपूर्वक पढ़ने व समझने के पश्चात् ही उनके उत्तर का चुनाव करना चाहिए।
- सही उत्तर के विकल्प का चुनाव करते समय एकाग्र होना चाहिए तथा प्रश्न की प्रकृति पूरी तरह स्पष्ट होने पर ही विकल्प का चयन करना चाहिए।
- अन्त में एक बार सभी प्रश्नों के उत्तर को पुन: ध्यानपूर्वक पढ़कर जाँच लेना चाहिए।

अपठित गद्यांश के प्रश्नों को हल करते समय ध्यान रखने योग्य बातें

अपठित गद्यांश को हल करते समय निम्न बातों का ध्यान रखना चाहिए

- गद्यांश के भावार्थ (मूल भाव) को उचित प्रकार समझना चाहिए तथा प्रश्नों के उत्तर गद्यांश में ही ढूँढने चाहिए।
- गद्यांश में सूचनाओं के माध्यम से किसी बात का वर्णन किया जाता है, उन सूचनाओं पर विशेष ध्यान देना चाहिए।
- शीर्षक के चयन के दौरान इस बात पर ध्यान दिया जाना चाहिए कि वह गद्यांश के मूल भाव को प्रकट करता हो।
- लेखक के विचार को ध्यान में रखकर ही सर्वाधिक उचित विकल्प का चुनाव अपने उत्तर के रूप में करना चाहिए।
- प्रत्येक प्रश्न का उत्तर गद्यांश के अनुरूप ही होना चाहिए। गद्यांश के बाहर के मिलते-जुलते भावों का प्रयोग नहीं करना चाहिए।
- गद्यांश पर आधारित प्रश्नों के सही विकल्प को एक बार फिर से पढ़ लेना चाहिए।

गद्यांश 1

कबीर ने समाज में रहकर समाज का बड़े समीप से निरीक्षण किया। समाज में फैले बाह्याडम्बर, भेदभाव, साम्प्रदायिकता आदि का उन्होंने पुष्ट-प्रमाण देकर ऐसा दृढ़ विरोध किया कि किसी की हिम्मत नहीं हुई जो उनके अकाट्य तर्कों को काट सके। कबीर का व्यक्तित्व इतना ऊँचा था कि उनके सामने टिक सकने की हिम्मत किसी में नहीं थी। इस प्रकार, उन्होंने समाज तथा धर्म की बुराइयों को निकाल-निकालकर सबके सामने रखा। ऊँचा नाम रखकर संसार को ठगने वालों के नकली चेहरों को सबको दिखाया और दीन-दलितों को ऊपर उठने का उपदेश देकर अपने व्यक्तित्व को सुधारकर सबके सामने एक महान् आदर्श प्रस्तुत कर सिद्धान्तों का निरूपण किया। कर्म, सेवा, अहिंसा तथा निर्गुण मार्ग का प्रसार किया। कर्मकाण्ड तथा मूर्तिपूजा का विरोध किया। अपनी साखियों, रमैनियों तथा सबदों को बोलचाल की भाषा में रचकर सबके सामने एक विशाल ज्ञानमार्ग खोला। इस प्रकार, कबीर ने समन्वयवादी दृष्टिकोण अपनाया और कथनी-करनी की एकता पर बल दिया, वे महान् युगदृष्टा, समाज सुधारक तथा महान् कवि थे, उन्होंने हिन्दू-मुस्लिम के बीच समन्वय की धारा प्रवाहित कर दोनों को ही शीतलता प्रदान की।

1 कबीर के सामने कोई टिक नहीं पाता था, क्योंकि कबीर
(a) उच्च शिक्षा प्राप्त विद्वान् और बहुश्रुत थे
(b) शास्त्रार्थ में अत्यन्त प्रवीण थे
(c) उनका व्यक्तित्व बहुत ऊँचा था
(d) उनका सामाजिक निरीक्षण तथ्यात्मक था

2 कबीर ने विरोध किया
(a) आचरणहीन ढोंगियों का
(b) शोषकों और दलितों का
(c) साम्प्रदायिक सामन्जस्य का
(d) शोषितों और पीड़ितों का

3 सन्त कबीर ने प्रशस्त किया
(a) ज्ञानमार्ग को
(b) भक्तिमार्ग को
(c) वेद-मार्ग को
(d) सत्य और अहिंसा का मार्ग

4 कबीर की रचनाओं की भाषा बोलचाल की भाषा थी, क्योंकि उनके उपदेश थे
(a) असाधारण और असामान्य लोगों के लिए
(b) सम्पन्न एवं समृद्ध लोगों के लिए
(c) कवियों एवं लेखकों के लिए
(d) सर्वसाधारण के लिए

5 कबीर के साम्प्रदायिकता विरोधी तर्क अकाट्य थे, क्योंकि
(a) कबीर ने समाज का निरीक्षण बड़े समीप से किया था
(b) उनके तर्क पुष्ट प्रमाणों पर आधारित थे
(c) वे इनसे व्यक्तिगत लाभ उठाना चाहते थे
(d) वे इनसे यशोपार्जन करना चाहते थे

गद्यांश 2

कल्पना' और 'व्यक्तित्व' की पाश्चात्य समीक्षा-क्षेत्र में इतनी अधिक मुनादी हुई कि काव्य के और सब पक्षों से दृष्टि हटकर इन्हीं दो पर जा जमी। 'कल्पना' काव्य का बोधपक्ष है। कल्पना में आई रूप-व्यापार-योजना का कवि या श्रोता को अंत:साक्षात्कार का बोध होता है। पर इस बोधपक्ष के अतिरिक्त काव्य का भावपक्ष भी है। कल्पना को रूप योजना के लिए प्रेरित करने वाले और कल्पना में आई हुई वस्तुओं में श्रोता या पाठक को रमाने वाले रति, करुणा, क्रोध, उत्साह, आश्चर्य इत्यादि भाव व मनोविकार होते हैं। इसी से भारतीय दृष्टि ने भावपक्ष को प्रधानता दी और रस के सिद्धान्त की प्रतिष्ठा की। पर पश्चिम में 'कल्पना'—'कल्पना' की पुकार के सामने धीरे-धीरे समीक्षकों का ध्यान भावपक्ष से हट गया और बोधपक्ष पर ही भिड़ गया। काव्य की रमणीयता पर हल्के आनन्द के रूप में ही मानी जाने लगी जिस आनन्द के लिए नई-नई सुन्दर भड़कीली और विलक्षण वस्तुओं को देखने जाते हैं। इस प्रकार कवि तमाशा दिखाने वाले के रूप में और श्रोता या पाठक तटस्थ तमाशबीन के रूप में समझे जाने लगे। केवल देखने का आनन्द कुछ विलक्षण को देखने का कुतूहल मात्र होता है।

1 कवि या श्रोता का अंत:साक्षात्कार बोध किस का होता है?
(a) व्यक्तित्व का
(b) विलक्षणता का
(c) कल्पना में आई रूप-व्यापार योजना का
(d) मनोविकारों का

2 भारतीय दृष्टि ने काव्य में किस सिद्धान्त की प्रतिष्ठा की?
(a) रस सिद्धान्त की (b) कुतूहल सिद्धान्त की
(c) कल्पना सिद्धान्त की (d) श्रोता या पाठक की तटस्थता की

3 केवल देखने का आनन्द क्या है?
(a) रसानुभूति
(b) श्रोता या पाठक को काव्य का मर्म समझाना
(c) भावपक्ष को प्रबल बनाना
(d) कुछ विलक्षण को दिखाने का कुतूहल मात्र

4 'कल्पना' काव्य का कौन-सा पक्ष है?
(a) भावपक्ष (b) बोधपक्ष
(c) रमणीय पक्ष (d) अलंकार पक्ष

5 काव्य में पाश्चात्य समीक्षा क्षेत्र में सर्वाधिक चर्चा किस तत्त्व को लेकर हुई है?
(a) भाव पक्ष की
(b) रस सिद्धान्त की प्रतिष्ठा की
(c) काव्य में गम्भीर रमणीयता की
(d) कल्पना और व्यक्तित्व की

गद्यांश 3

व्यवसायीकरण की आँधी से खेलों की दुनिया भी नहीं बची रह सकी। आज खेलों का अपना एक अलग अर्थशास्त्र है। पिछले दिनों भारत में आयोजित इण्डियन प्रीमियर लीग यानि आई. पी. एल. ने यह साबित कर दिया कि खेलों का बाजारीकरण किस हद तक किया जा सकता है और यह कितने भारी लाभ का सौदा है। हालाँकि, पहले से ही क्रिकेट में पैसों की भरमार रही है, लेकिन आई. पी. एल. ने इस खेल की अर्थव्यवस्था का ऐसा विस्तार कर दिया है कि इसका असर लम्बे समय तक बना रहेगा।

एक अनुमान के मुताबिक भारत में खेल उद्योग का आकार दस हजार करोड़ रुपए सालाना तक पहुँच गया है। खेलों ने उत्सव का रूप धारण कर लिया है। यह हमारे दिन-प्रतिदिन के जीवन को प्रभावित करते हैं। बाजार ने खेलों को एक ऐसे उद्योग में तब्दील कर दिया है कि इससे सामान्य जनजीवन पर असर पड़ने लगा है। मैच के हिसाब से लोग अपनी दिनचर्या तय करने लगे हैं।

क्रिकेट के अलावा अगर देखें तो भारत में भी अन्य खेलों में पैसों का दखल बढ़ा है। वर्ष 2008 बीजिंग में सम्पन्न ओलम्पिक ने भी यह साबित कर दिया कि खेलों की अपनी एक अलग अर्थव्यवस्था है और भूमण्डलीकरण के इस दौर में इसकी उपेक्षा नहीं की जा सकती है। बहरहाल, अब हालात ऐसे हो गए हैं कि खेल प्रतिस्पर्धाएँ कई बहुराष्ट्रीय कम्पनियों के बजट पर असर डालने लगी हैं। इस बात में किसी को भी सन्देह नहीं होना चाहिए कि खेलों ने एक उद्योग का स्वरूप ले लिया है। बहरहाल, इस बार के बीजिंग ओलम्पिक के बारह मुख्य प्रायोजक थे।

इसमें 'कोडक' जैसी कम्पनी भी शामिल रही, जिसने आधुनिक खेलों का साथ 1896 ई. से ही दिया है। इसके अलावा ओलम्पिक के बड़े प्रायोजकों में कोका कोला भी थी, जो वर्ष 1928 से ओलम्पिक के साथ जुड़ी हुई है। इन बारह मुख्य प्रायोजकों से आयोजकों की संयुक्त आमदनी 866 मिलियन डॉलर तक पहुँच गई है।

1 खेलों की दुनिया किसकी चपेट में आ गई है?
(a) भूमण्डलीकरण (b) समाजीकरण
(c) व्यवसायीकरण (d) ओलम्पिक

2 खेल की अर्थव्यवस्था को बढ़ावा किससे मिला है?
(a) खेल उत्सव (b) आई. पी. एल.
(c) कोडक कम्पनी (d) उद्योग

3 बाजार का खेलों पर होने वाले प्रभाव का असर और किस पर दिखाई दे रहा है?
(a) अर्थव्यवस्था पर (b) व्यवसाय पर
(c) आम लोगों पर (d) पर्यटन पर

4 खेल प्रतिस्पर्धा का किसके बजट पर असर हो रहा है?
(a) बहुराष्ट्रीय कम्पनियों पर (b) राष्ट्रीय कम्पनियों पर
(c) आम जनजीवन पर (d) राजनीतिक लोगों पर

5 विभिन्न प्रायोजकों से किसकी संयुक्त आमदनी में इजाफा हुआ है?
(a) आयोजकों की (b) जनता की
(c) लोगों की (d) सरकार की

गद्यांश 4

अवध की संस्कृति में सुसज्जित घोड़ा परिवहन का साधन और शान का प्रतीक था। मुख्य रूप से तीन प्रकार के ताँगे और इक्के मिलते हैं—बग्गी, फिटन और टमटम। बग्गी बन्द डिब्बे की होती है, तो फिटन और टमटम खुले वाहन हैं, जिन्हें नवाबों द्वारा यात्रा में वरीयता दी जाती थी। किन्तु ताँगे व इक्के का शाब्दिक अर्थ अधिक अश्व शक्ति की ओर इंगित करता है। इक्के में एक घोड़ा होता है जबकि बग्गी या ताँगे में दो, चार या अधिक घोड़े होते हैं। यह वास्तव में इस्तेमाल करने वाले की सामाजिक प्रतिष्ठा पर निर्भर करता है। 18वीं सदी के उत्तरार्द्ध और 19वीं सदी के प्रारम्भ में अवध के सामाजिक-सांस्कृतिक और आर्थिक माहौल में बदलाव आया। जीवन के विभिन्न क्षेत्रों में हल्के वाहनों का निर्माण और इस्तेमाल होने लगा, जिसमें कम-से-कम अश्व शक्ति लगे। सामान्य बोलचाल में इक्के का अर्थ है—इक या एक यानि एक व्यक्ति के इस्तेमाल के लिए।

इसके अतिरिक्त ताँगा एक परिवार वाहन था, किन्तु किफायत की मजबूरी को देखते हुए इक्के में अधिक संख्या में यात्री बैठाने पड़ें। ताँगा अपेक्षाकृत भारी और बड़ा वाहन है, जिसमें पैरों के लिए अधिक जगह होती हैं और चार से छह वयस्क पीछे कमर लगाकर बैठ सकते हैं। हर साल इन ताँगों और इक्कों की

दौड़ लखनऊ में होती है। जँगी घोड़े इस दौरान सबके लिए आकर्षण का केन्द्र-बिन्दु होते हैं। घोड़े के खुरों का भी शृंगार किया जाता है। पुरानी नाल के स्थान पर नई नाल लगाई जाती है। पैरों की सुन्दरता बढ़ाने के लिए कशीदाकारी युक्त वस्त्र पैरों में डाले जाते हैं और पीतल या चाँदी के घुँघरू बाँधे जाते हैं।

1 सामाजिक-आर्थिक बदलावों ने किस तरह वाहनों को प्रभावित किया?
(a) बड़े वाहनों का प्रयोग होने लगा
(b) ताँगे का प्रयोग होने लगा
(c) हल्के वाहनों का प्रयोग होने लगा
(d) भारी वाहनों का प्रयोग होने लगा

2 घोड़ों के पैरों को किस रूप में सजाया जाता है?
(a) कशीदाकारी युक्त वस्त्र (b) कलमकारी युक्त वस्त्र
(c) बुनाई वाले वस्त्र (d) चमकीले वस्त्र

3 ताँगा, किस रूप में इक्के से अलग वाहन है?
(a) भारी और बड़ा वाहन (b) भारी और हल्का वाहन
(c) छोटा और हल्का (d) छोटा और भारी वाहन

4 परिवहन के साधन का इस्तेमाल किसके अनुरूप किया जाता है?
(a) सामाजिक प्रतिष्ठा (b) पारिवारिक रहन-सहन
(c) आर्थिक स्थिति (d) मूलभूत आवश्यकता

5 ताँगे और इक्के के कितने प्रकार हैं?
(a) चार (b) दो (c) तीन (d) पाँच

गद्यांश 5

अकेला अध्यापक बालक के सम्पूर्ण विकास के लिए सब कुछ नहीं कर सकता। उसको सफलता तब मिलती है, जब समाज उसकी सहायता करे। जिस प्रदेश में कलह मचा रहता हो, जिस समाज में गरीब-अमीर, ऊँच-नीच की विषमता पुकार-पुकार कर द्वन्द्व और प्रतियोगिता को प्रोत्साहन दे रही हो, जिस राष्ट्र की नीति शोषण पर खड़ी हो, उसके अध्यापक भला क्या करें?

जिन घरों में दाल-रोटी का ठिकाना न हो, पिता मद्यप और माता स्वैरिणी हो, माँ-बाप में मार-पीट और गाली-गलौच मची रहती हो, उसके बच्चों को पालने में ही मानस-विष दे दिया जाता है। तंग गलियों और गंदे घरों में रहने वाले, जो छोटेपन से ही अश्लीलता और अभद्रता में पले हों, सौन्दर्य को जल्दी समझ नहीं पाते। फिर भी अध्यापक परिस्थितियों को दोष देकर बैठा नहीं रह सकता। उसको तो अपना कर्त्तव्य पालन करना ही है।

1 बच्चों को संस्कारवान बनाने का प्रथम दायित्व किसका है?
(a) माता-पिता का (b) समाज का
(c) शासन का (d) शिक्षक का

2 उपर्युक्त गद्यांश में किसके कर्त्तव्य को मुख्य माना गया है?
(a) समाज (b) राज्य
(c) अध्यापक (d) बालक

3 'स्वैरिणी' का क्या अर्थ है?
(a) मनमानी करने वाली (b) व्यभिचारिणी
(c) बुरा व्यवहार करने वाली (d) सीधी और सरल

4 'मानस-विष' देने का क्या अभिप्राय है?
(a) जहर पिला देना (b) मार डालना
(c) बुरा व्यवहार करना (d) अपराधी बना देना

5 दाल-रोटी में कौन-सा समास है?
(a) तत्पुरुष (b) द्विगु
(c) द्वन्द्व (d) अव्ययीभाव

गद्यांश 6

स्वामी विवेकानन्द ने भारत के पुनर्निर्माण में कार्यरत् मनुष्य के लिए जिन मुख्य बातों पर बल दिया था, वे हैं—चरित्र, आध्यात्मिकता, आत्मविश्वास और अन्ततः सबके प्रति प्रेम, विशेषतः दरिद्र, अशिक्षित तथा पद-दलितों के लिए। यह कार्य वास्तव में महान् है, किन्तु दृढ़ इच्छा के सामने कुछ नहीं टिक सकता।

भारतीयों में भारत माता के प्रति देशभक्ति की भावना जाग्रत करने के लिए स्वामी विवेकानन्द ने कहा था, "तुम मत भूलना कि तुम्हारी स्त्रियों का आदर्श सीता, सावित्री, दमयन्ती हैं। मत भूलना कि तुम्हारा जीवन अपने व्यक्तिगत सुख के लिए नहीं है—मत भूलना कि नीच, अज्ञानी, दरिद्र तुम्हारा रक्त और तुम्हारे भाई हैं।" पं. जवाहर लाल नेहरू का कथन स्मरणीय है, जो उन्होंने एक बार स्वामी विवेकानन्द को श्रद्धांजलि देते हुए कहा था—"अतीत में संलग्न तथा भारतीय धरोहर के प्रति गर्व से परिपूर्ण होते हुए भी विवेकानन्द जीवन की समस्याओं के प्रति आधुनिक धारणा रखते थे तथा भारत के अतीत एवं वर्तमान के मध्य सेतु की भाँति थे। "प्रत्यक्ष अथवा परोक्ष रूप से उन्होंने आज के भारत को अत्यन्त प्रभावित किया है। हमारी युवा पीढ़ी स्वामी जी से लाभान्वित होगी, जिनकी वाणी प्रज्ञा एवं शक्ति से ओत-प्रोत है।" स्वामी जी ने एक अधैर्यवान शिष्य को समझाया कि "श्रद्धावान बन, वीर्यवान बन, आत्मज्ञान प्राप्त कर। यही मेरी इच्छा एवं आशीर्वाद है। श्रद्धा का अभिप्राय कई बातों से है। पहली है आत्मश्रद्धा (आत्मविश्वास), दूसरी है हमारी सांस्कृतिक धरोहर के प्रति श्रद्धा।" "हमारी मातृभूमि का केन्द्र, प्राण-पखेरू धर्म में तथा केवल धर्म में ही है। मातृ देवो भव, पितृ देवो भव, आचार्य देवो भव—इन पर श्रद्धा वान, वीर्यवान भव।" तुम्हारे अन्दर पूर्ण शक्ति निहित है। तुम सब कुछ करने में समर्थ हो। इस शक्ति को पहचानो, उठो और अपना अन्तस्थ ब्रह्मभाव अभिव्यक्त करो......वीर बनो, वीर बनो। मानव केवल एक बार ही मरता है। सारी शक्ति तुम्हारे अन्दर है। बल ही जीवन है, दुर्बलता मृत्यु......शैशव से ही तुम्हारे मस्तिष्क में सकारात्मक सशक्त एवं परोपकारी विचार प्रविष्ट होने चाहिए।

1 जीवन अपने 'व्यक्तिगत सुख के लिए न होने' से स्वामी जी का क्या अभिप्राय है?
(a) दूसरों का जीवन सुखी बनाना
(b) अपने सुख की अपेक्षा निर्बल एवं दरिद्र देशवासियों को सुखी रखने का प्रयास करना चाहिए
(c) देशभक्त का जीवन दुःखदायी होना
(d) देशभक्त का सुखी न होना

2 विवेकानन्द अतीत एवं वर्तमान के मध्य सेतु की भाँति थे, क्योंकि वे
(a) भारतीय संस्कृति पर गर्व करते हुए भी आधुनिक विचारधारा का यथावश्यक लाभ उठाने में तत्पर रहते थे
(b) पुरातन एवं आधुनिक विचारधारा का सहअस्तित्व चाहते थे
(c) बीते हुए समय की तथा वर्तमान समस्याओं को एक नजर से देखते थे
(d) चाहते थे कि हम आज की समस्याओं तथा पिछली बातों का समन्वय करें

3 'अन्तस्थ ब्रह्मभाव की अभिव्यक्ति है' से अभिप्रेत है
(a) मन में ब्रह्म के विषय में विचार लाना
(b) परमात्मा को बाहर खोजने की अपेक्षा अपने ही अन्दर उस सर्वशक्तिमान का अनुभव करना
(c) भगवान् को अपना सहयोगी समझना
(d) भगवान् को पूरे मन से पुकारना

4 स्वामी जी ने पुनर्निर्माण कार्य हेतु गुणों पर ध्यान दिया, क्योंकि वे
(a) ऐसे कार्यकर्ताओं से परिचित थे
(b) पुनर्निर्माण के कार्य में सफलता हेतु कार्यरत् व्यक्ति में इन गुणों का होना परम आवश्यक समझते थे
(c) स्वयं ऐसे गुणवान थे
(d) अपने सहयोगियों पर विशेष ध्यान रखते थे

5 स्वामी जी पुनर्निर्माण में कार्यरत् व्यक्ति में किस गुण का होना परम आवश्यक मानते थे?
(a) चरित्र निर्माण (b) शिक्षा प्रसार में रुचि
(c) सबके प्रति प्रेम (d) दृढ़ इच्छा

गद्यांश 7

सर्दियों के दिन थे। एक बालक सुबह के समय अकेला स्कूल जा रहा था। रास्ते में एक स्टेशन था। वह रेल की पटरी के पास से गुजर रहा था, कि अचानक उसकी नजर रेल की पटरी पर गई। वह उखड़ी हुई थी। बालक ने घड़ी देखी, गाड़ी आने वाली थी। उसने सोचा कि अगर गाड़ी इस पटरी पर से गुजरेगी तो इसका भयंकर परिणाम हो सकता है। अभी वह इससे आगे सोच भी न पाया था कि गाड़ी की सीटी सुनाई दी। बस फिर क्या था, बालक के सामने एक ही लक्ष्य था-मुसाफिरों की जान बचाना। देखते-ही-देखते इंजन दिखाई देना लगा। बालक कूदकर दोनों पटरियों के बीच खड़ा होकर अपनी कमीज हिलाने लगा। ड्राइवर की नजर उस बालक पर पड़ गई और उसने ब्रेक लगा दी, लेकिन गाड़ी बिल्कुल बालक के पास आकर रुकी। ड्राइवर ने क्रोध से पूछा, क्या तुम्हें अपनी जान की कोई परवाह नहीं, गाड़ी क्यों रोकी। बालक ने रेल की उखड़ी हुई पटरी दिखाई और कहा, अगर में ऐसा न करता तो सैकड़ों लोगों की जान चली जाती।

1 बच्चे का कमीज हिलाना व्यक्त करता है, बच्चे की
(a) सूझ-बूझ को (b) बेवकूफी को
(c) शरारत को (d) असावधनी को

2 रेल ड्राइवर को क्रोध क्यों आया?
(a) गाड़ी लेट हो रही थी
(b) बच्चे की जिंदगी का सवाल था
(c) उसे अपनी नौकरी की चिन्ता थी
(d) ड्राइवर को अपनी जान खतरे में लगती थी

3 टूटी पटरी को देखकर ड्राइवर के मन में बच्चे के प्रति आया होगा
(a) क्रोध का भाव (b) दु:ख का भाव
(c) शाबासी देने का भाव (d) निन्दा का भाव

4 लोगों की जान बचाने का कार्य बच्चे के किस गुण को प्रकट करता है?
(a) त्याग को
(b) धैर्य को
(c) उत्साह को
(d) परहित को

5 बच्चे ने घड़ी क्यों देखी?
(a) उसे घड़ी अच्छी लगती थी
(b) रेल के आने का समय हो रहा था
(c) घड़ी अपने दोस्तों को दिखाना चाहता था
(d) रोजाना घड़ी देखकर स्कूल जाता था

गद्यांश 8

भारत का गौरव बढ़ाने वाले महानुभावों में रवीन्द्रनाथ टैगोर का स्थान अग्रण्य है। उनका जीवन सदैव प्रेरणादायी है। उनका जन्म 7 मई, 1861 को कलकत्ता के एक बंगाली परिवार में हुआ था। उनके पिता का नाम देवेन्द्रनाथ और माता का नाम शारदा देवी था। उनके पिता ब्रह्म समाज के नेता थे। वे महान कवि, कहानीकार, गीतकार, चित्रकार, संगीतकार, नाटककार एवं सच्चे देशभक्त थे। उन्होंने 8 साल की छोटी उम्र में कविता लिखी थी। काबुलीवाला, मास्टर साहब, पोस्ट मास्टर जैसी अर्थस्पर्शी कहानियाँ हमें दी हैं। सन् 1878 में कानून की पढ़ाई के लिए लन्दन गए, लेकिन साहित्य प्रेमी रवीन्द्रनाथजी 1880 में बिना उपाधि (डिग्री) लिए वापस आ गए।

प्रकृति के प्रेम से रवीन्द्रनाथजी ने शान्तिनिकेतन की स्थापना की। 16 अक्टूबर, 1905 को उनके नेतृत्व में कलकत्ता में रक्षाबन्धन के उत्सव से बंग-भंग आन्दोलन का आरम्भ हुआ। इसी आन्दोलन से भारत में स्वदेशी आन्दोलन का सूत्रपात हुआ। उनकी सबसे लोकप्रिय रचना गीतांजलि रही, जिसके लिए 1913 में उन्हें नोबेल पुरस्कार प्रदान किया गया। सन् 1919 में हुए जलियाँवाला बाग हत्याकाण्ड की उन्होंने भरपूर निन्दा की, उनका विरोध इतना तीव्र था कि उन्होंने 'नाइट हुड' उपाधि लौटा दी। भारत का राष्ट्रगान जन गण मन एवं बांग्लादेश का राष्ट्रीय गीत 'आमार सोनार बाँग्ला' उनकी ही रचना है। सर्वतोमुखी प्रतिभा रखने वाले रवीन्द्रनाथजी का निधन 7 अगस्त, 1941 में कलकत्ता में हुआ। उनका जीवन सदैव पथ प्रदर्शक है।

1 'नाइटहुड' की उपाधि रवीन्द्रनाथजी ने क्यों लौटाई?
(a) उन्हें वह उपाधि पसन्द नहीं थी।
(b) जलियाँवाला बाग हत्याकाण्ड के विरोध में लौटाई थी।
(c) बंग-भंग के आन्दोलन के विरोध में।
(d) ब्रिटिश शासन ने उनसे ले ली।

2 रवीन्द्रनाथ टैगोर की कौन-सी रचना को नोबेल पुरस्कार प्राप्त हुआ?
(a) काबुलीवाला (b) मास्टर साहब
(c) पोस्ट मास्टर (d) गीतांजलि

3 रवीन्द्रनाथ टैगोर का जन्म कब और कहाँ हुआ था?
(a) 7 मई, 1861 में कलकत्ता में
(b) 2 अक्टूबर, 1861 में गुजरात में
(c) 14 नवम्बर, 1869 में प्रयागराज में
(d) 5 सितम्बर, 1889 में उत्तर प्रदेश में

4 उनके पिता कौन-से समाज के नेता थे?
(a) ब्रह्म समाज
(b) आर्य समाज
(c) सत्यशोधक समाज
(d) रामकृष्ण मिशन

5 'जन गण मन' राष्ट्रगान के रचनाकार हैं
(a) रवीन्द्रनाथ टैगोर (b) बकीम बाबू
(c) हरिवंशराय बच्चन (d) सरोजिनी नायडू

गद्यांश 9

विज्ञान ने कई तरीकों से मानव को खुशहाल बनाया है। उसके द्वारा मानव को प्रदान किए हुए लाभों की गणना करना मुश्किल है। आखिरी किंतु कम महत्पूर्ण नहीं—विज्ञान ने लोगों को बदला है— उसने लोगों को अधिक सभ्य और सहिष्णु बनाया है।

एक सहिष्णु व्यक्ति वह है, जो दूसरे लोगों के साथ हस्तक्षेप नहीं करता, भले ही वह समझता हो कि वे लोग गलत हैं, वह उन्हें अलग तरीके से विश्वास करने के लिए प्रेरित कर सकता है, परंतु वह उन्हें बाध्य नहीं करेगा। पूर्व में मानव जाति की दुर्दशा का कारण यह रहा कि लोग अपने से भिन्न विचार रखने वाले को सहन नहीं कर सके। इस प्रकार की असहनशीलता विशेषकर धार्मिक मामलों में पाई जाती थी। जो लोग शासकों के धार्मिक दृष्टिकोण को नहीं मानते थे, उन्हें प्रताड़ित किया जाता था तथा यहाँ तक कि उन्हें जिंदा जला दिया जाता था। दो भिन्न धर्मों को मानने वाले खूनी लड़ाइयाँ लड़ते थे। विज्ञान ने मानव को तर्कपूर्ण होकर असहनशीलता से उत्पन्न हुए भावावेशों को नियंत्रित करने में समर्थ किया है। वर्तमान में दो भिन्न राजनीतिक विचारधारा वाले देश आपस में निकट आ रहे हैं, क्योंकि वे अधिक-से-अधिक सहनशील हो रहे हैं। यदि विज्ञान ने युद्ध के भय को बढ़ाया है, तो उसने अनंत शांति की संभावना को भी बढ़ाया है, जो सहनशीलता से आएगी।

1 विज्ञान ने मानव को सहनशील बनाया है
(a) उसे चिंतन एवं तर्क करने योग्य बनाकर
(b) उसे अधिक बुद्धिमान बनाकर
(c) उसे अधिक सभ्य बनाकर
(d) उसे अधिक खुशहाल बनाकर

2 एक सहनशील व्यक्ति वह होता है, जो
1. दूसरों के विचारों को स्वीकार करता है।
2. दूसरों को वे जिस बात में विश्वास करते हैं, बिना उन्हें दंडित किए, विश्वास करने देता है।
3. पीड़ित लोगों के प्रति दया दिखाता है।
उपरोक्त में से कौन-सा/से कथन सही है/हैं?
(a) 1 और 3
(b) केवल 1
(c) 1 और 2
(d) 2 और 3

3 विज्ञान ने बढ़ाया है
1. युद्ध के भय को।
2. अन्य लोगों को यातना देने की संभावना को।
3. अनंत शांति की संभावना को।
4. मानव में असहिष्णुता को।
उपरोक्त में से कौन-सा/से कथन सही है/हैं?
(a) 1 और 2 (b) केवल 1
(c) 1 और 3 (d) 2 और 4

4 अतीत में खूनी लड़ाइयाँ लड़ी गईं
(a) वैज्ञानिक प्रगति के कारण
(b) सभ्यता की प्रगति के कारण
(c) विभिन्न धार्मिक विचारों वाले व्यक्तियों के कारण
(d) हथियारों के आविष्कारों के कारण

5 विज्ञान ने मानव को
1. चिंतन एवं तर्क करने योग्य बनाया है।
2. असहिष्णुता पर नियंत्रण पाने के योग्य बनाया है।
3. खूनी लड़ाइयाँ लड़ने के योग्य बनाया है।
उपरोक्त में से कौन-सा/से कथन सही है/हैं?
(a) 1 और 2 (b) 2 और 3
(c) केवल 1 (d) केवल 2

गद्यांश 10

भारत ने स्वाधीनता प्राप्त करने के बाद अनेक क्षेत्रों में महत्त्वपूर्ण उपलब्धियाँ प्राप्त की हैं। जब हम स्वतन्त्र हुए तो उस समय हमारी स्थिति अच्छी न थी। सरकारी प्रयासों से काफी सुधार हुआ परन्तु अभी भी एक क्षेत्र ऐसा है, जिसमें हम अभी तक कुछ विशेष नहीं कर पाए हैं। वह क्षेत्र है—खेलों का। इससे बड़ी विडम्बना और क्या हो सकती है कि वर्षों से हम ओलम्पिक में, कोई भी स्वर्णपदक नहीं जीत पाए। दुनिया के छोटे-छोटे अविकसित, निर्धन राष्ट्रों के प्रतिभागी भी खेलकूद के क्षेत्र में हमसे आगे निकल गए हैं। कभी हॉकी का विशेष चैम्पियन रहने वाला भारत आज इस खेल में अपनी प्रतिष्ठा खो चुका है। खेलों में गिरते स्तर के लिए कौन जिम्मेदार है? एक ओर सरकार की उदासीन दोषपूर्ण सरकारी नीतियाँ हैं, तो दूसरी ओर विभिन्न खेल संघों की गुटबाजी, खिलाड़ियों के लिए सुविधाओं एवं प्रशिक्षण का सर्वथा अभाव या कुछ और। प्रतियोगिताओं में भाग लेकर खाली हाथ लौटने पर सभी एक-दूसरे को दोषी बताते हैं। कारण चाहे जो भी हो इतना तय है कि खेलकूद को राष्ट्रीय सम्मान का पर्याय नहीं मानते। अभाव प्रतियोगिताओं का नहीं, अभाव है तो लगन का, प्रोत्साहन का, संकल्प का और मुँहतोड़ जवाब देने वाले जीवट का।

1 गद्यांश का उपयुक्त शीर्षक हो सकता है
(a) स्वतन्त्रता प्राप्ति (b) खेलों का गिरता स्तर
(c) ओलम्पिक पदक (d) राष्ट्रीय प्रतियोगिताएँ

2 खेलों के गिरते स्तर का कारण नहीं है
(a) दोषपूर्ण नीतियाँ (b) संघों की गुटबाजी
(c) सुविधाओं का अभाव (d) खेलों के लिए राष्ट्रीय सम्मान

3 खेलों पर नकारात्मक प्रभाव पड़ता है
(a) खिलाड़ियों को सुविधा देने से (b) अभ्यास करने से
(c) आपसी गुटबन्दी होने से (d) खिलाड़ियों को सम्मान देने से

4 गद्यांश के अनुसार, राष्ट्र की उपलब्धियों में नहीं है
(a) शिक्षा (b) स्वास्थ्य (c) खेल (d) कृषि

5 खेलों में निर्धन राष्ट्र भी हमसे आगे निकल गए, क्योंकि वहाँ है
(a) आपसी गुटबन्दी (b) खिलाड़ियों की उपेक्षा
(c) दोषपूर्ण नीतियाँ (d) खेलों को राष्ट्र सम्मान

उत्तरमाला

गद्यांश 1.	1. (c)	2. (a)	3. (a)	4. (d)	5. (b)
गद्यांश 2.	1. (c)	2. (a)	3. (d)	4. (b)	5. (d)
गद्यांश 3.	1. (c)	2. (b)	3. (c)	4. (a)	5. (a)
गद्यांश 4.	1. (c)	2. (a)	3. (a)	4. (b)	5. (c)
गद्यांश 5.	1. (a)	2. (a)	3. (b)	4. (d)	5. (c)
गद्यांश 6.	1. (b)	2. (a)	3. (b)	4. (b)	5. (d)
गद्यांश 7.	1. (a)	2. (b)	3. (c)	4. (d)	5. (b)
गद्यांश 8.	1. (b)	2. (d)	3. (a)	4. (a)	5. (a)
गद्यांश 9.	1. (a)	2. (c)	3. (c)	4. (c)	5. (a)
गद्यांश 10.	1. (b)	2. (d)	3. (c)	4. (c)	5. (d)

अध्याय 18

विविध

हिन्दी में सर्वप्रथम

- हिन्दी का प्रथम कवि — *सरहपाद (9वीं शताब्दी)*
- हिन्दी की प्रथम रचना — *श्रावकाचार (देवसेन)*
- हिन्दी का प्रथम मौलिक नाटक — *नहुष (गोपाल चन्द्र)*
- हिन्दी का प्रथम उपन्यास — *परीक्षागुरु (श्रीनिवास दास)*
- हिन्दी की प्रथम आत्मकथा — *अर्द्धकथानक (बनारसी दास जैन)*
- हिन्दी की प्रथम जीवनी — *दयानन्द दिग्विजय (गोपाल शर्मा)*
- हिन्दी का प्रथम रिपोर्ताज — *लक्ष्मीपुरा (शिवदान सिंह चौहान)*
- हिन्दी का प्रथम यात्रा संस्मरण — *लन्दन यात्रा (महादेवी वर्मा)*
- हिन्दी की प्रथम मौलिक कहानी — *इन्दुमती (किशोरी लाल गोस्वामी)*
- हिन्दी की प्रथम वैज्ञानिक कहानी — *चन्द्रलोक की यात्रा (केशव प्रसाद सिंह)*
- हिन्दी का प्रथम गद्य काव्य — *साधना (रायकृष्ण दास)*
- हिन्दी खड़ी बोली का प्रथम काव्य ग्रन्थ — *एकांतवासी योगी (श्रीधर पाठक)*
- हिन्दी की प्रथम अतुकान्त रचना — *प्रेमपथिक (जयशंकर प्रसाद)*
- हिन्दी छायावाद का प्रथम काव्य-संग्रह — *झरना (जयशंकर प्रसाद)*
- शुद्ध एवं परिमार्जित खड़ी बोली के प्रथम लेखक — *राम प्रसाद निरंजनी*
- हिन्दी खड़ी बोली का प्रथम गद्य ग्रन्थ — *भाषा योगवाशिष्ठ*
- हिन्दी खड़ी बोली के प्रथम प्रतिष्ठित कवि — *अमीर खुसरो*
- हिन्दी साहित्य का प्रथम महाकाव्य — *पृथ्वीराज रासो (चन्दबरदाई)*
- हिन्दी का प्रथम बड़ा महाकाव्य — *पद्मावत (जायसी)*
- हिन्दी खड़ी बोली का प्रथम महाकाव्य — *प्रियप्रवास (हरिऔध)*
- हिन्दी खड़ी बोली गद्य की प्रथम रचना — *चन्द छन्द बरनन की महिमा (गंग कवि)*
- दक्षिण भारत में हिन्दी खड़ी बोली में साहित्य-सृजन करने वाले प्रथम साहित्यकार — *मुल्ला वजही*
- हिन्दी में 'प्रयोगवाद' शब्द का सर्वप्रथम प्रयोगकर्ता — *नन्द दुलारे वाजपेयी*
- हिन्दी का प्रथम गीतिनाट्य — *करुणालय (जयशंकर प्रसाद)*
- हिन्दी में दोहा-चौपाई का सर्वप्रथम प्रयोगकर्ता — *सरहपाद*
- हिन्दी रीतिकाव्य का प्रथम ग्रन्थ — *हिततरंगिनी (कृपाराम)*
- हिन्दी का प्रथम अभिनीत नाटक — *जानकी-मंगल (शीतला प्रसाद त्रिपाठी)*
- गीति काव्य शब्द का सर्वप्रथम प्रयोग — *'कुसुममाला' की भूमिका में (लोचन प्रसाद पाण्डेय)*
- हिन्दी की प्रथम एकांकी — *'एक घूँट' (जयशंकर प्रसाद)*
- हिन्दी काव्यशास्त्र की प्रथम पुस्तक — *साहित्य लहरी (सूरदास)*
- हिन्दी में सूफी प्रेमाख्यान का प्रथम काव्य — *'चन्दायन' (मुल्ला दाऊद)*
- हिन्दी में छन्दशास्त्र की प्रथम रचना — *छन्दमाला*
- हिन्दी में रीति सिद्धान्त के प्रथम प्रस्तोता — *आचार्य केशवदास*
- हिन्दी में प्रथम गीत रचनाकार — *विद्यापति*
- प्रथम विश्व हिन्दी-सम्मेलन — *(1975 ई. नागपुर)*
- हिन्दी में 'स्वच्छन्दतावाद' शब्द का सर्वप्रथम प्रयोगकर्ता — *मुकुटधर पाण्डेय*
- हिन्दी में 'नई कविता' शब्द का सर्वप्रथम नामकरणकर्ता — *अज्ञेय*
- हिन्दी का प्रथम रेखाचित्र संकलन — *'पद्मपराग' (पद्मसिंह शर्मा)*
- हिन्दी आलोचना की प्रथम पुस्तक — *हिन्दी कालिदास की आलोचना*
- हिन्दी में प्रथम तुलनात्मक आलोचना — *बिहारी और सादी की तुलनात्मक आलोचना (पद्मसिंह शर्मा)*
- हिन्दी के प्रथम मार्क्सवादी आलोचक — *डॉ. शिवदान सिंह चौहान*
- प्रगतिशील लेखक संघ के प्रथम सभापति — *मुन्शी प्रेमचन्द*
- राजभाषा आयोग के प्रथम अध्यक्ष — *बाल गंगाधर खरे*
- हिन्दी का प्रथम साप्ताहिक पत्र — *उदन्त मार्तण्ड*
- हिन्दी का प्रथम दैनिक पत्र — *समाचार सुधावर्षण*
- हिन्दी की प्रथम पत्रिका — *संवाद कौमुदी*
- हिन्दी साहित्य परिषद् के प्रथम अध्यक्ष — *पुरुषोत्तम दास टण्डन*
- महादेवी वर्मा का प्रथम काव्य-संग्रह — *नीहार (1930 ई.)*
- निराला की प्रथम काव्य रचना — *जूही की कली (1918 ई.)*
- हिन्दी का प्रथम व्याकरण — *'हिन्दुस्तानी ग्रामर' (1698 ई.) लेखक जे.जे. केटेलर (डच भाषा में)*
- हिन्दी भाषा में लिखा गया प्रथम व्याकरण — *'हिन्दी व्याकरण' (1827 ई.) लेखक-पादरी एम.टी. आदम*
- हिन्दी का प्रथम व्यवस्थित व्याकरण — *'भाषा चन्द्रोदय' (1855) लेखक-पं. श्रीलाल*
- हिन्दी की प्रथम कवयित्री — *मीराबाई*
- तार सप्तक की एक मात्र महिला कवयित्री — *शकुन्तला माथुर*
- रामचन्द्र शुक्ल की प्रथम सैद्धान्तिक आलोचनात्मक कृति — *'काव्य में रहस्यवाद'*

प्रमुख पत्र-पत्रिकाएँ और सम्पादक

पत्रिकाएँ	सम्पादक	पत्रिकाएँ	सम्पादक
उदन्त मार्तंड (1826)	जुगलकिशोर	रूपाभ (1938)	सुमित्रानन्दन पन्त
बंगदूत (1829)	राजा राममोहन राय	आलोचना	शिवदान सिंह चौहान, चार सदस्यीय सम्पादक मण्डल (धर्मवीर भारती, रघुवंश, बृजेश्वर वर्मा, विजयदेव नारायण साही), नामवर सिंह
बनारस अखबार (1854)	राजा शिवप्रसाद 'सितारे हिन्द'	नयी कविता (1954)	डॉ. जगदीश गुप्त
समाचार सुधावर्षण (1854)	श्यामसुन्दर सेन	ज्ञानोदय	कन्हैयालाल मिश्र 'प्रभाकर'
प्रजाहितैषी (1855)	राजा लक्ष्मण सिंह	निकष	धर्मवीर भारती
कविवचन सुधा (1867)	भारतेन्दु	कृति	नरेन्द्र मेहता, श्रीकान्त वर्मा
हरिश्चन्द्र मैगजीन (1873)	भारतेन्दु	समालोचक	डॉ. रामविलास शर्मा
बालाबोधिनी (1874)	भारतेन्दु	पहल	ज्ञानरंजन
हिन्दी प्रदीप (1877)	बालकृष्ण भट्ट	दस्तावेज	विश्वनाथ प्रसाद तिवारी
भारत-मित्र	बालमुकुन्द गुप्त	वर्तमान साहित्य	विभूति नारायण
ब्राह्मण (1883)	प्रतापनारायण मिश्र	हंस (पुनर्प्रकाशन)	राजेन्द्र यादव
आनन्द कादम्बिनी (1881)	बद्रीनारायण चौधरी 'प्रेमघन'	वागर्थ	प्रभाकर श्रोत्रिय
नागरी नीरद (1893)	बद्रीनारायण चौधरी 'प्रेमघन'	साहित्य अमृत	विद्यानिवास मिश्र
भारतेन्दु (1883)	राधाचरण गोस्वामी	कथादेश	हरिनारायण
इन्दु (1883)	अम्बिका प्रसाद गुप्त, रूपनारायण पाण्डेय	तद्भव	अखिलेश
प्रताप (1913)	गणेशशंकर विद्यार्थी	बहुवचन	अशोक बाजपेयी
प्रभा (1913)	कालूराम, बालकृष्ण शर्मा 'नवीन', माखनलाल चतुर्वेदी	कथाक्रम	शैलेन्द सागर
कर्मवीर	माखनलाल चतुर्वेदी	परख	कृष्ण मोहन
माधुरी (1922)	प्रेमचन्द	पुस्तकवार्ता	राकेश श्रीमान

अभ्यास प्रश्न

1 निम्न में हिन्दी के प्रथम कवि हैं
(a) कण्हपा (b) सरहपा (c) गंग (d) देव

2 हिन्दी का प्रथम उपन्यास है
(a) परीक्षा गुरु (b) कंकाल
(c) गोदान (d) रानी केतनी की कहानी

3 हिन्दी का प्रथम गद्य काव्य है
(a) साधना (b) शबनम
(c) अधखिले फूल (d) श्रद्धांजलि

4 हिन्दी का प्रथम साप्ताहिक पत्र था
(a) सुधावर्षण (b) हंस
(c) उदन्त मार्तण्ड (d) गजट

5 हिन्दी साहित्य के लिए प्रथम व्यास सम्मान मिला था
(a) माखनलाल चतुर्वेदी (b) प्रेमचन्द
(c) गिरिजाकिशोर माथुर (d) डॉ. रामविलास शर्मा

6 'उदन्त मार्तण्ड' के सम्पादक थे
(a) राजा राममोहन राय (b) मदन मोहन मालवीय
(c) जुगल किशोर (d) महावीर प्रसाद द्विवेदी

7 'ज्ञानोदय' के सम्पादक थे
(a) कन्हैयालाल मिश्र 'प्रभाकर' (b) ज्ञानरंजन
(c) राधाचरण गोस्वामी (d) कृष्ण मोहन

8 'नेयी कविता' के सम्पादक थे
(a) अज्ञेय (b) निराला (c) डॉ. जगदीश गुप्त (d) प्रसाद

9 हिन्दी की प्रथम कवयित्री कहा जाता है
(a) सहजो बाई को (b) मीराबाई को
(c) दया बाई को (d) सुभद्राकुमारी चौहान को

10 'हंस' पत्रिका का पुनर्प्रकाशन किया
(a) प्रभाकर श्रोत्रिय ने (b) राजेन्द्र यादव ने
(c) निराला ने (d) प्रेमचन्द ने

उत्तरमाला

1. *(b)* 2. *(a)* 3. *(a)* 4. *(c)* 5. *(d)* 6. *(c)* 7. *(a)* 8. *(c)* 9. *(b)* 10. *(b)*

सामान्य बुद्धिमत्ता

अध्याय 01

समानता परीक्षण
(Analogy Test)

यदि कोई वस्तु/शब्द/अक्षर/ संख्या किसी अन्य वस्तु/शब्द/अक्षर/ संख्या से गुण, रूप, आकार, प्रकार, लक्षण आदि में किसी भी प्रकार समान है, तो उन दोनों के बीच निहित इस सम्बन्ध को **समानता या सादृश्यता** (Analogy) कहते हैं।

समानता परीक्षण में मुख्यत: चार प्रकार के प्रश्न पूछे जाते हैं

1. शब्द समानता
2. अक्षर समानता
3. संख्या समानता
4. अक्षर संख्या समानता

1. शब्द समानता

शब्द समानता (Word Analogy) के अन्तर्गत पूछे जाने वाले प्रश्नों में शब्दों के दो युग्म दिए गए होते हैं। सर्वप्रथम पहले युग्म में दिए गए शब्दों के बीच सम्बन्ध को ज्ञात करते हैं और ठीक वैसा ही सम्बन्ध दूसरे युग्म के शब्दों के बीच में हो, उसी अनुरूप दूसरे युग्म के लुप्त शब्द को ज्ञात करते हैं।

जिन प्रश्नों में दूसरा युग्म लुप्त होता है उन प्रश्नों में पहले युग्म में दिए गए सम्बन्ध को ध्यान में रखते हुए, समान सम्बन्ध का अनुसरण करते हुए दूसरे युग्म को विकल्पों में से चुनना होता है। उदाहरण

उदाहरण 1 'मशीन' का सम्बन्ध 'ऑपरेटर' से उसी तरह है जैसे 'कार' का सम्बन्ध '………' से है।

(a) इंजन (b) मैकेनिक (c) चालक (d) बस

हल (c) जिस प्रकार, 'मशीन' पर कार्य करने वाले (चलाने वाले) को ऑपरेटर कहते हैं। उसी प्रकार, 'कार' चलाने वाले को 'चालक' कहते हैं।

उदाहरण 2 दिए गए विकल्पों में से सम्बन्धित शब्द को चुनिए।

मेंढक : उभयचर : : नाग : ?

(a) कीट (b) प्रोटोजोआ (c) परजीवी (d) सरीसृप

हल (d) जिस प्रकार, 'मेंढक' एक उभयचर प्राणी (थल और जल दोनों में रहने वाला) है। उसी प्रकार, 'नाग' एक सरीसृप प्राणी (रेंगने वाला) है।

उदाहरण 3 उस शब्द-युग्म को चुनें जिसमें दो शब्द उसी तरह से सम्बन्धित हैं, जैसे कि निम्नलिखित शब्द-युग्म में दो शब्द सम्बन्धित हैं।

सीमेण्ट : इमारत

(a) पेन : पेन्सिल (b) तार : बिजली
(c) पुस्तक : लेखक (d) लकड़ी : फर्नीचर

हल (d) जिस प्रकार, 'सीमेण्ट' से इमारत बनती है। उसी प्रकार, 'लकड़ी' से 'फर्नीचर' बनता है।

2. अक्षर-समानता

अक्षर समानता (Letter Analogy) के अन्तर्गत पूछे जाने वाले प्रश्नों में अंग्रेजी वर्णमाला के अक्षरों या अक्षर-समूहों के दो युग्म दिए गए होते हैं। सर्वप्रथम पहले युग्म के अक्षरों के बीच निहित सम्बन्ध को ज्ञात करते हैं। और फिर ठीक वैसा ही सम्बन्ध दूसरे युग्म के अक्षरों के बीच स्थापित करने के लिए लुप्त स्थान पर आने वाले अक्षरों को ज्ञात करते हैं।

जिन प्रश्नों में अक्षरों का एक ही युग्म दिया गया होता है उन प्रश्नों में समान सम्बन्ध का अनुसरण करने वाले अक्षर युग्म को विकल्पों में चुनना होता है।

अक्षर समानता के प्रश्नों को हल करने से पहले अक्षरों के बारे में निम्न जानकारी होना आवश्यक है।

अंग्रेजी वर्णमाला तथा उनके क्रमांकिक मान सीधे तथा विपरीत क्रम में

अंग्रेजी अक्षर	A	B	C	D	E	F	G	H	I	J	K	L	M
संगत संख्या सीधे क्रम में	1	2	3	4	5	6	7	8	9	10	11	12	13
संगत संख्या उल्टे क्रम में	26	25	24	23	22	21	20	19	18	17	16	15	14
अंग्रेजी अक्षर	N	O	P	Q	R	S	T	U	V	W	X	Y	Z
संगत संख्या सीधे क्रम में	14	15	16	17	18	19	20	21	22	23	24	25	26
संगत संख्या उल्टे क्रम में	13	12	11	10	9	8	7	6	5	4	3	2	1

EJOTY विधि

शब्द 'EJOTY' (इजोटी) की सहायता से पूरे अंग्रेजी वर्णमाला के अक्षरों के क्रमांकिक मान को याद किया जा सकता है। शब्द 'EJOTY' के अक्षरों का अंग्रेजी वर्णमाला में क्रमांकिक मान निम्नवत् होता है

5 10 15 20 25
E J O T Y

जैसे—अंग्रेजी वर्णमाला में आपके बाएँ से 22वाँ अक्षर कौन-सा है?

शब्द 'EJOTY' से हम जानते हैं कि, T = 20

∴ 22वाँ अक्षर = 20 + 2 = 22
T V

- विपरीत अक्षर

A	B	C	D	E	F	G	H	I	J	K	L	M
↕	↕	↕	↕	↕	↕	↕	↕	↕	↕	↕	↕	↕
Z	Y	X	W	V	U	T	S	R	Q	P	O	N

अंग्रेजी वर्णमाला के प्रत्येक अक्षर के **विपरीत अक्षर को योग विधि** द्वारा भी ज्ञात किया जा सकता है।

यदि अंग्रेजी वर्णमाला के कोई भी दो अक्षर, जिनके क्रमांकिक मान का योग 27 हो, तो वे दोनों अक्षर आपस में एक-दूसरे के विपरीत अक्षर होते हैं।

जैसे—$A = 1, Z = 26 \Rightarrow A + Z = 1 + 26 = 27$

इसलिए, A एवं Z आपस में एक-दूसरे के विपरीत अक्षर हैं।

इसी प्रकार, $E = 5, V = 22 \Rightarrow E + V = 5 + 22 = 27$

अतः E एवं V आपस में एक-दूसरे के विपरीत अक्षर हैं।

उदाहरण— अंग्रेजी वर्णमाला में अक्षर S का विपरीत अक्षर क्या होगा?

ए = 19

∵ $27 - 19 = 8$ तथा $H = 8 \Rightarrow S \rightleftharpoons H$

अत: अक्षर S का विपरीत अक्षर H होगा।

उदाहरण 4 उस विकल्प को चुनें, जो तीसरे अक्षर-युग्म से उसी तरह सम्बन्धित है जैसे दूसरा अक्षर-युग्म पहले अक्षर-युग्म से सम्बन्धित है?

GP : TK : : DR ?

(a) WX (b) VU (c) WI (d) IW

हल (c) जिस प्रकार, उसी प्रकार,

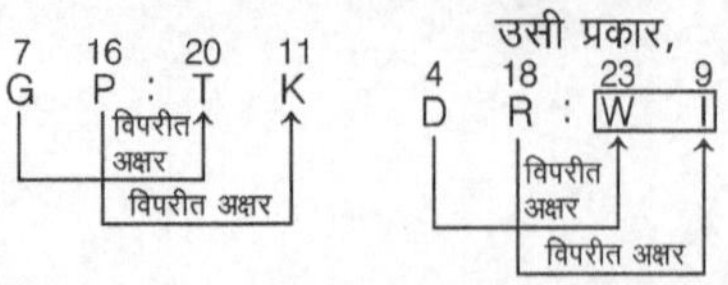

उदाहरण 5 उस विकल्प का चयन करें, जो तीसरे अक्षर-समूह से उसी तरह सम्बन्धित है जैसे दूसरा अक्षर-समूह पहले अक्षर-समूह से सम्बन्धित है।

BANK : WXLJ :: IDOL : ....

(a) ADMK (b) DAMJ (c) DAKM (d) DAMK

हल (d) जिस प्रकार, उसी प्रकार,

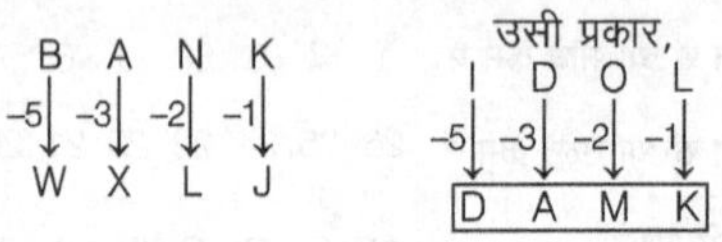

उदाहरण 6 निम्नलिखित प्रश्न में दिए गए विकल्पों में से सम्बन्धित अक्षर-युग्म को चुनिए।

MOK : KLG : : ? : ?

(a) FIM : DFI (b) TMA : UNB

(c) KCN : JBM (d) FSA : IVD

हल (a) जिस प्रकार,

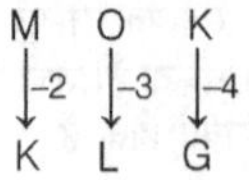

उसी प्रकार, विकल्प (a) में

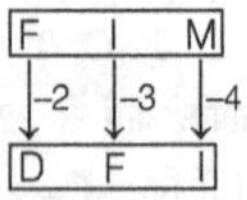

3. संख्या समानता

संख्या समानता (Number Analogy) के अन्तर्गत पूछे जाने वाले प्रश्नों में संख्याओं के दो युग्म दिए गए होते हैं। पहले युग्म की संख्याओं के बीच उनके क्रम, अंकों के क्रम, उनके वर्गों का क्रम, अभाज्य संख्याओं का क्रम या अन्य गणितीय संक्रिया के आधार पर सम्बन्ध विद्यमान होता है।

उस सम्बन्ध को ज्ञात कर ठीक वैसा ही सम्बन्ध दूसरे युग्म की संख्याओं के बीच स्थापित करने के लिए लुप्त स्थान पर आने वाली संख्या ज्ञात करते हैं। जिन प्रश्नों में संख्याओं का केवल एक युग्म या समुच्चय दिया गया होता है। उन प्रश्नों में दिए गए युग्म या समुच्चय के समान सम्बन्ध का अनुसरण करने वाले युग्म या समुच्चय को विकल्पों में से चुनना होता है। संख्या समानता के प्रश्नों को हल करने के लिए संख्याओं के वर्ग, घन, गुणनखण्ड, अभाज्य संख्याएँ इत्यादि की जानकारी होना आवश्यक है।

उदाहरण 7 उस विकल्प को चुनें, जो तीसरी संख्या से उसी तरह से सम्बन्धित है जैसे दूसरी संख्या पहली संख्या से सम्बन्धित है।

54 : 41 : : 32 : ....

(a) 29 (b) 11 (c) 13 (d) 17

हल (c) जिस प्रकार, $54 \Rightarrow 5^2 + 4^2 = 25 + 16 = 41$

उसी प्रकार, $32 \Rightarrow 3^2 + 2^2 = 9 + 4 = \boxed{13}$

उदाहरण 8 उस संख्या-युग्म को चुनें, जिसमें दो संख्याएँ उसी तरह सम्बन्धित हैं जैसे कि निम्नलिखित संख्या-युग्म की दो संख्याएँ सम्बन्धित हैं

8 : 72

(a) 12 : 144 (b) 11 : 132 (c) 15 : 625 (d) 13 : 156

हल (b) जिस प्रकार, $8 \times (8 + 1) = 8 \times 9 = 72$

उसी प्रकार, $11 \times (11 + 1) = 11 \times 12 = 132$

उदाहरण 9 उस समुच्चय का चयन करें, जिसमें संख्याएँ उसी तरह से सम्बन्धित हैं जैसे कि निम्नलिखित समुच्चय की संख्याएँ सम्बन्धित हैं।

(8, 27, 64)

(a) (343, 512, 729) (b) (216, 343, 529)

(c) (49, 64, 81) (d) (125, 636, 864)

हल (a) जिस प्रकार, $(8, 27, 64) = 2^3, 3^3, 4^3$

उसी प्रकार, $(343, 512, 729) = 7^3, 8^3, 9^3$

4. अक्षर-संख्या समानता

अक्षर-संख्या समानता (Alphanumeric Analogy) के अन्तर्गत पूछे जाने वाले प्रश्नों में अक्षर-संख्या के दो युग्म दिए गए होते हैं। सर्वप्रथम पहले युग्म में दिए गए अक्षरों और संख्या के बीच सम्बन्ध को ज्ञात करते हैं और फिर ठीक वैसा ही सम्बन्ध दूसरे युग्म के अक्षरों और संख्या के बीच स्थापित करने के लिए लुप्त संख्या/अक्षर को ज्ञात करते हैं।

उदाहरण 10 निम्नलिखित प्रश्न में दिए गए विकल्पों में से सम्बन्धित संख्या को चुनिए।

VIJAY : 51817262 : : SUDHA : ?

(a) 85232926 (b) 86231926 (c) 86321926 (d) 86213926

हल (b) जिस प्रकार,

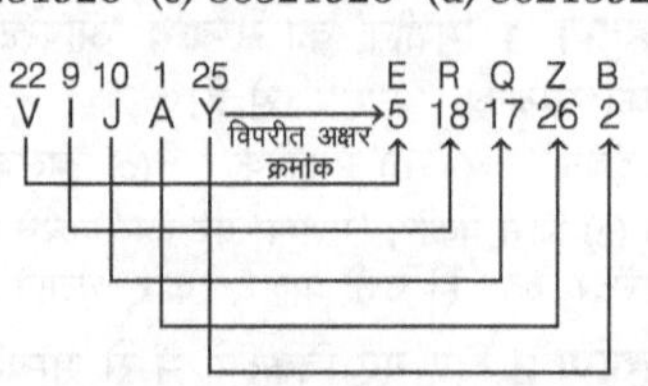

उसी प्रकार,

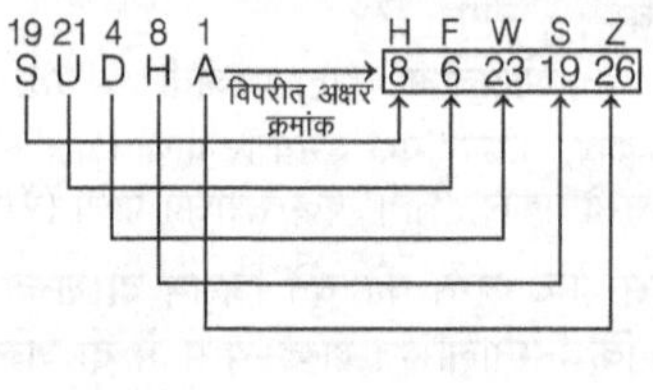

उदाहरण 11 निम्नलिखित प्रश्न में दिए गए विकल्पों में से सम्बन्धित संख्या को चुनिए।

VIJAY : 49117 : : SUDHA : ?

(a) 23481 (b) 53481 (c) 103481 (d) 93481

हल (c) जिस प्रकार, उसी प्रकार,

$\overset{22}{V} \Rightarrow 2 + 2 = 4$

$\overset{9}{I} \Rightarrow 9 + 0 = 9$

$\overset{10}{J} \Rightarrow 1 + 0 = 1$

$\overset{1}{A} \Rightarrow 1 + 0 = 1$

$\overset{25}{Y} \Rightarrow 2 + 5 = 7$

$\overset{19}{S} \Rightarrow 1+9 = 10$

$\overset{21}{U} \Rightarrow 2+1 = 3$

$\overset{4}{D} \Rightarrow 4+0 = 4$

$\overset{8}{H} \Rightarrow 8+0 = 8$

$\overset{1}{A} \Rightarrow 1+0 = 1$

अभ्यास प्रश्न

1. 'चेसिस' का 'कार' से वैसा ही सम्बन्ध है जैसा 'कंकाल' का सम्बन्ध '..........' से है।
(a) कोशिका (b) शरीर
(c) रीढ़ की हड्डी (d) हड्डियाँ

2. 'पारा' का सम्बन्ध 'धातु' से उसी प्रकार है जैसे 'मेंढक' का सम्बन्ध '..........' से है।
(a) कृंतक (b) सरीसृप
(c) स्तनधारी (d) जलथलचर

3. 'शहद' का सम्बन्ध 'मधुमक्खी' से उसी तरह है जैसे 'अण्डे' का सम्बन्ध '..........' से है।
(a) जर्दी (b) पक्षी
(c) लार्वा (d) औओलोजी

4. 'मानव' का 'स्तनधारी' से वैसा ही सम्बन्ध है जैसे 'चूहे' का सम्बन्ध '..........' से है।
(a) कृंतक (b) चूहों (c) सरीसृप (d) बिल

5. 'रोग' का सम्बन्ध 'मधुमेह' से उसी प्रकार है जैसे 'वाहन' का सम्बन्ध '..........' से है।
(a) चेसिस (b) ईंधन (c) कार (d) चालक

निर्देश (प्र.सं. 6-8) *निम्नलिखित प्रत्येक प्रश्न में, दिए गए विकल्पों में से सम्बन्धित शब्द को चुनिए।*

6. तमिलनाडु : चेन्नई :: मणिपुर : ?
(a) इम्फाल (b) आइजोल
(c) ईटानगर (d) दिसपुर

7. घोड़ा : बछेड़ा : : हंस : ?
(a) शावक (b) मेमना
(c) हंसशावक (d) अप्सरा

8. स्वांग रचना : बहाना करना :: प्रकाशित करना : ?
(a) शांत करना (b) अनुरोध करना
(c) सहमत होना (d) उद्घाटित करना

निर्देश (प्र.सं. 9-16) *निम्नलिखित प्रत्येक प्रश्न में, उस शब्द-युग्म को चुनिए, जिसमें दो शब्द उसी तरह सम्बन्धित हैं, जैसे दिए गए शब्द-युग्म में दो शब्द सम्बन्धित हैं।*

9. पंखा : बिजली
(a) बाइक : किक (b) वाहन : डीजल
(c) कूलर : पानी (d) पेट्रोल : ईंधन

10. वेटर : परोसना
(a) मैकेनिक : मरम्मत (b) इंजीनियर : तकनीकी
(c) वकील : कानूनी (d) वास्तुकार : फैशन

11. विस्तृत : सूक्ष्म
(a) भारी : हल्का (b) तेज : कमजोर
(c) वसा : मोटापा (d) भूखा : सन्तुष्ट

12. वर्ष : जून
(a) वर्ष : शताब्दी (b) सप्ताह : कैलेंडर
(c) सप्ताह : गुरुवार (d) अप्रैल : महीना

13. बन्दूक : सैनिक : : ? : ?
(a) कलम : बढ़ई
(b) हल : शल्य-चिकित्सक
(c) छेनी : मूर्तिकार
(d) तलवार : चिकित्सक

14. तराजू : द्रव्यमान : : ? : ?
(a) गति : ओडोमीटर
(b) सेकण्ड : समय
(c) थर्मामीटर : तापमान
(d) अमीटर : वायु

15. अवसादी : चट्टान : : ? : ?
(a) चट्टान : मजबूत (b) जलोढ़ : मृदा
(c) जल : गर्म (d) चन्द्रमा : ग्रह

16. पास्कल : दाब : : ? : ?
(a) हेक्टेयर : आयतन (b) गति : तापमान
(c) जूल : कार्य (d) समय : सेकण्ड

निर्देश (प्र.सं. 17-32) *निम्नलिखित प्रत्येक प्रश्न में, दिए गए विकल्पों में सम्बन्धित अक्षर/अक्षर समूह को चुनिए।*

17. E : V : : D : ?
(a) E (b) G (c) I (d) W

18. DH : HL : : GK : ?
(a) KL (b) LO (c) LM (d) KO

19. GI : HJ : : PR : ?
(a) QR (b) PO (c) QS (d) NO

20. GI : KN : : PQ : ?
(a) VT (b) UV (c) TX (d) TV

21. NPR : GHI : : TVX : ?
(a) JKL (b) KLM
(c) IJK (d) IKL

22. AEG : GKM : : MQS : ?
(a) SWY (b) SWZ
(c) ZWQ (d) SWB

23. WYU : PRN : : TPJ : ?
(a) MIC (b) NJD
(c) MJC (d) NID

24. MARK : FHMP : : LOAN : ......
(a) EVVS (b) SVVE
(c) EVSV (d) SVEV

25. CQHL : FTEI :: OPAR : ?
(a) YTXO (b) RSXP (c) RTYO (d) RSXO

26. KSDO : NPGL : : SBJY : ?
(a) WYMV (b) VZMW
(c) VYMV (d) VYNW

27. LENOVO : EKISSQ :: FINGER : ...
(a) YOIJBT (b) YNIKBT
(c) YOIKBT (d) YOIKCT

28. RARE : ERAR : : ROCKET : ?
(a) TKEROC (b) TEKRCO
(c) TEKROC (d) TEKCOR

29. MARKET : IEONCV :: THERMO : ...
(a) JLZUKQ (b) PLDSKQ
(c) PLBUKQ (d) JKCTKQ

30. MRQ : PUT : : ? : ?
(a) NOT : MNS (b) FRY : IUB
(c) PEG : RGI (d) SAP : QYN

31. FMR : ELQ : : ? : ?
(a) PEN : QFO (b) ZEN : XCL
(c) TGA : SFZ (d) SMP : UOR

32. HFZ : LJD : : ? : ?
(a) KTM : OXQ (b) KBN : LCO
(c) BHO : DJQ (d) FKU : INX

निर्देश (प्र.सं. 33-37) *निम्नलिखित प्रत्येक प्रश्न में, दिए गए विकल्पों में से सम्बन्धित संख्या को चुनिए।*

33. 5 : 25 : : 6 : ?
(a) 39 (b) 37 (c) 28 (d) 36

34. 68 : 100 :: 45 : ....
(a) 141 (b) 14 (c) 41 (d) 114

35. 432 : 234 :: 789 : ?
(a) 876 (b) 795 (c) 987 (d) 894

36. 15 : 22 : : 19 : ?
(a) 24 (b) 20 (c) 26 (d) 22

37. 30 : 16 :: 24 : ?
(a) 14 (b) 13
(c) 20 (d) 25

निर्देश (प्र.सं. 38-41) *निम्नलिखित प्रत्येक प्रश्न में उस संख्या-युग्म का चयन करें, जिसमें दो संख्याएँ उसी तरह से सम्बन्धित हैं जैसे कि दिए गए संख्या-युग्म की दो संख्याएँ सम्बन्धित हैं।*

38. 59 : 68 : : ? : ?
(a) 119 : 123 (b) 101 : 110
(c) 121 : 127 (d) 109 : 113

39. 4 : 49
(a) 5 : 81 (b) 7 : 100
(c) 8 : 144 (d) 6 : 64

40. 53 : 477
(a) 55 : 525 (b) 43 : 367
(c) 45 : 460 (d) 39 : 351

41. 11 : 120
(a) 12 : 144 (b) 2 : 3
(c) 17 : 289 (d) 8 : 65

निर्देश (प्र.सं. 42-45) *निम्नलिखित प्रत्येक प्रश्न में, उस समुच्चय को चुनें, जिसमें संख्याएँ उसी तरह सम्बन्धित हैं जैसे कि दिए गए समुच्चय की संख्याएँ सम्बन्धित हैं।*

42. 3, 5, 34
(a) 1, 2, 12 (b) 4, 7, 65
(c) 6,7, 89 (d) 9, 10, 190

43. 16, 4, 80
(a) 6, 4, 40 (b) 13, 5, 78
(c) 11, 7, 77 (d) 5, 5, 70

44. 16, 64, 320
(a) 10, 40, 200 (b) 15, 60, 310
(c) 25, 75, 125 (d) 15, 45, 180

45. 15, 49, 51
(a) 5, 19, 61 (b) 17, 55, 155
(c) 6, 18, 37 (d) 25, 79, 137

निर्देश (प्र. सं. 46-50) *नीचे दिए गए प्रश्नों में प्रश्नवाचक चिह्न (?) के स्थान पर क्या आएगा? दिए गए विकल्पों में से छाँटकर लिखिए।*

46. $\frac{V}{S} : \frac{19}{22} : : \frac{S}{K} : ?$
(a) $\frac{19}{18}$ (b) $\frac{18}{10}$ (c) $\frac{19}{11}$ (d) $\frac{11}{19}$

47. NET : 13227 : : YAM : ?
(a) 22614 (b) 25614
(c) 25113 (d) 14520

48. RAT : 912 : : UAM : ?
(a) 431 (b) 143
(c) 512 (d) 314

49. MAHESH : 154362 : : SHAME : ?
(a) 62513 (b) 62351
(c) 65231 (d) 65213

50. VIJAY : 67 : : SUDHA : ?
(a) 33
(b) 43
(c) 53
(d) 63

उत्तरमाला

1 (b)	2 (d)	3 (b)	4 (a)	5 (c)
6 (a)	7 (c)	8 (d)	9 (b)	10 (a)
11 (a)	12 (c)	13 (c)	14 (c)	15 (b)
16 (c)	17 (d)	18 (d)	19 (c)	20 (d)
21 (a)	22 (a)	23 (a)	24 (a)	25 (d)
26 (c)	27 (c)	28 (d)	29 (c)	30 (b)
31 (c)	32 (a)	33 (d)	34 (c)	35 (c)
36 (c)	37 (b)	38 (b)	39 (b)	40 (d)
41 (b)	42 (b)	43 (b)	44 (a)	45 (a)
46 (d)	47 (a)	48 (d)	49 (a)	50 (c)

संकेत एवं हल

1. *(b)* जिस प्रकार, 'चेसिस', कार का ढाँचा या आधार होता है। उसी प्रकार, 'कंकाल', शरीर का ढाँचा या आधार होता है।

2. *(d)* जिस प्रकार, 'पारा' एक धातु है, जो द्रव अवस्था में पाया जाता है। उसी प्रकार, 'मेंढ़क' एक जलथलचर जीव है, जो जल और थल दोनों में रह सकता है।

3. *(b)* जिस प्रकार, 'शहद' मधुमक्खी से प्राप्त होता है। उसी प्रकार, 'अण्डे' पक्षियों से प्राप्त होते हैं।

4. *(a)* जिस प्रकार, 'मानव' एक स्तनधारी जीव है। उसी प्रकार, 'चूहे' एक कृंतक जीव है।

5. *(c)* जिस प्रकार, 'मधुमेह' एक प्रकार का रोग है। उसी प्रकार, 'कार' एक प्रकार का वाहन है।

6. *(a)* जिस प्रकार, 'तमिलनाडु' की राजधानी चेन्नई है। उसी प्रकार, 'मणिपुर' की राजधानी इम्फाल है।

7. *(c)* जिस प्रकार, 'घोड़े' के बच्चे को बछेड़ा कहा जाता है। उसी प्रकार, 'हंस' के बच्चे को हंसशावक कहा जाता है।

8. *(d)* जिस प्रकार, 'स्वांग रचना' किसी कार्य को न करने के लिए बहाना बनाना है। उसी प्रकार, 'प्रकाशित करना' भी किसी पुस्तक को उद्घाटित करना (विमोचन करना) है।

9. *(b)* जिस प्रकार, 'पंखा' बिजली से चलता है। उसी प्रकार, 'वाहन' डीजल से चलते हैं।

10. *(a)* जिस प्रकार, 'वेटर' का कार्य परोसना है। उसी प्रकार, 'मैकेनिक' का कार्य मरम्मत करना है।

11. *(a)* जिस प्रकार, 'विस्तृत' का विपरीत सूक्ष्म है। उसी प्रकार, 'भारी' का विपरीत हल्का है।

12. *(c)* जिस प्रकार, 'जून' वर्ष का एक महीना है। उसी प्रकार, 'गुरुवार' सप्ताह का एक दिन है।

13. *(c)* जिस प्रकार, 'बन्दूक' सैनिक का हथियार है। उसी प्रकार, 'छेनी' मूर्तिकार का हथियार (औजार) है।

14. *(c)* जिस प्रकार, 'तराजू' से द्रव्यमान मापा जाता है। उसी प्रकार, 'थर्मामीटर' से तापमान मापा जाता है।

15. *(b)* जिस प्रकार, 'अवसादी' एक प्रकार की चट्टान है। उसी प्रकार, 'जलोढ़' एक प्रकार की मृदा (मिट्टी) है।

16. *(c)* जिस प्रकार, 'पास्कल' दाब का मात्रक या इकाई है। उसी प्रकार, 'जूल' कार्य का मात्रक या इकाई है।

17. *(d)* जिस प्रकार, E का विपरीत अक्षर V है। उसी प्रकार, D का विपरीत अक्षर W है।

18. *(d)* जिस प्रकार, D $\xrightarrow{+4}$ H, H $\xrightarrow{+4}$ L

उसी प्रकार, G $\xrightarrow{+4}$ K, K $\xrightarrow{+4}$ O = **KO**

19. *(c)* जिस प्रकार, G $\xrightarrow{+1}$ H, I $\xrightarrow{+1}$ J

उसी प्रकार, P $\xrightarrow{+1}$ Q, R $\xrightarrow{+1}$ S = **QS**

20. *(d)* जिस प्रकार, G $\xrightarrow{+4}$ K, I $\xrightarrow{+5}$ N

उसी प्रकार, P $\xrightarrow{+4}$ T, Q $\xrightarrow{+5}$ V = **TV**

21. *(a)* जिस प्रकार, N $\xrightarrow{-7}$ G, P $\xrightarrow{-8}$ H, R $\xrightarrow{-9}$ I

उसी प्रकार, T $\xrightarrow{-10}$ J, V $\xrightarrow{-11}$ K, X $\xrightarrow{-12}$ L = **JKL**

22. *(a)* जिस प्रकार, A $\xrightarrow{+6}$ G, E $\xrightarrow{+6}$ K, G $\xrightarrow{+6}$ M

उसी प्रकार, M $\xrightarrow{+6}$ S, Q $\xrightarrow{+6}$ W, S $\xrightarrow{+6}$ Y = **SWY**

23. *(a)* जिस प्रकार, W $\xrightarrow{-7}$ P, Y $\xrightarrow{-7}$ R, U $\xrightarrow{-7}$ N

उसी प्रकार, T $\xrightarrow{-7}$ M, P $\xrightarrow{-7}$ I, J $\xrightarrow{-7}$ C = **MIC**

24. *(a)* जिस प्रकार, M $\xrightarrow{-7}$ F, A $\xrightarrow{+7}$ H, R $\xrightarrow{-5}$ M, K $\xrightarrow{+5}$ P

उसी प्रकार,

L O A N
–7 +7 –5 +5
E V V S

25. *(d)* जिस प्रकार,

C Q H L
+3 +3 –3 –3
F T E I

उसी प्रकार,

O P A R
+3 +3 –3 –3
R S X O

26. *(c)* जिस प्रकार,

K S D O
+3 –3 +3 –3
N P G L

उसी प्रकार,

S B J Y
+3 –3 +3 –3
V Y M V

27. *(c)* जिस प्रकार,

L E N O V O
–7 +6 –5 +4 –3 +2
E K I S S Q

उसी प्रकार,

F I N G E R
–7 +6 –5 +4 –3 +2
Y O I K B T

28. *(d)* जिस प्रकार,

RARE —विपरीत क्रम→ ERAR

उसी प्रकार,

ROCKET —विपरीत क्रम→ TEKCOR

29. *(c)* जिस प्रकार,

M A R K E T
–4 +4 –3 +3 –2 +2
I E O N C V

उसी प्रकार,

T H E R M O
–4 +4 –3 +3 –2 +2
P L B U K Q

30. *(b)* जिस प्रकार,

M R Q
+3 +3 +3
P U T

उसी प्रकार,

F R Y
+3 +3 +3
I U B

31. *(c)* जिस प्रकार,

F M R
–1 –1 –1
E L Q

उसी प्रकार,

T G A
–1 –1 –1
S F Z

32. *(a)* जिस प्रकार,

H F Z
+4 +4 +4
L J D

उसी प्रकार,

K T M
+4 +4 +4
O X Q

33. *(d)* जिस प्रकार, $5^2 = 25$
उसी प्रकार, $6^2 = \boxed{36}$

34. *(c)* जिस प्रकार,
$68 \Rightarrow 6^2 + 8^2 = 36 + 64 = 100$
उसी प्रकार, $45 \Rightarrow 4^2 + 5^2 = 16 + 25 = \boxed{41}$

35. *(c)* जिस प्रकार, 432 के अंकों का विपरीत क्रम 234 है, उसी प्रकार 789 के अंकों का विपरीत क्रम 987 है।

36. *(c)* जिस प्रकार, $15 + 7 = 22$
उसी प्रकार, $19 + 7 = \boxed{26}$

37. *(b)* जिस प्रकार, $\frac{30}{2} + 1 = 15 + 1 = 16$
उसी प्रकार, $\frac{24}{2} + 1 = 12 + 1 = \boxed{13}$

38. *(b)* जिस प्रकार, $59 + 9 = 68$
उसी प्रकार, $101 + 9 = 110$

39. *(b)* जिस प्रकार, $(4 + 3)^2 = 7^2 = 49$
उसी प्रकार, $(7 + 3)^2 = (10)^2 = \boxed{100}$

40. *(d)* जिस प्रकार, $53 \times 9 = 477$
उसी प्रकार, $39 \times 9 = \boxed{351}$

41. *(b)* जिस प्रकार,
$(11 + 1) \times (11 - 1) = 12 \times 10 = 120$
उसी प्रकार, $(2 + 1) \times (2 - 1) = 3 \times 1 = \boxed{3}$

42. *(b)* जिस प्रकार, $3^2 + 5^2 = 9 + 25 = 34$
उसी प्रकार, $4^2 + 7^2 = 16 + 49 = 65$

43. *(b)* जिस प्रकार, $16 \times (4 + 1) = 16 \times 5 = 80$
उसी प्रकार, $13 \times (5 + 1) = 13 \times 6 = 78$

44. *(a)* जिस प्रकार, $16 \times 4 = 64$
तथा $64 \times 5 = 320$
उसी प्रकार, $10 \times 4 = 40$ तथा $40 \times 5 = 200$

45. *(a)* जिस प्रकार, $15 \times 3 + 4 = 49$ तथा
$49 \times 3 + 4 = 151$
उसी प्रकार, $5 \times 3 + 4 = 19$
तथा $19 \times 3 + 4 = 61$

46. *(d)* जिस प्रकार,

22, 19: $\frac{V}{S} = \frac{19}{22}$

उसी प्रकार,

19, 11: $\frac{S}{K} = \frac{11}{19}$

47. *(a)* जिस प्रकार,

14 5 20 → M V G
N E T —विपरीत अक्षर क्रमांक→ 13 22 7

यहाँ बाईं ओर के अक्षर-समूह 'NET' के प्रत्येक अक्षर के विपरीत अक्षर के वर्णमाला क्रमांक को लिखा गया है। उसी प्रकार,

25 1 13 → B Z N
Y A M —विपरीत अक्षर क्रमांक→ 2 26 14

अतः ? = 22614

48. *(d)* जिस प्रकार,

18 1 20
R A T
1+8 1 2+0
9 1 2

उसी प्रकार,

21 1 13
U A M
2+1 1 1+3
3 1 4

49. *(a)* जिस प्रकार,

M A H E S H
1 5 4 3 6 2

उसी प्रकार,

S H A M E
6 4 या 2 5 1 3

चूँकि दिए गए विकल्पों में किसी भी जगह पर H का मान 4 नहीं दिया गया है। अतः उत्तर 62513 होगा।

50. *(c)* जिस प्रकार,

V I J A Y
22 + 9 + 10 + 1 + 25 = 67

उसी प्रकार,

S U D H A
19 + 21 + 4 + 8 + 1 = $\boxed{53}$

अध्याय
02
वर्गीकरण
(Classification)

दिए गए शब्दों/अक्षरों/संख्याओं को उनके गुण, रूप, आकार, रंग, लक्षण इत्यादि विशेषताओं के आधार पर समूहों में वर्गीकृत करने की प्रक्रिया **वर्गीकरण** कहलाती है।

वर्गीकरण अध्याय के अन्तर्गत पूछे जाने वाले प्रश्नों में चार शब्द/शब्द-युग्म/अक्षर/अक्षर-युग्म/संख्या/संख्या-युग्म/संख्या-समूह दिए जाते हैं।

इनमें से तीन किसी न किसी विशेषता के आधार पर एक-दूसरे के समान होते हैं और अपना एक समूह बनाते हैं, जबकि शेष एक, उस समूह से भिन्न होता है। अभ्यर्थियों को उसी भिन्न शब्द/अक्षर/संख्या को ज्ञात करना होता है।

वर्गीकरण के अन्तर्गत मुख्यत: तीन प्रकार के प्रश्न पूछे जाते हैं

1. शब्द वर्गीकरण 2. अक्षर वर्गीकरण 3. संख्या वर्गीकरण

1. शब्द वर्गीकरण

शब्द वर्गीकरण (Word Classification) पर आधारित प्रश्नों में चार शब्द या शब्द-युग्म दिए गए होते हैं। इनमें से तीन शब्द किसी-न-किसी प्रकार से गुण, रूप, रंग, लक्षण इत्यादि के आधार पर एक-दूसरे के समान होते हैं और अपना एक समूह बनाते हैं, जबकि शेष एक, इस समूह से भिन्न होता है। अभ्यर्थियों को इसी भिन्न शब्द या शब्द-युग्म को ज्ञात कर उचित विकल्प का चयन करना होता है।

उदाहरण 1 निम्नलिखित चार शब्दों में से तीन शब्द एक निश्चित तरीके से एक जैसे हैं और एक अलग है। उस अलग शब्द को चुनिए।

(a) हिनहिनाना (b) हूहू करना (c) टहलना (d) गर्जना

हल (c) 'टहलना' के अतिरिक्त अन्य सभी जन्तुओं की आवाजें हैं।

उदाहरण 2 निम्नलिखित चार शब्दों में से तीन शब्द एक निश्चित तरीके से एक जैसे हैं और एक अलग है। उस अलग शब्द को चुनिए।

(a) कार (b) जलयान
(c) जीप (d) ट्रक

हल (b) 'जलयान' के अतिरिक्त अन्य सभी जमीन पर चलने वाले वाहन हैं, जबकि जलयान, पानी में चलता है।

उदाहरण 3 निम्नलिखित प्रश्न में दिए गए विकल्पों में से विषम शब्द-युग्म को चुनिए।

(a) ऊपर-नीचे (b) बड़ा-छोटा (c) दौड़-तीव्र (d) झूठ-सत्य

हल (c) 'दौड़-तीव्र' के अतिरिक्त अन्य सभी युग्मों में दोनों शब्द एक-दूसरे के विपरीत अर्थ वाले हैं।

2. अक्षर वर्गीकरण

अक्षर वर्गीकरण (Alphabet Classification) पर आधारित प्रश्नों में चार अक्षर-समूह दिए गए होते हैं। इनमें से तीन अक्षर-समूह किसी न किसी प्रकार से गुण, रूप, लक्षण इत्यादि के आधार पर एक-दूसरे के समान होते हैं और अपना एक समूह बनाते हैं, जबकि शेष एक अक्षर-समूह अन्य तीनों से भिन्न होता है। अभ्यर्थियों को इसी भिन्न अक्षर-समूह को ज्ञात कर उचित विकल्प का चयन करना होता है। अक्षर वर्गीकरण पर आधारित प्रश्नों को हल करने के लिए अभ्यर्थियों को अंग्रेजी वर्णमाला में अक्षरों के क्रमांकिक मान व स्वर-व्यंजन की जानकारी होना आवश्यक है।

नोट अक्षरों के अंग्रेजी वर्णमाला में क्रमांकिक मान, स्वर-व्यंजन को अध्याय-1 सादृश्यता में समझाया गया है।

उदाहरण 4 दिए गए विकल्पों में से विषम अक्षर-समूह को चुनें।

(a) OUA (b) AEI
(c) FGH (d) IOU

हल (c) 'FGH' अक्षर-समूह को छोड़कर अन्य सभी अक्षर-समूहों में तीनों अक्षर स्वर हैं, जबकि अक्षर-समूह 'FGH' में तीनों अक्षर व्यंजन हैं।

उदाहरण 5 निम्नलिखित चार अक्षर-समूहों में से तीन अक्षर-समूह एक निश्चित तरीके से एक जैसे हैं और एक अलग है। उस अलग अक्षर-समूह को चुनें।

(a) EGK (b) IKM
(c) DFJ (d) BDH

हल (b) विकल्पानुसार,

E G K (+2, +4)   I K M (+2, +2)
D F J (+2, +4)   B D H (+2, +4)

अत: IKM, अन्य सभी से भिन्न है।

3. संख्या वर्गीकरण

संख्या वर्गीकरण (Number Classification) पर आधारित प्रश्नों में चार संख्याएँ या संख्या-युग्म या संख्या-समूह दिए गए होते हैं। इनमें से तीन किसी न किसी प्रकार से गुण, लक्षण, रूप, इत्यादि के आधार पर एक-दूसरे के समान होते हैं और अपना एक समूह बनाते हैं, जबकि शेष एक, अन्य सभी से भिन्न होता है।

अभ्यर्थियों को इसी भिन्न संख्या या संख्या-युग्म या संख्या-समूह को ज्ञात कर उचित विकल्प का चयन करना होता है।

संख्या वर्गीकरण के प्रश्नों को हल करने से पहले संख्याओं के वर्ग, घन, वर्गमूल, घनमूल, गुणनखण्ड, अभाज्य संख्याएँ इत्यादि के बारे में जानकारी होना आवश्यक है।

उदाहरण 6 निम्नलिखित चार संख्याओं में से तीन संख्या एक निश्चित तरीके से एक जैसे हैं और एक अलग है। उस अलग संख्या को चुनिए।

(a) 13 (b) 51
(c) 17 (d) 23

हल (b) '51' के अतिरिक्त अन्य सभी संख्याएँ अभाज्य संख्याएँ हैं, जबकि 51, 3 और 17 से विभाज्य है। अत: 51, अन्य तीनों से भिन्न है।

उदाहरण 7 निम्नलिखित चार संख्याओं में से तीन संख्याएँ एक निश्चित तरीके से एक जैसी हैं और एक अलग है। वह संख्या चुनें, जो अन्य संख्याओं से अलग है।

(a) 459
(b) 259
(c) 639
(d) 189

हल (b) जिस प्रकार,

$459 \Rightarrow 4+5=9,\quad 639 \Rightarrow 6+3=9$

$189 \Rightarrow 1+8=9$ लेकिन, $259 \Rightarrow 2+5=7 \neq 9$

अतः 259 भिन्न है।

उदाहरण 8 नीचे दिए गए प्रश्न में, चार संख्या-युग्म दिए गए हैं। (–) के बाईं ओर दी गई संख्या, (–) के दाईं ओर दी गई संख्या से तर्क/नियम से सम्बन्धित है। तीन उसी एक तर्क/नियम के आधार पर समान हैं। दिए गए विकल्पों में से भिन्न को चुनिए।

(a) 10-121 (b) 12-169 (c) 14-225 (d) 16-279

हल (d) जिस प्रकार,

$10\text{-}121 \Rightarrow (10+1)^2 = 11^2 = 121$

$12\text{-}169 \Rightarrow (12+1)^2 = 13^2 = 169$

$14\text{-}225 \Rightarrow (14+1)^2 = 15^2 = 225$

लेकिन, $16\text{-}279 \Rightarrow (16+1)^2 = 17^2 = 289 \neq 279$

अतः 16-279, अन्य सभी से भिन्न है।

अभ्यास प्रश्न

निर्देश (प्र.सं. 1-17) *निम्नलिखित प्रत्येक प्रश्न में चार शब्दों/शब्द-युग्मों में से तीन शब्द/शब्द-युग्म एक निश्चित तरीके से एक जैसे हैं और एक भिन्न/अलग है। उस भिन्न/अलग शब्द/शब्द-युग्म को चुनिए।*

1. (a) कामगार (b) किसान (c) बढ़ई (d) दर्जी

2. (a) मिमियाहट (b) भौंकना (c) मेंढक (d) रंभाना

3. (a) तूफान (b) चक्रवात (c) बाढ़ (d) आपदा

4. (a) विटामिन्स (b) प्रोटीन (c) कार्बोहाइड्रेट (d) ऊर्जा

5. (a) फोड़ा (b) खून की कमी (c) हार्मोन (d) उच्च रक्तचाप

6. (a) अध्यापक (b) न्याय (c) वकील (d) रसोईया

7. (a) महासागर (b) समुद्र (c) रेगिस्तान (d) नदी

8. (a) बाघ (b) शुतुरमुर्ग (c) सिंह (d) चीता

9. (a) तमिलनाडु (b) केरल (c) आन्ध्र प्रदेश (d) दिल्ली

10. (a) ट्रक (b) कार (c) मोटरसाइकिल (d) हवाई जहाज

11. (a) जूल (b) ओम (c) वाट (d) चुम्बकीय क्षेत्र

12. (a) वर्ग-चार (b) पंचभुज-पाँच (c) आयत-तीन (d) त्रिभुज-तीन

13. (a) लाल-रुकना (b) हरा-जाना (c) गुलाबी-लाल (d) पीला-प्रतीक्षा

14. (a) मांसाहारी-बाघ (b) शाकाहारी-गाय (c) खरगोश-शाकाहारी (d) मांसाहारी-कुत्ता

15. (a) रोगी-चिकित्सक (b) अपराधी-पुलिस (c) विद्यार्थी-अध्यापक (d) जानवर-पक्षी

16. (a) जस्ता-धातु (b) एल्युमिनियम-धातु (c) मगरमच्छ-जल (d) सोना-धातु

17. (a) भाई-बहन (b) पुत्र-मित्र (c) पिता-पुत्री (d) माता-पुत्र

निर्देश (प्र.सं. 18-33) *निम्नलिखित प्रत्येक प्रश्न में, दिए गए विकल्पों में से विषम अक्षर/अक्षरों को चुनिए।*

18. (a) A (b) U (c) E (d) G

19. (a) IR (b) LO (c) EV (d) AY

20. (a) SW (b) GK (c) FJ (d) DG

21. (a) BE (b) SU (c) AD (d) OR

22. (a) HJL (b) NPR (c) BDF (d) SUV

23. (a) NRV (b) PTX (c) DHL (d) FKM

24. (a) DGL (b) KOS (c) BFJ (d) MQU

25. (a) KQW (b) RXD (c) BHN (d) AGL

26. (a) RTV (b) HJL (c) KMP (d) BDF

27. (a) BGF (b) FDH (c) BAE (d) CDE

28. (a) ZBD (b) JLN (c) QSU (d) NOP

29. (a) UQJF (b) AWDZ (c) IDWS (d) OKPL

30. (a) CFJM (b) KNQT (c) SVYB (d) PSVY

31. (a) BCEH (b) LMPS (c) TUWZ (d) KLNQ

32. (a) DGMJ (b) PSZV (c) KNTQ (d) SVBY

33. (a) IJLO (b) EFHI (c) KLNQ (d) GHJM

निर्देश (प्र.सं. 34-40) *निम्नलिखित प्रत्येक प्रश्न में, चार संख्याओं में से तीन संख्याएँ एक निश्चित तरीके से एक जैसी हैं और एक अलग है। उस अलग संख्या का चयन कीजिए।*

34. (a) 57 (b) 37 (c) 47 (d) 67

35. (a) 16 (b) 64 (c) 49 (d) 25

36. (a) 145 (b) 235 (c) 325 (d) 425

37. (a) 448 (b) 336 (c) 226 (d) 224

38. (a) 926 (b) 122 (c) 225 (d) 491

39. (a) 2308 (b) 3412 (c) 4520 (d) 6742

40. (a) 12347 (b) 43217 (c) 54215 (d) 83115

निर्देश (प्र.सं. 41-43) *नीचे दिए गए प्रत्येक प्रश्न में, चार संख्या-युग्म दिए गए हैं। (–) के बाईं ओर दी गई संख्या, (–) के दाईं ओर दी गई संख्या से तर्क/नियम से सम्बन्धित है। तीन उसी एक तर्क/नियम के आधार पर समान हैं। दिए गए विकल्पों में से भिन्न को चुनिए।*

41. (a) 11 – 144 (b) 13 – 196 (c) 15 – 246 (d) 17 – 324

42. (a) 19 – 57 (b) 13 – 39 (c) 23 – 69 (d) 17 – 53

43. (a) 12 – 8 (b) 28 – 24 (c) 66 – 62 (d) 84 – 76

निर्देश (प्र.सं. 44-45) *नीचे दिए गए प्रत्येक प्रश्न में, तीन संख्याओं के चार समूह दिए गए हैं। प्रत्येक समूह में दूसरी तथा तीसरी संख्या, पहली संख्या से किसी एक तर्क/नियम से सम्बन्धित है। तीन उसी एक तर्क/नियम के आधार पर समान हैं। दिए गए विकल्पों में से भिन्न को चुनिए।*

44. (a) (14, 29, 43) (b) (15, 31, 46) (c) (18, 37, 52) (d) (13, 27, 40)

45. (a) (61, 64, 71) (b) (57, 60, 69) (c) (75, 78, 85) (d) (89, 92, 99)

उत्तरमाला

1 (a)	2 (c)	3 (d)	4 (d)	5 (c)
6 (b)	7 (c)	8 (b)	9 (d)	10 (d)
11 (d)	12 (c)	13 (c)	14 (c)	15 (d)
16 (c)	17 (b)	18 (d)	19 (d)	20 (d)
21 (b)	22 (d)	23 (d)	24 (a)	25 (d)
26 (c)	27 (d)	28 (d)	29 (c)	30 (a)
31 (b)	32 (b)	33 (b)	34 (a)	35 (b)
36 (d)	37 (c)	38 (c)	39 (a)	40 (d)
41 (c)	42 (d)	43 (d)	44 (c)	45 (b)

संकेत एवं हल

1. *(a)* 'किसान', 'बढ़ई' और 'दर्जी' तीनों ही कामगार हैं। कामगार एक समूह को दर्शाता है, जबकि अन्य तीनों किसी कार्य विशेष के लिए जाने जाते हैं।

2. *(c)* 'मेंढक' के अतिरिक्त अन्य सभी जानवरों की आवाजें हैं। इसलिए मेंढक, अन्य सभी से भिन्न है।

3. *(d)* 'तूफान', 'चक्रवात' और 'बाढ़' तीनों ही प्राकृतिक आपदा हैं। आपदा, किसी प्राकृतिक दुर्घटना को कहा जाता है। अतः आपदा, अन्य सभी से भिन्न है।

4. *(d)* 'विटामिन्स', 'प्रोटीन', 'कार्बोहाइड्रेट' ये सभी शरीर के लिए आवश्यक तत्व हैं, जो शरीर को ऊर्जा प्रदान करते हैं।
अतः ऊर्जा, अन्य सभी से भिन्न है।

5. *(c)* 'हार्मोन' के अतिरिक्त अन्य सभी शरीर में होने वाली विकृति (बीमारी) हैं, जबकि 'हार्मोन' शरीर में पाया जाने वाला तत्व है।

6. *(b)* 'न्याय' के अतिरिक्त अन्य सभी व्यक्तियों के व्यवसाय हैं, जबकि न्याय एक प्रणाली है।

7. *(c)* 'रेगिस्तान' के अतिरिक्त अन्य सभी जल के स्रोत हैं।

8. *(b)* 'शुतुरमुर्ग' के अतिरिक्त अन्य सभी जंगली जानवर हैं, जबकि शुतुरमुर्ग पक्षी है।

9. *(d)* 'दिल्ली' के अतिरिक्त अन्य सभी पूर्ण राज्य हैं, जो दक्षिण भारत में हैं, जबकि दिल्ली केन्द्र शासित प्रदेश है, जो उत्तर भारत में स्थित है।

10. *(d)* 'हवाई जहाज' के अतिरिक्त अन्य सभी जमीन पर चलने वाले वाहन हैं, जबकि हवाई जहाज आकाश में उड़ता है।

11. *(d)* 'चुम्बकीय क्षेत्र' के अतिरिक्त अन्य सभी भौतिक राशियों की इकाई हैं, जबकि चुम्बकीय क्षेत्र एक भौतिक राशि है।

12. *(c)* जिस प्रकार, वर्ग में चार भुजाएँ, पंचभुज में पाँच भुजाएँ और त्रिभुज में तीन भुजाएँ होती हैं उसी प्रकार, 'आयत' में तीन नहीं चार भुजाएँ होती हैं। अतः विकल्प (c) भिन्न है।

13. *(c)* 'गुलाबी-लाल' के अतिरिक्त अन्य सभी में पहला शब्द ट्रैफिक लाइट का रंग और दूसरा शब्द उसका अर्थ दर्शाता है, जबकि गुलाबी-लाल में दोनों ही शब्द रंग हैं।

14. *(c)* विकल्प (c) के अतिरिक्त अन्य सभी में दूसरा शब्द जानवर और पहला शब्द उसका समूह दर्शाता है, जबकि विकल्प (c) में विपरीत है। अतः विकल्प (c) भिन्न है।

15. *(d)* विकल्प (d) के अतिरिक्त अन्य सभी में दोनों व्यक्ति एक-दूसरे के पूरक हैं, जबकि विकल्प (d) में ऐसा नहीं है।
अतः विकल्प (d) भिन्न है।

16. *(c)* विकल्प (c) के अतिरिक्त अन्य सभी में पहला शब्द पदार्थ तथा दूसरा उसकी अवस्था को दर्शाता है, जबकि विकल्प (c) में पहला शब्द जीव और दूसरा शब्द उसके रहने के स्थान को दर्शाता है।

17. *(b)* विकल्प (b) के अतिरिक्त अन्य सभी में दोनों व्यक्तियों में एक-दूसरे के साथ रक्त सम्बन्ध हैं। अतः विकल्प (b) भिन्न है।

18. *(d)* 'G' के अतिरिक्त अन्य सभी स्वर-अक्षर हैं, जबकि G व्यंजन-अक्षर है।

19. *(d)* 'AY' के अतिरिक्त अन्य सभी विपरीत अक्षर हैं।

I ⟷ R, L ⟷ O, E ⟷ V

20. *(d)* विकल्पानुसार,

S W (+4)   G K (+4)   F J (+4)   [D G] (+3)

अतः DG, अन्य सभी से भिन्न है।

21. *(b)* विकल्पानुसार,

B E (+3)   [S U] (+2)   A D (+3)   O R (+3)

अतः SU, अन्य सभी से भिन्न है।

22. *(d)* विकल्पानुसार,

H J L (+2 +2)   N P R (+2 +2)
B D F (+2 +2)   [S U V] (+2 +1)

अतः SUV, अन्य सभी से भिन्न है।

23. *(d)* विकल्पानुसार,

N R V (+4 +4)   P T X (+4 +4)
D H L (+4 +4)   [F K M] (+5 +2)

अतः FKM, अन्य सभी से भिन्न है।

24. *(a)* विकल्पानुसार,

[D G L] (+3 +5)   K O S (+4 +4)
B F J (+4 +4)   M Q U (+4 +4)

अतः DGL, अन्य सभी से भिन्न है।

25. *(d)* विकल्पानुसार,

K Q W (+6 +6)   R X D (+6 +6)
B H N (+6 +6)   [A G L] (+6 +5)

अतः AGL, अन्य सभी से भिन्न है।

26. *(c)* विकल्पानुसार,

R T V (+2 +2)   H J L (+2 +2)
[K M P] (+2 +3)   B D F (+2 +2)

अतः KMP, अन्य सभी से भिन्न है।

27. *(d)* विकल्पानुसार,

B G F (+5 −1)   F D H (−2 +4)
B A E (−1 +4)   [C D E] (+1 +1)

केवल CDE ही वर्णमाला क्रम में है।
अतः CDE,. अन्य सभी से भिन्न है।

28. *(d)* विकल्पानुसार,

Z B D (+2 +2)   J L N (+2 +2)
Q S U (+2 +2)   [N O P] (+1 +1)

अतः NOP, अन्य सभी से भिन्न है।

29. *(c)* विकल्पानुसार,

U Q J F   A W D Z
I D W S   O K P L

'IDWS' के अतिरिक्त अन्य सभी में पहला और चौथा तथा दूसरा और तीसरा अक्षर विपरीत अक्षर हैं।

30. *(a)* विकल्पानुसार,

[C F J M] (+3 +4 +3)   K N Q T (+3 +3 +3)
S V Y B (+3 +3 +3)   P S V Y (+3 +3 +3)

अतः CFJM, अन्य सभी से भिन्न है।

31. *(b)* विकल्पानुसार,

B C E H (+1 +2 +3)   [L M P S] (+1 +3 +3)
T U W Z (+1 +2 +3)   K L N Q (+1 +2 +3)

अतः LMPS, अन्य सभी से भिन्न है।

32. *(b)* विकल्पानुसार,

D G M J (+3 +6 −3)   [P S Z V] (+3 +7 −4)

K N T Q (+3 +6 −3)   S V B Y (+3 +6 −3)

अत: PSZV, अन्य सभी से भिन्न है।

33. *(b)* विकल्पानुसार,

I J L O (+1 +2 +3)   [E F H I] (+1 +2 +1)

K L N Q (+1 +2 +3)   G H J M (+1 +2 +3)

अत: EFHI, अन्य सभी से भिन्न है।

34. *(a)* 57 के अतिरिक्त अन्य सभी अभाज्य संख्याएँ हैं।

अत: 57, अन्य सभी से भिन्न है।

35. *(b)* 64 के अतिरिक्त अन्य सभी वर्ग संख्याएँ हैं, जबकि 64 वर्ग और घन दोनों संख्या है।

36. *(d)* जिस प्रकार,

$145 \Rightarrow 1 + 4 = 5$

$235 \Rightarrow 2 + 3 = 5$

$325 \Rightarrow 3 + 2 = 5$

लेकिन, $425 \Rightarrow 4 + 2 = 6 \neq 5$

अत: 425, अन्य सभी से भिन्न है।

37. *(c)* जिस प्रकार, $448 \Rightarrow \frac{48}{4} = 12$

$336 \Rightarrow \frac{36}{3} = 12$; 224

$\Rightarrow \frac{24}{2} = 12$

लेकिन, $226 \Rightarrow \frac{26}{2} = 13 \neq 12$

अत: 226, अन्य सभी से भिन्न है।

38. *(c)* '225' के अतिरिक्त अन्य कोई भी संख्या पूर्ण वर्ग नहीं है।

अत: 225, अन्य सभी से भिन्न है।

39. *(a)* जिस प्रकार, $3412 \Rightarrow 3 \times 4 = 12$

$4520 \Rightarrow 4 \times 5 = 20$

$6742 \Rightarrow 6 \times 7 = 42$

लेकिन, $2308 \Rightarrow 2 \times 3 = 6 \neq 8$

अत: 2308, अन्य सभी से भिन्न है।

40. *(d)* जिस प्रकार,

$12347 \Rightarrow 1 + 2 + 3 + 4 + 7 = 17$

$43217 \Rightarrow 4 + 3 + 2 + 1 + 7 = 17$

$54215 \Rightarrow 5 + 4 + 2 + 1 + 5 = 17$

लेकिन, $83115 \Rightarrow 8 + 3 + 1 + 1 + 5 = 18 \neq 17$

अत: 83115, अन्य सभी से भिन्न है।

41. *(c)* जिस प्रकार, $(11 + 1)^2 = 12^2 = 144$

$(13 + 1)^2 = 14^2 = 196$

$(17 + 1)^2 = 18^2 = 324$

लेकिन, $(15 + 1)^2 = 16^2 = 256 \neq 246$

अत: 15 – 246, अन्य सभी से भिन्न है।

42. *(d)* जिस प्रकार, $19 \times 3 = 57$

$13 \times 3 = 39$

$23 \times 3 = 69$

लेकिन, $17 \times 3 = 51 \neq 53$

अत: 17 – 53, अन्य सभी से भिन्न है।

43. *(d)* जिस प्रकार, $12 - 8 = 4$

$28 - 24 = 4$

$\Rightarrow$ $66 - 62 = 4$

लेकिन, $84 - 76 = 8 \neq 4$

अत: 84 – 76, अन्य सभी से भिन्न है।

44. *(c)* जिस प्रकार, (14, 29, 43)

$\Rightarrow$ $14 \times 2 + 1 = 29$ तथा $14 + 29 = 43$

$(15, 31, 46) \Rightarrow 15 \times 2 + 1 = 31$

तथा $15 + 31 = 46$

$(13, 27, 40) \Rightarrow 13 \times 2 + 1 = 27$

तथा $13 + 27 = 40$

लेकिन, $(18, 37, 52) \Rightarrow 18 \times 2 + 1 = 37$

तथा $18 + 37 = 55 \neq 52$

अत: (18, 37, 52), अन्य सभी से भिन्न है।

45. *(b)* जिस प्रकार, (61, 64, 71)

$\Rightarrow$ $61 + 3 = 64$

तथा $64 + 7 = 71$

$(75, 78, 85) \Rightarrow 75 + 3 = 78$

तथा $78 + 7 = 85$

$(89, 92, 99) \Rightarrow 89 + 3 = 92$

तथा $92 + 7 = 99$

लेकिन, $(57, 60, 69) \Rightarrow 57 + 3 = 60$

तथा $60 + 7 = 67 \neq 69$

अत: (57, 60, 69), अन्य सभी से भिन्न है।

अध्याय
03

श्रृंखला परीक्षण
(Series Test)

किसी समूह में एक विशेष नियम या पैटर्न पर व्यवस्थित संख्याओं/अक्षरों के घटते या बढ़ते क्रम को **श्रृंखला** या **श्रेणी** कहते हैं।

श्रृंखला परीक्षण के अन्तर्गत पूछे जाने वाले प्रश्नों में संख्याओं या अक्षरों की एक श्रृंखला दी गई होती है, जिसमें एक पद लुप्त या गलत होता है।

अभ्यर्थियों को श्रृंखला के पदों के परिवर्तन का नियम या पैटर्न ज्ञात कर श्रृंखला में लुप्त पद या गलत पद को ज्ञात करना होता है।

श्रृंखला परीक्षण के अन्तर्गत निम्न प्रकार के प्रश्न पूछे जाते हैं

1. संख्या श्रृंखला पर आधारित
2. अक्षर श्रृंखला पर आधारित
3. अक्षर-संख्या श्रृंखला पर आधारित
4. सतत् श्रृंखला पर आधारित
5. गलत श्रृंखला पर आधारित

1. संख्या श्रृंखला पर आधारित

संख्या श्रृंखला (Number Series) पर आधारित प्रश्नों में संख्याओं की एक श्रृंखला दी गई होती है, जोकि किसी विशेष गणितीय नियम या पैटर्न पर आधारित होती है। श्रृंखला का प्रत्येक पद, पिछले पद से उसी नियम या पैटर्न से सम्बन्धित होता है। दी गई संख्या श्रृंखला में एक पद लुप्त होता है। अभ्यर्थियों को श्रृंखला का नियम या पैटर्न ज्ञात कर उस लुप्त संख्या को ज्ञात करना होता है।

संख्या श्रृंखला पर आधारित प्रश्नों को हल करने से पहले अभ्यर्थियों को जोड़, घटाव, गुणा, भाग, वर्ग, वर्गमूल, घन, घनमूल, अभाज्य संख्याएँ इत्यादि गणितीय संक्रियाओं की जानकारी होना आवश्यक है।

उदाहरण 1 निम्नलिखित प्रश्न में दिए गए विकल्पों में से लुप्त संख्या ज्ञात कीजिए।

10, 12, 14, 16, 18, ?

(a) 22 (b) 24 (c) 20 (d) 26

हल (c) दी गई श्रृंखला निम्न प्रकार है

10 12 14 16 18 [20]

+2 +2 +2 +2 +2

उदाहरण 2 निम्नलिखित प्रश्न में दिए गए विकल्पों में से लुप्त संख्या ज्ञात कीजिए।

13, 17, 19, 23, 29, ?

(a) 33 (b) 31 (c) 35 (d) 37

हल (b) दी गई श्रृंखला निम्न प्रकार है

13 17 19 23 29 [31]

उपरोक्त सभी संख्याएँ अभाज्य संख्याएँ हैं। अतः श्रृंखला में अगली अभाज्य संख्या 31 होगी।

उदाहरण 3 निम्नलिखित श्रृंखला में प्रश्न चिह्न (?) के स्थान पर कौन-सी संख्या आएगी?

6, 12, 36, 144, ?

(a) 620 (b) 520 (c) 720 (d) 420

हल (c) दी गई श्रृंखला निम्न प्रकार है

6 12 36 144 [720]

×2 ×3 ×4 ×5

2. अक्षर श्रृंखला पर आधारित

अक्षर श्रृंखला (Letter Series) पर आधारित प्रश्नों में अक्षरों की या अक्षर समूहों की एक श्रृंखला दी गई होती है। श्रृंखला का प्रत्येक पद श्रृंखला के विशेष नियम या पैटर्न के आधार पर श्रृंखला में व्यवस्थित होता है। इस श्रृंखला में एक या दो पद लुप्त होते हैं और इनके स्थान पर प्रश्न चिह्न दिया गया होता है। अभ्यर्थियों को श्रृंखला के नियम या पैटर्न को ज्ञात कर श्रृंखला के लुप्त पद को ज्ञात करना होता है।

अक्षर श्रृंखला पर आधारित प्रश्नों को हल करने से पहले अभ्यर्थियों को अंग्रेजी वर्णमाला में अक्षरों की स्थिति और क्रमांक आदि की जानकारी होना आवश्यक है।

नोट अक्षरों के अंग्रेजी वर्णमाला में क्रमांकिक मान को अध्याय-1 सादृश्यता में समझाया गया है।

उदाहरण 4 एक अनुक्रम दिया गया है, जिसमें से एक पद लुप्त है। दिए गए विकल्पों में से वह सही विकल्प चुनिए, जो अनुक्रम को पूरा करें।

H, K, N, ?, T, W, ?

(a) R, Y (b) Q, Z

(c) R, Z (d) S, X

हल (b) दी गई श्रृंखला निम्न प्रकार है

H K N [Q] T W [Z]

+3 +3 +3 +3 +3 +3

उदाहरण 5 निम्नलिखित श्रृंखला में प्रश्न चिह्न (?) के स्थान पर कौन-सा अक्षर-युग्म आएगा?

HE, ?, NK, TQ, BY

(a) JH (b) IK

(c) JG (d) IG

हल (c) दी गई श्रृंखला निम्न प्रकार है

H —+2→ [J] —+4→ N —+6→ T —+8→ B

E —+2→ [G] —+4→ K —+6→ Q —+8→ Y

उदाहरण 6 एक अनुक्रम दिया गया है, जिसमें से एक पद लुप्त है। दिए गए विकल्पों में से वह सही विकल्प चुनिए, जो अनुक्रम को पूरा करे।

PON, LKJ, GFE, ?

(a) ABC (b) EFG (c) AZY (d) DEA

हल (c) दी गई श्रृंखला निम्न प्रकार है

P —−4→ L —−5→ G —−6→ [A]

O —−4→ K —−5→ F —−6→ [Z]

N —−4→ J —−5→ E —−6→ [Y]

3. अक्षर-संख्या शृंखला पर आधारित

अक्षर-संख्या शृंखला (Letter-Number Series) पर आधारित प्रश्नों में अक्षर और संख्या की एक मिश्रित शृंखला दी गई होती है। अभ्यर्थियों को दी गई शृंखला का नियम/पैटर्न ज्ञात कर शृंखला में लुप्त पद ज्ञात करना होता है।

उदाहरण 7 निम्न शृंखला में लुप्त पदों को ज्ञात कीजिए।

C 3, E 5, G 7, I 9, ?, ?

(a) M 18, K 14 (b) K 11, M 13
(c) X 24, M 21 (d) O 15, X 24

हल (b) शृंखला का क्रम निम्न प्रकार है

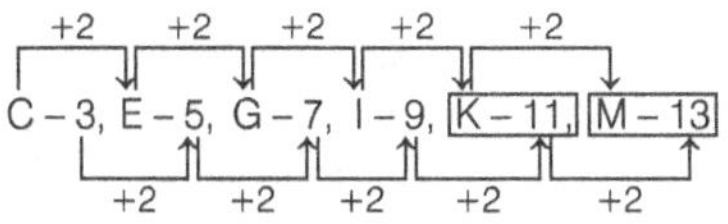

अतः शृंखला के लुप्त पद K 11, M 13 हैं।

उदाहरण 8 निम्नलिखित शृंखला में प्रश्नवाचक चिह्न (?) के स्थान पर क्या आएगा?

C 5, F 4, E 7, H 6, ?

(a) D 7 (b) 9 G (c) G 9 (d) F 8

हल (c) शृंखला का क्रम निम्न प्रकार है

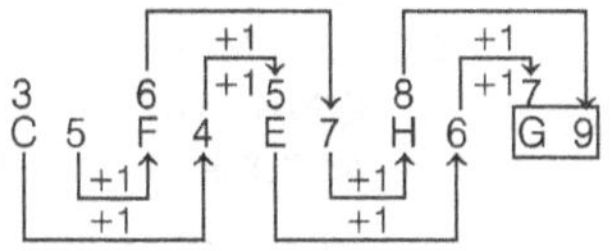

∴ अभीष्ट अक्षर-संख्या = G 9

4. सतत् शृंखला पर आधारित

सतत् शृंखला (Continuous Series) पर आधारित पूछे जाने वाले प्रश्नों में अक्षरों की एक ऐसी शृंखला दी गई होती है, जिसमें अंग्रेजी वर्णमाला के कुछ अक्षरों के विभिन्न पैटर्न/समूह को शृंखला में क्रमशः एक से अधिक बार दिया गया होता है। अक्षरों के इन समूहों के क्रम में कुछ अक्षर भिन्न-भिन्न स्थानों पर लुप्त होते हैं। अभ्यर्थियों को शृंखला का पैटर्न ज्ञात कर शृंखला में लुप्त अक्षरों को ज्ञात करना होता है।

उदाहरण 9 अक्षरों का कौन-सा समूह खाली स्थानों पर क्रमवार रखने से दी गई अक्षर शृंखला को पूरा करेगा?

_AB_PQ_AB_P_

(a) QQCPR (b) RPQCQ
(c) QRCRC (d) CRCRQ

हल (d) दी गई शृंखला का क्रम निम्न प्रकार है

C A B / R P Q / C A B / R P Q ⇒ CRCRQ

उदाहरण 10 ऐसे अक्षरों के संयोजन का चयन करें, जो कि दी गई अक्षर शृंखला के रिक्त स्थानों में क्रमानुसार रूप से रखे जाने पर शृंखला को पूरा करेगा।

ab_ba_babd_acb_bdba_b

(a) cdabc (b) dcbac
(c) acbcd (d) dcabc

हल (b) दी गई शृंखला का क्रम निम्न प्रकार है

a d b a c b / a b d b a c b / a b d b a c b ⇒ d c b a c

उदाहरण 11 निम्नलिखित में से कौन-सा पद दी गई सूची के क्रम के अनुसार है?

XxXXXXX, XXxXXXX, XXXxXXX, XXXXxXX, XXXXXxX, ...?

(a) xXXXXXX (b) XxXXXXX
(c) XXXXXXx (d) XXxXXXX

हल (c) दी गई शृंखला में बाएँ से दाएँ बढ़ने पर प्रत्येक अगले पद में दिए गए x (छोटा) का स्थान दाईं ओर एक स्थान खिसक जाता है अर्थात्

XxXXXXX
XXxXXXX
XXXxXXX
XXXXxXX
XXXXXxX
XXXXXXx

अतः शृंखला में अगला पद XXXXXXx होगा।

5. गलत संख्या पर आधारित

गलत संख्या (Wrong Number) पर आधारित प्रश्नों में एक संख्या-शृंखला दी गई होती है, जिसका एक पद गलत होता है। यह गलत पद शृंखला के नियम का पालन नहीं करता है। अभ्यर्थियों को शृंखला के परिवर्तन का नियम/पैटर्न ज्ञात कर उस गलत पद की पहचान करनी होती है।

उदाहरण 12 निम्नलिखित शृंखला में गलत पद ज्ञात कीजिए।

11, 13, 15, 17, 19, 23

(a) 11 (b) 13
(c) 15 (d) 23

हल (d) शृंखला का क्रम निम्न प्रकार है

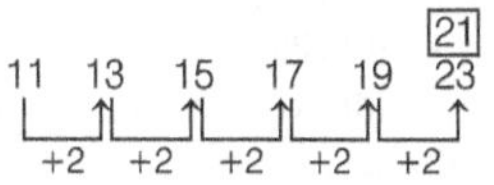

उपरोक्त से स्पष्ट है कि शृंखला में 23 की जगह 21 आना चाहिए। अतः संख्या 23 गलत है।

अभ्यास प्रश्न

निर्देश (प्र.सं. 1-13) *निम्नलिखित प्रत्येक प्रश्न में, एक अनुक्रम दिया गया है, जिसमें से एक पद लुप्त है। दिए गए विकल्पों में से सही विकल्प चुनिए, जो अनुक्रम को पूरा करे।*

1. 12, 60, 240, 720, ?
(a) 1440 (b) 1420
(c) 1400 (d) 1480

2. 11, 13, 16, 18, 21, ?
(a) 29 (b) 25
(c) 27 (d) 23

3. 672, 666, 660, 654, ?
(a) 648 (b) 646
(c) 650 (d) 640

4. 123, 120, 116, 111, ?, 98
(a) 100 (b) 105
(c) 103 (d) 99

5. 7, 9, 12, 17, 24, 35, ?
(a) 48 (b) 45 (c) 47 (d) 52

6. 3, 6, 9, 36, 41, ?
(a) 244 (b) 225
(c) 246 (d) 410

7. 2, 7, 16, ?, 46, 67
(a) 26 (b) 27
(c) 29 (d) 31

8. 28, 32, 41, 57, 82, ?
(a) 118 (b) 122
(c) 120 (d) 116

9. 89, 90, 82, 109, 45, ?
(a) 170 (b) 125
(c) 80 (d) 109

10. 5, 9, 18, 43, 92, 213, 382, ?
(a) 328 (b) 671
(c) 617 (d) 382

11. 91, 73, 164, 237, 401, ?
(a) 720 (b) 638
(c) 432 (d) 747

12. 6, 24, 60, 120, ?
(a) 210 (b) 240 (c) 186 (d) 216

13. 3, 14, 29, 38, 51, 58, 69, ?
(a) 73 (b) 37
(c) 47 (d) 74

निर्देश (प्र.सं. 14-25) *निम्नलिखित प्रत्येक प्रश्न में, एक अनुक्रम दिया गया है, जिसमें से एक पद लुप्त है। दिए गए विकल्पों में से वह सही विकल्प चुनिए, जो अनुक्रम को पूरा करे।*

14. L, P, T, ?, B, F, ?
(a) X, J (b) Y, K
(c) W, I (d) Y, J

15. FJ, HL, ?, LP, NR
(a) GM (b) JN (c) JM (d) IN

16. IM, JO, KQ, LS, ?
(a) NV (b) MU
(c) MY (d) NT

17. JG, LI, ?, VS, DA
(a) PM (b) OR (c) PQ (d) MN

18. FU, LO, RI,?
(a) PK (b) XC (c) UF (d) RI

19. DOP, FPN, HQL, JRJ, ?
(a) KSH (b) LSI (c) LSH (d) KTI

20. FBA, IGE, LLI, OQM, ?
(a) QVQ (b) RUP (c) RVQ (d) RVP

21. HPA, FMZ, DJY, BGX, ?
(a) ZDW (b) ZEV (c) YDW (d) YEV

22. ELP, HNS, KPV, ?
(a) NRY (b) UXZ (c) OXY (d) SVW

23. MHZ, NIW, OKT, PNQ, ?
(a) QNR (b) QRN (c) RNM (d) QNO

24. ONU, NKP, MHK, LEF, ?
(a) KBA (b) KAA (c) KBZ (d) KAZ

25. CFE, ILK, ORQ, ?
(a) UXW (b) VYW (c) UYW (d) UXX

निर्देश (प्र.सं. 26-30) *निम्नलिखित श्रृंखलाओं में लुप्त पद ज्ञात कीजिए।*

26. K11, M13, P16, T20, ?
(a) V22 (b) U21 (c) Y25 (d) W25

27. 3F, 6G, 11I, 18L, ?
(a) 21O (b) 25N
(c) 27P (d) 27Q

28. B 2 D, E 3 H, I 4 M, ?
(a) N 5 R (b) N 5 T
(c) N 5 S (d) N 5 Q

29. A4X, D9U, G16R, ?
(a) K25P (b) J25P
(c) J25O (d) J25C

30. AB1, DC3, EF5, HG7, IJ9, LK11, ?
(a) LM12 (b) NM13
(c) MN13 (d) ML13

निर्देश (प्र.सं. 31-40) *निम्नलिखित प्रश्नों में अक्षरों का कौन-सा समूह खाली स्थानों पर क्रमवार रखने से दी गई अक्षर श्रृंखला को पूरा करेगा।*

31. a_b_a_c_a_bc
(a) bccbb (b) bcbca (c) cabca (d) acbcb

32. c_e_cd_f_d_f
(a) dfcec (b) dfece (c) cfede (d) cdfed

33. p_q_ _qq_p_qr
(a) qrppr (b) qrprq (c) qrpqr (d) qpprq

34. _cca_a_ca_ac_ab
(a) abcbc (b) abcbb (c) abbcc (d) abccb

35. tsm_ _nq_ _smmn_ _st_mmn_qs
(a) mnstnqmn (b) mmstmqtn
(c) nmstnqns (d) mnstnqsn

36. u _ _ m p m _ _ u u c m _ m m j _ u c _ p m m _
(a) u c m j u u m m (b) u c m j p u m j
(c) p c j m p u m j (d) u c u j p m m j

37. ab_ba_db_bd_ac_ba_db_cdbabd_
(a) dcdabbab (b) dcadbbab
(c) dcabdbab (d) cdabdbba

38. T C _ M B C _ N T _ Q M _ C D _ T _ Q MB _ DN
(a) QDDBCCN (b) TDCBNCD
(c) QDCBNCC (d) QBCDNNC

39. _ _ Q D P C _ _ Q C Q _ _ C P D Q C _ D P _ P D
(a) QCDDDPQD (b) QCPDDPQC
(c) QCPCPPQC (d) PCPDDPDC

40. c _ _ p l o p c _ _ r p l o _ c _ c _ p l _ p c
(a) c r p c p r r o (b) c r c c p c r o
(c) p r c c p c r r (d) c r p c p c r o

निर्देश (प्र.सं. 41-45) *निम्नलिखित प्रत्येक प्रश्न में कौन-सा पद दी गई सूची के क्रम के अनुसार हैं?*

41. AAAAAaA, AAAAaAA, AAAaAAA, AAaAAAA, AaAAAAA, ______ .
(a) aAAAAAA (b) AAAAAAa
(c) AAAAAaA (d) AAAAaAA

42. YYYYYYX, YYYYYXX, YYYYXXX, YYYXXXX, YYXXXXX, ______ .
(a) XXXXXXX (b) YXXXXXX
(c) YYYYYYX (d) YYYYYXX

43. abABABAB, ABabABAB, ABABabAB, ABABABab, abABABAB, ________ .
(a) ABABAbaB (b) abABABAB
(c) ABabABAA (d) ABabABAB

44. ZYXYXYXY, ZWXYXYXY, ZWZYXYXY, ZWZWXYXY, ZWZWZYXY, ______ .
(a) XYXYXYXY (b) ZYXYXYXY
(c) ZWZWZWXY (d) ZWXYXYXY

45. QPRQPQPQ, QPQPRQPQ, QPQPQPRQ, QRPQPQPQ, QPQRPQPQ, _______ .

(a) RQPQPQPQ (b) QPRQPQPQ
(c) QPQPRQPQ (d) QPQPQRPQ

निर्देश (प्र.सं. 46-50) *निम्नलिखित श्रृंखलाओं में गलत पद ज्ञात कीजिए।*

46. 11, 18, 29, 42, 59, 80, 101

(a) 42 (b) 18 (c) 29 (d) 80

47. 5, 55, 495, 3465, 17325, 34650, 51975

(a) 495 (b) 34650 (c) 55 (d) 17325

48. 3, 5, 13, 43, 176, 891, 5353

(a) 5 (b) 13 (c) 43 (d) 176

49. 484, 240, 120, 57, 26.5, 11.25, 3.625

(a) 240 (b) 120 (c) 57 (d) 26.5

50. 2, 5, 10, 50, 500, 5000

(a) 50 (b) 500 (c) 5000 (d) 10

उत्तरमाला

1 (a)	2 (d)	3 (a)	4 (b)	5 (a)
6 (c)	7 (c)	8 (a)	9 (a)	10 (b)
11 (b)	12 (a)	13 (d)	14 (a)	15 (b)
16 (b)	17 (a)	18 (b)	19 (c)	20 (c)
21 (a)	22 (a)	23 (b)	24 (a)	25 (a)
26 (c)	27 (c)	28 (c)	29 (c)	30 (c)
31 (a)	32 (b)	33 (b)	34 (a)	35 (d)
36 (b)	37 (c)	38 (c)	39 (b)	40 (b)
41 (a)	42 (b)	43 (d)	44 (c)	45 (d)
46 (d)	47 (b)	48 (d)	49 (b)	50 (c)

संकेत एवं हल

1. *(a)* दी गई श्रृंखला निम्न प्रकार है

12 →(×5) 60 →(×4) 240 →(×3) 720 →(×2) [1440]

2. *(d)* दी गई श्रृंखला निम्न प्रकार है

11 →(+2) 13 →(+3) 16 →(+2) 18 →(+3) 21 →(+2) [23]

3. *(a)* दी गई श्रृंखला निम्न प्रकार है

672 →(−6) 666 →(−6) 660 →(−6) 654 →(−6) [648]

4. *(b)* दी गई श्रृंखला निम्न प्रकार है

123 →(−3) 120 →(−4) 116 →(−5) 111 →(−6) [105] →(−7) 98

5. *(a)* दी गई श्रृंखला निम्न प्रकार है

7 →(+2) 9 →(+3) 12 →(+5) 17 →(+7) 24 →(+11) 35 →(+13) [48]

क्रमागत अभाज्य संख्याएँ

6. *(c)* दी गई श्रृंखला निम्न प्रकार है

3 →(×2) 6 →(+3) 9 →(×4) 36 →(+5) 41 →(×6) [246]

7. *(c)* दी गई श्रृंखला निम्न प्रकार है

2 →(+5) 7 →(+9) 16 →(+13) [29] →(+17) 46 →(+21) 67

+4 +4 +4 +4

8. *(a)* दी गई श्रृंखला निम्न प्रकार है

28 →(+4) 32 →(+9) 41 →(+16) 57 →(+25) 82 →(+36) [118]

2^2, 3^2, 4^2, 5^2, 6^2

9. *(a)* दी गई श्रृंखला निम्न प्रकार है

89 →(+1) 90 →(−8) 82 →(+27) 109 →(−64) 45 →(+125) [170]

1^3, 2^3, 3^3, 4^3, 5^3

10. *(b)* दी गई श्रृंखला निम्न प्रकार है

5 →(+4) 9 →(+9) 18 →(+25) 43 →(+49) 92 →(+121) 213 →(+169) 382 →(+289) [671]

2^2, 3^2, 5^2, 7^2, 11^2, 13^2, 17^2

अभाज्य संख्याएँ

11. *(b)* दी गई श्रृंखला निम्न प्रकार है

91 + 73 = 164; 73 + 164 = 237

164 + 237 = 401

237 + 401 = [638]

12. *(a)* दी गई श्रृंखला का क्रम निम्न प्रकार है

1 × 2 × 3 = 6; 2 × 3 × 4 = 24

3 × 4 × 5 = 60

4 × 5 × 6 = 120

5 × 6 × 7 = [210]

13. *(d)* दी गई श्रृंखला निम्न प्रकार है

3, 14, 29, 38, 51, 58, 69, [74]

3 →(+26) 29 →(+22) 51 →(+18) 69 (−4, −4)

14 →(+24) 38 →(+20) 58 →(+16) [74] (−4, −4)

14. *(a)* दी गई श्रृंखला निम्न प्रकार है

L →(+4) P →(+4) T →(+4) [X] →(+4) B →(+4) F →(+4) [J]

15. *(b)* दी गई श्रृंखला निम्न प्रकार है

F →(+2) H →(+2) [J] →(+2) L →(+2) N

J →(+2) L →(+2) [N] →(+2) P →(+2) R

16. *(b)* दी गई श्रृंखला निम्न प्रकार है

I →(+1) J →(+1) K →(+1) L →(+1) [M]

M →(+2) O →(+2) Q →(+2) S →(+2) [U]

17. *(a)* दी गई श्रृंखला निम्न प्रकार है

J →(+2) L →(+4) [P] →(+6) V →(+8) D

G →(+2) I →(+4) [M] →(+6) S →(+8) A

18. *(b)* दी गई श्रृंखला निम्न प्रकार है

F →(+6) L →(+6) R →(+6) [X]

U →(−6) O →(−6) I →(−6) [C]

19. *(c)* दी गई श्रृंखला निम्न प्रकार है

D →(+2) F →(+2) H →(+2) J →(+2) [L]

O →(+1) P →(+1) Q →(+1) R →(+1) [S]

P →(−2) N →(−2) L →(−2) J →(−2) [H]

20. *(c)* दी गई श्रृंखला निम्न प्रकार है

F →(+3) I →(+3) L →(+3) O →(+3) [R]

B →(+5) G →(+5) L →(+5) Q →(+5) [V]

A →(+4) E →(+4) I →(+4) M →(+4) [Q]

21. *(a)* दी गई श्रृंखला निम्न प्रकार है

H →(−2) F →(−2) D →(−2) B →(−2) [Z]

P →(−3) M →(−3) J →(−3) G →(−3) [D]

A →(−1) Z →(−1) Y →(−1) X →(−1) [W]

22. *(a)* दी गई श्रृंखला निम्न प्रकार है

E →(+3) H →(+3) K →(+3) [N]

L →(+2) N →(+2) P →(+2) [R]

P →(+3) S →(+3) V →(+3) [Y]

23. *(b)* दी गई श्रृंखला निम्न प्रकार है

M →(+1) N →(+1) O →(+1) P →(+1) [Q]

H →(+1) I →(+2) K →(+3) N →(+4) [R]

Z →(−3) W →(−3) T →(−3) Q →(−3) [N]

24. *(a)* दी गई श्रृंखला निम्न प्रकार है

O →(−1) N →(−1) M →(−1) L →(−1) [K]

N →(−3) K →(−3) H →(−3) E →(−3) [B]

U →(−5) P →(−5) K →(−5) F →(−5) [A]

25. *(a)* दी गई श्रृंखला निम्न प्रकार है

C $\xrightarrow{+6}$ I $\xrightarrow{+6}$ O $\xrightarrow{+6}$ U

F $\xrightarrow{+6}$ L $\xrightarrow{+6}$ R $\xrightarrow{+6}$ X

E $\xrightarrow{+6}$ K $\xrightarrow{+6}$ Q $\xrightarrow{+6}$ W

26. *(c)* श्रृंखला का क्रम निम्न प्रकार है

(ऊपर: 11 →+2→ 13 →+3→ 16 →+4→ 20 →+5→ 25)

K–11 M–13 P–16 T–20 [Y–25]

(नीचे: K →+2→ M →+3→ P →+4→ T →+5→ Y)

27. *(c)* श्रृंखला का क्रम निम्न प्रकार है

(ऊपर: F →+1→ G →+2→ I →+3→ L →+4→ P)

3F 6G 11I 18L [27P]

(नीचे: 3 →+3→ 6 →+5→ 11 →+7→ 18 →+9→ 27)

∴ ? = 27 P

28. *(c)* श्रृंखला का क्रम निम्न प्रकार है

B $\xrightarrow{+3}$ E $\xrightarrow{+4}$ I $\xrightarrow{+5}$ N

2 $\xrightarrow{+1}$ 3 $\xrightarrow{+1}$ 4 $\xrightarrow{+1}$ 5

D $\xrightarrow{+4}$ H $\xrightarrow{+5}$ M $\xrightarrow{+6}$ S

∴ ? = N 5 S

29. *(c)* श्रृंखला का क्रम निम्न प्रकार है

(ऊपर: X →–3→ U →–3→ R →–3→ O)

A 4 X D 9 U G 16 R [J 25 O]

(नीचे: A →+3→ D →+3→ G →+3→ J; 4 = $(2)^2$, 9 = $(3)^2$, 16 = $(4)^2$, 25 = $(5)^2$)

अतः रिक्त स्थान पर J25O आएगा।

30. *(c)* श्रृंखला का क्रम निम्न प्रकार है

A $\xrightarrow{+3}$ D $\xrightarrow{+1}$ E $\xrightarrow{+3}$ H $\xrightarrow{+1}$ I $\xrightarrow{+3}$ L $\xrightarrow{+1}$ M

B $\xrightarrow{+1}$ C $\xrightarrow{+3}$ F $\xrightarrow{+1}$ G $\xrightarrow{+3}$ J $\xrightarrow{+1}$ K $\xrightarrow{+3}$ N

1 $\xrightarrow{+2}$ 3 $\xrightarrow{+2}$ 5 $\xrightarrow{+2}$ 7 $\xrightarrow{+2}$ 9 $\xrightarrow{+2}$ 11 $\xrightarrow{+2}$ 13

∴ ? = M N 13

31. *(a)* दी गई श्रृंखला निम्न प्रकार है

abbc/accb/abbc/ ⇒ bccbb

32. *(b)* दी गई श्रृंखला निम्न प्रकार है

cdef /cdef /cdef ⇒ dfece

33. *(b)* दी गई श्रृंखला निम्न प्रकार है

pqqr/pqqr/pqqr ⇒ qrprq

34. *(a)* दी गई श्रृंखला निम्न प्रकार है

accab/accab/accab ⇒ abcbc

35. *(d)* दी गई श्रृंखला निम्न प्रकार है

tsmm n nqs/tsmmn nqs/tsmmnnqs

⇒ mnstnqsn

36. *(b)* दी गई श्रृंखला निम्न प्रकार है

uucmpmmju/ucmpmmju/ucmpmmj

⇒ ucmjpumj

37. *(c)* दी गई श्रृंखला निम्न प्रकार है

abdbacdb/abdbacdb/abdbacdb/abdb

⇒ dcabdbab

38. *(c)* दी गई श्रृंखला निम्न प्रकार है

TCQMBCDN/TCQMBCDN/TCQMB CDN ⇒ QDCBNCC

39. *(b)* दी गई श्रृंखला निम्न प्रकार है

QCQDPCPD/QCQDPCPD/QCQD PCPD ⇒ QCPDDPQC

40. *(b)* दी गई श्रृंखला निम्न प्रकार है

ccrplopc/ccrplopc/ccrplopc

⇒ crccpcro

41. *(a)* दी गई श्रृंखला में प्रत्येक अगले पद में a का स्थान दाएँ से बाएँ एक स्थान खिसक जाता है। अर्थात्

A A A A A a A

A A A A a A A

A A A a A A A

A A a A A A A

A a A A A A A

[a A A A A A A]

42. *(b)* दी गई श्रृंखला में प्रत्येक अगले पद में क्रमशः दाएँ से बाएँ Y, X में परिवर्तित हो जाता है। अर्थात्

Y Y Y Y Y Y X

Y Y Y Y Y X X

Y Y Y Y X X X

Y Y Y X X X X

Y Y X X X X X

[Y X X X X X X]

43. *(d)* दी गई श्रृंखला में प्रत्येक अगले पद में बाएँ से दाएँ ab का स्थान खिसकता जा रहा है। अर्थात्

ab AB AB AB

AB ab AB AB

AB AB ab AB

AB AB AB ab

ab AB AB AB

[AB ab AB AB]

44. *(c)* दी गई श्रृंखला में पहले चरण में Y के स्थान पर W तथा दूसरे चरण में X के स्थान पर Z आ जाता है। यह क्रम एकान्तर चरण के अनुसार आगे बढ़ता है। अर्थात्

ZY XY XY XY

ZW XY XY XY

ZW ZY XY XY

ZW ZW XY XY

ZW ZW ZY XY

[ZW ZW ZW XY]

45. (d) दी गई श्रृंखला में प्रत्येक अगले पद में क्रमशः बाएँ से दाएँ R का स्थान परिवर्तित हो रहा है। अर्थात्

QP RQ PQ PQ

QP QP RQ PQ

QP QP QP RQ

QR PQ PQ PQ

QP QR PQ PQ

[QP QP QR PQ]

46. *(d)* श्रृंखला का क्रम निम्न प्रकार है

11 18 29 42 59 [80] 101 (80 के स्थान पर 78)

+7 +11 +13 +17 +19 +23

∴ गलत संख्या = 80

47. *(b)* श्रृंखला का क्रम निम्न प्रकार है

5 55 495 3465 17325 [34650] 51975 (34650 के स्थान पर 51975)

×11 ×9 ×7 ×5 ×3 ×1

∴ गलत संख्या = 34650

48. *(d)* श्रृंखला का क्रम निम्न प्रकार है

3 5 13 43 [176] 891 5353 (176 के स्थान पर 177)

×1+2 ×2+3 ×3+4 ×4+5 ×5+6 ×6+7

49. *(b)* श्रृंखला का क्रम निम्न प्रकार है

484 240 [120] 57 26.5 11.25 3.625 (120 के स्थान पर 118)

÷2–2 ÷2–2 ÷2–2 ÷2–2 ÷2–2 ÷2–2

50. *(c)* $2 \times 5 = 10$

$5 \times 10 = 50$

$10 \times 50 = 500$

$50 \times 500 = 25000 \neq \boxed{5000}$

अतः उपरोक्त से स्पष्ट है कि दी गई श्रृंखला में 5000 की जगह पर 25000 आना चाहिए। अतः संख्या 5000 गलत है।

अध्याय 04

शब्द-निर्माण
(Word Formation)

अक्षर एवं संख्या परीक्षण के अन्तर्गत अभ्यर्थियों को प्रश्न में दी गई निर्धारित शर्तों के अनुसार, किसी विशेष निश्चित संख्या/अक्षर को ज्ञात करते हुए उस संख्या अक्षर की कुल संख्या ज्ञात करनी होती है।

इस अध्याय के अन्तर्गत किसी विशेष नियम/शर्त के अनुसार, दिए गए शब्द के अक्षरों की सहायता से अर्थपूर्ण शब्दों के निर्माण सम्बन्धित प्रश्न भी पूछे जाते हैं। इस अध्याय के अन्तर्गत मुख्यत: दो प्रकार के प्रश्न पूछे जाते हैं

1. शब्द निर्माण पर आधारित 2. अक्षर एवं संख्या परीक्षण पर आधारित

1. शब्द निर्माण पर आधारित

शब्द निर्माण (Word Formation) पर पूछे जाने वाले प्रश्नों में एक शब्द दिया गया होता है और दिए गए शब्द के अक्षरों से बनाए जा सकने वाले या नहीं बनाए जा सकने वाले अर्थपूर्ण शब्द का विकल्पों में से चयन करने के लिए कहा जाता है। इसके अतिरिक्त अन्य प्रश्नों में यह पूछा जाता है कि दिए गए शब्द के अक्षरों से कितने अर्थपूर्ण शब्द बनाए जा सकते हैं।

उदाहरण 1 दिए गए विकल्पों में से वह शब्द चुनिए जो दिए गए शब्द के अक्षरों का प्रयोग करके नहीं बनाया जा सकता है।

Liabilities

(a) Lite (b) Able
(c) Like (d) Table

हल (c) दिए गए शब्द Liabilities के अक्षरों का प्रयोग करके शब्द Like नहीं बनाया जा सकता है, क्योंकि दिए गए शब्द में अक्षर k नहीं है।

उदाहरण 2 शब्द 'REASONING' के अक्षरों से निम्न में से कौन-सा शब्द बनाया जा सकता है?

(a) SUN (b) REAL
(c) RATION (d) SING

हल (d) प्रश्नानुसार,

REASONING ⇒ S ING

'REASONING' शब्द से विकल्पानुसार केवल SING शब्द बनाया जा सकता है, क्योंकि इसी शब्द के सभी अक्षर मूल शब्द में उपस्थित हैं।

अत: अभीष्ट शब्द = SING

उदाहरण 3 पूरी तरह से नए शब्द बनाने के लिए निम्नलिखित शब्दों में से कौन-सा एक अक्षर हटाया जा सकता है?

HOST POST COST LOST STOP

(a) O (b) P (c) T (d) S

हल (d) HOST ⇒ HOT
POST ⇒ POT
COST ⇒ COT
LOST ⇒ LOT
STOP ⇒ TOP
∴ अभीष्ट अक्षर = S

2. अक्षर एवं संख्या परीक्षण

अक्षर एवं संख्या परीक्षण (Letter and Number Test) पर पूछे जाने वाले प्रश्नों में अक्षरों या संख्याओं का एक समूह या शृंखला दी गई होती है। अभ्यर्थियों से विशेष शर्तों के आधार पर व्यवस्थित अक्षरों या संख्याओं के बारे में पूछा जाता है। इसके अतिरिक्त समूह में अक्षरों या संख्याओं की स्थिति या स्थान के बारे में भी पूछा जाता है।

उदाहरण 4 निम्नलिखित संख्याओं की शृंखला में, ऐसे कितने 2 हैं, जिनके ठीक पहले 8 है, लेकिन ठीक बाद में 9 नहीं है?

8 2 7 2 3 8 2 9 7 2 7 4 1 3 2 5 9 8 2 1

(a) 1 (b) 2
(c) 3 (d) 4

हल (b) अभीष्ट संयोजन

8	2	9

प्रदत्त शृंखला 8 [2] 7 2 3 8 2 9 7 2 7 4 1 3 2 5 9 8 [2] 1

उपरोक्त शृंखला में ऐसे दो 2 हैं, जिनके ठीक पहले 8 है, लेकिन ठीक बाद में 9 नहीं है। अत: अभीष्ट अंक '2' की संख्या = 2

उदाहरण 5 यदि 'COMMUNICATIONS' में पहले और दूसरे, तीसरे और चौथे, पाँचवें और छठे तथा इसी प्रकार अन्य अक्षरों को परस्पर बदल दिया जाए, तो अपने दाएँ से गणना करने पर 10वाँ अक्षर कौन-सा होगा?

(a) T (b) N
(c) U (d) A

हल (b) प्रश्नानुसार, दिया गया शब्द COMMUNICATIONS अक्षरों के स्थान परिवर्तन करने पर बना शब्द

O C M M [N] U C I T A O I S N
← दाएँ से 10 वाँ

अत: अभीष्ट अक्षर = N

अभ्यास प्रश्न

निर्देश (प्र.सं. 1-12) *निम्नलिखित प्रश्नों में एक शब्द तथा उसके बाद चार विकल्प दिए गए हैं। दिए गए विकल्पों में से वह शब्द चुनिए जो दिए गए शब्द के अक्षरों का प्रयोग करके नहीं बनाया जा सकता है।*

1. Threatened
(a) Heart (b) Detain (c) Treat (d) Heated

2. Uninspiring
(a) Ring (b) Spring
(c) Nothing (d) Sun

3. Government
(a) Got (b) Over (c) Need (d) Norm

4. Corporate
(a) Poor (b) Rate (c) Cat (d) Prove

5. Grandmother
(a) Read (b) Other (c) Author (d) Reed

6. Telepathy
(a) Lips (b) Help (c) Heel (d) Type

7. Commissioner
(a) Common (b) Some
(c) Miss (d) Trainer

8. Information
(a) From (b) Action (c) Motion (d) Norm

9. Accounting
(a) Count (b) Actually
(c) Acting (d) Ant

10. Resources
(a) Source (b) Rise (c) Our (d) Sour

11. Catrophobia
(a) Photo (b) Cat (c) Bit (d) Biology

12. Relationship
(a) Ship (b) Late (c) Reserve (d) Last

निर्देश (प्र. सं. 13-17) *निम्नलिखित प्रश्नों में एक शब्द तथा उसके बाद चार विकल्प दिए गए हैं। चार विकल्पों में से केवल एक ही विकल्प ऐसा है, जो दिए गए मूल शब्द के अक्षरों से बनाया जा सकता है। उस विकल्प को चुनिए।*

13. QUADRATIC
(a) AQUATIC (b) DRASTIC
(c) ARCTIC (d) TRADER

14. COMPANIONSHIP
(a) OPEN (b) OPIUM
(c) OPINION (d) NATION

15. ENCROACHMENT
(a) CHAIR (b) REAR (c) TEACH
(d) REMIT

16. INTERNATIONAL
(a) ANNUAL (b) LAMINATION
(c) TERMINATE (d) INTERNAL

17. NATURALISATION
(a) REALISE (b) TEARS
(c) TUTOR (d) NITE

18. ऐसा एक अक्षर बताइए जिसे पूरी तरह से नए शब्द बनाने के लिए निम्नलिखित शब्दों के बाद लगाया जा सकता है।
HAT BAR BAT PIN BATH
(a) A (b) D (c) B (d) E

19. उस अक्षर को पहचानिए, जिसे दिए शब्दों से हटाने पर नए शब्द बनाए जा सकते हों।
MINK, LAMP, TEAM, WARM
(a) R (b) A (c) L (d) M

20. अक्षरों की निम्नलिखित शृंखला में कितने p से पहले t आया है और उसके बाद t आया है?
p t p t t p p t p t p p p q q p t p t t p p p t
(a) 1 (b) 2 (c) 3 (d) 4

21. निम्नलिखित अक्षर शृंखला में, कितनी बार 'P' इस प्रकार उपस्थित है, कि 'P' के बाद N O आता है?
A P N Q P N O S P T O Z P N O Y M P N O
(a) 4 (b) 3 (c) 2 (d) 5

22. निम्नलिखित शृंखला में, ऐसे कितने KGN हैं, जिनके मध्य में 'G' है और दोनों ओर आसन्न अक्षर 'K' और 'N' हैं?
A K G L M N D Q K G C S N G K T G K G N D Z P U X G K E
(a) 3 (b) 5 (c) 1 (d) 2

23. निम्नलिखित अक्षर शृंखला में PQR का क्रम, कितनी बार ऐसा है कि Q अक्षर P तथा R के बीच में आया है?
Q M P N P Q R R O P Q N O P P Q R P M Q R O P Q R P P R R P Q R P
(a) 5 (b) 6 (c) 4 (d) 3

24. निम्नलिखित अक्षर शृंखला में BCN इस प्रकार उपस्थित हैं कि C मध्य में है तथा B और N उसके किसी भी ओर हैं?
B C M X N C X N B X N C B N C B Y B C X N B C N A B O N M Z C B
(a) 4 (b) 2 (c) 5 (d) 3

25. निम्नलिखित संख्या में, किस अंक की पुनरावृत्ति पहली बार हुई है?
8 7 5 6 4 2 5 6 8 2 2
(a) 5 (b) 6 (c) 8 (d) 2

26. अंकों की निम्नलिखित शृंखला में कौन-सा अंक शृंखला के बिल्कुल मध्य में होगा?
8 4 6 7 3 4 3 7 8 3 4 4 5 6 3 4 6 4 3 4 8
(a) 3 (b) 4 (c) 5 (d) 8

27. अंकों के निम्नलिखित समूह में कितने ऐसे 6 हैं, जिनके पूर्ववर्ती 9 हो और परवर्ती भी 9 हो?
6 6 9 6 9 9 9 6 6 6 9 6 9 6 6 9 9 6 6 9 9 6 6 6
(a) 3 (b) 1 (c) 4 (d) 2

28. निम्नलिखित संख्या शृंखला में 6 के कितने अंक हैं, जिनके बाद 7 का अंक आया है?
8 6 7 7 2 6 7 6 5 9 6 7 6 7 7 6 7 7 6
(a) 8 (b) 5
(c) 7 (d) 6

29. अंकों की निम्नलिखित शृंखला में सबसे कम बार आने वाला अंक कौन-सा है?
8 4 6 7 3 4 3 7 8 3 4 4 5 6 3 4 6 4 3 4 8
(a) 8 (b) 7 (c) 5 (d) 4

30. यदि शब्द 'CONQUER' में प्रत्येक स्वर अक्षर को अंग्रेजी वर्णमाला में उसके पहले अक्षर से तथा प्रत्येक व्यंजन को अंग्रेजी वर्णमाला में उसके बाद के अक्षर से प्रतिस्थापित किया जाए और फिर इस प्रकार प्राप्त अक्षरों को वर्णमाला के अनुसार संयोजित किया जाए, तो बाएँ सिरे से चौथा अक्षर क्या होगा?
(a) O (b) N (c) R (d) S

31. यदि शब्द 'RESIDUAL' के अक्षरों को बाएँ से दाएँ इस प्रकार पुन: क्रमबद्ध किया जाए कि पहले सभी व्यंजनों को वर्णमाला के क्रम में लगाया जाए और फिर सभी स्वरों को वर्णमाला के क्रम में लगाया जाए, तो दाएँ से पाँचवाँ अक्षर कौन-सा होगा?
(a) S (b) A (c) U (d) R

निर्देश (प्र.सं. 32-36) *निम्नलिखित प्रश्नों में एक शब्द तथा उसके बाद चार विकल्प दिए गए हैं। दिए गए विकल्पों में से वह शब्द चुनिए, जो दिए गए शब्द के अक्षरों का प्रयोग करके नहीं बनाया जा सकता है।*

32. Demonstration
(a) Moon (b) Most (c) Train (d) Damage

33. Precious
(a) Pire (b) Rise (c) Rose (d) Rest

34. Academic
(a) Card (b) Made (c) Ice (d) Aim

35. Transaction
(a) Ran (b) Action (c) Train (d) Role

36. Apparent
(a) Pear (b) Pent (c) Rent (d) Relevent

उत्तरमाला

1 (b)	2 (c)	3 (c)	4 (d)	5 (c)
6 (a)	7 (d)	8 (b)	9 (b)	10 (b)
11 (d)	12 (c)	13 (a)	14 (c)	15 (c)
16 (d)	17 (c)	18 (d)	19 (d)	20 (c)
21 (b)	22 (d)	23 (c)	24 (d)	25 (a)
26 (b)	27 (d)	28 (b)	29 (c)	30 (a)
31 (a)	32 (d)	33 (d)	34 (a)	35 (d)
36 (d)				

संकेत एवं हल

1. *(b)* दिए गए शब्द 'Threatened' के अक्षरों से शब्द 'Detain' नहीं बनाया जा सकता है क्योंकि दिए गए शब्द में अक्षर i नहीं दिया गया है।

2. *(c)* दिए गए शब्द 'Uninspiring' के अक्षरों का प्रयोग करके शब्द 'Nothing' नहीं बनाया जा सकता है क्योंकि दिए गए शब्द में अक्षर o, t व h नहीं दिए गए हैं।

3. *(c)* दिए गए शब्द 'Government' के अक्षरों का प्रयोग करके शब्द 'Need' नहीं बनाया जा सकता है क्योंकि दिए गए शब्दों में अक्षर d नहीं दिया गया है।

4. *(d)* दिए गए शब्द 'Corporate' के अक्षरों का प्रयोग करके शब्द 'Prove' नहीं बनाया जा सकता है क्योंकि दिए गए शब्द में अक्षर V नहीं दिया गया है।

5. *(c)* दिए गए शब्द 'Grandmother' के अक्षरों का प्रयोग करके शब्द 'Author' नहीं बनाया जा सकता है क्योंकि दिए गए शब्द में अक्षर u नहीं दिया गया है।

6. *(a)* दिए गए शब्द 'Telepathy' के अक्षरों का प्रयोग करके शब्द 'Lips' नहीं बनाया जा सकता है क्योंकि दिए गए शब्द में अक्षर i व s नहीं दिया गया है।

7. *(d)* दिए गए शब्द 'Commissioner' के अक्षरों का प्रयोग करके शब्द 'Trainer' नहीं बनाया जा सकता है क्योंकि दिए गए शब्द में अक्षर a व t नहीं दिए गए हैं।

8. *(b)* दिए गए शब्द 'Information' के अक्षरों का प्रयोग करके शब्द 'Action' नहीं बनाया जा सकता है क्योंकि दिए गए शब्द में अक्षर c नहीं दिया गया है।

9. *(b)* दिए गए शब्द 'Accounting' के अक्षरों का प्रयोग करके शब्द 'Actually' नहीं बनाया जा सकता है क्योंकि दिए गए शब्द में अक्षर l व y नहीं दिए गए हैं।

10. *(b)* दिए गए शब्द 'Resources' के अक्षरों का प्रयोग करके शब्द 'Rise' नहीं बनाया जा सकता है क्योंकि दिए गए शब्द में अक्षर i नहीं दिया गया है।

11. *(d)* दिए गए शब्द 'Catrophobia' के अक्षरों का प्रयोग करके शब्द 'Biology' नहीं बनाया जा सकता है क्योंकि दिए गए शब्द में अक्षर l, g व y नहीं दिए गए हैं।

12. *(c)* दिए गए शब्द 'Relationship' के अक्षरों का प्रयोग करके शब्द 'Reserve' नहीं बनाया जा सकता है क्योंकि दिए गए शब्द में अक्षर v नहीं दिया गया है।

13. *(a)* प्रश्नानुसार, शब्द 'AQUATIC' के सभी अक्षर दिए गए शब्द में विद्यमान हैं।

14. *(c)* प्रश्नानुसार, दिए गए शब्द के अक्षरों का प्रयोग करके केवल 'OPINION' शब्द ही बनाया जा सकता है, क्योंकि इसके सभी अक्षर दिए गए शब्द में मौजूद हैं।

15. *(c)* प्रश्नानुसार, प्रदत्त शब्द से 'TEACH' शब्द बनाया जा सकता है, क्योंकि इसके सभी अक्षर मूल शब्द में विद्यमान हैं।

16. (d) प्रश्नानुसार, प्रदत्त शब्द से 'INTERNAL' शब्द बनाया जा सकता है, क्योंकि इसके सभी अक्षर मूल शब्द में विद्यमान हैं।

17. *(c)* प्रश्नानुसार, प्रदत्त शब्द से 'TUTOR' शब्द बनाया जा सकता है, क्योंकि इसके सभी अक्षर मूल शब्द में विद्यमान हैं।

18. *(d)* विकल्प (d) से,
HATE, BARE, BATE, PINE, BATHE
अभीष्ट अक्षर = E

19. *(d)* MINK → INK
LAMP → LAP
TEAM → TEA
WARM → WAR
∴ अभीष्ट अक्षर = M

20. *(c)* दी गई अक्षर शृंखला,
p t p t t p p t p t p p p q q p t p t t p p p t
अतः p की अभीष्ट संख्या = 3

21. *(b)* दी गई अक्षर शृंखला,
A P N Q [P N O] S P T O Z [P N O] Y M [P N O]
ऐसा P तीन बार आता है, जिसके बाद N O आता है।

22. *(d)* प्रदत्त शृंखला,
A K G L M N D Q K G C S [N G K] T G [K G N] D Z P U X G K E
अतः ऐसे दो K G N हैं, जिनके मध्य में G और दोनों ओर आसन्न अक्षर 'K' और 'N' हैं।

23. *(c)* दी गई संख्या शृंखला,
Q M P N [P Q R] R O P Q N O P [P Q R] P M Q R O [P Q R] P P R R [P Q R] P
अतः शृंखला में ऐसे चार PQR हैं जिनमें Q अक्षर P तथा R के बीच आया है।

24. *(d)* दी गई अक्षर शृंखला,
BCM X NC X NB X [NCB] [NCB] YBCX N [BCN] A BONMZCB
अतः शृंखला में तीन 'BCN' इस प्रकार हैं, कि C मध्य में है और B और N उसके किसी भी ओर हैं।

25. *(a)* दी गई शृंखला 8 7 5 6 4 2 5 6 8 2 2
अतः अंक 5 की पुनरावृत्ति पहली बार हुई है।

26. *(b)* दी गई संख्या शृंखला,
8 4 6 7 3 4 3 7 8 3 [4] 4 5 6 3 4 6 4 3 4 8
मध्य
अतः ठीक मध्य का अंक = 4

27. *(d)* दी गई संख्या शृंखला,
6 6 [9 6 9] 9 9 6 6 6 [9 6 9] 6 6 9 9 6 6 9 9 6 6 6
अतः दो ऐसे 6 हैं जिनके पूर्ववर्ती 9 तथा परवर्ती भी 9 है।

28. *(b)* दी गई संख्या शृंखला,
8 [6] 7 7 2 [6] 7 6 5 9 [6] 7 [6] 7 7 [6] 7 7 6
अतः अंक 6 की अभीष्ट संख्या = 5

29. *(c)* दी गई अंक शृंखला,

अंक (Digits)	3	4	5	6	7	8
बार (Times)	5	7	1	3	2	3

अतः सबसे कम बार '5' आया है।

30. *(a)* प्रश्नानुसार,

C O N Q U E R
+1 −1 +1 +1 −1 −1 +1
D N O R T D S
वर्णमाला क्रम में → D D N [O] R S T
बाएँ से चौथा

अतः नई व्यवस्था 'DDNORST' में बाएँ ओर से चौथा अक्षर O है।

31. *(a)* प्रश्नानुसार,

स्वर और व्यंजनों को अलग-अलग वर्णमाला क्रम में लगाने पर,
R E S I D U A L
D L R [S] A E I U
पाँचवाँ दाएँ से

अतः नई व्यवस्था 'DLRSAEIU' में दाएँ ओर से पाँचवाँ अक्षर S है।

32. *(d)* दिए गए शब्द के अक्षरों से शब्द Damage नहीं बनाया जा सकता है क्योंकि दिए गए शब्द में अक्षर g नहीं है।

33. *(d)* दिए गए शब्द Precious के अक्षरों से शब्द Rest नहीं बनाया जा सकता है, क्योंकि दिए गए शब्द में अक्षर t नहीं है।

34. *(a)* दिए गए शब्द Academic के अक्षरों का प्रयोग करके शब्द Card नहीं बनाया जा सकता है क्योंकि दिए गए शब्द में अक्षर R नहीं दिया गया है।

35. *(d)* दिए गए शब्द Transaction के अक्षरों का प्रयोग करके शब्द Role नहीं बनाया जा सकता है, क्योंकि दिए गए शब्द में अक्षर L नहीं दिया गया है।

36. *(d)* दिए गए शब्द Apparent के अक्षरों का प्रयोग करके शब्द Relevent नहीं बनाया जा सकता है क्योंकि दिए गए शब्द में अक्षर l और v नहीं दिया गया है।

अध्याय 05

कोडिंग और डिकोडिंग (Coding and Decoding)

किसी अक्षर/शब्द/वाक्य को किसी कोड भाषा में लिखने की प्रक्रिया को **कोडिंग या कूटलेखन** (Coding) कहते हैं और किसी कोड किए गए अक्षर/शब्द/वाक्य को उसके मूलरूप या वास्तविक अर्थ में परिवर्तित करने की प्रक्रिया को **डिकोडिंग या कूटवाचन** (Decoding) कहते हैं।

सामान्यत: कोडिंग अंग्रेजी वर्णमाला के अक्षरों और उनकी संगत क्रमांक पर आधारित होता है। कोडिंग पर आधारित प्रश्नों को हल करने से पहले अभ्यर्थियों को अंग्रेजी वर्णमाला के अक्षरों और उनके क्रमांक तथा विपरीत अक्षरों की जानकारी होना आवश्यक है।

नोट अंग्रेजी वर्णमाला के अक्षरों और उनके क्रमांक तथा विपरीत अक्षरों को अध्याय-1 समानता परीक्षण में समझाया गया है।

प्रश्नों के प्रकार

कोडिंग-डिकोडिंग से मुख्यत: निम्न पाँच प्रकार के प्रश्न पूछे जाते हैं

1. अक्षरों की अक्षरों के रूप में कोडिंग

इस प्रकार के अन्तर्गत पूछे जाने वाले प्रश्नों में अक्षरों को अक्षरों के रूप में कोड (Coding of Letter as a Letter) किया जाता है। अक्षरों को उनका स्थान परिवर्तित कर, विपरीत अक्षरों द्वारा, आगे के अक्षरों द्वारा या पीछे के अक्षरों द्वारा एक निश्चित नियम के अनुसार कोड किया जाता है।

प्रश्न में किसी शब्द या अक्षर-समूह का कोड दिया जाता है। अभ्यर्थियों को सर्वप्रथम प्रश्न में दिए गए शब्द/अक्षर-समूह के कोड की भाषा या नियम को ज्ञात करना होता है और फिर उसी आधार पर दूसरे शब्द के कोड को ज्ञात करना होता है।

उदाहरण 1 एक विशिष्ट कोड भाषा में, "FRIED" को "EQHDC" लिखा जाता है। इस कोड भाषा में "RUSTY" को किस प्रकार लिखा जाएगा?

(a) PAXYZ (b) QTRSX (c) PARSX (d) NQVSZ

हल (b) जिस प्रकार,

F R I E D
↓−1 ↓−1 ↓−1 ↓−1 ↓−1
E Q H D C

उसी प्रकार,

R U S T Y
↓−1 ↓−1 ↓−1 ↓−1 ↓−1
Q T R S X

उदाहरण 2 एक कोड भाषा में, "THRUST" को "UJUYXZ" लिखा जाता है। उस कोड भाषा में "WOOD" को कैसे लिखा जाएगा?

(a) XORH (b) XQRI (c) XQSH (d) XQRH

हल (d) जिस प्रकार,

T H R U S T
↓+1 ↓+2 ↓+3 ↓+4 ↓+5 ↓+6
U J U Y X Z

उसी प्रकार,

W O O D
↓+1 ↓+2 ↓+3 ↓+4
X Q R H

उदाहरण 3 किसी कोड भाषा में, "CERTAIN" को "XVIGZRM" के रूप में लिखा जाता है। उसी कोड भाषा में "CLIMATE" को किस तरह लिखा जाएगा?

(a) XRONZGV (b) XORNZGV (c) XORNZVG (d) XONRZGV

हल (b) जिस प्रकार,

C E R T A I N
↓ ↓ ↓ ↓ ↓ ↓ ↓ विपरीत अक्षर
X V I G Z R M

उसी प्रकार,

C L I M A T E
↓ ↓ ↓ ↓ ↓ ↓ ↓ विपरीत अक्षर
X O R N Z G V

उदाहरण 4 एक कोड भाषा में, "ROCKET" को "TEKROC" लिखा जाता है। उसी कोड भाषा में "DRIVER" को कैसे लिखा जाएगा?

(a) REVDRI (b) REVDRJ (c) REUDRI (d) RFVDRI

हल (a) जिस प्रकार,

R O C K E T
T E K R O C

उसी प्रकार,

D R I V E R
R E V D R I

उदाहरण 5 यदि किसी सांकेतिक भाषा में BLADE को SPTFA लिखा जाएगा, तो उस आधार पर BALE का कोड क्या होगा?

(a) BAST (b) ABLS (c) STLE (d) STPA

हल (d) प्रश्नानुसार, दिए गए शब्द के अक्षरों का कूट दिए गए कूट शब्द के संगत अक्षरों को क्रमश: मान लिया जाता है।

जिस प्रकार,

B L A D E
↓ ↓ ↓ ↓ ↓
S P T F A

उसी प्रकार,

B A L E
↓ ↓ ↓ ↓
S T P A

अत: BALE का कोड STPA होगा।

2. अक्षरों का संख्याओं के रूप में कोडिंग

इस प्रकार के अन्तर्गत पूछे जाने वाले प्रश्नों में अक्षरों या शब्दों को संख्याओं के रूप में कोड (Coding of Letter as a Number) किया गया होता है। अक्षरों को संख्याओं में कोड करने के लिए अक्षरों के क्रमांकों एवं गणितीय संक्रिया का प्रयोग किया जाता है। इसके अतिरिक्त अक्षरों को विशेष अंकों द्वारा प्रत्यक्ष रूप से भी कोड किया जाता है।

प्रश्न में एक या दो शब्द या अक्षर समूहों को संख्याओं या अंकों के रूप में कोड किया गया होता है। अभ्यर्थियों को सबसे पहले दिए गए शब्दों की कोड भाषा को ज्ञात करना होता है और फिर उसी के आधार पर दूसरे शब्द का कोड ज्ञात करना होता है।

उदाहरण 6 अगर MAGENTA को 1317514201 के रूप में कोडबद्ध किया गया है, तो VISCOUS को कैसे कोडबद्ध किया जाएगा?

(a) 229193152119 (b) 228193142118
(c) 239203152219 (d) 218193162018

हल (a) जिस प्रकार,

M	A	G	E	N	T	A
↓	↓	↓	↓	↓	↓	↓
13	1	7	5	14	20	1

उसी प्रकार,

V	I	S	C	O	U	S
↓	↓	↓	↓	↓	↓	↓
22	9	19	3	15	21	19

नोट यहाँ अक्षरों के अंग्रेजी वर्णमाला में क्रमांकिक मान को लिखा गया है।

उदाहरण 7 यदि FASHION को 6118965 के रूप में कोडबद्ध किया जाता है, तो LASTING को कैसे कोडबद्ध किया जाएगा?

(a) 3112957 (b) 3112947 (c) 3113947 (d) 2112857

हल (a) जिस प्रकार,

6	1	19	8	9	15	14
F	A	S	H	I	O	N
↓	↓	1+9=10 → 1+0=1	↓	↓	1+5=6	1+4=5
6	1	1	8	9	6	5

उसी प्रकार,

12	1	19	20	9	14	7
L	A	S	T	I	N	G
1+2=3	↓	1+9=10 → 1+0=1	2+0=2	↓	1+4=5	↓
3	1	1	2	9	5	7

उदाहरण 8 अगर CAT को 72 के रूप में कोडबद्ध किया गया है और TROT को 292 के रूप में कोडबद्ध किया गया है, तो STAG को कैसे कोडबद्ध किया जाएगा?

(a) 188 (b) 47 (c) 235 (d) 141

हल (a) जिस प्रकार, $\overset{3\ 1\ 20}{\text{CAT}} \Rightarrow (3+1+20)\times 3 = 72$

तथा $\overset{20\ 18\ 15\ 20}{\text{TROT}} \Rightarrow (20+18+15+20)\times 4 = 292$

उसी प्रकार, $\overset{19\ 20\ 1\ 7}{\text{STAG}} \Rightarrow (19+20+1+7)\times 4 = 47\times 4 = 188$

उदाहरण 9 एक विशिष्ट कोड भाषा में, "FRAME" को ''79635'' लिखा जाता है तथा "TOWEL" को ''21854'' लिखा जाता है। इस कोड भाषा में "WORM" को किस प्रकार लिखा जाएगा?

(a) 9376 (b) 8193
(c) 9183 (d) 1593

हल (b) जिस प्रकार,

F	R	A	M	E	तथा	T	O	W	E	L
↓	↓	↓	↓	↓		↓	↓	↓	↓	↓
7	9	6	3	5		2	1	8	5	4

उसी प्रकार,

W	O	R	M
↓	↓	↓	↓
8	1	9	3

3. अक्षरों की संकेत चिह्नों के रूप में कोडिंग

इस प्रकार के अन्तर्गत पूछे जाने वाले प्रश्नों में अक्षरों को संकेतों/चिह्नों के रूप में कोड (Coding of Letter as a Symbols) किया जाता है। अक्षरों को संकेतों और चिह्नों के रूप में कोड करने के लिए भिन्न-भिन्न अक्षरों के लिए भिन्न-भिन्न चिह्न का प्रत्यक्ष रूप से प्रयोग किया जाता है।

प्रश्न में एक या दो शब्द और उनके कोड दिए गए होते हैं। अभ्यर्थियों को शब्द की कोड भाषा ज्ञात कर उसी कोड भाषा का प्रयोग करके पूछे गए शब्द का कोड ज्ञात करना होता है।

उदाहरण 10 यदि किसी सांकेतिक भाषा में RAID को %#★$ और RIPE को %★@© लिखा जाता है, तो DEAR को उसी भाषा में कैसे लिखा जाएगा?

(a) @©#% (b) $@#% (c) @$#% (d) $©#%

हल (d) जिस प्रकार,

R	A	I	D	तथा	R	I	P	E
↓	↓	↓	↓		↓	↓	↓	↓
%	#	★	$		%	★	@	©

उसी प्रकार,

D	E	A	R
↓	↓	↓	↓
$	©	#	%

अतः DEAR ⇒ $©#%

4. वाक्यों की अक्षर समूहों में कोडिंग

इस प्रकार के अन्तर्गत पूछे जाने वाले प्रश्नों में दो या दो से अधिक वाक्य और उनके कोड (Coding of Sentences as Letter Groups) दिए गए होते हैं। अभ्यर्थियों को दोनों वाक्यों और उनके कोडों की तुलना कर या मिलान कर वाक्यों के प्रत्येक शब्द का कोड सुनिश्चित करना होता है और इसी आधार पर प्रश्नानुसार विशेष शब्द का कोड ज्ञात करना होता है।

उदाहरण 11 यदि किसी सांकेतिक भाषा में no more food को ta ka da और more than that को sa pa ka लिखा जाता है, तो that को उसी भाषा में कैसे लिखा जाएगा?

(a) sa (b) ka (c) sa या pa (d) आँकड़े अपर्याप्त हैं

हल (c) प्रश्नानुसार,

no <u>more</u> food → ta <u>ka</u> da ...(i)

<u>more</u> than that → sa pa <u>ka</u> ... (ii)

समी (i) और (ii) से,

more ⇒ ka

∴ that ⇒ sa या pa

उदाहरण 12 किसी कोड में '253' का अर्थ 'books are old', 546 का अर्थ 'man is old' और '378' का अर्थ 'buy good books'। इस कोड में "are" किसका अर्थ है?

(a) 6 (b) 2 (c) 4 (d) 5

हल (b) प्रश्नानुसार,

2 ⑤ [3] ⟶ [books] are (old)

⑤ 4 6 ⟶ man is (old)

[3] 7 8 ⟶ buy good [books]

तुलना करने पर,

∴ are ⇒ 2

5. शब्दों की शब्दों के रूप में कोडिंग

इस प्रकार के अन्तर्गत एक शब्द को किसी अन्य दूसरे शब्द के रूप में कोड (Coding of Words as a Words) किया जाता है। तथा दूसरे शब्द को अन्य तीसरे शब्द के रूप में कोड किया जाता है। इसी प्रकार आगे भी। अभ्यर्थियों को प्रश्न में दिए गए शब्दों के कोड को समझ कर पूछे गए प्रश्न का उत्तर देना होता है।

उदाहरण 13 यदि 'वायु' को 'हरा' कहा जाए, 'हरे' को 'नीला' कहा जाए, 'नीले' को आकाश कहा जाए, 'आकाश' को 'पीला' कहा जाए, 'पीले' को 'पानी' कहा जाए और पानी को 'गुलाबी' कहा जाए, तो साफ आकाश का रंग क्या होगा?

(a) आकाश (b) पानी (c) नीला (d) पीला

हल (a) साफ आकाश का रंग नीला होता है, परन्तु यहाँ नीले को आकाश कहा गया है। अतः साफ आकाश का रंग आकाश होगा।

अभ्यास प्रश्न

1. एक विशिष्ट कोड भाषा में, "MAKER" को "PDNHU" लिखा जाता है। इस कोड भाषा में "TOOLS" को किस प्रकार लिखा जाएगा?
(a) VTRPM (b) WRROV
(c) MLQGP (d) PTNLR

2. एक कोड भाषा में, "GOURD" को "IQSTF" के रूप में लिखा जाता है। APHID को उस भाषा में कैसे लिखा जाएगा?
(a) CRFKF
(b) CRFLF
(c) CRJKF
(d) CREKF

3. एक विशिष्ट कोड भाषा में, "PRANK" को "RUESQ" लिखा जाता है। इस कोड भाषा में "RATES" को किस प्रकार लिखा जाएगा?
(a) XDTYE (b) ZFTDX
(c) FDXTZ (d) TDXJY

4. एक विशिष्ट कोड भाषा में, "PRIME" को "VNRIK" लिखा जाता है। इस कोड भाषा में "MICRO" को किस प्रकार लिखा जाएगा?
(a) LIXRN (b) NRILV
(c) VPQAN (d) NPVQR

5. यदि किसी कूट भाषा में, 'OPERATION' को 'BWDATXPBJ' के रूप में लिखा गया है और 'PARENT' को 'WTADJX' के रूप में लिखा गया है, 'ORIENT' को इसी कूटभाषा में किस प्रकार लिखा जाएगा?
(a) BPADJX (b) PSJFOU
(c) BWPDJX (d) BAPDJX

6. किसी भाषा में REKHA को NOPST, RESHAM को NOHSTQ और SHYAM को HSLTQ लिखा जाता है, तो SHAME को कैसे लिखा जाएगा?
(a) SHQTO
(b) HSTQO
(c) HSTOQ
(d) SHQOT

7. एक विशिष्ट कोड भाषा में, "MONEY" को "ZDONN" लिखा जाता है। इस कोड भाषा में "RATED" को किस प्रकार लिखा जाएगा?
(a) FBVYE (b) EZSDW
(c) EDUZS (d) WVMKB

8. किसी विशिष्ट कोड भाषा में, "STUBBORN" को "TUVCANQM" लिखा जाता है। इस कोड भाषा में "TRAINING" को किस प्रकार लिखा जाएगा?
(a) USBJMHFM (b) USBJMHMF
(c) JBSUFMHM (d) USBJMHME

9. किसी विशिष्ट कोड भाषा में, "HISTORY" को "XQNSRHI" लिखा जाता है। इस कोड भाषा में "ETHICS" को किस प्रकार लिखा जाएगा?
(a) DSGHBR (b) RBHGSF
(c) RBHDSG (d) GSDRBH

10. किसी विशिष्ट कोड भाषा में, "GASTRIC" को "UCIREKT" लिखा जाता है। इस कोड भाषा में "DECEIVE" को किस प्रकार लिखा जाएगा?
(a) ACBCCTG (b) ACACCTG
(c) EGFCGXK (d) BFCCTGL

11. एक कोड भाषा में, "TRILOGY" को "OGYLTRI" लिखा जाता है। उसी भाषा में "FRAGILE" को कैसे लिखा जाएगा?
(a) ALEGFRA
(b) ILEGFRB
(c) ALEGFRI
(d) ILEGFRA

12. एक कोड भाषा में, "MILITARY" को "ATCVKNKO" के रूप में लिखा जाता है। उसी भाषा में "DISORDER" को कैसे लिखा जाएगा?
(a) TGFTSTLF
(b) SHGTRUKF
(c) TIFSQULH
(d) TGFTQUKF

13. एक कोड भाषा में, "CONSULTANCY" को "QOJKYOUYJWP" लिखा जाता है। उसी भाषा में "MASTERMINDS" को कैसे लिखा जाएगा?
(a) APOWIHOZJEI
(b) APOWIUOZJEI
(c) APOWHIOZJEI
(d) APOWJIOZJEI

14. एक कोड भाषा में, "PERMUTATION" को "IBKFRMXMFLG" लिखा जाता है। उसी भाषा में "PUBLICSECTOR" को कैसे लिखा जाएगा?
(a) IRVEFVLBVMLK (b) ICUFEVLBVNLK
(c) IRUEFVLBVMLK (d) ICUFEVLBVMLJ

15. एक कोड भाषा में, "LOGITECH" को "CFCEBAYD" लिखा जाता है। उसी भाषा में "INFORMATION" को कैसे लिखा जाएगा?
(a) EEBFIDBWFEE
(b) EBEFDIWBEFE
(c) EBEDIFBWFEE
(d) EEBFIDWBEFE

16. किसी विशिष्ट कोड भाषा में, "TOAST" को "03210" लिखा जाता है और "RIGID" को "45759", लिखा जाता है। इस कोड भाषा में "DOOR" को किस प्रकार लिखा जाएगा?
(a) 9331 (b) 9334
(c) 3390 (d) 1314

17. किसी विशिष्ट कोड भाषा में, "TRUMP" को "46321" लिखा जाता है और "GRAIN" को "76598", लिखा जाता है। इस कोड भाषा में "GRUNT" को किस प्रकार लिखा जाएगा?
(a) 23684 (b) 23847
(c) 67834 (d) 76384

18. किसी विशिष्ट कोड भाषा में, "CAUGHT" को "125679" लिखा जाता है और "HEN" को "740", लिखा जाता है। इस कोड भाषा में "TAUGHT" को किस प्रकार लिखा जाएगा?
(a) 952679 (b) 925697
(c) 925679 (d) 952697

19. एक विशिष्ट कोड भाषा में, "HARMS" को "81181319" लिखा जाता है तथा "FLUTE" को "61221205", लिखा जाता है। इस कोड भाषा में "WOUND" को किस प्रकार लिखा जाएगा?
(a) 21144152 (b) 21441514
(c) 231521144 (d) 171921415

20. यदि 'FORTUNE' को '6521347' के रूप में और 'PREY' को '8279' के रूप में कोडबद्ध किया जाता है, तो 'NEPTUNE' को कैसे कोडबद्ध किया जाएगा?
(a) 4781343 (b) 4782347
(c) 4781342 (d) 4781347

21. यदि WIND को 414923 के रूप में कोडबद्ध किया जाता है और CARDS को 1941813 के रूप में कोडबद्ध किया जाता है, तो ORIENT को कैसे कोडबद्ध किया जाएगा?
(a) 2014581815 (b) 1518951420
(c) 2013591815 (d) 2014591815

22. यदि MARBLES को 181132192512 के रूप में कोडबद्ध किया जाता है और INVITED को 221969942520 के रूप में कोडबद्ध किया जाता है, तो COMPARE को कैसे कोडबद्ध किया जाएगा?
(a) 1312531653241 (b) 1322531253221
(c) 1322531652241 (d) 1322531653241

23. यदि FINGER को 15232112239 के रूप में कोडबद्ध किया जाता है और MARKET को 14192916252 के रूप में कोडबद्ध किया जाता है, तो MILTON को कैसे कोडबद्ध किया जाएगा?
(a) 22122353295 (b) 22213235295
(c) 2222213355 (d) 21223239525

24. यदि 'E' को '5' के रूप में कोडबद्ध किया जाता है और 'PEN' को '35' के रूप में कोडबद्ध किया जाता है, तो 'PAGE' को किस रूप में कोडबद्ध किया जाएगा?
(a) 28 (b) 36
(c) 29 (d) 27

25. यदि R = 36 और BIN = 50 है, तो आप 'TALE' को किस प्रकार कोडबद्ध करेंगे?
(a) 19 (b) 76
(c) 54 (d) 110

26. यदि BARBER को 116 और GLINT को 73 के रूप में कोडबद्ध किया जाता है, तो LIZARD को किस प्रकार कोडबद्ध किया जाएगा?
(a) 90 (b) 92 (c) 91 (d) 93

27. एक विशिष्ट कोड भाषा में, "MUTE" को "60" लिखा जाता है। इस कोड भाषा में "TYRE" को "69" लिखा जाता है। इस कोड भाषा में "HYPE" को किस प्रकार लिखा जाएगा?
(a) 55 (b) 60 (c) 54 (d) 52

28. एक विशिष्ट कोड भाषा में, "FRAK" को "35""MALT" को "45" लिखा जाता है। इस कोड भाषा में "TRIM" को किस प्रकार लिखा जाएगा?
(a) 60 (b) 59 (c) 61 (d) 58

29. यदि किसी सांकेतिक भाषा में SHIFT को 37$%5 और RATE को #★59 लिखा जाता है, तो FIRST को उसी भाषा में कैसे लिखा जाएगा?
(a) %$★37 (b) %$#57
(c) ★$#35 (d) %$#35

30. यदि किसी सांकेतिक भाषा में HEART को @8531 और FEAST को #8541 लिखा जाता है, तो FARTHEST को उसी भाषा में कैसे लिखा जाएगा?
(a) @8543#18 (b) #5314@81
(c) #531@841 (d) 4531@845

31. यदि किसी सांकेतिक भाषा में JUST को @7$2, GAPE को β★35 और SNIP को $δ★3 लिखा जाता है, तो SING को उसी भाषा में कैसे लिखा जाएगा?
(a) 9$7# (b) 59#$ (c) 9β7$ (d) $★δβ

32. यदि किसी सांकेतिक भाषा में ROPE को %57$, DOUBT को 35#8★ और LIVE को @24$ लिखा जाता है, तो TROUBLE को उसी भाषा में कैसे लिखा जाएगा?
(a) ★%5#8@$ (b) ★%#58@$
(c) ★%5#8@4 (d) ★%#58$@

33. यदि किसी सांकेतिक भाषा में, Pit Nae Tom का आशय Apple is Green, Nae Ho Tap का आशय Green and White तथा Ho Tom ka का आशय Shirt is White है, तो बताएँ कि Apple का संकेत क्या है?
(a) Nae (b) Pit (c) Tom (d) Ho

34. यदि Cpo Ki Top Ma का अर्थ Usha is playing cards, Kop Ja Ki Ma का अर्थ Asha is playing tennis और Top Sur Kop का अर्थ cards and tennis हो, तो दी गई सूचना के आधार पर बताएँ कि Asha का कोड क्या है?
(a) Kop (b) Ki (c) Ma (d) Ja

35. यदि किसी सांकेतिक भाषा में how old are you को ko to po ha और you are very beautiful को na po da to लिखा जाता है, तो how को उसी भाषा में कैसे लिखा जाएगा?
(a) ko
(b) ha
(c) ko या ha
(d) आँकड़े अपर्याप्त हैं

36. यदि किसी सांकेतिक भाषा में 975 का अर्थ Throw away Garbage, 528 का अर्थ Give away Smoking तथा 213 का अर्थ Smoking is Harmful हो, तो बताएँ Give का संकेत क्या है?
(a) 5 (b) 2 (c) 8 (d) 9

37. यदि 256 का अर्थ 'लाल रंग चाक', 589 का अर्थ 'हरे रंग फूल' तथा 245 का अर्थ 'सफेद रंग चाक' हो, तो बताएँ सफेद को किस अंक से संकेतबद्ध किया गया है?
(a) 4 (b) 5 (c) 2 (d) 8

38. यदि हरा को लाल, लाल को पीला, पीला को नीला तथा नीला को नारंगी कहा जाए, तो बताएँ स्वच्छ आकाश का रंग कैसा दिखाई देता है?
(a) पीला (b) नारंगी
(c) लाल (d) हरा

39. यदि पानी को नीला, नीला को लाल, लाल को सफेद, सफेद को आकाश, आकाश को वर्षा, वर्षा को हरा, हरा को वायु तथा वायु को मेज कहा जाए, तो बताएँ निम्न में से कौन-सा दूध का रंग होगा?
(a) मेज (b) वायु
(c) वर्षा (d) आकाश

40. किसी दूसरे ग्रह पर मृदा, जल, प्रकाश, वायु और आकाश के लिए स्थानीय शब्दावली क्रमश: आकाश, प्रकाश, वायु, जल और मृदा है। यदि वहाँ किसी को प्यास लगे, तो क्या पिएँगे?
(a) आकाश (b) जल
(c) वायु (d) प्रकाश

उत्तरमाला

1 (b)	2 (a)	3 (d)	4 (a)	5 (d)
6 (b)	7 (c)	8 (b)	9 (b)	10 (c)
11 (d)	12 (d)	13 (b)	14 (c)	15 (d)
16 (b)	17 (d)	18 (c)	19 (c)	20 (d)
21 (d)	22 (d)	23 (b)	24 (c)	25 (b)
26 (b)	27 (a)	28 (b)	29 (d)	30 (c)
31 (d)	32 (a)	33 (b)	34 (d)	35 (c)
36 (c)	37 (a)	38 (b)	39 (d)	40 (d)

संकेत एवं हल

1. *(b)* जिस प्रकार,

M A K E R
+3 +3 +3 +3 +3
P D N H U

उसी प्रकार, T O O L S
+3 +3 +3 +3 +3
W R R O V

2. *(a)* जिस प्रकार,

G O U R D
+2 +2 −2 +2 +2
I Q S T F

उसी प्रकार, A P H I D
+2 +2 −2 +2 +2
C R F K F

3. *(d)* जिस प्रकार,

P R A N K
+2 +3 +4 +5 +6
R U E S Q

उसी प्रकार, R A T E S
+2 +3 +4 +5 +6
T D X J Y

4. *(a)* जिस प्रकार,

P R I M E
विपरीत अक्षर
V N R I K

उसी प्रकार, M I C R O
विपरीत अक्षर
L I X R N

5. *(d)* जिस प्रकार,

O P E R A T I O N
B W D A T X P B J

तथा

P A R E N T
W T A D J X

उसी प्रकार, O R I E N T
B A P D J X

6. *(b)* जिस प्रकार,

R E K H A, R E S H A M
N O P S T N O H S T Q

तथा

S H Y A M
H S L T Q

उसी प्रकार,

S H A M E
H S T Q O

7. *(c)* जिस प्रकार,

M O N E Y
+1 −1 +1 −1 +1
Z D O N N

उसी प्रकार,

R A T E D
+1 −1 +1 −1 +1
E D U Z S

8. *(b)* जिस प्रकार,

S T U B B O R N
+1 +1 +1 +1 −1 −1 −1 −1
T U V C A N Q M

उसी प्रकार,

T R A I N I N G
+1 +1 +1 +1 −1 −1 −1 −1
U S B J M H M F

9. *(b)* जिस प्रकार,

H I S T O R Y
−1 −1 −1 −1 −1 −1 +1
X Q N S R H I

उसी प्रकार,

E T H I C S
−1 −1 −1 −1 −1 +1
R B H G S F

10. *(c)* जिस प्रकार,

G A S T R I C
+2 +2 +2 −2 +2 +2 +2
U C I R E K T

उसी प्रकार,

D E C E I V E
+2 +2 +2 −2 +2 +2 +2
E G F C G X K

11. *(d)* जिस प्रकार,

T R I L O G Y
O G Y L T R I

उसी प्रकार, F R A G I L E
I L E G F R A

12. *(d)* जिस प्रकार,

M I L I T A R Y
+2 +2 +2 +2 +2 +2 +2 +2
A T C V K N K O

उसी प्रकार, D I S O R D E R
+2 +2 +2 +2 +2 +2 +2 +2
T G F T Q U K F

13. *(b)* जिस प्रकार,

C O N S U L T A N C Y
−4 −4 −4 −4 −4 +3 −4 −4 −4 −4 −4
Q O J K Y O U Y J W P

उसी प्रकार,

M A S T E R M I N D S
−4 −4 −4 −4 −4 +3 −4 −4 −4 −4 −4
A P O W I U O Z J E I

14. *(c)* यहाँ पर स्वर अक्षरों को तीन अक्षर पीछे के अक्षरों में तथा व्यंजन अक्षरों को सात अक्षर पीछे के अक्षरों में कोड किया गया है।

जिस प्रकार,

P E R M U T A T I O N
−7 −3 −7 −7 −3 −7 −3 −7 −3 −3 −7
I B K F R M X M F L G

उसी प्रकार,

P U B L I C S E C T O R
−7 −3 −7 −7 −3 −7 −7 −3 −7 −7 −3 −7
I R U E F V L B V M L K

15. *(d)* जिस प्रकार,

12 15 7 9 20 5 3 8
L O G I T E C H
1+2 1+5 7−4 9−4 2+0 5−4 3−4 8−4
3 6 3 5 2 1 25 4
C F C E B A Y D

उसी प्रकार,

9	14	6	15	18	13	1	20	9	15	14
I	N	F	O	R	M	A	T	I	O	N
9–4	1+4	6–4	1+5	1+8	1+3	1–4	2+0	9–4	1+5	1+4
5	5	2	6	9	4	23	2	5	6	5
E	E	B	F	I	D	W	B	E	F	E

16. *(b)* जिस प्रकार,

T O A S T → 0 3 2 1 0 तथा R I G I D → 4 5 7 5 9

उसी प्रकार,

D O O R → 9 3 3 4

17. *(d)* जिस प्रकार,

T R U M P → 4 6 3 2 1 तथा G R A I N → 7 6 5 9 8

उसी प्रकार, G R U N T → 7 6 3 8 4

18. *(c)* जिस प्रकार,

C A U G H T → 1 2 5 6 7 9 तथा H E N → 7 4 0

उसी प्रकार, T A U G H T → 9 2 5 6 7 9

19. *(c)* जिस प्रकार,

H A R M S → 8 1 18 13 19 तथा F L U T E → 6 12 21 20 5

उसी प्रकार, W O U N D → 23 15 21 14 4

नोट यहाँ अक्षरों के अंग्रेजी वर्णमाला में क्रमांकिक मान लिखे गए हैं।

20. *(d)* जिस प्रकार,

F O R T U N E → 6 5 2 1 3 4 7 तथा P R E Y → 8 2 7 9

उसी प्रकार,

N E P T U N E → 4 7 8 1 3 4 7

21. *(d)* जिस प्रकार,

W I N D → 4 14 9 23 तथा C A R D S → 19 4 18 1 3

उसी प्रकार,

O R I E N T → 20 14 5 9 18 15

22. *(d)* जिस प्रकार,

M A R B L E S → 18 1 13 2 19 25 12
$(1)^2$ (5^2)

तथा

I N V I T E D → 22 196 9 9 4 25 20
(14^2) $(5)^2$

उसी प्रकार, C O M P A R E → 13 225 3 16 5 324 1
(15^2) (18^2)

23. *(b)* जिस प्रकार,

6	9	14	7	5	18
F	I	N	G	E	R
6+9	9+14	14+7	7+5	5+18	1+8
15	23	21	12	23	9

तथा

13	1	18	11	5	20
M	A	R	K	E	T
13+1	1+18	18+11	11+5	5+20	2+0
14	19	29	16	25	2

उसी प्रकार,

13	9	12	20	15	14
M	I	L	T	O	N
13+9	9+12	12+20	20+15	15+14	1+4
22	21	32	35	29	5

24. *(c)* जिस प्रकार,

E (5) → 5

PEN (16 5 14) → 16 + 5 + 14 = 35

उसी प्रकार,

PAGE (16 1 7 5) → 16 + 1 + 7 + 5 = **29**

25. *(b)* जिस प्रकार,

R (18) → 18 × 2 = 36

तथा BIN (2 9 14) → (2 + 9 + 14) × 2 = 25 × 2 = 50

उसी प्रकार,

TALE (20 1 12 5) → (20 + 1 + 12 + 5) × 2
= 38 × 2 = **76**

26. *(b)* जिस प्रकार,

BARBER (25 26 9 25 22 9) ⇒
25 + 26 + 9 + 25 + 22 + 9 = 116

GLINT (20 15 18 13 7) ⇒ 20 + 15 + 18 + 13 + 7 = 73

उसी प्रकार,

LIZARD (15 18 1 26 9 23) ⇒ 15 + 18 + 1 + 26 + 9 + 23 = **92**

नोट यहाँ अक्षरों के अंग्रेजी वर्णमाला में विपरीत क्रम में क्रमांकिक मानों को जोड़ा गया है।

27. *(a)* जिस प्रकार,

MUTE (13 21 20 5) ⇒ 13 + 21 + 20 + (5 + 1)
= 13 + 21 + 20 + 6 = 60

तथा TYRE (20 25 18 5) ⇒ 20 + 25 + 18 + (5 + 1)
= 20 + 25 + 18 + 6 = 69

उसी प्रकार,

HYPE (8 25 16 5) ⇒ 8 + 25 + 16 + (5 + 1)
= 8 + 25 + 16 + 6 = **55**

28. (b) जिस प्रकार,

FRAK (6 18 1 11) ⇒ 6 + 18 + (1 − 1) + 11
= 6 + 18 + 0 + 11 = 35

तथा MALT (13 1 12 20) ⇒ 13 + (1 − 1) + 12 + 20
= 13 + 0 + 12 + 20 = 45

उसी प्रकार,

TRIM (20 18 9 13) ⇒ 20 + 18 + (9 − 1) + 13
= 20 + 18 + 8 + 13
= **59**

नोट यहाँ स्वरों के क्रमांकिक मान में से 1 घटाया गया है।

29. *(d)* जिस प्रकार,

S H I F T → 3 7 $ % 5 तथा R A T E → # ★ 5 9

उसी प्रकार, F I R S T → % $ # 3 5

अतः FIRST ⇒ %$#35

30. *(c)* जिस प्रकार,

H E A R T → @ 8 5 3 1 तथा F E A S T → # 8 5 4 1

उसी प्रकार, F A R T H E S T → # 5 3 1 @ 8 4 1

अतः FARTHEST ⇒ #531@841

31. *(d)* जिस प्रकार,

J U S T → @ 7 $ 2, G A P E → β ★ 3 5 तथा S N I P → $ δ ★ 3

उसी प्रकार, S I N G → $ ★ δ β

अतः SING ⇒ $★δβ

32. *(a)* जिस प्रकार,

R O P E → % 5 7 $, D O U B T → 3 5 # 8 ★ तथा L I V E → @ 2 4 $

उसी प्रकार, T R O U B L E → ★ % 5 # 8 @ $

अतः TROUBLE ⇒ ★%5#8@$

33. *(b)* प्रश्नानुसार,

Pit Nae Tom → Apple is Green

Nae Ho Tap → Green and White

Ho Tom ka → Shirt is White

अतः उपरोक्त से स्पष्ट है कि Apple का कोड Pit होगा।

34. *(d)* प्रश्नानुसार,

Cpo Ki Top Ma → Usha is playing cards

Kop Ja Ki Ma → Asha is playing tennis

Top Sur Kop → cards and tennis

अतः उपरोक्त से स्पष्ट है कि Asha का कोड Ja होगा।

35. *(c)* प्रश्नानुसार,

how old are you → ko to po ha ... (i)

you are very beautiful → na po da to ... (ii)

समी (i) और (ii) से, you / are ⇒ po / to

∴ how ⇒ ko या ha

36. *(c)* प्रश्नानुसार,

9 7 5 → Throw away Garbage

5 2 8 → Give away Smoking

2 1 3 → Smoking is Harmful

अतः उपरोक्त से स्पष्ट है कि Give का कोड 8 है।

37. (a) प्रश्नानुसार,

2 5 6 → लाल रंग चाक

5 8 9 → हरे रंग फूल

2 4 5 → सफेद रंग चाक

अतः उपरोक्त से स्पष्ट है कि सफेद का कोड 4 होगा।

38. *(b)* स्वच्छ आकाश का रंग नीला होता है और प्रश्न में नीला को नारंगी कहा गया है। अतः स्वच्छ आकाश का रंग नारंगी होगा।

39. *(d)* दूध का रंग सफेद होता है तथा सफेद को आकाश कहा गया है। अतः दूध का रंग आकाश होगा।

40. *(d)* प्यास लगने पर जल पिया जाता है। जल को स्थानीय भाषा में प्रकाश कहा गया है। अतः व्यक्ति प्यास लगने पर प्रकाश पिएगा।

अध्याय 06 गणितीय संक्रियाएँ (Mathematical Operations)

किसी गणितीय व्यंजक में जोड़, घटाव, गुणा, भाग इत्यादि संक्रियाओं को सरल करने की प्रक्रिया गणितीय संक्रियाएँ कहलाती हैं।

गणितीय संक्रियाएँ (Mathematical Operations) के अन्तर्गत आने वाले प्रश्नों में '+', '−', '×', '÷' चिह्नों या 'P' या 'Q' या ऐसे ही किन्हीं अन्य संकेतों से युक्त गणितीय व्यंजक दिए जाते हैं तथा चिह्नों के अर्थ भिन्न-भिन्न दिए गए होते हैं। अभ्यर्थियों को प्रश्न में दिए गए निर्देशानुसार चिह्नों को परिवर्तित करके बदले हुए व्यंजक को हल करना होता है।

इस प्रकार के प्रश्नों को हल करने के लिए VBODMAS नियम का प्रयोग किया जाता है, जो निम्न है

(i) V ⟶ Viniculum (रेखा कोष्ठक) (–),
(ii) B ⟶ Bracket (कोष्ठक) ((), {}, []),
(iii) O ⟶ Of (का) (×),
(iv) D ⟶ Division (भाग) (÷),
(v) M ⟶ Multiplication (गुणन) (×),
(vi) A ⟶ Addition (योग) (+),
(vii) S ⟶ Subtraction (घटाव) (–)

इस नियमानुसार किसी गणितीय समीकरण का सरलीकरण करने के लिए सबसे पहले 'Viniculum' को, फिर 'Bracket' को, फिर 'Of' को, फिर 'Division' को फिर 'Multiplication' को, फिर 'Addition' को और अन्त में 'Subtraction' को हल करते हैं।

गणितीय संक्रियाएँ के अन्तर्गत निम्न प्रकार के प्रश्न पूछे जाते हैं

1. चिह्न प्रतिस्थापन के बाद व्यंजक का मान ज्ञात करना

इस प्रकार के प्रश्नों में एक गणितीय व्यंजक दिया गया होता है जिसमें दो संख्याओं के बीच की संक्रिया को +,−,×,÷ आदि चिह्नों द्वारा दर्शाया गया होता है, लेकिन यह आवश्यक नहीं कि इन चिह्न का अर्थ वही हो। प्रश्न में इन चिह्नों का वास्तविक अर्थ दिया गया होता है।

अभ्यर्थियों को प्रश्नानुसार व्यंजक में दिए गए चिह्नों को वास्तविक अर्थ वाले चिह्नों से प्रतिस्थापित कर व्यंजक को हल करना होता है। कुछ प्रश्नों में व्यंजक में दिए गए चिह्नों के स्थान पर अक्षर दिए गए होते हैं, जिसका वास्तविक अर्थ प्रश्न में ही दिया गया होता है।

उदाहरण 1 किसी निश्चित कोड भाषा में, '–', '×', को प्रदर्शित करता है, '÷', '+' को प्रदर्शित करता है, '+', '÷' को प्रदर्शित करता है और '×', '–' को प्रदर्शित करता है। निम्नलिखित प्रश्न का उत्तर ज्ञात करें।

$160 + 8 \times 30 \div 4 - 6 = ?$

(a) 42 (b) 14 (c) 5 (d) 17

हल (b) प्रश्नानुसार, व्यंजक के चिह्नों को बदलने पर,

$? = 160 \div 8 - 30 + 4 \times 6 = 20 - 30 + 4 \times 6$

$= 20 - 30 + 24 = 44 - 30 = 14$

2. चिह्न प्रतिस्थापन के बाद सन्तुलित समीकरण ज्ञात करना

इस प्रकार के प्रश्नों में विकल्पों में चार गणितीय व्यंजक दिए गए होते हैं और प्रश्न में गणितीय चिह्नों का वास्तविक अर्थ भी दिया गया होता है। अभ्यर्थियों को दिए गए गणितीय व्यंजकों में चिह्न बदलने के बाद सन्तुलित समीकरण को ज्ञात करना होता है।

उदाहरण 2 यदि – चिह्न ÷ के लिए हो, + चिह्न × के लिए, ÷ चिह्न – के लिए और × चिह्न + के लिए हो, तो निम्न में से कौन-सा सही है?

(a) $49 + 7 - 3 \times 5 \div 8 = 20$
(b) $49 - 7 + 3 \div 5 \times 8 = 24$
(c) $49 \times 7 + 3 \div 5 - 8 = 16$
(d) $49 \div 7 \times 3 + 5 - 8 = 26$

हल (b) विकल्प (a) से, $49 + 7 - 3 \times 5 \div 8 = 20$

प्रश्नानुसार, गणितीय चिह्नों को बदलने पर,

$49 \times 7 \div 3 + 5 - 8 = 20 \Rightarrow 49 \times \frac{7}{3} + 5 - 8 = 20$

$\Rightarrow \quad 111.33 \neq 20$

विकल्प (b) से, $49 - 7 + 3 \div 5 \times 8 = 24$

प्रश्नानुसार, गणितीय चिह्नों को बदलने पर,

$49 \div 7 \times 3 - 5 + 8 = 24$

$\Rightarrow \quad 7 \times 3 - 5 + 8 = 24$

$\Rightarrow \quad 21 - 5 + 8 = 24 \Rightarrow 24 = 24$

3. चिह्नों और संख्याओं के परिवर्तन द्वारा समीकरण सन्तुलित करना

इस प्रकार के प्रश्नों में एक गणितीय व्यंजक दिया गया होता है लेकिन यह व्यंजक असन्तुलित होता है, अर्थात् बाएँ पक्ष का मान दाएँ पक्ष के बराबर नहीं होता है। अभ्यर्थियों को विकल्पों में से उस विकल्प का चयन करना होता है, जिसके अनुसार व्यंजक में चिह्नों और संख्याओं का परिवर्तन करने पर व्यंजक सन्तुलित हो जाएगा।

उदाहरण 3 निम्नलिखित समीकरण को सही बनाने के लिए इसमें किन दो चिह्नों और दो संख्याओं को आपस में बदलना चाहिए?

$18 + 25 - 10 \times 10 \div 5 = 203$

(a) × और ÷, 25 और 5
(b) × और –, 18 और 25
(c) + और –, 18 और 25
(d) + और ÷, 18 और 5

हल (b) विकल्प (b) के अनुसार, व्यंजक में चिह्न और संख्याएँ बदलने पर,

बायाँ पक्ष $= 25 + 18 \times 10 - 10 \div 5$

$= 25 + 180 - 2 = 205 - 2 = 203 =$ दायाँ पक्ष

4. रिक्त स्थानों पर चिह्न प्रतिस्थापन द्वारा समीकरण को सन्तुलित करना

इस प्रकार के प्रश्नों में एक गणितीय व्यंजक दिया गया होता है, लेकिन उसके चिह्नों के स्थान पर या तो प्रश्नचिह्न (?) या * दिया गया होता है या चिह्न लुप्त होते हैं। अभ्यर्थियों को दिए गए विकल्पों में से उस विकल्प का चयन करना होता है जिसमें दिए गए चिह्नों का समूह व्यंजक में लुप्त चिह्नों के स्थान पर क्रमशः रखने पर व्यंजक सन्तुलित हो जाएगा।

उदाहरण 4 गई समीकरण को सन्तुलित करने तथा * चिह्नों को प्रतिस्थापित करने के लिए गणितीय चिह्नों का सही क्रम समूह चुनिए।

40*2*4*3*8

(a) + − ÷ = (b) ÷ + − = (c) + ÷ × = (d) ÷ − × =

हल (d) विकल्प (d) से,

$40 \div 2 - 4 \times 3 = 8 \Rightarrow 20 - 4 \times 3 = 8$

$\Rightarrow \quad 20 - 12 = 8 \Rightarrow 8 = 8$

5. विशेष प्रणाली पर आधारित

इसके अन्तर्गत आने वाले प्रश्नों में कुछ समीकरण किसी विशेष नियम द्वारा हल किए गए होते हैं। इसी नियम के आधार पर प्रश्न में हल न किए गए समीकरण को हल करना होता है।

उदाहरण 5 यदि $64 + 7 = 460$ और $25 + 8 = 212$, तब $43 + 8 = ?$

(a) 360
(b) 376
(c) 332
(d) 356

हल (d) जिस प्रकार, $64 + 7 = 460$

$\Rightarrow 64 \times 7 + 12 = 460$

तथा $25 + 8 = 212 \Rightarrow 25 \times 8 + 12 = 212$

उसी प्रकार, $43 + 8 = ?$

$\Rightarrow 43 \times 8 + 12 = 356 \Rightarrow ? = 356$

अभ्यास प्रश्न

1. किसी निश्चित कोड भाषा में, '–', '×' को प्रदर्शित करता है, '÷', '+' को प्रदर्शित करता है, '+', '÷' को प्रदर्शित करता है और '×', '–' को प्रदर्शित करता है। निम्नलिखित प्रश्न का उत्तर ज्ञात करें।

$7 \times 10 \div 30 - 2 + 6 = ?$

(a) 33 (b) 18
(c) 7 (d) 26

2. किसी निश्चित कोड भाषा में, '×', '+' को प्रदर्शित करता है, '÷', '×' को प्रदर्शित करता है, '–', '÷' को प्रदर्शित करता है और '+', '–' को प्रदर्शित करता है। निम्नलिखित प्रश्न का उत्तर ज्ञात करें।

$15 \times 4 \div 35 - 70 + 16 = ?$

(a) 1 (b) 15
(c) 19 (d) 17

3. किसी निश्चित कोड भाषा में, '–', '×' को प्रदर्शित करता है, '÷', '+' को प्रदर्शित करता है, '+', '÷' को प्रदर्शित करता है और '×', '–' को प्रदर्शित करता है। निम्नलिखित प्रश्न का उत्तर ज्ञात करें।

$20 - 12 + 10 \times 5 \div 12 = ?$

(a) 32 (b) 8
(c) 4 (d) 31

4. किसी निश्चित कोड भाषा में, '–', '×' को प्रदर्शित करता है, '÷', '+' को प्रदर्शित करता है, '+', '÷' को प्रदर्शित करता है और '×', '–' को प्रदर्शित करता है। निम्नलिखित प्रश्न का उत्तर ज्ञात करें।

$23 \times 20 \div 35 - 2 + 10 = ?$

(a) 19 (b) 10
(c) 16 (d) 20

5. यदि '+' का अर्थ 'घटाना', '×' का अर्थ 'भाग', '–' का अर्थ 'गुणा' है और '÷' का अर्थ जोड़ है, तो

$104 \times 13 + 9 - 5 \div 6 = ?$

(a) − 31 (b) − 36 (c) − 37 (d) − 34

6. यदि '+' का अर्थ 'घटाना', '×' का अर्थ 'भाग' है, '÷' का अर्थ 'जोड़' है और '–' का अर्थ 'गुणा' है, तो

$108 \times 12 + 3 - 6 \div 4 = ?$

(a) − 10 (b) − 1 (c) − 7 (d) − 5

7. यदि '+' का अर्थ 'घटाना', '×' का अर्थ 'भाग' और '÷' का अर्थ "जोड़" और '–' का अर्थ 'गुणा' है, तो

$81 \times 9 + 10 - 6 \div 5 = ?$

(a) 46 (b) − 46 (c) − 47 (d) − 74

8. यदि '+' का अर्थ 'घटाना' है, '×' का अर्थ 'भाग' है, '÷' का अर्थ 'जोड़' है और '–' का अर्थ 'गुणा' है, तो

$300 \times 10 - 5 + 36 \div 57 = ?$

(a) 150 (b) 171 (c) 230 (d) 234

9. किसी निश्चित कोड भाषा में '÷', '+' को प्रदर्शित करता है, '–', '×' को प्रदर्शित करता है, '+', '÷' को प्रदर्शित करता है और '×', '–' को प्रदर्शित करता है। निम्नलिखित प्रश्न का उत्तर ज्ञात करें।

$14 \times 10 \div 5 - 20 + 4 = ?$

(a) 19 (b) 29 (c) 34 (d) 50

10. यदि 'A' का अर्थ '+', 'D' का अर्थ '÷', 'P' का अर्थ '×' और '5' का अर्थ '–' हो, तो

68 A 48 D 258 P 10 = ?

(a) 46 (b) 64 (c) 12 (d) 500

11. यदि '+', '×' (गुणन) का संकेत हो और '–', '+' (योग) का तथा '÷', '–' (घटाने) का, तो निम्न में कौन-सा समीकरण गलत है?

(a) $6 + 4 \div 5 - 5 = 24$
(b) $10 - 7 + 3 \div 8 = 23$
(c) $1 - 9 + 4 \div 12 = 25$
(d) $3 + 3 \div 3 - 3 = 6$

12. यदि '+' का अर्थ घटाना हो, '÷' का अर्थ जोड़ना हो, '–' का अर्थ गुणा करना हो और '×' का अर्थ भाग देना हो, तो निम्नलिखित समीकरणों में से कौन-सा सही है?

(a) $56 + 12 \times 34 - 12 = 102$
(b) $8 \div 44 - 5 + 25 = 203$
(c) $112 \times 44 - 12 + 10 = 46$
(d) $9 \div 64 - 2 \times 6 = 54$

13. यदि '+' घटाने के लिए है, '÷' जोड़ के लिए है, '–' गुणा के लिए है और '×' भाग के लिए है, तो निम्नलिखित में से कौन-सा समीकरण सही है?

(a) $46 - 10 + 10 \times 5 = 92$
(b) $265 + 11 - 2 \times 14 = 22$
(c) $66 \times 3 - 11 + 12 = 230$
(d) $2 - 14 \times 4 \div 11 = 16$

14. यदि '–' से अभिप्राय है भाग, '+' से अभिप्राय है गुणा, '÷' से अभिप्राय है घटाना, '×' से अभिप्राय है जोड़ना, तो निम्न समीकरणों में से कौन-सा सही है?

(a) $30 + 5 - 12 \div 8 \times 12 = 70$
(b) $30 - 5 + 12 \div 8 \times 12 = 76$
(c) $30 \times 5 - 12 + 8 \div 12 = 60$
(d) $30 \div 5 \times 12 + 8 - 12 = 24$

15. निम्नलिखित समीकरण को सही बनाने के लिए इसमें किन दो चिह्नों को आपस में बदलना चाहिए?

35+ 7−5×2÷25=20

(a) × और − (b) + और −
(c) + और ÷ (d) × और ÷

16. निम्नलिखित समीकरण को सही बनाने के लिए इसमें किन दो चिह्नों को एक-दूसरे से बदलना होगा?

615 − 377 ÷ 29 × 15 + 308 = 502

(a) + और − (b) ÷ और ×
(c) + और ÷ (d) × और +

17. दिए गए समीकरण को सही करने के लिए इसमें किन दो संकेतों को आपस में बदलना होगा?

14+ 4÷5−18×2 =25

(a) ÷ और + (b) × और +
(c) × और − (d) × और ÷

18. दिए गए समीकरण को सही करने के लिए इसमें किन दो चिह्नों को आपस में बदलना चाहिए?

5 × 15 ÷ 7 − 20 + 4 = 77

(a) + और − (b) ÷ और +
(c) − और × (d) + और ×

19. निम्नलिखित समीकरण गलत है। इस समीकरण को सही करने के लिए किन दो चिह्नों को एक-दूसरे से बदलना होगा?

18 − 2 ÷ 20 + 5 × 16 = 69

(a) ÷ और − (b) + और ×
(c) + और ÷ (d) − और +

20. निम्नलिखित समीकरण को सही बनाने के लिए इसमें किन दो चिह्नों को एक-दूसरे से बदलना होगा?

868+ 14×55−1064÷56 = 117

(a) ÷ और × (b) × और −
(c) + और ÷ (d) + और −

21. निम्नलिखित समीकरण गलत है। इस समीकरण को सही करने के लिए किन दो चिह्नों को एक-दूसरे से बदलना होगा?

18 + 26 − 25 × 10 ÷ 5 = 42

(a) − और + (b) ÷ और ×
(c) × और − (d) ÷ और −

22. निम्नलिखित समीकरण गलत है। इस समीकरण को सही करने के लिए किन दो चिह्नों को एक-दूसरे से बदलना होगा?

5 + 8 ÷ 40 − 20 × 25 = 6

(a) + और ÷ (b) − और +
(c) + और × (d) ÷ और ×

23. निम्नलिखित समीकरण गलत है। इस समीकरण को सही करने के लिए किन दो चिह्नों को एक-दूसरे से बदलना होगा?

18 + 12 ÷ 9 − 30 × 16 = 10

(a) + और × (b) + और ÷
(c) − और + (d) ÷ और ×

24. निम्नलिखित समीकरण गलत है। इस समीकरण को सही करने के लिए किन दो चिह्नों को एक-दूसरे से बदलना होगा?

13 − 14 ÷ 30 × 7 + 15 = 13

(a) + और ÷ (b) − और +
(c) ÷ और × (d) × और −

25. निम्नलिखित समीकरण को सही बनाने के लिए इसमें किन दो संख्याओं को आपस में बदलना चाहिए?

618 + 37 × 12 − 703 ÷ 14 = 767

(a) 703 और 12 (b) 618 और 14
(c) 12 और 37 (d) 14 और 37

26. निम्नलिखित समीकरण को सही बनाने के लिए इसमें किन दो संख्याओं को आपस में बदलना चाहिए?

731 ÷ 13 + 450 − 25 × 43 = 142

(a) 13 और 43 (b) 731 और 450
(c) 450 और 25 (d) 13 और 25

27. निम्नलिखित समीकरण को सही बनाने के लिए इसमें किन दो चिह्नों को और किन दो संख्याओं को आपस में बदलना चाहिए?

8+15−20×10÷5=47

(a) + और −, 8 और 15
(b) × और ÷, 5 और 8
(c) + और ÷, 10 और 20
(d) × और −, 15 और 20

28. चिह्नों और संख्याओं में निम्न में से कौन-सा अन्तर्विनिमय दिए गए समीकरण को सही बना देगा?

9+ 8×2=74

(a) × और =, 2 और 9
(b) × और +, 8 और 9
(c) + और ×, 8 और 9
(d) + और =, 74 और 2

29. चिह्नों और संख्याओं में निम्न में से कौन-सा अन्तर्विनिमय दिए गए समीकरण को सही बना देगा?

8+ 4×6=52

(a) × और +, 8 और 52
(b) + और ×, 6 और 4
(c) × और +, 8 और 4
(d) + और ×, 6 और 8

30. नीचे दिए गए समीकरण में किसमें परिवर्तन किया जाए, कि समीकरण सन्तुलित हो जाए?

16−8×16−2÷4+ 3=15

(a) + तथा ÷ में एवं 3 तथा 4 में
(b) × तथा − में एवं 16 तथा 4 में
(c) − तथा ÷ में एवं 8 तथा 2 में
(d) × तथा − में एवं 16 तथा 2 में

निर्देश (प्र. सं. 31-35) *यदि प्रदत्त उत्तर तक पहुँचना है, तो समीकरण के लिए उपयुक्त चिह्न क्या होने चाहिए?*

31. 17−3×6=45

(a) ×,= तथा − (b) −,× तथा =
(c) =,× तथा − (d) ×,− तथा =

32. 3 + 2 × 1 = 7

(a) ×, + तथा = (b) +,× तथा =
(c) =,× तथा + (d) ×,= तथा +

33. 23 26 27

(a) ×3 = तथा ×1=
(b) ×1= तथा ×3=
(c) + 3= तथा + 1=
(d) ×3= तथा + 1=

34. 15 5 3 25

(a) =,+,× (b) ×,+,= (c) +,×,= (d) ×,=,+

35. 8 7 6 5 10

(a) ×, −, ÷, = (b) −, ×, ÷, +
(c) +, −, ÷, × (d) ×, +, =, ÷

36. यदि 3 * 1 = 20, 6 * 1 = 50 और 2 * 6 = − 40, तो 5 * 8 का मान ज्ञात करें।

(a) 100 (b) 30 (c) − 50 (d) − 30

37. यदि 8&4 = 64, 5&8 = 80 और 8&1 = 16, तो 9&9 का मान ज्ञात करें।

(a) 124 (b) 40 (c) 162 (d) 28

38. यदि 7%8 = 30, 4%3 = 14 और 4%9 = 26, तो 1%8 = ? का मान ज्ञात करें।

(a) 29 (b) 10 (c) 18 (d) 22

39. यदि 11 * 8 = 6, 19 * 7 = 24 और 14 * 6 = 16, तो 12 * 9 का मान ज्ञात करें।

(a) 18 (b) 12 (c) 8 (d) 6

40. यदि 70 * 10 = − 7, 50 * 5 = − 10 और 10 * 5 = − 2, तो 80 * 1 का मान ज्ञात करें।

(a) 45 (b) − 25 (c) 20 (d) − 80

41. यदि 6@1 = 12, 6@2 = 24 और 9@9 = 162, तो 4@6 = ? का मान ज्ञात करें।

(a) 48 (b) 4
(c) 16 (d) 20

42. यदि 4!4 = 4, 14!2 = 8 और 10!18 = 14, तो 2!6 का मान ज्ञात करें।

(a) 4 (b) 8
(c) 18 (d) 12

43. यदि 8 * 2 = 3, 14 * 18 = − 2 और 18 * 2 = 8, तो 14 * 10 का मान ज्ञात करें।

(a) 2 (b) − 5
(c) − 2 (d) 6

उत्तरमाला

1 (c)	2 (a)	3 (d)	4 (b)	5 (a)
6 (d)	7 (b)	8 (b)	9 (b)	10 (c)
11 (d)	12 (b)	13 (c)	14 (b)	15 (c)
16 (a)	17 (d)	18 (b)	19 (a)	20 (d)
21 (a)	22 (c)	23 (a)	24 (a)	25 (d)
26 (a)	27 (a)	28 (b)	29 (b)	30 (c)
31 (d)	32 (a)	33 (c)	34 (b)	35 (a)
36 (d)	37 (c)	38 (c)	39 (d)	40 (d)
41 (a)	42 (a)	43 (a)		

संकेत एवं हल

1. *(c)* प्रश्नानुसार, चिह्न परिवर्तित करने पर,

$? = 7 - 10 + 30 \times 2 \div 6$

$= 7 - 10 + 30 \times \frac{2}{6}$

$= 7 - 10 + 10 = 7$

2. *(a)* प्रश्नानुसार, चिह्न परिवर्तित करने पर,

$? = 15 + 4 \times 35 \div 70 - 16$

$= 15 + 4 \times \frac{35}{70} - 16$

$= 15 + 2 - 16 = 1$

3. *(d)* प्रश्नानुसार, चिह्न परिवर्तित करने पर,

$? = 20 \times 12 \div 10 - 5 + 12$

$= 20 \times \frac{12}{10} - 5 + 12$

$= 24 - 5 + 12 = 31$

4. *(b)* प्रश्नानुसार, चिह्न परिवर्तित करने पर,

$? = 23 - 20 + 35 \times 2 \div 10$

$= 23 - 20 + 35 \times \frac{2}{10}$

$= 23 - 20 + 7 = 10$

5. *(a)* प्रश्नानुसार, चिह्न बदलने पर,

$? = 104 \div 13 - 9 \times 5 + 6$

$= 8 - 45 + 6$

$= -31$

6. *(d)* प्रश्नानुसार, चिह्न परिवर्तित करने पर,

$? = 108 \div 12 - 3 \times 6 + 4$

$= 9 - 18 + 4$

$= -5$

7. *(b)* प्रश्नानुसार, चिह्न परिवर्तित करने पर,

$? = 81 \div 9 - 10 \times 6 + 5$

$= 9 - 60 + 5 = -46$

8. *(b)* प्रश्नानुसार, चिह्न परिवर्तित करने पर,

$? = 300 \div 10 \times 5 - 36 + 57$

$= 30 \times 5 - 36 + 57$

$= 150 - 36 + 57 = 171$

9. *(b)* प्रश्नानुसार, चिह्न बदलने पर,

$? = 14 - 10 + 5 \times 20 \div 4$

$= 14 - 10 + 5 \times 5$

$= 14 - 10 + 25$

$= 39 - 10 = 29$

10. *(c)* प्रश्नानुसार, चिह्न परिवर्तित करने पर,

$= 68 + 48 \div 2 - 8 \times 10$

$= 68 + 24 - 8 \times 10$

$68 + 24 - 80 = 92 - 80 = 12$

11. *(d)* विकल्प (a) से,

$6 + 4 \div 5 - 5 = 24$

निर्देशानुसार, चिह्नों को परिवर्तित करने पर

$6 \times 4 - 5 + 5 = 24$

$\Rightarrow 24 - 5 + 5 = 24$

$\Rightarrow 29 - 5 = 24$

$\Rightarrow 24 = 24$

विकल्प (b) से,

$10 - 7 + 3 \div 8 = 23$

निर्देशानुसार, चिह्नों को परिवर्तित करने पर,

$10 + 7 \times 3 - 8 = 23$

$\Rightarrow 10 + 21 - 8 = 23$

$\Rightarrow 31 - 8 = 23$

$\Rightarrow 23 = 23$

विकल्प (c) से,

$1 - 9 + 4 \div 12 = 25$

निर्देशानुसार, चिह्नों को परिवर्तित करने पर,

$\Rightarrow 1 + 9 \times 4 - 12 = 25$

$\Rightarrow 1 + 36 - 12 = 25$

$\Rightarrow 37 - 12 = 25$

$\Rightarrow 25 = 25$

विकल्प (d) से,

$3 + 3 \div 3 - 3 = 6$

निर्देशानुसार, चिह्नों को परिवर्तित करने पर,

$3 \times 3 - 3 + 3 = 6$

$\Rightarrow 9 - 3 + 3 = 6$

$\Rightarrow 9 \neq 6$

12. *(b)* विकल्प (b) से,

$8 \div 44 - 5 + 25 = 203$

प्रश्नानुसार, गणितीय चिह्नों को बदलने पर,

$8 + 44 \times 5 - 25 = 203$

$\Rightarrow 8 + 220 - 25 = 203$

$\Rightarrow 228 - 25 = 203$

$\Rightarrow 203 = 203$

13. *(c)* विकल्प (c) से,

$66 \times 3 - 11 + 12 = 230$

प्रश्नानुसार, गणितीय चिह्नों को बदलने पर,

$66 \div 3 \times 11 - 12 = 230$

$\Rightarrow 22 \times 11 - 12 = 230$

$\Rightarrow 242 - 12 = 230$

$\Rightarrow 230 = 230$

14. *(b)* विकल्प (b) से,

$30 - 5 + 12 \div 8 \times 12 = 76$

प्रश्नानुसार, गणितीय चिह्नों को बदलने पर,

$30 \div 5 \times 12 - 8 + 12 = 76$

$\Rightarrow 6 \times 12 - 8 + 12 = 76$

$\Rightarrow 72 - 8 + 12 = 76$

$\Rightarrow 84 - 8 = 76$

$\Rightarrow 76 = 76$

15. *(c)* विकल्प (c) के अनुसार, चिह्न बदलने पर,

$35 \div 7 - 5 \times 2 + 25$

$= 5 - 10 + 25$

$= 30 - 10 = 20$

16. *(a)* विकल्प (a) के अनुसार, चिह्न बदलने पर,

$615 + 377 \div 29 \times 15 - 308$

$= 615 + 13 \times 15 - 308$

$= 615 + 195 - 308$

$= 810 - 308$

$= 502$

17. *(d)* विकल्प (d) के अनुसार, चिह्न परिवर्तित करने पर,

$14 + 4 \times 5 - 18 \div 2$

$= 14 + 20 - 9$

$= 34 - 9 = 25$

18. *(b)* विकल्प (b) के अनुसार, चिह्न बदलने पर,

$5 \times 15 + 7 - 20 \div 4$

$= 75 + 7 - 5 = 77$

19. *(a)* विकल्प (a) के अनुसार, चिह्न बदलने पर,

$18 \div 2 - 20 + 5 \times 16$

$= 9 - 20 + 80$

$= 89 - 20$

$= 69$

20. *(d)* विकल्प (d) के अनुसार, चिह्न बदलने पर,

$868 - 14 \times 55 + 1064 \div 56$

$= 868 - 770 + 19$

$= 887 - 770$

$= 117$

21. *(a)* विकल्प (a) के अनुसार, चिह्न परिवर्तित करने पर,

$18 - 26 + 25 \times 10 \div 5$

$= 18 - 26 + 25 \times 2$

$= 18 - 26 + 50$

$= 68 - 26$

$= 42$

22. *(c)* विकल्प (c) के अनुसार, चिह्न बदलने पर,

$5 \times 8 \div 40 - 20 + 25$

$= 5 \times \frac{8}{40} - 20 + 25$

$= 1 - 20 + 25 = 6$

23. *(a)* विकल्प (a) के अनुसार, चिह्न परिवर्तित करने पर,

$18 \times 12 \div 9 - 30 + 16$

$= 18 \times \frac{12}{9} - 30 + 16$

$= 24 - 30 + 16 = 10$

24. *(a)* विकल्प (a) के अनुसार, चिह्न परिवर्तित करने पर,

$13 - 14 + 30 \times 7 \div 15$

$= 13 - 14 + 30 \times \frac{7}{15}$

$= 13 - 14 + 14$

$= 13$

25. *(d)* विकल्प (d) के अनुसार, संख्याएँ बदलने पर,

$$618 + 14 \times 12 - 703 \div 37$$
$$= 618 + 168 - 19$$
$$= 767$$

26. *(a)* विकल्प (a) के अनुसार, संख्याएँ बदलने पर,

$$731 \div 43 + 450 - 25 \times 13$$
$$= 17 + 450 - 325$$
$$= 467 - 325 = 142$$

27. *(a)* विकल्प (a) के अनुसार, चिह्न और संख्या बदलने पर,

$$15 - 8 + 20 \times 10 \div 5$$
$$= 15 - 8 + 20 \times 2$$
$$= 15 - 8 + 40$$
$$= 55 - 8 = 47$$

28. *(b)* विकल्प (b) के अनुसार, चिह्न और संख्या बदलने पर,

$$8 \times 9 + 2 = 72 + 2 = 74$$

29. (b) विकल्प (b) के अनुसार, चिह्न और संख्या बदलने पर,

$$8 \times 6 + 4$$
$$= 48 + 4$$
$$= 52$$

30. *(c)* विकल्प (c) के अनुसार, चिह्न और संख्या बदलने पर,

$$16 - 8 \times 16 - 2 \div 4 + 3 = 15$$
$$\Rightarrow \quad 16 \div 8 \times 16 \div 2 - 4 + 3 = 15$$
$$\Rightarrow \quad 16 \div 2 \times 16 \div 8 - 4 + 3 = 15$$
$$\Rightarrow \quad 16 \times \frac{1}{2} \times 16 \times \frac{1}{8} - 4 + 3 = 15$$
$$\Rightarrow 16 - 4 + 3 = 15 \Rightarrow 19 - 4 = 15 \Rightarrow 15 = 15$$

31. *(d)* प्रदत्त व्यंजक $= 17 - 3 \times 6 = 45$

विकल्प (d) से,

$$17 \times 3 - 6 = 45$$
$$\Rightarrow \quad 51 - 6 = 45$$
$$\Rightarrow \quad 45 = 45$$

32. *(a)* प्रदत्त व्यंजक $= 3 + 2 \times 1 = 7$

विकल्प (a) से,

$$3 \times 2 + 1 = 7$$
$$\Rightarrow \quad 6 + 1 = 7$$
$$\Rightarrow \quad 7 = 7$$

33. *(c)* विकल्प (c) से,

$23 + 3 = 26$ तथा $26 + 1 = 27$

34. *(b)* विकल्प (b) से,

$$15 \times 5 \div 3 = 25$$
$$\Rightarrow \quad \frac{15 \times 5}{3} = 25$$
$$\Rightarrow \quad 25 = 25$$

35. *(a)* विकल्प (a) से,

$$(8 \times 7 - 6) \div 5 = 10$$
$$\Rightarrow \quad (56 - 6) \div 5 = 10$$
$$\Rightarrow \quad 50 \div 5 = 10$$
$$\Rightarrow \quad 10 = 10$$

36. *(d)* जिस प्रकार,

$$3 * 1 \Rightarrow (3 - 1) \times 10 = 2 \times 10 = 20$$
$$6 * 1 \Rightarrow (6 - 1) \times 10 = 5 \times 10 = 50$$
$$2 * 6 \Rightarrow (2 - 6) \times 10 = -4 \times 10 = -40$$

उसी प्रकार,

$$5 * 8 \Rightarrow (5 - 8) \times 10 = -3 \times 10 = \boxed{-30}$$

37. *(c)* जिस प्रकार,

$$8 \& 4 \Rightarrow 8 \times 4 \times 2 = 32 \times 2 = 64$$
$$5 \& 8 \Rightarrow 5 \times 8 \times 2 = 40 \times 2 = 80$$
$$8 \& 1 \Rightarrow 8 \times 1 \times 2 = 8 \times 2 = 16$$

उसी प्रकार, $9 \& 9 \Rightarrow 9 \times 9 \times 2 = 81 \times 2 = \boxed{162}$

38. *(c)* जिस प्रकार,

$$7\%8 \Rightarrow (7 + 8) \times 2 = 15 \times 2 = 30$$
$$4\%3 \Rightarrow (4 + 3) \times 2 = 7 \times 2 = 14$$
$$4\%9 \Rightarrow (4 + 9) \times 2 = 13 \times 2 = 26$$

उसी प्रकार, $1\%8 \Rightarrow (1 + 8) \times 2 = 9 \times 2 = \boxed{18}$

39. *(d)* जिस प्रकार,

$$11*8 \Rightarrow (11 - 8) \times 2 = 3 \times 2 = 6$$
$$19*7 \Rightarrow (19 - 7) \times 2 = 12 \times 2 = 24$$
$$14*6 \Rightarrow (14 - 6) \times 2 = 8 \times 2 = 16$$

उसी प्रकार, $12*9 \Rightarrow (12 - 9) \times 2 = 3 \times 2 = \boxed{6}$

40. *(d)* जिस प्रकार,

$$70*10 \Rightarrow -\left(\frac{70}{10}\right) = -7$$
$$50*5 \Rightarrow -\left(\frac{50}{5}\right) = -10$$
$$10*5 \Rightarrow -\left(\frac{10}{5}\right) = -2$$

उसी प्रकार, $80*1 \Rightarrow -\left(\frac{80}{1}\right) = \boxed{-80}$

41. *(a)* जिस प्रकार,

$$6@1 \Rightarrow 6 \times 1 \times 2 = 12$$
$$6@2 \Rightarrow 6 \times 2 \times 2 = 24$$
$$9@9 \Rightarrow 9 \times 9 \times 2 = 162$$

उसी प्रकार, $4@6 \Rightarrow 4 \times 6 \times 2 = \boxed{48}$

42. *(a)* जिस प्रकार,

$$4!4 \Rightarrow \frac{4 + 4}{2} = \frac{8}{2} = 4$$
$$14!2 \Rightarrow \frac{14 + 2}{2} = \frac{16}{2} = 8$$
$$10!18 \Rightarrow \frac{10 + 18}{2} = \frac{28}{2} = 14$$

उसी प्रकार, $2!6 \Rightarrow \frac{2 + 6}{2} = \frac{8}{2} = \boxed{4}$

43. *(a)* जिस प्रकार,

$$8*2 \Rightarrow \frac{(8 - 2)}{2} = \frac{6}{2} = 3$$
$$14*18 \Rightarrow \frac{14 - 18}{2} = \frac{-4}{2} = -2$$
$$18*2 \Rightarrow \frac{18 - 2}{2} = \frac{16}{2} = \boxed{8}$$

उसी प्रकार,

$$14*10 \Rightarrow \frac{14 - 10}{2} = \frac{4}{2} = 2$$

अध्याय 07

दूरी अभिविन्यास (Space Orientation)

किसी गतिमान व्यक्ति या वस्तु की मूल स्थान से दूरी अभिविन्यास वह स्थिति है, जो उसके द्वारा मूल स्थान से प्रारम्भ कर विभिन्न दिशाओं में चलते हुए किसी निश्चित स्थान (अन्तिम स्थान) के सापेक्ष होती है। **दूरी अभिविन्यास** (Space Orientation) को ही **दिशा** एवं **दूरी परीक्षण** (Direction and Distance Test) भी कहा जाता है।

दूरी अभिविन्यास पर आधारित प्रश्नों को हल करने से पहले दिशाओं एवं सापेक्ष दूरी के बारे में ज्ञान का होना आवश्यक है।

दिशा की परिकल्पना

दिशा की परिकल्पना (Hypothesis of Direction) ऐसी परिकल्पना है, जिसके अनुसार, सूर्योदय तथा सूर्यास्त के समय दिशाओं को निम्न रूप में निरूपित किया जाता है।

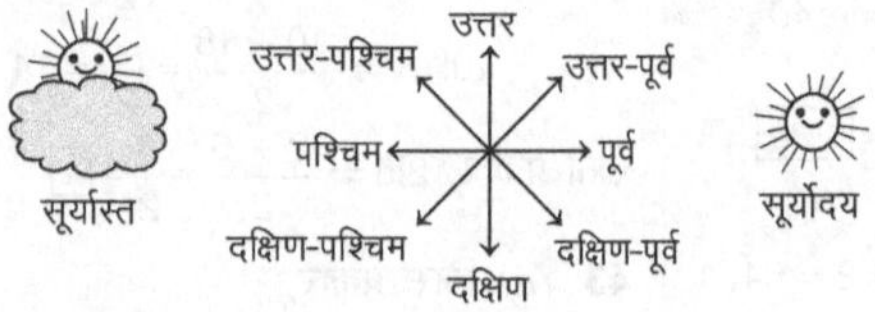

अर्थात् इस परिकल्पना के अनुसार, यदि कोई व्यक्ति प्रात: काल सूर्य की ओर मुख करके खड़ा हो, तो उसके सामने पूर्व, बाईं ओर उत्तर, दाईं ओर दक्षिण तथा ठीक उसके पीछे जहाँ सूर्यास्त होता है वह पश्चिम दिशा होगी।

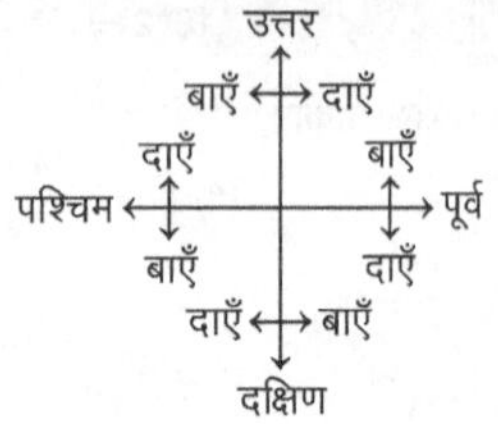

दक्षिणावर्त → दाएँ   वामावर्त → बाएँ

उपरोक्त प्रदर्शित आरेख के अनुसार, यदि मध्य बिन्दु पर कोई व्यक्ति खड़ा हो, तो उसके ऊपर की ओर उत्तर, नीचे की ओर दक्षिण, दाईं ओर पूर्व एवं बाईं ओर पश्चिम दिशा होगी। इसी प्रकार, हम उत्तर एवं पश्चिम के बीच की दिशा को उत्तर-पश्चिम, दक्षिण एवं पश्चिम के बीच की दिशा को दक्षिण-पश्चिम, दक्षिण एवं पूर्व के बीच की दिशा को दक्षिण-पूर्व तथा उत्तर एवं पूर्व के बीच की दिशा को उत्तर-पूर्व कहते हैं।

दिशाओं का परिवर्तन या घूर्णन

दिशा परिवर्तन को हम निम्नलिखित आरेखों के माध्यम से भली-भाँति समझ सकते हैं

- **दक्षिणावर्त परिवर्तन** (Clockwise Rotation) जब कोई व्यक्ति/वस्तु घड़ी की सुईं की चलने की दिशा में गति करती है, तो वह गति दक्षिणावर्त दिशा में होती है।

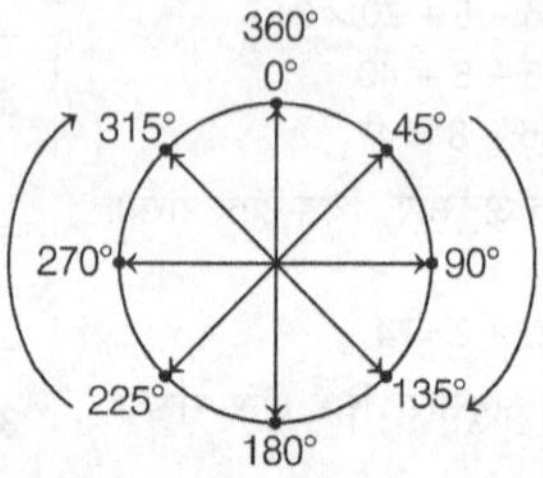

- **वामावर्त परिवर्तन** (Anti-clockwise Rotation) जब कोई व्यक्ति/वस्तु घड़ी की सुईं की चलने की विपरीत दिशा में गति करती है, तो वह गति वामावर्त दिशा में होती है।

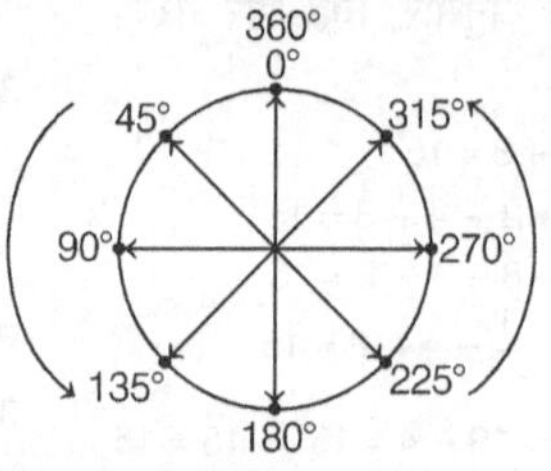

- **सापेक्ष दूरी** (Relative Distance) किसी एक बिन्दु से दूसरे बिन्दु तक की सीधी दूरी को सापेक्ष दूरी कहते हैं।

पाइथागोरस प्रमेय

जब किसी गतिमान वस्तु/व्यक्ति द्वारा तय की गई दूरी विकर्णवत् दिशा में ज्ञात करनी हो, तो यह पाइथागोरस प्रमेय (Pythagoras Theorem) अति उपयोगी सिद्ध होती है। इस प्रमेयानुसार, किसी समकोण त्रिभुज में लम्ब के वर्ग तथा आधार के वर्ग का योगफल उसके कर्ण के वर्ग के बराबर होता है। अर्थात् समकोण

ΔABC में, $AC^2 = AB^2 + BC^2$

दूरी अभिविन्यास के अन्तर्गत मुख्यत: तीन प्रकार के प्रश्न पूछे जाते हैं

1. दिशा पर आधारित
2. दूरी पर आधारित
3. दिशा और दूरी दोनों पर आधारित

1. दिशा पर आधारित

दिशा पर आधारित (Based on Direction) प्रश्नों में किसी व्यक्ति या वस्तु के चलने से सम्बन्धित जानकारी दी गई होती है। यह जानकारी वस्तु या व्यक्ति के भिन्न-भिन्न दिशाओं में आगे बढ़ते हुए तय की गई दूरियों पर आधारित होती है और मूलस्थान या किसी अन्य स्थान के सापेक्ष व्यक्ति या वस्तु की अन्तिम स्थिति या दिशा के बारे में पूछा जाता है।

अभ्यर्थियों को दी गई जानकारी से क्रमानुसार दिशा और दूरी से सम्बद्ध आरेख बनाकर पूछे गए प्रश्न का उत्तर देना होता है।

उदाहरण 1 एक व्यक्ति पश्चिम की ओर मुँह करके खड़ा है और वह अपनी दिशा से वामावर्त में 90° घूम जाता है और 10 मी एक सीध में जाता है। अब, वह व्यक्ति किस दिशा में खड़ा है?

(a) उत्तर (b) पश्चिम
(c) दक्षिण (d) पूर्व

हल (c) प्रश्नानुसार,

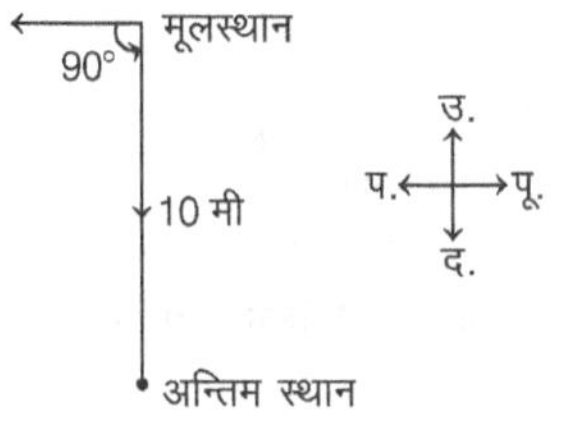

अतः अब वह व्यक्ति दक्षिण दिशा में खड़ा है।

उदाहरण 2 अमित उत्तर की ओर मुँह किए हुए है। वह 90° दाएँ मुड़ता है और 50 मी जाता है, फिर दक्षिण की ओर मुड़ता है और 50 मी जाता है और वहाँ से फिर दाएँ मुड़ता है और 50 मी जाता है और फिर से 50 मी उत्तर की ओर जाता है। वह अपने मूल स्थान से किस दिशा/स्थान में है?

(a) दक्षिण-पश्चिम (b) मूल स्थान पर
(c) उत्तर-पूर्व (d) उत्तर-पश्चिम

हल (b) प्रश्नानुसार,

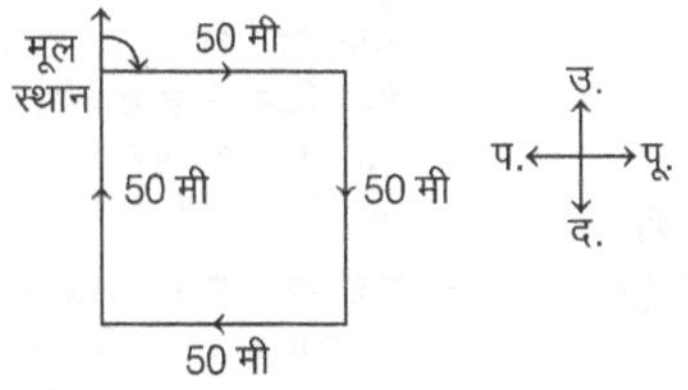

अतः अमित अपने मूलस्थान पर वापस आ जाएगा।

उदाहरण 3 बाबू, रहीम का पड़ोसी है और उसका मकान पश्चिमोत्तर दिशा में 200 मी की दूरी पर है। जोसेफ, रहीम का पड़ोसी है और उसका मकान दक्षिण-पश्चिम दिशा में 200 मी की दूरी पर है। गोपाल, जोसेफ का पड़ोसी है और वह दक्षिण-पूर्व दिशा में 200 मी की दूरी पर रहता है। राय, गोपाल का पड़ोसी है और उसका मकान पूर्वोत्तर दिशा में 200 मी की दूरी पर है। राय का मकान, बाबू के मकान की किस दिशा में स्थित है?

(a) दक्षिण-पूर्व (b) दक्षिण-पश्चिम
(c) उत्तर (d) पूर्वोत्तर

हल (a) प्रश्नानुसार, दी गई सूचना से आरेख बनाने पर,

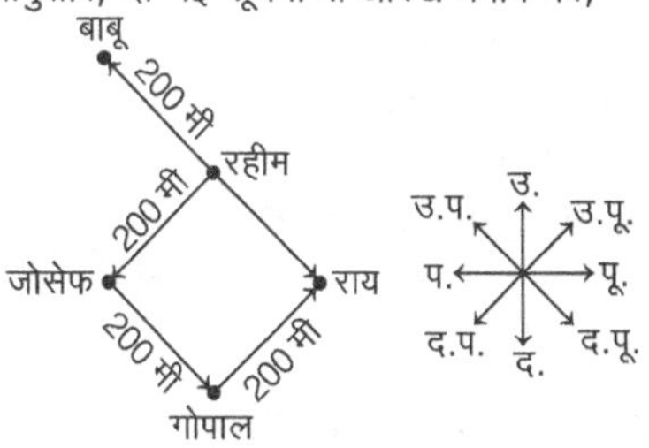

अतः राय का मकान, बाबू के मकान से दक्षिण-पूर्व दिशा में है।

2. दूरी पर आधारित

दूरी पर आधारित (Based on Distance) प्रश्नों के अन्तर्गत किसी व्यक्ति या वस्तु के भिन्न-भिन्न दिशाओं में आगे बढ़ते हुए तय की गई दूरियों से सम्बन्धित जानकारी दी गई होती है और मूलस्थान या किसी अन्य स्थान से अन्तिम स्थान की दूरी पूछी जाती है। यह दूरी सीधी दूरी होती है। अभ्यर्थियों को दी गई जानकारी से क्रमानुसार दिशा एवं दूरी आरेख को बनाकर पूछे गए प्रश्न का उत्तर देना होता है।

उदाहरण 4 रोहन उत्तर की ओर 3 किमी की दूरी तय करता है, तब अपने बाईं ओर मुड़कर 2 किमी तक चलता है। वह फिर बाईं ओर मुड़ जाता है और 3 किमी तक चलता है। इस बिन्दु से वह फिर बाईं ओर मुड़कर 3 किमी चलता है। अब वह अपने प्रारम्भिक बिन्दु से कितने किमी दूर है?

(a) 5 किमी (b) 3 किमी (c) 2 किमी (d) 1 किमी

हल (d) प्रश्नानुसार, रोहन के चलने का क्रम निम्नवत् है

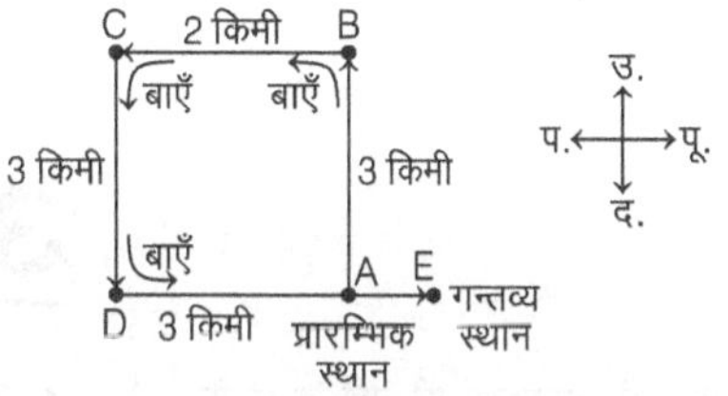

AB = 3 किमी, BC = 2 किमी, CD = 3 किमी, DE = 3 किमी

AD = BC = 2 किमी, AE = DE − AD = 3 − 2 = 1 किमी

∴ अभीष्ट दूरी = AE = 1 किमी

उदाहरण 5 एक बालक अपने पिता को ढूँढ़ रहा है। वह 90 मी पूर्व को जाकर दाएँ घूमता है। वह 20 मी चलकर फिर दाएँ मुड़कर अपने पिता को ढूँढ़ता हुआ अपने चाचा के घर 30 मी चलकर पहुँचा। उसके पिता वहाँ नहीं मिले। यहाँ से 100 मी उत्तर दिशा में चलकर उसे अपने पिता एक गली में मिले। आरम्भिक स्थान से कितनी दूरी पर उसे अपने पिता मिले?

(a) 80 मी (b) 100 मी (c) 260 मी (d) 140 मी

हल (b) प्रश्नानुसार, बालक के चलने का क्रम निम्नवत् है

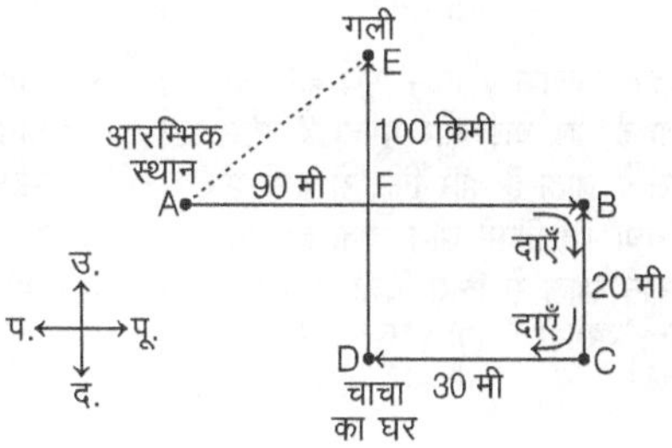

AB=90 मी, BC=20 मी

CD=30 मी, DE=100 मी, BF=CD=30 मी

AF=AB−BF=90−30=60 मी

DF=BC= 20 मी

EF=DE−DF=100−20=80 मी

∴ अभीष्ट दूरी $(AE) = \sqrt{(EF)^2 + (AF)^2} = \sqrt{(80)^2 + (60)^2}$

$= \sqrt{6400 + 3600} = \sqrt{10000} = 100$ मी

3. दिशा एवं दूरी दोनों पर आधारित

दिशा एवं दूरी दोनों (Direction and Distance Both) पर आधारित प्रश्नों में किसी व्यक्ति या वस्तु के भिन्न-भिन्न दिशाओं में आगे बढ़ते हुए दूरियों से सम्बन्धित जानकारी दी गई होती है और अभ्यर्थियों से मूलस्थान या किसी अन्य स्थान से अन्तिम स्थान की दूरी और दिशा दोनों ही पूछा जाता है।

उदाहरण 6 एक व्यक्ति 20 मी पूर्व दिशा में जाता है। फिर वह दाईं ओर मुड़कर 3 मी चलता है, वहाँ से फिर बाईं ओर 4 मी चलता है और वहाँ से फिर 4 मी दक्षिण में चलता है। वह अपने प्रारम्भिक स्थान से कितनी दूर और किस दिशा में है?

(a) 25 मी पूर्व (b) 25 मी दक्षिण-पूर्व
(c) 20 मी उत्तर (d) 24 मी उत्तर

हल (b) प्रश्नानुसार,

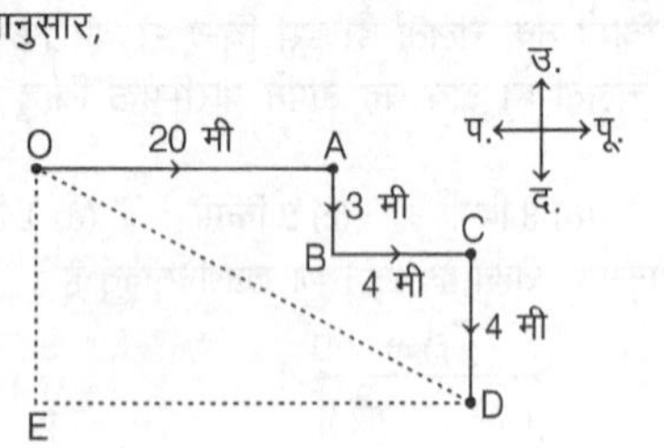

OE = 3 + 4 = 7 मी

ED = 20 + 4 = 24 मी

ΔOED में, पाइथागोरस प्रमेय से,

$OD = \sqrt{OE^2 + ED^2} = \sqrt{7^2 + 24^2}$

$= \sqrt{49 + 576} = \sqrt{625} = 25$ मी

अतः व्यक्ति अपने प्रारम्भिक बिन्दु से 25 मी दक्षिण-पूर्व में है।

उदाहरण 7 दो टैक्सियाँ T और U एक ही स्टैण्ड से निकलती हैं। टैक्सी T दक्षिण दिशा में 1 किमी की यात्रा करती है, फिर अपने दाईं ओर मुड़ जाती है और आगे 3.5 किमी जाती है। इस बीच टैक्सी U पूर्व दिशा में 2.5 किमी की यात्रा करती है, फिर उत्तर में मुड़ जाती है और आगे 4 किमी की यात्रा करती है, फिर यह अपने बाईं ओर मुड़ जाती है और आगे 6 किमी की यात्रा करती है। टैक्सी T के सम्बन्ध में टैक्सी U कहा है?

(a) 3 किमी उत्तर (b) 5 किमी दक्षिण
(c) 5 किमी उत्तर (d) 3 किमी दक्षिण

हल (c) प्रश्नानुसार,

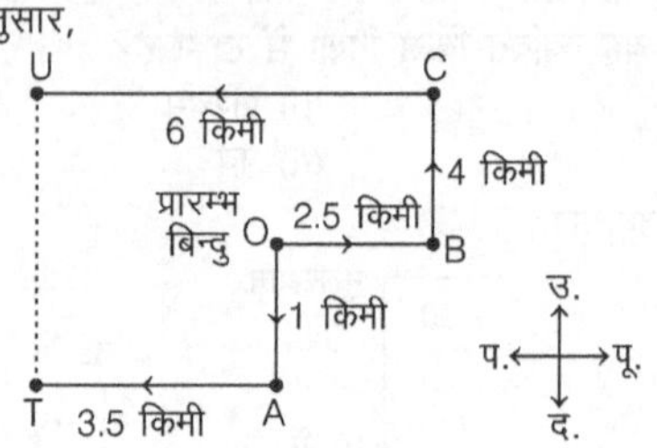

TU=OA+BC=1+4=5 किमी

अतः टैक्सी U, टैक्सी T के 5 किमी उत्तर में है।

अभ्यास प्रश्न

1. एक लड़का और एक लड़की एक-दूसरे के आमने-सामने हैं। यदि लड़का, लड़की के उत्तर-पश्चिम दिशा में है, तो लड़की, लड़के के किस दिशा में है?
(a) उत्तर (b) दक्षिण
(c) पूर्व (d) दक्षिण-पूर्व

2. एक व्यक्ति पश्चिम दिशा की ओर 25 किमी जाता है और फिर 90° पर अपने बाएँ मुड़कर 4 किमी जाता है। अन्त में वह बाएँ मुड़कर 25 किमी जाता है। वह अब अपने मूलस्थान से किस दिशा में है?
(a) पश्चिम (b) पूर्व
(c) दक्षिण (d) उत्तर

3. एक साइकिल चालक 7 किमी पूर्व की ओर सीधा जाता है, तब दाईं ओर घूमता है और 3 किमी सीधे जाता है और फिर से दाईं ओर मुड़ता है तथा 10 किमी सीधे जाता है। वह अपने प्रस्थान स्थल से किस दिशा में है?
(a) दक्षिण-पश्चिम (b) उत्तर-पश्चिम
(c) उत्तर-पूर्व (d) दक्षिण-पूर्व

4. राज का मुँह उत्तर की ओर है। वह 8 किमी साइकिल चलाता है, फिर वह दक्षिण-पूर्व दिशा में घूमकर 10 किमी जाता है और फिर वहाँ से 6 किमी पश्चिम की ओर जाता है। वह अपने मूलस्थान से किस दिशा/स्थान में है?
(a) उत्तर (b) पूर्व
(c) पश्चिम (d) मूल स्थान पर

5. एक घड़ी में 3:30 बजे हैं। यदि मिनट की सुईं उत्तर-पूर्व की ओर है, तो घण्टे की सुईं किस दिशा में होगी?
(a) दक्षिण-पश्चिम (b) उत्तर-पश्चिम
(c) दक्षिण-पूर्व (d) उत्तर-पूर्व

6. यदि मोहन अपने घर से सूर्य को मन्दिर के पीछे से उगता हुआ देखता है और उसे रेलवे स्टेशन के पीछे डूबते हुए देखता है, तो रेलवे स्टेशन से मन्दिर किस दिशा में है?
(a) दक्षिण
(b) उत्तर
(c) पूर्व
(d) पश्चिम

7. रानी तथा सरिता ने एक स्थान X से यात्रा आरम्भ की। रानी पश्चिम दिशा में और सरिता उत्तर दिशा में एकसमान गति से चली। कुछ समय बाद दोबारा अपनी बाईं ओर मुड़ी और कुछ कदम चली। इसके बाद, यदि वे दुबारा अपने बाईं ओर मुड़े, तो X स्थान से उनके चेहरे किस दिशा में होंगे?
(a) उत्तर तथा पूर्व (b) उत्तर तथा पश्चिम
(c) पश्चिम तथा उत्तर (d) पूर्व तथा दक्षिण

8. राज एक वर्गाकार क्षेत्र के मध्य में खड़ा है। वह उत्तर-पूर्व को तिरछा चलना शुरू करता है। उसके बाद वह दाएँ मुड़ता है और क्षेत्र के अन्तिम छोर पर पहुँच जाता है। उसके बाद वह दाएँ मुड़कर चलना शुरू करता है। मध्य रास्ते में, वह फिर दाईं ओर मुड़कर चलना शुरू कर देता है। आधे रास्ते में, वह अपने बाईं ओर मुड़ता है और नए छोर पर पहुँच जाता है। इस समय राज किस दिशा में है?
(a) उत्तर-पश्चिम (b) दक्षिण-पश्चिम
(c) उत्तर (d) दक्षिण

9. यदि दक्षिण-पूर्व को उत्तर कहा जाए, उत्तर-पूर्व को पश्चिम कहा जाए और इसी तरह अन्य दिशाएँ भी बदलती हैं, तो दक्षिण-पश्चिम क्या होगा?
(a) दक्षिण (b) पश्चिम
(c) पूर्व (d) उत्तर

10. एक दिन शाम को सूर्यास्त से पहले दो मित्र रमन और अर्जुन आमने-सामने बैठकर बातचीत कर रहे थे। यदि रमन की परछाई ठीक उसकी बाईं ओर पड़ रही थी, तो अर्जुन किस दिशा की ओर मुख करके बैठा था?
(a) पश्चिम (b) पूर्व
(c) उत्तर (d) दक्षिण

11. राजू 25 किमी उत्तर दिशा में चलता है, फिर बाएँ मुड़कर 5 किमी चलता है और O बिन्दु पर पहुँच जाता है। फिर वह दाएँ मुड़कर 5 किमी चलता है। उसके बाद वह पूर्व दिशा में मुड़कर 5 किमी चलता है। वापस प्रारम्भिक बिन्दु तक की यात्रा करने में उसे कितनी दूरी तय करनी होगी?
(a) 30 किमी (b) 20 किमी
(c) 35 किमी (d) 25 किमी

12. सोहन अपने घर से पश्चिम की ओर 15 किमी चला, फिर दाएँ मुड़कर 20 किमी चला। वह फिर से पूर्व में मुड़कर 25 किमी चला और अन्त में दाएँ मुड़कर 20 किमी चला। वह अपने घर से कितनी दूर है?
(a) 5 किमी (b) 10 किमी
(c) 40 किमी (d) 80 किमी

13. पिंकी पूर्व दिशा में 600 मी की दूरी चलती है, फिर बाएँ मुड़कर 500 मी चलती है और फिर से वह बाएँ मुड़कर 600 मी चलती है और फिर से वह बाएँ मुड़कर 500 मी चलकर रुक जाती है। वह प्रारम्भिक स्थल से कितने मीटर दूर है?
(a) 600 (b) 2200
(c) 0 (d) 500

14. एक लड़का बिल्कुल सुबह घर से निकलता है और सूर्य की दिशा में 8 किमी चलता है। उसके बाद वह दाएँ मुड़कर 3 किमी चलता है, तब वह फिर से दाएँ मुड़कर 2 किमी चलता है और फिर बाएँ मुड़कर 1 किमी चलता है इसके बाद वह दाएँ मुड़कर 1 किमी चलता है और फिर दाएँ मुड़कर 4 किमी सीधे चलता है। वह प्रस्थान स्थल से कितनी दूर है?
(a) 2 किमी (b) 4 किमी (c) 5 किमी (d) 6 किमी

15. कैलाश 3 किमी पूर्व दिशा में चलता है और दक्षिण में मुड़कर 4 किमी चलता है। फिर पश्चिम में मुड़कर 6 किमी चलता है। वह प्रारम्भिक स्थल से कितनी दूर है?
(a) 3 किमी (b) 6 किमी
(c) 7 किमी (d) 5 किमी

16. सोनिया अपने घर से चली और 4 किमी पूर्व की ओर गई, तब वह बाएँ घूमी और 6 किमी चली। फिर वह दाएँ घूमी और 4 किमी चली। वह प्रस्थान स्थल से कितनी दूरी पर है?
(a) 10 किमी (b) 14 किमी
(c) 8 किमी (d) 5 किमी

17. राम और सैम उत्तर दिशा की ओर चलना शुरू करते हैं और 20 मी की दूरी तय करते हैं। राम अपने बाईं ओर मुड़ जाता है और सैम अपने दाईं ओर। कुछ समय बाद राम जिस दिशा में घूमा था, उसमें 10 मी चलता है। दूसरी ओर सैम केवल 7 मी चलता है। बाद में, राम अपने बाईं ओर मुड़ जाता है और सैम दाईं ओर। दोनों 25 मी आगे बढ़ते हैं। राम, सैम से कितनी दूर होगा?
(a) 10 मी (b) 20 मी
(c) 17 मी (d) 5 मी

18. A, B, C, D, E तथा F छः जाँच-चौकियाँ हैं। F जाँच-चौकी, D से 15 किमी उत्तर में है, जो B से 25 किमी उत्तर-पूर्व में है। A जाँच-चौकी, E से 5 किमी पश्चिम में है, C से 15 किमी दक्षिण-पश्चिम में है। जाँच-चौकियाँ B, A तथा E सीधी रेखा में हैं। जाँच-चौकियाँ B तथा E एक-दूसरे से 30 किमी दूर हैं। यदि कोई जीप A, B तथा D से होती हुई E से F तक जाती है, तो कुल कितनी दूरी तय करेगी?
(a) 70 किमी (b) 120 किमी
(c) 100 किमी (d) 90 किमी

19. A तथा B ने एक बिन्दु से विपरीत दिशाओं में यात्रा आरम्भ की। दोनों 5 किमी चलकर अपने दाईं ओर मुड़ गए और 7 किमी चले। उसके बाद वे फिर से दाईं ओर मुड़ गए और 5 किमी चले। परिणामस्वरूप, दोनों के बीच अब कितनी दूरी आ गई?
(a) 10 किमी (b) 12 किमी
(c) 14 किमी (d) 17 किमी

20. एक सड़क विक्रेता अपने घर से निकलता है। वह अपने गाड़ी को पूर्व में 1 किमी की दूरी तक धकेलता है, फिर वह उत्तर की तरफ मुड़ता है और आगे 4 किमी दूरी तक चलता है, फिर वह पश्चिम की तरफ मुड़ जाता है और आगे 9 किमी चलता है, फिर वह अपनी बाईं तरफ मुड़ता है और आगे 4 किमी चलता है। अपने घर के सम्बन्ध में वह अब कहाँ है?
(a) 8 किमी पश्चिम
(b) 10 किमी पश्चिम
(c) 8 किमी पूर्व
(d) 10 किमी पूर्व

21. एक मॉल में शॉपिंग करते समय एक महिला अपनी ट्रॉली को 20 मी लम्बे गलियारे में से धकेलते हुए ले जाती है, जो पूर्व दिशा की ओर जाता है, फिर वह अपनी बाईं ओर जाती है और 30 मी चलती है, फिर वह पश्चिम की ओर मुडती है और आगे 30 मी की दूरी तक चलती है, फिर वह दक्षिण की ओर मुड़कर आगे 30 मी की दूरी तक आती है। फिर वह पश्चिम की ओर मुड़ती है और आगे 25 मी की दूरी तक चलती है। अपनी प्रारम्भिक स्थिति के सन्दर्भ में वह अब कहाँ है?
(a) 35 मी पश्चिम
(b) 5 मी पश्चिम
(c) 35 मी पूर्व
(d) 5 मी पूर्व

22. एक ऑटो रिक्शा वाला एक यात्री को अपनी रिक्शा में बिठाता है और उत्तर की ओर 6.5 किमी की यात्रा करता है, फिर वह अपनी बाईं तरफ मुड़ जाता है और आगे 1.5 किमी तक जाता है, फिर वह दक्षिण की तरफ मुड़ता है और आगे 2.5 किमी तक जाता है, वह अपनी बाईं तरफ मुड़ता है और आगे 1.5 किमी तक जाता है। अपनी शुरूआती स्थिति के सम्बन्ध में वह ऑटो अब कहाँ है?
(a) 9 किमी उत्तर (b) 4 किमी दक्षिण
(c) 4 किमी उत्तर (d) 9 किमी दक्षिण

23. एक कीट पूर्व की तरफ 15 सेमी चलता है, फिर वह अपने दाईं ओर मुड़ जाता है और फिर आगे 20 सेमी तक चलता है। फिर वह अपने दाईं तरफ मुड़ जाता है और 4 सेमी चलता है, फिर वह उत्तर की तरफ मुड़ जाता है और आगे 20 सेमी चलता है, फिर अन्त में वह अपनी बाईं ओर मुड़ता है और 2 सेमी चलता है। अपने शुरूआती बिन्दु के सम्बन्ध में अब वह कीट कहाँ है?
(a) 9 सेमी पूर्व
(b) 21 सेमी पूर्व
(c) 9 सेमी पश्चिम
(d) 21 सेमी पश्चिम

24. अमन ने अपने विद्यालय से दौड़ना आरम्भ किया, वह पहले 11 किमी दक्षिण की ओर दौड़ा, फिर वह पश्चिम की ओर मुड़ा तथा उसी दिशा में $\sqrt{23}$ किमी दौड़ा। अमन अपने विद्यालय से अब कितनी दूर (किमी में) तथा किस दिशा में है?
(a) 10, दक्षिण-पश्चिम
(b) 15, दक्षिण-पूर्व
(c) 12, दक्षिण-पश्चिम
(d) 17, दक्षिण-पूर्व

उत्तरमाला

1 (d)	2 (c)	3 (a)	4 (d)	5 (b)
6 (c)	7 (d)	8 (b)	9 (c)	10 (c)
11 (a)	12 (b)	13 (c)	14 (c)	15 (d)
16 (a)	17 (c)	18 (a)	19 (c)	20 (a)
21 (a)	22 (c)	23 (a)	24 (c)	

संकेत एवं हल

1. *(d)* प्रश्नानुसार,

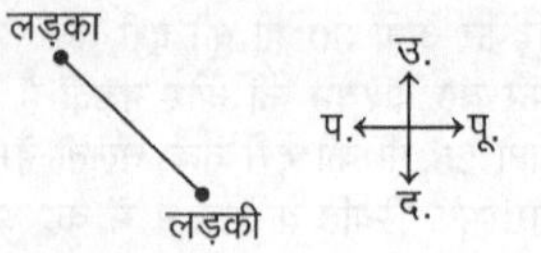

लड़का, लड़की के उत्तर-पश्चिम दिशा में है, तो लड़की, लड़के के ठीक विपरीत दक्षिण-पूर्व दिशा में है।

2. *(c)* प्रश्नानुसार,

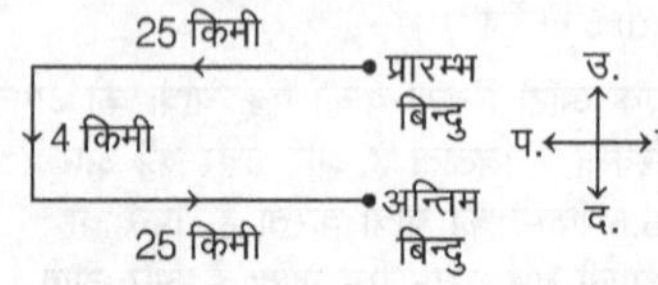

अतः व्यक्ति अब अपने मूलस्थान से दक्षिण दिशा में है।

3. *(a)* प्रश्नानुसार,

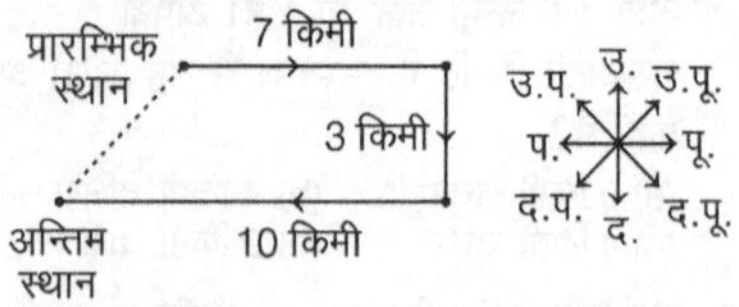

अतः वह व्यक्ति प्रस्थान स्थल से दक्षिण-पश्चिम दिशा में है।

4. *(d)* प्रश्नानुसार,

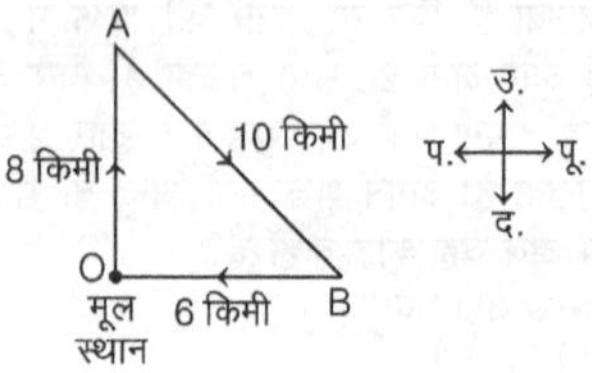

अतः राज O से प्रारम्भ करके AB से होते हुए अपने मूल स्थान पर पहुँच जाता है।

5. *(b)* प्रश्नानुसार,

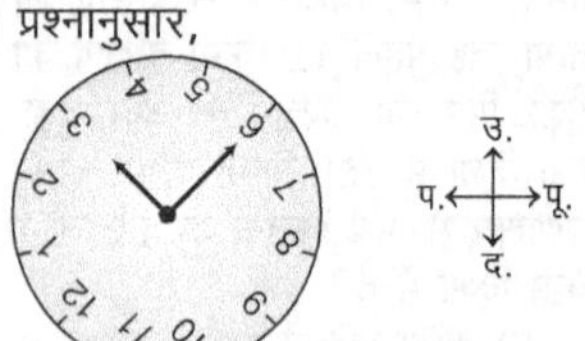

अतः जब घड़ी में 3:30 बजे हैं और मिनट की सुईं उत्तर-पूर्व की ओर है, तो घण्टे की सुई उत्तर-पश्चिम दिशा में होगी।

6. *(c)* प्रश्नानुसार, दी गई सूचना से आरेख बनाने पर,

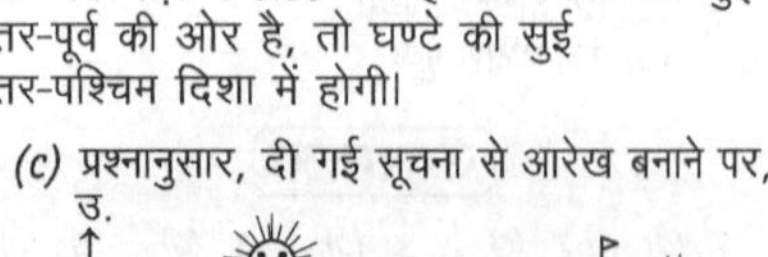

अतः रेलवे स्टेशन से मन्दिर पूर्व दिशा में है।

7. *(d)* प्रश्नानुसार, दी गई सूचना से आरेख बनाने पर,

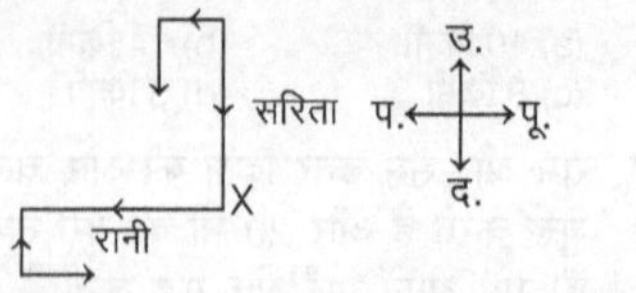

प्रश्नानुसार चलने पर, रानी और सरिता के चेहरे क्रमशः पूर्व और दक्षिण दिशा में होंगे।

8. *(b)* प्रश्नानुसार, राज के चलने का क्रम निम्न है

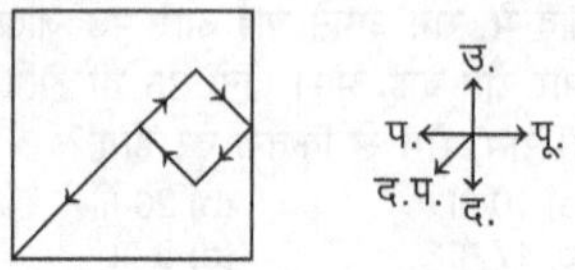

अतः आरेख से स्पष्ट है, कि राज इस समय दक्षिण-पश्चिम दिशा में है।

9. *(c)* प्रश्नानुसार,

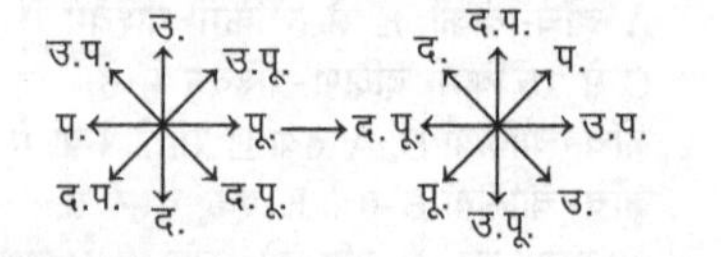

अतः दक्षिण-पश्चिम, पूर्व होगा।

10. *(c)* प्रश्नानुसार,

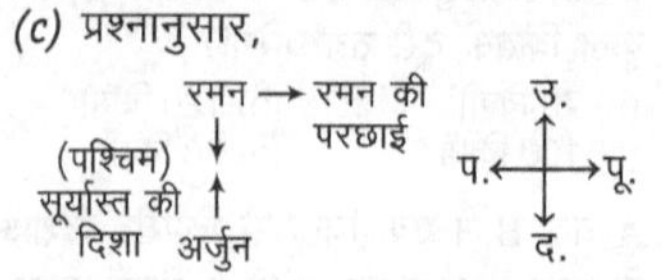

अतः अर्जुन उत्तर की ओर मुख करके बैठा था।

11. *(a)* प्रश्नानुसार, राजू के चलने का क्रम निम्नवत् है

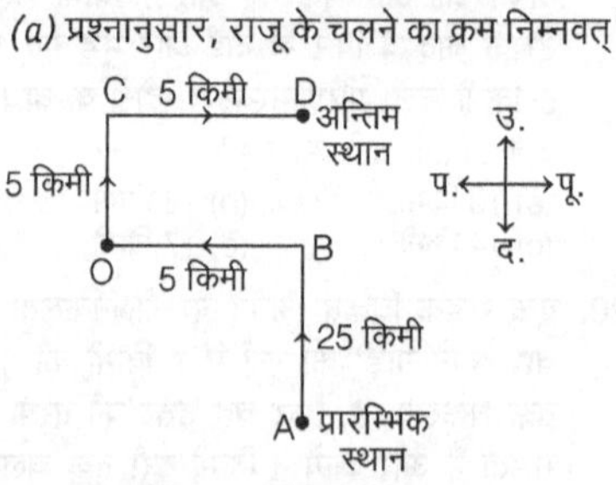

BD = CO = 5 किमी,

AD = AB + BD = 25 + 5 = 30 किमी

∴ अभीष्ट दूरी = AD = 30 किमी

12. *(b)* प्रश्नानुसार, सोहन के चलने का क्रम निम्नवत् है

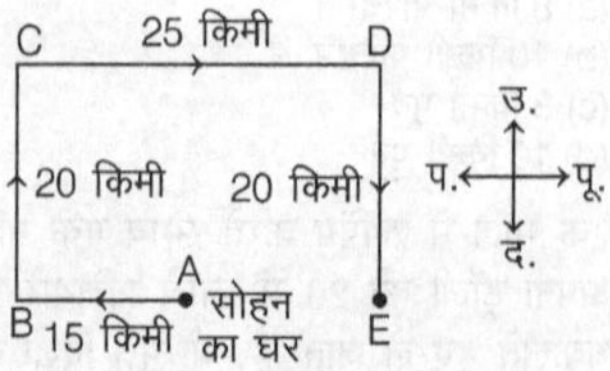

BE = CD = 25 किमी

AE = BE − AB = 25 − 15 = 10 किमी

∴ अभीष्ट दूरी = AE = 10 किमी

13. *(c)* प्रश्नानुसार, पिंकी के चलने का क्रम निम्न है

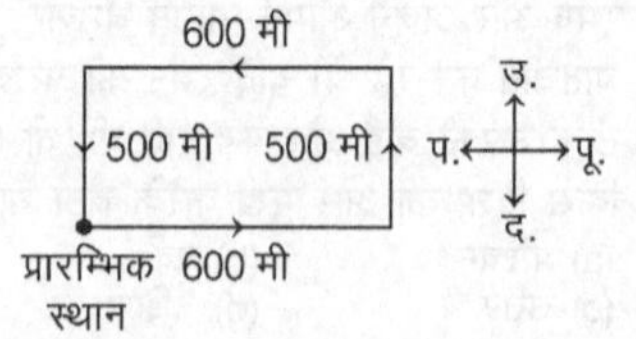

अतः आरेख से स्पष्ट है, कि अन्त में पिंकी अपने प्रारम्भिक स्थान पर ही आ जाती है। अतः दूरी = 0

14. *(c)* प्रश्नानुसार, दी गई सूचना से आरेख बनाने पर,

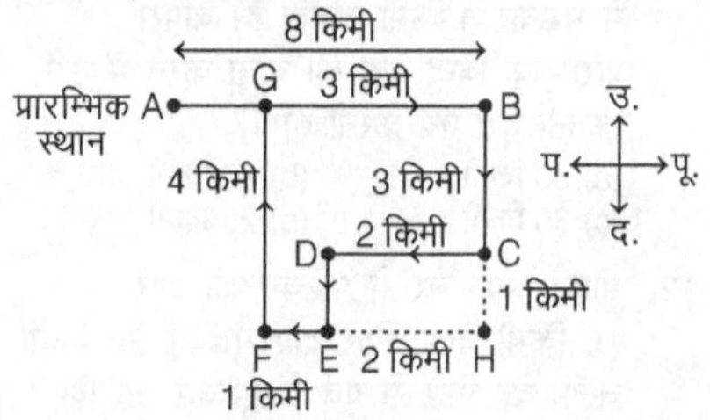

माना बिन्दु A, प्रारम्भिक बिन्दु तथा G अन्तिम बिन्दु है। अब, प्रारम्भिक बिन्दु से अन्तिम बिन्दु के बीच की दूरी (AG) = AB − BG

= 8 − 3 = 5 किमी

15. *(d)* प्रश्नानुसार, कैलाश के चलने का क्रम निम्नवत् है

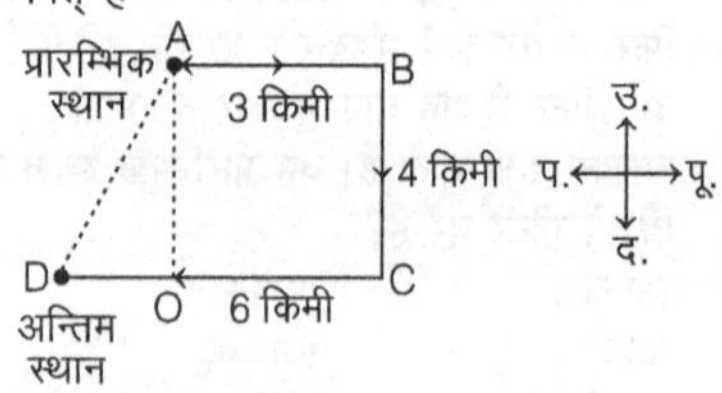

OC = AB = 3 किमी

OD = DC − OC = 6 − 3 = 3 किमी

AO = BC = 4 किमी

$AD = \sqrt{(AO)^2 + (OD)^2}$

$= \sqrt{(4)^2 + (3)^2} = \sqrt{16 + 9} = \sqrt{25} = 5$ किमी

∴ अभीष्ट दूरी, AD = 5 किमी

16. *(a)* प्रश्नानुसार, सोनिया के चलने का क्रम निम्न है

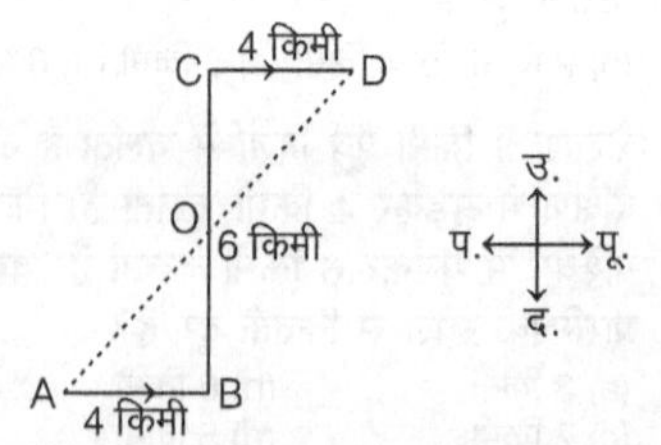

मान सोनिया ने बिन्दु A से चलना आरम्भ किया और बिन्दु B व C से होती हुई अन्त में वह बिन्दु D पर पहुँचती है।

$\therefore$ अभीष्ट दूरी = AD

$= AO + OD$

$= \sqrt{AB^2 + BO^2} + \sqrt{(OC)^2 + (CD)^2}$

$= \sqrt{16 + 9} + \sqrt{9 + 16}$

$= 5 + 5$

= 10 किमी

17. *(c)* प्रश्नानुसार, राम और सैम के चलने का क्रम निम्नवत् है

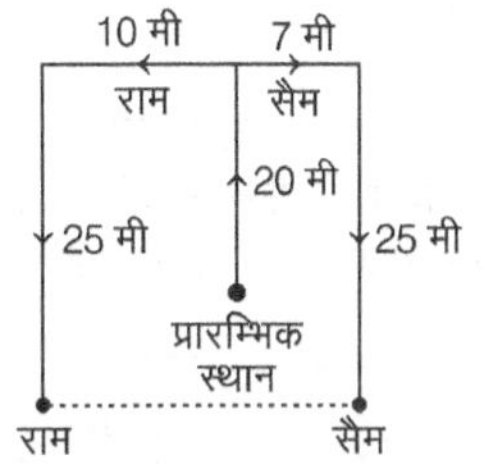

राम तथा सैम के बीच में अन्तिम बिन्दु के बीच की दूरी =(10+7) मी =17 मी

18. *(a)* प्रश्नानुसार, दी गई सूचना से आरेख बनाने पर,

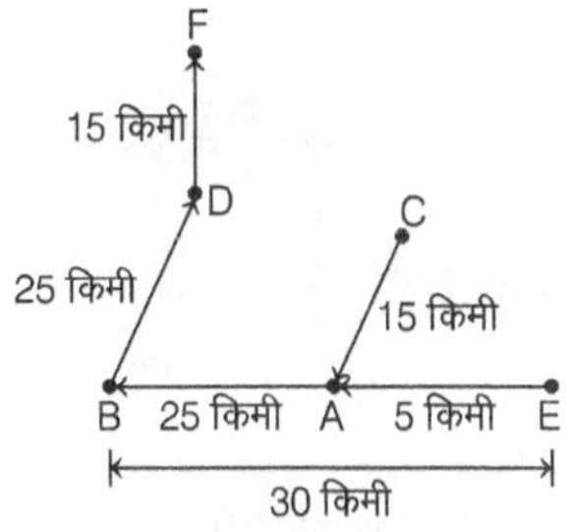

$\therefore$ E से F तक की कुल दूरी

= EB + BD + DF

= 30 + 25 + 15

= 70 किमी

19. *(c)* प्रश्नानुसार, A तथा B के चलने का क्रम निम्नवत् है

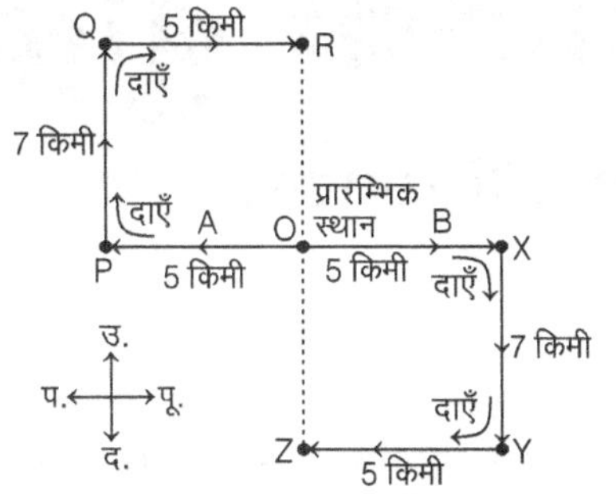

OP = 5 किमी, PQ = 7 किमी, QR = 5 किमी

OP = QR = 5 किमी, OR = PQ = 7 किमी

OX = 5 किमी, XY = 7 किमी, YZ = 5 किमी

OX = YZ = 5 किमी, OZ = XY = 7 किमी

$\therefore$ RZ = OR + OZ = 7 + 7 = 14 किमी

$\therefore$ अभीष्ट दूरी = RZ = 14 किमी

20. *(a)* प्रश्नानुसार,

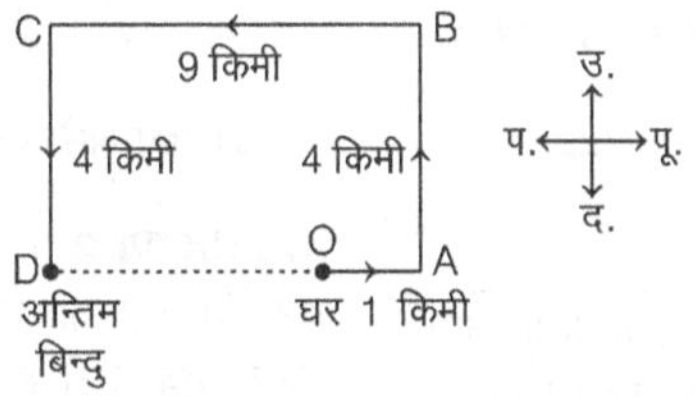

OD = BC − OA = 9 − 1 = 8

अतः विक्रेता अपने घर से 8 किमी पश्चिम में है।

21. *(a)* प्रश्नानुसार,

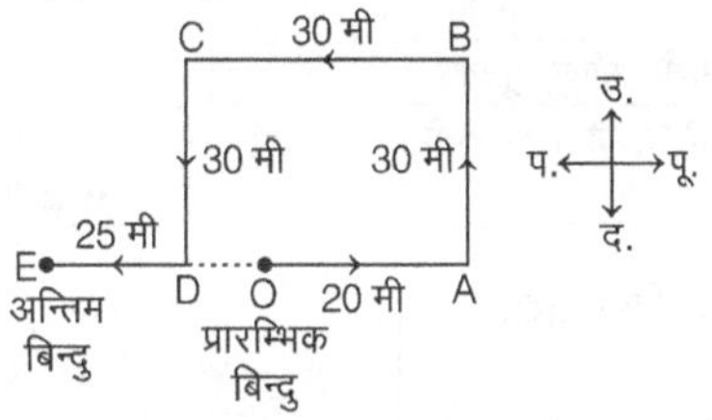

OE = OD + DE = BC − OA + DE

= 30 − 20 + 25

= 35 मी

अतः महिला प्रारम्भिक स्थिति से 35 मी पश्चिम में है।

22. *(c)* प्रश्नानुसार,

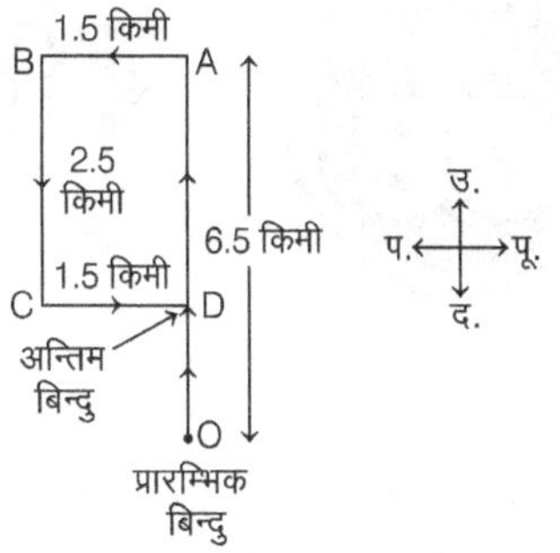

OD = OA − BC = 6.5 − 2.5 = 4 किमी

अतः ऑटो अपने प्रारम्भिक बिन्दु से 4 किमी उत्तर में है।

23. *(a)* प्रश्नानुसार,

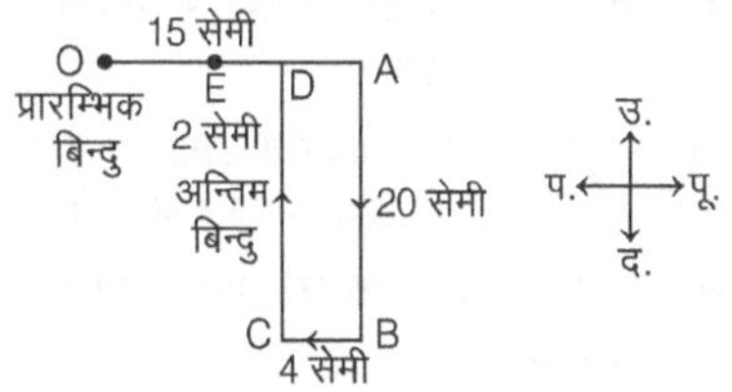

OE = OA − EA = OA − (BC + DE)

= 15 − (4 + 2) = 15 − 6 = 9 सेमी

अतः कीट अपने प्रारम्भिक बिन्दु से 9 सेमी पूर्व में है।

24. *(c)* प्रश्नानुसार,

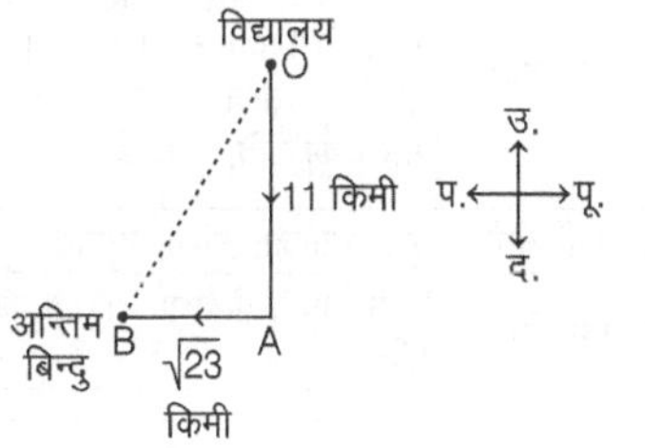

ΔOAB में, पाइथागोरस प्रमेय से,

$OB^2 = OA^2 + AB^2$

$= 11^2 + (\sqrt{23})^2 = 121 + 23 = 144$

$\therefore$ OB = 12 किमी

अतः अमन अपने विद्यालय से 12 किमी दक्षिण-पश्चिम में है।

अध्याय **08**

सामाजिक बुद्धिमत्ता
(Social Intelligence)

किसी परिवार के दो या दो से अधिक व्यक्तियों के बीच सम्बन्ध निर्धारण करने की योग्यता सामाजिक बुद्धिमत्ता (Social Intelligence) कहलाती है। सामाजिक बुद्धिमत्ता को रक्त सम्बन्ध (Blood Relation) नाम से भी जाना जाता है।

इस परीक्षण के अन्तर्गत पूछे जाने वाले प्रश्नों में दो या दो से अधिक व्यक्तियों के आपसी सम्बन्ध प्रत्यक्ष या परोक्ष रूप से दिए गए होते हैं। इन्हीं सम्बन्धों के आधार पर एक व्यक्ति का परिवार के किसी अन्य व्यक्ति से सीधा सम्बन्ध पूछा जाता है।

सामाजिक बुद्धिमत्ता पर आधारित प्रश्नों को हल करने से पहले अभ्यर्थियों को पारिवारिक सम्बन्धों की पूर्णतया जानकारी होना आवश्यक है।

अभ्यर्थी नीचे दी गई सारणी को पढ़कर इस प्रकार के प्रश्नों को आसानी से हल कर सकेंगे।

पीढ़ी	पुरुष	महिला
दो पीढ़ी ऊपर	दादा, नाना	दादी, नानी
एक पीढ़ी ऊपर	पिता, चाचा, फूफा, मौसा, ससुर	माँ, चाची, बुआ, मौसी, सास
स्वयं की पीढ़ी	पति, भाई, चचेरा भाई, ममेरा भाई, मौसेरा भाई, फूफेरा भाई, बहनोई, साला, देवर, जेठ, साली का पति, ननदोई	पत्नी, बहन, चचेरी बहन, ममेरी बहन, मौसेरी बहन, फूफेरी बहन, ननद, सलहज, देवरानी, जेठानी, भाभी, साली
एक पीढ़ी नीचे	पुत्र, भतीजा, भांजा, दामाद	पुत्री, भतीजी, भाँजी, पुत्रवधू
दो पीढ़ी नीचे	पोता, नाती, पोती या नातिनी का पति	पोती, नातिनी, पोता या नाती की पत्नी

रक्त सम्बन्ध पर आधारित प्रश्नों को हल करने के लिए निम्नलिखित संकेतों की जानकारी होना आवश्यक है

A और B भाई हैं, $A^+ \xrightarrow{\text{भाई}} B^+$

A, B का भाई है, $A^+ \xleftarrow{\text{भाई}} B$

A, B की बहन है, $A^- \xleftarrow{\text{बहन}} B$

A, B का पति है, $A^+ \xleftrightarrow[\text{(पति-पत्नी)}]{\text{विवाहित}} B^-$

+ = पुरुष
− = महिला

सामाजिक बुद्धिमत्ता पर आधारित निम्नलिखित दो प्रकार के प्रश्न पूछे जाते हैं

1. भाषा या कथन पर आधारित
2. प्रतीकों पर आधारित

1. भाषा या कथन पर आधारित

भाषा या कथन (Language and Statement) पर आधारित प्रश्नों में दो या दो से अधिक व्यक्तियों के बीच पारिवारिक सम्बन्ध को प्रत्यक्ष या परोक्ष रूप से कथनों के द्वारा प्रस्तुत किया जाता है। अभ्यर्थियों को दी गई जानकारी का ध्यानपूर्वक विश्लेषण कर या सम्बन्ध आरेख बनाकर पूछे गए प्रश्न का उत्तर देना होता है अर्थात् एक व्यक्ति से दूसरे व्यक्ति के सापेक्ष सम्बन्ध ज्ञात करना होता है।

उदाहरण 1 अनिल और अभय भाई हैं। स्वाति, समीर की बेटी और अनिल की बहन है। अभय की माता, समीर से कैसे सम्बन्धित है?

(a) बहन (b) भाभी (c) माता (d) पत्नी

हल (d) प्रश्नानुसार,

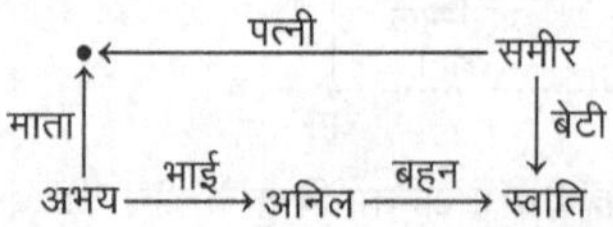

उपरोक्त आरेख से स्पष्ट है कि, अभय की माता, समीर की पत्नी है।

उदाहरण 2 T, D की बहन है। D की शादी P से हुई है। P, M का बेटा है। T, J की माता है। Y, U का पिता है। Y का केवल एक बेटा और केवल एक बेटी है। U, T की बेटी है। Q, D का बेटा है। अगर M, W की पत्नी है, तो Q का W से क्या सम्बन्ध है?

(a) दामाद (b) बेटा (c) भतीजा (d) पोता

हल (d) प्रश्नानुसार,

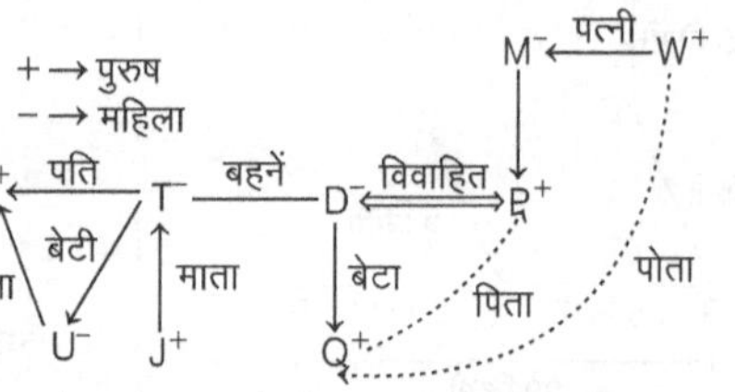

अतः उपरोक्त आरेख से स्पष्ट है कि Q, W का पोता है।

उदाहरण 3 मंजू ने सुषमा को अपनी सहेली से मिलवाया, "इनके (सुषमा के) पिता के इकलौते बेटे की पत्नी मेरी सास है।" मंजू का पति, सुषमा से कैसे सम्बन्धित है?

(a) भाई (b) पिता (c) भतीजा (d) बेटा

हल (c) प्रश्नानुसार,

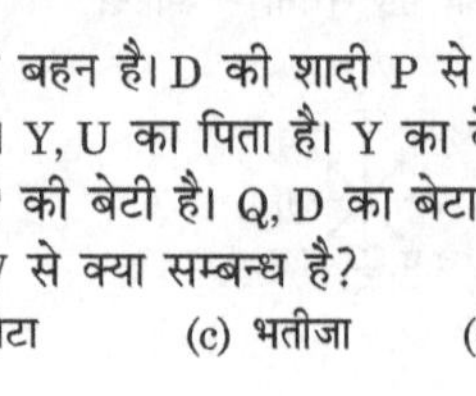

अतः उपरोक्त आरेख से स्पष्ट है कि, मंजू का पति, सुषमा का भतीजा है।

2. प्रतीक पर आधारित

प्रतीक (Symbol) पर आधारित प्रश्नों में दो या दो से अधिक व्यक्तियों के बीच भिन्न-भिन्न पारिवारिक सम्बन्धों को भिन्न-भिन्न प्रतीकों द्वारा दर्शाया गया होता है। प्रत्येक प्रतीक का अर्थ भिन्न-भिन्न सम्बन्ध को दर्शाता है। इसके अतिरिक्त प्रश्न में प्रतीकों से सम्बन्ध दर्शाता हुआ एक व्यंजक दिया गया होता है। इस व्यंजक में प्रतीकों के साथ-साथ व्यक्तियों के स्थान पर अक्षर दिए गए होते हैं। अभ्यर्थियों को व्यंजक में दिए गए प्रतीकों के आधार पर किन्हीं दो व्यक्तियों के बीच सम्बन्ध ज्ञात करना होता है।

उदाहरण 4 $A + B$ का अर्थ है, 'A बेटी है B की'

$A - B$ का अर्थ है, 'A पत्नी है B की'

$A \times B$ का अर्थ है, 'A पति है B का'

$A \div B$ का अर्थ है, 'A पिता है B का'

यदि $K - S \div J \times B + C - Q$ है, तो Q कैसे सम्बन्धित है, J से?

(a) ससुर
(b) नाना
(c) पिता
(d) बेटा

हल (a) प्रश्नानुसार,

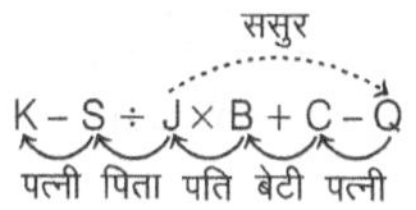

अतः उपरोक्त से स्पष्ट है कि Q, J का ससुर है।

उदाहरण 5 $A + B$ का अर्थ है, 'A बहन है B की'

$A - B$ का अर्थ है, 'A बेटी है B की'

$A \times B$ का अर्थ है, 'A भाई है B का'

$A \div B$ का अर्थ है, 'A माता है B की'

यदि $D + P \div I \times K \div T - R$ है, तो R कैसे सम्बन्धित है P से?

(a) भाई (b) बेटी का बेटा (c) बेटा (d) बेटी का पति

हल (d) प्रश्नानुसार,

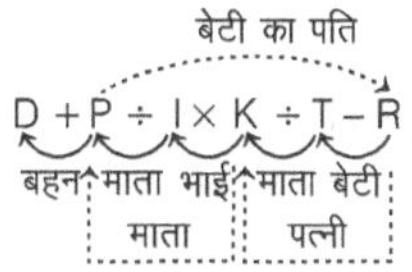

अतः उपरोक्त से स्पष्ट है कि R, P की बेटी का पति है।

अभ्यास प्रश्न

1. S बेटा है M का। R पिता है Q और A का। A बेटी है M की। A का S से क्या सम्बन्ध है?
(a) बेटी (b) माता (c) बहन (d) चाची

2. देव, स्नेहा का भाई है और मयंक का बेटा है। स्वाति, स्नेहा की बहन है। मयंक, स्वाति से कैसे सम्बन्धित है?
(a) पिता (b) भाई (c) बेटा (d) बहन

3. सोना, रमेश की बहन और मोहित की बेटी है। रमा, मोहित की पत्नी और प्रभात की माता है। रमेश, प्रभात से कैसे सम्बन्धित है?
(a) बेटा (b) पिता
(c) भाई (d) चचेरा भाई

4. मयंक बेटा है छाया का। छाया और दीपा बहने हैं। गायत्री माता है दीपा की। यदि नमन बेटा है गायत्री का, तो मयंक किस प्रकार नमन से सम्बन्धित है?
(a) पुत्र (b) भांजा
(c) पिता (d) भाई

5. माला और लाली बहनें हैं। महेश, देव के पिता है। गार्गी, माला और देव की माता है। महेश के पिता लाली से कैसे सम्बन्धित है?
(a) नाना (b) चाचा/ताऊ
(c) पिता (d) दादा

6. ऋषभ, नमिता का इकलौता भाई है। ऋषभ की पत्नी मृदु का एक भाई सोनू है। इलैना, नमिता की इकलौती भतीजी है। सोनू, इलैना से किस प्रकार सम्बन्धित है?
(a) चाचा (b) भाई (c) मामा (d) पिता

7. एक परिवार में दो विवाहित जोड़े हैं। % के दो बच्चे हैं। A, @ की पत्नी है, जो # का भाई है। F, % की बेटी है। U, S की बहन है, जो @ का बेटा है। T, # का बेटा है, जो एक पुरुष है। A का % से क्या सम्बन्ध है?
(a) देवरानी/जेठानी (b) देवर/जेठ
(c) भाई (d) बहन

8. M, N का भाई है। N, P का भाई है। Q, M का पिता है। इन कथनों के आधार पर, निम्नलिखित में से कौन-सा कथन निश्चित रूप से सही नहीं हो सकता?
(a) M, P का भाई है (b) N, Q का बेटा है
(c) N, M का भाई है (d) P, M का भाई है

9. यदि A, B का पिता है एवं B, C की माता है तथा C, D की पुत्री है, तो A एवं D में क्या सम्बन्ध है?
(a) दामाद (b) ससुर
(c) वधू (d) साला

10. P, Q और R का भाई है। S, R की माँ है। T, P का पिता है। निम्नलिखित में से कौन-सा कथन निश्चित रूप से सत्य नहीं हो सकता है?
(a) T, Q का पिता है (b) Q, T का पति है
(c) S, P की माँ है (d) T, S का पति है

11. अनिल की ओर संकेत करते हुए, शिप्रा कहती है, "उसकी माँ के पिता, मेरे भाई के दादा है" अनिल, शिप्रा से कैसे सम्बन्धित है?
(a) ससुर (b) पिता
(c) भाई (d) फुफेरा भाई

12. एक लड़के का परिचय करते हुए एक लड़की कहती है कि, "वह मेरी माँ के भाई की बहन का बेटा है।" वह लड़का उस लड़की से कैसे सम्बन्धित है?
(a) मौसेरा भाई (b) मामा
(c) ससुर (d) भांजी

13. एक लड़की का परिचय कराते हुए एक व्यक्ति कहता है, "वह मेरी पत्नी की बेटी की बेटी है।" वह व्यक्ति उस लड़की से कैसे सम्बन्धित है?
(a) मामा (b) बेटा
(c) नाना (d) पिता

14. एक लड़के का परिचय कराते हुए अंकित कहता है कि, "वह मेरे दादा के बेटे की बेटी का बेटा है।" तो वह लड़का अंकित से कैसे सम्बन्धित है?
(a) चचेराभाई (b) भाई
(c) ससुर (d) भांजा

15. एक लड़के का परिचय देते हुए अमर कहता है कि, "वह मेरी नानी की इकलौती बेटी का बेटा है।" वह लड़का अमर से कैसे सम्बन्धित है?
(a) चचेरा भाई
(b) भाई
(c) ससुर
(d) भांजा

16. एक व्यक्ति की ओर संकेत करते हुए सूरज कहता है, "वह मेरे पिता की पत्नी की बहन का बेटा है।" वह व्यक्ति सूरज से कैसे सम्बन्धित है?
(a) पिता
(b) भाई
(c) मौसेरा भाई
(d) भांजा

17. अतिथियों को आशा का परिचय कराते हुए भास्कर ने कहा, "उसके पिता, मेरे पिता के इकलौते पुत्र है।" आशा, भास्कर से किस प्रकार सम्बन्धित है?

(a) भतीजी (b) पौत्री
(c) माता (d) पुत्री

18. अपने पुत्र की ओर इशारा करते हुए एक व्यक्ति ने एक औरत से कहा कि उसकी माँ, तुम्हारी माँ की इकलौती पुत्री है। पुरुष तथा महिला के बीच क्या सम्बन्ध है?

(a) पति-पत्नी (b) पिता-पुत्री
(c) भाई-बहन (d) इनमें से कोई नहीं

19. $A+B$ का अर्थ है, 'A पति है B का'
$A-B$ का अर्थ है, 'A भाई है B का'
$A\times B$ का अर्थ है, 'A बहन है B की'
$A\div B$ का अर्थ है, 'A माता है B की'
यदि $P+R\div S\times M-K$ है, तो R कैसे सम्बन्धित है K से?

(a) बेटी (b) दादी
(c) बहन (d) माता

20. $A+B$ का अर्थ है, 'A भाई है B का'
$A-B$ का अर्थ है, 'A बेटी है B की'
$A\times B$ का अर्थ है, 'A पति है B का'
$A\div B$ का अर्थ है, 'A बेटा है B का'

यदि $J+R\div T\times K-Z$ है, तो K किस प्रकार सम्बन्धित है J से?

(a) बहन (b) माता
(c) दादी (d) नानी

21. $A+B$ का मतलब है, 'A, बहन है B की'
$A-B$ का मतलब है, 'A, बेटा है B का'
$A\times B$ का मतलब है, 'A, पति है B का'
$A\div B$ का मतलब है, 'A, माता है B की'
अगर $P+Q\div C-D-L\times J$ है, तो J का Q से क्या सम्बन्ध है?

(a) सास (b) माता
(c) बेटी (d) ससुर

22. $A+B$ का मतलब है, 'A भाई है B का'
$A-B$ का मतलब है, 'A पति है B का'
$A\times B$ का मतलब है, 'A माता है B की'
$A\div B$ का मतलब है, 'A बहन है B की'
अगर $P+R\div T-K\times O\times C$ है, तो P का O से क्या सम्बन्ध है?

(a) पिता (b) भाई
(c) चाचा (d) दादा

23. $A+B$ का अर्थ है, 'A बेटा है B का'
$A-B$ का अर्थ है, 'A पति है B का'
$A\times B$ का अर्थ है, 'A बहन है B की'
$A\div B$ का अर्थ है, 'A बेटी है B की'
यदि $F\times R\times S\div G-P\div X$ है, तो X किस प्रकार सम्बन्धित है R से?

(a) नाना या नानी (b) दादा या दादी
(c) पिता या माता (d) पोता या पोती

24. $A+B$ का अर्थ है, 'A बहन है B की'
$A-B$ का अर्थ है, 'A बेटा है B का'
$A\times B$ का अर्थ है, 'A पिता है B का'
$A\div B$ का अर्थ है, 'A भाई है B का'
यदि $S\times M\div U+L\times Z-I$ है, तो L किस प्रकार सम्बन्धित है I से?

(a) पिता (b) बेटा (c) भाई (d) पति

25. किसी निश्चित कोड में $A+B$ का अर्थ है A, B का भाई है। $A-B$ का अर्थ है A, B की माता है। $A\times B$ का अर्थ है A, B का पिता है। निम्नलिखित में से कौन-सा यह प्रदर्शित करता है कि P, Q का भतीजा है?

(a) $P+Q\times K$ (b) $P\times K+Q$
(c) $K+Q\times P$ (d) इनमें से कोई नहीं

26. यदि $X+Y$ का अर्थ है X माँ है Y की, $X-Y$ का अर्थ है X भाई है Y का, $X\div Y$ का अर्थ है X पिता है Y का, $X\times Y$ का अर्थ है X बहन है Y की, तो निम्न में से किसका अर्थ है A चाचा है B का?

(a) $A-M+N\div B$
(b) $B\div M+N\times A$
(c) $A+M-N\times B$
(d) $A-M\times N\div B$

उत्तरमाला

1 (c)	2 (a)	3 (c)	4 (b)	5 (d)
6 (c)	7 (a)	8 (d)	9 (a)	10 (b)
11 (d)	12 (a)	13 (c)	14 (d)	15 (b)
16 (c)	17 (d)	18 (a)	19 (d)	20 (b)
21 (a)	22 (c)	23 (a)	24 (d)	25 (d)
26 (d)				

संकेत एवं हल

1. (c) प्रश्नानुसार,

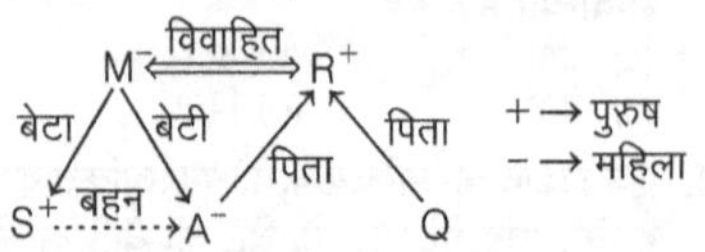

अतः A, S की बहन है।

2. (a) प्रश्नानुसार,

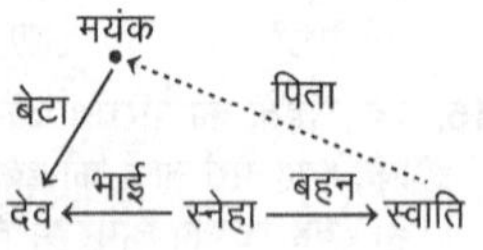

अतः मयंक, स्वाति का पिता है।

3. (c) प्रश्नानुसार,

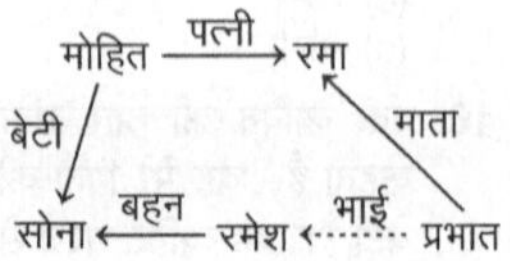

अतः रमेश, प्रभात का भाई है।

4. (b) प्रश्नानुसार,

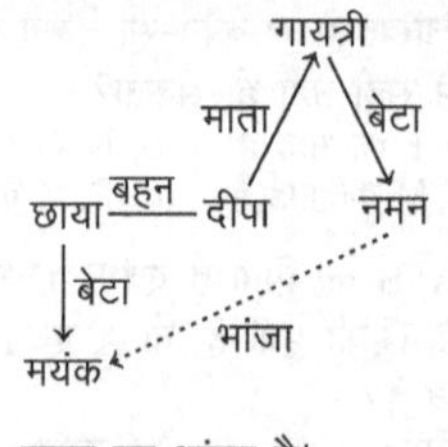

अतः मयंक, नमन का भांजा है।

5. (d) प्रश्नानुसार,

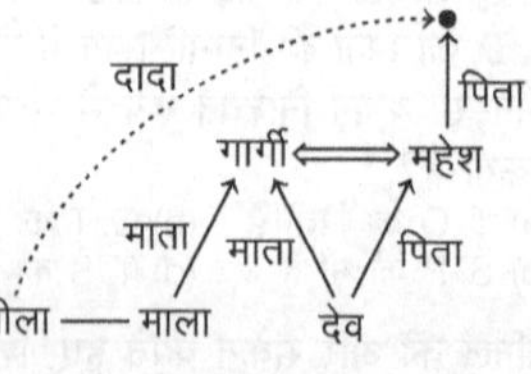

अतः महेश के पिता, लाली के दादा होंगे।

6. (c) प्रश्नानुसार,

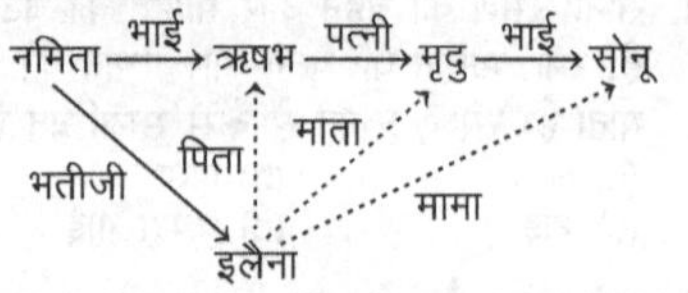

अतः सोनू, इलैना का मामा है।

7. (a) प्रश्नानुसार,

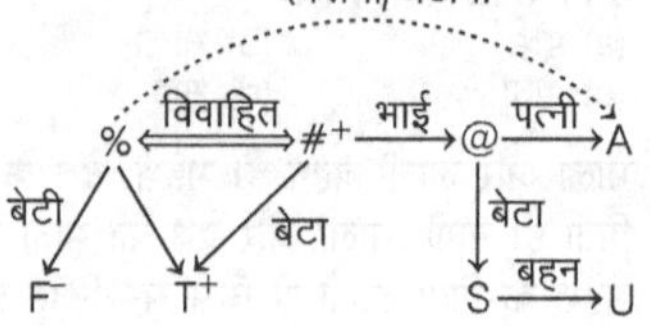

अतः A, % की देवरानी या जेठानी है।

8. (d) प्रश्नानुसार,

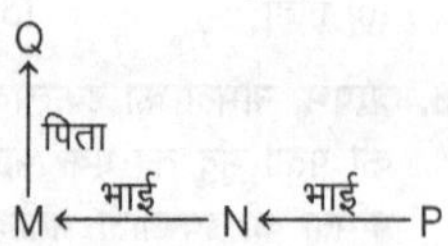

उपरोक्त दी गई जानकारी के अनुसार, P का लिंग ज्ञात नहीं है। इसलिए यह निश्चित रूप से नहीं कहा जा सकता कि P, M का भाई है।

9. (a) प्रश्नानुसार, सम्बन्ध आरेख बनाने पर,

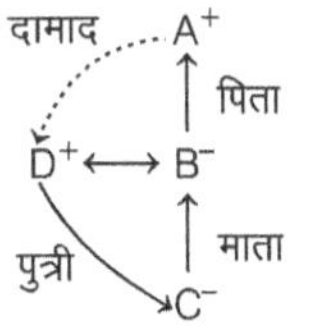

उपरोक्त सम्बन्ध आरेख से स्पष्ट है कि D, A का दामाद है।

10. (b) प्रश्नानुसार सम्बन्ध आरेख बनाने पर,

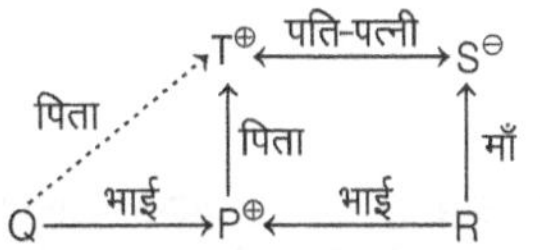

उपरोक्त सम्बन्ध आरेख से स्पष्ट है कि Q, T का पति नहीं हो सकता है। अतः विकल्प (b) निश्चित रूप से सत्य नहीं हो सकता।

11. (d) प्रश्नानुसार,

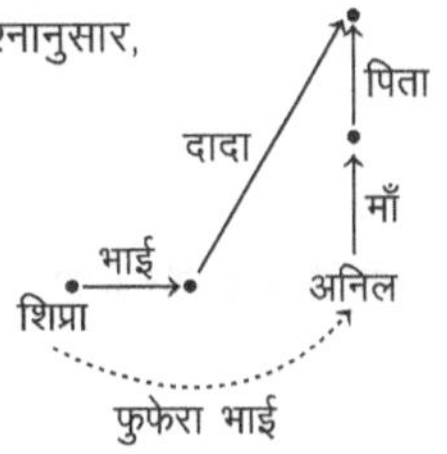

अतः अनिल, शिप्रा का फुफेरा भाई है।

12. (a) प्रश्नानुसार,

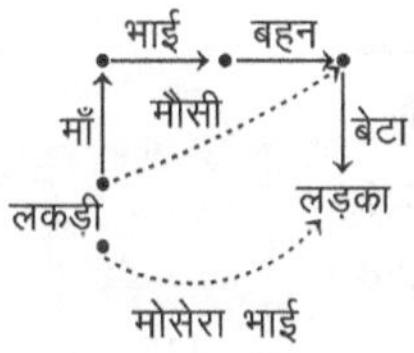

अतः लड़का, लड़की का मौसेरा भाई है।

13. (c) प्रश्नानुसार,

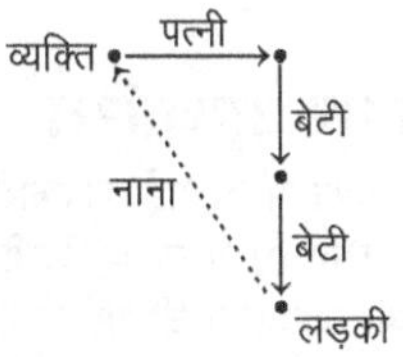

अतः व्यक्ति, लड़की का नाना है।

14. (d) प्रश्नानुसार,

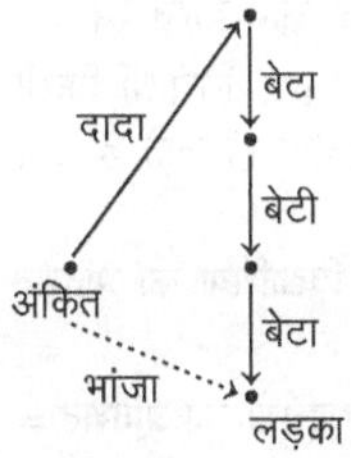

अतः लड़का, अंकित का भांजा है।

15. (b) प्रश्नानुसार,

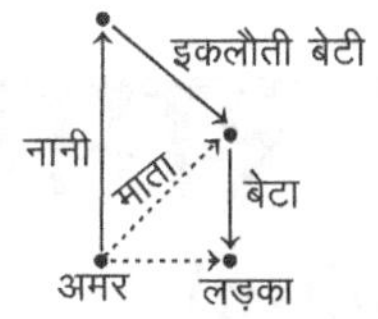

अतः लड़का, अमर का भाई है।

16. (c) प्रश्नानुसार,

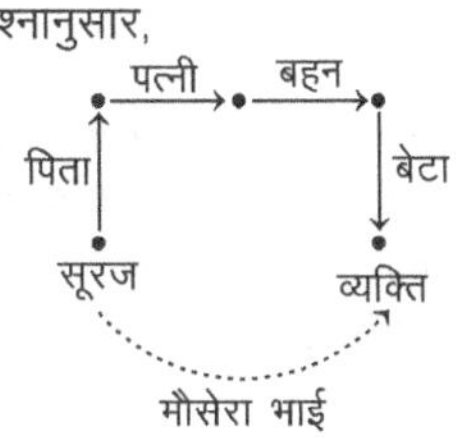

अतः व्यक्ति, सूरज का मौसेरा भाई है।

17. (d) भास्कर के पिता का इकलौता पुत्र स्वयं भास्कर होगा, इसलिए आशा के पिता भास्कर होंगे। अतः आशा, भास्कर की पुत्री है।

18. (a) प्रश्न में दी गई जानकारी के अनुसार, व्यक्ति के पुत्र की माँ अपनी माँ की इकलौती पुत्री है, तो इससे स्पष्ट है, कि वह औरत ही उसके पुत्र की माँ है। अतः पुरुष तथा महिला के बीच पति-पत्नी का सम्बन्ध है।

19. (d) प्रश्नानुसार,

अतः R, K की माता है।

20. (b) प्रश्नानुसार,

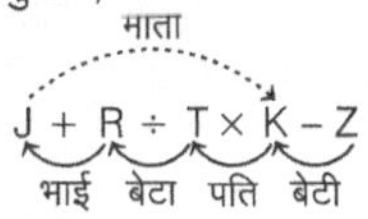

अतः K, J की माता है।

21. (a) प्रश्नानुसार,

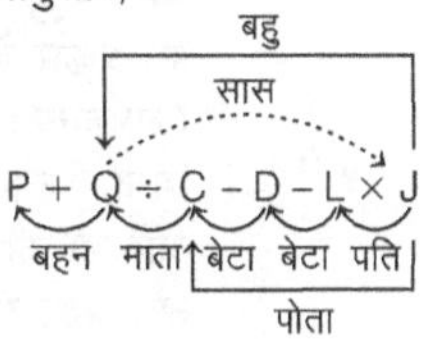

अतः J, Q की सास है।

22. (c) प्रश्नानुसार,

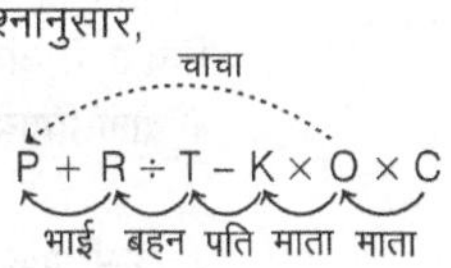

अतः P, O का चाचा है।

23. (a) प्रश्नानुसार,

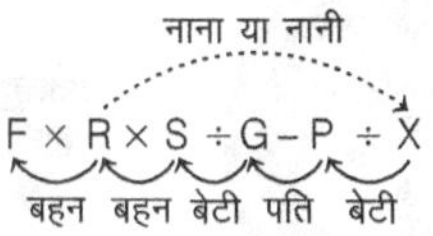

अतः X, R का नाना या नानी है।

24. (d) प्रश्नानुसार,

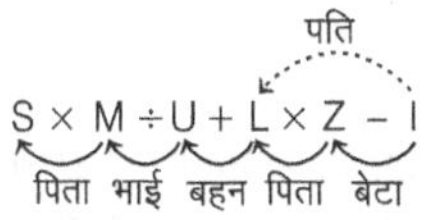

अतः L, I का पति है।

25. (d) विकल्प (a) से,

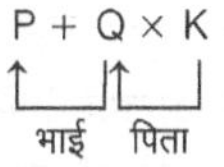

यहाँ P, Q का भाई है।

विकल्प (b) से,

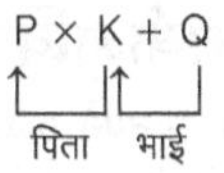

यहाँ P, Q का पिता है।

विकल्प (c) से,

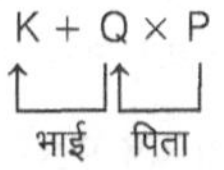

यहाँ P, Q का पुत्र या पुत्री है।

अतः कोई विकल्प सही नहीं है।

26. (d) विकल्प (d) से, A – M × N ÷ B, A भाई है M का, M बहन है N की, N पिता है B का। अतः A चाचा है B का।

विकल्प (a) से,

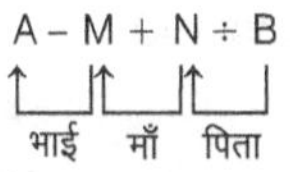

यहाँ A, B की दादी का भाई है।

विकल्प (b) से,

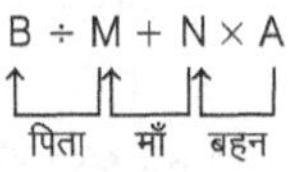

यहाँ A, B का पुत्र या पुत्री है।

विकल्प (c) से,

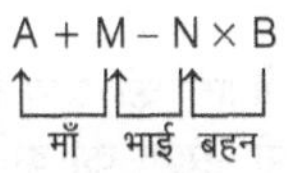

यहाँ A, B की माता है।

विकल्प (d) से,

यहाँ A, B का चाचा है।

अध्याय 09

समस्या समाधान (Problem Solving)

समस्या समाधान के अन्तर्गत ऐसे प्रश्नों को पूछा जाता है जिनमें तार्किक चिन्तन एवं गणितीय चिन्तन दोनों का समावेश है। प्रश्न में दी गई समस्या को तार्किक दृष्टिकोण को अपनाते हुए हल किया जाता है। इस अध्याय के अन्तर्गत रैखिक समीकरणों, समुच्चय सिद्धान्तों, गणितीय नियमों तथा तार्किक दृष्टिकोण का प्रयोग किया जाता है।

समस्या समाधान के अन्तर्गत निम्न प्रकार के प्रश्न पूछे जाते हैं।

1. गणितीय तर्कशक्ति पर आधारित
2. समुच्चय सिद्धान्तों पर आधारित
3. बैठक व्यवस्थीकरण पर आधारित
4. पहेली पर आधारित

1. गणितीय तर्कशक्ति पर आधारित

इस प्रकार के प्रश्नों अन्तर्गत अंकगणित पर आधारित साधारण प्रश्न पूछे जाते हैं जोकि मूलभूत गणितीय नियमों पर आधारित होते हैं। इन प्रश्नों का उद्देश्य अभ्यर्थियों की सामान्य बौद्धिक क्षमता की जाँच करना होता है। इस प्रकार के प्रश्नों को हल करने से पहले अभ्यर्थियों को अंकगणित के मूलभूत नियमों का अध्ययन अवश्य कर लेना चाहिए।

उदाहरण ~1 दो वर्ष पहले एक पुरुष अपने पुत्र की आयु से छह गुना बड़ा था। 18 वर्ष में, वह अपने पुत्र की आयु से दोगुना हो जाएगा। पुरुष और उसके पुत्र की वर्तमान आयु क्या है?

(a) 32 और 7 वर्ष (b) 32 और 13 वर्ष
(c) 34 और 7 वर्ष (d) 34 और 9 वर्ष

हल (a) माना पिता की वर्तमान आयु = x वर्ष

तथा पुत्र की वर्तमान आयु = y वर्ष

प्रश्नानुसार, 2 वर्ष पहले

$$x - 2 = 6(y - 2)$$

$$\Rightarrow \quad x - 6y = -10 \quad \ldots(i)$$

पुनः प्रश्नानुसार, 18 वर्ष बाद

$$x + 18 = 2(y + 18)$$

$$x - 2y = 18 \quad \ldots(ii)$$

समी (i) व (ii) को हल करने पर,

$$y = 7 \text{ तथा } x = 32$$

अतः पुरुष और उसके पुत्र की वर्तमान आयु क्रमशः 32 वर्ष और 7 वर्ष है।

उदाहरण 2 गोपाल की आयु किसी संख्या का घन है। दो वर्ष पहले उसकी आयु किसी संख्या का वर्ग थी। उसकी आयु कितनी है?

(a) 64 (b) 27
(c) 62 (d) 9

हल (b) प्रश्नानुसार, गोपाल की आयु वर्तमान में किसी संख्या का घन है। तथा दो वर्ष पहले उसकी आयु किसी संख्या का वर्ग थी।

विकल्पों की जाँच करने पर, 27 ऐसी संख्या है जोकि 3 का घन है और इसमें 2 घटाने पर यह 5 का वर्ग बन जाती है।

अतः गोपाल की आयु 27 वर्ष है।

उदाहरण 3 तीन व्यक्तियों A, B और C के पास अलग-अलग धनराशियाँ हैं। अगर A, C को ₹ 11 देता है, तो A के पास B के बराबर राशि हो जाएगी। A और B दोनों के पास कुल मिलाकर ₹ 245 हैं। B के पास कितने रुपये हैं?

(a) 118
(b) 116
(c) 117
(d) 119

हल (c) माना A, B और C के पास क्रमशः ₹ a, b और c हैं।

प्रश्नानुसार,

$$A - 11 = B$$

$$A - B = 11 \quad \ldots(i)$$

पुनः प्रश्नानुसार, $A + B = 245 \quad \ldots(ii)$

समी (i) व (ii) को जोड़ने पर,

$$2A = 256$$

$$A = 128$$

$$\therefore \quad B = 245 - 128 = 117$$

अतः B के पास ₹ 117 हैं।

2. समुच्चय सिद्धान्त पर आधारित

इस प्रकार के प्रश्नों के अन्तर्गत प्रश्न में दी गई जानकारी को आरेख (समुच्चय) के द्वारा हल किया जाता है। प्रश्नों में किसी एक समूह के भिन्न-भिन्न वर्गों के आँकड़ों की जानकारी दी गई होती है। अभ्यर्थी इन आँकड़ों की सहायता से समूह में सभी बनने वाले वर्गों का पता लगाते हैं और प्रश्न में पूछीं गई जानकारी को ज्ञात करते हैं।

ध्यान रखें कि यदि किसी परीक्षा में a% विद्यार्थी किसी एक विषय में, b% विद्यार्थी किसी अन्य विषय में अनुत्तीर्ण हो जाते हैं तथा c% विद्यार्थी दोनों विषयों में अनुत्तीर्ण हो जाते हैं, तो

- दोनों विषयों में उत्तीर्ण होने वाले विद्यार्थियों का प्रतिशत = [100 – (a + b – c)]%
- किसी एक विषय में अनुत्तीर्ण विद्यार्थियों का प्रतिशत = (a + b – c)%

उदाहरण 4 एक क्लब में 19 हॉकी के खिलाड़ी हैं। एक विशेष दिन 14 खिलाड़ी निर्धारित हॉकी शर्ट पहने हुए थे। उनमें कोई भी बिना हॉकी पैन्ट अथवा शर्ट के नहीं था। 11 खिलाड़ी निर्धारित हॉकी पैन्ट पहने हुए थे। कितने खिलाड़ी पूरी वर्दी में थे?

(a) 7 (b) 8
(c) 6 (d) 9

हल (c)

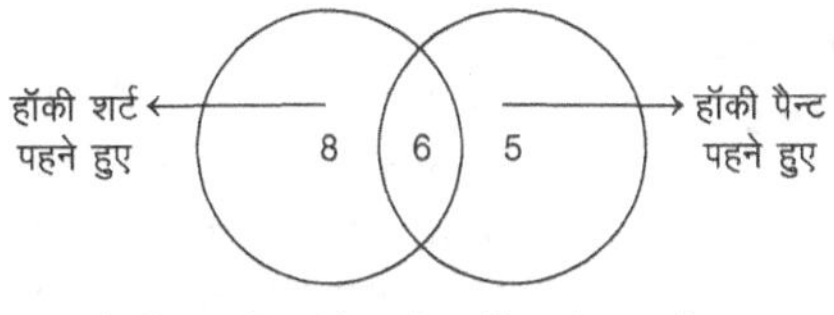

आरेख से ज्ञात है कि 6 खिलाड़ी पूरी वर्दी पहने हुए थे।

3. बैठक व्यवस्थीकरण पर आधारित

किसी समूह में व्यक्तियों या वस्तुओं को दी गई शर्तानुसार बैठाना या व्यवस्थित करने को ही बैठक व्यवस्थीकरण कहा जाता है।

इसके अन्तर्गत पूछे गए प्रश्न साधारणत: व्यक्तियों के बैठने के क्रम, बैठने की दिशा, आदि पर आधारित होते हैं।

प्रश्नों में व्यक्तियों की एक-दूसरे के सापेक्ष स्थिति दी गई होती है। व्यवस्थीकरण से सम्बन्धित जानकारी अव्यवस्थित होती है। अभ्यर्थियों को दी गई जानकारी का विश्लेषण कर प्रश्नानुसार उन्हें रैखिक क्रम या वृत्ताकार या वर्गाकार क्रम में व्यवस्थित करना होता है और पूछे गए प्रश्न का उत्तर देना होता है।

उदाहरण 5 सात व्यक्ति A, B, C, D, E, F और G एक सीधी पंक्ति में खड़े हैं।

D, G के दाईं ओर है।

C, A और B के बीच में है।

E, F और D के बीच में है।

G और B के बीच में तीन व्यक्ति हैं।

बिल्कुल बाईं ओर कौन खड़ा है?

(a) G
(b) A
(c) B
(d) D

हल (a) प्रश्नानुसार,

अतः बिल्कुल बाईं ओर G खड़ा है।

उदाहरण 6 छ: मित्र एक घेरे में बैठे हैं और ताश खेल रहे हैं। कैनी, डैनी के बाईं ओर है। बॉबी और जॉनी के बीच में माइकल है। कैनी और बॉबी के बीच में रॉजर है। माइकल के दाईं ओर कौन बैठा है?

(a) डैनी (b) जॉनी (c) कैनी (d) बॉबी

हल (d) प्रश्नानुसार, छ: मित्रों के बैठने का क्रम निम्नवत् है

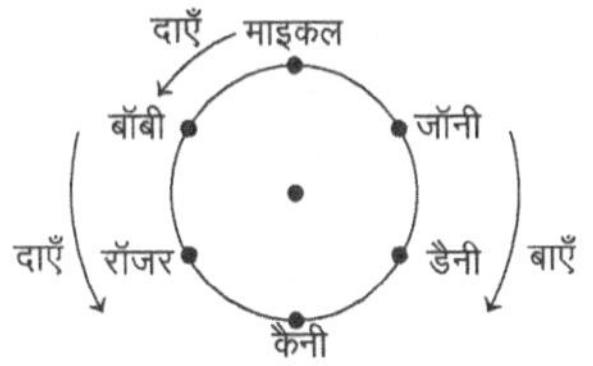

अतः माइकल के दाईं ओर बॉबी बैठा है।

4. पहेली पर आधारित

इस प्रकार के प्रश्नों के अन्तर्गत व्यक्तियों या वस्तुओं से सम्बन्धित जानकारी सरल तरीके से व्यक्त न कर थोड़ा जटिल या अस्पष्ट रूप से दी गई होती है। परन्तु इन कथनों को क्रमबद्ध या सारणीबद्ध या तार्किक दृष्टिकोण के आधार पर व्यवस्थित करने पर ये पूर्णत: स्पष्ट अर्थ प्रकट करते हैं।

इन प्रश्नों को हल करने के लिए अभ्यर्थियों को दी गई जानकारी को इकठ्ठा करके उन्हें अनुमान या तर्क के आधार पर क्रम से इस प्रकार व्यवस्थित करना होता है, कि सभी अवयवों के बीच आपसी सम्बन्ध स्पष्ट हो जाए। और पूछे गए प्रश्न का उत्तर दे सके।

उदाहरण 7 छह लड़कियाँ A, B, C, D, E, F जमीन पर बैठी हुई हैं। A और B का सम्बन्ध रूबी हाउस से है जबकि शेष का सम्बन्ध एमराल्ड हाउस से है। D और F लम्बी हैं, जबकि अन्य लड़कियों का कद छोटा है। C और D ने चश्मा लगाया है जबकि अन्य लड़कियों ने नहीं। एमराल्ड हाउस की कौन-सी लड़की लम्बी है और चश्मा पहने हुए है?

(a) C (b) A (c) D (d) B

हल (c) प्रश्नानुसार,

लड़की	हाउस	ऊँचाई	चश्मा
A	रुबी	छोटी	✗
B	रुबी	छोटी	✗
C	एमराल्ड	छोटी	✓
D	एमराल्ड	लम्बी	✓
E	एमराल्ड	छोटी	✗
F	एमराल्ड	लम्बी	✗

∴ D एमराल्ड हाउस की लम्बी लड़की है, जो चश्मा पहने हुए है।

अभ्यास प्रश्न

1. एक पिता की उम्र उसके बेटे से दोगुनी है। पाँच साल पहले, पिता की उम्र उस समय बेटे की उम्र से तीन गुना थी। अब बेटे की उम्र कितनी है?

(a) 20 साल (b) 12 साल
(c) 15 साल (d) 10 साल

2. विक्रम अपने भाई अजय से दोगुनी उम्र का है। 5 साल पहले, विक्रम अजय से 3 गुना बड़ा था। इस समय विक्रम की उम्र कितनी है?

(a) 20 (b) 22 (c) 17 (d) 18

3. राखी की सगाई 10 वर्ष पहले हुई थी। राखी की वर्तमान आयु उसकी सगाई के समय की आयु की $\frac{5}{3}$ है। यदि राखी की माँ की वर्तमान आयु उसकी वर्तमान आयु की दोगुनी है, तो राखी की सगाई के समय उसकी माँ की आयु (वर्षों में) क्या थी?

(a) 50 वर्ष (b) 40 वर्ष
(c) 30 वर्ष (d) 60 वर्ष

4. नौ वर्ष बाद, B की आयु A की वर्तमान आयु के बराबर होगी। A की 3 वर्ष बाद की आयु तथा B की 4 वर्ष पहले की आयु का योग 76 है। यदि C, B की वर्तमान आयु का आधा है, तो 10 वर्ष बाद C की आयु (वर्षों में) क्या होगी?

(a) 32 वर्ष (b) 36 वर्ष
(c) 27 वर्ष (d) 31 वर्ष

5. निखिल अपने भाई रोहण से 8 वर्ष छोटा है। रोहण तब कितने वर्ष का होगा जब वह निखिल से दोगुनी उम्र का होगा?

(a) 4 वर्ष (b) 6 वर्ष
(c) 8 वर्ष (d) 16 वर्ष

6. एक टोकरी में सेबों की संख्या प्रत्येक मिनट के बाद दोगुनी हो जाती है। यदि टोकरी 1 घण्टे में पूरी भर जाती है, तो वह आधी कब भरी होगी?

(a) 38 मिनट (b) 55 मिनट
(c) 47 मिनट (d) 59 मिनट

7. राम के पास 52 गोलियाँ हैं, यदि जननी के पास 9 गोलियाँ और होती, तो उसके पास राम की गोलियों की आधी गोलियाँ होती। यह बताइए कि जननी के पास अब कितनी गोलियाँ हैं?

(a) 17 (b) 15 (c) 26 (d) 35

8. सन्तोष रेलगाड़ी के डिब्बे में यात्रा कर रहा था। वहाँ वह एक पुरुष और पाँच महिलाओं से मिला। प्रत्येक महिला की गोद में एक बच्चा था। डिब्बे में कुल व्यक्तियों की संख्या है

(a) 9 (b) 10
(c) 11 (d) 12

9. एक पुस्तक के 300 पृष्ठ हैं और प्रत्येक पृष्ठ पर 10-10 शब्दों की 20 पंक्तियाँ हैं। पुस्तक में कुल कितने शब्द हैं?

(a) 6000 (b) 60000
(c) 66000 (d) 600000

10. एक 25 फुट 6 इंच लम्बे लकड़ी के टुकड़े को काटकर तीन बराबर लम्बाई के टुकड़े बनाए गए हैं। एक टुकड़ा कितना लम्बा है?

(a) 8 फुट 1 इंच (b) 8 फुट 6 इंच
(c) 8 फुट 3 इंच (d) 8 फुट 4 इंच

11. कागज के एक बड़े पत्र को दो बराबर टुकड़ों में काटा जाता है। इन दो आधे टुकड़ों को एक-दूसरे के ऊपर रखा जाता है और फिर से आधे-आधे दो टुकड़ों में काटा जाता है। ऐसे 10 बार काटने पर कितने टुकड़ें होंगे?

(a) 20 (b) 512
(c) 1024 (d) 2048

12. तीन व्यक्तियों A, B और C के पास अलग-अलग राशि हैं। यदि A, C से ₹ 6 लेता है, तो A के पास B के बराबर राशि होगी। A और B के पास कुल मिला कर ₹ 74 हैं। B के पास कितने रुपये हैं?

(a) 40 (b) 30
(c) 44 (d) 34

13. तीन मित्रों A, B और C के पास अलग-अलग राशि हैं। यदि A, B से ₹ 10 लेता है, तो A के पास C से ₹ 4 कम होंगे। A और C के पास कुल मिलाकर ₹ 330 हैं। C के पास कितने रुपये हैं?

(a) 170 (b) 174
(c) 172 (d) 176

14. तीन दोस्तों A, B और C के बीच ₹ 209 का कुल योग इस तरह वितरित किया जाता है कि A का धन B के धन से छह गुना है और C का धन B के धन से चार गुना है। A को कितने रुपये मिले हैं?

(a) 115 (b) 113
(c) 112 (d) 114

15. एक फुटबॉल टूर्नामेण्ट में 20 टीमें हिस्सा लेती हैं। प्रत्येक टीम को सभी अन्य टीमों से मैच खेलना है। टूर्नामेण्ट में कितने मैच खेले जाएँगे?

(a) 190 (b) 195
(c) 170 (d) 180

16. 10 छात्रों का एक समूह आपस में एक-दूसरे से हाथ मिलाता है। कुल कितनी बार हाथ मिलाए गए?

(a) 20 (b) 56
(c) 90 (d) 45

17. एक मित्र-मण्डली में 8 सदस्य हैं। उन्होंने दीपावली पर शुभकामना कार्ड भेजकर एक-दूसरे को बधाई दी है। यह बताइए कि उक्त मित्र-मण्डली द्वारा कितने शुभकामना कार्डों का प्रयोग किया जाएगा?

(a) 50 (b) 64
(c) 56 (d) 60

18. बराबर संख्या में गायों और ग्वालों के एक समूह में पैरों की संख्या, सिरों की संख्या के चार गुने से 28 कम थी। ग्वालों की संख्या थी

(a) 7 (b) 28 (c) 21 (d) 14

19. किसी जगह कुछ लड़के और कुत्ते हैं। यदि सिरों की कुल संख्या 7 और पैरो (टाँगों) की कुल संख्या 20 हैं, तो बताइए कि वहाँ कितने लड़के और कितने कुत्ते हैं?

(a) 2 लड़के और 5 कुत्ते
(b) 3 लड़के और 4 कुत्ते
(c) 4 लड़के और 3 कुत्ते
(d) 5 लड़के और 2 कुत्ते

20. एक बस जब चली तो उसमें निश्चित संख्या में कुछ यात्री बैठे हुए थे। पहले स्टॉप पर बस से आधे यात्री उतर गए और 35 यात्री बस में चढ़े। दूसरे स्टॉप पर 1/5 यात्री उतर गए और 40 चढ़े। उसके बाद बस में 80 यात्री थे और वह बिना रुके गन्तव्य-स्थल की ओर गई। आरम्भ में बस में कितने यात्री थे?

(a) 25 (b) 30 (c) 40 (d) 50

21. रवि के जीवन का एक-चौथाई (1/4) भाग एक लड़के की तरह, पाँचवा (1/5) भाग एक किशोर की तरह, एक-तिहाई (1/3) भाग एक पुरुष की तरह और तेरह (13) वर्ष बुढ़ापे में बीता। उसकी वर्तमान आयु क्या है?

(a) 70 वर्ष (b) 80 वर्ष
(c) 60 वर्ष (d) 65 वर्ष

22. एक कार्यालय में 1/3 कर्मचारी महिलाएँ हैं, महिलाओं में से 1/2 विवाहित हैं और विवाहित महिलाओं में से 1/3 के बच्चे हैं। यदि पुरुषों में से 3/4 विवाहित हैं और विवाहित पुरुषों में से 2/3 के बच्चे भी हैं, तो कर्मचारियों का कितना भाग बिना बच्चों का है?

(a) $\frac{5}{18}$ (b) $\frac{4}{9}$ (c) $\frac{11}{18}$ (d) $\frac{17}{36}$

23. एक परीक्षा में 30% विद्यार्थी गणित में फेल होते हैं, 25% विद्यार्थी अंग्रेजी में फेल होते हैं और 15% विद्यार्थी दोनों विषय में फेल होते हैं। पास होने के लिए गणित और अंग्रेजी दोनों में पास होना जरूरी है। बताइए कि परीक्षा में पास होने वाले विद्यार्थियों का प्रतिशत क्या है?

(a) 50 (b) 65
(c) 40 (d) 60

24. एक नगर के सर्वेक्षण से पता चला कि सर्वेक्षित लोगों में से 65% टीवी (दूरदर्शन) पर समाचार देखते हैं, 40% समाचार-पत्र पढते हैं और 25% समाचार-पत्र भी पढ़ते हैं और टीवी (दूरदर्शन) पर भी समाचार देखते हैं। सर्वेक्षित लोगों में से कितने प्रतिशत न तो समाचार, टीवी (दूरदर्शन) पर देखते हैं और न ही समाचार-पत्र पढ़ते हैं?
(a) 5 (b) 10 (c) 20 (d) 15

25. एक सर्वेक्षण में, सर्वेक्षित लोगों में से 70% के पास कार थी और 75% के पास टीवी (टेलीविजन) था। यदि 55% के पास कार और टीवी दोनों थे, तो सर्वेक्षित लोगों में से कितने प्रतिशत के पास कार या टीवी में से कोई भी नहीं था?
(a) 25 (b) 20 (c) 10 (d) 5

26. एक छोटे विस्तार क्षेत्र में 80 परिवार रहते हैं। इनमें से 20% परिवारों में प्रत्येक परिवार के पास कार है। शेष में से 50% परिवारों में प्रत्येक परिवार के पास मोटरसाइकिल है। उस विस्तार क्षेत्र में कितने परिवारों के पास कोई वाहन नहीं है?
(a) 30 (b) 32 (c) 23 (d) 36

27. कॉलेज पार्टी में पाँच लड़कियाँ एक पंक्ति में बैठी हैं। P, M के बाईं ओर और O के दाईं ओर बैठी है। R, N के दाईं ओर, परन्तु O के बाईं ओर बैठी है। बीच में कौन बैठी है?
(a) O (b) R
(c) P (d) M

28. A से E तक पाँच विभिन्न मकान एक पंक्ति में बने हैं। A, B के दाईं ओर है और E, C के बाईं ओर तथा A के दाईं ओर है। साथ ही B, D के दाईं ओर है, तब बिल्कुल बीच में कौन-सा मकान है?
(a) E (b) A
(c) B (d) D

29. पाँच भिन्न-भिन्न रंगों की बसें दक्षिण दिशोन्मुख एक पंक्ति में खड़ी हैं। उनमें काली बस, लाल बस के ठीक दाईं ओर खड़ी है, हरी बस, नीली और पीली के बीच में खड़ी है तथा पीली बस, काली और हरी के बीच में है, तब बिल्कुल बीच में किस रंग की बस है?
(a) पीली (b) नीली
(c) काली (d) हरी

30. छः बच्चे A, B, C, D, E तथा F एक पंक्ति में खड़े हैं। B, F और D के बीच में है। E, A और C के बीच में है। A न तो F के साथ खड़ा है और न ही D के साथ। C, D के साथ नहीं खड़ा है। F बच्चों के निम्न युग्मों में से किसके बीच में है?
(a) B और E (b) B और C
(c) B और D (d) B और A

31. A, B, C, D और E एक बैंच पर बैठे हैं। उनमें A, B के बराबर में बैठा है तथा C, D के बराबर में, परन्तु D, E के पास नहीं बैठा है, क्योंकि E बैंच के बाएँ किनारे पर बैठा है। C का स्थान दाईं ओर से दूसरा है तथा A, B और E के दाईं ओर है, परन्तु A और C साथ बैठे हैं, तब A किस स्थान पर बैठा है?
(a) B और D के बीच में
(b) B और C के बीच में
(c) E और D के बीच में
(d) C और E के बीच में

32. पाँच पुस्तकें A, B, C, D और E हैं। इनमें C, D के ऊपर है। E, A के नीचे है तथा D, A के ऊपर है एवं B, E के नीचे है। सबसे नीचे वाली पुस्तक है
(a) A (b) B (c) C (d) E

33. पाँच विद्यार्थी A, B, C, D और E एक वृत्ताकार में एक-दूसरे के आमने-सामने बैठे हुए हैं। यदि A और D के बीच E है और B के दाईं ओर A है, तब B के बाईं ओर कौन बैठा है?
(a) A (b) B (c) C (d) E

34. छः व्यक्ति K, L, M, N, O तथा P मेज के इर्द-गिर्द बैठे हैं।
- K और L एक-दूसरे के विपरीत हैं।
- K के बाईं ओर M है।
- O तथा N एक-दूसरे के विपरीत हैं।
- N के दाईं ओर P है।
- L के बाईं ओर कौन है?

(a) M (b) P
(c) O (d) N

35. चार मित्र वृत्ताकार बैठकर ताश खेल रहे थे। राम के दाईं ओर शंकर बैठा था और अरविन्द के बाईं ओर गोपाल बैठा था। निम्नलिखित में से कौन-से युगल खेल में भागीदार थे?
(a) राम और अरविन्द (b) गोपाल और शंकर
(c) राम और शंकर (d) गोपाल और राम

36. राधा, शीला, महिमा और सीता एक मेज के गिर्द बैठी हैं। राधा, शीला के दाईं ओर बैठी है। महिमा, सीता के बाईं ओर बैठी है। दिए गए विकल्पों में से बताइए कौन-सी जोड़ी एक-दूसरे के सामने बैठी है?
(a) शीला-सीता (b) राधा-सीता
(c) राधा-शीला (d) महिमा-राधा

37. P, Q, R, S, T, U एक परिवार के 6 सदस्य हैं, जिसमें दो विवाहित जोड़े हैं। शिक्षक T का विवाह डॉक्टर से हुआ है, जो R और U की माँ है। वकील Q का विवाह P से हुआ है। P का एक पुत्र और एक पौत्र है। दो विवाहित महिलाओं में एक गृहणी है। परिवार में एक छात्र भी है और एक पुरुष इंजीनियर है। निम्नलिखित में से क्या परिवार की पौत्री के बारे में सही है?
(a) वह वकील है (b) वह इंजीनियर है
(c) वह छात्र है (d) वह डॉक्टर है

38. A, B, C, D और E पाँच विभिन्न नगरों P, Q, R, S और T से हैं। (जरूरी नहीं इसी क्रम में) इनमें से प्रत्येक एक भिन्न नगर से है। दिया गया है
1. B और C, नगर Q से नहीं हैं।
2. B और E, नगर P और R से नहीं हैं।
3. A और C, नगर R, S और T से नहीं हैं।
4. D और E, नगर Q और T से नहीं हैं।

निम्नलिखित में से कौन-सा कथन सही नहीं है?
(a) C, नगर P से है
(b) D, नगर R से है
(c) A, नगर Q से है
(d) B, नगर S से है

39. A, B, C, D, E, F और G सात व्यक्ति हैं, जो इसी क्रम में पंक्ति में खड़े हैं। प्रत्येक भिन्न रंग की टोपी पहनें हैं, जैसे-बैंगनी, जामुनी, नीली, हरी, पीली, नारंगी और लाल। D अपने सामने हरी और नीली को देख पाता है, परन्तु बैंगनी को नहीं। F बैंगनी और पीली को देख पाता है, परन्तु लाल को नहीं। G नारंगी को छोड़कर सभी रंगों की टोपियाँ देख सकता है। यदि E जामुनी रंग की टोपी पहने है, तो F द्वारा पहनी टोपी का रंग क्या है?
(a) नीला (b) बैंगनी
(c) लाल (d) नारंगी

40. छः पुस्तकों को A, B, C, D, E और F से अंकित कर एक के बगल में एक रख दिया जाता है। B, C, E और F पुस्तकों के हरे आवरण हैं, जबकि अन्य पुस्तकों के आवरण पीले हैं। A, B और D पुस्तकें नई हैं, जबकि शेष पुरानी पुस्तकें हैं। A, B और C पुस्तकें विधि रिपोर्टें हैं, जबकि शेष पुस्तकें आयुर्विज्ञान के उद्धरण हैं। कौन-सी दो पुरानी आयुर्विज्ञान के उद्धरणों की हरे आवरणों वाली पुस्तकें हैं?
(a) B और C
(b) E और F
(c) C और E
(d) C और F

उत्तरमाला

1 (d)	2 (a)	3 (b)	4 (c)	5 (d)
6 (d)	7 (a)	8 (d)	9 (b)	10 (b)
11 (c)	12 (a)	13 (c)	14 (d)	15 (a)
16 (d)	17 (c)	18 (d)	19 (c)	20 (b)
21 (c)	22 (c)	23 (d)	24 (c)	25 (c)
26 (b)	27 (a)	28 (b)	29 (a)	30 (b)
31 (b)	32 (b)	33 (c)	34 (b)	35 (d)
36 (b)	37 (c)	38 (d)	39 (c)	40 (b)

संकेत एवं हल

1. *(d)* माना बेटे की उम्र = x वर्ष
पिता की उम्र = $2x$ वर्ष
प्रश्नानुसार, $2x - 5 = (x - 5) \times 3$
$$2x - 5 = 3x - 15$$
$$x = 10$$
अतः बेटे की उम्र 10 साल है।

2. *(a)* माना विक्रम की आयु = x वर्ष
विक्रम के भाई अजय की आयु = $\frac{x}{2}$ वर्ष
प्रश्नानुसार, $x - 5 = \left(\frac{x}{2} - 5\right) \times 3$
$$x - 5 = \frac{3x}{2} - 15$$
$$2x - 10 = 3x - 30$$
$$x = 20$$
अतः विक्रम की उम्र 20 वर्ष है।

3. *(b)* माना राखी की वर्तमान आयु = x वर्ष
प्रश्नानुसार,
$$x - 10 = x \times \frac{3}{5} \Rightarrow \frac{2x}{5} = 10 \Rightarrow x = 25 \text{ वर्ष}$$
राखी की माँ की वर्तमान आयु = 2 × 25 = 50 वर्ष
राखी की सगाई के समय उसकी माँ की आयु
= 50 − 10 = 40 वर्ष

4. *(c)* माना B की वर्तमान आयु = x वर्ष
C की वर्तमान आयु = $\frac{x}{2}$ वर्ष
A की वर्तमान आयु = $(x + 9)$ वर्ष
प्रश्नानुसार, $x + 9 + 3 + x - 4 = 76$
$\Rightarrow \quad 2x + 8 = 76$
$\Rightarrow \quad 2x = 68 \Rightarrow x = 34$
10 वर्ष बाद C की आयु
$$= \frac{x}{2} + 10 = \frac{34}{2} + 10$$
= 17 + 10 = 27 वर्ष

5. *(d)* माना निखिल की आयु 1 वर्ष है।
अतः रोहण की आयु = 1 + 8 = 9 वर्ष
सात वर्ष बाद निखिल की आयु 8 वर्ष एवं रोहण की आयु 16 वर्ष होगी।

6. *(d)* चूँकि टोकरी 1 घण्टा अर्थात् 60 मिनट में पूरी भरती है। अतः 59वें मिनट में टोकरी आधी भरेगी।

7. *(a)* जननी के पास अभीष्ट गोलियों की संख्या
$$= \frac{52}{2} - 9 = 26 - 9 = 17$$

8. *(d)* एक पुरुष और पाँच महिलाएँ = 1 + 5 = 6
बच्चों की संख्या = 5
सन्तोष स्वयं = 1
अतः डिब्बे में कुल व्यक्तियों की संख्या
= 6 + 6 = 12

9. *(b)* शब्दों की कुल संख्या
= 300 × 20 × 10
= 60000

10. *(b)* 25 फुट 6 इंच = 25 × 12 + 6 = 306 इंच
प्रश्नानुसार,
तीन टुकड़े करने पर एक टुकड़े की लम्बाई
$$= \frac{306}{3} = 102 \text{ इंच} = 8 \text{ फुट } 6 \text{ इंच}$$

11. *(c)* अभीष्ट टुकड़ों की संख्या = $2^{10} = 1024$

12. *(a)* प्रश्नानुसार, A + 6 = B
$$A - B = -6 \quad \ldots(i)$$
पुनः प्रश्नानुसार, $A + B = 74 \quad \ldots(ii)$
समी (i) व (ii) को जोड़ने पर,
$$2A = 68$$
$$A = 34$$
∴ $B = 74 - 34 = 40$
अतः B के पास ₹ 40 हैं।

13. *(c)* माना A, B और C के पास क्रमशः ₹ a, ₹ b और ₹ c हैं।
प्रश्नानुसार, $a + 10 = c - 4$
$$a - c = -14 \quad \ldots(i)$$
पुनः प्रश्नानुसार, $a + c = 330 \quad \ldots(ii)$
समी (i) व (ii) को जोड़ने पर,
$$2a = 316$$
$$a = 158$$
∴ $c = 330 - 158 = 172$
अतः C के पास ₹ 172 हैं।

14. *(d)* माना A, B और C को क्रमशः ₹ a, ₹ b और ₹ c मिलते हैं।
प्रश्नानुसार, $a + b + c = 209 \quad \ldots(i)$
तथा $a = 6b$
व $c = 4b$
a और c का मान समी (i) में रखने पर,
$$6b + b + 4b = 209$$
$$11b = 209$$
$$b = 19$$
∴ $a = 6b = 6 \times 19 = 114$
अतः A को ₹ 114 मिले हैं।

15. *(a)* फुटबॉल टूर्नामेण्ट में कुल टीमे n = 20
∴ टूर्नामेण्ट में खेलों की संख्या = $\frac{n(n-1)}{2}$
(∵ प्रत्येक टीम को अन्य सभी टीमों के साथ मैच खेलना है)
$$= \frac{20 \times (20 - 1)}{2} = 10 \times 19 = 190$$

16. *(d)* हाथ मिलाने की कुल संख्या
$$= \frac{10 \times (10 - 1)}{2} = \frac{90}{2} = 45$$

17. *(c)* प्रयोग किए गए शुभकामना कार्डों की अभीष्ट संख्या = 8 × 7 = 56

18. *(d)* माना गायों एवं ग्वालों की कुल संख्या $2x$ है, तब प्रश्नानुसार,
$$4 \times 2x - 28 = x \times 2 + x \times 4$$
$\Rightarrow \quad 8x - 28 = 2x + 4x \Rightarrow 8x - 6x = 28$
∴ $x = \frac{28}{2} = 14$

19. *(c)* माना लड़कों की संख्या x तथा कुत्तों की संख्या y है।
तब प्रश्नानुसार, $x + y = 7 \quad \ldots(i)$
तथा $2x + 4y = 20$
$\Rightarrow \quad 2x + 2y + 2y = 20$
$\Rightarrow \quad 2(x + y) + 2y = 20$
$\Rightarrow \quad 2 \times 7 + 2y = 20$ (समी (i) से)
$\Rightarrow \quad y = 3$
पुनः समी (i) से, $x = 4$

20. *(b)* माना प्रारम्भ में x यात्री थे।
तब, पहले स्टॉप के बाद यात्रियों की संख्या
$$= \frac{x}{2} + 35$$
दूसरे स्टॉप के बाद यात्रियों की संख्या
$$= \left(1 - \frac{1}{5}\right)\left(\frac{x}{2} + 35\right) + 40$$
$$\Rightarrow \frac{4}{5}\left(\frac{x}{2} + 35\right) + 40 = 80$$
$$\Rightarrow \frac{x}{2} + 35 = \frac{(80 - 40)}{4} \times 5$$
$$\Rightarrow \frac{x}{2} = 50 - 35 = 15 \Rightarrow x = 30$$

21. *(c)* माना रवि की वर्तमान आयु x वर्ष है, तब
प्रश्नानुसार, $\frac{x}{4} + \frac{x}{5} + \frac{x}{3} = x - 13$
$$\Rightarrow \frac{15x + 12x + 20x}{60} = x - 13 = \frac{47x}{60}$$
$$= x - \frac{47x}{60} = 13$$
अतः $\frac{13x}{60} = 13 \Rightarrow x = 60$ वर्ष

22. *(c)* माना कार्यालय में कुल कर्मचारियों की संख्या = x है, तब
महिला कर्मचारियों की संख्या = $\frac{x}{3}$
∴ पुरुष कर्मचारियों की संख्या
$$= x - \frac{x}{3} = \frac{3x - x}{3} = \frac{2x}{3}$$
विवाहित महिला कर्मचारियों की संख्या
$$= \frac{x}{3} \times \frac{1}{2} = \frac{x}{6}$$
विवाहित महिला कर्मचारियों की संख्या जिनके बच्चे हैं
$$= \frac{x}{6} \times \frac{1}{3} = \frac{x}{18}$$
विवाहित पुरुष कर्मचारियों की संख्या
$$= \frac{2x}{3} \times \frac{3}{4} = \frac{x}{2}$$
विवाहित पुरुष कर्मचारियों की संख्या जिनके बच्चे हैं
$$= \frac{x}{2} \times \frac{2}{3} = \frac{x}{3}$$
∵ उन कर्मचारियों की संख्या जिनके बच्चे हैं
$$= \frac{x}{3} + \frac{x}{18} = \frac{6x + x}{18} = \frac{7x}{18}$$
∴ ऐसे कर्मचारियों की संख्या जिनके बच्चे नहीं हैं
$$= x - \frac{7x}{18} = \frac{18x - 7x}{18} = \frac{11}{18}x$$

23. *(d)*

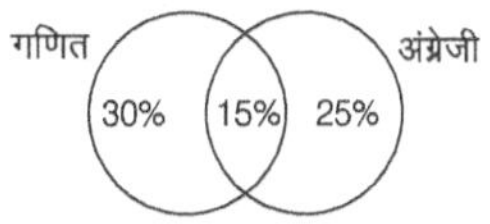

कुल फेल विद्यार्थियों का प्रतिशत

= 30% + 25% − 15% = 40%

अतः कुल पास विद्यार्थियों का प्रतिशत

=100% − 40% = 60%

24. *(c)* प्रश्नानुसार,

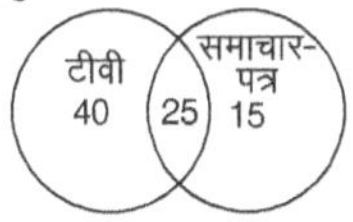

∴ अभीष्ट प्रतिशत = 100 − (40 + 25 + 15)

=20%

25. *(c)*

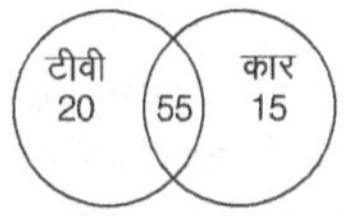

∴ सर्वेक्षित लोगों का प्रतिशत जिनके पास न कार है न टीवी

= 100 − (20 + 55 + 15)

= 100 − 90 = 10%

26. *(b)* 80 का 20% = $\frac{20}{100} \times 80 = 16$

शेष का 50% = $(80 - 16) \times \frac{50}{100} = 32$

∴ अभीष्ट परिवारों की संख्या

= 80 − (32 + 16) = 80 − 48 = 32

27. *(a)* प्रश्नानुसार, लड़कियों के बैठने के क्रम निम्नवत् है

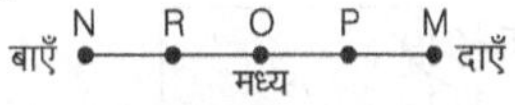

अतः मध्य में O बैठी है।

28. *(b)* प्रश्नानुसार, मकानों का क्रम निम्नवत् है

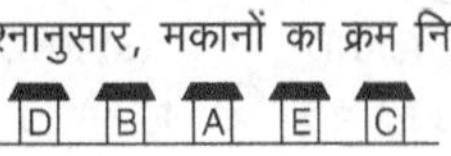

अतः ठीक बीच में मकान A है।

29. *(a)* प्रश्नानुसार, बसों के खड़े होने का क्रम निम्नवत् है

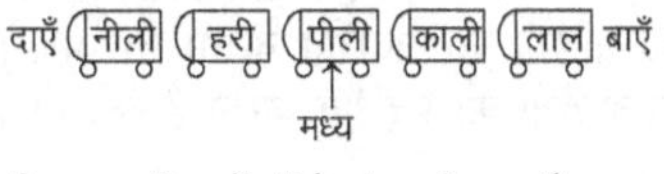

अतः बिल्कुल बीच में पीले रंग की बस है।

30. *(b)* प्रश्नानुसार, बच्चों का क्रम निम्नवत् है

अतः F, B और C के बीच में है।

31. *(b)* प्रश्नानुसार,

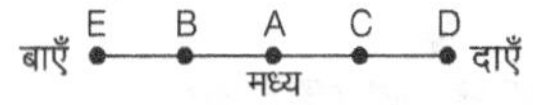

अतः A, B और C के बीच में बैठा है।

32. *(b)* प्रश्नानुसार, पुस्तकें निम्न क्रम में रखी हुई हैं

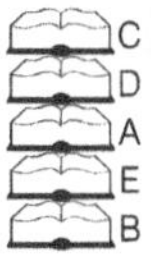

अतः सबसे नीचे वाली पुस्तक B है।

33. *(c)* प्रश्नानुसार, विद्यार्थियों के बैठने का क्रम निम्नवत् है

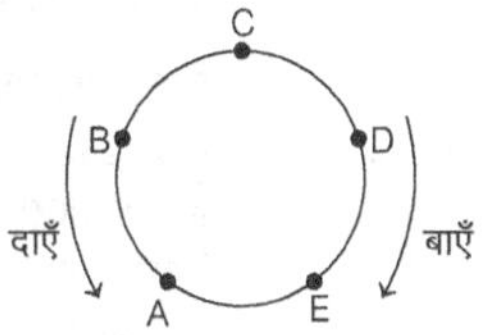

अतः B के बाईं ओर C बैठा है।

34. *(b)* प्रश्नानुसार, K, L, M, N, O, P के बैठने का क्रम निम्न है

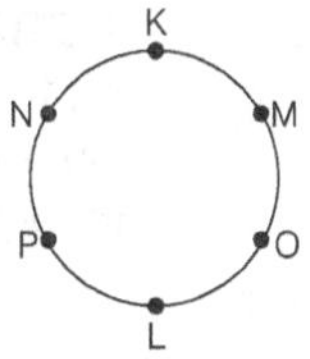

अतः L के बाईं ओर P बैठा है।

35. *(d)* प्रश्नानुसार, चारों मित्रों के बैठने का क्रम निम्नवत् है

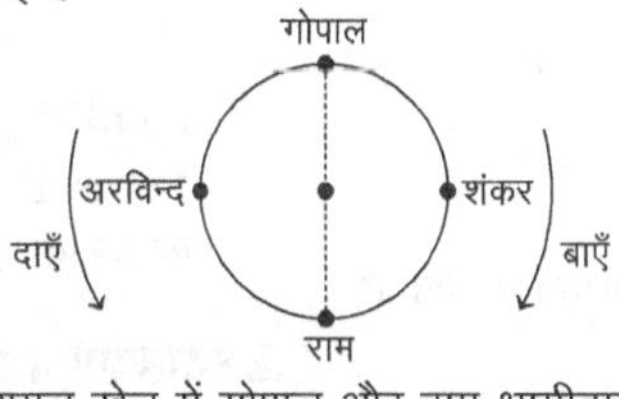

अतः युगल खेल में गोपाल और राम भागीदार थे।

36. *(b)* प्रश्नानुसार, चारों के बैठने का क्रम निम्नवत् है

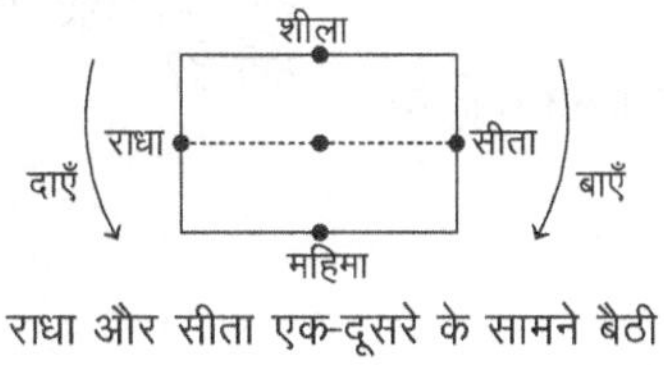

अतः राधा और सीता एक-दूसरे के सामने बैठी हैं।

37. *(c)*

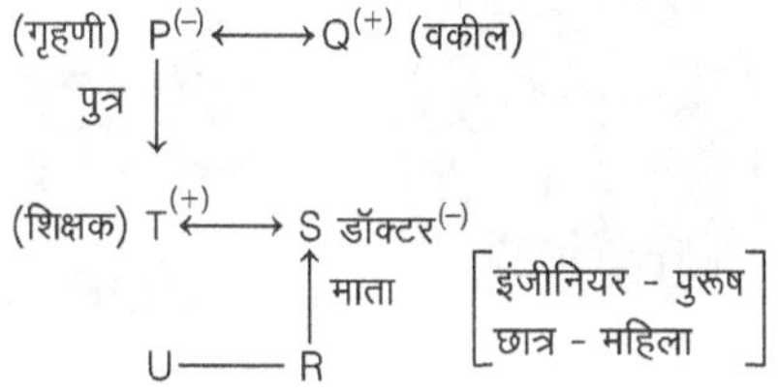

स्पष्टतः पौत्री एक छात्र है।

38. *(d)* प्रश्नानुसार,

	P	Q	R	S	T
A	✗	✓	✗	✗	✗
B	✗	✗	✗	✗	✓
C	✓	✗	✗	✗	✗
D	✗	✗	✓	✗	✗
E	✗	✗	✗	✓	✗

सारणी से स्पष्ट है कि विकल्प *(d)* 'B, नगर S से है' सही नहीं है।

39. *(c)* प्रश्नानुसार, व्यवस्थित करने पर सातों व्यक्तियों और विभिन्न रंगों की टोपियों का क्रम निम्न प्रकार होगा

A - पीली या हरी या नीली,

B - पीली या हरी या नीली,

C - पीली या हरी या नीली,

D - बैंगनी, E - जामुनी, F - लाल, G - नारंगी

अतः F द्वारा पहनी टोपी का रंग लाल है।

40. *(b)* प्रश्न में दी गई जानकारी के आधार पर तालिका बनाने पर,

पुस्तकें	रंग	स्थिति (नई/पुरानी)	विषय (विधि/आयुर्विज्ञान)
A	पीला	नई	विधि
B	हरा	नई	विधि
C	हरा	पुरानी	विधि
D	पीला	नई	आयुर्विज्ञान
E	हरा	पुरानी	आयुर्विज्ञान
F	हरा	पुरानी	आयुर्विज्ञान

अतः उपरोक्त तालिका से स्पष्ट है कि E और F पुरानी आयुर्विज्ञान के उद्धरणों की हरे आवरणों वाली पुस्तकें हैं।

अध्याय 10

वेन आरेख
(Venn Diagram)

किन्ही दो या दो से अधिक वस्तुओं/व्यक्तियों के समुच्चयिक गुणों के आधार पर ज्यामितीय आकृतियों द्वारा उनके मध्य सम्बन्ध स्थापित करने वाले आरेख को वेन आरेख कहते हैं।

वेन आरेख के अन्तर्गत सामान्यत: दो प्रकार के प्रश्न पूछे जाते हैं

1. आरेखों के माध्यम से दी गई वस्तुओं को समूहीकृत करना
2. आरेखों के माध्यम से एक मिश्रित आरेख में किसी विशेष वर्ग को वर्गीकृत करना

1. सम्बन्धों की पहचान पर आधारित वेन आरेख

सम्बन्धों की पहचान पर आधारित वेन आरेख (Identification of Relation Based on Venn Diagram) पर आधारित प्रश्नों के अन्तर्गत कुछ वस्तुओं के समूह दिए जाते हैं तथा उसके बाद विकल्पों में आरेख दिए गए होते हैं। अभ्यर्थियों को दिए गए वेन आरेखों में से उस वेन आरेख का चयन करना होता है, जो दिए गए समूह तथा उसके तत्वों के मध्य सम्बन्ध को सही ढंग से प्रदर्शित करता है।

उदाहरण 1 उस वेन आरेख का चयन करें, जो निम्नलिखित वर्गों के बीच के सम्बन्ध को सबसे अच्छा दर्शाता है।

वकील, वास्तुकार, मनुष्य

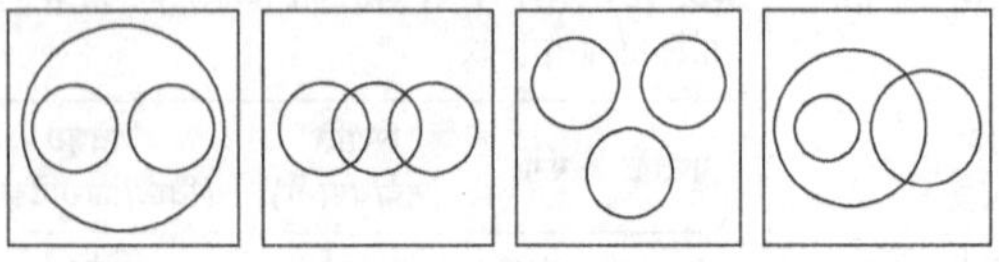

(a) (b) (c) (d)

हल (a) कुछ मनुष्य वकील होते हैं तथा कुछ मनुष्य वास्तुकार होते हैं, परन्तु वकील और वास्तुकार दोनों भिन्न होते हैं।

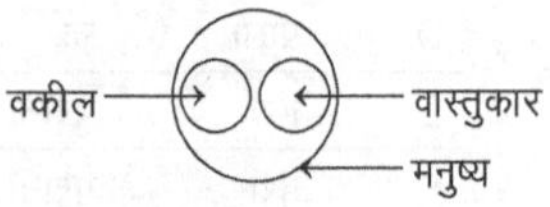

उदाहरण 2 उस वेन आरेख का चयन करें, जो निम्नलिखित वर्गों के बीच के सम्बन्ध को सबसे अच्छा दर्शाता है।

माताएँ, महिलाएँ, पायलट

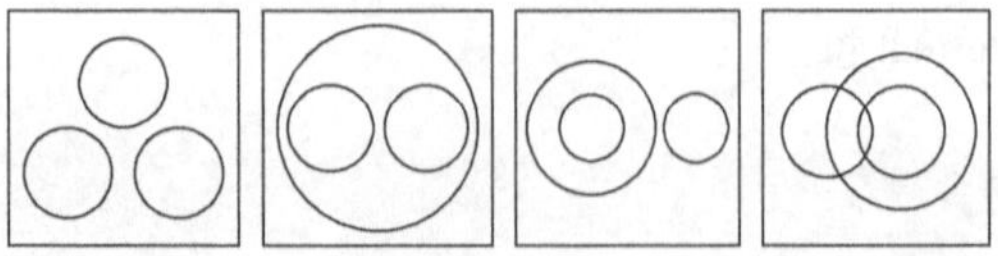

(a) (b) (c) (d)

हल (d) सभी माताएँ, महिलाएँ होती हैं तथा कुछ महिलाएँ व माताएँ पायलट भी हो सकती हैं।

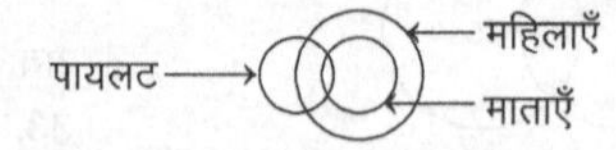

2. विश्लेषणात्मक आधारित वेन आरेख

विश्लेषणात्मक आधारित वेन आरेख (Analysis Based on Venn Diagram) पर आधारित प्रश्नों में विभिन्न ज्यामितीय आकृतियाँ दी गई होती हैं, जो किसी प्रकार एक-दूसरे से सम्बन्धित होती हैं। इन आकृतियों में विभिन्न स्थानों पर भिन्न-भिन्न संख्याओं या अक्षरों को लिखा गया होता है। अभ्यर्थियों को इन्हीं आरेख या उसके अन्दर दी गई संख्याओं/अक्षरों के माध्यम से किसी विशेष वर्ग में आने वाली वस्तुओं की संख्या अथवा वस्तुओं को प्रश्नानुसार ज्ञात करना होता है।

उदाहरण 3 निम्नलिखित आकृति में, आयत प्लम्बर को प्रदर्शित करता है, वृत्त निबन्धकारों को प्रदर्शित करता है, त्रिभुज गोताखोरों को प्रदर्शित करता है और वर्ग एशियाई को प्रदर्शित करता है। अक्षरों का कौन-सा समूह उन एशियाई को प्रदर्शित करता है, जो निबन्धकार हैं?

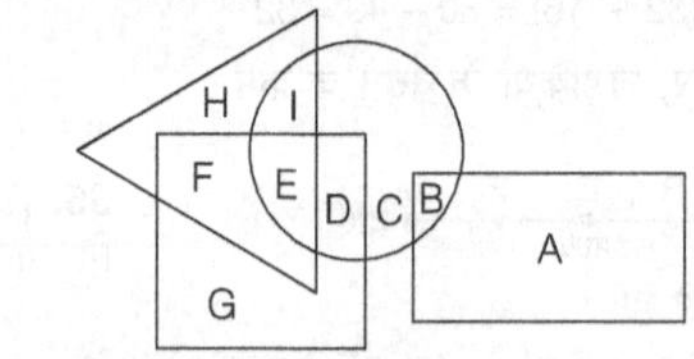

(a) EDB (b) IED (c) ED (d) FED

हल (c) E और D वर्ग और वृत्त दोनों में है। अतः E और D उन एशियाई को दर्शाता है, जो निबन्धकार हैं।

उदाहरण 4 निम्नलिखित आकृति में, आयत फिल्म समीक्षकों को प्रदर्शित करता है, वृत्त बेकर्स को प्रदर्शित करता है, त्रिभुज गोताखोरों को प्रदर्शित करता है और वर्ग फुटबॉल खिलाड़ियों को प्रदर्शित करता है। अक्षरों का कौन-सा समूह उन फुटबॉल खिलाड़ियों को प्रदर्शित करता है, जो गोताखोर नहीं है?

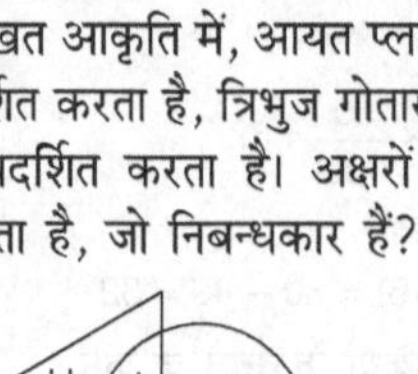

(a) ED (b) FD
(c) GH (d) DC

हल (a) E और D वर्ग में हैं, लेकिन त्रिभुज में नहीं। अतः E और D उन फुटबॉल खिलाड़ियों को प्रदर्शित करता है, जो गोताखोर नहीं हैं।

अभ्यास प्रश्न

1. उस वेन आरेख का चयन करें, जो निम्नलिखित वर्गों के बीच के सम्बन्ध को सबसे अच्छा दर्शाता है।
मोबाइल फोन, इलेक्ट्रॉनिक उपकरण, लैपटॉप

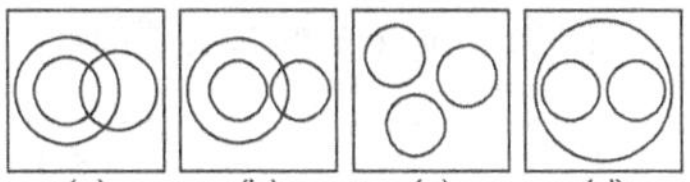

(a) (b) (c) (d)

2. उस वेन आरेख का चयन करें, जो निम्नलिखित वर्गों के बीच के सम्बन्ध को सबसे अच्छा दर्शाता है।
पुरुष, खिलाड़ी, पिता

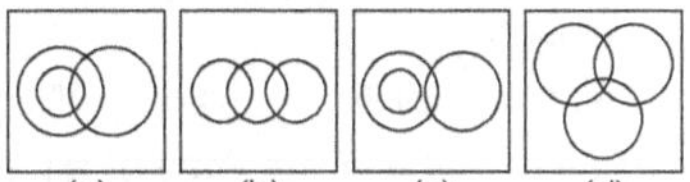

(a) (b) (c) (d)

3. उस वेन आरेख का चयन करें, जो निम्नलिखित वर्गों के बीच के सम्बन्ध को सबसे अच्छा दर्शाता है।
हृदय, शरीर, घर

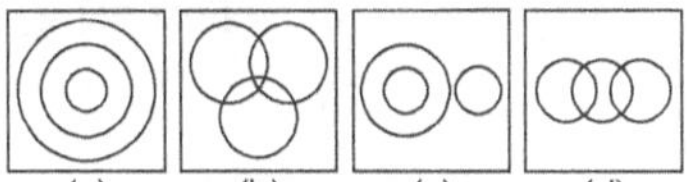

(a) (b) (c) (d)

4. उस वेन आरेख का चयन करें, जो निम्नलिखित वर्गों के बीच के सम्बन्ध को सबसे अच्छा दर्शाता है।
नर्स, डॉक्टर, केमिस्ट

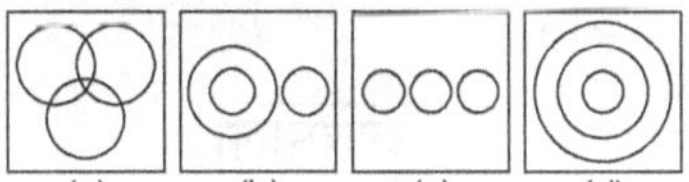

(a) (b) (c) (d)

5. उस वेन आरेख का चयन करें, जो निम्नलिखित वर्गों के बीच के सम्बन्ध को सबसे अच्छा दर्शाता है।
औरतें, बहनें, माताएँ

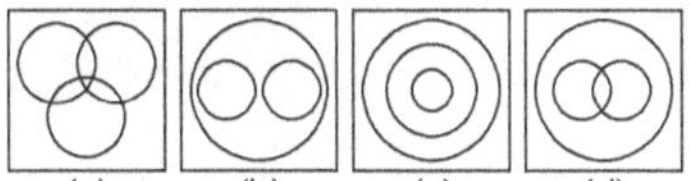

(a) (b) (c) (d)

6. उस वेन आरेख का चयन करें, जो निम्नलिखित वर्गों के बीच के सम्बन्ध को सबसे अच्छा दर्शाता है।
महिलाएँ, वकील, बेटे

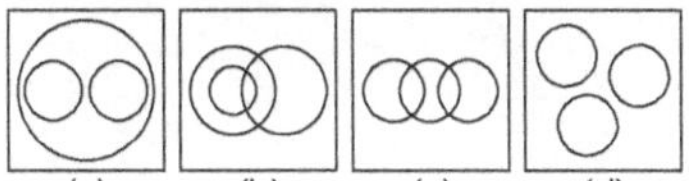

(a) (b) (c) (d)

7. उस वेन आरेख को चुनें, जो निम्नलिखित वर्गों के बीच के सम्बन्ध को सबसे अच्छी तरह दर्शाता है।
प्रवक्ता, गायक, पुरुष

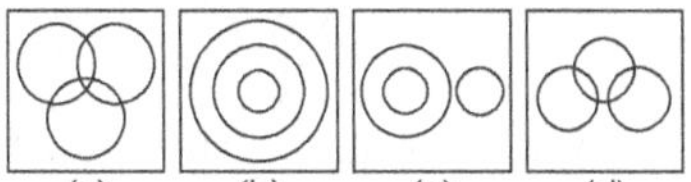

(a) (b) (c) (d)

8. उस वेन आरेख का चयन करें, जो निम्नलिखित वर्गों के बीच के सम्बन्ध को सबसे अच्छा दर्शाता है।
ईंधन, डीजल, तरल

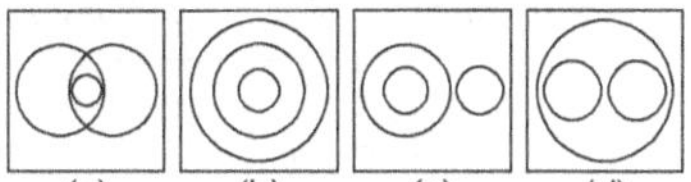

(a) (b) (c) (d)

9. उस वेन आरेख का चयन करें, जो निम्नलिखित वर्गों के बीच के सम्बन्ध को सबसे अच्छा दर्शाता है।
धातु, लोहा, पारा

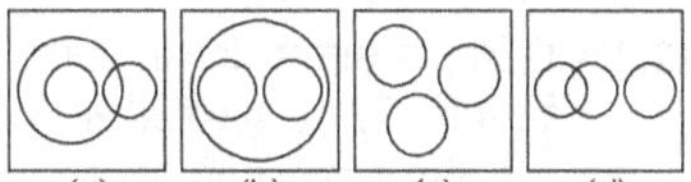

(a) (b) (c) (d)

10. उस वेन आरेख का चयन करें, जो निम्नलिखित वर्गों के बीच के सम्बन्ध को सबसे अच्छा दर्शाता है।
फूल, गुलाब, पीला

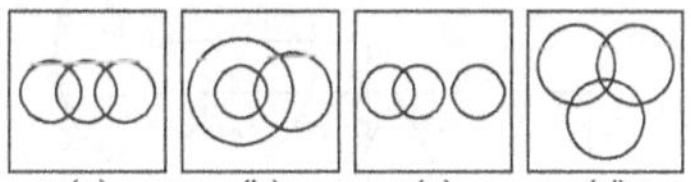

(a) (b) (c) (d)

11. वह आरेख चुनिए, जो नीचे दिए गए वर्गों के बीच के सम्बन्ध का सही निरूपण करता है।
धातु, ऑक्सीजन, तांबा

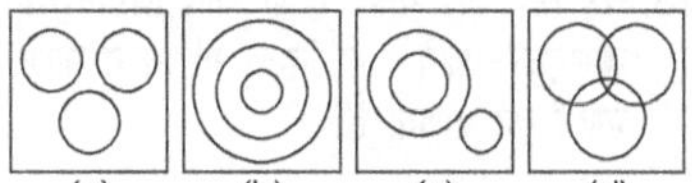

(a) (b) (c) (d)

12. वह आरेख चुनिए, जो नीचे दिए गए वर्गों के बीच के सम्बन्ध का सही निरूपण करता है।
देश, राज्य, शहर

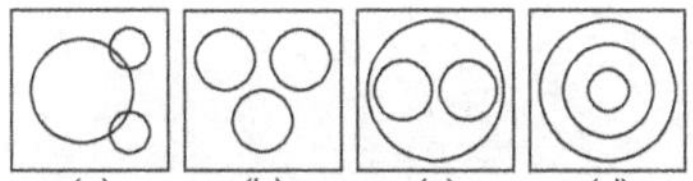

(a) (b) (c) (d)

13. वह आरेख चुनिए, जो नीचे दिए गए वर्गों के बीच के सम्बन्ध का सही निरूपण करता है।
गायक, नर्तक, कवि

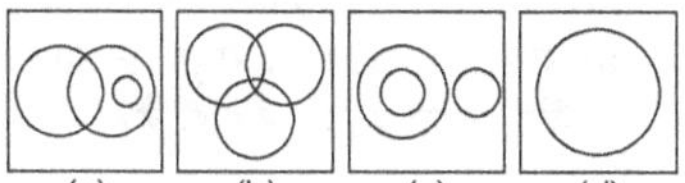

(a) (b) (c) (d)

14. वह आरेख चुनिए, जो नीचे दिए गए वर्गों के बीच के सम्बन्ध का सही निरूपण करता है।
फुटबॉल, वॉलीबॉल, बाहर खेले जाने वाले खेल, कैरम

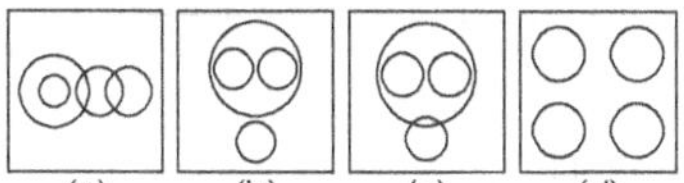

(a) (b) (c) (d)

15. निम्न में से कौन-सा भाग वृत्त और त्रिकोण दोनों का भाग है?

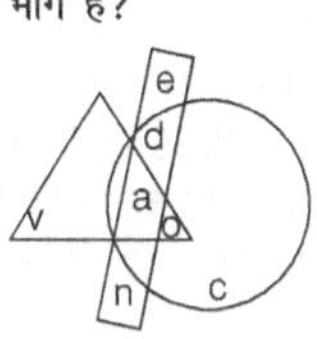

(a) e (b) v (c) o (d) c

16. निम्नलिखित आकृति में, आयत रिपोर्टर को प्रदर्शित करता है, वृत्त गीतकारों को प्रदर्शित करता है, त्रिभुज पॉटरस को प्रदर्शित करता है और वर्ग यूरोपियों को प्रदर्शित करता है। अक्षरों का कौन-सा समूह उन यूरोपियों को प्रदर्शित करता है, जो पॉटरस नहीं हैं?

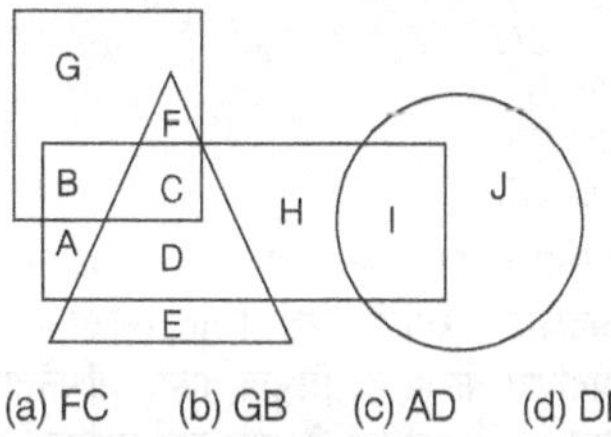

(a) FC (b) GB (c) AD (d) DE

17. निम्नलिखित आकृति में, आयत फिल्म निर्देशकों को प्रदर्शित करता हैं, वृत्त कार्टूनिस्ट को प्रदर्शित करता है, त्रिभुज कैपर्स को प्रदर्शित करता है और वर्ग क्रिकेटरों को प्रदर्शित करता है। अक्षरों का कौन-सा समूह उन क्रिकेटरों को प्रदर्शित करता है, जो कार्टूनिस्ट भी है?

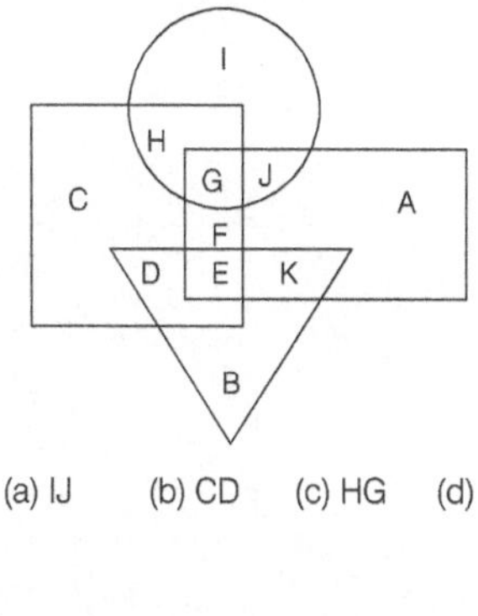

(a) IJ (b) CD (c) HG (d) DE

18. निम्नलिखित आकृति में, आयत पत्रकारों को प्रदर्शित करता है, वृत्त कला आलोचकों को प्रदर्शित करता है, त्रिभुज कैम्पर्स को प्रदर्शित करता है और वर्ग माताओं को प्रदर्शित करता है। अक्षरों का कौन-सा समूह उन माताओं को प्रदर्शित करता है, जो कैम्पर्स है?

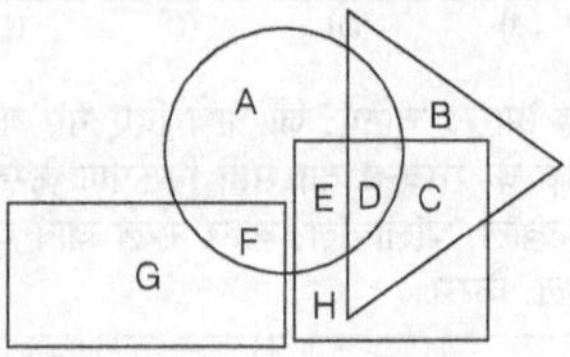

(a) DC
(b) BDCH
(c) EDC
(d) HEB

19. निम्नलिखित आकृति में, आयत प्रोग्रामर्स को प्रदर्शित करता है, वृत्त नर्तकों को प्रदर्शित करता है, त्रिभुज पर्वतारोहियों को प्रदर्शित करता है और वर्ग एशियाई को प्रदर्शित करता है। अक्षरों का कौन-सा समूह उन एशियाई लोगों को प्रदर्शित करता है, जो प्रोग्रामर नहीं है?

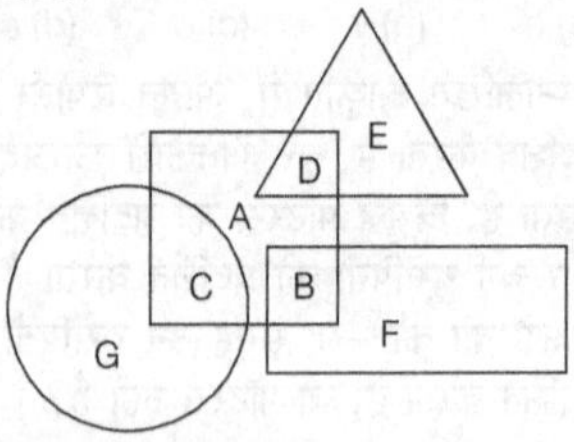

(a) CAD
(b) B
(c) BF
(d) GC

20. निम्नलिखित आकृति में, आयत इंजीनियरों को प्रदर्शित करता है, वृत्त कला समीक्षकों को प्रदर्शित करता है, त्रिभुज हास्य अभिनेताओं को प्रदर्शित करता है और वर्ग एशियाई को प्रदर्शित करता है। अक्षरों का कौन-सा समूह उन एशियाई को प्रदर्शित करता है, जो कला समीक्षकों और इंजीनियर्स दोनों हैं?

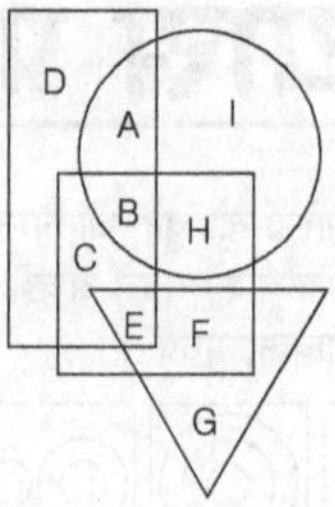

(a) ECB (b) AB (c) B (d) BH

21. निम्नलिखित आकृति में, आयत पत्रकारों को प्रदर्शित करता है, वृत्त इलस्ट्रेटर्स को प्रदर्शित करता है, त्रिभुज कवियों को प्रदर्शित करता है और वर्ग अमेरिकियों को प्रदर्शित करता है अक्षरों का कौन-सा समूह उन अमेरिकियों को प्रदर्शित करता है, जो इलस्ट्रेटर्स नहीं है?

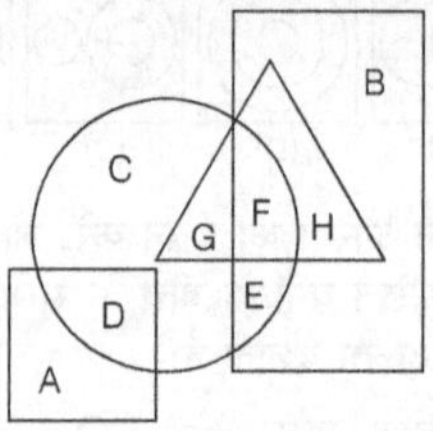

(a) AD (b) CGFE (c) A (d) FE

22. निम्नलिखित आकृति में, आयत यांत्रिकी को प्रदर्शित करता है, वृत्त इलस्ट्रेटर्स को प्रदर्शित करता है, त्रिभुज गायकों को प्रदर्शित करता है और वर्ग माताओं को प्रदर्शित करता है। अक्षरों का कौन-सा समूह उन इलस्ट्रेटर्स को प्रदर्शित करता है, जो गायक नहीं हैं?

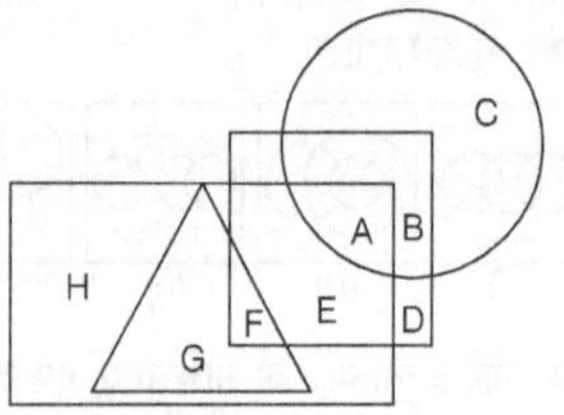

(a) FG (b) ED (c) BC (d) ABC

23. वह क्षेत्र ज्ञात कीजिए जो जीव विज्ञान और कम्प्यूटर पढ़ने वाले किन्तु गणित न पढ़ने वाले छात्रों को दर्शाता है।

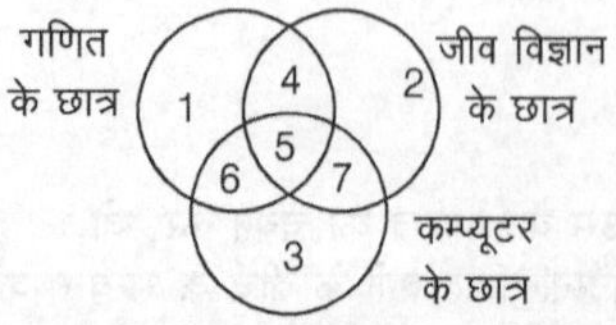

(a) 6 (b) 12 (c) 7 (d) 4

24. निम्नलिखित आकृति का अध्ययन कीजिए और दिए गए प्रश्न का उत्तर दीजिए।

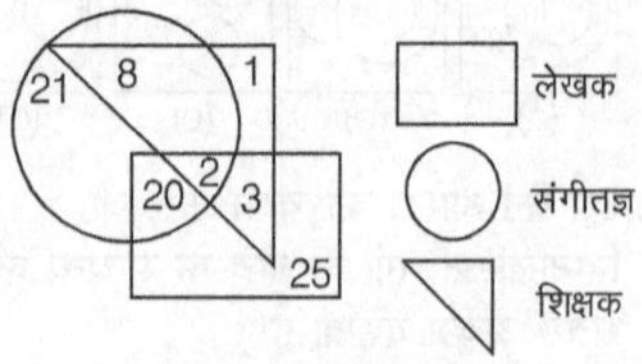

कितने शिक्षक न तो लेखक हैं और न ही संगीतज्ञ?
(a) 1 (b) 8 (c) 2 (d) 3

25. दिए गए आरेख में, वृत्त 'पेशेवरों' को दर्शाता है, वर्ग 'नर्तकों' को दर्शाता है, त्रिभुज 'संगीतकारों' को और आयत 'यूरोपियन' को दर्शाता है। आरेख में विभिन्न क्षेत्रों को 1 से 11 तक संख्याएँ दी गई हैं। निम्नलिखित में से कौन न तो नर्तक है और न ही संगीतकार, किन्तु पेशेवर है और यूरोपियन नहीं है।

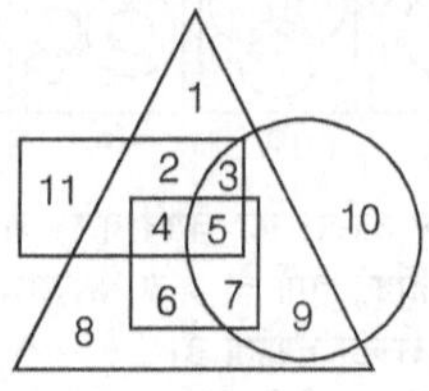

(a) 1 (b) 10
(c) 8 (d) 11

उत्तरमाला

1 *(d)*	2 *(a)*	3 *(c)*	4 *(c)*	5 *(d)*
6 *(c)*	7 *(a)*	8 *(a)*	9 *(b)*	10 *(b)*
11 *(c)*	12 *(d)*	13 *(b)*	14 *(b)*	15 *(c)*
16 *(b)*	17 *(c)*	18 *(a)*	19 *(a)*	20 *(c)*
21 *(c)*	22 *(d)*	23 *(c)*	24 *(a)*	25 *(b)*

संकेत एवं हल

1. *(d)* मोबाइल फोन व लैपटॉप दोनों भिन्न-भिन्न इलेक्ट्रॉनिक उपकरण है।

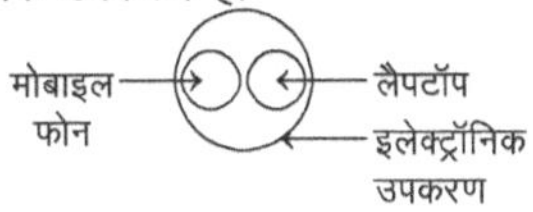

2. *(a)* सभी पिता पुरुष होते हैं और कुछ पिता व कुछ पुरुष खिलाड़ी हो सकते हैं।

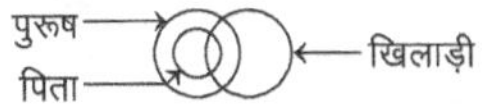

3. *(c)* हृदय, शरीर का एक भाग है परन्तु घर भिन्न है।

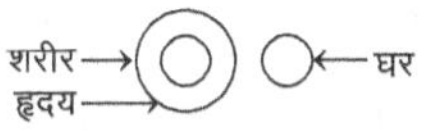

4. *(c)* नर्से, डॉक्टर व केमिस्ट तीनों एक-दूसरे से भिन्न हैं।

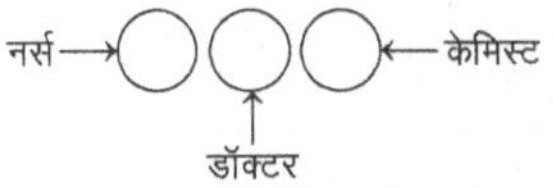

5. *(d)* कुछ माताएँ, बहनें हो सकती हैं और माताएँ व बहनें दोनों औरते होती हैं।

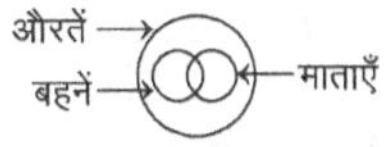

6. *(c)* कुछ महिलाएँ व कुछ बेटे वकील हो सकते हैं।

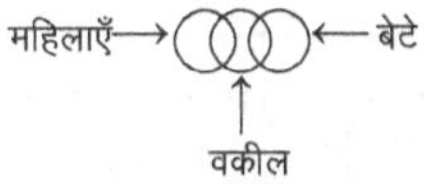

7. *(a)* कुछ प्रवक्ता, गायक व कुछ गायक, पुरुष व कुछ पुरुष, प्रवक्ता तथा कुछ प्रवक्ता, गायक व पुरुष दोनों हो सकते हैं।

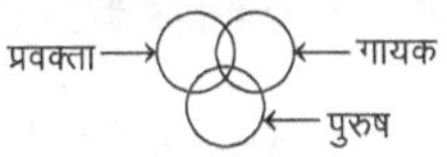

8. *(a)* डीजल एक तरल ईंधन हैं।

9. *(b)* लोहा व पारा भिन्न-भिन्न धातुएँ हैं।

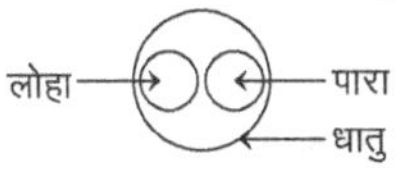

10. *(b)* गुलाब एक फूल है, तथा कुछ गुलाब व कुछ फूल पीले होते हैं।

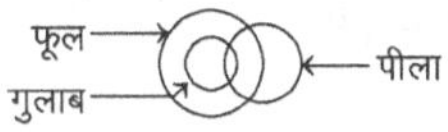

11. *(c)* तांबा एक धातु है परन्तु ऑक्सीजन भिन्न है।

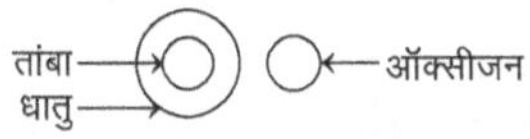

12. *(d)* शहर, राज्य के अन्दर व राज्य देश के अन्दर होता है।

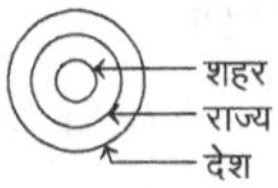

13. *(b)* कुछ गायक, नर्तक व कुछ नर्तक कवि व कुछ कवि, गायक तथा कुछ गायक, नर्तक व कवि दोनों हो सकते हैं।

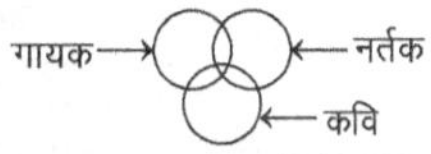

14. *(b)* फुटबॉल व वॉलीबॉल दोनों बाहर खेले जाने वाले भिन्न-भिन्न खेल हैं, परन्तु कैरम बाहर खेले जाने वाला खेल नहीं है।

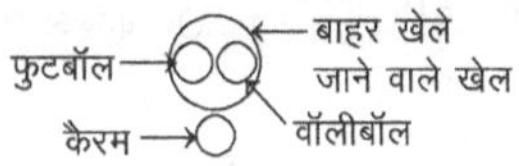

15. *(c)* भाग o, वृत्त और त्रिकोण दोनों का भाग है।

16. *(b)* G और B वर्ग में है, लेकिन त्रिभुज में नहीं। अतः G और B उन यूरोपियों को प्रदर्शित करता है, जो पॉटरस नहीं है।

17. *(c)* H और G वर्ग में भी है और वृत्त में भी। अतः H और G उन क्रिकेटरों को प्रदर्शित करते हैं, जो कार्टूनिस्ट भी है।

18. *(a)* D और C वर्ग में भी है और त्रिभुज में भी। अतः D और C उन माताओं को प्रदर्शित करता है, जो कैम्पर्स है।

19. *(a)* C, A और D वर्ग में हैं, लेकिन आयत में नहीं। अतः C, A और D उन एशियाई लोगों को प्रदर्शित करता है, जो प्रोग्रामर नहीं है।

20. *(c)* B वृत्त, वर्ग और आयत तीनों में है। अतः B उन एशियाई को प्रदर्शित करता है, जो कला समीक्षक और इंजीनियर्स दोनों हैं।

21. *(c)* A वर्ग में है, लेकिन वृत्त में नहीं। अतः A उन अमेरिकियों को प्रदर्शित करता है, जो इलस्ट्रेटर्स नहीं है।

22. *(d) A, B* और C वृत्त में है, लेकिन त्रिभुज में नहीं।

अतः A, B और C उन इलस्ट्रेटर्स को प्रदर्शित करता है, जो गायक नहीं है।

23. *(c)* 7 वह क्षेत्र है जो जीव विज्ञान और कम्प्यूटर पढ़ने वाले किन्तु गणित न पढ़ने वाले छात्रों को दर्शाता है।

24. *(a)* दिए गए आरेख के अनुसार, 1 शिक्षक न तो लेखक है और न ही संगीतज्ञ है।

25. *(b)* दिए गए आरेख के अनुसार, 10 न तो नर्तक है और न ही संगीतकार, किन्तु पेशेवर है और यूरोपियन नहीं है।

अध्याय 11

न्याय निगमन (Syllogism)

दो या दो से अधिक तर्क वाक्यों अथवा कथनों को एक साथ लेकर उनके आधार पर तार्किक निष्कर्ष निकालने की प्रक्रिया को **न्याय निगमन** (Syllogism) कहा जाता है। दिए गए कथनों को सदैव सत्य माना जाता है चाहे वे सर्वज्ञात तथ्यों एवं मान्यताओं में भिन्न हो। कथनों को सत्य मानकर व्यापक रूप से दो या दो से अधिक निष्कर्ष निकाले जाते हैं।

तार्किक वाक्यों का वर्गीकरण

न्याय निगमन (Syllogism) पर आधारित प्रश्नों को सुगमतापूर्वक हल करने हेतु आवश्यक है कि तार्किक कथन की अवधारणा की भली भाँति जानकारी हो, तार्किक कथन प्राय: दो प्रकार के होते हैं

1. **सर्वव्यापी कथन** (Universal Statement) ऐसे कथन जिनमें सम्पूर्ण बात उद्देश्य के विषय में कही जाए, सर्वव्यापी कथन कहलाते हैं। ये दो प्रकार के होते हैं
   (i) **सर्वव्यापी सकारात्मक कथन** (Universal Affirmative Statement) ऐसा वाक्य जो सभी, सदा, प्रत्येक, सब, हर एक आदि शब्दों से शुरू हो, सर्वव्यापी सकारात्मक कथन कहलाता है। इस वाक्य को 'A' से निरूपित करते हैं। जैसे—सभी वस्तुएँ निर्जीव हैं।
   (ii) **सर्वव्यापी नकारात्मक कथन** (Universal Negative Statement) ऐसा वाक्य जो कोई नहीं, एक भी नहीं आदि शब्दों से शुरू हो, सर्वव्यापी नकारात्मक कथन कहलाता है। इस वाक्य को 'E' से निरूपित किया जाता है। जैसे—कोई भी वस्तु सजीव नहीं है।
2. **अंशव्यापी कथन** (Particular Statement) ऐसे कथन जिनमें उद्देश्य के कुछ अंश के विषय में कहा जाए, अंशव्यापी कथन कहलाते हैं। *ये दो प्रकार के होते हैं*
   (i) **अंशव्यापी सकारात्मक** (Particular Affirmative) ऐसा वाक्य जो कुछ, अनेक, बड़ी संख्या में बहुत, अधिकतर आदि शब्दों से शुरू हो, अंशव्यापी सकारात्मक कथन कहलाता है। इन वाक्यों को 'I' से निरूपित किया जाता है। जैसे—कुछ आदमी पॉकेटमार हैं।
   (ii) **अंशव्यापी नकारात्मक** (Particular negative) ऐसा वाक्य जिनमें 'कुछ नहीं' का प्रयोग हो अंशव्यापी नकारात्मक कथन कहलाता है। इन वाक्यों को 'O' से निरूपित किया जाता है। जैसे—कुछ आदमी ईमानदार नहीं है।

न्याय निगमन को हल करने की वेन आरेख विधि

वेन आरेख विधि (Venn Diagram Method) में सभी दिए गए कथनों का अलग-अलग आरेख बनाते हैं और आरेख को जितना सम्भव हो, एकसाथ जोड़ते हैं और जोड़े गए आरेख के आधार पर निष्कर्ष निकालते हैं।

कथन	वेन आरेख	निष्कर्ष
A : सभी S, P हैं।	हमेशा 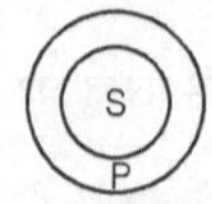	कुछ P, S हैं।
E : कोई S, P नहीं है।	हमेशा 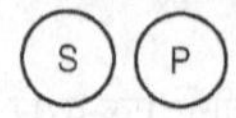	कोई P, S नहीं है।
I : कुछ S, P हैं।	या तो 	कुछ P, S हैं।
	अथवा 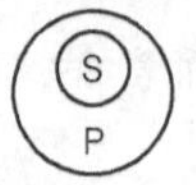	सभी S, P हैं। कुछ P, S हैं।
	अथवा 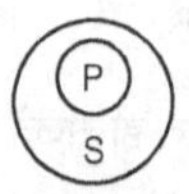	सभी P, S हैं।
O : कुछ S, P नहीं हैं।	या तो 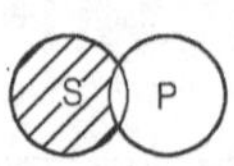	कुछ P, S नहीं हैं। कुछ S, P हैं।
	अथवा 	कुछ S, P नहीं हैं। सभी P, S हैं।
	अथवा 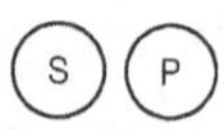	कुछ S, P नहीं हैं। कोई S, P नहीं है।

उदाहरण 1 प्रश्न में दो कथन दिए गए हैं, जिसके आगे दो निष्कर्ष I और II निकाले गए हैं। आपको मानना है कि दोनों कथन सत्य हैं चाहे वह सामान्यत: ज्ञात तथ्यों से भिन्न प्रतीत होते हों। आपको निर्णय करना है कि दिए गए निष्कर्षों में से कौन-सा/कौन-से निश्चित रूप से कथन द्वारा सही निकाला जा सकता है/सकते हैं, यदि कोई हो।

कथन कुछ पिज्जा, पेनकेक्स होते हैं।
सभी ब्रेड, पिज्जा होते हैं।

निष्कर्ष I. सभी पेनकेक्स, ब्रेड होते हैं।
II. कोई भी ब्रेड, पिज्जा नहीं होती।

(a) केवल निष्कर्ष I सही है
(b) केवल निष्कर्ष II सही है
(c) दोनों निष्कर्ष I और II सही हैं
(d) न तो निष्कर्ष I सही है और न ही निष्कर्ष II सही है

हल (d) कथनानुसार,

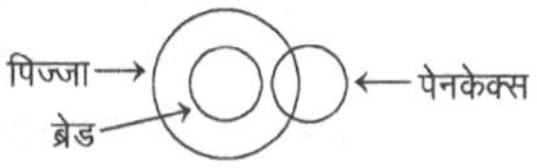

निष्कर्ष I. (✗) II. (✗)

अतः न तो निष्कर्ष I और न ही निष्कर्ष II सही है।

उदाहरण 2 प्रश्न में दो कथन दिए गए हैं, जिसके आगे दो निष्कर्ष I और II निकाले गए हैं। आपको मानना है कि दोनों कथन सत्य है चाहे वह सामान्यतः ज्ञात तथ्यों से भिन्न प्रतीत होते हों। आपको निर्णय करना है कि दिए गए निष्कर्षों में से कौन-सा/से निश्चित रूप से कथन द्वारा सही निकाला जा सकता है/सकते हैं, यदि कोई हो।

कथन सभी आलू, चिप्स होते हैं।
सभी फ्रेंच फ्राइज, आलू होते हैं।

निष्कर्ष I. कोई भी चिप्स, फ्रेंच फ्राइज नहीं होते है।
II. कुछ फ्रेंच फ्राइज, चिप्स होते हैं।

(a) केवल निष्कर्ष I सही है
(b) केवल निष्कर्ष II सही है
(c) दोनों निष्कर्ष I और II सही हैं
(d) न तो निष्कर्ष I और न ही निष्कर्ष II सही है

हल (b) कथनानुसार,

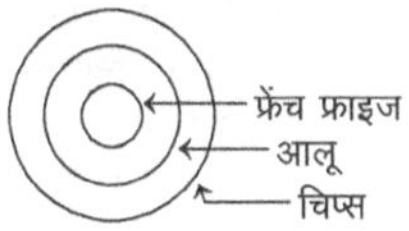

निष्कर्ष I. (✗) II. (✓)

अतः केवल निष्कर्ष II सही है।

उदाहरण 3 दो कथन दिए गए हैं, इसके बाद तीन निष्कर्ष I, II और III दिए गए हैं। कथनों को सत्य मानते हुए, भले ही वे आमतौर पर ज्ञात तथ्यों से अलग हों, यह निर्णय लीजिए कि कौन-सा/से निष्कर्ष कथनों का तार्किक रूप से अनुसरण करता है/करते हैं।

कथन सभी पार्क, स्कूल हैं।
कोई भी स्कूल, कॉलेज नहीं है।

निष्कर्ष I. कोई भी कॉलेज, स्कूल नहीं है।
II. कुछ स्कूल, पार्क हैं।
III. कोई भी पार्क, कॉलेज नहीं है।

(a) निष्कर्ष I और III अनुसरण करते हैं
(b) निष्कर्ष II और III अनुसरण करते हैं
(c) निष्कर्ष I और II अनुसरण करते हैं
(d) सभी निष्कर्ष अनुसरण करते हैं

हल (d) कथनानुसार,

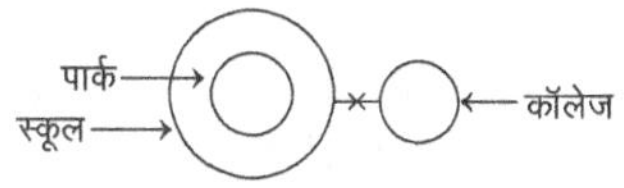

निष्कर्ष I. (✓) II. (✓) III. (✓)

अतः सभी निष्कर्ष अनुसरण करते हैं।

उदाहरण 4 तीन कथन दिए गए हैं, जिनके बाद तीन निष्कर्ष I, II और III दिए गए हैं। कथनों को सत्य मानते हुए, भले ही वे आमतौर पर ज्ञात तथ्यों से अलग लगते हों, यह निर्णय लीजिए कि कौन-सा/से निष्कर्ष, कथनों का तार्किक रूप से अनुसरण करता है/करते हैं।

कथन सभी मुर्गियाँ, अण्डे हैं।
सभी पक्षी, अण्डे हैं।
कुछ अण्डे, शेर हैं।

निष्कर्ष I. कुछ शेर, अण्डे हैं। II. कुछ अण्डे, मुर्गियाँ हैं।
III. कुछ अण्डे, पक्षी हैं।

(a) निष्कर्ष I और II अनुसरण करते हैं
(b) या तो निष्कर्ष II या III अनुसरण करता है
(c) केवल निष्कर्ष I अनुसरण करता है
(d) सभी निष्कर्ष अनुसरण करते हैं

हल (d) कथनानुसार,

निष्कर्ष I. (✓) II. (✓) III. (✓)

अतः सभी निष्कर्ष अनुसरण करते हैं।

अभ्यास प्रश्न

निर्देश (प्र.सं. 1-10) *निम्नलिखित प्रत्येक प्रश्न में दो कथन दिए गए हैं, जिसके आगे दो निष्कर्ष I और II निकाले गए हैं। आपको मानना है कि दोनों कथन सत्य हैं चाहे वे सामान्यतः ज्ञात तथ्यों से भिन्न होते हों। आपको निर्णय करना है कि दिए गए निष्कर्षों में से कौन-सा/कौन-से निश्चित रूप से कथन द्वारा सही निकाला जा सकता है/सकते हैं, यदि कोई हो।*

उत्तर दीजिए
(a) केवल निष्कर्ष I सही है
(b) केवल निष्कर्ष II सही है
(c) दोनों निष्कर्ष I और II सही हैं
(d) न तो निष्कर्ष I और न ही निष्कर्ष II सही है

1. कथन कुछ बटन, स्विच होते हैं।
सभी बटन, कनेक्टर्स होते हैं।
निष्कर्ष I. कुछ स्विच, कनेक्टर्स होते हैं।
II. कुछ कनेक्टर्स, बटन होते हैं।

2. कथन सभी सेल, चार्जर होते हैं।
सभी बैटरियाँ, सेल होती हैं।
निष्कर्ष I. कुछ चार्जर, बैटरियाँ होती हैं।
II. सभी बैटरियाँ, चार्जर होती हैं।

3. कथन सभी केक, पेस्ट्री होते हैं।
कुछ ब्रेड, केक होती हैं।
निष्कर्ष I. कोई भी पेस्ट्री, ब्रेड नहीं होती है।
II. कुछ ब्रेड, पेस्ट्री होती हैं।

4. कथन कोई भी दर्पण, कांच नहीं होता है।
कोई भी परावर्तनीय, दर्पण नहीं होता हैं।
निष्कर्ष I. सभी कांच, परावर्तनीय होते हैं।
II. सभी परावर्तनीय, कांच होते है।

5. कथन सभी बोल्ट, कीलें होते हैं।
कुछ स्क्रू, बोल्ट होते हैं।
निष्कर्ष I. सभी कीलें, स्क्रू होती हैं।
II. सभी स्क्रू, कीलें होते हैं।

6. कथन कोई भी रबर, प्लास्टिक नहीं होती है।
सभी पोलिमर, रबर होते हैं।

निष्कर्ष
I. कुछ प्लास्टिक, पोलिमर होते हैं।
II. कोई भी पोलिमर, प्लास्टिक नहीं होता है।

7. कथन सभी मोबाइल, फोन होते हैं।
सभी फोन, डिवाइस होते हैं।

निष्कर्ष
I. कुछ फोन, डिवाइस होते हैं।
II. कोई भी डिवाइस, फोन नहीं होती है।

8. कथन कुछ गेम्स, स्पोर्ट्स होते हैं।
कोई भी व्यायाम, गेम्स नहीं होता है।

निष्कर्ष I. सभी स्पोर्ट्स, व्यायाम होते हैं।
II. कुछ व्यायाम, स्पोर्ट्स होते हैं।

9. कथन कुछ नोट्स, सिक्के होते हैं।
सभी नोट्स, मुद्रा होते हैं।

निष्कर्ष I. कोई भी सिक्का, मुद्रा नहीं होता है।
II. कुछ मुद्रा, सिक्के होती हैं।

10. कथन सभी पत्रिकाएँ, कागज होती हैं।
कुछ टेबलोइड्स, पत्रिकाएँ होते हैं।

निष्कर्ष I. कुछ कागज, टेबलोइड्स होते हैं।
II. कुछ टेबलोइड्स, कागज होते हैं।

निर्देश (प्र.सं. 11-19) *निम्नलिखित प्रत्येक प्रश्न में दो कथन दिए गए हैं, इसके बाद तीन निष्कर्ष I, II और III दिए गए हैं। कथनों को सत्य मानते हुए, भले ही वे आमतौर पर ज्ञात तथ्यों से अलग हों, यह निर्णय लीजिए कि कौन-सा/से निष्कर्ष, कथनों का तार्किक रूप से अनुसरण करता है/करते हैं।*

11. कथन कुछ बच्चे, चतुर हैं।
सभी बच्चे, ईमानदार हैं।

निष्कर्ष
I. कुछ चतुर, बच्चे हैं।
II. कुछ ईमानदार, बच्चे हैं।
III. कुछ चतुर, ईमानदार हैं।
(a) निष्कर्ष I और II अनुसरण करते हैं
(b) निष्कर्ष II और III अनुसरण करते हैं
(c) या तो निष्कर्ष I अथवा III अनुसरण करता है
(d) सभी निष्कर्ष अनुसरण करते हैं

12. कथन सभी पर्स, रूपये हैं।
कुछ रूपये, सिक्के हैं।

निष्कर्ष
I. कुछ पर्स, सिक्के हैं।
II. कोई भी पर्स, सिक्का नहीं है।
III. कोई भी रूपया, सिक्का नहीं है।
(a) निष्कर्ष II और III अनुसरण करते हैं
(b) निष्कर्ष I और II अनुसरण करते हैं
(c) या तो निष्कर्ष I अथवा II अनुसरण करता है
(d) निष्कर्ष I और III अनुसरण करते हैं

13. कथन सभी महिलाएँ, इंजीनियर हैं।
कुछ गायक, इंजीनियर हैं।

निष्कर्ष
I. सभी महिलाएँ, गायक हैं।
II. सभी गायक, महिलाएँ है।
III. कुछ इंजीनियर, महिलाएँ हैं
(a) निष्कर्ष II और III अनुसरण करते हैं
(b) निष्कर्ष I और II अनुसरण करते हैं
(c) निष्कर्ष III अनुसरण करता है
(d) निष्कर्ष I अनुसरण करता है

14. कथन सभी ब्रेड, केक हैं।
सभी अण्डे, केक हैं।

निष्कर्ष
I. कुछ केक, ब्रेड हैं।
II. कुछ ब्रेड, अण्डे हैं।
III. कोई ब्रेड, अण्डा नहीं है।
(a) निष्कर्ष I और या तो निष्कर्ष II या III अनुसरण करते हैं
(b) निष्कर्ष I और III अनुसरण करते हैं
(c) सभी निष्कर्ष अनुसरण करते हैं
(d) निष्कर्ष I और II अनुसरण करते हैं

15. कथन कोई भी गेंद, पैन नहीं है।
सभी पैन, बक्से हैं।

निष्कर्ष
I. कुछ बक्से, पैन हैं।
II. कुछ बक्से, गेंदें हैं।
III. कोई भी बक्सा, गेंद नहीं है।
(a) सभी निष्कर्ष अनुसरण करते हैं
(b) निष्कर्ष I और या तो निष्कर्ष II या III अनुसरण करते हैं
(c) केवल निष्कर्ष I अनुसरण करता है
(d) या तो निष्कर्ष II या III अनुसरण करता है

16. कथन कुछ ऑटो, साइकिल हैं।
सभी साइकिल, ट्रक हैं।

निष्कर्ष
I. कुछ ट्रक, ऑटो हैं।
II. कुछ ट्रक, साइकिल हैं।
III. कुछ साइकिल, ऑटो हैं।
(a) निष्कर्ष II और III अनुसरण करते हैं
(b) सभी निष्कर्ष अनुसरण करते हैं
(c) निष्कर्ष I और III अनुसरण करते हैं
(d) निष्कर्ष I और II अनुसरण करते हैं

17. कथन सभी आइसक्रीम, जूस हैं।
कोई भी जूस, चॉकलेट नहीं है।

निष्कर्ष
I. कुछ चॉकलेट, आइसक्रीम हैं।
II. कुछ जूस, आइसक्रीम हैं।
III. कोई भी आइसक्रीम, चॉकलेट नहीं है।
(a) निष्कर्ष II और III अनुसरण करते हैं
(b) निष्कर्ष I और II अनुसरण करते हैं
(c) निष्कर्ष I और III अनुसरण करते हैं
(d) या तो निष्कर्ष I अथवा III अनुसरण करता है

18. कथन कुछ मिर्च, आलू हैं।
कुछ आलू, प्याज हैं।

निष्कर्ष
I. कुछ प्याज, मिर्च हैं।
II. कुछ प्याज, आलू हैं।
III. कोई भी प्याज, मिर्च नहीं है।
(a) निष्कर्ष II और या तो निष्कर्ष I या III अनुसरण करते हैं
(b) निष्कर्ष I और II अनुसरण करते हैं
(c) निष्कर्ष I और या तो निष्कर्ष II अथवा III अनुसरण करते हैं
(d) निष्कर्ष II और III अनुसरण करते हैं

19. कथन कुछ पौधे, सब्जी हैं।
सभी सब्जियाँ, विटामिन हैं।

निष्कर्ष
I. कुछ विटामिन, पौधे हैं।
II. कुछ विटामिन, सब्जियाँ हैं।
III. कोई भी विटामिन, पौधा नहीं हैं।
(a) निष्कर्ष II और III अनुसरण करते हैं
(b) निष्कर्ष I और II अनुसरण करते हैं
(c) या तो निष्कर्ष I अथवा III अनुसरण करता है
(d) निष्कर्ष I और III अनुसरण करते हैं

20. दो कथन दिए गए हैं, इसके बाद चार निष्कर्ष I, II, III और IV दिए गए हैं। कथनों को सत्य मानते हुए, भले ही वे आमतौर पर ज्ञात तथ्यों से अलग हो, यह निर्णय लीजिए कि कौन-सा/से निष्कर्ष, कथनों का तार्किक रूप से अनुसरण करता है/करते हैं।

कथन कोई भी गाजर, जड़ नहीं है।
सभी जड़ें, आलू हैं।

निष्कर्ष
I. कोई भी गाजर, आलू नहीं है।
II. कोई भी आलू, गाजर नहीं है।
III. कुछ आलू, जड़ हैं।
IV. सभी आलू, जड़ हैं।
(a) निष्कर्ष I और II अनुसरण करते हैं
(b) केवल निष्कर्ष III अनुसरण करता है
(c) निष्कर्ष I और IV अनुसरण करते हैं
(d) केवल निष्कर्ष I अनुसरण करता है

उत्तरमाला

1 (c)	2 (c)	3 (b)	4 (d)	5 (d)
6 (b)	7 (a)	8 (d)	9 (b)	10 (c)
11 (d)	12 (c)	13 (c)	14 (a)	15 (b)
16 (b)	17 (a)	18 (a)	19 (b)	20 (b)

संकेत एवं हल

1. *(c)* कथनानुसार,

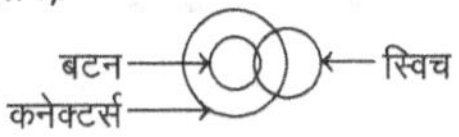

निष्कर्ष I. (✓) II. (✓)
अतः दोनों निष्कर्ष I और II सही हैं।

2. *(c)* कथनानुसार,

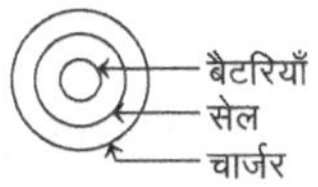

निष्कर्ष I. (✓) II. (✓)
अतः दोनों निष्कर्ष I और II सही हैं।

3. *(b)* कथनानुसार,

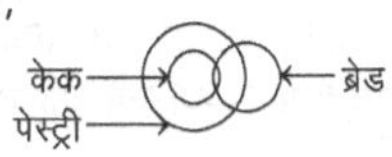

निष्कर्ष I. (✗) II. (✓)
अतः केवल निष्कर्ष II सही है।

4. *(d)* कथनानुसार,

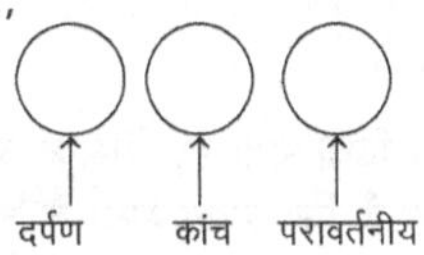

निष्कर्ष I. (✗) II. (✗)
अतः न तो निष्कर्ष I और न ही निष्कर्ष II सही है।

5. *(d)* कथनानुसार,

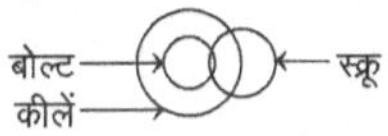

निष्कर्ष I. (✗) II. (✗)
अतः न तो निष्कर्ष I और ना ही निष्कर्ष II सही है।

6. *(b)* कथनानुसार,

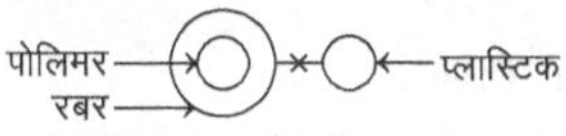

अतः केवल निष्कर्ष II सही है।

7. (a) कथनानुसार,

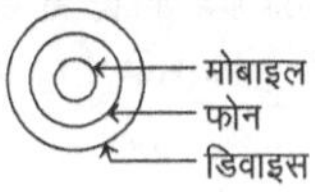

निष्कर्ष I. (✓) II. (✗)
अतः केवल निष्कर्ष I सही है।

8. *(d)* कथनानुसार,

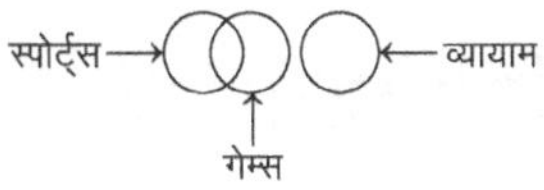

निष्कर्ष I. (✗) II. (✗)
अतः न तो निष्कर्ष I और न ही निष्कर्ष II सही है।

9. *(b)* कथनानुसार,

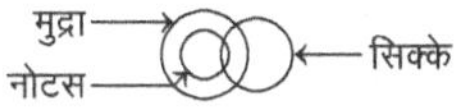

निष्कर्ष I. (✗) II. (✓)
अतः केवल निष्कर्ष II सही है।

10. *(c)* कथनानुसार,

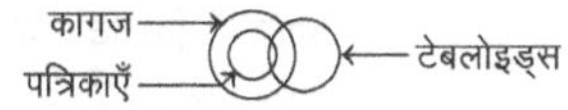

अतः दोनों निष्कर्ष I और II सही हैं।

11. *(d)* कथनानुसार,

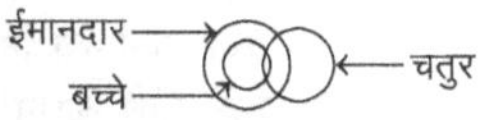

निष्कर्ष I. (✓) II. (✓) III. (✓)
अतः सभी निष्कर्ष अनुसरण करते हैं।

12. *(c)* कथनानुसार,

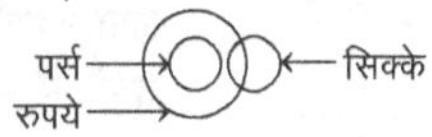

निष्कर्ष I. (✓) या II. (✓) III. (✗)
अतः या तो निष्कर्ष I अथवा II अनुसरण करता है।

13. *(c)* कथनानुसार,

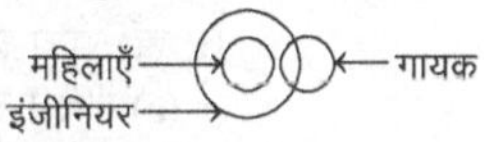

निष्कर्ष I. (✗) II. (✗) III. (✓)
अतः केवल निष्कर्ष III अनुसरण करता है।

14. *(a)* कथनानुसार,

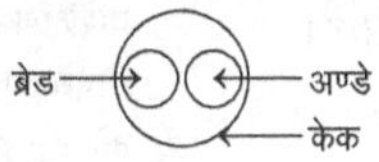

निष्कर्ष I. (✓) II. (✓) या III. (✓)
अतः निष्कर्ष I और या तो निष्कर्ष II या III अनुसरण करते हैं।

15. *(b)* कथनानुसार,

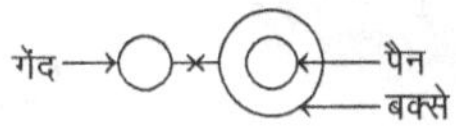

निष्कर्ष I. (✓) II. (✓) या III. (✓)
अतः निष्कर्ष I और या तो निष्कर्ष II या III अनुसरण करते हैं।

16. *(b)* कथनानुसार,

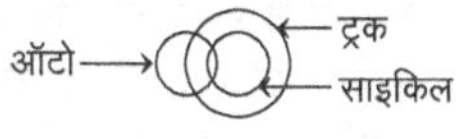

निष्कर्ष I. (✓) II. (✓) III. (✓)
अतः सभी निष्कर्ष अनुसरण करते हैं।

17. *(a)* कथनानुसार,

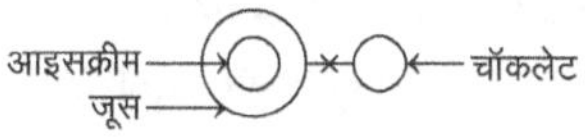

निष्कर्ष I. (✗) II. (✓) III. (✓)
अतः निष्कर्ष II और III अनुसरण करते हैं।

18. *(a)* कथनानुसार,

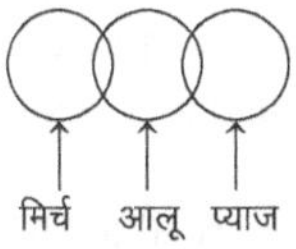

या
निष्कर्ष I. (✓) II. (✓) III. (✓)
अतः निष्कर्ष II और या तो निष्कर्ष I या III में से एक अनुसरण करते हैं।

19. *(b)* कथनानुसार,

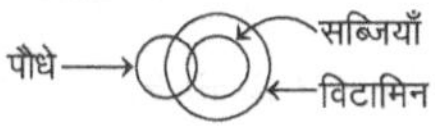

निष्कर्ष I. (✓)
II. (✓)
III. (✗)
अतः निष्कर्ष I और II अनुसरण करते हैं।

20. *(b)* कथनानुसार,

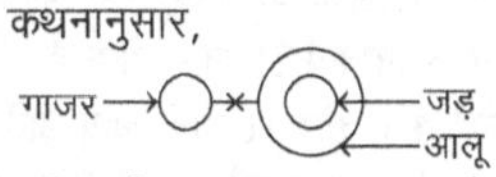

अतः केवल निष्कर्ष III अनुसरण करता है।

अध्याय 12 आलोचनात्मक चिन्तन (Critical Thinking)

आलोचनात्मक चिन्तन से हमारा तात्पर्य किसी घटना, विषय-वस्तु तथा तथ्यों को स्वीकार करने से पहले इनके गुणों और दोषों के विषय में चिन्तन करने से है। इसके अन्तर्गत किसी समस्या के समाधान हेतु दिए गए तथ्यों का भली-भाँति विश्लेषण किया जाता है।

इसके अन्तर्गत निम्न तीन प्रकार के प्रश्न पूछे जाते हैं

1. कथन एवं निष्कर्ष पर आधारित
2. कथन एवं तर्क पर आधारित
3. कथन एवं पूर्वानुमान पर आधारित

1. कथन एवं निष्कर्ष पर आधारित

कथन एवं निष्कर्ष (Statement and Conclusion) पर आधारित प्रश्नों में एक या दो कथन देकर उसके नीचे कुछ निष्कर्ष दिए जाते हैं। प्रश्न में दिए गए कथन के सभी तथ्यों को ध्यान में रखते हुए तार्किक विश्लेषण एवं सर्वमान्य स्वीकार्यता के आधार पर वैध निष्कर्ष निकालना होता है।

उदाहरण 1 निम्नलिखित प्रश्न में, दो कथन दिए गए हैं, जिनके आगे दो निष्कर्ष I और II निकाले गए हैं। आपको मानना है कि कथन सत्य है चाहे वे सामान्यत: ज्ञात तथ्यों से भिन्न प्रतीत होते हों। आपको निर्णय करना है कि दिए गए निष्कर्षों में से कौन-सा/से निश्चित रूप से कथनों द्वारा सही निकाला जा सकता है/हैं, यदि कोई हो।

कथन

1. बच्चे मैदान में खेलते हैं।
2. इससे उन्हें समस्या से जूझने और निर्णय लेने की दृष्टि मिलती है।

निष्कर्ष

I. बच्चों के सम्पूर्ण विकास के लिए मैदान में खेलना बहुत जरूरी है।
II. बच्चों की पढ़ाई और खेल के बीच एक सन्तुलन होना चाहिए।

(a) केवल निष्कर्ष II लागू होता है
(b) निष्कर्ष I और II दोनों लागू होते हैं
(c) न तो निष्कर्ष I और न ही II लागू होता है
(d) केवल निष्कर्ष I लागू होता है

हल (d) खेलने से बच्चों का शारीरिक और बौद्धिक दोनों तरह का विकास होता है। यदि बच्चे मैदान में खेलते हैं, तो इससे उन्हें समस्या से जूझने और निर्णय लेने दोनों की दृष्टि मिलती है। इसलिए बच्चों के सम्पूर्ण विकास के लिए मैदान में खेलना जरूरी है। खेलने का पढ़ाई से कोई भी सम्बन्ध नहीं है। दोनों अपने-अपने समय पर किए जा सकते हैं। अतः केवल निष्कर्ष I लागू होता है।

2. कथन एवं तर्क पर आधारित

किसी भी विषय से सम्बन्धित दी गई जानकारी को **कथन** (Statement) कहते हैं। अप्रत्यक्ष रूप से परिकल्पित ऐसे तथ्य, जो किसी कथन के सम्भावित परिणामों को दर्शाता है, **तर्क** (Logic) कहलाता है।

आपको प्रश्न में दिए गए कथन और तर्कों पर विचार करते हुए यह निर्णय करना होता है कि दिए गए कथन के पक्ष या विपक्ष में दिए गए तर्कों में से कौन-सा तर्क प्रबल (ठोस) है। इन प्रश्नों का उद्देश्य अभ्यर्थियों की तर्क-वितर्क की क्षमता की जाँच करना है।

प्रश्नों के माध्यम से यह तय किया जाता है कि कौन-सा तर्क प्रबल (ठोस) है तथा कौन-सा निर्बल। प्रबल तर्क सीधे कथन से सम्बन्धित होते हैं, जबकि निर्बल तर्क सीधे कथन से सम्बन्धित नहीं होते हैं।

उदाहरण 2 प्रश्न में एक कथन दिया गया है, जिसके आगे दो तर्क I और II दिए गए हैं। आपको मानना है कि कथन सत्य है चाहे वह सामान्यत: ज्ञात तथ्यों से भिन्न प्रतीत होता हो। आपको निर्णय करना है कि दिए गए तर्कों में से कौन-सा/से तर्क मजबूत है/हैं, यदि कोई हो।

कथन क्या सभी भारतीय नागरिकों के लिए एक वर्ष का सेना का प्रशिक्षण अनिवार्य होना चाहिए?

तर्क

I. नहीं, प्रशिक्षण की लागत निषेधात्मक होगी और एक वर्ष का श्रम खो जाएगा।
II. हाँ, सैन्य प्रशिक्षण नागरिकों को बेहतर बनाने में मदद करेगा।

(a) केवल तर्क I मजबूत है (b) केवल तर्क II मजबूत है
(c) दोनों तर्क I और II मजबूत हैं
(d) न तो तर्क I और न ही तर्क II मजबूत है

हल (a) कथनानुसार सभी भारतीय नागरिकों के लिए एक वर्ष का सेना का प्रशिक्षण अनिवार्य करने से ज्यादा लाभ नहीं होगा, साथ ही प्रशिक्षण की लागत निषेधात्मक होगी एवं नागरिकों का एक वर्ष का श्रम बेकार हो जाएगा। नागरिकों को बेहतर बनाने के लिए यह आवश्यक नहीं है कि उन्हें सैन्य प्रशिक्षण दिया ही जाए। अतः केवल तर्क I मजबूत है।

3. कथन एवं पूर्वानुमान पर आधारित

प्रत्यक्ष के आधार पर अप्रत्यक्ष के ज्ञान को पूर्वानुमान (Assumption) कहते हैं। कथन एवं पूर्वानुमान (Statement and Assumption) पर आधारित प्रश्नों में एक वक्तव्य देकर उसके नीचे दो-या-दो से अधिक पूर्वानुमान दिए होते हैं। वक्तव्य को सत्य मानते हुए चाहे वह सर्वज्ञात तथ्यों से भिन्न ही क्यों ना हो आपको निर्णय करना होता है कि दिए गए अनुमानों/पूर्वानुमानों में से कौन-सा पूर्वानुमान कथन में अन्तर्निहित है।

कथन एवं पूर्वानुमान से सम्बन्धित कुछ महत्त्वपूर्ण तथ्य निम्नलिखित हैं
- कोई भी पूर्वानुमान कथन के आधार पर निकाला गया निष्कर्ष हो, तो वह मान्य नहीं होगा।
- यदि किसी भी पूर्वानुमान में कथन की पुनरावृत्ति हुई हो, तो वह मान्य नहीं होगा।
- यदि कोई भी पूर्वानुमान सुधार, परामर्श, सलाह, लाभदायक प्रभाव व परिणाम को प्रदर्शित करता है, तो वह पूर्वानुमान मान्य होगा।
- यदि कोई पूर्वानुमान विज्ञापन से सम्बन्धित हो, तो वह मान्य होगा।
- एक कथन के एक से अधिक पूर्वानुमान निकाले जा सकते हैं।

उदाहरण 3 इस प्रश्न में एक कथन तथा उसके पश्चात् दो पूर्वधारणाएँ I तथा II दी गई हैं। आपको दिए गए कथन को सत्य मानना है, भले ही वह सर्वज्ञात तथ्यों से भिन्न प्रतीत हों। आपको निर्णय करना है कि दिए कथन के आधार पर कौन-सी पूर्वधारणा तार्किक रूप से कथन का अनुसरण करती है।

कथन सम्मेलन में केवल अच्छे गायकों को ही निमन्त्रित किया गया है। मधुर आवाज के बिना कोई भी अच्छा गायक नहीं है।

पूर्वधारणा I सम्मेलन में आमन्त्रित सभी गायकों की आवाज मधुर है।

पूर्वधारणा II वह गायक, जिनकी आवाज मधुर नहीं है, को सम्मेलन में आमन्त्रित नहीं किया गया है।

(a) केवल पूर्वधारणा I अनुसरण करती है
(b) न तो पूर्वधारणा I और न ही II अनुसरण करती है
(c) दोनों पूर्वधारणाएँ I तथा II अनुसरण करती हैं
(d) केवल पूर्वधारणा II अनुसरण करती है

हल (c) दिए गए कथन के आधार पर कहा जा सकता है कि दोनों पूर्वधारणाएँ I तथा II अनुसरण करती हैं।

अभ्यास प्रश्न

निर्देश (प्र.सं. 1-3) *निम्नलिखित प्रश्नों में, दो कथन दिए गए हैं, जिनके आगे दो निष्कर्ष I और II निकाले गए हैं। आपको मानना है कि कथन सत्य है चाहे वे सामान्यतः ज्ञात तथ्यों से भिन्न प्रतीत होते हों। आपको निर्णय करना है कि दिए गए निष्कर्षों में से कौन-सा/से निश्चित रूप से कथनों द्वारा सही निकाला जा सकता है/हैं, यदि कोई हो?*

उत्तर दीजिए

(a) केवल निष्कर्ष II लागू होता है
(b) निष्कर्ष I और II दोनों लागू होते हैं
(c) न तो निष्कर्ष I और न ही II लागू होता है
(d) केवल निष्कर्ष I लागू होता है

1. कथन

1. हम फिर से अपने पूर्वजों की ओर लौट रहे हैं और योग तथा प्राणायाम के महत्त्व को समझ रहे हैं।
2. पश्चिम के लोगों ने इसे पहले से ही अपना रखा है। इसके लिए किसी बाहरी उपकरण की जरूरत नहीं है, केवल आत्मा और शरीर चाहिए।

निष्कर्ष

I. प्राचीन विज्ञान कई इलाजों का खजाना और विभिन्न रोगों का प्राकृतिक उपचार है।
II. प्रौद्योगिकी ने इन प्राचीन स्रोतों को दबा दिया है और स्वस्थ रहने के लिए नई अवधारणा को जन्म दिया है, जिसे जिम कहते हैं।

2. कथन

1. भारत का सकल घरेलू उत्पाद एक उचित दर से बढ़ रहा है, लेकिन उसके मुकाबले रोजगार के सर्जन की गति कही धीमी है।
2. हर साल 20 लाख से अधिक युवा भारतीय कर्मचारियों की संख्या में शामिल होते हैं।

निष्कर्ष

I. जनसंख्या वृद्धि की दर नौकरी सृजन दर से अधिक है।
II. नौकरी की मांग की दर बहुत ऊँची है लेकिन इसकी आपूर्ति कम है।

3. कथन

1. दृढ़ संकल्प सफलता की कुंजी है। यदि एक व्यक्ति (पुरुष/स्त्री) अपने जीवन में एक निश्चित लक्ष्य को प्राप्त करना चाहता है, तो कोई भी उसे यह हासिल करने से नहीं रोक सकता।
2. निर्णय लेने का एक दूसरा महत्त्वपूर्ण पहलू है कि अपने तय लक्ष्यों की प्राथमिकता तय करें।

निष्कर्ष

I. यदि मैं निकट भविष्य में तीन लक्ष्यों को हासिल करना तय करूं, तो मेरी ऊर्जा तीन भागों में विभाजित हो जाएगी और मैं कभी नहीं सफल हो सकता हूँ।
II. अगर उन तीनों लक्ष्यों को हासिल करने की योजना बना ली जाए, तो मैं तीनों लक्ष्यों तक पहुँच सकता हूँ।

निर्देश (प्र. सं. 4-10) *नीचे दिए गए प्रत्येक प्रश्न में पहले एक कथन दिया गया है और उसके बाद दो निष्कर्ष I और II निकाले गए हैं। आपको कथन में दी गई सभी बातों को सत्य समझना है और फिर उस पर आधारित दोनों निष्कर्षों पर विचार करना है और तय करना है कि कौन-सा निष्कर्ष उस कथन के आधार पर निश्चित रूप से निकाला जा सकता है।*

उत्तर दीजिए

(a) केवल निष्कर्ष I निकलता है
(b) केवल निष्कर्ष II निकलता है
(c) न तो निष्कर्ष I और न ही II निकलता है
(d) निष्कर्ष I और II दोनों निकलते हैं

4. कथन एम. ए. (सोशल वर्क) में प्रवेश हेतु समिति उत्कृष्ट छात्रों के मामले में सामाजिक कार्य का पूर्व अनुभव होने की शर्त माफ कर सकती है।

निष्कर्ष

I. एम.ए. (सोशल वर्क) के कुछ छात्रों को सामाजिक कार्य का पूर्व अनुभव होगा।
II. एम.ए. (सोशल वर्क) के कुछ छात्रों को सामाजिक कार्य का पूर्व अनुभव नहीं होगा।

5. कथन कम्प्यूटरों के आ जाने से अब हमारा संगठन व्यक्तिनिष्ठ ग्राहक सेवा पर अच्छी तरह से ध्यान दे सकेगा।

निष्कर्ष

I. कम्प्यूटरीकरण मात्र ही इस समय की पुकार है।
II. कम्प्यूटरीकरण के बगैर व्यक्तिनिष्ठ ग्राहक सेवा सम्भव नहीं थी।

6. कथन भूतकालिक व्यवहारों से पृथक् आधुनिक मनुष्य अपनी रुचियों के आधार पर अपना भाग्य स्वयं गढ़ता है।

निष्कर्ष

I. पहले मनुष्य के सामने थोड़े से विकल्प ही हुआ करते थे।
II. भूतकाल में भाग्य को प्रभावित करने की इच्छा नहीं रहा करती थी।

7. कथन नैतिकता और शील की अवधारणाओं का बलिदान किए बिना इस दुनिया में रह पाना और समृद्ध होना लगभग असम्भव है।

निष्कर्ष

I. विश्व कुछ धारणाओं की केवल सराहना करता है, लेकिन उन्हें आत्मसात नहीं कर पाता है।

II. नैतिकता और शील की अवधारणाएँ जीवन में व्यवहार्य नहीं हैं।

8. कथन पठन पाठन में रुचि जगाने के लिए स्कूल ने जून 2013 से यह अनिवार्य बना दिया है कि हर छात्र हर सप्ताह 2 किताबें पढ़ें और पुस्तकों पर साप्ताहिक रिपोर्ट दे।

निष्कर्ष

I. बलपूर्वक पढ़ने में रुचि जगाई जा सकती है।

II. कुछ छात्र कालान्तर में पढ़ने में रुचि विकसित कर लेंगे।

9. कथन स्कूल में कोई भी छात्र जो उचित ढंग से व्यवहार नहीं करता वह अपना नाम तो बदनाम करता ही है, स्कूल को भी बदनाम करता है।

निष्कर्ष

I. ऐसे छात्रों को स्कूल से हटा दिया जाना चाहिए।

II. कठोर अनुशासन छात्रों के व्यवहार में सुधार नहीं लाता है।

10. कथन हो सकता है कि आप अपने अधिकारी के प्रति निष्ठावान न हों, पर आप उसके प्रति निष्ठावान होने का अहसास तो करा ही सकते हैं।

निष्कर्ष

I. अधिकारी के प्रति निष्ठा महत्त्वपूर्ण मानी जाती है।

II. कुछ लोग अपने अधिकारी को खुश करने के लिए किसी भी हद तक जा सकते हैं।

निर्देश (प्र. सं. 11-20) *नीचे दिए गए प्रत्येक प्रश्न में दो तर्क दिए गए हैं, जिन्हें* I *और* II *क्रमांक दिया गया है। आपको यह तय करना है कि इनमें से कौन-सा तर्क 'प्रबल' तर्क है और कौन-सा 'निर्बल'।*

उत्तर दीजिए

(a) केवल तर्क I प्रबल है
(b) केवल तर्क II प्रबल है
(c) न तो तर्क I और न ही तर्क II प्रबल है
(d) तर्क I और II दोनों प्रबल हैं

11. क्या हमें स्कूलों में यौन शिक्षा देनी चाहिए?

तर्क

I. हाँ, निश्चित ही सभी प्रगतिशील देश ऐसा करते हैं।

II. नहीं, कम-से-कम सहशिक्षा वाले स्कूलों में नहीं।

12. क्या सभी सरकारी स्वामित्व वाली शिक्षा संस्थानों को निजी संस्थानों को सौंप दिया जाना चाहिए?

तर्क

I. हाँ, इन संस्थानों के शिक्षा स्तर में सुधार होगा।

II. नहीं, इन संस्थानों में शिक्षा का स्तर गिरेगा।

13. क्या भारत में वर्तमान बड़े राज्यों में से कुछ और राज्य बना लेने चाहिए?

तर्क

I. हाँ, इससे प्रशासनिक सुविधा हो जाएगी।

II. नहीं, यह राष्ट्रीय एकात्मकता के लिए खतरा होगा।

14. क्या सरकार को अन्तर्राष्ट्रीय खेलों पर भारी धन का खर्च बन्द कर देना चाहिए?

तर्क

I. हाँ, इस धन का उपयोग गरीबों के उन्नयन में किया जा सकता है।

II. नहीं, खिलाड़ी इससे कुण्ठित हो जाएँगे और उन्हें अन्तर्राष्ट्रीय एक्सपोजर नहीं मिलेगा।

15. क्या सरकार को कृषि आय पर भी टैक्स लगाना चाहिए?

तर्क

I. हाँ, सरकारी खजाने में बढ़ोत्तरी करने का यही एक तरीका है।

II. नहीं, हमारी 80% जनता ग्रामीण क्षेत्रों में रहती है।

16. क्या सरकारी और निजी कर्मचारियों के वेतनमानों को एकसमान बनाया जाना चाहिए?

तर्क

I. हाँ, इससे कर्मचारी अधिक निष्ठा से काम करेंगे और अपनी नौकरी नहीं बदलेंगे।

II. नहीं, यह प्रतियोगिता की भावना को रोक देगा और अन्ततः इससे उत्पादकता और लाभप्रदता पर प्रभाव पड़ेगा।

17. क्या विद्यालय में शिक्षा के लिए सभी को आर्थिक सहायता देनी चाहिए?

तर्क

I. इससे बड़ी संख्या में लोगों को सहायता मिलेगी क्योंकि जनसंख्या का बड़ा हिस्सा मध्यम और निचले वर्ग से आता है।

II. नहीं, इससे नकद से निर्बद्ध राजकोष पर बड़ा बोझ पड़ेगा।

18. भारत में जीवनकाल की दीर्घता को ध्यान में रखते हुए क्या सरकारी सेवा में सेवानिवृत्ति की आयु सीमा को बढ़ाया जाना चाहिए?

तर्क

I. हाँ, दूसरे देशों ने पहले ही ऐसा निर्णय ले लिया है।

II. हाँ, यह लाखों कर्मचारियों की यथार्थ माँग है।

19. क्या भारत में पटाखों के उत्पादन पर पूर्णतया प्रतिबन्ध होना चाहिए?

तर्क

I. नहीं, यह हजारों श्रमिकों को रोजगार रहित कर देगा।

II. हाँ, पटाखा निर्माता बड़े पैमाने पर बाल श्रमिकों का इस्तेमाल करते हैं।

20. क्या उत्पादनों के विज्ञापनों पर रोक लगा देनी चाहिए?

तर्क

I. नहीं, यह तो विज्ञापनों का जमाना है। जब तक आपके विज्ञापन आपके प्रतिस्पर्द्धियों के विज्ञापनों से बेहतर न हों, उत्पादों की बिक्री नहीं होगी।

II. हाँ, विज्ञापनों पर खर्च किया गया धन काफी भारी होता है और यह उत्पादन की लागत बढ़ाता है।

निर्देश (प्र. सं 21-30) *निम्नलिखित प्रश्नों में एक कथन दिया गया है, जिसके आगे दो पूर्वानुमान* I *और* II *निकाले गए हैं। आपको विचार करना है कि कथन सत्य है चाहे वह सामान्यतया ज्ञात तथ्यों से भिन्न प्रतीत होता हो। आपको निर्णय करना है कि दिए गए पूर्वानुमानों में से कौन-सा निश्चित रूप से कथन में अन्तर्निहित है। अपने उत्तर को निर्दिष्ट कीजिए।*

उत्तर दीजिए

(a) केवल I अन्तर्निहित है
(b) केवल II अन्तर्निहित है
(c) I व II दोनों ही अन्तर्निहित हैं
(d) न तो I और न ही II अन्तर्निहित है

21. कथन अयोध्या का विवाद 350 वर्षीय पृष्ठभूमि वाला है, जो अल्पकाल में हल नहीं हो सकता।

पूर्वानुमान

I. अयोध्या के विषय में कुछ समस्याएँ हैं।

II. समस्या के हल में लम्बा समय लगेगा।

22. कथन भारत में निर्वाह व्यय में वृद्धि हुई है।

पूर्वानुमान

I. पिछले कुछ समय में आवश्यक वस्तुओं के मूल्यों में वृद्धि हुई है।

II. बहुत-सी आराम की वस्तुएँ अब देश में अधिक मात्रा में उपलब्ध हैं।

23. कथन यदि अभियन्ता बनना सरल है, तो मैं अभियन्ता नहीं बनना चाहता।

पूर्वानुमान

I. व्यक्ति की अभिलाषा एक व्यवसायी बनने की होती है।

II. व्यक्ति की इच्छा कठिन लक्ष्य को प्राप्त करने की होती है।

24. कथन किसी शिक्षित व्यक्ति के जीवन-मूल्य, अशिक्षित व्यक्ति से भिन्न होंगे।

पूर्वानुमान

I. शिक्षा का प्रभाव किसी व्यक्ति के जीवन मूल्यों पर पड़ता है।

II. एक अशिक्षित व्यक्ति के कोई मूल्य नहीं होंगे।

25. कथन विवाह दर लगातार गिरते जाने का कारण है अपनी अलग पहचान बनाए रखने वालों की संख्या बढ़ती जा रही है।

पूर्वानुमान

I. शादी होने पर व्यक्ति की निजी पहचान खत्म हो जाती है।

II. विवाहित व्यक्ति उतने सन्तुष्ट नहीं होते जितने कि अविवाहित।

26. कथन सहकारी उद्यम से उत्पादन में वृद्धि होती है।

पूर्वानुमान

I. सहकारिता एक वांछनीय लक्षण है।

II. सहकारिता से उत्पादन बढ़ता है।

27. कथन यदि सरकार ही भ्रष्टाचार को समाप्त करने के लिए कार्यवाही करेगी तभी हमारा देश समृद्धि की ओर बढ़ेगा।

पूर्वानुमान

I. सरकार की भ्रष्ट लोगों के विरुद्ध कड़ी कार्यवाही करने के लिए एकमात्र प्राधिकारी है।

II. भ्रष्टाचार देश को समृद्धि की ओर बढ़ने में बाधा डालता है।

28. कथन मैं जब भी परेशानी में होता हूँ, प्रभु का स्मरण करता हूँ।

पूर्वानुमान

I. प्रार्थना से समस्याएँ हल हो सकती हैं।

II. मनुष्य का परम कर्त्तव्य, प्रभु की प्रार्थना है।

29. कथन कठिनाइयों तथा जीवन की तेज गति के परिणामस्वरूप आपकी पाचन प्रणाली प्रभावित हो जाती है।

पूर्वानुमान

I. जीवन में कठिनाइयाँ हैं।

II. पाचन प्रणाली की सुरक्षा व्यवस्था नहीं है।

30. कथन वर्तमान आर्थिक कठिनाई के समय में, शिक्षा तथा छोटे परिवार का आदर्श ही राष्ट्र को उन्नति दिला सकते हैं।

पूर्वानुमान

I. शिक्षा एवं छोटे परिवार के आदर्श प्रत्यक्ष रूप से राष्ट्र की उन्नति के साथ जुड़े हुए हैं।

II. बड़े परिवारों के लिए शिक्षा का खर्चा उठाना कठिन है।

उत्तरमाला

1 *(d)*	2 *(b)*	3 *(a)*	4 *(d)*	5 *(c)*
6 *(b)*	7 *(b)*	8 *(c)*	9 *(a)*	10 *(a)*
11 *(c)*	12 *(a)*	13 *(a)*	14 *(b)*	15 *(c)*
16 *(b)*	17 *(a)*	18 *(c)*	19 *(a)*	20 *(d)*
21 *(c)*	22 *(c)*	23 *(b)*	24 *(a)*	25 *(a)*
26 *(b)*	27 *(c)*	28 *(d)*	29 *(a)*	30 *(a)*

संकेत एवं हल

1. *(d)* हम फिर से अपने पूर्वजों की ओर लौट रहे हैं और योग तथा प्राणायाम के महत्त्व को समझ रहे हैं, प्राचीन काल में हमारे पूर्वजों ने ही योग और प्राणायाम की खोज की थी। जो वर्तमान समय में स्वास्थ्य के लिए बहुत ही हितकारी है।

पश्चिमी देशों के लोगों ने योग और प्राणायाम को पहले से ही अपना रखा है। इसके लिए किसी बाहरी उपकरण की जरूरत नहीं है केवल आत्मा और शरीर चाहिए। इसलिए प्राचीन विज्ञान कई इलाजों का खजाना और विभिन्न रोगों का प्राकृतिक उपचार है।

2. *(b)* भारत का सकल घरेलू उत्पाद एक उचित दर से बढ़ रहा है, लेकिन उसके मुकाबले रोजगार सर्जन की गति कहीं धीमी है। इसलिए हर साल 20 लाख से अधिक युवा भारतीय कर्मचारियों की संख्या में शामिल होते हैं। इसका तात्पर्य है कि जनसख्या वृद्धि की दर नौकरी सृजन दर से अधिक है और नौकरी की माँग की दर बहुत ऊँची है, लेकिन इसकी आपूर्ति कम है।

3. *(a)* दृढ़ संकल्प सफलता की कुंजी है। यदि एक व्यक्ति अपने जीवन में एक निश्चित लक्ष्य को प्राप्त करना चाहता है, तो कोई भी उसे यह हासिल करने से नहीं रोक सकता। निर्णय लेने का एक दूसरा महत्त्वपूर्ण पहलू है कि अपने तय लक्ष्यों की प्राथमिकता तय करें। यदि उन तीन लक्ष्यों को हासिल करने की योजना बना ली जाए, तो मैं तीनों लक्ष्यों तक पहुँच सकता हूँ।

4. *(d)* कथन से यह स्पष्ट है कि सामाजिक कार्य का अनुभव होने की शर्त को माफ किया जा सकता है। अतः कुछ छात्रों को सामाजिक कार्य का अनुभव होगा, जबकि कुछ को नहीं। अतः निष्कर्ष I और II दोनों निकलते हैं।

5. *(c)* कथनानुसार, न तो निष्कर्ष I और न ही निष्कर्ष II निकाला जा सकता है।

6. *(b)* निष्कर्ष I के बारे में कथन से अनुमान नहीं लगाया जा सकता है क्योंकि कथन में इच्छा की बात कही गई है न कि विकल्पों की। निष्कर्ष II कथन से सीधा सम्बन्धित है।

7. *(b)* कथन से यह बात झलकती है कि नैतिकता और शील की अवधारणाएँ जीवन में व्यवहार्य नहीं हैं और इसलिए इन्हें छोड़कर ही समृद्ध हुआ जा सकता है तथा इस दुनिया में रहा जा सकता है, जबकि कथन से निष्कर्ष I नहीं निकलता है।

8. *(c)* कथन से न तो यह पता चलता है कि बलपूर्वक पढ़ाई में रुचि जगाई जा सकती है और न ही यह कि कुछ छात्र कालान्तर में पढ़ने में रुचि विकसित कर लेंगे।

अतः न तो निष्कर्ष I और न ही II निकलता है।

9. *(a)* कथन से न ही यह निष्कर्ष निकाला जा सकता है कि उचित ढंग से व्यवहार न करने वाले छात्रों को हटा दिया जाना चाहिए और न ही यह कि कठोर अनुशासन छात्रों के व्यवहार में सुधार नहीं लाता है।

10. *(a)* कथन से यह स्पष्ट है कि अधिकारी के प्रति निष्ठा महत्त्वपूर्ण मानी जाती है, अतः केवल निष्कर्ष I निकलता है।

11. *(c)* दोनों ही तर्क I एवं II निर्बल हैं। तर्क I में दूसरे देशों से तुलना की गई है तथा तर्क II में यौन शिक्षा सहशिक्षा वाले स्कूलों में न देने की बात की गई है, जबकि वास्तविकता यह है कि यौन शिक्षा लड़के तथा लड़कियों दोनों के लिए आवश्यक है।

12. *(a)* तर्क II निर्बल है क्योंकि निजी संस्थानों को सौंपने से सरकारी स्वामित्व वाली शिक्षा संस्थानों में शिक्षा का स्तर बढ़ेगा न कि गिरेगा।

13. *(a)* तर्क I प्रबल है क्योंकि कई और राज्य बनाने से प्रशासनिक सुविधा हो जाएगी। छोटे राज्यों में प्रशासन का दायरा घट जाएगा और बहुत-सी प्रशासनिक सुविधाओं में वृद्धि होगी।

14. *(b)* तर्क I असंगत है क्योंकि खेलों पर खर्च बन्द कर देने मात्र से गरीबों का उत्थान नहीं हो सकता। इसके लिए अन्य उपाय सम्भव है, जबकि खेलों पर खर्च बन्द होने से खिलाड़ी कुण्ठित हो जाएँगे।

15. *(c)* दोनों तर्क असंगत हैं। तर्क I में कहा गया है कि सरकारी खजाने में बढ़ोत्तरी करने का यही एक तरीका है, जबकि खजाने में बढ़ोत्तरी करने के कई अन्य तरीके भी होते हैं तथा तर्क II में यह वर्णित है कि इससे 80% जनता प्रभावित होगी।

16. *(b)* तर्क I असंगत है क्योंकि वेतनमानों को एकसमान बनाने से यह जरुरी नहीं है कि कर्मचारी अधिक निष्ठा से काम करेंगे। तर्क II प्रबल है क्योंकि वेतनमान समान करने से उत्पादन के साथ-साथ प्रशासकीय ढाँचा भी समाप्त हो जाएगा।

17. *(a)* विद्यालय में सभी को शिक्षा के लिए सरकार द्वारा आर्थिक सहायता मिलनी ही चाहिए, क्योंकि जनसंख्या का एक बड़ा हिस्सा निचले और मध्यम वर्ग से सम्बन्धित है। ऐसा करने से बड़ी संख्या में लोगों को सहायता मिलेगी। अतः केवल तर्क I प्रभावशाली है।

18. *(c)* तर्क I निर्बल है क्योंकि इसमें तुलनात्मक दृष्टिकोण का बोध होता है। तर्क II भी निर्बल ही होगा क्योंकि लाखों लोग किसी चीज की माँग कर रहे हों, तो उसे मान लेना चाहिए। ये कदाचित् न्यायपूर्ण नहीं है इस प्रकार लोग एकता में होकर गलत माँगे भी पूरी करवाने लगेंगे, अतः दोनों तर्क असंगत हैं।

19. *(a)* केवल तर्क I ठोस है क्योंकि पटाखों के उत्पादन पर प्रतिबन्ध लगाने पर यह हजारों श्रमिकों को रोजगार रहित कर देगा, जबकि यह पूर्णतः सत्य नहीं है कि पटाखा निर्माता बड़े पैमाने पर बल श्रमिकों का इस्तेमाल ही करते हैं।

20. *(d)* स्पष्टतः यह विज्ञापन ही है जिससे ग्राहक को उत्पाद के गुणों के विषय में पता चलता है और वह इसे खरीदने के लिए तैयार हो जाता है। इसलिए तर्क I वैध है। लेकिन आजकल विज्ञापन पर बहुत खर्च आता है और इसका खर्च उत्पाद के मूल्य में ही जोड़ दिया जाता है। इसलिए तर्क II भी प्रबल है।

21. *(c)* दिए गए कथन में दोनों पूर्वानुमान अन्तर्निहित हैं। चूँकि विवाद 350 वर्ष लम्बा है अतः कुछ समस्याएँ ऐसी हैं जिनका हल लम्बा होता है।

22. *(c)* निर्वाह व्यय से यहाँ तात्पर्य किसी व्यक्ति द्वारा स्वयं पर जीवन निर्वाह हेतु किए गए औसत व्यय से है। निर्वाह व्यय की वृद्धि में मूल्य वृद्धि एवं वस्तुओं की सहज उपलब्धता दोनों महत्त्वपूर्ण भूमिका निभाते हैं अतः प्रदत्त कथन में पूर्वानुमान I एवं II दोनों ही अन्तर्निहित हैं।

23. *(b)* सरल होने के कारण अभियन्ता बनने की अनिच्छा व्यक्ति के कठिन लक्ष्य को प्राप्त करने की इच्छा का परिचायक है अतः पूर्वानुमान II कथन में अन्तर्निहित है।

24. *(a)* शिक्षा का प्रभाव व्यक्ति के जीवन मूल्यों पर अवश्य पड़ता है परन्तु अशिक्षित व्यक्ति के कोई जीवन मूल्य नहीं होंगे ऐसा कहना अनुचित है एवं प्रदत्त कथन से साम्य स्थापित कर पाने में असमर्थ है अतः प्रदत्त कथन में मात्र पूर्वानुमान I अन्तर्निहित है।

25. *(a)* विवाह पश्चात् व्यक्ति की निजी पहचान समाप्त हो जाती है ऐसा प्रदत्त कथन में स्पष्ट रूप से उल्लिखित है परन्तु विवाहित या अविवाहित व्यक्ति से सन्तुष्टि के सन्दर्भ में कथन में जानकारी का अभाव है। अतः मात्र पूर्वानुमान I ही प्रदत्त कथन में अन्तर्निहित है।

26. *(b)* कथन एवं पूर्वानुमान II दोनों एक-दूसरे के समानार्थक हैं, परन्तु पूर्वानुमान I का कथन से कोई सम्बन्ध नहीं है। अतः पूर्वानुमान II कथन में अन्तर्निहित है।

27. *(c)* स्पष्टतः दोनों पूर्वानुमान कथन में निहित हैं। भ्रष्ट लोगों के विरुद्ध सरकार ही कार्यवाही कर सकती है। भ्रष्टाचार से प्रगति बाधित होती है।

28. *(d)* समस्याएँ प्रयास करने से हल होती हैं न कि प्रार्थना मात्र से एवं प्रभु प्रार्थना मानव का परम पुनीत कर्त्तव्य अवश्य है परन्तु इस कथन से दिए गए कथन को निकालने में मदद नहीं मिलती है। अतः न पूर्वानुमान I और न ही II प्रदत्त कथन में अन्तर्निहित है।

29. *(a)* कथन से यह स्पष्ट है कि जीवन में कठिनाइयाँ हैं, परन्तु पाचन प्रणाली की सुरक्षा व्यवस्था के विषय में कथन में कोई जानकारी नहीं है। अतः पूर्वानुमान I कथन में अन्तर्निहित है।

30. *(a)* पूर्वानुमान I से प्रदत्त कथन स्पष्ट परिलक्षित हो रहा है परन्तु पूर्वानुमान II की विषयवस्तु का प्रतिबिम्ब प्रदत्त कथन में स्पष्ट रूप से नहीं हो रहा है।

अध्याय 13

आव्यूह परीक्षण

(Matrix Test)

दिए गए आव्यूह में विभिन्न अक्षरों को स्तम्भ एवं पंक्ति के अंकों के रूप में कोड कर व्यक्त करना **'आव्यूह परीक्षण'** कहलाता है।

इसके अन्तर्गत अक्षरों व अंकों के दो मिश्रित आव्यूह दिए गए होते हैं, जिनमें प्रत्येक के लिए दो-दो अंकों की संख्याओं का कूट निर्धारित होता है। इस प्रकार के प्रश्नों को हल करने के लिए सर्वप्रथम दिए गए सभी अक्षरों के सम्भावित मानों को लिख लेना चाहिए, और इसी आधार पर दिए गए विकल्पों में से सही उत्तर विकल्प का चयन करना चाहिए।

उदाहरण 1 एक शब्द केवल संख्या-समूह द्वारा दर्शाया गया है, जैसा की विकल्पों में से किसी एक में दिया गया है। विकल्पों में दिए गए संख्या-समूह अक्षरों के दो वर्गों द्वारा दर्शाए गए हैं, जैसा कि दिए गए दो आव्यूहों में है। आव्यूह-I के स्तम्भ और पंक्ति की संख्या 0 से 4 और आव्यूह-II की 5 से 9 है। इन आव्यूहों से एक अक्षर को पहले उसकी पंक्ति और बाद में स्तम्भ संख्या द्वारा दर्शाया जा सकता है। उदाहरण के लिए 'K' को 24 और 32 आदि द्वारा दर्शाया जा सकता है तथा 'X' को '57, 98 आदि द्वारा दर्शाया जा सकता है। इसी तरह से आपको प्रश्न में दिए शब्द 'WELD' के लिए समूह को पहचानना है।

आव्यूह I

	0	1	2	3	4
0	D	L	J	L	J
1	G	M	I	B	I
2	I	K	M	J	K
3	K	C	K	E	C
4	D	L	A	M	F

आव्यूह II

	5	6	7	8	9
5	W	Z	X	O	T
6	Y	R	S	Z	P
7	V	P	O	Q	W
8	N	O	R	O	N
9	V	W	T	X	U

(a) 41, 56, 44, 55
(b) 33, 78, 44, 99
(c) 40, 88, 11, 95
(d) 55, 33, 41, 40

हल (d)

आव्यूह I

	0	1	2	3	4
0	D	L		L	
1					
2					
3				E	

4	D	L			

आव्यूह II

	5	6	7	8	9
5	W				
6					
7					W

दिए गए आव्यूह में,

W ⇒ 55 , 79, 96
E ⇒ 33
L ⇒ 01, 03, 41
D ⇒ 00, 40

विकल्प	W	E	L	D
(a)	41 ☒	56 ☒	44 ☒	55 ☒
(b)	33 ☒	78 ☒	44 ☒	99 ☒
(c)	40 ☒	88 ☒	11 ☒	95 ☒
(d)	55	33	41	40

अतः WELD ⇒ 55, 33, 41, 40

अभ्यास प्रश्न

निर्देश (प्र.सं. 1-15) *एक शब्द केवल एक संख्या-समूह द्वारा दर्शाया गया है, जैसा कि विकल्पों में से किसी एक में दिया गया है। विकल्पों में दिए गए संख्या-समूह अक्षरों के दो वर्गों द्वारा दर्शाए गए हैं, जैसा कि नीचे दिए गए दो आव्यूहों में है। आव्यूह-I के स्तम्भ और पंक्ति की संख्या 0 से 4 में दी गई है और आव्यूह-II की 5 से 9 में दी गई है। इन आव्यूहों से एक अक्षर को पहले उसकी पंक्ति और बाद में स्तम्भ संख्या द्वारा दर्शाया जा सकता है। उदाहरण के लिए 'N' को 21, 67 आदि द्वारा दर्शाया जा सकता है तथा 'R' को '66, 57 आदि द्वारा दर्शाया जा सकता है। इसी तरह से आपको प्रश्न में दिए शब्द के लिए समूह को पहचानना है।*

1. 'METER'

आव्यूह I

	0	1	2	3	4
0	J	R	A	N	B
1	W	U	N	R	L
2	E	N	R	G	J
3	N	J	P	O	M
4	E	T	O	F	A

आव्यूह II

	5	6	7	8	9
5	H	M	R	I	T
6	M	R	N	T	P
7	C	S	T	E	U
8	S	N	S	M	S
9	M	B	E	Q	U

(a) 65, 40, 68, 99, 66
(b) 88, 20, 59, 97, 13
(c) 56, 78, 41, 40, 67
(d) 95, 41, 40, 68, 57

2. 'HUNT'

आव्यूह I

	0	1	2	3	4
0	T	R	A	N	B
1	W	U	N	H	U
2	E	N	S	G	U
3	N	Y	P	U	M
4	H	T	U	F	A

आव्यूह II

	5	6	7	8	9
5	T	A	R	I	H
6	X	R	N	W	B
7	C	S	Y	E	U
8	S	N	T	M	S
9	G	B	E	R	H

(a) 40, 33, 03, 88 (b) 99, 23, 56, 00
(c) 59, 42, 12, 79 (d) 13, 11, 30, 41

3. 'ALIKE'

आव्यूह I

	0	1	2	3	4
0	M	K	P	P	P
1	L	M	K	Q	N
2	Y	L	M	K	N
3	E	Y	L	M	K
4	B	B	Y	L	N

आव्यूह II

	5	6	7	8	9
5	I	A	O	O	J
6	C	I	A	S	J
7	E	D	I	A	H
8	T	E	F	I	A
9	T	S	E	G	H

(a) 56, 10, 55, 31, 97
(b) 67, 21, 66, 96, 86
(c) 78, 32, 77, 12, 86
(d) 89, 43, 76, 01, 30

4. 'TENS'

आव्यूह I

	0	1	2	3	4
0	L	G	J	G	B
1	F	M	H	B	E
2	E	I	D	F	H
3	J	K	B	M	D
4	L	M	I	A	M

आव्यूह II

	5	6	7	8	9
5	V	U	W	X	X
6	Q	S	P	V	Y
7	V	Q	V	S	O
8	N	P	U	N	Y
9	T	W	X	U	V

(a) 95, 14, 85, 78 (b) 10, 56, 24, 99
(c) 20, 96, 41, 69 (d) 24, 77, 22, 78

5. 'BURN'

आव्यूह I

	0	1	2	3	4
0	M	J	I	J	F
1	B	F	H	F	B
2	L	D	A	B	A
3	K	C	C	D	H
4	B	F	K	I	K

आव्यूह II

	5	6	7	8	9
5	Z	X	W	Q	Z
6	R	Y	S	W	Q
7	Y	P	S	W	R
8	Y	Q	R	Z	Y
9	N	Z	S	U	S

(a) 43, 69, 13, 56 (b) 30, 75, 11, 97
(c) 40, 98, 79, 95 (d) 44, 79, 11, 57

6. 'COWS'

आव्यूह I

	0	1	2	3	4
0	C	C	D	I	J
1	E	K	I	B	E
2	I	F	A	K	G
3	C	G	E	L	I
4	J	H	I	F	A

आव्यूह II

	5	6	7	8	9
5	O	X	N	W	X
6	N	Q	N	X	O
7	Z	T	V	N	T
8	O	Y	W	O	R
9	N	P	Y	S	Z

(a) 12, 88, 12, 99 (b) 36, 68, 21, 57
(c) 30, 55, 87, 98 (d) 32, 98, 42, 77

7. 'CREED'

आव्यूह I

	0	1	2	3	4
0	Q	D	S	P	Y
1	C	Q	D	S	P
2	P	C	Q	D	S
3	P	A	C	Q	D
4	P	R	A	C	A

आव्यूह II

	5	6	7	8	9
5	D	E	I	R	I
6	E	D	R	H	H
7	J	R	D	E	N
8	R	G	G	N	G
9	F	F	N	F	D

(a) 32, 76, 65, 56, 77
(b) 54, 67, 78, 56, 79
(c) 43, 32, 65, 56, 77
(d) 32, 85, 56, 65, 78

8. 'ROUGH'

आव्यूह I

	0	1	2	3	4
0	A	Q	R	V	W
1	S	R	K	G	O
2	R	E	J	O	Y
3	F	T	O	E	L
4	G	O	L	D	F

आव्यूह II

	5	6	7	8	9
5	D	U	L	G	H
6	U	K	G	R	S
7	T	G	E	P	H
8	G	A	A	H	I
9	V	S	H	O	K

(a) 02, 23, 65, 31, 97 (b) 02, 23, 56, 13, 78
(c) 02, 23, 56, 13, 97 (d) 02, 33, 56, 13, 97

9. 'HARRY'

आव्यूह I

	0	1	2	3	4
0	A	S	E	H	A
1	Q	D	H	L	S
2	W	N	T	K	D
3	H	D	Y	A	F
4	R	G	A	N	G

आव्यूह II

	5	6	7	8	9
5	Y	T	I	R	F
6	G	R	P	L	R
7	I	O	U	R	M
8	D	F	R	K	Q
9	S	R	W	D	Y

(a) 03, 33, 57, 77, 99 (b) 03, 33, 57, 78, 96
(c) 03, 33, 58, 78, 99 (d) 03, 33, 75, 79, 99

10. 'RHINO'

आव्यूह I

	0	1	2	3	4
0	I	R	O	E	W
1	E	I	W	R	O
2	O	W	F	I	R
3	W	E	R	O	I
4	R	O	I	W	E

आव्यूह II

	5	6	7	8	9
5	N	H	A	Q	P
6	A	P	H	N	Q
7	P	N	Q	A	H
8	Q	A	P	H	N
9	H	Q	N	P	A

(a) 13, 79, 41, 68, 33
(b) 40, 56, 23, 97, 20
(c) 32, 67, 23, 89, 12
(d) 13, 88, 34, 76, 02

11. 'LIGHT'

आव्यूह I

	0	1	2	3	4
0	T	M	L	K	G
1	K	L	G	T	M
2	L	T	M	G	K
3	M	G	T	L	K
4	G	K	M	T	L

आव्यूह II

	5	6	7	8	9
5	F	R	I	A	H
6	I	A	F	H	R
7	R	I	H	F	A
8	A	H	R	I	F
9	H	F	A	R	I

(a) 02, 65, 31, 58, 21
(b) 20, 77, 12, 68, 13
(c) 44, 87, 40, 95, 32
(d) 33, 99, 04, 59, 43

12. 'KILT'

आव्यूह I

	0	1	2	3	4
0	H	J	F	F	I
1	C	D	F	M	H
2	B	H	D	A	B
3	K	A	L	K	C
4	F	J	I	F	J

आव्यूह II

	5	6	7	8	9
5	Z	V	Q	Y	X
6	Y	U	W	V	X
7	V	Z	T	V	T
8	Y	P	R	W	W
9	N	R	P	T	X

(a) 33, 86, 33, 78
(b) 14, 58, 22, 56
(c) 30, 42, 32, 77
(d) 21, 79, 42, 97

13. 'ANIMAL'

आव्यूह I

	0	1	2	3	4
0	Y	L	U	A	C
1	K	S	A	O	L
2	J	L	N	L	T
3	V	C	E	F	U
4	D	K	D	U	A

आव्यूह II

	5	6	7	8	9
5	Q	M	O	Y	S
6	F	O	D	L	A
7	N	H	I	O	R
8	J	N	G	Q	O
9	O	R	T	H	I

(a) 69, 22, 99, 56, 23, 03
(b) 69, 22, 99, 56, 03, 23
(c) 69, 22, 98, 56, 03, 23
(d) 69, 22, 99, 65, 03, 23

14. 'FRIEND'

आव्यूह I

	0	1	2	3	4
0	L	R	S	T	T
1	E	L	R	S	T
2	D	E	L	R	S
3	O	D	E	L	R
4	Q	O	D	E	L

आव्यूह II

	5	6	7	8	9
5	G	N	I	P	Q
6	F	G	N	I	P
7	C	F	G	N	I
8	M	C	F	G	I
9	M	M	C	F	N

(a) 76, 23, 85, 21, 78, 20
(b) 87, 23, 79, 21, 78, 20
(c) 87, 12, 68, 21, 99, 33
(d) 98, 23, 68, 96, 78, 20

15. 'CORN'

आव्यूह I

	0	1	2	3	4
0	A	J	I	A	J
1	H	I	M	E	C
2	A	K	I	I	B
3	L	J	J	H	E
4	M	A	B	J	F

आव्यूह II

	5	6	7	8	9
5	R	V	V	S	P
6	W	S	O	O	X
7	S	S	R	Z	V
8	T	Y	Z	Y	T
9	P	N	Q	S	S

(a) 33, 78, 34, 87
(b) 44, 86, 43, 55
(c) 14, 67, 77, 96
(d) 22, 98, 43, 79

उत्तरमाला

1 (b)	2 (d)	3 (c)	4 (a)	5 (c)
6 (c)	7 (a)	8 (c)	9 (c)	10 (d)
11 (d)	12 (c)	13 (b)	14 (b)	15 (c)

संकेत एवं हल

1. *(b)* दिए गए आव्यूहों में,

M = 56, 65, 88, 95
E = 20, 40, 78, 97
T = 41, 59, 68, 77
E = 20, 40, 78, 97
R = 01, 13, 22, 57, 66

अतः METER
= 88, 20, 59, 97, 13

2. *(d)* दिए गए आव्यूहों में,

H = 13, 40, 59, 99
U = 11, 14, 24, 33, 42, 79
N = 03, 12, 21, 30, 67, 86
T = 00, 41, 55, 87

अतः HUNT
= 13, 11, 30, 41

3. *(c)* दिए गए आव्यूहों में,

A = 56, 67, 78, 89
L = 10, 21, 32, 43
I = 55, 66, 77, 88
K = 01, 12, 23, 34
E = 30, 75, 86, 97

अतः ALIKE ⇒ 78, 32, 77, 12, 86

4. *(a)* दिए गए आव्यूहों में,

T = 95
E = 14, 20
N = 85, 88
S = 66, 78

अतः TENS ⇒ 95, 14, 85, 78

5. *(c)* दिए गए आव्यूहों में,

B = 10, 14, 23, 40
U = 98
R = 65, 79, 87
N = 95

अतः BURN
= 40, 98, 79, 95

6. *(c)* दिए गए आव्यूहों में,

C = 00, 01, 30
O = 55, 69, 85, 88
W = 58, 87
S = 98

अतः COWS
= 30, 55, 87, 98

7. *(a)* दिए गए आव्यूहों में,

C = 10, 21, 32, 43
R = 41, 58, 67, 76, 85
E = 56, 65, 78
E = 56, 65, 78
D = 01, 12, 23, 34, 55, 66, 77, 99

अतः CREED
= 32, 76, 65, 56, 77

8. *(c)* दिए गए आव्यूहों में,

R = 02, 11, 20, 68
O = 14, 23, 32, 41, 98
U = 56, 65
G = 13, 40, 58, 67, 76, 85
H = 59, 79, 88, 97

अतः ROUGH ⇒ 02, 23, 56, 13, 97

9. *(c)* दिए गए आव्यूहों में,

H = 03, 12, 30
A = 00, 33, 42
R = 40, 58, 66, 69, 78, 87, 96
R = 40, 58, 66, 69, 78, 87, 96
Y = 32, 55, 99

अतः HARRY ⇒ 03, 33, 58, 78, 99

10. *(d)* दिए गए आव्यूहों में,

R = 01, 13, 24, 32, 40
H = 56, 67, 79, 88, 95
I = 00, 11, 23, 34, 42
N = 55, 68, 76, 89, 97
O = 02, 14, 20, 33, 41

अतः RHINO
= 13, 88, 34, 76, 02

11. *(d)* दिए गए आव्यूहों में,

L = 02, 11, 20, 33, 44
I = 57, 65, 76, 88, 99
G = 04, 12, 23, 31, 40
H = 59, 68, 77, 86, 95
T = 00, 13, 21, 32, 43

अतः LIGHT ⇒ 33, 99, 04, 59, 43

12. *(c)* दिए गए आव्यूहों में,

K = 30, 33
I = 04, 42
L = 32
T = 77, 79, 98

अतः KILT ⇒ 30, 42, 32, 77

13. *(b)* दिए गए आव्यूहों में,

A = 03, 12, 44, 69
N = 22, 75, 86
I = 77, 99
M = 56
A = 03, 12, 44, 69
L = 01, 14, 21, 23, 68

अतः ANIMAL ⇒ 69, 22, 99 56, 03, 23

14. *(b)* दिए गए आव्यूहों में,

F = 65, 76, 87, 98
R = 01, 12, 23, 34
I = 57, 68, 79, 89
E = 10, 21, 32, 43
N = 56, 67, 78, 99
D = 20, 31, 42

अतः FRIEND ⇒ 87, 23, 79, 21, 78, 20

15. *(c)* दिए गए आव्यूहों में,

C = 14
O = 67, 68
R = 77
N = 96

अतः CORN ⇒ 14, 67, 77, 96

अध्याय 14 आकृति सादृश्यता

(Figure Analogy)

यदि दो आकृतियाँ, जो दिखने में किसी-न-किसी प्रकार से एक समान हों या एक जैसी दिखती हों या एक समान गुण और विशेषता रखती हों, समान या सादृश्य आकृतियाँ कहलाती है।

आकृति सादृश्यता (समानता) (Figure Analogy) के अन्तर्गत पूछे जाने वाले प्रश्नों में दो भागों में आकृतियाँ दी गई होती हैं। पहला भाग प्रश्न आकृति और दूसरा भाग उत्तर आकृति होता है। प्रश्न आकृतियाँ दो भागों में बटी होती हैं। प्रश्न आकृतियों के प्रथम भाग में दो आकृति तथा दूसरे भाग में एक आकृति होती है और दूसरी आकृति के स्थान पर प्रश्न चिह्न दिया गया होता है।

प्रश्न आकृतियों के प्रथम युग्म की दोनों आकृतियों के बीच कुछ सम्बन्ध होता है। यही सम्बन्ध प्रश्न आकृतियों के दूसरे युग्म की दोनों आकृतियों में भी होता है। अभ्यर्थियों को इसी सम्बन्ध की पहचान कर प्रश्न-वाचक चिह्न के स्थान पर आने वाली आकृति दी गई चार उत्तर आकृतियों में से ज्ञात करनी होती है।

निर्देश (उदा. 1 और 2) *निम्नलिखित प्रत्येक प्रश्न में ऊपर प्रश्न आकृतियाँ तथा नीचे उत्तर आकृतियाँ दी गई हैं। प्रश्न आकृति के प्रथम युग्म की पहली आकृति तथा दूसरी आकृति में एक विशेष सम्बन्ध स्थापित है। यही सम्बन्ध द्वितीय युग्म की पहली आकृति तथा चार उत्तर आकृतियों में से एक में स्थापित है। उस सही उत्तर आकृति का चयन कीजिए।*

उदाहरण 1 प्रश्न आकृतियाँ

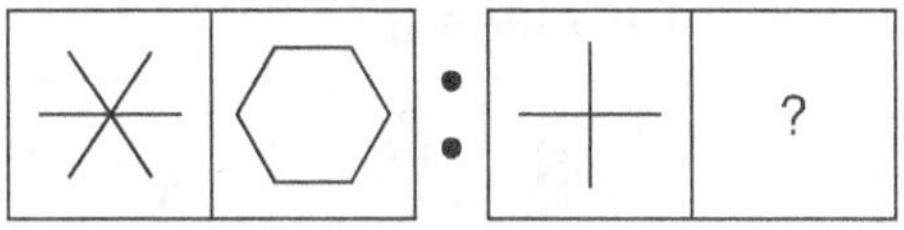

उत्तर आकृतियाँ

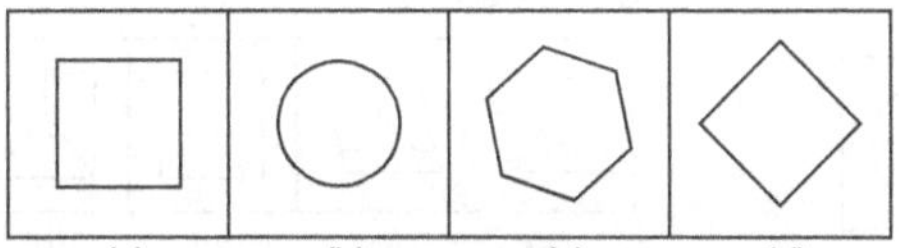

(a) (b) (c) (d)

हल (d) जिस प्रकार, प्रश्न आकृति के प्रथम युग्म की पहली आकृति से दूसरी आकृति में प्रत्येक रेखा के अन्तिम सिरों को संलग्न रेखाओं के सिरों से जोड़ने पर प्राप्त आकृति के अन्दर की रेखाएँ गायब हो जाती हैं। उसी प्रकार, प्रश्न आकृति के द्वितीय युग्म की पहली आकृति में परिवर्तन करने पर उत्तर आकृति (d) प्राप्त होगी।

उदाहरण 2 प्रश्न आकृतियाँ

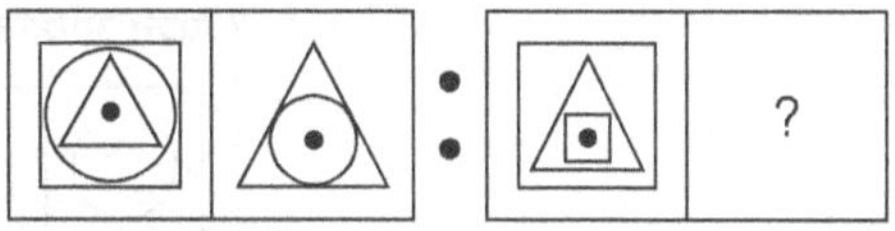

उत्तर आकृतियाँ

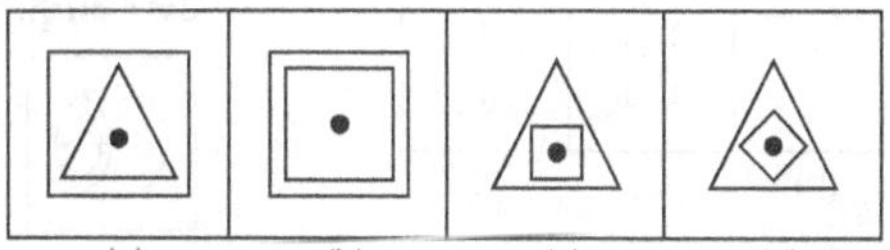

(a) (b) (c) (d)

हल (a) जिस प्रकार, प्रश्न आकृति के प्रथम युग्म की पहली आकृति से दूसरी आकृति में अन्दर की दोनों डिजाइनें परस्पर स्थान बदलती हैं तथा सबसे बाहर की डिजाइन लुप्त हो जाती है। उसी प्रकार, प्रश्न आकृति के द्वितीय युग्म की पहली आकृति में परिवर्तन करने पर उत्तर आकृति (a) प्राप्त होगी।

अभ्यास प्रश्न

निर्देश (प्र. सं. 1-20) *निम्नलिखित प्रत्येक प्रश्न में ऊपर प्रश्न आकृतियाँ तथा नीचे उत्तर आकृतियाँ दी गई हैं। प्रश्न आकृति के प्रथम युग्म की पहली आकृति का दूसरी आकृति से एक विशेष सम्बन्ध स्थापित है। यही सम्बन्ध द्वितीय युग्म की पहली आकृति तथा चार वैकल्पिक आकृतियों* (a), (b), (c), (d) *में से एक में स्थापित है, इस वैकल्पिक आकृति का चयन कीजिए।*

1. प्रश्न आकृतियाँ

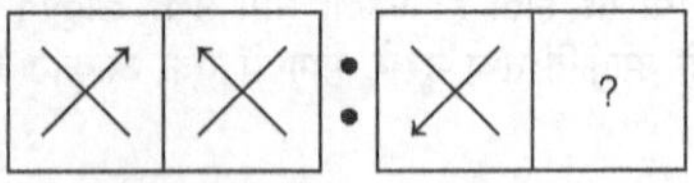

उत्तर आकृतियाँ

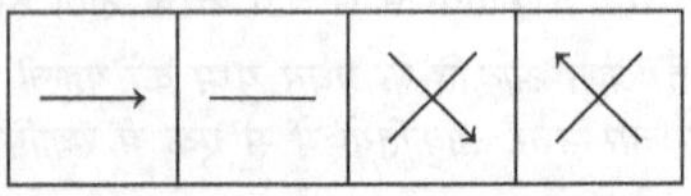

(a) (b) (c) (d)

2. प्रश्न आकृतियाँ

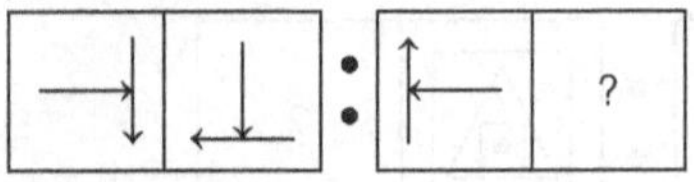

उत्तर आकृतियाँ

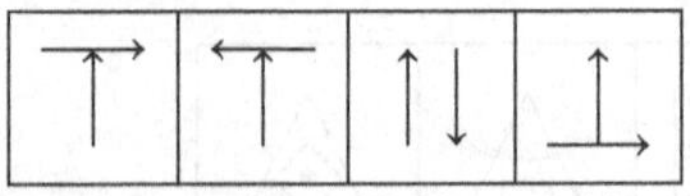

(a) (b) (c) (d)

3. प्रश्न आकृतियाँ

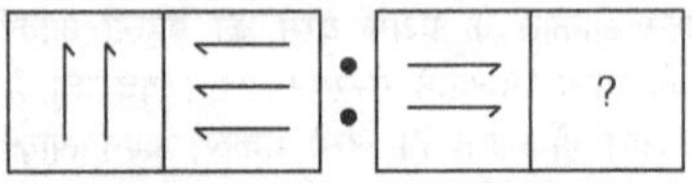

उत्तर आकृतियाँ

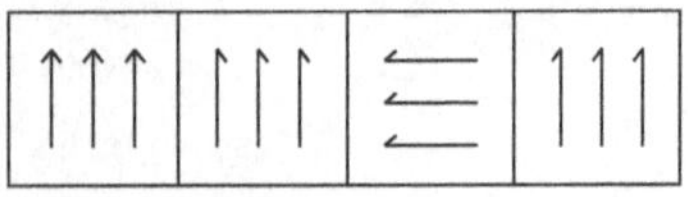

(a) (b) (c) (d)

4. प्रश्न आकृतियाँ

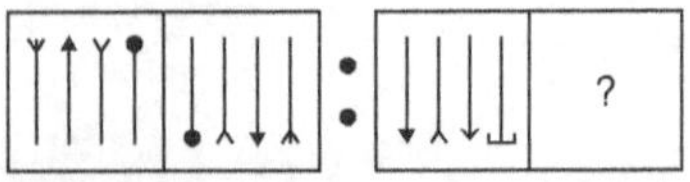

उत्तर आकृतियाँ

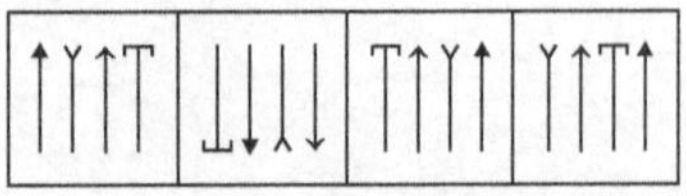

(a) (b) (c) (d)

5. प्रश्न आकृतियाँ

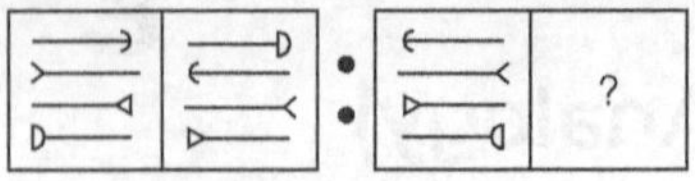

उत्तर आकृतियाँ

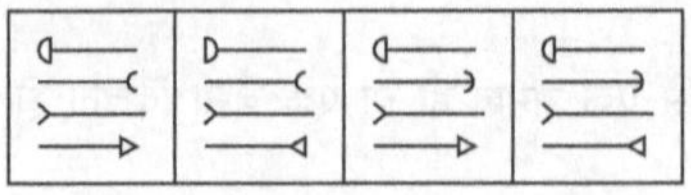

(a) (b) (c) (d)

6. प्रश्न आकृतियाँ

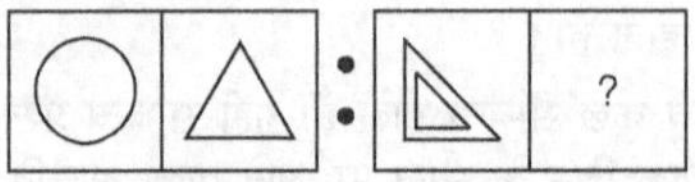

उत्तर आकृतियाँ

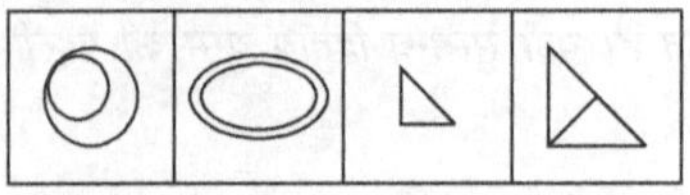

(a) (b) (c) (d)

7. प्रश्न आकृतियाँ

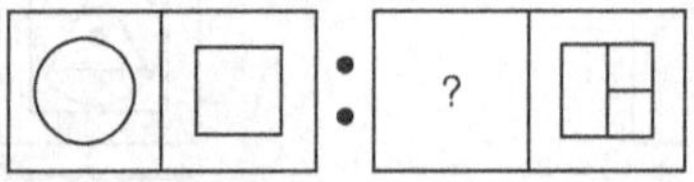

उत्तर आकृतियाँ

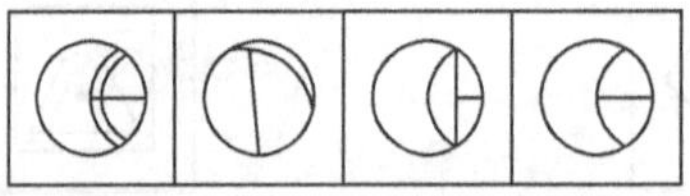

(a) (b) (c) (d)

8. प्रश्न आकृतियाँ

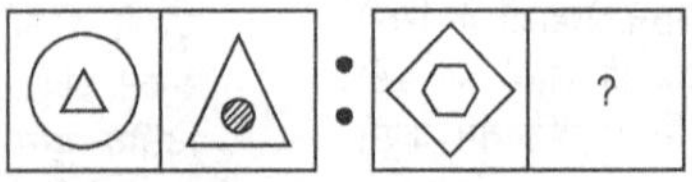

उत्तर आकृतियाँ

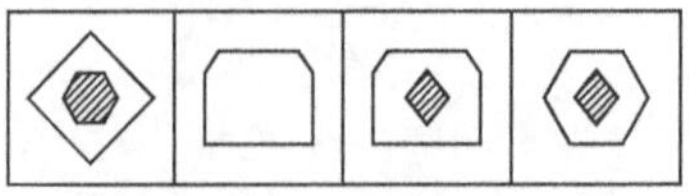

(a) (b) (c) (d)

9. प्रश्न आकृतियाँ

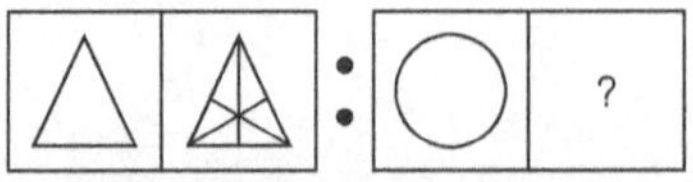

उत्तर आकृतियाँ

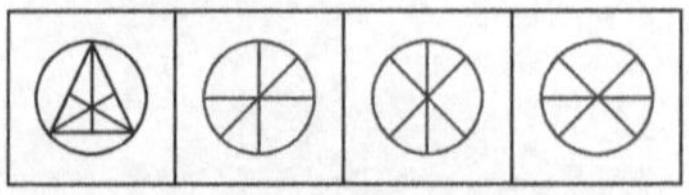

(a) (b) (c) (d)

10. प्रश्न आकृतियाँ

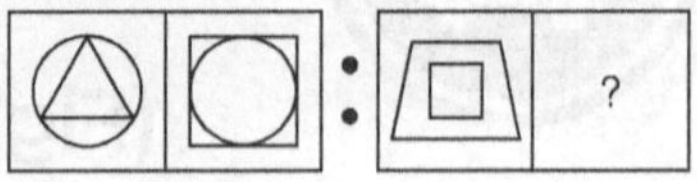

उत्तर आकृतियाँ

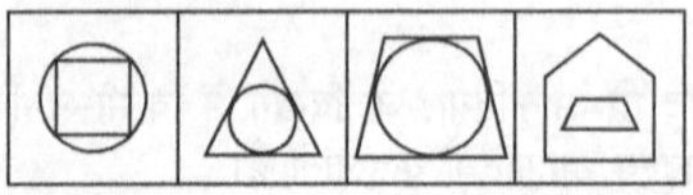

(a) (b) (c) (d)

11. प्रश्न आकृतियाँ

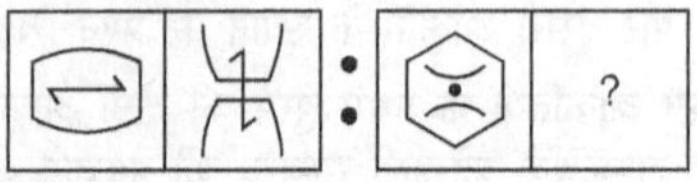

उत्तर आकृतियाँ

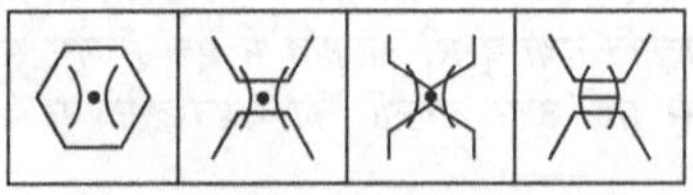

(a) (b) (c) (d)

12. प्रश्न आकृतियाँ

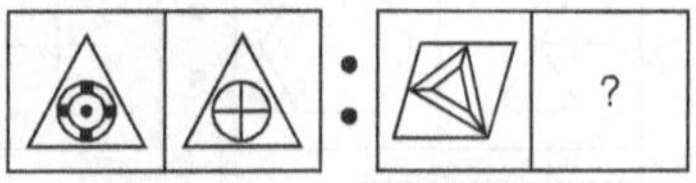

उत्तर आकृतियाँ

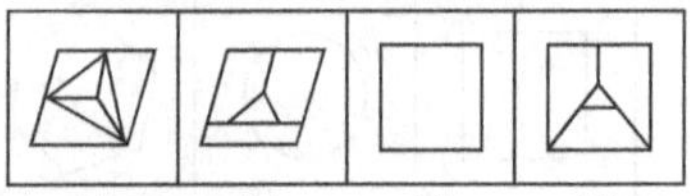

(a) (b) (c) (d)

13. प्रश्न आकृतियाँ

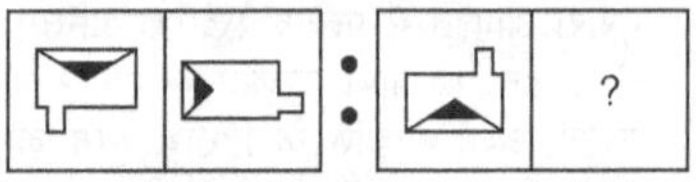

उत्तर आकृतियाँ

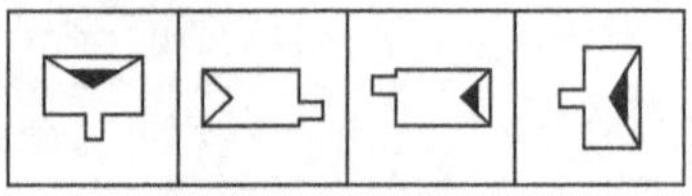

(a) (b) (c) (d)

14. प्रश्न आकृतियाँ

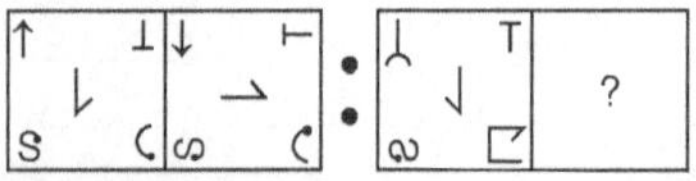

उत्तर आकृतियाँ

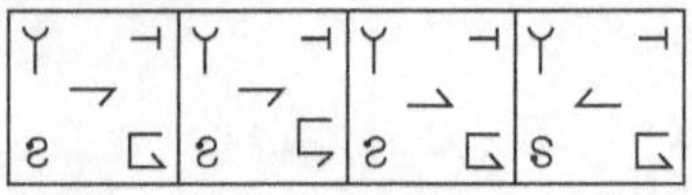

(a) (b) (c) (d)

15. प्रश्न आकृतियाँ

उत्तर आकृतियाँ

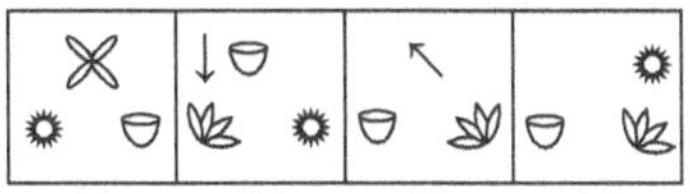

(a) (b) (c) (d)

16. प्रश्न आकृतियाँ

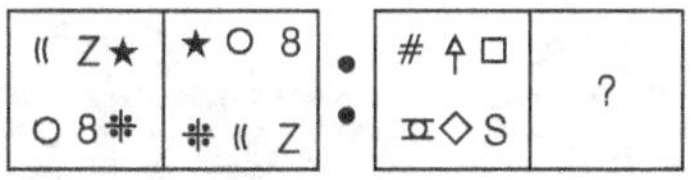

उत्तर आकृतियाँ

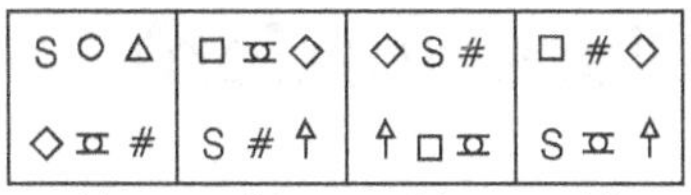

(a) (b) (c) (d)

उत्तरमाला

1 *(c)*	2 *(a)*	3 *(d)*	4 *(c)*	5 *(d)*
6 *(b)*	7 *(d)*	8 *(d)*	9 *(c)*	10 *(d)*
11 *(b)*	12 *(a)*	13 *(c)*	14 *(a)*	15 *(c)*
16 *(b)*				

संकेत एवं हल

1. *(c)* जिस प्रकार, प्रश्न आकृति के प्रथम युग्म की पहली आकृति से दूसरी आकृति में डिजाइन वामावर्त दिशा में 90° घूम जाती है। उसी प्रकार, प्रश्न आकृति के द्वितीय युग्म की पहली आकृति में परिवर्तन करने पर उत्तर आकृति (c) प्राप्त होगी।

2. *(a)* जिस प्रकार, प्रश्न आकृति के प्रथम युग्म की पहली आकृति से दूसरी आकृति में डिजाइन दक्षिणावर्त दिशा में 90° घूम जाती है। उसी प्रकार, प्रश्न आकृति के द्वितीय युग्म की पहली आकृति में परिवर्तन करने पर उत्तर आकृति (a) प्राप्त होगी।

3. *(d)* जिस प्रकार, प्रश्न आकृति के प्रथम युग्म की पहली आकृति से दूसरी आकृति में एक डिजाइन की वृद्धि हो जाती है तथा सम्पूर्ण डिजाइन दक्षिणावर्त दिशा में 90° घूमकर सम्पूर्ण विपरीत दिशा में पलट जाता है। उसी प्रकार, प्रश्न आकृति के द्वितीय युग्म की पहली आकृति में परिवर्तन करने पर उत्तर आकृति (d) प्राप्त होगी।

4. *(c)* जिस प्रकार, प्रश्न आकृति के प्रथम युग्म की पहली आकृति से दूसरी आकृति में डिजाइन 180° घूम जाती है। उसी प्रकार, प्रश्न आकृति के द्वितीय युग्म की पहली आकृति में परिवर्तन करने पर उत्तर आकृति (c) प्राप्त होगी।

5. *(d)* जिस प्रकार, प्रश्न आकृति के प्रथम युग्म की पहली आकृति से दूसरी आकृति में सभी डिजाइनें एक स्थान नीचे की ओर सरक जाती हैं तथा सबसे नीचे वाली डिजाइन सबसे ऊपर पहुँच जाती है तथा सम्पूर्ण डिजाइन पलट जाती है। उसी प्रकार, प्रश्न आकृति के द्वितीय युग्म की पहली आकृति में परिवर्तन करने पर उत्तर आकृति (d) प्राप्त होगी।

6. *(b)* जिस प्रकार, प्रश्न आकृति के प्रथम युग्म की पहली आकृति से दूसरी आकृति में वक्र रेखा, सरल रेखा में परिवर्तित हो जाती है। उसी प्रकार, प्रश्न आकृति के द्वितीय युग्म की पहली आकृति में परिवर्तन करने पर उत्तर आकृति (b) प्राप्त होगी।

7. *(d)* जिस प्रकार, प्रश्न आकृति के प्रथम युग्म की पहली आकृति से दूसरी आकृति में वक्र रेखा, सरल रेखा में परिवर्तित हो जाती है। उसी प्रकार, प्रश्न आकृति के द्वितीय युग्म की दूसरी आकृति में परिवर्तन करने पर उत्तर आकृति (d) प्राप्त होगी।

8. *(d)* जिस प्रकार, प्रश्न आकृति के प्रथम युग्म की पहली आकृति से दूसरी आकृति में अन्दर वाली डिजाइन बड़ी होकर बाहर वाली डिजाइन बन जाती है तथा बाहर वाली डिजाइन छोटी तथा रेखांकित होकर अन्दर वाली डिजाइन बन जाती है। उसी प्रकार, प्रश्न आकृति के द्वितीय युग्म की पहली आकृति में परिवर्तन करने पर उत्तर आकृति (d) प्राप्त होगी।

9. *(c)* जिस प्रकार, प्रश्न आकृति के प्रथम युग्म की पहली आकृति से दूसरी आकृति में सम्पूर्ण डिजाइन को एक ऊर्ध्वाधर तथा दो क्रॉस रेखाओं द्वारा छः भागों में विभाजित किया गया है। उसी प्रकार, प्रश्न आकृति के द्वितीय युग्म की पहली आकृति में परिवर्तन करने पर उत्तर आकृति (c) प्राप्त होगी।

10. *(d)* जिस प्रकार, प्रश्न आकृति के प्रथम युग्म की पहली आकृति से दूसरी आकृति में अन्दर वाली डिजाइन बड़ी होकर व एक अधिक भुजा वाली डिजाइन में परिवर्तित हो जाती है और बाहर आ जाती है तथा बाहर वाली डिजाइन छोटी होकर अन्दर वाली डिजाइन बन जाती है। उसी प्रकार, प्रश्न आकृति के द्वितीय युग्म की पहली आकृति में परिवर्तन करने पर उत्तर आकृति (d) प्राप्त होगी।

11. *(b)* जिस प्रकार, प्रश्न आकृति के प्रथम युग्म की पहली आकृति से दूसरी आकृति में सम्पूर्ण डिजाइन दक्षिणावर्त दिशा में 90° घूम जाती है, बाहरी डिजाइन ऊपर व नीचे के दो बराबर भागों में बँटी जाती है तथा दोनों भाग विपरीत दिशा में पलट जाते हैं। उसी प्रकार, प्रश्न आकृति के द्वितीय युग्म की पहली आकृति में परिवर्तन करने पर उत्तर आकृति (b) प्राप्त होगी।

12. *(a)* जिस प्रकार, प्रश्न आकृति के प्रथम युग्म की पहली आकृति से दूसरी आकृति में बाहर से तीसरी डिजाइन लुप्त हो जाती है तथा दूसरी डिजाइन से निकलने वाले बिन्दु बढ़कर रेखाएँ बना लेते हैं। उसी प्रकार, प्रश्न आकृति के द्वितीय युग्म की पहली आकृति में परिवर्तन करने पर उत्तर आकृति (a) प्राप्त होगी।

13. *(c)* जिस प्रकार, प्रश्न आकृति के प्रथम जोड़े की पहली आकृति से दूसरी आकृति में सम्पूर्ण डिजाइन वामावर्त दिशा में 90° घूम जाती है तथा उसकी बड़ी भुजाएँ छोटी और छोटी भुजाएँ बड़ी हो जाती हैं। उसी प्रकार, प्रश्न आकृति के द्वितीय युग्म की पहली आकृति में परिवर्तन करने पर उत्तर आकृति (c) प्राप्त होगी।

14. *(a)* जिस प्रकार, प्रश्न आकृति के प्रथम युग्म की पहली आकृति से दूसरी आकृति में ऊपरी बाईं तथा निचली दाईं डिजाइनें पलट जाती हैं और ऊपरी दाईं तथा निचली बाईं डिजाइनें दक्षिणावर्त दिशा में 90° घूम जाती हैं तथा मध्यस्थ डिजाइन वामावर्त दिशा में 90° घूम जाती है। उसी प्रकार, प्रश्न आकृति के द्वितीय युग्म की पहली आकृति में परिवर्तन करने पर उत्तर आकृति (a) प्राप्त होगी।

15. *(c)* जिस प्रकार, प्रश्न आकृति के प्रथम युग्म की पहली आकृति से दूसरी आकृति में बाईं ओर ऊपर की डिजाइन 180° घूमकर मध्य की डिजाइन, बाईं ओर नीचे की डिजाइन दाईं ओर नीचे की डिजाइन, दाईं ओर ऊपर की डिजाइन बाईं ओर नीचे की डिजाइन बन जाती है तथा ऊपर मध्य की डिजाइन लुप्त हो जाती है। उसी प्रकार, प्रश्न आकृति के द्वितीय युग्म की पहली आकृति में परिवर्तन करने पर उत्तर आकृति (c) प्राप्त होगी।

16. *(b)* प्रश्न आकृति में प्रथम युग्म की पहली आकृति से दूसरी आकृति में डिजाइनें निम्नवत् अपना स्थान बदलती हैं।

इसी प्रकार, प्रश्न आकृति के द्वितीय युग्म की पहली आकृति में परिवर्तन करने पर उत्तर आकृति (b) प्राप्त होगी।

अध्याय 15

आकृति वर्गीकरण
(Figure Classification)

आकृति वर्गीकरण (Figure Classification) से तात्पर्य है कि समान लक्षणों के आधार पर दी गई आकृतियों में से भिन्न आकृति ज्ञात करना।

आकृति वर्गीकरण के अन्तर्गत पूछे जाने वाले प्रश्नों में चार आकृतियाँ दी गई होती हैं। इन आकृतियों में से तीन आकृतियाँ किसी गुण विशेष के कारण एक समान होती हैं तथा एक शेष आकृति अन्य तीन आकृतियों से भिन्न होती है। अभ्यर्थियों को उस भिन्न आकृति को ज्ञात करना होता है।

उदाहरण 1 निम्न प्रश्न में दी गई चार आकृतियों में से तीन किसी एक गुण के आधार पर समान हैं तथा एक सर्वप्रकार भिन्न है। इस भिन्न आकृति का चयन कीजिए।

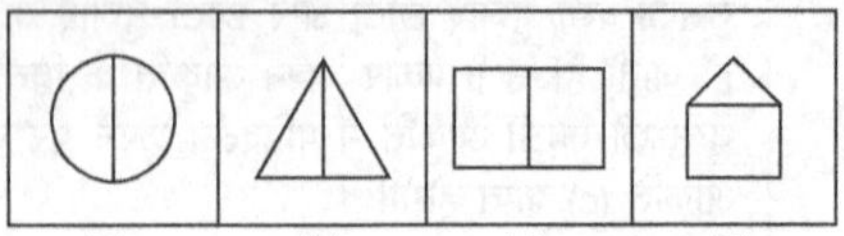
(a) (b) (c) (d)

हल (d) उपरोक्त आकृतियों का ध्यानपूर्वक अवलोकन करने के बाद ज्ञात होता है कि आकृति (d) के अतिरिक्त अन्य सभी आकृतियाँ दो बराबर भागों में बँटी हुई हैं।

उदाहरण 2 निम्न प्रश्न में दी गई चार आकृतियों में से तीन किसी एक गुण के आधार पर समान हैं तथा एक सर्वप्रकार भिन्न है। इस भिन्न आकृति का चयन कीजिए।

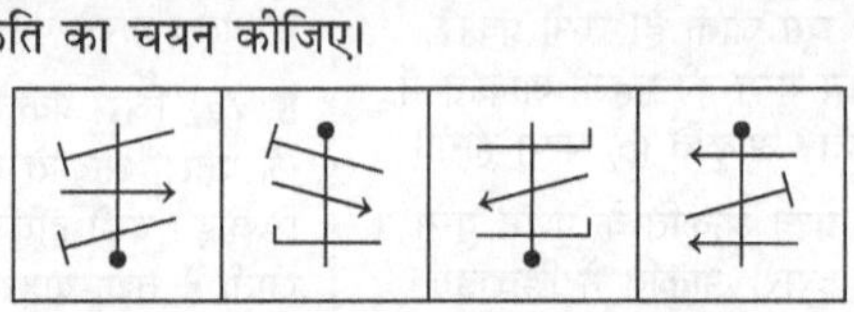
(a) (b) (c) (d)

हल (b) आकृति (b) के अतिरिक्त अन्य सभी आकृतियों में समानान्तर रेखाओं के छोर समान हैं।

अभ्यास प्रश्न

निर्देश (प्र. सं. 1-20) *निम्नलिखित प्रत्येक प्रश्न में दी गई चार आकृतियों में से तीन, किसी एक गुण के आधार पर समान हैं तथा एक सर्वप्रकार भिन्न है। इस भिन्न आकृति का चयन कीजिए।*

1.

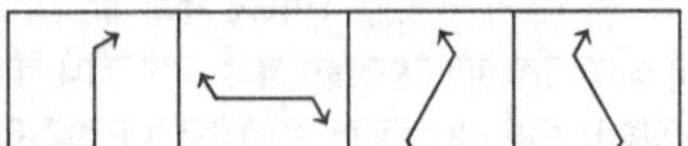
(a) (b) (c) (d)

2.

(a) (b) (c) (d)

3.

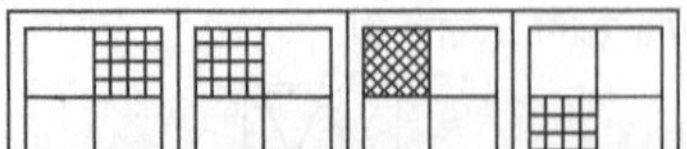
(a) (b) (c) (d)

4.

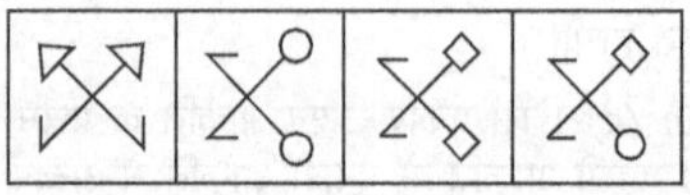
(a) (b) (c) (d)

5.

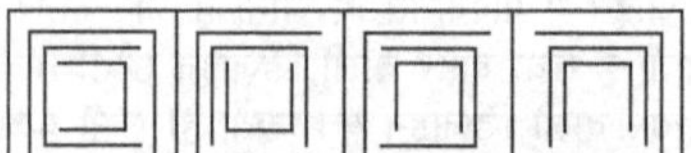
(a) (b) (c) (d)

6.

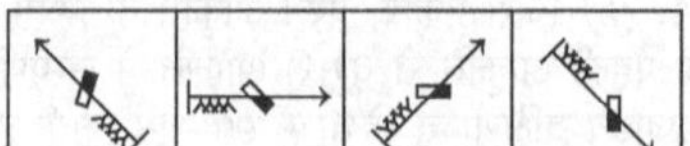
(a) (b) (c) (d)

7.

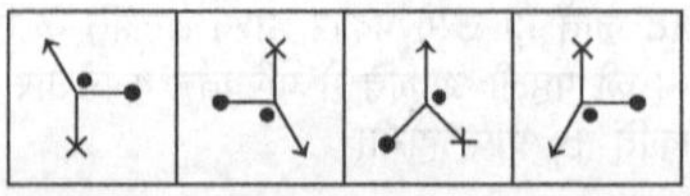
(a) (b) (c) (d)

8.

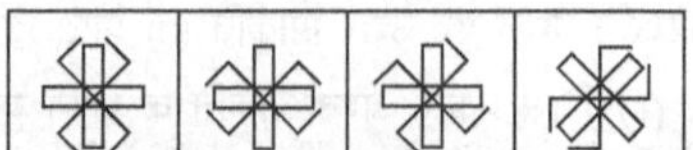
(a) (b) (c) (d)

9.

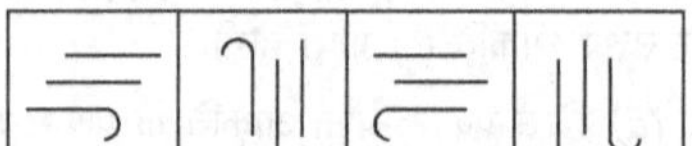
(a) (b) (c) (d)

10.

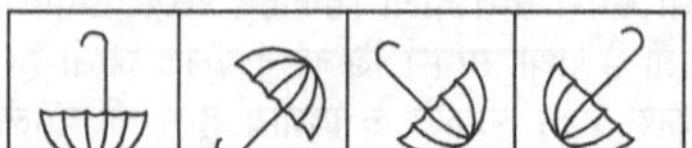
(a) (b) (c) (d)

11.

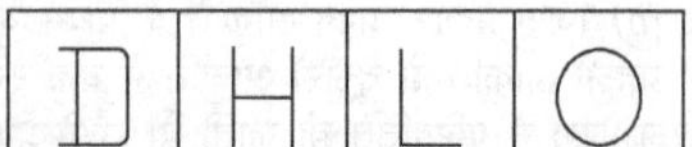
(a) (b) (c) (d)

12.
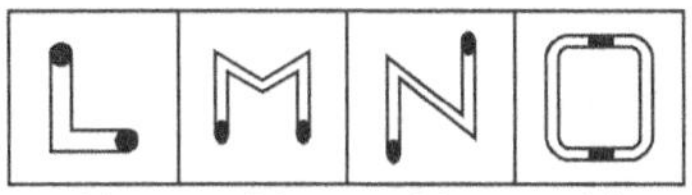
(a) (b) (c) (d)

13.
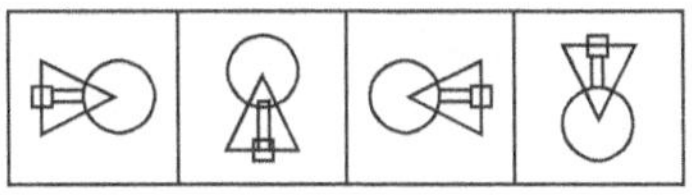
(a) (b) (c) (d)

14.
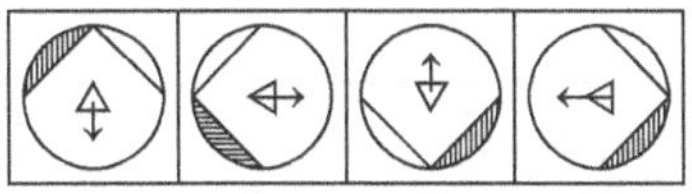
(a) (b) (c) (d)

15.
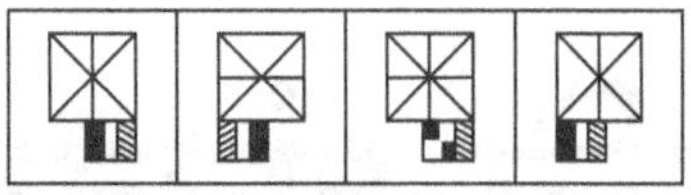
(a) (b) (c) (d)

16.
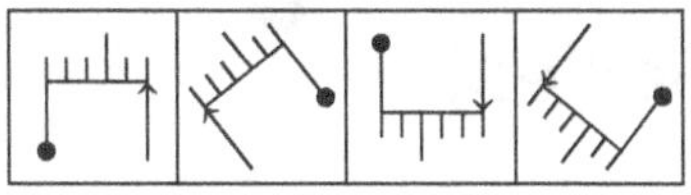
(a) (b) (c) (d)

17.
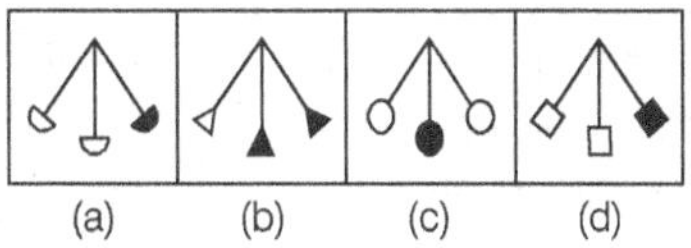
(a) (b) (c) (d)

18.
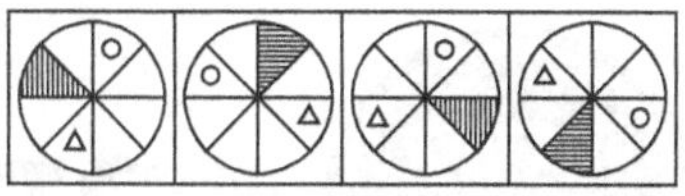
(a) (b) (c) (d)

19.
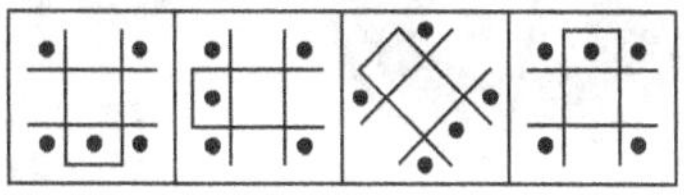
(a) (b) (c) (d)

उत्तरमाला

1 *(c)*	2 *(d)*	3 *(c)*	4 *(d)*	5 *(d)*
6 *(b)*	7 *(c)*	8 *(c)*	9 *(a)*	10 *(d)*
11 *(d)*	12 *(d)*	13 *(b)*	14 *(d)*	15 *(c)*
16 *(a)*	17 *(b)*	18 *(c)*	19 *(c)*	

संकेत एवं हल

1. *(c)* आकृति (c) के अतिरिक्त अन्य सभी आकृतियों में डिजाइनें एकसमान हैं तथा उन्हें एक-दूसरे को घुमाकर प्राप्त किया जा सकता है।

2. *(d)* आकृति (d) के अतिरिक्त अन्य सभी आकृतियों में दोनों बड़ी सरल रेखाएँ एक-दूसरे पर लम्ब नहीं हैं।

3. *(c)* आकृति (c) के अतिरिक्त अन्य सभी आकृतियों में वर्ग के एक-चौथाई भाग ऊर्ध्वाधर और क्षैतिज रेखाओं से रेखांकित हैं।

4. *(d)* आकृति (d) के अतिरिक्त अन्य सभी आकृतियों में रेखा से जुड़ी दोनों डिजाइनें एकसमान हैं।

5. *(d)* आकृति (d) के अतिरिक्त अन्य सभी आकृतियों में तीनों कप की डिजाइनें अलग-अलग दिशाओं में हैं।

6. *(b)* आकृति (b) के अतिरिक्त अन्य सभी आकृतियों में डिजाइनें एकसमान हैं तथा उन्हें एक-दूसरे को घुमाकर प्राप्त किया जा सकता है।

7. *(c)* आकृति (c) के अतिरिक्त अन्य सभी आकृतियों में बिन्दु, तीर तथा पिन से बनने वाले कोण में अवस्थित हैं।

8. *(c)* आकृति (c) के अतिरिक्त अन्य सभी आकृतियों में डिजाइनें समान हैं तथा उन्हें एक-दूसरे को घुमाकर प्राप्त किया जा सकता है।

9. *(a)* आकृति (a) के अतिरिक्त अन्य सभी आकृतियों में डिजाइनें एकसमान हैं तथा उन्हें एक-दूसरे को घुमाकर प्राप्त किया जा सकता है।

10. *(d)* आकृति (d) के अतिरिक्त अन्य सभी आकृतियों में छाते की डण्डी उसी ओर मुड़ी है, जिस ओर ऊपरी भाग में वक्र रेखाओं की संख्या तीन है।

11. *(d)* आकृति (d) के अतिरिक्त अन्य सभी आकृतियों में डिजाइनें सरल रेखाओं द्वारा निर्मित हैं।

12. *(d)* आकृति (d) के अतिरिक्त अन्य सभी आकृतियों में डिजाइनें खुली हुई हैं।

13. *(b)* आकृति (b) के अतिरिक्त किसी अन्य में समान्तर रेखाएँ त्रिभुज की आधार रेखा से नहीं मिलती हैं।

14. *(d)* आकृति (d) के अतिरिक्त अन्य सभी आकृतियों में वृत्त के अन्दर का छोटा त्रिभुज तथा सरल रेखाओं वाला भाग एकसाथ वामावर्त दिशा में गति कर रहे हैं, जबकि आकृति (d) में ऐसा नहीं है।

15. *(c)* आकृति (c) के अतिरिक्त अन्य सभी आकृतियों में बड़ा वर्ग छः भागों में विभाजित है।

16. *(a)* आकृति (a) के अतिरिक्त अन्य सभी आकृतियों में पिन की ओर दो तथा तीर की ओर तीन छोटी सरल रेखाएँ हैं।

17. *(b)* आकृति (b) के अतिरिक्त अन्य सभी आकृतियों में तीन डिजाइनों में से केवल एक डिजाइन ही कालांकित है।

18. *(c)* आकृति (a), (b) तथा (d) में त्रिभुज, रेखांकित व वृत्त वाले भाग के बीच एकसमान रिक्त भाग है, परन्तु आकृति (c) में इन भागों के बीच रिक्त भाग अन्य आकृतियों के समान नहीं है।

19. *(c)* आकृति (c) के अतिरिक्त अन्य सभी आकृतियों में बिन्दुओं की स्थितियाँ एकसमान हैं।

अध्याय 16

आकृति श्रृंखला (Figure Series)

किसी समूह में एक निश्चित नियमानुसार आकृतियों का व्यवस्थित क्रम **आकृति श्रृंखला** (Figure Series) कहलाता है। आकृति श्रृंखला के अन्तर्गत पूछे जाने वाले प्रश्नों में मुख्य दो भाग होते हैं। पहला भाग प्रश्न आकृतियाँ और दूसरा, उत्तर आकृतियाँ होता है। प्रश्न आकृतियों में तीन या चार आकृतियाँ एक के बाद एक निश्चित नियमानुसार व्यवस्थित होती हैं।

अभ्यर्थियों को दी गई आकृतियों का अवलोकन कर श्रृंखला के नियम को ज्ञात करना होता है और इसी आधार पर प्रश्न आकृति में दी गई आकृति श्रृंखला में अगली आकृति या प्रश्न चिह्न के स्थान पर आने वाली आकृति को उत्तर आकृतियों में से ज्ञात करना होता है।

उदाहरण 1 उस उत्तर आकृति का चयन कीजिए, जो नीचे दी गई आकृति श्रृंखला में अगले स्थान पर आएगी।

प्रश्न आकृतियाँ

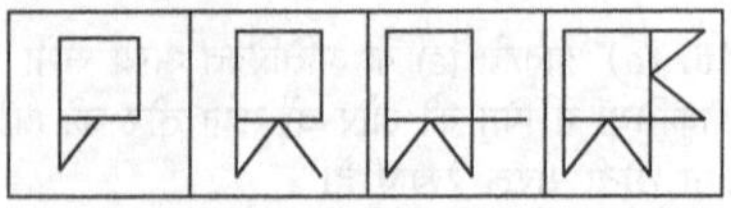

उत्तर आकृतियाँ

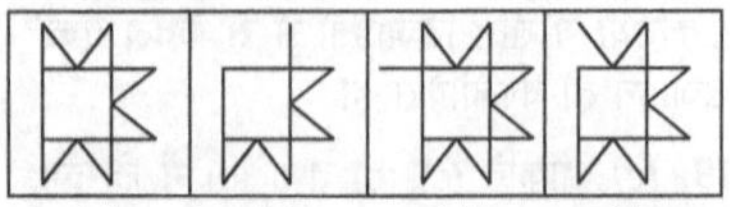

(a) (b) (c) (d)

हल (a) प्रश्न आकृति की प्रत्येक अगली आकृति में एक, दो, तीन, चार, ... रेखाएँ क्रम से जुड़ जाती हैं। आगे भी यही क्रम जारी रहता है, तो उत्तर आकृति (a) प्राप्त होगी।

उदाहरण 2 उस उत्तर आकृति को चुनें, जो नीचे दी गई समस्या आकृति श्रृंखला में आगे आएगी।

प्रश्न आकृतियाँ

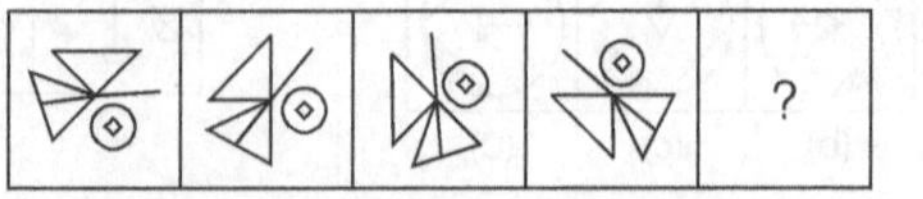

उत्तर आकृतियाँ

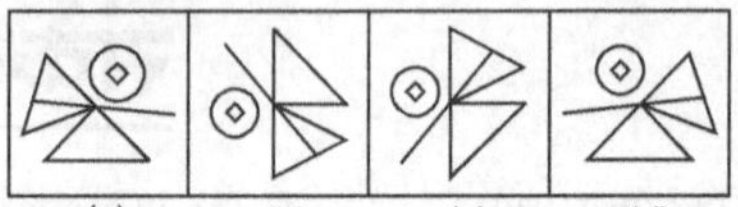

(a) (b) (c) (d)

हल (d) दी गई श्रृंखला के प्रत्येक अगले पद में आकृति वामावर्त दिशा में 45° घूम जाती है। इस प्रकार श्रृंखला में अगले स्थान पर उत्तर आकृति (d) आएगी।

उदाहरण 3 कौन-सा विकल्प प्रश्नचिन्ह के स्थान पर आएगा और दी गई आकृति श्रृंखला को पूरा करेगा ?

प्रश्न आकृतियाँ

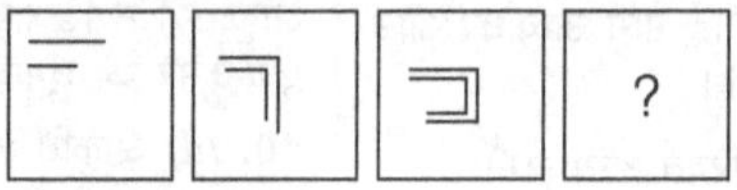

उत्तर आकृतियाँ

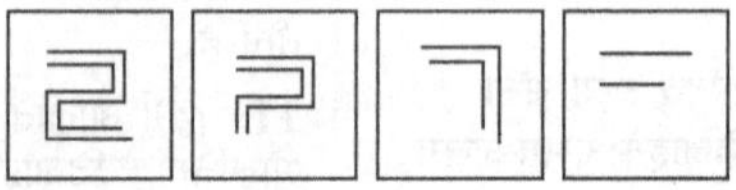

(a) (b) (c) (d)

हल (b) दी गई श्रृंखला मे प्रत्येक अगली आकृति में दो रेखाओं की वृद्धि हो जाती है

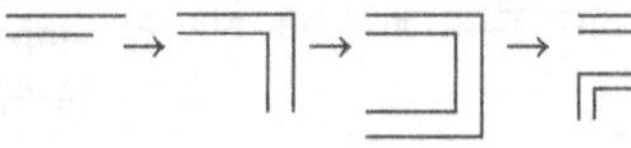

अभ्यास प्रश्न

निर्देश (प्र.सं. 1-12) *निम्नलिखित प्रत्येक प्रश्न में प्रश्न आकृतियाँ तथा उत्तर आकृतियाँ दी गई हैं। प्रश्न आकृतियाँ एक श्रृंखला बनाती हैं। उत्तर आकृतियों में से एक ऐसी आकृति का चयन कीजिए, जो इस श्रृंखला को जारी रखे।*

1.

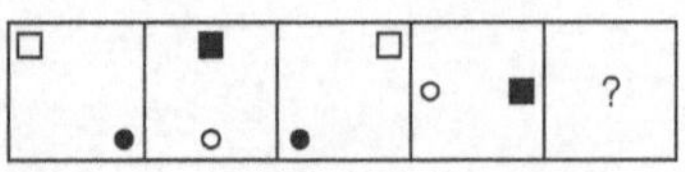

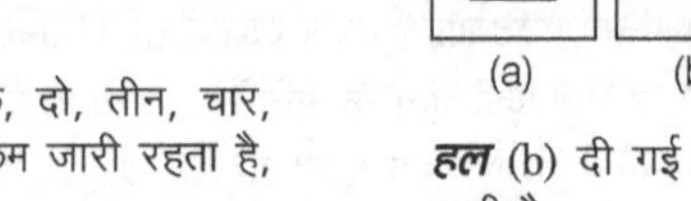

(a) (b) (c) (d)

2.

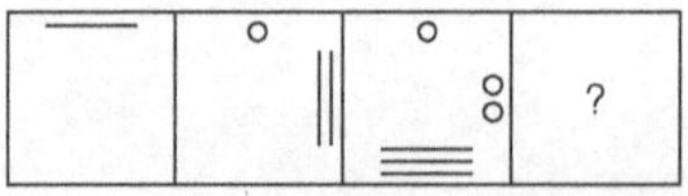

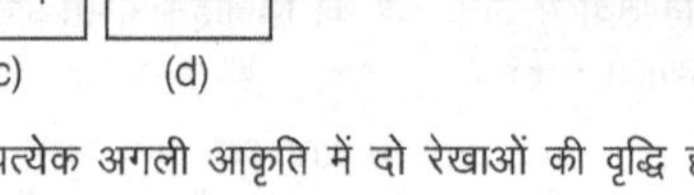

(a) (b) (c) (d)

3.

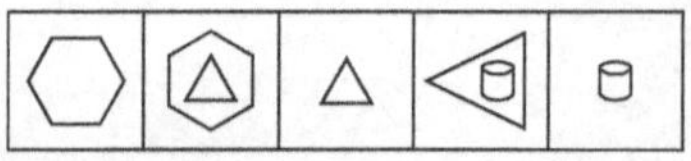

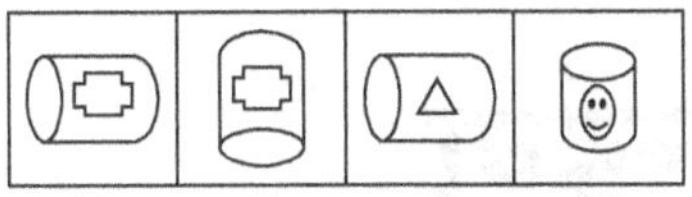

(a) (b) (c) (d)

4.

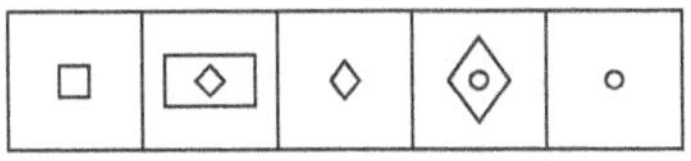

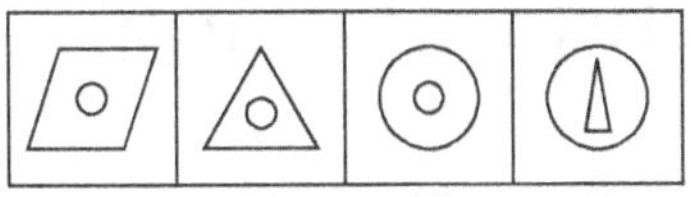

(a) (b) (c) (d)

5.

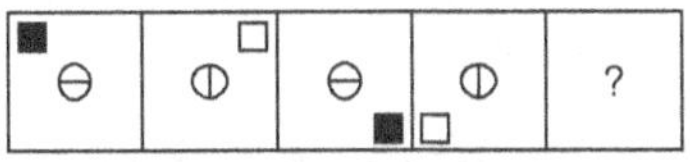

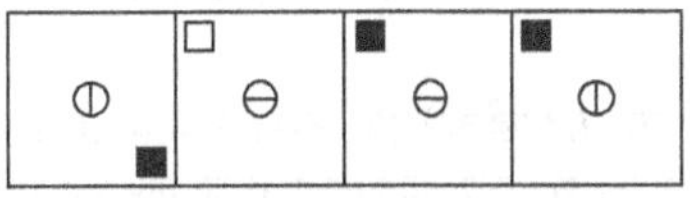

(a) (b) (c) (d)

6.

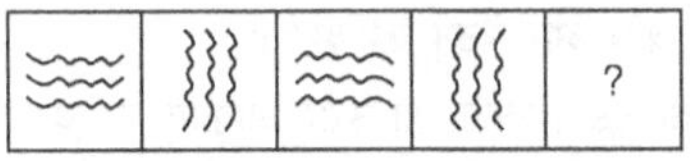

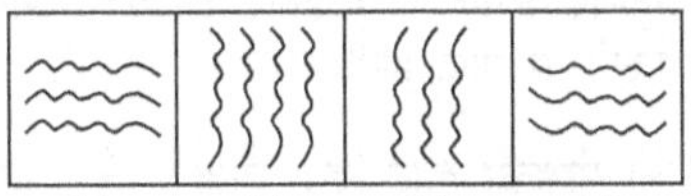

(a) (b) (c) (d)

7.

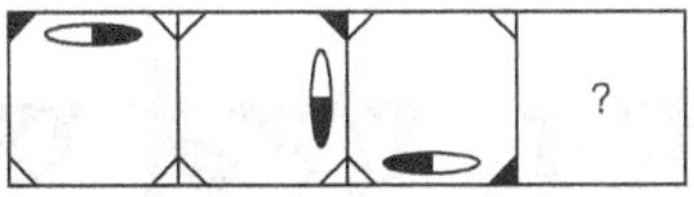

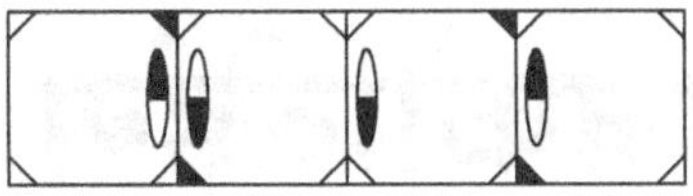

(a) (b) (c) (d)

8.

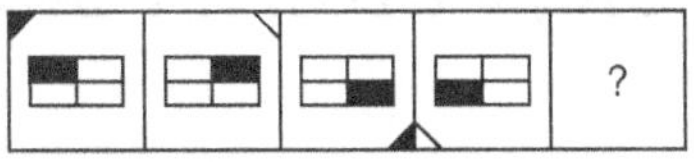

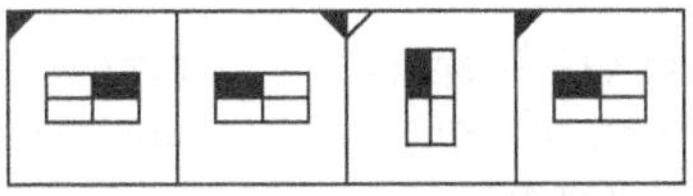

(a) (b) (c) (d)

9.

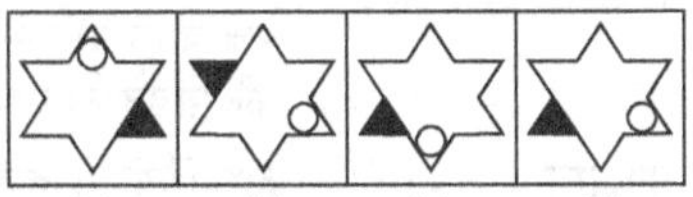

(a) (b) (c) (d)

10.

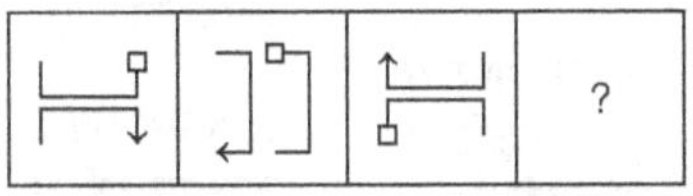

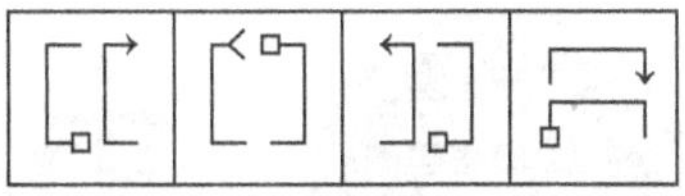

(a) (b) (c) (d)

11.

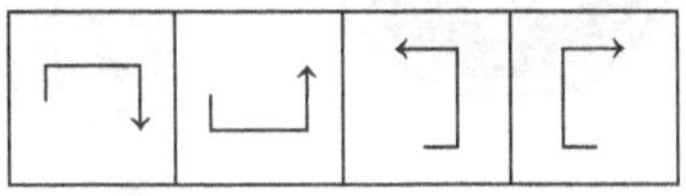

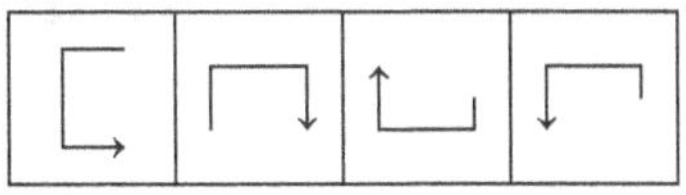

(a) (b) (c) (d)

12.

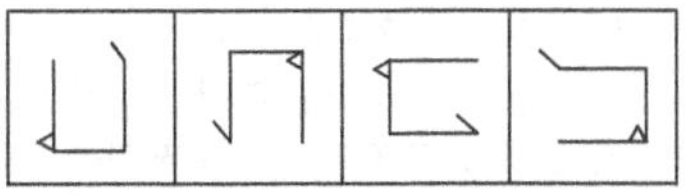

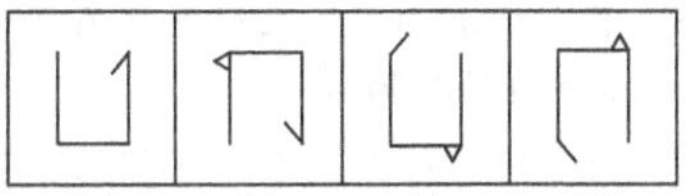

(a) (b) (c) (d)

उत्तरमाला

1 *(d)*	2 *(d)*	3 *(a)*	4 *(d)*	5 *(c)*
6 *(d)*	7 *(d)*	8 *(d)*	9 *(d)*	10 *(a)*
11 *(c)*	12 *(b)*			

संकेत एवं हल

1. *(d)* दी गई श्रृंखला के प्रत्येक अगले पद में दी गई आकृतियाँ दक्षिणावर्त दिशा में एक स्थान खिसक जाती है और छायांकित आकृति, रिक्त आकृति में तथा रिक्त आकृति, छायांकित आकृति में परिवर्तित हो जाती है।

2. *(d)* दी गई श्रृंखला के प्रत्येक अगले पद में रेखा के स्थान पर उतने ही वृत्त आ जाते हैं तथा दक्षिणावर्त किनारे में एक अधिक संख्या में रेखाएँ आ जाती हैं।

3. *(a)* जिस प्रकार पहली आकृति से दूसरी आकृति में डिजाइन 90° वामावर्त दिशा में घूम जाती है और अन्दर एक नई आकृति आ जाती है। दूसरी आकृति से तीसरी आकृति में केवल अन्दर की आकृति रहती है और शेष लुप्त हो जाती हैं। आगे यही क्रम जारी रहता है।
इस प्रकार श्रृंखला में अगली आकृति, उत्तर आकृति *(a)* के समान प्राप्त होगी।

4. *(d)* दी गई आकृति श्रृंखला में पहली आकृति से दूसरी आकृति में अन्दर एक नई आकृति आ जाती है। दूसरी आकृति से तीसरी आकृति में बाह्य आकृति लुप्त हो जाती है। यही क्रम आगे जारी रहता है। इस प्रकार श्रृंखला में अगले स्थान पर उत्तर आकृति (d) आएगी।

5. *(c)* दी गई श्रृंखला के प्रत्येक अगले पद में वृत्त 90° घूम जाता है और वर्ग दक्षिणावर्त दिशा में एक स्थान आगे खिसक जाता है। इसके अतिरिक्त वर्ग एक बार छायांकित तथा एक बार रिक्त रहता है। इस प्रकार श्रृंखला में अगले स्थान पर उत्तर आकृति (c) आएगी।

6. *(d)* दी गई श्रृंखला के प्रत्येक अगले पद में वक्र रेखाएँ 90° वामावर्त दिशा में घूम जाती हैं। इस प्रकार श्रृंखला में अगले स्थान पर उत्तर आकृति (d) आएगी।

7. *(d)* दी गई श्रृंखला के प्रत्येक अगले पद में सम्पूर्ण आकृति 90° दक्षिणावर्त दिशा में घूम जाती है। अतः इस प्रकार श्रृंखला में आने वाली अगली आकृति, उत्तर आकृति (d) है।

8. *(d)* दी गई श्रृंखला के प्रत्येक अगले पद में आयत का एक चौथाई छायांकित भाग दक्षिणावर्त दिशा में आगे चला जाता है तथा कोने की त्रिभुजाकार आकृति दक्षिणावर्त दिशा में अगले कोने पर चली जाती है और एक बार छायांकित और एक बार रिक्त रहती है। अतः इस प्रकार श्रृंखला में अगले स्थान पर उत्तर आकृति (d) आएगी।

9. *(d)* दी गई श्रृंखला के प्रत्येक अगले पद में वृत्त वामावर्त दिशा में दो स्थान आगे चला जाता है तथा छायांकित भाग दक्षिणावर्त दिशा में अगले शीर्ष पर चला जाता है। अतः इस प्रकार श्रृंखला में अगले स्थान पर उत्तर आकृति (d) आएगी।

10. *(a)* दी गई श्रृंखला के प्रत्येक अगले पद में तीर वाली आकृति 90° दक्षिणावर्त घूम जाती है और वर्ग वाली आकृति वामावर्त दिशा में 90° घूम जाती है। अतः इस प्रकार श्रृंखला में अगली आकृति, उत्तर आकृति (a) होगी।

11. *(c)* प्रश्न आकृति में आकृति पहले ऊपर से नीचे पलट जाती है, फिर वामावर्त दिशा में 90° घूम जाती है। तीसरी बार, यह दाईं से बाईं ओर पलट जाती है और फिर वह पुनः वामावर्त दिशा में 90° घूम जाती है। आगे भी यही क्रम जारी रहता है, तो उत्तर आकृति (c) प्राप्त होगी।

12. *(b)* प्रश्न आकृति की प्रत्येक अगली आकृति में मुख्य डिजाइन वामावर्त दिशा में क्रमशः 180°, 90°, 180°, 90°, ... घूम जाती है। लघु त्रिभुज बाएँ से दाएँ, दाएँ से बाएँ, ... सरक जाता है तथा मुख्य डिजाइन से जुड़ा रेखाखण्ड लघु त्रिभुज के विपरीत कोने में अन्दर तथा बाहर होते हुए जुड़ता है। आगे भी यही क्रम जारी रहता है, तो उत्तर आकृति (b) प्राप्त होगी।

अध्याय 17

पंच होल, पैटर्न फोल्डिंग एवं अनफोल्डिंग

(Punch Hole, Pattern Folding and Unfolding)

'किसी वर्गाकार कागज के टुकड़े को एक दिए गए निश्चित पैटर्न के अनुसार मोड़ना, **पैटर्न फोल्डिंग** (Pattern Folding) कहलाता है। इस मुड़े कागज को दिए गए पैटर्न के अनुसार काटना या उसमें होल करना, **पंच होल** (Punch Hole) कहलाता है। इसके बाद उस मुड़े हुए और पंच (काटे) किए गए कागज को पुन: खोलना, **पैटर्न अनफोल्डिंग** (Pattern Unfolding) कहलाता है।

पंच होल, पैटर्न फोल्डिंग एवं अनफोल्डिंग पर आधारित प्राय: दो प्रकार के प्रश्न पूछे जाते हैं

1. पारदर्शी कागज को मोड़ने पर आधारित
2. कागज को मोड़कर पंच करने के बाद खोलने पर आधारित

1. पारदर्शी कागज को मोड़ने पर आधारित

पारदर्शी कागज को मोड़ने (Folding Transparent Paper) पर आधारित प्रश्नों में एक पारदर्शी कागज दिया गया होता है, जिस पर कुछ आकृति या डिजाइन बनी होती है तथा मध्य में एक बिन्दीदार रेखा दी गई होती है। अभ्यर्थियों से पूछा जाता है कि दिए गए पारदर्शी कागज को बिन्दीदार रेखा के अनुसार मोड़ने पर किस प्रकार का पैटर्न दिखाई देगा, उसे उत्तर आकृतियों/विकल्पों में से चुनना होता है।

उदाहरण 1 उस विकल्प को चुने, जो यह दर्शाता है कि यदि दी गई कागज की पारदर्शी शीट को बिन्दीदार रेखा पर मोड़ा जाता है, तो वह कैसे दिखाई देगी?

प्रश्न आकृति

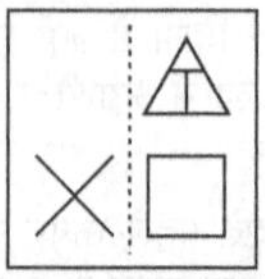

उत्तर आकृतियाँ

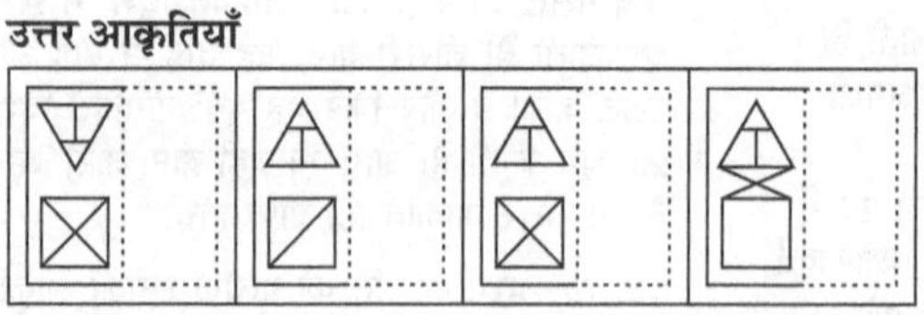

(a) (b) (c) (d)

हल (c) दिए गए पारदर्शी कागज को बिन्दीदार रेखा पर मोड़ा जाता है, तो उत्तर आकृति (c) के समान दिखाई देगा।

2. कागज को मोड़कर पंच करने के बाद खोलने पर आधारित

कागज को मोड़कर पंच करने के बाद खोलने (Folding Paper, Open after Punch) पर आधारित प्रश्नों में प्रश्न आकृतियों में कागज को मोड़कर पंच करने से सम्बन्धित तीन या चार आकृति दी गई होती हैं जोकि कागज को मोड़ने और पंच करने के क्रम और पैटर्न को दर्शाती है।

अभ्यर्थियों से कहा जाता है कि उस विकल्प या उत्तर आकृति का चयन कीजिए जो प्रश्न आकृति के अनुसार कागज को मोड़कर पंच करने और उसके बाद पुन: उसी प्रकार खोलने पर प्राप्त होगी।

उदाहरण 2 एक कागज को मोड़कर काट दिया जाता है जैसा कि नीचे दी गई आकृति (X, Y और Z) में दिखाया गया है। उस विकल्प को चुनें, जिसमें दर्शाया गया है कि इस कागज को खोलने पर यह कैसा दिखाई देगा?

प्रश्न आकृतियाँ

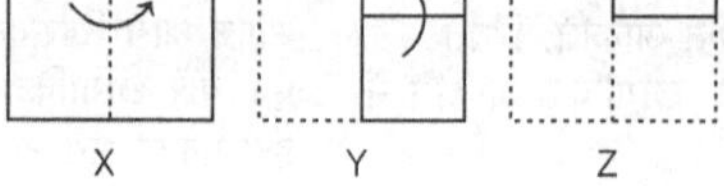

X Y Z

उत्तर आकृतियाँ

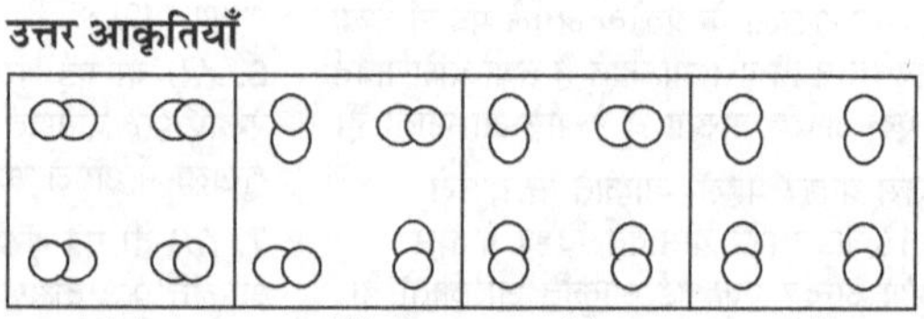

(a) (b) (c) (d)

हल (a) दिए गए कागज को प्रश्नानुसार मोड़कर काटने के पश्चात् खोलने पर उत्तर आकृति (a) के समान दिखाई देगा।

अभ्यास प्रश्न

निर्देश (प्र.सं. 1-4) *निम्नलिखित प्रत्येक प्रश्न में एक पारदर्शी शीट का चित्र एक पैटर्न के साथ दिया गया है। उस विकल्प का चयन करें, जो यह दिखाता है कि बिन्दीदार रेखा पर पारदर्शी शीट को मोड़ने पर पैटर्न कैसा दिखाई देगा?*

1.

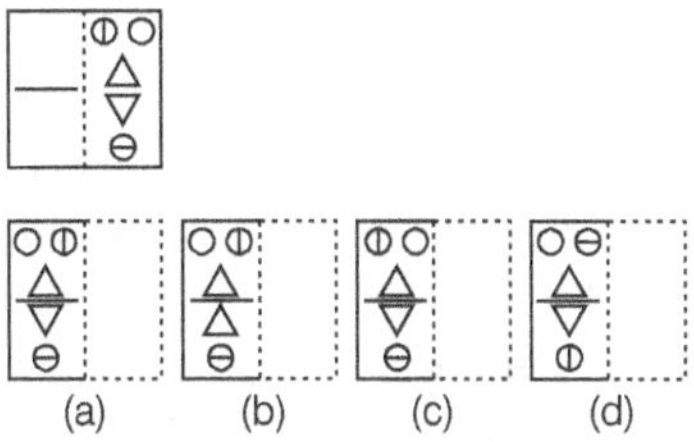

2.

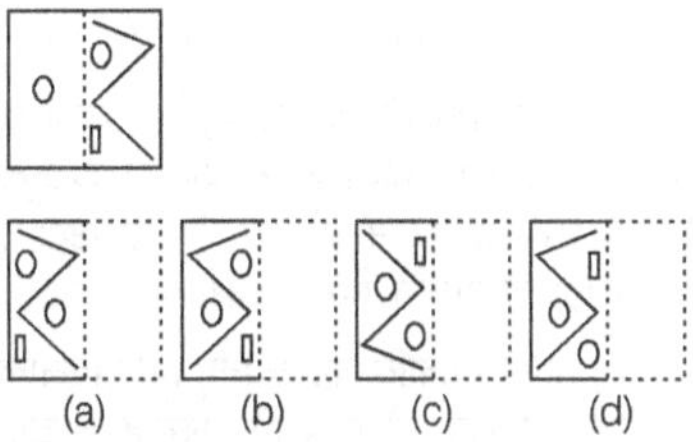

3.

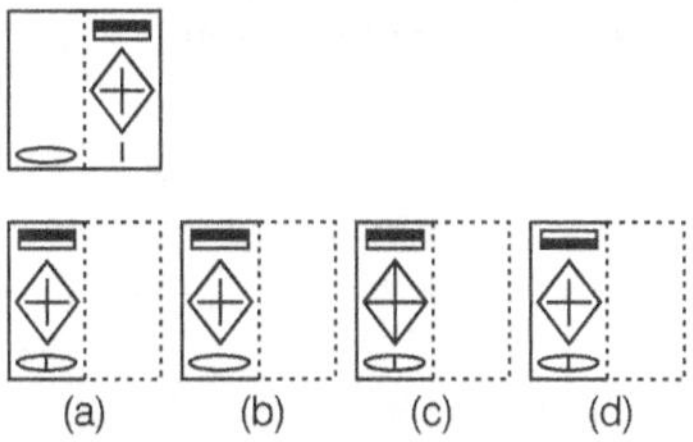

4.

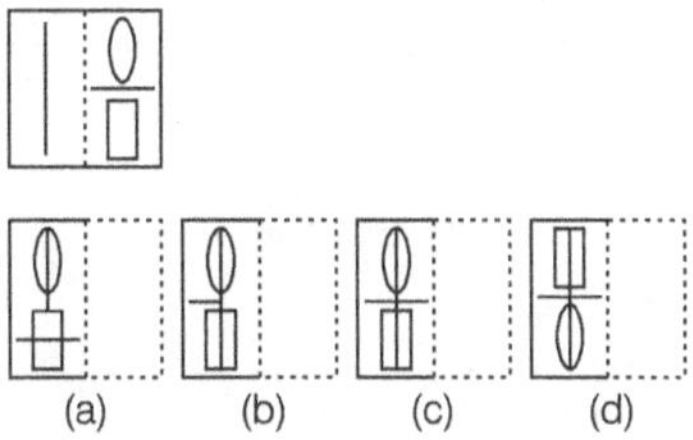

निर्देश (प्र.सं. 5-12) *एक कागज को मोड़कर काट दिया जाता है जैसा कि नीचे प्रत्येक प्रश्न में दी गई आकृति (X, Y और Z) में दिखाया गया है। उस विकल्प को चुनें, जिसमें दर्शाया गया है कि इस कागज को खोलने पर यह कैसा दिखाई देगा?*

5.

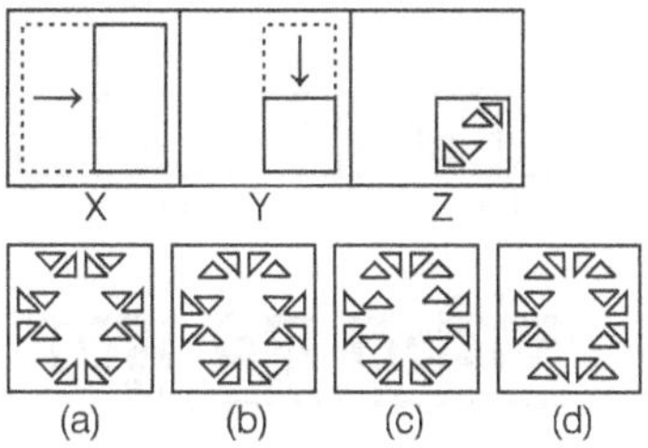

6.

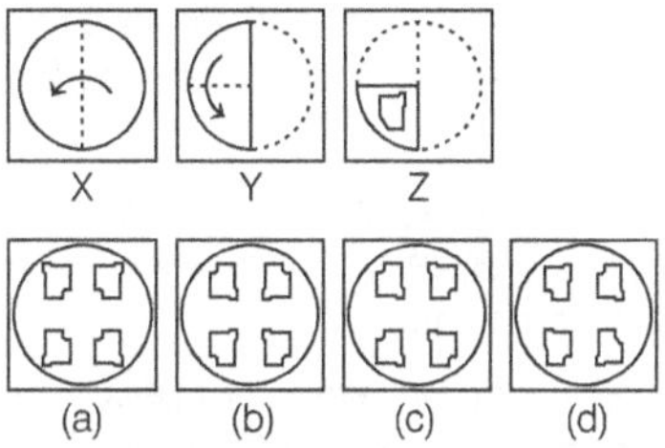

7.

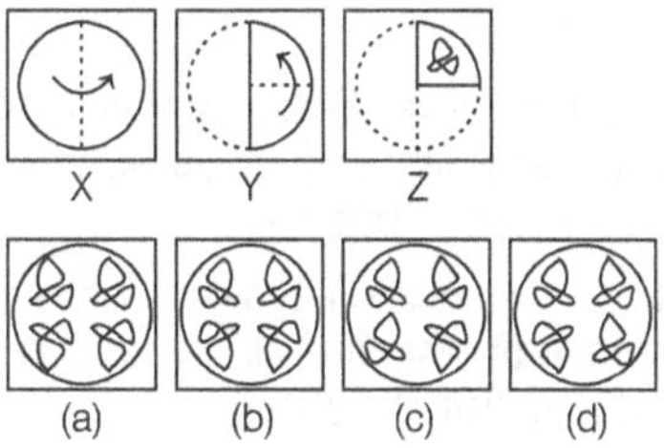

8.

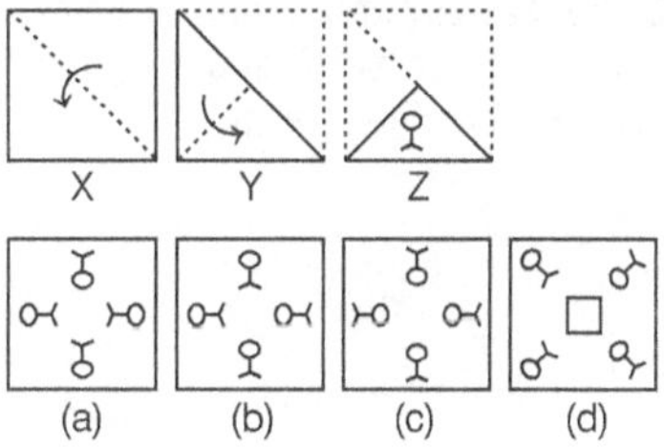

9.

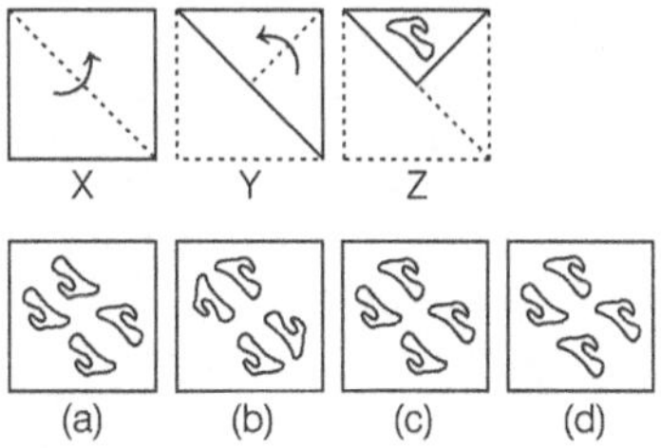

10.

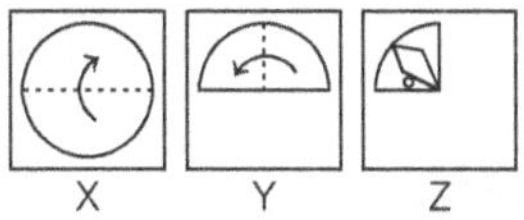

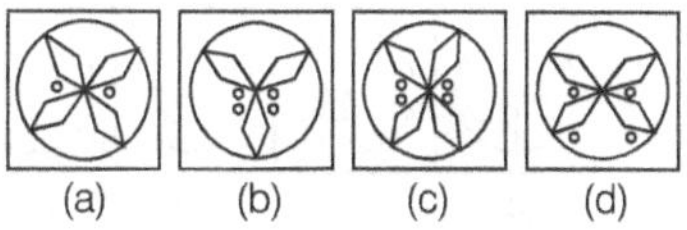

11.

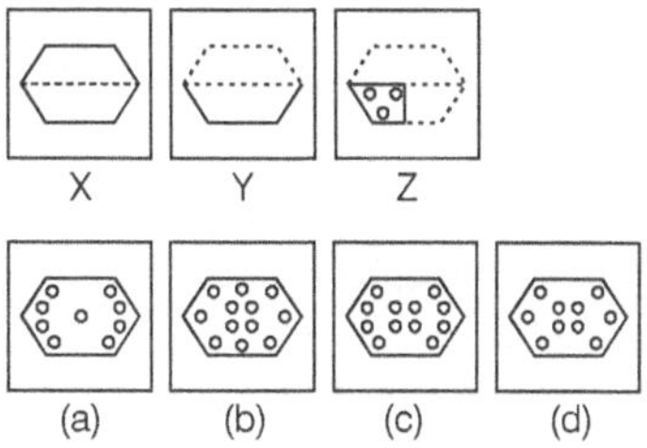

12.

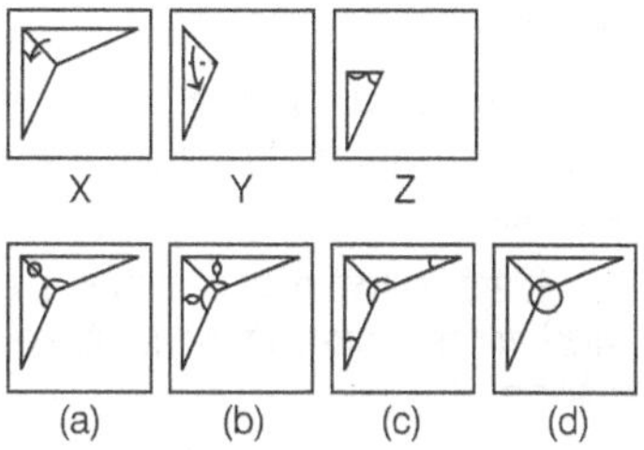

13. नीचे के प्रश्न आकृति में दर्शाए अनुसार कागज को मोड़कर छेदने तथा खोलने के बाद वह किस उत्तर आकृति जैसा दिखाई देगा?

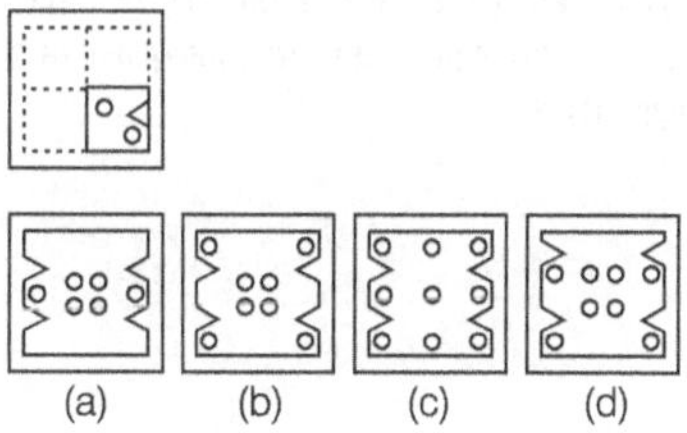

निर्देश (प्र. सं. 14-16) *निम्नलिखित प्रश्नों में एक कागज के टुकड़े को मोड़ने, पंच करने तथा खोलने के बाद निम्न आकृति (प्रश्न आकृति) जैसी दिखाई देती है, तो कागज को पुनः उसी प्रकार से मोड़ने पर पंच के छिद्र दिखाई देंगे, उत्तर आकृति में से चुनिए।*

14.

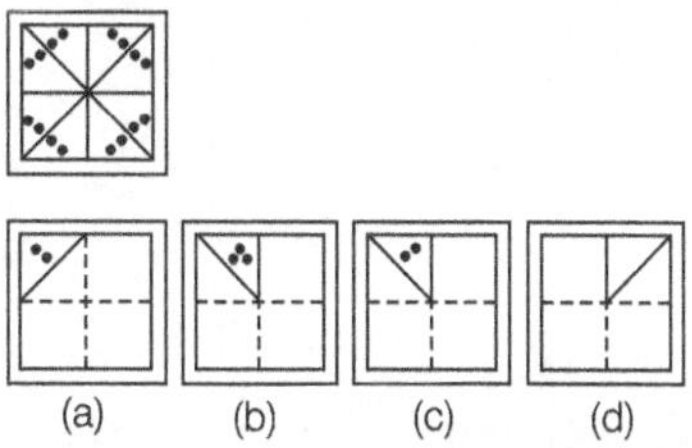

15.

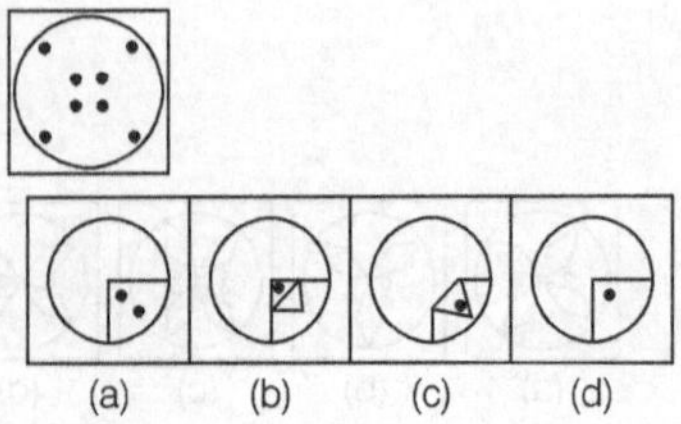

16.

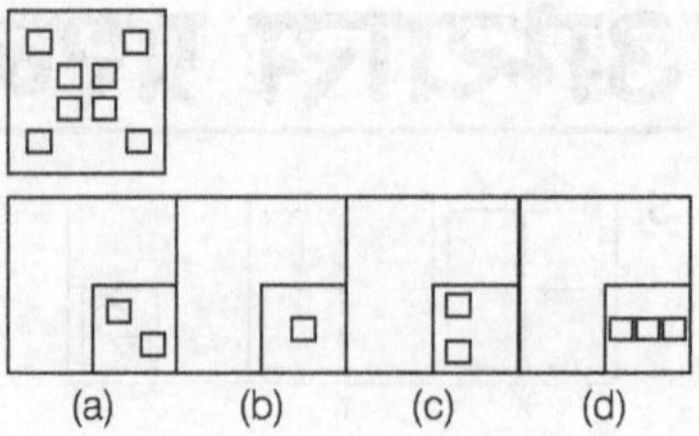

उत्तरमाला

1 *(a)*	2 *(b)*	3 *(a)*	4 *(c)*	5 *(b)*
6 *(b)*	7 *(b)*	8 *(c)*	9 *(b)*	10 *(c)*
11 *(c)*	12 *(b)*	13 *(b)*	14 *(c)*	15 *(c)*
16 *(a)*				

संकेत एवं हल

1. *(a)* दी गई पारदर्शी शीट को बिन्दीदार रेखा पर मोड़ने पर प्राप्त पैटर्न, विकल्प (a) के समान दिखाई देगा।

2. *(b)* दी गई पारदर्शी शीट को बिन्दीदार रेखा पर मोड़ने पर प्राप्त पैटर्न, विकल्प (b) जैसा दिखाई देगा।

3. *(a)* दी गई पारदर्शी शीट को बिन्दीदार रेखा पर मोड़ने पर प्राप्त पैटर्न, विकल्प (a) के समान दिखाई देगा।

4. *(c)* दी गई पारदर्शी शीट को बिन्दीदार रेखा पर मोड़ने पर प्राप्त पैटर्न, विकल्प (c) के समान दिखाई देगा।

5. *(b)* दिए गए कागज को प्रश्नानुसार मोड़ने और काटने के बाद खोलने पर यह विकल्प (b) के समान दिखाई देगा।

6. *(b)* प्रश्नानुसार, कागज को मोड़कर और काटने के बाद खोलने पर यह विकल्प (b) के समान दिखाई देगा।

7. *(b)* प्रश्नानुसार, कागज को मोड़कर काटने और फिर उसे खोलने पर विकल्प (b) के समान दिखाई देगा।

8. *(c)* प्रश्नानुसार, कागज को मोड़कर काटने के पश्चात् उसे खोलने पर यह उत्तर आकृति (c) के समान दिखाई देगा।

9. *(b)* प्रश्नानुसार, कागज को मोड़कर काटने के पश्चात् उसे खोलने पर यह विकल्प (b) के समान दिखाई देगा।

10. *(c)* प्रश्न आकृतियों के अनुसार कागज को मोड़कर छेदने तथा खोलने के बाद वह उत्तर आकृति (c) जैसा दिखाई देगा।

11. *(c)* प्रश्न आकृतियों के अनुसार कागज को मोड़कर छेदने तथा खोलने के बाद वह उत्तर आकृति (c) जैसा दिखाई देगा।

12. *(b)* प्रश्न आकृतियों के अनुसार कागज को मोड़कर छेदने तथा खोलने के बाद वह उत्तर आकृति (b) जैसा दिखाई देगा।

13. *(b)* प्रश्न आकृतियों के अनुसार कागज को मोड़कर छेदने तथा खोलने के बाद वह उत्तर आकृति (b) जैसा दिखाई देगा।

14. *(c)* प्रश्न आकृति का ध्यानपूर्वक अवलोकन करने के बाद ज्ञात होता है कि कागज के टुकड़े को पुनः उसी प्रकार मोड़ने पर पंच के छिद्र उत्तर आकृति (c) के समान दिखाई देंगे।

15. *(c)* प्रश्न आकृति का ध्यानपूर्वक अवलोकन करने के बाद ज्ञात होता है कि कागज के टुकड़े को पुनः उसी प्रकार मोड़ने पर पंच के छिद्र उत्तर आकृति (c) के समान दिखाई देंगे।

16. *(a)* प्रश्न आकृति का ध्यानपूर्वक अवलोकन करने के बाद ज्ञात होता है कि कागज के टुकड़े को पुनः उसी प्रकार मोड़ने पर पंच के छिद्र उत्तर आकृति (a) के समान दिखाई देंगे।

अध्याय 18

अन्तः स्थापित आकृतियाँ
(Embedded Figures)

वह सामान्य आकृति जो अपेक्षाकृत किसी अन्य जटिल आकृति में अन्तः स्थापित होती है अर्थात उस जटिल आकृति का एक भाग होती है, '**अन्तः स्थापित आकृति**' कहलाती है।

इस परीक्षण के अन्तर्गत पूछे जाने वाले प्रश्नों में एक प्रश्न आकृति और चार उत्तर आकृतियाँ दी गई होती हैं। अभ्यर्थियों को प्रश्नानुसार निहित आकृति के अनुसार, उचित विकल्प का चयन करना होता है।

अन्तः स्थापित आकृतियों पर आधारित निम्न दो प्रकार के प्रश्न पूछे जाते हैं

1. प्रश्न आकृति का उत्तर आकृति में अन्तःस्थापित होना
2. उत्तर आकृति का प्रश्न आकृति में अन्तःस्थापित होना

1. प्रश्न आकृति का उत्तर आकृति में अन्तः स्थापित होना

इस प्रकार के प्रश्नों में एक प्रश्न आकृति तथा चार उत्तर आकृतियाँ दी गई होती हैं। प्रश्न आकृति चार उत्तर आकृतियों में से किसी एक में छिपी हुई या अन्तः स्थापित होती है। अभ्यर्थियों को उत्तर आकृतियों में से उस आकृति का चयन करना होता है जिसमें प्रश्न आकृति अन्तः स्थापित हो या छिपी हुई हो।

उदाहरण 1 उस विकल्प को चुनें, जिसमें दी गई आकृति (X) अन्तर्निहित है (आकृति को घुमाने की अनुमति नहीं है)।

प्रश्न आकृति

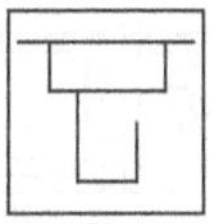

X

उत्तर आकृतियाँ

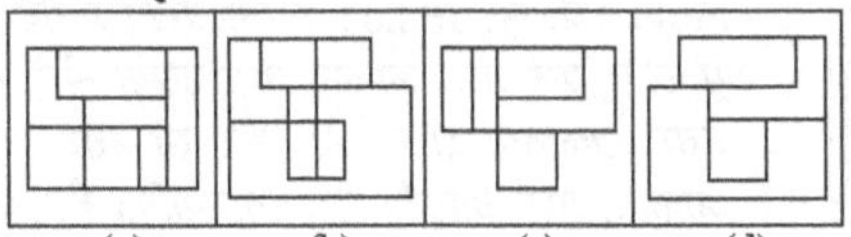

(a) (b) (c) (d)

हल (a) दी गई प्रश्न आकृति (X),

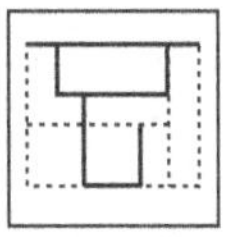

उत्तर आकृति (a) में अन्तर्निहित है।

2. उत्तर आकृति का प्रश्न आकृति में अन्तः स्थापित होना

इस प्रकार के प्रश्नों में एक प्रश्न आकृति तथा चार उत्तर आकृतियाँ दी गई होती हैं।

उत्तर आकृतियों में से कोई एक आकृति, प्रश्न आकृति में अन्तः स्थापित या छिपी हुई होती है। अभ्यर्थियों को उस उत्तर आकृति का चयन करना होता है जो दी गई प्रश्न आकृति में अन्तः स्थापित या छिपी हुई हो।

उदाहरण 2 उस उत्तर आकृति को चुने, जो प्रश्न आकृति में निहित है।

प्रश्न आकृति

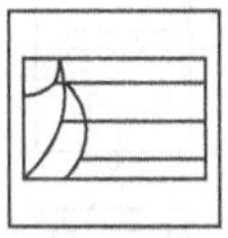

उत्तर आकृतियाँ

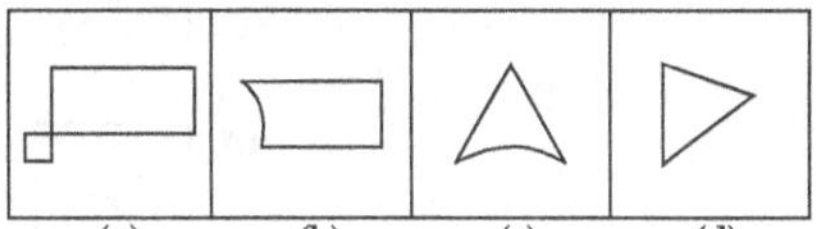

(a) (b) (c) (d)

हल (b)

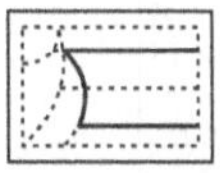

उत्तर आकृति (b), प्रश्न आकृति में छिपी है।

अभ्यास प्रश्न

निर्देश (प्र.सं. 1-15) *निम्नलिखित प्रत्येक प्रश्न में उस विकल्प का चयन करें, जिसमें आकृति (X) अन्तर्निहित है। (आकृति को घुमानें की अनुमति नहीं है।)*

1.

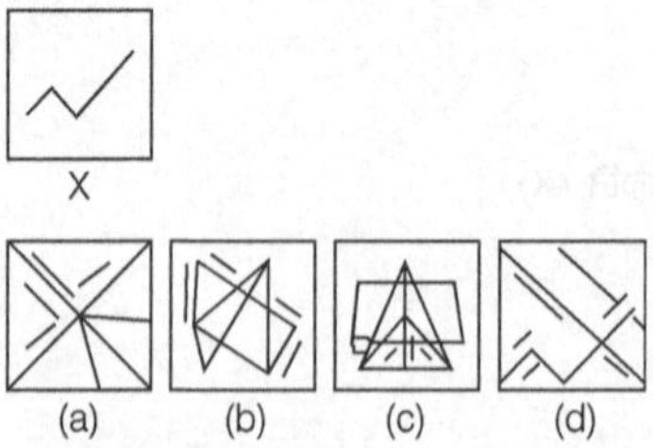

2.

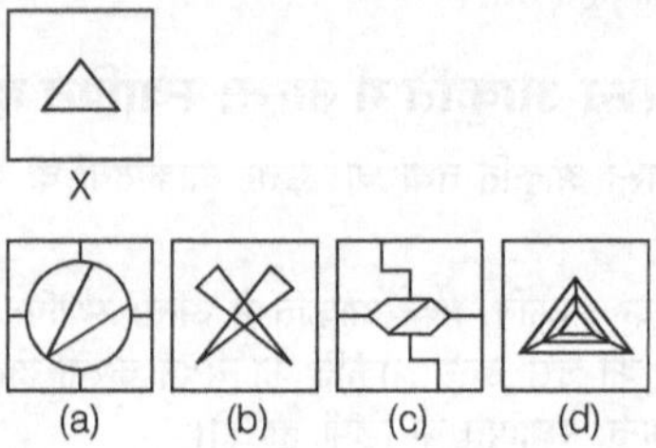

3.

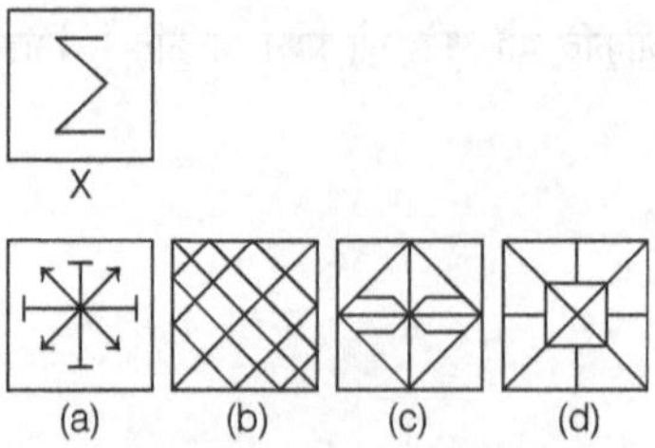

4.

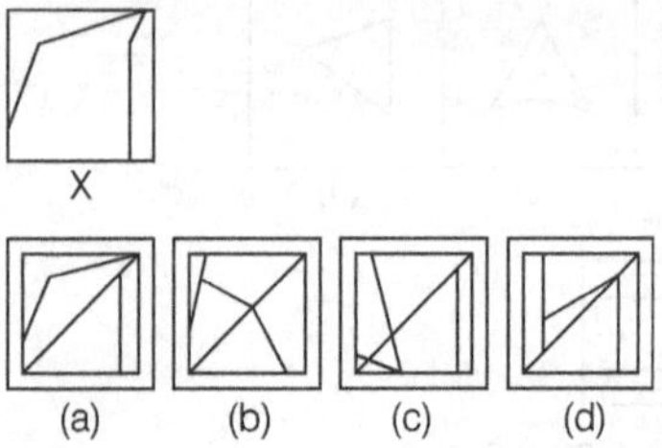

5.

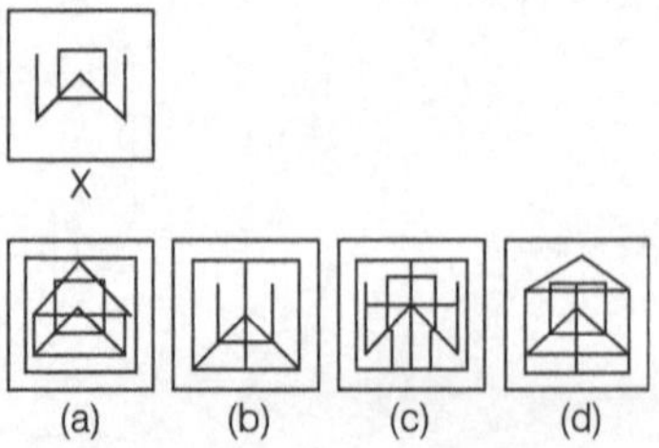

6.

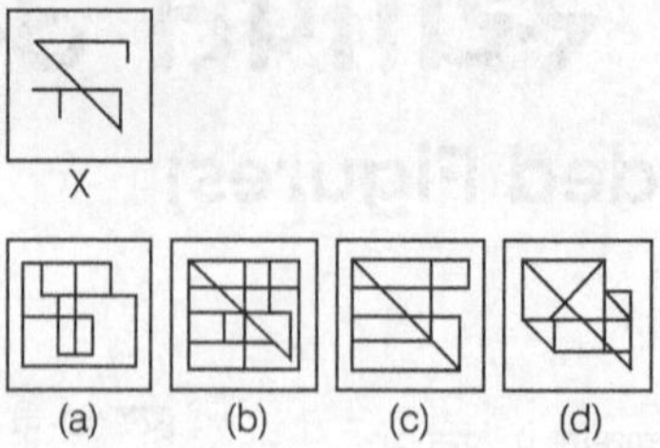

7.

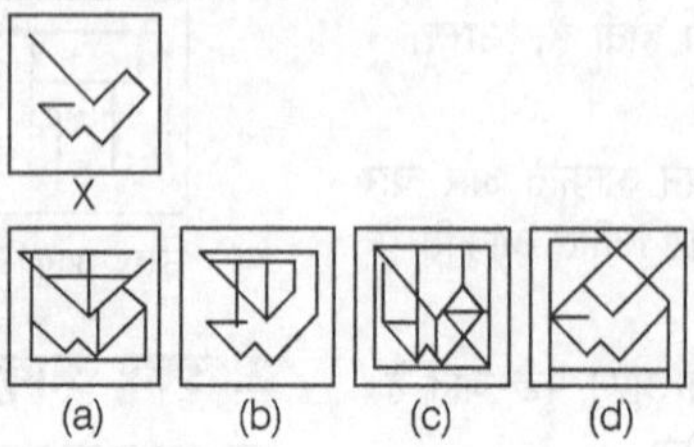

8.

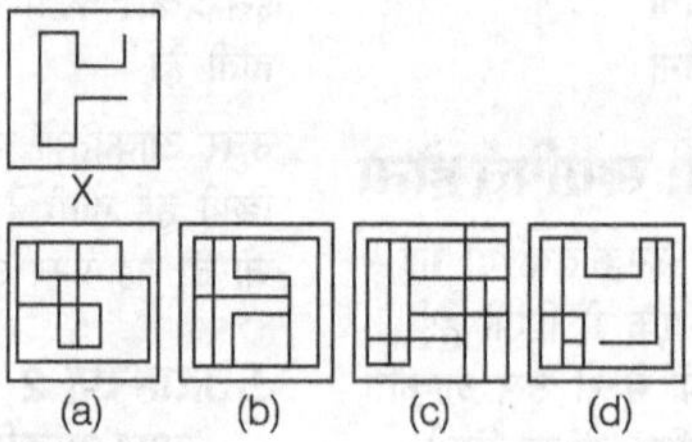

9.

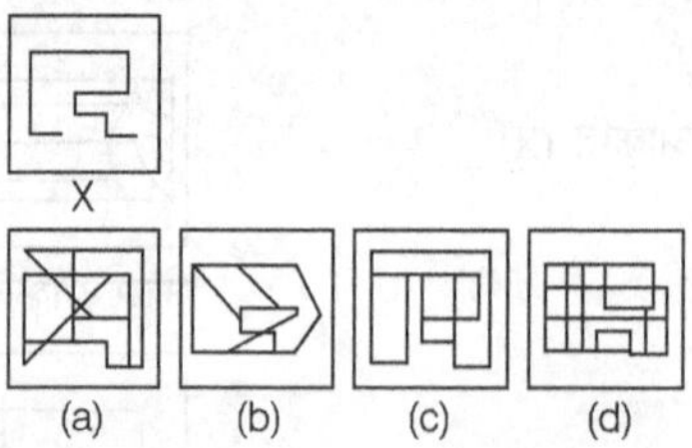

10.

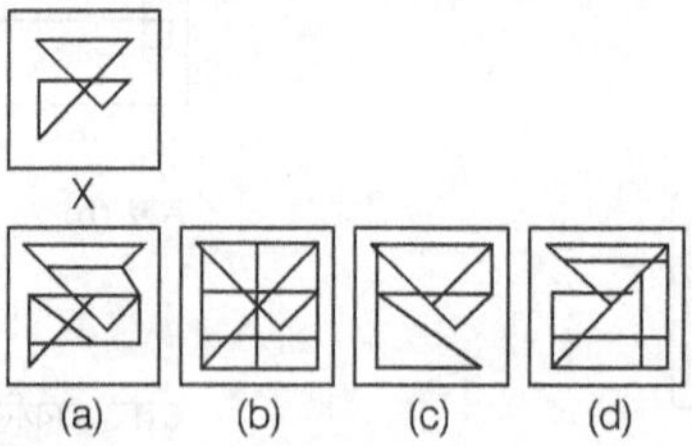

11.

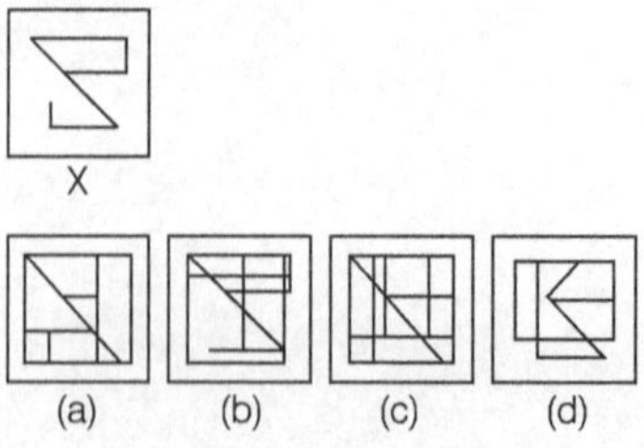

12.

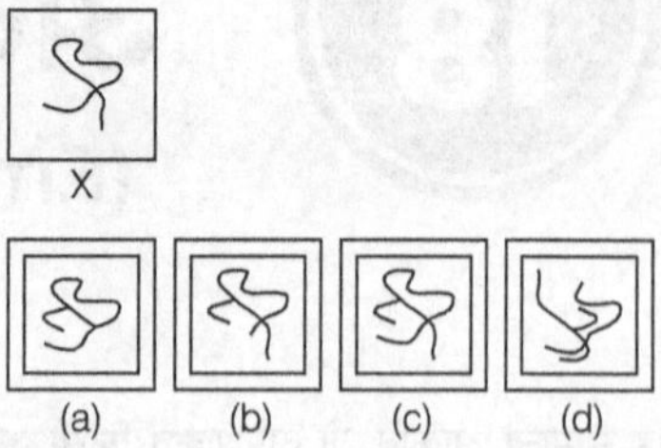

13.

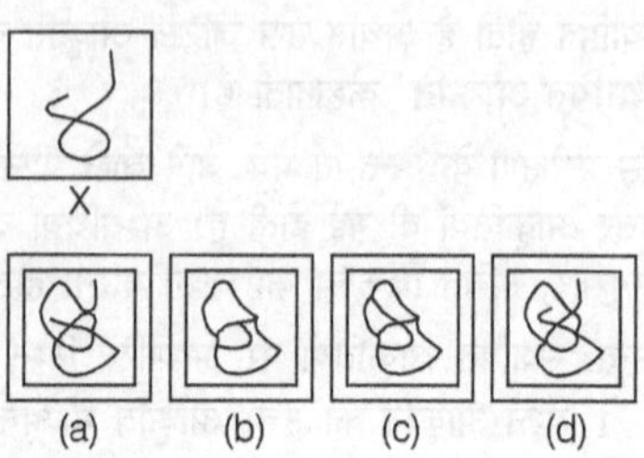

14.

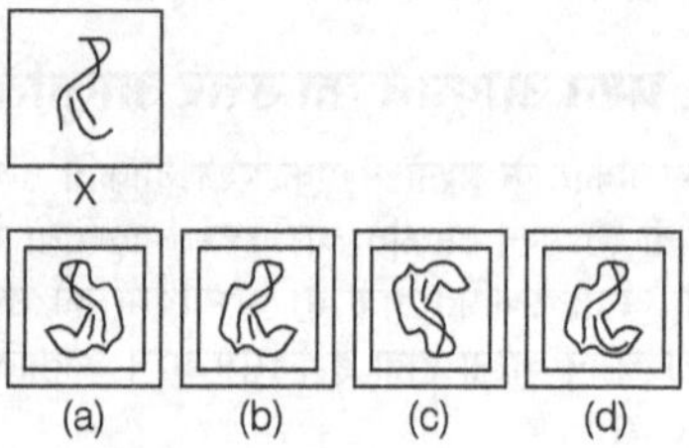

15.

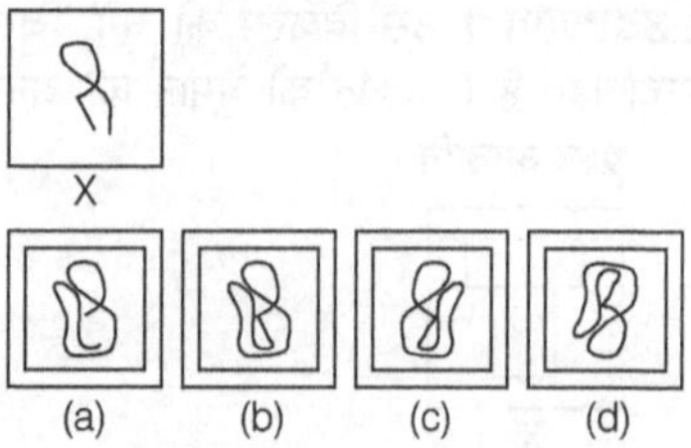

निर्देश (प्र. सं. 16-20) *निम्नलिखित प्रत्येक प्रश्न में ऊपर एक प्रश्न आकृति तथा उसके नीचे चार उत्तर आकृतियाँ दी गई हैं। कौन-सी उत्तर आकृति, प्रश्न आकृति में अन्त:स्थापित है?*

16. प्रश्न आकृति

उत्तर आकृतियाँ

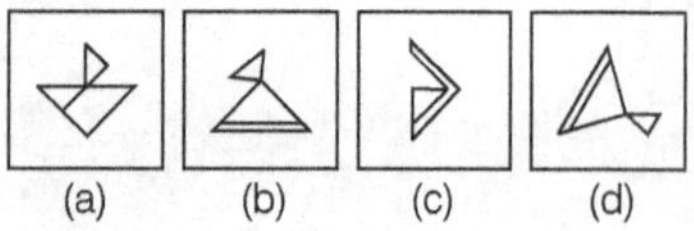

17. प्रश्न आकृति

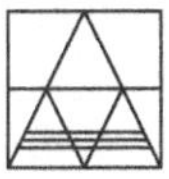

उत्तर आकृतियाँ

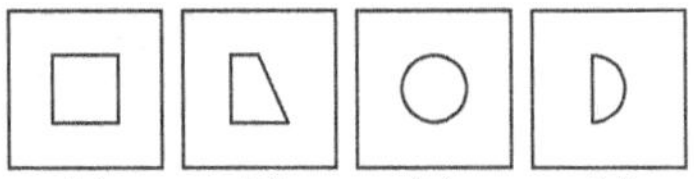

(a) (b) (c) (d)

18. प्रश्न आकृति

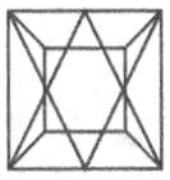

उत्तर आकृतियाँ

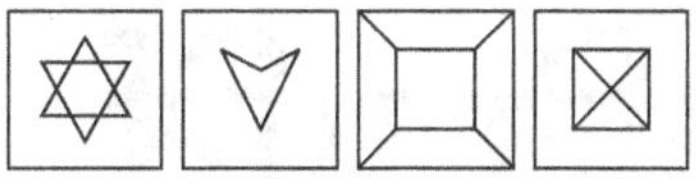

(a) (b) (c) (d)

19. प्रश्न आकृति

उत्तर आकृतियाँ

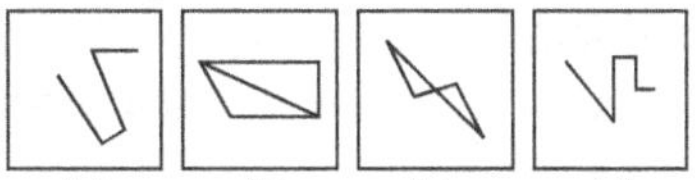

(a) (b) (c) (d)

20. प्रश्न आकृति

उत्तर आकृतियाँ

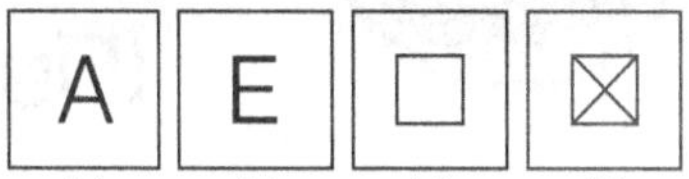

(a) (b) (c) (d)

उत्तरमाला

1 *(d)*	2 *(d)*	3 *(d)*	4 *(a)*	5 *(d)*
6 *(b)*	7 *(c)*	8 *(c)*	9 *(c)*	10 *(b)*
11 *(c)*	12 *(c)*	13 *(d)*	14 *(d)*	15 *(b)*
16 *(a)*	17 *(b)*	18 *(c)*	19 *(a)*	20 *(b)*

संकेत एवं हल

1. *(d)* दी गई आकृति, विकल्प (d) में अन्तर्निहित है।

2. *(d)* दी गई आकृति, विकल्प (d) में अन्तर्निहित है।

3. *(d)* दी गई आकृति, विकल्प (d) में अन्तर्निहित है।

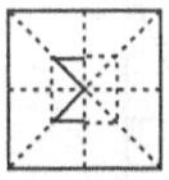

4. *(a)* दी गई आकृति, विकल्प (a) में अन्तर्निहित है।

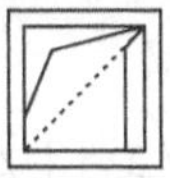

5. *(d)* दी गई आकृति, विकल्प (d) में अन्तर्निहित है।

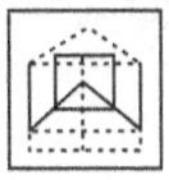

6. *(b)* दी गई आकृति, विकल्प (b) में अन्तर्निहित है।

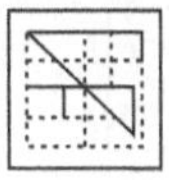

7. *(c)* दी गई आकृति, विकल्प (c) में अन्तर्निहित है।

8. *(c)* दी गई आकृति, विकल्प (c) में अन्तर्निहित है।

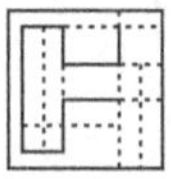

9. *(c)* दी गई आकृति, विकल्प (c) में अन्तर्निहित है।

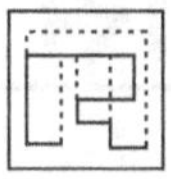

10. *(b)* दी गई आकृति, विकल्प (b) में अन्तर्निहित है।

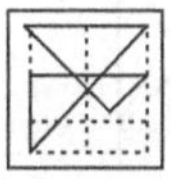

11. *(c)* दी गई आकृति, विकल्प (c) में अन्तर्निहित है।

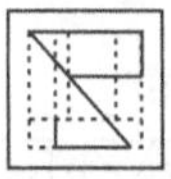

12. *(c)* दी गई आकृति, विकल्प (c) में अन्तर्निहित है।

13. *(d)* दी गई आकृति, विकल्प (d) में अन्तर्निहित है।

14. *(d)* दी गई आकृति, विकल्प (d) में अन्तर्निहित है।

15. *(b)* दी गई आकृति, विकल्प (b) में अन्तर्निहित है।

16. *(a)* उत्तर आकृति (a), प्रश्न आकृति में अन्तःस्थापित है।

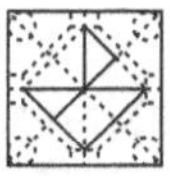

17. *(b)* उत्तर आकृति (b), प्रश्न आकृति में अन्तःस्थापित है।

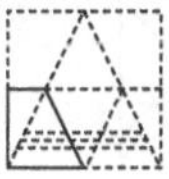

18. *(c)* उत्तर आकृति (c), प्रश्न आकृति में अन्तःस्थापित है।

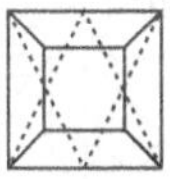

19. *(a)* उत्तर आकृति (a), प्रश्न आकृति में अन्तःस्थापित है।

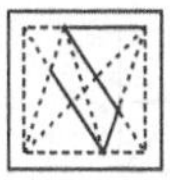

20. *(b)* उत्तर आकृति (b), प्रश्न आकृति में अन्तःस्थापित है।

अध्याय
19

आकृति पूर्ति
(Figure Completion)

यदि किसी आकृति, पैटर्न या डिजाइन का कुछ भाग दिया गया हो और शेष भाग लुप्त हो, तो दिए गए भाग के पैटर्न या डिजाइन के आधार पर लुप्त भाग को ज्ञात कर आकृति को पूर्ण करना, **आकृति पूर्ति** (Figure Completion) कहलाता है।

इस प्रकार के प्रश्नों के दो भाग होते हैं, एक प्रश्न आकृति और दूसरा उत्तर आकृति। प्रश्न आकृति में एक अपूर्ण आकृति या अधूरी आकृति दी गई होती है जिसका कुछ भाग लुप्त होता है। इसके बाद चार उत्तर आकृतियाँ दी गई होती हैं।

अभ्यर्थियों को चारों उत्तर आकृतियों में से उस उत्तर आकृति का चयन करना होता है, जो प्रश्न आकृति के लुप्त भाग के स्थान पर रखने पर प्रश्न आकृति के पैटर्न या डिजाइन को पूरा करता हो।

उदाहरण 1 कौन-सी उत्तर आकृति, प्रश्न आकृति के प्रतिरूप को पूरा करेगी?

प्रश्न आकृति

उत्तर आकृतियाँ

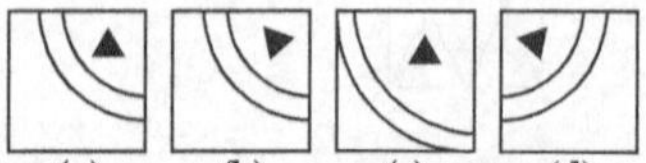

(a) (b) (c) (d)

हल (a) उत्तर आकृति (a), प्रश्न आकृति के प्रतिरूप को पूरा करेगी।

अभ्यास प्रश्न

निर्देश (प्र. सं. 1-18) *निम्न प्रश्नों में कौन-सी उत्तर आकृति, प्रश्न आकृति के प्रतिरूप को पूरा करेगी?*

1. प्रश्न आकृति

उत्तर आकृतियाँ

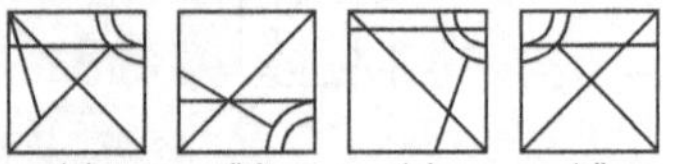

(a) (b) (c) (d)

2. प्रश्न आकृति

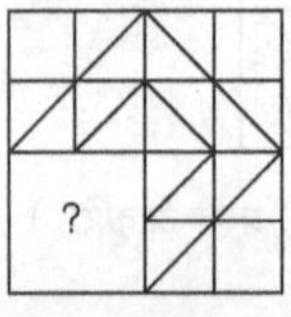

उत्तर आकृतियाँ

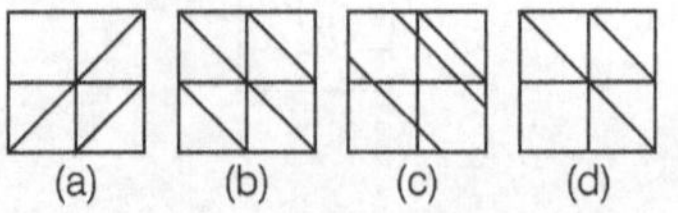

(a) (b) (c) (d)

3. प्रश्न आकृति

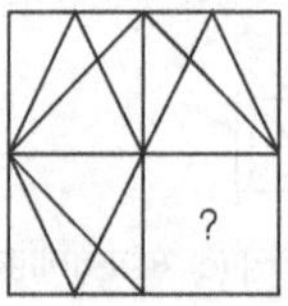

उत्तर आकृतियाँ

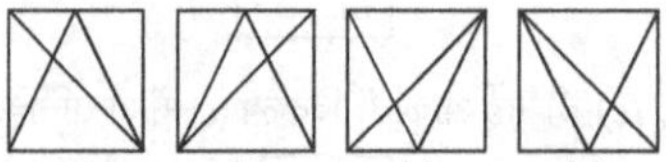

(a) (b) (c) (d)

4. प्रश्न आकृति

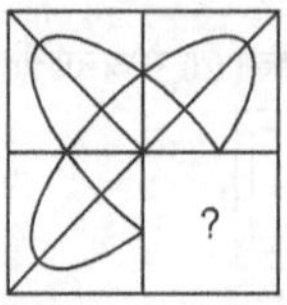

उत्तर आकृतियाँ

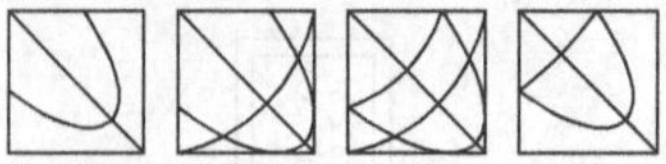

(a) (b) (c) (d)

5. प्रश्न आकृति

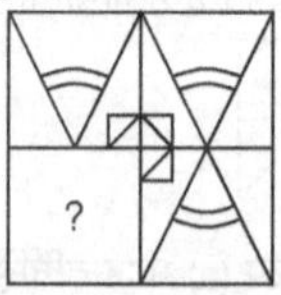

उत्तर आकृतियाँ

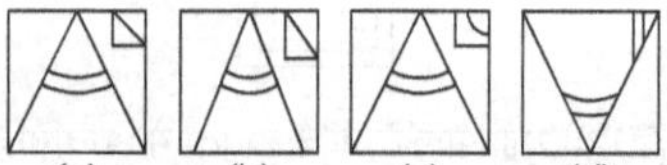

(a) (b) (c) (d)

6. प्रश्न आकृति

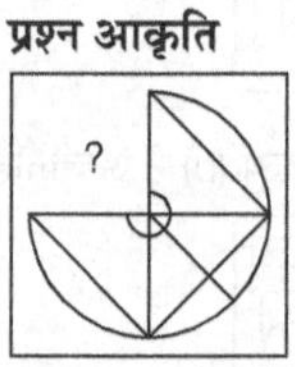

उत्तर आकृतियाँ

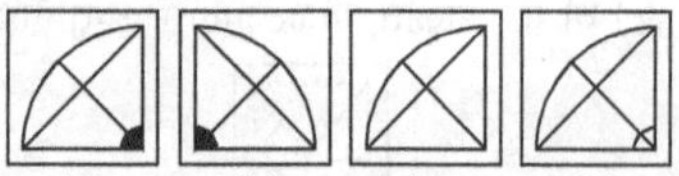

(a) (b) (c) (d)

7. प्रश्न आकृति

उत्तर आकृतियाँ

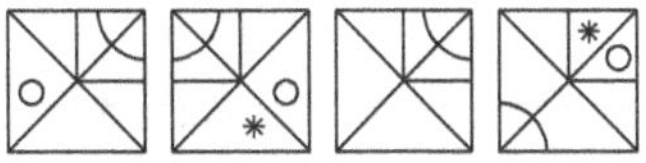

(a) (b) (c) (d)

8. प्रश्न आकृति

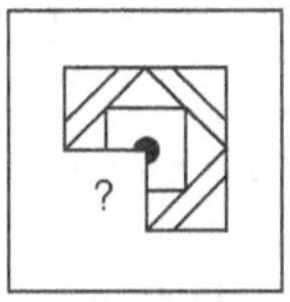

उत्तर आकृतियाँ

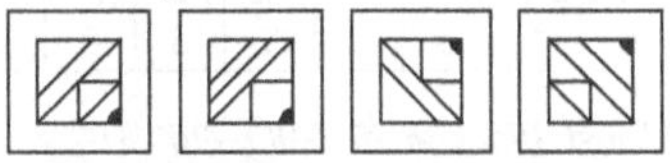

(a) (b) (c) (d)

9. प्रश्न आकृति

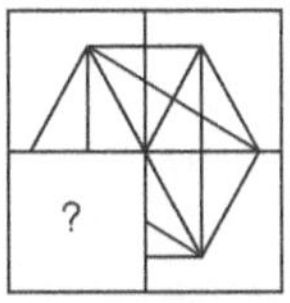

उत्तर आकृतियाँ

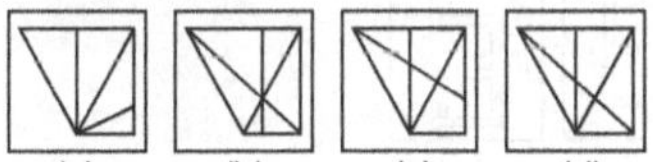

(a) (b) (c) (d)

10. प्रश्न आकृति

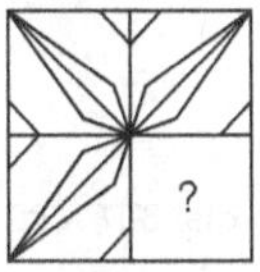

उत्तर आकृतियाँ

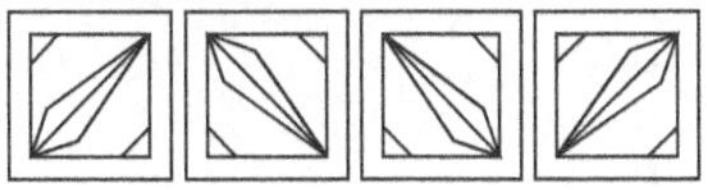

(a) (b) (c) (d)

11. प्रश्न आकृति

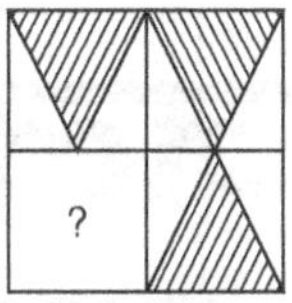

उत्तर आकृतियाँ

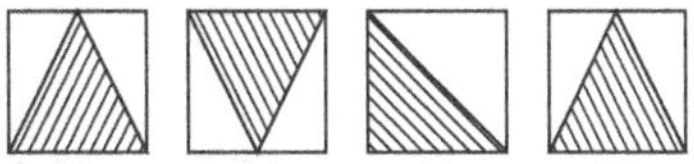

(a) (b) (c) (d)

12. प्रश्न आकृति

उत्तर आकृतियाँ

(a) (b) (c) (d)

13. प्रश्न आकृति

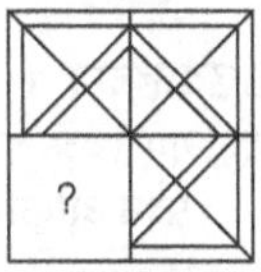

उत्तर आकृतियाँ

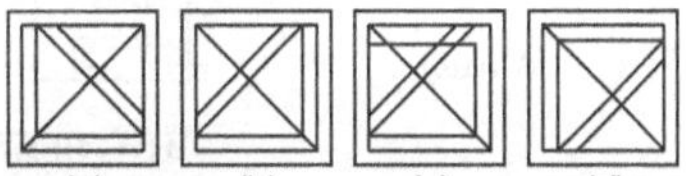

(a) (b) (c) (d)

14. प्रश्न आकृति

उत्तर आकृतियाँ

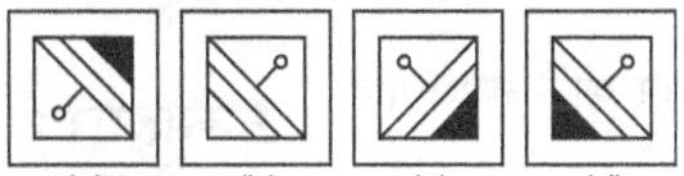

(a) (b) (c) (d)

15. प्रश्न आकृति

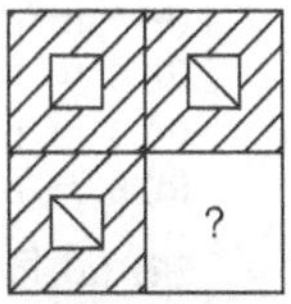

उत्तर आकृतियाँ

(a) (b) (c) (d)

16. प्रश्न आकृति

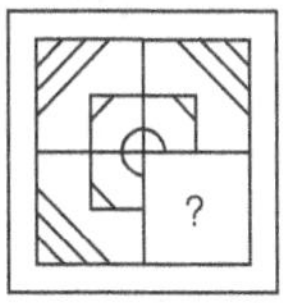

उत्तर आकृतियाँ

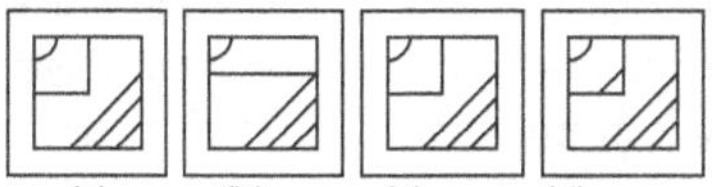

(a) (b) (c) (d)

17. प्रश्न आकृति

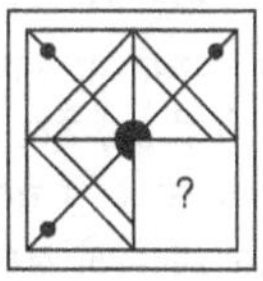

उत्तर आकृतियाँ

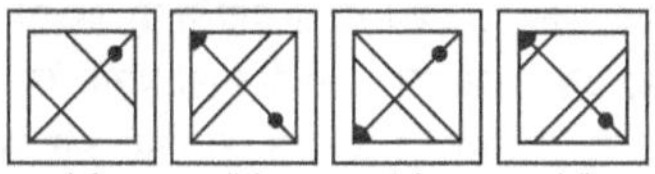

(a) (b) (c) (d)

18. प्रश्न आकृति

उत्तर आकृतियाँ

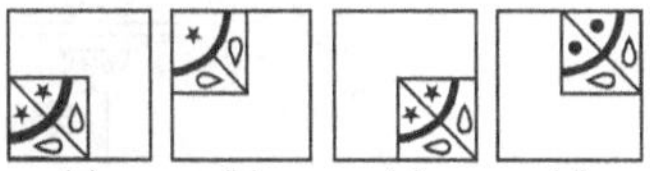

(a) (b) (c) (d)

उत्तरमाला

1 (d)	2 (d)	3 (c)	4 (d)	5 (a)
6 (d)	7 (b)	8 (c)	9 (c)	10 (b)
11 (d)	12 (c)	13 (a)	14 (b)	15 (b)
16 (d)	17 (b)	18 (c)		

अध्याय **20**

दर्पण एवं जल प्रतिबिम्ब

(Mirror and Water Image)

किसी व्यक्ति या वस्तु की दर्पण में या जल में परावर्तन के फलस्वरूप दिखाई देने वाली प्रतिछाया को उस व्यक्ति या वस्तु का दर्पण प्रतिबिम्ब या जल प्रतिबिम्ब कहा जाता है। इस अध्याय के अन्तर्गत पूछे जाने वाले प्रश्न किसी आकृति के दर्पण तथा जल में दिखाई देने वाले प्रतिबिम्ब पर आधारित होते हैं। इस अध्याय के प्रश्नों को मुख्यत: दो भागों में बाँटा गया है।

1. दर्पण प्रतिबिम्ब पर आधारित 2. जल प्रतिबिम्ब पर आधारित

दर्पण प्रतिबिम्ब पर आधारित

दर्पण को किसी वस्तु, अक्षर, संख्या या आकृति के दाएँ या बाएँ खड़ा करने पर, जो प्रतिबिम्ब उस दर्पण में दिखाई देता है, उसे उस वस्तु, अक्षर, संख्या या आकृति का दर्पण प्रतिबिम्ब कहते हैं। **दर्पण प्रतिबिम्ब पर आधारित** (Based on Mirror Image) प्रश्नों को सरलतापूर्वक हल करने हेतु निम्नलिखित तथ्यों की जानकारी होना अति आवश्यक हैं।

- यदि प्रश्न में दर्पण की स्थिति न दी गई हो, तो ऐसी परिस्थिति में हम प्रश्न को दाईं तरफ दर्पण की कल्पना करके प्रश्न को हल करते हैं।
- दर्पण प्रतिबिम्ब में आकृति का दायाँ और बायाँ भाग एक-दूसरे से स्थानान्तरित (Interchange) हो जाता है, जिसे पार्श्विक उत्क्रमण (Lateral inversion) कहते हैं।
- दर्पण प्रतिबिम्ब में आकृति का ऊपर व नीचे का भाग स्थिर (Constant) रहता है।
- दर्पण में दिखाई देने वाला प्रतिबिम्ब मूल आकृति के समरूप होता है।
- यदि प्रश्न में दर्पण किसी आकृति के ऊपर या नीचे की ओर होता है, तो दर्पण प्रतिबिम्ब, जल प्रतिबिम्ब के समान बनता है।

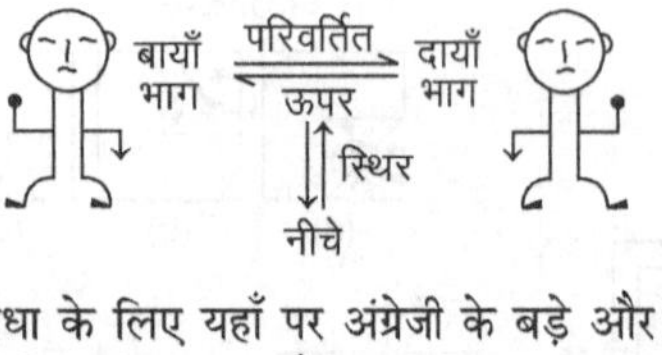

अभ्यर्थियों की सुविधा के लिए यहाँ पर अंग्रेजी के बड़े और छोटे अक्षरों तथा अंको का दर्पण प्रतिबिम्ब दिया गया है।

बड़े अक्षरों का दर्पण प्रतिबिम्ब (जब दर्पण ऊर्ध्वाधर स्थिति में हो)

अक्षर	A	B	C	D	E	F	G	H	I	J	K	L	M
दर्पण प्रतिबिम्ब	A	ᗺ	Ɔ	ᗡ	Ǝ	ꟻ	Ә	H	I	Ⴑ	ꓘ	⅃	M
अक्षर	N	O	P	Q	R	S	T	U	V	W	X	Y	Z
दर्पण प्रतिबिम्ब	И	O	ꟼ	Ϙ	Я	Ƨ	T	U	V	W	X	Y	Ƹ

नोट कुछ अक्षर जैसे—A, H, I, M, O, T, U, V, W, X तथा Y का दर्पण प्रतिबिम्ब मूल अक्षर के समान होता है।

छोटे अक्षरों का दर्पण प्रतिबिम्ब (जब दर्पण ऊर्ध्वाधर स्थिति में हो)

अक्षर	a	b	c	d	e	f	g	h	i	j	k	l	m
दर्पण प्रतिबिम्ब	ɒ	d	ɔ	b	ɘ	ʇ	ǫ	ʜ	i	ꞁ	ʞ	l	m
अक्षर	n	o	p	q	r	s	t	u	v	w	x	y	z
दर्पण प्रतिबिम्ब	n	o	q	p	ɿ	ƨ	ƚ	u	v	w	x	γ	ƹ

नोट कुछ अक्षर जैसे– i, l, o, v, w तथा x का दर्पण प्रतिबिम्ब मूल अक्षर के समान होता है।

संख्याओं का दर्पण प्रतिबिम्ब (जब दर्पण ऊर्ध्वाधर स्थिति में हो)

अंक	1	2	3	4	5	6	7	8	9	0
दर्पण प्रतिबिम्ब	Ɩ	ς	Ɛ	ᔭ	ट	მ	Ր	8	୧	0

नोट अंक 8 व 0 का दर्पण प्रतिबिम्ब मूल अंक के समान होता है।

उदाहरण 1 जब एक दर्पण को आकृति के दाईं ओर रखा जाए, तो दिए गए चित्र की सही दर्पण छवि का चयन करें।

प्रश्न आकृति

उत्तर आकृतियाँ

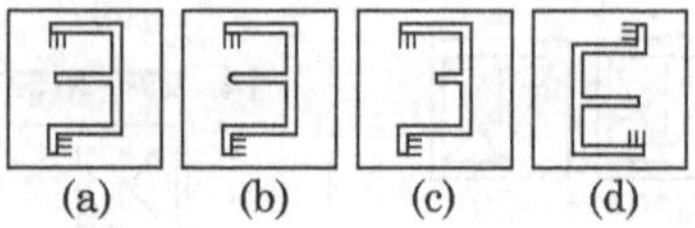

(a) (b) (c) (d)

हल (a) दी गई प्रश्न आकृति की सही दर्पण छवि उत्तर आकृति (a) है।

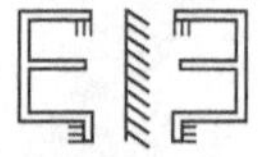

उदाहरण 2 अगर दर्पण को दिए गए संयोजन के दाईं ओर रखा जाए, तो संयोजन की सही दर्पण छवि को चुनें।

U K R 4 e d m 8

(a) 8 m b ɘ ᔭ Я ꓘ U
(b) 8 ɯ b ɘ ᔭ Я ꓘ U
(c) 8 m b ɘ ᔭ Я K ∩
(d) 8 m b ɘ ᔭ Я ꓘ U

हल (a) दिए गए संयोजन के दाईं ओर दर्पण रखने पर संयोजन की सही दर्पण छवि उत्तर संयोजन (a) है।

U K R 4 e d m 8 ┆ 8 m b ɘ ᔭ Я ꓘ U

जल प्रतिबिम्ब पर आधारित

किसी वस्तु, अक्षर, संख्या या आकृति का जल प्रतिबिम्ब ठीक वैसा ही होगा जैसा कि उस वस्तु, संख्या, अक्षर या आकृति के ऊपर या नीचे दर्पण को खड़ा करने पर, जो प्रतिबिम्ब उस दर्पण में दिखाई देता है।

जल प्रतिबिम्ब पर आधारित (Based on Water Image) प्रश्नों को सरलतापूर्वक हल करने हेतु निम्नलिखित तथ्यों की जानकारी होना अति आवश्यक हैं।

- जल प्रतिबिम्ब में किसी भी आकृति का दायाँ व बायाँ भाग स्थिर (Constant) रहता है।
- जल प्रतिबिम्ब में किसी भी आकृति का ऊपर व नीचे का भाग एक-दूसरे से स्थानान्तरित (Interchange) हो जाता है, जिसे लम्बवत् उत्क्रमण (Vertical inversion) कहते हैं।

- जल में दिखाई देने वाले प्रतिबिम्ब मूल आकृति के समरूप होते हैं।

अभ्यर्थियों की सुविधा के लिए यहाँ पर अंग्रेजी के बड़े और छोटे अक्षरों तथा अंको का जल प्रतिबिम्ब दिया गया है।

बड़े अक्षरों का जल प्रतिबिम्ब

अक्षर	A	B	C	D	E	F	G	H	I	J	K	L	M
जल प्रतिबिम्ब	∀	B	C	D	E	Ⅎ	⅁	H	I	ſ	K	Γ	W

अक्षर	N	O	P	Q	R	S	T	U	V	W	X	Y	Z
जल प्रतिबिम्ब	И	O	ᑲ	Ó	ʁ	Ƨ	⊥	∩	Λ	M	X	⅄	ᘔ

नोट अक्षर C, D, E, H, I, O तथा X का जल प्रतिबिम्ब अक्षर के मूल रूप के समान ही होता है।

छोटे अक्षरों का जल प्रतिबिम्ब

अक्षर	a	b	c	d	e	f	g	h	i	j	k	l	m
जल प्रतिबिम्ब	ɐ	p	c	q	ɘ	ɟ	ɓ	µ	!	ɾ	ʞ	l	ɯ

अक्षर	n	o	p	q	r	s	t	u	v	w	x	y	z
जल प्रतिबिम्ब	u	o	b	d	ɼ	ƨ	ʈ	n	ʌ	ʍ	x	λ	ᘔ

नोट अक्षर c, l, o तथा x का जल प्रतिबिम्ब अक्षर के मूल रूप के समान ही होता है।

अंकों का जल प्रतिबिम्ब

अंक	0	1	2	3	4	5	6	7	8	9
जल प्रतिबिम्ब	0	I	ᘔ	3	ᔭ	Ƨ	ϱ	ㄥ	8	6

नोट अंक 0, 3 तथा 8 के जल प्रतिबिम्ब मूल अंक के समान ही होते हैं।

उदाहरण 3 दी गई उत्तर आकृतियों में से, प्रश्न आकृति की सही जल प्रतिबिम्ब आकृति चुनें।

प्रश्न आकृति

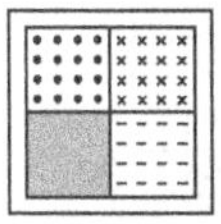

उत्तर आकृतियाँ

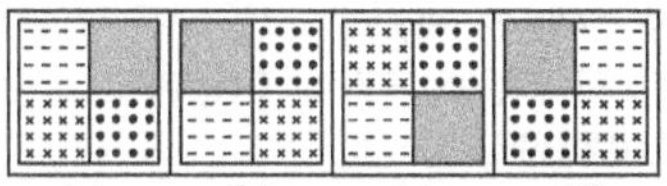

(a) (b) (c) (d)

हल (d) उत्तर आकृति (d) प्रश्न आकृति का सही जल प्रतिबिम्ब होगी।

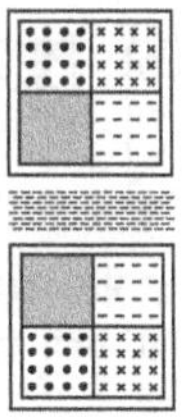

उदाहरण 4 दी गई आकृतियों में से, प्रश्न आकृति की सही जल प्रतिबिम्ब आकृति चुनें।

प्रश्न आकृति

उत्तर आकृतियाँ

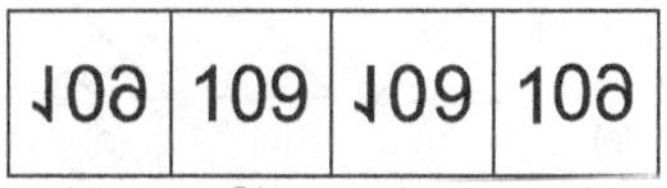

(a) (b) (c) (d)

हल (a) उत्तर आकृति (a), प्रश्न आकृति की सही जल प्रतिबिम्ब होगी।

अभ्यास प्रश्न

1. अगर दर्पण को आकृति के बाईं ओर रखा जाए, तो दी गई आकृति की सही दर्पण छवि को चुनें।

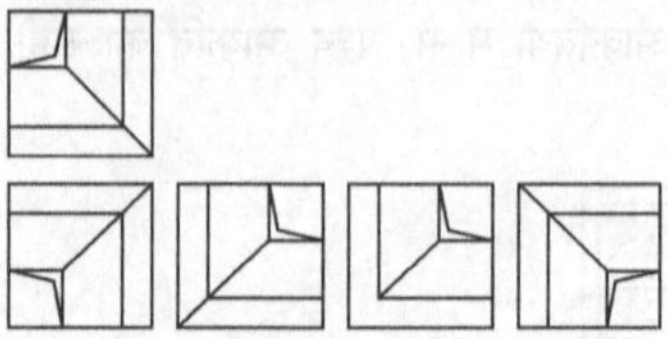

(a) (b) (c) (d)

2. अगर एक दर्पण को आकृति के दाईं ओर रखा जाए, तो दिए गए चित्र की सही दर्पण छवि का चयन करें।

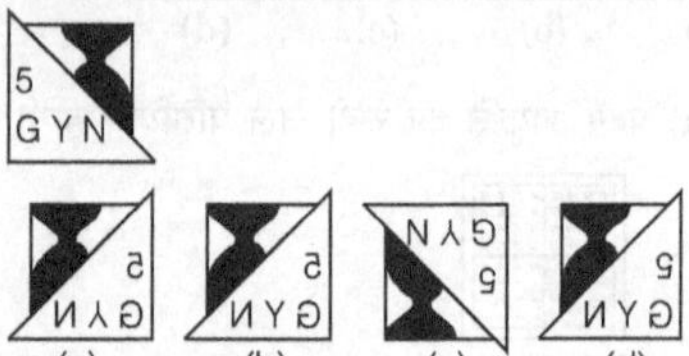

(a) (b) (c) (d)

3. अगर एक दर्पण को आकृति के नीचे रखा जाए, तो दिए गए चित्र की सही दर्पण छवि का चयन करें।

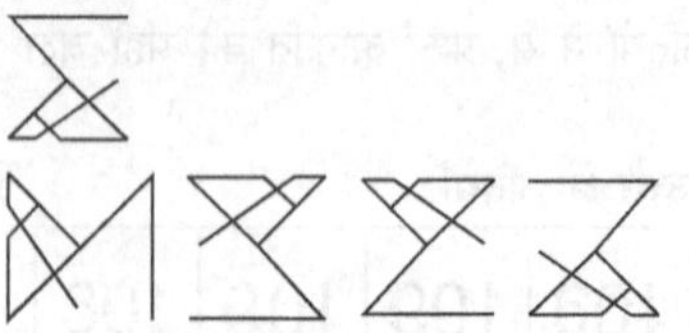

(a) (b) (c) (d)

4. अगर दर्पण को दी गई आकृति के दाईं ओर रखा जाए, तो दी गई आकृति की सही दर्पण छवि को चुनें।

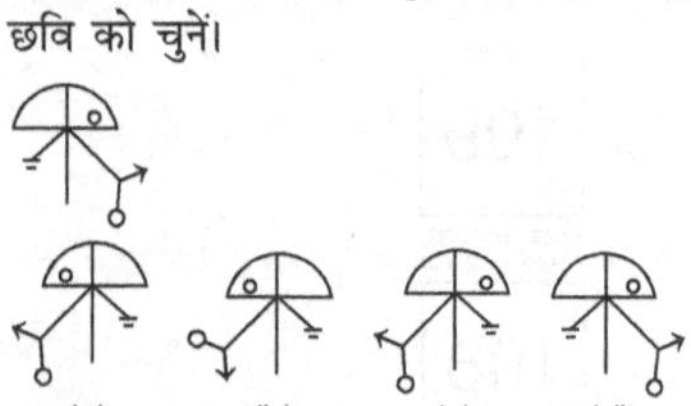

(a) (b) (c) (d)

5. जब एक दर्पण को आकृति के दाईं ओर रखा जाए, तो दिए गए चित्र की सही दर्पण छवि का चयन करें।

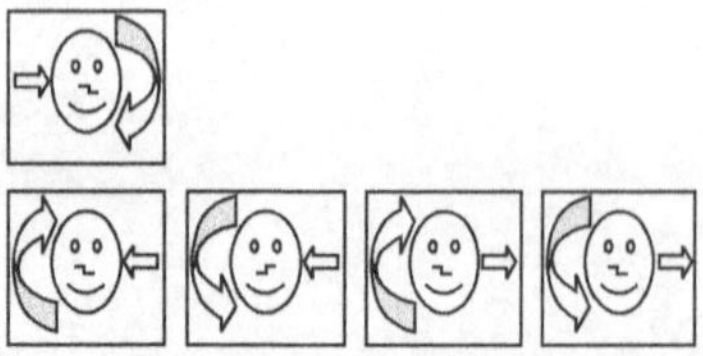

(a) (b) (c) (d)

6. यदि एक दर्पण को दी गई आकृति के दाईं ओर रखा जाए, तो दिए गए चित्र की सही दर्पण छवि का चयन करें।

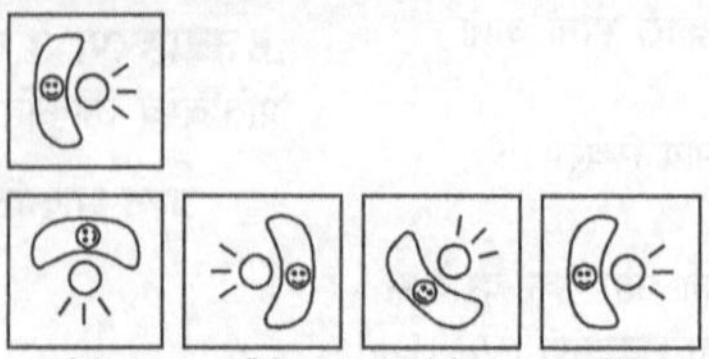

(a) (b) (c) (d)

7. अगर एक दर्पण को आकृति के दाईं ओर रखा जाए, तो दिए गए चित्र की सही दर्पण छवि का चयन करें।

G J L 7 1 p f m

(a) ɯ ʇ q ⅂ 7 ⅃ ᒑ Ә

(b) m ʇ q ⅂ 7 ⅃ ᒑ Ә

(c) m ʇ q ⅂ Γ ⅂ ᒑ Ә

(d) m ʇ d ⅂ 7 ⅃ ᒑ Ә

8. अगर दर्पण को दी गई आकृति के दाईं ओर रखा जाए, तो आकृति की सही दर्पण छवि को चुनें।

B V C Z 2 1 Q f

(a) ʇ Ọ 1 Ƨ Z Ɔ V ᗺ

(b) ʇ Ọ 1 Ƨ Ƨ Ɔ V ᗺ

(c) ʇ Ọ 1 Ƨ Z Ɔ V ᗺ

(d) ʇ Ọ 1 Ƨ Z Ɔ Λ ᗺ

9. यदि एक दर्पण को MN रेखा पर रखा जाए, तो दी गई उत्तर आकृतियों में से कौन-सी आकृति, प्रश्न आकृति का सही प्रतिबिम्ब होगी?

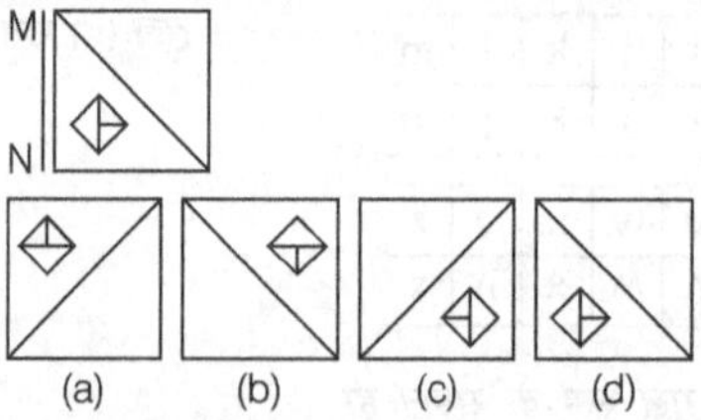

(a) (b) (c) (d)

10. यदि एक दर्पण को MN रेखा पर रखा जाए, तो दी गई उत्तर आकृतियों में से कौन-सी आकृति, प्रश्न आकृति का सही प्रतिबिम्ब होगी?

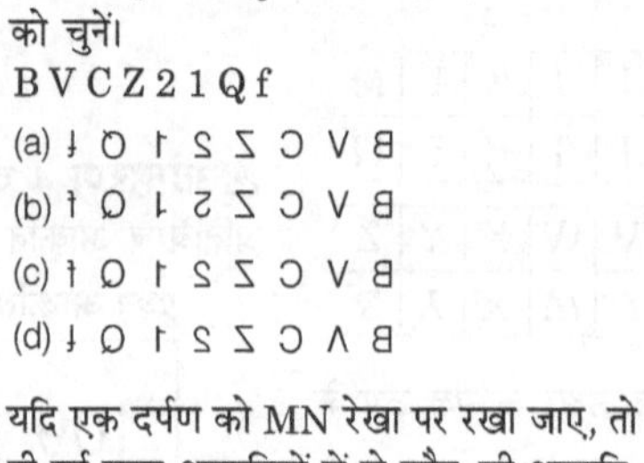

(a) (b) (c) (d)

11. यदि एक दर्पण को XY रेखा पर रखा जाए, तो दी गई उत्तर आकृतियों में से कौन-सी आकृति, प्रश्न आकृति की सही प्रतिबिम्ब होगी?

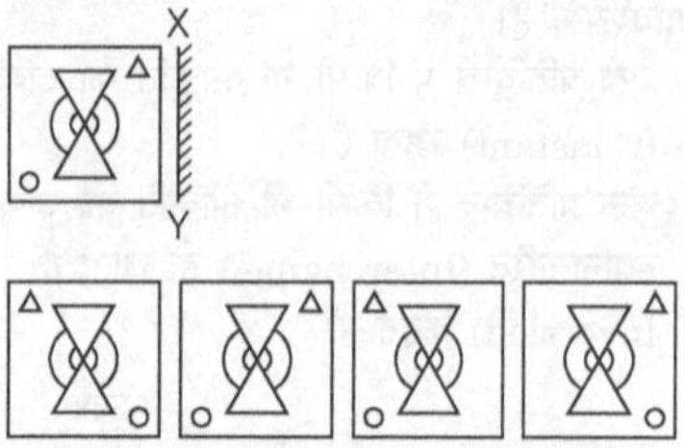

(a) (b) (c) (d)

12. यदि एक दर्पण को MN रेखा पर रखा जाए, तो दी गई उत्तर आकृतियों में से कौन-सी आकृति, प्रश्न आकृति की सही प्रतिबिम्ब होगी?

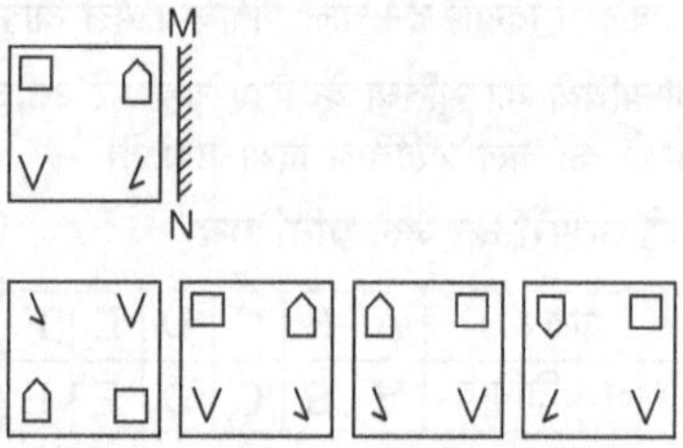

(a) (b) (c) (d)

13. यदि एक दर्पण को MN रेखा पर रखा जाए, तो दी गई उत्तर आकृतियों में से कौन-सी आकृति, प्रश्न आकृति का सही प्रतिबिम्ब होगी?

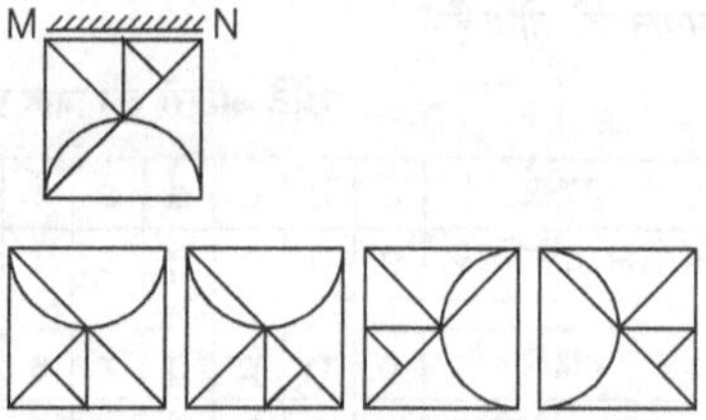

(a) (b) (c) (d)

14. यदि एक दर्पण को MN रेखा पर रखा जाए, तो दी गई उत्तर आकृतियों में से कौन-सी आकृति, प्रश्न आकृति का सही प्रतिबिम्ब होगी?

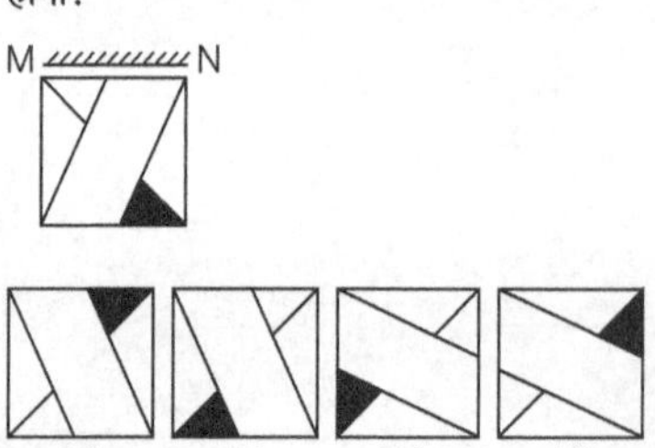

(a) (b) (c) (d)

15. यदि एक दर्पण को MN रेखा पर रखा जाए, तो दी गई उत्तर आकृतियों में से कौन-सी आकृति, प्रश्न आकृति का सही प्रतिबिम्ब होगी?

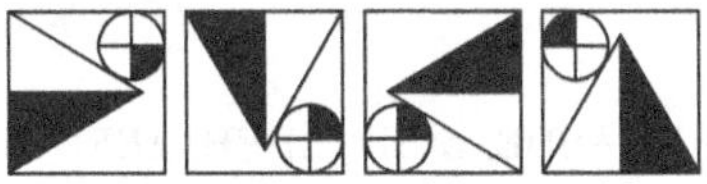

(a) (b) (c) (d)

16. यदि एक दर्पण को MN रेखा पर रखा जाए, तो दी गई उत्तर आकृतियों में से कौन-सी आकृति, प्रश्न आकृति का सही प्रतिबिम्ब होगी?

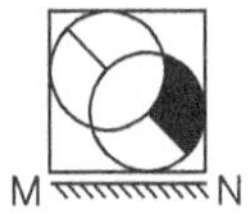

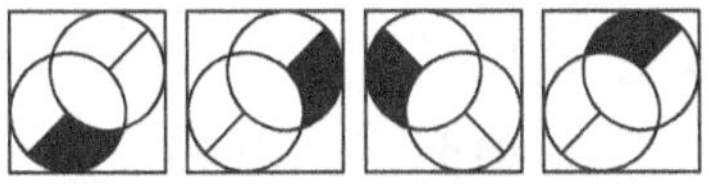

(a) (b) (c) (d)

निर्देश *(प्र. सं. 17-21) निम्नलिखित प्रत्येक प्रश्न में एक प्रश्न आकृति (X) तथा चार उत्तर आकृतियाँ दी गई हैं। उत्तर आकृतियों में से एक ऐसी आकृति का चयन कीजिए, जिसमें प्रश्न आकृति का जल प्रतिबिम्ब बना हो।*

17.

X

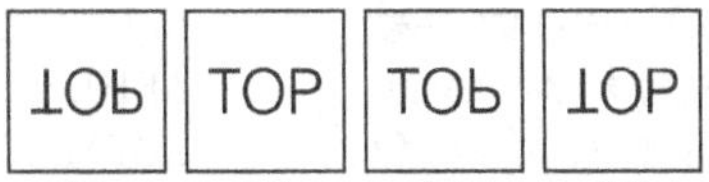

(a) (b) (c) (d)

18.

X

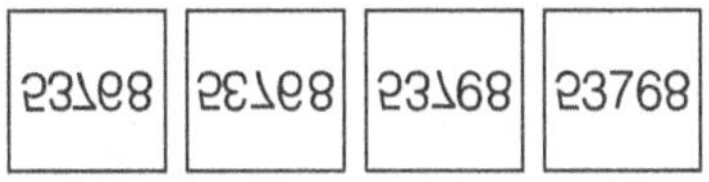

(a) (b) (c) (d)

19.

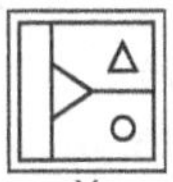

X

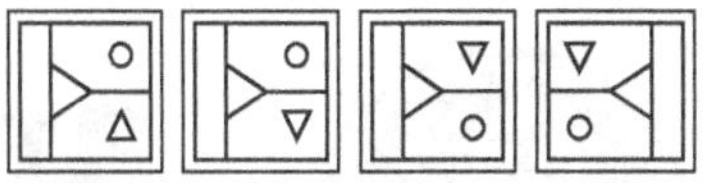

(a) (b) (c) (d)

20.

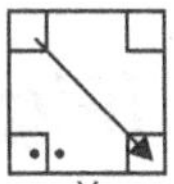

X

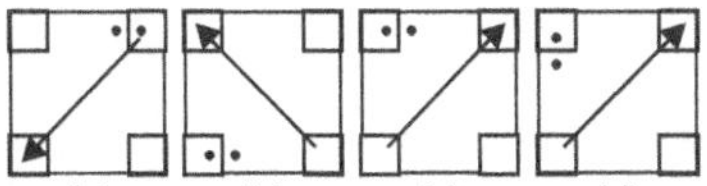

(a) (b) (c) (d)

21.

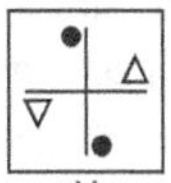

X

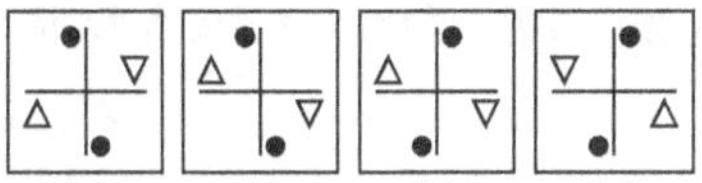

(a) (b) (c) (d)

उत्तरमाला

1 *(b)*	2 *(b)*	3 *(c)*	4 *(a)*	5 *(b)*
6 *(b)*	7 *(b)*	8 *(c)*	9 *(c)*	10 *(c)*
11 *(a)*	12 *(c)*	13 *(b)*	14 *(a)*	15 *(b)*
16 *(d)*	17 *(a)*	18 *(a)*	19 *(b)*	20 *(c)*
21 *(c)*				

अध्याय 21

आकृतियाँ गिनना

(Figures Counting)

किसी ज्यामितीय आकृति में से विशेष छोटी आकृतियों को पहचानकर उनकी गणना करना **आकृति गिनना** (Figure Counting) कहलाता है। इस अध्याय के अन्तर्गत आने वाले प्रश्नों में एक आकृति दी गई होती है। दी गई आकृति में से पूछी गई ज्यामितीय आकृतियों को (यथा-वृत्त, त्रिभुज, वर्ग, सरल रेखाएँ, आयत आदि) पहचानकर उनकी कुल संख्या को ज्ञात करना होता है।

उदाहरण 1 निम्नांकित चित्र में कितने त्रिभुज हैं?

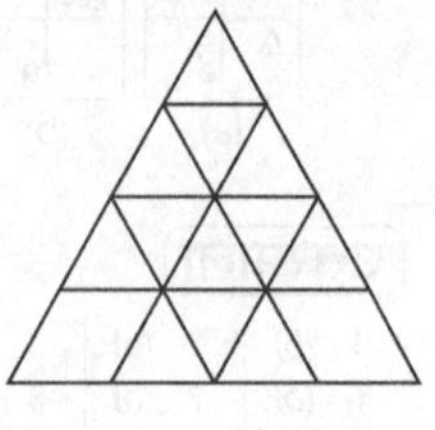

(a) 27 (b) 26 (c) 23 (d) 22

हल (c) प्रदत्त आकृति में निम्न 23 त्रिभुज हैं।

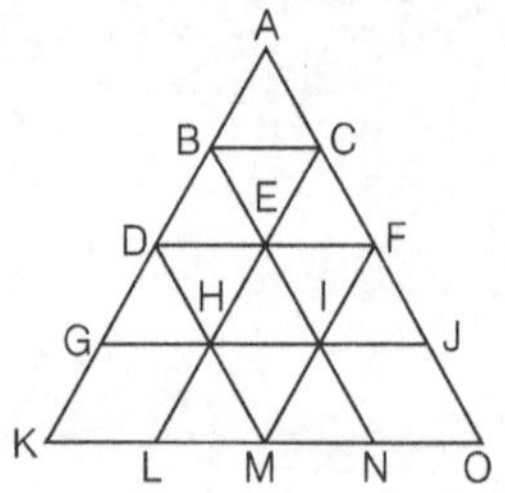

त्रिभुज = ΔABC, ΔBCE, ΔBDE, ΔCEF, ΔDEH, ΔEFI, ΔDGH, ΔEHI, ΔFIJ, ΔHIM, ΔHLM, ΔIMN, ΔADF, ΔAGJ, ΔAKO, ΔDFM, ΔDKM, ΔFOM, ΔELN, ΔCLO, ΔBKN, ΔCHJ, ΔBGI = 23

उदाहरण 2 नीचे दी गई आकृति में वर्गों की संख्या कितनी है?

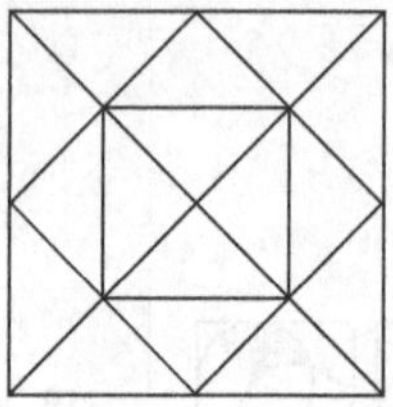

(a) 4 (b) 5 (c) 6 (d) 7

हल (d)

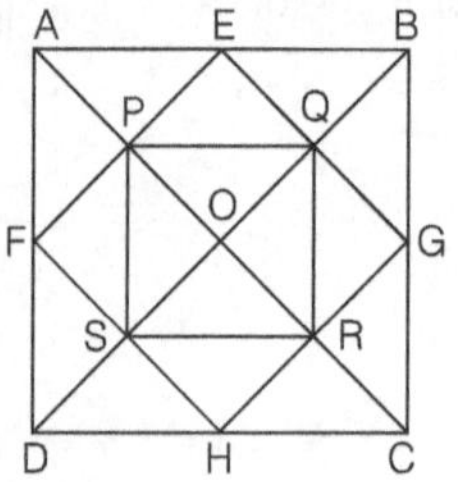

∴ दी गई आकृति में वर्ग = □EPOQ, □FPOS, □QORG, □ORHS, □ABCD, □PQRS, □EGHF = 7

अभ्यास प्रश्न

1. नीचे दी गई आकृति में कितनी सरल रेखाएँ हैं?

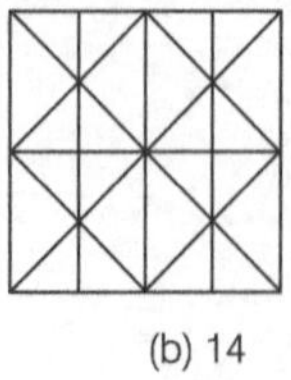

(a) 11 (b) 14
(c) 16 (d) 17

निर्देश (प्र. सं. 2-4) *निम्नलिखित प्रश्न निम्न आकृति पर आधारित हैं।*

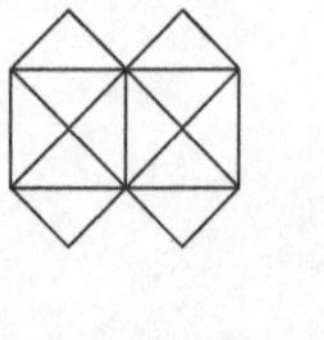

2. ऊपर दी गई आकृति को बनाने के लिए कम-से-कम कितनी सरल रेखाएँ आवश्यक हैं?
(a) 11 (b) 13 (c) 15 (d) 21

3. ऊपर दी गई आकृति में कितने त्रिभुज हैं?
(a) 12 (b) 16 (c) 22 (d) 24

4. ऊपर दी गई आकृति में कितने वर्ग हैं?
(a) 5 (b) 6 (c) 7 (d) 8

5. निम्नलिखित आकृति में कितने त्रिभुज मौजूद हैं?

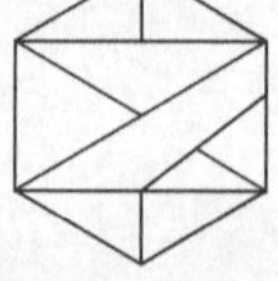

(a) 13 (b) 16 (c) 14 (d) 11

6. दी गई आकृति में कितने त्रिभुज मौजूद हैं?

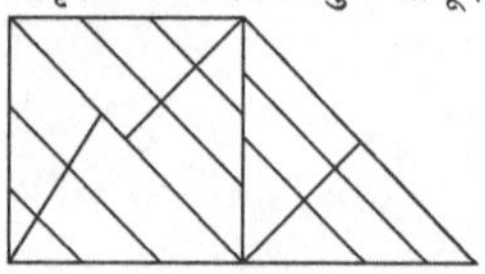

(a) 30 (b) 29
(c) 28 (d) 27

7. नीचे दी गई आकृति में कितने त्रिभुज मौजूद हैं?

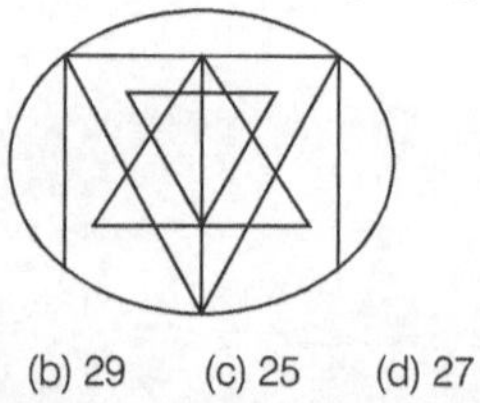

(a) 23 (b) 29 (c) 25 (d) 27

8. दी गई आकृति में कितने त्रिभुज मौजूद हैं?

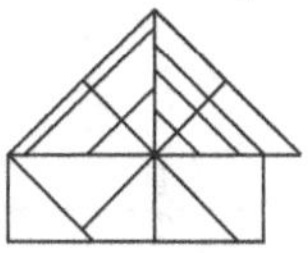

(a) 25
(b) 26
(c) 24
(d) 27

9. दी गई आकृति में कितने त्रिभुज मौजूद हैं?

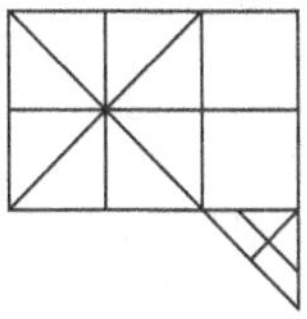

(a) 24 (b) 22
(c) 25 (d) 23

10. दी गई आकृति में कितने त्रिभुज मौजूद हैं?

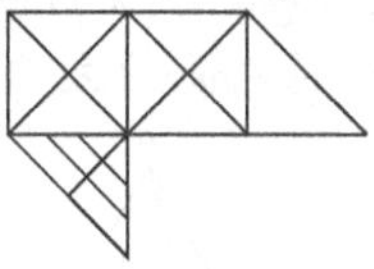

(a) 30 (b) 29
(c) 31 (d) 32

11. नीचे दी गई आकृति में कितने त्रिभुज हैं?

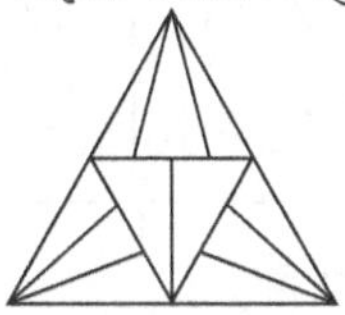

(a) 22
(b) 23
(c) 19
(d) 20

12. नीचे दी गई आकृति में कितने त्रिभुज तथा समान्तर चतुर्भुज हैं?

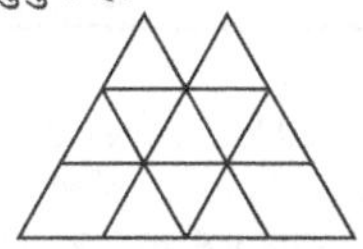

(a) 18,23 (b) 18,16
(c) 14, 20 (d) 15, 21

13. नीचे दी गई आकृति में कितने वर्ग मौजूद हैं?

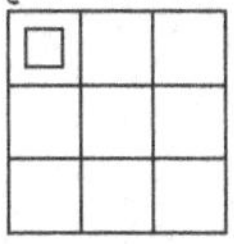

(a) 10 (b) 16 (c) 15 (d) 12

14. नीचे दी गई आकृति में कितने वर्ग मौजूद हैं?

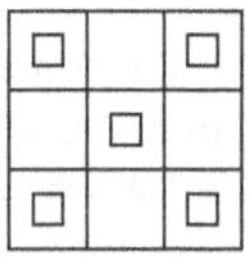

(a) 23 (b) 21 (c) 17 (d) 19

15. नीचे दी गई आकृति में कितने वर्ग हैं?

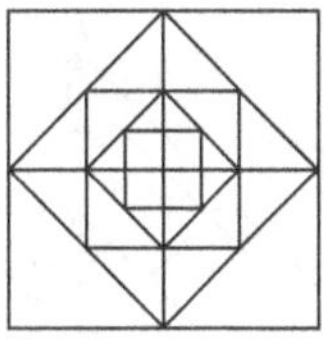

(a) 12 (b) 13 (c) 16 (d) 17

16. नीचे दी गई आकृति में कितने आयत हैं?

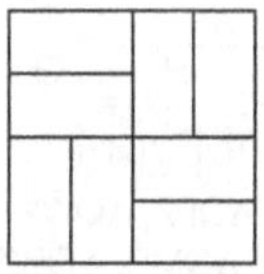

(a) 24 (b) 16 (c) 22 (d) 14

17. नीचे दी गई आकृति में कितने आयत हैं?

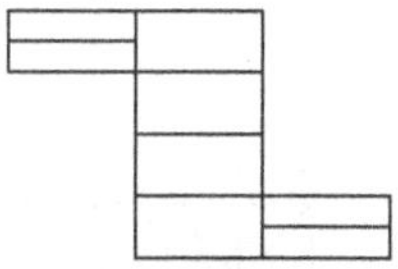

(a) 8 (b) 17
(c) 18 (d) 20

18. नीचे दी गई आकृति में कितने समान्तर चतुर्भुज हैं?

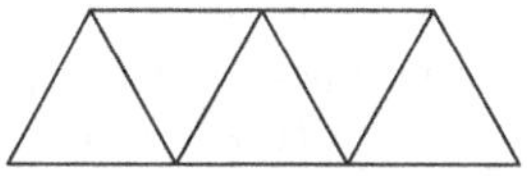

(a) 3 (b) 4
(c) 5 (d) 6

19. इस आकृति में वृत्तों की संख्या ज्ञात कीजिए।

(a) 18 (b) 20
(c) 16 (d) 19

20. दी गई आकृति में वृत्तों की संख्या कितनी हैं?

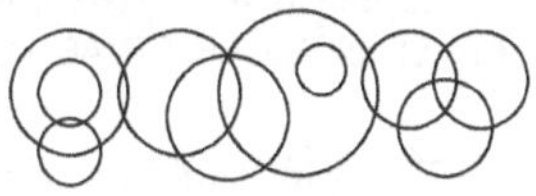

(a) 12 (b) 14
(c) 13 (d) 10

उत्तरमाला

1 *(b)*	2 *(b)*	3 *(c)*	4 *(c)*	5 *(a)*
6 *(d)*	7 *(d)*	8 *(a)*	9 *(a)*	10 *(a)*
11 *(a)*	12 *(a)*	13 *(c)*	14 *(d)*	15 *(d)*
16 *(b)*	17 *(c)*	18 *(d)*	19 *(d)*	20 *(d)*

संकेत एवं हल

1. *(b)*

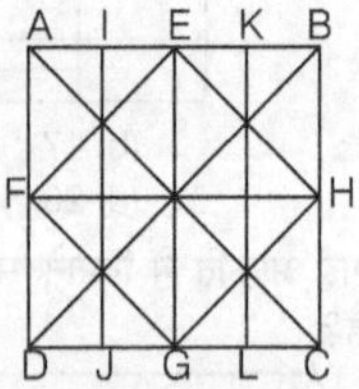

दी गई आकृति में निम्न 14 सरल रेखाएँ हैं।

(i) क्षैतिज रेखाएँ = AB, FH, DC = 3

(ii) तिरछी रेखाएँ = AC, BD, FE, GH, FG, EH = 6

(iii) लम्ब रेखाएँ = AD, IJ, EG, KL, BC = 5

अतः कुल सरल रेखाएँ = 3 + 6 + 5 = 14

हल (प्र.सं. 2 – 4)

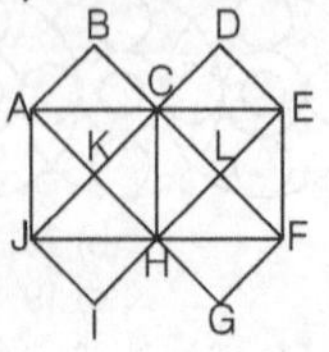

2. *(b)* दी गई आकृति में 13 सरल रेखाएँ = AE, JF, AJ, CH, EF, JI, AG, BF, DE, AB, DJ, EI, FG = 13

3. *(c)* दी गई आकृति में त्रिभुज = ΔABC, ΔCDE, ΔACK, ΔAKJ, ΔHJK, ΔCKH, ΔCLH, ΔHLF, ΔLEF, ΔCLE, ΔHIJ, ΔFGH, ΔAJH, ΔCJH, ΔACH, ΔACJ, ΔCHF, ΔHEF, ΔCFE, ΔCHE, ΔAEH, ΔCJF = 22

4. *(c)* दी गई आकृति में वर्ग = □ABCK, □CDEL, □CLHK, □HIJK, □FGHL, □ACHJ, □CEFH = 7

5. *(a)*

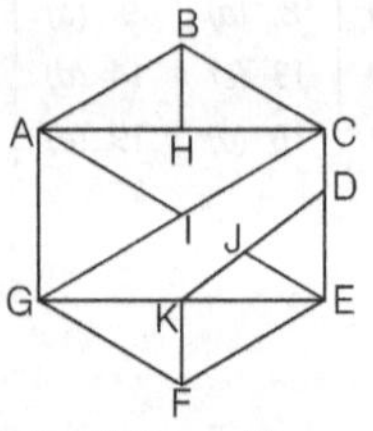

दी गई आकृति में त्रिभुज हैं

ΔABH, ΔBHC, ΔAIG, ΔAIC, ΔABC, ΔAGC, ΔGEC, ΔEDK, ΔEJD, ΔEJK, ΔGKF, ΔKEF, ΔGEF

अतः दी गई आकृति में 13 त्रिभुज हैं।

6. *(d)*

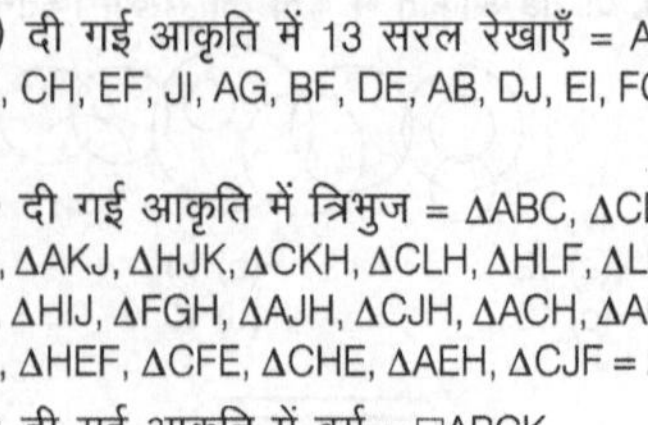

दी गई आकृति में त्रिभुज हैं–

ΔDTV, ΔDTC, ΔDSX, ΔDSB, ΔDRI, ΔDRA, ΔDCV, ΔDBX, ΔDAI, ΔLOM, ΔLOK, ΔLPJ, ΔLPN, ΔLQI, ΔLQA, ΔLMK, ΔLNJ, ΔLAI, ΔIYH, ΔIYW, ΔIZG, ΔIZU, ΔIEF, ΔIED, ΔIWH, ΔIUG, ΔIDF

अतः दी गई आकृति में कुल 27 त्रिभुज हैं।

7. *(d)*

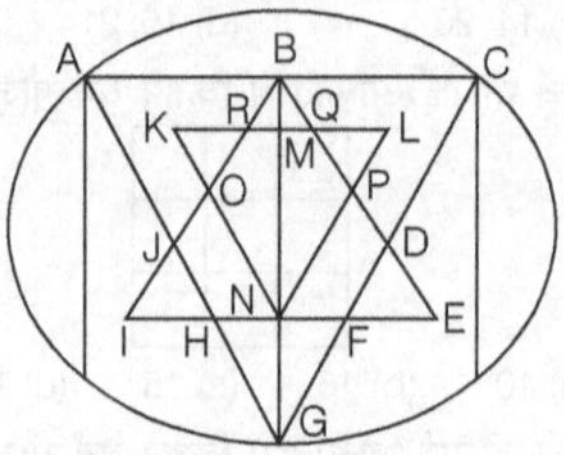

दी गई आकृति में त्रिभुज हैं

ΔKMN, ΔLMN, ΔKLN, ΔOBN, ΔBPN, ΔBQM, ΔBRM, ΔBRQ, ΔKRO, ΔLQP, ΔJIH, ΔDEF, ΔPEN, ΔOIN, ΔBNI, ΔBNE, ΔBIE, ΔNGH, ΔGHF, ΔNGF, ΔABJ, ΔBJG, ΔBCD, ΔBDG, ΔABG, ΔBCG, ΔAGC

अतः दी गई आकृति में कुल 27 त्रिभुज हैं।

8. *(a)*

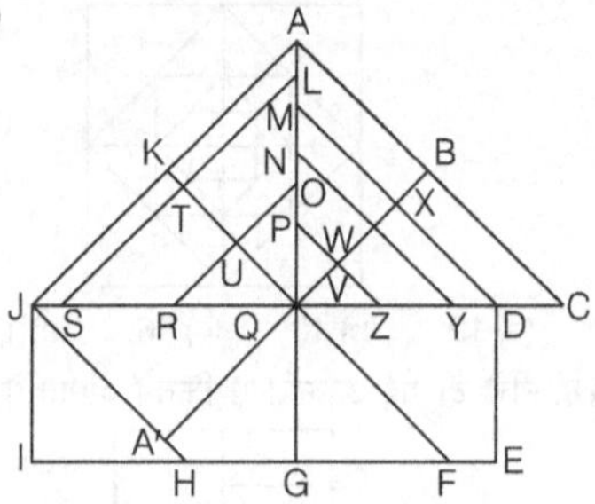

दी गई आकृति में त्रिभुज हैं

ΔQVZ, ΔQVP, ΔQPZ, ΔQWY, ΔQWN, ΔQNY, ΔQXD, ΔQXM, ΔQMD, ΔQBC, ΔQBA, ΔQAC, ΔQUO, ΔQUR, ΔQOR, ΔQTS, ΔQTL, ΔQSL, ΔQKJ, ΔQKA, ΔQJA, ΔAJC, ΔJIH, ΔJQA′, ΔQGF

अतः दी गई आकृति में कुल 25 त्रिभुज हैं।

9. *(a)*

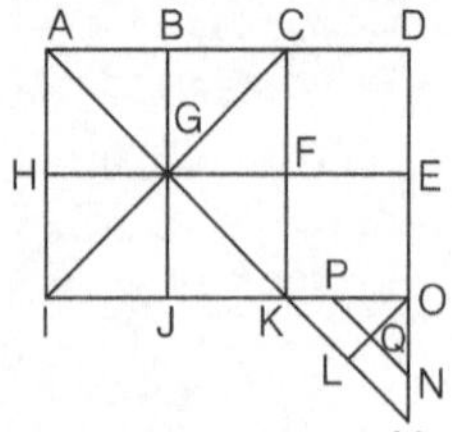

दी गई आकृति में त्रिभुज हैं

ΔOQN, ΔOQP, ΔOPN, ΔOLM, ΔOLK, ΔOKM, ΔABG, ΔBGC, ΔCGF, ΔFGK, ΔKGJ, ΔJGI, ΔIGH, ΔHGA, ΔAGI, ΔAGC, ΔCGK, ΔKGI, ΔAKI, ΔACK, ΔACI, ΔCKI, ΔGEM, ΔAMD

अतः दी गई आकृति में कुल 24 त्रिभुज हैं।

10. *(a)*

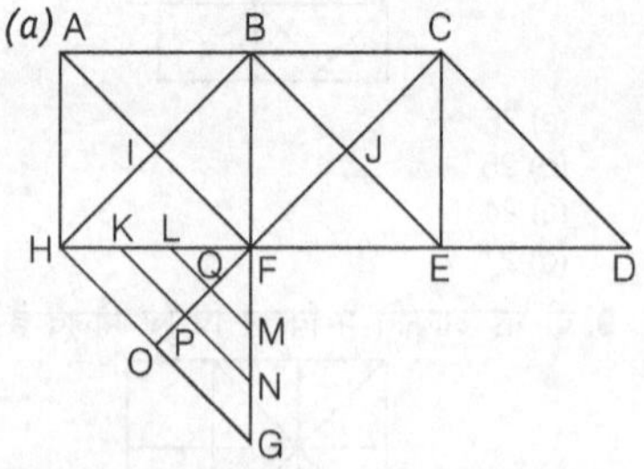

दी गई आकृति में त्रिभुज हैं

ΔFQM, ΔFQL, ΔFLM, ΔFPN, ΔFPK, ΔFKN, ΔFOG, ΔFOH, ΔFHG, ΔBEC, ΔBJF, ΔBJC, ΔCJE, ΔEJF, ΔAFH, ΔABF, ΔBAH, ΔBFH, ΔBEF, ΔAIH, ΔABI, ΔBIF, ΔFIH, ΔCEF, ΔCBF, ΔCED, ΔAFC, ΔHGB, ΔFCD, ΔHBE

अतः दी गई आकृति में कुल 30 त्रिभुज हैं।

11. *(a)* दी गई आकृति में 22 त्रिभुज हैं।

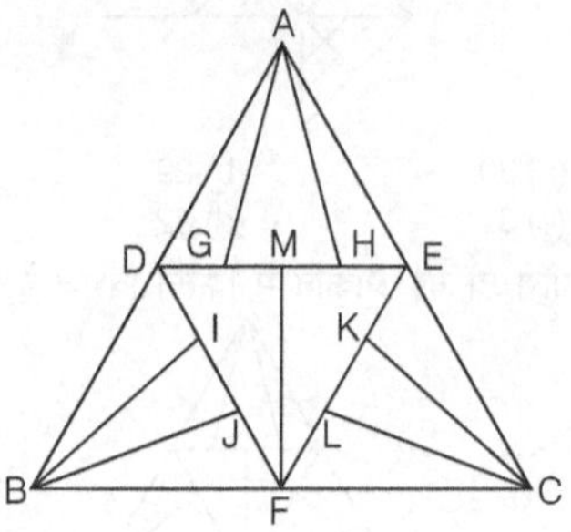

उपरोक्त चित्र में,

छोटे त्रिभुजों की संख्या = ΔADG, ΔAGH, ΔAHE, ΔDMF, ΔFME, ΔDIB, ΔIBJ, ΔJBF, ΔCFL, ΔCLK, ΔCKE = 11

दो छोटे त्रिभुजों से मिलकर बने त्रिभुजों की संख्या = ΔADH, ΔAGE, ΔDFE, ΔDBJ, ΔIBF, ΔECL, ΔCKF = 7

तीनों त्रिभुजों से मिलकर बने त्रिभुजों की संख्या = ΔADE, ΔBDF, ΔCFE = 3

बड़े त्रिभुज की संख्या = Δ ABC = 1

अतः कुल त्रिभुजों की संख्या

= 11 + 7 + 3 + 1 = 22

12. *(a)* दी गई आकृति में निम्न 18 त्रिभुज तथा 23 समान्तर चतुर्भुज हैं।

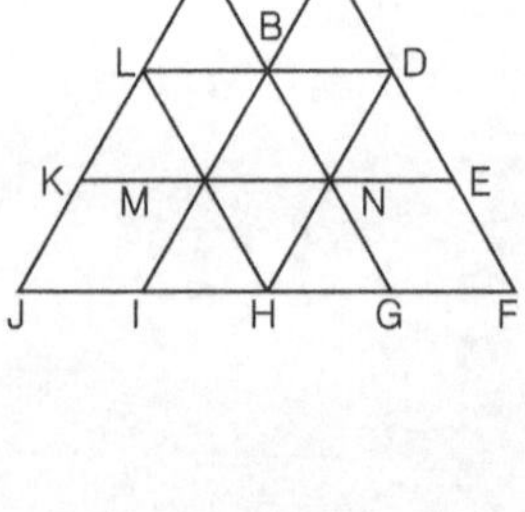

त्रिभुज = ΔABL, ΔBCD, ΔKLM, ΔLMB, ΔMNB, ΔNDB, ΔDNE, ΔHIM, ΔMNH, ΔHNG, ΔLJH, ΔDHF, ΔAKN, ΔCME, ΔHLD, ΔBIG, ΔAJG, ΔCIF = 18

चतुर्भुज = ▱ KMIJ, ▱ NEFG, ▱ ABML, ▱ BCDN, ▱ BNHM, ▱ LBNM, ▱ BDEN, ▱ MNGH, ▱ LBMK, ▱ BDNM, ▱ MNHI, ▱ LBIJ, ▱ BDFG, ▱ KNHJ, ▱ MEFH, ▱ ANHL, ▱ CDHM, ▱ LBGH, ▱ BDHI, ▱ LDNK, ▱ LDEM, ▱ LDHJ, ▱ LDFH = 23

13. *(c)*

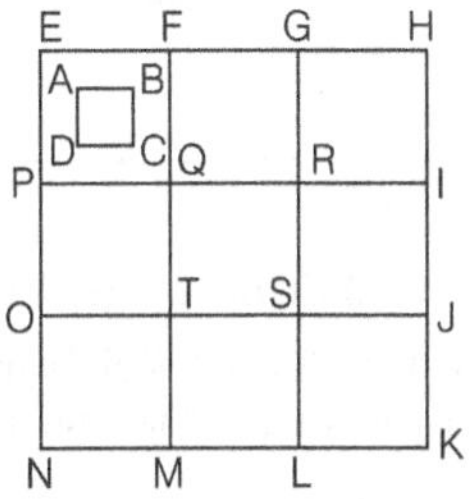

दी गई आकृति में वर्ग हैं

ABCD, EFQP, FGRQ, GRIH, PQTO, QRST, RIJS, OTMN, TSLM, SJKL, EHKN, EGSO, FHJT, PRLN, QIKM = 15

अतः दी गई आकृति में कुल 15 वर्ग हैं।

14. *(d)*

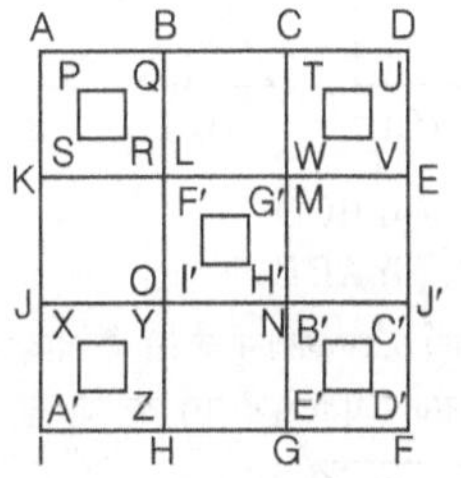

दी गई आकृति में वर्ग हैं

□PQRS, □TUVW, □F′G′H′I′, □XYZA′, □B′C′D′E′, □ABLK, □BCML, □CDEM, □KLOJ, □LMNO, □MEJ′N, □JOHI, □ONGH, □NJ′FG, □ACNJ, □BDJ′O, □KMGI, □LEFH, □ADFI

अतः दी गई आकृति में कुल 19 वर्ग हैं।

15. *(d)* दी गई आकृति में निम्न 17 वर्ग हैं

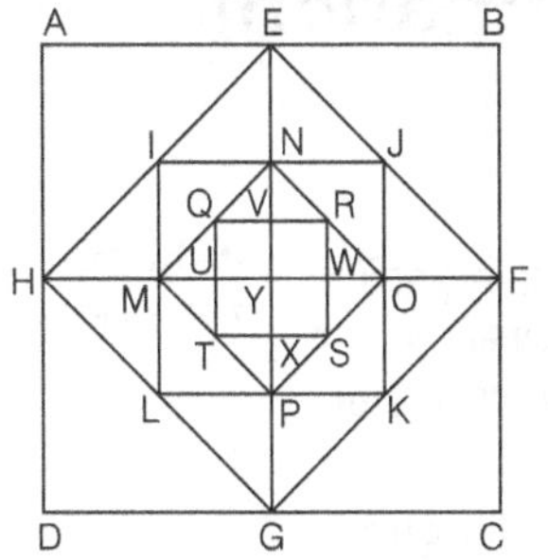

वर्ग = □VRWY, □YWSX, □UYXT, □QVYU, □QRST, □NJOY, □OYPK, □MYPL, □INYM, □EBFY, □YFCG, □HYGD, □AEYH, □MNOP, □IJKL, □EFGH, □ABCD = 17

16. *(b)* दी गई आकृति में निम्न 16 आयत हैं

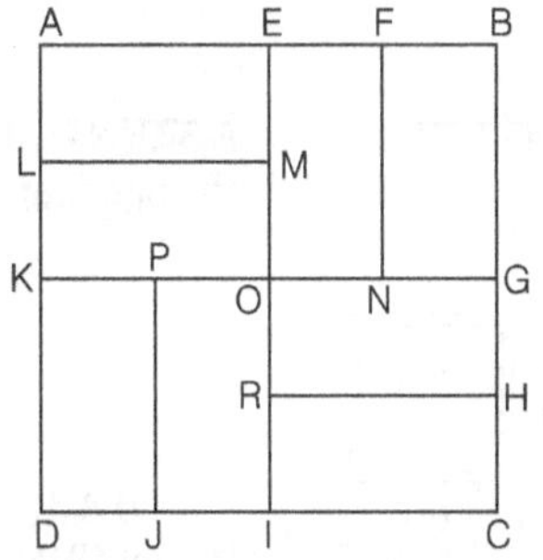

आयत = ▭ AEID, ▭ BEIC, ▭ ABGK, ▭ KGCD, ▭ AEML, ▭ LMOK, ▭ KPJD, ▭ POIJ, ▭ EFNO, ▭ BGNF, ▭ ORHG, ▭ HCIR, ▭ AFNK, ▭ BERH, ▭ PGCJ, ▭ LMID = 16

17. *(c)* दी गई आकृति में निम्न 18 आयत हैं

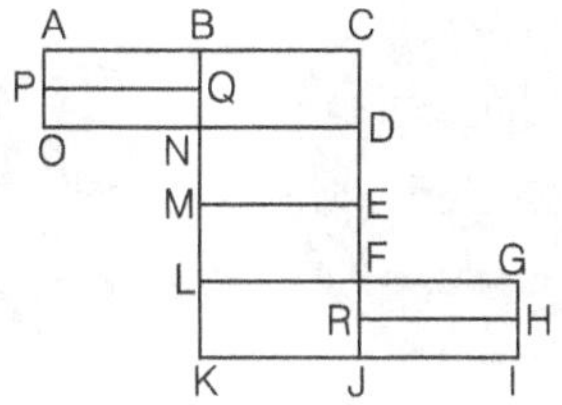

आयत = ▭ ABQP, ▭ PQNO, ▭ BCDN, ▭ NDEM, ▭ MEFL, ▭ LFJK, ▭ FGHR, ▭ RHIJ, ▭ ABNO, ▭ BCEM, ▭ NDFL, ▭ MEJK, ▭ FGIJ, ▭ ACDO, ▭ BCFL, ▭ NDJK, ▭ LGIK, ▭ BCJK = 18

18. *(d)* दी गई आकृति में निम्न 6 समान्तर चतुर्भुज हैं

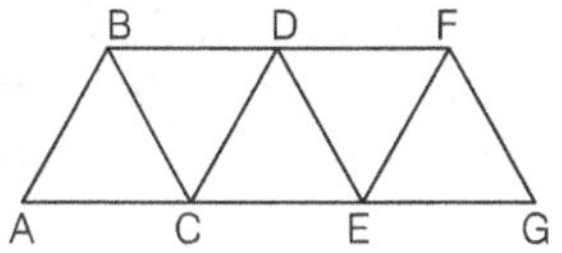

समान्तर चतुर्भुज = ▱ ABDC, ▱ ABFE, ▱ BCED, ▱ BCGF, ▱ CDFE, ▱ DEGF = 6

19. *(d)* दी गई आकृति में निम्न 19 वृत्त हैं।

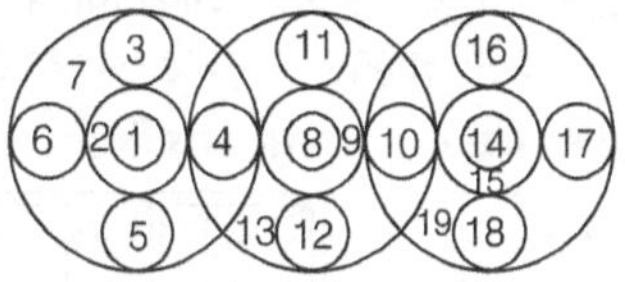

20. *(d)*

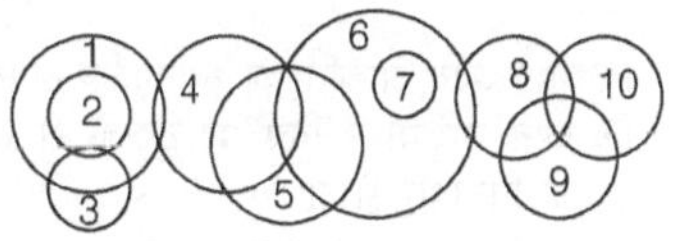

अतः वृत्तों की कुल संख्या = 10

अध्याय 22 आकृति निर्माण
(Figure Formation)

प्रश्न आकृति में दिए गए कागज के विभिन्न छोटे-छोटे टुकड़ों या आकृतियों या डिजाइनों को जोड़कर एक ऐसी आकृति बनाना, जिसमें प्रश्न आकृति के सभी अवयव या कागज के टुकड़े उपस्थित हों, **आकृति निर्माण** (Figure Formation) कहलाता है।

इस प्रकार के प्रश्नों में दो भाग होते हैं, एक भाग प्रश्न आकृति तथा दूसरा भाग उत्तर आकृति हैं। प्रश्न आकृति के अन्तर्गत किसी कागज के विभिन्न टुकड़ों या किसी डिजाइन या पैटर्न के विभिन्न भागों को अव्यवस्थित रूप से दिया जाता है।

अभ्यर्थियों को उस उत्तर आकृति का चयन करना होता है, जो प्रश्न आकृति में दिए गए टुकड़ों या आकृतियों से बनाई जा सकती है अर्थात् जिस उत्तर आकृति में प्रश्न आकृति के सभी अवयव उपस्थित हों।

उदाहरण 1 दी गई उत्तर आकृतियों में से उस उत्तर आकृति को चुनिए, जो प्रश्न आकृति के टुकड़ों से बनाई जा सकती है।

प्रश्न आकृति

उत्तर आकृतियाँ

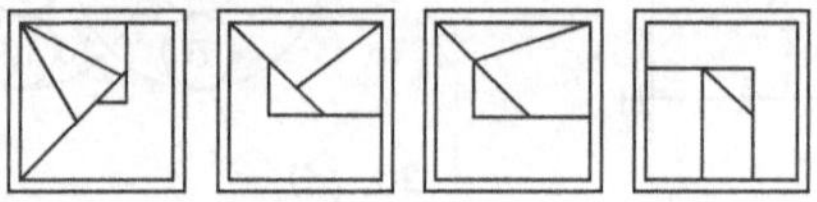

(a) (b) (c) (d)

हल (c) प्रश्न आकृति का ध्यानपूर्वक अवलोकन करने के बाद ज्ञात होता है कि प्रश्न आकृति में दिए गए टुकड़ों से उत्तर आकृति (c) बनाई जा सकती है, जो निम्नवत् होगी।

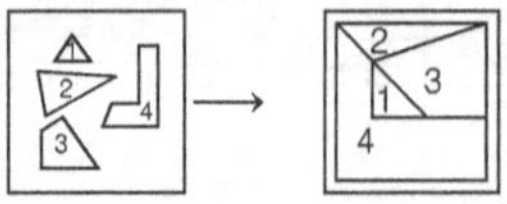

उदाहरण 2 निम्न प्रश्न में पाँच आकृतियाँ दी गई हैं। इनमें से किन तीन आकृतियों को मिलाकर एक समबाहु त्रिभुज बनाया जा सकता है?

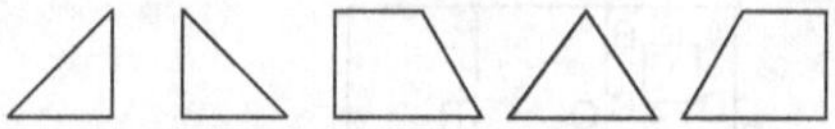

(A) (B) (C) (D) (E)

(a) ABC (b) BCD (c) CDE (d) BDE

हल (c) पाँचों आकृतियों का ध्यानपूर्वक अवलोकन करने के बाद ज्ञात होता है कि आकृति C, D तथा E को मिलाकर समबाहु त्रिभुज बनाया जा सकता है।

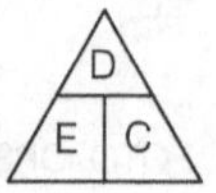

उदाहरण 3 निम्न प्रश्न में पाँच आकृतियाँ दी गई हैं। इनमें से किन तीन आकृतियों को मिलाकर एक वर्ग बनाया जा सकता है?

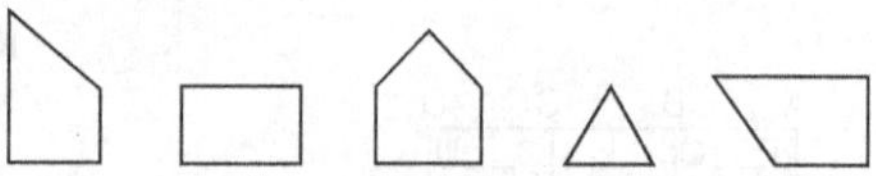

(A) (B) (C) (D) (E)

(a) ABC (b) BCD
(c) CDE (d) ADE

हल (d) पाँचों आकृतियों का ध्यानपूर्वक अवलोकन करने के बाद ज्ञात होता है कि आकृति A, D तथा E को मिलाकर एक पूर्ण वर्ग बनाया जा सकता है।

अभ्यास प्रश्न

निर्देश (प्र. सं. 1-10) *निम्नलिखित प्रत्येक प्रश्न में एक प्रश्न आकृति तथा चार उत्तर आकृतियाँ दी गई हैं। प्रश्न आकृति में दिए गए टुकड़ों से कौन-सी आकृति बनाई जा सकती है? इसे उत्तर आकृतियों में से चुनिए।*

1. प्रश्न आकृति

उत्तर आकृतियाँ

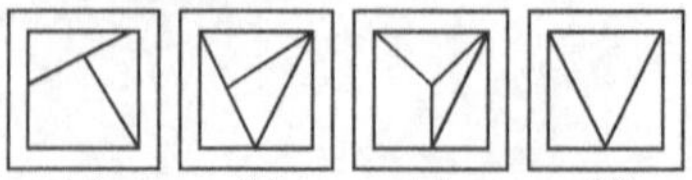

(a) (b) (c) (d)

2. प्रश्न आकृति

उत्तर आकृतियाँ

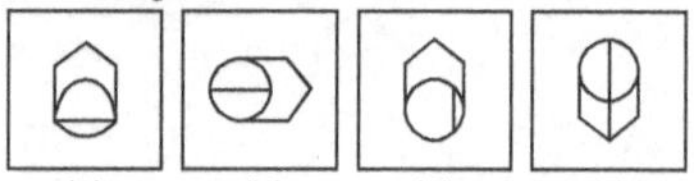

(a) (b) (c) (d)

3. प्रश्न आकृति

उत्तर आकृतियाँ

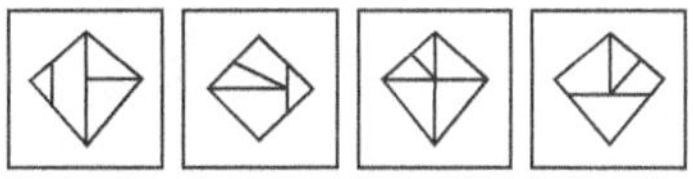

(a) (b) (c) (d)

4. प्रश्न आकृति

उत्तर आकृतियाँ

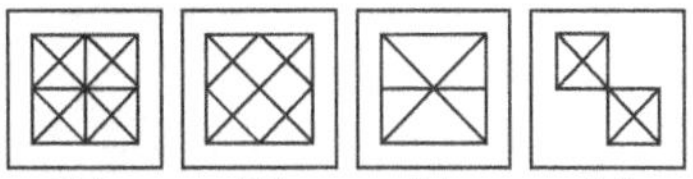

(a) (b) (c) (d)

5. प्रश्न आकृति

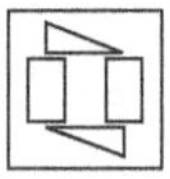

उत्तर आकृतियाँ

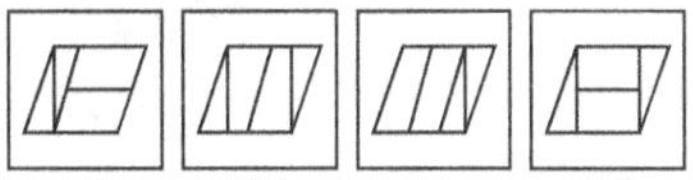

(a) (b) (c) (d)

6. प्रश्न आकृति

उत्तर आकृतियाँ

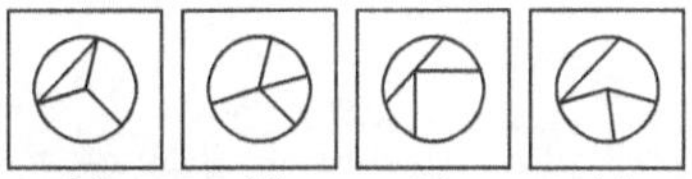

(a) (b) (c) (d)

7. प्रश्न आकृति

उत्तर आकृतियाँ

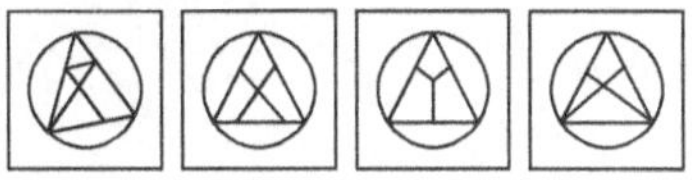

(a) (b) (c) (d)

8. प्रश्न आकृति

उत्तर आकृतियाँ

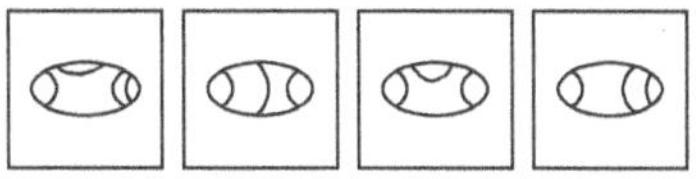

(a) (b) (c) (d)

9. प्रश्न आकृति

उत्तर आकृतियाँ

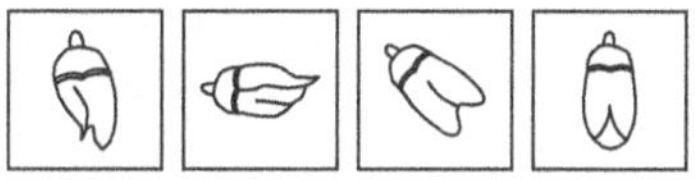

(a) (b) (c) (d)

10. प्रश्न आकृति

उत्तर आकृतियाँ

(a) (b) (c) (d)

निर्देश (प्र. सं. 11-13) *नीचे दिए गए प्रत्येक प्रश्न में पाँच आकृतियाँ दी गई हैं। इनमें से किन तीन आकृतियों को मिलाकर समबाहु त्रिभुज बनाया जा सकता है?*

11.

(A) (B) (C) (D) (E)

(a) BCD
(b) ABC
(c) CDE
(d) BCE

12.

(A) (B) (C) (D) (E)

(a) ABC (b) BCD (c) CDE (d) BDE

13.

(A) (B) (C) (D) (E)

(a) ABC (b) ACE (c) BDE (d) CDE

निर्देश (प्र. सं. 14-17) *नीचे दिए गए प्रत्येक प्रश्न में पाँच आकृतियाँ दी गई हैं। इनमें से किन तीन आकृतियों को मिलाकर एक वर्ग बनाया जा सकता है?*

14.

(A) (B) (C) (D) (E)

(a) ABD (b) ACD (c) BDE (d) CDE

15.

(A) (B) (C) (D) (E)

(a) ABC (b) BCD (c) BDE (d) CDE

16.

(A) (B) (C) (D) (E)

(a) ABD (b) ACD (c) BDE (d) BCE

17.

(A) (B) (C) (D) (E)

(a) ABD
(b) BCD
(c) ACE
(d) CDE

उत्तरमाला

1 (c)	2 (b)	3 (b)	4 (b)	5 (d)
6 (a)	7 (c)	8 (d)	9 (b)	10 (a)
11 (b)	12 (c)	13 (b)	14 (b)	15 (a)
16 (b)	17 (c)			

संख्यात्मक अभिरुचि

अध्याय 01 संख्या पद्धति (Number System)

विभिन्न प्रकार की संख्याओं को लिखने या दर्शाने और संख्याओं के गुणों के आधार पर उन्हें वर्गीकृत करने के सुव्यवस्थित मूलभूत नियमों को संख्या पद्धति कहा जाता है।

किसी भी संख्या को लिखने या दर्शाने के लिए निम्न दस संकेतों या चिह्नों का प्रयोग किया जाता है, जिन्हें अंक कहते हैं।

0, 1, 2, 3, 4, 5, 6, 7, 8, 9 Alumber

किसी भी संख्या में अंकों को दायीं से बायीं ओर क्रमशः इकाई, दहाईं, सैकड़ा, हजार, दस हजार, लाख, दस लाख, करोड़, दस करोड़ आदि स्थानों पर व्यवस्थित किया जाता है।

किसी भी संख्या के अंकों के निम्न दो मान होते हैं

(i) **वास्तविक मान** (Face Value) किसी संख्या के अंक का वह मान, जो कभी नहीं बदलता है, चाहें वह अंक संख्या में किसी भी स्थान पर हो, उस अंक का वास्तविक मान कहलाता है।
जैसे—27584 में 7 का वास्तविक मान 7 ही है।

(ii) **स्थानीय मान** (Place Value) किसी संख्या में अंक का वह मान, जो उसकी विशेष स्थिति के अनुसार बदलता रहता है, उस अंक का स्थानीय मान कहलाता है।
जैसे—27584 में प्रत्येक अंक का स्थानीय मान निम्नवत् है

दस हजार	हजार	सैकड़ा	दहाई	इकाई	स्थानीय मान
2	7	5	8	4	

4 → $4 \times 1 = 4$
8 → $8 \times 10 = 80$
5 → $5 \times 100 = 500$
7 → $7 \times 1000 = 7000$
2 → $2 \times 10000 = 20000$

संख्याओं के प्रकार

संख्याओं के विभिन्न प्रकार निम्न हैं—

1. **प्राकृतिक संख्याएँ** (Natural Numbers) वे सभी संख्याएँ जिनके द्वारा हम वस्तुओं या अन्य किसी क्रम की गणना करते हैं, प्राकृतिक संख्याएँ कहलाती हैं।
जैसे—$N = \{1, 2, 3, 4, \ldots\infty\}$

2. **पूर्ण संख्याएँ** (Whole Numbers) यदि प्राकृतिक संख्याओं में शून्य (0) को भी शामिल कर दिया जाए, तब ये संख्याएँ पूर्ण संख्याएँ कहलाती हैं।
जैसे—$W = \{0, 1, 2, 3, 4, \ldots\infty\}$

3. **पूर्णांक** (Integers) वे सभी संख्याएँ जिनमें ऋणात्मक संख्याओं को धनात्मक संख्याओं के साथ शामिल किया जाता है, पूर्णांक कहलाती हैं।
जैसे—$I = \{-4, -3, -2, -1, 0, 1, 2, 3, 4, \ldots\}$
पूर्णांक निम्न दो प्रकार के होते हैं
(i) **धन पूर्णांक** (Positive Integers) सभी प्राकृतिक संख्याएँ धन पूर्णांक कहलाती हैं।
जैसे—$I^+ = \{1, 2, 3, 4, \ldots\}$
(ii) **ऋण पूर्णांक** (Negative Integers) सभी प्राकृतिक संख्याओं की ऋणात्मक संख्याएँ, ऋण पूर्णांक कहलाती हैं।
जैसे—$I^- = \{-1, -2, -3, -4, \ldots\}$

4. **सम संख्याएँ** (Even Numbers) वे सभी संख्याएँ, जो 2 से पूरी तरह विभाजित हो, सम संख्याएँ कहलाती हैं।
जैसे—2, 4, 6, 8, 10, ...

5. **विषम संख्याएँ** (Odd Numbers) वे सभी संख्याएँ, जो 2 से पूरी तरह विभाजित नहीं होती हैं, विषम संख्याएँ कहलाती हैं।
जैसे—1, 3, ,5 7, 9, ...

6. **भाज्य संख्याएँ** (Composite Numbers) वे सभी संख्याएँ, जो 1 व स्वयं के अतिरिक्त कम-से-कम किसी एक अन्य संख्या से विभाजित हों, भाज्य संख्याएँ कहलाती हैं।
जैसे—4, 6, 10, 25, ...

7. **अभाज्य संख्याएँ** (Prime Numbers) वे सभी संख्याएँ, जो 1 व स्वयं के अतिरिक्त किसी भी अन्य संख्या से विभाजित न हों, अभाज्य संख्याएँ कहलाती हैं।
जैसे—2, 3, 5, 7, 11, 13 ...

8. **परिमेय संख्याएँ** (Rational Numbers) वे सभी संख्याएँ, जो $\frac{p}{q}$ (भिन्न) के रूप में लिखी जा सकती हैं, परिमेय संख्याएँ कहलाती हैं। जहाँ p तथा q दोनों ही पूर्णांक होंगे तथा $q \neq 0$
जैसे— $\frac{3}{8}, \frac{11}{13}, \frac{9}{11}$ ......

9. **अपरिमेय संख्याएँ** (Irrational Numbers) वे सभी संख्याएँ, जिन्हें $\frac{p}{q}$ (भिन्न) के रूप में नहीं लिखा जा सकता है, अपरिमेय संख्याएँ कहलाती हैं। जहाँ p तथा q दोनों ही पूर्णांक होंगे तथा $q \neq 0$.
जैसे—$\sqrt{3}, \sqrt{5}, \sqrt{7}$....

10. **वास्तविक संख्याएँ** (Face Numbers) वे सभी संख्याएँ जो या तो परिमेय हों या फिर अपरिमेय, वास्तविक संख्याएँ कहलाती हैं।
जैसे—$\sqrt{5}, \frac{3}{4}, \sqrt{8}, \frac{1}{2}$ आदि।

महत्त्वपूर्ण बिन्दु

- 0 (शून्य) न तो धन और न ऋण संख्या है केवल पूर्णांक है।
- केवल 2 एक सम अभाज्य संख्या है तथा सबसे छोटी अभाज्य संख्या है।
- 1 न तो भाज्य है और न ही अभाज्य।
- 1 से 100 के मध्य 25 अभाज्य संख्याएँ होती हैं जोकि निम्न हैं 2, 3, 5, 7, 11, 13, 17, 19, 23, 29, 31, 37, 41, 43, 47, 53, 59, 61, 67, 71, 73, 79, 83, 89, 97
- π एक अपरिमेय संख्या है, जिसका मान लगभग $\frac{22}{7}$ या 3.14 होता है।

उदाहरण 1 वह संख्या बताइए जो अभाज्य नहीं है?

(a) 67
(b) 83
(c) 89
(d) 63

हल (d) $\because 67 = 1 \times 67, 83 = 1 \times 83$

$$89 = 1 \times 89 \text{ तथा } 63 = 1 \times 3 \times 3 \times 7$$

संख्याएँ 67, 83, 89 केवल 1 और स्वयं से विभाजित होंगी जबकि 63 अन्य संख्याओं से भी विभाजित होगी।

अतः 63 अभाज्य नहीं है।

विभाज्यता की जाँच

संख्याओं की विभाज्यता की जाँच (Test of Divisibility) निम्न प्रकार से की जाती है

(i) **2 से विभाज्यता** यदि दी गई संख्या के इकाई के स्थान पर शून्य या सम संख्या हो, तो वह संख्या 2 से पूर्णतः विभाज्य होगी।
जैसे— 44, 200, 230, आदि।

(ii) **3 से विभाज्यता** यदि दी गई संख्या के सभी अंकों का योग 3 से विभाजित हो जाता है, तो वह संख्या 3 से पूर्णतः विभाज्य होगी।
जैसे—1338
यहाँ, 1338 के अंकों का योग $= 1 + 3 + 3 + 8 = 15$

$\because \quad 15 \div 3 = 5$

अतः संख्या 1338, 3 से पूर्णतः विभाज्य है।

(iii) **4 से विभाज्यता** यदि दी गई संख्या के इकाई व दहाई अंकों द्वारा बनी संख्या 4 से विभाज्य हो या अन्तिम दोनों अंक शून्य हों, तब वह संख्या 4 से पूर्णतः विभाज्य होगी।
जैसे—15436, 600, आदि।

(iv) **5 से विभाज्यता** यदि दी गई संख्या के इकाई का अंक शून्य या 5 हो, तो वह संख्या 5 से पूर्णतः विभाज्य होगी।
जैसे—120, 225, आदि।

(v) **6 से विभाज्यता** यदि दी गई संख्या 2 व 3 से पूर्णतः विभाजित हो, तो वह संख्या 6 से भी पूर्णतः विभाज्य होगी।
जैसे—145926

(vi) **7 से विभाज्यता** यदि दी गई संख्या के इकाई अंक को दोगुना करके शेष अंकों से बनी संख्या में से घटा देने के बाद प्राप्त संख्या 0 हो या 7 से विभाज्य हो, तो दी गई संख्या 7 से पूर्णतः विभाज्य होगी। यह प्रक्रिया दोहराई भी जा सकती है।
जैसे—2429

(vii) **8 से विभाज्यता** यदि दी गई संख्या के अन्तिम तीन अंकों द्वारा बनी संख्या 8 से विभाजित हो या अन्तिम तीन अंक शून्य हों, तो वह संख्या 8 से पूर्णतः विभाज्य होगी।
जैसे—321000, 641512, आदि।

(viii) **9 से विभाज्यता** यदि दी गई संख्या के सभी अंकों का योग 9 से विभाजित हो, तो वह संख्या 9 से पूर्णतः विभाज्य होगी।
जैसे—29034, 9 से पूर्णतः विभाज्य है, क्योंकि इसके अंकों का योग $2 + 9 + 0 + 3 + 4 = 18$, 9 से पूर्णतः विभाजित है।

(ix) **10 से विभाज्यता** यदि दी गई संख्या का इकाई का अंक शून्य हो, तो वह संख्या 10 से पूर्णतः विभाज्य होगी।
जैसे—150, 250, 4000, आदि।

(x) **11 से विभाज्यता** यदि दी गई संख्या के इकाई अंक से बाईं ओर चलने पर विषम स्थानों के अंकों का योग तथा सम स्थानों के अंकों के योग का अन्तर या तो शून्य हो या 11 से विभाजित हो, तो वह संख्या 11 से पूर्णतः विभाज्य होगी।
जैसे—7127362
यहाँ, सम स्थानों के अंकों का योग $= 1 + 7 + 6 = 14$
तथा विषम स्थानों के अंकों का योग $= 7 + 2 + 3 + 2 = 14$
$\therefore$ अभीष्ट अन्तर $= 14 - 14 = 0$
अतः संख्या 7127362, 11 से पूर्णतः विभाज्य होगी।

उदाहरण 2 संख्या 275_476 को पूरी तरह से 11 से विभाज्य करने के लिए खाली स्थान पर कौन-सा अंक होना चाहिए?

(a) 6 (b) 4 (c) 2 (d) 3

हल (d) माना खाली स्थान पर अंक a है।

तब संख्या $= 275a476$

अब चूँकि संख्या 11 से विभाज्य है।

तब सम स्थानों के अंकों का योग और विषम स्थानों के अंकों का योग का अन्तर या तो शून्य या 11 से विभाज्य होगा।

$\therefore$ अन्तर $= (2 + 5 + 4 + 6) - (7 + a + 7) = 17 - 14 - a = 3 - a$

$a = 3$ के लिए अन्तर शून्य होगा।

अतः अभीष्ट अंक = 3

संख्याओं पर भाग की संक्रिया

माना संख्या a को संख्या b से भाग देने पर प्राप्त भागफल x तथा शेषफल y है, जहाँ $b \neq 0$, तब $a = bx + y \; (0 < y < b)$

अर्थात् भाज्य = भाजक $\times$ भागफल + शेषफल

जहाँ, भाज्य $= a$ (वह संख्या, जिसमें भाग दिया गया है)

तथा भाजक $= b$ (वह संख्या, जिससे भाग दिया गया है)

महत्त्वपूर्ण बिन्दु

- a और b के बीच n से विभाजित होने वाली संख्याएँ $= \frac{d-c}{n} + 1$, जहाँ c और d, a और b के बीच सबसे छोटी और सबसे बड़ी n से विभाजित संख्याएँ हैं।
- n के सभी मानों के लिए $(x^n - a^n)$, $(x - a)$ से सदैव पूर्णतया विभाजित होगा।
- केवल n के सम मानों के लिए $(x^n - a^n)$, $(x + a)$ से पूर्णतया विभाजित होगा।
- केवल n के विषम मानों के लिए $(x^n + a^n)$, $(x + a)$ से पूर्णतया विभाजित होगा।

उदाहरण 3 विभाजन के एक प्रश्न में भाजक, भागफल का 12 गुना तथा शेषफल का 5 गुना है। तद्नुसार, यदि शेषफल 36 हो, तो भाज्य कितना होगा?

(a) 2706 (b) 2796 (c) 2736 (d) 2826

हल (c) भाजक = 5 × शेषफल = 5 × 36 = 180

पुनः भाजक = 12 × भागफल

∴ 180 = 12 × भागफल

∴ भागफल $= \frac{180}{12} = 15$

∵ भाज्य = भाजक × भागफल + शेषफल

= 180 × 15 + 36 = 2700 + 36 = 2736

अतः भाज्य = 2736

ट्रिक 1

यदि किसी संख्या को a से भाग देने पर शेषफल r प्राप्त होता है, तो उसी संख्या को b से भाग देने पर शेषफल $= \frac{r}{b}$ से प्राप्त शेषफल, जबकि $b < r$ है।

इकाई अंक ज्ञात करना

संख्याओं में इकाई के अंक निम्न प्रकार ज्ञात करते हैं

संख्याओं के गुणनफल में इकाई का अंक ज्ञात करना

दो या दो से अधिक संख्याओं के गुणनफल में इकाई का अंक ज्ञात करने के लिए प्रत्येक संख्या के इकाई के अंकों को लेकर आपस में गुणा करते हैं। यदि गुणनफल में कोई दहाई का अंक आ जाए, तो उसका इकाई का अंक लेकर पुनः गुणा करते हैं। इस प्रकार, अन्त में प्राप्त संख्या का इकाई का अंक ही अभीष्ट इकाई का अंक होता है।

उदाहरण 4 674 × 218 × 437 × 513 में इकाई का अंक है

(a) 2 (b) 3 (c) 4 (d) 5

हल (a) $67\underline{4} \times 21\underline{8} \times 43\underline{7} \times 51\underline{3}$ में इकाई का अंक

$= \underline{4 \times 8} \times \underline{7 \times 3}$ में इकाई का अंक

$= \underline{32} \times \underline{21}$ में इकाई का अंक = 2 × 1 में इकाई का अंक = 2

अतः अभीष्ट इकाई का अंक 2 है।

घातीय रूप की संख्याओं में इकाई का अंक ज्ञात करना

1. यदि दी गई संख्या के आधार का इकाई का अंक 0, 1, 5, 6 हो, तो उसका इकाई का अंक अपरिवर्तित रहता है।

   जैसे– $(576)^{1151}$ का इकाई का अंक = 6

2. यदि दी गई संख्या के आधार का इकाई का अंक 2 हो, तो उसकी घात को 4 से भाग देकर 2^4 के रूप में लिखते हैं तथा सरल करते हैं अर्थात्

   2^4 में इकाई का अंक = 6

   जैसे– $(572)^{443}$ में इकाई का अंक = $(2)^{443}$ का इकाई का अंक

   $= (2^4)^{110} \times 2^3$ में इकाई का अंक = 6 × 8 में इकाई का अंक

   = 48 में इकाई का अंक = 8

   अतः $(572)^{443}$ में इकाई का अंक 8 है।

3. इसी प्रकार, आधार संख्या के इकाई के अंक 4 तथा 8 वाली संख्याओं में इकाई का अंक ज्ञात करते हैं अर्थात्

   4^4 में इकाई का अंक = 8^4 में इकाई का अंक = 6

4. यदि दी गई संख्या में आधार संख्या के इकाई का अंक 3 या 7 हो, तो उपरोक्त प्रक्रिया के अनुसार ही सरल करते हैं, परन्तु 3^4 में इकाई का अंक = 7^4 में इकाई का अंक = 1

5. यदि दी गई संख्या में इकाई का अंक 9 है, तो घात विषम होने पर इकाई का अंक 9 तथा घात सम होने पर इकाई का अंक 1 होगा।

   जैसे– $(539)^{140}$ में इकाई का अंक = 1 (∵ घात सम है)

   तथा $(539)^{141}$ में इकाई का अंक = 9 (∵ घात विषम है)

उदाहरण 5 $7^{71} \times 6^{63} \times 3^{65}$ के गुणनफल में इकाई का अंक कितना होगा?

(a) 1 (b) 2 (c) 3 (d) 4

हल (d) $7^{71} \times 6^{63} \times 3^{65}$ में इकाई का अंक

$= 7^{4 \times 17 + 3} \times 6 \times 3^{16 \times 4 + 1}$ में इकाई का अंक

$= (7^4)^{17} \times 7^3 \times 6 \times (3^4)^{16} \times 3$ में इकाई का अंक

= 3 × 6 × 3 में इकाई का अंक = 4

विशेष संख्याओं की श्रेणियों का योग

- प्रथम n प्राकृतिक संख्याओं का योग $= \frac{n(n+1)}{2}$
- प्रथम n सम प्राकृतिक संख्याओं का योग $= n(n+1)$
- 1 से n तक की सम प्राकृतिक संख्याओं का योग $= \frac{n}{2}\left(\frac{n}{2}+1\right)$
- प्रथम n विषम प्राकृतिक संख्याओं का योग $= n^2$
- 1 से n तक की विषम प्राकृतिक संख्याओं का योग $= \left(\frac{n+1}{2}\right)^2$
- प्रथम n प्राकृतिक संख्याओं के वर्गों का योग $= \frac{n(n+1)(2n+1)}{6}$
- प्रथम n प्राकृतिक संख्याओं के घनों का योग $= \left\{\frac{n(n+1)}{2}\right\}^2$
- दो क्रमागत संख्याओं के वर्गों का अन्तर सदैव एक विषम संख्या होती है, जो दोनों संख्याओं के योग के बराबर होती है।

भिन्न

भिन्न (Fraction) एक ऐसी संख्या है, जिसे $\frac{p}{q}$ के रूप में व्यक्त किया जाता है। p को भिन्न का अंश और q को हर कहते हैं।

भिन्नों के प्रकार

भिन्नों के मुख्य प्रकार निम्नवत् हैं

1. **उचित भिन्न** (Proper Fraction) यदि किसी भिन्न का अंश हर से कम होता है, तो ऐसी भिन्न उचित भिन्न कहलाती है।

   जैसे– $\frac{2}{7}, \frac{4}{5}$ आदि।

2. **अनुचित/विषम भिन्न** (Improper Fraction) यदि किसी भिन्न का अंश, हर से अधिक होता है, तो ऐसी भिन्न अनुचित भिन्न कहलाती है।

   जैसे– $\frac{13}{4}, \frac{17}{12}$ आदि।

3. **मिश्रित भिन्न** (Mixed Fraction) ऐसी भिन्न, जो पूर्णांक तथा एक भिन्न से मिलकर बनी होती है, मिश्रित भिन्न कहलाती है।

जैसे— $3\frac{1}{4}, 4\frac{7}{5}$ आदि।

4. **व्युत्क्रम भिन्न** (Inverse Fraction) किसी भिन्न के अंश तथा हर को परस्पर बदलने से प्राप्त भिन्न उस भिन्न की व्युत्क्रम भिन्न कहलाती है।

जैसे— $\frac{5}{7}$ की व्युत्क्रम भिन्न $\frac{7}{5}$ है।

5. **सतत् भिन्न** (Continuous Fraction) निम्न रूप से लिखी जाने वाली भिन्न सतत् भिन्न कहलाती है।

जैसे— $3+\cfrac{2}{4+\cfrac{1}{1+\cfrac{5}{6}}}$

सतत् भिन्न को हल करने के लिए नीचे से सरल करना प्रारम्भ करते हैं।

भिन्नों की संक्रियाएँ

अन्य संख्याओं के समान ही भिन्नों की भी गणितीय संक्रियाएँ (Mathematical operations of fraction) अर्थात् जोड़, घटाव, गुणा तथा भाग इत्यादि होती है।

- भिन्नों को जोड़ते तथा घटाते समय उनके हरों को समान करते हैं और फिर अंश को जोड़ते या घटाते हैं।
- भिन्नों की गुणा करते समय अंश की अंश से तथा हर की हर से गुणा होती है अर्थात्

$$\frac{a}{b}\times\frac{c}{d}=\frac{a\times c}{b\times d}$$

- भिन्नों का भाग करते समय भाजक के स्थान की भिन्न के अंश और हर को आपस में बदलकर भाज्य से गुणा करते हैं अर्थात्

$$\frac{a}{b}\div\frac{c}{d}=\frac{a}{b}\times\frac{d}{c}=\frac{ad}{bc}$$

दशमलव भिन्न

ऐसी भिन्न, जिसका हर 10 या 10 की घात के रूप में होता है, दशमलव भिन्न (Decimal Fraction) कहलाती है। जैसे–$\frac{2}{10}, \frac{3}{100}, \frac{5}{1000}$ अर्थात्

0.2, 0.03, 0.005 आदि।

दशमलव भिन्नों के प्रकार

दशमलव भिन्नों के मुख्य प्रकार निम्न हैं

1. **पुनरावृत्त दशमलव भिन्न** (Recurring Decimal Fraction) वह दशमलव भिन्न जिसमें दशमलव के बाद एक से अधिक बार अंकों की पुनरावृत्ति हो अर्थात् एक ही अंक बार-बार आए, पुनरावृत्त दशमलव भिन्न कहलाती है। ऐसी संख्याओं को प्रदर्शित करने के लिए पुनरावृत्त अंकों पर रेखा या बार खींचते हैं।

जैसे— $\frac{2}{3}=0.6666\ldots=0.\overline{6}$

तथा $\frac{22}{7}=3.\overline{142857}$

2. **शुद्ध पुनरावृत्त दशमलव भिन्न** (Pure Recurring Decimal Fraction) वह दशमलव भिन्न, जिनमें दशमलव के बाद के सभी अंकों की पुनरावृत्ति होती है, शुद्ध पुनरावृत्त दशमलव भिन्न कहलाती है।

जैसे— $0.786786786\ldots=0.\overline{786}$ तथा $0.575757\ldots=0.\overline{57}$, आदि।

ऐसी भिन्नों को साधारण भिन्न में परिवर्तित करने के लिए दशमलव भिन्न के अंश को बिना दशमलव के अंश में लिखा जाता है तथा हर में उतनी ही बार 9 लिखा जाता है, जितने अंकों की पुनरावृत्ति होती है।

3. **मिश्रित पुनरावृत्त दशमलव भिन्न** (Mixed Recurring Decimal Fraction) वह दशमलव भिन्न, जिनमें दशमलव के बाद के सभी अंकों की पुनरावृत्ति नहीं होती है अर्थात् कुछ अंकों की होती है तथा कुछ अंकों की नहीं होती है, मिश्रित पुनरावृत्त दशमलव भिन्न कहलाती है।

जैसे— $0.179999\ldots=0.17\overline{9}$ तथा $0.6393939\ldots=0.6\overline{39}$, आदि।

ऐसी भिन्नों को साधारण भिन्न में परिवर्तित करने के लिए दशमलव के बाद के सभी अंकों की संख्या में से अपुनरावृत्त भाग को घटाकर अंश के रूप में लिख लेते हैं तथा हर में जितने अंकों की पुनरावृत्ति हो रही है, उतनी ही बार 9 लेकर उसके बाद उतने ही शून्य लगाते हैं, जितने अपुनरावृत्त अंक हैं।

उदाहरण 6 $0.12\overline{36}$ का साधारण (भिन्न में) मान होगा

(a) $\frac{101}{825}$ (b) $\frac{102}{825}$

(c) $\frac{103}{825}$ (d) $\frac{104}{825}$

हल (b) $\therefore 0.12\overline{36}=\frac{1236-12}{9900}=\frac{1224}{9900}=\frac{102}{825}$

भिन्नों की तुलना

दी गई दो या दो से अधिक भिन्नों की तुलना (Comparison of Fraction) करने की विभिन्न विधियाँ निम्न प्रकार हैं।

1. **भिन्नों को दशमलव रूप में परिवर्तित करके** यदि दो या दो से अधिक भिन्नों की तुलना करनी हो, तो उन्हें दशमलव रूप में परिवर्तित करके उनकी तुलना की जा सकती है।
2. **भिन्नों के हर समान करके** यदि दी गई भिन्नों के हर असमान हैं, तो सभी भिन्नों के हरों का ल.स. ज्ञात करके उनके हर समान कर लिए जाते हैं। फिर उनके अंशों की तुलना की जाती है। तब, बड़े अंश वाली भिन्न सबसे बड़ी होती है तथा छोटे अंश वाली भिन्न सबसे छोटी होती है।

उदाहरण 7 निम्न में से कौन-सी भिन्न 2/3 से छोटी नहीं है?

(a) $\frac{7}{12}$ (b) $\frac{11}{18}$

(c) $\frac{9}{15}$ (d) $\frac{17}{24}$

हल (d) $\because \frac{2}{3}=0.6666\ldots$

विकल्प (a) से, $\frac{7}{12}=0.5833$,

विकल्प (b) से, $\frac{11}{18}=0.6111$

विकल्प (c) से, $\frac{9}{15}=0.6000$,

विकल्प (d) से, $\frac{17}{24}=0.7083$

उपरोक्त से स्पष्ट है कि, भिन्न $\frac{17}{24}, \frac{2}{3}$ से छोटी नहीं है।

महत्तम समापवर्तक एवं लघुत्तम समापवर्त्य

अपवर्तक (गुणनखण्ड) किसी संख्या का अपवर्तक (Factor) वे सभी संख्याएँ होती हैं, जो उस संख्या को पूर्णतया विभाजित कर देती हैं।

जैसे– 42 के अपवर्तक = 1, 2, 3, 6, 7, 14, 21, 42,

48 के अपवर्तक = 1, 2, 3, 4, 6, 8, 12, 16, 24, 48

अपवर्त्य (गुणज) किसी संख्या का अपवर्त्य (Multiple) वे सभी संख्याएँ होती हैं, जो उस संख्या से पूर्णतया विभाजित हो जाती हैं।

जैसे– 3 के अपवर्त्य = 3, 6, 9, 12, 15, 18, ...

4 के अपवर्त्य = 4, 8, 12, 16, 20, 24, ...

महत्तम समापवर्तक

ऐसी बड़ी-से-बड़ी संख्या, जो दी गई दो या दो से अधिक संख्याओं को पूर्णतया विभाजित करे, दी गई संख्याओं का महत्तम समापवर्तक (HCF) कहलाती है।

महत्तम समापवर्तक ज्ञात करने की विधियाँ

दो या दो से अधिक संख्याओं का म.स. ज्ञात करने की निम्न दो विधियाँ हैं

1. **अभाज्य गुणनखण्ड विधि** (Prime Factorisation Method) सर्वप्रथम, दी गई संख्याओं को अभाज्य गुणनखण्डों के गुणनफल के रूप में लिख लेते हैं, तत्पश्चात् सभी संख्याओं में उभयनिष्ठ गुणनखण्डों का गुणनफल ज्ञात करते हैं, जो दी गई संख्याओं का म.स. होता है।

उदाहरण 8 संख्याओं 24, 30 तथा 42 का म.स. है

(a) 21 (b) 6 (c) 12 (d) 32

हल (b) ∵ $24 = 2 \times 2 \times 2 \times 3$, $30 = 2 \times 3 \times 5$,

तथा $42 = 2 \times 3 \times 7$

यहाँ, 24, 30 तथा 42 में उभयनिष्ठ गुणनखण्ड 2 तथा 3 है।

∴ 24, 30 तथा 42 का म.स. $= 2 \times 3 = 6$

2. **भाग विधि** (Division Method) सर्वप्रथम, दी गई दो संख्याओं में से बड़ी संख्या को छोटी संख्या से विभाजित करके शेषफल प्राप्त करते हैं तथा प्राप्त शेषफल से भाजक को भाग दिया जाता है। यह प्रक्रिया तब तक दोहराई जाती है, जब तक कि शेषफल शून्य न प्राप्त हो जाए। इस प्रकार अन्तिम भाजक ही दी गई दो संख्याओं का अभीष्ट म.स. होता है।

दो से अधिक संख्याओं का म.स. ज्ञात करने के लिए सबसे पहले दो संख्याओं का म.स. ज्ञात किया जाता है, तत्पश्चात् इस म.स. का तीसरी संख्या के साथ म.स. ज्ञात करते हैं। यह म.स. ही तीनों संख्याओं का अभीष्ट म.स. होता है।

उदाहरण 9 संख्याओं 144, 180 तथा 192 का म.स. है

(a) 540 (b) 432 (c) 36 (d) 12

हल (d) पहले 144 व 180 का म.स. ज्ञात करते हैं

```
144) 180 (1
     144
     ----
      36) 144 (4
          144
          ---
           ×
```

∴ 144 व 180 का म.स. = 36

अब, 36 व 192 का म.स. ज्ञात करेंगे

```
36) 192 (5
    180
    ---
     12) 36 (3
         36
         --
          ×
```

∵ अन्तिम भाजक 12 है।

∴ 144, 180 तथा 192 का म.स. = 12

लघुत्तम समापवर्त्य

ऐसी छोटी-से-छोटी संख्या, जो दी गई दो या दो से अधिक संख्याओं में से प्रत्येक से पूर्णतया विभाजित हो, दी गई संख्याओं का लघुत्तम समापवर्त्य (LCM) कहलाती है।

लघुत्तम समापवर्त्य ज्ञात करने की विधियाँ

दो या दो से अधिक संख्याओं का ल.स. ज्ञात करने की निम्न दो विधियाँ हैं

1. **अभाज्य गुणनखण्ड विधि** (Prime Factorisation Method) सर्वप्रथम, दी गई संख्याओं को अभाज्य गुणनखण्ड के गुणनफल के रूप में लिखते हैं, तत्पश्चात् गुणनफलों को अभाज्य गुणनखण्डों की घातांकों के गुणनफल में लिखते हैं तथा इनमें से अधिकतम घातांकों वाले अभाज्य गुणनखण्डों का गुणनफल ज्ञात करते हैं, जो दी गई संख्याओं का अभीष्ट ल.स. होता है।

उदाहरण 10 24, 36 व 60 का ल.स. ज्ञात कीजिए।

(a) 180 (b) 360

(c) 540 (d) 380

हल (b) ∵ $24 = 2 \times 2 \times 2 \times 3 = 2^3 \times 3$,

$36 = 2 \times 2 \times 3 \times 3 = 2^2 \times 3^2$,

तथा $60 = 2 \times 2 \times 3 \times 5 = 2^2 \times 3 \times 5$

∴ 24, 36 व 60 का ल.स. $= 2^3 \times 3^2 \times 5 = 8 \times 9 \times 5 = 360$

2. **भाग विधि** (Division Method) सर्वप्रथम, दी गई संख्याओं को एक पंक्ति में लिखकर छोटी-से-छोटी अभाज्य संख्या से भाग देते हैं, तत्पश्चात् प्राप्त भागफलों तथा बची संख्याओं को अगली पंक्ति में लिखकर फिर छोटी-से-छोटी अभाज्य संख्या से भाग देते हैं तथा यह प्रक्रिया तब तक दोहराते हैं जब तक कि प्रत्येक संख्या के नीचे भागफल 1 प्राप्त न हो जाए। अन्त में सभी अभाज्य भाजकों का गुणनफल ज्ञात करते हैं। इस प्रकार प्राप्त गुणनफल ही अभीष्ट ल.स. होता है।

उदाहरण 11 48, 72 तथा 108 का ल. स. ज्ञात कीजिए।

(a) 432 (b) 216
(c) 320 (d) 540

हल (a)

2	48, 72, 108
2	24, 36, 54
2	12, 18, 27
2	6, 9, 27
3	3, 9, 27
3	1, 3, 9
3	1, 1, 3
	1, 1, 1

48, 72 तथा 108 का ल. स. = $2\times2\times2\times2\times3\times3\times3 = 432$

भिन्नों का ल. स. तथा म. स. ज्ञात करना

भिन्नों का ल.स. तथा म.स. दी गई भिन्नों को सरलतम रूप में परिवर्तित करके निम्न सूत्रों की सहायता से ज्ञात किया जाता है।

(i) भिन्नों का म.स. $= \dfrac{\text{अंशों का म.स.}}{\text{हरों का ल.स.}}$

(ii) भिन्नों का ल.स. $= \dfrac{\text{अंशों का ल.स.}}{\text{हरों का म.स.}}$

दी गई संख्याओं के ल. स. तथा म. स. में सम्बन्ध

दो संख्याओं का गुणनफल = संख्याओं का म. स. × संख्याओं का ल. स.

अर्थात् प्रथम संख्या × दूसरी संख्या

= संख्याओं का म. स. × संख्याओं का ल. स.

उदाहरण 12 दो संख्याओं का ल.स. 864 तथा म.स. 144 है। यदि इनमें से एक संख्या 288 हो, तो दूसरी संख्या क्या होगी?

(a) 432
(b) 345
(c) 540
(d) 324

हल (a) दिया है, पहली संख्या = 288, संख्याओं का ल.स. = 864 तथा संख्याओं का म.स. = 144

हम जानते हैं कि, दूसरी संख्या $= \dfrac{\text{ल.स.} \times \text{म.स.}}{\text{पहली संख्या}}$

$= \dfrac{864 \times 144}{288} = 432$

अभ्यास प्रश्न

1. यदि एक दो अंकों की संख्या में, इकाई के स्थान पर y अंक है और दहाईं के स्थान पर 5 अंक है, तो वह संख्या है

(a) $50y + y$ (b) $5y + 5$
(c) $50 + y$ (d) $50y + 5$

2. वह संख्या बताइये जो अभाज्य नहीं है?

(a) 89 (b) 87 (c) 79 (d) 97

3. 30 और 42 के बीच की सभी अविभाज्य संख्याओं का योग क्या है?

(a) 103 (b) 109 (c) 105 (d) 104

4. 3 अंकों वाली कितनी संख्याएँ हैं, जो पूरी तरह 4 से विभाजित हैं?

(a) 225 (b) 224 (c) 223 (d) 222

5. 2957 के साथ ऐसी कौन-सी न्यूनतम संख्या को जोड़ा जाए, ताकि योग 17 से पूरी तरह से विभाज्य हो?

(a) 9 (b) 2 (c) 3 (d) 1

6. एक संख्या 35786 X 625 पूरी तरह से 9 से विभाज्य है, 'X' की जगह में सबसे छोटी पूर्ण संख्या ज्ञात करें?

(a) 0 (b) 1 (c) 2 (d) 3

7. सात अंकों की संख्या 78x 1y 68, संख्या 88 से विभाज्य है। $(x + y)$ का मान है

(a) 13 (b) 14
(c) 10 (d) 11

8. अभिव्यक्ति $\dfrac{550 \times 651 \times 662}{7}$ का शेषफल ज्ञात करें।

(a) 5 (b) 4 (c) 0 (d) 3

9. $(4764)^{1795}$ को 5 से भाग दिया जाता है। शेषफल है

(a) 1 (b) 2 (c) 3 (d) 4

10. वह बड़ी-से बड़ी अभाज्य संख्या क्या है जिससे 871 पूर्णत: विभाजित हो जाता है?

(a) 13 (b) 1 (c) 67 (d) 81

11. किसी संख्या को 899 से भाग देने पर शेष 63 प्राप्त होता है। यदि उस संख्या को 29 से भाग दें, तो शेष प्राप्त होगा

(a) 10 (b) 5 (c) 4 (d) 2

12. भाग की एक संक्रिया में भाजक, भागफल का 12 गुना और शेषफल का 5 गुना है। यदि शेष 48 हो, तो भाज्य कितना होगा?

(a) 4848 (b) 676
(c) 250 (d) 5800

13. $(2137)^{754}$ में इकाई का अंक होगा

(a) 1 (b) 3 (c) 7 (d) 9

14. $(124)^{372} + (124)^{373}$ के योग में इकाई का अंक कौन-सा है?

(a) 5 (b) 4 (c) 2 (d) 0

15. $3^{26} \times 11^{42} \times 7^{35}$ के गुणनफल में इकाई का अंक कितना होगा?

(a) 1 (b) 3 (c) 5 (d) 7

16. प्रथम 20 विषम प्राकृतिक संख्याओं का योग क्या होगा?

(a) 210 (b) 300 (c) 400 (d) 420

17. 1 और 60 के बीच सभी सम संख्याओं का योग क्या होगा?

(a) 870 (b) 960 (c) 840 (d) 930

18. एक रस्सी की लम्बाई 8 फीट और 9 इन्च है, जो 3 बराबर भागों में विभाजित है। इन्च में प्रत्येक भाग की लम्बाई क्या है?

(a) 31 (b) 33 (c) 35 (d) 37

19. दो संख्याओं के बीच का अन्तर 1146 है। जब हम बड़ी संख्या को छोटी संख्या से विभाजित करते हैं, तो हमे भागफल 4 और शेषफल 6 प्राप्त होता है। बड़ी संख्या ज्ञात कीजिए।

(a) 1526 (b) 1431 (c) 1485 (d) 1234

20. दो बाल्टियाँ हैं, एक छोटी और एक बड़ी, छोटी वाली बाल्टी, बड़ी बाल्टी का केवल 3/5 वाँ हिस्सा रख सकती है। यदि एक तालाब भरने के लिए 6000 बड़ी क्षमता की बाल्टी की आवश्यकता होती है, तो उसी तालाब को भरने के लिए कितनी छोटी क्षमता वाली बाल्टी चाहिए?

(a) 8000 (b) 10000
(c) 12000 (d) 15000

21. जब 0.090909...... को भिन्न में बदला जाए, तो परिणाम क्या होगा?

(a) 1/33 (b) 1/11 (c) 2/33 (d) 6/11

22. $9\dfrac{1}{11}$ का दशमलव (भिन्न में) मान है

(a) 9.99 (b) 9.111 (c) 9.09 (d) 9

23. $6.651 - (148.6 - x) - 57.22 = 6.098$ है, तो x ज्ञात करें।

(a) 205.267 (b) 90.827
(c) −91.933 (d) 218.569

24. $(0.17\overline{59} + 0.30\overline{41})$ का मान .... है।
(a) $0.48\overline{02}$ (b) $0.48\overline{01}$
(c) $0.47\overline{01}$ (d) $0.48\overline{11}$

25. 6/5 और 3/7 के व्युत्क्रम के योग का व्युत्क्रम क्या है?
(a) 57/18 (b) 35/57
(c) 18/57 (d) 57/35

26. यदि 192 किसी संख्या के 8/5 का 6/7 है, तो उस संख्या का 3/4 क्या होगा?
(a) 105 (b) 77 (c) 36 (d) 80

27. भिन्नों $\frac{15}{16}, \frac{19}{20}, \frac{24}{25}, \frac{34}{35}$ में सबसे छोटी भिन्न है
(a) $\frac{34}{35}$ (b) $\frac{15}{16}$
(c) $\frac{19}{20}$ (d) $\frac{24}{25}$

28. निम्नलिखित में से कौन-सा बढ़ते हुए सही क्रम में है
(a) $\frac{5}{7}, \frac{9}{11}, \frac{7}{8}$ (b) $\frac{5}{7}, \frac{7}{8}, \frac{9}{11}$
(c) $\frac{7}{8}, \frac{5}{7}, \frac{9}{11}$ (d) $\frac{9}{11}, \frac{7}{8}, \frac{5}{7}$

29. किसी भिन्न के अंश तथा हर का योग 13 है। यदि अंश में एक जोड़ दिया जाए तथा हर में से 2 घटा दिया जाए, तो भिन्न $\frac{1}{2}$ बन जाती है। भिन्न का मान है
(a) $\frac{7}{12}$ (b) $\frac{3}{10}$
(c) 3 (d) $\frac{13}{50}$

30. एक जहाज कार्गो कण्टेनर से भरा है। यह पहले बन्दरगाह पर 2/3 कार्गो कण्टेनरों को छोड़ देता है और 60 कण्टेनर और उठाता है। दूसरे बन्दरगाह पर यह कुल का दो-तिहाई गिरा देता है और 11 कण्टेनर और उठाता है। तीसरे बन्दरगाह पर पहुँचने पर यह पाया गया कि जहाज में 48 कार्गो कण्टेनर हैं। शुरुआत में जहाज में कार्गो कण्टेनरों की संख्या ज्ञात कीजिए।
(a) 189 (b) 159 (c) 161 (d) 153

31. तंजीम ने अपने वेतन का 1/5 अपने दोस्तों पर खर्च किया, आवास पर वेतन का 1/10 खर्च किया और वेतन का 1/4 बचत पर लगा दिया। अगर ₹ 1800 उसने अपने बटुए में छोड़ दिए, तो बताइए उसने आवास और बचत पर कुल कितना व्यय किया?
(a) ₹ 1200 (b) ₹ 1400
(c) ₹ 1600 (d) ₹ 1800

32. 36, 40 और 48 के महत्तम समापवर्तक का वर्ग क्या होगा?
(a) 16 (b) 49 (c) 25 (d) 36

33. 15, 18, 36 और 144 का लघुत्तम समापवर्त्य होगा
(a) 144 (b) 360 (c) 1440 (d) 720

34. दो संख्याओं का म.स. 96 तथा उनका ल.स. 1296 है। यदि एक संख्या 864 है, तो दूसरी संख्या क्या है?
(a) 11664 (b) 72
(c) 64 (d) 144

35. दो संख्याओं का गुणनफल 4107 है। यदि उनका म.स. 37 हो, तो उनमें बड़ी संख्या होगी
(a) 185 (b) 111 (c) 107 (d) 101

36. निम्नलिखित में से कौन-सी संख्या, 7, 11 और 13 से पूर्णत: विभाज्य है?
(a) 15004 (b) 14993 (c) 14982 (d) 15015

37. दो बर्तनों की क्षमता 120 लीटर एवं 56 लीटर है। उस बर्तन की क्षमता क्या होगी, जिससे दोनों में भरा तेल पूर्णतया मापा जा सके?
(a) 7850 सेमी^{3} (b) 9500 सेमी^{3}
(c) 8000 सेमी^{3} (d) 7500 सेमी^{3}

38. तीन घण्टियाँ एकसाथ प्रात: 11 बजे बजती हैं। वे तीनों क्रमश: 20 मिनट, 30 मिनट तथा 40 मिनट के अन्तराल पर बजती रहती हैं। तदनुसार, वे पुन: एकसाथ किस समय बजेंगी?
(a) अपराह्न 2 बजे (b) अपराह्न 1 बजे
(c) अपराह्न 1:15 बजे (d) अपराह्न 1:30 बजे

उत्तरमाला

1 (c)	2 (b)	3 (b)	4 (a)	5 (d)
6 (d)	7 (d)	8 (c)	9 (d)	10 (c)
11 (b)	12 (a)	13 (d)	14 (d)	15 (d)
16 (c)	17 (d)	18 (c)	19 (a)	20 (b)
21 (b)	22 (c)	23 (a)	24 (b)	25 (c)
26 (a)	27 (b)	28 (a)	29 (b)	30 (d)
31 (b)	32 (a)	33 (d)	34 (d)	35 (b)
36 (d)	37 (c)	38 (b)		

संकेत एवं हल

1. *(c)* दिया है,
इकाई का अंक = y
दहाई का अंक = 5
∴ संख्या = $10 \times 5 + y$
= $50 + y$

2. *(b)* ∵ $87 = 1 \times 3 \times 29$
∴ 87 अभाज्य नहीं है।

3. *(b)* 30 और 42 के बीच अविभाज्य संख्याएँ 31, 37, 41 हैं
∴ अभीष्ट योग = 31 + 37 + 41 = 109

4. *(a)* 3 अंकों की 4 से विभाजित सबसे छोटी संख्या = 100
तथा 3 अंकों की 4 से विभाजित सबसे बड़ी संख्या = 996
∴ अभीष्ट संख्याएँ = $\frac{996 - 100}{4} + 1$
$= \frac{896}{4} + 1$
$= 224 + 1 = 225$

5. *(d)* 2957 को 17 से भाग देने पर,
$2957 = 173 \times 17 + 16$
अत: 2957 के साथ 1 जोड़ने पर यह 17 से पूरी तरह विभाजित हो जाएगा।

6. *(d)* हम जानते हैं कि, कोई संख्या 9 से तभी विभाज्य होती है, जब उसके अंकों का योग 9 से विभाज्य हो।
अंकों का योग
$= 3 + 5 + 7 + 8 + 6 + X + 6 + 2 + 5$
$= 42 + X$
$X = 3$ रखने पर, $= 42 + 3 = 45$
जोकि 9 से विभाज्य है
अत: $X = 3$

7. *(d)* यदि कोई संख्या 88 से विभाज्य होती है, तो वह 8 और 11 दोनों से विभाज्य होगी। 8 से विभाज्यता के नियम से,
y68, 8 से विभाजित होगी।
तब y का मान 1, 3, 5, 7, या 9 हो सकता है।
अब, 11 से विभाज्यता के नियम से, सम स्थानों के अंकों का योग तथा विषम स्थानों के अंकों का योग का अन्तर या तो शून्य या 11 से विभाज्य होगा।
अर्थात् $(7 + x + y + 8) - (8 + 1 + 6)$
$= x + y + 15 - 15$
$= x + y$ (या तो 0 या 11 से विभाज्य होगा।)
∵ दो अंकों का योग कभी भी 0 नहीं हो सकता है।
∴ $x + y = 11$

8. *(c)* $\frac{550 \times 651 \times 662}{7} = 550 \times 93 \times 662$
अत: शेष 0 होगा क्योंकि दी गई अभिव्यक्ति में 651, 7 से पूरी तरह विभाजित है।

9. *(d)* ∵ 4^n को से 5 भाग देने पर शेषफल = 4, यदि n विषम है
तथा शेषफल = 1, यदि n सम है।
∴ $(4764)^{1795}$ को 5 से भाग देने पर शेषफल = 4
[∵ 4764 का इकाई अंक 4 है तथा घात विषम संख्या है]

10. *(c)* $\because 871 = 13 \times 67$
अतः अभीष्ट संख्या 67 है।

11. *(b)* माना संख्या x तथा भागफल y है।
$$x = 899y + 63 = 29(31y + 2) + 5$$
अतः x को 29 से भाग देने पर शेषफल 5 बचेगा।

<u>*ट्रिक 1 से*</u>

शेषफल $= \frac{63}{29}$ से प्राप्त शेषफल = 5

12. *(a)* दिया है, शेषफल = 48
$\therefore$ भाजक $= 48 \times 5 = 240$; भागफल $= \frac{240}{12} = 20$
हम जानते हैं कि,
भाज्य = भाजक × भागफल + शेषफल
$= 240 \times 20 + 48 = 4848$

13. *(d)* $(2137)^{754}$ में इकाई का अंक
$= (7)^{4 \times 188 + 2}$ में इकाई का अंक
$= (7^4)^{188} \times 7^2$ में इकाई का अंक
$= 1 \times 7^2$ में इकाई का अंक
= 49 में इकाई का अंक = 9

14. *(d)* $\{(124)^{372} + (124)^{373}\}$ में इकाई का अंक
$= (124)^{4 \times 93}\{1 + 124\}$ में इकाई का अंक
$= (4^4) \times 125$ में इकाई का अंक
$= 6 \times 5$ में इकाई का अंक
= 30 में इकाई का अंक = 0

15. *(d)* $3^{26} \times 11^{42} \times 7^{35}$ में इकाई का अंक
$= 3^{4 \times 6 + 2} \times 1 \times 7^{4 \times 8 + 3}$ में इकाई का अंक
$= (3^4)^6 \times 3^2 \times 1 \times (7^4)^8 \times 7^3$ में इकाई का अंक
$= 9 \times 1 \times 3$ में इकाई का अंक = 7

16. *(c)* प्रथम n विषम प्राकृतिक संख्याओं का योग $= n^2$
$\therefore$ प्रथम 20 विषम प्राकृतिक संख्याओं का योग $= (20)^2 = 400$

17. *(d)* 1 और 60 के बीच सभी सम संख्याओं का योग $= 2 + 4 + \ldots + 60 = \frac{n}{2}\left(\frac{n}{2} + 1\right)$
$$= \frac{60}{2}\left(\frac{60}{2} + 1\right) = 30 \times 31 = 930 \quad [\because n = 60]$$

18. *(c)* रस्सी की लम्बाई = 8 फीट + 9 इन्च
= 8 × 12 + 9 इन्च
= 105 इन्च
अतः रस्सी को 3 बराबर भागों में विभाजित करने पर प्रत्येक भाग की लम्बाई $= \frac{105}{3} = 35$ इन्च

19. *(a)* माना बड़ी संख्या x और छोटी संख्या y है।
तब प्रश्नानुसार,
$$x - y = 1146 \quad \ldots(i)$$
तथा $x = y \times 4 + 6$
[$\because$ भाज्य = भाजक × भागफल + शेषफल]
$$\therefore \quad x - 4y = 6 \quad \ldots(ii)$$
समी (i) में से समी (ii) को घटाने पर,
$$3y = 1140$$
$$y = 380$$
$$\therefore \quad x = 380 \times 4 + 6 = 1520 + 6 = 1526$$

20. *(b)* प्रश्नानुसार,
1 छोटी बाल्टी $= \frac{3}{5}$ बड़ी बाल्टी
$\therefore$ 1 बड़ी बाल्टी $= \frac{5}{3}$ छोटी बाल्टी
$\therefore$ तालाब को भरने के लिए आवश्यक छोटी क्षमता वाली बाल्टियों की संख्या $= \frac{5}{3} \times 6000 = 10000$

21. *(b)* $0.090909 = 0.\overline{09} = \frac{9}{99} = \frac{1}{11}$

22. *(c)* $9\frac{1}{11} = \frac{100}{11} = 9.09$

23. *(a)* $6.651 - (148.6 - x) - 57.22 = 6.098$
$6.651 - 148.6 + x - 57.22 = 6.098$
$x = 6.098 - 6.651 + 148.6 + 57.22$
$= 205.267$

24. *(b)* $0.17\overline{59} + 0.30\overline{41}$
$$= \frac{1759 - 17}{9900} + \frac{3041 - 30}{9900}$$
$$= \frac{1742 + 3011}{9900} = \frac{4753}{9900}$$
$$= 0.4801010101 = 0.48\overline{01}$$

25. *(c)* $\frac{6}{5}$ और $\frac{3}{7}$ के व्युत्क्रम के योग का व्युत्क्रम
$$= \frac{1}{\frac{5}{6} + \frac{7}{3}} = \frac{1}{\frac{15 + 42}{18}} = \frac{18}{57}$$

26. *(a)* माना संख्या = x
प्रश्नानुसार, $x \times \frac{8}{5} \times \frac{6}{7} = 192$
$$x = 192 \times \frac{5}{8} \times \frac{7}{6} = 140$$
$\therefore$ संख्या का $\frac{3}{4} = 140 \times \frac{3}{4} = 105$

27. *(b)* $\frac{15}{16} = 0.9375$, $\frac{19}{20} = 0.95$,
$\frac{24}{25} = 0.96$ तथा $\frac{34}{35} = 0.97$
अतः सबसे छोटी भिन्न $\frac{15}{16}$ है।

28. *(a)* $\because \frac{5}{7} = 0.714$, $\frac{9}{11} = 0.818$ तथा $\frac{7}{8} = 0.875$
अतः आरोही क्रम निम्न है $\frac{5}{7}, \frac{9}{11}, \frac{7}{8}$

29. *(b)* माना भिन्न का अंश = x
तब, भिन्न का हर $= 13 - x$
$\because$ भिन्न $= \frac{x}{13 - x}$
प्रश्नानुसार,
$$\frac{x + 1}{13 - x - 2} = \frac{1}{2}$$
$\Rightarrow \quad 2(x + 1) = (11 - x)$
$\Rightarrow \quad 2x + 2 = 11 - x$
$\Rightarrow \quad 3x = 9$
$\Rightarrow \quad x = 3$
$\therefore$ भिन्न $= \frac{x}{13 - x} = \frac{3}{13 - 3} = \frac{3}{10}$

30. *(d)* माना शुरुआत में कार्गो कण्टेनरों की संख्या = x
पहले बन्दरगाह पर पहुँचने के बाद कण्टेनर की संख्या $= \frac{x}{3} + 60$
दूसरे बन्दरगाह पर पहुँचने के बाद कण्टेनर की संख्या $= \left(\frac{x}{3} + 60\right) \times \frac{1}{3} + 11$
प्रश्नानुसार, तीसरे बन्दरगाह पर पहुँचने पर कण्टेनर की संख्या = 48
$\Rightarrow \quad \left(\frac{x}{3} + 60\right) \times \frac{1}{3} + 11 = 48$
$\Rightarrow \quad \frac{x}{3} + 60 = (48 - 11) \times 3 = 37 \times 3$
$\Rightarrow \quad \frac{x}{3} = 111 - 60 = 51$
$\Rightarrow \quad x = 153$

31. *(b)* माना तंजीम का कुल वेतन = ₹ x
दोस्तों पर खर्च = ₹ $\frac{x}{5}$
आवास पर खर्च = ₹ $\frac{x}{10}$, बचत = ₹ $\frac{x}{4}$
प्रश्नानुसार, $x - \left[\frac{x}{5} + \frac{x}{10} + \frac{x}{4}\right] = 1800$
$$x - \left[\frac{4x + 2x + 5x}{20}\right] = 1800$$
$$x - \frac{11x}{20} = 1800$$
$$\frac{20x - 11x}{20} = 1800$$
$$9x = 1800 \times 20$$
$$x = 200 \times 20$$
$$x = 4000$$
$\therefore$ आवास और बचत पर व्यय $= 4000 \times \left(\frac{1}{10} + \frac{1}{4}\right)$
$$= 4000 \times \frac{2 + 5}{20}$$
$$= 200 \times 7 = ₹ 1400$$

32. *(a)* $36 = 2 \times 2 \times 3 \times 3$

$40 = 2 \times 2 \times 2 \times 5$

$48 = 2 \times 2 \times 2 \times 2 \times 3$

$\therefore$ 36, 40 और 48 का म.स. $= 2 \times 2 = 4$

अब 36, 40 और 48 के म.स. का वर्ग $= (4)^2 = 16$

33. *(d)* $\because 15 = 3 \times 5, 18 = 3 \times 3 \times 2 = 2 \times 3^2$

$36 = 3 \times 3 \times 2 \times 2 = 2^2 \times 3^2$

तथा $144 = 2 \times 2 \times 2 \times 2 \times 3 \times 3 = 2^4 \times 3^2$

$\therefore$ अभीष्ट ल. स.

$= 2^4 \times 3^2 \times 5 = 5 \times 9 \times 16 = 720$

34. *(d)* दिया है, म.स. = 96, ल. स. = 1296

तथा पहली संख्या = 864

$\therefore$ दूसरी संख्या $= \frac{\text{ल.स.} \times \text{म.स.}}{\text{पहली संख्या}}$

$= \frac{96 \times 1296}{864} = 144$

35. *(b)* माना संख्याएँ क्रमशः $37x$ व $37y$ हैं।

$\therefore \quad 37x \times 37y = 4107$

$\Rightarrow \quad xy = 3$

$x = 1$ तथा $y = 3$

अतः बड़ी संख्या $= 37y = 3 \times 37 = 111$

36. *(d)* 7, 11 और 13 का ल.स. $= 7 \times 11 \times 13$

$= 1001$

अब दी गई संख्याओं को 1001 से विभाजित करने पर केवल संख्या 15015 पूर्णतया विभाज्य है, अर्थात् $15015 \div 1001 = 15$

अतः संख्या 15015, संख्या 7, 11 और 13 से पूर्णतः विभाज्य है।

37. *(c)* $\because 120 = 2 \times 2 \times 2 \times 3 \times 5$

तथा $\quad 56 = 2 \times 2 \times 2 \times 7$

$\therefore$ म. स. $= 2 \times 2 \times 2 = 8$ लीटर

$\therefore$ 1 लीटर = 1000 सेमी^{3}

अतः बर्तन की क्षमता = 8000 सेमी^{3}

38. *(b)* 20, 30 व 40 का म.स.

2	20, 30, 40
2	10, 15, 20
2	5, 15, 10
3	5, 15, 5
5	5, 5, 5
	1, 1, 1

20, 30 व 40 का ल. स.

$= 2 \times 2 \times 2 \times 3 \times 5 = 120$ मिनट = 2 घण्टे

अतः वे तीनों घण्टियाँ एकसाथ 2 घण्टे बाद अर्थात् अपराह्न 1 बजे एकसाथ बजेंगी।

अध्याय 02 मूलभूत अंकगणितीय संक्रियाएँ
(Fundamental Arithmetical Operations)

सरलीकरण Simplification

सर्वप्रथम हमें सरलीकरण की अवधारणा समझनी चाहिए सरलीकरण के अन्तर्गत जोड़, घटाने, गुणा, भाग, कोष्ठक और 'का' (of) की क्रिया सम्बन्धी सभी गणनाएँ सरलतम रूप में की जाती हैं।

सरलीकरण के प्रश्नों को हल करते समय Basic concept (मूल अवधारणा) को ध्यान में रखना अतिआवश्यक है। इस अध्याय के लगभग सभी प्रश्न **BODMAS** तथा **Vi Ci Cu Sq** क्रम-नियम से हल होते हैं; जो इस प्रकार हैं

B → कोष्ठक (Bracket)
O → का (Of)
D → भाग (Division)
M → गुणा (Multiplication)
A → योग (Addition)
S → अन्तर (Subtraction)

कोष्ठकों को भी सरल करते हुए उनके क्रम का ध्यान रखते हैं। उनका क्रम ViCiCuSq के अनुरूप होता है।

Vi → रेखा कोष्ठक (Vinculum or Bar) '—'
Ci → छोटा कोष्ठक (Circular Bracket) '( )'
Cu → मझला कोष्ठक (Curly Bracket) '{ }'
Sq → बड़ा कोष्ठक (Square Bracket) '[ ]'

उदाहरण $1 \div [1 + 1 \div \{1 + 1 \div (1 + 1 \div 2)\}]$ को हल कीजिए।

(a) $\frac{5}{8}$ (b) $\frac{8}{5}$
(c) $\frac{3}{4}$ (d) $\frac{11}{7}$

हल *(a)* व्यजक $= 1 \div \left[1 + 1 \div \left\{1 + 1 \div \left(1 + \frac{1}{2}\right)\right\}\right]$

$= 1 \div \left[1 + 1 \div \left\{1 + 1 \div \frac{3}{2}\right\}\right] = 1 \div \left[1 + 1 \times \frac{3}{5}\right] = 1 \div \left[1 + \frac{3}{5}\right]$

$= 1 \div \frac{8}{5} = \left(1 \times \frac{5}{8}\right) = 5/8$

किसी संक्रिया या कोष्ठक की अनुपस्थिति में उनके क्रम में परिवर्तन नहीं होता।

आवर्त दशमलव संख्याओं का योग
Addition of Recurring Decimal Numbers

आवर्त दशमलव संख्याओं का योग ज्ञात करने के लिए संख्याओं को भिन्न में परिवर्तित करके उनका योग ज्ञात करते हैं। दशमलव के बाद जितने अंक आवर्त हों हर में उतने '9' रख देते हैं। जितने अंक आवर्त नहीं होते हैं उतने शून्य '9' के दाईं ओर रख देते हैं। दशमलव के बाद जितने अंक आवर्त नहीं होते उसे दशमलव के बाद की संख्या में से घटाकर अंश में लिख देते हैं। जैसे—

(i) $8.\bar{3} = 8\frac{3}{9} = 8\frac{1}{3}$

(ii) $5.43\bar{2} = 5\frac{432 - 43}{900} = 5\frac{389}{900}$

(iii) $0.\bar{1} + 0.\bar{2} + 0.\bar{3} = \frac{1}{9} + \frac{2}{9} + \frac{3}{9} = \frac{6}{9} = 0.\bar{6}$

महत्त्वपूर्ण बिन्दु

व्यंजकों के सरलीकरण में निम्न बीजगणितीय सूत्र उपयोगी होते हैं

- $a^2 - b^2 = (a + b)(a - b)$
- $(a + b)^2 = a^2 + 2ab + b^2$
- $(a - b)^2 = a^2 - 2ab + b^2$
- $(a + b)^3 = a^3 + b^3 + 3ab(a + b)$
- $(a - b)^3 = a^3 - b^3 - 3ab(a - b)$
- $a^3 + b^3 = (a + b)(a^2 - ab + b^2)$
- $a^3 - b^3 = (a - b)(a^2 + ab + b^2)$
- $(a + b + c)^2 = a^2 + b^2 + c^2 + 2ab + 2bc + 2ca$
- $a^3 + b^3 + c^3 - 3abc = (a + b + c)(a^2 + b^2 + c^2 - ab - bc - ca)$
- यदि $a + b + c = 0$ हो, तो $a^3 + b^3 + c^3 = 3abc$
- $(a + b)^2 = (a - b)^2 + 4ab$
- $x^2 + \frac{1}{x^2} = \left(x + \frac{1}{x}\right)^2 - 2 = \left(x - \frac{1}{x}\right)^2 + 2$

अभ्यास प्रश्न

निर्देश (प्र.सं. 1-7) *निम्न में प्रश्न चिह्न (?) का मान क्या होगा?*

1. $59337 \times 637 + 59337 \times 363 = ?$

(a) 16573500 (b) 59337000
(c) 19587000 (d) 14865608

2. $72169 \times 9999 = ?$

(a) 722114718 (b) 722114781
(c) 721617831 (d) इनमें से कोई नहीं

3. $287 \times 287 - 2 \times 287 \times 269 + 269 \times 269 = ?$

(a) 556 (b) 446
(c) 354 (d) 324

4. $\dfrac{(598+178)^2 - (598-178)^2}{598 \times 178} = ?$

(a) $\frac{1}{2}$ (b) 4
(c) 402 (d) $\frac{209}{388}$

5. $\dfrac{\left(1-\frac{1}{4}\right)\left(1-\frac{1}{5}\right)\left(1-\frac{1}{6}\right)}{\left(1-\frac{1}{2}\right)\left(1-\frac{1}{3}\right)\left(1-\frac{1}{7}\right)} \dfrac{\left(1+\frac{1}{4}\right)\left(1+\frac{1}{5}\right)\left(1+\frac{1}{6}\right)}{\left(1+\frac{1}{2}\right)\left(1+\frac{1}{3}\right)\left(1+\frac{1}{7}\right)} = ?$

(a) $\frac{343}{256}$ (b) $\frac{256}{343}$
(c) $\frac{729}{343}$ (d) $\frac{256}{729}$

6. $\left(5.75 - \frac{3}{7} \times 15\frac{3}{4} + 2\frac{2}{35} \div 144\right)$ का सरलतम मान क्या होगा?

(a) $\frac{7}{3}$ (b) $\frac{3}{8}$
(c) $\frac{8}{3}$ (d) $\frac{3}{7}$

7. $5 - \left[\frac{3}{4} + \left\{2\frac{1}{2} - \left(0.5 + \overline{\frac{1}{6} - \frac{1}{7}}\right)\right\}\right]$ का मान है

(a) $\frac{191}{84}$ (b) $\frac{84}{191}$
(c) 0 (d) 1

8. $1 + \dfrac{2}{1 + \dfrac{3}{2 - \dfrac{1}{1 + \frac{1}{2}}}}$ का मान होगा

(a) $\frac{13}{21}$ (b) $\frac{21}{13}$
(c) $\frac{13}{4}$ (d) इनमें से कोई नहीं

9. $\dfrac{15}{2 + \dfrac{3}{\dfrac{5}{3} \div \dfrac{5/3}{\frac{2}{5} \times \frac{1}{3}}}}$ का मान है

(a) $2\frac{9}{47}$ (b) $3\frac{9}{47}$
(c) $5\frac{9}{47}$ (d) $\frac{30}{49}$

10. $4\frac{2}{3} \times \frac{9}{14} + 5\frac{1}{6} \times 2\frac{2}{5}$ का मान है

(a) $15\frac{1}{5}$ (b) $15\frac{2}{5}$
(c) $14\frac{2}{5}$ (d) $14\frac{4}{5}$

11. $\dfrac{0.125 + 0.027}{0.25 - 0.15 + 0.09} + \dfrac{175 \times 175 \times 175 + 125 \times 125 \times 125}{175 \times 175 + 125 \times 125 - 175 \times 125}$ का मान है

(a) 8.3 (b) 5.8 (c) 3.8 (d) 8.5

12. $\dfrac{\frac{2}{3} \div \frac{5}{6} \text{ का } 0.75}{\frac{2}{3} \div 0.75 \times \frac{5}{6}} - \frac{2}{3} \times 1.24$ का सरलतम मान होगा

(a) 0.147 (b) 0.174
(c) 0.714 (d) इनमें से कोई नहीं

13. $\frac{2}{5} + 2\frac{4}{9} \div \left[\left(7\frac{5}{12} - 5\frac{3}{4}\right) \div 22\frac{1}{2} + 10 \times \frac{5}{18}\right] - \frac{4}{5}$ को सरल करने पर क्या प्राप्त होगा?

(a) एक धन-पूर्णांक
(b) धनात्मक संख्या किन्तु पूर्णांक नहीं
(c) एक ऋण-पूर्णांक
(d) ऋणात्मक संख्या किन्तु पूर्णांक नहीं

14. $13\frac{1}{2} - \left[4\frac{1}{2} - \left\{3 - \left(2 - \frac{1}{2}\right)\right\}\right]$ का मान क्या होगा?

(a) $9\frac{1}{2}$ (b) $10\frac{1}{2}$
(c) $8\frac{1}{2}$ (d) $11\frac{1}{2}$

15. यदि $7\frac{8}{11} + 19\frac{1}{11} - 8\frac{7}{55} - x = 10\frac{6}{11}$ हो, तो x का मान है

(a) $9\frac{8}{11}$ (b) $9\frac{8}{22}$
(c) $8\frac{8}{11}$ (d) $8\frac{8}{55}$

16. $\dfrac{\frac{1}{5} \div \frac{1}{5} \text{ का } \frac{1}{5}}{\frac{1}{5} \text{ का } \frac{1}{5} \div \frac{1}{5}}$ का मान है

(a) 1 (b) 25
(c) $\frac{1}{25}$ (d) 125

17. $\frac{3}{4} \div 2\frac{1}{4}$ का $\frac{2}{3} - \dfrac{\frac{1}{2} - \frac{1}{3}}{\frac{1}{2} + \frac{1}{3}} \times 3\frac{1}{3} + \frac{5}{6}$ का मान है

(a) $\frac{7}{18}$ (b) $\frac{49}{54}$
(c) $\frac{2}{3}$ (d) $\frac{1}{6}$

18. यदि $6\frac{2}{3}$ का $7.26 \div 0.45$ का $x = 8\frac{32}{117}$ हो, तो x का मान है

(a) $\frac{1}{13}$ (b) 13
(c) $13\frac{1}{9}$ (d) इनमें से कोई नहीं

19. $4 - \dfrac{5}{1 + \dfrac{1}{3 + \dfrac{1}{2 + \frac{1}{4}}}}$ का मान है

(a) $\frac{1}{8}$ (b) $\frac{4}{9}$
(c) $\frac{31}{40}$ (d) $\frac{40}{31}$

20. $8\frac{1}{4} - 4\frac{1}{5} + 2.8 + \frac{4}{x} - 2.32 = 5.33$ में x का मान क्या होगा?

(a) 5
(b) 0.5
(c) 0.05
(d) इनमें से कोई नहीं

21. $\dfrac{0.8 \times 0.8 \times 0.8 - 0.5 \times 0.5 \times 0.5}{0.8 \times 0.8 + 0.8 \times 0.5 + 0.5 \times 0.5}$ का मान है

(a) 1 (b) 1.2
(c) 0.3 (d) इनमें से कोई नहीं

22. $\dfrac{0.2 \times 0.2 + 0.02 \times 0.02 - 0.4 \times 0.02}{0.36}$ का मान है

(a) 0.09 (b) 0.9 (c) 0.009 (d) 9

23. $(200 \div 5) \div 2 + (16 \div 8) \times 2 + (20 \div 5) \times (3 \div 2)$ का मान क्या होगा?

(a) 31 (b) 29
(c) 30 (d) 39

24. $\dfrac{5\frac{9}{14}}{5+\dfrac{3}{3+\dfrac{1}{3/5}}}$ बराबर है

(a) 1 (b) 1.5
(c) 2 (d) 2.5

25. $\dfrac{64-0.008}{16+0.8+0.04}$ का मान है

(a) 2 (b) 3.8
(c) 0.6 (d) 4.2

26. $\dfrac{14.9\times14.9-5.1\times5.1}{14.9-5.1}$ बराबर है

(a) 0.20 (b) 20.00
(c) 2.00 (d) 22.00

27. $\dfrac{\frac{1}{3}\cdot\frac{1}{3}\cdot\frac{1}{3}+\frac{1}{4}\cdot\frac{1}{4}\cdot\frac{1}{4}+\frac{1}{5}\cdot\frac{1}{5}\cdot\frac{1}{5}-3\cdot\frac{1}{3}\cdot\frac{1}{4}\cdot\frac{1}{5}}{\frac{1}{3}\cdot\frac{1}{3}+\frac{1}{4}\cdot\frac{1}{4}+\frac{1}{5}\cdot\frac{1}{5}-\left(\frac{1}{3}\cdot\frac{1}{4}+\frac{1}{4}\cdot\frac{1}{5}+\frac{1}{5}\cdot\frac{1}{3}\right)}$ बराबर है

(a) $\frac{2}{3}$ (b) $\frac{3}{4}$
(c) $\frac{47}{60}$ (d) $\frac{49}{60}$

28. $999\frac{995}{999}\times999$ का मान है

(a) 990809 (b) 998996
(c) 999824 (d) 998999

29. $3.\overline{36}-2.\overline{05}+1.\overline{33}$ को सरल करने पर प्राप्त होता है

(a) 2.60 (b) 2.61
(c) 2.64 (d) $2.\overline{64}$

30. यदि $2=x+\dfrac{1}{1+\dfrac{1}{3+\dfrac{1}{4}}}$ हो, तब x का मान है

(a) $\frac{18}{17}$ (b) $\frac{21}{17}$
(c) $\frac{13}{17}$ (d) $\frac{12}{17}$

उत्तरमाला

1 (b)	2 (c)	3 (d)	4 (b)	5 (a)
6 (d)	7 (a)	8 (b)	9 (d)	10 (b)
11 (c)	12 (d)	13 (b)	14 (b)	15 (d)
16 (b)	17 (c)	18 (b)	19 (a)	20 (a)
21 (c)	22 (a)	23 (c)	24 (a)	25 (b)
26 (b)	27 (c)	28 (b)	29 (d)	30 (b)

संकेत एवं हल

1. *(b)* $59337\times637+59337\times363$
$=59337\times(637+363)$
$=59337\times1000=59337000$

2. *(c)* $72169\times9999=72169\times(10000-1)$
$=721690000-72169$
$=721617831$

3. *(d)* $287\times287-2\times287\times269+269\times269$
$=(287)^2-2\times287\times269+(269)^2$
$=(287-269)^2$
$[\because a^2-2ab+b^2=(a-b)^2]$
$=(18)^2=324$

4. *(b)* $\dfrac{(598+178)^2-(598-178)^2}{598\times178}$
$=\dfrac{4\times598\times178}{598\times178}=4$
$[\because (a+b)^2-(a-b)^2=4ab]$

5. *(a)* दिए गए प्रश्न के अंश को हल करने पर,
$\left(1-\frac{1}{4}\right)\left(1-\frac{1}{5}\right)\left(1-\frac{1}{6}\right)\left(1+\frac{1}{4}\right)\left(1+\frac{1}{5}\right)\left(1+\frac{1}{6}\right)$
$=\left(1-\frac{1}{4}\right)\left(1+\frac{1}{4}\right)\left(1-\frac{1}{5}\right)\left(1+\frac{1}{5}\right)\left(1-\frac{1}{6}\right)\left(1+\frac{1}{6}\right)$
$=\left[1^2-\left(\frac{1}{4}\right)^2\right]\cdot\left[1^2-\left(\frac{1}{5}\right)^2\right]\cdot\left[1^2-\left(\frac{1}{6}\right)^2\right]$
[सूत्र $(a-b)(a+b)=a^2-b^2$ से]
$=\left[1-\frac{1}{16}\right]\left[1-\frac{1}{25}\right]\left[1-\frac{1}{36}\right]$
$=\frac{15}{16}\times\frac{24}{25}\times\frac{35}{36}=\frac{7}{8}$

अब प्रश्न के हर को हल करने पर,
$\left(1-\frac{1}{2}\right)\left(1-\frac{1}{3}\right)\left(1-\frac{1}{7}\right)\left(1+\frac{1}{2}\right)\left(1+\frac{1}{3}\right)\left(1+\frac{1}{7}\right)$
$=\left(1-\frac{1}{2}\right)\left(1+\frac{1}{2}\right)\left(1-\frac{1}{3}\right)\left(1+\frac{1}{3}\right)\left(1-\frac{1}{7}\right)\left(1+\frac{1}{7}\right)$
$=\left(1-\frac{1}{4}\right)\cdot\left(1-\frac{1}{9}\right)\cdot\left(1-\frac{1}{49}\right)$
[सूत्र $(a-b)(a+b)=a^2-b^2$ से]
$=\left(\frac{4-1}{4}\right)\cdot\left(\frac{9-1}{9}\right)\cdot\left(\frac{49-1}{49}\right)$
$=\frac{3}{4}\times\frac{8}{9}\times\frac{48}{49}=\frac{32}{49}$

पूरे व्यंजक का मान $=\dfrac{\frac{7}{8}}{\frac{32}{49}}=\frac{7}{8}\times\frac{49}{32}=\frac{343}{256}$

6. *(d)* $\left(5.75-\frac{3}{7}\times15\frac{3}{4}+2\frac{2}{35}\div1.44\right)$
$=\frac{575}{100}-\frac{3}{7}\times\frac{63}{4}+\frac{72}{35}\times\frac{100}{144}$
$=\frac{23}{4}-\frac{27}{4}+\frac{10}{7}=-1+\frac{10}{7}$
$=\frac{3}{7}$

7. *(a)* $5-\left[\frac{3}{4}+\left\{2\frac{1}{2}-\left(0.5+\overline{\frac{1}{6}-\frac{1}{7}}\right)\right\}\right]$
$=5-\left[\frac{3}{4}+\left\{\frac{5}{2}-\left(\frac{1}{2}+\frac{7-6}{42}\right)\right\}\right]$
$=5-\left[\frac{3}{4}+\left\{\frac{5}{2}-\left(\frac{1}{2}+\frac{1}{42}\right)\right\}\right]$
$=5-\left[\frac{3}{4}+\left\{\frac{5}{2}-\frac{22}{42}\right\}\right]$
$=5-\left[\frac{3}{4}+\frac{105-22}{42}\right]=5-\left[\frac{3}{4}+\frac{83}{42}\right]$
$=5-\left[\frac{63+166}{84}\right]=5-\frac{229}{84}$
$=\frac{420-229}{84}=\frac{191}{84}$

8. *(b)* $1+\dfrac{2}{1+\dfrac{3}{2-\dfrac{1}{1+\frac{1}{2}}}}=1+\dfrac{2}{1+\dfrac{3}{2-\frac{2}{3}}}$
$=1+\dfrac{2}{1+\dfrac{3}{4/3}}=1+\dfrac{2}{1+\frac{9}{4}}$
$=1+\frac{8}{13}=\frac{13+8}{13}=\frac{21}{13}$

9. *(d)* $\dfrac{15}{2+\dfrac{3}{\dfrac{5}{3}\div\dfrac{\frac{5}{3}}{\frac{2}{5}\times\frac{1}{3}}}}=\dfrac{15}{2+\dfrac{3}{\frac{5}{3}\div\frac{25}{2}}}$
$=\dfrac{15}{2+\dfrac{3}{\frac{5}{3}\times\frac{2}{25}}}$
$=\dfrac{15}{2+\dfrac{3\times15}{2}}=\frac{15\times2}{4+45}=\frac{30}{49}$

10. *(b)* $4\frac{2}{3}\times\frac{9}{14}+5\frac{1}{6}\times2\frac{2}{5}$

$=\frac{14}{3}\times\frac{9}{14}+\frac{31}{6}\times\frac{12}{5}$

$=3+\frac{62}{5}=3+12\frac{2}{5}=15\frac{2}{5}$

11. *(c)* $\frac{0.125+0.027}{0.25-0.15+0.09}$

$+\frac{1.75\times1.75\times1.75+1.25\times1.25\times1.25}{1.75\times1.75+1.25\times1.25-1.75\times1.25}$

$=\frac{(0.5)^3+(0.3)^3}{(0.5)^2-(0.5\times0.3)+(0.3)^2}+\frac{(1.75)^3+(1.25)^3}{(1.75)^2+(1.25)^2-(1.75\times1.25)}$

$\left[\frac{a^3+b^3}{a^2-ab+b^2}=(a+b)\right.$ तथा $\left.\frac{A^3+B^3}{A^2+B^2-AB}=(A+B)\right]$ से

उपरोक्त व्यंजक के पहले भाग में $a=0.5, b=0.3$ तथा दूसरे भाग में $A=1.75, B=1.25$

बीजगणितीय सूत्र से व्यंजक का कुल मान

$=(a+b)+(A+B)$

$=0.5+0.3+1.75+1.25=3.8$

12. *(d)* $\frac{\frac{2}{3}\div\frac{5}{6}\text{ का }0.75}{\frac{2}{3}\div0.75\times\frac{5}{6}}-\frac{2}{3}\times1.24$

$=\frac{\frac{2}{3}\div\left(\frac{5}{6}\times\frac{75}{100}\right)}{\frac{2}{3}\div\frac{75}{100}\times\frac{5}{6}}-\frac{2}{3}\times1.24$

$=\frac{\frac{2}{3}\div\frac{5}{8}}{\frac{2}{3}\times\frac{4}{3}\times\frac{5}{6}}-\frac{2}{3}\times1.24$

$=1.44-\frac{2.48}{3}=\frac{4.32-2.48}{3}$

$=\frac{1.84}{3}=0.613....$

13. *(b)* व्यंजक

$=\frac{2}{5}+\frac{22}{9}\div\left[\left(\frac{89}{12}-\frac{23}{4}\right)\div\frac{45}{2}+10\times\frac{5}{18}\right]-\frac{4}{5}$

$=\frac{2}{5}+\frac{22}{9}\div\left[\frac{5}{3}\div\frac{45}{2}+10\times\frac{5}{18}\right]-\frac{4}{5}$

$=\frac{2}{5}+\frac{22}{9}\div\left[\frac{5}{3}\times\frac{2}{45}+10\times\frac{5}{18}\right]-\frac{4}{5}$

$=\frac{2}{5}+\frac{22}{9}\div\left[\frac{2}{27}+\frac{25}{9}\right]-\frac{4}{5}$

$=\frac{2}{5}+\frac{22}{9}\div\frac{77}{27}-\frac{4}{5}$

$=\frac{2}{5}+\frac{22}{9}\times\frac{27}{77}-\frac{4}{5}=\frac{2}{5}+\frac{6}{7}-\frac{4}{5}=\frac{16}{35}$

जो एक धनात्मक परिमेय संख्या है अर्थात् यह एक धनात्मक संख्या तो है परन्तु पूर्णांक संख्या नहीं है।

14. *(b)* $13\frac{1}{2}-\left[4\frac{1}{2}-\left\{3-\left(2-\frac{1}{2}\right)\right\}\right]$

$=\frac{27}{2}-\left[\frac{9}{2}-\left\{3-\frac{3}{2}\right\}\right]$

$=\frac{27}{2}-\left[\frac{9}{2}-\frac{3}{2}\right]=\frac{27}{2}-\frac{6}{2}$

$=\frac{21}{2}=10\frac{1}{2}$

15. *(d)* $7\frac{8}{11}+19\frac{1}{11}-8\frac{7}{55}-x=10\frac{6}{11}$

$\Rightarrow \frac{85}{11}+\frac{210}{11}-\frac{447}{55}-x=\frac{116}{11}$

$\Rightarrow \frac{425+1050-447}{55}-x=\frac{116}{11}$

$\Rightarrow \frac{1028}{55}-\frac{116}{11}=x$

$\Rightarrow \frac{1028-580}{55}=x$

$\Rightarrow x=\frac{448}{55}=8\frac{8}{55}$

16. *(b)* $\frac{\frac{1}{5}\div\frac{1}{5}\text{ का }\frac{1}{5}}{\frac{1}{5}\text{ का }\frac{1}{5}\div\frac{1}{5}}$

$=\frac{\frac{1}{5}\div\frac{1}{25}}{\frac{1}{25}\div\frac{1}{5}}=\frac{\frac{1}{5}\times25}{\frac{1}{25}\times5}=\frac{\frac{5}{1}}{\frac{1}{5}}=25$

17. *(c)* $\frac{3}{4}\div2\frac{1}{4}\text{ का }\frac{2}{3}-\frac{\frac{1}{2}-\frac{1}{3}}{\frac{1}{2}+\frac{1}{3}}\times3\frac{1}{3}+\frac{5}{6}$

$=\frac{3}{4}\div\frac{9}{4}\text{ का }\frac{2}{3}-\frac{\frac{1}{6}}{\frac{5}{6}}\times\frac{10}{3}+\frac{5}{6}$

$=\frac{3}{4}\div\frac{3}{2}-\frac{1}{5}\times\frac{10}{3}+\frac{5}{6}$

$=\frac{1}{2}-\frac{2}{3}+\frac{5}{6}=\frac{3-4+5}{6}=\frac{4}{6}=\frac{2}{3}$

18. *(b)* $6\frac{2}{3}$ का $7.26\div0.45$ का $x=8\frac{32}{117}$

$\frac{20}{3}\times\frac{726}{100}\div0.45x=\frac{968}{117}$

$\frac{242}{5}\div0.45x=\frac{968}{117}$

$\frac{242\times117}{5\times968\times0.45}=x$

$x=13$

20. *(a)* $8\frac{1}{4}-4\frac{1}{5}+2.8+\frac{4}{x}-2.32=5.33$

$\Rightarrow 8.25-4.20+2.80+\frac{4}{x}-2.32=5.33$

$\Rightarrow 4.53+\frac{4}{x}=5.33$

$\Rightarrow \frac{4}{x}=5.33-4.53$

$\Rightarrow \frac{4}{x}=0.8$

$\Rightarrow x=\frac{4}{0.8}=\frac{40}{8}=5$

21. *(c)* माना $a=0.8$ तथा $b=0.5$

$\therefore \frac{0.8\times0.8\times0.8-0.5\times0.5\times0.5}{0.8\times0.8+0.8\times0.5+0.5\times0.5}$

$=\frac{a^3-b^3}{a^2+ab+b^2}$

$=\frac{(a-b)(a^2+ab+b^2)}{(a^2+ab+b^2)}=a-b$

$=0.8-0.5=0.3$

22. *(a)* $\frac{0.2\times0.2+0.02\times0.02-0.4\times0.02}{0.36}$

$=\frac{(0.2-0.02)^2}{0.36}=\left(\frac{(0.18)^2}{0.36}\right)$

$=\frac{0.18\times0.18}{0.36}=0.09$

23. *(c)* $(200\div5)\div2+(16\div8)\times2+(20\div5)\times(3\div2)$

$=40\div2+2\times2+4\times\frac{3}{2}$

$=20+4+6=30$

24. *(a)* $\frac{5\frac{9}{14}}{5+\frac{3}{3+\frac{1}{\frac{3}{5}}}}=\frac{\frac{78}{14}}{5+\frac{3}{3+\frac{5}{3}}}=\frac{\frac{79}{14}}{5+\frac{9}{14}}$

$=\frac{\frac{79}{14}}{\frac{79}{14}}=1$

25. *(b)* $\frac{64-0.008}{16+0.8+0.04}=\frac{(4)^3-(02)^3}{4^2+4\times02+(02)^2}$

माना $a=4$ तथा $b=02$

$\therefore \frac{64-0.008}{16+0.8+0.04}=\frac{a^3-b^3}{a^2+ab+b^2}$

$=\frac{(a-b)(a^2+ab+b^2)}{(a^2+ab+b^2)}$

$=a-b=4-02=3.8$

26. *(b)* $\frac{14.9\times14.9-5.1\times5.1}{14.9-5.1}$

$=\frac{(14.9)^2-(5.1)^2}{14.9-5.1}$

$=\frac{(14.9+5.1)(14.9-5.1)}{(14.9-5.1)}$

$[\because a^2-b^2=(a+b)(a-b)]$

$=20$

27. (c) माना $a = \frac{1}{3},\ b = \frac{1}{4}$ तथा $c = \frac{1}{5}$

$$\therefore \frac{\frac{1}{3}\cdot\frac{1}{3}\cdot\frac{1}{3}+\frac{1}{4}\cdot\frac{1}{4}\cdot\frac{1}{4}+\frac{1}{5}\cdot\frac{1}{5}\cdot\frac{1}{5}-3\cdot\frac{1}{3}\cdot\frac{1}{4}\cdot\frac{1}{5}}{\frac{1}{3}\cdot\frac{1}{3}+\frac{1}{4}\cdot\frac{1}{4}+\frac{1}{5}\cdot\frac{1}{5}-\left(\frac{1}{3}\cdot\frac{1}{4}+\frac{1}{4}\cdot\frac{1}{5}+\frac{1}{5}\cdot\frac{1}{3}\right)}$$

$$= \frac{a^3+b^3+c^3-3abc}{a^2+b^2+c^2-(ab+bc+ca)}$$

$$= \frac{(a+b+c)(a^2+b^2+c^2-ab-bc-ca)}{(a^2+b^2+c^2-ab-bc-ca)}$$

$$= a+b+c$$

$$= \frac{1}{3}+\frac{1}{4}+\frac{1}{5}$$

$$= \frac{20+15+12}{60} = \frac{47}{60}$$

28. (b) $999\frac{995}{999} \times 999 = \left(999 + \frac{995}{999}\right) \times 999$

$$= 999 \times 999 + \frac{995}{999} \times 999$$

$$= 999 \times (1000-1) + 995$$

$$= 999000 - 999 + 995$$

$$= 999000 - 4 = 998996$$

29. (d) $3.\overline{36} - 2.\overline{05} + 1.\overline{33}$

$$= 3\frac{36}{99} - 2\frac{5}{99} + 1\frac{33}{99}$$

$$= 3 - 2 + 1 + \frac{36}{99} - \frac{5}{99} + \frac{33}{99}$$

$$= 2 + \frac{36-5+33}{99}$$

$$= 2 + \frac{64}{99} = 2 + 0.\overline{64} = 2.\overline{64}$$

30. (b) $2 = x + \cfrac{1}{1+\cfrac{1}{3+\cfrac{1}{4}}}$

$$\Rightarrow \quad 2 = x + \cfrac{1}{1+\cfrac{1}{\frac{12+1}{4}}}$$

$$\Rightarrow \quad 2 = x + \cfrac{1}{1+\frac{4}{13}}$$

$$\Rightarrow \quad 2 = x + \frac{13}{17}$$

$$\Rightarrow \quad x = 2 - \frac{13}{17}$$

$$= \frac{34-13}{17} = \frac{21}{17}$$

अध्याय 03

बीजगणित

(Algebra)

बीजगणितीय व्यंजक (या बहुपद)

चर एवं अचर राशियों के रूप में दो या दो से अधिक पद वाला ऐसा व्यंजक जिसमें हम चरों एवं अचरों को जोड़-घटाव, गुणा-भाग इत्यादि गणितीय संक्रियाओं के साथ लिख सकें, उन्हें बीजगणितीय व्यंजक (Algebraic Expression) कहते हैं।

जैसे—$2x + 3xy - 4y^2$ एक बीजगणितीय व्यंजक है। इसमें तीन पद हैं $2x$, $3xy$ तथा $4y^2$, ये सभी पद परस्पर अंकगणितीय चिह्नों से जुड़े होते हैं।

दो बहुपदों का योगफल

दो बहुपदों का योग चिह्नों सहित सदृश घातों को एकत्रित कर एवं गुणांकों को जोड़कर ज्ञात किया जाता है।

जैसे—$p(x) = x^4 - 5x^3 + 3x + 9$

एवं $q(x) = 2x^4 - 3x^3 + 5x - 4$ हो, तो

$$p(x) + q(x) = (x^4 - 5x^3 + 3x + 9) + (2x^4 - 3x^3 + 5x - 4)$$
$$= (x^4 + 2x^4) + (-5x^3 - 3x^3) + (3x + 5x) + (9 - 4)$$
$$= 3x^4 - 8x^3 + 8x + 5$$

दो बहुपदों का अन्तर

दो बहुपदों के घटाने की संक्रिया भी, योग की संक्रिया की तरह है। केवल घटाए जाने वाले बहुपद के चिह्नों को बदलकर, फिर योग कर दिया जाता है।

जैसे—$p(x) = x^4 - 5x^3 + 3x + 9$ एवं

$q(x) = 2x^4 - 3x^3 + 5x - 4$ हो, तो

$$p(x) - q(x) = (x^4 - 5x^3 + 3x + 9) - (2x^4 - 3x^3 + 5x - 4)$$
$$= x^4 - 5x^3 + 3x + 9 - 2x^4 + 3x^3 - 5x + 4$$
$$= (x^4 - 2x^4) + (-5x^3 + 3x^3) + (3x - 5x) + (9 + 4)$$
$$= -x^4 - 2x^3 - 2x + 13$$

दो बहुपदों का गुणनफल

दो बहुपदों का गुणनफल ज्ञात करने के लिए एक बहुपद के प्रत्येक पद की गुणा दूसरे बहुपद के प्रत्येक पद में करते हैं।

जैसे— $p(x) = (x^2 - 5)$ एवं $q(x) = (x + 2)$ हो, तो

$$p(x) \times q(x) = (x^2 - 5) \times (x + 2)$$
$$= (x^2)(x) - (5)(x) + (x^2)(2) - (5)(2)$$
$$= x^3 - 5x + 2x^2 - 10 = x^3 + 2x^2 - 5x - 10$$

दो बहुपदों का विभाजन

दो बहुपदों के विभाजन में एक बहुपद को दूसरे बहुपद से साधारण भाग विधि द्वारा भाग करते हैं अर्थात्

भाज्य = भाजक × भागफल + शेषफल

जैसे— माना $p(x) = x^2 + 3x^2 + 6$ एवं $q(x) = x + 2$, तो

$$x + 2 \,)\, x^2 + 3x + 6 \,(\, x + 1$$
$$\underline{x^2 + 2x}$$
$$x + 6$$
$$\underline{x + 2}$$
$$4 = \text{शेषफल}$$

$\therefore \dfrac{p(x)}{q(x)}$ से प्राप्त भागफल $= x + 1$ तथा शेषफल $= 4$

बीजगणितीय सूत्र

कुछ महत्त्वपूर्ण बीजगणितीय सूत्र (Algebraic Formulae) निम्नवत् हैं

- $a^2 - b^2 = (a + b)(a - b)$
- $(a + b)^2 = a^2 + b^2 + 2ab$
- $(a - b)^2 = a^2 + b^2 - 2ab$
- $(a + b)^2 + (a - b)^2 = 2(a^2 + b^2)$
- $(a + b)^2 - (a - b)^2 = 4ab$
- $(a + b + c)^2 = a^2 + b^2 + c^2 + 2(ab + bc + ca)$
- $(a + b)^3 = a^3 + b^3 + 3ab(a + b)$
- $(a - b)^3 = a^3 - b^3 - 3ab(a - b)$
- $a^3 + b^3 = (a + b)(a^2 - ab + b^2)$
- $a^3 - b^3 = (a - b)(a^2 + ab + b^2)$
- $a^3 + b^3 + c^3 - 3abc = (a + b + c)(a^2 + b^2 + c^2 - ab - bc - ca)$
- यदि $a + b + c = 0$ हो, तो $a^3 + b^3 + c^3 = 3abc$

बहुपदों के गुणनखण्ड

बहुपदों के गुणनखण्ड (Factor) बीजगणितीय सूत्रों की सहायता से और मध्य पद को विभक्त करके करते हैं।

उदाहरण 1 यदि $a + b + c = 5$ और $ab + bc + ca = 4$ है, तो $a^3 + b^3 + c^3 - 3abc$ किसके समान होगा?

(a) 72 (b) 62 (c) 68 (d) 65

हल (d) दिया है, $a + b + c = 5$

और $ab + bc + ca = 4$

$\therefore$ $(a + b + c)^2 = (5)^2$

$\Rightarrow$ $a^2 + b^2 + c^2 + 2(ab + bc + ca) = 25$ [सूत्र से]

$\Rightarrow$ $a^2 + b^2 + c^2 + 2 \times 4 = 25$

$\Rightarrow$ $a^2 + b^2 + c^2 = 25 - 8$

$\Rightarrow$ $a^2 + b^2 + c^2 = 17$

$\therefore a^3 + b^3 + c^3 - 3abc$

$= (a + b + c)(a^2 + b^2 + c^2 - ab - bc - ca)$

$= 5 \times (17 - 4) = 5 \times 13 = 65$

उदाहरण 2 यदि $a^2 + \frac{1}{a^2} = 38$, है, तो $\left(a - \frac{1}{a}\right)$ का मान ज्ञात करें।

(a) 2 (b) 4 (c) 6 (d) 8

हल (c) दिया है,

$$a^2 + \frac{1}{a^2} = 38 \Rightarrow a^2 + \frac{1}{a^2} - 2 = 38 - 2$$

$$\left(a - \frac{1}{a}\right)^2 = 36 \Rightarrow a - \frac{1}{a} = 6$$

उदाहरण 3 वास्तविक a, b, c के लिए $a^2 + b^2 + c^2 = ab + bc + ca$ है, तो $\frac{a + c}{b}$ का मान है

(a) 0 (b) 3 (c) 2 (d) 1

हल (c) $a^2 + b^2 + c^2 = ab + bc + ca$

$\Rightarrow 2a^2 + 2b^2 + 2c^2 = 2ab + 2bc + 2ca$

$\Rightarrow a^2 - 2ab + b^2 + b^2 - 2bc + c^2 + c^2 - 2ca + a^2 = 0$

$\Rightarrow (a - b)^2 + (b - c)^2 + (c - a)^2 = 0$

$\therefore a = b = c$

तब $\frac{a + c}{b} = \frac{b + b}{b}$ $[\because a = b = c]$

$= \frac{2b}{b} = 2$

उदाहरण 4 यदि $a + b + c + d = 4$, तो

$\frac{1}{(1 - a)(1 - b)(1 - c)} + \frac{1}{(1 - b)(1 - c)(1 - d)} + \frac{1}{(1 - c)(1 - d)(1 - a)} + \frac{1}{(1 - d)(1 - a)(1 - b)}$ का मान क्या होगा?

(a) 1 (b) 4 (c) 0 (d) 5

हल (c) $\frac{1}{(1 - a)(1 - b)(1 - c)} + \frac{1}{(1 - b)(1 - c)(1 - d)}$

$+ \frac{1}{(1 - c)(1 - d)(1 - a)} + \frac{1}{(1 - d)(1 - a)(1 - b)}$

$= \frac{1 - d + 1 - a + 1 - b + 1 - c}{(1 - a)(1 - b)(1 - c)(1 - d)} = \frac{4 - (a + b + c + d)}{(1 - a)(1 - b)(1 - c)(1 - d)}$

$= \frac{4 - 4}{(1 - a)(1 - b)(1 - c)(1 - d)}$ $[\because a + b + c + d = 4]$

$= \frac{0}{(1 - a)(1 - b)(1 - c)(1 - d)} = 0$

उदाहरण 5 यदि $\frac{xy}{x + y} = a, \frac{xz}{x + z} = b$ तथा $\frac{yz}{y + z} = c$ हो, जहाँ a, b, c सभी शून्येत्तर संख्याएँ हैं, तो x किसके बराबर होगा?

(a) $\frac{2abc}{ac + bc - ab}$ (b) $\frac{abc}{ab + bc + ac}$

(c) $\frac{2abc}{ac + bc - ab}$ (d) $\frac{2abc}{ab + ac - bc}$

हल (a) $\frac{xy}{x + y} = a \Rightarrow \frac{1}{x} + \frac{1}{y} = \frac{1}{a}$ ...(i)

इसी प्रकार, $\frac{1}{x} + \frac{1}{z} = \frac{1}{b}$ ...(ii)

और $\frac{1}{y} + \frac{1}{z} = \frac{1}{c}$ ...(iii)

तीनों समीकरणों को जोड़ने पर,

$$2\left(\frac{1}{x} + \frac{1}{y} + \frac{1}{z}\right) = \frac{1}{a} + \frac{1}{b} + \frac{1}{c}$$

$$\left(\frac{1}{x} + \frac{1}{y} + \frac{1}{z}\right) = \frac{1}{2a} + \frac{1}{2b} + \frac{1}{2c} \quad ...(iv)$$

समी (iv) में से समी (iii) को घटाने पर,

$$\frac{1}{x} = \frac{1}{2a} + \frac{1}{2b} + \frac{1}{2c} - \frac{1}{c}$$

$$= \frac{bc + ac + ab - 2ab}{2abc}$$

$$= \frac{bc + ac - ab}{2abc}$$

$$\Rightarrow x = \frac{2abc}{ac + bc - ab}$$

रैखिक समीकरण

वह समीकरण, जिसमें अज्ञात चर राशि की अधिकतम घात 1 होती है, रैखिक समीकरण (Linear Equation) कहलाती है।

जैसे— $4x + 3 = 0, 4x + 5y = 7$ इत्यादि।

एक चर वाली रैखिक समीकरण वह रैखिक समीकरण, जिसमें अज्ञात चरों की संख्या 1 होती है, एक चर वाली रैखिक समीकरण (Linear Equation in One Variable) कहलाती है।

जैसे— $3x + 5 = 10$ तथा $y + 3 = 5$ इत्यादि।

दो चर वाली रैखिक समीकरण वह रैखिक समीकरण जिसमें अज्ञात चरों की संख्या 2 होती है, दो चर वाली रैखिक समीकरण (Linear Equation in Two Variable) कहलाती है।

जैसे— $2x + 5y = 10, x + 4y = 8$ इत्यादि।

रैखिक समीकरण निकाय के लिए प्रतिबन्ध

- यदि दिए गए रैखिक समीकरण $a_1x + b_1y + c_1 = 0$ और $a_2x + b_2y + c_2 = 0$ एक रैखिक समीकरण निकाय को प्रदर्शित करते हैं, तो

  (i) समीकरण निकाय का कोई हल नहीं होगा, यदि

  $\frac{a_1}{a_2} = \frac{b_1}{b_2} \neq \frac{c_1}{c_2}$ [असंगत]

  (ii) समीकरण निकाय के अनन्त हल होंगे, यदि

  $\frac{a_1}{a_2} = \frac{b_1}{b_2} = \frac{c_1}{c_2}$ [आश्रित]

  (iii) समीकरण निकाय का एक अद्वितीय हल होगा, यदि

  $\frac{a_1}{a_2} \neq \frac{b_1}{b_2}$ [संगत]

- यदि समीकरण $a_1x + c_1 = a_2x + c_2$ के रूप का है, तो

  (i) समीकरण का कोई हल नहीं होगा, यदि $a_1 = a_2$

(ii) समीकरण के अनेक हल होगें, यदि $\frac{a_1}{a_2} = \frac{c_1}{c_2}$

(iii) समीकरण का एक अद्वितीय हल होगा, यदि $a_1 \neq a_2$

रैखिक समीकरणों को हल करने की विधियाँ

रैखिक समीकरणों को हल करने की मुख्यत: निम्नलिखित विधियाँ हैं

(i) **प्रतिस्थापन विधि** (Substitution Method) इस विधि में किसी एक समीकरण से एक चर का मान ज्ञात करके दूसरी समीकरण में प्रतिस्थापित कर देते है, फिर प्राप्त समीकरणों को हल करके चर का मान ज्ञात करते है।

(ii) **विलोपन विधि** (Elemination Method) इस विधि में किसी एक चर के गुणांकों को समान करके समीकरणों को उनके चिह्नों के अनुसार जोड़ते या घटाते हैं अर्थात् एक चर का विलोपन करते हैं, फिर प्राप्त समीकरण से दूसरे चर का मान ज्ञात करते हैं। इस मान को किसी समीकरण में प्रतिस्थापित करके दूसरे चर का मान ज्ञात करते हैं।

उदाहरण 6 $7x + 8ky - 16 = 0$ और $14x + 112y - 21 = 0$ समीकरण के युग्म हैं। k का मान ज्ञात करें, जिसके लिए प्रणाली असंगत है।

(a) 2 (b) 3 (c) 5 (d) 7

हल (d) यहाँ, $a_1 = 7, b_1 = 8k, c_1 = -16$

$a_2 = 14, b_2 = 112, c_2 = -21$

∵ प्रणाली असंगत है।

$\therefore \quad \frac{a_1}{a_2} = \frac{b_1}{b_2} \neq \frac{c_1}{c_2} \Rightarrow \frac{7}{14} = \frac{8k}{112} \neq \frac{-16}{-21} \Rightarrow k = \frac{7 \times 112}{14 \times 8}$

$\therefore \quad k = 7$

द्विघात समीकरण

ऐसा समीकरण, जिसमें चर राशि की अधिकतम घात 2 हो, द्विघात समीकरण (Quadratic Equation) कहलाती है। द्विघात समीकरण का व्यापक रूप निम्न प्रकार है

$ax^2 + bx + c = 0$, जहाँ a, b, c वास्तविक संख्याएँ व x कोई चर राशि है तथा $a \neq 0$। *जैसे*—$x^2 + 5x + 2 = 0$ एक द्विघात समीकरण है। द्विघात समीकरण के अधिकतम दो मूल अर्थात् दो हल होते हैं।

द्विघात समीकरण के गुण

1. यदि द्विघात समीकरण $ax^2 + bx + c = 0$ के मूल α तथा β हैं, तब

मूलों का योग $= \alpha + \beta = -\frac{x \text{ का गुणांक}}{x^2 \text{ का गुणांक}} = -\frac{b}{a}$

तथा मूलों का गुणनफल $= \alpha\beta = \frac{\text{अचर पद}}{x^2 \text{ का गुणांक}} = \frac{c}{a}$

2. द्विघात समीकरण का **विविक्तकर** (Discriminant), $D = b^2 - 4ac$

3. द्विघात समीकरण $ax^2 + bx + c = 0$ में मूलों की प्रकृति (Nature of roots), विविक्तकर $D = b^2 - 4ac$ के मान पर निर्भर करती है।

(i) यदि $D = 0$, तब मूल वास्तविक तथा समान होंगे।

(ii) यदि $D > 0$ तथा D एक पूर्ण वर्ग है, तब मूल वास्तविक, असमान तथा परिमेय होंगे।

(iii) यदि $D > 0$ तथा D एक पूर्ण वर्ग नहीं है, तब मूल वास्तविक, असमान तथा अपरिमेय होंगे।

(iv) यदि $D < 0$, तब मूल काल्पनिक या अधिकल्पित होंगे।

उदाहरण 7 द्विघात समीकरण $4x^2 + 4x + 1 = 0$ के मूल हैं

(a) वास्तविक तथा असमान (b) वास्तविक तथा समान
(c) अवास्तविक (d) अपरिमेय

हल (b) दी गई समीकरण $4x^2 + 4x + 1 = 0$ की तुलना द्विघात समीकरण $ax^2 + bx + c = 0$ से करने पर, $a = 4, b = 4$ और $c = 1$

∴ विविक्तकर $= b^2 - 4ac \Rightarrow (D) = (4)^2 - 4(4)(1) = 16 - 16 = 0$

अतः दी गई समीकरण के मूल वास्तविक तथा समान होंगे।

उदाहरण 8 यदि समीकरण $kx^2 + 2x + 3k = 0$ के मूलों का योग उनके गुणनफल के बराबर है, तो k का मान ज्ञात कीजिए।

(a) $\frac{1}{3}$ (b) $-\frac{1}{3}$ (c) $\frac{2}{3}$ (d) $-\frac{2}{3}$

हल (d) दिए गए समीकरण $kx^2 + 2x + 3k = 0$ की तुलना मानक समीकरण $ax^2 + bx + c = 0$ से करने पर, $a = k, b = 2, c = 3k$

दिए गए समीकरण के मूलों का योगफल $= \frac{-b}{a} = \frac{-2}{k}$

तथा मूलों का गुणनफल $= \frac{c}{a} = \frac{3k}{k} = 3$

प्रश्नानुसार, मूलों का योगफल = मूलों का गुणनफल

$\Rightarrow \quad -\frac{2}{k} = 3 \Rightarrow k = \frac{-2}{3}$

रैखिक असमिका

वह रैखिक समीकरण (Linear Inequation) जिसमें चर तीन चिह्नों '$<, =, >$' से सम्बन्धित होते हैं, रैखिक असमिका कहलाती है। *जैसे*— $3x \geq 2y + 5$ एक रैखिक असमिका है।

उदाहरण 9 यदि $2x - 2(3 + 4x) < -1 - 2x > -5/3 - x/3$; तो x का क्या मान होगा?

(a) 1 (b) 2 (c) – 2 (d) – 1

हल (d) $2x - 2(3 + 4x) < -1 - 2x > -\frac{5}{3} - \frac{x}{3}$

दिए गए व्यंजक के पहले दो पदों से,

$$2x - 2(3 + 4x) < -1 - 2x$$
$$2x + 2x < -1 + 2(3 + 4x)$$
$$4x < -1 + 6 + 8x \quad -5 < 8x - 4x$$
$$-5 < 4x \Rightarrow x > -\frac{5}{4}$$

व्यंजक के अन्तिम दो पदों से,

$$-1 - 2x > -\frac{5}{3} - \frac{x}{3}$$
$$\frac{5}{3} - 1 > 2x - \frac{x}{3}$$
$$\frac{5-3}{3} > \frac{6x - x}{3}$$
$$2 > 5x \Rightarrow x < \frac{2}{5}$$

$\therefore \quad -\frac{5}{4} < x < \frac{2}{5}$

अतः विकल्प (d) सही है।

अभ्यास प्रश्न

1. अगर $a^2 + b^2 = 135$ और $ab = 7, (a > 0, b > 0)$ है, तो $(a^3 - b^3)$ का मान है

(a) 1350 (b) 1600
(c) 1680 (d) 1562

2. दिए गए व्यंजक $\frac{1}{4}\left\{\left(a+\frac{1}{a}\right)^2-\left(a-\frac{1}{a}\right)^2\right\}$ का मान है

(a) $\frac{1}{2}$ (b) $\frac{1}{4}$ (c) 4 (d) 1

3. यदि $8(a+b)^3 + (a-b)^3 = (3a+b)(Aa^2 + Bab + Cb^2)$ है, तो $(A + B - C)$ का मान क्या है?

(a) 4 (b) 10 (c) 2 (d) 11

4. दिया गया है कि x, y, z धनात्मक वास्तविक संख्याएँ हैं, यदि $(x+y)^2 - z^2 = 8$, $(y+z)^2 - x^2 = 10$ और $(x+z)^2 - y^2 = 7$ है, तो $(x + y + z)$ किसके समान होगा?

(a) 6 (b) 7
(c) 5 (d) 8

5. यदि x वास्तविक है, और $x^4 - 5x^2 - 1 = 0$ है, तो $\left(x^6 - 3x^2 + \frac{3}{x^2} - \frac{1}{x^6} + 1\right)$ का मान है

(a) 116 (b) 96
(c) 110 (d) 126

6. अगर $a + \frac{1}{a} = 2$ है, तो $a^4 - \frac{1}{a^4}$ का मूल क्या है?

(a) $\frac{1}{4}$ (b) 4 (c) 1 (d) 0

7. अगर $24\sqrt{3}x^3 + 2\sqrt{2}y^3 = (2\sqrt{3}x + \sqrt{2}y)(Ax^2 + Bxy + Cy^2)$ है, तो $(2A + \sqrt{6}B - C)$ बराबर है

(a) 6 (b) 8
(c) 10 (d) 14

8. यदि $x^4 + x^{-4} = 194$ है, $(x > 0)$, तो $(2x - 4)^2$ का मान है

(a) 15 (b) 20
(c) 12 (d) 16

9. यदि $3^{\sqrt[3]{x}} + 4^{\sqrt[3]{x}} = 5^{\sqrt[3]{x}}$ है, तो x का मान है

(a) 8 (b) 2
(c) 1 (d) 4

10. अगर $(2x-7)^3 + (2x-8)^3 + (2x-3)^3 = 3(2x-7)(2x-8)(2x-3)$ है, तो x का मान क्या है?

(a) 2 (b) 4
(c) 3 (d) 1

11. यदि $x - \frac{1}{x} = 10$ है, तो $\frac{x^4+1}{x^2}$ का मान ज्ञात करें।

(a) 98 (b) 100
(c) 102 (d) 106

12. $\frac{a^2 + b^2}{a^3 - b^3}$ का मान क्या है, जबकि $a + b = 8$ और $a - b = 2$ है?

(a) 0.313 (b) 0.347
(c) 0.368 (d) 0.381

13. $\left(\frac{1}{r} + \frac{1}{s}\right)$ का मान ज्ञात कीजिए, यदि $r^3 + s^3 = 0$ और $r + s = 6$ है।

(a) 0 (b) 0.5 (c) 1 (d) 6

14. "s" का मान निर्धारित करें, जिसके लिए समीकरण $5x + 35 = 60x + s$ के अनन्त समाधान हैं।

(a) 420 (b) 440
(c) 460 (d) 480

15. दो संख्याओं का योग 7 है और उनके वर्ग का योग 23 है, तो उनका गुणनफल ज्ञात कीजिए।

(a) 10 (b) 11 (c) 12 (d) 13

16. $(2 - 2z + z^2)(2 + 2z - z^2)$ का मान बताइए जब $z + \frac{2}{z} = 2$ है?

(a) 0 (b) 2 (c) 4 (d) 8

17. निम्नलिखित द्विघात समीकरणों में से किसके वास्तविक मूल हैं?

(a) $4x^2 - 7x + 5 = 0$
(b) $5x^2 - 11x + 7 = 0$
(c) $5x^2 - 11x + 8 = 0$
(d) $2x^2 - 7x + 5 = 0$

18. यदि $5x - 4 \le 2 - x$ और $4x + 5 > 2x - 5$, तो x का मान क्या होगा?

(a) 3 (b) 6 (c) −7 (d) −1

19. निम्न में से क्या सही है?

(a) $(6x + y)(x - 6y) = 6x^2 + 35xy - 6y^2$
(b) $(6x + y)(x - 6y) = 6x^2 - 35xy - 6y^2$
(c) $(6x + y)(x - 6y) = 6x^2 - 37xy - 6y^2$
(d) $(6x + y)(x - 6y) = 6x^2 + 37xy - 6y^2$

20. यदि $4pxy = (x + 2y)^2 - (x - 2y)^2$ है, तो p का मान क्या होगा?

(a) 0.5 (b) 0.25
(c) 4 (d) 2

21. यदि $3x - 4 > 2 - x/3$ और $3x + 5 > 4x - 5$; फिर x का मान क्या होगा?

(a) 7 (b) 10
(c) −11 (d) 1

22. यदि $a + b = 10$ और $a^2 + b^2 = 58$, तब ab ज्ञात करें।

(a) 21 (b) 24 (c) 25 (d) 16

23. निम्न में से कौन-सा सही है?

(a) $(4x - 5y)^2 = 16x^2 - 20xy + 25y^2$
(b) $(4x - 5y)^2 = 16x^2 + 40xy - 25y^2$
(c) $(4x - 5y)^2 = 16x^2 - 40xy + 25y^2$
(d) $(4x - 5y)^2 = 16x^2 - 20xy - 25y^2$

24. यदि $4x - 5(2x - 1) > 2x + 3 > 2 - 3x$ तब x का मान क्या होगा?

(a) 1 (b) 0 (c) 2 (d) −3

25. $x^2 + 5x - 14$ को गुणनखण्डों में विभक्त करें।

(a) $(x - 7)(x + 2)$ (b) $(x - 1)(x + 14)$
(c) $(x + 7)(x - 2)$ (d) $(x - 14)(x + 1)$

26. $(x + 3)(2 - 4x)(5x - 6)$ में x^2 का गुणांक है

(a) 26 (b) −74
(c) 74 (d) −26

27. यदि $t^2 - 4t + 1 = 0$, तो $t^3 + \frac{1}{t^3}$ का मान क्या होगा?

(a) 52 (b) 64
(c) 44 (d) 48

28. यदि $a^{\frac{1}{3}} + b^{\frac{1}{3}} + c^{\frac{1}{3}} = 0$, तो a, b, c के बीच क्या सम्बन्ध होगा?

(a) $a + b + c = 3abc$
(b) $a^3 + b^3 + c^3 = 0$
(c) $a + b + c = 0$
(d) $(a + b + c)^3 = 27abc$

29. यदि $\sqrt[3]{a} + \sqrt[3]{b} = \sqrt[3]{c}$, तो $(a + b - c)^3 + 27abc$ का सरलतम मान क्या होगा?

(a) −3 (b) 0
(c) −1 (d) 3

30. यदि $a + b + c = 2$, $\frac{1}{a} + \frac{1}{b} + \frac{1}{c} = 0$, $ac = \frac{4}{b}$ और $a^3 + b^3 + c^3 = 28$ है, तो $a^2 + b^2 + c^2$ का मान ज्ञात करें।

(a) 8 (b) 10
(c) 6 (d) 12

31. यदि $x - 2y = 3$ और $xy = 5$ है, तो $x^2 - 4y^2$ का मान ज्ञात करें।

(a) 21 (b) 23
(c) 20 (d) 22

32. यदि $a + b + c = 4$ और $ab + bc + ca = 1$ है, तो $a^3 + b^3 + c^3 - 3abc$ का मान है

(a) 47 (b) 60
(c) 52 (d) 50

33. यदि $250\sqrt{2}x^3 - 5\sqrt{5}y^3 = (5\sqrt{2}x - \sqrt{5}y) \times (Ax^2 + Bxy + Cy^2)$ है, तो $(A + C - \sqrt{10}B)$ का मान होगा
(a) 5 (b) $5\sqrt{2}$
(c) 10 (d) $2\sqrt{5}$

34. यदि $6^{4/x} + 8^{4/x} = 10^{4/x}$ है, तो x का मान है
(a) 8 (b) 2
(c) 16 (d) 4

35. अगर $x = 2 + \sqrt{5}$ है, तो $x^3 + x^{-3}$ का मान है
(a) $40\sqrt{5}$ (b) $46\sqrt{5}$
(c) $34\sqrt{5}$ (d) $36\sqrt{5}$

36. यदि $a^2 + b^2 = 169, ab = 60, (a > b)$, तो $(a^2 - b^2)$, किसके समान होगा?
(a) 149 (b) 129
(c) 139 (d) 119

37. यदि $x + y + z = 3$ और $xy + yz + zx = -18$ है, तो $x^3 + y^3 + z^3 - 3xyz$ का मान क्या है?
(a) 217 (b) 189
(c) 187 (d) 191

38. यदि $(x - 8)^3 + (2x + 16)^3 + (2x - 13)^3 = 3(x - 8)(2x + 16)(2x - 13)$ है, तो x का मान है
(a) – 1 (b) 0 (c) 0.7 (d) 1

39. अगर $x^2 + 1 = 3x$ है, तो $\frac{(x^4 + x^{-2})}{(x^2 + 5x + 1)}$ का मान है
(a) $2\frac{1}{3}$ (b) $4\frac{1}{2}$
(c) $2\frac{1}{4}$ (d) $3\frac{1}{2}$

40. यदि $a + b - c = 12$ और $a^2 + b^2 + c^2 = 110$ है, तो निम्नलिखित में से कौन-सा सम्बन्ध सही है?
(a) $ab + bc + ca = 34$
(b) $ab + bc - ca = 17$
(c) $ab - bc + ca = 17$
(d) $ab - bc - ca = 17$

41. 'r' का मान निर्धारित करें, जिसके लिए समीकरण $13x + 5 = rx + 18$ का कोई समाधान नहीं है।
(a) 0 (b) 5
(c) 13 (d) 18

42. यदि $a^2 + b^2 = 80$ और $ab = 32$, तो $\frac{a - b}{a + b}$ के मान की गणना कीजिए।
(a) 0.337 (b) 0.339
(c) 0.333 (d) 0.335

43. $a^3 - 5 + \frac{128}{16a}$ का मान क्या है, जबकि $a - 2 = 0$ है?
(a) 2 (b) 5 (c) 7 (d) 8

44. $x^3 - \frac{1}{x^3} + 8$ का मान क्या है, यदि $8x - \frac{8}{x} - 16 = 0$ है?
(a) 6 (b) 8 (c) 16 (d) 22

45. xy का मान ज्ञात करें, यदि $x - y = 3$ और $x^2 + y^2 = 15$ है।
(a) 1 (b) 3 (c) 5 (d) 7

46. xy का मान क्या होगा, अगर $x^2 + y^2 = 45$ और $x - y = 5$?
(a) 10 (b) 15 (c) 20 (d) 25

47. यदि $2x^2 + 2y^2 = 4a$ है तो, $\frac{2a}{x^2 - a} + \frac{2a}{y^2 - a}$ का मान ज्ञात कीजिए।
(a) 0 (b) 1 (c) a (d) 2a

48. यदि $a - b = -7$ और $a^2 + b^2 = 85$, तो ab ज्ञात करें।
(a) 18 (b) –30
(c) –44 (d) –60

49. यदि $2x + 3y = 0$ और $3x - 4y = 34$ है, तो $x - y =$ ......
(a) 10 (b) –10 (c) 2 (d) –2

50. यदि $3x + 2y = 7$ और $4x - y = 24$, है, तो $x - y =$ ......
(a) 9 (b) 1 (c) – 9 (d) – 1

51. $(x + 9)(8 - 5x)$ में x का गुणांक है
(a) 37 (b) –53
(c) –37 (d) 53

52. यदि $2x + 2(4 + 3x) < 2 + 3x > 2x + x\sqrt{2}$ का क्या मान होगा?
(a) –3 (b) 1 (c) 0 (d) –1

53. यदि $a - b = -5$ और $a^2 + b^2 = 73$, तो ab ज्ञात करें।
(a) 35 (b) 14 (c) 50 (d) 24

54. निम्नलिखित समीकरणों में से किसके मूलों का योग 5 है?
(a) $x^2 - 5x + 6 = 0$
(b) $x^2 - 6x - 5 = 0$
(c) $x^2 + 5x + 6 = 0$
(d) $x^2 + 6x - 5 = 0$

55. यदि $x - y = -9$, और $xy = -20$, तब $x^2 + y^2$ ज्ञात करें।
(a) 61 (b) 41
(c) 85 (d) 113

56. x का मान क्या है, जिसके लिए समीकरण $12 - 6x$ और $4x + 2$ बराबर होंगे?
(a) 0 (b) 2 (c) 1 (d) 4

57. यदि $(9 - 3x) - (17x - 10) = -1$, तो x का मान है
(a) 1 (b) –1
(c) 9/10 (d) –9/10

उत्तरमाला

1 (d)	2 (d)	3 (c)	4 (c)	5 (d)
6 (d)	7 (c)	8 (c)	9 (a)	10 (c)
11 (c)	12 (b)	13 (b)	14 (a)	15 (d)
16 (a)	17 (d)	18 (d)	19 (b)	20 (d)
21 (a)	22 (a)	23 (c)	24 (b)	25 (c)
26 (d)	27 (a)	28 (d)	29 (b)	30 (a)
31 (a)	32 (c)	33 (a)	34 (c)	35 (c)
36 (d)	37 (b)	38 (d)	39 (c)	40 (d)
41 (c)	42 (c)	43 (c)	44 (d)	45 (b)
46 (a)	47 (a)	48 (a)	49 (a)	50 (a)
51 (c)	52 (a)	53 (d)	54 (a)	55 (b)
56 (c)	57 (a)			

संकेत एवं हल

1. *(d)* दिया है, $a^2 + b^2 = 135$ और $ab = 7$

$\because \quad (a-b)^2 = a^2 + b^2 - 2ab$

$\Rightarrow \quad (a-b)^2 = 135 - 2 \times 7 = 121$

$a - b = 11$

$\therefore \quad a^3 - b^3 = (a-b)(a^2 + b^2 + ab)$

$= 11 \times (135 + 7)$

$= 11 \times 142 = 1562$

2. *(d)* $\frac{1}{4}\left\{\left(a+\frac{1}{a}\right)^2 - \left(a-\frac{1}{a}\right)^2\right\}$

$= \frac{1}{4} \times 4a \times \frac{1}{a}$ $[\because (a+b)^2 - (a-b)^2 = 4ab]$

$= \frac{1}{4} \times 4$

$= 1$

3. *(c)* दिया है,

$8(a+b)^3 + (a-b)^3$

$= (3a+b)(Aa^2 + Bab + Cb^2)$

$\Rightarrow \quad (2a+2b)^3 + (a-b)^3$

$= (3a+b)(Aa^2 + Bab + Cb^2)$

$\Rightarrow \quad (2a+2b+a-b)[(2a+2b)^2 + (a-b)^2 - (2a+2b)(a-b)]$

$= (3a+b)(Aa^2 + Bab + Cb^2)$

$[\because a^3 + b^3 = (a+b)(a^2 + b^2 - ab)]$

$\Rightarrow (3a+b)[4a^2 + 4b^2 + 8ab + a^2 + b^2 - 2ab - 2a^2 + 2ab - 2ab + 2b^2]$

$= (3a+b)[Aa^2 + Bab + Cb^2]$

$\Rightarrow \quad (3a+b)[3a^2 + 7b^2 + 6ab]$

$= (3a+b)[Aa^2 + Bab + Cb^2]$

दोनों पक्षों की तुलना करने पर,

$A = 3, B = 6, C = 7$

$\therefore \quad A + B - C = 3 + 6 - 7$

$= 9 - 7$

$= 2$

4. *(c)* दिया है,

$(x+y)^2 - z^2 = 8$

$x^2 + y^2 + 2xy - z^2 = 8 \quad \ldots(i)$

$(y+z)^2 - x^2 = 10$

$y^2 + z^2 + 2yz - x^2 = 10 \quad \ldots(ii)$

$(x+z)^2 - y^2 = 7$

$x^2 + z^2 + 2xz - y^2 = 7 \quad \ldots(iii)$

तीनों समीकरणों को जोड़ने पर,

$x^2 + y^2 + z^2 + 2xy + 2yz + 2zx = 8 + 10 + 7$

$x^2 + y^2 + z^2 + 2(xy + yz + zx) = 25$

$(x+y+z)^2 = 25$

$\therefore \quad x + y + z = 5$

5. *(d)* दिया है,

$x^4 - 5x^2 - 1 = 0$

$x^4 - 1 = 5x^2$

$x^2 - \frac{1}{x^2} = 5 \quad \ldots(i)$

दोनों पक्षों का वर्ग करने पर,

$\left(x^2 - \frac{1}{x^2}\right)^2 = (5)^2$

$x^4 + \frac{1}{x^4} - 2 = 25$

$x^4 + \frac{1}{x^4} = 27 \quad \ldots(ii)$

$x^6 - 3x^2 + \frac{3}{x^2} - \frac{1}{x^6} + 1$

$= x^6 - \frac{1}{x^6} - 3\left[x^2 - \frac{1}{x^2}\right] + 1$

$= (x^2)^3 - \frac{1}{(x^2)^3} - 3\left[x^2 - \frac{1}{x^2}\right] + 1$

$= \left(x^2 - \frac{1}{x^2}\right)\left(x^4 + \frac{1}{x^4} + 1\right) - 3\left(x^2 - \frac{1}{x^2}\right) + 1$

$= 5 \times (27 + 1) - 3 \times 5 + 1$

[समी (i) व (ii) से]

$= 5 \times 28 - 15 + 1$

$= 140 - 14 = 126$

6. *(d)* दिया है, $a + \frac{1}{a} = 2$

$\Rightarrow \quad \frac{a^2 + 1}{a} = 2 \Rightarrow a^2 + 1 = 2a$

$\Rightarrow \quad a^2 + 1 - 2a = 0 \Rightarrow (a-1)^2 = 0$

$\Rightarrow \quad a - 1 = 0$

$a = 1$

$\therefore \quad a^4 - \frac{1}{a^4} = (1)^4 - \frac{1}{(1)^4}$

$= 1 - 1 = 0$

7. *(c)* $24\sqrt{3}\,x^3 + 2\sqrt{2}y^3$

$= (2\sqrt{3}x + \sqrt{2}y)(Ax^2 + Bxy + Cy^2)$

$\Rightarrow \quad (2\sqrt{3}x)^3 + (\sqrt{2}y)^3$

$= (2\sqrt{3}x + \sqrt{2}y)(Ax^2 + Bxy + Cy^2)$

$\Rightarrow \quad (2\sqrt{3}x + \sqrt{2}y)$

$[(2\sqrt{3}x)^2 - 2\sqrt{3}x \times \sqrt{2}y + (\sqrt{2}y)^2]$

$= (2\sqrt{3}x + \sqrt{2}y)(Ax^2 + Bxy + Cy^2)$

$\Rightarrow \quad (2\sqrt{3}x + \sqrt{2}y)[12x^2 - 2\sqrt{6}\,xy + 2y^2]$

$= (2\sqrt{3}x + \sqrt{2}y)(Ax^2 + Bxy + Cy^2)$

दोनों पक्षों की तुलना करने पर,

$A = 12, B = -2\sqrt{6}, C = 2$

$\therefore \quad 2A + \sqrt{6}B - C = 2 \times 12 + \sqrt{6}(-2\sqrt{6}) - 2$

$= 24 - 12 - 2 = 24 - 14 = 10$

8. *(c)* दिया है,

$x^4 + \frac{1}{x^4} = 194$

$\Rightarrow \quad x^4 + \frac{1}{x^4} + 2 = 194 + 2$

$\Rightarrow \quad \left(x^2 + \frac{1}{x^2}\right)^2 = 196 \Rightarrow x^2 + \frac{1}{x^2} = 14$

$\Rightarrow \quad x^2 + \frac{1}{x^2} + 2 = 14 + 2 \Rightarrow \left(x + \frac{1}{x}\right)^2 = 16$

$x + \frac{1}{x} = 4 \quad \ldots(i)$

हम जानते हैं कि,

$\left(x - \frac{1}{x}\right)^2 = \left(x + \frac{1}{x}\right)^2 - 4$

$\left(x - \frac{1}{x}\right)^2 = (4)^2 - 4 = 16 - 4 = 12$

$x - \frac{1}{x} = 2\sqrt{3} \quad \ldots(ii)$

समी (i) व (ii) को जोड़ने पर,

$2x = 4 + 2\sqrt{3}$

$x = 2 + \sqrt{3}$

$\therefore \quad (2x-4)^2 = [2(x-2)]^2$

$= [2(2 + \sqrt{3} - 2)]^2$

$= [2(\sqrt{3})]^2 = 4 \times 3 = 12$

9. *(a)* दिया है, $3^{\sqrt[3]{x}} + 4^{\sqrt[3]{x}} = 5^{\sqrt[3]{x}}$

विकल्प (a) से, $x = 8$ रखने पर,

$\Rightarrow \quad 3^{\sqrt[3]{8}} + 4^{\sqrt[3]{8}} = 5^{\sqrt[3]{8}}$

$\Rightarrow \quad 3^2 + 4^2 = 5^2$

$\Rightarrow \quad 9 + 16 = 25$

$\Rightarrow \quad 25 = 25$ (सत्य है)

$\therefore \quad x = 8$

10. *(c)* दिया है,

$(2x-7)^3 + (2x-8)^3 + (2x-3)^3$

$= 3(2x-7)(2x-8)(2x-3)$

हम जानते हैं कि,

यदि $a + b + c = 0$ तब

$a^3 + b^3 + c^3 = 3abc$

$\therefore \quad 2x - 7 + 2x - 8 + 2x - 3 = 0$

$6x - 18 = 0$

$\Rightarrow \quad 6x = 18$

$\therefore \quad x = 3$

11. *(c)* दिया है,

$x - \frac{1}{x} = 10$

दोनों पक्षों का वर्ग करने पर,

$\Rightarrow \quad \left(x - \frac{1}{x}\right)^2 = (10)^2$

$\Rightarrow \quad x^2 + \frac{1}{x^2} - 2 = 100$

$\Rightarrow \quad x^2 + \frac{1}{x^2} = 102$

$\therefore \quad \frac{x^4 + 1}{x^2} = 102$

12. *(b)* दिया है,

$a + b = 8 \quad \ldots(i)$

और $\quad a - b = 2 \quad \ldots(ii)$

दोनों समीकरणों को जोड़ने पर,

$2a = 10 \Rightarrow a = 5$

समी (i) से,

$5 + b = 8$

$b = 8 - 5 = 3$

$\therefore \quad \frac{a^2 + b^2}{a^3 - b^3} = \frac{(5)^2 + (3)^2}{(5)^3 - (3)^3} = \frac{25 + 9}{125 - 27}$

$= \frac{34}{98} = 0.347$

13. *(b)* दिया है, $r^3 + s^3 = 0$,

$\Rightarrow \quad (r + s)(r^2 + s^2 - rs) = 0$

$\Rightarrow \quad r^2 + s^2 - rs = 0$

$r^2 + s^2 = rs \quad \ldots(i)$

और $\quad r + s = 6$

$\Rightarrow \quad (r + s)^2 = (6)^2$

$\Rightarrow \quad r^2 + s^2 + 2rs = 36$

$\Rightarrow \quad rs + 2rs = 36$

$\Rightarrow \quad 3rs = 36$

$\Rightarrow \quad rs = 12$

अब, $\quad \frac{1}{r} + \frac{1}{s} = \frac{r + s}{rs} = \frac{6}{12} = 0.5$

14. *(a)* दिया है,

$5x + 35 = 60x + s$

यहाँ $a_1 = 5, c_1 = 35$

$a_2 = 60, c_2 = s$

$\because$ अनन्त समाधान हैं।

$\therefore \quad \frac{a_1}{a_2} = \frac{c_1}{c_2}$

$\Rightarrow \quad \frac{5}{60} = \frac{35}{s}$

$\Rightarrow \quad s = 35 \times 12 \Rightarrow s = 420$

15. *(d)* माना दो संख्याएँ क्रमशः x और y हैं।

प्रश्नानुसार, $x + y = 7 \quad \ldots(i)$

और $\quad x^2 + y^2 = 23 \quad \ldots(ii)$

हम जानते हैं कि,

$(x + y)^2 = x^2 + y^2 + 2xy$

$(7)^2 = 23 + 2xy$ [समी (i) व (ii) से]

$2xy = 49 - 23$

$2xy = 26$

$\Rightarrow \quad xy = 13$

अतः संख्याओं का गुणनफल = 13

16. *(a)* दिया है, $z + \frac{2}{z} = 2$

$\Rightarrow \quad \frac{z^2 + 2}{z} = 2$

$\Rightarrow \quad z^2 + 2 = 2z$ 4150

$\therefore (2 - 2z + z^2)(2 + 2z - z^2)$

$= (2 + z^2 - 2z)(2 + 2z - z^2)$

$= (2z - 2z)(2 + 2z - z^2)$

$= 0 \times (2 \times 2z - z^2)$

$= 0$

17. *(d)* यदि $D > 0$, तो मूल वास्तविक होंगे।

$\therefore$ विकल्प (d) से, $2x^2 - 7x + 5 = 0$

यहाँ, $a = 2, b = -7, c = 5$

$\therefore \quad b^2 - 4ac$

$= (-7)^2 - 4 \times 2 \times 5$

$= 49 - 40 = 9$

$\because \quad D > 0$

अतः समीकरण $2x^2 - 7x + 5 = 0$ के मूल वास्तविक हैं।

18. *(d)* I. $5x - 4 \le 2 - x$

$5x + x \le 2 + 4$

$6x \le 6$

$x \le 1$

II. $\quad 4x + 5 > 2x - 5$

$4x - 2x > -5 - 5$

$2x > -10$

$x > -5$

$\therefore \quad -5 < x \le 1$

अतः विकल्प (d) सही है।

19. *(b)* विकल्प (b) से,

$(6x + y)(x - 6y) = 6x^2 - 35xy - 6y^2$

$6x^2 + xy - 36xy - 6y^2 = 6x^2 - 35xy - 6y^2$

$6x^2 - 35xy - 6y^2 = 6x^2 - 35xy - 6y^2$

अतः विकल्प (b) सही है।

20. *(d)* दिया है, $4pxy = (x + 2y)^2 - (x - 2y)^2$

$\Rightarrow 4pxy = 4.(x)(2y)$

$[\because (a+b)^2 - (a-b)^2 = 4ab]$

$\Rightarrow 4pxy = 8xy \Rightarrow 4p = 8$

$\therefore \quad p = 2$

21. *(a)* I. $3x - 4 > 2 - \frac{x}{3}$

$9x - 12 > 6 - x$

$9x + x > 6 + 12$

$10x > 18$

$x > 1.8$

II. $\quad 3x + 5 > 4x - 5$

$5 + 5 > 4x - 3x$

$10 > x$

$\therefore \quad 1.8 < x < 10$

अतः विकल्प (a) सही है।

22. *(a)* दिया है, $a + b = 10$

और $a^2 + b^2 = 58$

हम जानते हैं कि,

$(a + b)^2 = a^2 + b^2 + 2ab$

$(10)^2 = 58 + 2ab$

$100 = 58 + 2ab$

$2ab = 100 - 58 = 42$

$ab = 21$

23. *(c)* विकल्प (c) से,

$(4x - 5y)^2 = 16x^2 - 40xy + 25y^2$

$[\because (a - b)^2 = a^2 - 2ab + b^2]$

अतः विकल्प (c) सही है।

24. *(b)* दिया है,

$4x - 5(2x - 1) > 2x + 3 > 2 - 3x$

पहले दो पदों से,

$4x - 10x + 5 > 2x + 3$

$-6x + 5 > 2x + 3$

$5 - 3 > 2x + 6x$

$2 > 8x$

$0.25 > x$

अन्तिम दो पदों से,

$2x + 3 > 2 - 3x$

$2x + 3x > 2 - 3$

$5x > -1$

$x > -0.2$

$\therefore \quad -0.2 < x < 0.25$

अतः विकल्प (b) सही है।

25. *(c)* $x^2 + 5x - 14$

$= x^2 + 7x - 2x - 14$

(मध्य पद को विभक्त करने पर)

$= x(x + 7) - 2(x + 7) = (x + 7)(x - 2)$

26. *(d)* $(x + 3)(2 - 4x)(5x - 6)$

$= (2x - 4x^2 + 6 - 12x)(5x - 6)$

$= (6 - 4x^2 - 10x)(5x - 6)$

$= 30x - 20x^3 - 50x^2 - 36 + 24x^2 + 60x$

$= 90x - 26x^2 - 20x^3 - 36$

अतः व्यंजक में x^2 का गुणांक = − 26

27. *(a)* $t^2 - 4t + 1 = 0$

$\Rightarrow \quad t^2 + 1 = 4t$

$\Rightarrow \quad t + \frac{1}{t} = 4$

$\Rightarrow \quad \left(t + \frac{1}{t}\right)^3 = (4)^3$

$\Rightarrow \quad t^3 + \frac{1}{t^3} + 3 \cdot t \cdot \frac{1}{t}\left(t + \frac{1}{t}\right) = 64$

$\Rightarrow \quad t^3 + \frac{1}{t^3} + 3 \times 4 = 64$

$\therefore \quad t^3 + \frac{1}{t^3} = 64 - 12 = 52$

28. *(d)* $a^{1/3} + b^{1/3} + c^{1/3} = 0$

$\Rightarrow \quad a^{\frac{1}{3}} + b^{\frac{1}{3}} = -c^{\frac{1}{3}}$

दोनों ओर का घन करने पर,

$(a^{1/3} + b^{1/3})^3 = (-c^{1/3})^3$

$\Rightarrow a + b + 3 \cdot a^{1/3} b^{1/3}(a^{1/3} + b^{1/3}) = -c$

$\Rightarrow \quad a + b - 3a^{1/3}b^{1/3}c^{1/3} = -c$

$\Rightarrow \quad a + b + c = 3a^{1/3}b^{1/3}c^{1/3}$

पुनः दोनों ओर घन करने पर,

$(a + b + c)^3 = 27abc$

29. *(b)* $\sqrt[3]{a} + \sqrt[3]{b} = \sqrt[3]{c}$

दोनों ओर घन करने पर,

$a + b + 3 \cdot \sqrt[3]{a}\sqrt[3]{b}(\sqrt[3]{a} + \sqrt[3]{b}) = c$

$\Rightarrow \quad a + b + 3 \cdot \sqrt[3]{a} \cdot \sqrt[3]{b} \cdot \sqrt[3]{c} = c$

$\Rightarrow \quad a + b - c = -3 \cdot \sqrt[3]{a} \cdot \sqrt[3]{b} \cdot \sqrt[3]{c}$

पुनः दोनों ओर घन करने पर,

$\Rightarrow \quad (a + b - c)^3 = -27abc$

$\therefore \; (a + b - c)^3 + 27abc = 0$

30. *(a)* दिया है, $a + b + c = 2$ ...(i)

$\frac{1}{a} + \frac{1}{b} + \frac{1}{c} = 0$

$\Rightarrow \quad \frac{bc + ac + ab}{abc} = 0$

$\Rightarrow \quad ab + bc + ca = 0$ ...(ii)

$ac = \frac{4}{b} \Rightarrow abc = 4$ ...(iii)

और $\quad a^3 + b^3 + c^3 = 28$

हमें ज्ञात है कि,

$a^3 + b^3 + c^3 - 3abc = (a + b + c)$
$(a^2 + b^2 + c^2 - ab - bc - ca)$

$\Rightarrow$

$28 - 3 \times 4 = 2(a^2 + b^2 + c^2 - (ab + bc + ca))$

[समीकरणों का मान रखने पर]

$\Rightarrow \quad 28 - 12 = 2(a^2 + b^2 + c^2)$

$\therefore \quad a^2 + b^2 + c^2 = \frac{16}{2} = 8$

31. *(a)* $\quad x - 2y = 3$ ...(i)

और $\quad xy = 5$ ...(ii)

समी (ii) से, $y = \frac{5}{x}$

समी (i) में रखने पर

$x - 2 \times \frac{5}{x} = 3 \Rightarrow x^2 - 10 = 3x$

$\Rightarrow \quad x^2 - 3x - 10 = 0$

$\Rightarrow \quad x^2 - 5x + 2x - 10 = 0$

$\Rightarrow \quad x(x - 5) + 2(x - 5) = 0$

$\Rightarrow \quad (x - 5)(x + 2) = 0$

$\therefore \quad x = 5, -2$

जब $x = 5$, तब $y = 1$

जब $x = -2$, तब $y = -\frac{5}{2}$

$\therefore \quad x^2 - 4y^2 = (5)^2 - 4(1)^2$

$= 25 - 4 = 21$

32. *(c)* दिया है, $ab + bc + ca = 1$ ...(i)

और $\quad a + b + c = 4$

दोनों पक्षों का वर्ग करने पर,

$(a + b + c)^2 = 4^2$

$a^2 + b^2 + c^2 + 2(ab + bc + ca) = 16$

$a^2 + b^2 + c^2 + 2 \times 1 = 16$ [समी (i) से]

$a^2 + b^2 + c^2 = 14$

$\therefore \; a^3 + b^3 + c^3 - 3abc$

$= (a + b + c)(a^2 + b^2 + c^2 - ab - bc - ca)$

$= 4 \times (14 - 1) = 4 \times 13 = 52$

33. *(a)* $250\sqrt{2}x^3 - 5\sqrt{5}y^3$

$= (5\sqrt{2}x - \sqrt{5}y)(Ax^2 + Bxy + Cy^2)$

$\Rightarrow \quad [5\sqrt{2}x]^3 - [\sqrt{5}y]^3 = (5\sqrt{2}x - \sqrt{5}y)$
$(Ax^2 + Bxy + Cy^2)$

$\Rightarrow \quad (5\sqrt{2}x - \sqrt{5}y)[(5\sqrt{2}x)^2 + 5\sqrt{2}\,x$
$\times \sqrt{5}\,y + (\sqrt{5}y)^2]$

$= (5\sqrt{2}x - \sqrt{5}y)(Ax^2 + Bxy + Cy^2)$

$\Rightarrow \quad (5\sqrt{2}x - \sqrt{5}y)(50x^2 + 5\sqrt{10}xy + 5y^2)$

$= (5\sqrt{2}x - \sqrt{5}y)(Ax^2 + Bxy + Cy^2)]$

दोनों पक्षों की तुलना करने पर,

$A = 50, B = 5\sqrt{10}, C = 5$

$\therefore \; A + C - \sqrt{10}\,B = 50 + 5 - \sqrt{10} \times (5\sqrt{10})$

$= 55 - 50 = 5$

34. *(c)* दिया है, $6^{\sqrt[4]{x}} + 8^{\sqrt[4]{x}} = 10^{\sqrt[4]{x}}$

विकल्प (c) से $x = 16$ रखने पर,

$\Rightarrow 6^{\sqrt[4]{16}} + 8^{\sqrt[4]{16}} = 10^{\sqrt[4]{16}}$

$\Rightarrow 6^{(2^4)^{1/4}} + 8^{(2^4)^{1/4}} = 10^{(2^4)^{1/4}} \Rightarrow 6^2 + 8^2 = 10^2$

$\Rightarrow \quad 36 + 64 = 100$

$100 = 100$ (सत्य है)

$\therefore \quad x = 16$

35. *(c)* $x = 2 + \sqrt{5}$

$\frac{1}{x} = \frac{1}{2 + \sqrt{5}} = \frac{1}{2 + \sqrt{5}} \times \frac{2 - \sqrt{5}}{2 - \sqrt{5}}$

$\frac{1}{x} = \frac{2 - \sqrt{5}}{4 - 5} = \sqrt{5} - 2$

$x + \frac{1}{x} = 2 + \sqrt{5} + \sqrt{5} - 2 = 2\sqrt{5}$

$\left(x + \frac{1}{x}\right)^2 = (2\sqrt{5})^2$

$x^2 + \frac{1}{x^2} + 2 = 20 \Rightarrow x^2 + \frac{1}{x^2} = 18$

$\therefore \quad x^3 + \frac{1}{x^3} = \left(x + \frac{1}{x}\right)\left(x^2 + \frac{1}{x^2} - x \times \frac{1}{x}\right)$

$= 2\sqrt{5} \times (18 - 1) = 2\sqrt{5} \times 17$

$= 34\sqrt{5}$

36. *(d)* दिया है, $a^2 + b^2 = 169, ab = 60$

हम जानते हैं कि,

$(a + b)^2 = a^2 + b^2 + 2ab = 169 + 2 \times 60$

$(a + b)^2 = 169 + 120 = 289$

$a + b = 17$

और $(a - b)^2 = a^2 + b^2 - 2ab = 169 - 2 \times 60$

$(a - b)^2 = 169 - 120 = 49$

$a - b = 7$

$\therefore \quad a^2 - b^2 = (a - b)(a + b)$

$= 7 \times 17 = 119$

37. *(b)* दिया है, $x + y + z = 3$,

$xy + yz + zx = -18$

हम जानते हैं कि,

$(x + y + z)^2 = x^2 + y^2 + z^2 +$
$2(xy + yz + zx)$

$(3)^2 = x^2 + y^2 + z^2 + 2(-18)$

$x^2 + y^2 + z^2 = 9 + 36$

$x^2 + y^2 + z^2 = 45$

अब, $x^3 + y^3 + z^3 - 3xyz$

$= (x + y + z)(x^2 + y^2 + z^2 - xy - yz - zx)$

$= 3 \times [45 - (-18)]$

$= 3 \times (45 + 18) = 3 \times 63 = 189$

38. *(d)* दिया है,

$(x - 8)^3 + (2x + 16)^3 + (2x - 13)^3$

$= 3(x - 8)(2x + 16)(2x - 13)$

हम जानते हैं कि,

यदि $a + b + c = 0$ तब $a^3 + b^3 + c^3 = 3abc$

$\therefore \; x - 8 + 2x + 16 + 2x - 13 = 0$

$5x - 5 = 0$

$5x = 5$

$\Rightarrow \quad x = 1$

39. *(c)* दिया है, $x^2 + 1 = 3x$

$x + \frac{1}{x} = 3$

दोनों पक्षों का वर्ग करने पर,

$x^2 + \frac{1}{x^2} + 2 = 9 \Rightarrow x^2 + \frac{1}{x^2} = 7$

$\therefore \quad \frac{x^4 + \frac{1}{x^2}}{x^2 + 5x + 1} = \frac{x\left(x^3 + \frac{1}{x^3}\right)}{x\left(x + 5 + \frac{1}{x}\right)}$

$= \frac{\left(x + \frac{1}{x}\right)\left(x^2 + \frac{1}{x^2} - 1\right)}{x + \frac{1}{x} + 5}$

$= \frac{3 \times (7 - 1)}{3 + 5} = \frac{3 \times 6}{8} = \frac{18}{8}$

$= \frac{9}{4} = 2\frac{1}{4}$

40. *(d)* दिया है, $a + b - c = 12$ ...(i)

और $\quad a^2 + b^2 + c^2 = 110$ ...(ii)

समी (i) के दोनों पक्षों का वर्ग करने पर,

$(a + b - c)^2 = (12)^2$

$a^2 + b^2 + c^2 + 2ab - 2bc - 2ca = 144$

$110 + 2(ab - bc - ca) = 144$ (समी (ii) से)

$2(ab - bc - ca) = 144 - 110 = 34$

$ab - bc - ca = 17$

41. *(c)* दी गई समीकरण $13x + 5 = rx + 18$

यहाँ $a_1 = 13, c_1 = 5, a_2 = r, c_2 = 18$

$\because$ समीकरण का कोई समाधान नही है,

$\therefore \quad a_1 = a_2$

$\Rightarrow \quad 13 = r$ या $r = 13$

42. *(c)* दिया है, $a^2 + b^2 = 80$ और $ab = 32$

हम जानते हैं कि,

$$(a+b)^2 = a^2 + b^2 + 2ab = 80 + 2 \times 32$$
$$(a+b)^2 = 144$$
$$a + b = 12$$

तथा $(a-b)^2 = a^2 + b^2 - 2ab$

$$(a-b)^2 = 80 - 2 \times 32 = 80 - 64$$
$$(a-b)^2 = 16$$
$$a - b = 4$$
$$\therefore \quad \frac{a-b}{a+b} = \frac{4}{12} = \frac{1}{3} = 0.333$$

43. *(c)* दिया है, $a - 2 = 0$

$$a = 2$$
$$\therefore a^3 - 5 + \frac{128}{16a} = (2)^3 - 5 + \frac{128}{16 \times 2}$$
$$= 8 - 5 + \frac{8}{2}$$
$$= 3 + 4 = 7$$

44. *(d)* दिया है, $8x - \frac{8}{x} - 16 = 0$

$$\Rightarrow \quad 8x - \frac{8}{x} = 16$$
$$\Rightarrow \quad x - \frac{1}{x} = 2$$

दोनों पक्षों का घन करने पर,

$$\Rightarrow \quad x^3 - \frac{1}{x^3} - 3\left(x - \frac{1}{x}\right) = 8$$
$$\Rightarrow \quad x^3 - \frac{1}{x^3} - 3 \times 2 = 8$$
$$\Rightarrow \quad x^3 - \frac{1}{x^3} = 8 + 6 = 14$$
$$\therefore \quad x^3 - \frac{1}{x^3} + 8 = 14 + 8$$
$$= 22$$

45. *(b)* दिया है, $x - y = 3$ और $x^2 + y^2 = 15$

$$\therefore \quad (x-y)^2 = x^2 + y^2 - 2xy$$
$$\Rightarrow \quad (3)^2 = 15 - 2xy$$
$$\Rightarrow \quad 2xy = 15 - 9$$
$$xy = \frac{6}{2} = 3$$

46. *(a)* दिया है, $x^2 + y^2 = 45$ और $x - y = 5$

$$\therefore \quad (x-y)^2 = x^2 + y^2 - 2xy$$
$$(5)^2 = 45 - 2xy$$
$$2xy = 45 - 25$$
$$xy = \frac{20}{2} = 10$$

47. *(a)* दिया है, $2x^2 + 2y^2 = 4a$

$$\Rightarrow \quad x^2 + y^2 = 2a$$
$$\Rightarrow \quad \frac{x^2}{a} + \frac{y^2}{a} = 2$$
$$\Rightarrow \quad \frac{x^2}{a} - 1 + \frac{y^2}{a} - 1 = 2 - 2$$
$$\Rightarrow \quad \frac{x^2 - a}{a} + \frac{y^2 - a}{a} = 0$$
$$\Rightarrow \quad \frac{x^2 - a}{2a} + \frac{y^2 - a}{2a} = 0$$
$$\therefore \quad \frac{2a}{x^2 - a} + \frac{2a}{y^2 - a} = 0$$

48. *(a)* दिया है, $a - b = -7, a^2 + b^2 = 85$

$$\therefore \quad (a-b)^2 = a^2 + b^2 - 2ab$$
$$\Rightarrow \quad (-7)^2 = 85 - 2ab$$
$$\Rightarrow \quad 2ab = 85 - 49$$
$$ab = \frac{36}{2} = 18$$

49. *(a)* दिया है, $2x + 3y = 0 \quad \ldots(i)$

और $\quad 3x - 4y = 34 \quad \ldots(ii)$

समी (i) और (ii) से,

$3x - 4\left(-\frac{2x}{3}\right) = 34$ (प्रतिस्थापन विधि से)

$$\Rightarrow \quad 3x + \frac{8x}{3} = 34$$
$$\Rightarrow \quad 9x + 8x = 102$$
$$\Rightarrow \quad 17x = 102$$
$$x = 6$$

x का मान समी (i) में रखने पर,

$$2 \times 6 + 3y = 0$$
$$3y = -2 \times 6$$
$$y = -4$$
$$\therefore \quad x - y = 6 - (-4) = 6 + 4 = 10$$

50. *(a)* दिया है,

$3x + 2y = 7 \quad \ldots(i)$

$4x - y = 24 \quad \ldots(ii)$

समी (ii) में 2 से गुणा करके, दोनों समीकरणों को जोड़ने पर (विलोपन विधि के अनुसार)

$$8x - 2y = 48$$
$$\underline{3x + 2y = 7}$$
$$11x = 55$$
$$x = 5$$

x का मान समी (i) में रखने पर,

$$3 \times 5 + 2y = 7$$
$$2y = 7 - 15 = -8$$
$$y = -4$$
$$\therefore \quad x - y = 5 - (-4) = 5 + 4 = 9$$

51. *(c)* $(x + 9)(8 - 5x)$

$$= 8x + 72 - 5x^2 - 45x = 72 - 37x - 5x^2$$

अतः व्यंजक में x का गुणांक $= -37$

52. *(a)* दिया है,

$$2x + 2(4 + 3x) < 2 + 3x > 2x + x\sqrt{2}$$

प्रथम दो पदों से,

$$2x + 8 + 6x < 2 + 3x$$
$$8x - 3x < 2 - 8$$
$$5x < -6$$
$$x < -\frac{6}{5}$$
$$x < -1.2$$

अन्तिम दो पदों से,

$$2 + 3x > 2x + x\sqrt{2}$$
$$3x - 2x - x\sqrt{2} > -2$$
$$x - x\sqrt{2} > -2$$
$$x(1 - \sqrt{2}) > -2$$
$$x(1 - 1.414) > -2$$
$$x > \frac{-2}{0.414}$$
$$x > -4.8$$
$$\therefore \quad -4.8 < x < -1.2$$

अतः विकल्प (a) से, $\quad x = -3$

53. *(d)* दिया है, $a - b = -5, a^2 + b^2 = 73$

$$\therefore \quad (a-b)^2 = a^2 + b^2 - 2ab$$
$$(-5)^2 = 73 - 2ab$$
$$2ab = 73 - 25$$
$$2ab = 48$$
$$ab = 24$$

54. *(a)* विकल्प (a) से, $x^2 - 5x + 6 = 0$

मूलों का योग $= -\frac{b}{a} = -\frac{(-5)}{1} = 5$

अतः समीकरण $x^2 - 5x + 6 = 0$ के मूलों का योग 5 है।

55. *(b)* दिया है, $x - y = -9$,

$$xy = -20$$
$$\therefore \quad (x-y)^2 = x^2 + y^2 - 2xy$$
$$(-9)^2 = x^2 + y^2 - 2(-20)$$
$$81 = x^2 + y^2 + 40$$
$$x^2 + y^2 = 81 - 40$$
$$x^2 + y^2 = 41$$

56. *(c)* प्रश्नानुसार,

$$12 - 6x = 4x + 2$$
$$6x + 4x = 12 - 2$$
$$10x = 10$$
$$x = 1$$

57. *(a)* दिया है,

$$(9 - 3x) - (17x - 10) = -1$$
$$9 - 3x - 17x + 10 = -1$$
$$19 + 1 = 20x$$
$$20 = 20x$$
$$\therefore \quad x = 1$$

अध्याय 04 ज्यामिति (Geometry)

'ज्यामिति' गणित की वह शाखा है जिसके अन्तर्गत रेखा, कोण, त्रिभुज, चतुर्भुज, वृत्त आदि का अध्ययन किया जाता है।

रेखा

जिस ज्यामिति आकृति में केवल लम्बाई पायी जाती है, किन्तु न चौड़ाई और न ही मोटाई पायी जाती है, रेखा (Line) कहलाती है।

यहाँ $\overleftrightarrow{AB}$ एक रेखा है।

रेखाओं के भिन्न-भिन्न नाम

समान्तर रेखाएँ (Parallel lines)	असमान्तर रेखाएँ (Non-parallel lines)	संगामी रेखाएँ (Concurrent lines)	तिर्यक रेखाएँ (Transversal lines)
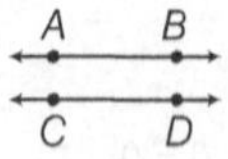 $AB \parallel CD$	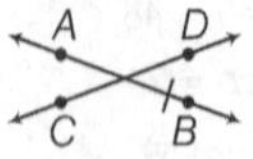 $AB \nparallel CD$	(एक ही बिन्दु से होकर जाने वाली) 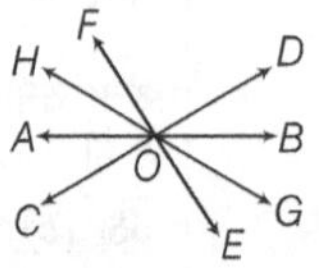	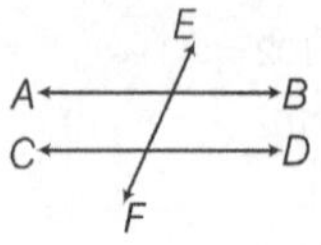 यहाँ EF तिर्यक रेखा तथा $AB \parallel CD$

कोण

जब दो रेखाएँ एक-दूसरे को प्रतिच्छेद करती हैं, तो इनके बीच झुकाव को कोण (Angle) कहते हैं। जैसे दो रेखाओं AB व CD के प्रतिच्छेद बिन्दु O पर झुकाव या कोण θ है।

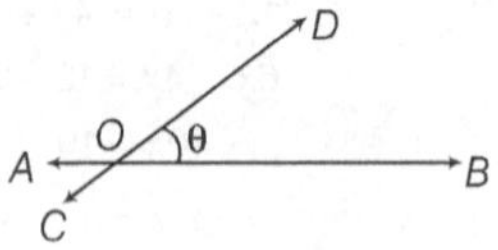

कोणों के प्रकार

कोणों के मान के आधार पर उन्हें निम्न प्रकार परिभाषित कर सकते हैं।

न्यूनकोण (Acute angle)

90° से कम माप वाला कोण न्यूनकोण कहलाता है।

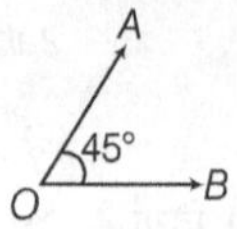

यहाँ $\theta = 45° =$ न्यूनकोण

समकोण (Right angle)

90° की माप का कोण समकोण कहलाता है।

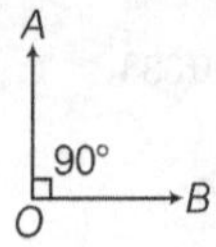

यहाँ $AOB = 90° =$ समकोण

अधिककोण (Obtuse angle)

90° से अधिक कोण को अधिककोण कहते हैं, किन्तु यह 180° से कम हो

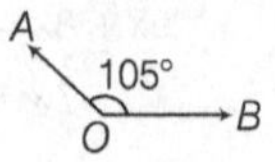

यहाँ $\angle AOB = 105°$ = अधिककोण

ऋजुकोण/सरलकोण (Straight angle)

180° की सीधी रेखा को ऋजुकोण या सरल कोण कहते हैं।

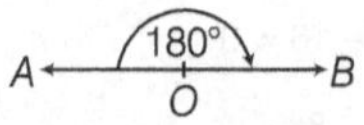

यहाँ $\angle AOB = 180°$ = ऋजुकोण

वृहत् या प्रतिवर्ती कोण (Reflex angle)

180° से अधिक तथा 360° से कम का कोण प्रतिवर्ती वृहत् कोण कहलाता है।

सम्पूर्ण कोण (Complete angle)

360° के कोण को सम्पूर्ण कोण कहते हैं।

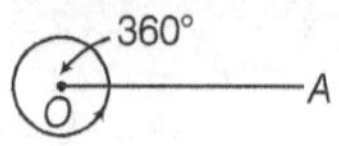

रैखिक युग्म के कोण (Linear Pair of angles)

दो विपरीत रेखाओं के मध्य उभयनिष्ठ बिन्दु से निकली तीसरी रेखा के दाएँ-बाएँ के कोण रैखिक युग्म कोण कहलाते हैं

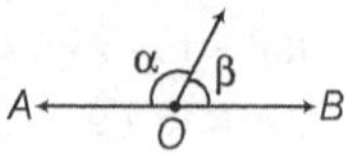

α व β रैखिक युग्म कोण हैं।

आसन्न कोण (Adjacent angle)	किसी कोण के भाजन से बने कोण एक-दूसरे के आसन्न कोण कहलाते हैं 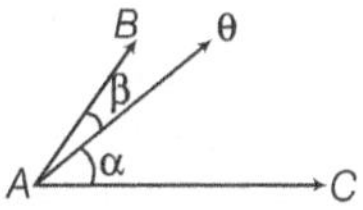 α व β आसन्न कोण हैं।
शीर्षाभिमुख कोण (Vertically opposite angle)	यहाँ α व β शीर्षाभिमुख कोण हैं। 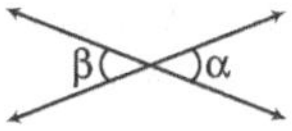
कोटिपूरक कोण (Complementary angle)	जब दो कोणों का योग 90° होता है, तो प्रत्येक कोण एक-दूसरे का कोटिपूरक कोण होता है। 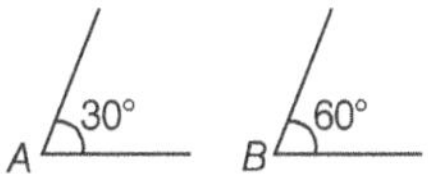 $A + B = 90°$
सम्पूरक कोण (Supplementary angle)	जब दो कोणों का योग 180° होता है, तो प्रत्येक कोण एक-दूसरे का सम्पूरक कोण होता है। 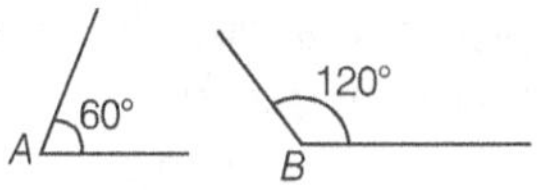 $A + B = 180°$

तिर्यक रेखा एवं कोण की प्रमेय

यदि एक तिर्यक रेखा दो समान्तर रेखाओं को काटती है, तो

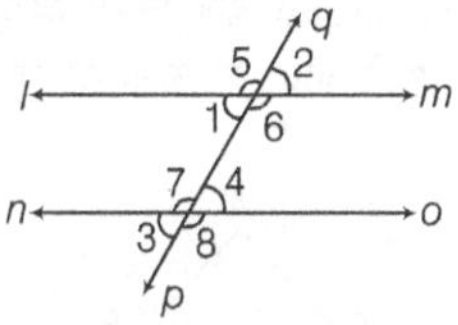

[यहाँ $lm || no$ तथा तिर्यक रेखा pq है।]

A. संगत कोण बराबर होते हैं।

$\angle 1 = \angle 3$ $\quad$ $\angle 2 = \angle 4$

$\angle 5 = \angle 7$ $\quad$ $\angle 6 = \angle 8$

B. शीर्षाभिमुख (सम्मुख) कोण बराबर होते हैं।

$\angle 1 = \angle 2$ $\quad$ $\angle 3 = \angle 4$

$\angle 5 = \angle 6$ $\quad$ $\angle 7 = \angle 8$

C. एकान्तर अन्त: कोण बराबर होते हैं।

$\angle 1 = \angle 4$ $\quad$ $\angle 6 = \angle 7$

D. अन्त: कोणों का योगफल 180° होता है।

$\angle 1 + \angle 7 = 180°$ $\quad$ $\angle 4 + \angle 6 = 180°$

उदाहरण 1 दिए गए चित्र में α, β, γ व θ का मान क्रमश: है

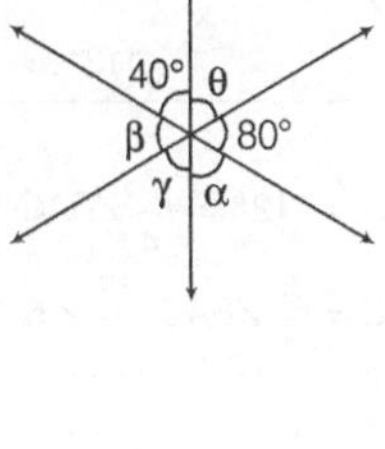

(a) 80°, 60°, 60°, 40° (b) 60°, 80°, 40°, 60°
(c) 40°, 60°, 80°, 60° (d) 40°, 80°, 60°, 60°

हल (d) 80 के सम्मुख कोण β = 80°

40 के सम्मुख कोण α = 40°

$\theta = 180° - (40° + 80°)$
$= 180° - 120°$
$= 60°$

θ के सम्मुख कोण γ = 60°

इस प्रकार, α = 40°, β = 80°, γ = 60°, θ = 60°

उदाहरण 2 दिए गए चित्र में x का मान बताइए।

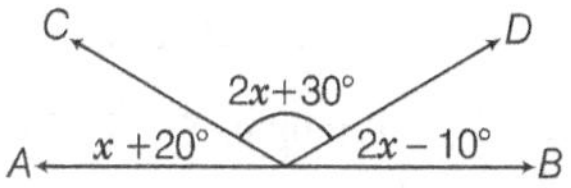

(a) 28° (b) 30°
(c) 40° (d) 45°

हल (a) हम जानते हैं कि, सरल रेखा पर बने सभी कोणों का योगफल 180° होता है

अत: $x + 20° + 2x + 30° + 2x - 10° = 180$

$5x + 40° = 180°$ और $5x = 140°$

$\Rightarrow$ $x = 28°$

अत: $x = 28°$

त्रिभुज

तीन रेखाखण्डों से घिरी आकृति त्रिभुज (Triangle) कहलाती है। त्रिभुज के तीनों कोणों का योगफल 180° होता है।

∴ ΔABC में,

$$\angle A + \angle B + \angle C = 180°$$

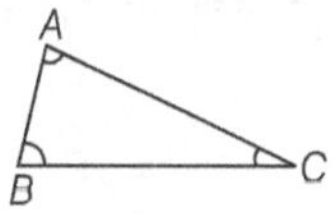

उदाहरण 3 त्रिकोण का सबसे छोटा कोण, सबसे बड़े कोण से 40° कम है। यदि सबसे बड़ा कोण 80° है, तो त्रिकोण का तीसरा कोण बताइए।

(a) 40° (b) 90°
(c) 80° (d) 60°

हल (d) माना तीसरा कोण = x

तब, त्रिकोण के तीनों कोणों का योगफल = 180°

$\Rightarrow$ $40° + 80° + x = 180°$

$\Rightarrow$ $x = 180° - 120°$

$\Rightarrow$ $x = 60°$

त्रिभुज के प्रकार

त्रिभुजों को भुजाओं और कोणों के आधार पर वर्गीकृत किया जा सकता है।

भुजा के आधार पर त्रिभुज तीन प्रकार के होते हैं।

- **समबाहु त्रिभुज** (Equilateral Triangle) इसकी प्रत्येक भुजा समान तथा तीनों कोण 60° के होते हैं।

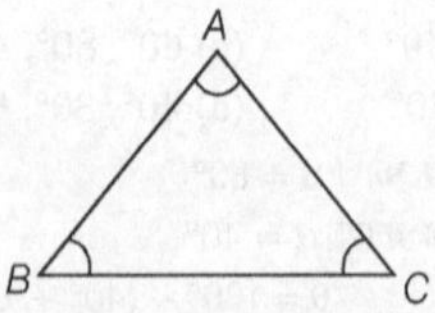

- **समद्विबाहु त्रिभुज** (Isosceles Triangle) इसकी कोई दो भुजाएँ समान होती हैं, तथा समान भुजाओं के सामने का कोण समान होता है।

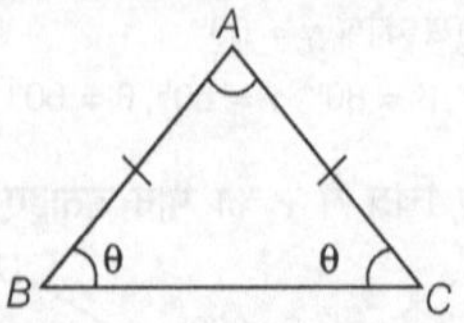

- **विषमबाहु त्रिभुज** (Scalene Triangle) इसकी प्रत्येक भुजा अलग-अलग माप की होती है।

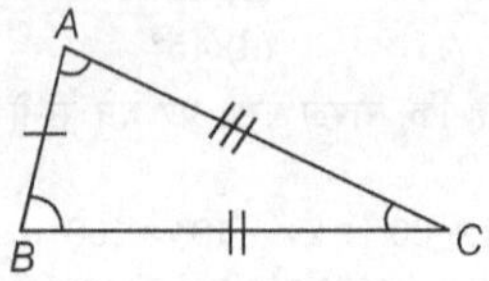

कोण के आधार पर त्रिभुज तीन प्रकार के होते हैं।

(i) **न्यूनकोण त्रिभुज** (Acute Angle Triangle) इसका प्रत्येक कोण 90° से कम होता है।

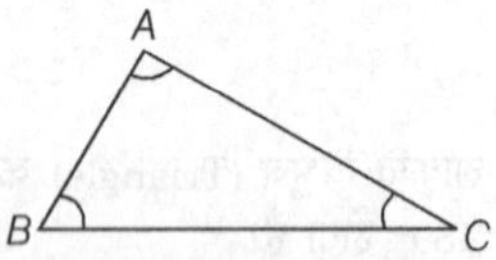

(ii) **समकोण त्रिभुज** (Right Angle Triangle) इसका एक कोण 90° का होता है। यही कोण समकोण कहलाता है।

समकोण के सामने की भुजा कर्ण तथा शेष भुजाएँ लम्ब एवं आधार कहलाती हैं।

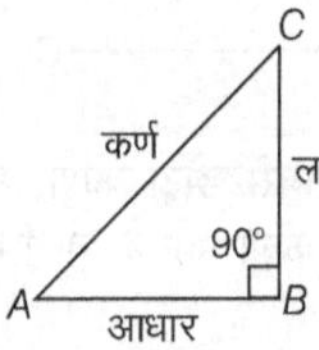

समकोण त्रिभुज में कर्ण की माध्यिका कर्ण की आधी होती है।

(iii) **अधिककोण त्रिभुज** (Obtuse Angle Triangle) इसका एक कोण 90° से अधिक और 180° से कम होता है।

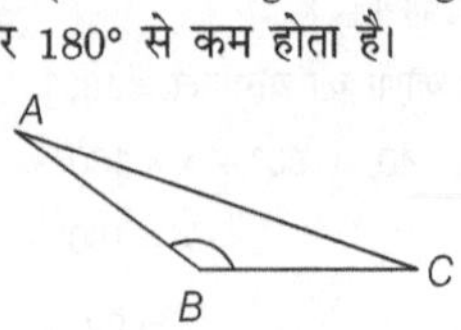

उदाहरण 4 दिए गए त्रिभुज में, यदि $AB = BC = 5$ सेमी हो तथा $\angle ABC = 60°$ हो, तो यह कैसा त्रिभुज है?

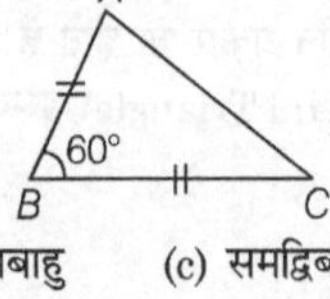

(a) समकोण (b) समबाहु (c) समद्विबाहु (d) अधिककोण त्रिभुज

हल (b) यहाँ, $AB = BC$

$\therefore \angle A = \angle C$

परन्तु, $\angle A + \angle B + \angle C = 180°$

$\Rightarrow \angle A + 60 + \angle C = 180° \Rightarrow \angle A + \angle C = 120°$

$\Rightarrow \angle A + \angle A = 120 \Rightarrow 2\angle A = 120° \Rightarrow \angle A = 60°$

अतः दिया गया त्रिभुज समबाहु होगा।

त्रिभुजों पर आधारित प्रमेय

- **पाइथागोरस प्रमेय** (Pythagoras Theorem) किसी समकोण त्रिभुज में कर्ण का वर्ग शेष दो भुजाओं के वर्गों के योग के बराबर होता है।

ΔABC में, $\angle B = 90°$ तब

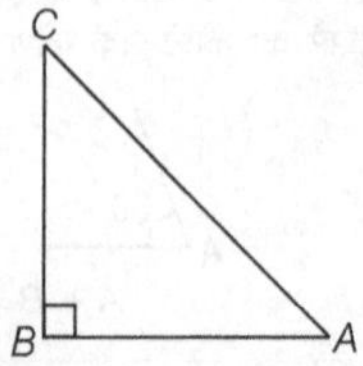

$$AC^2 = AB^2 + BC^2$$

- **बहिष्कोणीय प्रमेय** (Exterior Angle Theorem) यदि किसी त्रिभुज की एक भुजा बढ़ाई जाए, तो बाह्य कोण (बहिष्कोण) अन्त: अभिमुख कोणों के योगफल के बराबर होता है।

$$\angle ACD = \angle A + \angle B$$

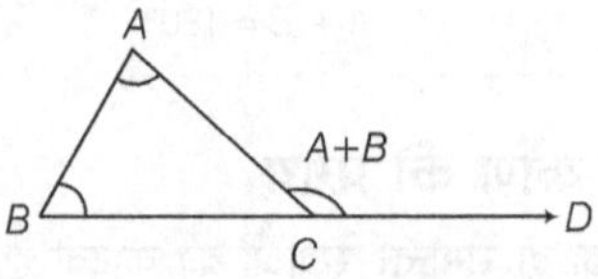

- **थेल्स प्रमेय** (Thales Theorem) यदि किसी त्रिभुज की किसी एक भुजा के समान्तर कोई रेखा खींची जाए, तो अन्य दो भुजाएँ एक अनुपात में विभाजित होती हैं

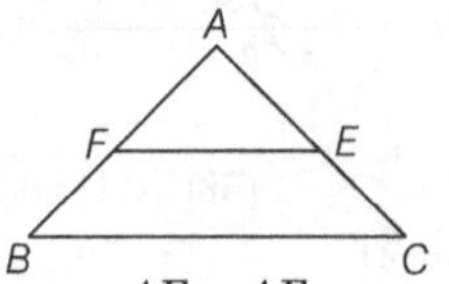

यदि $EF \parallel BC$ तो, $\frac{AF}{FB} = \frac{AE}{EC}$ तथा $\frac{AB}{AF} = \frac{AC}{AE} = \frac{BC}{FE}$

यदि F व E बिल्कुल मध्य में हैं, तो $BC = 2EF$

उदाहरण 5 ΔABC की भुजा BC को D तक बढ़ाया गया है। उसमें यदि $\angle ACD = 112°$ तथा $\angle ABC = \frac{3}{4} \angle BAC$ हो, तो $\angle ABC$ किसके बराबर होगा?

(a) 68° (b) 58° (c) 48° (d) 38°

हल (c) $\because \angle ABC + \angle BAC = \angle ACD$

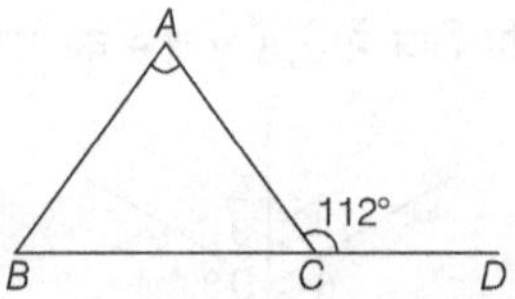

$\Rightarrow \frac{3}{4} \angle BAC + \angle BAC = 112° \Rightarrow \frac{7}{4} \angle BAC = 112° \Rightarrow \angle BAC = 64°$

$\therefore \angle ABC = \frac{3}{4} \angle BAC = \frac{3}{4} \times 64° = 48°$

उदाहरण 6 D और E, ΔABC की भुजा AB और AC के क्रमश: मध्य-बिन्दु हैं। A से खींची गई एक रेखा H पर BC से और K पर DE से मिलती है। $AK : KH = ?$

(a) 1: 2 (b) 2 : 1 (c) 1 : 1 (d) 1: 3

हल (c) $\because$ D और E, AB और AC के मध्य-बिन्दु हैं

$\therefore$ $DE \parallel BC$ होगी।

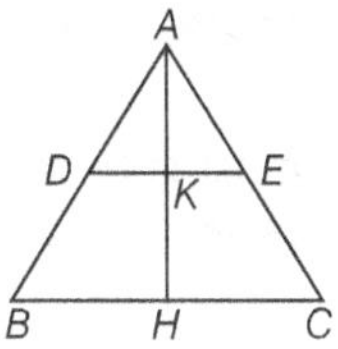

ΔAKD तथा ΔAHB से,

$$\frac{AD}{AB} = \frac{AK}{AH} \qquad [\because DE \parallel BC]$$

$$\Rightarrow \frac{AD}{2AD} = \frac{AK}{AK + KH} \Rightarrow \frac{1}{2} = \frac{AK}{AK + KH}$$

$$\Rightarrow AK + KH = 2AK \Rightarrow KH = AK \Rightarrow AK : KH = 1 : 1$$

सर्वांगसमता यदि दो त्रिभुजों में कोई तीन संगत भाग बराबर हों, तो वे सर्वांगसम (Congruency) त्रिभुज कहलाते हैं।

दो त्रिभुजों के सर्वांगसम होने के लिए निम्नलिखित में से कोई एक शर्त आवश्यक है (जहाँ A = कोण, S = भुजा है; R व H क्रमश: समकोण की एक भुजा व कर्ण हैं)

(i) SAS (ii) ASA (iii) SSS (iv) RHS

उदाहरण 7 यदि दिए गए दोनों त्रिभुज सर्वांगसम हों, तो $\angle AOB$ या $\angle COD$ का मान क्या होगा?

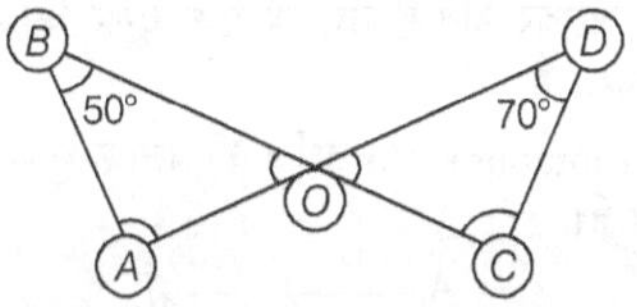

(a) 40° (b) 50° (c) 60° (d) 70°

हल (c) $\angle AOB = \angle COD$ (सम्मुख कोण)

$\because$ सर्वांगसम त्रिभुजों के संगत कोण बराबर होते हैं।

$\therefore$ $\angle BAO = \angle ODC = 70°$, $\angle OBA = \angle OCD = 50°$

$\angle AOB = \angle COD = 180° - (70° + 50°) = 60°$

त्रिभुजों की समरूपता

दो त्रिभुज समरूप (Similar) होंगे

- यदि किन्हीं दो त्रिभुजों में दो कोण या तीनों कोण बराबर हों।
- यदि संगत भुजाओं के अनुपात बराबर हों।
- यदि दो त्रिभुज ABC तथा DEF समरूप हैं, तो

(i) $\frac{AB}{DE} = \frac{BC}{EF} = \frac{CA}{FD}$

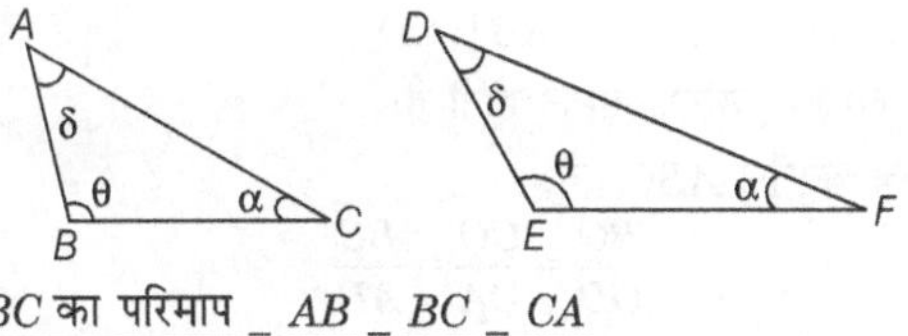

(ii) $\frac{\Delta ABC \text{ का परिमाप}}{\Delta DEF \text{ का परिमाप}} = \frac{AB}{DE} = \frac{BC}{EF} = \frac{CA}{FD}$

(iii) यदि दो समरूप ΔABC व ΔDEF की संगत ऊँचाइयाँ h_1 व h_2 हों, तो

$$\frac{\Delta ABC \text{ का क्षेत्रफल}}{\Delta DEF \text{ का क्षेत्रफल}} = \frac{h_1^2}{h_2^2} = \frac{AB^2}{DE^2} = \frac{BC^2}{EF^2} = \frac{CA^2}{FE^2}$$

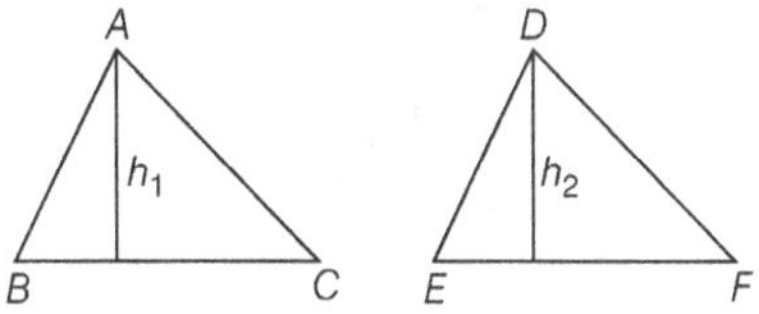

उदाहरण 8 माना $\Delta ABC \sim \Delta QPR$ और $\frac{ar(\Delta ABC)}{ar(\Delta PQR)} = \frac{4}{25}$ है। यदि $AB = 12$ सेमी, $BC = 8$ सेमी और $AC = 9$ सेमी है, तो PR बराबर है

(a) 18 सेमी (b) 15 सेमी (c) 17.5 सेमी (d) 20 सेमी

हल (d) दिया है,

$\Delta ABC \sim \Delta QPR$

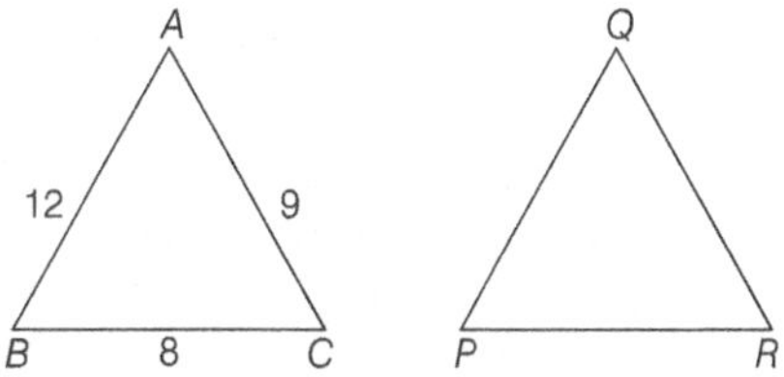

$$\therefore \frac{\Delta ABC \text{ का क्षेत्रफल}}{\Delta QPR \text{ का क्षेत्रफल}} = \frac{(BC)^2}{(PR)^2}$$

$$\frac{4}{25} = \left(\frac{8}{PR}\right)^2 \Rightarrow \frac{2}{5} = \frac{8}{PR}$$

$PR = 4 \times 5 = 20$ सेमी

त्रिभुज के प्रमुख केन्द्र

(i) **गुरुत्व केन्द्र** (Centre of Gravity) जिस बिन्दु पर त्रिभुज की तीनों माध्यिकाएँ आपस में मिलती हैं, (अर्थात् माध्यिकाओं का प्रतिच्छेद बिन्दु) गुरुत्व केन्द्र होता है। गुरुत्व केन्द्र G माध्यिका को शीर्ष से 2 : 1 में बाँटता है।

$$\frac{AG}{GD} = \frac{BG}{GE} = \frac{CG}{GF} = \frac{2}{1}$$

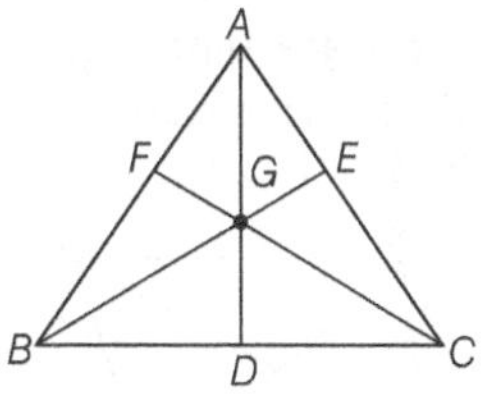

तथा ΔAGC का क्षेत्रफल = ΔBGC का क्षेत्रफल = ΔAGB का क्षेत्रफल

(ii) **अन्त: केन्द्र** (Incentre) किसी त्रिभुज के अन्त:कोणों को समद्विभाजित करने वाली रेखा जिस बिन्दु पर मिलती है, उसे अन्त: केन्द्र कहते हैं।

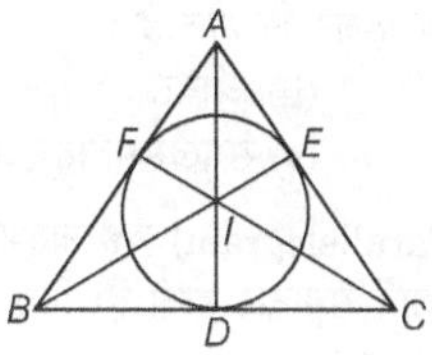

(iii) **परिकेन्द्र** (Circumcentre) किसी त्रिभुज की भुजाओं के मध्य-बिन्दुओं पर खींचें गए लम्ब (अर्थात् भुजाओं के लम्बार्द्धक) जिस बिन्दु पर मिलते हैं, उसे परिकेन्द्र कहते हैं।

यहाँ, $AO = BO = CO$

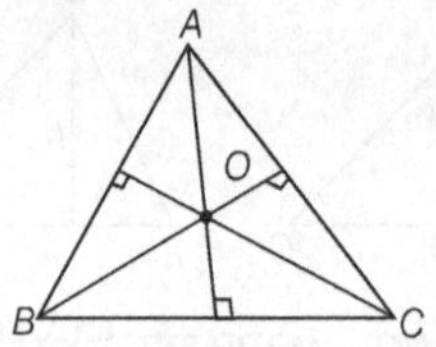

(iv) **लम्ब केन्द्र** (Orthocentre) त्रिभुज के शीर्ष लम्बों का प्रतिच्छेद बिन्दु लम्ब केन्द्र कहलाता है।

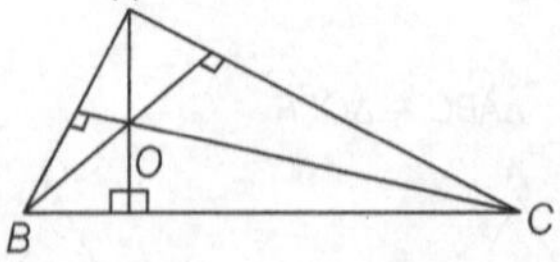

उदाहरण 9 ΔABC में, $\angle B$ और $\angle C$ के समद्विभाजक त्रिभुज के अन्दर O पर मिलते हैं। यदि $\angle A = 110°$, तो $\angle BOC$ की माप है

(a) 55° (b) 145° (c) 110° (d) 84°

हल (b) दिया है, $\angle A = 110°$

$\because \quad \angle A + \angle B + \angle C = 180°$

$\angle B + \angle C = 180° - \angle A$

$\angle B + \angle C = 180° - 110°$

$\angle B + \angle C = 70° \quad ...(i)$

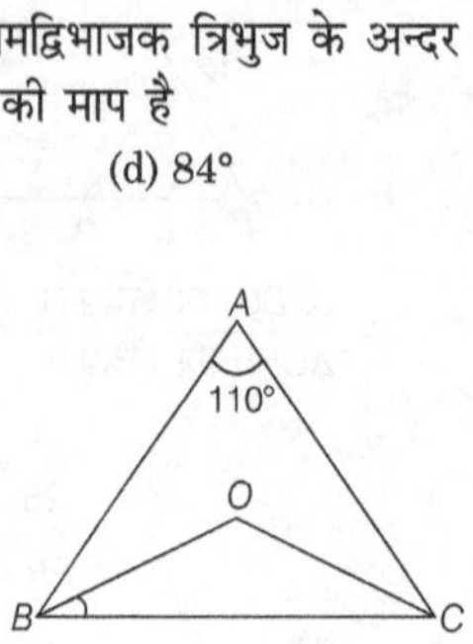

ΔOBC में,

$\frac{\angle B}{2} + \frac{\angle C}{2} + \angle O = 180°$

$\frac{\angle B + \angle C}{2} + \angle O = 180°$

$\frac{70°}{2} + \angle O = 180°$

$\angle O = 180° - 35°$

$\therefore \quad \angle BOC = \angle O = 145°$

चतुर्भुज

चार रेखाखण्डों से घिरी बन्द आकृति चतुर्भुज (Quadrilateral) कहलाती है। चतुर्भुज के चारों कोणों का योगफल 360° होता है। चतुर्भुज $ABCD$ के दो विकर्ण AB व CD होते हैं।

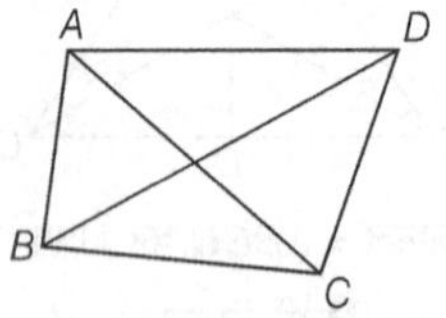

चतुर्भुज के प्रकार

चतुर्भुज मुख्य रूप से पाँच प्रकार के होते हैं

(i) समान्तर चतुर्भुज (ii) आयत (iii) वर्ग
(iv) समचतुर्भुज (v) समलम्ब चतुर्भुज

(i) **समान्तर चतुर्भुज** (Parallelogram) वह चतुर्भुज जिसकी आमने-सामने की भुजाएँ समान्तर होती हैं। दिए गए चतुर्भुज में $AB \| CD$ तथा $BC \| AD$

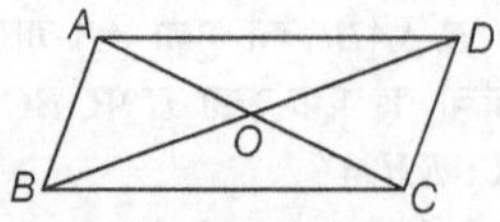

समान्तर चतुर्भुज में, $AB = CD$

तथा $BC = AD$

$\angle A = \angle C$ व $\angle B = \angle D$

$\angle A + \angle B = \angle B + \angle C = \angle C + \angle D = \angle D + \angle A = 180°$

(ii) **आयत** (Rectangle) आयत का प्रत्येक कोण 90° होता है तथा आमने-सामने की भुजाएँ एक-दूसरे के समान्तर होती हैं।

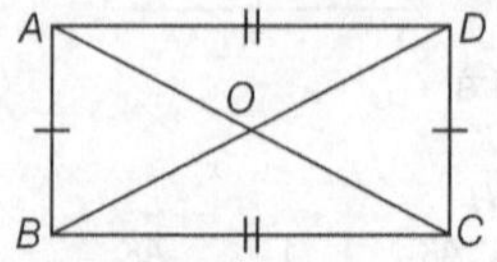

आयत के दोनों विकर्ण बराबर होते हैं।

प्रत्येक आयत एक समान्तर चतुर्भुज होता है।

आयत के विकर्ण एक-दूसरे को समद्विभाजित करते हैं।

(iii) **वर्ग** (Square) वर्ग की प्रत्येक भुजा बराबर होती है। इसका प्रत्येक कोण 90° होता है।

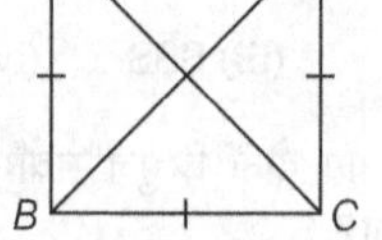

वर्ग के विकर्ण बराबर होते हैं तथा ये एक-दूसरे को लम्बवत् समद्विभाजित करते हैं।

(iv) **समचतुर्भुज** (Rhombus) समचतुर्भुज की प्रत्येक भुजा बराबर होती है। यह पतंगाकार होता है।

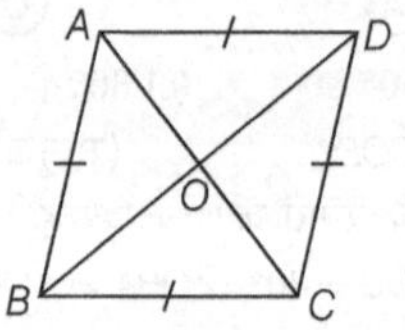

इसके विकर्ण एक-दूसरे को परस्पर लम्बवत् समद्विभाजित करते हैं।

(v) **समलम्ब चतुर्भुज** (Trapezium) यदि चतुर्भुज की दो सम्मुख भुजाओं का एक युग्म समान्तर है, तो वह समलम्ब कहलाएगा।

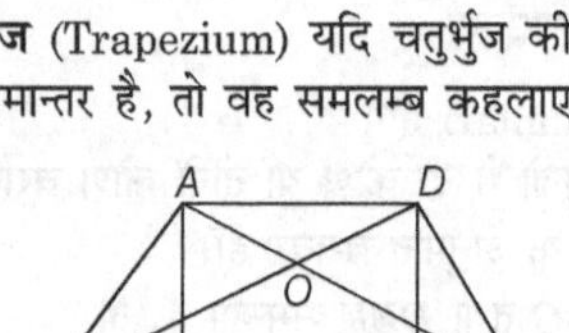

चतुर्भुज $ABCD$ में, $AB \| CD$

इसकी लम्बवत् ऊँचाई समान होती है।

समलम्ब चतुर्भुज $ABCD$ में,

$$\frac{BO}{OD} = \frac{CO}{OA} = \frac{BC}{AD}$$

$$\angle A + \angle B = \angle C + \angle D = 180°$$

उदाहरण 10 दिए गए चित्र में $ABCD$ एक समचतुर्भुज है। इसके कोण x तथा y के मान क्रमशः हैं

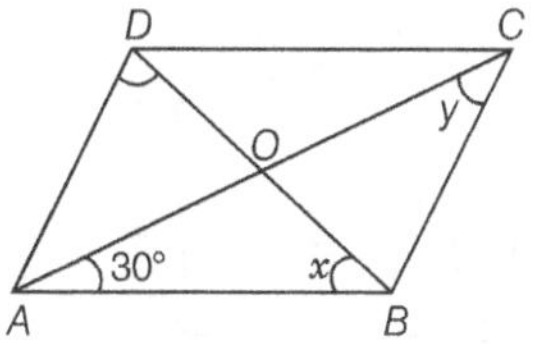

(a) 45°, 45° (b) 60°, 30°
(c) 60°, 45° (d) 45°, 30°

हल (b) यदि $ABCD$ एक समचतुर्भुज है तो, $\angle AOB = 90°$

$\therefore$ ΔAOB में, $30° + 90° + x = 180°$

$\Rightarrow$ $x = 60°$

अब ΔBAC एक समद्विबाहु है।

$\therefore$ $BA = BC$

$\Rightarrow$ $\angle BAC = \angle BCA$

$\therefore$ $\angle BCA = \angle BAC = 30°$

$\Rightarrow$ $y = 30°$

समबहुभुज

वह बहुभुज जिसकी सभी भुजाएँ समान हों तथा सभी अन्तःकोणों की माप भी बराबर-बराबर हो, तो उसे समबहुभुज (Regular Polygom) कहते हैं। *जैसे*—समपंचभुज, समषट्भुज इत्यादि।

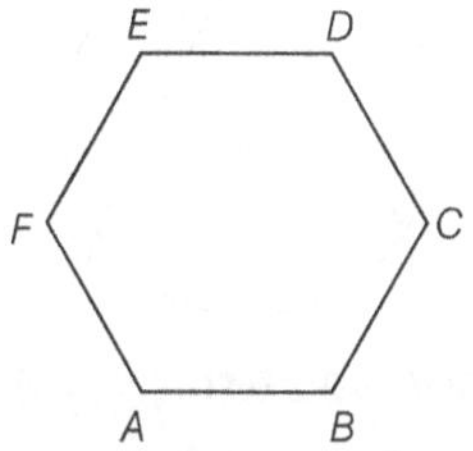

यदि समबहुभुज में N भुजाएँ हैं, तब

(i) प्रत्येक अन्तःकोण $= \dfrac{(N-2)\times 180°}{N}$

(ii) अन्तःकोणों का योगफल $= (N-2)\times 180°$

(iii) प्रत्येक बाह्य कोण $= \left(\dfrac{360°}{N}\right)$

(iv) सभी बाह्य कोणों का योगफल $= 360°$

(v) अन्तःकोण + बाह्य कोण $= 180°$

(vi) समबहुभुज के विकर्णों की संख्या $= \left[\dfrac{N(N-1)}{2} - N\right]$

उदाहरण 11 एक नियमित दशभुज के आन्तरिक कोण की माप क्या है?

(a) 120° (b) 140°
(c) 144° (d) 150°

हल (c) दशभुज में भुजाओं की संख्या $(N) = 10$

आन्तरिक कोण की माप $= \dfrac{(N-2)\times 180°}{N}$

$= \dfrac{(10-2)\times 180°}{10}$

$= 8 \times 18°$

$= 144°$

वृत्त

वृत्त (Circle) उन सभी बिन्दुओं का एक बिन्दुपथ है, जो किसी समतल में स्थिर बिन्दु से समान दूरी रखते हुए उसके चारों ओर घूम सकते हैं। स्थिर बिन्दु वृत्त का केन्द्र तथा समान दूरी उसकी त्रिज्या होती है। वृत्त का पूरा घेरा उसकी परिधि होती है।

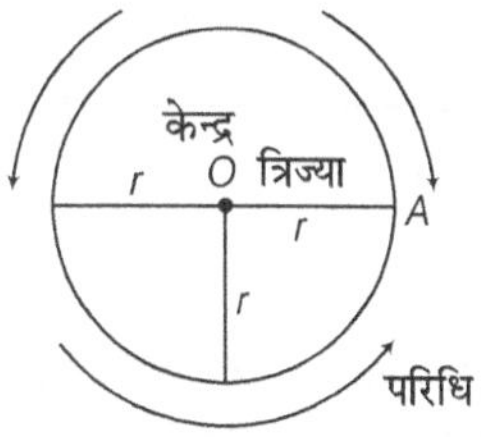

वृत्त से सम्बन्धित प्रमुख बिन्दु

- **व्यास** (Diameter) वृत्त की त्रिज्या के दोगुने को वृत्त का व्यास कहते हैं। यह वृत्त के केन्द्र से होकर गुजरता है तथा परिधि को दोनों ओर से छूता है। AB वृत्त का व्यास है।

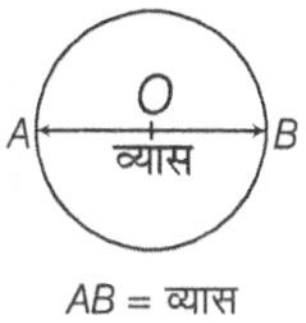

AB = व्यास

- **चाप** (Arc) वृत्त के वक्रपृष्ठ का अंश (PRQ) चाप कहलाता है, PRQ लघु चाप तथा PSQ दीर्घ चाप है।

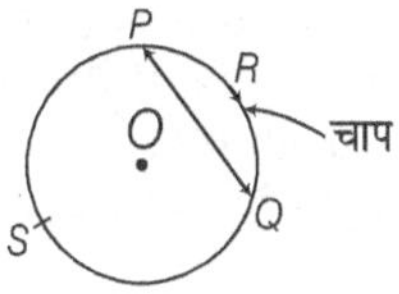

PRQ = चाप

- **जीवा** (Chord) वृत्त की परिधि के दो बिन्दुओं को छूने वाली अन्तः रेखा जीवा होती है। AB व CD जीवाएँ हैं।

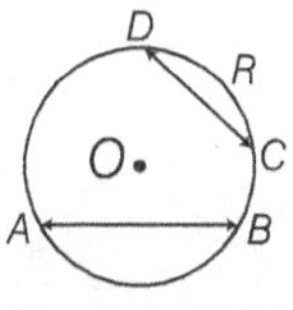

AB एवं CD = जीवा

- **स्पर्श रेखा** (Tangent) वृत्त की परिधि को m बिन्दु पर स्पर्श करती हुई PQ रेखा स्पर्श रेखा है।

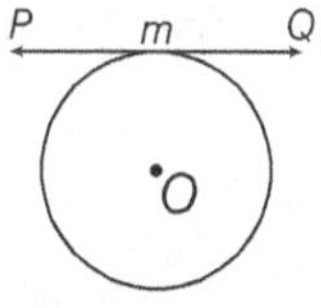

PQ = स्पर्श रेखा

- **लघु वृत्तखण्ड एवं दीर्घ वृत्तखण्ड** (Minor segment and Major segment) यहाँ ACB लघु वृत्तखण्ड तथा ADB दीर्घ वृत्तखण्ड है।

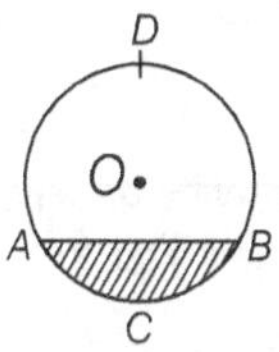

ACB तथा ADB = वृत्तखण्ड

- दो त्रिज्याओं से घिरा क्षेत्र PQO त्रिज्यखण्ड है।

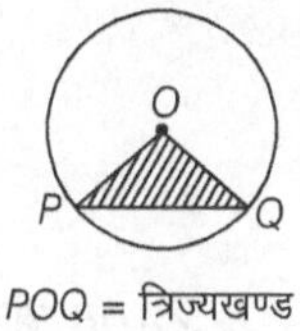

POQ = त्रिज्यखण्ड

अर्द्धवृत्त, संकेन्द्रीय वृत्त एवं चक्रीय चतुर्भुज

अर्द्धवृत्त (Semicircle) वृत्त का आधा भाग, अर्द्धवृत्त (Semi-Circle) कहलाता है। अर्द्धवृत्त की ऊँचाई इसकी त्रिज्या के बराबर होती है। चित्र में, O अर्द्धवृत्त का केन्द्र, $OA = OB = OC =$ त्रिज्या तथा AB अर्द्धवृत्त का व्यास है।

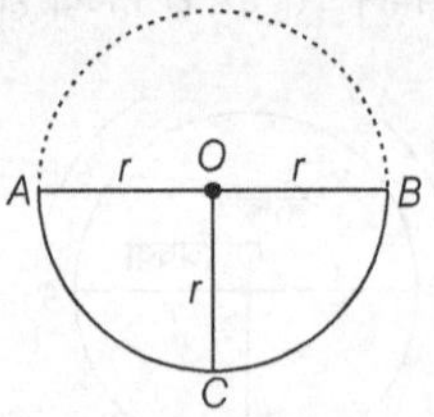

संकेन्द्रीय वृत्त (Concentric circle) जब दो या दो से अधिक वृत्तों का केन्द्र एक ही होता है, तो वे संकेन्द्रीय वृत्त (Concentric Circle) कहलाते हैं। 'O', तीन वृत्तों A, B व C का केन्द्र है।

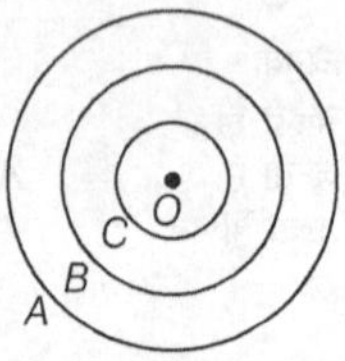

चक्रीय चतुर्भुज (Cyclic quadrilateral) जिस चतुर्भुज के चारों शीर्ष किसी वृत्त की परिधि पर स्थित हों, उसे चक्रीय चतुर्भुज (Cyclic Quadrilateral) कहते हैं।

चक्रीय चतुर्भुज के सम्मुख कोण सम्पूरक होते हैं।

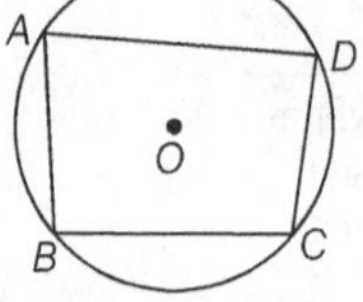

$\angle A + \angle C = 180°$ तथा $\angle B + \angle D = 180°$

वृत्त सम्बन्धी महत्त्वपूर्ण परिणाम

(i) अर्द्धवृत्त में बना कोण समकोण होता है।

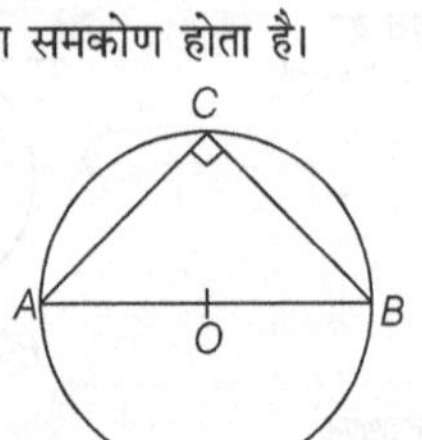

$\angle ACB = 90°$

(ii) दीर्घ वृत्तखण्ड का कोण न्यूनकोण होता है तथा लघु वृत्तखण्ड का कोण अधिककोण होता है।

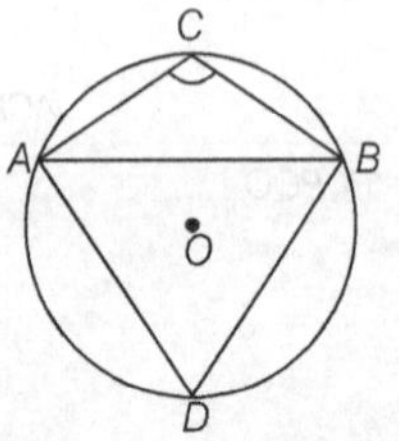

$\angle ADB$ न्यून कोण; $\angle ACB$ अधिककोण

(iii) चक्रीय चतुर्भुज का बहिष्कोण अपने सम्मुख अन्त:कोण के बराबर होता है।

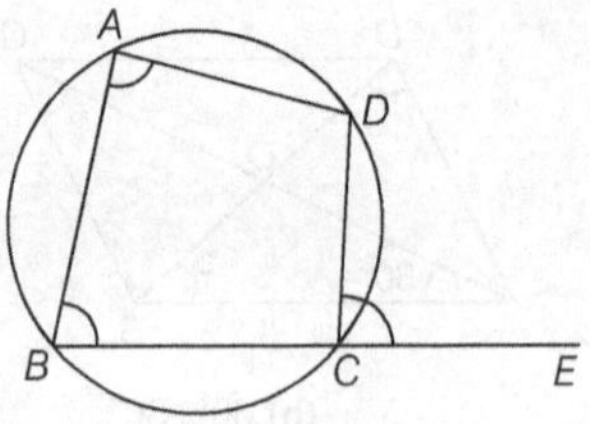

$\angle DCE = \angle A$

(iv) एक ही वृत्तखण्ड के कोण बराबर होते हैं।

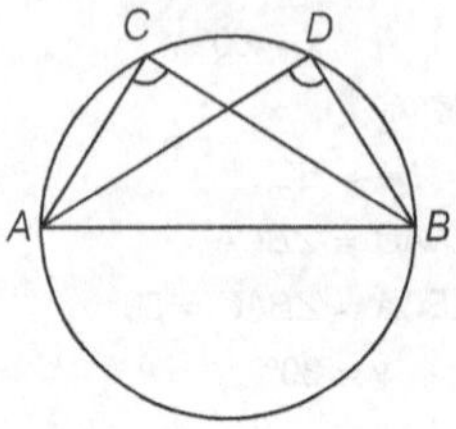

$\angle ACB = \angle ADB$

(v) किसी चाप द्वारा केन्द्र पर बनाया गया कोण, शेष चाप पर बनाए गए कोण का दोगुना होता है।

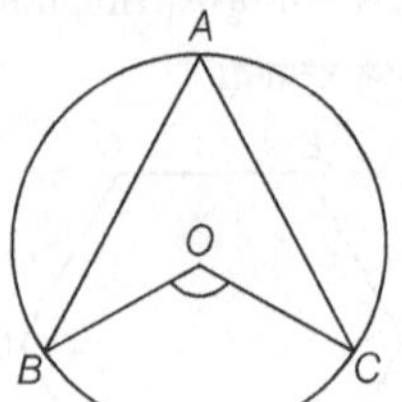

$\angle BOC = 2\,\angle BAC$

(vi) एक ही वृत्त में बराबर जीवाएँ केन्द्र से बराबर दूरी पर स्थित होती हैं।

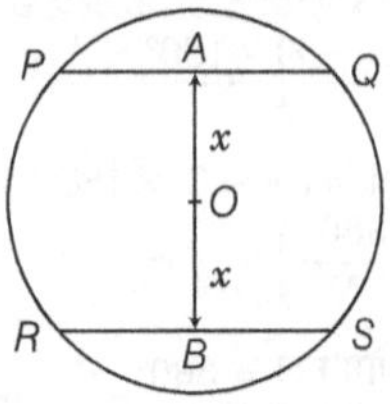

यदि $PQ = RS$ तब, $OA = OB = x$

(vii) यदि वृत्त की दो जीवाएँ एक-दूसरे को अन्त: या बाह्य प्रतिच्छेदित करें, तो उनके खण्डों के गुणनफल बराबर होते हैं।

$$PA \times PB = PC \times PD$$

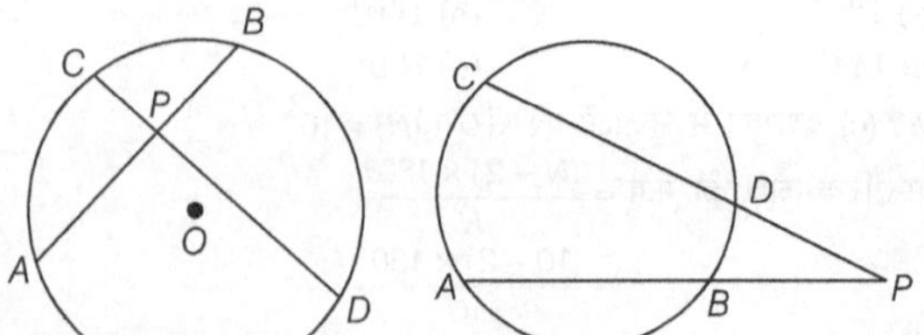

(viii) वृत्त के केन्द्र से जीवा पर डाला गया लम्ब जीवा को समद्विभाजित करता है।

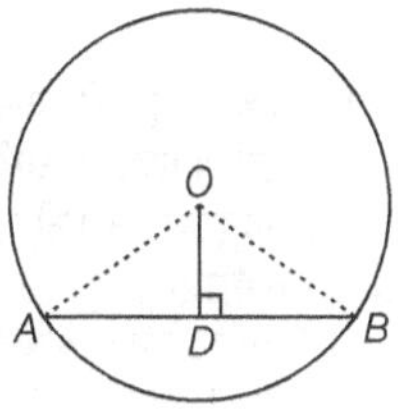

यदि $OD \perp AB$, तब $AD = BD$

वृत्त की स्पर्श रेखा से सम्बन्धित महत्त्वपूर्ण परिणाम

(i) यदि PAB वृत्त की एक छेदक रेखा है, जो वृत्त को बिन्दु A व B पर काटती है तथा PT स्पर्श रेखा है तब,

$$PA \times PB = PT^2$$

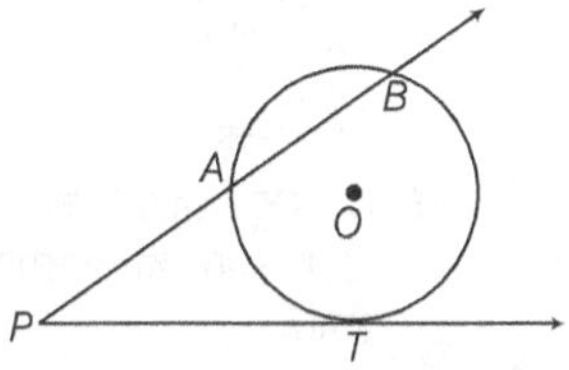

(ii) यदि वृत्त के किसी बाह्य बिन्दु से वृत्त पर दो स्पर्श रेखाएँ खींची जाएँ, तो वे समान होती हैं तथा केन्द्र पर समान कोण अन्तरित करती हैं तथा वे बिन्दु को केन्द्र से जोड़ने वाली रेखा से समान कोण बनाती हैं।

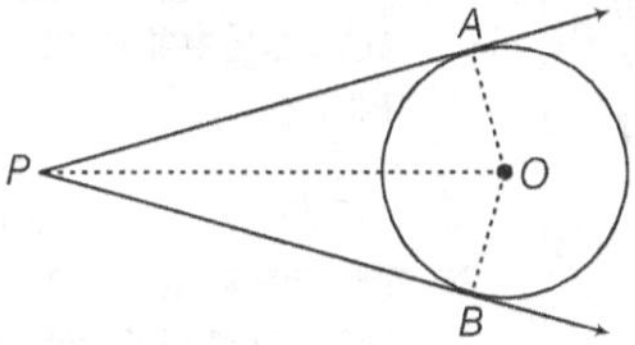

यहाँ, $PA = PB$

$$\angle APO = \angle BPO, \angle POA = \angle POB$$

(iii) वृत्त की स्पर्श रेखा की लम्बाई

$$= \sqrt{(\text{बाह्य बिन्दु से केन्द्र की दूरी})^2 - (\text{त्रिज्या})^2}$$

दो वृत्तों की उभयनिष्ठ अनुस्पर्श रेखा की लम्बाई

$$= \sqrt{(\text{वृत्तों के केन्द्रों के बीच की दूरी})^2 - (\text{त्रिज्याओं के अन्तर})^2}$$

दो वृत्तों की उभयनिष्ठ तिर्यक स्पर्श रेखा की लम्बाई

$$= \sqrt{(\text{वृत्तों के केन्द्रों के बीच की दूरी})^2 - (\text{त्रिज्याओं के योग})^2}$$

उदाहरण 12 उस वृत्त की त्रिज्या ज्ञात कीजिए जिसमें जीवा $AB = 8$ सेमी और जीवा AB पर केन्द्र से डाले गए लम्ब की लम्बाई $OC = 3$ सेमी है। O वृत्त का केन्द्र है।

(a) 5 सेमी (b) 3 सेमी
(c) 4 सेमी (d) 2 सेमी

हल (a) $AC = CB = \frac{AB}{2} = \frac{8}{2} = 4$ सेमी

समकोण ΔOCA में,

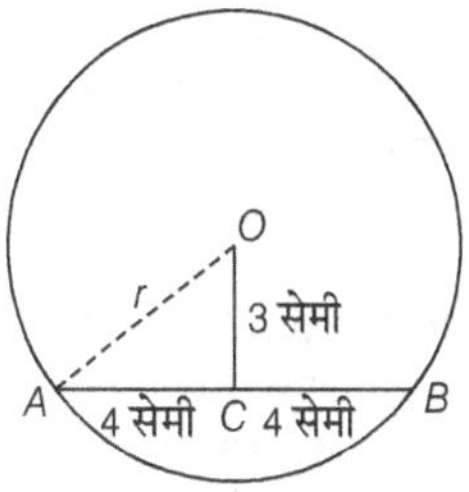

$$OA^2 = AC^2 + OC^2$$

$\Rightarrow$ $r^2 = 4^2 + 3^2 = 16 + 9 = 25$

$\Rightarrow$ $r = 5$ सेमी

उदाहरण 13 AB और AC एक वृत्त की स्पर्श रेखाएँ हैं, जिसमें O वृत्त का केन्द्र है। A वृत्त का बाहरी बिन्दु है। AO रेखा, जीवा BC को D पर काटती है। $\angle BDO$ की माप है

(a) 45° (b) 60°
(c) 75° (d) 90°

हल (d) प्रश्नानुसार,

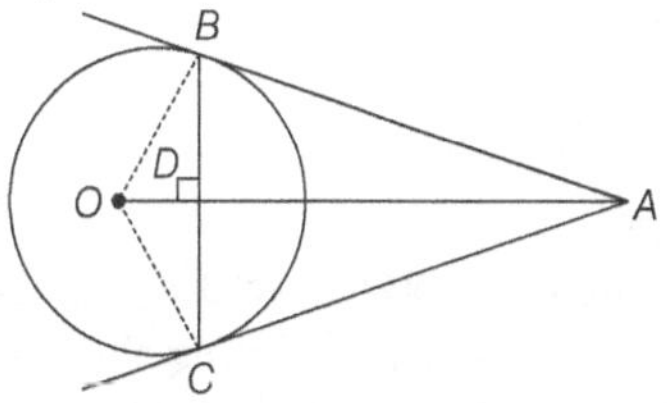

$\because$ $AB = AC$ तथा $OB = OC$

$\therefore$ $BD = DC$ तब,

$$\angle BDO = \angle CDO$$

$\because$ $\angle BDO + \angle CDO = 180°$

$\therefore$ $\angle BDO = \frac{180°}{2} = 90°$

अभ्यास प्रश्न

1. ΔABC में, BC पर कोई बिन्दु D इस प्रकार है, कि $\angle BAD = \frac{1}{2}\angle ADC$, $\angle BAC = 87°$ और $\angle C = 42°$। $\angle ADB$ की माप क्या है?
(a) 68° (b) 78°
(c) 94° (d) 102°

2. ΔABC में, $\angle ABC = 90°$ और $BD \perp AC$ है। यदि $AD = 4$ सेमी और $CD = 5$ सेमी, तो BD किसके समान होगा?
(a) $3\sqrt{2}$ सेमी (b) $2\sqrt{5}$ सेमी
(c) $3\sqrt{5}$ सेमी (d) $4\sqrt{5}$ सेमी

3. ΔABC में, $AD \perp BC$ है, और AE $\angle A$ का समद्विभाजक है। अगर $\angle B = 72°$ और $\angle C = 26°$ है, तो $\angle DAE$ की माप क्या है?
(a) 37° (b) 25°
(c) 23° (d) 49°

4. ΔABC में, $BD \perp AC$ है। BC पर E एक बिन्दु है, जहाँ $\angle BEA = x°$। अगर $\angle EAC = 38°$ और $\angle EBD = 40°$ है, तो x का मान है
(a) 72° (b) 68°
(c) 88° (d) 78°

5. किसी त्रिभुज का परिकेन्द्र, अन्त: केन्द्र , लम्बकेन्द्र, और केन्द्रिका एक ही बिन्दु पर हैं। त्रिभुज होगा
1. समद्विबाहु
2. समकोण
3. समकोण समद्विबाहु
4. समबाहु

(a) 4 (b) 1 (c) 2 (d) 3

6. यदि त्रिभुज ABC और DEF ने दिए गए समीकरण का अनुसरण किया है, तो यह दो त्रिभुज निम्नलिखित किस मापदण्ड से समान है?

$$\frac{AB}{DE} = \frac{BC}{EF} = \frac{AC}{DF}$$

(a) SAS समानता
(b) AAA समानता
(c) SSS समानता
(d) उपरोक्त में से कोई नहीं

7. नीचे दिखाए गए चित्र के लिए सही विकल्प चुनें।

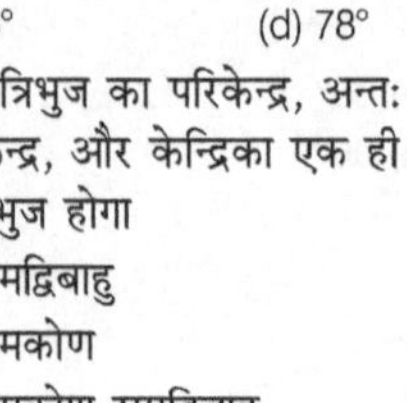

(a) $AD = AF$
(b) $BD = BE$
(c) $CE = FC$
(d) सभी विकल्प सही हैं

8. यदि DE, BC के समानान्तर है और त्रिभुज ΔABC की अन्य दो भुजाओं को समद्विभाजित करती है और अनुपात $\frac{AD}{DB} = \frac{5}{13}$ है। EC की लम्बाई 26 सेमी है, तो फिर AE (सेमी में) की लम्बाई निर्धारित करें।
(a) 5 (b) 10 (c) 15 (d) 20

9. एक समद्विबाहु त्रिभुज ABC में भुजा $AB = AC$ है। यदि भुजा BA को D तक इस तरह बढ़ाया जाता है, कि $AC = AD$ है, तो $\angle BCD$ की माप क्या होगी?
(a) $\frac{\pi}{6}$ (b) $\frac{\pi}{3}$
(c) $\frac{2\pi}{3}$ (d) $\frac{\pi}{2}$

10. ΔDEF में, G और H क्रमश: भुजा DE और DF पर स्थित बिन्दु हैं। GH, FE के समानान्तर है। यदि G, DE को $1:3$ के अनुपात में विभाजित करता है, और HF 7.2 सेमी है, तो DF की लम्बाई ज्ञात करें।
(a) 2.4 सेमी (b) 4.8 सेमी
(c) 3.6 सेमी (d) 9.6 सेमी

11. ΔDEF और ΔGHI समरूप त्रिभुज हैं। DE की लम्बाई 4 सेमी है और संगत भुजा GH की लम्बाई 9 सेमी है। ΔDEF और ΔGHI के क्षेत्रफलों का अनुपात क्या है?
(a) 81 : 16 (b) 4 : 9
(c) 16 : 81 (d) 9 : 4

12. ΔABC, ΔPQR के समान है। AB की लम्बाई 18 सेमी है, और इसकी संगत भुजा PQ की लम्बाई 12 सेमी है। यदि ΔABC का क्षेत्रफल 324 वर्ग सेमी है, तो ΔPQR का क्षेत्रफल ज्ञात करें।
(a) 72 वर्ग सेमी (b) 144 वर्ग सेमी
(c) 36 वर्ग सेमी (d) 487.5 वर्ग सेमी

13. एक अधिकोणीय त्रिभुज के परिकेन्द्र की स्थिति क्या है?
(a) यह त्रिभुज के अन्दर होता है
(b) यह त्रिभुज के बाहर होता है
(c) यह सबसे बड़े पार्श्व के विपरीत शीर्ष है
(d) यह सबसे लम्बे पार्श्व का मध्य-बिन्दु है

14. ΔABC में, D, BC का मध्य-बिन्दु है। AD की लम्बाई 27 सेमी है। N, AD पर ऐसा बिन्दु है, कि DN की लम्बाई 12 सेमी है। ΔABC के केन्द्रक से N की दूरी कितनी होगी?
(a) 9 सेमी (b) 15 सेमी
(c) 3 सेमी (d) 6 सेमी

15. ΔABC में, $\angle A = 80°$ है। उसमें यदि $\angle B$ तथा $\angle C$ के आन्तरिक द्विभाजक क्रमश: BD तथा CD हों, तो $\angle BDC$ कितना होगा?
(a) 100° (b) 110°
(c) 120° (d) 130°

16. एक त्रिभुज में, उसके केन्द्रक से शीर्षों की दूरी क्रमश: 4 सेमी, 6 सेमी तथा 8 सेमी है। तद्नुसार, उसकी माध्यिकाओं की लम्बाई ज्ञात कीजिए।
(a) 16 सेमी, 4 सेमी, 18 सेमी
(b) 4 सेमी, 6 सेमी, 8 सेमी
(c) 6 सेमी, 9 सेमी, 12 सेमी
(d) 20 सेमी, 21 सेमी, 25 सेमी

17. ΔABC की माध्यिकाएँ, AD, BE तथा CF, परस्पर G पर काटती हैं। ΔABC का क्षेत्रफल 108 वर्ग सेमी है। तद्नुसार, ΔAGB का क्षेत्रफल कितना होगा?
(a) 54 सेमी^{2}
(b) 36 सेमी^{2}
(c) 48 सेमी^{2}
(d) 24 सेमी^{2}

18. O बिन्दु, ΔABC का अन्त:केन्द्र है और $\angle A = 30°$ है। तद्नुसार, $\angle BOC$ कितना होगा?
(a) 100° (b) 105°
(c) 110° (d) 90°

19. $ABCD$ एक समचतुर्भुज है, जिसकी प्रत्येक भुजा 8 सेमी है। यदि $BD = 10$ सेमी, $AC = 2\sqrt{x}$ सेमी है, तो $\sqrt{x+10}$ का मान क्या है?
(a) 5 (b) 7
(c) $2\sqrt{3}$ (d) $3\sqrt{2}$

20. एक चतुर्भुज $ABCD$ एक वृत्त के अन्दर है जिसका केन्द्र O है। यदि $\angle BOC = 92°$ और $\angle ADC = 112°$, तो $\angle ABO$ किसके समान होगा?
(a) 24° (b) 26°
(c) 22° (d) 28°

21. $ABCD$ एक चक्रीय चतुर्भुज है जिसमें AB इस पर बने वृत्त का व्यास है तथा $\angle ADC = 158°$ है, तो $\angle BAC$ बराबर है
(a) 50° (b) 38°
(c) 40° (d) 68°

22. 5 भुजाओं वाले एक नियमित बहुभुज के बाहरी कोण का माप क्या होगा?
(a) 72° (b) 60°
(c) 45° (d) 40°

23. यदि एक नियमित बहुभुज के आन्तरिक कोणों का योग 540° है, तो उसमें कितनी भुजाएँ हैं?
(a) 6 (b) 8
(c) 5 (d) 9

24. यदि बहुभुज के सभी आन्तरिक कोणों का योग 1440° है, तो बहुभुज की भुजाओं की संख्या ज्ञात करें।
(a) 8 (b) 12
(c) 10 (d) 14

25. एक दशभुज के सभी बाहरी कोणों के माप का योग निकालें।
(a) 720° (b) 2160° (c) 360° (d) 1800°

26. किसी चतुर्भुज के तीन कोण $9:7:3$ के अनुपात में हैं। यदि चौथा कोण $132°$ है, तो तीसरा सबसे बड़ा कोण क्या होगा?
(a) 36° (b) 42° (c) 48° (d) 84°

27. एक समचतुर्भुज $ABCD$ में, $\angle A = 60°$ और $AB = 12$ सेमी है, तो विकर्ण BD है
(a) $2\sqrt{3}$ सेमी (b) 6 सेमी
(c) 12 सेमी (d) 10 सेमी

28. एक आयत $ABCD$ की भुजा AB को X, Y, Z बिन्दुओं द्वारा चार बराबर भागों में बाँटा गया है। तद्नुसार $\dfrac{\text{क्षेत्रफल } (\Delta XYC)}{\text{क्षेत्रफल (आयत } ABCD)}$ कितना होगा?

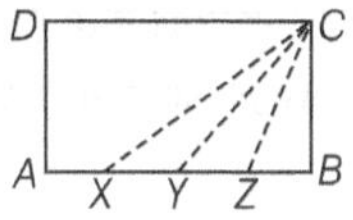

(a) $\frac{1}{6}$ (b) $\frac{1}{9}$ (c) $\frac{1}{8}$ (d) $\frac{1}{7}$

29. दो संकेन्द्रित वृत्तों की त्रिज्याएँ 15 सेमी और 9 सेमी हैं। बड़े वृत्त के जीवा की लम्बाई कितनी है, जो छोटे वृत्त पर स्पर्श रेखा है।
(a) 18 सेमी (b) 20 सेमी
(c) 25 सेमी (d) 24 सेमी

30. PAT किसी वृत्त के बिन्दु A पर एक स्पर्श रेखा है, और AB इस तरह एक जीवा है कि $\angle BAT = 72°$ है। अगर वृत्त पर एक बिन्दु C इस तरह है, कि $\angle CBA = 58°$ है, तो $\angle CAB$ की माप क्या है?
(a) 62° (b) 48° (c) 50° (d) 60

31. 2 सेमी और 5.6 सेमी व्यास वाले दो ऐसे वृत्त हैं जिनके केन्द्रों के बीच की दूरी 8.2 सेमी है। वृत्तों की उस एक उभयनिष्ठ स्पर्श रेखा की लम्बाई क्या होगी जो दो केन्द्रों को मिलाने वाली रेखा को छेद नहीं करती है?
(a) 6.4 सेमी (b) 7.2 सेमी
(c) 8 सेमी (d) 8.4 सेमी

32. एक वृत्त में, AB और CD जीवाएँ एक-दूसरे को E पर काटती हैं। अगर $CD = 18$ सेमी, $DE = 6$ सेमी और $AE = 18$ सेमी है, तो $BE = ?$
(a) 3 सेमी (b) 6 सेमी
(c) 8 सेमी (d) 4 सेमी

33. किसी वृत्त की जीवा AB और CD एक-दूसरे को बाहरी रूप से P पर काटती हैं। यदि $AB = 6$ सेमी, $CD = 3$ सेमी और $PB = 4$ सेमी है, तो PD की लम्बाई (सेमी में) है
(a) 5 (b) 2
(c) 6 (d) 7

34. एक वृत्त में, AD और BC जीवाएँ वृत्त के बाहर बिन्दु E पर मिलती हैं। यदि $\angle BAE = 76°$ और $\angle ADC = 102°$, तो $\angle AEC$ किसके समान होगा?
(a) 28° (b) 24°
(c) 26° (d) 25°

35. निम्न में से कौन-सा विकल्प नीचे दिखाए गए चित्र के बारे में सही है?

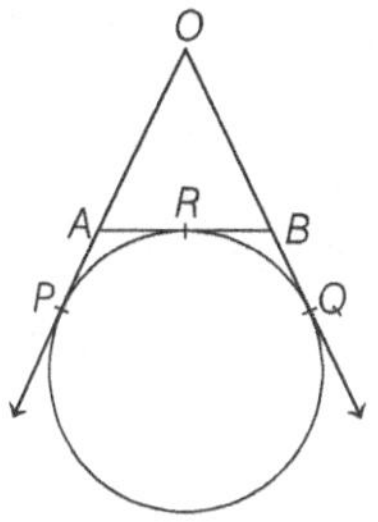

(a) $OA - AR = OB + BR$
(b) $OA + AR = OB - BR$
(c) $OA + AR = OB + BR$
(d) उपरोक्त में से कोई नहीं

36. AB वृत्त की जीवा है और वृत्त का केन्द्र 'O' है। यदि AB की लम्बाई 20 सेमी, जीवा से केन्द्र की दूरी $(2\sqrt{11})$ सेमी है, तो वृत्त की त्रिज्या (सेमी में) ज्ञात कीजिए।
(a) 10 (b) 12
(c) 13 (d) 15

उत्तरमाला

1 (b)	2 (b)	3 (c)	4 (c)	5 (a)
6 (d)	7 (d)	8 (b)	9 (d)	10 (d)
11 (c)	12 (b)	13 (b)	14 (c)	15 (d)
16 (c)	17 (b)	18 (b)	19 (b)	20 (a)
21 (d)	22 (a)	23 (c)	24 (c)	25 (c)
26 (d)	27 (c)	28 (c)	29 (d)	30 (c)
31 (c)	32 (d)	33 (a)	34 (c)	35 (c)
36 (b)				

संकेत एवं हल

1. *(b)* दिया है, $\angle BAC = 87°, \angle C = 42°$

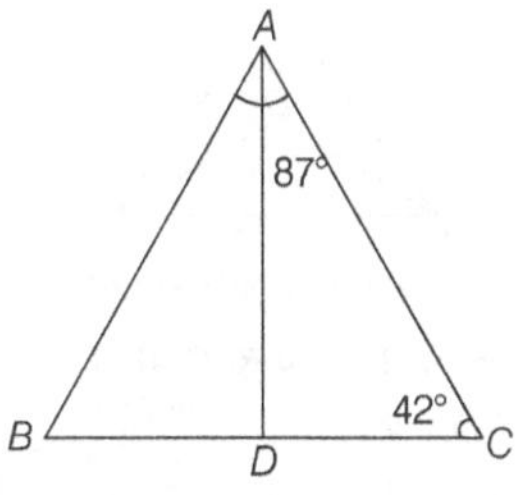

और $\angle BAD = \frac{1}{2}\angle ADC$

माना $\angle BAD = x$

तब $\angle ADC = 2x$

$\angle DAC = 87° - \angle BAD$

$\angle DAC = 87° - x$

ΔADC में, $\angle DAC + \angle ADC + \angle DCA = 180°$

$87° - x + 2x + 42° = 180°$

$x = 180° - 129° \Rightarrow x = 51°$

$\therefore \angle ADB = \angle 180° - \angle ADC = 180° - 2 \times 51°$

$= 180° - 102° = 78°$

2. *(b)* दिया है,

$\angle ABC = 90°$

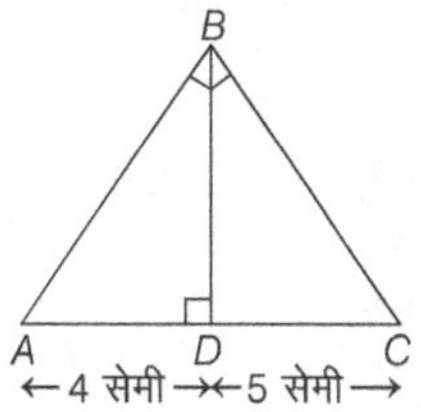

और $BD \perp AC$

हम जानते हैं कि, $BD^2 = AD \times DC$

$BD^2 = 4 \times 5$

$BD = 2\sqrt{5}$ सेमी

3. *(c)* दिया है, $\angle B = 72°, \angle C = 26°$,

$\angle BDA = 90°$

ΔABC में,

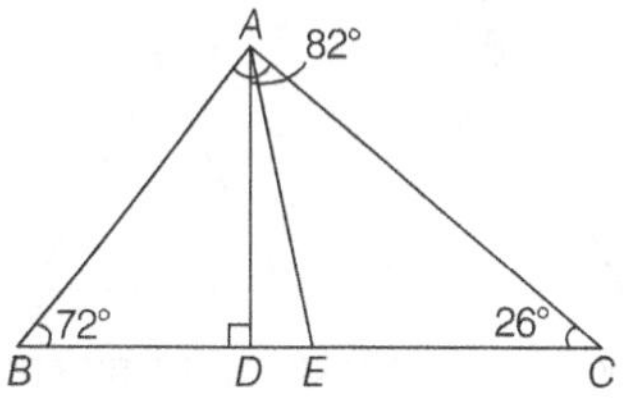

$\angle A + \angle B + \angle C = 180°$

$\angle A + 72° + 26° = 180°$

$\angle A = 180° - 98°$

$\angle A = 82°$

$\angle BAE = \angle EAC = \frac{\angle A}{2} = \frac{82°}{2}$

$\therefore \angle BAE = \angle EAC = 41°$

ΔABD में,

$$\angle ABD + \angle BDA + \angle BAD = 180°$$
$$72° + 90° + \angle BAD = 180°$$
$$\angle BAD = 180° - 162°$$
$$\angle BAD = 18°$$

$\therefore \quad \angle DAE = \angle BAE - \angle BAD$

$= 41° - 18° = 23°$

वैकल्पिक विधि $\angle DAE = \dfrac{\angle ABC - \angle ACB}{2}$

$= \dfrac{72° - 26°}{2}$

$= \dfrac{46°}{2} = 23°$

4. *(c)* दिया है, $BD \perp AC$

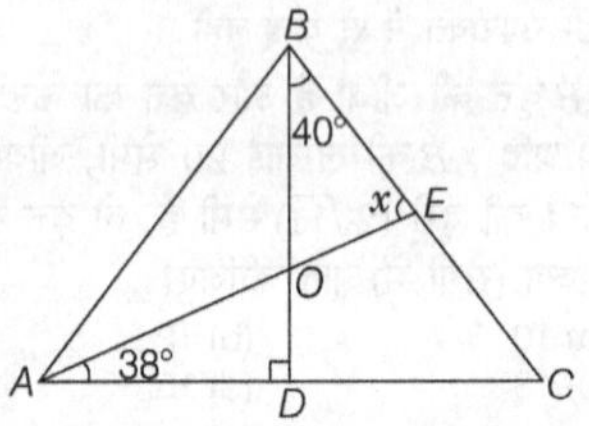

$\therefore \angle ADO = 90°$

ΔOAD में,

$$\angle OAD + \angle ADO + \angle DOA = 180°$$
$$38° + \angle 90° + \angle DOA = 180°$$
$$\angle DOA = 180° - 128°$$
$$\angle DOA = 52°$$
$$\angle BOE = \angle DOA = 52°$$

(शीर्षाभिमुख कोण)

ΔBOE में,

$$\angle OBE + \angle BEO + \angle EOB = 180°$$
$$40° + x + 52° = 180°$$
$$x = 180° - 92°$$
$$x = 88°$$

5. *(a)* समबाहु त्रिभुज में परिकेन्द्र, अन्त: केन्द्र, लम्बकेन्द्र और केन्द्रक सभी एक ही बिन्दु पर होते हैं।

6. *(d)* दिया है, $\dfrac{AB}{DE} = \dfrac{BC}{EF} = \dfrac{AC}{DF}$

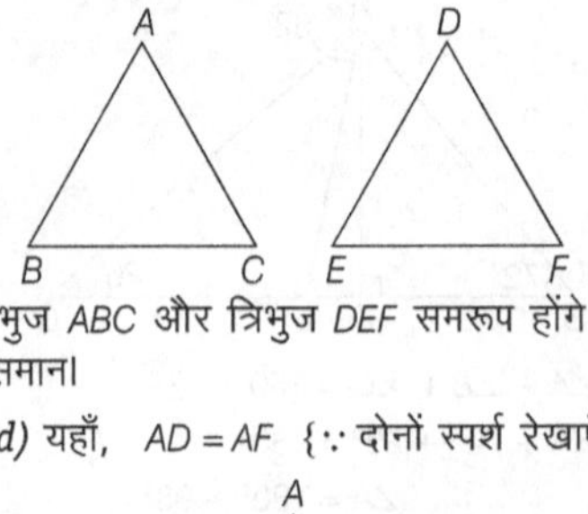

$\therefore$ त्रिभुज ABC और त्रिभुज DEF समरूप होंगे न कि समान।

7. *(d)* यहाँ, $AD = AF$ {$\because$ दोनों स्पर्श रेखाएँ हैं}

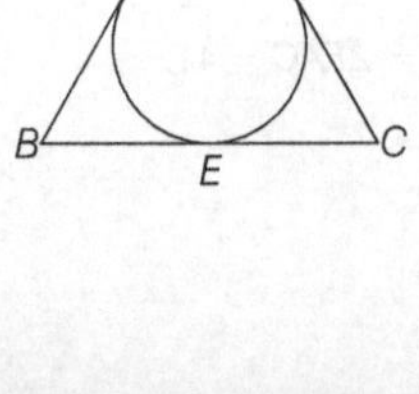

इसी प्रकार,

$BD = BE$

$CE = CF$

अत: सभी विकल्प सही हैं।

8. *(b)* दिया है, $\dfrac{AD}{DB} = \dfrac{5}{13}$

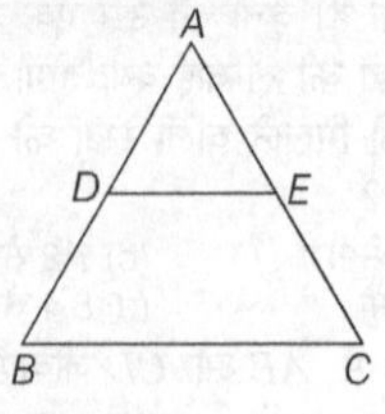

और $\quad EC = 26$ सेमी

$\therefore \quad \dfrac{AD}{DB} = \dfrac{AE}{EC}$

$\dfrac{5}{13} = \dfrac{AE}{26}$

$AE = 5 \times 2 = 10$ सेमी

9. *(d)* दिया है, $AB = AC = AD$

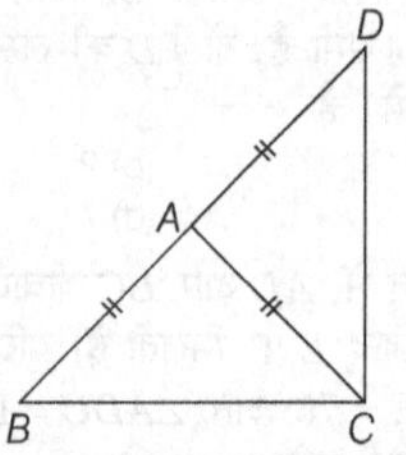

माना $\quad \angle ABC = x$

तब, $\quad \angle ACB = x \quad \{\because AB = AC\}$

$\because \quad \angle DAC = \angle ABC + \angle ACB$

$\angle DAC = x + x = 2x$

माना $\quad \angle ACD = y$

तब $\quad \angle ADC = y \quad \{\because AC = AD\}$

ΔADC में,

$$\angle ADC + \angle ACD + \angle DAC = 180°$$
$$y + y + 2x = 180°$$
$$2x + 2y = 180°$$
$$x + y = 90°$$

$\therefore \quad \angle BCD = \angle ACB + \angle ACD$

$= x + y = 90°$

$= \dfrac{\pi}{2}$

10. *(d)* दिया है, $HF = 7.2$ सेमी

$GH \parallel EF$

$\therefore \Delta DGH \sim \Delta DEF$

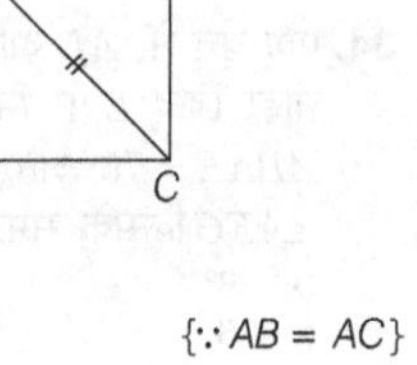

$\dfrac{DG}{GE} = \dfrac{DH}{HF}$

$\dfrac{1}{3} = \dfrac{DH}{7.2}$

$DH = 2.4$ सेमी

$PF = DH + HF = 2.4 + 7.2$

$= 9.6$ सेमी

11. *(c)* दिया है, $\Delta DEF \sim \Delta GHI$

$DE = 4$ सेमी, $GH = 9$ सेमी

$$\frac{\Delta DEF \text{ का क्षेत्रफल}}{\Delta GHI \text{ का क्षेत्रफल}} = \frac{(DE)^2}{(GH)^2}$$
$$= \left(\frac{4}{9}\right)^2 = \frac{16}{81}$$

12. *(b)* दिया है, $AB = 18$ सेमी

$PQ = 12$ सेमी

ΔABC का क्षेत्रफल $= 324$ सेमी^{2}

$$\frac{\Delta ABC \text{ का क्षेत्रफल}}{\Delta PQR \text{ का क्षेत्रफल}} = \frac{(AB)^2}{(PQ)^2}$$
$$\frac{324}{\Delta PQR \text{ का क्षेत्रफल}} = \frac{(18)^2}{(12)^2}$$
$$\Delta PQR \text{ का क्षेत्रफल} = \frac{324 \times 144}{18 \times 18}$$
$$= 144 \text{ सेमी}^2$$

13. *(b)* यह त्रिभुज के बाहर होता है।

14. *(c)* माना G, ΔABC का केन्द्र है, तब

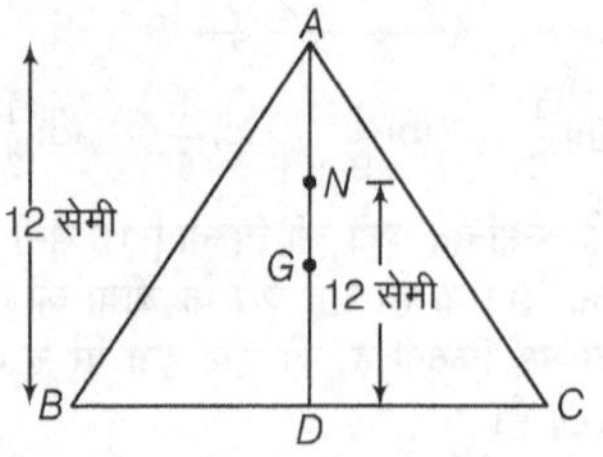

प्रश्नानुसार,

$AD = 27$ सेमी तथा $DN = 12$ सेमी

$\therefore AG = 27 \times \dfrac{2}{3} = 18$ सेमी

$\because AN = 27 - 12 = 15$ सेमी

$\therefore GN = AG - AN$

$= 18 - 15 = 3$ सेमी

15. *(d)* $\angle BDC = 90° + \dfrac{1}{2}\angle A$

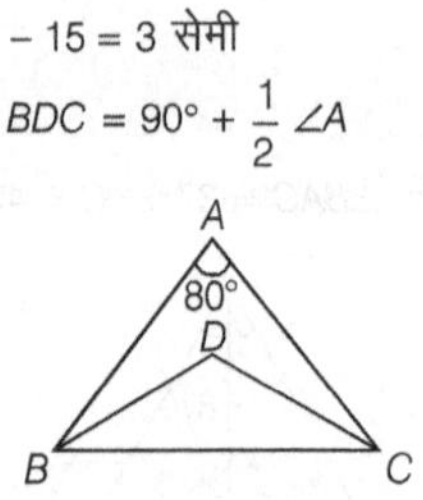

$= 90° + 40° = 130°$

16. *(c)* माना ΔABC में केन्द्र O है।

$\because \quad AO : OD = 2 : 1$

$\therefore \quad 2x = 4 \quad [\because AO = 4]$

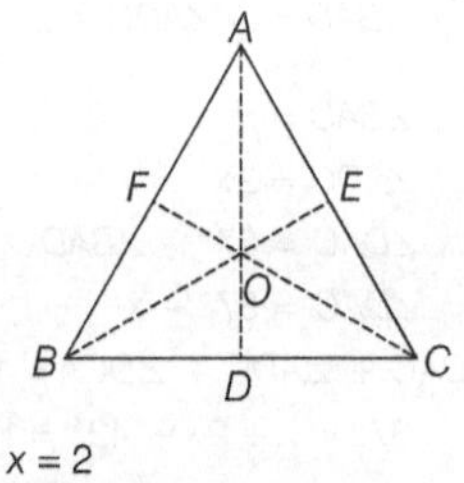

$x = 2$

$\Rightarrow \quad AD = 2x + x = 2 \times 2 + 2 = 6$

$BO : OE = 2 : 1$

$\therefore \quad 2x = 6 \Rightarrow x = 3$

$BE = 3 \times 2 + 3 = 9$

$CD : OF = 2 : 1$

$\therefore \quad 2x = 8 \Rightarrow x = 4$

$CF = 4 \times 2 + 4 = 12$

अतः माध्यिकाओं की लम्बाई

$= 6$ सेमी, 9 सेमी, 12 सेमी

17. *(b)* ΔABC का क्षेत्रफल $= 108$ वर्ग सेमी

प्रमेय द्वारा, क्षेत्रफल ΔAGB = क्षेत्रफल ΔAGC

= क्षेत्रफल ΔBGC

ΔAGB का क्षेत्रफल $= \frac{108}{3} = 36$ सेमी^{2}

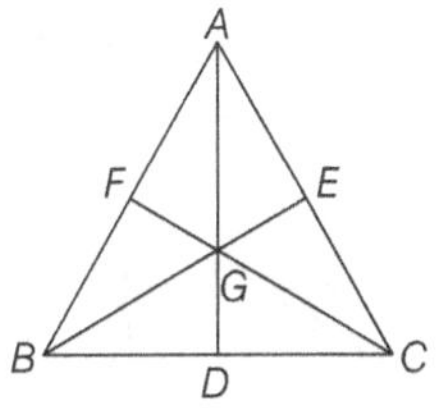

18. *(b)* $\angle B + \angle C = 180° - 30° = 150°$

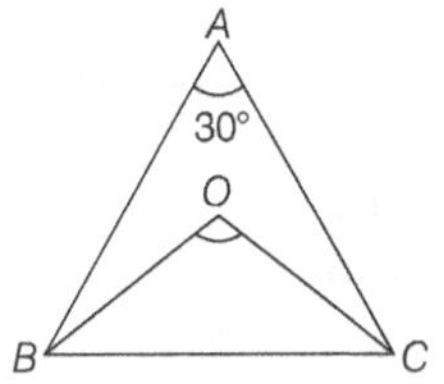

$\angle OBC + \angle OCB = \frac{150°}{2} = 75°$

$\therefore \angle BOC = 180° - 75° = 105°$

19. *(b)* दिया है, $AB = 8$ सेमी, $BD = 10$ सेमी

$AC = 2\sqrt{x}$ सेमी

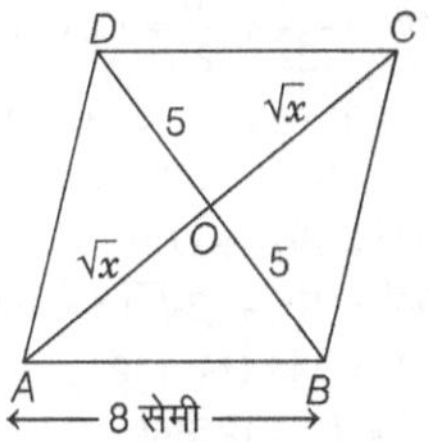

हम जानते हैं, कि समचतुर्भुज के विकर्ण एक-दूसरे को समकोण पर समद्विभाजित करते हैं।

$\therefore \quad \angle AOB = 90°$

और $\quad AO = \frac{AC}{2} = \frac{2\sqrt{x}}{2} = \sqrt{x}$ सेमी

$OB = \frac{BD}{2} = \frac{10}{2} = 5$ सेमी

ΔAOB में, $(AB)^2 = (OA)^2 + (OB)^2$

$(8)^2 = (\sqrt{x})^2 + (5)^2$

$64 = x + 25 \Rightarrow x = 64 - 25$

$x = 39$

$\therefore \quad \sqrt{x + 10} = \sqrt{39 + 10}$

$= \sqrt{49} = 7$ सेमी

20. *(a)* दिया है,

$\angle BOC = 92°$ और $\angle ADC = 112°$

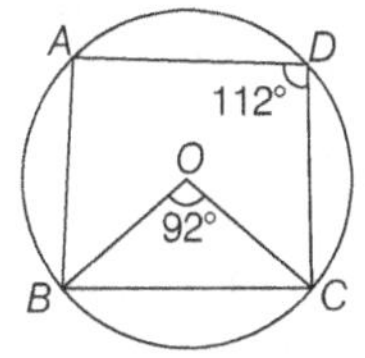

ΔOBC में, $OB = OC$ = त्रिज्या

$\therefore \quad \angle OBC = \angle OCB$

$\angle BOC + \angle OBC + \angle OCB = 180°$

$92° + \angle OBC + \angle OBC = 180°$

$2\angle OBC = 180° - 92°$

$2\angle OBC = 88° \Rightarrow \angle OBC = 44°$

$\because \angle ABC + \angle ADC = 180°$

[$\because$ चक्रीय चतुर्भुज के विपरीत कोणों का योग 180° होता है]

$\angle ABC + 112° = 180°$

$\angle ABC = 180° - 112°$

$\angle ABO + \angle OBC = 68°$

$\angle ABO + 44° = 68°$

$\therefore \quad \angle ABO = 68° - 44° = 24°$

21. *(d)* दिया है, $\angle ADC = 158°$

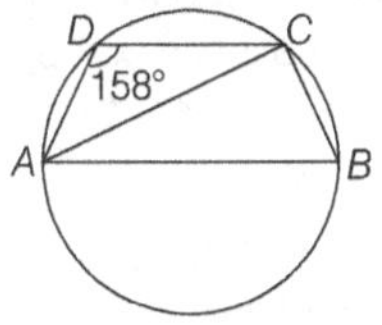

$\angle ADC + \angle ABC = 180°$

{$\because$ चक्रीय चतुर्भुज में सम्मुख कोणों का योग 180° होता है}

$158° + \angle ABC = 180°$

$\angle ABC = 180° - 158° = 22°$

$\angle ACB = 90°$

{$\because$ अर्द्धवृत्त में बना कोण 90° होता है}

$\therefore \Delta ABC$ में,

$\angle ACB + \angle BAC + \angle ABC = 180°$

$90° + \angle BAC + 22° = 180°$

$\angle BAC = 180° - 112°$

$\angle BAC = 68°$

22. *(a)* दिया है, $n = 5$

बाहरी कोण की माप $= \frac{360°}{n} = \frac{360}{5} = 72°$

23. *(c)* बहुभुज के आन्तरिक कोणों का योग $= 540°$

$(n - 2) \times 180 = 540°$ $\quad [n \rightarrow$ भुजाएँ$]$

$n - 2 = 3 \Rightarrow n = 5$

अतः भुजाओं की संख्या $= 5$

24. *(c)* बहुभुज के आन्तरिक कोणों का योग $= 1440°$

$(n - 2) \times 180° = 1440°$ $\quad [n \rightarrow$ भुजाएँ$]$

$n - 2 = 8 \Rightarrow n = 10$

अतः बहुभुज की भुजाओं की संख्या $= 10$

25. *(c)* दिया है, $n = 10$

बहुभुज के बाहरी कोणों का योग 360° होता है।

$\therefore$ दशभुज के बाहरी कोणों का योग $= 360°$

26. *(d)* माना चतुर्भुज के तीन कोण क्रमशः $9x, 7x, 3x$ हैं। चौथा कोण $= 132°$

तब, $9x + 7x + 3x + 132° = 360°$

$\Rightarrow 19x + 132° = 360° \Rightarrow 19x = 360° - 132°$

$= 228°$

$\therefore \quad x = \frac{228°}{19} = 12°$

अतः कोण $9 \times 12°, 7 \times 12°, 3 \times 12°$ तथा 132° अर्थात् 108°, 84°, 36° तथा 132° हैं।

अब, कोणों का अवरोही क्रम 132°, 108°, 84° तथा 36° है।

$\therefore$ तीसरा सबसे बड़ा कोण $= 84°$

27. *(c)* हम जानते हैं कि, समचतुर्भुज की चारों भुजाएँ समान लम्बाई की होती हैं।

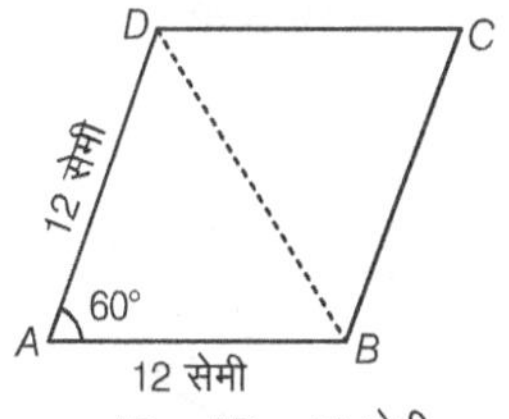

$\therefore \quad AB = AD = 12$ सेमी

अब ΔABD में,

$\angle ABD = \angle ADB \quad [\because AB = AD]$

$\therefore \quad \angle ABD + \angle ADB + \angle BAD = 180°$

$\because$ त्रिभुज के तीनों कोणों का योग 180° होता है।

$\Rightarrow \quad 2\angle ADB = 180° - 60° = 120°$

$\Rightarrow \quad \angle ADB = \angle ABD = 60°$

$\therefore \Delta ABD$ एक समबाहु त्रिभुज है।

$\therefore \quad AB = AD = BD$

अतः $\quad BD = 12$ सेमी

28. *(c)* माना $AB = a$ तथा $BC = b$

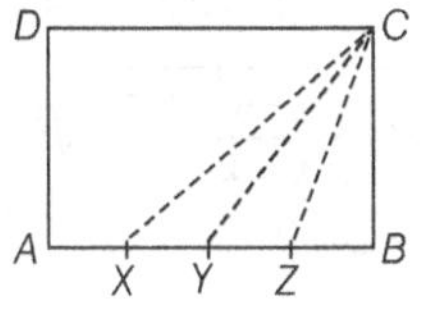

तब, $\quad XY = \frac{a}{4}$

$\therefore \Delta BCY$ का क्षेत्रफल $= \frac{1}{2} \times \frac{a}{2} \times b = \frac{ab}{4}$

तथा ΔBCX का क्षेत्रफल $= \frac{1}{2} \times \frac{3a}{4} \times b = \frac{3ab}{8}$

अब, ΔXYC का क्षेत्रफल = ΔBCX का क्षेत्रफल $- \Delta BCY$ का क्षेत्रफल

$= \frac{3ab}{8} - \frac{ab}{4} = \frac{ab}{8}$

तथा आयत $ABCD$ का क्षेत्रफल $= a \times b$

अतः अभीष्ट अनुपात $= \frac{ab/8}{ab} = \frac{1}{8}$

29. *(d)* दिया है, $OA = 15$ सेमी, $OC = 9$ सेमी

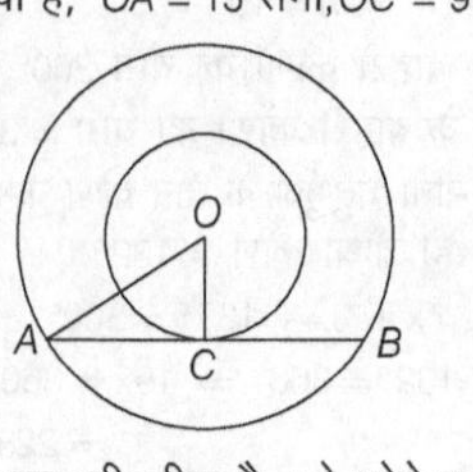

तथा AB बड़े वृत्त की जीवा है, जो छोटे वृत्त को बिन्दु C पर स्पर्श करती है।

$$AC = CB$$

{∵ केन्द्र से जीवा पर डाला गया लम्ब जीवा को दो बराबर भागों में विभाजित करता है।}

ΔOAC में, $OA^2 = AC^2 + OC^2$

$$(15)^2 = AC^2 + (9)^2$$

$$AC^2 = 225 - 81 = 144 \Rightarrow AC = 12$$

अतः $AB = 2 \times AC = 2 \times 12 = 24$ सेमी

30. *(c)* दिया है, $\angle BAT = 72°$

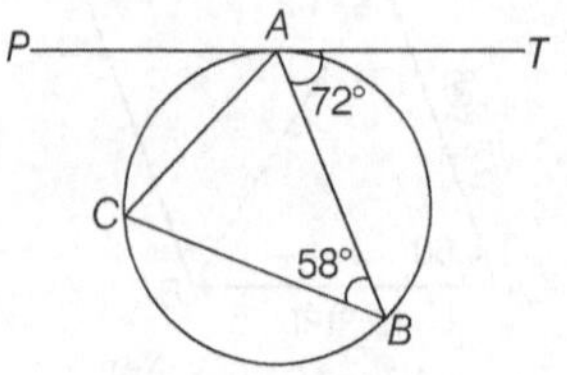

$$\angle CBA = 58°$$

$$\angle ACB = \angle BAT = 72°$$

{∵ स्पर्श बिन्दु से खींची गई जीवा और स्पर्श रेखा के बीच बना कोण एकान्तर वृत्तखण्ड में बने कोण के बराबर होता है}

ΔACB में, $\angle ACB + \angle CAB + \angle CBA = 180°$

$$72° + \angle CAB + 58° = 180°$$

$$\angle CAB = 180° - 130° \Rightarrow \angle CAB = 50°$$

31. *(c)* दो वृत्तों की उभयनिष्ठ स्पर्श रेखा की

लम्बाई $= \sqrt{(\text{केन्द्रों के बीच की दूरी})^2 - (\text{त्रिज्याओं का अन्तर})^2}$

$$= \sqrt{(8.2)^2 - \left(\frac{5.6-2}{2}\right)^2} = \sqrt{67.24 - 3.24}$$

$= \sqrt{64} = 8$ सेमी

32. *(d)* दिया है, $CD = 18$ सेमी

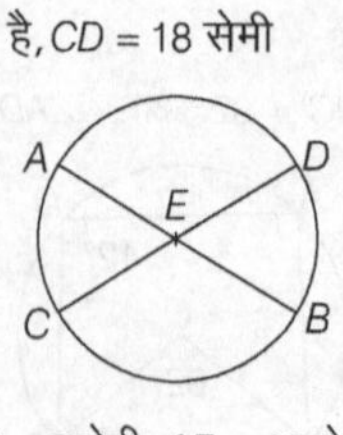

$DE = 6$ सेमी, $AE = 18$ सेमी

∴ $CE = CD - DE = 18 - 6$

$CE = 12$ सेमी

हम जानते हैं कि,

$$AE \times BE = CE \times ED$$

$$18 \times BE = 12 \times 6$$

$BE = \dfrac{12 \times 6}{18} = 4$ सेमी

33. *(a)* माना $PB = x$

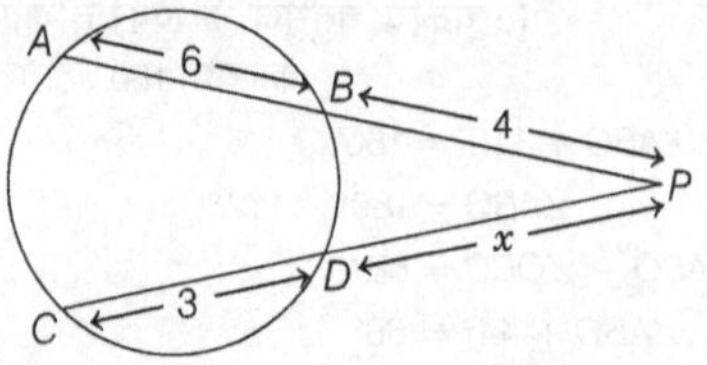

हम जानते हैं कि,

$$PB \times PA = PD \times PC$$

$$4 \times (4 + 6) = x \times (x + 3)$$

$$40 = x^2 + 3x$$

$$x^2 + 3x - 40 = 0$$

$$x^2 + 8x - 5x - 40 = 0$$

$$x(x + 8) - 5(x + 8) = 0$$

$$(x + 8)(x - 5) = 0$$

$$x = 5, -8$$

अतः $PD = 5$ सेमी

34. *(c)* दिया है,

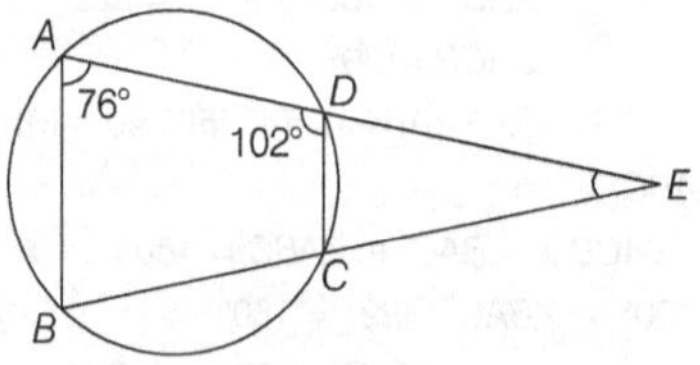

$\angle BAE = 76°$ और $\angle ADC = 102°$

$\angle ADC + \angle ABC = 180°$

{∵ चक्रीय चतुर्भुज में विपरीत कोणों का योग 180° होता है}

$$102° + \angle ABC = 180°$$

$$\angle ABC = 180° - 102°$$

$$\angle ABC = 78°$$

ΔAEB में,

$$\angle AEB + \angle ABC + \angle BAE = 180°$$

$$\angle AEB + 78° + 76° = 180°$$

$$\angle AEB = 180° - 154°$$

$$\angle AEB = 26°$$

अतः $\angle AEC = AEB = 26°$

35. *(c)* $AP = AR$ (वृत्त की स्पर्श रेखाएँ हैं)

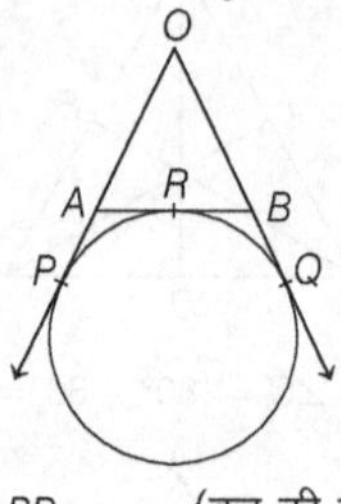

$BQ = BR$ (वृत्त की स्पर्श रेखाएँ हैं)

∴ $OP = OQ$

$$OA + AP = OB + BQ$$

$$\Rightarrow OA + AR = OB + BR$$

36. *(b)* दिया है, $ON = 2\sqrt{11}$ सेमी, $AB = 20$ सेमी

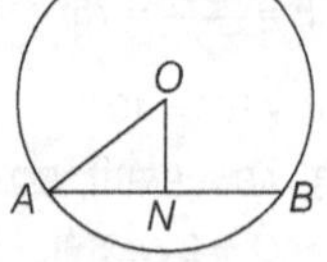

$AN = NB = \dfrac{AB}{2} = \dfrac{20}{2} = 10$ सेमी

{∵ केन्द्र से जीवा पर डाला गया लम्ब जीवा को दो बराबर भागों में बाँटता है।}

ΔOAN में, $OA^2 = AN^2 + ON^2$

$$OA^2 = 10^2 + (2\sqrt{11})^2 = 100 + 44$$

$$OA^2 = 144, OA = 12$$

अतः वृत्त की त्रिज्या = 12 सेमी

अध्याय 05 क्षेत्रमिति (Mensuration)

क्षेत्रफल

किसी समतल आकृति द्वारा घेरा जाने वाला स्थान अथवा आकृति की सीमाओं के अन्दर के धरातल (फर्श) का परिमाण, उसका क्षेत्रफल (Area) कहलाता है। क्षेत्रफल का मात्रक 'वर्ग इकाई' होता है।

परिमिति या परिमाप

किसी समतल आकृति की सभी भुजाओं का योगफल, उसका परिमाप (Perimeter) कहलाता है। इसे परिमिति भी कहते हैं। जिस इकाई में भुजा की माप दी गई होती है, वही इकाई परिमिति की माप होती है।

त्रिभुजों के क्षेत्रफल, परिमाप एवं अन्य माप

विभिन्न प्रकार के त्रिभुज तथा उनके क्षेत्रफल, परिमाप एवं अन्य मापें निम्न प्रकार हैं—

1. विषमबाहु त्रिभुज (Scalene Triangle)

माना त्रिभुज की भुजाएँ a, b व c हैं तथा शीर्षलम्ब की लम्बाई (त्रिभुज की ऊँचाई) h हो, तब

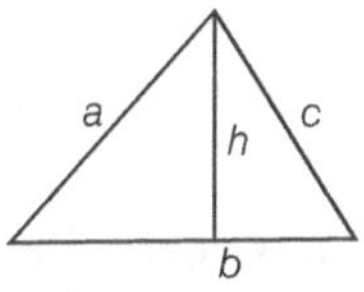

(i) क्षेत्रफल $= \sqrt{s(s-a)(s-b)(s-c)}$

जहाँ, $s = \dfrac{a+b+c}{2}$

या क्षेत्रफल $= \dfrac{1}{2} \times$ आधार $\times$ ऊँचाई $= \dfrac{1}{2} \times b \times h$

(ii) परिमाप $= a + b + c$

2. समबाहु त्रिभुज (Equilateral Triangle)

माना त्रिभुज की भुजा 'a' व शीर्षलम्ब की लम्बाई 'h' है,

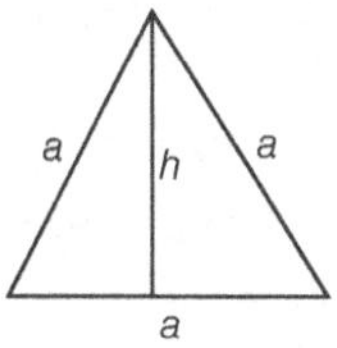

(i) क्षेत्रफल $= \dfrac{\sqrt{3}}{4} a^2$

(ii) ऊँचाई $(h) = \dfrac{\sqrt{3}}{2} a$

(iii) परिमाप $= 3a$

(iv) परिवृत्त की त्रिज्या $= \dfrac{a}{\sqrt{3}}$

(v) अन्तः वृत्त की त्रिज्या $= \dfrac{a}{2\sqrt{3}}$

3. समद्विबाहु त्रिभुज (Isosceles Triangle)

माना त्रिभुज की समान भुजाओं की लम्बाई a व तीसरी भुजा की लम्बाई b है।

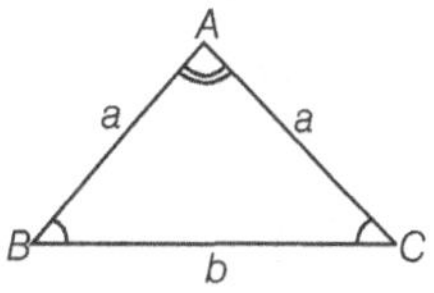

(i) क्षेत्रफल $= \sqrt{s(s-a)(s-a)(s-b)}$

$= (s-a)\sqrt{s(s-b)}$

जहाँ, $s = a + \dfrac{b}{2}$

(ii) परिमाप $= a + a + b = 2a + b$

4. समकोण त्रिभुज (Right Angle Triangle)

माना त्रिभुज का लम्ब 'p', आधार 'b' तथा कर्ण 'h' हो, तब

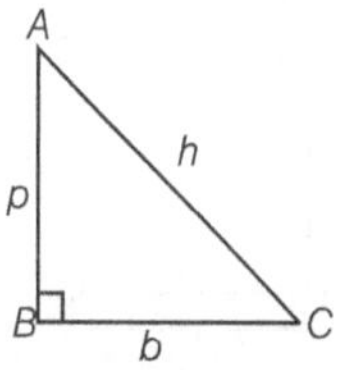

(i) क्षेत्रफल $= \dfrac{1}{2} \times$ आधार $(b) \times$ लम्ब (p)

(ii) परिमाप $= h + p + b$

(iii) $h^2 = (p)^2 + (b)^2$ [$\because$ (कर्ण)^2 = (लम्ब)^2 + (आधार)^2]

उदाहरण 1 त्रिभुज ABC में, BC की लम्बाई AB की लम्बाई के दोगुने से 3 सेमी कम है। AC की लम्बाई AB की लम्बाई से 9 सेमी अधिक है। त्रिभुज की परिमिति 34 सेमी है। त्रिभुज की सबसे छोटी भुजा की लम्बाई (सेमी में) है

(a) 9 (b) 8 (c) 10 (d) 7

हल (d) माना $AB = x$ सेमी

तब $BC = (2x - 3)$ सेमी

और $AC = (x + 9)$ सेमी

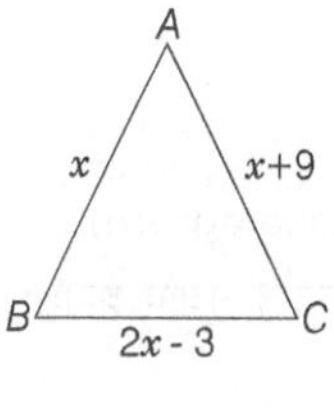

त्रिभुज की परिमिति = $AB + BC + CA$

$\Rightarrow \quad 34 = x + 2x - 3 + x + 9$

$\Rightarrow \quad 34 = 4x + 6$

$\Rightarrow \quad 4x = 34 - 6 = 28$

$x = 7$

अतः त्रिभुज की सबसे छोटी भुजा = AB = 7 सेमी

उदाहरण 2 एक समबाहु त्रिभुज का क्षेत्रफल $25\sqrt{3}$ वर्ग सेमी है। इसकी भुजा (सेमी में) ज्ञात करें।

(a) 10 (b) 5 (c) 20 (d) 30

हल (a) माना समबाहु त्रिभुज की भुजा = a सेमी

समबाहु त्रिभुज का क्षेत्रफल = $\frac{\sqrt{3}}{4}a^2$

$\Rightarrow \quad 25\sqrt{3} = \frac{\sqrt{3}}{4}a^2$

$\Rightarrow \quad a^2 = 25 \times 4 = 100$

$a = 10$ सेमी

चतुर्भुज के क्षेत्रफल, परिमाप एवं अन्य माप

विभिन्न प्रकार के चतुर्भुज तथा उनके क्षेत्रफल, परिमाप एवं अन्य मापें निम्न हैं

1. वर्ग (Square)

माना वर्ग (Square) की प्रत्येक भुजा की लम्बाई a है, तब

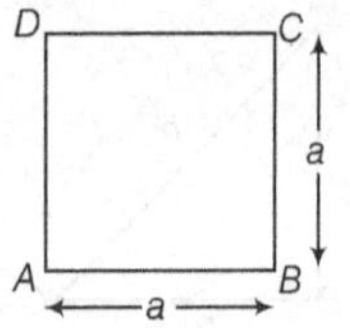

(i) क्षेत्रफल = (भुजा)^2 = $a^2 = \frac{1}{2}$ (विकर्ण)^2

(ii) परिमाप = 4 × भुजा = $4a$

(iii) विकर्ण = $a\sqrt{2}$

2. आयत (Rectangle)

माना आयत की लम्बाई व चौड़ाई क्रमशः l व b हैं, तब

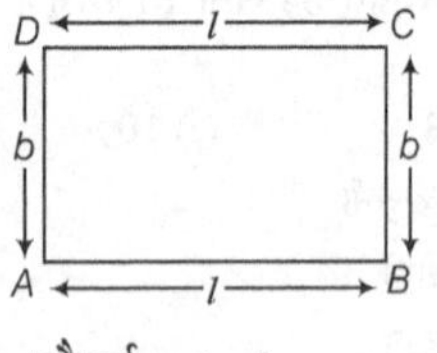

(i) क्षेत्रफल = लम्बाई × चौड़ाई = $l \times b$

(ii) परिमाप = $2(l + b)$

(iii) विकर्ण = $\sqrt{l^2 + b^2}$

3. समान्तर चतुर्भुज (Parallelogram)

माना समान्तर चतुर्भुज की संलग्न भुजाएँ क्रमशः a व b हैं तथा इसकी ऊँचाई h हो, तब

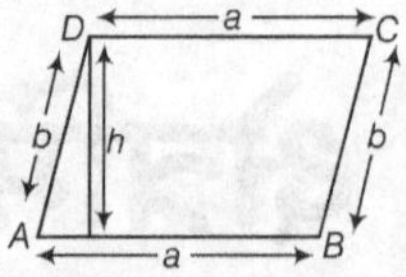

(i) क्षेत्रफल = आधार × ऊँचाई = $a \times h$

(ii) परिमाप = $2(a + b)$

4. समलम्ब (Trapezium)

माना समलम्ब की समान्तर भुजाएँ क्रमशः a व b तथा इनके बीच की दूरी h हो, तब

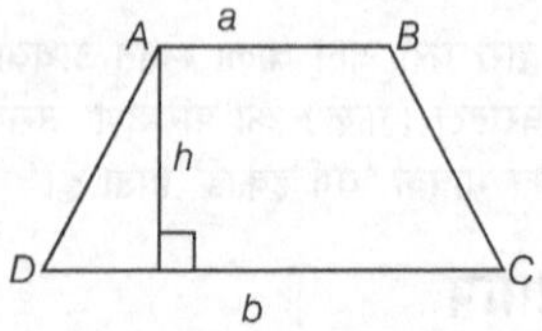

क्षेत्रफल = $\frac{1}{2}$ × (समान्तर भुजाओं का योग) × ऊँचाई

$= \frac{1}{2} \times (a + b) \times h$

5. समचतुर्भुज (Rhombus)

माना समचतुर्भुज की भुजा a व विकर्ण क्रमशः d_1 व d_2 हों, तब

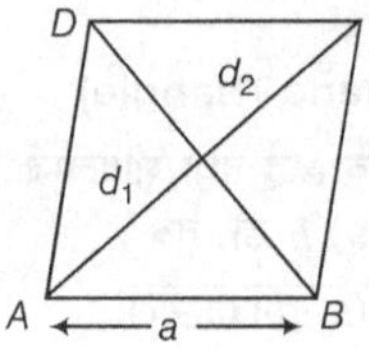

(i) क्षेत्रफल = $\frac{1}{2} \times d_1 \times d_2$ (ii) परिमाप = $4 \times a$ (iii) $4a^2 = d_1^2 + d_2^2$

उदाहरण 3 उस समचतुर्भुज का क्षेत्रफल (सेमी^{2} में) कितना होगा जिसकी भुजा 20 सेमी है और एक विकर्ण 24 सेमी है?

(a) 396 (b) 392
(c) 384 (d) 350

हल (c) दिया है, समचतुर्भुज की भुजा (a) = 20 सेमी

विकर्ण (d_1) = 24 सेमी

हम जानते हैं कि, $4a^2 = d_1^2 + d_2^2 \Rightarrow 4 \times (20)^2 = (24)^2 + d_2^2$

$4 \times 400 = 576 + d_2^2 \Rightarrow d_2^2 = 1600 - 576 = 1024$

$d_2 = 32$ सेमी

समचतुर्भुज का क्षेत्रफल = $\frac{1}{2} \times d_1 \times d_2 = \frac{1}{2} \times 24 \times 32 = 384$ सेमी^{2}

उदाहरण 4 एक आयत के विकर्ण की लम्बाई और चौड़ाई क्रमशः 25 सेमी और 7 सेमी है। इसका परिमाप (सेमी में) ज्ञात करें।

(a) 124 (b) 41
(c) 82 (d) 62

हल (d) दिया है, आयत का विकर्ण = 25 सेमी

आयत की चौड़ाई = 7 सेमी

हम जानते हैं कि, आयत का विकर्ण $= \sqrt{l^2 + b^2}$ (जहाँ l = लम्बाई)

$$25 = \sqrt{l^2 + 7^2} \Rightarrow 625 = l^2 + 49$$

$$l^2 = 625 - 49 = 576$$

$$l = 24 \text{ सेमी}$$

$\therefore$ आयत का परिमाप $= 2(l + b) = 2(24 + 7) = 2 \times 31 = 62$ सेमी

उदाहरण 5 एक वर्ग का क्षेत्रफल 100 वर्ग सेमी है, तो उसके विकर्ण की लम्बाई कितनी होगी?

(a) $10\sqrt{2}$ सेमी (b) 10 सेमी
(c) 20 सेमी (d) $20\sqrt{2}$ सेमी

हल (a) दिया है, वर्ग का क्षेत्रफल = 100

$$a^2 = 100 \Rightarrow a = 10 \text{ सेमी}$$

वर्ग का विकर्ण $= \sqrt{2}\, a = 10\sqrt{2}$ सेमी

वृत्त (Circle)

माना वृत्त (Circle) की त्रिज्या r है, तब

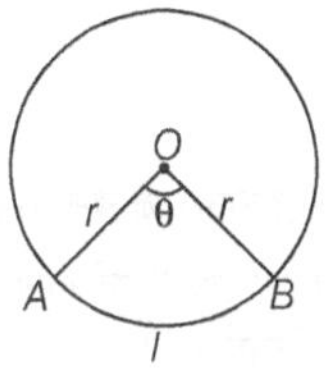

(i) व्यास, $(d) = 2r$
(ii) क्षेत्रफल $= \pi r^2$
(iii) परिधि $= 2\pi r = \pi d$
(iv) चाप की लम्बाई, $(l) = \dfrac{\pi r \theta}{180°}$
(v) त्रिज्यखण्ड (OAB) का क्षेत्रफल $= \dfrac{\pi r^2 \theta}{360°}$

वृत्ताकार वलय (Circular Ring)

माना बाह्य व अन्त:वृत्त की त्रिज्याएँ क्रमशः R व r हैं, तब

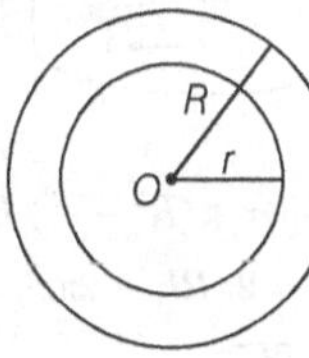

(i) क्षेत्रफल $= \pi(R^2 - r^2)$
(ii) दोनों वलयों की परिधियों का अन्तर $= 2\pi(R - r)$

अर्द्धवृत्त (Semi-Circle)

माना अर्द्धवृत्त की त्रिज्या r है, तब

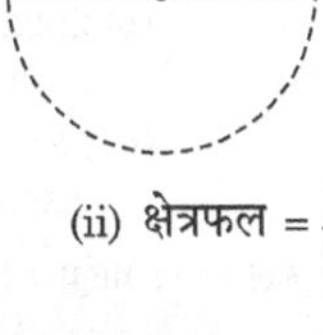

(i) व्यास, $(d) = 2r$ (ii) क्षेत्रफल $= \dfrac{1}{2}\pi r^2$
(iii) परिमाप $= \pi r + 2r$

उदाहरण 6 एक वृत्त की परिधि 88 सेमी है, तो उसका क्षेत्रफल कितना होगा?

(a) 616 वर्ग सेमी (b) 308 वर्ग सेमी
(c) 154 वर्ग सेमी (d) 77 वर्ग सेमी

हल (a) माना वृत्त की त्रिज्या $= r$

वृत्त की परिधि $= 2\pi r$

$$88 = 2\pi r$$

$$r = \frac{88}{2\pi} = \frac{88 \times 7}{2 \times 22}$$

$\Rightarrow$ $r = 14$ सेमी

वृत्त का क्षेत्रफल $= \pi r^2 = \dfrac{22}{7} \times (14)^2 = 616$ वर्ग सेमी

उदाहरण 7 एक अर्द्धवृत्त का क्षेत्रफल 1925 वर्ग सेमी है। इसके परिमाप (सेमी में) की गणना करें।

(a) 360 (b) 80
(c) 160 (d) 180

हल (d) माना अर्द्धवृत्त की त्रिज्या $= r$

अर्द्धवृत्त का क्षेत्रफल $= \dfrac{1}{2}\pi r^2$

$$1925 = \frac{1}{2}\pi r^2$$

$$r^2 = \frac{1925 \times 2 \times 7}{22} = 1225$$

$\Rightarrow$ $r = 35$ सेमी

अर्द्धवृत्त का परिमाप $= \pi r + 2r = \dfrac{22}{7} \times 35 + 2 \times 35 = 180$ सेमी

आयतन

एक ठोस के पृष्ठों द्वारा घिरे हुए स्थान को आयतन (Volume) कहते हैं। जैसे– एक खाली कमरे में जितनी हवा भरी जा सकती है,उतना ही कमरे का आयतन होता है। आयतन को घन इकाई में मापा जाता है।

वक्रपृष्ठीय क्षेत्रफल तथा सम्पूर्ण पृष्ठीय क्षेत्रफल

समतल अथवा ठोस वस्तुओं के फैलाव को सतह या पृष्ठ कहते हैं। किसी त्रिविमीय आकृति को चारों ओर से घेरने वाले पृष्ठ या सतह का क्षेत्रफल, आकृति का वक्रपृष्ठीय क्षेत्रफल (Curved Surface Area) कहलाता है।

किसी आकृति के वक्रपृष्ठीय क्षेत्रफल, आधार के क्षेत्रफल तथा उसके समान्तर पृष्ठ के क्षेत्रफल का योग आकृति के सम्पूर्ण पृष्ठ का क्षेत्रफल (Total Surface Area) कहलाता है। पृष्ठीय क्षेत्रफल को वर्ग इकाई में मापा जाता है।

विभिन्न आकृतियों के आयतन एवं पृष्ठीय क्षेत्रफल कुछ मुख्य आकृतियों के आयतन एवं पृष्ठीय क्षेत्रफल निम्न हैं

घनाभ (Cuboid)

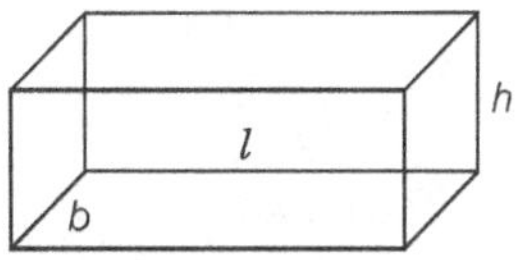

माना l = लम्बाई, b = चौड़ाई तथा h = ऊँचाई हो, तब

(i) घनाभ का आयतन $= l \times b \times h$ घन इकाई
(ii) घनाभ का विकर्ण $= \sqrt{l^2 + b^2 + h^2}$ इकाई
(iii) घनाभ का पार्श्व पृष्ठीय क्षेत्रफल $= 2(l + b)h$ वर्ग इकाई
(iv) घनाभ का पृष्ठीय क्षेत्रफल $= 2(lb + bh + lh)$ वर्ग इकाई

घन (Cube)

यदि घन की प्रत्येक भुजा की लम्बाई a हो, तब

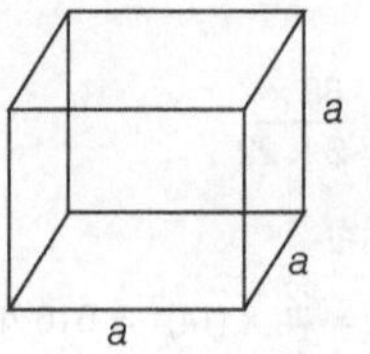

(i) घन का आयतन = (भुजा)^3= a^3 घन इकाई

(ii) घन का पार्श्व पृष्ठीय क्षेत्रफल = 4 × (भुजा)^2 = $4a^2$ वर्ग इकाई

(iii) घन का सम्पूर्ण पृष्ठ = 6 × (भुजा)^2 = $6a^2$ वर्ग इकाई

(iv) घन का विकर्ण = भुजा × $\sqrt{3}$ = $a\sqrt{3}$ इकाई

उदाहरण 8 प्रत्येक 10 सेमी कोर वाले दो घनों को आपस में एक सिरे से दूसरे सिरे तक जोड़ दिया गया है। इस प्रकार, बने घनाभ का सम्पूर्ण पृष्ठीय क्षेत्रफल होगा

(a) 100 सेमी^{2} (b) 1000 सेमी^{2} (c) 1001 सेमी^{2} (d) 1200 सेमी^{2}

हल (b) परिणामी घनाभ की लम्बाई = 10 + 10 = 20 सेमी

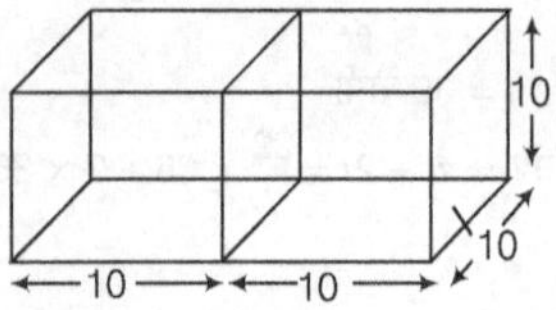

परिणामी घनाभ की चौड़ाई = 10 सेमी

परिणामी घनाभ की ऊँचाई = 10 सेमी

अतः परिणामी घनाभ का सम्पूर्ण पृष्ठीय क्षेत्रफल

$= 2\,(lb + bh + hl)$

$= 2 \times (20 \times 10 + 10 \times 10 + 20 \times 10)$

$= 2 \times (200 + 100 + 200)$

= 1000 सेमी^{2}

उदाहरण 9 एक घन का आयतन 166.375 घन सेमी है। इसकी भुजा (सेमी में) ज्ञात करें।

(a) 6.5 (b) 4.5 (c) 7.5 (d) 5.5

हल (d) माना घन की भुजा = a सेमी

तब, घन का आयतन = a^3

प्रश्नानुसार,

$$a^3 = 166.375 = \frac{166375}{1000}$$

$$a^3 = \frac{55 \times 55 \times 55}{1000}$$

$$a = \frac{55}{10} = 5.5 \text{ सेमी}$$

बेलन (Cylinder)

माना r और h क्रमशः बेलन की त्रिज्या और ऊँचाई हैं।

(i) बेलन का आयतन

= आधार का क्षेत्रफल × ऊँचाई

= $\pi r^2 h$ घन इकाई

(ii) वक्रपृष्ठीय क्षेत्रफल

= आधार की परिधि × ऊँचाई = $2\pi rh$ वर्ग इकाई

(iii) बेलन का सम्पूर्ण पृष्ठ = वक्रपृष्ठ + दोनों सिरों का क्षेत्रफल = $2\pi rh + 2\pi r^2$

= $2\pi r\,(h + r)$ वर्ग इकाई

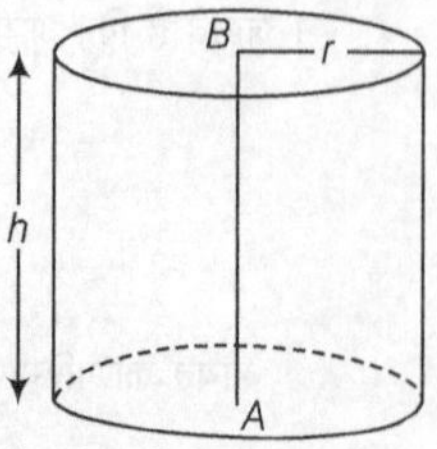

उदाहरण 10 42 सेमी व्यास और 14 सेमी ऊँचाई वाले लम्ब वृत्तीय बेलन के सतह का कुल क्षेत्रफल (वर्ग सेमी में) ज्ञात करें।

(a) 4620 (b) 4500

(c) 4850 (d) 4200

हल (a) दिया है, बेलन की ऊँचाई (h) = 14 सेमी

बेलन का व्यास = 42 सेमी

बेलन की त्रिज्या (r) = $\frac{42}{2}$ = 21 सेमी

बेलन के सतह का कुल क्षेत्रफल = $2\pi r(h + r)$

$= 2 \times \frac{22}{7} \times 21 \times (14 + 21)$

= 44 × 3 × 35 = 4620 वर्ग सेमी

खोखला बेलन (Hollow Cylinder)

माना किसी खोखले बेलन की बाहरी त्रिज्या R, भीतरी त्रिज्या r तथा ऊँचाई h है।

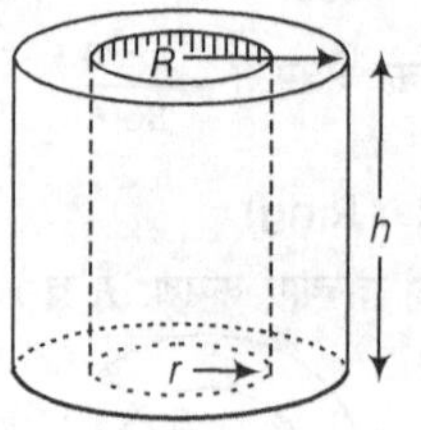

तब,

(i) खोखले बेलन का आयतन = $\pi(R^2 - r^2)\,h$ घन इकाई

(ii) खोखले बेलन का वक्रपृष्ठ = $2\pi Rh + 2\pi rh = 2\pi\,(R + r)\,h$ वर्ग इकाई

(iii) खोखले बेलन का सम्पूर्ण पृष्ठ

= वक्रपृष्ठीय क्षेत्रफल + दोनों सिरों का क्षेत्रफल

$= 2\pi h(R + r) + 2\pi(R^2 - r^2)$

= $2\pi\,(R + r)\,(h + R - r)$ वर्ग इकाई

उदाहरण 11 एक खोखले बेलनाकार पाईप की बाहरी तथा भीतरी त्रिज्याएँ क्रमशः 8 सेमी तथा 7 सेमी हैं और पाईप की ऊँचाई 30 सेमी है। पाईप का सम्पूर्ण पृष्ठीय क्षेत्रफल तथा आयतन क्रमशः होगा

(a) 2830.95 वर्ग सेमी, 1420.21 घन सेमी
(b) 2922.86 वर्ग सेमी, 1414.29 घन सेमी
(c) 3042.15 वर्ग सेमी, 1415.10 घन सेमी
(d) 2850.15 वर्ग सेमी, 1520.40 घन सेमी

हल (b) दिया है, खोखले बेलनाकार पाईप की बाहरी त्रिज्या, R = 8 सेमी, भीतरी त्रिज्या, r = 7 सेमी तथा ऊँचाई, h = 30 सेमी

∴ पाईप का सम्पूर्ण पृष्ठ = $2\pi(R + r)(h + R - r)$

$= 2 \times \frac{22}{7} \times (8 + 7)(30 + 8 - 7)$

$= 2 \times \frac{22}{7} \times 15 \times 31$

$= \frac{20460}{7} = 2922.86$ वर्ग सेमी

तथा पाईप का आयतन $= \pi(R^2 - r^2)h$

$= \pi(8^2 - 7^2) \times 30 = \frac{22}{7} \times 15 \times 30$

$= 1414.29$ घन सेमी

लम्बवृत्तीय शंकु (Right Circular Cone)

माना r, h तथा l क्रमशः शंकु की त्रिज्या, ऊँचाई तथा तिर्यक ऊँचाई हैं।

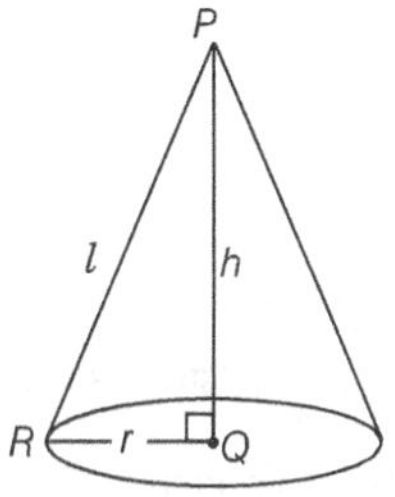

तब, $l = \sqrt{r^2 + h^2}$

(i) शंकु का आयतन $= \frac{1}{3}\pi r^2 h$ घन इकाई

(ii) शंकु का वक्रपृष्ठीय क्षेत्रफल $= \pi r l$ वर्ग इकाई

(iii) शंकु का सम्पूर्ण पृष्ठीय क्षेत्रफल $= \pi r(l + r)$ वर्ग इकाई

उदाहरण 12 एक लम्बवृत्तीय शंकु की त्रिज्या व ऊँचाई का अनुपात 5:12 है। यदि इसका आयतन 314 मी^{3} हो, तो इसकी तिर्यक ऊँचाई तथा त्रिज्या ज्ञात कीजिए।

(a) 14 मी, 5 मी (b) 13 मी, 5 मी
(c) 13 मी, 6 मी (d) 12 मी, 5 मी

हल (b) माना त्रिज्या $= 5x$ तथा ऊँचाई $= 12x$

शंकु का आयतन $= \frac{1}{3}\pi r^2 h$

$\Rightarrow \quad 314 = \frac{1}{3} \times 3.14 \times (5x)^2 \times (12x)$

$\Rightarrow \quad 314 = 314\, x^3$ या $x^3 = 1$

$\Rightarrow \quad x = 1$

$\therefore$ त्रिज्या $= 5 \times 1 = 5$ मी, ऊँचाई $= 12 \times 1 = 12$ मी

तिर्यक ऊँचाई, $l = \sqrt{r^2 + h^2} = \sqrt{(5)^2 + (12)^2} = \sqrt{169} = 13$ मी

अतः तिर्यक ऊँचाई 13 मी तथा त्रिज्या 5 मी है।

शंकु का छिन्नक (Frustum of Cone)

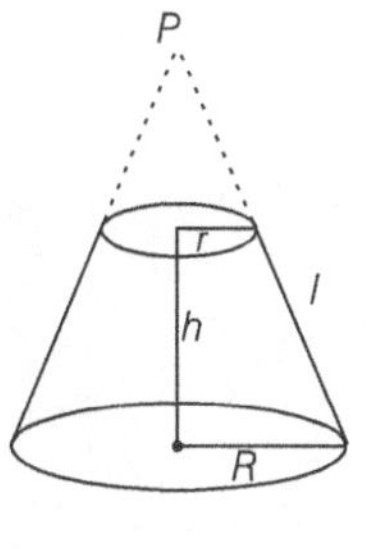

माना शंकु के छिन्नक की आधार की त्रिज्या R तथा ऊपरी भाग की त्रिज्या r हो, तब

(i) छिन्नक का आयतन $= \frac{\pi h}{3}(R^2 + r^2 + Rr)$ घन इकाई

(ii) पृष्ठीय सतह का क्षेत्रफल $= \pi l(R + r)$ वर्ग इकाई

जहाँ, $l^2 = h^2 + (R - r)^2$

(iii) सम्पूर्ण पृष्ठ = आधार का क्षेत्रफल + ऊपरी भाग का क्षेत्रफल + पृष्ठीय सतह का क्षेत्रफल $= \pi[R^2 + r^2 + l(R + r)]$ वर्ग इकाई

उदाहरण 13 एक बाल्टी के छोर की त्रिज्याएँ क्रमशः 15 सेमी व 5 सेमी हैं। इसकी क्षमता क्या होगी, जबकि ऊँचाई 24 सेमी है?

(a) 8172.80 सेमी^{3} (b) 8171.30 सेमी^{3}
(c) 8171.43 सेमी^{3} (d) 8170.00 सेमी^{3}

हल (c) बाल्टी की क्षमता = शंकु के छिन्नक का आयतन

$V = \frac{\pi h}{3}(R^2 + r^2 + Rr)$

$= \frac{22}{7} \times \frac{24}{3} \times [(15)^2 + (5)^2 + (15) \times (5)]$

$= \frac{22}{7} \times 8\,(225 + 25 + 75) = 8171.43$ सेमी^{3}

गोला (Sphere)

माना गोले की त्रिज्या r है, तब

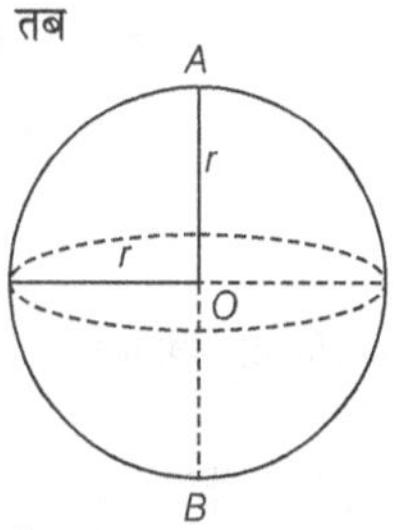

(i) गोले का आयतन $= \frac{4}{3}\pi r^3$ घन इकाई

(ii) गोले का पृष्ठीय क्षेत्रफल $= 4\pi r^2$ वर्ग इकाई

अर्द्धगोला (Hemisphere)

माना अर्द्धगोले की त्रिज्या r है, तब

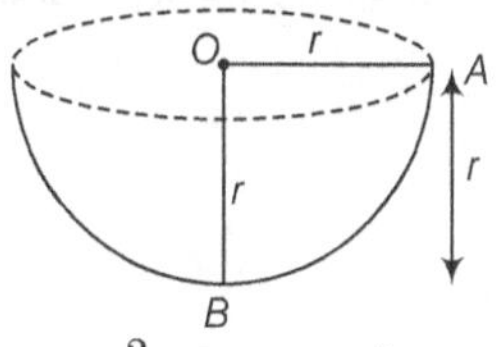

(i) अर्द्धगोले का आयतन $= \frac{2}{3}\pi r^3$ घन इकाई

(ii) अर्द्धगोले का वक्रपृष्ठीय क्षेत्रफल $= 2\pi r^2$ वर्ग इकाई

(iii) अर्द्धगोले का सम्पूर्ण पृष्ठ $= 2\pi r^2 + \pi r^2$

$= 3\pi r^2$ वर्ग इकाई

खोखला गोला (Hollow sphere) माना खोखले गोले की आन्तरिक तथा बाहरी त्रिज्याएँ क्रमशः r तथा R हैं, तब

(i) खोखले गोले का आयतन $= \frac{4}{3}\pi(R^3 - r^3)$

(ii) खोखले गोले का वक्रपृष्ठ $= 4\pi(R^2 + r^2)$

उदाहरण 14 एक धातु के गोले का आयतन 38808 सेमी^{3} है, तो इसकी त्रिज्या व पृष्ठीय क्षेत्रफल ज्ञात कीजिए।

(a) 21 सेमी, 5554 सेमी^{2} (b) 20 सेमी, 5544 सेमी^{2}
(c) 21 सेमी, 5544 सेमी^{2} (d) उपरोक्त में से कोई नहीं

हल (c) दिया है, धातु के गोले का आयतन = 38808 सेमी^{3}

$$\Rightarrow \frac{4}{3}\pi r^3 = 38808$$

$$\Rightarrow r^3 = 38808 \times \frac{3}{4} \times \frac{7}{22}$$

$$\Rightarrow r^3 = 9261$$

$$\because r = 21 \text{ सेमी}$$

$$\therefore \text{गोले का पृष्ठीय क्षेत्रफल} = 4\pi r^2 = 4 \times \frac{22}{7} \times 21 \times 21$$

$$= 5544 \text{ सेमी}^2$$

उदाहरण 15 7 सेमी व्यास वाले एक अर्द्धगोले के सतह का कुल क्षेत्रफल (वर्ग सेमी में) ज्ञात करें।

(a) 105.5 (b) 99 (c) 77 (d) 115.5

हल (d) दिया है, अर्द्धगोले का व्यास = 7 सेमी

अर्द्धगोले की त्रिज्या = $\frac{7}{2}$ सेमी

अर्द्धगोले के सतह का कुल क्षेत्रफल $= 3\pi r^2$

$$= 3 \times \frac{22}{7} \times \left(\frac{7}{2}\right)^2 = 115.5 \text{ वर्ग सेमी}$$

प्रिज्म (Prism)

प्रिज्म का आधार कोई भी आकृति हो सकती है
जैसे– त्रिभुज, वर्ग इत्यादि, तब

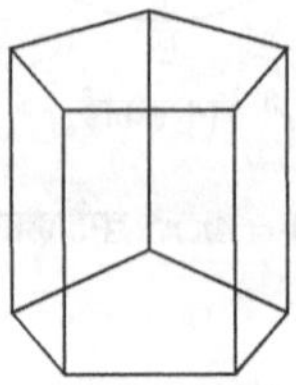

(i) प्रिज्म का आयतन = आधार का क्षेत्रफल × ऊँचाई

(ii) प्रिज्म का पार्श्व पृष्ठ का क्षेत्रफल
= प्रिज्म के आधार का परिमाप × ऊँचाई

(iii) सम्पूर्ण पृष्ठ का क्षेत्रफल
= पार्श्व पृष्ठ का क्षेत्रफल + 2 × आधार का क्षेत्रफल

पिरामिड (Pyramid)

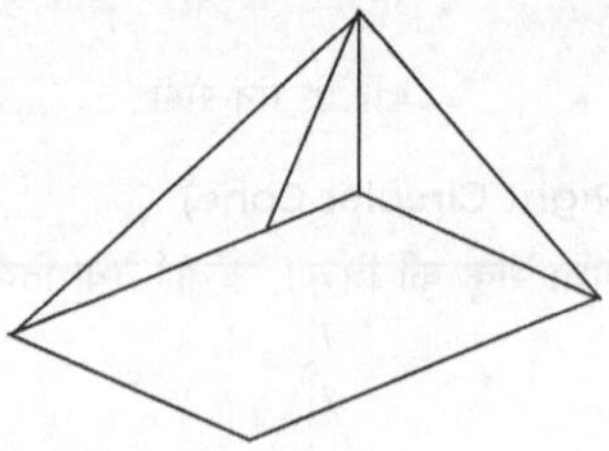

(i) पिरामिड का आयतन = $\frac{1}{3}$ × आधार का क्षेत्रफल × ऊँचाई

(ii) पिरामिड का वक्रपृष्ठीय क्षेत्रफल
= $\frac{1}{2}$ × आधार का परिमाप × तिर्यक ऊँचाई

(iii) पिरामिड का सम्पूर्ण पृष्ठीय क्षेत्रफल
= आधार का क्षेत्रफल × पार्श्व पृष्ठ का क्षेत्रफल

उदाहरण 16 एक लम्ब प्रिज्म का आधार एक ट्रैपीजियम है, जिसके दो समान्तर पार्श्वों की लम्बाई 10 सेमी और 6 सेमी है और उनके बीच की दूरी 5 सेमी है। यदि प्रिज्म की ऊँचाई 8 सेमी है, तो इसका आयतन है

(a) 320 घन सेमी (b) 300 घन सेमी
(c) 310 घन सेमी (d) 300.5 घन सेमी

हल (a) समान्तर भुजाओं की लम्बाई = 10 सेमी और 6 सेमी

तथा समान्तर भुजाओं के बीच की दूरी = 5 सेमी

प्रिज्म के आधार का क्षेत्रफल = $\frac{1}{2}(10 + 6) \times 5$

$\because$ प्रिज्म की ऊँचाई = 8 सेमी

$$\therefore \text{प्रिज्म का आयतन} = \frac{1}{2}(10 + 6) \times 5 \times 8$$

$$= \frac{1}{2} \times 16 \times 5 \times 8$$

$$= 320 \text{ घन सेमी}$$

अभ्यास प्रश्न

1. इकाई लम्बाई की प्रत्येक बारह छड़ों का उपयोग एक समबाहु त्रिभुज बनाने के लिए किया जाता है। त्रिभुज का क्षेत्रफल है
(a) $3\sqrt{3}$ वर्ग इकाई (b) $8\sqrt{3}$ वर्ग इकाई
(c) $2\sqrt{3}$ वर्ग इकाई (d) $4\sqrt{3}$ वर्ग इकाई

2. त्रिभुज ABC में, BC की लम्बाई AB की लम्बाई के दोगुने से 2 सेमी कम है। AC की लम्बाई AB की लम्बाई से 10 सेमी अधिक है। परिमिति 32 सेमी है। त्रिभुज की सबसे छोटी भुजा की लम्बाई (सेमी में) है
(a) 8 (b) 4 (c) 6 (d) 10

3. एक समबाहु त्रिभुज का क्षेत्रफल $36\sqrt{3}$ वर्ग सेमी है। इसकी भुजा (सेमी में) ज्ञात करें।
(a) 6 (b) 24
(c) 12 (d) 36

4. यदि एक समबाहु त्रिभुज की भुजा की लम्बाई 8 सेमी है, तो उस त्रिभुज का क्षेत्रफल ज्ञात करें।
(a) $32\sqrt{3}$ वर्ग सेमी (b) 16 वर्ग सेमी
(c) $16\sqrt{3}$ वर्ग सेमी (d) 32 वर्ग सेमी

5. एक त्रिभुज का परिमाप 54 मी है और उसकी भुजाएँ 5 : 6 : 7 के अनुपात में हैं। त्रिभुज का क्षेत्रफल क्या है?
(a) $27\sqrt{2}$ वर्ग मी (b) 25 वर्ग मी
(c) 18 वर्ग मी (d) $54\sqrt{6}$ वर्ग मी

6. किसी समलम्ब चतुर्भुज की समान्तर भुजाएँ 20 सेमी और 10 सेमी हैं और इसकी असमान्तर भुजाएँ एक-दूसरे के बराबर हैं। यदि इसका क्षेत्रफल 180 सेमी^{2} है, तो प्रत्येक असमान्तर भुजा की लम्बाई (सेमी में) क्या है?
(a) 11 (b) 15
(c) 13 (d) 12

7. एक आयताकार पार्क की लम्बाई इसकी चौड़ाई से 20 मी अधिक है। यदि ₹ 53 प्रति मीटर की दर से पार्क की चारदीवारी कराने का खर्च ₹ 21200 है तो पार्क का क्षेत्रफल (मी^{2} में) क्या है?
(a) 9900 (b) 8925
(c) 9240 (d) 9504

8. एक आयत के विकर्ण की लम्बाई (सेमी में) क्या होनी चाहिए, यदि इसका क्षेत्रफल और चौड़ाई क्रमश: 60 वर्ग सेमी और 5 सेमी है?
(a) 26 सेमी (b) 8 सेमी
(c) 16 सेमी (d) 13 सेमी

9. एक समचतुर्भुज का क्षेत्रफल और एक विकर्ण की लम्बाई क्रमश: 84 वर्ग सेमी और 7 सेमी है। इसके अन्य विकर्ण की लम्बाई (सेमी में) ज्ञात करें।
(a) 12 (b) 24
(c) 48 (d) 36

10. एक वर्ग का विकर्ण एक समबाहु त्रिभुज की भुजा के बराबर है। यदि उस वर्ग का क्षेत्रफल 12 वर्ग सेमी है, तो समबाहु त्रिभुज का क्षेत्रफल क्या है?
(a) $12\sqrt{3}$ वर्ग सेमी
(b) $6\sqrt{3}$ वर्ग सेमी
(c) $12\sqrt{2}$ वर्ग सेमी
(d) 24 वर्ग सेमी

11. एक वर्ग का विकर्ण $10\sqrt{2}$ सेमी है तो उसका परिमाप क्या होगा?
(a) 160 सेमी (b) 80 सेमी
(c) 20 सेमी (d) 40 सेमी

12. केन्द्रीय कोण वाले किसी वृत्तखण्ड का क्षेत्रफल A है। वृत्त की परिधि c है, तो A किसके समान होगा?
(a) $\frac{c^2}{6\pi}$ (b) $\frac{c^2}{24\pi}$
(c) $\frac{c^2}{4\pi}$ (d) $\frac{c^2}{18\pi}$

13. एक वृत्ताकार क्रिकेट मैदान का क्षेत्रफल 24.64 हेक्टेयर है। अगर रस्सी में मैदान की सीमा बनाई जाए, तो ₹5.40 प्रति मी की दर से लागत का पता लगाएँ।
(a) ₹ 9600 (b) ₹ 9504
(c) ₹ 9802 (d) ₹ 9876

14. एक वृत्त का क्षेत्रफल 616 वर्ग सेमी है। इसकी परिधि (सेमी में) कितनी होगी?
(a) 176 (b) 88
(c) 70 (d) 140

15. एक वृत्त की परिधि और व्यास के बीच अन्तर 150 मी है। उस वृत्त की त्रिज्या कितनी होगी? $\left(\pi = \frac{22}{7} \text{ लीजिए}\right)$
(a) 30 मी (b) 40 मी
(c) 25 मी (d) 35 मी

16. एक साईकिल के पहिए का व्यास (टायर सहित) 56 सेमी है। पहिया 2.2 किमी की दूरी तय करने में कितनी बार घूमेगा? $\left(\text{माना } \pi = \frac{22}{7}\right)$
(a) 1875 (b) 2500
(c) 625 (d) 1250

17. 5 सेमी किनारे वाले चार घन एक दूसरे से, छोरों से जुड़े हैं। परिणामी घनाभ का सम्पूर्ण पृष्ठीय क्षेत्रफल क्या होगा?
(a) 450 सेमी^{2} (b) 500 सेमी^{2}
(c) 475 सेमी^{2} (d) 600 सेमी^{2}

18. 7.5 सेमी की भुजा वाले एक घन के सतह का कुल क्षेत्रफल (वर्ग सेमी में) ज्ञात करें।
(a) 364.5 (b) 446
(c) 337.5 (d) 684

19. 25 मी की लम्बाई और 12 मी की चौड़ाई के आयताकार स्विमिंग पूल में एकसमान रूप से झुकती हुई फर्श है। वह अपनी लम्बाई के एक छोर पर 2 मी गहरा है और दूसरी ओर 3 मी गहरा है। इस पूल को पूरी तरह से भरने के लिए कितने पानी की आवश्यकता होगी?
(a) 1500 घन मी
(b) 2250 घन मी
(c) 3000 घन मी
(d) 750 घन मी

20. एक घन के प्रत्येक पार्श्व को 25% घटा दिया जाता है। मूल घन और परिणामी घन के आयतन का अनुपात ज्ञात करें।
(a) 64 : 1 (b) 27 : 64
(c) 64 : 27 (d) 8 : 1

21. यदि किसी आयताकार समान्तर षट्फलक (रेक्टेंगुलर पैरेललोपाइप्ड) के आयाम का जोड़ 24 सेमी है और विकर्ण (डायगोनल) की लम्बाई 15 सेमी है, तो उसका कुल पृष्ठीय क्षेत्रफल (सर्फेस एरिया) क्या होगा?
(a) 420 सेमी^{2} (b) 275 सेमी^{2}
(c) 351 सेमी^{2} (d) 378 सेमी^{2}

22. एक बेलनाकार पोल का वक्र पृष्ठीय क्षेत्रफल और आयतन क्रमश: 132 मी^{2} और 528 मी^{3} है। पोल की ऊँचाई (मी में) क्या है?
($\pi = 22/7$ मानें)
(a) $2\frac{1}{2}$ (b) $2\frac{5}{8}$
(c) $3\frac{5}{8}$ (d) $3\frac{1}{2}$

23. 28 सेमी व्यास और 12 सेमी ऊँचाई वाले एक लम्ब वृत्तीय बेलन के वक्र सतह का क्षेत्रफल (वर्ग सेमी में) ज्ञात करें।
(a) 968 (b) 924
(c) 856 (d) 1056

24. एक लम्ब वृत्तीय बेलन के वक्र सतह का क्षेत्रफल और व्यास क्रमश: 132 वर्ग सेमी और 7 सेमी है। इसकी ऊँचाई (सेमी में) ज्ञात करें।
(a) 7 (b) 8
(c) 9 (d) 6

25. यदि 4 सेमी की त्रिज्या और 8 सेमी की ऊँचाई वाले एक बेलनाकार वस्तु को पिघलाकर उसी त्रिज्या के एक शंकु का निर्माण किया जाता है, तो उस शंकु की ऊँचाई कितनी होगी?
(a) 48 सेमी (b) 24 सेमी
(c) 8 सेमी (d) 12 सेमी

26. किसी लम्बवृत्तीय शंकु का आयतन 924 सेमी^{3} है। यदि इसकी लम्बाई 18 सेमी है, तो इसके आधार का क्षेत्रफल (सेमी^{2} में) है
(a) 176 (b) 154
(c) 198 (d) 132

27. किसी लम्बवृत्तीय शंकु का आयतन, उस गोले के बराबर है जिसकी त्रिज्या, शंकु के आधार की त्रिज्या की आधी है। शंकु के आधार की त्रिज्या और इसकी ऊँचाई का अनुपात क्या है?
(a) 1 : 4 (b) 4 : 1
(c) 1 : 2 (d) 2 : 1

28. 21 सेमी व्यास और 11 सेमी तिरछी ऊँचाई वाले एक लम्बवृत्तीय शंकु के सम्पूर्ण पृष्ठ का क्षेत्रफल (वर्ग सेमी में) ज्ञात करें।
(a) 467.5 (b) 384 (c) 724 (d) 709.5

29. 3.5 सेमी त्रिज्या और 12 सेमी ऊँचाई वाला एक शंकु पूरी तरह से पानी से भर दिया जाता है। इस पानी को 7 सेमी की त्रिज्या के एक खाली बेलनाकार बर्तन में खाली कर दिया है। इस बर्तन में पानी की ऊँचाई क्या होगी?
(a) 2 सेमी (b) 0.33 सेमी
(c) 0.5 सेमी (d) 1 सेमी

30. यदि दो शंकुओं के आयतनों का अनुपात 2 : 3 हो और उनके आधारों की त्रिज्याओं का अनुपात 1 : 2 हो, तो उनकी ऊँचाईयों का अनुपात कितना होगा?
(a) 3 : 8 (b) 8 : 3
(c) 3 : 4 (d) 4 : 3

31. यदि 10.5 सेमी की त्रिज्या और 12 सेमी की ऊँचाई वाले एक शंकु को पिघलाकर उसी त्रिज्या के एक बेलन वस्तु का निर्माण किया जाता है, तो उस वस्तु की ऊँचाई कितनी होगी?
(a) 8 सेमी
(b) 1.33 सेमी
(c) 2 सेमी
(d) 4 सेमी

32. 42 सेमी के व्यास वाले एक गोले का आयतन (घन सेमी में) ज्ञात करें।
(a) 17779
(b) 36922
(c) 38808
(d) 13371

33. 42 सेमी व्यास वाले एक अर्द्धगोले के वक्र सतह का क्षेत्रफल (वर्ग सेमी में) कितना होगा?
(a) 2332 (b) 1778
(c) 1556 (d) 2772

34. 48 सेमी के व्यास वाली एक बड़ी गेंद को पिंघलाकर 3 सेमी की त्रिज्या वाली कितनी गेदें बनाई जा सकती है?
(a) 1024 (b) 512
(c) 64 (d) 256

35. एक लम्ब प्रिज्म का आधार एक ट्रैपीजियम है, जिसके दो समान्तर पार्श्वों की लम्बाई 10 सेमी और 60 सेमी है और उनके बीच की दूरी 5 सेमी है। यदि प्रिज्म की ऊँचाई 8 सेमी है, तो इसका आयतन है
(a) 320 सेमी^{3} (b) 300 सेमी^{3}
(c) 310 सेमी^{3} (d) 300.5 सेमी^{3}

36. एक समलम्ब पिरामिड का आधार 16 वर्ग सेमी है और उसकी ऊँचाई 15 सेमी है। तद्नुसार, उसके तिरछे पृष्ठ का क्षेत्रफल कितने वर्ग सेमी होगा?
(a) 344 (b) 444
(c) 514 (d) 544

उत्तरमाला

1 (d)	2 (c)	3 (c)	4 (c)	5 (d)
6 (c)	7 (a)	8 (d)	9 (b)	10 (b)
11 (d)	12 (b)	13 (b)	14 (b)	15 (d)
16 (d)	17 (a)	18 (c)	19 (d)	20 (c)
21 (c)	22 (b)	23 (d)	24 (d)	25 (b)
26 (b)	27 (d)	28 (d)	29 (d)	30 (b)
31 (d)	32 (c)	33 (d)	34 (b)	35 (a)
36 (d)				

संकेत एवं हल

1. *(d)* दिया है, इकाई लम्बाई की बारह छड़े हैं।
अर्थात् समबाहु त्रिभुज का परिमाप =12 इकाई
समबाहु त्रिभुज की भुजा $= \frac{12}{3} = 4$ इकाई
अतः समबाहु त्रिभुज का क्षेत्रफल
$= \frac{\sqrt{3}}{4} \times (\text{भुजा})^2$
$= \frac{\sqrt{3}}{4} \times (4)^2 = \frac{16\sqrt{3}}{4}$
$= 4\sqrt{3}$ वर्ग इकाई

2. *(c)* माना $AB = x$

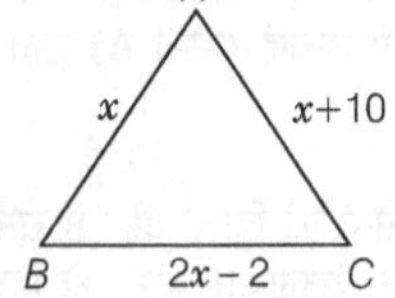

तब, $BC = 2x - 2$ तथा $AC = x + 10$
त्रिभुज का परिमाप $= AB + BC + CA$
$32 = x + 2x - 2 + x + 10$
$4x = 32 - 8$
$\Rightarrow 4x = 24$
$x = 6$
अतः त्रिभुज की सबसे छोटी भुजा $= AB = x$
= 6 सेमी

3. *(c)* माना समबाहु त्रिभुज की भुजा $= a$
समबाहु त्रिभुज का क्षेत्रफल $= 36\sqrt{3}$
$\frac{\sqrt{3}}{4}a^2 = 36\sqrt{3}$
$\Rightarrow a^2 = 144$
$\therefore a = 12$
अतः समबाहु त्रिभुज की भुजा = 12 सेमी

4. *(c)* दिया है,
समबाहु त्रिभुज की भुजा = 8 सेमी
समबाहु त्रिभुज का क्षेत्रफल $= \frac{\sqrt{3}}{4} \times (\text{भुजा})^2$
$= \frac{\sqrt{3}}{4} \times (8)^2 = \frac{\sqrt{3}}{4} \times 64$
$= 16\sqrt{3}$ वर्ग सेमी

5. *(d)* माना त्रिभुज की भुजाएँ क्रमशः $5k$ मी, $6k$ मी तथा $7k$ मी हैं। तब
प्रश्नानुसार,
$5k + 6k + 7k = 54$
$\Rightarrow 18k = 54$
$\therefore k = 3$ मी
त्रिभुज की भुजाएँ = 15 मी, 18 मी तथा 21 मी
$\because$ त्रिभुज का अर्द्ध परिमाप $(s) = \frac{15 + 18 + 21}{2}$
$= \frac{54}{2} = 27$

$\therefore$ त्रिभुज का क्षेत्रफल
$= \sqrt{27\,(27 - 15)\,(27 - 18)\,(27 - 21)}$
$= \sqrt{27 \times 12 \times 9 \times 6}$
$= 6 \times 9\sqrt{6}$
$= 54\sqrt{6}$ वर्ग मी

6. *(c)* दिया है, $AB = 20$ सेमी, $CD = 10$ सेमी

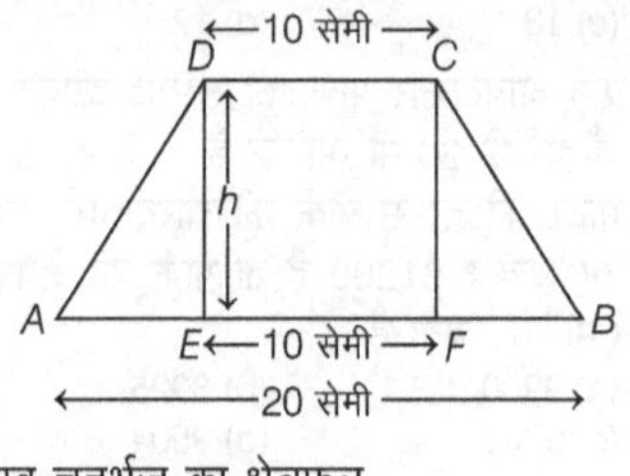

समलम्ब चतुर्भुज का क्षेत्रफल
$= \frac{1}{2} \times$ (समान्तर भुजाओं का योग)
× समान्तर भुजाओं के बीच की दूरी
$180 = \frac{1}{2} \times (10 + 20) \times h$
$30h = 360$
$h = 12$ सेमी
अब, $AE = FB = \frac{AB - CD}{2} = \frac{20 - 10}{2} = 5$ सेमी

ΔADE में,

$$AD^2 = AE^2 + DE^2$$
$$AD^2 = 5^2 + 12^2 = 25 + 144$$
$$AD^2 = 169$$
$$AD = 13 \text{ सेमी}$$

7. *(a)* माना पार्क की चौड़ाई = x मी

पार्क की लम्बाई = $(x + 20)$ मी

आयताकार पार्क की चारदीवारी कराने का खर्च

= परिमाप × 53

21200 = 2 (लम्बाई + चौड़ाई) × 53

$$400 = 2(x + 20 + x)$$
$$200 = 2x + 20$$
$$2x = 180 \Rightarrow x = 90$$

आयताकार पार्क का क्षेत्रफल

= लम्बाई × चौड़ाई = $(x + 20) \times x$

= $(90 + 20) \times 90 = 110 \times 90 = 9900$ मी^{2}

8. *(d)* दिया है, आयत की चौड़ाई (b) = 5 सेमी

माना आयत की लम्बाई $(l) = x$ सेमी

आयत का क्षेत्रफल = 60 वर्ग सेमी

$$l \times b = 60 \Rightarrow x \times 5 = 60$$
$$x = 12 \text{ सेमी}$$

अतः आयत का विकर्ण = $\sqrt{l^2 + b^2}$

$= \sqrt{12^2 + 5^2} = \sqrt{144 + 25}$

$= \sqrt{169} = 13$ सेमी

9. *(b)* दिया है, समचतुर्भुज का विकर्ण

$(d_1) = 7$ सेमी

समचतुर्भुज का क्षेत्रफल = 84 वर्ग सेमी

$$\frac{1}{2} \times d_1 \times d_2 = 84$$
$$\frac{1}{2} \times 7 \times d_2 = 84$$
$$d_2 = 12 \times 2 = 24 \text{ सेमी}$$

अतः अन्य विकर्ण की लम्बाई = 24 सेमी

10. *(b)* दिया है,

वर्ग का क्षेत्रफल = 12 वर्ग सेमी

(भुजा)^2 = 12

भुजा = $\sqrt{12} = 2\sqrt{3}$ सेमी

वर्ग का विकर्ण = $\sqrt{2}$ × भुजा = $\sqrt{2} \times 2\sqrt{3}$

$= 2\sqrt{6}$ सेमी

समबाहु त्रिभुज की भुजा a = वर्ग का विकर्ण

$= 2\sqrt{6}$ सेमी

समबाहु त्रिभुज का क्षेत्रफल

$$= \frac{\sqrt{3}}{4} \times (a)^2 = \frac{\sqrt{3}}{4} \times (2\sqrt{6})^2$$
$$= \frac{\sqrt{3}}{4} \times 24 = 6\sqrt{3} \text{ वर्ग सेमी}$$

11. *(d)* दिया है, वर्ग का विकर्ण = $10\sqrt{2}$ सेमी

$$\sqrt{2}a = 10\sqrt{2}$$
$$a = 10 \text{ सेमी}$$

वर्ग का परिमाप = $4a = 4 \times 10 = 40$ सेमी

12. *(b)* माना वृत्त की त्रिज्या = r

वृत्त की परिधि = $2\pi r$

$$c = 2\pi r$$
$$r = \frac{c}{2\pi}$$

वृत्त-खण्ड का क्षेत्रफल = $\dfrac{\pi r^2 \theta}{360°}$

$$A = \pi\left(\frac{c}{2\pi}\right)^2 \times \frac{60°}{360°} = \frac{\pi c^2}{4\pi^2} \times \frac{1}{6} \Rightarrow A = \frac{c^2}{24\pi}$$

13. *(b)* दिया है,

वृत्ताकार मैदान का क्षेत्रफल = 24.64 हेक्टेयर

$\pi r^2 = 24.64 \times 10000$ वर्ग मी

$$r^2 = \frac{246400}{22} \times 7 = 78400$$
$$r = 280$$

मैदान की परिधि = $2\pi r = 2 \times \dfrac{22}{7} \times 280 = 1760$ मी

∴ अभीष्ट लागत = परिधि × 5.40

= 1760 × 5.40 = 9504

14. *(b)* दिया है,

वृत्त का क्षेत्रफल = 616 वर्ग सेमी

$$\pi r^2 = 616$$
$$r^2 = \frac{616 \times 7}{22} = 196$$
$$r = 14 \text{ सेमी}$$

वृत्त की परिधि = $2\pi r = 2 \times \dfrac{22}{7} \times 14 = 88$ सेमी

15. *(d)* माना वृत्त की त्रिज्या r मी है। तब प्रश्नानुसार,

$$2\pi r - 2r = 150$$
$$\Rightarrow \quad 2r(\pi - 1) = 150 \Rightarrow 2r\left(\frac{22}{7} - 1\right) = 150$$
$$\Rightarrow \quad 2r\left(\frac{22-7}{7}\right) = 150$$
$$\Rightarrow \quad 2r \times \frac{15}{7} = 150 \Rightarrow r = \frac{10 \times 7}{2} = 35 \text{ मी}$$

16. *(d)* ∵ 1 चक्कर में पहिए द्वारा चली गई दूरी

$$= 2\pi r = \frac{22}{7} \times 56$$
$$= 22 \times 8 = 176 \text{ सेमी}$$

∴ 2.2 किमी की दूरी तय करने में चक्करों की

अभीष्ट संख्या = $\dfrac{\text{दूरी}}{\text{पहिए की परिधि}}$

$$= \frac{2.2 \times 1000 \times 100}{176} = 1250$$

17. *(a)* परिणामी घनाभ की लम्बाई

$(l) = 5 + 5 + 5 + 5 = 20$ सेमी

परिणामी घनाभ की चौड़ाई $(b) = 5$ सेमी

परिणामी घनाभ की ऊँचाई $(h) = 5$ सेमी

अतः परिणामी घनाभ का सम्पूर्ण पृष्ठीय क्षेत्रफल

$$= 2(lb + bh + hl)$$
$$= 2(20 \times 5 + 5 \times 5 + 5 \times 20)$$
$$= 2(100 + 25 + 100)$$
$$= 2 \times 225 = 450 \text{ सेमी}^2$$

18. *(c)* दिया है, $a = 7.5$ सेमी

घन के सतह का कुल क्षेत्रफल = $6a^2 = 6 \times (7.5)^2$

= 337.5 वर्ग सेमी

19. *(d)* प्रश्नानुसार,

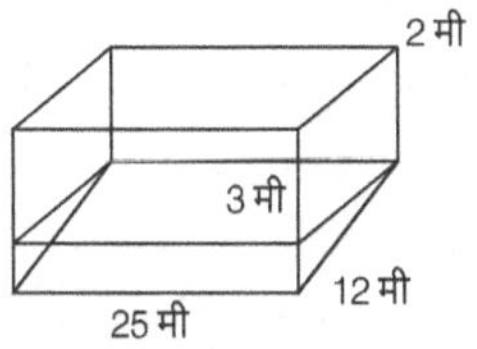

∴ अभीष्ट आयतन = $25 \times 12 \times \left(\dfrac{3+2}{2}\right)$

= 25 × 12 × 2.5 = 750 घन मी

20. *(c)* माना घन की प्रत्येक भुजा की माप

= x इकाई

तब आयतन = x^3 घन इकाई

प्रश्नानुसार, भुजा में 25% कमी करने पर,

$$x - x \times \frac{25}{100} = \frac{75x}{100} = \frac{3}{4}x$$

नया आयतन = (भुजा)^3 = $\left(\dfrac{3}{4}x\right)^3 = \dfrac{27}{64}x^3$

∴ अभीष्ट अनुपात = $\dfrac{x^3}{\dfrac{27x^3}{64}} = \dfrac{64x^3}{27x^3}$

$$= \frac{64}{27} = 64 : 27$$

21. *(c)* माना आयताकार समान्तर षट्फलक के आयाम क्रमशः a सेमी, b सेमी तथा c सेमी हैं।

तब, $\sqrt{a^2 + b^2 + c^2} = 15$

दोनों पक्षों का वर्ग करने पर,

$$\Rightarrow \quad a^2 + b^2 + c^2 = 225$$
$$\because \quad a + b + c = 24$$
$$\Rightarrow \quad (a + b + c)^2 = (24)^2$$

दोनों पक्षों का वर्ग करने पर,

$$\Rightarrow \quad a^2 + b^2 + c^2 + 2(ab + bc + ca) = 576$$
$$\Rightarrow \quad 225 + 2(ab + bc + ca) = 576$$
$$\Rightarrow \quad 2(ab + bc + ca) = 576 - 225$$
$$= 351 \text{ सेमी}^2$$

22. *(b)* दिया है, बेलनाकार पोल का वक्रपृष्ठ का क्षेत्रफल = 132

$$2\pi rh = 132 \Rightarrow \pi rh = 66 \quad \ldots (i)$$

बेलनाकार पोल का आयतन = 528

$$\pi r^2 h = 528 \quad \ldots (ii)$$

समी (ii) को समी (i) से भाग करने पर,

$$\frac{\pi r^2 h}{\pi rh} = \frac{528}{66}$$
$$\Rightarrow \quad r = 8$$

r का मान समी (i) में रखने पर,

$$\frac{22}{7} \times 8 \times h = 66$$
$$\Rightarrow \quad h = \frac{3 \times 7}{8} = \frac{21}{8} = 2\frac{5}{8}$$

अतः पोल की ऊँचाई = $2\dfrac{5}{8}$ मी

23. *(d)* दिया है, व्यास $(d) = 28$ सेमी

त्रिज्या $(r) = \frac{28}{2} = 14$ सेमी

ऊँचाई $(h) = 12$ सेमी

अतः बेलन के वक्र सतह का क्षेत्रफल

$= 2\pi rh = 2 \times \frac{22}{7} \times 14 \times 12 = 1056$ सेमी^{2}

24. *(d)* दिया है, व्यास = 7 सेमी

वक्र सतह का क्षेत्रफल $= 132 \Rightarrow 2\pi rh = 132$

$h = \frac{132}{\pi \times 2r} = \frac{132 \times 7}{22 \times 7} = 6$

अतः लम्बवृत्तीय बेलन की ऊँचाई = 6 सेमी

25. *(b)* दिया है, बेलन की त्रिज्या = शंकु की त्रिज्या = 4 सेमी, बेलन की ऊँचाई = 8 सेमी

प्रश्नानुसार, बेलन का आयतन = शंकु का आयतन

$\pi r^2 h_1 = \frac{1}{3}\pi r^2 h_2$

$\Rightarrow \quad h_2 = 3 \times h_1 = 3 \times 8$

$h_2 = 24$ सेमी

अतः शंकु की ऊँचाई = 24 सेमी

26. *(b)* दिया है, शंकु का आयतन = 924 सेमी^{3}

लम्बाई या ऊँचाई $(h) = 18$ सेमी

प्रश्नानुसार, $\frac{1}{3}\pi r^2 h = 924$

$r^2 = \frac{924 \times 3 \times 7}{22 \times 18} = 49 \Rightarrow r = 7$

$\therefore$ आधार का क्षेत्रफल $= \pi r^2 = \frac{22}{7} \times (7)^2$

$= 154$ सेमी^{2}

27. *(d)* माना शंकु के आधार की त्रिज्या $= r$

तब, गोले की त्रिज्या $= \frac{r}{2}$; शंकु की ऊँचाई $= h$

प्रश्नानुसार, शंकु का आयतन = गोले का आयतन

$\frac{1}{3}\pi r^2 h = \frac{4}{3}\pi\left(\frac{r}{2}\right)^3$

$\Rightarrow \quad r^2 h = 4 \times \frac{r^3}{8}$

$h = \frac{r}{2}$

$\Rightarrow \quad \frac{r}{h} = \frac{2}{1}$

$\Rightarrow \quad r : h = 2 : 1$

28. *(d)* दिया है, $r = \frac{21}{2} = 10.5$ सेमी, $l = 11$ सेमी

$\therefore$ शंकु के सम्पूर्ण पृष्ठ का क्षेत्रफल $= \pi r(l + r)$

$= \frac{22}{7} \times 10.5 \times (11 + 10.5)$

$= 22 \times 1.5 \times 21.5 = 709.5$ वर्ग सेमी

29. *(d)* माना बेलनाकार बर्तन में पानी की ऊँचाई $= h$ सेमी

प्रश्नानुसार,

शंकु का आयतन = बेलन का आयतन

$\frac{1}{3} \times \pi \times (3.5)^2 \times 12 = \pi \times (7)^2 \times h$

$h = \frac{3.5 \times 3.5 \times 4}{7 \times 7} = 0.25 \times 4$

$\Rightarrow \quad h = 1$ सेमी

30. *(b)* $V_1 : V_2 = 2 : 3, r_1 : r_2 = 1 : 2, h_1 : h_2 = ?$

अब, $\frac{V_1}{V_2} = \frac{2}{3}$

$\frac{\frac{1}{3}\pi r_1^2 h_1}{\frac{1}{3}\pi r_2^2 h_2} = \frac{2}{3} \Rightarrow \left(\frac{r_1}{r_2}\right)^2 \times \frac{h_1}{h_2} = \frac{2}{3}$

$\Rightarrow \quad \frac{1}{4} \times \frac{h_1}{h_2} = \frac{2}{3} \Rightarrow \frac{h_1}{h_2} = \frac{8}{3}$

$\Rightarrow \quad h_1 : h_2 = 8 : 3$

31. *(d)* माना, बेलनाकार वस्तु की ऊँचाई $= h$

प्रश्नानुसार,

शंकु का आयतन = बेलन का आयतन

$\frac{1}{3}\pi(10.5)^2 \times 12 = \pi \times (10.5)^2 \times h$

$h = \frac{12}{3} = 4$ सेमी

32. *(c)* दिया है, गोले का व्यास = 42 सेमी

गोले की त्रिज्या $(r) = \frac{42}{2} = 21$ सेमी

$\therefore$ गोले का आयतन $= \frac{4}{3}\pi r^3 = \frac{4}{3} \times \frac{22}{7} \times (21)^3$

$= 38808$ सेमी^{3}

33. *(d)* दिया है, अर्द्धगोले का व्यास = 42 सेमी

अर्द्धगोले की त्रिज्या $= \frac{42}{2} = 21$ सेमी

वक्र सतह का क्षेत्रफल $= 2\pi r^2$

$= 2 \times \frac{22}{7} \times (21)^2 = 44 \times 3 \times 21$

$= 2772$ वर्ग सेमी

34. *(b)* अभीष्ट गेंदों की संख्या

$= \frac{\text{बड़ी गेंद का आयतन}}{\text{छोटी गेंद का आयतन}}$

$= \frac{\frac{4}{3}\pi\left(\frac{48}{2}\right)^3}{\frac{4}{3}\pi(3)^3}$

$= \frac{24 \times 24 \times 24}{3 \times 3 \times 3}$

$= 8 \times 8 \times 8 = 512$

35. *(a)* प्रिज्म का आधार एक समलम्ब चतुर्भुज है। प्रिज्म की ऊँचाई = 8 सेमी

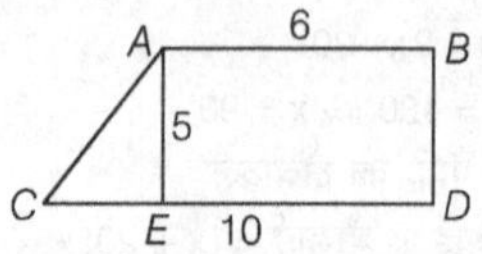

लम्ब प्रिज्म का आयतन

= आधार का क्षेत्रफल × ऊँचाई

आधार (समलम्ब) का क्षेत्रफल $= \frac{1}{2}(AB + CD) \times AE$

$= \frac{1}{2}(6 + 10) \times 5$

$= \frac{1}{2} \times 16 \times 5 = 40$ सेमी^{2}

$\therefore$ आयतन $= 40 \times$ ऊँचाई $= 40 \times 8 = 320$ सेमी^{3}

36. *(d)* ΔOAM में,

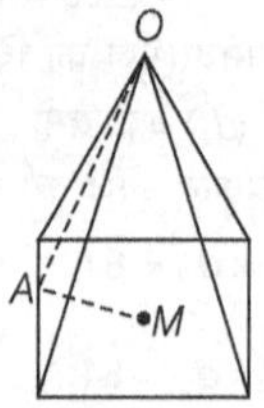

$OA^2 = OM^2 + AM^2 = 15^2 + 8^2$

$= 225 + 64 = 289$

$\Rightarrow \quad OA = 17$ सेमी

जोकि पिरामिड की तिरछी ऊँचाई है।

अब, पिरामिड के तिरछे पृष्ठ का क्षेत्रफल

$= \frac{1}{2}$ (आधार का परिमाप) × तिरछी ऊँचाई

$= \frac{1}{2} \times 64 \times 17 = 544$ वर्ग सेमी

अध्याय 06 त्रिकोणमिति
(Trigonometry)

कोण

किसी रेखा की एक बिन्दु के सापेक्ष दो स्थितियों के बीच का वृत्तीय विस्थापन, कोण (Angle) कहलाता है।

कोण मापन की पद्धतियाँ

कोणों को मापने की निम्न तीन पद्धतियाँ हैं

1. **षाष्टिक पद्धति** (Sexagesimal System) इस पद्धति में कोणों को अंश में मापा जाता है तथा अंश (°), मिनट (′) तथा सेकण्ड (″) में निम्न सम्बन्ध होता है

   1 समकोण = 90° (90° अंश)

   $1^\circ = 60' =$ 60 मिनट

   तथा $1' = 60'' =$ 60 सेकण्ड

2. **शतिक पद्धति** (Centesimal System) इस पद्धति में कोणों को ग्रेड में मापा जाता है तथा ग्रेड (^{g}), मिनट (′) और सेकण्ड (″) में निम्न सम्बन्ध होता है

   1 समकोण = 100 ग्रेड (100 g)

   $1^g = 100' =$ 100 मिनट

   $1' = 100'' =$ 100 सेकण्ड

3. **वृत्तीय माप** (Circular Measure) इस पद्धति में कोणों को रेडियन में मापा जाता है।

   एक रेडियन वह कोण है जो किसी वृत्त की त्रिज्या के बराबर लम्बाई के चाप द्वारा उस वृत्त के केन्द्र पर अन्तरित किया जाता है तथा इसे 1^c से निरूपित करते हैं।

   यदि किसी वृत्त के चाप की लम्बाई l व त्रिज्या r तथा केन्द्र पर बना कोण θ हो, तब

   $$\text{कोण} = \frac{\text{चाप}}{\text{त्रिज्या}}$$

   अर्थात् $\theta = \dfrac{l}{r}$ रेडियन

   यहाँ, π रेडियन = 180°

त्रिकोणमितीय अनुपात

किसी समकोण त्रिभुज में दिए गए कोण की सम्मुख भुजा लम्ब (L), समकोण की सम्मुख भुजा कर्ण (K) तथा अन्य भुजा आधार (A) कहलाती है।

समकोण ΔABC में, BC लम्ब, AC कर्ण तथा AB आधार है।

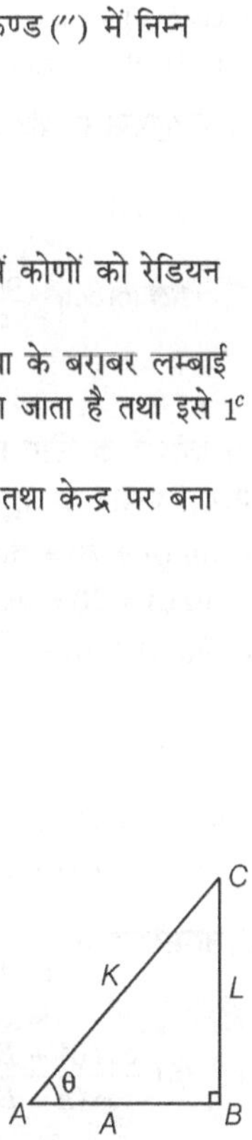

पाइथागोरस प्रमेय से,

$$(\text{कर्ण})^2 = (\text{लम्ब})^2 + (\text{आधार})^2$$

अर्थात् $K^2 = L^2 + A^2$

किसी त्रिभुज के लिए उसके लम्ब, आधार तथा कर्ण के लिए परस्पर सम्बन्धों को निरूपित करने के लिए त्रिकोणमितीय अनुपातों का प्रयोग करते हैं। त्रिकोणमितीय अनुपात तथा उनके परस्पर सम्बन्ध निम्न हैं

(i) $\sin\theta = \dfrac{\text{लम्ब}}{\text{कर्ण}} = \dfrac{L}{K}$ (ii) $\cos\theta = \dfrac{\text{आधार}}{\text{कर्ण}} = \dfrac{A}{K}$

(iii) $\tan\theta = \dfrac{\text{लम्ब}}{\text{आधार}} = \dfrac{L}{A}$ (iv) $\cot\theta = \dfrac{\text{आधार}}{\text{लम्ब}} = \dfrac{A}{L}$

(v) $\sec\theta = \dfrac{\text{कर्ण}}{\text{आधार}} = \dfrac{K}{A}$ (vi) $\text{cosec}\,\theta = \dfrac{\text{कर्ण}}{\text{लम्ब}} = \dfrac{K}{L}$

उदाहरण 1 ΔPQR में, $\angle Q$ समकोण है। यदि $\cot P = \dfrac{5}{12}$ है, तो $\sin R$ का मान क्या है?

(a) $\dfrac{5}{13}$ (b) $\dfrac{5}{12}$ (c) $\dfrac{13}{5}$ (d) $\dfrac{13}{12}$

हल (a) दिया है, $\cot P = \dfrac{5}{12} = \dfrac{\text{आधार}}{\text{लम्ब}} = \dfrac{PQ}{QR}$

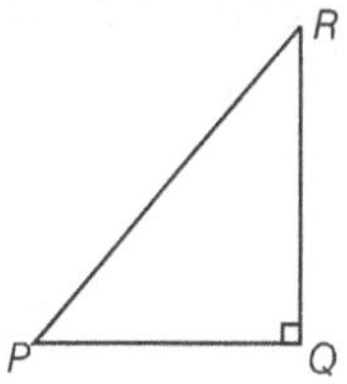

माना $PQ = 5x$ और $QR = 12x$

ΔPQR में पाइथागोरस प्रमेय से,

$(PR)^2 = (PQ)^2 + (QR)^2 = (5x)^2 + (12x)^2$

$(PR)^2 = 25x^2 + 144x^2 = 169x^2$

$PR = 13x$

अतः $\sin R = \dfrac{\text{लम्ब}}{\text{कर्ण}} = \dfrac{PQ}{PR} = \dfrac{5x}{13x} = \dfrac{5}{13}$

त्रिकोणमितीय अनुपातों में सम्बन्ध

न्यून कोण θ के लिए त्रिकोणमितीय अनुपातों में सम्बन्ध निम्न हैं

- $\sin\theta = \dfrac{1}{\text{cosec}\,\theta} \Leftrightarrow \text{cosec}\,\theta = \dfrac{1}{\sin\theta} \Leftrightarrow \sin\theta\,\text{cosec}\,\theta = 1$
- $\cos\theta = \dfrac{1}{\sec\theta} \Leftrightarrow \sec\theta = \dfrac{1}{\cos\theta} \Leftrightarrow \cos\theta\sec\theta = 1$
- $\tan\theta = \dfrac{1}{\cot\theta} \Leftrightarrow \cot\theta = \dfrac{1}{\tan\theta} \Leftrightarrow \tan\theta\cot\theta = 1$
- $\tan\theta = \dfrac{\sin\theta}{\cos\theta} \Leftrightarrow \cot\theta = \dfrac{\cos\theta}{\sin\theta}$

त्रिकोणमितीय सर्वसमिकाएँ

आधारभूत त्रिकोणमितीय सर्वसमिकाएँ (Trigonometric Identities) मुख्यतः तीन होती हैं, जोकि निम्नलिखित हैं

(i) $\sin^2\theta + \cos^2\theta = 1$ (ii) $1 + \tan^2\theta = \sec^2\theta$

(iii) $1 + \cot^2\theta = \text{cosec}^2\,\theta$

उदाहरण 2 $(1 + \tan^2\theta)(1 - \sin\theta)(1 + \sin\theta)$ का मान होगा

(a) 0 (b) 2

(c) 1 (d) −1

हल (c) $(1+\tan^2\theta)(1-\sin\theta)(1+\sin\theta)$

$= (1+\tan^2\theta)(1-\sin^2\theta)\quad [\because (a-b)(a+b) = a^2-b^2]$

$= \sec^2\theta\cos^2\theta \qquad \begin{bmatrix}\because & 1+\tan^2\theta = \sec^2\theta \\ \text{तथा} & 1-\sin^2\theta = \cos^2\theta\end{bmatrix}$

$= \dfrac{1}{\cos^2\theta}\cdot\cos^2\theta \qquad \left[\because \sec\theta = \dfrac{1}{\cos\theta}\right]$

$= 1$

विशेष कोणों के लिए त्रिकोणमितीय अनुपात के मान के लिए सारणी

कोण	0°	30°	45°	60°	90°
sin	0	$\frac{1}{2}$	$\frac{1}{\sqrt{2}}$	$\frac{\sqrt{3}}{2}$	1
cos	1	$\frac{\sqrt{3}}{2}$	$\frac{1}{\sqrt{2}}$	$\frac{1}{2}$	0
tan	0	$\frac{1}{\sqrt{3}}$	1	$\sqrt{3}$	∞
cot	∞	$\sqrt{3}$	1	$\frac{1}{\sqrt{3}}$	0
sec	1	$\frac{2}{\sqrt{3}}$	$\sqrt{2}$	2	∞
cosec	∞	2	$\sqrt{2}$	$\frac{2}{\sqrt{3}}$	1

उदाहरण 3 यदि $\tan 60^\circ - \sec 30^\circ = x$, तो x का मान क्या है?

(a) 1 (b) $\frac{1}{\sqrt{3}}$ (c) $\frac{1}{\sqrt{2}}$ (d) 0

हल (b) $x = \tan 60^\circ - \sec 30^\circ$

$x = \sqrt{3} - \frac{2}{\sqrt{3}} = \frac{3-2}{\sqrt{3}},\ x = \frac{1}{\sqrt{3}}$

कोण के पूरक एवं सम्पूरक कोण के त्रिकोणमितीय अनुपात

θ	90° − θ	90° + θ	180° − θ	180° + θ
sin θ	cos θ	cos θ	sin θ	− sin θ
cos θ	sin θ	− sin θ	−cos θ	−cos θ
tan θ	cot θ	− cot θ	− tan θ	tan θ
cot θ	tan θ	− tan θ	− cot θ	cot θ
sec θ	cosec θ	− cosec θ	− sec θ	− sec θ
cosec θ	sec θ	sec θ	cosec θ	− cosec θ

त्रिकोणमितीय अनुपातों के चिह्न

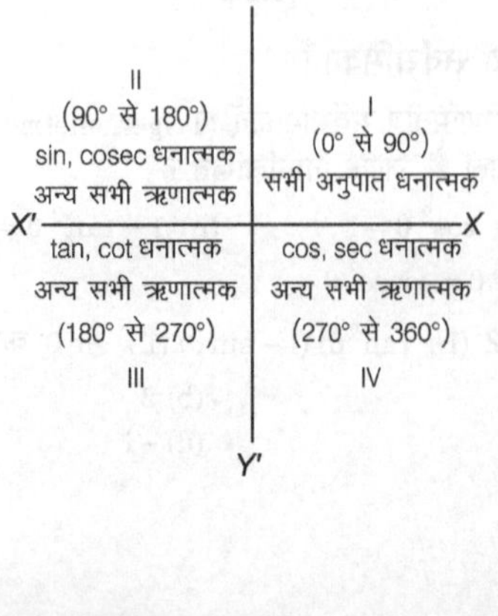

उदाहरण 4 यदि $2(\text{cosec}^2 39^\circ - \tan^2 51^\circ) - \frac{2}{3}\sin 90^\circ - \tan^2 56^\circ\, y \tan^2 34^\circ = \frac{y}{3}$ है, तो y का मान है

(a) $\frac{-2}{3}$ (b) 1 (c) −1 (d) $\frac{2}{3}$

हल (b) $\frac{y}{3} = 2(\text{cosec}^2 39^\circ - \tan^2 51^\circ) - \frac{2}{3}\sin 90^\circ - \tan^2 56^\circ\, y\tan^2 34^\circ$

$\frac{y}{3} = 2[\text{cosec}^2(90^\circ - 51^\circ) - \tan^2 51^\circ] - \frac{2}{3}\times 1 - y\tan^2 56^\circ\cdot\tan^2(90^\circ - 56^\circ)$

$\frac{y}{3} = 2[\sec^2 51^\circ - \tan^2 51^\circ] - \frac{2}{3} - y\cdot\tan^2 56^\circ\cdot\cot^2 56^\circ$

$[\because \text{cosec}(90^\circ - \theta) = \sec\theta \text{ and } \tan(90^\circ - \theta) = \cot\theta]$

$\frac{y}{3} = 2\times 1 - \frac{2}{3} - y\times 1$

$[\because \sec^2\theta - \tan^2\theta = 1 \text{ and } \tan\theta\cdot\cot\theta = 1]$

$\frac{y}{3} + y = 2 - \frac{2}{3} \Rightarrow \frac{y+3y}{3} = \frac{6-2}{3}$

$\Rightarrow \quad 4y = 4$

$\therefore \quad y = 1$

ऋणात्मक कोणों के त्रिकोणमितीय अनुपात

- $\sin(-\theta) = -\sin\theta$
- $\text{cosec}(-\theta) = -\text{cosec}\theta$
- $\cos(-\theta) = \cos\theta$
- $\sec(-\theta) = \sec\theta$
- $\tan(-\theta) = -\tan\theta$
- $\cot(-\theta) = -\cot\theta$

उदाहरण 5 यदि $\cot\left(-\frac{5\pi}{4}\right) = x$, तो x का मान क्या है?

(a) $\sqrt{3}$ (b) 1 (c) −1 (d) $-\frac{1}{2}$

हल (c) $\cot\left(-\frac{5\pi}{4}\right) = -\cot\frac{5\pi}{4} = -\cot\left(5\times\frac{180^\circ}{4}\right) = -\cot 225^\circ$

$= -\cot(180^\circ + 45^\circ) = -\cot 45^\circ = -1$

दो कोणों के लिए त्रिकोणमितीय अनुपातों के योग/अन्तर के सूत्र

- $\sin(A \pm B) = \sin A\cos B \pm \cos A\sin B$
- $\cos(A \pm B) = \cos A\cos B \mp \sin A\sin B$
- $\tan(A \pm B) = \dfrac{\tan A \pm \tan B}{1 \mp \tan A\tan B}$
- $\cot(A \pm B) = \dfrac{\cot A\cot B \mp 1}{\cot B \pm \cot A}$
- $\sin(A+B)\sin(A-B) = \sin^2 A - \sin^2 B = \cos^2 B - \cos^2 A$
- $\cos(A+B)\cos(A-B) = \cos^2 A - \sin^2 B = \cos^2 B - \sin^2 A$

उदाहरण 6 $\dfrac{1-\tan A\tan B}{1+\tan A\tan B}$ का मान होगा

(a) $\dfrac{\cos(A+B)}{\cos(A-B)}$ (b) $\dfrac{\cos(A-B)}{\cos(A+B)}$

(c) 1 (d) $\dfrac{\cot(A-B)}{\cot(A+B)}$

हल (a) $\dfrac{1-\tan A\tan B}{1+\tan A\tan B}=\dfrac{1-\dfrac{\sin A}{\cos A}\cdot\dfrac{\sin B}{\cos B}}{1+\dfrac{\sin A}{\cos A}\cdot\dfrac{\sin B}{\cos B}}$ $\left[\because \tan A=\dfrac{\sin A}{\cos A}\right]$

$=\dfrac{\dfrac{\cos A\cos B-\sin A\sin B}{\cos A\cos B}}{\dfrac{\cos A\cos B+\sin A\sin B}{\cos A\cos B}}$ [ल.स. लेने पर]

$=\dfrac{(\cos A\cos B-\sin A\sin B)}{\cos A\cos B}\times\dfrac{\cos A\cos B}{(\cos A\cos B+\sin A\sin B)}$

$=\dfrac{\cos A\cos B-\sin A\sin B}{\cos A\cos B+\sin A\sin B}$

$=\dfrac{\cos(A+B)}{\cos(A-B)}$ $\left[\because \cos(A+B)=\cos A\cos B-\sin A\sin B \text{ तथा } \cos(A-B)=\cos A\cos B+\sin A\sin B\right]$

अपवर्त्य तथा अपवर्तक कोणों के लिए त्रिकोणमितीय अनुपात

- $\sin 2\theta=2\sin\theta\cos\theta=\dfrac{2\tan\theta}{1+\tan^2\theta}$
- $\cos 2\theta=\cos^2\theta-\sin^2\theta=1-2\sin^2\theta=2\cos^2\theta-1=\dfrac{1-\tan^2\theta}{1+\tan^2\theta}$
- $\tan 2\theta=\dfrac{2\tan\theta}{1-\tan^2\theta}$
- $\sin 3\theta=3\sin\theta-4\sin^3\theta$
- $\cos 3\theta=4\cos^3\theta-3\cos\theta$
- $\tan 3\theta=\dfrac{3\tan\theta-\tan^3\theta}{1-3\tan^2\theta}$
- $\sin\theta=2\sin\dfrac{\theta}{2}\cos\dfrac{\theta}{2}=\dfrac{2\tan\theta/2}{1+\tan^2\theta/2}$
- $\cos\theta=\cos^2\dfrac{\theta}{2}-\sin^2\dfrac{\theta}{2}=2\cos^2\dfrac{\theta}{2}-1=1-2\sin^2\dfrac{\theta}{2}=\dfrac{1-\tan^2\theta/2}{1+\tan^2\theta/2}$
- $\tan\theta=\dfrac{2\tan\theta/2}{1-\tan^2\theta/2}$
- $\sin\dfrac{\theta}{2}=\sqrt{\dfrac{1-\cos\theta}{2}}$

उदाहरण 7 $\dfrac{1-\cos 4\theta+\sin 4\theta}{1+\cos 4\theta+\sin 4\theta}$ का मान होगा

(a) $\cot 2\theta$ (b) $\cos 2\theta$ (c) $\tan 2\theta$ (d) $\sin 2\theta$

हल (c) $\dfrac{1-\cos 4\theta+\sin 4\theta}{1+\cos 4\theta+\sin 4\theta}$

$=\dfrac{1-(1-2\sin^2 2\theta)+2\sin 2\theta\cos 2\theta}{1+(2\cos^2 2\theta-1)+2\sin 2\theta\cos 2\theta}$

$[\because \cos 2A=1-2\sin^2 A=2\cos^2 A-1$ तथा $\sin 2A=2\sin A\cos A]$

$=\dfrac{1-1+2\sin^2 2\theta+2\sin 2\theta\cos 2\theta}{1+2\cos^2 2\theta-1+2\sin 2\theta\cos 2\theta}$

$=\dfrac{2\sin 2\theta(\sin 2\theta+\cos 2\theta)}{2\cos 2\theta(\cos 2\theta+\sin 2\theta)}$

$=\dfrac{\sin 2\theta}{\cos 2\theta}=\tan 2\theta$ $\left[\because \tan\theta=\dfrac{\sin\theta}{\cos\theta}\right]$

ऊँचाई एवं दूरी

दृष्टि रेखा

यदि कोई दर्शक किसी वस्तु को देख रहा है, तो दर्शक की आँख को उस वस्तु से मिलाने वाली सरल रेखा को दृष्टि रेखा (Line of Sight) कहते हैं।

क्षैतिज रेखा

वह रेखा, जो प्रेक्षक की आँख से सीधी भूमि के तल के समान्तर जाती है, क्षैतिज रेखा (Horizontal Line) कहलाती है।

उन्नयन कोण

जब कोई वस्तु दर्शक की आँख की क्षैतिज रेखा से ऊपर स्थित है, तो दर्शक को उस वस्तु को देखने के लिए अपने सिर को ऊपर उठाना पड़ता है। इस प्रक्रिया में दर्शक की दृष्टि रेखा क्षैतिज रेखा से एक निश्चित कोण बनाती है। इस कोण को वस्तु का उन्नयन कोण (Angle of Elevation) कहते हैं।

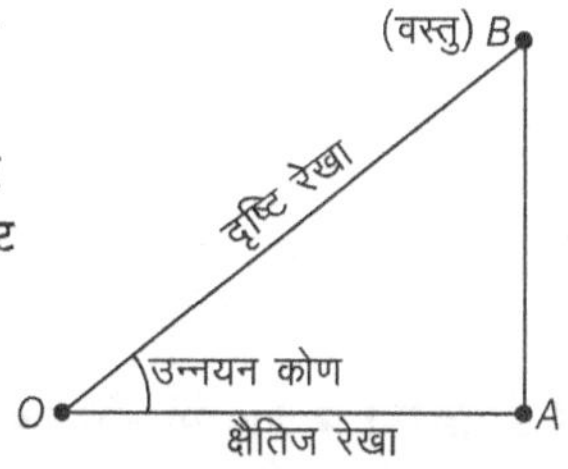

चित्र में, $\angle AOB$, वस्तु B का उन्नयन कोण है, उन्नयन कोण को उन्नतांश अथवा उन्नति कोण भी कहते हैं।

उदाहरण 8 किसी बिन्दु से एक मीनार का उन्नयन कोण 45° है। मीनार की ओर 40 मी चलने पर उन्नयन कोण 60° हो जाता है। मीनार की ऊँचाई होगी

(a) $\dfrac{20\sqrt{3}}{\sqrt{3}+1}$ मी (b) $\dfrac{40\sqrt{3}}{\sqrt{3}+1}$ मी

(c) $\dfrac{20\sqrt{3}}{\sqrt{3}-1}$ मी (d) $\dfrac{40\sqrt{3}}{\sqrt{3}-1}$ मी

हल (d) माना $PQ=h$, मीनार की ऊँचाई है। माना S और R वे बिन्दु हैं, जहाँ से उन्नयन कोण क्रमशः 45° तथा 60° हैं।

$\therefore SR=40$ मी, माना $RQ=x$

ΔPQR में, $\tan 60°=\dfrac{PQ}{RQ};\ \sqrt{3}=\dfrac{h}{x}\Rightarrow x=\dfrac{h}{\sqrt{3}}$ ...(i)

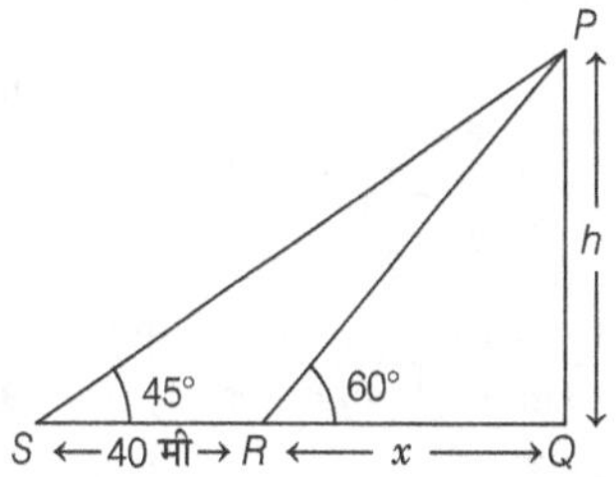

ΔPQS में, $\tan 45°=\dfrac{PQ}{SQ}=\dfrac{h}{x+40}$

$\Rightarrow$ $h=40+x$

$h=40+\dfrac{h}{\sqrt{3}}$ [समी (i) से]

$h=\dfrac{40\sqrt{3}}{\sqrt{3}-1}$ मी

अवनमन कोण

यदि कोई वस्तु दर्शक की आँख की क्षैतिज रेखा से नीचे की ओर स्थित है, तो दर्शक को उस वस्तु को देखने के लिए अपने सिर को नीचे झुकाना पड़ता है। इस प्रक्रिया में भी दर्शक की दृष्टि रेखा क्षैतिज रेखा से एक निश्चित कोण नीचे की ओर बनाती है। इस कोण को वस्तु का अवनमन कोण कहते हैं, चित्र में, $\angle AOB$ वस्तु B का अवनमन कोण है अवनमन कोण को अवनत कोण अथवा अवनति कोण भी (Angle of Depression) कहते हैं।

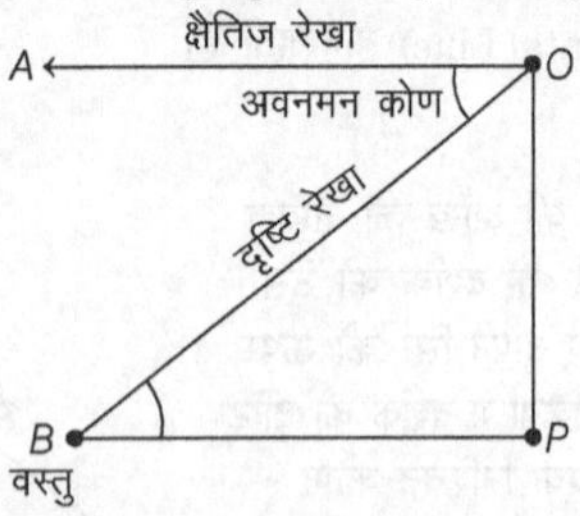

उदाहरण 9 200 मी ऊँचे एक शिखर की चोटी से प्रेक्षक के दक्षिण तथा उत्तर में स्थित नाव के अवनमन कोण 60° एवं 30° हैं। दोनों नावों के बीच की दूरी होगी

(a) $\frac{400}{\sqrt{3}}$ मी (b) $400\sqrt{3}$ मी (c) $600\sqrt{3}$ मी (d) $\frac{800}{\sqrt{3}}$ मी

हल (d) माना कि AB, शिखर की ऊँचाई = 200 मी

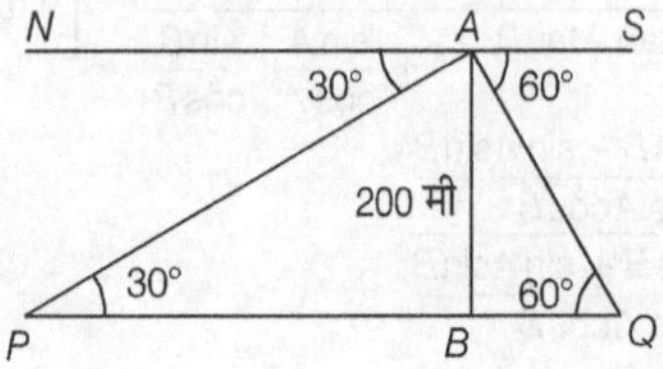

ΔABP में, $\tan 30° = \frac{AB}{BP}$

$\Rightarrow \frac{1}{\sqrt{3}} = \frac{200}{BP}$

$\therefore BP = 200\sqrt{3}$ मी ...(i)

पुनः ΔABQ में, $\tan 60° = \frac{AB}{BQ}$

$\Rightarrow \sqrt{3} = \frac{200}{BQ}$

$\therefore BQ = \frac{200}{\sqrt{3}}$ मी ...(ii)

$\therefore$ दोनों नावों के बीच की दूरी = $PB + BQ$

$= 200\sqrt{3} + \frac{200}{\sqrt{3}} \approx \frac{800}{\sqrt{3}}$ मी

अभ्यास प्रश्न

1. यदि θ कोई न्यून कोण है, और $4(2\sin^2\theta + 7\cos^2\theta) = 13$ है, θ का मान क्या है?

(a) 60° (b) 30° (c) 45° (d) 90°

2. $0° < \theta < 90°$, के लिए $\tan\theta + \cot\theta = 2$ तो θ बराबर है

(a) 45° (b) 0° (c) 30° (d) 60°

3. अगर $3 - 2\sin^2\theta - 3\cos\theta = 0$, $0° < \theta < 90°$ है, तो $(2\,\text{cosec}\,\theta + \tan\theta)$ का मान क्या है?

(a) $5\sqrt{3}$ (b) $\frac{5\sqrt{3}}{3}$

(c) $7\sqrt{3}$ (d) $\frac{7\sqrt{3}}{3}$

4. $\left(\frac{\sin\theta}{1+\cos\theta} + \frac{1+\cos\theta}{\sin\theta}\right)\left(\frac{1}{\tan\theta + \cot\theta}\right)$ का सरलीकृत मान है

(a) $2\sin\theta$ (b) $2\cos\theta$

(c) $\cos\theta$ (d) $\sin\theta$

5. अगर $\frac{\cos\alpha}{\sin\alpha + \cos\beta} + \frac{\cos\beta}{\sin\beta - \cos\alpha} = \frac{x}{\sin\alpha - \cos\beta} + \frac{\cos\beta}{\sin\beta + \cos\alpha}$ है, तो 'x' बराबर है

(a) $\sin\beta$ (b) $\sin\alpha$

(c) $\cos\beta$ (d) $\cos\alpha$

6. $\frac{(\cos 9° + \sin 81°)(\sec 9° + \text{cosec}\, 81°)}{\sin 56° \sec 34° + \cos 25° \,\text{cosec}\, 65°}$ का मान है

(a) 2 (b) 1 (c) $\frac{1}{2}$ (d) 4

7. यदि $7(\text{cosec}^2 55° - \tan^2 35°) + 2\sin 90° - \tan^2 52°\, y \tan^2 38° = \frac{y}{2}$ है, तो y का मान है

(a) 2 (b) 3 (c) 1 (d) 6

8. अगर $\cot\theta = \sqrt{6}$ है, तो $\frac{\text{cosec}^2\theta + \sec^2\theta}{\text{cosec}^2\theta - \sec^2\theta}$ का मान होगा

(a) $\frac{49}{36}$ (b) $\frac{48}{35}$ (c) $\frac{7}{5}$ (d) $\frac{43}{36}$

9. अगर $\left(\frac{1}{1+\text{cosec}\,\theta} - \frac{1}{1-\text{cosec}\,\theta}\right)\cos\theta = 2$, $0° < \theta < 90°$ है, तो $\sin^2\theta + \cot^2\theta + \sec^2\theta$ का मान है

(a) $2\frac{1}{2}$ (b) $3\frac{1}{2}$ (c) 2 (d) 1

10. अगर $\frac{(\sin\theta - \text{cosec}\,\theta)(\cos\theta - \sec\theta)}{\tan^2\theta - \sin^2\theta} = r^3$ है, तो $r =$

(a) $\tan\theta$ (b) $\text{cosec}\,\theta \sec\theta$

(c) $\cot\theta$ (d) $\sin\theta\cos\theta$

11. $\frac{4\tan^2 30° + \frac{1}{4}\sin^2 90° + \frac{1}{8}\cot^2 60° + \sin^2 30° \cos^2 45°}{\sin 60° \cos 30° - \cos 60° \sin 30°}$ का मान है

(a) $2\frac{1}{2}$ (b) 4

(c) $1\frac{3}{4}$ (d) $3\frac{1}{2}$

12. अगर $\sqrt{\frac{1-\cos\theta}{1+\cos\theta}} \times \sqrt{\frac{\text{cosec}\,\theta - \cot\theta}{\text{cosec}\,\theta + \cot\theta}} = \frac{1-r}{1+r}$ है, तो r का मान होगा

(a) $\sin\theta$ (b) $\text{cosec}\,\theta$

(c) $\cos\theta$ (d) $\sec\theta$

13. यदि θ एक न्यूनकोण है और $5\sin\theta + 12\cos\theta = 13$, दिया गया है, तो $\tan\theta$ का मान क्या होगा?

(a) $\frac{12}{13}$ (b) $\frac{5}{13}$

(c) $\frac{5}{12}$ (d) $\frac{13}{12}$

14. $\frac{(\sec\theta + \tan\theta)(1 - \sin\theta)}{\text{cosec}\,\theta(1+\cos\theta)(\text{cosec}\,\theta - \cot\theta)}$ बराबर है

(a) $\sec\theta$ (b) $\sin\theta$

(c) $\cos\theta$ (d) $\text{cosec}\,\theta$

15. $\left(\text{cosec}\,30^\circ - \frac{1}{\sqrt{3}}\right)$ का मान क्या है?

(a) $\frac{(2\sqrt{3}-1)}{\sqrt{3}}$ (b) $\frac{(\sqrt{3}-4}{2\sqrt{3}}$

(c) $\frac{-1}{\sqrt{3}}$ (d) $\frac{2}{\sqrt{3}}$

16. ΔXYZ में कोण Y की माप 90° है। यदि $\sin X = \frac{4}{5}$ और $XY = 6$ सेमी है, तो भुजा YZ की लम्बाई (सेमी में) क्या है?

(a) 10 (b) 5

(c) 8 (d) 4

17. ΔDEF में, E समकोण है। यदि $\cos D = \frac{5}{13}$, तो $\tan F$ का मान क्या है?

(a) $\frac{5}{13}$ (b) $\frac{5}{12}$

(c) $\frac{13}{5}$ (d) $\frac{13}{12}$

18. ΔPQR में $\angle Q$ समकोण है। यदि $\angle R = 45°$ है, तो $(\text{cosec}\,P - \sqrt{3}/2)$ का मान ज्ञात करें।

(a) $\frac{(\sqrt{3}/3-1)}{3}$ (b) $\frac{2}{\sqrt{3}}$

(c) $\frac{(2-\sqrt{3})}{\sqrt{3}}$ (d) $\frac{(2\sqrt{2}-\sqrt{3})}{2}$

19. यदि $\sin 60° + \cos 45° = x$, तो x का क्या मान है?

(a) $\frac{1}{\sqrt{2}}$ (b) $\frac{(\sqrt{3}+\sqrt{2})}{2}$

(c) $\sqrt{2}-1$ (d) $\sqrt{3}$

20. यदि $\sin\left(-\frac{5\pi}{3}\right) = x$, तो x का मान क्या है?

(a) $\frac{-\sqrt{3}}{2}$ (b) $\frac{\sqrt{3}}{2}$

(c) -2 (d) $\frac{-2}{\sqrt{3}}$

21. $\frac{\sqrt{(\text{cosec}^2 A-1)}}{\text{cosec}\,A}$ किसके बराबर है?

(a) cos A (b) sin A

(c) cosec A (d) sec A

22. यदि $\sec A - \tan A = x$, तो x का मान क्या है?

(a) $\frac{1}{(\sec^2 A - \tan^2 A)}$

(b) $\frac{1}{(\sec^2 A + \tan^2 A)}$

(c) $\frac{1}{\sqrt{(\sec^2 A - \tan^2 A)}}$

(d) $\frac{1}{(\sec A + \tan A)}$

23. $(\cos A + \sin A)^2 + (\cos A - \sin A)^2$ किसके बराबर है?

(a) 1 (b) $\frac{1}{2}$

(c) 2 (d) 0

24. यदि $\sec A + \tan A = x$, तो x का क्या मान है?

(a) $\frac{\cos A}{(1+\sin A)}$ (b) $\sqrt{\left[\frac{\cos A}{(1-\sin A)}\right]}$

(c) $\sqrt{\left[\frac{\cos A}{(1+\sin A)}\right]}$ (d) $\sqrt{\frac{1+\sin A}{1-\sin A}}$

25. एक मीनार के शीर्ष का उन्नयन कोण जमीन के बिन्दु से 30° है और मीनार की ओर 70 मी चलने पर यह 60° हो जाता है। मीनार की ऊँचाई कितनी है?

(a) $10\sqrt{3}$ मी (b) $35\sqrt{3}$ मी

(c) 10 मी (d) $\frac{10}{\sqrt{3}}$ मी

26. भूमि के स्तर पर एक ऊर्ध्व (वर्टिकल) मीनार की परछाईं की लम्बाई, उस समय 10 मी बढ़ जाती है जब सूर्य की तुंगता (ऊँचाई) 45° से 30° पर परिवर्तित होती है। मीनार की ऊँचाई बताएँ।

(a) $5(\sqrt{3}+1)$ मी (b) $5(\sqrt{3}-1)$ मी

(c) $5\sqrt{3}$ मी (d) $\frac{5}{\sqrt{3}}$ मी

27. एक खम्भे के पाद से भूतल पर सीधी रेखा में स्थित दो बिन्दुओं से उस खम्भे के शीर्ष के उन्नयन कोण परस्पर पूरक हैं। तदनुसार, यदि उस खम्भे के पाद से दोनों बिन्दुओं की दूरी क्रमश: 9 मी तथा 16 मी हो और दोनों बिन्दु खम्भे के एक ही ओर हों, तो उस खम्भे की ऊँचाई कितनी होगी?

(a) 7 मी (b) 12 मी

(c) 5 मी (d) 10 मी

28. 120 मी ऊँचे एक पेड़ के शीर्ष से पेड़ की जड़ से एक ही दिशा में तथा एक ही रेखा में स्थित दो नौकाओं के अवनमन कोण क्रमश: 45° और 60° हैं। तदनुसार, उन नौकाओं के बीच की दूरी कितनी है?

(a) $40(3-\sqrt{3})$ मी (b) $40(3\sqrt{3}-1)$ मी

(c) $120(\sqrt{3}-1)$ मी (d) $120(3-\sqrt{3})$ मी

29. $8\,\text{cosec}^2\theta + 25\sin^2\theta$ का न्यूनतम मान क्या होगा?

(a) $40\sqrt{2}$ (b) $30\sqrt{2}$

(c) $10\sqrt{2}$ (d) $20\sqrt{2}$

30. यदि $\frac{\cos\theta + \sin\theta}{\cos\theta - \sin\theta} = 8$ है, तो $\cot\theta$ का मान ज्ञात करें।

(a) $\frac{9}{7}$ (b) $\frac{6}{5}$

(c) $\frac{7}{6}$ (d) $\frac{8}{7}$

31. यदि $\cos(x-y) = \frac{\sqrt{3}}{2}$ और $\sin(x+y) = \frac{1}{2}$ है, तो $x(0 < x < 90)$ का मान क्या होगा?

(a) 15° (b) 45°

(c) 60° (d) 30°

32. यदि $\tan x = \cot(65° + 9x)$ है, तो x का मान क्या होगा?

(a) 2.0° (b) 2.5° (c) 1.5° (d) 1.0°

33. यदि $\cos\theta = 4x$ और $\sin\theta = \frac{4}{x}(x \neq 0)$ है, तो $\left(x^2 + \frac{1}{x^2}\right)$ का मान है

(a) $\frac{1}{2}$ (b) $\frac{1}{16}$

(c) $\frac{1}{4}$ (d) $\frac{1}{3}$

34. अगर $\frac{1}{1-\sin\theta} + \frac{1}{1+\sin\theta} = 4\sec\theta$, $0° < \theta < 90°$ है, तो $(3\cot\theta + \text{cosec}\,\theta)$ का मान होगा

(a) $4\sqrt{3}$ (b) $5\sqrt{3}$

(c) $\frac{5\sqrt{3}}{3}$ (d) $\frac{2\sqrt{3}}{3}$

35. यदि $\cos x = \frac{-\sqrt{3}}{2}$ तथा $\pi < x < \frac{3\pi}{2}$, तो $2\cot^2 x + 3\,\text{cosec}^2 x$ का मान है

(a) 8 (b) 16 (c) 14 (d) 18

36. $\text{cosec}^2 30° + \sin^2 45° + \sec^2 60° + \tan^2 30°$ का मान क्या है?

(a) 8 (b) $\frac{53}{6}$

(c) $\frac{25}{3}$ (d) 9

37. $0° \le \theta \le 90°$ के लिए θ, क्या है जबकि $\sqrt{3}\cos\theta + \sin\theta = 1$?

(a) 45° (b) 30°

(c) 90° (d) 0°

38. अगर $\sin\theta + \text{cosec}\theta = 2$, है तो, $(\sin^{153}\theta + \text{cosec}^{253}\theta)$ का मान क्या है?

(a) $\frac{253}{153}$ (b) $\frac{1}{153 \times 253}$

(c) $\frac{153}{253}$ (d) 2

39. $\left(\frac{\sin^2 31° + \sin^2 59°}{\sec^2 35° - \cot^2 55°} + \tan 29° \cot 61° - \text{cosec}^2 61°\right)$ का सरलीकृत मान क्या है?

(a) -1 (b) $\frac{1}{2}$

(c) 0 (d) 1

40. यदि $\cos^2\theta - \sin^2\theta - 3\cos\theta + 2 = 0$, $0° < \theta < 90°$ है, तो $4\,\text{cosec}\,\theta + \cot\theta$ का मान कितना है?

(a) 3 (b) $3\sqrt{3}$

(c) 4 (d) $4\sqrt{3}$

41. यदि $\cot\theta = \frac{1}{\sqrt{3}}$, तो $\frac{2-\sin^2\theta}{1-\cos^2\theta} + (\text{cosec}^2\theta + \sec\theta)$ का मान है

(a) 7 (b) 4

(c) 6 (d) 5

42. अगर $\cos\theta = \frac{2p}{p^2+1}$ है, तो $\sin\theta$ बराबर है

(a) $\frac{2p}{p^2+1}$ (b) $\frac{p^2+1}{p^2-1}$
(c) $\frac{p^2-1}{p^2+1}$ (d) $\frac{2p}{p^2-1}$

43. $\left[\frac{\sin^2 25^\circ + \sin^2 65^\circ}{\cos^2 24^\circ + \cos^2 66^\circ} + \sin^2 71^\circ + \cos 71^\circ \sin 19^\circ\right]$ का सरलीकृत मान है

(a) 3 (b) 0 (c) 1 (d) 2

44. यदि $\theta = 9^\circ$, तो $\cot\theta \cot 2\theta \cot 3\theta \cot 4\theta \cot 5\theta \cot 6\theta \cot 7\theta \cot 8\theta \cot 9\theta$ का मान क्या होगा?

(a) $\sqrt{3}$ (b) 1
(c) $\sqrt{3}-1$ (d) $\frac{1}{\sqrt{3}}$

45. $(\tan 45^\circ + 1/\sqrt{2})$ का मान ज्ञात करें

(a) $\frac{5}{\sqrt{3}}$ (b) $\frac{7}{2\sqrt{3}}$
(c) $\frac{(\sqrt{2}+1)}{\sqrt{2}}$ (d) $\frac{4}{\sqrt{3}}$

46. ΔDEF में कोण E की माप 90° है। यदि $\tan D = \frac{4}{3}$, और $DE = 6$ सेमी है, तो भुजा EF की लम्बाई (सेमी में) क्या है?

(a) 10 (b) 5
(c) 8 (d) 4

47. ΔPQR में $\angle Q$ समकोण है। यदि $\operatorname{cosec} P = \frac{17}{15}$, तो $\sin R$ का मान क्या है?

(a) $\frac{15}{17}$ (b) $\frac{8}{17}$
(c) $\frac{17}{8}$ (d) $\frac{17}{15}$

48. ΔXYZ में Y समकोण है। यदि $\angle Z = 30^\circ$, तो $\left(\cos X - \frac{1}{\sqrt{3}}\right)$ का मान ज्ञात करें।

(a) $\frac{3}{2}$ (b) $1-\sqrt{2}$
(c) $\frac{(4-\sqrt{3})}{2\sqrt{3}}$ (d) $\frac{(\sqrt{3}-2)}{2\sqrt{3}}$

49. यदि $\cos 45^\circ - \sec 60^\circ = x$, तो x का क्या मान है?

(a) $\frac{(\sqrt{3}-4)}{2\sqrt{3}}$ (b) 1
(c) $\frac{(1-2\sqrt{2})}{\sqrt{2}}$ (d) $\frac{(\sqrt{3}+\sqrt{2})}{2}$

50. $\tan\left(-\frac{5\pi}{6}\right)$ का मान क्या है?

(a) $-\frac{1}{\sqrt{3}}$ (b) $\frac{1}{\sqrt{3}}$
(c) $\sqrt{3}$ (d) $-\sqrt{3}$

उत्तरमाला

1 (a)	2 (a)	3 (d)	4 (b)	5 (d)
6 (a)	7 (d)	8 (c)	9 (b)	10 (c)
11 (d)	12 (c)	13 (c)	14 (c)	15 (a)
16 (c)	17 (b)	18 (d)	19 (b)	20 (b)
21 (a)	22 (d)	23 (c)	24 (d)	25 (b)
26 (a)	27 (b)	28 (a)	29 (d)	30 (a)
31 (d)	32 (b)	33 (b)	34 (c)	35 (d)
36 (b)	37 (c)	38 (d)	39 (c)	40 (b)
41 (d)	42 (c)	43 (d)	44 (b)	45 (c)
46 (c)	47 (b)	48 (d)	49 (c)	50 (b)

संकेत एवं हल

1. *(a)* दिया है,

$$4(2\sin^2\theta + 7\cos^2\theta) = 13$$
$$4(2\sin^2\theta + 2\cos^2\theta + 5\cos^2\theta) = 13$$
$$4[2(\sin^2\theta + \cos^2\theta) + 5\cos^2\theta] = 13$$
$$8 + 20\cos^2\theta = 13$$
$$20\cos^2\theta = 5$$
$$\cos^2\theta = \frac{5}{20} = \frac{1}{4}$$
$$\cos\theta = \frac{1}{2} = \cos 60^\circ$$
$$\theta = 60^\circ$$

2. *(a)* दिया है, $\tan\theta + \cot\theta = 2$

$$\frac{\sin\theta}{\cos\theta} + \frac{\cos\theta}{\sin\theta} = 2$$
$$\frac{\sin^2\theta + \cos^2\theta}{\sin\theta\cos\theta} = 2$$
$$1 = 2\sin\theta\cos\theta$$
$$\sin 90^\circ = \sin 2\theta$$
$$90^\circ = 2\theta$$
$$\Rightarrow \quad \theta = 45^\circ$$

3. *(d)* दिया है,

$$3 - 2\sin^2\theta - 3\cos\theta = 0$$
$$3 - 2(1-\cos^2\theta) - 3\cos\theta = 0$$
$$3 - 2 + 2\cos^2\theta - 3\cos\theta = 0$$
$$2\cos^2\theta - 3\cos\theta + 1 = 0$$
$$2\cos^2\theta - 2\cos\theta - \cos\theta + 1 = 0$$
$$2\cos\theta(\cos\theta - 1) - 1(\cos\theta - 1) = 0$$
$$(\cos\theta - 1)(2\cos\theta - 1) = 0$$
$$\cos\theta = 1, \frac{1}{2}$$

$\because \quad 0^\circ < \theta < 90^\circ$

$\therefore \quad \cos\theta = \frac{1}{2} = \cos 60^\circ$

$\Rightarrow \quad \theta = 60^\circ$

अब,

$$2\operatorname{cosec}\theta + \tan\theta = 2\operatorname{cosec}60^\circ + \tan 60^\circ$$
$$= 2 \times \frac{2}{\sqrt{3}} + \sqrt{3} = \frac{4+3}{\sqrt{3}}$$
$$= \frac{7}{\sqrt{3}} \times \frac{\sqrt{3}}{\sqrt{3}} = \frac{7\sqrt{3}}{3}$$

4. *(b)* $\left(\frac{\sin\theta}{1+\cos\theta} + \frac{1+\cos\theta}{\sin\theta}\right)\left(\frac{1}{\tan\theta + \cot\theta}\right)$

$$= \left(\frac{\sin^2\theta + (1+\cos\theta)^2}{(1+\cos\theta)\sin\theta}\right)\left(\frac{1}{\frac{\sin\theta}{\cos\theta} + \frac{\cos\theta}{\sin\theta}}\right)$$
$$= \left(\frac{\sin^2\theta + 1 + \cos^2\theta + 2\cos\theta}{(1+\cos\theta)\sin\theta}\right)\left(\frac{1}{\frac{\sin^2\theta + \cos^2\theta}{\sin\theta\cos\theta}}\right)$$
$$= \left(\frac{1+1+2\cos\theta}{(1+\cos\theta)\sin\theta}\right)\left(\frac{\sin\theta\cos\theta}{1}\right)$$

$[\because \sin^2\theta + \cos^2\theta = 1]$

$$= \frac{2(1+\cos\theta)}{(1+\cos\theta)\sin\theta} \times (\sin\theta\cos\theta) = 2\cos\theta$$

5. *(d)* $\frac{\cos\alpha}{\sin\alpha + \cos\beta} + \frac{\cos\beta}{\sin\beta - \cos\alpha}$

$$= \frac{x}{\sin\alpha - \cos\beta} + \frac{\cos\beta}{\sin\beta + \cos\alpha}$$
$$\Rightarrow \frac{x(\sin\alpha + \cos\beta) - \cos\alpha(\sin\alpha - \cos\beta)}{\sin^2\alpha - \cos^2\beta}$$
$$= \frac{\cos\beta(\sin\beta + \cos\alpha - \sin\beta + \cos\alpha)}{\sin^2\beta - \cos^2\alpha}$$
$$\Rightarrow \frac{x(\sin\alpha + \cos\beta) - \cos\alpha(\sin\alpha - \cos\beta)}{1 - \cos^2\alpha - 1 + \sin^2\beta}$$
$$= \frac{2\cos\alpha\cos\beta}{\sin^2\beta - \cos^2\alpha}$$
$$\Rightarrow x(\sin\alpha + \cos\beta) = 2\cos\alpha\cos\beta + \cos\alpha\sin\alpha - \cos\alpha\cos\beta$$
$$\Rightarrow x(\sin\alpha + \cos\beta) = \cos\alpha(\cos\beta + \sin\alpha)$$
$$\Rightarrow x = \cos\alpha$$

6. *(a)* $\frac{(\cos 9^\circ + \sin 81^\circ)(\sec 9^\circ + \operatorname{cosec} 81^\circ)}{\sin 56^\circ \sec 34^\circ + \cos 25^\circ \operatorname{cosec} 65^\circ}$

$$= \frac{[\cos(90^\circ - 81^\circ) + \sin 81^\circ][\sec(90^\circ - 81^\circ) + \operatorname{cosec} 81^\circ]}{\sin 56^\circ \cdot \sec(90^\circ - 56^\circ) + \cos(90^\circ - 65^\circ)\operatorname{cosec} 65^\circ}$$
$$= \frac{(\sin 81^\circ + \sin 81^\circ)(\operatorname{cosec} 81^\circ + \operatorname{cosec} 81^\circ)}{\sin 56^\circ \cdot \operatorname{cosec} 56^\circ + \sin 65^\circ \cdot \operatorname{cosec} 65^\circ}$$

$[\because \cos(90 - \theta) = \sin\theta$ and $\sec(90 - \theta) = \operatorname{cosec}\theta]$

$$= \frac{2\sin 81^\circ \times 2\operatorname{cosec} 81^\circ}{1+1} \quad [\because \sin\theta\operatorname{cosec}\theta = 1]$$
$$= \frac{4\sin 81^\circ \operatorname{cosec} 81^\circ}{2}$$
$$= 2 \quad [\because \sin\theta\operatorname{cosec}\theta = 1]$$

7. *(d)* दिया है, $7(\text{cosec}^2 55° - \tan^2 35°) + 2 \sin 90° - \tan^2 52° \, y \tan^2 38° = \frac{y}{2}$

$7[\text{cosec}^2 (90° - 35°) - \tan^2 35°] + 2 \times 1 - \tan^2 52° \, y \cdot \tan^2(90° - 52°) = \frac{y}{2}$

$7[\sec^2 35° - \tan^2 35°] + 2 - y \tan^2 52° \cdot \cot^2 52° = \frac{y}{2}$

$[\because \text{cosec}(90° - \theta) = \sec\theta$ and $\tan(90° - \theta) = \cot\theta]$

$7[1] + 2 - y = \frac{y}{2}$

$[\because \sec^2\theta - \tan^2\theta = 1$ and $\tan\theta \cot\theta = 1]$

$9 = \frac{y}{2} + y \Rightarrow \frac{3y}{2} = 9$

$y = 6$

8. *(c)* दिया है, $\cot\theta = \sqrt{6} = \frac{AB}{CB}$

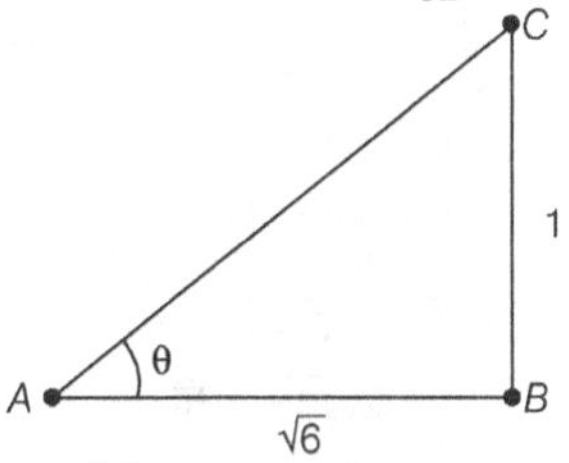

माना $AB = \sqrt{6}x, CB = x$

ΔABC में,

$AC^2 = AB^2 + CB^2 = (\sqrt{6}x)^2 + x^2$

$AC^2 = 6x^2 + x^2 = 7x^2$

$AC = \sqrt{7x^2}$

$AC = \sqrt{7}x$

$\therefore \quad \text{cosec}\,\theta = \frac{AC}{CB} = \frac{\sqrt{7}x}{x}$

$\sec\theta = \frac{AC}{AB} = \frac{\sqrt{7}}{\sqrt{6}}$

$\therefore \quad \frac{\text{cosec}^2\theta + \sec^2\theta}{\text{cosec}^2\theta - \sec^2\theta} = \frac{(\sqrt{7})^2 + \left(\frac{\sqrt{7}}{\sqrt{6}}\right)^2}{(\sqrt{7})^2 - \left(\frac{\sqrt{7}}{\sqrt{6}}\right)^2}$

$= \frac{7 + \frac{7}{6}}{7 - \frac{7}{6}} = \frac{\frac{42+7}{6}}{\frac{42-7}{6}}$

$= \frac{49}{35} = \frac{7}{5}$

9. *(b)* दिया है,

$\left(\frac{1}{1+\text{cosec}\,\theta} - \frac{1}{1-\text{cosec}\,\theta}\right)\cos\theta = 2$

$\left(\frac{1 - \text{cosec}\,\theta - 1 - \text{cosec}\,\theta}{1 - \text{cosec}^2\theta}\right)\cos\theta = 2$

$\Rightarrow \quad \frac{-2\,\text{cosec}\,\theta}{-\cot^2\theta} \times \cos\theta = 2$

$\tan\theta = 1$

$\therefore \quad \theta = 45°$

अब, $\sin^2\theta + \cot^2\theta + \sec^2\theta$

$= \sin^2 45° + \cot^2 45° + \sec^2 45°$

$= \left(\frac{1}{\sqrt{2}}\right)^2 + (1)^2 + (\sqrt{2})^2$

$= \frac{1}{2} + 1 + 2 = \frac{1+2+4}{2}$

$= \frac{7}{2} = 3\frac{1}{2}$

10. *(c)* $r^3 = \frac{(\sin\theta - \text{cosec}\,\theta)(\cos\theta - \sec\theta)}{\tan^2\theta - \sin^2\theta}$

$r^3 = \frac{\left(\sin\theta - \frac{1}{\sin\theta}\right)\left(\cos\theta - \frac{1}{\cos\theta}\right)}{\frac{\sin^2\theta}{\cos^2\theta} - \sin^2\theta}$

$r^3 = \frac{\left(\frac{\sin^2\theta - 1}{\sin\theta}\right)\left(\frac{\cos^2\theta - 1}{\cos\theta}\right)}{\sin^2\theta\left[\frac{1-\cos^2\theta}{\cos^2\theta}\right]}$

$r^3 = \frac{\left(-\frac{\cos^2\theta}{\sin\theta}\right)\left(-\frac{\sin^2\theta}{\cos\theta}\right)}{\sin^2\theta \times \frac{\sin^2\theta}{\cos^2\theta}}$

$r^3 = \frac{\cos^2\theta \sin^2\theta}{\sin\theta\cos\theta} \times \frac{\cos^2\theta}{\sin^2\theta\sin^2\theta}$

$r^3 = \frac{\cos^3\theta}{\sin^3\theta} = \cot^3\theta \Rightarrow r = \cot\theta$

11. *(d)* $\frac{4\tan^2 30° + \frac{1}{4}\sin^2 90° + \frac{1}{8}\cot^2 60° + \sin^2 30° \cos^2 45°}{\sin 60° \cos 30° - \cos 60° \sin 30°}$

$= \frac{4 \times \left(\frac{1}{\sqrt{3}}\right)^2 + \frac{1}{4} \times 1 + \frac{1}{8} \times \left(\frac{1}{\sqrt{3}}\right)^2 + \left(\frac{1}{2}\right)^2 \cdot \left(\frac{1}{\sqrt{2}}\right)^2}{\frac{\sqrt{3}}{2} \times \frac{\sqrt{3}}{2} - \frac{1}{2} \times \frac{1}{2}}$

$= \frac{\frac{4}{3} + \frac{1}{4} + \frac{1}{24} + \frac{1}{8}}{\frac{3}{4} - \frac{1}{4}}$

$= \frac{\frac{32+6+1+3}{24}}{\frac{3-1}{4}} = \frac{42}{24} \times \frac{4}{2} = \frac{7}{2} = 3\frac{1}{2}$

12. *(c)* $\sqrt{\frac{1-\cos\theta}{1+\cos\theta}} \times \sqrt{\frac{\text{cosec}\theta - \cot\theta}{\text{cosec}\theta + \cot\theta}} = \frac{1-r}{1+r}$

$\sqrt{\frac{1-\cos\theta}{1+\cos\theta}} \times \sqrt{\frac{\frac{1}{\sin\theta} - \frac{\cos\theta}{\sin\theta}}{\frac{1}{\sin\theta} + \frac{\cos\theta}{\sin\theta}}} = \frac{1-r}{1+r}$

$\sqrt{\frac{1-\cos\theta}{1+\cos\theta}} \times \sqrt{\frac{1-\cos\theta}{\sin\theta} \times \frac{\sin\theta}{1+\cos\theta}} = \frac{1-r}{1+r}$

$\sqrt{\frac{1-\cos\theta}{1+\cos\theta}} \times \sqrt{\frac{1-\cos\theta}{1+\cos\theta}} = \frac{1-r}{1+r}$

$\frac{1-\cos\theta}{1+\cos\theta} = \frac{1-r}{1+r}$

$1 - \cos\theta + r - r\cos\theta = 1 + \cos\theta - r - r\cos\theta$

$2r = 2\cos\theta$

$r = \cos\theta$

13. *(c)* $5\sin\theta + 12\cos\theta = 13$

दोनों पक्षों का वर्ग करने पर,

$(5\sin\theta + 12\cos\theta)^2 = 13^2$

$25\sin^2\theta + 144\cos^2\theta + 120\sin\theta\cos\theta = 169$

$25(1 - \cos^2\theta) + 144(1 - \sin^2\theta) + 120\sin\theta\cos\theta = 169$

$25 - 25\cos^2\theta + 144 - 144\sin^2\theta + 120\sin\theta\cos\theta = 169$

$-25\cos^2\theta - 144\sin^2\theta + 120\sin\theta\cos\theta = 169 - 169$

$25\cos^2\theta + 144\sin^2\theta - 120\sin\theta\cos\theta = 0$

$(5\cos\theta - 12\sin\theta)^2 = 0$

$5\cos\theta - 12\sin\theta = 0$

$12\sin\theta = 5\cos\theta$

$\frac{\sin\theta}{\cos\theta} = \frac{5}{12}$

$\therefore \quad \tan\theta = \frac{5}{12}$

14. *(c)* $\frac{(\sec\theta + \tan\theta)(1 - \sin\theta)}{\text{cosec}\,\theta(1 + \cos\theta)(\text{cosec}\,\theta - \cot\theta)}$

$= \frac{\left(\frac{1}{\cos\theta} + \frac{\sin\theta}{\cos\theta}\right)(1 - \sin\theta)}{\frac{1}{\sin\theta}(1 + \cos\theta)\left[\frac{1}{\sin\theta} - \frac{\cos\theta}{\sin\theta}\right]}$

$= \frac{(1 + \sin\theta)(1 - \sin\theta)}{\cos\theta} \times \frac{\sin^2\theta}{(1 + \cos\theta)(1 - \cos\theta)}$

$= \frac{(1 - \sin^2\theta)\sin^2\theta}{\cos\theta(1 - \cos^2\theta)}$

$= \frac{\cos^2\theta\sin^2\theta}{\cos\theta\sin^2\theta} = \cos\theta$

15. *(a)* $\text{cosec}\,30° - \frac{1}{\sqrt{3}} = 2 - \frac{1}{\sqrt{3}}$

$= \frac{2\sqrt{3} - 1}{\sqrt{3}}$

16. *(c)* दिया है, $XY = 6$ सेमी

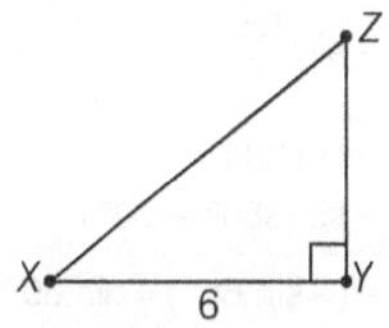

$\sin X = \frac{4}{5} = \frac{\text{लम्ब}}{\text{कर्ण}} = \frac{YZ}{XZ}$

माना $YZ = 4x$

तथा $XZ = 5x$

ΔXYZ में,

$$(XZ)^2 = (XY)^2 + (YZ)^2$$
$$(5x)^2 = (6)^2 + (4x)^2$$
$$25x^2 = 36 + 16x^2$$
$$25x^2 - 16x^2 = 36$$
$$9x^2 = 36$$
$$x^2 = 4$$
$$x = 2$$
$$\therefore \quad YZ = 4 \times 2 = 8 \text{ सेमी}$$

17. *(b)* दिया है, $\cos D = \frac{5}{13} = \frac{\text{आधार}}{\text{कर्ण}} = \frac{DE}{DF}$

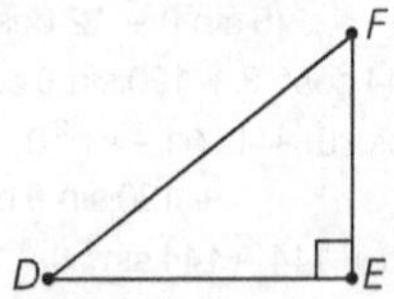

माना $DE = 5x$, $DF = 13x$

ΔDEF में,

$$(DF)^2 = (DE)^2 + (EF)^2$$
$$(13x)^2 = (5x)^2 + (EF)^2$$
$$169x^2 = 25x^2 + (EF)^2$$
$$EF^2 = 169x^2 - 25x^2 = 144x^2$$
$$EF = 12x$$
$$\therefore \quad \tan F = \frac{DE}{EF} = \frac{5x}{12x} = \frac{5}{12}$$

18. *(d)* दिया है, $\angle Q = 90°$, $\angle R = 45°$

$$\therefore \quad \angle P = 180° - (\angle Q + \angle R)$$

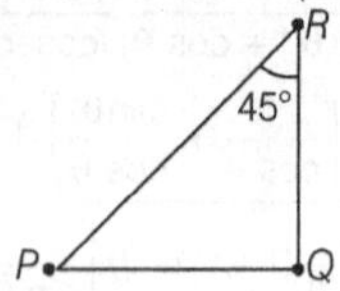

$$\angle P = 180° - (90° + 45°)$$
$$= 180° - 135° \Rightarrow \angle P = 45°$$
$$\therefore \quad \text{cosec } P - \frac{\sqrt{3}}{2} = \text{cosec } 45° - \frac{\sqrt{3}}{2}$$
$$= \sqrt{2} - \frac{\sqrt{3}}{2} = \frac{2\sqrt{2} - \sqrt{3}}{2}$$

19. *(b)* दिया है,

$$x = \sin 60° + \cos 45°$$
$$x = \frac{\sqrt{3}}{2} + \frac{1}{\sqrt{2}} = \frac{\sqrt{3}}{2} + \frac{1}{\sqrt{2}} \times \frac{\sqrt{2}}{\sqrt{2}}$$
$$x = \frac{\sqrt{3}}{2} + \frac{\sqrt{2}}{2} = \frac{\sqrt{3} + \sqrt{2}}{2}$$

20. *(b)* दिया है, $x = \sin\left(-\frac{5\pi}{3}\right)$

$$x = -\sin\frac{5\pi}{3} = -\sin\left(\frac{5 \times 180°}{3}\right)$$
$$x = -\sin 300°$$
$$x = -\sin(360° - 60°)$$
$$x = -(-\sin 60°) = \sin 60° \Rightarrow x = \frac{\sqrt{3}}{2}$$

21. *(a)* $\frac{\sqrt{(\text{cosec}^2 A - 1)}}{\text{cosec } A} = \frac{\sqrt{\cot^2 A}}{\frac{1}{\sin A}}$

$$\left[\because \text{cosec } \theta = \frac{1}{\sin \theta}\right]$$
$$= \cot A \times \sin A$$
$$= \frac{\cos A}{\sin A} \times \sin A$$
$$= \cos A$$

22. *(d)* $x = \sec A - \tan A$

$$= \frac{\sec A - \tan A}{1} \times \frac{\sec A + \tan A}{\sec A + \tan A}$$
$$= \frac{\sec^2 A - \tan^2 A}{\sec A + \tan A} = \frac{1}{\sec A + \tan A}$$

23. *(c)* $(\cos A + \sin A)^2 + (\cos A - \sin A)^2$

$$= \cos^2 A + \sin^2 A + 2\sin A\cos A + \cos^2 A + \sin^2 A - 2\sin A\cos A$$

[$\because (a+b)^2 = a^2 + b^2 + 2ab$ और $(a-b)^2 = a^2 + b^2 - 2ab$]

$$= 1 + 2\sin A\cos A + 1 - 2\sin A\cos A$$

[$\because \sin^2\theta + \cos^2\theta = 1$]

$$= 2$$

24. *(d)* दिया है,

$$x = \sec A + \tan A$$
$$x = \frac{1}{\cos A} + \frac{\sin A}{\cos A} = \frac{1 + \sin A}{\cos A}$$
$$x = \frac{1 + \sin A}{\sqrt{1 - \sin^2 A}} = \frac{1 + \sin A}{\sqrt{(1 + \sin A)(1 - \sin A)}}$$
$$x = \sqrt{\frac{1 + \sin A}{1 - \sin A}}$$

25. *(b)* माना मीनार की ऊँचाई h मी है। तब ΔABC में,

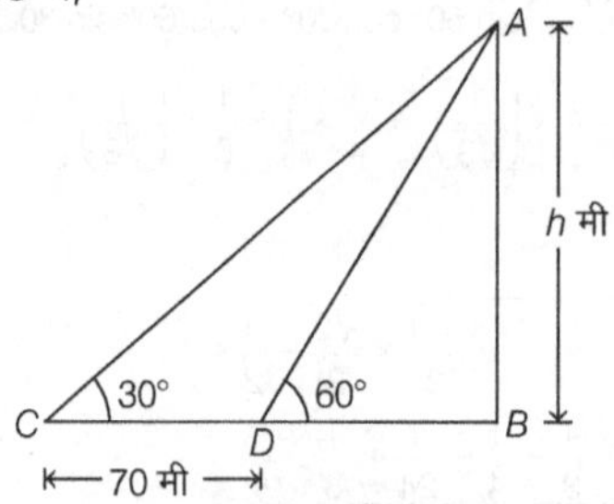

$$\tan 30° = \frac{h}{70 + DB} \Rightarrow \frac{1}{\sqrt{3}} = \frac{h}{70 + DB}$$
$$\Rightarrow \quad 70 + DB = h\sqrt{3} \quad \text{...(i)}$$

पुनः ΔABD में, $\tan 60° = \frac{h}{DB}$

$$\Rightarrow \quad \sqrt{3} = \frac{h}{DB} \Rightarrow DB = \frac{h}{\sqrt{3}} = \frac{h\sqrt{3}}{3}$$

DB का मान समी (i) में रखने पर,

$$70 + \frac{h \cdot \sqrt{3}}{3} = h\sqrt{3}$$
$$\Rightarrow \quad 210 + h\sqrt{3} = h \cdot 3\sqrt{3} \Rightarrow h\sqrt{3}\,(3 - 1) = 210$$
$$\Rightarrow \quad 2 \times h\sqrt{3} = 210 \Rightarrow h\sqrt{3} = 105$$
$$\therefore \quad h = \frac{105\sqrt{3}}{3} = 35\sqrt{3} \text{ मी}$$

26. *(a)* माना मीनार AB की ऊँचाई h मी है। तब ΔABC में,

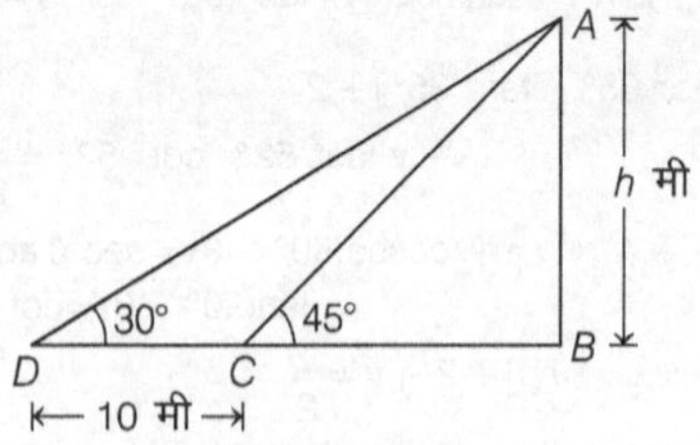

$$\tan 45° = \frac{h}{CB} \Rightarrow 1 = \frac{h}{CB}$$
$$\therefore \quad h = CB$$

पुनः ΔABD में, $\tan 30° = \frac{h}{DC + CB}$

$$\Rightarrow \quad \frac{1}{\sqrt{3}} = \frac{h}{10 + h} \quad [\because h = CB]$$
$$\Rightarrow \quad 10 + h = \sqrt{3}h$$
$$\Rightarrow \quad 10 = (\sqrt{3} - 1)h$$
$$\Rightarrow \quad h = \frac{10(\sqrt{3} + 1)}{3 - 1}$$
$$\therefore \quad h = 5(\sqrt{3} + 1) \text{ मी}$$

27. *(b)* ΔABC में, $\frac{AB}{BC} = \tan(90 - \theta)$

$$AB = 9\cot\theta \quad \text{...(i)}$$

ΔABD में,

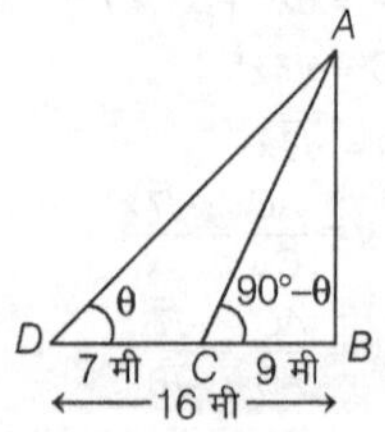

$$\frac{AB}{BD} = \tan\theta$$
$$AB = 16\tan\theta \quad \text{...(ii)}$$

समी (i) व (ii) को गुणा करने पर,

$$AB^2 = 9 \times 16 \Rightarrow AB = 3 \times 4 = 12 \text{ मी}$$

28. *(a)*

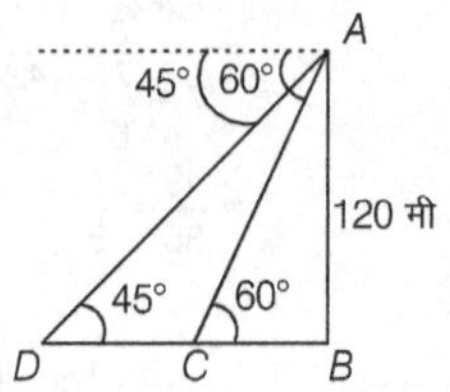

ΔABD में,

$$\tan 45° = \frac{AB}{BD} \Rightarrow 1 = \frac{120}{BD}$$
$$\Rightarrow \quad BD = 120 \text{ मी}$$

ΔABC में,

$$\tan 60^\circ = \frac{AB}{BC} \Rightarrow \sqrt{3} = \frac{120}{BC}$$

$$BC = \frac{120}{\sqrt{3}} \times \frac{\sqrt{3}}{\sqrt{3}} = 40\sqrt{3}$$

∴ दोनों नौकाओं के बीच की दूरी $= CD$

$$= BD - BC$$

$$= 120 - 40\sqrt{3} = 40(3 - \sqrt{3}) \text{ मी}$$

29. *(d)* $8\,\text{cosec}^2\,\theta + 25\sin^2\theta$

$$= (2\sqrt{2}\,\text{cosec}\,\theta)^2 + (5\sin\theta)^2 - 2 \times 2\sqrt{2}\,\text{cosec}\,\theta \times 5\sin\theta + 20\sqrt{2} \quad [\because \text{cosec}\,\theta \cdot \sin\theta = 1]$$

$$= (2\sqrt{2}\,\text{cosec}\,\theta - 5\sin\theta)^2 + 20\sqrt{2}$$

न्यूनतम मान के लिए,

$$2\sqrt{2}\,\text{cosec}\,\theta - 5\sin\theta = 0$$

$\Rightarrow \quad 2\sqrt{2}\,\text{cosec}\,\theta = 5\sin\theta$

$\Rightarrow \quad \sin^2\theta = \frac{2\sqrt{2}}{5}$

∴ न्यूनतम मान $= 8\left(\frac{5}{2\sqrt{2}}\right) + 25 \times \frac{2\sqrt{2}}{5}$

$$= 10\sqrt{2} + 10\sqrt{2} = 20\sqrt{2}$$

30. *(a)* दिया है, $\frac{\cos\theta + \sin\theta}{\cos\theta - \sin\theta} = 8$

$\Rightarrow \quad \cos\theta + \sin\theta = 8\cos\theta - 8\sin\theta$

$\Rightarrow \quad 9\sin\theta = 7\cos\theta \Rightarrow \frac{\cos\theta}{\sin\theta} = \frac{9}{7}$

$\therefore \quad \cot\theta = \frac{9}{7} \quad \left[\because \frac{\cos\theta}{\sin\theta} = \cot\theta\right]$

31. *(d)* दिया है, $\cos(x - y) = \frac{\sqrt{3}}{2} = \cos 30^\circ$

$\Rightarrow \quad x - y = 30^\circ \quad$ ...(i)

तथा $\sin(x + y) = \frac{1}{2} = \sin 30^\circ$

$\Rightarrow \quad x + y = 30^\circ \quad$ ...(ii)

समी (i) और (ii) को जोड़ने पर, $x = 30^\circ$

32. *(b)* $\tan x = \cos(65^\circ + 9x)$

$$\tan x = \tan[90^\circ - (65^\circ + 9x)]$$

$$x = 90^\circ - 65^\circ - 9x$$

$$x + 9x = 25 \Rightarrow 10x = 25$$

$$x = 2.5$$

33. *(b)* दिया है,

$$\cos\theta = 4x$$

$$(\cos\theta)^2 = (4x)^2$$

$$\cos^2\theta = 16x^2 \quad \text{...(i)}$$

और $\quad \sin\theta = \frac{4}{x}$

$$(\sin\theta)^2 = \left(\frac{4}{x}\right)^2$$

$$\sin^2\theta = \frac{16}{x^2} \quad \text{...(ii)}$$

हम जानते हैं कि, $\cos^2\theta + \sin^2\theta = 1$

$$16x^2 + \frac{16}{x^2} = 1 \text{ [समी (i) व (ii) से]}$$

$$x^2 + \frac{1}{x^2} = \frac{1}{16}$$

34. *(c)* दिया है,

$$\frac{1}{1 - \sin\theta} + \frac{1}{1 + \sin\theta} = 4\sec\theta$$

$$\frac{1 + \sin\theta + 1 - \sin\theta}{1 - \sin^2\theta} = \frac{4}{\cos\theta}$$

$$\frac{2}{\cos^2\theta} = \frac{4}{\cos\theta}$$

$$\cos\theta = \frac{1}{2} = \cos 60^\circ$$

$$\theta = 60^\circ$$

∴ $3\cot\theta + \text{cosec}\,\theta = 3\cot 60^\circ + \text{cosec}\,60^\circ$

$$= 3 \times \frac{1}{\sqrt{3}} + \frac{2}{\sqrt{3}} = \frac{3 + 2}{\sqrt{3}}$$

$$= \frac{5}{\sqrt{3}} = \frac{5}{\sqrt{3}} \times \frac{\sqrt{3}}{\sqrt{3}} = \frac{5\sqrt{3}}{3}$$

35. *(d)* दिया है, $\cos x = -\frac{\sqrt{3}}{2}$

$$\cos x = \cos 210^\circ$$

$$x = 210^\circ$$

∴ $\quad 2\cot^2 x + 3\,\text{cosec}^2\,x$

$= 2\cot^2 210^\circ + 3\,\text{cosec}^2\,210^\circ$

$= 2[\cot(180^\circ + 30^\circ)]^2 + 3[\text{cosec}(180^\circ + 30^\circ)]^2$

$= 2[\cot 30^\circ]^2 + 3[-\text{cosec}\,30^\circ]^2$

$= 2[\sqrt{3}]^2 + 3[-2]^2$

$= 2 \times 3 + 3 \times 4 = 6 + 12 = 18$

36. *(b)* $\text{cosec}^2\,30^\circ + \sin^2 45^\circ + \sec^2 60^\circ + \tan^2 30^\circ$

$$= (2)^2 + \left(\frac{1}{\sqrt{2}}\right)^2 + (2)^2 + \left(\frac{1}{\sqrt{3}}\right)^2$$

$$= 4 + \frac{1}{2} + 4 + \frac{1}{3} = \frac{24 + 3 + 24 + 2}{6} = \frac{53}{6}$$

37. *(c)* दिया है, $\sqrt{3}\cos\theta + \sin\theta = 1$

$$\sqrt{3}\cos\theta = 1 - \sin\theta$$

दोनों पक्षों का वर्ग करने पर,

$\Rightarrow \quad 3\cos^2\theta = 1 + \sin^2\theta - 2\sin\theta$

$\Rightarrow \quad 3(1 - \sin^2\theta) = 1 + \sin^2\theta - 2\sin\theta$

$\Rightarrow \quad 3\sin^2\theta + \sin^2\theta - 2\sin\theta + 1 - 3 = 0$

$\Rightarrow \quad 4\sin^2\theta - 2\sin\theta - 2 = 0$

$\Rightarrow \quad 2\sin^2\theta - \sin\theta - 1 = 0$

$\Rightarrow \quad 2\sin^2\theta - 2\sin\theta + \sin\theta - 1 = 0$

$\Rightarrow \quad 2\sin\theta(\sin\theta - 1) + 1(\sin\theta - 1) = 0$

$\Rightarrow \quad (\sin\theta - 1)(2\sin\theta + 1) = 0$

$\Rightarrow \quad \sin\theta = 1, \sin\theta = -\frac{1}{2}$

$\because \quad 0^\circ \le \theta \le 90^\circ$

$\therefore \quad \sin\theta = 1 = \sin 90^\circ$

$$\theta = 90^\circ$$

38. *(d)* दिया है, $\sin\theta + \text{cosec}\,\theta = 2$

$\Rightarrow \quad \sin\theta + \frac{1}{\sin\theta} = 2$

$\Rightarrow \quad \sin^2\theta + 1 = 2\sin\theta$

$\Rightarrow \quad \sin^2\theta + 1 - 2\sin\theta = 0$

$\Rightarrow \quad (\sin\theta - 1)^2 = 0$

$\Rightarrow \quad \sin\theta - 1 = 0$

$\sin\theta = 1$ या $\text{cosec}\,\theta = 1$

$\therefore \quad \sin^{153}\theta + \text{cosec}^{253}\,\theta = (1)^{153} + (1)^{253}$

$$= 1 + 1 = 2$$

39. *(c)* $\frac{\sin^2 31^\circ + \sin^2 59^\circ}{\sec^2 35^\circ - \cot^2 55^\circ} + \tan 29^\circ \cot 61^\circ - \text{cosec}^2\,61^\circ$

$$= \frac{\sin^2 31^\circ + \sin^2(90^\circ - 31^\circ)}{\sec^2 35^\circ - \cot^2(90^\circ - 35^\circ)} + \tan(90^\circ - 61^\circ)\cot 61^\circ + \text{cosec}^2 61^\circ$$

$$= \frac{\sin^2 31^\circ + \cos^2 31^\circ}{\sec^2 35^\circ - \tan^2 35^\circ} + \cot 61^\circ \cdot \cot 61^\circ - \text{cosec}^2\,61^\circ$$

$$= \frac{1}{1} + \cot^2 61^\circ - \text{cosec}^2\,61^\circ$$

$$= 1 - (\text{cosec}^2\,61^\circ - \cot^2 61^\circ) = 1 - 1 = 0$$

40. *(b)* $\cos^2\theta - \sin^2\theta - 3\cos\theta + 2 = 0$

$\Rightarrow \cos^2\theta - (1 - \cos^2\theta) - 3\cos\theta + 2 = 0$

$\Rightarrow \cos^2\theta - 1 + \cos^2\theta - 3\cos\theta + 2 = 0$

$\Rightarrow \quad 2\cos^2\theta - 3\cos\theta + 1 = 0$

$\Rightarrow \quad 2\cos^2\theta - 2\cos\theta - \cos\theta + 1 = 0$

$\Rightarrow \quad 2\cos\theta(\cos\theta - 1) - 1(\cos\theta - 1) = 0$

$\Rightarrow \quad (\cos\theta - 1)(2\cos\theta - 1) = 0$

$\therefore \quad \cos\theta = 1, \cos\theta = \frac{1}{2}$

$\Rightarrow \quad \cos\theta = \cos 0^\circ, \cos\theta = \cos 60^\circ$

$\therefore \quad \theta = 0^\circ, \theta = 60^\circ$

$\because \quad 0^\circ < \theta < 90^\circ \Rightarrow \theta = 60^\circ$

अब, $4\,\text{cosec}\,\theta + \cot\theta$

$$= 4\,\text{cosec}\,60^\circ + \cot 60^\circ$$

$$= 4 \times \frac{2}{\sqrt{3}} + \frac{1}{\sqrt{3}} = \frac{8 + 1}{\sqrt{3}} = \frac{9}{\sqrt{3}} = 3\sqrt{3}$$

41. *(d)* दिया है,

$$\cot\theta = \frac{1}{\sqrt{3}} = \frac{\text{आधार}}{\text{लम्ब}} = \frac{AB}{BC}$$

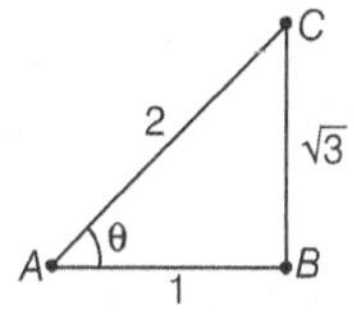

माना $AB = x$, $BC = \sqrt{3}x$

∴ ΔABC में,

$$AC^2 = AB^2 + BC^2$$

$$AC^2 = x^2 + (\sqrt{3}x)^2$$

$$= x + 3x^2 = 4x^2$$

$$AC = 2x$$

$\therefore \quad \sin\theta = \frac{\sqrt{3}x}{2x} = \frac{\sqrt{3}}{2}, \text{cosec}\,\theta = \frac{2}{\sqrt{3}},$

तथा $\sec\theta = \frac{2x}{x} = 2$

$\therefore \quad \frac{2 - \sin^2\theta}{1 - \cos^2\theta} + \text{cosec}^2\,\theta + \sec\theta$

$$= \frac{2 - \left(\frac{\sqrt{3}}{2}\right)^2}{1 - \left(\frac{1}{2}\right)^2} + \left(\frac{2}{\sqrt{3}}\right)^2 + 2$$

$$= \frac{2-\frac{3}{4}}{1-\frac{1}{4}} + \frac{4}{3} + 2$$

$$= \frac{8-3}{4-1} + \frac{4+6}{3}$$

$$= \frac{5}{3} + \frac{10}{3} = \frac{5+10}{3} = \frac{15}{3} = 5$$

42. *(c)* दिया है, $\cos\theta = \frac{2p}{p^2+1}$

$\therefore \quad \sin\theta = \sqrt{1-\cos^2\theta}$

$$= \sqrt{1-\left(\frac{2p}{p^2+1}\right)^2} = \sqrt{\frac{(p^2+1)^2-4p^2}{(p^2+1)^2}}$$

$$= \sqrt{\frac{p^4+1+2p^2-4p^2}{(p^2+1)^2}}$$

$$= \frac{\sqrt{p^4+1-2p^2}}{p^2+1}$$

$$= \frac{\sqrt{(p^2-1)^2}}{p^2+1} = \frac{p^2-1}{p^2+1}$$

43. *(d)* $\frac{\sin^2 25° + \sin^2 65°}{\cos^2 24° + \cos^2 66°} + \sin^2 71° + \cos 71° \sin 19°$

$$= \frac{\sin^2 25° + \sin^2(90°-25°)}{\cos^2(90°-66°) + \cos^2 66°} + \sin^2 71° + \cos 71° \cdot \sin(90°-71°)$$

$$= \frac{\sin^2 25° + \cos^2 25°}{\sin^2 66° + \cos^2 66°} + \sin^2 71 + \cos 71° \cdot \cos 71°$$

$[\because \sin(90°-\theta) = \cos\theta$ and $\cos(90°-\theta) = \sin\theta]$

$$= \frac{1}{1} + \sin^2 71° + \cos^2 71° = 1 + 1 = 2$$

44. *(b)* दिया है, $\theta = 9°$

$\cot\theta \cot 2\theta \cot 3\theta \cot 4\theta \cot 5\theta \cot 6\theta \cot 7\theta \cot 8\theta \cot 9\theta$

$= \cot 9° \cot 18° \cot 27° \cot 36° \cot 45° \cot 54° \cot 63° \cot 72° \cot 81°$

$= \cot 9° \cot 81° \cot 18° \cot 72° \cot 27° \cot 63° \cot 36° \cot 54° \cot 45°$

$= \cot 9° \cdot \cot(90°-9°) \cdot \cot 18° \cdot \cot(90°-18°) \cdot \cot 27° \cdot \cot(90°-27°) \cot 36° \cdot \cot(90°-36°) \times 1$

$= \cot 9° \tan 9° \cdot \cot 18° \tan 18° \cdot \cot 27° \tan 27° \cot 36° \tan 36°$ $[\because \cot(90°-\theta) = \tan\theta]$

$= 1$ $[\because \tan\theta \cot\theta = 1]$

45. *(c)* $\tan 45° + \frac{1}{\sqrt{2}} = 1 + \frac{1}{\sqrt{2}} = \frac{\sqrt{2}+1}{\sqrt{2}}$

46. *(c)* दिया है, $DE = 6$ सेमी

$$\tan D = \frac{4}{3} = \frac{\text{लम्ब}}{\text{आधार}} = \frac{EF}{DE}$$

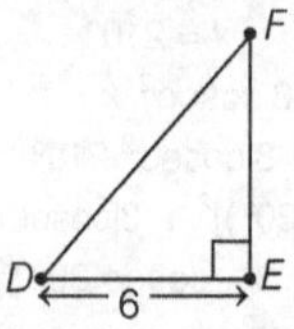

माना $EF = 4x$, और $DE = 3x$

प्रश्नानुसार, $3x = 6$, $x = 2$

$\therefore \quad EF = 4 \times 2 = 8$ सेमी

47. *(b)* दिया है, $\operatorname{cosec} P = \frac{17}{15} = \frac{\text{कर्ण}}{\text{लम्ब}} = \frac{PR}{RQ}$

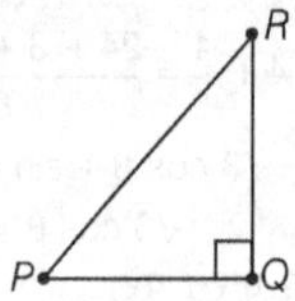

माना $PR = 17x$, $RQ = 15x$

ΔPQR में,

$$PR^2 = PQ^2 + RQ^2$$

$$(17x)^2 = PQ^2 + (15x)^2$$

$$PQ^2 = 289x^2 - 225x^2 = 64x^2$$

$$PQ = 8x$$

$\therefore \quad \sin R = \frac{PQ}{PR} = \frac{8}{17}$

48. *(d)* दिया है,

$\angle Z = 30°$, $\angle Y = 90°$

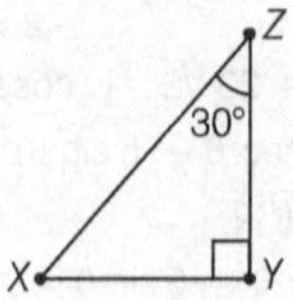

$\therefore \quad \angle X = 180° - (\angle Z + \angle Y)$

$\angle X = 180° - (30° + 90°)$

$\angle X = 180° - 120° = 60°$

$\therefore \cos X - \frac{1}{\sqrt{3}} = \cos 60° - \frac{1}{\sqrt{3}}$

$$= \frac{1}{2} - \frac{1}{\sqrt{3}} = \frac{\sqrt{3}-2}{2\sqrt{3}}$$

49. *(c)* $x = \cos 45° - \sec 60°$

$$x = \frac{1}{\sqrt{2}} - 2$$

$\Rightarrow \quad x = \frac{1-2\sqrt{2}}{\sqrt{2}}$

50. *(b)* $\tan\left(-\frac{5\pi}{6}\right) = -\tan\frac{5\pi}{6}$

$= -\tan\frac{5\times 180°}{6} = -\tan 150°$

$= -\tan(90° + 60°) = -(-\cot 60°)$

$= \cot 60° = \frac{1}{\sqrt{3}}$

अध्याय 07

आँकड़ों का विश्लेषण
(Data Interpretation)

आँकड़े

यह एक प्रकार की संख्यात्मक सूचनाएँ होती हैं। किन्हीं विशेष गुणों से युक्त सूचनाओं या तथ्यों के संख्यात्मक रूप को आँकड़े (Data) कहते हैं। इन्हें 'समंक' भी कहा जाता है। इसके अन्तर्गत केवल वे ही तथ्य अथवा तथ्य समूह संख्यात्मक हो सकते हैं, जो संख्या रूप में व्यक्त किए जा सकते हैं।

जैसे—किसी कक्षा में कुल विद्यार्थियों में लड़के व लड़कियों की संख्या का निरूपण, किसी शहर की आबादी में महिला, पुरुष एवं बच्चों की संख्या का निरूपण इत्यादि।

आँकड़ों का निरूपण

विभिन्न प्रकार के आँकड़ों को हम प्रमुख रूप से चार भागों में निरूपित कर सकते हैं

1. सारणी
2. पाई चार्ट
3. दण्ड आरेख
4. बिन्दुरेखीय चित्र

इस अध्याय पर आधारित प्रश्नों को हल करने के लिए गणित की कुछ मौलिक संक्रियाओं एवं अवधारणाओं की जानकारी होना आवश्यक है, जो निम्न प्रकार है

(i) **औसत** $= \dfrac{\text{दी गई राशियों का योगफल}}{\text{कुल राशियाँ}}$

(ii) **अनुपात** $= A$ का B से अनुपात $= A : B$

(iii) **प्रतिशत वृद्धि** $= \left(\dfrac{\text{कुल वृद्धि}}{\text{मूल मान}} \times 100\right)\%$

प्रतिशत कमी $= \left(\dfrac{\text{कुल कमी}}{\text{मूल मान}} \times 100\right)\%$

(iv) **चाल** $= \dfrac{\text{दूरी}}{\text{समय}}$

1. सारणी

आँकड़ों की स्तम्भों तथा पंक्तियों में क्रमबद्ध व्यवस्था सारणी (Table) कहलाती है।

सारणी का स्वरूप

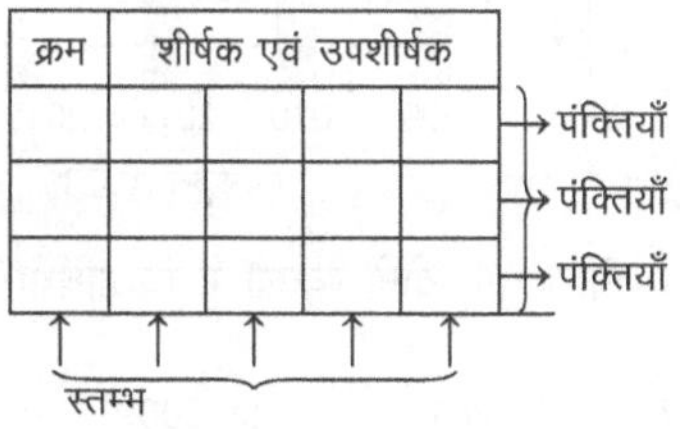

उदाहरण 1 नीचे दी गई डाटा तालिका के आधार पर निम्नलिखित प्रश्न का उत्तर दें।

श्रेणी/कक्षा	लड़के	लड़कियाँ
श्रेणी A/कक्षा 5	20	30
श्रेणी B/कक्षा 5	15	20
श्रेणी C/कक्षा 5	30	10
श्रेणी A/कक्षा 6	30	25
श्रेणी B/कक्षा 6	30	25
श्रेणी C/कक्षा 6	30	20

लड़कियों पर लड़कों का अनुपात क्या है?

(a) 26 : 31 (b) 31 : 26 (c) 33 : 28 (d) 28 : 33

हल (b) लड़कों की संख्या = 20 + 15 + 30 + 30 + 30 + 30 = 155

लड़कियों की संख्या = 30 + 20 + 10 + 25 + 25 + 20 = 130

∴ अभीष्ट अनुपात = 155 : 130 = 31 : 26

उदाहरण 2 नीचे दी गई डाटा तालिका के आधार पर निम्नलिखित प्रश्न का उत्तर दें।

वर्ष 2015 में भारत का निर्यात	मिलियन डॉलर में मूल्य
जेवर	500
सॉफ्टवेयर	850
कपास	950
इस्पात	1000
E–इलेक्ट्रॉनिक्स	875

इलेक्ट्रॉनिक्स का निर्यात भारत के कुल निर्यात का कितना प्रतिशत था?

(a) 23.46% (b) 25.96%
(c) 18.46% (d) 20.96%

हल (d) भारत में इलेक्ट्रॉनिक्स का निर्यात = 875

भारत में कुल निर्यात = 500 + 850 + 950 + 1000 + 875 = 4175

अभीष्ट प्रतिशत $= \dfrac{875}{4175} \times 100 = 20.96\%$

उदाहरण 3 नीचे दी गई डाटा तालिका के आधार पर निम्नलिखित प्रश्न का उत्तर दें।

अंक	लड़के
40 और उससे ऊपर	25
30 और उससे ऊपर	44
20 और उससे ऊपर	56
10 और उससे ऊपर	86
0 और उससे ऊपर	100

कितने छात्रों ने 20 या उससे अधिक लेकिन 40 से कम अंक प्राप्त किए?

(a) 31 (b) 56

(c) 44 (d) 100

हल (a) 20 या उससे अधिक अंक प्राप्त करने वाले छात्र = 56 – 44 = 12

30 या उससे अधिक अंक प्राप्त करने वाले छात्र = 44 – 25 = 19

अतः 20 या उससे अधिक लेकिन 40 से कम अंक प्राप्त करने वाले छात्र = 12 + 19 = 31

2. पाई चार्ट

वृत्त के अन्तर्गत व्यवस्थित आँकड़ों को हम पाई चार्ट/चित्र (Pie Chart) के नाम से जानते हैं। एक वृत्त आरेख या चित्र में प्रत्येक खण्ड का चाप, उसका केन्द्रीय कोण और उसका क्षेत्रफल उस राशि के समानुपाती होता है, जिसको वह प्रदर्शित करता है। सम्पूर्ण वृत्त 360° की माप का होता है जो दी गई मदों का 100% होता है।

(i) **डिग्री में पाई चित्र**

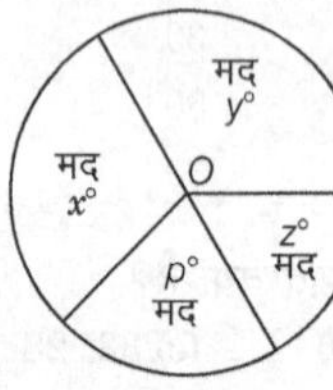

$x + y + z + p = 360° =$ कुल मदों का योग

- किसी खण्ड का वास्तविक मान $= \dfrac{\text{कुल वास्तविक मान} \times \text{डिग्री मान}}{360°}$
- खण्ड का डिग्री मान $= \dfrac{\text{खण्ड का वास्तविक मान}}{\text{कुल वास्तविक मान}} \times 360°$

(ii) **प्रतिशत में पाई चित्र**

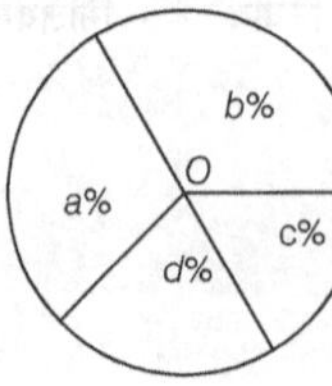

$a + b + c + d = 100\% =$ कुल मदों का योग

- किसी खण्ड का वास्तविक मान $= \dfrac{\text{कुल वास्तविक मान} \times \text{प्रतिशत मान}}{100}$
- खण्ड का प्रतिशत मान $= \dfrac{\text{खण्ड का वास्तविक मान}}{\text{कुल वास्तविक मान}} \times 100$

निर्देश (उदाहरण 4-7) *यह पाई चार्ट एक ऑनलाइन सर्वेक्षण के परिणाम दर्शाता हैं जिसमें लोगों को उनके पसन्दीदा यात्रा गन्तव्य के बारे में पूछा गया था। इस आरेख का अध्ययन करें और निम्नलिखित प्रश्नों के उत्तर दें।*

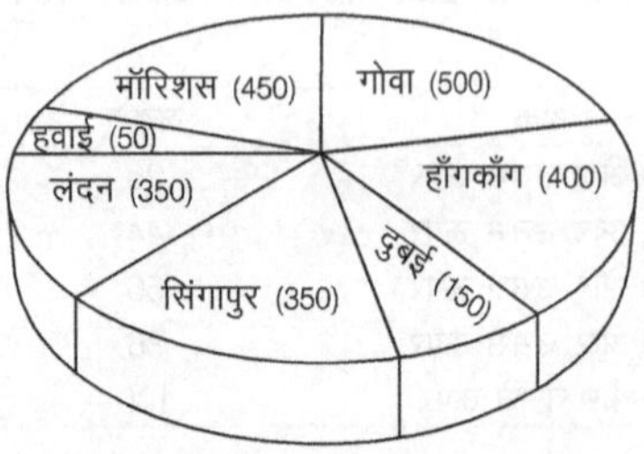

उदाहरण 4 किए गए सर्वेक्षण में अधिकांश लोगों का पसन्दीदा गंतव्य स्थान कौन-सा है?

(a) हाँगकाँग (b) मॉरिशस

(c) सिंगापुर (d) गोवा

हल (d) किए गए सर्वेक्षण में अधिकांश लोगों का पसन्दीदा गंतव्य स्थान गोवा है।

उदाहरण 5 सर्वेक्षण में प्रतिक्रिया देने वाले लोगों की कुल संख्या क्या है?

(a) 2150 (b) 2400 (c) 2250 (d) 2100

हल (c) सर्वेक्षण में प्रतिक्रिया देने वाले लोगों की कुल संख्या

= 500 + 400 + 150 + 350 + 350 + 50 + 450

= 2250

उदाहरण 6 जिनकी पसन्दीदा यात्रा गंतव्य हवाई है, उन लोगों की संख्या का प्रतिनिधित्व करने वाले क्षेत्र के केन्द्रीय कोण का माप .... डिग्री है।

(a) 10 (b) 12 (c) 15 (d) 8

हल (d) अभीष्ट केन्द्रीय कोण $= \dfrac{50}{2250} \times 360° = 8°$

उदाहरण 7 जिन उत्तरदाताओं का कहना है कि उनका पसन्दीदा यात्रा गन्तव्य गोवा है। और जिनका पसन्दीदा यात्रा गन्तव्य हाँगकाँग है, वे कुल उत्तरदाताओं का कितना प्रतिशत गठित करते हैं?

(a) 25% (b) 33.33% (c) 30% (d) 40%

हल (d) गोवा पसन्द करने वाले उत्तरदाता = 500

हाँगकाँग पसन्द करने वाले उत्तरदाता = 400

∴ अभीष्ट प्रतिशत $= \dfrac{500 + 400}{2250} \times 100 = \dfrac{900 \times 100}{2250} = 40\%$

3. दण्ड आरेख

यह आरेख आँकड़ों को निरूपित करने का सबसे सरल और उपयुक्त आरेख है। इसमें आयताकार खड़े दण्ड होते हैं, जो आँकड़ों के संख्यात्मक मान को दर्शाते हैं। साधारणतः दण्ड आरेख (Bar Graph) में स्वतन्त्र चर राशि से सम्बन्धित संख्यात्मक मान को Y-अक्ष पर तथा निर्भर चर राशि से सम्बन्धित संख्यात्मक मान को दूसरे (X-अक्ष) पर निरूपित करते हैं।

निर्देश (उदाहरण 8-11) *दिया गया दण्ड आरेख (बार ग्राफ) दो स्कूलों में छह वर्षों के दौरान विद्यार्थियों की संख्या को दर्शाता है।*

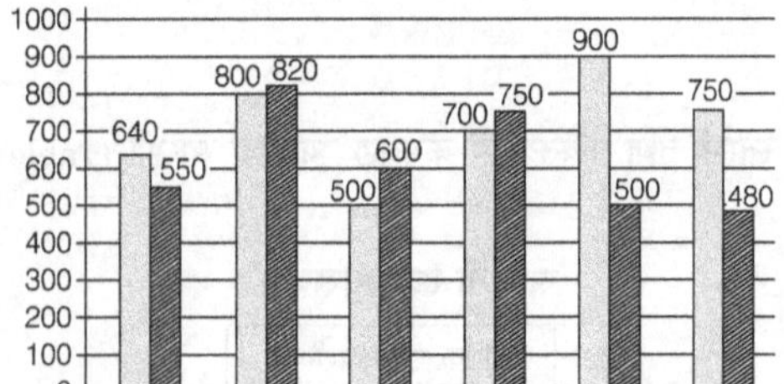

उदाहरण 8 किस वर्ष, दोनों स्कूलों में विद्यार्थियों का योग सबसे अधिक है?

(a) 2012 (b) 2011 (c) 2009 (d) 2008

हल (c) दोनों स्कूलों में विद्यार्थियों का योग,

2008 में = 640 + 550 = 1190 2009 में = 800 + 820 = 1620

2010 में = 500 + 600 = 1100 2011 में = 700 + 750 = 1450

2012 में = 900 + 500 = 1400

अतः वर्ष 2009 में दोनों स्कूलों में विद्यार्थियों का योग सबसे अधिक है।

उदाहरण 9 स्कूल A और B में विद्यार्थियों की कुल संख्या में, अपने पिछले वर्ष की तुलना में किस वर्ष में सबसे अधिक प्रतिशत वृद्धि हुई?

(a) 2009 (b) 2010
(c) 2011 (d) 2012

हल (a) दोनों स्कूलों में विद्यार्थियों का योग,

2008 में = 640 + 550 = 1190 2009 में = 800 + 820 = 1620

2010 में = 500 + 600 = 1100 2011 में = 700 + 750 = 1450

2012 में = 900 + 500 = 1400

पिछले वर्ष की तुलना में वृद्धि प्रतिशत,

2009 में $= \frac{1620 - 1190}{1190} \times 100 = 36.13\%$

2010 में $= \frac{1100 - 1620}{1620} \times 100 = -32.09\%$

2011 में $= \frac{1450 - 1100}{1100} \times 100 = 31.81\%$

2012 में $= \frac{1400 - 1450}{1450} \times 100 = -3.44\%$

अतः पिछले वर्ष की तुलना में 2009 में अधिक प्रतिशत वृद्धि हुई।

उदाहरण 10 छह वर्षों की अवधि के दौरान स्कूल A और B में विद्यार्थियों की कुल संख्या का औसत (दशमलव के दो स्थानों तक) क्या है?

(a) 1122.57 (b) 1331.67
(c) 1133.57 (d) 1221.67

हल (b) छह वर्षों की अवधि के दौरान स्कूल A और B में कुल विद्यार्थी

= 640 + 550 + 800 + 820 + 500 + 600 + 750 + 700 + 900 + 500 + 750 + 480

= 7990

$\therefore$ अभीष्ट औसत $= \frac{7990}{6} = 1331.67$

उदाहरण 11 स्कूल A में वर्ष 2008, 2012 और 2013 में विद्यार्थियों की कुल संख्या और स्कूल B में वर्ष 2008, 2012 और 2013 में विद्यार्थियों की कुल संख्या का अनुपात क्या है?

(a) 101:117 (b) 153:229
(c) 229:153 (d) 117:101

हल (c) स्कूल A में वर्ष 2008, 2012 और 2013 में विद्यार्थियों की कुल संख्या = 640 + 900 + 750 = 2290

स्कूल B में वर्ष 2008, 2012 और 2013 में विद्यार्थियों की कुल संख्या = 550 + 500 + 480 = 1530

$\therefore$ अभीष्ट अनुपात = 2290 : 1530 = 229 : 153

4. बिन्दु रेखीय चित्र (रेखाचित्र)

आँकड़ों को प्रदर्शित करने का यह एक चित्रमय प्रारूप है। रेखाचित्र (Line Graph) यह बिन्दु और रेखा का मिश्रित रूप है। इसके अन्तर्गत, क्षैतिज X-अक्ष तथा ऊर्ध्वाधर Y-अक्ष के अनुदिश रेखीय झुकाव, दो क्रमिक बिन्दुओं के मध्य होने वाले मात्रात्मक परिवर्तन की तुलना को प्रदर्शित करता है।

रेखीय झुकावों का उच्चतम बिन्दु किसी परिमाण की अधिकतम मात्रा को दर्शाता है, जबकि निम्नतम बिन्दु उसकी न्यूनतम मात्रा को।

निर्देश (उदाहरण 12-15) *यह रेखा ग्राफ एक विशिष्ट राज्य में सड़क दुर्घटनाओं के कारण होने वाली मौतों की संख्या को दर्शाता है। इस आरेख का अध्ययन करें और निम्नलिखित प्रश्नों के उत्तर दें।*

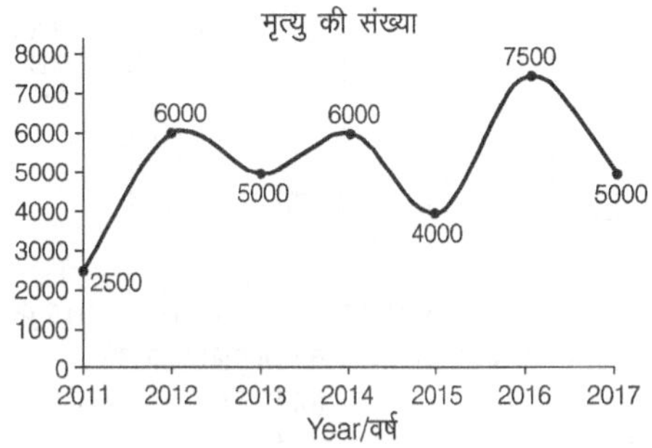

उदाहरण 12 किस वर्ष में पिछले वर्ष की तुलना में मृत्यु की संख्या कम थी?

(a) 2013 (b) 2012 (c) 2014 (d) 2016

हल (a) वर्ष 2013 (5000) में पिछले वर्ष 2012 (6000) की तुलना में मृत्यु की संख्या कम थी।

उदाहरण 13 वर्ष 2011 और 2013 के बीच हुई मृत्यु की संख्या में क्या अन्तर था?

(a) 3500 (b) 2000 (c) 2500 (d) 3000

हल (c) वर्ष 2011 में हुई मृत्यु की संख्या =2500

वर्ष 2013 में हुई मृत्यु की संख्या = 5000

अभीष्ट अन्तर = 5000 – 2500 = 2500

उदाहरण 14 2017 की तुलना में 2014 में हुई मृत्यु की संख्या ....से अधिक थी?

(a) 50% (b) 40% (c) 20% (d) 14.2%

हल (c) वर्ष 2017 में हुई मृत्यु की संख्या = 5000

वर्ष 2014 में हुई मृत्यु की संख्या = 6000

$\therefore$ अभीष्ट प्रतिशत $= \frac{6000 - 5000}{5000} \times 100 = \frac{1000}{50} = 20\%$

उदाहरण 15 यदि सड़क दुर्घटना के कारण हुई प्रत्येक मौत के लिए औसतन ₹ 50 लाख बीमा के रूप में भुगतान किया गया था, तो वर्ष 2016 में कितना बीमा (करोड़ ₹ में) दिया गया था?

(a) 3750 (b) 4750 (c) 3250 (d) 4250

हल (a) वर्ष 2016 में हुई मृत्यु की संख्या = 7500

वर्ष 2016 में दिया गया बीमा = 50 × 100000 ×7500 = ₹ 3750 करोड़

अभ्यास प्रश्न

निर्देश (प्र. सं. 1-4) *दिया गया दण्ड आरेख (बार ग्राफ) तीन शोरूम A, B और C के द्वारा जनवरी, फरवरी, मार्च और अप्रैल, 2016 के दौरान कार के एक खास ब्राण्ड की (100 के गुणांक में) बिक्री को दर्शाता है।*

नीचे दिए गए दण्ड आरेख का ध्यानपूर्वक अध्ययन कीजिए तथा निम्नलिखित प्रश्नों के उत्तर दीजिए।

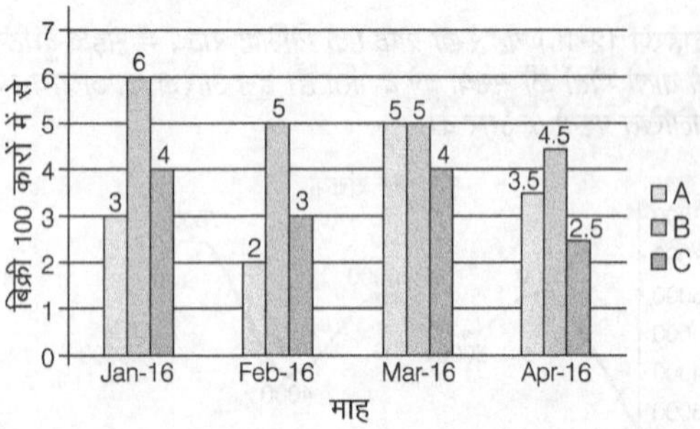

1. जनवरी-फरवरी, 2016 में A के द्वारा और मार्च-अप्रैल, 2016 के दौरान B के द्वारा बची गई कारों की संख्या का अनुपात क्या है?
(a) 10 : 19 (b) 8 : 17
(c) 12 : 19 (d) 5 : 8

2. यदि A और B के द्वारा बेची गई सभी कारें सही पाई गईं, लेकिन C के द्वारा जनवरी, फरवरी, मार्च और अप्रैल 2016 में बेची गई क्रमश: 15%, 10%, 8% और 6% कारें दोषपूर्ण पाई गई तो अप्रैल, 2016 के दौरान सभी शोरूमों के द्वारा बेची गई दोषपूर्ण कारों का प्रतिशत क्या है?
(a) $7\frac{2}{3}$ (b) $1\frac{3}{7}$ (c) $2\frac{4}{9}$ (d) $4\frac{4}{9}$

3. यदि A और B के द्वारा बेची गई सभी कारें सही पाई गईं, लेकिन C के द्वारा जनवरी, फरवरी, मार्च और अप्रैल 2016 में बेची गई क्रमश: 15%, 10%, 8% और 6% कारें दोषपूर्ण पाई गईं तो C के द्वारा बेची गई दोषमुक्त कारों तथा A और B के द्वारा जनवरी-मार्च के दौरान बेची गई कुल कारों का अनुपात क्या है?
(a) 177 : 1400 (b) 489 : 1300
(c) 255 : 1348 (d) 384 : 1385

4. फरवरी-अप्रैल 2016 के दौरान, A के द्वारा बेची गई कारों की औसत संख्या क्या थी?
(a) 250 (b) 350
(c) 300 (d) 375

निर्देश (प्र. सं. 5-8) *यह बार ग्राफ एक क्लब के भीतर किए गए सर्वेक्षण के परिणामों को दिखाता है। क्लब के सदस्यों से पूछा गया कि उन्होंने कौन-सा शीतल पेय पीया है? इस आरेख का अध्ययन करें और निम्नलिखित प्रश्नों के उत्तर दें।*

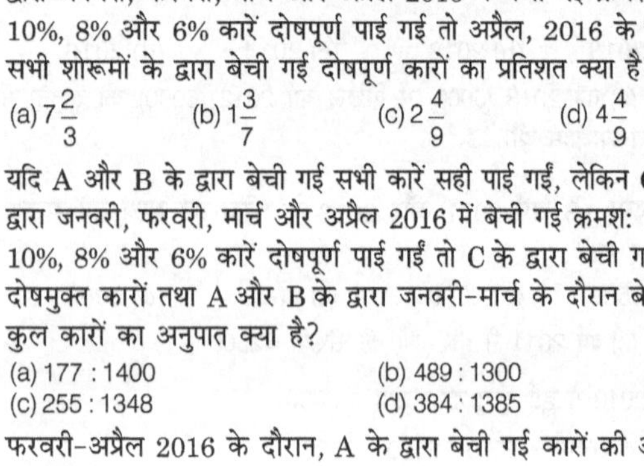

5. कौन-से शीतल पेय का दूसरा उच्चतम सेवन किया गया है?
(a) B (b) A (c) C (d) G

6. शीतल पेय B के उपभोक्ताओं और शीतल पेय E के उपभोक्ताओं के बीच का अनुपात क्या है?
(a) 14 : 17 (b) 5 : 9 (c) 9 : 5 (d) 17 : 14

7. पेय C के उपभोक्ताओं की संख्या पेय D की तुलना में ....अधिक है।
(a) 1.375 (b) 1.175 (c) 0.578 (d) 0.752

8. अगर पेय A के 20% उपभोक्ता पेय E का उपभोग करते हैं, तो पेय E-के उपभोक्ताओं की संख्या ....से बढ़ जाएगी।
(a) 0.14 (b) 0.1
(c) 0.2 (d) 0.28

निर्देश (प्र. सं. 9-12) *यह रेखा ग्राफ दर्शाता है, कि किशोर प्रतिदिन टीवी देखने के लिए औसत कितने घण्टे बिताते हैं। इस आरेख का अध्ययन करें और निम्नलिखित प्रश्नों के उत्तर दें।*

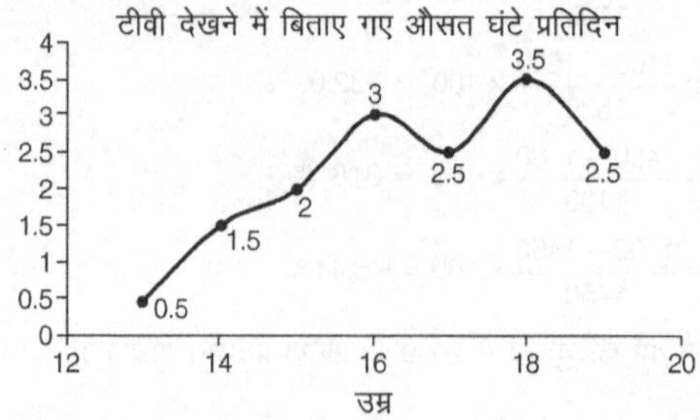

9. किस आयु में किशोर टीवी को देखने में सबसे कम घण्टे बिताते हैं?
(a) 17 (b) 15 (c) 13 (d) 18

10. 14 वर्ष के बच्चों और 18 वर्ष के बच्चों द्वारा प्रतिदिन टीवी देखने में बिताए गए घण्टों का अनुपात क्या है?
(a) 7 : 3 (b) 3 : 7
(c) 5 : 7 (d) 7 : 5

11. 15 वर्ष के बच्चों और 17 वर्ष के बच्चों द्वारा प्रतिदिन टीवी देखने में बिताए गए घण्टों का अनुपात क्या है?
(a) 25% (b) 20%
(c) 16.7% (d) 30%

12. 16 वर्ष के बच्चे सप्ताह में टीवी देखने के लिए कितने घण्टे खर्च करते हैं?
(a) 25.5 (b) 25
(c) 21 (d) 22.5

निर्देश (प्र. सं. 13-16) *यह पाई चार्ट देश के सभी हाथी वन्यजीव अभयारण्यों में स्थित हाथियों की संख्या को दर्शाता है। इस आरेख का अध्ययन करें और निम्नलिखित प्रश्नों के उत्तर दें।*

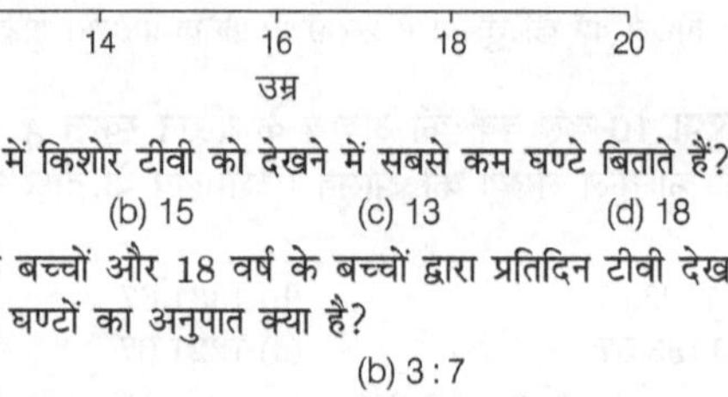

13. हाथियों की सबसे कम संख्या किस अभयारण्य में है?
(a) C (b) D
(c) G (d) B

14. इन अभयारण्यों में हाथियों की कुल संख्या क्या है?
(a) 4500 (b) 3000
(c) 4000 (d) 3500

15. अभयारण्य D में मौजूद हाथियों की संख्या का प्रतिनिधित्व करने वाले क्षेत्र के केन्द्रीय कोण का माप ....डिग्री है।
(a) 40 (b) 45
(c) 36 (d) 30

16. यदि इन अभयारण्यों में प्रत्येक हाथी द्वारा कब्जा किया गया औसत क्षेत्रफल 50 वर्ग किमी है, तो इन अभयारण्यों का कुल क्षेत्रफल (1000 वर्ग किमी में) क्या है?
(a) 200 (b) 150
(c) 100 (d) 300

17. नीचे दी गई डाटा तालिका के आधार पर निम्नलिखित प्रश्न का उत्तर दें।

	लड़के	**लड़कियाँ**
मेडिकल	40	75
इंजीनियरिंग	100	25

छात्रों में लड़कियों का प्रतिशत कितना है, जिन्होंने इन्जीनियरिंग विषय चुना है?
(a) 20 (b) 10.42
(c) 50 (d) 25

18. नीचे दी गई डाटा तालिका के आधार पर निम्नलिखित प्रश्न का उत्तर दें।

सप्ताह का दिन	**दौड़ी गई दूरी** (किमी में)
सोमवार	3.5
मंगलवार	2
बुधवार	3
गुरुवार	0.5
शुक्रवार	3.5
शनिवार	2.5
रविवार	3.5

यदि 5 किमी दौड़ने से 400 कैलोरी की खपत होती है, तो दिए गए पूरे सप्ताह में कितनी कैलोरी की खपत हुई?
(a) 1480 कैलोरी (b) 1530 कैलोरी
(c) 1430 कैलोरी (d) 1380 कैलोरी

19. निम्न तालिका एक समाज के प्रत्येक घर में बच्चों की संख्या दर्शाती है।

बच्चों की संख्या	**घरों की संख्या**
0	7
1	9
2	20
3	3

प्रत्येक घर में बच्चों की औसत संख्या क्या है?
(a) 1.74 (b) 1.99
(c) 1.24 (d) 1.49

20. नीचे दी गई डाटा तालिका के आधार पर निम्नलिखित प्रश्न का उत्तर दें।

गहरी नींद में	15
सपना देखते हुए	20
हल्की नींद में	10
बहुत हल्की नींद में	15
जागते हुए	40

रात के 10 बजे से लेकर सुबह 6 बजे तक एक फिटनेस बैण्ड निम्न डाटा रिकॉर्ड करता है। उसका उपयोगकर्ता कितने समय तक हल्की नींद में था या जाग रहा था?
(a) 2.5 घण्टे (b) 3.5 घण्टे (c) 4 घण्टे (d) 4.5 घण्टे

21. नीचे दी गई डाटा तालिका के आधार पर निम्नलिखित प्रश्न का उत्तर दें।

	वजन (किग्रा)	**ऊँचाई** (मीटर)
अनीता	56	1.71
अंजलि	64	1.52
अन्जलिका	51	1.72
अंजना	52	1.59

वजन और ऊँचाई का अनुपात किसका सबसे कम है?
(a) अनीता (b) अन्जलिका (c) अंजलि (d) अंजना

निर्देश (प्र.सं. 22-24) *दिए गए ग्राफ में एक कम्पनी के* 1996-2001 *अवधि के दौरान हुए वार्षिक प्रतिशत लाभ को दर्शाया गया है। ग्राफ का ध्यानपूर्वक अध्ययन करें और पूछे गए प्रश्न का उत्तर दें।*

$$\% \text{ लाभ} = \frac{\text{आय} - \text{व्यय}}{\text{व्यय}} \times 100$$

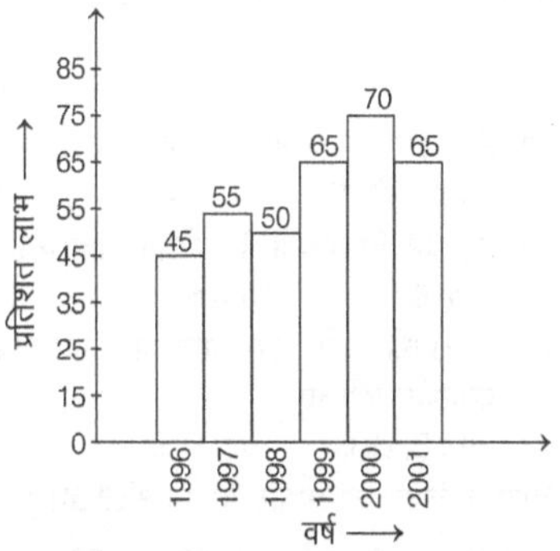

22. वर्ष 1996 के दौरान, कम्पनी का व्यय ₹ 30 करोड़ था। उस वर्ष कम्पनी की आय (₹ करोड़ों में) कितनी हुई?
(a) 44 (b) 44.5 (c) 45 (d) 43.5

23. किस अवधि में कम्पनी के लाभ में सबसे तेज वृद्धि हुई?
(a) 1997-1998 (b) 2000-2001
(c) 1996-1997 (d) 1998-1999

24. किसी वर्ष कम्पनी को अधिकतम लाभ हुआ?
(a) 2001 (b) 1996 (c) 1999 (d) 2000

25. दिया गया ग्राफ सीनियर सेकेंडरी बोर्ड परीक्षा में किसी स्कूल के छः शिक्षकों द्वारा पढ़ाए गए छात्रों के उत्तीर्ण प्रतिशत को दर्शाता है।

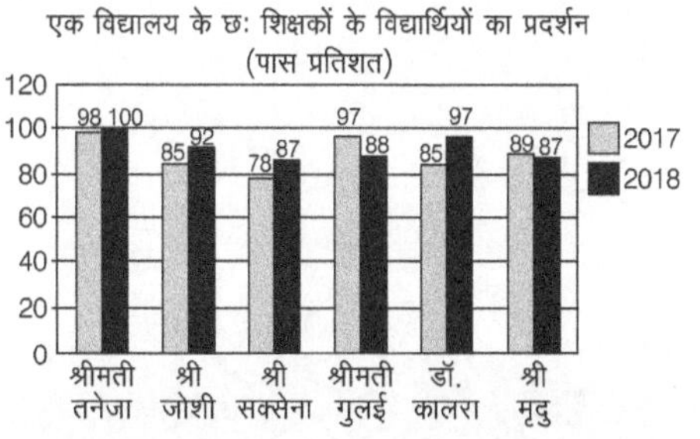

उस शिक्षक की पहचान करें, जिनके छात्रों ने अधिकतम सुधार दिखाया है।
(a) श्री जोशी (b) डॉ. कालरा (c) श्रीमती तनेजा (d) श्री सक्सेना

निर्देश (प्र. सं. 26-30) *किसी प्रश्न-पत्र का पूर्णांक 300 है। मूल्यांकन के तीन घटकों सैद्धान्तिक-परीक्षा (X), व्यवहारिक-परीक्षा (Y) और परियोजना- कार्य (Z) में अंकों का विभाजन 6 : 5 : 4 है। परीक्षा उत्तीर्ण करने के लिए, X, Y और Z में कम से कम क्रमशः 40%, 50% और 50% अंक तथा कुल प्राप्तांक 60% होने चाहिए। दिए गए दण्ड आरेख (बार ग्राफ) में चार विद्यार्थियों A, B, C और D द्वारा प्राप्तांकों को दर्शाया गया है।*

नीचे दिए गए दण्ड आरेख का ध्यानपूर्वक अध्ययन करें तथा निम्नलिखित प्रश्नों के उत्तर दें।

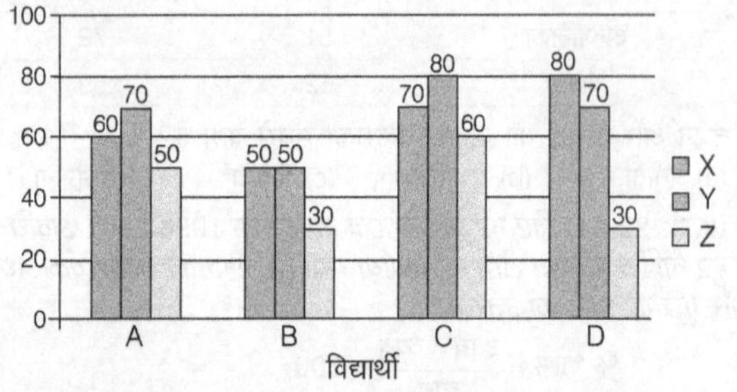

26. व्यावहारिक-परीक्षा में C ने B से कितने प्रतिशत अधिक अंक प्राप्त किए?
(a) 30 (b) 40 (c) 60 (d) 20

27. विद्यार्थियों में से कौन उत्तीर्ण नहीं हो सका/सके?
(a) केवल A (b) B और C (c) केवल B (d) B और D

28. सैद्धान्तिक-परीक्षा में चार विद्यार्थियों के औसत अंक क्या है?
(a) 68 (b) 60 (c) 65 (d) 70

29. विद्यार्थियों BC और D को उनके द्वारा प्राप्त किए गए अंकों के आधार पर आरोही क्रम में व्यवस्थित कीजिए।
(a) B, C, D (b) B, D, C (c) C, D, B (d) D, B, C

30. नीचे दी गई डाटा तालिका के आधार पर निम्नलिखित प्रश्न का उत्तर दें।

	2011	2012	2013	2014	2015
कम्पनी *A*	3000	4000	3000	3000	3000
कम्पनी *B*	2000	2000	1000	4000	2000
कम्पनी *C*	4000	3000	1000	3000	1000

निम्न में से वर्षों की कौन-सी जोड़ी के लिए तीनों कम्पनियों का कुल निर्यात बराबर है? (नोट : दिए गए आँकड़े ₹ लाख में हैं)
(a) 2011 एवं 2013 (b) 2013 एवं 2015
(c) 2011 एवं 2012 (d) 2014 एवं 2015

निर्देश (प्र. सं. 31-34) *यह पाई चार्ट वर्ष 2017 के लिए एक कॉलेज के व्यय का विभाजन प्रदर्शित करता है। इस आरेख का अध्ययन करें और निम्नलिखित प्रश्नों के उत्तर दें।*

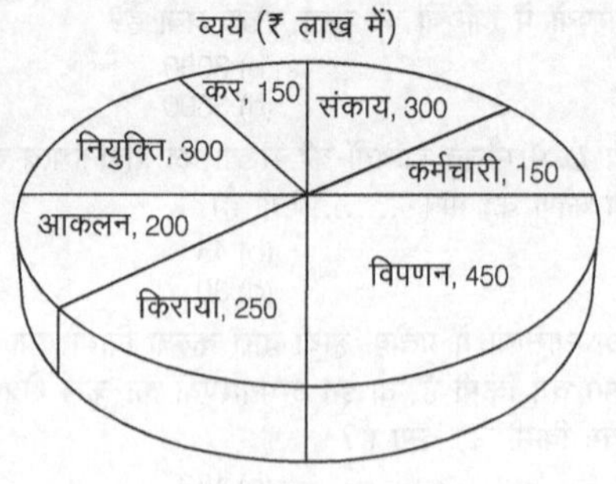

किराया — 250 आकलन— 200
नियुक्ति — 300 कर— 150
संकाय — 300 कर्मचारी— 150
विपणन— 450

31. सबसे अधिक खर्च किस पद पर किया जाता है?
(a) किराया (b) विपणन (c) आकलन (d) नियुक्ति

32. कुल व्यय (₹ लाख में) क्या है?
(a) 1800 (b) 900 (c) 2000 (d) 1000

33. संकाय का प्रतिनिधित्व करने वाले क्षेत्र के केन्द्रीय कोण का माप ...डिग्री है।
(a) 30 (b) 45 (c) 75 (d) 60

34. आकलन और नियुक्ति पर किया जाने वाला व्यय कुल व्यय का कितना प्रतिशत है?
(a) 33.3% (b) 25% (c) 30% (d) 27.77%

उत्तरमाला

1	*(a)*	2	*(b)*	3	*(b)*	4	*(b)*	5	*(a)*
6	*(d)*	7	*(a)*	8	*(b)*	9	*(c)*	10	*(b)*
11	*(a)*	12	*(c)*	13	*(d)*	14	*(c)*	15	*(c)*
16	*(a)*	17	*(b)*	18	*(a)*	19	*(d)*	20	*(c)*
21	*(b)*	22	*(d)*	23	*(d)*	24	*(d)*	25	*(b)*
26	*(c)*	27	*(d)*	28	*(c)*	29	*(b)*	30	*(c)*
31	*(b)*	32	*(a)*	33	*(d)*	34	*(d)*		

संकेत एवं हल

1. *(a)* जनवरी-फरवरी, 2016 में *A* द्वारा बेची गई कारों की संख्या = 3 + 2 = 5

मार्च-अप्रैल, 2016 में *B* द्वारा बेची गई कारों की संख्या = 5 + 4.5 = 9.5

∴ अभीष्ट अनुपात = 5 : 9.5 = 10 : 19

2. *(b)* अप्रैल, 2016 में *C* द्वारा बेची गई दोषपूर्ण कारों की संख्या $= 2.5 \times 100 \times \frac{6}{100} = 15$

अप्रैल, 2016 में बेची गई कुल कारों की संख्या

$= (3.5 + 4.5 + 2.5) \times 100$

$= 10.5 \times 100 = 1050$

∴ अभीष्ट प्रतिशत $= \frac{15}{1050} \times 100 = 1\frac{3}{7}\%$

3. *(b)* *C* द्वारा जनवरी-मार्च के दौरान बेची गईं दोषमुक्त कारों की संख्या

$= 400 \times \frac{85}{100} + 300 \times \frac{90}{100} + 400 \times \frac{92}{100}$

$= 340 + 270 + 368 = 978$

A अैर *B* द्वारा जनवरी-मार्च के दौरान बेची गई कुल कारों की संख्या

$= (3 + 6 + 2 + 5 + 5 + 5) \times 100$

$= 2600$

अभीष्ट अनुपात = 978 : 2600

= 489 : 1300

4. *(b)* फरवरी-अप्रैल, 2016 के दौरान *A* द्वारा बेची गई कारों की संख्या

= 200 + 500 + 350 = 1050

∴ अभीष्ट औसत $= \frac{1050}{3} = 350$

5. *(a)* *C* द्वारा शीतल पेय का सबसे अधिक तथा *B* द्वारा शीतल पेय का दूसरा सबसे अधिक सेवन किया गया है।

6. *(d)* अभीष्ट अनुपात = 340 : 280 = 17 : 14

7. *(a)* पेय *C* के उपभोक्ताओं की संख्या = 380

पेय *D* के उपभोक्ताओं की संख्या = 160

∴ अभीष्ट उत्तर $= \frac{(380 - 160)}{160} = \frac{220}{160} = 1.375$

8. *(b)* शीतल पेय *A* के उपभोक्ताओं की संख्या = 140

शीतल पेय *A* के उपभोक्ताओं का 20%

$= 140 \times \frac{20}{100} = 28$

शीतल पेय *E* के उपभोक्ताओं की संख्या = 280

∴ अभीष्ट उत्तर $= \frac{28}{280} = 0.1$

9. *(c)* 13 वर्ष की आयु में किशोर टीवी को देखने में सबसे कम घण्टे बिताते हैं।

10. *(b)* अभीष्ट अनुपात = 1.5 : 3.5

= 15 : 35 = 3 : 7

11. *(a)* अभीष्ट प्रतिशत

$= \frac{2.5 - 2}{2} \times 100$

$= 0.5 \times 50\% = 25\%$

12. *(c)* 16 वर्ष के बच्चे सप्ताह में टीवी देखने में घण्टे खर्च करते हैं। $3 \times 7 = 21$ घण्टे ।

13. *(d)* हाथियों की सबसे कम संख्या अभयारण्य *B* (350) में है।

14. *(c)* अभयारण्यों में हाथियों की कुल संख्या

= 600 + 350 + 900 + 400 + 750 + 400 + 600

= 4000

15. *(c)* अभयारण्य *D* में हाथियों की संख्या = 400

कुल हाथियों की संख्या = 4000

∴ अभीष्ट केन्द्रीय कोण $= \frac{400}{4000} \times 360° = 36°$

16. *(a)* 1 हाथी द्वारा कब्जा किया गया क्षेत्रफल

= 50 वर्ग किमी

4000 हाथियों द्वारा कब्जा किया गया क्षेत्रफल

$= 50 \times 4000 = 200000$ वर्ग किमी

= 200 (1000 वर्ग किमी)

17. *(b)* कुल छात्र = 40 + 100 + 75 + 25

= 240

∴ लड़कियों का प्रतिशत जिन्होंने इन्जीनियरिंग विषय चुना $= \frac{25}{240} \times 100$

= 10.42%

18. *(a)* पूरे सप्ताह में दौड़ी गई कुल दूरी

= 3.5 + 2 + 3 + 0.5 + 3.5 + 2.5 + 3.5

= 18.5 किमी

∵ 5 किमी दौड़ने में कैलोरी की खपत

= 400 कैलोरी

18.5 किमी दौड़ने में कैलोरी की खपत

$= \frac{400 \times 18.5}{5}$

= 1480 कैलोरी

19. *(d)* कुल बच्चों की संख्या

$= 1 \times 9 + 2 \times 20 + 3 \times 3$

= 9 + 40 + 9

= 58

कुल घरों की संख्या = 7 + 9 + 20 + 3

= 39

∴ बच्चों की औसत संख्या $= \frac{58}{39} = 1.49$

20. *(c)* कुल समय = रात के 10 बजे से सुबह 6 बजे तक = 8 घण्टे

हल्की नींद और जागने का प्रतिशत = (10 + 40)

= 50%

∴ अभीष्ट समय $= 8 \times \frac{50}{100} = 4$ घण्टे

21. *(b)* वजन और ऊँचाई का अनुपात

अनीता के लिए $= \frac{56}{1.71} = 32.74$

अंजलि के लिए $= \frac{64}{1.52} = 42.10$

अन्जलीका के लिए $= \frac{51}{1.72} = 29.65$

अंजना के लिए $= \frac{52}{1.59} = 32.70$

अत: वजन और ऊँचाई का अनुपात अन्जलिका का सबसे कम है।

22. *(d)* दिया है, लाभ% $= \frac{\text{आय} - \text{व्यय}}{\text{व्यय}} \times 100$

⇒ $45 = \frac{\text{आय} - 30}{30} \times 100$

⇒ $135 = 10 \times \text{आय} - 300$

⇒ आय $= \frac{435}{10}$

∴ आय = ₹ 43.5 करोड़

23. *(d)* वर्ष 1997-1998 में हुई वृद्धि दर

$= \frac{50 - 55}{50} \times 100 = -10\%$

वर्ष 2000-2001 में हुई वृद्धि दर $= \frac{65 - 70}{65} \times 100$

$= -7.6\%$

वर्ष 1996-1997 में हुई वृद्धि दर $= \frac{55 - 45}{45} \times 100$

= 22.2%

वर्ष 1998-1999 में हुई वृद्धि दर

$= \frac{65 - 50}{50} \times 100 = 30\%$

अत: वर्ष 1998-1999 में कम्पनी के लाभ में सबसे तेज वृद्धि हुई।

24. *(d)* दिए गए ग्राफ से स्पष्ट है कि वर्ष 2000 में कम्पनी को अधिकतम लाभ प्राप्त हुआ।

25. *(b)* श्री जोशी द्वारा पढ़ाए गए छात्रों का सुधार प्रतिशत $= \frac{92 - 85}{85} \times 100 = 8.23\%$

डॉ. कालरा द्वारा पढ़ाए गए छात्रों का सुधार प्रतिशत

$= \frac{97 - 85}{85} \times 100 = 14.11\%$ (अधिकतम)

श्रीमती तनेजा द्वारा पढ़ाए गए छात्रों का सुधार प्रतिशत

$$= \frac{100 - 98}{98} \times 100 = 2.04\%$$

श्री सक्सेना द्वारा पढ़ाए गए छात्रों का सुधार प्रतिशत

$$= \frac{87 - 78}{78} \times 100 = 11.53\%$$

26. *(c)* व्यावहारिक परीक्षा में C के प्राप्तांक = 80

व्यावहारिक परीक्षा में B के प्राप्तांक = 50

$\therefore$ अभीष्ट प्रतिशत $= \frac{80 - 50}{50} \times 100 = 60\%$

27. *(d)* परियोजना-कार्य (Z) परीक्षा के कुल अंक

$$= 300 \times \frac{4}{(6 + 5 + 4)} = \frac{1200}{15} = 80$$

परियोजना-कार्य (Z) परीक्षा में आवश्यक उत्तीर्ण अंक $= 80 \times \frac{50}{100} = 40$

परीक्षा Z में B के प्राप्तांक = 30

परीक्षा Z में D के प्राप्तांक = 30

स्पष्ट है, कि B और D उत्तीर्ण नहीं हो सके।

28. *(c)* सैद्धान्तिक परीक्षा में चार विद्यार्थियों के औसत अंक $= \frac{60 + 50 + 70 + 80}{4} = \frac{260}{4} = 65$

29. *(b)* विद्यार्थी B के कुल अंक

$= 50 + 50 + 30 = 130$

विद्यार्थी C के कुल अंक $= 70 + 80 + 60 = 210$

विद्यार्थी D के कुल अंक $= 80 + 70 + 30 = 180$

अतः तीनों विद्यार्थियों का आरोही क्रम = B, D, C

30. *(c)* वर्ष 2011 में कुल निर्यात

$= 3000 + 2000 + 4000 = 9000$

वर्ष 2012 में कुल निर्यात

$= 4000 + 2000 + 3000 = 9000$

वर्ष 2013 में कुल निर्यात

$= 3000 + 1000 + 1000 = 5000$

वर्ष 2014 में कुल निर्यात

$= 3000 + 4000 + 3000 = 10,000$

वर्ष 2015 में कुल निर्यात

$= 3000 + 2000 + 1000 = 6000$

अतः वर्ष 2011 एवं 2012 में तीनों कम्पनियों का कुल निर्यात बराबर है।

31. *(b)* सबसे अधिक खर्च विपणन पर किया जाता है।

32. *(a)* कुल व्यय

$= 300 + 150 + 450 + 250 + 200 + 300 + 150 = 1800$

33. *(d)* अभीष्ट केन्द्रीय कोण $= \frac{300}{1800} \times 360$

$= 60°$

34. *(d)* आकलन और नियुक्ति पर किया जाने वाला व्यय $= 200 + 300 = 500$

कुल व्यय = 1800

$\therefore$ अभीष्ट प्रतिशत $= \frac{500}{1800} \times 100$

$= 27.77\%$

कम्प्यूटर ज्ञान

अध्याय 01

कम्प्यूटर का परिचय

कम्प्यूटर एक स्वचालित इलेक्ट्रॉनिक डिवाइस है, जो डाटा इनपुट करता है और सॉफ्टवेयर या प्रोग्राम के अनुसार किसी परिणाम के लिए डाटा को प्रोसेस, स्टोर तथा डिस्प्ले करता है। 'कम्प्यूटर' शब्द की उत्पत्ति लैटिन भाषा के 'Computare' शब्द से हुई है, सामान्यत: जिसका अर्थ 'गणना करना' है, इसलिए इसे गणक यन्त्र भी कहा जाता है।

अत: 'कम्प्यूटर' से तात्पर्य एक ऐसे यन्त्र से है, जिसका उपयोग गणना, प्रक्रिया, यान्त्रिकी, अनुसन्धान, शोध आदि कार्यों में किया जाता है। कम्प्यूटर, हार्डवेयर और सॉफ्टवेयर का संयोजन है, जो डाटा (Data) को सूचना (Information) में परिवर्तित करता है।

कम्प्यूटर की कार्य पद्धति

1. **इनपुट** (Input) कम्प्यूटर में डाटा या सूचना को भेजना, इनपुट कहलाता है। यह सेण्ट्रल प्रोसेसिंग यूनिट (Central Processing Unit-CPU) के लिए डाटा और निर्देश भेजता है।
2. **प्रोसेसिंग** (Processing) सेण्ट्रल प्रोसेसिंग यूनिट कम्प्यूटर के निर्देशों को एक्जिक्यूट करती है। यह कम्प्यूटर के द्वारा कैलकुलेशन, तुलनात्मक कार्य व निर्णयक कार्यों में सहायता करती है।
3. **आउटपुट** (Output) यह उपयोगकर्ता को संसाधित (Processed) डाटा उपलब्ध कराता है। यह कम्प्यूटर से प्राप्त होने वाले परिणामों को इनपुट निर्देशों के अनुसार यूजर के समक्ष प्रस्तुत करता है।
4. **स्टोरेज** (Storage) यह डाटा और प्रोग्राम को स्थायी रूप से स्टोर करता है। इसका प्रयोग प्रोग्राम क्रियान्वयन (Program Execution) के समय सूचनाएँ स्टोर करने के लिए किया जाता है और इसमें से कोई भी सूचना प्राप्त करना सम्भव होता है।

कम्प्यूटर की विशेषताएँ

1. **गति** (Speed) कम्प्यूटर एक सेकण्ड में लाखों गणनाएँ करता है। वर्तमान समय में कम्प्यूटर नैनो सेकण्ड या पीको सेकण्ड में भी गणनाएँ कर सकता है।
2. **त्रुटि रहित कार्य** (Accuracy) कम्प्यूटर कठिन-से-कठिन प्रश्न का बिना किसी त्रुटि (Error) के परिणाम प्रदर्शित करता है। गणना के दौरान अगर कोई त्रुटि पाई भी जाती है, तो वह प्रोग्राम या डाटा में मानवीय गलतियों के कारण होती है।
3. **स्टोरेज क्षमता** (Storage Capacity) कम्प्यूटर अपनी मैमोरी में सूचनाओं का विशाल स्टोरेज संचित कर सकता है। इसमें आँकड़ों एवं प्रोग्रामों के स्टोरेज की क्षमता हार्ड डिस्क की क्षमता पर निर्भर करती है।
4. **बहुउद्देशीय** (Versatile) कम्प्यूटर की सहायता से विभिन्न प्रकार के कार्य सम्पन्न किए जा सकते हैं। आधुनिक कम्प्यूटर्स में अलग-अलग प्रकार के कार्य एक साथ करने की क्षमता होती है।
5. **गोपनीयता** (Secrecy) पासवर्ड के प्रयोग द्वारा कम्प्यूटर के कार्य को गोपनीय बनाया जा सकता है।
6. **सक्षमता** (Diligence) एक मशीन होने के कारण कम्प्यूटर पर बाहरी वातावरण का कोई प्रभाव नहीं पड़ता। यह किसी भी कार्य को बिना रुके लाखों-करोड़ों बार कर सकता है।
7. **स्वचालित** (Automatic) कम्प्यूटर एक स्वचालित मशीन है, जिसमें गणना के दौरान मानव हस्तक्षेप की सम्भावना न के बराबर रहती है। कम्प्यूटर को कार्य करने के लिए निर्देश मनुष्य द्वारा ही दिए जाते हैं।
8. **विश्वसनीयता** (Reliability) कम्प्यूटर की याद रखने की शक्ति एवं शुद्धता बहुत उच्च कोटि की होती है, इसलिए इसमें या इससे जुड़ी सभी क्रियाएँ विश्वसनीय होती हैं।

5. **गोपनीयता** (Secrecy) पासवर्ड के प्रयोग द्वारा कम्प्यूटर के कार्य को गोपनीय बनाया जा सकता है।
6. **सक्षमता** (Diligence) एक मशीन होने के कारण कम्प्यूटर पर बाहरी वातावरण का कोई प्रभाव नहीं पड़ता। यह किसी भी कार्य को बिना रुके लाखों-करोड़ों बार कर सकता है।
7. **स्वचालित** (Automatic) कम्प्यूटर एक स्वचालित मशीन है, जिसमें गणना के दौरान मानव हस्तक्षेप की सम्भावना न के बराबर रहती है। कम्प्यूटर को कार्य करने के लिए निर्देश मनुष्य द्वारा ही दिए जाते हैं।
8. **विश्वसनीयता** (Reliability) कम्प्यूटर की याद रखने की शक्ति एवं शुद्धता बहुत उच्च कोटि की होती है, इसलिए इसमें या इससे जुड़ी सभी क्रियाएँ विश्वसनीय होती हैं।

कम्प्यूटर का इतिहास

आधुनिक कम्प्यूटर्स को अस्तित्व में आए हुए मुश्किल से 50 वर्ष ही हुए हैं, लेकिन उनके विकास का इतिहास बहुत पुराना है।

कम्प्यूटर का इतिहास निम्नलिखित सारणी में संक्षेप में बताया गया है

आविष्कार	आविष्कारक	विशेषताएँ	अनुप्रयोग
अबेकस **1602**	चीन	• यह सबसे पहला एवं सरल यन्त्र है। • क्षैतिज तारों में गोलाकार मोतियों के द्वारा गणना की जाती थी।	• जोड़ने व घटाने के लिए प्रयोग किया जाता था। • वर्गमूल निकालने के लिए भी प्रयोग किया जाता था।
नेपियर्स बोन्स **1617**	जॉन नेपियर (स्कॉटलैण्ड)	• 10 आयताकार पट्टियों पर 0 से 9 तक के पहाड़े इस प्रकार लिखे होते हैं कि एक पट्टी के दहाई के अंक दूसरी पट्टी के इकाई के अंकों के पास आ जाते थे। • गणना के लिए प्रयोग में आने वाली प्रौद्योगिकी को राबडोलोगिया (Rabdologia) कहते हैं।	• गणनात्मक परिणाम को ग्राफिकल संरचना द्वारा दर्शाया जाता था।
पास्कलाइन **1642**	ब्लेज पास्कल (फ्रांस)	• यह प्रथम मैकेनिकल एडिंग मशीन है। • यह मशीन ओडोमीटर एवं घड़ी के सिद्धान्त पर कार्य करती थी।	• संख्याओं को जोड़ने और घटाने के लिए प्रयोग किया जाता था।
जैकार्ड लूम **1801**	जोसेफ-मेरी जैकार्ड (फ्रांस)	• यह प्रथम मैकेनिकल लूम था। • यह एक ऐसी बुनाई मशीन थी, जिसमें बुनाई के डिजाइन डालने के लिए छिद्र किए हुए कार्डों का उपयोग किया जाता था।	• इसका प्रयोग कपड़े बुनने के लिए किया जाता था।
एनालिटिकल इंजन **1837**	चार्ल्स बैबेज (लंदन)	• यह प्रथम जनरल पर्पज कम्प्यूटर है। • इस मशीन को आधुनिक कम्प्यूटर्स का प्रारूप माना जाता है। यह एक मैकेनिकल मशीन है।	• इसका प्रयोग सभी गणितीय क्रियाओं को करने में किया जाता था।
टैबुलेटिंग मशीन **1890**	हर्मन होलेरिथ (अमेरिका)	• इसमें संख्या पढ़ने का कार्य छिद्र किए हुए कार्डों द्वारा किया जाता था। • यह प्रथम इलेक्ट्रोमैकेनिकल मशीन थी।	• इसका प्रयोग 1890 ई. की जनगणना में किया गया था।
मार्क-1 **1944**	हावर्ड आइकन (अमेरिका)	• इसमें इण्टरलॉकिंग, पैनल के छोटे गिलास, काउण्टर, स्विच और नियन्त्रण सर्किट होते थे।	• इसका प्रयोग द्वितीय विश्व युद्ध के दौरान किया गया था।
एनिएक **1946**	जे पी एकर्ट और जॉन मौचली (अमेरिका)	• यह बीस एक्यूमुलेटर्स का एक संयोजन है। • यह पहला इलेक्ट्रॉनिक डिजिटल कम्प्यूटर था।	• इसका प्रयोग प्राइवेट फर्मों, इंजीनियर्स रिसर्च एसोसिएशन और IBM में किया गया था।
एडवैक **1947**	जॉन वॉन न्यूमैन (अमेरिका)	• इलेक्ट्रॉनिक डिजिटल कम्प्यूटर	• स्टोर प्रोग्राम के साथ कम्प्यूटर के लॉजिकल डिजाइन में प्रयोग।
एडसैक **1949**	मौरिस विल्कस (अमेरिका)	• यह पहला प्रोग्राम संगृहीत डिजिटल कम्प्यूटर था।	• मैमोरी में निर्देश तथा डाटा स्टोर करने की क्षमता। • लॉजिक के लिए वैक्यूम ट्यूब तथा मैमोरी के लिए मरकरी डिले लाइन का प्रयोग।
यूनिवैक **1951**	जे प्रेस्पर एकर्ट और जॉन डब्ल्यू मौचली (अमेरिका)	• बड़ी मात्रा में इनपुट और आउटपुट के साथ प्रथम सामान्य उद्देश्य (General purpose) इलेक्ट्रॉनिक कम्प्यूटर	• इसका प्रयोग वाणिज्यिक कार्य के लिए किया जाता था। • यह मैग्नेटिक टेप का प्रयोग इनपुट और आउटपुट के लिए करता था।
IBM-650 कम्प्यूटर 1953	IBM कम्पनी	• इनपुट/आउटपुट यूनिट एल्फाबेटीकली तथा स्पेशल करैक्टर को दो अंकीय डेसीमल कोड में परिवर्तित करता है।	• पेरोल प्रोसेसिंग • तेल रिफाइनरी डिज़ाइन • मार्किट रिसर्च एनालिसिस

कम्प्यूटर के अवयव

1. इनपुट यूनिट
2. आउटपुट यूनिट
3. सेण्ट्रल प्रोसेसिंग यूनिट
4. मैमोरी यूनिट

नोट सिस्टम यूनिट एक धातु या प्लास्टिक कैस है, जो कम्प्यूटर के भौतिक भाग को रखता है। डाटा का संसाधित करने वाले घटक इसमें स्थित होते हैं।

1. इनपुट यूनिट

इनपुट यूनिट (Input Unit) वे हार्डवेयर होते हैं, जो डाटा को कम्प्यूटर में भेजते हैं। *जैसे*—कीबोर्ड, माउस आदि।

इनपुट यूनिट द्वारा निम्न कार्य किए जाते हैं

- यह यूनिट उपयोगकर्ता द्वारा दिए गए निर्देशों तथा डाटा को पढ़ती या स्वीकार करती है।
- यह यूनिट निर्देशों और डाटा को कम्प्यूटर द्वारा स्वीकार किए जाने वाले रूप अर्थात् बाइनरी कोड में बदलती है।
- यह यूनिट बदले हुए रूप में इन निर्देशों और डाटा को आगे की प्रोसेसिंग के लिए कम्प्यूटर को भेज देती है।

2. आउटपुट यूनिट

डाटा तथा निर्देशों को परिणाम के रूप में प्रदर्शित करने के लिए जिस यूनिट का उपयोग किया जाता है, उन्हें आउटपुट यूनिट (Output Unit) कहते हैं; *जैसे*—प्रिण्टर, मॉनीटर आदि।

आउटपुट यूनिट द्वारा निम्न कार्य किए जाते हैं

- यह यूनिट कम्प्यूटर द्वारा दिए गए परिणामों को स्वीकार करती है, जो बाइनरी कोड के रूप में होते हैं, जिन्हें यूजर के लिए समझना कठिन होता है।
- यह यूनिट उन कोड के रूप में दिए गए परिणामों को यूजर के द्वारा पढ़ने या समझने योग्य रूप में बदल देती है।
- यह यूनिट बदले हुए रूप में परिणामों को यूजर के समक्ष प्रस्तुत करती है।

3. सेण्ट्रल प्रोसेसिंग यूनिट

CPU को कम्प्यूटर का मस्तिष्क कहा जाता है। माइक्रो कम्प्यूटर के CPU को माइक्रोप्रोसेसर (Micro Processor) भी कहा जाता है। यह कम्प्यूटर के बाहरी व आन्तरिक डिवाइसों को कण्ट्रोल करता है।

CPU कम्प्यूटर का वह भाग होता है, जिसमें अर्थमैटिक और लॉजिकल ऑपरेशन्स (Arithmetic and Logical Operations) एक्जिक्यूट होते हैं तथा निर्देश डिकोड और एक्जिक्यूट किए जाते हैं। CPU (Central Processing Unit) कम्प्यूटर के सम्पूर्ण ऑपरेशन्स को नियन्त्रित करता है।

CPU द्वारा निम्न कार्य किए जाते हैं

- यह निर्देशों तथा डाटा को मुख्य मैमोरी से रजिस्टर्स में स्थानान्तरित (Transfer) करता है।
- निर्देशों का क्रमिक रूप से क्रियान्वयन (Execution) करता है।
- आवश्यकता पड़ने पर आउटपुट डाटा को रजिस्टर्स से मुख्य मैमोरी (Main Memory) में स्थानान्तरित करता है।

CPU के प्रमुख अवयव निम्नलिखित हैं

अर्थमैटिक लॉजिक यूनिट

CPU के लिए सभी प्रकार की अंकगणितीय क्रियाएँ (जोड़ना, घटाना, गुणा करना तथा भाग देना) और तुलनाएँ (दो संख्याओं में यह बताना कि कौन-सी छोटी या बड़ी है अथवा दोनों बराबर हैं), अर्थमैटिक लॉजिक यूनिट (Arithmetic Logic Unit, ALU) में की जाती हैं। यह यूनिट कई ऐसे इलेक्ट्रॉनिक सर्किटस (Circuits) से बनी होती है, जिनमें एक ओर से कोई दो संख्याएँ भेजने पर दूसरी ओर से उनका योग, अन्तर, गुणनफल या भागफल प्राप्त हो जाता है।

इसमें सारी क्रियाएँ बाइनरी पद्धति (Binary system) में की जाती हैं। प्राप्त होने वाली संख्याओं तथा क्रियाओं के परिणामों को अस्थायी रूप से स्टोर करने या रखने के लिए इसमें कई विशेष बाइटें होती हैं, जिन्हें रजिस्टर (Register) कहा जाता है।

> **रजिस्टर्स**
>
> यह एक ऐसा उपकरण या साधन है, जिसमें डाटा स्टोर किया जाता है। यह बहुत तीव्र गति वाली अस्थायी स्टोरेज युक्ति है।
>
> मैमोरी की हाइरारकी (Memory Hierarchy) में रजिस्टर्स का स्थान सबसे ऊँचा होता है और ये CPU के डाटा का उपयोग करने के लिए सबसे तीव्र मार्ग देते हैं। किसी प्रोग्राम के क्रियान्वयन (Execution) को सबसे तीव्र गतिशीलता प्रदान करने के लिए रजिस्टर्स का व्यापक प्रयोग किया जाता है।

कण्ट्रोल यूनिट

यह यूनिट कम्प्यूटर के सभी भागों के कार्यों पर नज़र रखती है और उनमें परस्पर तालमेल बैठाने के लिए उचित आदेश भेजती है। कण्ट्रोल यूनिट (Control Unit, CU) का सबसे प्रमुख और पहला कार्य यह है कि हम जिस प्रोग्राम का क्रियान्वयन कराना चाहते हैं, यह उसे मैमोरी में से क्रमशः पढ़कर उसका विश्लेषण (Analysis) करती है और उसका क्रियान्वयन (Execution) कराती है।

किसी आदेश का क्रियान्वयन सुनिश्चित करने के लिए यह कम्प्यूटर के दूसरे सभी भागों को उचित निर्देश तथा सिग्नल जारी करती है। डिजिटल कम्प्यूटर की कण्ट्रोल यूनिट को क्लॉक कहा जाता है।

4. मैमोरी यूनिट

मैमोरी कम्प्यूटर का वह भाग है, जो डाटा तथा निर्देशों को संगृहीत करता है। कम्प्यूटर की मैमोरी आधुनिक कम्प्यूटरों के मूल कार्यों से एक सूचना स्टोरेज (Information storage) की सुविधा प्रदान करती है। यह कम्प्यूटर के CPU का एक भाग होती है और उससे मिलकर सम्पूर्ण कम्प्यूटर बनाती है।

इसके पास दो प्रकार की मैमोरी होती है— प्राइमरी मैमोरी व सेकेण्डरी मैमोरी। प्राइमरी मैमोरी CPU से सीधे जुड़ी होती है और उसमें स्टोर डाटा को लगातार पढ़ती रहती है और उनका क्रियान्वयन कराती है। सेकेण्डरी मैमोरी CPU से बाहर होती है और इसमें डाटा स्टोर करने की क्षमता प्राइमरी मैमोरी से अधिक होती है।

> **माइक्रोप्रोसेसर**
>
> यह एक सेमीकण्डक्टर (Semiconductor) इण्टिग्रेटेड सर्किट पर बनाई गई प्रोग्राम करने योग्य (Programmable) डिजिटल इलेक्ट्रॉनिक युक्ति है, जो किसी सेण्ट्रल प्रोसेसिंग यूनिट के सभी कार्य करती है। माइक्रोप्रोसेसर यह केवल मशीनी भाषा ही समझता है।
>
> - इण्टेल का पहला माइक्रोप्रोसेसर 4004 था, जो वैज्ञानिक टेड हॉफ और इंजीनियर फरेडेरिको ने वर्ष 1971 में विकसित किया, जिसमें CPU के सभी अवयव एक चिप पर लगाए गए।
> - कुछ महत्त्वपूर्ण माइक्रोप्रोसेसर्स के नाम हैं– इण्टेल, इण्टेल कोर i9, डूएल कोर तथा पेण्टियम IV आदि।
> - प्रोसेसर की गति मेगाहर्ट्ज में मापी जाती है।

अभ्यास प्रश्न

1. कम्प्यूटर में भेजे जाने वाले डाटा को कहते हैं
(a) प्रोसेस (b) आउटपुट
(c) इनपुट (d) एल्गोरिथ्म

2. कम्प्यूटर के चार मुख्य कार्य हैं
(a) इनपुट, प्रोसेसिंग, आउटपुट और स्टोरेज
(b) लर्निंग, थिंकिंग, आउटपुट और इण्टेलिजेंस
(c) डाटा, इन्फॉर्मेशन, बिट्स और बाइट्स
(d) हार्डवेयर, सॉफ्टवेयर, मॉडलिंग और ऑपरेशंस

3. कम्प्यूटर निम्नलिखित में से कौन-सा कार्य नहीं करता है?
(a) प्रोसेसिंग (b) कण्ट्रोलिंग
(c) अण्डरस्टैण्डिंग (d) इनप्यूटिंग

4. किसी बाहरी स्रोत से आती है और कम्प्यूटर सॉफ्टवेयर में फीड की जाती है, उस सूचना को ……… कहते हैं।
(a) आउटपुट (b) इनपुट
(c) थ्रूपुट (d) रिपोर्ट

5. सूचना तैयार करने के लिए डाटा का प्रयोग कहलाता है
(a) फीडबैक (b) प्रोग्रामिंग
(c) प्रोसेसिंग (d) एनालिसिस

6. आउटपुट है
(a) जो प्रोसेसर यूजर से प्राप्त की जाती है
(b) जो प्रोसेसर यूजर को प्रदान की जाती है
(c) जो यूजर द्वारा प्रोसेसर को प्रदान की जाती है
(d) उपरोक्त सभी

7. निम्न में से कौन-सी कम्प्यूटर की विशेषता है?
(a) तीव्र गति (b) त्रुटि रहित कार्य
(c) गोपनीयता
(d) उपरोक्त सभी

8. ……… कच्चे तथ्य (रॉ फैक्ट्स) बताता है, जबकि ……… से डाटा अर्थपूर्ण बन जाता है।
(a) सूचना, रिपोर्टिंग
(b) डाटा, सूचना
(c) सूचना, बिट्स
(d) रिकॉर्ड, बाइट्स

9. कम्प्यूटर चलाने के लिए उपयोग किया जाने वाला डाटा या सूचना कहलाती है
(a) हार्डवेयर
(b) पेरिफेरल
(c) CPU
(d) उपरोक्त में से कोई नहीं

10. कम्प्यूटर में सूचना को इनपुट करते हैं, तो निम्न में से क्या बनता है?
(a) डाटा
(b) आइडियाज
(c) ऑब्जेक्ट्स
(d) फैक्ट्स

11. नॉन-न्यूमैरिक डाटा का उदाहरण निम्न में से है
(a) कर्मचारी का नाम (b) टेस्ट स्कोर
(c) बैंक अकाउण्ट नम्बर (d) ये सभी

12. निम्नलिखित चक्रों में से इनपुट, प्रोसेसिंग, आउटपुट और स्टोरेज के रूप में इसके घटक शामिल हैं
(a) प्रोसेसिंग (b) आउटपुट
(c) डाटा (d) स्टोरेज

13. ……… वह डाटा है, जिसे एक अर्थपूर्ण फैशन में व्यवस्थित और प्रस्तुत किया गया है
(a) प्रोसेस
(b) सॉफ्टवेयर
(c) स्टोरेज
(d) इन्फॉर्मेशन

14. डाटा को प्रोसेस करने के लिए आवश्यक चरणों और कार्यों, जैसाकि प्रश्नों के जवाब या किसी आइकन पर क्लिक करना, कहा जाता है
(a) इन्स्ट्रक्शन
(b) ऑपरेटिंग सिस्टम
(c) एप्लिकेशन सॉफ्टवेयर
(d) सिस्टम यूनिट

15. कम्प्यूटर के विभिन्न अवयव एवं उनके मध्य सम्बन्ध को कम्प्यूटर की ……… कहते हैं।
(a) संरचना (b) हार्डवेयर
(c) इनपुट (d) आउटपुट

16. ……… यूनिट मनुष्य द्वारा समझे जाने वाले डाटा और प्रोग्रामों को ऐसे रूप में बदल देती है, जिसे कम्प्यूटर प्रोसेस कर सकता है।
(a) प्रिण्टिंग (b) आउटपुट
(c) सॉलिड स्टेट (d) इनपुट

17. निम्न में से क्या कम्प्यूटर सिस्टम के कार्य करने के लिए सर्वाधिक जरूरी अवयव है?
(a) इनपुट इकाई
(b) आउटपुट इकाई
(c) स्टोरेज सिस्टम
(d) मॉनीटर

18. निम्न में से इनपुट, आउटपुट तथा प्रोसेसिंग डिवाइस साथ मिलकर क्या निरूपित करते हैं?
(a) मोबाइल डिवाइस
(b) सर्किट बोर्ड
(c) कम्प्यूटर सिस्टम
(d) इन्फॉर्मेशन प्रोसेसिंग साइकिल

19. निम्नलिखित में से कम्प्यूटर का मुख्य भाग कौन-सा है?
(a) सिस्टम यूनिट (b) की-बोर्ड
(c) माउस (d) मॉनीटर

20. निम्न में से कौन धातु या प्लास्टिक कैस है, जो कम्प्यूटर के सभी भौतिक भागों को रखता है?
(a) सिस्टम यूनिट (b) सीपीयू
(c) मेनफ्रेम (d) प्लेटफॉर्म

उत्तरमाला

1 (c)	2 (a)	3 (c)	4 (b)	5 (c)
6 (b)	7 (d)	8 (b)	9 (d)	10 (a)
11 (a)	12 (a)	13 (d)	14 (a)	15 (a)
16 (d)	17 (a)	18 (c)	19 (a)	20 (a)

अध्याय 02 कम्प्यूटर हार्डवेयर

कम्प्यूटर के वे सभी भाग जिन्हें हम देख सकते हैं तथा स्पर्श कर सकते हैं, हार्डवेयर (Hardware) कहलाते हैं। यान्त्रिक (Mechanical) इलेक्ट्रॉनिक (Electronic) भाग कम्प्यूटर हार्डवेयर के नाम से ही जाने जाते हैं। आधुनिक कम्प्यूटर के हार्डवेयर इनपुट डिवाइस, आउटपुट डिवाइस, मैमोरी से मिलकर बने हैं।

इनपुट डिवाइस

वे डिवाइसें, जिनका प्रयोग उपयोगकर्ता के द्वारा कम्प्यूटर को डाटा और निर्देश प्रदान करने के लिए किया जाता है, इनपुट डिवाइस (Input device) कहलाती हैं। इनपुट डिवाइस उपयोगकर्ता से इनपुट लेने के बाद इसे मशीनी भाषा (Machine language) में परिवर्तित करती है और इस परिवर्तित मशीनी भाषा को सीपीयू (CPU) के पास भेज देती है।

कुछ प्रमुख इनपुट डिवाइसें निम्न हैं

कीबोर्ड

कीबोर्ड (Keyboard) का प्रयोग कम्प्यूटर को अक्षर और अंकीय रूप में डाटा और सूचना देने के लिए करते हैं। कीबोर्ड एक सामान्य टाइपराइटर की तरह दिखता है, किन्तु इसमें टाइपराइटर की अपेक्षा कुछ ज्यादा कुंजियाँ (Keys) होती हैं।

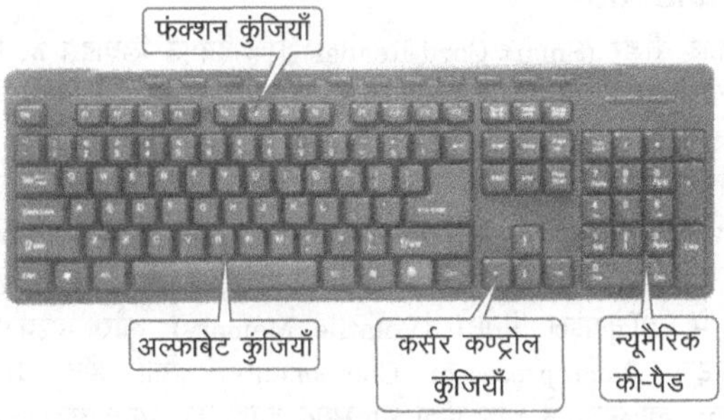

कीबोर्ड

यह कीबोर्ड कण्ट्रोलर और कीबोर्ड बफर (Storage) से सम्पर्क करता है। कीबोर्ड कण्ट्रोलर, दबाई गई कुंजी के कोड को कीबोर्ड बफर में स्टोर करता है और बफर में स्टोर कोड सीपीयू के पास भेजा जाता है।

सीपीयू इस कोड को प्रोसेस करने के बाद इसे आउटपुट डिवाइस पर प्रदर्शित करता है। कुछ विभिन्न प्रकार के कीबोर्ड;
जैसे—QWERTY, DVORAK और AZERTY।

QWERTY की-बोर्ड में कुल 104 कुंजियाँ होती हैं।

प्वॉइण्टिंग डिवाइस

इसका प्रयोग मॉनीटर के स्क्रीन पर कर्सर (Cursor) या प्वॉइण्टर (Pointer) को एक स्थान-से-दूसरे स्थान पर ले जाने के लिए किया जाता है। कुछ मुख्य रूप से प्रयोग में आने वाली प्वॉइण्टिंग डिवाइसेस (Pointing Devices), *जैसे*—माउस, ट्रैकबॉल, जॉयस्टिक, लाइट पेन और टच स्क्रीन आदि हैं।

इनमें से कुछ प्रमुख डिवाइस का विवरण निम्न प्रकार है

माउस

माउस का आविष्कार मानक अनुसन्धान केन्द्र में डगलस एंजेलबर्ट (Douglas Engelbert) द्वारा 1963 में किया गया था। यह एक प्रकार की प्वॉइण्टिंग डिवाइस (Pointing Device) है। इसका प्रयोग कर्सर (टेक्स्ट में आपकी पोजिशन दर्शाने वाला ब्लिंकिंग प्वॉइण्ट) या प्वॉइण्टर को एक स्थान-से-दूसरे स्थान पर ले जाने के लिए करते हैं। इसके अतिरिक्त माउस (Mouse) का प्रयोग कम्प्यूटर में ग्राफिक्स (Graphics) की सहायता से कम्प्यूटर को निर्देश देने के लिए करते हैं।

इसमें सामान्यत: दो बटन बाँया (Left) और दायाँ (Right) होते हैं। दोनों Buttons के बीच में एक स्क्रॉल व्हील (Scroll Wheel) होता है, जिसका प्रयोग किसी फाइल में ऊपर या नीचे के पेज पर कर्सर को ले जाने के लिए करते हैं।

ट्रैकबॉल

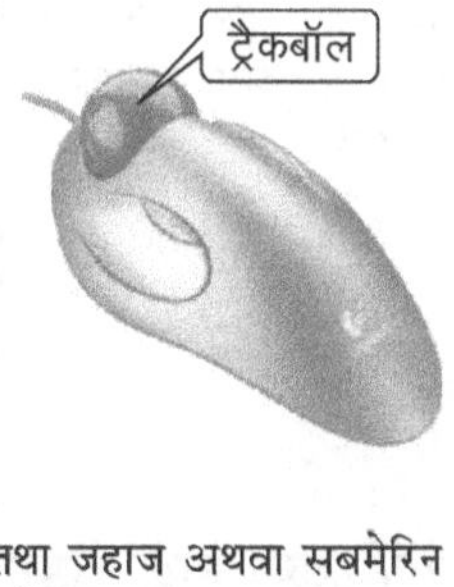

यह एक प्रकार की प्वॉइण्टिंग डिवाइस है जिसे माउस की तरह प्रयोग किया जाता है। इसमें एक बॉल ऊपरी सतह पर होती है। इसका प्रयोग कर्सर के मूवमेन्ट (Movement) को कण्ट्रोल करने के लिए किया जाता है।

ट्रैकबॉल (Trackball) का प्रयोग CAD/CAM, Computerised Workstations; *जैसे*—एयर-ट्रेफिक कण्ट्रोल रूम (Airtraffic control room), रडार कण्ट्रोल्स (Radar Controls) में तथा जहाज अथवा सबमेरिन पर सोनार तन्त्र (Sonar System) में किया जाता है।

जॉयस्टिक

यह एक प्रकार की प्वॉइण्टिंग डिवाइस होती है, जो सभी दिशाओं में मूव करती है और कर्सर के मूवमेण्ट को कण्ट्रोल करती है। जॉयस्टिक (Joystick) का प्रयोग फ्लाइट सिम्युलेटर (Flight simulator), कम्प्यूटर गेमिंग, आदि में किया जाता है।

जॉयस्टिक

इसमें एक हैण्डल (Handle) लगा होता है जिसकी सहायता से कर्सर के मूवमेण्ट को कण्ट्रोल करते हैं। जॉयस्टिक सभी दिशाओं में (360°) मूवमेण्ट की अनुमति देता है।

लाइट पेन

यह एक हाथ से चलाने वाली इलेक्ट्रोऑप्टिकल प्वॉइण्टिंग डिवाइस (Electro Optical Pointing Device) है, जिसका प्रयोग ड्रॉइंग्स (Drawings), ग्राफिक्स बनाने के लिए और मेन्यू चुनाव के लिए करते हैं। पेन में छोटे ट्यूब (Small tube) के अन्दर एक फोटोसेल (Photocell) होता है। यह पेन स्क्रीन

के पास जाकर प्रकाश को सेन्स (Sense) करता है तथा उसके बाद पल्स उत्पन्न करता है। इसका प्रयोग मुख्य रूप से पर्सनल डिजिटल असिस्टेण्ट (Personal Digital Assistant, PDA) में करते हैं।

टच स्क्रीन

यह एक प्रकार की इनपुट डिवाइस है, जो उपयोगकर्ता से तब इनपुट लेता है जब उपयोगकर्ता अपनी अंगुलियों को कम्प्यूटर स्क्रीन पर रखता है। टच स्क्रीन (Touch Screen) का प्रयोग सामान्यत: एटीएम (ATM), एयरलाइन आरक्षण (Airline Reservation), बैंक, सुपर मार्केट, मोबाइल में किया जाता है।

डिजिटाइजर्स और ग्राफिक टैबलेट्स

ग्राफिक टैबलेट (Graphic tablet) के पास एक विशेष कमाण्ड होती है, जो ड्रॉइंग, फोटो आदि को डिजिटल सिग्नल्स में परिवर्तित करती है। यह कलाकार (Artist) को इलेक्ट्रॉनिक पेन की सहायता से इमेज और ग्राफिक इमेज बनाने की अनुमति प्रदान करता है।

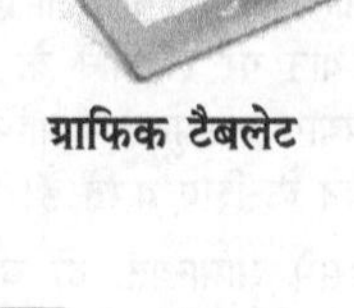

ग्राफिक टैबलेट

बारकोड रीडर

यह एक इनपुट डिवाइस है, जिसका प्रयोग किसी प्रोडक्ट पर प्रिण्ट हुए बारकोड (Universal Product Code) को पढ़ने के लिए किया जाता है। बारकोड रीडर (Barcode reader) में एक लाइट सेन्सिटिव डिटेक्टर होता है, जो बारकोड इमेज को दोनों ओर से पहचानता है। बारकोड रीडर का प्रयोग सुपर मार्केट में किया जाता है, जहाँ पर बारकोड रीडर के द्वारा आसानी से किसी प्रोडक्ट का मूल्य पढ़ा जाता है।

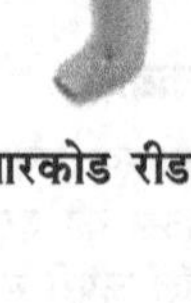

बारकोड रीडर

5050574807678

बारकोड

ऑप्टिकल मार्क रीडर

यह एक प्रकार की इनपुट डिवाइस है, जिसका प्रयोग किसी कागज पर बनाए गए चिन्हों को पहचानने के लिए किया जाता है।

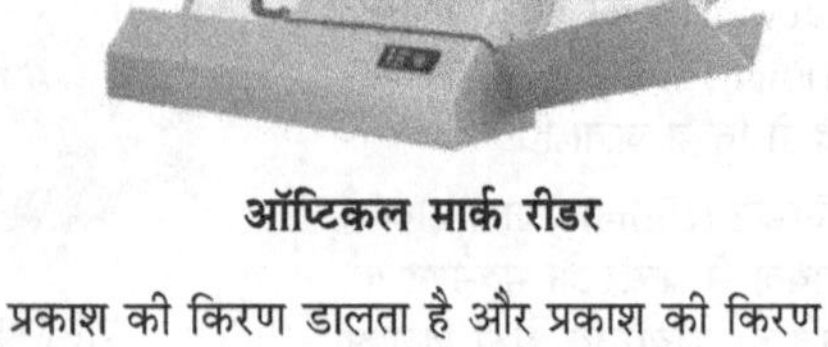

ऑप्टिकल मार्क रीडर

यह कागज पर प्रकाश की किरण डालता है और प्रकाश की किरण जिस चिन्ह पर पड़ती है उस चिन्ह को Optical Mark Reader (OMR) रीड (Read) करके कम्प्यूटर को इनपुट देता है।

OMR की सहायता से किसी वस्तुनिष्ठ प्रकार (Objective type) की प्रयोगात्मक परीक्षा की उत्तर पुस्तिका की जाँच की जाती है। इसकी सहायता से हजारों प्रश्नों का उत्तर बहुत ही कम समय में आसानी से जाँचा जा सकता है।

ऑप्टिकल करैक्टर रिकॉग्निशन

ऑप्टिकल करैक्टर रिकॉग्निशन (Optical Character Recognition, OCR) OMR का ही विकसित रूप है। यह केवल साधारण चिन्हों को ही नहीं, बल्कि प्रिण्ट किए गए या हाथ से साफ-साफ लिखे गए अक्षरों को भी पढ़ लेता है। यह प्रकाश स्रोत की सहायता से करैक्टर की शेप को पहचान लेता है। इसका उपयोग पुराने डॉक्यूमेण्ट को पढ़ने में किया जाता है। इसका प्रयोग कई अनुप्रयोगों; *जैसे*—टेलीफोन, इलेक्ट्रीसिटी बिल, बीमा प्रीमियम आदि को पढ़ने में किया जाता है।

OCR टेक्नोलॉजी का विकास अधिक शुद्धता से अक्षरों को पहचानने के लिए किया गया है। इसलिए इसे **इण्टेलिजेन्ट करैक्टर रिकॉग्निशन** (Intelligent Character Recognition, ICR) भी कहते हैं।

मैग्नेटिक इंक करैक्टर रिकॉग्निशन

मैग्नेटिक इंक करैक्टर रिकॉग्निशन (Magnetic Ink Character Recognition, MICR) सूचनाओं का मैट्रिक्स के रूप में उनके आकार का परीक्षण करता है, उसके बाद उसे रीड करता है और रीड करने के बाद सूचनाओं को कम्प्यूटर में भेजता है। सूचनाओं में करैक्टर एक विशेष इंक से प्रिण्ट होते हैं जिसमें आयरन कण (Iron particles) होते हैं और उन कणों को मैग्नेटाइज (Magnetise) किया जा सकता है। इस प्रकार की स्याही को **चुम्बकीय स्याही** कहते हैं।

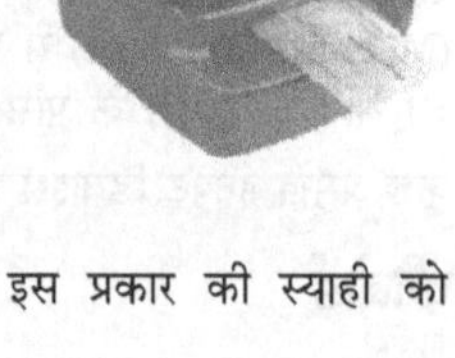

MICR का प्रयोग बैंकों में चेक में नीचे छपे मैग्नेटिक इनकोडिंग संख्याओं को पहचानने और प्रोसेस करने के लिए किया जाता है।

स्मार्ट कार्ड रीडर

स्मार्ट कार्ड रीडर (Smart Card Reader) एक इनपुट डिवाइस है, जिसका प्रयोग किसी स्मार्ट कार्ड के माइक्रोप्रोसेसर को एक्सेस (Access) करने के लिए किया जाता है। स्मार्ट कार्ड दो प्रकार के होते हैं

(i) मैमोरी कार्ड (ii) माइक्रोप्रोसेसर कार्ड

मैमोरी कार्ड (Memory card) में, नॉन-वॉलेटाइल मैमोरी स्टोरेज कम्पोनेण्ट होता है जो डाटा को स्टोर करता है। माइक्रोप्रोसेसर कार्ड (Microprocessor card) में, वॉलेटाइल मैमोरी (Volatile Memory) और माइक्रोप्रोसेसर कम्पोनेण्ट्स (Microprocessor Components) दोनों होते हैं। कार्ड सामान्यत: प्लास्टिक से बना होता है। स्मार्ट कार्ड का प्रयोग बड़ी कम्पनियों और संगठनों में सुरक्षा के उद्‌देश्य से किया जाता है।

बायोमैट्रिक सेन्सर

बायोमैट्रिक सेन्सर (Biometric Sensor) एक प्रकार की इनपुट डिवाइस है; जिसका प्रयोग किसी व्यक्ति की अंगुलियों के निशान को पहचानने के लिए करते हैं। बायोमैट्रिक सेन्सर का प्रयोग किसी संगठन में कर्मचारियों या संस्थान में विद्यार्थियों की उपस्थिति दर्ज करने के लिए किया जाता है।

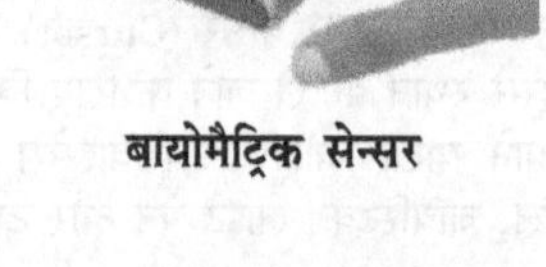

बायोमैट्रिक सेन्सर

स्कैनर

स्कैनर (Scanner) का प्रयोग पेपर पर लिखे हुए डाटा या प्रिण्ट हुए इमेज (Image) को डिजिटल रूप में परिवर्तित करने के लिए करते हैं। स्कैनर का प्रयोग किसी डॉक्यूमेण्ट को उसके वास्तविक रूप में स्टोर (Store) करने के लिए किया जा सकता है, जिससे उसमें आसानी से कुछ बदलाव किया जा सके।

स्कैनर ग्रे स्केल (Gray Scale) और कलर मोड (Color mode) दोनों में इमेज को स्टोर करता है।

स्कैनर निम्न प्रकार के होते हैं

(i) हैण्डहेल्ड स्कैनर (ii) फ्लैटबेड स्कैनर (iii) ड्रम स्कैनर

माइक्रोफोन

माइक्रोफोन (Microphone) यह एक प्रकार की इनपुट डिवाइस है, जिससे माइक्रोफोन आवाज को प्राप्त करता है तथा उसे कम्प्यूटर के फॉर्मेट (Format) में परिवर्तित करता है, जिसे **डिजिटाइज्ड साउण्ड या डिजिटल ऑडियो** भी कहते हैं।

माइक्रोफोन में आवाज को डिजिटल रूप में परिवर्तित करने के लिए साउण्ड कार्ड का प्रयोग किया जाता है। आजकल माइक्रोफोन का प्रयोग स्पीच रिकॉग्निशन सॉफ्टवेयर (Speech Recognition Software) के साथ भी किया जाता है अर्थात् इसकी सहायता से हमें कम्प्यूटर में टाइप करने की जरूरत नहीं पड़ती, बल्कि जो बोला जाता है वो डॉक्यूमेन्ट में प्रिण्ट हो जाता है।

वेबकैम या वेबकैमरा

वेबकैम (Webcam) एक प्रकार की वीडियो कैप्चरिंग (Video capturing) डिवाइस है। यह एक डिजिटल कैमरा है, जिसे कम्प्यूटर के साथ जोड़ा जाता है। इसका प्रयोग वीडियो कॉन्फ्रेन्सिंग (Video Conferencing) और ऑनलाइन चैटिंग (Online Chatting) आदि कार्यों के लिए किया जाता है।

यदि दो लोगों के कम्प्यूटर में वेबकैमरा लगा है और कम्प्यूटर इण्टरनेट से जुड़ा हुआ है तो हम आसानी से एक-दूसरे को देखकर बातचीत कर सकते हैं।

कम्प्यूटर पर लगा हुआ वेबकैमरा   वेबकैमरा

आउटपुट डिवाइस

इन डिवाइस का प्रयोग कम्प्यूटर से प्राप्त परिणाम को देखने अथवा प्राप्त करने के लिए किया जाता है। आउटपुट डिवाइस (Output device), आउटपुट को हार्ड कॉपी (Hard Copy) अथवा सॉफ्ट कॉपी (Soft Copy) के रूप में प्रस्तुत करते हैं। सॉफ्ट कॉपी वह आउटपुट होता है, जो उपयोगकर्ता को कम्प्यूटर के मॉनीटर पर दिखाई देता है अथवा स्पीकर में सुनाई देता है। जबकि हार्ड कॉपी वह आउटपुट होता है, जो उपयोगकर्ता को पेपर पर प्राप्त होता है।

कुछ प्रमुख आउटपुट डिवाइसें निम्न हैं

मॉनीटर

मॉनीटर को विजुअल डिस्प्ले यूनिट (Visual Display Unit, VDU) भी कहते हैं। मॉनीटर कम्प्यूटर से प्राप्त परिणाम को सॉफ्ट कॉपी के रूप में दिखाता है। मॉनीटर की रिफ्रेश दर हर्ट्ज (Hertz) में मापी जाती है।

मॉनीटर (Monitor) दो प्रकार के होते हैं–मोनोक्रोम डिस्प्ले मॉनीटर और कलर डिस्प्ले मॉनीटर। **मोनोक्रोम डिस्प्ले मॉनीटर** टेक्स्ट को डिस्प्ले करने के लिए एक ही रंग का प्रयोग करता है और **कलर डिस्प्ले मॉनीटर** एक समय में 256 रंगों को दिखा सकता है। मॉनीटर पर इमेज छोटे-छोटे बिन्दुओं (Dots) से मिलकर बनता है और इन बिन्दुओं को पिक्सल (Pixel) के नाम से भी जाना जाता है। किसी इमेज की स्पष्टता (Clarity) तीन तथ्यों पर निर्भर करती है

(i) **स्क्रीन का रेजोल्यूशन** (Resolution of Screen) किसी मॉनीटर का रेजोल्यूशन उसके क्षैतिज (Horizontal) और ऊर्ध्वाधर (Vertical) पिक्सल्स की संख्या के गुणनफल के बराबर होता है। किसी मॉनीटर की रेजोल्यूशन (Resolution) जितनी अधिक (High) होगी, उसके पिक्सल (Pixels) उतने ही नजदीक होंगे और इमेज उतना ही स्पष्ट होगा।

(ii) **डॉट पिच** (Dot Pitch) दो कलर्ड पिक्सल के विकर्णों के बीच की दूरी (Digonal Space) को **डॉट पिच** कहते हैं। यदि किसी मॉनीटर की डॉट पिच कम-से-कम हो तो उसका रेजोल्यूशन उतना ही अधिक होगा तथा उस मॉनीटर में इमेज अधिक स्पष्ट होगा।

(iii) **रिफ्रेश रेट** (Refresh Rate) एक सेकेण्ड में कम्प्यूटर का मॉनीटर जितनी बार रिफ्रेश होता है, वह संख्या उसकी रिफ्रेश रेट कहलाती है। ज्यादा-से-ज्यादा रिफ्रेश करने पर स्क्रीन पर इमेज ज्यादा अच्छे और स्पष्ट दिखाई देती हैं।

कुछ प्रमुख प्रयोग में आने वाले मॉनीटर्स निम्न हैं

- कैथोड रे ट्यूब (CRT)
- लिक्विड क्रिस्टल डिस्प्ले (LCD)
- लाइट एमिटिंग डायोड (LED)
- थ्री डायमेन्शन (3D) मॉनीटर
- थिन फिल्म ट्रांजिस्टर (TFT)

प्रिण्टर्स

प्रिण्टर्स (Printers) एक प्रकार की आउटपुट डिवाइस है। जिसका प्रयोग कम्प्यूटर से प्राप्त डाटा और सूचना को किसी कागज पर प्रिण्ट करने के लिए करते हैं।

यह ब्लैक और व्हाइट (Black and White) के साथ-साथ कलर डॉक्यूमेण्ट को भी प्रिण्ट कर सकता है। किसी प्रिण्टर की गति करैक्टर प्रति सेकेण्ड (Character Per Second-CPS) में, लाइन प्रति मिनट (Line Per Minute-LPM) में और पेजेज प्रति मिनट (Pages Per Minute-PPM) में मापी जाती है। किसी प्रिण्टर की क्वालिटी डॉट्स प्रति इंच (Dots Per Inch-DPI) में मापी जाती है अर्थात् पेपर पर एक इंच में जितने ज्यादा-से-ज्यादा बिन्दु होंगे, प्रिंण्टिग उतनी ही अच्छी होगी।

प्रिण्टर दो प्रकार के होते हैं

इम्पैक्ट प्रिण्टर

इम्पैक्ट प्रिण्टर (Impact Printer) टाइपराइटर की तरह कार्य करता है। इसमें अक्षर प्रिण्ट करने के लिए छोटे-छोटे पिन या हैमर्स (Hammers) होते हैं। इन पिनों पर अक्षर बने होते हैं, जिससे प्रिण्टिंग होती है।

इम्पैक्ट प्रिण्टर (Impact printer) चार प्रकार के होते हैं

(a) डॉट मैट्रिक्स प्रिण्टर (Dot Matrix Printer)
(b) डेजी व्हील प्रिण्टर (Daisy Wheel Printer)
(c) लाइन प्रिण्टर (Line Printer)
(d) ड्रम प्रिण्टर (Drum Printer)

नॉन-इम्पैक्ट प्रिण्टर

नॉन-इम्पैक्ट प्रिण्टर (Non-impact Printer) प्रिण्टिंग में इलेक्ट्रोस्टैटिक केमिकल (Electrostatic Chemical) और इंकजेट तकनीकी (Inkjet Technique) का प्रयोग करते हैं। इसके द्वारा उच्च क्वालिटी के ग्राफिक्स और अक्षरों को प्रिण्ट किया जाता है। ये प्रिण्टर इम्पैक्ट प्रिण्टर की तुलना में महँगे होते हैं, किन्तु इनकी प्रिण्टिंग इम्पैक्ट प्रिण्टर की अपेक्षा ज्यादा अच्छी होती है।

नॉन-इम्पैक्ट प्रिण्टर निम्न प्रकार के होते हैं

(a) **इंकजेट प्रिण्टर** (Inkjet Printer)
(b) **थर्मल प्रिण्टर** (Thermal Printer)
(c) **लेजर प्रिण्टर** (Laser Printer)
(d) **इलेक्ट्रो मैग्नेटिक प्रिण्टर** (Electromagnetic Printer)
(e) **इलेक्ट्रो स्टैटिक प्रिण्टर** (Electrostatic Printer)

प्लॉटर

यह एक आउटपुट डिवाइस है, जिसका प्रयोग बड़ी ड्राइंग या चित्र जैसे कि कन्स्ट्रक्शन प्लान्स (Construction Plans), मैकेनिकल वस्तुओं की ब्लूप्रिण्ट, AUTOCAD, CAD/CAM आदि के लिए करते हैं। इसमें ड्रॉइंग बनाने के लिए पेन, पेन्सिल, मार्कर आदि राइटिंग टूल का प्रयोग होता है।

प्लॉटर दो प्रकार के होते हैं

(i) फ्लैटबैड प्लॉटर
(ii) ड्रम प्लॉटर

स्पीकर

- स्पीकर (Speaker) यह एक प्रकार की आउटपुट डिवाइस है, जो कम्प्यूटर से प्राप्त आउटपुट को आवाज के रूप में सुनाती है। यह कम्प्यूटर से डाटा विद्युत धारा (Electric current) के रूप में प्राप्त करता है।
- इसे सीपीयू (CPU) से जोड़ने के लिए साउण्ड कार्ड की जरूरत पड़ती है, जो साउण्ड उत्पन्न करता है।
- स्पीकर (Speaker) कम्प्यूटर में आन्तरिक या बाह्य रूप से जुड़ा होता है।

हेड फोन्स

- हेड फोन्स (Head Phones) यह एक प्रकार की आउटपुट डिवाइस है, जिसमें लाउड स्पीकर का एक जोड़ा होता है।
- इसकी आवाज सिर्फ इसे पहनने वाला व्यक्ति ही सुन सकता है। किसी-किसी हेड फोन के साथ माइक भी लगा होता है, जिससे सुनने के साथ-साथ बात भी की जा सकती है।
- इस उपकरण का प्रयोग प्रायः टेलीफोन ऑपरेटरों, कॉल सेण्टरों ऑपरेटरों, कमेण्टेटरों आदि द्वारा किया जाता है। इसे स्टेरियो फोन्स, हेड सेट या कैन्स के नाम से भी जाना जाता है।

प्रोजेक्टर

- प्रोजेक्टर (Projector) एक प्रकार का आउटपुट डिवाइस है, जिसका प्रयोग कम्प्यूटर से प्राप्त सूचना या डाटा को एक बड़ी स्क्रीन पर देखने के लिए करते हैं।
- इसकी सहायता से एक समय में बहुत सारे लोग एक समूह में बैठकर कोई परिणाम देख सकते हैं।
- इसका प्रयोग क्लास रूम ट्रेनिंग या एक बड़े कॉन्फ्रेन्स हॉल, जिसमें ज्यादा संख्या में दर्शक हों, जैसी जगहों पर किया जाता है। यह एक प्रकार का अस्थायी आउटपुट डिवाइस है।

  प्रोजेक्टर मुख्यतः दो प्रकार के होते हैं- LCD प्रोजेक्टर तथा DLP प्रोजेक्टर।

अभ्यास प्रश्न

1. हार्डवेयर के अन्तर्गत आती है
(a) वे सभी डिवाइसे, जिनका प्रयोग कम्प्यूटर में डाटा इनपुट कराने के लिए किया जाता है।
(b) निर्देशों का समूह, जो कम्प्यूटर को रन (Run) करते हैं।
(c) कम्प्यूटर और इससे जुड़ी सभी डिवाइसे जिनका प्रयोग डाटा इनपुट और आउटपुट के लिए किया जाता है।
(d) CPU, मैमोरी तथा स्टोरेज से जुड़ी सभी डिवाइसे, जो प्रोसेसिंग इन्फॉर्मेशन में शामिल होती है।

2. ………… डिवाइस एक हार्डवेयर उपकरण है, जिसके द्वारा किसी कम्प्यूटर में डाटा तथा सूचनाएँ प्रविष्ट कराई जाती हैं।
(a) इण्टरएक्शन (b) इनपुट
(c) कम्यूनिकेशन्स (d) आउटपुट

3. ……… डिवाइस मनुष्य द्वारा समझे जाने वाले डाटा और प्रोग्रामों को ऐसे रूप में बदल देती है, जिसे कम्प्यूटर प्रोसेस कर सकता है।
(a) प्रिण्टिंग
(b) आउटपुट
(c) सॉलिड स्टेट
(d) इनपुट

4. कम्प्यूटर सिस्टम में ……… के माध्यम से टेक्स्ट और न्यूमैरिकल डाटा को प्रवेश करने की पद्धति सर्वाधिक सामान्य पद्धति है।
(a) कीबोर्ड (b) स्कैनर
(c) प्रिण्टर (d) प्लॉटर

5. आमतौर पर उपलब्ध अधिकांश कम्प्यूटरों का कीबोर्ड ……… के नाम से लोकप्रिय है।
(a) QWERTY (b) QOLTY
(c) ALTER (d) UCLIF

6. QWERTY कीबोर्ड में कुल कितनी कुंजियाँ होती हैं?
(a) 108 (b) 105
(c) 104 (d) 106

7. निम्न में से कौन-सा कम्प्यूटर या टर्मिनल कीबोर्ड पर प्रोग्राम किया जा सकता है, जिससे ऑपरेटिंग सिस्टम कमाण्ड इण्टरप्रेटर या एप्लीकेशन प्रोग्राम को कुछ विशिष्ट कार्य करने के लिए प्रेरित किया जा सके?
(a) फंक्शन कुंजियाँ (b) कैप्स लॉक कुंजी
(c) एस्केप (d) नम्बर कुंजी

8. निम्न में से कौन-सी कुंजी कर्सर के बाईं ओर के करैक्टर्स को डिलीट करने के लिए प्रयोग की जाती है?
(a) ऑल्ट (b) शिफ्ट
(c) बैकस्पेस (d) डिलीट

9. ……… कुंजी और……… कुंजी को दूसरी कुंजियों के साथ मिलाकर शॉर्टकट या विशेष कार्य के लिए प्रयोग किया जा सकता है।
(a) कण्ट्रोल, ऑल्ट
(b) फंक्शन, टॉगल
(c) डिलीट, इन्सर्ट
(d) कैप्स लॉक, नम लॉक

10. निम्नलिखित में से कॉम्बीनेशन कुंजी किसे कहते हैं?
(a) ऑल्ट कुंजी (b) शिफ्ट कुंजी
(c) एण्टर कुंजी (d) पेज अप कुंजी

11. निम्न में से 'टोगल कुंजी' किसको कहते हैं?
(a) एण्टर कुंजी (b) नम लॉक कुंजी
(c) कैप्स लॉक कुंजी (d) 2 और 3 दोनों

12. एण्टर कुंजी किस बटन को दबाने का एक वैकल्पिक तरीका है?
(a) OK बटन (b) Cancel बटन
(c) Yes बटन (d) No बटन

13. Shift, Control, Alt निम्न में से किस श्रेणी के उदाहरण हैं?
(a) मॉडिफायर कुंजी
(b) प्राइमरी कुंजी
(c) फंक्शन कुंजी
(d) आल्टरनेट कुंजी

14. कीबोर्ड में, बाएँ, दाएँ, अप, डाउन कुंजियाँ निम्नलिखित में से किस फंक्शन की सुविधा देती है?
(a) डाटा या मॉडिफिकेशन को डिलीट करने में
(b) डॉक्यूमेण्ट को देखने के लिए पेज स्क्रॉल करने में
(c) Start मेन्यू को शुरू करने में
(d) Search तथा Help की शुरुआत करने में

15. कम्प्यूटर का माउस किस प्रकार की डिवाइस है?
(a) स्टोरेज (b) आउटपुट
(c) इनपुट (d) इनपुट/आउटपुट

16. माउस का आविष्कार किसने किया था?
(a) IBM
(b) Oracle
(c) डगलस एंजेलबर्ट
(d) Sun Microsystem

17. टेक्स्ट में आपकी पोजिशन दर्शाने वाले ब्लिंकिंग प्वॉइण्ट को ……… कहते हैं।
(a) ब्लिंकर (b) कर्सर
(c) कॉजर (d) प्वॉइण्टर

18. इनमें से कौन-सी प्वॉइण्टिंग और ड्रॉप डिवाइस है?
(a) माउस (b) स्कैनर
(c) प्रिण्टर (d) CD-ROM

19. कौन-सा मध्य बटन कहलाता है, जिसे दबाकर माउस के तीसरे बटन के रूप में इस्तेमाल किया जाता है?
(a) दायाँ बटन (b) स्क्रॉल व्हील
(c) टच बार (d) लाइट बार

20. जब आप माउस के बाएँ बटन को जल्दी-जल्दी दो बार दबाते हैं और छोड़ते हैं तब आप ……… करते हैं।
(a) प्राइमरी-क्लिकिंग (b) प्वॉइण्टिंग
(c) डबल-क्लिकिंग (d) सेकेण्डरी-क्लिकिंग

21. निम्नलिखित में से कौन-सी इनपुट डिवाइस कम्प्यूटर या अन्य इलेक्ट्रॉनिक उपकरणों में गति (motion) डाटा एण्टर करने के लिए प्रयोग की जाती है?
(a) प्लॉटर (b) ट्रैकबॉल
(c) मॉनिटर (d) जॉयस्टिक

22. ट्रैकबॉल का प्रयोग किया जाता है
(a) गेमिंग में (b) CAM वर्कस्टेशन में
(c) आउटपुट में (d) स्टोरिंग में

23. जॉयस्टिक का प्राथमिक तौर पर प्रयोग ……… के लिए होता है।
(a) स्क्रीन पर ध्वनि नियन्त्रण
(b) कम्प्यूटर गेमिंग
(c) टेक्स्ट एण्टर
(d) पिक्चर बनाने

24. CAD का पूरा नाम है
(a) कम्प्यूटर ऑटोमैटिक डिजाइन
(b) कम्प्यूटर एडेड डिकोड
(c) कम्प्यूटर ऑटोमैटिक डिकोड
(d) कम्प्यूटर एडेड डिजाइन

25. अधिकांश प्रोडक्ट्स पर बने प्रिण्टेड लाइनों के पैटर्न को क्या कहते हैं?
(a) मूल्य (b) OCR
(c) स्कैनर्स (d) बार कोड्स

26. एक ऑप्टिकल इनपुट डिवाइस जो पेपर मीडिया पर पेन्सिल के अंकों की व्याख्या करता है।
(a) OMR (b) पन्च कार्ड रीडर
(c) ऑप्टिकल स्कैनर (d) मैग्नेटिक टेप

27. किस इनपुट डिवाइस की सहायता से किसी वस्तुनिष्ठ प्रकार की प्रयोगात्मक परीक्षा की उत्तर पुस्तिका की जाँच की जाती है?
(a) OMR (b) OCR
(c) MICR (d) बारकोड रीडर

28. OCR प्रकाश स्रोत की सहायता से करैक्टर की ……… को पहचानता है।
(a) साइज (b) शेप
(c) कलर (d) यूज्ड लिंक

29. MICR में, C निम्न में से किसके लिए उपयुक्त है?
(a) कोड (b) कलर
(c) करैक्टर (d) कम्प्यूटर

30. बैंकों में, चेकों को पढ़ने के लिए निम्न में से कौन-सी विधि का प्रयोग होता है?
(a) OCR (b) MCR
(c) MICR (d) OMR

31. MICR करैक्टर्स को प्रिण्ट करने के लिए, प्रयुक्त स्याही में क्या होता है?
(a) लेड ऑक्साइड
(b) ग्रेफाइट
(c) कपरस ऑक्साइड
(d) आयरन ऑक्साइडड

32. स्मार्ट कार्ड क्या है?
(a) स्पेशल पर्पज कार्ड है
(b) माइक्रोप्रोसेसर कार्ड है
(c) प्रोसेसिंग यूनिट में डाटा स्टोरिंग मैमोरी होती है
(d) सॉफ्टवेयर हैण्डलिंग के लिए प्रोसेसिंग यूनिट है

33. निम्नलिखित में से किसमें एक इलेक्ट्रॉनिक लेखन क्षेत्र (Writing area) और एक विशेष पेन होता है, जो इसके साथ काम करता है?
(a) ट्रैकबॉल (b) प्लॉटर्स
(c) अबेकस (d) ग्राफिक टैबलेट

34. ……… ग्रे स्केल और कलर मोड दोनों में चित्र को स्टोर करता है।
(a) प्लॉटर (b) टच पेन
(c) स्कैनर (d) OCR

35. निम्न में से कौन एनालॉग सूचना को डिजिटल रूप में परिवर्तित करता है?
(a) बारकोड रीडर
(b) ऑप्टिकल मार्क रीडिंग
(c) डिजिटाईजर (d) गेम पैड

36. ……… का प्रयोग हाथ से लिखी सामग्रियों या मुद्रित सामग्रियों को पढ़कर डिजिटल छवि बनाने में किया जाता है।
(a) प्रिण्टर (b) लेजर बीम
(c) स्कैनर (d) टचपैड

37. यह इमेज (ड्राइंग या फोटो) को कैप्चर करने का एक माध्यम है ताकि उसे कम्प्यूटर पर स्टोर किया जा सके।
(a) मॉडम (b) सॉफ्टवेयर
(c) स्कैनर (d) कीबोर्ड

38. इसमें कम्प्यूटर का कौन-सा अनिवार्य भाग नहीं है?
(a) मॉनीटर (b) स्कैनर
(c) रैम (d) माउस

39. आवाज को डिजिटल रूप में परिवर्तित करने के लिए किसका प्रयोग किया जाता है।
(a) बारकोड रीडर (b) माइक्रोफोन
(c) वेब कैम (d) स्कैनर

40. वीडियो कॉन्फ्रेसिंग में कौन-सी इनपुट डिवाइस का प्रयोग किया जाता है?
(a) वैबकैम (b) माइक्रोफोन
(c) स्कैनर (d) माउस

41. आउटपुट डिवाइस का इस्तेमाल कर सकते हैं
(a) डाटा देखने या प्रिण्ट
(b) डाटा मॉडिफाई
(c) डाटा स्टोर
(d) डाटा दोहराने

42. कम्प्यूटर मॉनीटर किस प्रकार की डिवाइस है?
(a) सॉफ्टवेयर (b) प्रोसेसिंग
(c) इनपुट (d) आउटपुट

43. सॉफ्ट कॉपी किससे रिलेटिड है?
(a) प्रिण्टिड आउटपुट से
(b) डिजिटीलाइजिंग से
(c) म्यूजिक स्टैण्ड्स से (d) स्क्रीन आउटपुट से

44. मॉनीटर की रिफ्रेश रेट ...... में मापी जाती है।
(a) हर्ट्ज (b) मेगाहर्ट्ज
(c) किलोहर्ट्ज (d) गीगाहर्ट्ज

45. स्क्रीन या मॉनीटर डिवाइस है
(a) हार्ड कॉपी (b) सॉफ्ट कॉपी
(c) इनपुट डिवाइस (d) डिस्प्ले डिवाइस

46. .... मॉनीटर एल्फा न्यूमैरिक अक्षरों के साथ-साथ ग्राफ्स एवं डायग्राम्स को भी प्रदर्शित कर सकते हैं।
(a) कम्प्यूटर आउटपुट माइक्रो फिल्म
(b) प्लॉटर
(c) लेजर प्रिण्टर
(d) ग्राफिक डिस्प्ले यूनिट

47. कम्प्यूटर स्क्रीन में एक इमेज की सबसे छोटी इकाई कौन-सी है?
(a) यूनिट (b) पिक्सल
(c) ऐरे (d) रेजोल्यूशन

48. निम्न में से कौन एक लीवर है, जिसे कम्प्यूटर मॉनीटर या समान डिस्प्ले स्क्रीन पर इमेज की गति को कण्ट्रोल करने के लिए कई दिशाओं में ले जाया जा सकता है?
(a) MIDI डिवाइस
(b) ऑप्टिकल मार्क रीडर
(c) विजुअल डिस्प्ले यूनिट
(d) जॉयस्टिक

49. निम्न में से कौन मोबाइल फोन टच पैनल सेंसिंग मैथेड से सम्बन्धित नहीं है?
(a) फिंगर टच (b) वॉयस रिकॉग्निशन
(c) ग्लब्ड टच (d) लाइट ट्रान्समिटेंश

50. स्क्रीन पर डिस्प्ले किए गए पिक्सल्स की संख्या को स्क्रीन .... कहते हैं।
(a) रेजोल्यूशन (b) कलर डेप्थ
(c) रिफ्रेश रेट (d) व्यूइंग साइज

51. स्थायी आउटपुट प्राप्त करने हेतु .... का सर्वाधिक उपयोग होता है।
(a) प्रिण्टर (b) लाइट पेन
(c) स्कैनर (d) कीबोर्ड

52. DPI दर्शाता है
(a) डॉट प्रति इंच (b) डिजिटल प्रति यूनिट
(c) डॉट्स पिक्सल इंक (d) डॉट प्रति इंक

53. इम्पैक्ट प्रिण्टर में प्रिण्टिंग के लिए प्रयोग होता है
(a) रिबन (b) गैस
(c) बिन्दु (d) पिक्सल

54. .... प्रिण्टर एक समय में एक से अधिक करैक्टर प्रिण्ट नहीं कर सकता है।
(a) लाइन (b) डेजी व्हील
(c) लेजर (d) डॉट मैट्रिक

55. डॉट मैट्रिक्स प्रिण्टर की स्पीड होती है
(a) 45 से 300 अक्षर पर सेकण्ड
(b) 30 से 200 अक्षर पर सेकण्ड
(c) 20 से 50 अक्षर पर सेकण्ड
(d) उपरोक्त सभी

56. ड्रम प्रिण्टर .... प्रकार के प्रिण्टर का एक उदाहरण है।
(a) लाइन (b) करैक्टर
(c) सीरियल (d) लेजर

57. इलेक्ट्रोस्टैटिक कैमिकल्स और इंकजेट टेक्नोलॉजी का प्रयोग किसमें होता है?
(a) डॉट मैट्रिक्स प्रिण्टर में
(b) लाइन प्रिण्टर में
(c) इम्पैक्ट प्रिण्टर में
(d) नॉन-इम्पैक्ट प्रिण्टर में

58. निम्न में से कौन-सा पेज प्रिण्टर है?
(a) डॉट मैट्रिक्स प्रिण्टर (b) लाइन प्रिण्टर
(c) लेजर प्रिण्टर (d) ड्रम प्रिण्टर

59. 3D प्रिण्टर का आविष्कार किसने किया?
(a) निक होलोनिक (b) इलायस होवे
(c) चक हल (d) क्रिस्टियान ह्यूजेंस

60. निम्नलिखित में से कौन-सी एक आउटपुट डिवाइस है?
(a) माउस (b) स्कैनर
(c) वेबकैम (d) प्लॉटर

61. किसी सूचना को एक कम्प्यूटर से पेपर पर चित्र के रूप में परिवर्तित करने के लिए किस आउटपुट डिवाइस का प्रयोग किया जाता है?
(a) टच पैनल (b) कार्ड पंच
(c) माउस (d) प्लॉटर

62. स्पीकर को सीपीयू से जोड़ने के लिए किस डिवाइस का प्रयोग करते हैं?
(a) साउण्ड ड्राइवर
(b) साउण्ड कनेक्टर
(c) साउण्ड कार्ड
(d) स्पीकर पोर्ट

63. निम्नलिखित में अस्थायी आउटपुट डिस्प्ले कौन-सा है?
(a) प्रोजेक्टर (b) प्रिण्टर
(c) स्कैनर (d) वीडियो कैमरा

64. फैक्स मशीन निम्न में से किसका उदाहरण होता है?
(a) इनपुट (b) आउटपुट
(c) इनपुट-आउटपुट (d) इनमें से कोई नहीं

65. पेरिफेरल इक्विपमेण्ट का एक उदाहरण है।
(a) प्रिण्टर (b) CPU
(c) स्प्रेडशीट (d) माइक्रो कम्प्यूटर

उत्तरमाला

1. (c)	2. (b)	3. (d)	4. (a)	5. (a)
6. (c)	7. (a)	8. (c)	9. (a)	10. (b)
11. (d)	12. (a)	13. (a)	14. (b)	15. (c)
16. (c)	17. (b)	18. (a)	19. (b)	20. (c)
21. (b)	22. (b)	23. (b)	24. (d)	25. (d)
26. (a)	27. (a)	28. (b)	29. (c)	30. (c)
31. (d)	32. (b)	33. (d)	34. (c)	35. (c)
36. (c)	37. (c)	38. (b)	39. (b)	40. (a)
41. (a)	42. (d)	43. (d)	44. (a)	45. (d)
46. (d)	47. (b)	48. (c)	49. (b)	50. (a)
51. (a)	52. (a)	53. (a)	54. (d)	55. (b)
56. (a)	57. (d)	58. (c)	59. (c)	60. (d)
61. (d)	62. (c)	63. (a)	64. (c)	65. (a)

अध्याय 03

कम्प्यूटर सॉफ्टवेयर

सॉफ्टवेयर (Software), प्रोग्रामिंग भाषा में लिखे गए कम्प्यूटर प्रोग्रामों और सम्बन्धित डाटा का एक संग्रह है, जो कम्प्यूटर को यह बताने के लिए निर्देश प्रदान करता है कि क्या और कैसे करना है। सॉफ्टवेयर कम्प्यूटर के विभिन्न हार्डवेयरों के बीच समन्वय स्थापित करता है, जिससे किसी विशेष कार्य को पूरा किया जा सके।

इसका प्राथमिक उद्देश्य डाटा को सूचना में परिवर्तित करना है। सॉफ्टवेयर के निर्देशों के अनुसार ही हार्डवेयर कार्य करता है। इसे **प्रोग्रामों का समूह** भी कहते हैं।

सॉफ्टवेयर के प्रकार

सॉफ्टवेयर को उसके कार्यों तथा संरचना के आधार पर दो प्रमुख भागों में विभाजित किया गया है

1. सिस्टम सॉफ्टवेयर

जो प्रोग्राम कम्प्यूटर को चलाने, उसको नियन्त्रित करने, उसके विभिन्न भागों की देखभाल करने तथा उसकी सभी क्षमताओं का अच्छे से उपयोग करने के लिए प्रोग्राम किये जाते हैं, उनको सम्मिलित रूप से 'सिस्टम सॉफ्टवेयर' (System software) कहा जाता है।

यह कम्प्यूटर तथा उपयोगकर्ता के बीच मध्यस्थ का कार्य करता है। सामान्यत: सिस्टम सॉफ्टवेयर्स कम्प्यूटर के निर्माता द्वारा ही उपलब्ध कराए जाते हैं।

सिस्टम सॉफ्टवेयर को विभिन्न भागों में बाँटा गया है, जो निम्न हैं

(a) **ऑपरेटिंग सिस्टम** (Operating System) यह कुछ विशेष प्रोग्राम्स का ऐसा व्यवस्थित समूह है, जो किसी कम्प्यूटर के सम्पूर्ण क्रियाकलापों को नियन्त्रित रखता है। यह कम्प्यूटर के साधनों के उपयोग पर नजर रखने और उन्हें व्यवस्थित करने में हमारी सहायता करता है। वास्तव में, यह प्रोग्राम्स को कार्य करने के लिए एक आधार उपलब्ध कराता है, *जैसे*—एम एस-डॉस, विण्डोज 7/8/10, यूनिक्स, लाइनक्स इत्यादि ऑपरेटिंग सिस्टम के कुछ उदाहरण हैं।

ऑपरेटिंग सिस्टम के विभिन्न कार्य इस प्रकार हैं

(i) कम्प्यूटर तथा उसके उपयोगकर्ता के बीच संवाद (Communication) स्थापित करना।

(ii) कम्प्यूटर के सभी उपकरणों को नियन्त्रण में रखना तथा उनसे कार्य कराना।

(iii) उपयोगकर्ता द्वारा दिए गए प्रोग्राम्स का क्रियान्वयन (Execution) कराना।

(iv) सभी प्रोग्राम्स के लिए आवश्यक साधन (मैमोरी, सीपीयू, प्रिण्टर आदि) उपलब्ध कराना।

बायोस

बायोस, बेसिक इनपुट-आउटपुट सिस्टम (Basic Input- Output System-BIOS) का संक्षिप्त रूप है। यह आईबीएम कम्प्यूटर को दिए जाने वाले निर्देशों का एक समूह होता है। ये निर्देश कम्प्यूटर में एक चिप में संरक्षित (Store) रहते हैं। बायोस का सबसे महत्त्वपूर्ण कार्य कम्प्यूटर को ऑन करते समय स्वपरीक्षण (Self test) निर्देश देना होता है।

(b) **डिवाइस ड्राइवर्स** (Device Drivers) ये एक विशेष प्रकार का सॉफ्टवेयर होता है, जो किसी युक्ति (Device) के प्रचालन (Operation) को समझाता है। ये सॉफ्टवेयर किसी युक्ति तथा उपयोगकर्ता के मध्य इण्टरफेस का कार्य करते हैं। किसी भी डिवाइस को सुचारू रूप से चलाने के लिए चाहे वो प्रिण्टर, माउस, मॉनीटर या कीबोर्ड ही हो, उसके साथ एक ड्राइवर प्रोग्राम जुड़ा होता है। यह ऑपरेटिंग सिस्टम के निर्देशों को कम्प्यूटर के विभिन्न भागों के लिए उनकी भाषा में परिवर्तित करता है।

(c) **भाषा अनुवादक** (Language Translator) ये ऐसे प्रोग्राम हैं, जो विभिन्न प्रोग्रामिंग भाषाओं में लिखे गए प्रोग्रामों का अनुवाद कम्प्यूटर की मशीनी भाषा (Machine Language) में करते हैं। यह अनुवाद कराना इसलिए आवश्यक होता है, क्योंकि कम्प्यूटर केवल मशीनी भाषा में लिखे हुए प्रोग्राम का ही पालन कर सकता है।

भाषा अनुवादकों को मुख्यत: तीन श्रेणियों में बाँटा जाता है

- असेम्बलर
- कम्पाइलर
- इण्टरप्रेटर

2. एप्लीकेशन सॉफ्टवेयर

एप्लीकेशन सॉफ्टवेयर (Application Software) हमारा वास्तविक कार्य कराने के लिए प्रोग्राम किये जाते हैं।

एप्लीकेशन सॉफ्टवेयर का कार्य प्रत्येक कम्पनी या उपयोगकर्ता के आवश्यकतानुसार अलग-अलग प्रकार के होते हैं।

जैसे—कार्यालय के कर्मचारियों के वेतन की गणना करना, सभी लेन-देन तथा खातों का हिसाब-किताब रखना, पत्र-डॉक्यूमेण्ट तैयार करना इत्यादि।

अत: आजकल ऐसे प्रोग्राम सामान्य तौर पर सबके लिए एक जैसे लिखे हुए भी आते हैं, जिन्हें रेडीमेड सॉफ्टवेयर (Readymade software) या पैकेज (Package) कहा जाता है।

सामान्यत: एप्लीकेशन सॉफ्टवेयर दो प्रकार के होते हैं

1. सामान्य उद्देशीय सॉफ्टवेयर

प्रोग्रामों का वह समूह, जिन्हें उपयोगकर्ता अपनी आवश्यकतानुसार अपने सामान्य उद्देश्यों की पूर्ति के लिए उपयोग में लाते हैं, सामान्य उद्देश्य के सॉफ्टवेयर कहलाते हैं; *जैसे*—ग्राफिक्स सॉफ्टवेयर। जिसके प्रयोग द्वारा उपयोगकर्ता निर्मित डाटा का चित्रपूर्ण ग्राफिक्स प्रस्तुतिकरण करता है।

ये सॉफ्टवेयर विशेष कार्यों से सम्बन्धित होते हैं, परन्तु इनका उद्देश्य केवल सामान्य कार्य करने के लिए होता है, जिसके कारण ये सॉफ्टवेयर लगभग प्रत्येक क्षेत्र, प्रत्येक संस्था तथा कार्यालय में दैनिक रूप से उपयोग में लाए जाते हैं।

कुछ सामान्य उद्देश्य के सॉफ्टवेयर निम्न हैं

(a) **वर्ड प्रोसेसिंग सॉफ्टवेयर** (Word Processing Software) वर्ड प्रोसेसर एक विशेष प्रकार का सॉफ्टवेयर है, जिसकी सहायता से टेक्स्ट या डॉक्यूमेण्ट को क्रिएट किया जाता है। यह सॉफ्टवेयर प्रिण्ट होने वाले मैटीरियल की कंपोजीशन, एडिटिंग, फॉर्मेटिंग और प्रिण्टिंग आदि के लिए भी उपयोग किया जाता है।

जैसे—माइक्रोसॉफ्ट वर्ड, वर्डपरफेक्ट (केवल Windows के लिए), एप्पलवर्क्स (केवल Apple के लिए), OpenOffice.org Writer आदि।

(b) **इलेक्ट्रॉनिक स्प्रेडशीट्स** (Electronic Spreadsheets) इस सॉफ्टवेयर के द्वारा उपयोगकर्ता अपने डाटा को 'रॉ' तथा 'कॉलम' (Row and Column) के रूप में व्यवस्थित कर सकते हैं।

ये रॉज़ और कॉलम्स सामूहिक रूप से **स्प्रेडशीट** कहलाते हैं। *जैसे*—माइक्रोसॉफ्ट एक्सेल, कोरल क्वाटरो प्रो, लोटस 1-2-3, OpenOffice.org Calc आदि।

(c) **प्रेजेण्टेशन सॉफ्टवेयर** (Presentation Software) प्रेजेण्टेशन का अर्थ है-अपने विचार, सन्देश तथा अन्य सूचना को एक ऐसे सरल रूप में किसी ग्रुप के सामने प्रस्तुत करना, जिससे उस ग्रुप को वह सूचना आसानी से समझ आ सके। प्रेजेण्टेशन सॉफ्टवेयर सूचना को स्लाइड के रूप में प्रदर्शित करता है। *जैसे*—माइक्रोसॉफ्ट पावरप्वॉइण्ट (Microsoft Power Point), कोरल प्रेजेण्टेशनस (Coral Presentations) इत्यादि।

(d) **डाटाबेस मैनेजमेण्ट सिस्टम** (Database Management System) ऑर्गेनाइज्ड डाटा का ऐसा संग्रह (Collection), जिसमें जरूरत पड़ने पर डाटा को एक्सेस (Access), रिट्रीव (Retrieve) तथा फॉर्मेट (Format) किया जा सके, डाटाबेस मैनेजमेण्ट सिस्टम (DBMS) कहलाता है।

जैसे—माइक्रोसॉफ्ट एक्सेस, कोरल पैराडॉक्स, MySQL, ओरेकल आदि।

(e) **डेस्कटॉप पब्लिशिंग सॉफ्टवेयर** (Desktop Publishing (DTP) Software) इन सॉफ्टवेयर्स का प्रयोग ग्राफिक डिजाइनरों द्वारा किया जाता है। इन सॉफ्टवेयर्स का प्रयोग डेस्कटॉप प्रिण्टिंग तथा ऑन स्क्रीन इलेक्ट्रॉनिक पब्लिशिंग के लिए किया जाता है।

जैसे—क्वार्क एक्सप्रेस, एडोब पेजमेकर, 3B2, कोरल ड्रॉ आदि।

(f) **ग्राफिक्स सॉफ्टवेयर** (Graphics Software) ये सॉफ्टवेयर कम्प्यूटर पर इमेज में बदलाव करने और उन्हें सुन्दर बनाने की अनुमति देते हैं। इन सॉफ्टवेयर्स के द्वारा इमेजेस (Images) को रीटच (Retouch), कलर एडजस्ट (Color adjust), एनहैन्स (Enhance), शैडो (Shadow) व ग्लो (Glow) जैसे विशेष इफैक्ट्स दिए जा सकते हैं। इसे इमेज एडिटर भी कहा जाता है।

जैसे—एडोब फोटोशॉप (Adobe Photoshop), PiZap आदि।

(g) **मल्टीमीडिया सॉफ्टवेयर** (Multimedia Software) टेक्स्ट, ऑडियो, वीडियो, इमेजेस तथा एनीमेशन आदि के संयोजन को मल्टीमीडिया कहते हैं। वे सॉफ्टवेयर्स जो ये सभी सुविधा प्रदान करते हैं मल्टीमीडिया सॉफ्टवेयर्स कहलाते हैं, *जैसे*—वीएलसी मीडिया प्लेयर, निमबज़ज (Nimbuzz) आदि।

2. विशिष्ट उद्देशीय सॉफ्टवेयर

विशिष्ट उद्देशीय सॉफ्टवेयर किसी विशेष उद्देश्य की पूर्ति हेतु बनाए जाते हैं। इस प्रकार के सॉफ्टवेयर का अधिकांशत: केवल एक उद्देश्य होता है। सामान्य रूप से उपयोग किए जाने वाले कुछ विशिष्ट उद्देशीय सॉफ्टवेयर निम्न हैं

(a) **इनवेण्टरी मैनेजमेण्ट सिस्टम एण्ड परचेजिंग सिस्टम** (Inventory Management System and Purchasing System) इस प्रकार के सॉफ्टवेयर अधिकतर जनरल स्टोर्स या ऐसे संस्थानों में उपयोग किए जाते हैं, जिनमें भौतिक संसाधनों की आवश्यकता होती है। किसी स्टॉक में उपस्थित वस्तुओं (Goods) की सूची को 'इनवेण्टरी' कहते हैं, *जैसे*—Fish bowl, Advance pro आदि।

(b) **पेरोल मैनेजमेण्ट सिस्टम** (Payroll Management System) आधुनिक समय में, लगभग प्रत्येक संस्थान के द्वारा अपने कर्मचारियों के वेतन तथा अन्य भत्तों का हिसाब रखने के लिए इस सॉफ्टवेयर का प्रयोग किया जाता है, *जैसे*—Namely, Altipro आदि।

(c) **होटल मैनेजमेण्ट सिस्टम** (Hotel Management System) होटलों के विभिन्न कार्यों को व्यवस्थित करना ही **होटल मैनेजमेण्ट** कहलाता है। इसके अन्तर्गत मार्केटिंग, हाउसकीपिंग, बिलिंग, एडमिनिस्ट्रेशन जैसे कार्य आते हैं। *जैसे*—Aatithya, HMS, आदि।

(d) **रिज़र्वेशन सिस्टम** (Reservation System) रिज़र्वेशन सिस्टम या सेण्ट्रल रिजर्वेशन सिस्टम एक ऐसा कम्प्यूटराइज्ड सिस्टम है, जिसके प्रयोग से उपयोगकर्ता ट्रेन या वायु यातायात के बारे में विभिन्न जानकारी प्राप्त कर सकता है। इसके अतिरिक्त इस सॉफ्टवेयर के द्वारा ट्रेन या हवाई जहाज आदि में उपलब्ध सीटों या टिकटों के बारे में विभिन्न जानकारियाँ प्राप्त की जा सकती हैं।

जैसे—www.makemytrip.com, www.yatra.com, आदि।

(e) **रिपोर्ट कार्ड जनरेटर** (Report Card Generator) इस प्रकार के सॉफ्टवेयर्स का प्रयोग विभिन्न स्कूलों या कॉलेजों के परीक्षा (Examination) विभाग द्वारा विद्यार्थियों के परिक्षाफल (Results) तैयार करने में किया जाता है।

(f) **एकाउण्टिंग सॉफ्टवेयर** (Accounting Software) यह सॉफ्टवेयर एक ऐसा एप्लीकेशन सॉफ्टवेयर है, जो विभिन्न खातों के लेन-देन का बहीखाता (Book Keeping) रखता है। यह सॉफ्टवेयर लेखांकन (Accounting) की जानकारियाँ रखता है।

जैसे—Tally ERP9, Profit Books आदि।

(g) **बिलिंग सिस्टम** (Billing System) यह एक प्रकार का सॉफ्टवेयर है, जो बिलों (Bills) की प्रक्रिया को पूरा करता है। ये उन वस्तुओं तथा सेवाओं (Services) के मूल्य की जाँच करता है, जो किसी ग्राहक को प्रदान किए जाते हैं।

जैसे—Billing Manager, Billing Tracker आदि।

सिस्टम यूटिलिटीज

सिस्टम यूटिलिटीज (System Utilities) ये प्रोग्राम कम्प्यूटर के रख-रखाव से सम्बन्धित कार्य करते हैं। ये प्रोग्राम्स कम्प्यूटर के कार्यों को सरल बनाने, उसे अशुद्धियों से दूर रखने तथा सिस्टम के विभिन्न सुरक्षा कार्यों के लिए बनाए जाते हैं। ये पैकेज होते हैं, जो सॉफ्टवेयर को इन्स्टॉल करते समय कम्प्यूटर में लोड हो जाते हैं।

यूटिलिटी प्रोग्राम कई ऐसे कार्य करते हैं, जो कम्प्यूटर का उपयोग करते समय हमें कराने पड़ते हैं, *जैसे*—कोई यूटिलिटी प्रोग्राम हमारी फाइलों का बैकअप किसी बाहरी स्टोरेज डिवाइस पर ले जाने का कार्य कर सकता है। ये सिस्टम सॉफ्टवेयर के अनिवार्य भाग नहीं होते, परन्तु सामान्यत: उसके साथ जुड़े होते हैं और कम्प्यूटर के निर्माता द्वारा ही उपलब्ध कराए जाते हैं।

कुछ यूटिलिटी सॉफ्टवेयर निम्न हैं

(a) **डिस्क कम्प्रेशन** (Disk Compression) यह हार्ड डिस्क पर उपस्थित सूचना के स्टोरेज को बढ़ाने के लिए उसे संकुचित (Compressed) कर देता है, जिससे हार्ड डिस्क पर अधिक-से-अधिक सूचना स्टोर की जा सके। यह यूटिलिटी स्वयं अपना कार्य करती रहती है तथा जरूरी नहीं कि उपयोगकर्ता को इसकी उपस्थिति की जानकारी हो; *जैसे*—डिस्क डबलर, सुपरस्टार प्रो, डबलडिस्क गोल्ड आदि।

(b) **डिस्क फ्रेगमेण्टर** (Disk Fragmenter) यह कम्प्यूटर की हार्ड डिस्क पर विभिन्न जगहों पर रखी हुई फाइलों को खोजकर उन्हें एक स्थान पर स्टोर करता है; *जैसे*—माइडिफ्रेग, डिस्कीपर, डिफ्रेगलर आदि।

(c) **बैकअप यूटिलिटीज** (Backup Utilities) यह कम्प्यूटर की डिस्क पर उपस्थित सभी सूचना की एक कॉपी रखता है तथा जरूरत पड़ने पर कुछ जरूरी फाइलें या पूरी हार्ड डिस्क के कण्टेण्ट को वापस रिस्टोर (Restore) कर देता है।

(d) **डिस्क क्लीनर्स** (Disk Cleaners) ये उन फाइलों को ढूँढकर डिलीट (Delete) करता है, जिनका बहुत समय से उपयोग नहीं हुआ है। इस प्रकार ये कम्प्यूटर की गति को भी तेज करता है; *जैसे*—ब्लीच बीट क्लीनर आदि।

(e) **एण्टीवायरस** (Antivirus) ये ऐसे यूटिलिटी प्रोग्राम्स हैं, जिनका प्रयोग कम्प्यूटर के वायरस ढूँढने और उन्हें डिलीट करने में होता है; *जैसे*—अवीरा, केस्परस्काई, एवीजी, मैकफी आदि।

(f) **टेक्स्ट एडिटर** (Text Editor) यह एक ऐसा प्रोग्राम होता है, जो टेक्स्ट फाइलों को क्रिएट और उनके सुधार (Correction) की सुविधा देता है। इसका प्रयोग केवल टेक्स्ट टाइप करने में या किसी प्रोग्राम के लिए डाटा तैयार करने में किया जाता है; *जैसे*—एम एस-वर्ड, वर्ड पैड, नोटपैड, जिसमें नोटपैड सबसे प्रसिद्ध टेक्स्ट एडिटर है।

अभ्यास प्रश्न

1. इन्स्ट्रक्शन का सेट, जो कम्प्यूटर को क्या करना है यह बताता है, उसे ……… कहते हैं।
(a) मेण्टर (b) इन्स्ट्रक्टर
(c) कम्पाइलर (d) प्रोग्राम

2. सॉफ्टवेयर का प्राथमिक उद्देश्य डाटा को ……… में परिवर्तित करना है।
(a) वेबसाइट्स
(b) इन्फॉर्मेशन
(c) प्रोग्राम्स
(d) ऑब्जेक्ट्स

3. कम्प्यूटर में तैयार किए गए प्रोग्रामों के समूह को क्या कहते हैं?
(a) हार्डवेयर
(b) कार्डवेयर
(c) सॉफ्टवेयर
(d) 'a' और 'c' दोनों

4. निम्नलिखित में से कौन निर्देशों, डाटा या प्रोग्रामों का समूह है, जो कम्प्यूटर को ऑपरेट तथा विशिष्ट टास्क एक्जीक्यूट करने के लिए प्रयोग किए जाते हैं?
(a) प्रोसेसर (b) हार्डवेयर
(c) मालवेयर (d) सॉफ्टवेयर

5. कम्प्यूटर सिस्टम का वह भाग है, जिसे कोई छू नहीं सकता ……… कहलाता है।
(a) हार्डवेयर (b) प्रिण्टर
(c) माउस (d) सॉफ्टवेयर

6. 'कम्प्यूटर्स के सन्दर्भ में सॉफ्टवेयर का क्या अर्थ है?
(a) कम्प्यूटर प्रोग्राम्स (b) कम्प्यूटर सरकिट्री
(c) ह्यूमन ब्रेन (d) फ्लॉपी डिस्क

7. निम्नलिखित में से कौन-सा एक सॉफ्टवेयर है?
(a) स्कैनर (b) प्लॉटर
(c) कीबोर्ड (d) बेसिक

8. जिससे कम्प्यूटर एक से अधिक टास्क परफॉर्म कर सकता है उस सेट ऑफ इन्स्ट्रक्शन्स के लिए निम्नलिखित में से कौन-सा पद उपयुक्त है?
(a) हार्डवेयर (b) सॉफ्टवेयर
(c) ह्यूमनवेयर (d) फर्मवेयर

9. संकेतों का संग्रह, जो कम्प्यूटर को बताता है कि किसी विशेष काम को कैसे किया जाएगा, क्या कहलाता है?
(a) आँकड़ा संगणना (b) प्रोग्राम
(c) फाइल (d) सूचना

10. कम्प्यूटर सॉफ्टवेयर की परिभाषा कैसी हो सकती है?
(a) कम्प्यूटर और उसके सहयोगी साधन/उपकरण
(b) ऐसे अनुदेश जो कम्प्यूटर को बताते हैं कि क्या करना है
(c) कम्प्यूटर के घटक जो लक्ष्यपूर्ति का कार्य करते हैं
(d) कम्प्यूटर और नेटवर्क के बीच का इण्टरफेस/चर्चा

11. सॉफ्टवेयर के दो प्रमुख घटक है
(a) वर्ड प्रोसेसिंग तथा स्प्रेडशीट
(b) ट्रान्सजैक्शन तथा स्प्रेडशीट
(c) विण्डोज तथा मैक OS
(d) सिस्टम तथा एप्लीकेशन

12. ……… मैन्युअल बताता है कि किसी सॉफ्टवेयर प्रोग्राम का प्रयोग कैसे किया जाए?
(a) डॉक्यूमेण्टेशन (b) प्रोग्रामिंग
(c) टेक्निकल (d) यूजर

13. कौन-सा सॉफ्टवेयर कम्प्यूटर के हार्डवेयर को नियन्त्रित करता है?
(a) एप्लीकेशन (b) सिस्टम
(c) प्रोग्राम (d) मैमोरी

14. प्रोग्रामों का एक सेट है, जो आपके कम्प्यूटर हार्डवेयर डिवाइस और एप्लीकेशन सॉफ्टवेयर को एक साथ काम करने में सक्षम बनाता है।
(a) मैनेजमेन्ट
(b) प्रोसेसिंग
(c) यूटिलिटी
(d) सिस्टम सॉफ्टवेयर

15. ऑपरेटिंग सिस्टम और यूटिलिटी प्रोग्राम, सॉफ्टवेयर के उस वर्ग के हैं, जिन्हें ……… कहा जाता है
(a) एप्लीकेशन सॉफ्टवेयर
(b) सिक्वेन्शियल सॉफ्टवेयर
(c) सॉफ्टवेयर स्वीट्स
(d) सिस्टम सॉफ्टवेयर

16. ……… वह प्रोग्राम है, जो कम्प्यूटर को प्रयोग करने में आसान बना देता है।
(a) एप्लीकेशन (b) यूटिलिटी
(c) नेटवर्क (d) ऑपरेटिंग सिस्टम

17. कम्प्यूटर बूट नहीं कर सकता यदि इसके पास ……… नहीं है।
(a) कम्पाइलर
(b) लोडर
(c) ऑपरेटिंग सिस्टम
(d) असेम्बलर

18. ……… प्रोग्रामों का एक सेट है जो कम्प्यूटर के संसाधनों को प्रबन्धित करने के लिए डिजाइन किया गया है और जिसमें कम्प्यूटर शुरू करना, प्रोग्रामों को मैनेज करना, मैमोरी को मैनेज करना और इनपुट तथा आउटपुट डिवाइसों के बीच के कार्यों का समन्वय करना शामिल है।
(a) एप्लीकेशन सूट
(b) कम्पाइलर
(c) इनुपुट/आउटपुट सिस्टम
(d) ऑपरेटिंग सिस्टम (OS)

19. डिवाइस ड्राइवर क्या है?
(a) बाहरी स्टोरेज डिवाइसों के लिए पावर कार्ड
(b) विशेषज्ञ, जो डिवाइसों के कार्य निष्पादन को अधिकतम करना जानते हैं
(c) छोटे, विशेष उद्देश्य वाले प्रोग्राम
(d) ऑपरेटिंग सिस्टम के सबसे भीतरी पुर्जे

20. उपयोगकर्ता यह कैसे निर्धारित कर सकता है, कि कम्प्यूटर पर कौन-सा प्रोग्राम उपलब्ध है?
(a) हार्ड डिस्क की प्रोपर्टीज चेक करके
(b) बूटिंग प्रोसेस के दौरान इन्स्टॉल्ड प्रोग्राम देखकर
(c) इन्स्टॉल्ड प्रोग्राम की लिस्ट के ऑपरेटिंग सिस्टम चेक कर
(d) डिस्क पर सेव की गई विद्यमान फाइलें चेक करके

21. यदि कम्प्यूटर में प्रिण्टर या स्कैनर जैसी नई डिवाइस अटैच की जाती है, तो डिवाइस का प्रयोग किए जाने से पहले इसका ……… इन्स्टॉल किया जाना चाहिए।
(a) बफर (b) ड्राइवर
(c) पेजर (d) सर्वर

22. ……… का कार्य कम्प्यूटर को ऑन करते समय स्वपरीक्षण निर्देश देना होता है
(a) सॉफ्टवेयर (b) हार्डवेयर
(c) बायोस (d) ऑपरेटिंग सिस्टम

23. निम्न में से कौन-सा सिस्टम सॉफ्टवेयर है?
(a) डाटाबेस प्रोग्राम (b) कम्पाइलर
(c) वर्ड (d) स्प्रेडशीट

24. एक सॉफ्टवेयर प्रोग्राम जो आपके कम्प्यूटर पर कार्यक्षमता को जोड़ता है या आपके कम्प्यूटर को बेहतर प्रदर्शन करने में मदद करता है, उसे कहा जाता है।
(a) यूटिलिटी प्रोग्राम
(b) फंक्शन प्रोग्राम
(c) विशेष प्रोग्राम
(d) मैन्युफैक्चर प्रोग्राम

25. यूटिलिटी प्रोग्राम शामिल करता है
(a) वायरस स्कैनिंग सॉफ्टवेयर
(b) बैकअप सॉफ्टवेयर
(c) डिस्क फ्रेग्मेण्टर
(d) उपरोक्त सभी

26. किस प्रकार का सॉफ्टवेयर छोटी फाइल को बनाता है, जो इण्टरनेट पर तेजी से ट्रांसफर होती है?
(a) कम्प्रेशन (b) फ्रेग्मेण्टेशन
(c) एनकैप्सूलेशन (d) अन्जीप

27. ……… एक विण्डोज यूटिलिटी प्रोग्राम है जो अनावश्यक फ्रेग्मेण्ट को लोकेट तथा समाप्त करता है और फाइलों को पुनः व्यवस्थित करता है और ऑप्टीमाइज ऑपरेशन करने के लिए डिस्क के स्थान को अप्रयुक्त करता है।
(a) बैकअप (b) डिस्क क्लीनप
(c) डिस्क फ्रेग्मेण्टर (d) रिस्टोर

28. बैकअप क्या होता है?
(a) आपके नेटवर्क को अधिक कम्पोनेण्ट से जोड़ना
(b) ओरिजनल सोर्स से एक भिन्न डेस्टिनेशन में डाटा कॉपी कर सुरक्षित रखना
(c) नए डाटा से पुराने डाटा का फिल्टरिंग
(d) टेप पर डाटा एक्सेस करना

29. ……… बैकअप में प्रत्येक प्रोग्राम, डेटा और सिस्टम फाइल की एक कॉपी है।
(a) रिस्टोरेशन (b) बूटस्ट्रैप
(c) अन्तर (d) फुल

30. डिस्क क्लीनर ……… फ्री करने में मदद करता है।
(a) डाटा (b) रिसाइकिल बिन
(c) स्पेस (d) इनफॉर्मेशन

31. कौन-सा सॉफ्टवेयर केवल टेक्स्ट टाइप करने की अनुमति देता है?
(a) यूटिलिटी
(b) टेक्स्ट एडिटर
(c) कम्प्रेशन
(d) ऑपरेटिंग सिस्टम

32. लिंकर प्रोग्राम करता है
(a) एक्जीक्यूशन के उद्देश्य के लिए मैमोरी में प्रोग्राम रखता है।
(b) एलोकेट विशिष्ट मैमोरी क्षेत्र से एक्जीक्यूशन करने के लिए प्रोग्राम को स्थानान्तरित करता है
(c) अपने एक्जीक्यूशन के लिए आवश्यक अन्य प्रोग्रामों के साथ प्रोग्राम को लिंक करता है
(d) अपने इनपुट डाटा को जनरेट करने वाली entities के साथ प्रोग्राम को इण्टरफेस करता है

33. एक्जिक्यूटेबल फाइल को मेन मैमोरी में लोड करने का कार्य कौन करता है?
(a) लिंकर (b) बायोस
(c) हार्डवेयर (d) लोडर

34. कम्प्यूटर रिसोर्सेज के प्रबन्धन से सम्बन्धित विशिष्ट कार्य करने के लिए डिजाइन किए गए प्रोग्रामों को कहा जाता है।
(a) सिस्टम सॉफ्टवेयर
(b) ऑपरेटिंग सिस्टम
(c) यूटिलिटी सॉफ्टवेयर
(d) एप्लीकेशन सॉफ्टवेयर

35. पत्र लिखने जैसे कार्य करने के लिए प्रयुक्त सॉफ्टवेयर के प्रकार को ……… कहते हैं।
(a) GUI सॉफ्टवेयर
(b) यूटिलिटी सॉफ्टवेयर
(c) एप्लीकेशन सॉफ्टवेयर
(d) यूजर नीड्स सॉफ्टवेयर

36. वर्तमान समय में, एप्लीकेशन सॉफ्टवेयर किस भाषा में तैयार किए जाते हैं?
(a) मशीनी भाषा में
(b) उच्चस्तरीय भाषा में
(c) 'a' और 'b' दोनों
(d) ऑपरेटिंग सिस्टम में

37. निम्न में से कौन-सा एप्लीकेशन सॉफ्टवेयर का एक उदाहरण नहीं है?
(a) वर्ड प्रोसेसिंग सॉफ्टवेयर
(b) स्प्रेडशीट सॉफ्टवेयर
(c) ऑपरेटिंग सिस्टम सॉफ्टवेयर
(d) डाटाबेस सॉफ्टवेयर

38. एप्लीकेशन प्रोग्राम के फंक्शन्स निम्नलिखित में से कौन-से होते हैं?
(a) किसी विशेष प्रोसेसिंग कार्य के लिए आवश्यक इन्फॉर्मेशन-प्रोसेसिंग प्रोसिजर्स को यह स्पेसिफाई करता है
(b) यह कम्प्यूटर सिस्टम के इनपुट/आउटपुट और स्टोरेज फंक्शन्स को नियन्त्रित करता है
(c) यह कम्प्यूटर सिस्टम के लिए विभिन्न सपोर्ट सेवाएँ उपलब्ध कराता है
(d) यह CPU के ऑपरेशन्स सुपरवाइज करता है

39. विशिष्ट प्रोग्राम जो उपयोगकर्ता को विशिष्ट एप्लीकेशन में उपयोग करने की अनुमति देता है।
(a) रिलेटिव प्रोग्राम्स (b) एप्लीकेशन प्रोग्राम
(c) उचित प्रोग्राम्स (d) रैप्लीकेट प्रोग्राम

40. ऐसे अनेक प्रोग्रामों के समूह जो एक निश्चित कार्य करते हैं, क्या कहलाते हैं?
(a) यूटिलिटी सॉफ्टवेयर
(b) सामान्य उद्‌देशीय के सॉफ्टवेयर
(c) सिस्टम सॉफ्टवेयर
(d) एप्लीकेशन सॉफ्टवेयर

41. एम एस-वर्ड (MS-Word) ·········· का उदाहरण है।
(a) ऑपरेटिंग सिस्टम
(b) एप्लीकेशन सॉफ्टवेयर
(c) प्रोसेसिंग डिवाइस
(d) इनपुट डिवाइस

42. प्रत्येक कम्प्यूटर में ········ होता है और कई में ········ भी होते हैं।
(a) ऑपरेटिंग सिस्टम, क्लाइण्ट/ग्राहक सिस्टम
(b) ऑपरेटिंग सिस्टम, अनुदेश सेट्स
(c) एप्लीकेशन प्रोग्राम्स, ऑपरेटिंग सिस्टम
(d) ऑपरेटिंग सिस्टम, एप्लीकेशन प्रोग्राम

43. टेक्स्ट-आधारित डॉक्यूमेण्ट्स बनाने के लिए प्रयोग किए जाने वाले सॉफ्टवेयर्स क्या कहलाते हैं?
(a) DBMS (b) सुइट्स
(c) स्प्रेडशीट्स (d) वर्ड प्रोसेसर्स

44. विषम शब्द को चुनिए।
(a) यूनिक्स (UNIX)
(b) MS-DOX
(c) विण्डोज़ 98 (WINDOWS 98)
(d) एक्सेस (ACCESS)

45. DTP, ग्राफिक डिजाइनर तथा नॉन-डिजाइनर के लिए एक उपकरण है, जो व्यवसाय के लिए दृश्य संचार क्रिएट करता है। DTP का पूर्ण नाम है
(a) डिवाइस ट्रान्सफर प्रोटोकॉल
(b) डेस्कटॉप पब्लिशिंग
(c) डिवाइस ट्रान्सफर प्रोग्राम
(d) डाटा ट्रान्सफर प्रोग्राम

46. ब्रोशर, पोस्टर और न्यूजलेटर बनाने के लिए किस प्रकार का सॉफ्टवेयर सबसे ज्यादा उपयोगी है?
(a) स्प्रेडशीट सॉफ्टवेयर
(b) वेब ऑथरिंग सॉफ्टवेयर
(c) मल्टीमीडिया ऑथरिंग सॉफ्टवेयर
(d) डेस्कटॉप पब्लिशिंग सॉफ्टवेयर
(e) उपरोक्त में से कोई नहीं

47. किसी विशेष उद्‌देश्य के लिए किस एप्लीकेशन का प्रयोग किया जाता है?
(a) सामान्य उद्‌देशीय सॉफ्टवेयर
(b) स्प्रेडसीट सॉफ्टवेयर
(c) विशिष्ट उद्‌देशीय सॉफ्टवेयर
(d) मल्टीमीडिया सॉफ्टवेयर

48. निम्न में से कौन यूटिलिटी सॉफ्टवेयर से सम्बन्धित नहीं है?
(a) टेक्स्ट एडिटर
(b) एण्टीवायरस प्रोग्राम
(c) डिस्क कम्प्रेशन सॉफ्टवेयर
(d) रेलवे रिजर्वेशन सिस्टम

उत्तरमाला

1. *(d)*	2. *(b)*	3. *(c)*	4. *(d)*	5. *(d)*
6. *(a)*	7. *(d)*	8. *(b)*	9. *(b)*	10. *(b)*
11. *(d)*	12. *(a)*	13. *(b)*	14. *(d)*	15. *(d)*
16. *(d)*	17. *(c)*	18. *(d)*	19. *(c)*	20. *(c)*
21. *(b)*	22. *(c)*	23. *(b)*	24. *(a)*	25. *(d)*
26. *(a)*	27. *(c)*	28. *(b)*	29. *(d)*	30. *(c)*
31. *(b)*	32. *(c)*	33. *(d)*	34. *(d)*	35. *(c)*
36. *(b)*	37. *(c)*	38. *(c)*	39. *(b)*	40. *(b)*
41. *(b)*	42. *(d)*	43. *(d)*	44. *(d)*	45. *(b)*
46. *(d)*	47. *(c)*	48. *(d)*		

अध्याय 04

ऑपरेटिंग सिस्टम

ऑपरेटिंग सिस्टम कुछ विशेष प्रोग्रामों का ऐसा व्यवस्थित समूह है, जो किसी कम्प्यूटर के सम्पूर्ण क्रियाकलापों को नियन्त्रित करता है। यह कम्प्यूटर के साधनों (Resources) के उपयोग पर नजर रखने और व्यवस्थित करने में हमारी सहायता करता है।

वास्तव में, यह उपयोगकर्ता और कम्प्यूटर के हार्डवेयर के बीच इण्टरफेस का कार्य करता है। ऑपरेटिंग सिस्टम एक ऐसे सॉफ्टवेयर प्रोग्रामों का समूह है, जो मानव, एप्लीकेशन सॉफ्टवेयर और कम्प्यूटर हार्डवेयर के बीच संवाद स्थापित करता है। यह एक ऐसा प्रोग्राम है, जो कम्प्यूटर के विभिन्न अंगों को निर्देश देता है कि किस प्रकार से प्रोसेसिंग का कार्य सफल होगा।

महत्त्वपूर्ण ऑपरेटिंग सिस्टम

कुछ महत्त्वपूर्ण ऑपरेटिंग सिस्टम निम्न हैं

यूनिक्स

यह एक मल्टीटास्किंग व मल्टी यूजर ऑपरेटिंग सिस्टम है, जिसे वर्ष 1969 में केन थॉम्पसन तथा डेनिस रिची द्वारा AT & T Bell प्रयोगशाला में विकसित किया गया था। इसका पूरा नाम यूनिप्लेक्स इन्फॉर्मेशन कम्प्यूटर सिस्टम है। इस ऑपरेटिंग सिस्टम को सर्वर तथा वर्कस्टेशन दोनों में प्रयोग किया जा सकता है। इसमें डेटा प्रबन्धन का कार्य कर्नेल (Kernel) द्वारा होता है।

इस ऑपरेटिंग सिस्टम को इन्स्टॉल व सेटअप करना कठिन होता है, लेकिन इस ऑपरेटिंग सिस्टम के इन्स्टॉल होने पर कम्प्यूटर की क्षमता (Performance) बहुत बढ़ जाती है। यह असेम्बली भाषा तथा C भाषा में लिखा गया है।

एप्पल मैकिण्टोश (मैक OS)

यह जनवरी, 1984 में स्टीव जॉब्स (Steve Jobs) द्वारा प्रस्तावित किया गया था और इसे शुरुआत में सिस्टम सॉफ्टवेयर के नाम से जाना जाता था, जिसे बाद में मैक OS के रूप में परिवर्तित कर दिया गया था। ऑपरेटिंग सिस्टम के आधुनिक वर्जन यूनिक्स पर आधारित होते हैं, क्योंकि यह एक अच्छा ग्राफिकल इण्टरफेस है।

लाइनक्स

यह ऑपरेटिंग सिस्टम वर्ष 1991 में लीनस टोरवॉल्ड्स (Linus Torvalds) द्वारा विकसित किया गया था। इसका प्रयोग मुख्यत: सर्वर के लिए होता है। यह ऑपरेटिंग सिस्टम यूनिक्स पर आधारित है। लाइनक्स एक ओपन सोर्स सॉफ्टवेयर है तथा सभी प्रकार के कम्प्यूटर्स पर चल सकता है।

एमएस-विण्डोज

यह माइक्रोसॉफ्ट द्वारा विकसित ग्राफिकल यूज़र इण्टरफेस ऑपरेटिंग सिस्टम है। इसके विभिन्न संस्करण; *जैसे*—विण्डोज-*95/98/XP/Vista/10* आदि उपलब्ध हैं। यह एक यूज़र फ्रैण्डली ऑपरेटिंग सिस्टम है तथा इसमें कार्य करना अत्यन्त सरल है।

मोबाइल ऑपरेटिंग सिस्टम

- कम्प्यूटर के अतिरिक्त मोबाइल्स में भी ऑपरेटिंग सिस्टम प्रयोग किए जाते हैं। इस प्रकार स्मार्ट फोन, टेबलेट्स, PDA और डिजिटल मोबाइल डिवाइसों में प्रयुक्त होने वाले ऑपरेटिंग सिस्टम, मोबाइल ऑपरेटिंग सिस्टम कहलाते हैं। इन्हें हैण्डहेल्ड ऑपरेटिंग सिस्टम के नाम से भी जाना जाता है।
- मोबाइल ऑपरेटिंग सिस्टम मोबाइल डिवाइसो (Devices) के साथ-साथ इसके विभिन्न फीचर्स (Features) को भी नियन्त्रित करता है।

कुछ मोबाइल ऑपरेटिंग सिस्टम का विवरण निम्नलिखित है

(i) **एण्ड्रॉयड** (Android) इस ऑपरेटिंग सिस्टम को गूगल द्वारा वर्ष 2007 में प्रस्तुत किया गया था। यह लाइनक्स पर आधारित ऑपरेटिंग सिस्टम है। इसे प्रमुख रूप से टच स्क्रीन मोबाइलों; *जैसे*—टेबलेट, स्मार्ट फोन आदि के लिए बनाया गया है।

(ii) **आईओएस** (iOS) यह एप्पल इनकॉर्पोरेशन के द्वारा निर्मित एक बहु लोकप्रिय ऑपरेटिंग सिस्टम है। इसका प्रयोग मुख्य रूप से एप्पल के आईफोन (iPhone), आईपॉड (iPod), आईपैड (iPad) इत्यादि में किया जाता है।

अभ्यास प्रश्न

1. ………… वह प्रोग्राम है, जो कम्प्यूटर को प्रयोग करने में आसान बना देता है।
(a) एप्लिकेशन (b) यूटिलिटी
(c) नेटवर्क (d) ऑपरेटिंग सिस्टम

2. ………… कम्प्यूटर सिस्टम के फंक्शन को कण्ट्रोल करता है और यूजर्स को कम्प्यूटर के साथ इण्टरेक्ट करने के स्रोत उपलब्ध कराता है।
(a) ऑपरेटिंग सिस्टम
(b) मदरबोर्ड
(c) प्लेटफॉर्म
(d) एप्लिकेशन सॉफ्टवेयर

3. निम्न में से कौन-सा ऑपरेटिंग सिस्टम नहीं है?
(a) एमएस-डॉस (b) एम एस-वर्ड
(c) लाइनक्स (d) विण्डोज

4. निम्नलिखित में से कौन सॉफ्टवेयर का एक प्रकार है, जो कम्प्यूटर में होने वाली आन्तरिक क्रियाओं को नियन्त्रित करता है एवं कम्प्यूटर के सभी भागों के कार्यों को नियन्त्रण करता है?
(a) शेयर-वेयर
(b) पब्लिक डोमेन सॉफ्टवेयर
(c) एप्लिकेशन सॉफ्टवेयर
(d) ऑपरेटिंग सिस्टम सॉफ्टवेयर

5. यूनिक्स की विशेषता क्या है?
(a) एक साथ अनेक काम कर सकता है
(b) एक साथ अनेक उपयोगकर्ता काम कर सकते हैं
(c) काफी सुरक्षित है
(d) उपरोक्त सभी

6. यूनिक्स की मुख्य भाषा कौन-सी है?
(a) कोबोल (b) बेसिक
(c) असेम्बली (d) जावा

7. यूनिक्स का विकास कब हुआ?
(a) वर्ष 1950 (b) वर्ष 1955
(c) वर्ष 1960 (d) वर्ष 1969

8. यूनिक्स ऑपरेटिंग सिस्टम ………… के लिए उपयुक्त है।
(a) मल्टीयूजर
(b) रियल टाइम प्रोसेसिंग
(c) डिस्ट्रिब्यूटेड प्रोसेसिंग
(d) सिंगल यूजर

9. यूनिक्स का पूरा नाम क्या है?
(a) यूनिप्लेक्स इन्फॉर्मेशन कम्प्यूटर सिस्टम
(b) यूनिप्लेक्स इण्टर कम्प्यूटर सर्किट
(c) यूनियन इन्फॉर्मेशन कम्प्यूटर सिस्टम
(d) यूनियन इन्फ्रो करैक्टर सिस्टम

10. मैक ऑपरेटिंग सिस्टम किसके द्वारा प्रस्तावित किया गया था?
(a) लीनस टोरवॉल्ड्स
(b) माइक्रोसॉफ्ट
(c) स्टीव जॉब्स
(d) उपरोक्त में से कोई नहीं

11. 'लाइनक्स' क्या है?
(a) इनपुट डिवाइस
(b) स्टोरेज डिवाइस
(c) ऑपरेटिंग सिस्टम
(d) आउटपुट डिवाइस

12. लाइनक्स ………… सॉफ्टवेयर है।
(a) शेयर-वेयर
(b) कॉमर्शियल
(c) प्रोप्राइटरी
(d) ऑपन सोर्स

13. निम्नलिखित में किस ऑपरेटिंग सिस्टम में बिल्ट-इन नेटवर्किंग क्षमता होती है?
(a) यूनिक्स
(b) लाइनक्स
(c) विण्डोज 95
(d) सोलेरिस

14. लाइनक्स ऑपरेटिंग सिस्टम कितने बिट वाला सिस्टम है?
(a) 8 (b) 32 (c) 1 (d) 16

15. Redhat, Ubuntu तथा Chromium इत्यादि किसके उदाहरण हैं?
(a) विण्डोज आधारित ऑपरेटिंग सिस्टम
(b) लाइनक्स आधारित ऑपरेटिंग सिस्टम
(c) यूनिक्स आधारित ऑपरेटिंग सिस्टम
(d) MAC आधारित ऑपरेटिंग सिस्टम

16. पर्सनल कम्प्यूटर के लिए निम्न में से कौन-सा विण्डोज ऑपरेटिंग सिस्टम सॉफ्टवेयर का एक वर्जन नहीं है?
(a) ME (b) 98
(c) XP (d) लाइनक्स

17. विण्डोज ऑपरेटिंग सिस्टम किस संस्था का है?
(a) एप्पल (b) एचपी
(c) माइक्रोसॉफ्ट (d) आईबीएम

18. निम्नलिखित में से कौन-सा मोबाइल ऑपरेटिंग सिस्टम नहीं है?
(a) Android (b) Safari
(c) Symbian (d) iOS

19. गूगल द्वारा प्रस्तुत मोबाइल ऑपरेटिंग सिस्टम कौन-सा है?
(a) iOS (b) ब्लैकबेरी
(c) सिम्बियन (d) एण्ड्रॉयड

20. वह ऑपरेटिंग सिस्टम जो मुफ्त में सभी के लिए उपलब्ध होता है।
(a) ओपन सोर्स
(b) ओपन ऑफिस
(c) कॉमर्शियल
(d) उपरोक्त में से कोई नहीं

उत्तरमाला

1. *(d)*	2. *(a)*	3. *(b)*	4. *(d)*	5. *(d)*
6. *(c)*	7. *(d)*	8. *(a)*	9. *(a)*	10. *(c)*
11. *(c)*	12. *(c)*	13. *(b)*	14. *(b)*	15. *(b)*
16. *(d)*	17. *(c)*	18. *(b)*	19. *(d)*	20. *(a)*

अध्याय 05

माइक्रोसॉफ्ट विण्डोज

माइक्रोसॉफ्ट विण्डोज का पूरा नाम (MS Windows, Microsoft-Wide Interactive Network Development for Office Work Solutions) है। माइक्रोसॉफ्ट विण्डोज, पर्सनल कम्प्यूटर के लिए माइक्रोसॉफ्ट द्वारा विकसित ऑपरेटिंग सिस्टम है। यह ग्राफिकल यूजर इण्टरफेस (Graphical User Interface, GUI), मल्टीटास्किंग और वर्चुअल मैमोरी की सुविधा देता है।

एमएस-विण्डोज के संस्करण

विण्डोज NT

विण्डोज NT (Windows NT) माइक्रोसॉफ्ट द्वारा बनाया गया ऑपरेटिंग सिस्टम का परिवार है। इसका पहला संस्करण जुलाई, 1993 में प्रस्तुत हुआ। यह विशेष रूप से उपयोगकर्ताओं की मदद के लिए नेटवर्क वर्कस्टेशन क्षमताओं पर बेहतर नियन्त्रण के लिए बनाया गया था।

विण्डोज 95

यह एक ग्राफिकल यूजर इण्टरफेस (GUI) आधारित ऑपरेटिंग सिस्टम है। यह 24 अगस्त, 1995 को माइक्रोसॉफ्ट द्वारा रिलीज़ किया गया।

विण्डोज 98

यह माइक्रोसॉफ्ट द्वारा 25 जून, 1998 को रिलीज किया गया ग्राफिकल यूजर ऑपरेटिंग सिस्टम है। विण्डोज 98 के ऑपरेटिंग सिस्टम में कुछ सुधारों के बाद विण्डोज 98 XE को 5 मई, 1999 को रिलीज़ किया गया।

विण्डोज 98 के पहले संस्करण में प्रोग्रामिंग की कई त्रुटियाँ (Errors) थी, लेकिन बाद में विण्डोज 98 के दूसरे संस्करण में इन त्रुटियों को दूर किय गया।

विण्डोज ME

विण्डोज मिलेनियम एडिसन (Millennium Edition, ME), विण्डोज 95 और 98 का सक्सेसर (Successor) है। यह वर्ष 2000 में प्रस्तुत किया गया। यह विशेष रूप से घरेलू उपयोगकर्ता (Home user) के लिए विकसित किया गया था, जबकि विण्डोज 2000 विशेष रूप से व्यावसायिक उपयोगकर्ता के लिए विकसित किया गया था।

विण्डोज XP

माइक्रोसॉफ्ट विण्डोज XP विशेष तौर पर होम कम्प्यूटिंग और बड़े संगठन के लिए डिजाइन किया गया है। यह माइक्रोसॉफ्ट द्वारा 25 अक्टूबर, 2001 में रिलीज किया गया। विण्डोज XP के दो लोकप्रिय वर्जन विण्डोज XP होम एडिशन और विण्डोज XP प्रोफेशनल हैं।

विण्डोज विस्टा

यह घर और व्यापार में प्रयोग किए जाने वाले डेस्कटॉप, लैपटॉप, टैबलेट और मीडिया सेण्टर PC सहित निजी कम्प्यूटर पर प्रयोग के लिए माइक्रोसॉफ्ट द्वारा बनाया गया एक ऑपरेटिंग सिस्टम है। यह 30 जनवरी, 2007 को रिलीज़ किया गया।

विण्डोज 7

यह माइक्रोसॉफ्ट द्वारा पर्सनल कम्प्यूटरों के लिए निर्मित विण्डोज ऑपरेटिंग सिस्टमों की शृंखला का एक सर्वप्रचलित संस्करण है। विण्डोज 7, 22 जुलाई, 2009 को रिलीज़ किया गया।

यह ऑपरेटिंग सिस्टम कम्प्यूटर के सॉफ्टवेयरों को नियन्त्रित करने और महत्त्वपूर्ण टास्कों को करने की अनुमति प्रदान करता है।

विण्डोज 8

इस ऑपरेटिंग सिस्टम को 1 अगस्त, 2012 को प्रस्तुत किया गया और जनसाधारण के लिए 26 अक्टूबर, 2012 को रिलीज़ किया गया।

विण्डोज 10

यह माइक्रोसॉफ्ट विण्डोज के नए संस्करण पर आधारित ऑपरेटिंग सिस्टम है, जिसे 29 जुलाई, 2015 को रिलीज़ किया गया।

डेस्कटॉप

मॉनीटर ON करने के बाद आने वाली प्रारम्भिक स्क्रीन को डेस्कटॉप कहा जाता है। यह सभी प्रोग्रामों तथा उन पर पहुँचने के लिए आवश्यक निर्देशों का बैकग्राउण्ड है। डेस्कटॉप के बैकग्राउण्ड (Background) को **वॉलपेपर** (Wallpaper) कहते हैं। कम्प्यूटर स्क्रीन पर ब्लिंक (Blink) करने वाले प्रतीक को **कर्सर** (Cursor) कहते हैं। आइकन प्रोग्राम से जुड़ा शॉर्टकट इमेज होता है, जो डेस्कटॉप पर होता है, जिस पर डबल क्लिक करने पर प्रोग्राम रन होता है या फाइल ओपन हो जाती है।

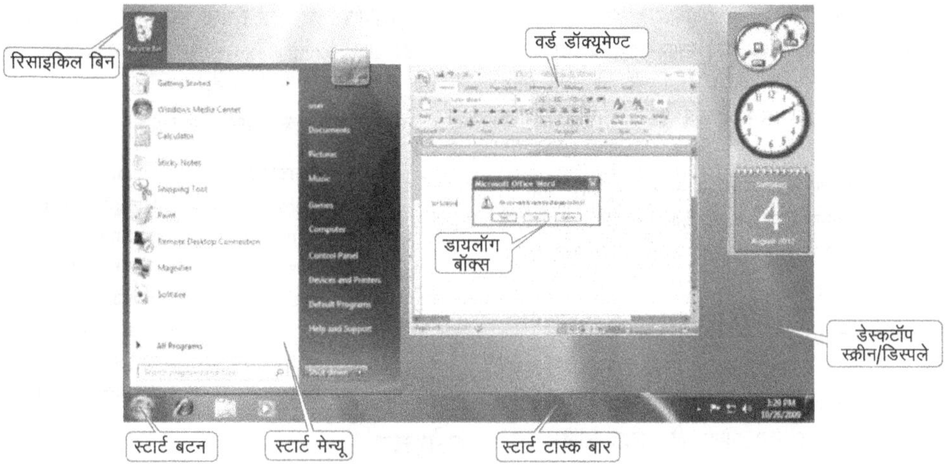

विण्डोज 7 के डेस्कटॉप की संरचना

विण्डोज 7 डेस्कटॉप के प्रमुख अवयव निम्नलिखित हैं

1. आइकन

यह छोटा-सा ग्राफिक इमेज है, जो किसी भी प्रोग्राम के क्रियान्वयन का प्रतिनिधित्व करता है। जब हम माउस द्वारा किसी आइकन पर क्लिक करते हैं, तो इससे सम्बन्धित प्रोग्राम क्रियान्वित (Execute) हो जाते हैं। इनका प्रयोग विण्डो में होता है।

इनके द्वारा प्रोग्राम, फाइल तथा फोल्डर को डेस्कटॉप पर दर्शाया जाता है तथा इनके नीचे प्रोग्राम, फाइल या फोल्डर का नाम लिखा होता है। ये आइकन प्रोग्राम के क्रियान्वयन के लिए शॉर्टकट (Shortcut) होते हैं।

डेस्कटॉप पर कुछ महत्त्वपूर्ण आइकन निम्न हैं

(i) **कम्प्यूटर** (Computer) यह आइकन, यूजर के कम्प्यूटर में संगृहीत सभी सूचनाओं को प्रदर्शित करता है। इसमें हार्ड डिस्क के भागों, डॉक्यूमेण्ट फोल्डरों (Documents Folder), रीमूवेबल डिस्क ड्राइव (Removable Disk Drive) (*जैसे*—फ्लॉपी डिस्क, सीडी, डीवीडी आदि), प्रिण्टर्स और दूसरे सिस्टम अनुप्रयोग के आइकन होते हैं। इसी में सभी प्रोग्राम्स तथा सॉफ्टवेयर का बैकअप संगृहीत होता है।

(ii) **रिसाइकिल बिन** (Recycle Bin) जब हम किसी फाइल तथा फोल्डर को डिलीट करते हैं, तो वह रिसाइकिल बिन (Recycle Bin) में चला जाता है। रिसाइकिल बिन से हम उन फाइलों या फोल्डरों को उनके सही स्थान पर वापस रीस्टोर (Restore) कर सकते हैं, परन्तु यदि रिसाइकिल बिन को डिलीट कर दिया जाए, तो उन फाइलों या फोल्डरों को वापस रीस्टोर नहीं किया जा सकता।

2. टास्क बार

यह डेस्कटॉप के नीचे एक पतली पट्टी होती है, जिसके बाएँ ओर पर स्टार्ट बटन तथा दाएँ ओर पर घड़ी (Clock) रहती है। टास्क बार (Taskbar) पर घड़ी की तरफ कुछ और छोटे-छोटे आइकन होते हैं, जिन्हें **क्विक लॉन्च** (Quick Launch) कहते हैं। टास्क बार के दाएँ ओर को **नोटिफिकेशन एरिया** (Notification area) भी कहते हैं।

यह एरिया कई प्रोग्राम्स के आइकन्स, कम्प्यूटर सेटिंग, पेन ड्राइव, साउण्ड आदि के आइकन भी दर्शाता है। जब भी उपयोगकर्ता कोई विण्डो या प्रोग्राम खोलता है, तो उस विण्डो या प्रोग्राम को टास्क बार में दर्शाया जाता है।

3. स्टार्ट मेन्यू

टास्क बार के बाएँ कोने पर स्टार्ट बटन होता है, जिस पर क्लिक करके स्टार्ट मेन्यू (Start menu) खुलता है। इस मेन्यू में कई ऑप्शन्स होते हैं। इन ऑप्शन्स का विवरण निम्न प्रकार है

(i) **बायाँ पेन** (Left Pane) यह हाल ही में चलने वाले प्रोग्रामों का शॉर्टकट दिखाता है।

(ii) **ऑल प्रोग्राम्स** (All Programs) बाएँ पेन के सबसे नीचे की ओर All Programs नाम का ऑप्शन होता है, जो कम्प्यूटर में इन्स्टॉल्ड सभी प्राग्रामों की सूची दिखाता है।

(iii) **सर्च** (Search) All Programs के नीचे 'Search' बार का विकल्प होता है। यह किसी विशेष फाइल तथा फोल्डर को सर्च करने के लिए प्रयोग किया जाता है।

(iv) **दायाँ पेन** (Right Pane) दायाँ पेन सामान्यतः कम्प्यूटर के अधिक एक्सेस किए गए अनुभागों; जैसे—Computer, Control Panel, Documents, Music तथा Pictures को प्रदर्शित करता है।

(v) **शट डाउन** (Shut down) दाएँ पेन के नीचे की ओर Shut down का बटन होता है, जो आपको कम्प्यूटर बन्द करने की अनुमति देता है। आप Shut down के ऐरो पर क्लिक कर सकते हैं, जिससे आपको Switch user, Log off, Restart, Sleep के विकल्प प्रदर्शित होंगे।

4. विण्डो

यह खुले हुए डॉक्यूमेण्ट, प्रोग्राम या फोल्डर को प्रदर्शित करता है। आप एक ही समय में कई विण्डो को एक साथ प्रदर्शित कर सकते हैं। इन विण्डो का आकार और स्थान आप अपने अनुरूप तय कर सकते हैं। विण्डो के कुछ प्रमुख भाग निम्नलिखित हैं

(i) **टाइटल बार** (Title Bar) यह विण्डो में सबसे ऊपर स्थित क्षैतिज पट्टी है। इस पर एक्टिव (Active) प्रोग्राम का नाम लिखा होता है। इस पट्टी के दाएँ ओर तीन छोटे-छोटे कण्ट्रोल बटन्स होते हैं।

पहला बटन न्यूनतम (Minimise) होता है, जिससे विण्डो को स्क्रीन से हटा सकते हैं, परन्तु प्रोग्राम रन करता रहता है। दूसरा बटन अधिकतम/रीस्टोर (Maximise/Restore) होता है। यह बटन उपयोगकर्ता को विण्डो को पूर्ण स्क्रीन (Full screen) या छोटी स्क्रीन (Small screen) करने की सुविधा देता है। तीसरा बटन क्लोज (Close) बटन होता है, इस बटन पर क्लिक करके विण्डो को बन्द किया जाता है।

(ii) **स्क्रॉल बार** (Scroll Bar) यदि विण्डो में प्रदर्शित सूचना का आकार विण्डो के आकार से बड़ा हो, तो सूचना को ऊपर-नीचे या दाएँ-बाएँ करने के लिए स्क्रॉल बार का प्रयोग करते हैं। विण्डो के दाएँ ओर ऊर्ध्वाधर (Vertical) तथा नीचे की तरफ क्षैतिज (Horizontal) स्क्रॉल बार होता है।

(iii) **मेन्यू बार** (Menu Bar) टाइटल बार के तुरन्त नीचे मेन्यू बार होता है, जिसमें कई प्रोग्राम, फाइल, विकल्पों या आदेशों की सूची होती है, जिसमें से किसी एक का चयन कर उस कार्य को क्रियान्वित किया जा सकता है।

मेन्यू बार के कुछ मुख्य विकल्प हैं

(a) **फाइल मेन्यू** (File Menu) न्यू, ऑपन, क्लोज, सेव एज, प्रिण्ट आदि।

(b) **एडिट मेन्यू** (Edit Menu) अनडू, कट, कॉपी, पेस्ट, Edit आदि।

(c) **व्यू मेन्यू** (View Menu) टूल बार, प्रिण्ट ले-आउट आदि।

(d) **इन्सर्ट मेन्यू** (Insert Menu) हेडर, फुटर आदि।

(e) **हेल्प मेन्यू** (Help Menu)

(iv) **डायलॉग बॉक्स** (Dialog Box) यह सॉफ्टवेयर तथा प्रयोगकर्ता के बीच वार्तालाप स्थापित करता है। इसमें बटन तथा भिन्न-भिन्न प्रकार के विकल्प होते हैं, जिनके द्वारा किसी विशेष कमाण्ड या टास्क को पूरा कर सकते हैं।

सामान्यतः डायलॉग बॉक्स, सन्देशों को दर्शाता है। इस बॉक्स के टाइटल बार में बॉक्स का नाम, क्लोज तथा हेल्प बटन होता है

फाइल्स

फाइल्स (Files) सेकेण्डरी मैमोरी पर स्टोर डाटा का संग्रह होता है। Windows में डाटा स्टोर करने की महत्त्वपूर्ण इकाई है। उपयोगकर्ता द्वारा एक फाइल या डॉक्यूमेण्ट को दिया गया नाम फाइल नेम (File Name) होता है। सभी फाइल्स, फाइल एक्सटेंशन से प्रदर्शित की जाती हैं। फाइल एक्सटेंशन का प्रयोग फाइल के प्रकार की पहचान करने के लिए किया जाता है।

कुछ विशेष प्रकार की फाइल्स निम्नलिखित हैं

1. **ZIP फाइल** (Zip File) ZIP का पूरा नाम जोन इन्फॉर्मेशन प्रोटोकॉल (Zone Information Protocol) है। यह एक एप्लीकेशन है, जो फाइलों को कम्प्रैस (Compress) या आकार में छोटा करने की अनुमति देता है।
2. **एक्जीक्यूटेबल फाइल** (Executable File) यह एक ऐसी फाइल है, जिसका प्रयोग विभिन्न कार्यों को करने के लिए किया जाता है। एक्जीक्यूटेबल फाइल पढ़ी नहीं जा सकती, क्योंकि यह कम्पाइल्ड होती है। .bat,.com, .exe और .bin आदि IBM कम्प्यूटर पर सामान्य एक्जीक्यूटेबल फाइल्स हैं।

कुछ प्रमुख फाइल एक्सटेंशन्स निम्न प्रकार हैं

एक्सटेंशन	फाइल का नाम
.docx	डॉक्यूमेण्ट फाइल
.html/.htm	एचटीएमएल फाइल
.bas	बेसिक प्रोग्राम फाइल
.css	कास्केडिंग स्टाइल शीट
.ico	आइकन फाइल
.eml	ई-मेल फाइल
.exe	एक्जीक्यूटेबल फाइल

फोल्डर

यह डिजिटल फाइल सिस्टम में एक आभासी कण्टेनर है, जिसमें फाइलों और अन्य फोल्डरों के समूहों को व्यवस्थित किया जाता है। एक फोल्डर के अन्तर्गत कई सारे सब-फोल्डर बनाए जा सकते हैं, जो कई फाइलों तथा अन्य सब-फोल्डरों को संगृहीत करने में सक्षम होते हैं।

उपयोगकर्ता अपनी फाइलों तथा फोल्डरों को एक्सेस करने तथा उनको व्यवस्थित करने के लिए विभिन्न लाइब्रेरियों (Libraries) का भी प्रयोग कर सकता है।

कुछ विशेष प्रकार की लाइब्रेरी निम्नलिखित हैं

1. **डॉक्यूमेण्ट्स लाइब्रेरी** (Documents Library) यह वर्ड प्रोसेसिंग डॉक्यूमेण्ट्स, स्प्रेडशीट, प्रेजेण्टेशन तथा अन्य टेक्स्ट डॉक्यूमेण्ट्स को व्यवस्थित करने के लिए प्रयोग की जाती है। यह My Documents फोल्डर में संगृहीत होती है।
2. **पिक्चर्स लाइब्रेरी** (Pictures Library) यह डिजिटल इमेजों को व्यवस्थित करने के लिए प्रयोग की जाती है। डिफॉल्ट रूप से यह My Pictures फोल्डर में सेव होती है।
3. **म्यूजिक लाइब्रेरी** (Music Library) यह डिजिटल म्यूजिक, जैसे कि सॉन्स (Songs) आदि को व्यवस्थित करने के लिए प्रयोग की जाती है। डिफॉल्ट रूप से यह My Music फोल्डर में सेव होती है।
4. **वीडियो लाइब्रेरी** (Video Library) यह वीडियो की वीडियो क्लिप, रिकॉर्डिंग आदि को व्यवस्थित करने के लिए प्रयोग की जाती है। डिफॉल्ट रूप से यह My Videos फोल्डर में सेव होती है।

एमएस विण्डोज़ शॉर्टकट कीज़

कुंजियाँ	कार्य
Delete	सिलेक्टिड आइटम को डिलीट करने के लिए या रिसाइकिल बिन में भेजने के लिए (To Delete Selected Item or Move to Recycle Bin)
Shift + Delete	बिना रिसाइकिल बिन में भेजे आइटम को स्थायी रूप से डिलीट करने के लिए (To Delete Item Permanently Without Moving to Recycle Bin)
Ctrl + Delete	सिलेक्ट किए गए कण्टेण्ट को दाएँ ओर से डिलीट करने के लिए (Delete the Selected Content from Right Side Deletion)
F2	सिलेक्टिड आइटम का नाम परिवर्तित करने के लिए (To Rename the Selected Item)
F3	फाइल या फोल्डर सर्च करने के लिए (To Search File or Folder)
F5	सक्रिय विण्डो के कण्टेण्ट्स को रिफ्रेश करने के लिए (To Refresh the Contents of the Active Window)

कुंजियाँ	कार्य
F10	सक्रिय प्रोग्राम में मेन्यू बार को एक्टिवेट करने के लिए (To Activate the Menu Bar in the Active Program)
Alt + F4	सक्रिय विण्डो को बन्द करने के लिए (To Close the Active Window)
Ctrl + Esc	Start मेन्यू को प्रदर्शित करने के लिए (To Display the Start Menu)
Ctrl+ Shift + Esc	Task Manager को खोलने के लिए (To Open Task Manager)
Ctrl + Tab	Tab के द्वारा आगे बढ़ने के लिए (To Move Forward through Tab)
F1	Help डायलॉग बॉक्स प्रदर्शित करने के लिए (To Display Help Dialog Box)
F4	एक्टिव लिस्ट में आइटम्स को प्रदर्शित करने के लिए (To Display Items in the Active List)
Home	एक्टिव विण्डो के top को प्रदर्शित करने के लिए (To Display the Top of the Active Window)
End	सक्रिय विण्डो के bottom को प्रदर्शित करने के लिए (To Display the Bottom of the Active Window)
Ctrl + A	सिलेक्ट all करने के लिए (To Select All)
Ctrl + C	कॉपी करने के लिए (To Copying)
Ctrl + X	कट करने के लिए (To Cutting)
Ctrl + V	पेस्ट करने के लिए (To Pasting)
Ctrl + P	प्रिण्ट डायलॉग बॉक्स खोलने के लिए (To Open Print Dialog Box)
Ctrl + Z	अनडू (Undo) करने के लिए या पहले कट किए गए टेक्स्ट को वापस लाने के लिए (To Undo)
Window	Start मेन्यू को छिपाने या प्रदर्शित करने के लिए (To Display or Hide the Start Menu)
Window + D	मॉनीटर्स पर सभी विण्डोज को मिनीमाइज करने के लिए (Minimize all windows on Monitors)
Window + M	सभी खुली विण्डोज को मिनिमाइज़ करने के लिए (To Minimize All Open Windows)
Window + F1	Help and Support की विण्डो को प्रदर्शित करने के लिए (To Display Help and Support Window)
Window + L	कीबोर्ड को लॉक करने के लिए (To Lock the Keyboard)
Window + U	Utility Manager को खोलने के लिए (To Open Utility Manager)

अभ्यास प्रश्न

1. विण्डोज 98, विण्डोज 95 और विण्डोज NT किस नाम से जाने जाते हैं?
(a) प्रोसेसर (b) डोमेन नेम
(c) मॉडम (d) ऑपरेटिंग सिस्टम

2. यदि आप 'विण्डोज 98' ऑपरेटिंग सिस्टम को 'विण्डोज XP' से बदल रहे हैं, तो आप कर रहे हैं
(a) अपडेट (b) पुश अप
(c) पैच (d) अपग्रेड

3. विण्डोज ME में, ME से क्या शब्द बनता है?
(a) Millennium Edition
(b) Micro-Expert
(c) Macro-Expert
(d) Multi-Expert

4. स्क्रीन के बैकग्राउण्ड को किस नाम से जाना जाता है?
(a) एप्लीकेशन (b) विण्डो
(c) डेस्कटॉप (d) फ्रेम

5. डेस्कटॉप पर जो छोटे, पिक्चर युक्त, ऑब्जेक्ट होते हैं, वे .... कहलाते हैं।
(a) आइकन
(b) लिस्ट व्यू
(c) फाइल मेन्यू
(d) टास्क बार

6. विभिन्न एप्लीकेशन तथा डॉक्यूमेण्ट्स को विण्डो डेस्कटॉप पर किसके द्वारा निरूपित किया जाता है?
(a) चिन्हों (b) लेबल्स
(c) ग्राफ्स (d) आइकन्स

7. .... डेस्कटॉप पर एक आइकन है, जो उपयोगकर्ता को किसी प्रोग्राम या फाइल तक तुरन्त एक्सेस प्रदान करता है।
(a) कर्नेल
(b) बफर
(c) शॉर्टकट
(d) उपरोक्त में से कोई नहीं

8. .... आपके कम्प्यूटर पर फाइल, फोल्डर्स एवं ड्राइव दर्शाता है, फाइल अनुक्रम के अन्तर्गत एक स्थिति से दूसरे तक जाने को सरल बनाता है।
(a) माइक्रोसॉफ्ट इण्टरनेट एक्सप्लोरर
(b) विण्डोज एक्सप्लोरर
(c) माई कम्प्यूटर
(d) फोल्डर्स मैनेजर

9. सामान्यत: ········ लोकेटेड आइकन से आप रिसाइकल बिन एक्सेस करते हैं।
(a) डेस्कटॉप पर
(b) हार्ड ड्राइव पर
(c) शॉर्टकट मेन्यू पर
(d) प्रोपर्टीज डायलॉग बॉक्स में

10. सभी डिलीटिड फाइल्स ·········· में जाती हैं।
(a) रिसाइकिल बिन (b) टास्क बार
(c) टूल बार (d) माई कम्प्यूटर

11. रिसाइकिल बिन में डिलीट किए गए आइटम्स को तब तक स्टोर किया जाता है, जब तक कि
(a) दूसरा कोई यूजर लॉग-इन नहीं करता
(b) कम्प्यूटर शट डाउन है
(c) पूरा दिन समाप्त नहीं हो जाता है
(d) यूजर इसे खाली नहीं कर देता

12. टास्क बार ······· होता है।
(a) स्टार्ट मेन्यू पर
(b) स्क्रीन के बॉटम पर
(c) शॉर्टकट मेन्यू पर
(d) प्रोपर्टीज डायलॉग बॉक्स में

13. सिस्टम की क्लॉक के बारे में निम्न से कौन असत्य है?
(a) यह टूलबार की विशेषता है।
(b) सिस्टम टाइम सोर्स के साथ सिंक्रोनाइजिंग के द्वारा निश्चित समय अन्तराल के बाद रिफ्रेश कर सकता है।
(c) सिस्टम टाइम वर्तमान तारीख और दिन का समय है।
(d) सिस्टम टाइम को रखता है, जिससे आपकी एप्लीकेशन सही समय पर एक्सेस के लिए तैयार हो जाए।

14. माइक्रोसॉफ्ट विण्डोज के नवीनतम वर्जन में किस बार में एप्लीकेशन सॉफ्टवेयर के विभिन्न आइकन्स प्राप्त होते हैं?
(a) Start Menu (b) Browser
(c) Status (d) Control Panel

15. Help मेन्यू किस बटन के अन्तर्गत उपस्थित होता है?
(a) End (b) Start
(c) Turn off (d) Restart

16. जब आप अपने कम्प्यूटर पर एक नया प्रोग्राम इन्स्टॉल करते हैं, तो इसे आमतौर पर किस मेन्यू में जोड़ा जाता है?
(a) All programs
(b) Desktop programs
(c) Select programs
(d) उपरोक्त में से कोई नहीं

17. विण्डोज में एड/रिमूव प्रोग्राम्स, एड न्यू हार्डवेयर, मॉडम आदि जैसे आइकन किसमें स्टोर रहते हैं?
(a) कण्ट्रोल पैनल (b) नेटवर्क नेबरहुड
(c) माई कम्प्यूटर (d) टास्क बार

18. कम्प्यूटर को शट डाउन करने के लिए निम्न में से कौन सही है?
(a) Click Start → Shut down
(b) Click Start → Select Restart
(c) Click Start → Switch User
(d) Switch off monitor

19. सूचना को डिस्प्ले करने और प्रोग्राम्स को रन करने के लिए आयताकार जगह निम्न में से कौन-सी है?
(a) डेस्कटॉप
(b) डायलॉग बॉक्स
(c) मेन्यू
(d) विण्डो

20. सॉफ्टवेयर प्रोग्राम में, एक स्क्रीन जो यूजर को एक समय में विभिन्न प्रोग्राम्स देखने की अनुमति देती है?
(a) स्प्रैडशीट (b) वर्ड प्रोसेसर
(c) विण्डो (d) शेयरवेयर

21. ········ शब्द वर्तमान में प्रयुक्त विण्डो के वर्णन के लिए किया जाता है।
(a) वेब विण्डो (b) प्रदर्शन क्षेत्र
(c) वर्डपैड विण्डो (d) एक्टिव/सक्रिय विण्डो

22. किसी विण्डो की साइजिंग में पहला चरण निम्न में से कौन-सा है?
(a) टाइटल बार पर प्वॉइण्ट करें
(b) टूलबार को डिस्प्ले करने के लिए व्यू मेन्यू को पुल डाउन करें
(c) किसी कोने या बॉर्डर में प्वॉइण्ट करें
(d) व्यू मेन्यू को पुल डाउन करें और बड़े आइकन में बदलें

23. निम्न में से कौन आपको सिस्टम की सेटिंग्स को देखने तथा बदलने की सुविधा प्रदान करता है?
(a) माई कम्प्यूटर (b) विण्डोज एक्सप्लोरर
(c) कण्ट्रोल पैनल (d) रिसाइकिल बिन

24. इनमें से किस कण्ट्रोल बटन का प्रयोग विण्डो को उसके पूर्व आकार में लाने के लिए किया जाता है?
(a) न्यूनतम (b) अधिकतम
(c) रीस्टोर (d) बन्द

25. स्क्रीन पर विण्डोज को डिस्प्ले करने वाले बटन को क्या कहते हैं?
(a) स्क्रोल बॉक्स (b) डाउन साइज
(c) रीस्टोर डाउन (d) मैक्सीमाइज

26. ········ कमाण्डों की वे सूचियाँ हैं, जो स्क्रीन पर प्रदर्शित होती हैं।
(a) GUIs (b) आइकन
(c) मेन्यू (d) विण्डोज

27. मेन्यू पर प्रत्येक ········ एक विशेष कार्य करती है।
(a) क्लाइण्ट (b) सर्वर
(c) नोड (d) कमाण्ड

28. सॉफ्टवेयर के ········ में कमाण्ड्स और ऑप्शन्स की सूचियाँ होती हैं।
(a) टाइटल बार (b) मेन्यू बार
(c) फॉर्मूला बार (d) टूलबार

29. किस प्रकार का बार विभिन्न ड्रॉप-डाउन मेन्यू के नाम या आइकन दिखाता है?
(a) टाइटल बार (b) टूलबार
(c) स्टार्ट बार (d) मेन्यू बार

30. निम्न में से किस प्रकार के मेन्यू को ड्रॉप डाउन मेन्यू भी कहते हैं?
(a) फ्लाई आउट (b) केस्केडिंग
(c) पॉप-अप (d) पुल-डाउन

31. पुल डाउन मेन्यू में फेडिड (डिम हुई) कमाण्ड का क्या महत्त्व है?
(a) कमाण्ड वर्तमान में एक्सेसिबल नहीं है
(b) यदि कमाण्ड को सिलेक्ट किया जाए, तो डायलॉग बॉक्स सामने आता है
(c) यदि कमाण्ड को सिलेक्ट किया जाए, तो हेल्प विण्डो सामने आती है
(d) यह कमाण्ड विशेष के लिए कोई समकक्ष कुंजी स्ट्रोक नहीं है

32. डॉक्यूमेण्ट क्रियेट करने के लिए फाइल मेन्यू में किस विकल्प का प्रयोग करेंगे?
(a) Open (b) New
(c) Close (d) Save

33. स्क्रीन पर एक प्रतीक जो आपको कार्य करने के लिए प्रेरित करता है और कम्प्यूटर को बताता है, कि आगे क्या करना है?
(a) स्कैनर (b) सूचना
(c) डायलॉग बॉक्स (d) इनमें से कोई नहीं

34. नोटपैड की फाइल का एक्सटेंशन क्या होता है?
(a) .txt (b) .rtf (c) .exe (d) .bmp

35. वर्डपैड फाइल का एक्सटेंशन है
(a) .rtf (b) .doc
(c) .txt (d) .htm

36. RTF का पूर्ण रूप क्या है?
(a) रिचर टेक्स्ट फॉर्मेटिंग
(b) रिच टेक्स्ट फॉर्मेट
(c) राइट टेक्स्ट फिशिंग
(d) राइट टेक्स्ट फॉण्ट

37. कॉपी कमाण्ड कहाँ सेव करती है?
(a) डेस्कटॉप (b) क्लिपबोर्ड
(c) प्रिण्टर (d) माइक्रोसॉफ्ट वर्ड

38. प्राय: किसी फाइल को क्या कहा जाता है?
(a) विजार्ड (b) दस्तावेज
(c) पेन (d) डिवाइस

39. फाइल्स से सम्बन्धित निम्न कथनों में से कौन-सा असत्य है?
(a) फाइल्स को फोल्डर में रखा जाना चाहिए
(b) फाइल्स को एक एप्लीकेशन से प्राप्त किया जा सकता है

(c) एक फाइल एक जैसी जानकारियों का संग्रहण होता है
(d) फाइल्स को रैम में स्टोर किया जाता है

40. ग्राफिक क्षेत्र रिलेटिड है
(a) केबल
(b) रिकॉर्ड
(c) फाइल्स
(d) करैक्टर्स

41. निम्न में से क्या कम्प्यूटर फाइल्स के बारे में सत्य नहीं है?
(a) ये स्टोरेज माध्यम में संगृहीत किए गए डाटा का कलेक्शन होती हैं।
(b) प्रत्येक फाइल का एक फाइल नाम होता है।
(c) यूजर द्वारा स्थापित फाइल एक्सटेंशन फाइल के कण्टेण्ट्स को प्रदर्शित करता है।
(d) सभी फाइलों में डाटा होता है।

42. निम्न में से किसका उपयोग कम्प्यूटर स्टोर से फाइल को एक्सेस करने के लिए किया जाता है?
(a) इन्सर्ट (b) रिट्रीव
(c) फाइल (d) प्रिण्ट

43. जब आप अपने ऑफिस से बाहर जाते हो, तो आप अपने सिस्टम को लॉग ऑफ क्यों करते हो?
(a) कोई आपकी फाइल्स पासवर्ड इत्यादि को चुरा सकता है
(b) बिजली की बचत करने के लिए
(c) लॉगिंग ऑफ परफॉर्मेन्स को बढ़ाने के लिए आवश्यक है
(d) बाहर जाने से पूर्व लॉगिंग ऑफ अनिवार्य है

44. डाटा तथा प्रोग्राम्स के संग्रहण के लिए आवश्यक रिक्त स्थान की मात्रा को घटाने की प्रक्रिया ·········· द्वारा सफलतापूर्वक सम्पन्न होती है।
(a) क्रैशिंग
(b) डिस्क कैचिंग
(c) RAID
(d) फाइल कम्प्रेशन

45. निम्नलिखित में से किस विधि से फाइल का साइज कम हो जाता है, जिससे इसे कम स्टोरेज स्पेस की आवश्यकता हो?
(a) स्कैनिंग (b) सिन्थेसाइजिंग
(c) कम्प्रेशन (d) डिफ्रेगमेण्टिंग

46. वह फाइल, जिसमें कम्प्यूटर द्वारा एक्जीक्यूट किए जाने वाले निर्देशों को रखा जाता है, उसे प्राय: क्या कहा जाता है?
(a) डाटा फाइल
(b) इन्फॉर्मेशन फाइल
(c) एप्लीकेशन फाइल
(d) एक्जीक्यूटेबल फाइल

47. निम्न में से क्या 'फाइलनेम' के अन्त में आता है, जिसकी सहायता से फाइल का प्रकार ज्ञात किया जाता है?
(a) फाइल प्रोपर्टी (b) फाइल टाइप
(c) फाइलनेम (d) फाइल एक्सटेंशन

48. फाइल एक्सटेंशन को फाइल के मुख्य नाम से ·········· द्वारा अलग किया गया है, जिसमें कोई स्पेस नहीं दिया जाता।
(a) क्वशचन मार्क (b) एक्सक्लेमेशन मार्क
(c) अण्डरस्कोर (d) पीरियड (.)

49. .bas, .doc और .htm किसके उदाहरण हैं?
(a) डाटाबेस (b) डोमेन
(c) एक्सटेंशन (d) प्रोटोकॉल

50. सामान्यत: इन्स्टॉलेशन फाइल्स का एक्सटेंशन क्या होता है?
(a) .jpeg (b) .doc
(c) .exe (d) .gif

51. फाइल्स को किसमें स्टोर कर व्यवस्थित किया जाता है?
(a) अर्चिव (b) लिस्ट
(c) इण्डेक्स (d) फोल्डर

52. निम्न में से किसको ऐसे कण्टेनर्स की संज्ञा दी जाती है, जिनमें कम्प्यूटर से सम्बद्ध डॉक्यूमेण्ट्स को संगृहीत किया जाता है?
(a) लेबल्स (b) इण्डेक्सेस
(c) प्रोग्राम्स (d) फोल्डर्स

53. जिस डिस्क में फाइल्स स्टोर की होती हैं, उस पर ········ एक नेम्ड लोकेशन होता है।
(a) फोल्डर (b) फाइल होल्डर
(c) दर्शन (d) पोड

54. विण्डोज एक्सप्लोरर में फोल्डर के कण्टेण्ट देखने के लिए क्या करना चाहिए?
(a) इस पर क्लिक करें
(b) इसे कलैप्स करें
(c) इसे नाम दें
(d) इसे पासवर्ड दें

55. आप अपनी पर्सनल फाइल/फोल्डर ········ में रख सकते हैं।
(a) माई फोल्डर (b) माई डॉक्यूमेण्ट
(c) माई फाइल्स (d) माई टेक्स्ट

56. Ctrl + Delete शॉर्टकट कुंजी किसके लिए प्रयोग की जाती है?
(a) कण्टेण्ट को दाएँ ओर से डिलीट करने
(b) कण्टेण्ट को बाएँ ओर से डिलीट करने
(c) कण्टेण्ट को बीच से डिलीट करने
(d) नीचे से डिलीट करने

57. निम्नलिखित में से माइक्रोसॉफ्ट विण्डोज 8 और उस से अधिकतम वर्ज़न में रीनेम के शॉर्टकट के लिए कौन-सी कुंजी (Key) प्रयुक्त होती है?
(a) F2 (b) F4
(c) F6 (d) F9

58. कार्य को अनडू (Undo) करने के लिए हम निम्न में से कौन-सी विण्डोज शॉर्टकट कुंजी का प्रयोग करते हैं?
(a) P (b) Ctrl + V
(c) Ctrl + A (d) Ctrl + Z

59. सक्रिय विण्डो को बन्द करने के लिए प्रयुक्त शॉर्टकट कुंजी कौन-सी है?
(a) Ctrl + F5 (b) Alt + F4
(c) Ctrl + F4 (d) Alt + F5

60. निम्न में से कौन-सा फंक्शन Ctrl + P का कार्य करता है?
(a) प्रोजेक्ट (b) इरेज
(c) कॉपी (d) प्रिण्ट

उत्तरमाला

1. (d)	2. (d)	3. (a)	4. (c)	5. (a)
6. (d)	7. (c)	8. (c)	9. (a)	10. (a)
11. (d)	12. (b)	13. (a)	14. (a)	15. (b)
16. (a)	17. (a)	18. (a)	19. (d)	20. (c)
21. (d)	22. (a)	23. (c)	24. (c)	25. (d)
26. (c)	27. (d)	28. (b)	29. (d)	30. (d)
31. (a)	32. (b)	33. (c)	34. (a)	35. (a)
36. (b)	37. (b)	38. (b)	39. (d)	40. (c)
41. (c)	42. (b)	43. (a)	44. (d)	45. (c)
46. (d)	47. (d)	48. (d)	49. (c)	50. (c)
51. (d)	52. (d)	53. (a)	54. (a)	55. (b)
56. (a)	57. (a)	58. (d)	59. (b)	60. (d)

अध्याय 06 माइक्रोसॉफ्ट ऑफिस

माइक्रोसॉफ्ट ऑफिस (Microsoft Office या MS-Office) एक एप्लीकेशन सूट है, जिसका आविष्कार वर्ष 1988 में माइक्रोसॉफ्ट कम्पनी (अमेरिका) ने किया था। मुख्य रूप से यह एक पैकेज है, जो विभिन्न प्रकार के सॉफ्टवेयर के संगठन से बना है। यह सॉफ्टवेयर किसी कार्यालय या किसी स्कूल आदि में विशेष रूप से प्रयोग किया जाता है, इसलिए इसका नाम MS-Office है।

MS-Office के पाँच प्रमुख सॉफ्टवेयर्स निम्नलिखित हैं

1. MS-Word (वर्ड प्रोसेसिंग सॉफ्टवेयर)
2. MS-Excel (स्प्रैडशीट सॉफ्टवेयर)
3. MS-PowerPoint (प्रेजेण्टेशन सॉफ्टवेयर)
4. MS-Access (डाटाबेस मैनेजमेण्ट सॉफ्टवेयर)
5. MS-Outlook (ई-मेल क्लाइण्ट)

माइक्रोसॉफ्ट वर्ड

यह एक प्रकार का वर्ड प्रोसेसिंग सॉफ्टवेयर है, जिसका प्रयोग किसी डॉक्यूमेण्ट को बनाने, उसमें कुछ सुधार करने के लिए किया जाता है। यह एक बहुत महत्त्वपूर्ण सॉफ्टवेयर है, जो लगभग सभी कम्प्यूटर में MS-Office पैकेज के अन्तर्गत उपस्थित होता है।

इसमें अनेक प्रकार के टूल्स (Tools) होते हैं, जो 45 KB से कम साइज के डॉक्यूमेण्ट को बनाने, उसमें बदलाव करने, डॉक्यूमेण्ट की प्रिण्टिंग करने, उसमें एडिटिंग करने आदि कार्यों के लिए प्रयोग किए जाते हैं। इस सॉफ्टवेयर के प्रयोग से विभिन्न प्रकार के टेक्सटाइल डॉक्यूमेण्ट और डॉक्यूमेण्ट में चित्र आदि लगाकर एक आकर्षक डॉक्यूमेण्ट तैयार किया जाता है; *जैसे*—WordStar, WordPad, NotePad, WordPerfect आदि।

MS-Word को प्रारम्भ करना

MS-Word खोलने या प्रारम्भ करने की दो विधियाँ हैं

(i) टास्क बार में स्टार्ट (Start) बटन पर क्लिक करते हैं, उसके बाद Run विकल्प पर क्लिक करते हैं।

क्लिक करने के बाद एक टेक्स्ट बॉक्स आता है। उस टेक्स्ट बॉक्स में Winword टाइप करके Enter कुंजी दबाते हैं।

(ii) Start बटन →All Programs → Microsoft Office → Microsoft Word 2010

- MS-Word के नए डॉक्यूमेण्ट का डिफॉल्ट (Default) नाम Document1 होता है।
- MS-Word का फाइल फॉर्मेट .doc और .docx होता है।

माइक्रोसॉफ्ट वर्ड के अवयव

माइक्रोसॉफ्ट वर्ड के निम्नलिखित अवयव होते हैं

टाइटल बार

यह माइक्रोसॉफ्ट वर्ड डॉक्यूमेण्ट में सबसे ऊपर एक रिबन (पट्टी) होता है, जो फाइल का नाम और जिस सॉफ्टवेयर में फाइल खुली है उस सॉफ्टवेयर का नाम प्रदर्शित करता है।

टाइटल बार (Title Bar) में तीन कण्ट्रोल बटन होते हैं, *जो निम्न हैं*

1. **मिनिमाइज** (Minimise) इस बटन को क्लिक करने से विण्डो अस्थायी रूप से बन्द होकर टास्क बार में एक बटन के रूप में बदल जाती है।
2. **मैक्सिमाइज/रिस्टोर** (Maximise/Restore) इस बटन को क्लिक करने से विण्डो की पूरी स्क्रीन बदल जाती है और मैक्सिमाइज बटन रिस्टोर बटन में बदल जाता है, जिस पर छोटे आयतों (⧉) का एक जोड़ा प्रिण्ट होता है।
3. **क्लोज** (Close) इसका प्रयोग किसी खुली हुई फाइल को बन्द करने के लिए करते हैं।

स्टैण्डर्ड टूलबार

इसमें फाइल और टेक्स्ट सम्बन्धी कार्यों के लिए टूल उपस्थित रहते हैं; *जैसे*—नई फाइल खोलना, पुरानी फाइल खोलना, फाइलों को सुरक्षित रखना इत्यादि।

रिबन

यह स्क्रीन के टाइटल बार के नीचे एक पट्टी होती है। रिबन (Ribbon) में किसी कार्य को करने के लिए आदेशों का एक पैनल होता है।

टैब

रिबन के मेन्यू बार में कुछ बटन होते हैं। इन बटन को टैब (Tab) कहते हैं। MS-Word में निम्न टैब्स होते हैं

1. **होम टैब** (Home Tab) इस टैब में क्लिपबोर्ड, फॉण्ट, पैराग्राफ, स्टाइल्स, एडिटिंग आदि ग्रुप्स होते हैं।
2. **इन्सर्ट टैब** (Insert Tab) इस टैब में पेजेस, टेबल्स, इलस्ट्रेशन, लिंक्स, हेडर और फुटर, टेक्स्ट, सिम्बल नाम के ग्रुप्स होते हैं।
3. **पेज लेआउट टैब** (Page Layout Tab) इस टैब में थीम्स, पेज सेटअप, पेज बैकग्राउण्ड, पैराग्राफ, अरेन्ज आदि ग्रुप्स होते हैं।
4. **रेफरेंस टैब** (Reference Tab) इस टैब में टेबल ऑफ कण्टेण्ट्स, फुटनोट, सीटासन एण्ड बिबलियोग्राफी, कैप्शन, इण्डेक्स, टेबल ऑफ ऑथोरिटीज आदि ग्रुप्स होते हैं।

5. **मेलिंग्स टैब** (Mailings Tab) इस टैब में क्रियेट, स्टार्ट मेल मर्ज, राइट एण्ड इन्सर्ट फिल्ड, प्रिव्यू रिजल्ट, फिनीश आदि ग्रुप्स होते हैं।
6. **रिव्यू टैब** (Review Tab) इस टैब में प्रूफिंग, लैंग्वेज, कमेण्ट्स, ट्रैकिंग, चेन्ज, कम्पेयर तथा प्रोटेक्ट विकल्प होते हैं।
7. **व्यू टैब** (View Tab) इस टैब में डॉक्यूमेण्ट व्यू, शो, जूम, विण्डो, मैक्रोस आदि ग्रुप्स होते हैं।

रूलर

यह डॉक्यूमेण्ट विण्डो के टॉप पर और उसके बाएँ ओर दिखाई देता है। रूलर (Ruler) का प्रयोग किसी डॉक्यूमेण्ट में टेक्स्ट के क्षैतिज और ऊर्ध्वाधर (Horizontal and Vertical) एलाइनमेण्ट (Alignment) को देखने व सेट करने के लिए करते हैं। रूलर दो प्रकार के होते हैं

1. **क्षैतिज रूलर** (Horizontal Ruler) यह डॉक्यूमेण्ट की चौड़ाई (Width) को सूचित करता है। इसका प्रयोग बाएँ और दाएँ मार्जिन को सेट करने के लिए करते हैं।
2. **ऊर्ध्वाधर रूलर** (Vertical Ruler) यह डॉक्यूमेण्ट की ऊँचाई (Height) को सूचित करता है। इसका प्रयोग टॉप और बॉटम मार्जिन को सेट करने के लिए करते हैं।

स्टेटस बार

स्टेटस बार (Status Bar) डॉक्यूमेण्ट से सम्बन्धित कुछ सूचनाएँ; *जैसे*—पेज नम्बर, करण्ट पेज, करण्ट टेम्पलेट, कॉलम नम्बर और लाइन नम्बर आदि को दर्शाता है।

कार्यक्षेत्र

यह डॉक्यूमेण्ट विण्डो का आयताकार क्षेत्र होता है, जिसमें आप कुछ टेक्स्ट टाइप करते हो या कोई चित्र या वस्तु जोड़ते हो। इसे **वर्कप्लेस** (Workplace) नाम से भी जाना जाता है।

कर्सर

इसे **इन्सर्शन** (Insertion) **प्वॉइण्टर** भी कहते हैं। यह किसी टेक्स्ट के प्रारम्भिक बिन्दु को दर्शाता है। कर्सर (Cursor) जिस स्थान पर होता है, उसी स्थान पर कोई टेक्स्ट टाइप होता है।

माइक्रोसॉफ्ट वर्ड की विशेषताएँ

माइक्रोसॉफ्ट वर्ड एक लोकप्रिय (Popular) वर्ड प्रोसेसिंग सॉफ्टवेयर है। इसकी निम्नलिखित विशेषताएँ हैं

टेक्स्ट एडिटिंग

MS-Word में किसी टेक्स्ट को लिखना, लिखे हुए टेक्स्ट को एडिट करना, डिलीट करना, टेक्स्ट के कम्पोनेण्ट को मॉडिफाई करना आदि कार्य बहुत ही आसानी से होते हैं।

यदि किसी टेक्स्ट को डॉक्यूमेन्ट से कट कर दिया है, तो कट किया हुआ टेक्स्ट क्लिपबोर्ड में अस्थायी रूप से स्टोर रहता है। जब उसे डॉक्यूमेन्ट में पेस्ट कर देते हैं, तो क्लिपबोर्ड से कट किया हुआ टेक्स्ट हट जाता है।

फॉर्मेट टेक्स्ट

MS-Word में किसी टेक्स्ट या शब्द को अनेक प्रकार के शब्द डिजाइन से मॉडिफाई (Modify) कर सकते हैं। विभिन्न प्रकार की स्टाइल का प्रयोग करके टेक्स्ट के एपीयरेन्स (Appearance) को बदल सकते हैं।

इण्डेण्टेशन

इण्डेण्टेशन (Indentation) से तात्पर्य पेज की बाउण्ड्री और टेक्स्ट के बीच के अन्तर से है।

इसके प्रयोग से टेक्स्ट और पेज बाउण्ड्री के बीच में चारों ओर से स्पेस को कम या ज्यादा कर सकते हैं।

पेज ओरिएण्टेशन

इसका प्रयोग किसी टाइप किए हुए टेक्स्ट को एक क्षैतिज पेज में या ऊर्ध्वाधर पेज में प्रिण्ट करने के लिए किया जाता है।

MS-Word में दो प्रकार के पेज ओरिएण्टेशन होते हैं

(i) पोर्ट्रेट (Portrait)
(ii) लैण्डस्केप (Landscape)

फाइण्ड एण्ड रिप्लेस

MS-Word में टाइप किए गए टेक्स्ट में से किसी विशेष करैक्टर या शब्द को आसानी से सर्च किया जा सकता है। इसमें सर्च किए गए करैक्टर या शब्द को किसी दूसरे करैक्टर या टेक्स्ट से बदला भी जा सकता है।

स्पेल चेक

इसमें स्पेलिंग और ग्रामर को चेक करने की सुविधा होती है। यह ऑटोमैटिकली (Automatically) स्पेलिंग और ग्रामर (Grammar) की गलतियों को ढूँढता है तथा उसे सही भी करता है।

शब्दकोश

इस सॉफ्टवेयर में एक कॉम्प्रेहेन्सिव डिक्शनरी (Comprehensive dictionary) और शब्दकोश होता है, जो एक शब्द के कई पर्यायवाची (Synonyms) प्रदान करता है।

बुलेट्स एण्ड नम्बरिंग

इस सॉफ्टवेयर में अनेक प्रकार के बुलेट्स (विशेष प्रकार के चिन्ह) और नम्बर (गिनती के अंक, रोमन अंक और अंग्रेजी के अक्षर) होते हैं, जिनका प्रयोग करके पेज में एक लिस्ट बना सकते हैं और पेज में लिखे हुए डाटा को एक क्रम में भी रख सकते हैं।

मेल मर्ज

यह MS-Word की वह सुविधा है, जिसके द्वारा एक पत्र अनेक व्यक्तियों को भेज सकते हैं अथवा कुछ सूचनाएँ बदलते हुए किसी डॉक्यूमेण्ट की अनेक कॉपियाँ निकाल सकते हैं। इससे दो फाइलों से सूचनाएँ लेकर उन्हें आपस में मिलाकर या मर्ज (Merge) करके वास्तविक डॉक्यूमेण्ट तैयार किया जाता है।

ग्राफिक्स

यह MS-Word में ड्रॉइंग बनाने की अच्छी सुविधा देता है। इसके द्वारा विभिन्न प्रकार की आकृति; *जैसे*—वृत्त, आयत, रेखाएँ, त्रिभुज आदि की ड्रॉइंग आसानी से बना सकते हैं। इसमें ड्रॉइंग बनाने का ड्रॉइंग टूलबार उपलब्ध होता है, जिसमें अनेक प्रकार की ड्रॉइंग होती हैं।

ऑब्जेक्ट लिंकिंग एण्ड एम्बेडिंग (OLE)

यह माइक्रोसॉफ्ट द्वारा विकसित एक ऐसी तकनीक है, जो डॉक्यूमेण्टों और अन्य एप्लीकेशनों को जोड़ने और एम्बेडिंग करने की अनुमति प्रदान करती है। इसमें विभिन्न प्रकार के ऑब्जेक्ट; *जैसे*—चार्ट्स (Charts), समीकरण (Equations), वीडियो क्लिप, पिक्चर आदि उपलब्ध होते हैं।

क्षैतिज और ऊर्ध्वाधर स्क्रोल बार

इस सॉफ्टवेयर में दो स्क्रोल बार होते हैं, जो पेज को डॉक्यूमेण्ट विण्डो में ऊपर नीचे या दाएँ-बाएँ मूव कराते हैं। इसमें क्षैतिज (Horizontal) स्क्रोल बार होता है, जो स्टेटस बार के ऊपर स्थित होता है। यह स्क्रोल बार पेज को दाईं ओर या बाईं ओर मूव करा सकता है। दूसरा ऊर्ध्वाधर (Vertical) स्क्रोल बार होता है, जो स्क्रीन के दाईं ओर होता है। यह स्क्रोल बार पेज को डॉक्यूमेण्ट विण्डो में ऊपर-नीचे मूव कराता है।

MS-Word की शॉर्टकट कुंजियाँ और उनका विवरण

स्टैण्डर्ड टूलबार

टूल का नाम	शॉर्टकट कुंजियाँ	विवरण
Backspace	Backspace	कर्सर के बाईं ओर के एक करैक्टर को डिलीट करने के लिए।
New	Ctrl + N	एक नया डॉक्यूमेण्ट बनाने के लिए।
Open	Ctrl + O या Ctrl + F12	पहले से बने हुए डॉक्यूमेण्ट को खोलने के लिए।
Save	Ctrl + S या Shift + F12	एक्टिव डॉक्यूमेण्ट को सेव करने के लिए।
	F12	किसी सेव डॉक्यूमेण्ट के नाम व लोकेशन को बदलकर सेव करने के लिए।
Select	Ctrl + A	पेज के सभी कण्टेण्ट्स को चुनने के लिए।
Print	Ctrl + P या Ctrl+Shift+F12	एक्टिव डॉक्यूमेण्ट को प्रिण्ट करने के लिए।
Print Preview	Ctrl+F2	प्रिण्ट करने से पहले पेज का प्रिव्यू देखने के लिए।
Spelling	F7	किसी एक्टिव डॉक्यूमेण्ट में स्पेलिंग चेक करने के लिए।
Find, Replace & Goto	F5	Find, replace और go to विण्डो खोलने के लिए।
Cut	Ctrl + X	चुने हुए टेक्स्ट या ऑब्जेक्ट को कट करने और उसे क्लिपबोर्ड में रखने के लिए।
Copy	Ctrl + C	चुने हुए टेक्स्ट या ऑब्जेक्ट की कॉपी करने और उसे क्लिपबोर्ड में रखने के लिए।
Paste	Ctrl + V या Shift + Insert	क्लिपबोर्ड में कट या कॉपी किए गए कण्टेण्ट को किसी पेज में किसी स्थान पर पेस्ट करने के लिए।
Undo	Ctrl + Z	कट किए गए टेक्स्ट को वापस लाने के लिए।
Redo	Ctrl + Y	Undo के द्वारा कट किए गए आदेश को प्रभावी बनाने के लिए या Undo का विपरीत करने के लिए।
Start	Ctrl + Home	डॉक्यूमेन्ट के आरम्भ में जाने के लिए।
End	Ctrl + End	डॉक्यूमेन्ट के अन्त में जाने के लिए।
Search	Ctrl + F	डॉक्यूमेन्ट में किसी टेक्स्ट को ढूँढने के लिए।
Close	Ctrl + W	वर्ड डॉक्यूमेन्ट को बन्द करने के लिए।

फॉर्मेटिंग टूलबार

टूल का नाम	शॉर्टकट कुंजियाँ	विवरण
Style	Ctrl + Shift + S	किसी चुने हुए टेक्स्ट या फॉण्ट की स्टाइल को बदलने के लिए।
Font	Ctrl + Shift + F	चुने हुए पोर्शन के फॉण्ट तथा आकार को बदलने के लिए।
Font Size	Ctrl + Shift+P	चुने हुए पोर्शन (Portion) के फॉण्ट साइज को बदलने के लिए।
Bold	Ctrl + B	चुने हुए टेक्स्ट या शब्द को बोल्ड (मोटे अक्षर) में लिखने के लिए।
Italic	Ctrl + I	चुने हुए शब्द या अक्षर को तिरछे (Italic) स्टाइल में लिखने के लिए।
Underline	Ctrl + U	चुने हुए शब्द या अक्षर के नीचे रेखा खींचने के लिए।
Aligned Left	Ctrl + L	शब्दों को बाएँ ओर से एलाइन (Align) में लाने के लिए।
Center	Ctrl + E	पैराग्राफ को पेज के बीचों बीच में लाने के लिए या शब्दों को बीच में लिखने के लिए।
Aligned Right	Ctrl + R	शब्दों या पैराग्राफ को पेज के दाएँ ओर से एलाइन (Align) में लाने के लिए।
Justify	Ctrl + J	पैराग्राफ को दाएँ और बाएँ ओर से एलाइन में लाने के लिए।

माइक्रोसॉफ्ट एक्सेल

माइक्रोसॉफ्ट एक्सेल (Microsoft Excel) एक पावरफुल स्प्रेडशीट प्रोग्राम है, जो आपके डाटा को व्यवस्थित करने, कैलकुलेशन पूरी करने, निर्णय तक पहुँचने, ग्राफ, डाटा प्रोफेशन दिखाने वाली रिपोर्ट तैयार करने, व्यवस्थित डाटा को वेब पर पब्लिश करने तथा रियल टाइम डाटा को एक्सेस करने की सुविधा देता है। इसमें एक इलेक्ट्रॉनिक स्प्रेडशीट होती है, जिसका प्रयोग अकाउण्टिंग उद्देश्य के लिए, गणितीय कार्यों में, बजट बनाने तथा बिल बनाने में करते हैं। इसे **वर्कशीट** भी कहते हैं। MS-Excel में, स्प्रेडशीट या वर्कशीट बहुत से सेलों (Cells) का एक समूह होता है, जिन्हें रॉज (Rows) तथा कॉलमों (Columns) में व्यवस्थित किया जाता है।

एमएस-एक्सेल के अतिरिक्त कुछ अन्य स्प्रेडशीट; *जैसे*—स्नोबॉल (Snowball), Lotus 1-2-3, एप्पल नम्बर्स (Apple numbers) आदि हैं। इसे डाटाबेस की तरह प्रयोग कर सकते हैं, जो सम्बन्धित डाटा को स्टोर करता है। इसके द्वारा किसी विशेष डाटा को एक पैटर्न के आधार पर ढूँढा जा सकता है।

- एक्सेल में उत्पन्न की गई नई वर्कबुक में बाय डिफॉल्ट (By default) तीन वर्कशीट होती हैं।
- एमएस-एक्सेल का फाइल फॉर्मेट या एक्सटेंशन .xls होता है।

MS-Excel को प्रारम्भ करना

MS-Excel खोलने या प्रारम्भ करने की दो विधियाँ हैं

(i) Start बटन पर क्लिक करने के बाद Run कमाण्ड पर क्लिक करें। अब Run विण्डो में Excel टाइप करके एण्टर कुंजी दबाने से भी MS-Excel की विण्डो खुल जाती है।

(ii) Start बटन → All Programs → Microsoft Office → Microsoft Excel 2010

माइक्रोसॉफ्ट एक्सेल के अवयव

टाइटल बार

यह माइक्रोसॉफ्ट एक्सेल की विण्डो में सबसे ऊपर एक रिबन (पट्टी) होता है, जो फाइल के नाम तथा जिस सॉफ्टवेयर में फाइल खुली है, उस सॉफ्टवेयर का नाम प्रदर्शित करता है।

रिबन

यह स्क्रीन के टाइटल बार के नीचे एक पट्टी होती है। रिबन (Ribbon) में किसी कार्य को करने के लिए आदेशों का एक पैनल होता है।

टैब

MS-Excel में टाइटल बार के नीचे, मेन्यू बार होता है। इस मेन्यू बार में प्रदर्शित बटन को टैब (Tab) कहते हैं।

MS-Excel में निम्न टैब्स होते हैं

(i) **होम टैब** (Home Tab) इस टैब में क्लिपबोर्ड, फॉण्ट, एलाइनमेण्ट, नम्बर, स्टाइल्स, सेल्स तथा एडिटिंग आदि ग्रुप्स होते हैं।

(ii) **इन्सर्ट टैब** (Insert Tab) इस टैब में टेबल्स, इलस्ट्रेशन, चार्ट्स, स्पार्कलाइन्स, फिल्टर, लिंक्स, टेक्स्ट तथा सिम्बल्स आदि ग्रुप्स होते हैं।

(iii) **पेज लेआउट टैब** (Page Layout Tab) इस टैब में थीम्स, पेज सेटअप, स्केल को फिट, शीट ऑप्शन तथा अरेन्ज आदि ग्रुप्स होते हैं।

(iv) **फॉर्मूलास टैब** (Formulas Tab) इस टैब में फंक्शन लाइब्रेरी, डिफाइण्ड नेम्स, फॉर्मूला ऑडिटिंग तथा कैलकुलेशन आदि ग्रुप्स होते हैं।

(v) **डाटा टैब** (Data Tab) इस टैब में गैट एक्सटर्नल डाटा, कनेक्शन्स, शॉर्ट एवं फिल्टर, डाटा टूल्स तथा आउटलाइन आदि ग्रुप्स होते हैं।

(vi) **रिव्यू टैब** (Review Tab) इस टैब में प्रूफिंग, लैंग्वेज, कमेण्ट्स तथा चेन्ज आदि ग्रुप्स होते हैं।

(vii) **व्यू टैब** (View Tab) इस टैब में वर्कबुक व्यू, शो, जूम, विण्डो तथा मैक्रोस आदि ग्रुप्स होते हैं।

स्टेटस बार

विण्डो टास्क बार के ठीक ऊपर और स्क्रीन के बॉटम में जो बार होता है, उसे स्टेटस बार (Status Bar) कहते हैं। यह वर्तमान एक्टिव वर्कशीट की सूचना दिखाता है; *जैसे*—पेज नम्बर, व्यू शॉर्टकट, जूम स्लाइडर आदि।

स्प्रेडशीट से सम्बन्धित महत्त्वपूर्ण तथ्य

- स्प्रेडशीट एक सॉफ्टवेयर टूल होता है, जिसका प्रयोग संख्याओं के समूह को एण्टर (Enter) करने, कैलकुलेट करने, मैनिपुलेट करने और विश्लेषण (Analysis) करने के लिए होता है। इसमें रॉज और कॉलम्स के प्रतिच्छेद (Intersection) से बहुत सारे सेल्स (Cells) बनते हैं। सेल एक प्रकार का कण्टेनर होता है, जो संख्याओं (Numbers), सूत्रों (Formulae) और टेक्स्ट (लेबल्स) को होल्ड (Hold) करता है।
- एक्टिव सेल वह सेल होता है, जिसमें आप वर्तमान समय में काम कर रहे हैं।
- सेलों के समूह (Group) को शीट या वर्कशीट (Worksheet) कहते हैं।
- एक्सेल में शीट, शीट टैब या वर्कशीट टैब का उपयोग वर्कशीट को प्रदर्शित करने के लिए किया जाता है, जिसे उपयोगकर्ता वर्तमान में एडिट कर रहा है।
- वर्कशीट के अन्दर टेबल में सूचनाएँ रॉज और कॉलम्स में प्रदर्शित होती हैं।
- रॉज की पहचान संख्याएँ 1, 2, 3.....से होती है।
- कॉलम्स की पहचान अक्षरों के समूह A, B, C.....AA, AB,.....ZZ आदि से होती है।
- वर्कबुक एक डॉक्यूमेण्ट होता है, जिसमें एक या एक से अधिक वर्कशीट होती हैं।
- सेल प्वॉइंटर एक सेल की बाउण्ड्री होती है, जो यह बताती है कि करण्ट टाइम में कौन-सा सेल एक्टिव है।
- फॉर्मूला (Formula) एक समीकरण (Equation) होता है, जिसका प्रयोग किसी सेल की वैल्यू को कैलकुलेट करने के लिए करते हैं। एक्सेल में कोई भी फॉर्मूला = चिन्ह के साथ शुरू होता है।
- सेल एड्रेस, रॉज और कॉलमों के अक्षर और संख्याओं के प्रतिच्छेद को दर्शाता है; *जैसे*—C5 का अर्थ, कॉलम C और रॉ 5 है।
- एक्सेल 2007 वर्कशीट में अधिकतम कॉलमों की संख्या 16384 तथा रॉ की संख्या 1048576 होती है। दो या दो से अधिक सेल को जोड़कर बनाया गया सिंगल सेल, **मर्जिंग सेल** कहलाता है।

फॉर्मूला बार

फॉर्मूला बार (Formula Bar) रिबन के नीचे होता है। इसके दो भाग होते हैं—पहला नेम बॉक्स (Name box), जो किसी सेल के रेफरेंस को दिखाता है तथा दूसरा फॉर्मूला, जिसमें फॉर्मूला टाइप करते हैं। इसमें पहले से परिभाषित फॉर्मूला होता है, जिसका प्रयोग कैलकुलेशन में किया जाता है तथा एक्टिव सेल के कण्टेण्ट्स भी इसी में डिस्प्ले होते हैं।

फंक्शन्स

एक्सेल में प्रीप्रोग्राम्ड फॉर्मूले को फंक्शन (Function) भी कहा जाता है। कुछ प्रसिद्ध एक्सेल फॉर्मूले निम्न प्रकार हैं

कार्य	विवरण	उदाहरण
SUM	संख्याओं का योग करने के लिए।	= SUM (A1 : A5)
AVERAGE	संख्याओं का औसत ज्ञात करने के लिए।	= AVERAGE (A1 : A5)
MAX	अधिकतम संख्या ज्ञात करने के लिए।	= MAX (A1 : A5)
MIN	न्यूनतम संख्या ज्ञात करने के लिए।	= MIN (A1 : A5)
COUNT	सेल्स, जो टेक्स्ट या संख्या स्टोर करती हैं, उन्हें काउण्ट करने के लिए।	= COUNT (A1 : A5)

यहाँ A1 : A5 रेंज का अर्थ है, जो सेल A1 से A5 के मध्य की सभी सेलों को शामिल करता है।

चार्ट्स

एमएस-एक्सेल में किसी वर्कशीट के डाटा के ग्राफिकल (Graphical) एवं पिक्टोरियल (Pictorial) प्रेजेण्टेशन (Presentation) के लिए चार्ट का प्रयोग करते हैं।

चार्ट के प्रकार

1. **एरिया चार्ट** (Area Chart) यह चार्ट **लाइन चार्ट** (Line chart) भी कहलाता है। इनमें विभिन्न मानों को लाइनों के नीचे के क्षेत्र द्वारा दर्शाया जाता है।
2. **कॉलम चार्ट** (Column Chart) इसमें किसी मान को एक ऊर्ध्वाधर कॉलम (Vertical column) के रूप में दर्शाया जाता है। इसमें विभिन्न डाटा श्रेणियों को X-अक्ष पर और उनके मानों को Y-अक्ष पर दर्शाया जाता है।
3. **बार चार्ट** (Bar Chart) यह चार्ट भी कॉलम चार्ट जैसा ही होता है। अन्तर केवल यह है कि इसमें विभिन्न डाटा श्रेणियों के मानों को क्षैतिज बारों (Horizontal bars) द्वारा दर्शाया जाता है।
4. **लाइन चार्ट** (Line Chart) इस चार्ट में विभिन्न डाटा श्रेणियों के मानों को विभिन्न बिन्दुओं द्वारा दर्शाया जाता है, जिन्हें सरल रेखाओं से जोड़ दिया जाता है। इस अन्तर के अतिरिक्त लाइन चार्ट कॉलम चार्टों की भाँति ही होते हैं।
5. **पाई चार्ट** (Pie Chart) इस प्रकार के चार्ट में केवल एक डाटा श्रेणी को दर्शाया जाता है। इसमें विभिन्न मानों को एक वृत्त के विभिन्न भागों या सेक्टर्स (Sectors) द्वारा दर्शाया जाता है। प्रत्येक भाग का आकार, उसके मान के अनुपात में होता है। उस मान को भी उस भाग के पास ही प्रदर्शित किया जाता है।
6. **स्कैटर चार्ट** (Scatter Chart) इसे **XY चार्ट** (XY Chart) भी कहते हैं। स्कैटर चार्ट न्यूमैरिक वैल्यू; *जैसे*—वैज्ञानिक, सांख्यिकीय और इंजीनियरिंग डाटा की तुलना तथा प्रदर्शन के लिए प्रयोग किया जाता है।

चार्ट के तत्त्व

1. **चार्ट एरिया** (Chart Area) किसी चार्ट को बनाने में प्रयोग किया गया कुल क्षेत्र चार्ट एरिया होता है। चार्ट एरिया से चार्ट को घेरने के लिए एक आयताकार बॉक्स का प्रयोग करते हैं। इस आयताकार बॉक्स का एरिया, चार्ट एरिया कहलाता है।
2. **प्लॉट एरिया** (Plot Area) वह क्षेत्रफल, जिसमें डाटा को चार्ट के रूप में प्रदर्शित करते हैं, प्लॉट एरिया कहलाता है। प्लॉट एरिया 2D चार्ट में अक्षों से घिरा होता है, जबकि 3D चार्ट में वॉल्स और फ्लोर से घिरा होता है।
3. **चार्ट शीर्षक** (Chart Title) ये चार्ट और दोनों अक्षों (X और Y) के शीर्षक होते हैं। इससे हमें पता चलता है कि चार्ट हमें क्या दिखाना चाहता है और उसके अक्षों के मानों का क्या अर्थ है। अक्ष (Axis) सामान्यत: किसी चार्ट में दो अक्ष होते हैं, जिन्हें क्रमश: X-अक्ष और Y-अक्ष कहा जाता है।

   X–अक्ष क्षैतिज अक्ष होता है, जिसे कैटेगरी (Category) अक्ष भी कहते हैं। Y-अक्ष ऊर्ध्वाधर अक्ष होता है, जिसे वैल्यू (Value) अक्ष भी कहते हैं। अक्ष शीर्षक (Axis Title) X, Y और Z-अक्षों के मानों को जिस शीर्षक से प्रस्तुत करते हैं, उसे अक्ष शीर्षक कहते हैं।
4. **डाटा श्रेणियाँ** (Data Series) यह उन सभी मानों की सूची है, जिनको हम चार्ट में दिखाना चाहते हैं।
5. **ग्रिड लाइनें** (Grid Lines) ये कुछ बैकग्राउण्ड लाइनें होती हैं, जिनसे हमें प्रत्येक डाटा श्रेणी के मानों का स्तर पता चलता है।
6. **संकेत** (Legends) ये हमें चार्ट में उपयोग किए गए विभिन्न प्रकार के कॉलमों, रेखाओं, बिन्दुओं और रंगों का अर्थ बताते हैं। सामान्यत: प्रत्येक डाटा श्रेणी के लिए एक संकेत होता है, जो चार्ट में दिखाया जाता है। संकेतों को दाएँ, बाएँ, ऊपर या नीचे या किसी कोने में कहीं भी दिखाया जा सकता है।
7. **डाटा लेबल** (Data Label) ये डाटा श्रेणी के वास्तविक मान होते हैं, जो चार्ट में उस मान को व्यक्त करने वाले कॉलम, रेखा या चिन्ह के पास ही दिखाए जाते हैं।
8. **डाटा सारणी** (Data Table) यह एक साधारण सारणी होती है, जिसमें सभी डाटा श्रेणियों के मान दिखाए जाते हैं। यह सारणी चार्ट में किसी कोने पर दिखाई जा सकती है।

MS-Excel की शॉर्टकट कुंजियाँ और उनका वर्णन

शॉर्टकट कुंजियाँ	वर्णन
F2	चुने हुए सेल को एडिट करने के लिए।
F5	किसी विशेष सेल पर जाने के लिए; जैसे-C6।
F7	किसी चुने हुए टेक्स्ट या डॉक्यूमेण्ट में स्पेलिंग चेक करने के लिए।
F11	चार्ट बनाने के लिए।
Ctrl + Shift + ;	करण्ट टाइम एण्टर करने के लिए।
Ctrl +;	करण्ट दिनांक एण्टर करने के लिए।
Alt + Shift + F1	नई वर्कशीट इन्सर्ट करने के लिए।
Shift + F3	एक्सेल फॉर्मूला विण्डो खोलने के लिए।
Shift + F5	सर्च बॉक्स लाने के लिए या खोलने के लिए।
Ctrl + F10	करेण्टली चुनी हुई वर्कशीट को मैक्सिमाइज करने के लिए।
Ctrl + F6	खुली हुई वर्कबुक्स या विण्डोज के मध्य एक वर्कबुक से दूसरी वर्कबुक या एक विण्डो से दूसरी विण्डो पर जाने के लिए।
Ctrl + Page up	एक ही एक्सेल डॉक्यूमेण्ट की पूर्व वर्कशीट्स में मूव करने के लिए।

शॉर्टकट कुंजियाँ	वर्णन
Ctrl + Page down	एक ही एक्सेल डॉक्यूमेण्ट की अगली वर्कशीट बीच में मूव करने के लिए।
Ctrl + Tab	दो एक्सेल फाइलों के बीच में मूव करने के लिए।
Alt + =	चुने हुए सेलों (Cells) के सभी डाटा को जोड़कर फॉर्मूला क्रियेट करने के लिए।
Ctrl + '	चुने हुए सेल के डाटा को करेण्टली चुने हुए सेल में इन्सर्ट कराने के लिए।
Ctrl + Shift + !	कोमा (Comma) फॉर्मेट में नम्बर को फॉर्मेट करने के लिए।
Ctrl + Shift + $	करेन्सी (Currency) फॉर्मेट में नम्बर फॉर्मेट करने के लिए।
Ctrl + Shift + #	डेट (Date) फॉर्मेट में नम्बर को फॉर्मेट करने के लिए।
Ctrl + Shift + %	प्रतिशत फॉर्मेट में नम्बर को फॉर्मेट करने के लिए।
Ctrl + Shift + @	टाइम फॉर्मेट में संख्याओं को फॉर्मेट करने के लिए।
Ctrl + Space	सम्पूर्ण कॉलम चुनने के लिए।

शॉर्टकट कुंजियाँ	वर्णन
Shift + Space	सम्पूर्ण रॉ चुनने के लिए।
Ctrl + W	वर्कबुक बन्द करने के लिए।
Ctrl + A	वर्कशीट के समस्त टेक्स्ट को चुनने के लिए।
Ctrl + B	सिलेक्टिड टेक्स्ट को बोल्ड करना।
Ctrl + I	सिलेक्टिड टेक्स्ट को इटैलिक करना।
Ctrl + U	सिलेक्टिड टेक्स्ट को अण्डरलाइन करना।
Ctrl + P	प्रिण्टिंग के लिए प्रिण्ट डायलॉग बाक्स प्रदर्शित करना।
Home	टेक्स्ट की रॉ के आरम्भ में जाने के लिए
End	टेक्स्ट की रॉ के अन्त में जाने के लिए

महत्त्वपूर्ण तथ्य

- $ चिन्ह के द्वारा किसी सेल की लोकेशन को एक फिक्स्ड पोजीशन (Fixed Position) पर लॉक करते हैं।
- , चिन्ह का प्रयोग सेल रेफरेन्स को अलग करने के लिए किया जाता है

अभ्यास प्रश्न

एमएस-वर्ड

1. माइक्रोसॉफ्ट ऑफिस ....।
(a) शेयरवेयर है
(b) पब्लिक डोमेन सॉफ्टवेयर है
(c) ओपन सोर्स सॉफ्टवेयर है
(d) एक एप्लीकेशन सूट है

2. 'एम एस-वर्ड' क्या है?
(a) यह एक कैलकुलेटिंग टूल है
(b) यह एक प्लानिंग टूल है
(c) यह एक चार्ट है
(d) यह एक डॉक्यूमेण्ट टाइपिंग टूल है

3. टेक्स्ट डॉक्यूमेण्ट को बनाने, एडिट करने, फॉर्मेट करने, स्टोर करने, रिट्रीव और प्रिण्ट करने के लिए कुल मिलाकर एक शब्द कौन-सा है?
(a) वर्ड प्रोसेसिंग (b) स्प्रेडशीट डिजाइन
(c) वेब डिजाइन (d) डाटाबेस प्रबन्धन

4. वर्ड डॉक्यूमेण्ट्स के लिए डिफॉल्ट एक्सटेंशन क्या है?
(a) .doc (b) .txt (c) .wrd (d) .fil

5. माइक्रोसॉफ्ट वर्ड 2013 का डिफॉल्ट एक्सटेंशन क्या है?
(a) .dcc (b) .docx (c) .xls (d) .ppt

6. ....से ऑब्जेक्ट और स्टार्ट प्रोग्राम एक्सेस किए जा सकते हैं।
(a) डिफॉल्ट मेन्यू (b) XP मेन्यू
(c) स्टार्ट मेन्यू (d) स्टॉप मेन्यू

7. ....बार-बार प्रयुक्त कमाण्ड्स को आसान एक्सेस उपलब्ध कराता है।
(a) कमाण्ड टूलबार
(b) क्विक एक्सेस टूलबार
(c) स्टैण्डर्ड टूलबार
(d) शॉर्टकट टूलबार

8. एक कम्प्यूटर पर उपलब्ध विकल्पों या कार्यों की ऑन-स्क्रीन डिस्प्ले लिस्टिंग क्या है?
(a) डॉक्यूमेण्ट (b) व्यू
(c) टूल (d) मेन्यू

9. मेन्यू पर प्रत्येक ....एक विशेष कार्य करता है।
(a) क्लाइण्ट (b) सर्वर
(c) नोड (d) कमाण्ड

10. मेन्यू में ....की लिस्ट होती है।
(a) कमाण्ड्स (b) डाटा
(c) ऑब्जेक्ट्स (d) रिपोर्ट्स

11. वर्ड में किसी शब्द पर .... क्लिक किया जाए, तो यह सिलेक्ट हो जाता है।
(a) एक बार (b) दो बार
(c) तीन बार (d) चार बार

12. निम्नलिखित में से किसका प्रयोग एमएस-वर्ड में स्टेटमेण्ट को अण्डरलाइन करने के लिए किया जाता है?
(a) Underline (b) U
(c) I (d) P

13. कट, कॉपी और पेस्ट करने के लिए कौन-सा मेन्यू सिलेक्ट किया जाता है?
(a) फाइल (b) टूल्स
(c) स्पेशल (d) एडिट

14. जब आप किसी जानकारी को कट एवं कॉपी करते हैं, तो वह कहाँ मिलती है?
(a) क्लिपआर्ट
(b) क्लिपबोर्ड
(c) मदरबोर्ड
(d) उपरोक्त सभी

15. वर्ड डॉक्यूमेण्ट में एक पैराग्राफ को एक स्थान से दूसरे स्थान पर ले जाने के लिए निम्नलिखित में से किसका प्रयोग किया जाना चाहिए?
(a) कॉपी एण्ड पेस्ट
(b) कट एण्ड पेस्ट
(c) डिलीट एण्ड रिटाइप
(d) फाइण्ड एण्ड रिप्लेस

16. वर्ड में स्टाइल्स का प्रयोग ....।
(a) डॉक्यूमेण्ट की कॉपियाँ बनाने के लिए किया जाता है
(b) डॉक्यूमेण्ट में परिवर्तन सेव करने के लिए किया जाता है
(c) डॉक्यूमेण्ट में टेक्स्ट को डिलीट करने के लिए किया जाता है
(d) डॉक्यूमेण्ट को फॉर्मेट करने के लिए किया जाता है

17. एमएस-वर्ड एक टेक्स्ट या डॉक्यूमेण्ट एडिटिंग प्रोग्राम है, जोकि एमएस ऑफ़िस सूट के पैकेज में उपलब्ध है, निम्नलिखित में से कौन-सा विकल्प एमएस-वर्ड से सम्बन्धित नहीं है?
(a) Page Layout (b) Antivirus
(c) Mailings (d) Format Painter

18. डॉक्यूमेण्ट में पिक्चर या टेक्स्ट जोड़ने या रखने के लिए ……… प्रयोग होता है।
(a) टीवी (b) स्क्वीज इन
(c) पुश इन (d) इन्सर्ट

19. MS-Word की विण्डो को दो या दो से अधिक भागों में बाँटने की विधि को ……… कहते हैं।
(a) Freeze window
(b) Page break
(c) Split window
(d) Page end

20. डॉक्यूमेण्ट के शीर्षक, पेज नम्बर जैसी सूचना को डिस्प्ले करने के लिए निम्न में से किस ऑप्शन का प्रयोग किया जाता है?
(a) इन्सर्ट टेबल (b) ऑटोकरैक्ट
(c) थिसारस (d) हेडर एवं फुटर

21. वर्ड से कोई वर्ड डॉक्यूमेण्ट ई-मेल करना हो, तो
(a) फाइल/सेण्ड टू/मेल रेसिपिएण्ट में जाएँ
(b) फाइल को ई-मेल अटैचमेण्ट के रूप में सेव करें
(c) आउटलुक स्टार्ट करें और फाइल अटैच करें जब फाइल खुली हो
(d) यह असम्भव कार्य है

22. वर्ड प्रोसेसिंग प्रोग्राम्स से किस प्रकार की फाइल्स बनाई जाती हैं?
(a) स्टोरेज फाइल (b) डाटाबेस फाइल
(c) वर्कशीट फाइल (d) डॉक्यूमेण्ट फाइल

23. जब एक फाइल को पहली बार सेव करते हैं, तो
(a) एक कॉपी स्वतः ही प्रिण्ट हो जाती है
(b) फाइल नाम तथा फोल्डर नाम एकसमान होना चाहिए
(c) इसे किसी नाम की आवश्यकता नहीं होती
(d) इसे पहचानने के लिए एक नाम दिया जाना चाहिए

24. किसी डॉक्यूमेण्ट को प्रिण्ट करने के लिए निम्न में से कौन-सा कथन सबसे अधिक उपयुक्त है?
(a) फाइल मेन्यू में प्रिण्ट कमाण्ड को सिलेक्ट करके, OK को सिलेक्ट करें
(b) रेडी प्रिण्टर कमाण्ड को सिलेक्ट करके, OK को सिलेक्ट करें
(c) प्रिण्ट को टाइप करके Enter दबाएँ
(d) डॉक्यूमेण्ट को बन्द करके कमाण्ड को सिलेक्ट कर, OK को सिलेक्ट करें

25. माइक्रोसॉफ्ट वर्ड, माइक्रोसॉफ्ट द्वारा विकसित वर्ड प्रोसेसर है, एमएस-वर्ड में वर्तनी की जाँच की सुविधा किस टैब के अन्तर्गत होती है?
(a) File (b) Home
(c) Insert (d) Review

26. कम्प्यूटर में टास्क बार कहाँ पर स्थित होता है?
(a) स्टार्ट मेन्यू पर
(b) स्क्रीन के निचले वाले भाग पर
(c) क्विक लॉन्च टूलबार पर
(d) स्क्रीन के सबसे ऊपर वाले भाग पर

27. टेक्स्ट में आपकी पोजीशन कौन दिखाता है?
(a) ब्लिंकर (b) कर्सर
(c) माउस (d) प्वॉइण्टर

28. यदि सेव की हुई फाइल एडिट की गई है, तो
(a) इसे पुनः सेव नहीं किया जा सकता
(b) किए गए परिवर्तन स्वतः ही फाइल में सेव हो जाते हैं
(c) फाइल में किए गए परिवर्तन को स्टोर करने के लिए सेव करना बहुत ही आवश्यक है
(d) इसका नाम अवश्य ही बदला जाएगा

29. डॉक्यूमेण्ट में हम कहाँ पेज नम्बर इन्सर्ट कर सकते है?
(a) हैडर
(b) फुटर
(c) 'a' व 'b' दोनों
(d) उपरोक्त में से कोई नहीं

30. वर्ड में जब पैराग्राफ को इण्डेण्ट किया जाता है, तो
(a) टेक्स्ट मार्जिन के सम्बन्ध में सरक जाता है
(b) पेज पर मार्जिन बदल जाता है
(c) टेक्स्ट एक रॉ ऊपर चला जाता है
(d) टेक्स्ट एक रॉ नीचे चला जाता है

31. ……… टाइप्ड करैक्टर्स का एपीयरेन्स है।
(a) साइज (b) फॉर्मेट
(c) प्वॉइण्ट (d) कलर

32. डॉक्यूमेण्ट के टेक्स्ट को दाएँ और बाएँ दोनों मर्जिन्स पर कौन-सा जस्टिफिकेशन एलाइन करता है?
(a) राइट (b) जस्टिफाइड
(c) दोनों साइड (d) बैलेन्स्ड

33. निम्न में से कौन-सा टेक्स्ट एलाइनमेण्ट वर्ड प्रोसेसिंग सॉफ्टवेयर में उपलब्ध है, जो लेफ्ट मार्जिन को एडजेस्ट करता है, जबकि राइट मार्जिन किसी भी तरह का हो?
(a) जस्टिफाई (b) लेफ्ट जस्टिफाई
(c) राइट जस्टिफाई (d) सेण्टर

34. माइक्रोसॉफ्ट वर्ड में ……… हमें चुने गए पैराग्राफ को दाईं ओर खिसकाने की अनुमति देता है।
(a) डीक्रीज इण्डेण्ट (b) इनक्रीज इण्डेण्ट
(c) दोगुना इण्डेण्ट (d) एकल इण्डेण्ट

35. Portrait + Landscape कहाँ होता है?
(a) Page Layout → Margins
(b) Page Layout → Orientation
(c) Insert → Table
(d) Page layout → Size

36. डॉक्यूमेण्ट में शब्द को ढूँढने और सही करने के लिए उपयोगकर्ता ……… कमाण्ड्स का प्रयोग कर सकता है।
(a) प्रिण्ट एवं प्रिण्ट प्रिव्यू
(b) हेडर एवं फुटर
(c) फाइण्ड एवं रिप्लेस
(d) स्पेलिंग एवं ग्रामर

37. स्पेल चेक निम्न में से किस गलती का पता लगाएगा?
(a) Today is a rainy day
(b) Today is a rainy aday
(c) is a rainy
(d) Rainy today a day

38. वर्ड का ……… फीचर कुछ स्पेलिंग्स, कैपिटल अक्षरों या व्याकरण की त्रुटियों को अपने आप ठीक कर देता है।
(a) ऑटोफिक्स (b) ऑटोस्पेल
(c) ऑटोमार्क (d) ऑटोकरैक्ट

39. यदि आप एक शब्द टाइप करते हैं जो वर्ड डिक्शनरी में नहीं है, तो उस शब्द के नीचे एक ……वेवी अण्डरलाइन दिखती है।
(a) लाल (b) हरी (c) नीली (d) काली

40. किसी डॉक्यूमेण्ट में से कोई वाक्य डिलीट करने के लिए आप किसका प्रयोग करेंगे?
(a) हाइलाइट एण्ड कॉपी
(b) कट एण्ड पेस्ट
(c) कॉपी एण्ड पेस्ट
(d) हाइलाइट एण्ड डिलीट

एमएस-एक्सेल

1. ……… सॉफ्टवेयर प्रयोक्ताओं को डाटा की रॉज और कॉलम्स पर व्यवस्थित करने देता है।
(a) वर्ड प्रोसेसिंग
(b) प्रेजेण्टेशन ग्राफिक्स
(c) डाटाबेस मैनेजमेण्ट
(d) इलेक्ट्रॉनिक स्प्रेडशीट

2. एक बिलिंग अकाउण्ट के ट्रैक की देख-रेख के लिए आप किस प्रकार के सॉफ्टवेयर का प्रयोग करना चाहेंगे?
(a) वेब ऑथरिंग (b) इलेक्ट्रॉनिक पब्लिशिंग
(c) स्प्रेडशीट (d) वर्ड प्रोसेसिंग

3. निम्नलिखित में से कौन-सा कम्प्यूटर सॉफ्टवेयर प्रोग्राम है, जिसका उपयोग डाटा को स्टोर करने, व्यवस्थित करने तथा मैनिपुलेट करने के लिए किया जाता है?
(a) फायरफॉक्स (b) एक्सेल
(c) आउटलुक (d) पॉवरप्वॉइण्ट

4. एक्सेल में वर्कबुक निम्न में से किसका संग्रह है?
(a) डायग्राम्स (b) पेज
(c) स्टार्ट-अप (d) वर्कशीट्स

5. एक्सेल में फाइल खोलने और बन्द करने के लिए किस बार का प्रयोग किया जा सकता है?
(a) फॉर्मेटिंग (b) स्टैण्डर्ड
(c) टाइटल (d) फॉर्मेटिंग या टाइटल

6. उपयोगकर्ता डॉक्यूमेण्ट को जो नाम देता है, उसे कहते हैं
(a) फाइल नेम (b) प्रोग्राम
(c) रिकॉर्ड (d) डाटा

7. एक एक्सेल वर्कशीट का नाम बदलने के लिए
(a) Ctrl कुंजी को पकड़े हुए वर्कशीट टैब पर क्लिक करें और एक नया नाम टाइप करें
(b) सेव ऐज ऑप्शन का फाइल मेन्यू से चयन करें
(c) वर्कबुक को सेव करते समय फाइल नेम के अन्त में (?) जोड़ें
(d) वर्कशीट टैब पर डबल क्लिक करें और एक नया नाम टाइप करें

8. एक कॉलम टेक्स्ट सामान्यत: किस तरह एलाइन होता है?
(a) जस्टिफाइड (b) राइट
(c) सेण्टर (d) लेफ्ट

9. एक्सेल, सेल में टेक्स्ट को बाय डिफॉल्ट .... करता है।
(a) लेफ्ट एलाइण्ड (b) राइट एलाइण्ड
(c) सेण्टर्ड (d) जस्टिफाइड

10. एक्सेल में, जब किसी सेल या सेलों की रेंज में कण्टेण्ट और एट्रिब्यूट को मेन्यू का प्रयोग करके इरेज करना हो, तो प्रयोक्ता (User) को क्या करना होगा?
(a) सेल सिलेक्ट, एडिट चुनें और क्लीयर सिलेक्ट करें
(b) सेल सिलेक्ट और कीबोर्ड पर डिलीट क्लिक करें
(c) सेल सिलेक्ट, टूल्स का चुनाव करें और क्लीयर सिलेक्ट करें, फिर फॉर्मेट
(d) सेल सिलेक्ट, टूल्स का चुनाव करें और फॉर्मूला ऑडिट सिलेक्ट करें, फिर डिलीट करें

11. एमएस-एक्सेल विण्डो में अन्तिम बार क्या कहलाता है?
(a) शीट टैब (b) स्टेटस बार
(c) टाइटल बार (d) फॉर्मूला बार

12. .... एक टेक्स्ट है, जिसे आप पेज के बॉटम में प्रिण्ट करना चाहते हैं।
(a) हेडर (b) एण्डनोट
(c) फुटनोट (d) फुटर

13. वर्कशीट का डिफॉल्ट हेडर
(a) यूजर नेम
(b) डेट और टाइम
(c) शीट नेम
(d) उपरोक्त में से कोई नहीं

14. एक्सेल में एक्टिव सेल के कण्टेण्ट्स को कौन डिस्प्ले करता है?
(a) नेम बॉक्स
(b) रॉ हैडिंग्स
(c) फॉर्मूला बार
(d) टास्कपेन

15. = SUM (B1: B10) किसका एक उदाहरण है?
(a) फंक्शन (b) सेल एड्रेस
(c) फॉर्मूला (d) वैल्यू

16. सेल में एक फॉर्मूले का परिणाम .... होता है।
(a) लेबल (b) वैल्यू
(c) रेंज (d) डिस्प्ले वैल्यू

17. एक्सेल में प्रीप्रोग्राम्ड फॉर्मूले का एक अन्य नाम है
(a) रेंज (b) ग्राफ
(c) फंक्शन (d) सेल

18. निम्नलिखित में से कौन-सा समूह MS- Excel के इन्सर्ट टैब में मौजूद नहीं है?
(a) Illustrations (b) Paragraph
(c) Links (d) Symbols

19. किस विशेष विशेषता के माध्यम से एक्सेल डाटा के परिणामों की डायनमिकली गणना कर पाता है?
(a) गो टू (b) टेबल
(c) चार्ट (d) फॉर्मूला एवं फंक्शन

20. सबटोटल्स कमाण्ड के साथ प्रयुक्त मोस्ट कॉमन सबटोटल .... फंक्शन है, जिसे प्रत्येक बार कण्ट्रोल फील्ड के बदलने पर एक्सेल एक योग डिस्प्ले करता है।
(a) ADD (b) SUM
(c) TOTAL (d) UNIQUE

21. एक्सेल में .... फंक्शन का उपयोग सेलों की संख्या की गिनती करने के लिए किया जाता है।
(a) Count IF (b) Count
(c) Sum Count (d) Count Sum

22. माइक्रोसॉफ्ट एक्सेल में किस फंक्शन का प्रयोग सबसे छोटे मान को ज्ञात करने के लिए किया जाता है।
(a) LEAST (b) LESS
(c) MIN (d) LOW

23. एक्सेल में सेट ऑफ करैक्टर्स, जिसमें एक अक्षर, एक हाइफन या स्पेस होता है, उसे .... माना जाता है।
(a) फॉर्मूला (b) टेक्स्ट
(c) नाम (d) टाइल्स

24. स्प्रेडशीट में डाटा कैसे ऑर्गेनाइज होता है?
(a) लाइन्स एण्ड स्पेसेज
(b) लेयर्स एण्ड प्लेन्स
(c) हाइट एण्ड विड्थ
(d) पंक्ति एण्ड स्तम्भ

25. वर्कशीट की बेसिक यूनिट, जिसमें आप एक्सेल में डाटा एण्टर करते हैं, उसे कहते हैं
(a) टैब (b) सेल (c) बॉक्स (d) रेंज

26. माइक्रोसॉफ्ट ऑफिस एक्सेल डॉक्यूमेण्ट में से प्रत्येक सेल अपने एड्रेस से रेफर किया जाता है, जो है
(a) सेल का कॉलम लेबल
(b) सेल का कॉलम लेबल और वर्कशीट टैब
(c) सेल का रॉ लेबल
(d) सेल का रॉ और कॉलम लेबल

27. एक्सेल में बहुत-सी वर्कशीटों को सिलेक्ट करने के लिए शीट टैब को क्लिक करते समय निम्न कुंजी का प्रयोग भी किया जाना चाहिए
(a) शिफ्ट (b) ऑल्ट
(c) कण्ट्रोल (d) इन्सर्ट

28. ....सेल, दो या अधिक सेल को कम्बाइन कर एक सिंगल सेल बनाता है।
(a) फॉर्मेटिंग (b) मर्जिंग
(c) एम्बेडिंग (d) स्प्लिटिंग

29. एक्सेल में सेल की पहचान निम्न में से कौन करता है?
(a) फॉर्मूला (b) नाम
(c) लेबल (d) एड्रेस

30. वर्कशीट के डाटा के ग्राफिकल एवं पिक्टोरियल प्रेजेण्टेशन के लिए .... का प्रयोग करते हैं।
(a) चार्ट (b) एक्सेल
(c) वर्कशीट (d) फ्लोचार्ट

उत्तरमाला

एमएस-वर्ड

1. (d)	2. (d)	3. (a)	4. (a)	5. (b)
6. (c)	7. (c)	8. (d)	9. (d)	10. (a)
11. (b)	12. (b)	13. (d)	14. (b)	15. (b)
16. (d)	17. (b)	18. (d)	19. (b)	20. (d)
21. (a)	22. (d)	23. (d)	24. (a)	25. (d)
26. (b)	27. (b)	28. (c)	29. (c)	30. (b)
31. (a)	32. (b)	33. (b)	34. (d)	35. (b)
36. (c)	37. (b)	38. (d)	39. (a)	40. (d)

एमएस-एक्सेल

1. (d)	2. (c)	3. (b)	4. (d)	5. (a)
6. (a)	7. (d)	8. (b)	9. (a)	10. (a)
11. (b)	12. (d)	13. (d)	14. (c)	15. (c)
16. (b)	17. (c)	18. (b)	19. (d)	20. (b)
21. (b)	22. (c)	23. (b)	24. (d)	25. (b)
26. (d)	27. (c)	28. (b)	29. (d)	30. (a)

अध्याय 07 डाटा संचार एवं इण्टरनेट

संचार (Communication) का अर्थ है— सूचनाओं का आदान-प्रदान करना। वह प्रक्रिया, जिसके द्वारा एक कम्प्यूटर से डाटा, निर्देश तथा सूचनाएँ दूसरे कम्प्यूटरों तक पहुँचती है, **डाटा संचार** (Data Communication) कहलाती है। डाटा संचार में दो या दो से अधिक कम्प्यूटर्स के मध्य डिजिटल या एनालॉग डाटा का स्थानान्तरण किया जाता है, जो आपस में संचार चैनल से जुड़े होते हैं।

डाटा संचार

डाटा संचार (Data communication) के माध्यम से दो डिवाइसेस आपस में एक-दूसरे से जुड़ी होती हैं। इसमें डाटा या सूचना का स्थानान्तरण किया जाता है। डाटा को सिग्नल्स के रूप में एक स्थान से दूसरे स्थान तक पहुँचाया जाता है। सिग्नल्स तीन प्रकार के होते हैं

1. **डिजिटल सिग्नल्स** (Digital Signals) डिजिटल सिग्नल्स में, डाटा का इलेक्ट्रॉनिक रूप अर्थात् बाइनरी संख्याओं (0 तथा 1) के रूप में आदान-प्रदान किया जाता है।
2. **एनालॉग सिग्नल्स** (Analog Signals) एनालॉग सिग्नल्स में, डाटा का रेडियो तरंगों के रूप में आदान-प्रदान किया जाता है।
3. **हाइब्रिड सिग्नल्स** (Hybrid Signals) हाइब्रिड सिग्नल्स में, एनालॉग तथा डिजिटल दोनों प्रकार के सिग्नल्स के गुण होते हैं।

डाटा संचार मॉडल के अवयव

(i) **प्रेषक** (Sender) सन्देश को भेजने वाली डिवाइस को **सेण्डर** (Sender) तथा **सोर्स** (Source) कहा जाता है। इसी प्रकार, कोई व्यक्ति अथवा संस्था जो सन्देश को ट्रान्समिट करती है, प्रेषक कहलाती है।

(ii) **सन्देश-बद्धता** (Encoding) सूचनाओं आदि को शब्दों, चित्रों तथा चिह्नों में बदलने की प्रक्रिया सन्देश-बद्धता कहलाती है।

(iii) **सन्देश** (Message) वह डाटा तथा सूचना, जो प्रेषक द्वारा भेजी जाती है, सन्देश कहलाती है। उदाहरण के लिए ध्वनि, फाइल, ई-मेल आदि।

(iv) **संचार मीडियम** (Communication Medium) वह भौतिक पथ जिसके द्वारा डाटा एक स्थान से दूसरे स्थान पर पहुँचाया जाता है, संचार मीडियम कहलाता है। इसे **चैनल** भी कहते हैं; *जैसे*—केबल, रेडियो तरंगें, आवृत्ति, माइक्रो तरंगें आदि।

(v) **संचार प्रोटोकॉल** (Communication Protocol) यह डाटा संचार का मुख्य अवयव है। इसके माध्यम से हार्डवेयर व सॉफ्टवेयर को जोड़ा जाता है। प्रोटोकॉल उस क्रम को प्रदर्शित करता है, जिसमें सिग्नल का स्थानान्तरण किया जाता है।

(vi) **सन्देशवाचन** (Decoding) इसके अन्तर्गत प्राप्तकर्ता प्राप्त किए गए सन्देश का अपनी समझ के अनुसार प्रेषक के उद्देश्य को समझता है।

(vii) **प्राप्तकर्ता** (Receiver) वह डिवाइस जो सन्देश प्राप्त करती है, **रिसीवर डिवाइस** (Receiver Device) कहलाती है। इसे सिंक (Sink) भी कहते हैं। इसी प्रकार, कोई व्यक्ति या संस्था जो सन्देश को प्राप्त करता है, प्राप्तकर्ता कहलाता है।

डाटा संचार की विशेषताएँ

1. **डिलीवरी** (Delivery) डाटा को सोर्स डिवाइस से सही गन्तव्य (Destination) तक सही क्रम में डिलीवर किया जाना चाहिए।
2. **शुद्धता** (Accuracy) डाटा को एरर फ्री वितरित किया जाना चाहिए। यदि ट्रान्समिशन के दौरान कोई एरर मौजूद है, तो डाटा को फिर से प्रेषित (send) किया जाना चाहिए।
3. **समयबद्धता** (Timeliness) डाटा निर्दिष्ट समय अवधि के दौरान वितरित किया जाना चाहिए।

संचार चैनल

दो जुड़ी हुई डिवाइसों के बीच सिग्नल भेजने की दिशा, संचार चैनल (Communication channel) कहलाती है। संचार चैनल तीन प्रकार के होते हैं

1. **सिम्प्लेक्स चैनल** (Simplex Channel) इसमें डाटा का प्रवाह सदैव एक ही दिशा में होता है अर्थात् यह चैनल केवल एक ही दिशा में डाटा का संचार कर सकता है। इस चैनल के माध्यम से केवल एक संचार युक्ति ही सूचना को भेज सकती है तथा दूसरी संचार युक्ति सूचना को केवल प्राप्त कर सकती है; *जैसे*— रेडियो, टेलीविजन आदि।
2. **हाफ डुप्लेक्स चैनल** (Half Duplex Channel) इस चैनल में, डाटा का प्रवाह दोनों दिशाओं में होता है, लेकिन एक समय में केवल एक ही दिशा में डाटा का प्रवाह हो सकता है; *जैसे*- वॉकी-टॉकी।
3. **फुल डुप्लेक्स चैनल** (Full Duplex Channel) इस चैनल में, डाटा का संचार दोनों दिशाओं में होता है। दोनों चैनल लगातार डाटा का आदान-प्रदान कर सकते हैं;
जैसे- वायरलैस हैण्डसेट (मोबाइल फोन)।

इण्टरनेट, कम्युनिकेशन का एक महत्त्वपूर्ण व दक्ष (Efficient) माध्यम है, जिसने काफी लोकप्रियता अर्जित की है। इण्टरनेट के माध्यम से लाखों व्यक्ति सूचनाओं, विचारों, ध्वनि, वीडियो क्लिप्स इत्यादि को कम्प्यूटरों के द्वारा पूरी दुनिया में एक-दूसरे के साथ शेयर (Share) कर सकते हैं। यह विभिन्न आकारों व प्रकारों के नेटवर्कों से मिलकर बना होता है।

इण्टरनेट

इण्टरनेट पूरा नाम इण्टरनेशनल नेटवर्क है, जिसे वर्ष 1950 में विण्ट कर्फ (Vint Cerf) ने शुरू किया, जिन्हें इण्टरनेट का पिता कहा जाता है। इण्टरनेट 'नेटवर्कों का नेटवर्क' है, जिसमें लाखों निजी व सार्वजनिक, लोकल से ग्लोबल स्कोप वाले नेटवर्क होते हैं। सामान्यत: "नेटवर्क दो या दो से अधिक कम्प्यूटर सिस्टमों को आपस में जोड़कर बनाया गया एक समूह है।"

इण्टरनेट से सम्बन्धित पद निम्नलिखित है

(i) **वर्ल्ड वाइड वेब** (World Wide Web-WWW) यह एक सिंगल इण्टरफेस पर कई इण्टरनेट प्रोटोकॉल एक्सेस करने के लिए हाइपर टेक्स्ट और मल्टीमीडिया का समर्थन (Support) करने वाला एक इण्टरनेट सर्वर है। इसे वेब या WWW भी कहा जाता है।

(ii) **वेब पेज** (Web Page) यह बहुत सारे कम्प्यूटर डॉक्यूमेण्ट्स या वेब पेजों का संग्रह है। ये डॉक्यूमेण्ट्स HTML में लिखे जाते हैं तथा वेब ब्राउजर द्वारा प्रदर्शित किए जाते हैं।

(iii) **वेबसाइट** (Website) वेबसाइट वेब पेजों का संग्रह होता है, जिसमें सभी वेब पेज हाइपरलिंक द्वारा एक-दूसरे से जुड़े होते हैं। किसी भी वेबसाइट का पहला पेज **होमपेज** कहलाता है; *जैसे*- http://iete.org इत्यादि।

(iv) **वेब ब्राउजर** (Web Browser) यह एक सॉफ्टवेयर एप्लीकेशन है, जिसका प्रयोग वर्ल्ड वाइड वेब के कण्टेण्ट को ढूँढने व प्रदर्शित करने में होता है।

(v) **वेब सर्वर** (Web Server) यह एक कम्प्यूटर प्रोग्राम है, जो HTML पेजों या फाइलों की जरूरतों को पूरा करता है। प्रत्येक वेब सर्वर, जो इण्टरनेट से जुड़ा होता है, उसका एक अद्वितीय (Unique) एड्रेस होता है, जिसे IP एड्रेस कहते हैं;

जैसे-Apache HTTP Server, Internet Information Services इत्यादि।

(vi) **वेब एड्रेस तथा URL** (Web Address and URL) इण्टरनेट पर वेब एड्रेस किसी विशिष्ट वेब पेज की लोकेशन को पहचानता है। वेब एड्रेस को URL (Uniform Resource Locator) भी कहते हैं। URL इण्टरनेट से जुड़े होस्ट कम्प्यूटर पर फाइलों के इण्टरनेट एड्रेस को दर्शाते हैं।

(vii) **सर्च इंजन** (Search Engine) यह इण्टरनेट पर किसी भी विषय से सम्बन्धित जानकारियों के लिए प्रयोग होता है। यह एक ऐसी वेबसाइट होती है, जिसके सर्च बार में किसी भी टॉपिक को लिखने पर उससे सम्बन्धित सभी जानकारियाँ प्रदर्शित हो जाती हैं। इनमें से कुछ निम्नलिखित हैं

Google - http:// www.google.com

Yahoo - http:// www.yahoo.com

AltaVista - http://www.altavista.com

Hotbot - http://www.hotbot.com

Lycos - http://www.lycos.com

Excite - http://www.excite.com

इण्टरनेट के उपयोग

इण्टरनेट से उपयोगकर्ता कई प्रकार की सेवाओं का लाभ उठा सकते है, जैसे कि इलेक्ट्रॉनिक मेल, मल्टीमीडिया डिस्प्ले, शॉपिंग, रियल टाइम ब्रॉडकास्टिंग इत्यादि।

इनमें से कुछ महत्त्वपूर्ण सेवाएँ निम्न प्रकार हैं

(i) **चैटिंग** (Chatting) यह बड़े स्तर पर उपयोग होने वाली टेक्स्ट आधारित कम्युनिकेशन है, जिसमें इण्टरनेट के द्वारा आपस में बातचीत कर सकते हैं। *जैसे*- Skype, yahoo, messenger इत्यादि।

(ii) **ई-मेल** (Electronic mail) ई-मेल के माध्यम से कोई भी उपयोगकर्ता किसी भी अन्य व्यक्ति को इलेक्ट्रॉनिक रूप में सन्देश भेज सकता है तथा प्राप्त भी कर सकता है। ई-मेल को भेजने के लिए किसी भी उपयोगकर्ता का ई-मेल एड्रेस होना बहुत आवश्यक है, जो विश्वभर में उस ई-मेल सर्विस पर अद्वितीय होता है। ई-मेल में टेक्स्ट फॉर्मेटिंग Cc (Carbon copy), Bcc (Blind carbon copy) के विकल्प भी उपलब्ध होते है। ई-मेल एड्रेस छोटे अक्षरों के रूप में होता है। ई-मेल एड्रेस में दो भाग होते हैं, जो एक प्रतीक @ द्वारा अलग होते हैं—पहला भाग यूजरनेम तथा दूसरा भाग डोमेन नेम होता है; *जैसे*- arihantbooks@gmail.com। यहाँ पर arihantbooks यूजरनेम तथा gmail.com डोमेन नेम है।

नोट आप अपने gmail पर किसी मेल या डॉक्यूमेण्ट को Search mail में ई-मेल ID या डॉक्यूमेण्ट का नाम एण्टर करके सर्च कर सकते हैं।

(iii) **वीडियो कॉन्फ्रेन्सिंग** (Video Conferencing) वीडियो कॉन्फ्रेन्सिंग के माध्यम से कोई व्यक्ति या व्यक्तियों का समूह किसी अन्य व्यक्ति या समूह के साथ दूर होते हुए भी आमने-सामने रहकर वार्तालाप कर सकते हैं।

(iv) **सोशल नेटवर्किंग** (Social Networking) यह इण्टरनेट के माध्यम से बना हुआ सोशल नेटवर्क (कुछ विशेष व्यक्ति या अन्य असम्बन्धित व्यक्तियों का समूह) होता है। इसके माध्यम से उस सोशल नेटवर्क के अन्तर्गत आने वाला कोई व्यक्ति किसी अन्य व्यक्ति से सम्पर्क रख सकता है।

(v) **ई-कॉमर्स** (E-commerce) इसके अन्तर्गत सामानों का लेन-देन, व्यापारिक सम्बन्धों को बनाए रखना व व्यापारिक जानकारियों को शेयर करना इत्यादि सम्मिलित हैं, इसमें धनराशि का लेन-देन इत्यादि भी सम्मिलित हैं। दूसरे शब्दों में, यह इण्टरनेट से सम्बन्धित व्यापार है।

वेबसाइट सर्फिंग

इण्टरनेट का प्रयोग करते समय यादृच्छिक रूप से (Randomly) एक वेबसाइट से दूसरी वेबसाइट पर मूव करना सर्फिंग कहलाता है। यह उपयोगकर्ता द्वारा इण्टरनेट पर उपलब्ध डेटा को एक्सेस करने के लिए प्रयोग किया जाता है। सर्फिंग आमतौर पर माउस के साथ क्लिक करके वर्ल्ड वाइड वेब या इण्टरनेट के माध्यम से नेविगेट (Navigate) करना है। ये निम्न प्रकार है

भारत सरकार की महत्त्वपूर्ण वेबसाइटें

भारत सरकार की कुछ महत्त्वपूर्ण वेबसाइटें हैं, जिन्हें प्रत्येक भारतीय को जानना चाहिए और उपयोग करना चाहिए। ये निम्न प्रकार है

1. **https://india.gov.in**
   यह भारत का राष्ट्रीय पोर्टल है, जिसका उद्देश्य विभिन्न सरकारी संस्थाओं द्वारा प्रदान की जा रही जानकारी और सेवाओं को लोगों तक पहुँचाने के लिए विकसित किया गया है। इस वेबसाइट पर आपको भारत सरकार की वेबसाइटों से सम्बन्धित सभी जानकारी उपलब्ध हो जाएगी।

2. **https://www.mygov. in myGov**
   भारत के विकास के लिए प्रौद्योगिकी की सहायता से नागरिकों और सरकार के बीच साझेदारी बनाने के लिए एक प्लेटफॉर्म है।
   यहाँ आप समूह में शामिल हो सकते हैं, चर्चा कर सकते हैं, सीधे सरकार को सुझाव दे सकते हैं, और आपको अपनी आवश्यक सभी महत्त्वपूर्ण जानकारी मिल सकती है।

3. **http://rti.india.gov.in**
   इस वेबसाइट में आप सरकार से सम्बन्धित किसी भी जानकारी और सूचना के अधिकार (RTI) अधिनियम के अन्तर्गत किसी भी सार्वजनिक जानकारी को प्राप्त कर सकते है। इस वेबसाइट में आप कुछ पूछ सकते हैं, स्थिति देख सकते है और अपनी क्वेरी का जवाब देख सकते हैं।

4. **http://ogpl.gov.in**
OGPL भारत और संयुक्त राज्य अमेरिका से सार्वजनिक रूप से उपलब्ध सरकारी डेटा, डॉक्यूमेण्ट, उपकरण और नागरिक जुड़ाव को बढ़ावा देने के लिए संयुक्त प्रोडेक्ट है। OGPL ओपन सोर्स प्लेटफॉर्म के रूप में उपलब्ध है। इसे उपयोगी मशीन पठनीय (Readable) प्रारूपों में उपलब्ध कराने से यह डेवलपर्स, विश्लेषकों और मीडिया को नए अनुप्रयोगों और अंतदृष्टि विकसित करने की अनुमति देता है, जो बेहतर निर्णय लेने के लिए नागरिकों को और अधिक जानकारी प्रदान करने में सहायता करेगें।

अभ्यास प्रश्न

1. ………… में डाटा को रेडियो तरंगों के रूप में आदान-प्रदान किया जाता है।
(a) डिजिटल सिग्नल्स
(b) एनालॉग सिग्नल्स
(c) हाईब्रिड सिग्नल्स
(d) 'a' व 'b' दोनों

2. कम्प्यूटर और कीबोर्ड के मध्य संचार ……… संचरण में शामिल है।
(a) स्वतः (b) हाफ डुप्लेक्स
(c) फुल-डुपलेक्स (d) सिम्प्लेक्स

3. टेलीफोन ब्रॉडकास्ट किस प्रकार के ट्रांसमिशन का उदाहरण है?
(a) सिम्प्लेक्स (b) हाफ डुप्लेक्स
(c) फुल डुप्लेक्स (d) ऑटोमैटिक

4. हाफ डुप्लेक्स क्या है?
(a) संचार की एक विधि
(b) प्रोटोकॉल
(c) आईपी एड्रेस
(d) टोपोलॉजी

5. किस प्रकार के केबल में तार आपस में उलझे होते हैं?
(a) ईथरनेट केबल
(b) कोएक्सियल केबल
(c) फाइबर ऑप्टिक केबल
(d) उपरोक्त में से कोई नहीं

6. नेटवर्कों के नेटवर्क को क्या कहा जाता है?
(a) कम्प्यूटर नेटवर्क (b) यूजनेट
(c) इण्ट्रानेट (d) इण्टरनेट

7. इण्टरनेट का पिता कहा जाता है
(a) लॉस एंजिल्स (b) विण्ट कर्फ
(c) नैपियर बोन्स (d) बैबेज

8. इण्टरनेट को कब बनाया गया?
(a) 1950 के दशक में
(b) 1960 के दशक में
(c) 1970 के दशक में
(d) 1980 के दशक में

9. WWW से क्या तात्पर्य है?
(a) वर्ल्ड वर्क वेब (b) वाइड वर्क वेब
(c) वर्ल्ड वाइल (d) वर्ल्ड वाइड वेब

10. ………… जिसे वेब भी कहते हैं, में कई बिलियन डॉक्यूमेण्ट्स होते हैं।
(a) वर्ल्ड वाइड वेब (b) HTTP
(c) वेब पोर्टल (d) डोमेन

11. वर्ल्ड वाइड वेब या विश्वव्यापी वेब के आविष्कार के लिए किसे जाना जाता है?
(a) टिम बर्नर्स ली
(b) मैक्सवेल
(c) मार्टिन कपूर
(d) एस ए फोर्ब्स

12. वेब पेज पर दिखने वाले ………… को क्लिक किया जाए, तो उससे दूसरा डॉक्यूमेण्ट खुलता है।
(a) एंकर (b) URL
(c) हाइपरलिंक (d) रेफरेन्स

13. वेब ………… में एक से ज्यादा वेब पेज होते हैं, जो वेब सर्वर पर स्थित होते हैं।
(a) हब (b) साइट
(c) स्टोरी (d) टेम्पलेट

14. वेबसाइट एड्रेस एक ऐसा यूनिक नाम है, जो वेब पर किसी विशेष ………… को पहचानता है।
(a) वेब ब्राउजर (b) वेबसाइट
(c) PDA (d) लिंक

15. निम्न में से कौन-सा पद ब्राउजर या वेबसाइट का पहला या मुख्य वेब पेज है?
(a) यूआरएल (b) डोमेन
(c) गूगल (d) होमपेज

16. जिस सॉफ्टवेयर से उपयोगकर्ता इण्टरनेट सर्फ कर लेते हैं, उसे ………… कहते हैं।
(a) सर्च इंजन
(b) इण्टरनेट सर्विस प्रोवाइडर (ISP)
(c) मल्टीमीडिया एप्लिकेशन
(d) ब्राउजर

17. हम ………… का प्रयोग करके 'वर्ल्ड वाइड वेब' पर पहुँचते हैं।
(a) हाई बैण्डविड्थ
(b) इन्स्टेण्ट मैसेजिंग एप्लिकेशन
(c) मेल क्लाइण्ट
(d) ब्राउजर

18. विशिष्ट प्रोग्राम, जो वेब पर इन्फॉर्मेशन लोकेट करने के लिए यूजर्स की सहायता करता है, उसे ………… कहते हैं।
(a) इन्फॉर्मेशन इंजन
(b) सर्च इंजन
(c) वेब ब्राउजर्स
(d) रिसोर्स लोकेटर्स

19. यह इण्टरनेट पर उपलब्ध प्रचलित सेवाओं में से एक है, जिसमें अरबों की संख्या में वेब पेज संगृहीत होते हैं
(a) वेब सर्वर (b) टेलनेट
(c) वेब (d) कलेक्शन

20. चैट क्या है?
(a) एक इण्टरनेट मानक, जिससे प्रयोक्ता फाइलों को अपलोड और डाउनलोड कर सकते हैं
(b) टाइप की हुई बातचीत, जो कम्प्यूटर पर घटित होती है
(c) एक ऑनलाइन एरिया, जिसमें प्रयोक्ता किसी विशेष विषय के बारे में लिखित चर्चा करते हैं
(d) कम्प्यूटर नेटवर्क के द्वारा सन्देश व फाइलों का संचार

21. ई-मेल (इलेक्ट्रॉनिक मेल) क्या होती है?
(a) एक इण्टरनेट स्टैण्डर्ड, जो यूजर को फाइल्स अपलोड और डाउनलोड करने देता है
(b) एक रियल टाइम टाइप्ड कन्वर्सेशन, जो कम्प्यूटर पर होता है
(c) एक ऑनलाइन एरिया, जिसमें यूजर किसी विशेष विषय के बारे में लिखित रूप से चर्चा करते हैं
(d) कम्प्यूटर नेटवर्क के माध्यम से सन्देशों और फाइलों का ट्रांसमिशन

22. निम्न में से कौन-सा ई-मेल एड्रेस मान्य या वैध है?
(a) name.website@info@ed
(b) name.website@info.in
(c) name@website.info.com
(d) website.name@website.com

23. निम्न में से कौन-सा ई-मेल एड्रेस का हमेशा एक हिस्सा होता है?
(a) Period (–) (b) At sign (@)
(c) Space( ) (d) Underscore (_)

उत्तरमाला

1. (b)	2. (d)	3. (c)	4. (a)	5. (a)
6. (d)	7. (b)	8. (a)	9. (d)	10. (a)
11. (a)	12. (c)	13. (b)	14. (b)	15. (d)
16. (d)	17. (d)	18. (c)	19. (a)	20. (b)
21. (d)	22. (d)	23. (b)		

अध्याय 08 भविष्य की तकनीक का अवलोकन

भविष्य की तकनीक आमतौर पर एक नई तकनीक का वर्णन करने के लिए प्रयोग किया जाने वाला शब्द है, लेकिन यह मौजूदा तकनीक के निरन्तर विकास को भी सन्दर्भित कर सकता है। मीडिया, व्यवसाय, विज्ञान या शिक्षा जैसे विभिन्न क्षेत्रों में उपयोग किए जाने पर इसका अर्थ थोड़ा अलग हो सकता है। यह शब्द आमतौर पर उन प्रौद्योगिकियों को सन्दर्भित करता है, जो वर्तमान में विकसित हो रही है या जिनके अगले 4 से 5 वर्षों के अन्दर उपलब्ध होने की उम्मीद है। यह आमतौर पर उन प्रौद्योगिकियों के लिए आरक्षित है जो महत्त्वपूर्ण सामाजिक या आर्थिक प्रभाव पैदा कर रहे हैं या बनाने की उम्मीद कर रहे हैं।

इण्टरनेट ऑफ थिंग्स

इण्टरनेट ऑफ थिंग्स (Internet of Things, IoT) किसी भी डिवाइस को इण्टरनेट और अन्य कनेक्टिंग डिवाइस से जोड़ने की अवधारणा है। यह विभिन्न प्रणालियों में लगे उपकरणों को इण्टरनेट से जोड़ सकता है। जब उपकरण डिजिटल रूप से अपना प्रतिनिधित्व करती है, तो उन्हें कहीं से भी नियन्त्रित किया जा सकता है।

IoT के घटक

IoT सिस्टम के महत्त्वपूर्ण घटक निम्न प्रकार हैं

1. **सेन्सर** (Sensor) सेन्सर आसपास के वातावरण से रियल टाइम डाटा एकत्र करने में सहायता करता है। इन सभी डाटा में विभिन्न स्तर की जटिलताएँ (Complexities) हो सकती हैं। यह एक साधारण तापमान निगरानी सेन्सर (Simple Temperature Monitoring Sensor) या वीडियो फीड के रूप में हो सकता है।
2. **कनेक्टिविटी** (Connectivity) एकत्र किए गए सभी डाटा को क्लाउड इन्फ्रास्ट्रक्चर में भेजा जा सकता है। संचार के विभिन्न माध्यमों का उपयोग करके सेन्सर को क्लाउड से जोड़ा जाता है। ये संचार मीडिया मोबाइल या सेटेलाइट नेटवर्क, ब्लूटूथ, वाई-फाई इत्यादि को शामिल करता है।
3. **डाटा प्रोसेसिंग** (Data Processing) एक बार डाटा एकत्र किए जाने और क्लाउड पर पहुँच जाने के बाद सॉफ्टवेयर एकत्रित डाटा पर प्रोसेसिंग कर सकता है। यह प्रक्रिया AC या हीटर जैसे उपकरणों के लिए तापमान की जाँच कर सकता है।

बिग डाटा एनालिटिक्स

यह उपयोगी जानकारी को सर्च करने के लिए डाटा के बड़े सेट को एकत्रित करने, व्यवस्थित करने और विश्लेषण करने की प्रक्रिया है। बिग डाटा एनालिटिक्स (Big data analytics) का उद्देश्य संगठन को बेहतर व्यावसायिक निर्णय लेने, भविष्य की भविष्यवाणी करने, संगठन में किए गए लेन-देन की बड़ी संख्या का विश्लेषण (Analysis) करने और संगठन में उपयोग किए जाने वाले डाटा के रूप में अपडेट करने में सहायता करता है।

बिग डाटा की विशेषताएँ

- **विविधता** (Variety) बिग डाटा की विविधता कई स्रोतों से एकत्रित किए गए स्ट्रक्चर्ड, अनस्ट्रक्चर्ड और सेमीस्ट्रक्चर्ड डाटा को सन्दर्भित करती है। पहले डाटा केवल स्प्रैडशीट और डाटाबेस से एकत्र किया जा सकता था, लेकिन अब डाटा ई-मेल, PFD, फोटो, वीडियो, ऑडियो आदि रूपों में प्राप्त होता है।
- **वेग** (Velocity) यह डाटा की गति को मापता है कि वह कितनी तेजी से उत्पादित (Produced) होता है। इसके अन्तर्गत डाटा, रियल टाइम, मासिक डाटा, ऐतिहासिक डाटा, साप्ताहिक डाटा आदि हो सकते हैं।
- **परिणाम** (Volume) इसका अर्थ डाटा की स्टोरेज क्षमता से है टैक्स्ट फाइल किलोबाइट (KB) में, ध्वनि (Sound) फाइल मैगाबाइट (MB) में, मूवी फाइल गीगाबाइट (GB) इत्यादि में संग्रहित होती है।

बिग डाटा के अनुप्रयोग

1. **गवर्नमेण्ट** (Government) सार्वजनिक सेवाओं में बिग डाटा के अनुप्रयोगों की एक विस्तृत शृंखला शामिल है; *जैसे*—वित्तीय बाजार विश्लेषण, धोखाधड़ी का पता लगने (Fraud detection), स्वास्थ्य से सम्बन्धित अनुसन्धान और पर्यावरण संरक्षण आदि। डाटा एनालिसिस गवर्नमेण्ट के कई हिस्सों में सहयोग के साथ कार्य करने एवं अभीष्ट परिणाम को प्राप्त करने के लिए नए एवं Innovative प्रोसेस क्रिएट करते हैं।
2. **हेल्थकेयर** (Healthcare) बिग डाटा एनालिटिक्स ने व्यक्तिगत दवाएँ (Personalised medicine) और Prescriptive एनालिटिक्स प्रदान करके स्वास्थ्य सेवा में सुधार किया है। शोधकर्ता ऐसे डाटा को खोज कर रहे हैं, जो बताएँगे कि विशेष स्थितियों के लिए कौन-से उपचार अधिक प्रभावी हैं? जो रोगियों की सहायता कर सके और लागत को कम कर सके।
3. **बैंकिंग** (Banking) बैंकिंग सेक्टर धोखाधड़ी का पता करने के लिए बिग डाटा पर निर्भर करता है। बिग डाटा टूल कुशलतापूर्वक वास्तविक समय में धोखाधड़ी एक्ट का पता कर सकते हैं; *जैसे*—क्रेडिट/डेबिट कार्ड का दुरूपयोग, ग्राहक आँकड़ों में दोषपूर्ण परिवर्तन आदि।
4. **मैन्युफैक्चरिंग** (Manufacturing) मैन्युफैक्चरिंग उद्योग में बिग डाटा का विश्लेषण उत्पाद की गुणवत्ता में सुधार, कार्यक्षमता बढ़ाने और समय एवं धन की बचत करने में सहायता करता है।

वर्चुअल रियलिटी

वर्चुअल रियलिटी (Virtual reality) एक अवधारणा है, जिसका प्रयोग एक काल्पनिक दुनिया को बनाने के लिए किया जाता है। इसका उपयोग 3D वातावरण (Environment), उच्च वर्चुअल मल्टीमीडिया इत्यादि से सम्बन्धित एप्लीकेशन के लिए किया जाता है।

वर्चुअल रियलिटी के अनुप्रयोग

1. **गेमिंग में** (In Gaming) वर्चुअल तकनीकी डिवाइसेस का प्रयोग वर्चुअल गेमिंग अनुभव (Experience) के लिए किया जाता है। इसके साथ ही डिवाइस जैसे-Wi-Fi रिमोट, प्लेस्टेशन, Kinect वर्चुअल रियलिटी पर आधारित हैं, जो प्लेयर का इनपुट गेम में ट्रैक तथा सेण्ड करते हैं।
2. **चिकित्सा में** (In Medical) चिकित्सा सभी अनुप्रयोगों में से एक है, जहाँ वर्चुअल रियलिटी का अच्छा प्रभाव है। चिकित्सा विशेषज्ञ वर्चुअल मॉडल का प्रयोग करके बीमारियों का उपचार करते हैं।
3. **शिक्षा में** (In Education) वर्चुअल रियलिटी को शिक्षा में भी अपनाया गया है। यह शिक्षण और सीखने में सुधार करता है। वर्चुअल रियलिटी के साथ, विद्यार्थियों का एक बड़ा समूह 3 डायमेन्शनल एनवायरमेण्ट में एक-दूसरे से इण्टरैक्ट (Interact) कर सकते हैं।
4. **मनोरंजन में** (In Entertainment) मनोरंजन उद्योग में वर्चुअल रियलिटी का उपयोग 360 फिल्मों के साथ अनुभवों (Experiences) को बढ़ावा देने और उनके करैक्टर के साथ भावनात्मक सम्बन्ध बढ़ाने के लिए किया जा रहा है।
5. **व्यापार में** (In Business) वर्चुअल रियलिटी को व्यापार में भी अपनाया गया है। अब इसका उपयोग व्यावसायिक एन्वायरमेन्ट के वर्चुअल टूर, नए कर्मचारियों के प्रशिक्षण के लिए किया जा रहा है और यह नए कर्मचारियों को प्रत्येक प्रोडेक्ट का 360° दृश्य भी देता है।

आर्टिफिशियल इण्टेलिजेन्स

मानवीय गुणों के अनुरूप सोचने, समझने एवं तर्क करने की क्षमता के विकास को कम्प्यूटर में आर्टिफिशियल इण्टेलिजेन्स (Artificial Intelligence, AI) कहते हैं। कम्प्यूटर विज्ञान में, आर्टिफिशियल इण्टेलिजेन्स अनुसन्धान को 'बुद्धिमान एजेण्ट' के रूप में परिभाषित किया गया।

आर्टिफिशियल इण्टेलिजेन्स के जनक जॉन मैकार्थी के अनुसार, यह विशेष रूप से बुद्धिमान कम्प्यूटर प्रोग्राम बनाने का साधन है।

आर्टिफिशियल इण्टेलिजेन्स कम्प्यूटर बनाने, एक कम्प्यूटर नियन्त्रित रोबोट या एक सॉफ्टवेयर बनाने का तरीका है जो बुद्धिमानी से सोचता है।

आर्टिफिशियल इण्टेलिजेन्स के अनुप्रयोग

1. **चिकित्सा में** (In Healthcare) आर्टिफिशियल इण्टेलिजेन्स का प्रयोग चिकित्सा के क्षेत्र में दवाओं के साइड इफेक्ट, ऑपरेशन, एक्स रे, बीमारी का पता करने तथा जाँच जैसे कार्यों में किया जा रहा है।
2. **गेमिंग में** (In Gaming) AI शतरंज, पोकर, टिक टैक टो आदि गेम में महत्त्वपूर्ण भूमिका निभाता है।
3. **व्यापार में** (In Business) सामान्य रूप से मनुष्यों द्वारा अत्यधिक दोहराए जाने वाले कार्यों के लिए रोबोट प्रक्रिया ऑटोमेशन एप्लाई किया जा रहा है।
4. **बैंकिंग में** (In Banking) बहुत से बैंकों ने ग्राहक को सहायता प्रदान करने, विसंगतियों (Anomalies) और क्रेडिट कार्ड धोखाधड़ी का पता लगाने के लिए पहले से ही AI आधारित प्रणाली को अपना रखा है।
5. **स्वायत्त वाहनों में** (In Autonomous Vehicles) इन्सानों की तरह, सेल्फ ड्राइविंग कारों में अपने आसपास की दुनिया को समझने के लिए सेंसर और एकत्रित जानकारी के आधार पर विशिष्ट क्रियाओं को इकट्ठा करने, संसाधित करने और चुनने के लिए एक मस्तिष्क होता है।

ब्लॉकचेन टेक्नोलॉजी

ब्लॉकचेन आर्थिक लेनदेन का एक अस्थिर डिजिटल बहीखाता (Ledger) है, जिसे न केवल वित्तीय लेन-देन के लिए बल्कि रिकॉर्ड करने के लिए भी प्रोग्राम किया जा सकता है।

यह डिजिटल जानकारी (डाटाबेस) को वितरित करने की क्षमता रखता है अर्थात् यह एक डिस्ट्रिब्यूटेड नेटवर्क की तरह कार्य करता है। डाटाबेस के सभी रिकॉर्ड एक कम्प्यूटर में स्टोर नहीं होते, बल्कि लाखों कम्प्यूटर्स में वितरित होते हैं। ब्लॉकचेन का प्रत्येक कम्प्यूटर प्रत्येक रिकॉर्ड का वर्णन कर सकता है, जिसे **ब्लॉक** कहा जाता है।

यह डाटाबेस एन्क्रिप्टेड है और गोपनीय तरीके से दर्ज किया गया है। ब्लॉकचेन टेक्नोलॉजी (Blockchain technology) डिजिटल सामानों का तेज, सुरक्षित और पारदर्शी पियर-टू-पियर ट्रान्सफर प्रदान करती है, जिसमें धन और बौद्धिक सम्पदा (Intellectual property) शामिल होती है। ब्लॉकचेन तकनीक का उपयोग सूचना प्रौद्योगिकी और डाटा प्रबन्धन, बैंकिंग और बीमा, साइबर सुरक्षा, क्लाउड स्टोरेज, ई-गवर्नेंस, ई-वोटिंग आदि में किया जाता है।

ब्लॉकचेन के लाभ

- यह स्मार्ट उपकरणों को एक-दूसरे से बेहतर और तेजी से बात करने की अनुमति देता है।
- यह उन मध्यवर्ती संस्थाओं (Intermediaries) को हटाने की अनुमति देता है, जो रिकॉर्ड रखने तथा assets के हस्तान्तरण में शामिल है।
- यह विकेंद्रीकृत (Decentralised) नेटवर्क के साथ स्थायित्व और विश्वसनीयता प्रदान करता है।
- ब्लॉकचेन आधारित सिस्टम में एण्टर किया गया डाटा अपरिवर्तनीय है, जो लेन-देन और डाटा के इतिहास में हेरफेर के माध्यम से धोखाधड़ी से बचाता है।

ब्लॉकचेन की हानियाँ

- सभी लेन-देन को सत्यापित करने के लिए huge पावर यानी बिजली की आवश्यकता होती है।
- एक चेन में ब्लॉकों को वितरित नेटवर्क द्वारा सत्यापित किया जाना चाहिए जिसमें समय लगता है। इसलिए लेन देन की गति एक issue हो सकती है।

3-D प्रिण्टिंग/एडिटिव मैन्युफैक्चरिंग

3D प्रिण्टिंग या एडिटिव मैन्युफैक्चरिंग (3D Printing or Additive Manufacturing) एक डिजिटल फाइल से 3-डायमेन्शनल ठोस वस्तुओं को बनाने की एक प्रक्रिया है। एडिटिव मैन्युफैक्चरिंग एक अवधारणा है जिसके अन्तर्गत विभिन्न प्रक्रियाओं का उपयोग कम्प्यूटर एडेड डिजाइन (CAD) द्वारा बनाई गई 3D वस्तुओं को भौतिक रूप से दोहराने के लिए किया जाता है।

3D प्रिण्टिंग के उदाहरण

- आर्किटेक्चर स्केल मॉडल
- डेण्टल प्रोटेक्ट्स
- डिजाइन (लेम्प, फर्नीचर, इत्यादि)
- फोरेन्सिक पैथोलॉजी में हड्डियों और शरीर के अंगों का पुन:निर्माण

रोबोटिक्स प्रोसेस ऑटोमेशन (RPA)

मानव हस्तक्षेप (Human Intervention) को कम करने के लिए रोबोट की सहायता से व्यावसायिक संचालन (Business operation) को स्वचालित करने की प्रक्रिया को रोबोटिक्स प्रोसेस ऑटोमेशन (Robotics Process Automation) कहा जाता है। रोबोटिक्स ऐसी इकाइयाँ हैं, जो मानव क्रियाओं की नकल करती है, जिन्हें **रोबोट** कहा जाता है।

RPA विभिन्न सिस्टम में कई जटिल कार्यों का संचालन करता है। यह ट्रान्जेक्शन को प्रोसेस करने, डाटा को मैनीपुलेट करने और रिपोर्ट भेजने में सहायता करता है।

RPA के अनुप्रयोग

- **चिकित्सा में** (In Healthcare) मरीज के पंजीकरण, बिलिंग, रिपोटिंग आदि जैसे कार्य RPA सॉफ्टवेयर की सहायता से किए जाते हैं। अस्पतालों में रोजाना बड़ी संख्या में मरीज इलाज के लिए आते हैं। उन रोगियों का पंजीकरण पुस्तकों में दर्ज करना और उन्हें मैन्युल टोकन (Manual token) देना, कठिन कार्य है। अस्पताल में इन कार्यों को RPA सॉफ्टवेयर की सहायता से करने में समय की बचत होती है।
- **अकाउण्टिंग में** (In Accounting) संगठन जनरल अकाउण्ट, ऑपरेशनल अकाउण्ट, ट्रान्जैक्शनल रिपोटिंग और बजट के लिए RPA का उपयोग करता है।
- **गवर्नमेण्ट में** (In Government) एड्रेस में बदलाव, लाइसेन्स नवीनीकरण (License renewal) जैसे कार्यों में RPA का प्रयोग किया जाता है।
- **आपूर्ति शृंखला प्रबन्धन में** (In Supply Chain Management) ऑर्डर प्रोसेसिंग, पेमेण्ट, इन्वेण्ट्री स्तर की निगरानी और शिपमेण्ट को ट्रैक करना आदि को स्वचालित करने के लिए RPA का उपयोग किया जा सकता है।

अभ्यास प्रश्न

1. निम्न में से कौन किसी भी डिवाइस को इण्टरनेट और अन्य कनेक्टिंग डिवाइस से जोड़ने की अवधारणा है?
(a) साइबर सिक्योरिटी (b) IoT
(c) नेटवर्क (d) इनमें से कोई नहीं

2. निम्न में से किस क्षेत्र में IoT का प्रयोग किया जाता है?
(a) स्मार्ट घर (b) स्मार्ट सिटी
(c) औद्योगिक इण्टरनेट (d) ये सभी

3. IoT जुड़े हुए इलेक्ट्रॉनिक उपकरणों के मध्य .... की सुविधा प्रदान करता है।
(a) व्यावसायिक निर्णय
(b) लेन-देन
(c) बेहतर संचार
(d) उपरोक्त में से कोई नहीं

4. यह उपयोगी जानकारी को सर्च करने के लिए डाटा के बड़े सेट को एकत्रित करने, व्यवस्थित करने तथा विश्लेषण करने की प्रकिया है
(a) IoT
(b) क्लाउड कम्प्यूटिंग
(c) बिग डाटा एनालिटिक्स
(d) उपरोक्त सभी

5. बिग डाटा की किस विशेषता में यह मापा जाता है कि डाटा को किस गति से संशोधित करने की आवश्यकता होती है?
(a) Variety (b) Volume
(c) Velocity (d) इनमें से कोई नहीं

6. निम्न में से कौन बिग डाटा के अनुप्रयोग हैं?
(a) गवर्नमेण्ट (b) बैंकिंग
(c) हेल्थकेयर (d) ये सभी

7. मैन्युफैक्चरिंग उद्योग में, ... का विश्लेषण उत्पाद की गुणवत्ता में सुधार, कार्यक्षमता बढ़ाने और समय एवं धन की बचत करने में सहायता करता है।
(a) IoT
(b) क्लाउड कम्प्यूटिंग
(c) बिग डाटा
(d) उपरोक्त में से कोई नहीं

8. यह एक कम्प्यूटर सिस्टम है, जिसका प्रयोग एक काल्पनिक दुनिया को क्रिएट करने के लिए किया जाता है
(a) क्लाउड कम्प्यूटिंग
(b) नेटवर्किंग
(c) वर्चुअल रियलिटी
(d) आर्टिफिशियल इण्टेलिजेन्स

9. वर्चुअल रियलिटी की शुरुआत किस व्यक्ति ने की थी?
(a) Jaron Lanier (b) Jaron Laner
(c) Napier's Bones (d) Mark-1

10. वर्चुअल रियलिटी के किस प्रकार में व्यक्ति को वातावरण के अन्तर्गत इण्टरैक्ट और डाटा को बदलने के लिए सक्षम बनाता है?
(a) नॉन इमर्सिव रियलिटी
(b) फुल इमर्सिव रियलिटी
(c) वेब आधारित
(d) सहयोगात्मक

11. निम्न में से किस क्षेत्र में आग्मेण्टेड रियलिटी का प्रयोग किया जाता है?
(a) डिजिटल गेमिंग (b) शिक्षा
(c) रोबोटिक्स (d) ये सभी

12. मानवीय गुणों के अनुरूप सोचने, समझने एवं तर्क करने की क्षमता के विकास को कम्प्यूटर में .... कहते हैं।
(a) रोबोटिक्स
(b) आर्टिफिशयल इण्टेलिजेन्स
(c) वर्चुअल रियलिटी
(d) उपरोक्त में से कोई नहीं

13. निम्न में से किसे आर्टिफिशियल इण्टेलिजेन्स के जनक के रूप में जाना जाता है?
(a) जेम्स मकार्थी (b) जॉन मीडिया
(c) जॉन मैकार्थी (d) इनमें से कोई नहीं

14. निम्न में से किस क्षेत्र में आर्टिफिशियल इण्टेलिजेन्स का प्रयोग किया जाता है?
(a) चिकित्सा में
(b) गेमिंग में
(c) स्पीच रिकॉग्निशन में
(d) उपरोक्त सभी

15. यह एक सोशल नेटवर्क है, जहाँ सामान्य Interest वाले व्यक्ति मोबाइल फोन या टैबलेट का उपयोग करते हुए कनेक्ट होते हैं।
(a) सोशल नेटवर्क
(b) मोबाइल सोशल नेटवर्क
(c) मोबाइल नेटवर्क
(d) उपरोक्त में से कोई नहीं

16. ……… आर्थिक लेने-देन का एक अस्थिर डिजिटल बहीखाता है।
(a) सोशल और मोबाइल
(b) ब्लॉकचेन
(c) लेजर
(d) उपरोक्त में से कोई नहीं

17. ……… डिजिटल सामानों का तेज, सुरक्षित और पारदर्शी पियर टू-पियर ट्रान्सफर प्रदान करती है, जिसमें धन और बौद्धिक सम्पदा शामिल होता है।
(a) आर्टिफिशियल इण्टेलिजेन्स
(b) क्लाउड कम्प्यूटिंग
(c) ब्लॉकचेन टेक्नोलॉजी
(d) उपरोक्त में से कोई नहीं

18. निम्न में से किस क्षेत्र में ब्लॉकचेन तकनीक का प्रयोग किया जाता है?
(a) बैंकिंग और बीमा (b) ई-गवर्नेंस
(c) ई-वोटिंग (d) ये सभी

19. यह डिजिटल फाइल से 3 डायमेन्शनल ठोस ऑब्जेक्ट को बनाने की एक प्रक्रिया है।
(a) ब्लॉकचेन
(b) 3D प्रिण्टिंग
(c) 'a' व 'b' दोनों
(d) उपरोक्त में से कोई नहीं

20. 3D ऑब्जेक्ट बनाने के लिए किस सॉफ्टवेयर की आवश्यकता होती है?
(a) CAD (b) CDA
(c) ADA (d) इनमें से कोई नहीं

21. मानव हस्तक्षेप को कम करने के लिए रोबोट की सहायता से व्यावसायिक संचालन को स्वचालित करने की प्रक्रिया कहलाती है।
(a) एडिटिव मैन्युफैक्चरिंग
(b) वर्चुअल रियलिटी
(c) रोबोटिक्स प्रोसेस ऑटोमेशन
(d) उपरोक्त में से कोई नहीं

22. निम्न में से कौन-सा रोबोटिक्स प्रोसेस ऑटोमेशन कार्यान्वयन पद्धति का स्टेप है?
(a) Planning (b) Development
(c) Testing (d) ये सभी

23. मरीज के पंजीकरण, बिलिंग, रिपोर्टिंग आदि जैसे कार्य किस सॉफ्टवेयर की सहायता से किए जा सकते हैं?
(a) PAR (b) RPA
(c) RAP (d) इनमें से कोई नहीं

उत्तरमाला

1. *(b)*	2. *(d)*	3. *(c)*	4. *(c)*	5. *(c)*
6. *(d)*	7. *(c)*	8. *(c)*	9. *(a)*	10. *(d)*
11. *(d)*	12. *(b)*	13. *(c)*	14. *(d)*	15. *(a)*
16. *(b)*	17. *(c)*	18. *(d)*	19. *(b)*	20. *(a)*
21. *(c)*	22. *(d)*	23. *(b)*		

Chapter 09 शब्द-संक्षेप (ABBREVIATION)

A

ADC	Analog to Digital Converter
एडीसी	एनालॉग टू डिजिटल कन्वर्टर
ARP	Address Resolution Protocol
एआरपी	एड्रेस रेजोल्यूशन प्रोटोकॉल
AI	Artificial Intelligence
एआई	आर्टिफिशियल इण्टेलिजेंस
ALGOL	Algorithmic Language
एल्गॉल	एल्गोरिथ्मिक लैंग्वेज
ALU	Arithmetic Logic Unit
एएलयू	अर्थमैटिक लॉजिक यूनिट
API	Application Programming Interface
एपीआई	एप्लीकेशन प्रोग्रामिंग इण्टरफेस
ARPANET	Advanced Research Projects Agency Network
अरपानेट	एडवांस्ड रिसर्च प्रोजेक्ट्स एजेन्सी नेटवर्क
ASCII	American Standard Code for Information Interchange
एएससीआईआई	अमेरिकन स्टैण्डर्ड कोड फॉर इन्फॉर्मेशन इण्टरचेंज
ASP	Application Service Provider
एएसपी	एप्लीकेशन सर्विस प्रोवाइडर
ATM	Asynchronous Transfer Mode/ Automated Teller Machine
एटीएम	असिंक्रोनस ट्रांसफर मोड/ऑटोमेटिड टैलर मशीन

B

BASIC	Beginner's All Purpose Symbolic Instruction Code
बेसिक	बिगिनर्स ऑल पर्पज सिम्बोलिक इन्स्ट्रक्शन कोड
Bcc	Blind Carbon Copy
बीसीसी	ब्लाइण्ड कार्बन कॉपी
BMP	Bitmap
बीएमपी	बिटमैप
BCD	Binary Coded Decimal
बीसीडी	बाइनरी कोडेड डेसीमल
BCR	Bar Code Reader
बीसीआर	बार कोड रीडर
BD	Blu-ray Disc
बीडी	ब्लू-रे डिस्क
Bin	Binary
बिन	बाइनरी
BIOS	Basic Input Output System
बीआईओएस	बेसिक इनपुट आउटपुट सिस्टम
B2C	Business-to-Commerce
बी2सी	बिजनेस-टू-कॉमर्स
Bit	Binary Digit
बिट	बाइनरी डिजिट
BLOG	Web Log
ब्लॉग	वेब लॉग
BPI	Bits Per Inch
बीपीआई	बिट्स पर इंच
BPL	Broadband over Power Line
बीपीएल	ब्रॉडबैण्ड ओवर पावर लाइन
BPS	Bits Per Second
बीपीएस	बिट्स पर सेकण्ड
BHIM	Bharat Interface for Money
भीम	भारत इण्टरफेस फॉर मनी

C

Cc	Carbon Copy
सीसी	कार्बन कॉपी
CAD	Computer Aided Design
कैड	कम्प्यूटर एडेड डिजाइन
COBOL	Common Business Oriented Language
कोबोल	कॉमन बिजनेस ऑरिएण्टेड लैंग्वेज
CD	Compact Disc
सीडी	कॉम्पैक्ट डिस्क
C-DAC	Centre for Development of Advanced Computing
सी-डैक	सेण्टर फॉर डेवलपमेण्ट ऑफ एडवांस्ड कम्प्यूटिंग
CPU	Central Processing Unit
सीपीयू	सेण्ट्रल प्रोसेसिंग यूनिट
CRT	Cathode Ray Tube
सीआरटी	कैथोड रे ट्यूब
CSS	Cascading Style Sheets
सीएसएस	कैस्केडिंग स्टाइल शीट्स
CU	Control Unit
सीयू	कण्ट्रोल यूनिट
CTCP	Client-to-Client Protocol
सीटीसीपी	क्लाइण्ट-टू-क्लाइण्ट प्रोटोकॉल
CD-R	Compact Disc-Recordable
सीडी – आर	कॉम्पैक्ट डिस्क-रिकॉर्डेबल
CD-ROM	Compact Disc-Read Only Memory
सीडी – रोम	कॉम्पैक्ट डिस्क-रीड ओनली मैमोरी

CD-RW Compact Disc-ReWritable
सीडी-आरडब्ल्यू कॉम्पैक्ट डिस्क-रीराइटेबल
CG Computer Graphics
सीजी कम्प्यूटर ग्राफिक्स
CGI Common Gateway Interface
सीजीआई कॉमन गेटवे इण्टरफेस
CLI Command Line Interface
सीएलआई कमाण्ड लाइन इण्टरफेस
CLR Common Language Runtime
सीएलआर कॉमन लैंग्वेज रनटाइम
CDMA Code Division Multiple Access
सीडीएमए कोड डिविजन मल्टीपल एक्सेस

D

DAC Digital to Analog Convertor
डीएसी डिजिटल-टू-एनालॉग कनवर्टर
DB Database
डीबी डाटाबेस
DBA Database Administrator
डीबीए डाटाबेस एडमिनिस्ट्रेटर
DBMS Database Management System
डीबीएमएस डाटाबेस मैनेजमेण्ट सिस्टम
DCL Data Control Language
डीसीएल डाटा कण्ट्रोल लैंग्वेज
DDL Data Definition Language
डीडीएल डाटा डेफिनेशन लैंग्वेज
DFD Data Flow Diagram
डीएफडी डाटा फ्लो डायग्राम
DFS Distributed File System
डीएफएस डिस्ट्रीब्यूटेड फाइल सिस्टम
DHTML Dynamic HyperText Markup Language
डीएचटीएमएल डायनमिक हाइपरटेक्स्ट मार्कअप लैंग्वेज
DML Data Manipulation Language
डीएमएल डाटा मैनिपुलेशन लैंग्वेज
DNS Domain Name System
डीएनएस डोमेन नेम सिस्टम
DPI Dots Per Inch
डीपीआई डॉट्स पर इंच
DRAM Dynamic Random Access Memory
डीरैम डायनमिक रैण्डम एक्सेस मैमोरी
DSL Digital Subscriber Line/ Domain Specific Language
डीएसएल डिजिटल सब्सक्राइबर लाइन/डोमेन स्पेसिफिक लैंग्वेज
DTP Desktop Publishing
डीटीपी डेस्कटॉप पब्लिशिंग
DVD Digital Video Disc/Digital Versatile Disc
डीवीडी डिजिटल वीडियो डिस्क/डिजिटल वर्सेटाइल डिस्क
DVD-R DVD-Recordable
डीवीडी-आर डी वी डी-रिकॉर्डेबल
DVD-ROM DVD-Read Only Memory
डीवीडी-रोम डी वी डी-रीड ओनली मैमोरी
DVD-RW DVD-ReWritable
डीवीडी-आरडब्ल्यू डी वी डी-रीराइटेबल
DVR Digital Video Recorder
डीवीआर डिजिटल वीडियो रिकॉर्डर
DOS Disk Operating System
डॉस डिस्क ऑपरेटिंग सिस्टम

E

EBCDIC Extended Binary Coded Decimal Interchange Code
ईबीसीडीआईसी एक्सटेंडेड बाइनरी कोडेड डेसीमल इण्टरचेंज कोड
E-Commerce Electronic Commerce
ई-कॉमर्स इलेक्ट्रॉनिक कॉमर्स
EDP Electronic Data Processing
ईडीपी इलेक्ट्रॉनिक डाटा प्रोसेसिंग
EDSAC Electronic Delay Storage Automatic Calculator
एडसैक इलेक्ट्रॉनिक डिले स्टोरेज ऑटोमैटिक कैलकुलेटर
EPROM Erasable Programming Read Only Memory
ईपीरोम इरेजेबल प्रोग्रामिंग रोम
EEPROM Electrically Erasable Programmable Read Only Memory
ईईपीरोम इलेक्ट्रिकली इरेजेबल प्रोग्रामेबल रीड ओनली मैमोरी
E-Mail Electronic Mail
ई-मेल इलेक्ट्रॉनिक मेल
ENIAC Electronic Numerical Integrator and Computer
एनिएक इलेक्ट्रॉनिक न्यूमैरिकल इण्टीग्रेटर एण्ड कम्प्यूटर
EOF End of File
ईओएफ एण्ड ऑफ फाइल
exe Executable
ईएक्सई एक्जीक्यूटेबल
EDI Electronic Data Interchange
ईडीआई इलेक्ट्रॉनिक डाटा इण्टरचेंज

F

FAT File Allocation Table
एफएटी फाइल एलोकेशन टेबल
FAX Far Away Xerox/Facsimile
फैक्स फार अवे जेरॉक्स/फैक्सिमाइल
FDC Floppy Disk Controller
एफडीसी फ्लॉपी डिस्क कण्ट्रोलर
FDD Floppy Disk Drive
एफडीडी फ्लॉपी डिस्क ड्राइव
FORTRAN Formula Translation
फोरट्रॉन फॉर्मूला ट्रांसलेशन
FTP File Transfer Protocol
एफटीपी फाइल ट्रांसफर प्रोटोकॉल

FXP File Exchange Protocol
एफ एक्स पी फाइल एक्सचेंज प्रोटोकॉल
FLOPS Floating Point Operations Per Second
फ्लॉप्स फ्लोटिंग प्वॉइण्ट ऑपरेशन्स पर सेकण्ड

G

Gb Gigabit
जी बी गीगाबिट
GB GigaByte
जी बी गीगाबाइट
GIF Graphics Interchange Format
जी आई एफ ग्राफिक्स इण्टरचेंज फॉर्मेट
GIGO Garbage In Garbage Out
जी आई जी ओ /गीगो गारबेज इन गारबेज आउट
GPU Graphics Processing Unit
जी पी यू ग्राफिक्स प्रोसेसिंग यूनिट
GSM Global System for Mobile Communications
जी एस एम ग्लोबल सिस्टम फॉर मोबाइल कम्युनिकेशन्स
GUI Graphical User Interface
जी यू आई ग्राफिकल यूजर इण्टरफेस

H

HLL High Level Language
एच एल एल हाई लेवल लैंग्वेज
HPFS High Performance File System
एच पी एफ एस हाई परफॉर्मेंस फाइल सिस्टम
HDD Hard Disk Drive
एच डी डी हार्ड डिस्क ड्राइव
HSM Hierarchical Storage Management
एच एस एम हाइरारकिकल स्टोरेज मैनेजमेण्ट
HTML HyperText Markup Language
एच टी एम एल हाइपरटेक्स्ट मार्कअप लैंग्वेज
HTTP HyperText Transfer Protocol
एच टी टी पी हाइपरटेक्स्ट ट्रांसफर प्रोटोकॉल

I

IaaS Infrastructure as a Service
आस इन्फ्रास्ट्रक्चर एज ए सर्विस
IM Instant Messaging
आई एम इन्स्टेण्ट मैसेजिंग
IMAP Internet Message Access Protocol
आई एम ए पी इण्टरनेट मैसेज एक्सेस प्रोटोकॉल
iOS iphone Operating System
आई ओ एस आईफोन ऑपरेटिंग सिस्टम
IP Internet Protocol
आई पी इण्टरनेट प्रोटोकॉल
ISDN Integrated Services Digital Network
आई एस डी एन इण्टीग्रेटेड सर्विसेस डिजिटल नेटवर्क
ISP Internet Service Provider
आई एस पी इण्टरनेट सर्विस प्रोवाइडर
ISR Interrupt Service Routine
आई एस आर इण्टरप्ट सर्विस रूटीन
IT Information Technology
आई टी इन्फॉर्मेशन टेक्नोलॉजी
IMEI International Mobile Equipment Identity
आई एम ई आई इण्टरनेशनल मोबाइल इक्विमेण्ट आइडेंटिटी
IoT Internet of Things
आई ओ टी इण्टरनेट ऑफ थिंग्स

J

JPEG Joint Photographic Experts Group
जे पी ई जी ज्वॉइण्ट फोटोग्राफिक एक्सपर्ट्स ग्रुप
JRE Java Runtime Environment
जे आर ई जावा रनटाइम एनवायरमेण्ट
JS JavaScript
जे एस जावास्क्रिप्ट

K

Kb Kilobit
के बी किलोबिट
KB Kilobyte
के बी किलोबाइट
Kbps Kilobits Per Second
के बी पी एस किलोबिट्स पर सेकण्ड

L

LAN Local Area Network
लैन लोकल एरिया नेटवर्क
LCD Liquid Crystal Display
एल सी डी लिक्विड क्रिस्टल डिस्प्ले
LED Light Emitting Diode
एल ई डी लाइट एमीटिंग डायोड
LPI Lines Per Inch
एल पी आई लाइन्स पर इंच
LISP List Processing
लिस्प लिस्ट प्रोसेसिंग

M

MAN Metropolitan Area Network
मैन मेट्रोपोलिटन एरिया नेटवर्क
MB Megabyte
एम बी मेगाबाइट
MBR Master Boot Record
एम बी आर मास्टर बूट रिकॉर्ड
MAC Media Access Control
एम ए सी मीडिया एक्सेस कण्ट्रोल
MPEG Moving Picture Experts Group
एम पी ई जी मूविंग पिक्चर एक्सपर्ट्स ग्रुप
MICR Magnetic Ink Character Recognition
एम आई सी आर मैग्नेटिक इंक करैक्टर रिकॉग्निशन

MIPS Million Instructions Per Second
एम आई पी एस मिलियन इन्स्ट्रक्शन्स पर सेकण्ड
MIDI Musical Instrument Digital Interface
एम आई डी आई म्यूजिकल इन्स्ट्रूमेण्ट डिजिटल इण्टरफेस
MSB Most Significant Bit
एम एस बी मोस्ट सिग्निफिकेन्ट बिट

N

NFS Network File System
एन एफ एस नेटवर्क फाइल सिस्टम
NIC Network Interface Card
एन आई सी नेटवर्क इण्टरफेस कार्ड
NOS Network Operating System
एन ओ एस नेटवर्क ऑपरेटिंग सिस्टम

O

OCR Optical Character Recognition
ओ सी आर ऑप्टिकल करैक्टर रिकॉग्निशन
OMR Optical Mark Reader
ओ एम आर ऑप्टिकल मार्क रीडर
OOP Object Oriented Programming
ओ ओ पी ऑब्जेक्ट ऑरिएण्टेड प्रोग्रामिंग
OS Operating System
ओ एस ऑपरेटिंग सिस्टम
OSS Open Source Software
ओ एस एस ओपन सोर्स सॉफ्टवेयर
OLE Object Linking and Embedding
ओ एल ई ऑब्जेक्ट लिंकिंग एण्ड एम्बेडिंग
OTP One Time Password
ओ टी पी वन टाइम पासवर्ड

P

P2P Peer-to-Peer
पी 2 पी पीयर-टू-पीयर
PAN Personal Area Network
पैन पर्सनल एरिया नेटवर्क
PAP Password Authentication Protocol
पी ए पी पासवर्ड ऑथेण्टिकेशन प्रोटोकॉल
PaaS Platform as a Service
पास प्लेटफॉर्म एज ए सर्विस
PC Personal Computer
पी सी पर्सनल कम्प्यूटर
PDA Personal Digital Assistant
पी डी ए पर्सनल डिजिटल असिस्टेण्ट
PDF Portable Document Format
पी डी एफ पोर्टेबल डॉक्यूमेण्ट फॉर्मेट
PIO Programmed Input/Output
पी आई ओ प्रोग्राम्ड इनपुट/आउटपुट
PnP Plug and Play
पी एन पी प्लग एण्ड प्ले
PPM Pages Per Minute
पी पी एम पेजेस पर मिनट
PPP Point-to-Point Protocol
पी पी पी प्वॉइण्ट-टू-प्वॉइण्ट प्रोटोकॉल
PPTP Point-to-Point Tunneling Protocol
पी पी टी पी प्वॉइण्ट-टू-प्वॉइण्ट टनलिंग प्रोटोकॉल
PROM Programmable Read Only Memory
पी रोम प्रोग्रामेबल रीड ओनली मैमोरी
PSTN Public Switched Telephone Network
पी एस टी एन पब्लिक स्विच्ड टेलीफोन नेटवर्क
PSU Power Supply Unit
पी एस यू पावर सप्लाई यूनिट
POST Power On Self Test
पोस्ट पावर ऑन सेल्फ टेस्ट

Q

QoS Quality of Service
क्यू ओ एस क्वालिटी ऑफ सर्विस
QBE Query By Example
क्यू बी ई क्वेरी बाए एक्साम्पल
QR Quick Response
क्यू आर क्विक रेशपॉन्स

R

RPA Robotics Process Automation
आर पी ए रोबोटिक्स प्रोसेस ऑटोमेशन
RAID Redundant Array of Independent Disks
रैड रिडेण्डेण्ट ऐरे ऑफ इण्डिपेण्डेण्ट डिस्क
RAM Random Access Memory
रैम रैण्डम एक्सेस मैमोरी
RDBMS Relational Database Management System
आर डी बी एम एस रिलेशनल डाटाबेस मैनेजमेण्ट सिस्टम
ROM Read Only Memory
रोम रीड ओनली मैमोरी
RTOS Real Time Operating System
आर टी ओ एस रियल टाइम ऑपरेटिंग सिस्टम
RTF Rich Text Format
आर टी एफ रिच टेक्स्ट फॉर्मेट

S

SCSI Small Computer System Interface
एस सी एस आई स्मॉल कम्प्यूटर सिस्टम इण्टरफेस
SMTP Simple Mail Transfer Protocol
एस एम टी पी सिम्पल मेल ट्रांसफर प्रोटोकॉल
SQL Structured Query Language
एस क्यू एल स्ट्रक्चर्ड क्वैरी लैंग्वेज
SRAM Static Random Access Memory
एस रैम स्टैटिक रैण्डम एक्सेस मैमोरी

SNMP Simple Network Management Protocol
एस एन एम पी सिम्पल नेटवर्क मैनेजमेण्ट प्रोटोकॉल
SIM Subscriber Identity Module
सिम सब्सक्राइबर आइडेंटिटी मॉड्यूल
SaaS Software as a Service
सास सॉफ्टवेयर एज ए सर्विस
SAN Storage Area Network
सैन स्टोरेज एरिया नेटवर्क

T

TCP Transmission Control Protocol
टी सी पी ट्रांसमिशन कण्ट्रोल प्रोटोकॉल
TDMA Time Division Multiple Access
टी डी एम ए टाइम डिविजन मल्टीपल एक्सेस
TFT Thin-Film Transistor
टी एफ टी थिन फिल्म ट्रांजिस्टर
TB Tera Byte
टी बी टेरा बाइट

U

UI User Interface
यू आई यूजर इण्टरफेस
UPS Uninterruptible Power Supply
यू पी एस अनइण्टरप्टेबल पावर सप्लाई
URI Uniform Resource Identifier
यू आर आई यूनिफॉर्म रिसोर्स आइडेण्टिफायर
URL Uniform Resource Locator
यू आर एल यूनिफॉर्म रिसोर्स लोकेटर
USB Universal Serial Bus
यू एस बी यूनिवर्सल सीरियल बस
ULSI Ultra Large Scale Integration
यू एल एस आई अल्ट्रा लार्ज स्केल इण्टिग्रेशन
UNIVAC Universal Automatic Computer
यूनिवेक यूनिवर्सल ऑटोमैटिक कम्प्यूटर
UAS Unmanned Aircraft System
यू ए एस अनमेनड एयरक्राफ्ट सिस्टम

V

VGA Video Graphics Array
वी जी ए वीडियो ग्राफिक्स ऐरे
VLAN Virtual Local Area Network
वीलैन वर्चुअल लोकल एरिया नेटवर्क
VM Virtual Memory
वी एम वर्चुअल मैमोरी
VMS Virtual Memory System
वी एम एस वर्चुअल मैमोरी सिस्टम
VPN Virtual Private Network
वी पी एन वर्चुअल प्राइवेट नेटवर्क
VT Video Terminal
वी टी वीडियो टर्मिनल
VDU Visual Display Unit
वी डी यू विजुअल डिस्प्ले यूनिट
VLSI Very Large Scale Integration
वी एल एस आई वेरी लार्ज स्केल इण्टीग्रेशन
VoIP Voice over Internent Protocol
वी ओ आई पी वॉयस ओवर इण्टरनेट प्रोटोकॉल
VR Virtual Reality
वी आर वर्चुअल रियलिटी

W

WAN Wide Area Network
वैन वाइड एरिया नेटवर्क
WAP Wireless Application Protocol
वैप वायरलेस एप्लीकेशन प्रोटोकॉल
Wi-Fi Wireless Fidelity
वाई–फाई वायरलेस फिडेलिटी
Wi-Max Worldwide Interoperability for Microwave Access
वाई–मैक्स वर्ल्डवाइड इण्टरऑपरेबिलिटी फॉर माइक्रोवेव एक्सेस
WLAN Wireless Local Area Network
डब्लू–लैन वायरलैस लोकल एरिया नेटवर्क
WMA Wireless Media Audio
डब्ल्यू एम ए वायरलैस मीडिया ऑडियो
WWAN Wireless Wide Area Network
डब्ल्यू वैन वायरलैस वाइड एरिया नेटवर्क
WWID World Wide Identifier
डब्ल्यू डब्ल्यू आई डी वर्ल्ड वाइड आइडेण्टिफायर
WWW World Wide Web
डब्ल्यू डब्ल्यू डब्ल्यू वर्ल्ड वाइड वेब
WLL Wireless Local Loop
डब्ल्यू एल एल वायरलैस लोकल लूप
WORM Write Once Road Many
वॉर्म राइट वन्स रीड मैनी

X

XHTML eXtensible HyperText Markup Language
एक्स एच टी एम एल एक्सटेंशिबल हाइपरटेक्स्ट मार्कअप लैंग्वेज
XML eXtensible Markup Language
एक्स एम एल एक्सटेंशिबल मार्कअप लैंग्वेज

Y

YB Yotta Byte
वाई बी योटाबाइट

Z

ZIP Zone Information Protocol
जिप जोन इन्फॉर्मेशन प्रोटोकॉल
ZB Zetta Byte
जेड बी जेटा बाइट

लिपिकीय अभिरुचि

प्रतियोगी परीक्षाओं में लिपिकीय खण्ड का महत्त्व अत्यधिक है। साधारणतया परीक्षार्थी इस खण्ड को अपेक्षाकृत सरल तथा कम महत्त्वपूर्ण मानने की गलती कर बैठते हैं। यह सत्य है कि इस खण्ड के प्रश्नों को हल करने की विधियाँ अपेक्षाकृत कम क्लिष्ट हैं, परन्तु साथ ही यह भी सत्य है कि इन प्रश्नों को हल करते समय किसी अत्यन्त सूक्ष्म तथ्य की अनदेखी करने से भी गलती हो जाने की सम्भावना रहती है।

वस्तुत: इस खण्ड की रचना क्लर्क की कार्य-अपेक्षाओं को देखते हुए ही की जाती है। एक क्लर्क को अक्सर कई घण्टों तक लगातार भारी दबाव के अन्तर्गत कार्य करना पड़ता है। ऐसे में उसके द्वारा की गई एक छोटी सी गलती से भी सभी को भारी हानि अथवा परेशानी उठानी पड़ सकती है। इसीलिए भर्ती बोर्ड किसी व्यक्ति को क्लर्क के पद पर नियुक्ति के लिए अनुशासित करने के पूर्व उसके इन गुणों की भी सम्यक् जाँच करता है।

लिपिकीय अभियोग्यता प्रश्नों को पाँच प्रमुख वर्गों में वर्गीकृत किया जा सकता है—**(i)** पते पर आधारित प्रश्न **(ii)** शब्दकोश व्यवस्थीकरण **(iii)** कूटबद्धीकरण **(iv)** वर्गीकरण **(v)** सारणी या चार्ट।

यदि सूक्ष्म दृष्टिकोण से देखा जाए तो क्लर्क परीक्षाओं में लिपिकीय अभियोग्यता (Clerical Aptitude) पत्र में सफलता का एक ही मार्ग है, वह है—''परीक्षार्थियों द्वारा अधिक-से-अधिक तथा निरन्तर अभ्यास।''

आपके अभ्यास हेतु कुछ मॉडल प्रश्न-पत्र दिए गए हैं

अभ्यास प्रश्न

निर्देश (प्र.सं. 1-30) *नीचे दिए गए प्रत्येक प्रश्न में बाईं ओर पहले कॉलम में नाम और पतों का एक युग्म दिया गया है और फिर उसके बाद चार और ऐसे ही युग्म दिए गए हैं जो कि कॉलम* (a), (b), (c), *और* (d) *क्रमांकों में दिए गए हैं। आपको यह ज्ञात करना है कि इन चारों में से कौन-सा युग्म पहले वाले प्रश्न कॉलम में दिए गए नाम पते के युग्म जैसा ही है।*

	(a)	**(b)**	**(c)**	**(d)**
1. पम्मी गुलाटी कोठी-699, 'एल' जी० टी० रोड-25	पम्मी गुलाटी कोठी-699, 'एल' जी० बी० रोड-25	पम्मी गुलटी कोठी-699, 'एल' जी० टी० रोड-25	पम्मी गुलाटी कोठी-699, 'एल' जी० टी० रोड-25	पाम्मी गुलाटी कोठी-699, 'एल' जी० टी० रोड-25
2. के० पी० माथुर हा० नं०-232/के चण्डीगढ़-17	के० पी० माथुर हा० नं०-232/के चण्डीगढ़-17	जे० पी० माथुर हा० नं०-232/के चण्डीगढ़-17	के० पी० माथुर हा० नं०-233/के चण्डीगढ़-17	के० पी० माथुर हा० नं०-232/के चण्डीगढ़-71
3. मुक्का सिंह गोल्डन ट्रांसपोर्ट फोन- 263941/46	मुक्का सिंह गोल्डन ट्रांसपोर्ट फोन- 263941/46	मुक्का सिंह गोल्डन ट्रांसपोर्ट फोन-263941/46	मुक्का सिंह गोल्डन ट्रांसपोर्ट फोन- 263914/46	झुक्का सिंह गोल्डन ट्रांसपोर्ट फोन- 263941/46
4. कलेक्टर हाऊस सेक्टर 14, मेन रोड पानीपथ-17	कलेक्टर हाऊस सेक्टर 14, मेन रोड पानीपत-17	कलेक्टर हाउस सेक्टर 14, मेन रोड पानीपथ-17	कलेक्टर हाऊस सेक्टर 41, मेन रोड पानीपथ-17	इनमें से कोई नहीं
5. टिकम हरियाणवी 211, सेक्टर 19 'B' हमीरपुर-26	टिकम हरियाणवी 211, सेक्टर 19 'B' हमीरपूर-26	टिकम हरयाणवी 211, सेक्टर 19 'B' हमीरपुर-26	टिकम हरियाणवी 211, सेक्टर 19 'P' हमीरपुर-26	इनमें से कोई नहीं
6. लाली दा ढाबा लुधियाना 24/9 पिन - 269863	लाली दा ढाबा लुधियाना 24/9 पिन - 269863	लाली दा ढाबा लुधियाना 24/9 पिन - 268963	लाली दी ढाबा लुधियाना 24/9 पिन - 269863	लाली दा ढाबा लुधियाना 42/9 पिन - 269863
7. मोहालीर को० टेले 853659 फैक्स -14263112	मोहालीर को० टेली 853659 फैक्स -14263112	मोहालिर को० टेले 853659 फैक्स -14263112	मोहालीर को० टेले 853659 फैक्स -14236112	मोहालीर को० टेले 853659 फैक्स -14263112
8. आर० डी० घतन 'पराग' 6409 नाहान - 15	आर० डी० घतन 'पराग' 6049 नाहान - 15	आर० डी० घतन 'पराग' 6409 नाहान - 15	आर० डी० घवन 'पराग' 6409 नाहान - 15	आर० डी० घतन 'पराग' 6409 नहान - 15
9. दिवाकर सिंह जोतों की चॉकी जालन्धर-63	दिवाकर सिंह जोतों की चॉकी जालन्धर-63	दिवाकर सिंह जोतों की चॉकी जलान्धर-63	दिलाकर सिंह जोतों की चॉकी जालन्धर-63	दिवाकर सिंह जोतों की चॉकी जालान्धर-63

		(a)	(b)	(c)	(d)
10.	देवधर पेटीट 632, 'एन', सेक्टर-एल कैप-74/IV/231	देवधर पेटीट 632, 'एम', सेक्टर-एल कैप-74/IV/231	देवधर पेटीट 632, 'एन', सेक्टर-एल कैप-74/VI/231	देवधर पेटीट 632, 'एन', सेक्टर-एल कैप-74/IV/231	देवधर पेटीट 632, 'एन', सेक्टर-एल कैप-74/IV/213
11.	ननीहाल बिटा ठाठेर गली नाहन-26	ननीहाल बिटा ठाठेर गली नाहान-26	ननीहाल बिटा ठाठेर गली नाहन-26	ननिहाल बीटा ठाठेर गली नाहन-26	ननीहाल बिटा ठाठेर गली नाहन-62
12.	जुली भाटिया 906/531, मनंसा शिमला-19	जुली भाटिया 906/531, मनशा शिमला-19	जूली भाटिया 906/531, मनंसा शिमला-19	जुली भाटिया 906/531, मनंसा सिमला-19	इनमें से कोई नहीं
13.	मनीष बग्गा पिन जौर बगान पिन-1763981	मनीष बग्गा पिन जौर बगान पिन-1763981	मनीष बग्गा पिन जौर बगान पिन-1763918	मनीष बग्गा पिन जौर बगान पिन-1769381	मनीषा बग्गा पिन जौर बगान पिन-1763981
14.	राजेश मित्तल कोर्ट हाऊस 31 नई रोड वैशाली-12	राजेश मित्तल कोर्ट हाउस 31 नई रोड वैशाली-12	राजेश मितल कोर्ट हाऊस 31 नई रोड वैशाली-12	राजेश मित्तल कोर्ट हाऊस 31 नई रोड वैशाली-12	राजेश मित्तल कोर्ट हाऊस 31 नई रोड वैशाली-21
15.	भावना माटू फोन-6398531 फैक्स-9396938 नैनीताल-26	भावना माटू फोन-6398531 फैक्स-9399638 नैनीताल-26	भावना माटू फोन-6398531 फैक्स-9396938 नैनिताल-26	भावना माटू फोन-6398531 फैक्स-9396938 नैनीताल-62	भावना माटू फोन-6398531 फैक्स-9396938 नैनीताल-26
16.	जागूर पाटाया 12/906, 'बी' ब्लॉक हिसार-395386	जागूर पाटाया 12/906, 'पी' ब्लॉक हिसार-395386	जागूर पाटाया 12/906, 'बी' ब्लॉक हिसार-395386	जागुर पाटाया 12/906, 'बी' ब्लॉक हिसार-395386	जागूर पाटाया 12/906, 'बी' ब्लॉक हिसार-393586
17.	सुषमा जैन 16वीं मंजिल, 'गोल्ड' नई मार्केट हरी नगर-6	सुषमा जैन 16वीं मंजील, 'गोल्ड' नई मार्केट हरि नगर-6	सुषमा जैन 16वीं मंजिल, 'गोल्ड' नई माकेट हरी नगर-6	सुषमा जैन 16वीं मंजील, 'गोल्ड' नई मार्केट हरी नगर-6	इनमें से कोई नहीं
18.	सी० पी० बरार चीरा बाजार टेले 4897162 फैक्स -9869031	सी० डी० बरार चीरा बाजार टेले 4897162 फैक्स -9869031	सी० पी० बराट चीरा बाजार टेले 4897162 फैक्स -9869031	सी० पी० बरार चीटा बाजार टेले 4897162 फैक्स -9869031	सी० पी० बरार चीरा बाजार टेली 4897162 फैक्स -9869031
19.	गिरीश पाठक ग्रीन भिलेज, 85 सकॉटलैंड यार्ड बी लोर-26	गिरीश पाठक ग्रीन विलेज, 85 सकॉटलैंड यार्ड बी लोर-26	गिरीश पाठक ग्रीन भिलेज, 85 सकॉटलैंड यार्ड बी लोर-26	गिरीश पाठक ग्रीन भिलेज, 85 सकॉटलैंड यार्ड बं लोर-26	गिरीश पाठक ग्रीका भिलेज, 85 सकॉटलैंड यार्ड बी लोर-26
20.	प्रिंसिपल टेड डी० ए० भी० स्कूल लेह-1695436	प्रिंसिपल टेड डी० ए० भी० स्कूल लेह-1694536	प्रिंसिपल टेड डी० ए० भी० स्कूल लेह-1695436	प्रिंसिपल ट्रेंड डी० ए० भी० स्कूल लेह-1695436	प्रिंसिपल टेड डी० ए० वी० स्कूल लेह-1695436
21.	सुमन रस्तौगी 46, कोठी बगान पानीपथ-2 टेले- 6895386	सुमन रस्तौगी 46, कोठी बगान पानीपथ-2 टेले- 6895386	सुमन रस्तौगी 46, कोठी बागान पानीपथ-2 टेले- 6895386	सुमन रस्तौगी 46, कोठी बगान पानीपत-2 टेले- 6895386	सुजन रस्तौगी 46, कोठी बगान पानीपथ-2 टेले- 6895386
22.	पुतार खान ऊँची कोठी नाहान-47	पुतार खान ऊँची कोठी नाहान-47	पुतार मान ऊँची कोठी नाहान-47	पुतार खान ऊँची कोठी नाहान-47	पुतार खान ऊंची कोठी नाहान-47
23.	राजू जावेद 12/678, मिल स्ट्रीट देव कम्पाउण्ड हरद्वार - 16	राजू जावेद 12/678, सिल स्ट्रीट देव कम्पाउण्ड हरद्वार - 16	राजू जावेद 12/678, मिल स्ट्रीट देव कम्पाउण्ड हरद्वार - 16	राजू जावेद 12/678, मिल स्ट्रीट देव कम्पाउण्ड हरिद्वार - 16	राजू जावेद 12/768, मिल स्ट्रीट देव कम्पाउण्ड हरद्वार - 16
24.	मिटू केली भारूच—271 फैक्स-969538/39	मिटू केली भारूच—271 फैक्स-969538/93	मिटू काली भारूच—271 फैक्स-969538/39	मिटू केली भारूच—271 फैक्स-969358/39	मिटू केली भारूच—271 फैक्स -969538/39

	(a)	(b)	(c)	(d)
25. मुंगेरी भाल 62, विकासपुरी राजगढ़-17 पिन-151922	मुंगेरी भाल 62, विकासपुरी राजगढ़-17 पिन-159122	मूंगेरी भाल 62, विकासपुरी राजगढ़-17 पिन-151922	मुंगेरी भाल 62, विकासपुरी राजगढ़-17 पिन-151922	मुंगेरी भाल 62, विकासपुरी राजगढ़-71 पिन - 151922
26. रोहन डिसिल्वा कृष्णानगर मानकेश्वर-52	रोहन डिसिल्वा कृष्णनगर मानकेश्वर-52	रोहन डिसिल्वा कृष्णानगर मानकेश्वर-52	रोहन डिसिलवा कृष्णानगर मानकेश्वर-52	रोहन डिसल्वा कृष्णानगर मानकेश्वर-25
27. श्याम मुखर्जी दलाल रोड इन्दौर-452003	श्याम मुखर्जी दलाल रोड इन्दौर-452003	श्याम मुखर्जी दलाल रोड इन्दौर-450203	श्यम मुखर्जी दलाल रोड इन्दा-452003	श्याम मुखर्जी दलान रोड इन्दौर-452003
28. हरिश मान सिंह FVI सर्वेश टेली - 28335656	हरीश मान सिंह FVI सर्वेश टेली - 28335656	हरीश मान सिंह FV सर्वेश टेली - 28335656	हरिश मान सिंह EVI सर्वेश टेली - 28335656	इनमें से कोई नहीं
29. शुशील परमार रणजीत नगर 42/36, 'डी' विंग	शुशील परमार रणजीत नगर 42/36, 'डी' विंग	शुशीत परमार रणजीत नगर 42/36, 'डी' विंग	सुशील परमार रणजीत नगर 42/36, 'डी' विंग	शुशील परमार रणजीत डगर 42/36, 'डी' विंग
30. संध्या बतरा रोज विला जयपुर - 67	संध्या बतरा रोज विला जयपुर - 76	संध्या बत्रा रोज विला जयपुर - 67	संध्या बतरा रोज विला जयपुर - 67	संध्या बतरा सेज विला जयपुर - 67

निर्देश (प्र.सं. 31-35) *निम्नांकित प्रत्येक प्रश्न में अंग्रेजी के चार शब्द दिए गए हैं। आपको यह तय करना है कि अंग्रेजी वर्णमाला के अनुसार यदि इन शब्दों को व्यवस्थित किया जाए, तो इनमें से कौन-सा शब्द मध्य अर्थात् तीसरे स्थान पर आएगा। मध्य स्थान पर आने वाले शब्द का क्रमांक ही आपका उत्तर होगा*

31. (a) Round (b) Rural
(c) Rustic (d) Rational

32. (a) Unnecessary (b) Uncertain
(c) Unethical (d) Understand

33. (a) Backing (b) Banishing
(c) Baricading (d) Banking

34. (a) Waiting (b) Wanting
(c) Watching (d) Warring

35. (a) Maternal
(b) Magnify
(c) Magical
(d) Magneti

उत्तरमाला

1.	*(c)*	2.	*(a)*	3.	*(b)*	4.	*(d)*	5.	*(d)*	6.	*(a)*	7.	*(d)*	8.	*(b)*	9.	*(a)*	10.	*(c)*
11.	*(b)*	12.	*(d)*	13.	*(a)*	14.	*(c)*	15.	*(d)*	16.	*(b)*	17.	*(d)*	18.	*(d)*	19.	*(b)*	20.	*(b)*
21.	*(a)*	22.	*(c)*	23.	*(b)*	24.	*(d)*	25.	*(c)*	26.	*(b)*	27.	*(a)*	28.	*(d)*	29.	*(a)*	30.	*(c)*
31.	*(a)*	32.	*(c)*	33.	*(d)*	34.	*(d)*	35.	*(b)*										

अभ्यास प्रश्न 2

निर्देश (प्र.सं. 1-25) *नीचे दिए गए प्रत्येक प्रश्न में बाईं ओर पहले कॉलम में नाम और पतों का एक युग्म दिया गया है और फिर उसके बाद चार और ऐसे ही युग्म दिए गए हैं जो कि कॉलम* (a), (b), (c), (d) *क्रमांकों से दिए गए हैं। आपको यह ज्ञात करना है कि इन चारों में से कौन-सा युग्म पहले वाले प्रश्न कॉलम में दिए गए नाम पते के युग्म जैसा ही है।*

	(a)	(b)	(c)	(d)
1. प्रीती साहनी विटेज हाऊस फॅक्स-6310054	प्रीती साहनी विटेज हाऊस फैक्स-6310054	प्रीती साहनी विटेज हाऊस फॅक्स-6310504	प्रीती साहनी विटेज हाऊस फॅक्स-6310054	प्रीति साहनी विटेज हाऊस फॅक्स-6310054
2. सोहेल हस्सन फिरदौसी बाग फतेहपुर-58	सोहेल हसन फिरदौसी बाग फतेहपुर-58	सोहेल हस्सन फिरदौसी बाग फतेहपुर-58	सोहेल हस्सन फिरदौशी बाग फतेहपुर-58	सोहेल हस्सन फिरदौसी बाग फतेहपुर-85
3. पी० के० अरोरा एवरग्लेड अपार्टमेन्ट फोन - 5645312	पी० के० अरोरा एवरग्लेड अपार्टमेन्ट फोन - 5645312	पी० के० अरोड़ा एवरग्लेड अपार्टमेन्ट फोन - 5645312	पी० ए० अरोरा एवरग्लेड अपार्टमेन्ट फोन - 5645312	पी० के० अरोरा एवरग्लेड अपार्टमेन्ट फोन - 5643512
4. मानसी दोशी हा० क्र० 16 मुम्बई-69	मानसी दोशी हा० क्र० 16 मुम्बइ-69	मानसी दोशी हा० नं० 16 मुंम्बई-69	मानसी दोषी हा० क्र० 16 मुम्बई-69	मानसी दोशी हा० क्र० 16 मुम्बई-69
5. फारिया परेरा मोगरा पाडा रॉस्केला-27	फारिया परेरा मोगरा पांडा रॉस्केला-27	फारिया परोरा मोगर पाडा रॉस्केला-27	फरिया परेरा मोगरा पाडा रॉस्केला-27	फारिया परेरा मोगरा पाडा रॉस्केला-27
6. गायत्री गाडगील 60/ई ब्रिंदावन जोधपुर-89	गायत्री गाडगील 60/ई ब्रिंदावन जोधपुर-89	गायत्री गाडगील 60/ई वृंदावन जोधपुर-89	गायतृ गाडगील 60/ई ब्रिंदावन जोधपुर-89	गायत्री गाडगिल 60/ई ब्रिंदावन जोधपुर-89
7. मेहुल शाह 815/न/VII वा गडचिरोली-12	मेहुल शाह 815/म/VII वा गडचिरोली-12	मेहुल शाह 815/न/VII वा गडचिरोती-12	मेहुल शाह 815/न/VI वा गडचिरोली-12	इनमें से कोई नहीं
8. सुनील पाल 256/एवरशाइन दिल्ली-23	सुनील पाल 256/एवरशाईन दिल्ली-32	सुनील पॉल 256/एवरशाइन दिल्ली-23	सुनील पाल 256/एवरशाइन दिल्ली-23	सुनील पाल 256/एवरशाईन दिल्ली-23
9. पुर्वी दवे 11वा हाऊस रायपुर-91	पुर्वी दवे 11वा हाऊस रायपुर-91	पुर्वी दवे 11का हाऊस रायपुर-91	पूर्वी दवे 11वा हाऊस रायपुर-91	पूर्वी दवे 11वा हाऊस रायपुर-19
10. कुणाल दलवी हुतात्मा चॉक (ई) मुंबई-03	कुणाल दलवी हुतात्मा चॉक (इ) मुंबई-03	कुणाल दलवी हुतात्मा चॉक (ई) मुंबई-03	कुणल दलवी हुतात्मा चॉक (ई) मुंबई-03	कुनाल दलवी हुतात्मा चॉक (ई) मुंबई-03
11. विभूति पाण्डेय् कॉटन ग्रीन हाऊस शिमला-77	विभूति पाण्डेय् कॉटन ग्रीन हाउस शिमला-77	विभूति पाण्डेय् कॉटन ग्रीन हाऊस सिमला-77	विभुति पाण्डेय् कॉटन ग्रीन हाऊस शिमला-77	इनमें से कोई नहीं
12. अदिति राजवाडकर 43-होसूर रोड बंगलौर-6	अदिति राजवाडकर 43-होसूर रोड बंगलोर-6	अदिति राजवाडकर 43-होसूर रोड बंगलौर-6	अदिति राजवाडकर 43-हासूर रोड बंगलौर-6	अदिति राजवडकर 43-होसूर रोड बंगलौर-6
13. सुषमा उपध्याय 36डी/117 'सी' साबरमती -29	सुषमा उपध्याय 36डी/117 'सी' साबरभती -29	सुषमा उपध्याया 36डी/117 'सी' साबरमती -29	सुषमा उपध्याय 36डी/117 'सी' साबरमती -29	सुषमा उपध्याय 36डी/117 'सी' साबरमती -92
14. अवनी पारेख नगर दास रोड गुरगाँव-61	अवनी पारेख मगर दास रोड गुरगाँव-61	अवनी पारेख नगर दास रोड गुरगाँव-61	अवनी पारिख नगर दास रोड मुरगाँव-61	अवनी पारेख नगर दास रोड मुरगाँव-61
15. 'शुर्ती वैध्या फाउनटेनरा पैलेस् शिमडोभा-47	'शुर्ती वैध्य फाउनटेनरा पैलेस् शिमडोभा-47	'शुर्ती वैद्या फाउनटेनरा पैलेस् शिमडोभा-47	'शुर्ती वैध्या फाउनटेनरा पैलेस् शिमडोभा-74	इनमें से कोई नहीं
16. लिमाये एण्ड रास्स दुकान-To 63 फैक्स- 3511310	लिमाये एण्ड रास्स दुकान-To 36 फैक्स- 3511310	लिमाये एण्ड रास्स दुकान-To 63 फैक्स- 3513110	लिमाये एण्ड रास्स दुकान-To 63 फैक्स- 3511310	लिमाये एण्ड रास्स दुकान-To 63 फॅक्स- 3511310

		(a)	(b)	(c)	(d)
17.	कोमल शिराली बेंकटेंश चौक नामपल्जी-74	कोमल शिराली बेंकटेंश चौक नामपल्जी-74	कोमल शिराली बेंकटेस चौक नामपल्जी-74	कोमल शिराली बेंकटेश चौक नामपल्जी-74	कोमल शिराली बेंकटेंश चौक नामपत्जी-74
18.	साभियों फेंनानडेज ड्रिम हाऊस-8 इन्द्रा नगर	साभियों फेंनानडेज ड्रिम हाऊस-8 इन्द्रा नगद	साभियों फेंनानडेज ड्रीम हाऊस-8 इन्द्रा नगर	साभियाँ फेंनानडेज ड्रिम हाऊस-8 इन्द्रा नगर	साभियों फेंनानडेज ड्रिम हाऊस-8 इन्द्रा नगर
19.	तुफरीश अटोडारिय 637/IX वी/एस गलोबरा हाऊस-8	तुफरीश अटोडारिया 637/IX वी/एन गलोबरा हाऊस-8	तुफरीश अटोडरिया 637/IX वी/एस गलोबरा हाऊस-8	तुफरीश अटोडारिया 637/XI वी/एस गलोबरा हाऊस-8	तुफरीश अटोडारिय 637/IX वी/एस गलोबरा हाऊस-8
20.	मरूणमयी वालीम्बे 21 रोड, दूसरी मंजिल देवनगर-12	मरूणमयी वालीम्बे 21 रोड, दूसरी मंजिल देवनगर-12	मरूणमयी वालीम्बे 21 रोड, दूसरी मंजिल देवनगर-210	मरूणमयी वालीम्बे 21 रोड, दुसरी मंजिल देवनगर-12	मरूणमयी वालीम्बे 21 रोड, दूसरी मंजिल देवनगर-21
21.	नसीम अक्खतर ग्रीन विला-33वी नेगम पेठ-2	नसीम अक्खतर ग्रीन विला-33वी निगम पेठ-2	नसीम अखतर ग्रीन विला-33वी नेगम पेठ-2	नसीम अक्खतर ग्रीन विला-33वी नेगम पेठ-2	नशीम अक्खतर ग्रीन विला-33वी नेगम पेठ-2
22.	लिनेट्टे माऊटीरीयो डी मिलो रोड गोना-11	लिनेट्टे माउटीरीयो डी मिलो रोड गोना-11	लिनेट्टे माऊटीरियो डी मिलो रोड गोना-11	लिनेट्टे माऊटीरीयो डी मिलो रोड गौना-11	लिनेट्टे माऊटीरीयो डी मिलो रोड गोना-11
23.	शेफाली मुकर्जी चौथा, गोवंडी नाका अम्रितसर-60	शेफाली मुकर्जी चौथा, गोवंडी नाका अमृतसर-60	शेफाली मुकर्जी चौथा, गोवंडी नाका अम्रितसर-60	शेफाली मुखर्जी चौथा, गोवंडी नका अम्रितसर-60	शेफाली मुकर्जी चौथा, गोचंडी नाका अम्रितसर-60
24.	देबाशिश गाँगुली प्लॉट नं०-15 कोलकाता-84	देबाशिश गाँगुली प्लॉट नं०-15 कोलकाता-48	देबाशिश गाँगुली प्लॉट नं०-15 कोलकता-84	देबाशिश गाँगुली प्लौट नं०-15 कोलकाता-84	देबाशिश गाँगुली प्लॉट नं०-15 कोलकाता-84
25.	कुमार विसरा 21, भवानी नगर चितुर्घ-4	कुमार विसरा 12, भवानी नगर चितुर्घ-4	कुमार विशरा 21, भवानी नगर चितुर्घ-4	कुमार विसरा 21, भवानी नगर चितूर्घ-4	कुमार विसरा 21, भवानी नगर चितुर्घ-4

निर्देश (प्र.सं. 26-30) *निम्नलिखित प्रत्येक प्रश्न में अक्षर समूह को निम्नलिखित कोडों में कूटबद्ध किया जाना है*

अक्षर : S L T N P M B K R C

कोड : 3 1 7 9 6 8 5 2 4 0

आपको यह पता करना है कि दिए गए (a) या (b) या (c) या (d) में से किस उत्तर में सही कोडीकृत रूप दिया गया है और इसे उत्तर पुस्तिका में इंगित करना है।

26. RTMNLC

(a) 847910 (b) 487910 (c) 478019 (d) इनमें से कोई नहीं

27. KPBCSR

(a) 256034 (b) 265034 (c) 026534 (d) 265304

28. NTKSPLB

(a) 9726310 (b) 7923615 (c) 9725616 (d) 9723615

29. LRCTKMNS

(a) 14072893 (b) 1402839 (c) 41078293 (d)14708293

30. SCBLMRK

(a) 0351842 (b) 3015842 (c) 3051842 (d) 3051482

निर्देश (प्र.सं. 31- 35) *नीचे प्रत्येक प्रश्न में चार शब्द दिए गए हैं। यदि उन सभी को शब्दकोश की तरह वर्णक्रम में व्यवस्थित किया जाए, तो उनमें से कौन-सा शब्द तीसरे स्थान पर आएगा?*

31. (a) burrow (b) burst (c) burner (d) button

32. (a) fluvial (b) flux (c) flutter (d) flurry

33. (a) laurel (b) lavender (c) launcher (d) laundry

34. (a) solid (b) solve (c) soil (d) solar

35. (a) malice (b) magma (c) maintain (d) magic

उत्तरमाला

1.	*(c)*	2.	*(b)*	3.	*(a)*	4.	*(d)*	5.	*(d)*	6.	*(a)*	7.	*(d)*	8.	*(c)*	9.	*(a)*	10.	*(b)*
11.	*(d)*	12.	*(b)*	13.	*(c)*	14.	*(b)*	15.	*(d)*	16.	*(c)*	17.	*(a)*	18.	*(d)*	19.	*(d)*	20.	*(a)*
21.	*(c)*	22.	*(d)*	23.	*(b)*	24.	*(d)*	25.	*(d)*	26.	*(d)*	27.	*(b)*	28.	*(d)*	29.	*(a)*	30.	*(c)*
31.	*(b)*	32.	*(c)*	33.	*(d)*	34.	*(a)*	35.	*(d)*										

अभ्यास प्रश्न 3

निर्देश (प्र.सं. 1-35) *नीचे दिए गए प्रत्येक प्रश्न में बाईं ओर पहले कॉलम में नाम और पतों का एक युग्म दिया गया है और फिर उसके बाद चार और ऐसे ही युग्म दिए गए हैं जो कि कॉलम* (a), (b), (c), (d) *क्रमांकों से दिखाए दिए गए हैं। आपको यह ज्ञात करना है कि इन चारों में से कौन-सा युग्म पहले वाले प्रश्न कॉलम में दिए गए नाम पते के युग्म जैसा ही है।*

		(a)	(b)	(c)	(d)
1.	अब्दुल्ला रहमान 68 शौकत अली स्ट्रीट, अली 123754	अब्दुला रहमान 68 शौकत अली स्ट्रीट, अली 132754	अब्दुल रहमान 68 शौकत अली स्ट्रीट, अली 123754	अब्दुल्ला रहमान 68 शौकत अली स्ट्रीट, अली 123754	अब्दुल्ला रहमान 68 शौकत अली स्ट्रीट, अली 123745
2.	धनराज रघु 628, सी, सानीवाड़ी नई 341296	धनराज रघु 628, सी, सानीवारी नई 341296	धनराज रघु 628, सी, सानीवाड़ी नई 341296	धनराज रघू 628, सी, सानीवाड़ी नई 341296	धनराज रघु 628, सी, सानीवाड़ी नई 341296
3.	तेजस्विनी राजकोट कबूतर खाना पीछे सायं 6.30 से 8.30	तेजस्विनी राजकोट कबूतर खाना पीछे सायं 6.30 से 8.30	तेजस्विनि राजकोट कबूतर खाना पीछे सायं 6.30 से 8.30	तेजस्विनी राजकोट कबूतर खाना पीछे सायं 6.30–8.30	तेजस्विनी राजकोट कबूतर खाना पीछे सायं 6.30 से 8.30
4.	दीपस्मिता देबू डी 601 आकाश टेली० 400233	दीपस्मिता देबू डी 601 आकाश टेली० 400323	दीपस्मिता देबू डी 601 आकास टेली० 400233	दीपष्मिता देबू डी 601 आकाश टेली० 400233	दीपस्मिता देबू डी 601 आकाश टेली० 400233
5.	मोनीश भट्ट मोगल इस्टट 17, अहमदाबाद–37	मोनीश भट्ट मोगल इस्टट 17, अहमदाबाद–37	मोनीश भट्ट मोगल इस्टट 17, अहमदाबाद–73	मोनीष भट्ट मोगल इस्टट 17, अहमदाबाद–37	मोनिश भट्ट मोगल इस्टट 17, अहमदाबाद–37
6.	सुब्रह्मण्यम अय्यर 25/A/301 रानी फोन 81543891	सुब्रमण्यन अय्यर 25/A/301 रानी फोन 81543891	सुब्रमण्यम अय्यर 25/A/301 रानी फोन 81453891	सुब्रह्मण्यम अय्यर 25/A/301 रानी फोन 81543819	इनमें से कोई नहीं
7.	राजेश वी दत्तात्रेय 35 पटेल रोड चेन्नई– 142317	राजेश वी दत्तात्रेय 35 पटेल रोड़ चेन्नई– 142317	राजेश वी दत्तात्रेय 35 पटेल रोड चेन्नई– 142317	राजेश पी दत्तात्रेय 35 पटेल रोड़ चेन्नई– 142317	राजेश वी दत्तात्रेय 35 पटेल रोड चेन्नई– 143217
8.	रजनीश चटर्जी नई पोलोक्लीनिक टेली—837542419	रजनीश चटर्जी नई पालोक्लीनिक टेली—837542419	रजनीस चटर्जी नई पोलोक्लीनिक टेली—837542149	रजनीश चटर्जी नई पोलोक्लीनिक टेली—837542149	रजनीश चटर्जी नई पोलोक्लीनिक टेली—837542419
9.	विश्वजीत दास 3/124 सेक्टर 21 फोन–20147892	विश्वजीत दास 3/124 सेक्टर 21 फोन–20148792	विश्वजीत दास 3/124 सेक्टर 11 फोन–20147892	विश्वजीत दास 3/124 सेक्टर 21 फोन–20147892	विश्वजित दास 3/124 सेक्टर 21 फोन–20147892
10.	गोपाल फनिक्कर केकिल हाऊह केरल–301546	गोपाल फनिक्कर केकिल हाऊह केरल–301546	गोपाल फनिकर केकिल हाऊह केरल–301546	गोपाल फणिक्कर केकिल हाऊह केरल–301546	गोपाल फनिक्कर केकिल हाऊह केरल–310546
11.	शाह सत्यागीत 28/36 'अ' कालोनी सिकंदराबाद-27	शाह सत्याजीत 28/36 'अ' कालोनी सिकंदराबाद-27	शाह सत्यागीत 28/63 'अ' कालोनी सिकंदराबाद-27	शाह सत्यागीत 28/36 'स' कालोनी सिकंदराबाद-27	इनमें से कोई नहीं
12.	कपिला आर 117 डी एन चॉल बम्बई–401352	कपिला आर 117 डी एन चॉल बम्बई–401352	कपिला आर 117 डी एम चॉल बम्बई–401352	कपीला आर 117 डी एन चॉल बम्बई–401352	कपिला आर 117 डी एन चॉल बम्बई–410352

		(a)	(b)	(c)	(d)
13.	भुजंग गोरे आशीर्वाद 120 डी जारखंड-24	भुजंग गोरे आशीर्वाद 120 डी जारखंड-24	भुजंग गोरे आशीर्वाद 120 बी जारखंड-24	भुजंग गोरे आशीर्वाद 120 डी जारखंड-42	भुजंग गोरे आर्शीवाद 120 डी जारखंड-24
14.	रूमम अहलूवालिया 202, संपत रोड अहमदाबाद-13	रूमम अलुवालिया 202, सम्पत रोड अहमदाबाद-13	रूपम अलुवालिया 202, संपत रोड अहमदाबाद-13	रूमम अहलूवालिया 202, संपत रोड अहमदाबाद-13	रूमम अहलूवालिया 202, संपत रोड अहमकाबाद-13
15.	B/2001, राम के सामने पानीपत-201456	B/2001, राम के सामने पानीपत-204156	B/2010, राम के सामने पानीपत-201456	B/2001, राम के सामने पानीपत-201456	B/2001, राम के सामने पानीपथ-201456
16.	मधुसूदन लाल 6/6/301, राम टेले-21041976	मधुसूदन लाल 6/5/301, राम टेले-21041976	मधुसूदन लाल 6/6/301, राम टेले-21041976	मधूसूदन लाल 6/6/301, राम टेले-21041976	मधुशुदन लाल 6/6/301, राम टेली-21041976
17.	परोमिता सेठी 2/301-B, कारमेल कोलकाता-310472	परोमीता सेठी 2/301-B, कारमेल कोलकाता-310472	परोपिता सेठी 2/301-B, कारमेल कोलकता-310472	परोमिता सेठी 2/301-B, कारटेल कोलकाता-310472	इनमें से कोई नहीं
18.	खुशनुमा शाला 601-c, मिट रोड-7 मो० 9204376128	खुशनुमा शाला 601-c, मिट रोड-7 मो० 9204376128	खुशनुमा शाला 602-c, मिट रोड-7 मो० 9204376128	खुशनुमा साला 601-a, मिट रोड-7 मो० 9204376128	खुशनूमा शाला 601-c, मिट रोड-7 मो० 9204736128
19.	रानी गैराशंकर भारती रोड इन्दौर-420154	रानी गैराशंकर भारती रोड इन्दौर-402154	रानी गैराशंकर भारती रोड इन्दौर-420154	रानी गौरीशंकर भारती रोड इन्दौर-420154	रानी गैराशंकर मारती रोड इन्दौर-420154
20.	सुंभा जी सुकवाल पलौट 216,महदा नागपुर-23154	सुंभा जी सुकवाल फ्लैट 216,महदा नागपुर-23154	सुंभा जी सुकवाल पलौट 216,महदा नागपुर-23514	सुंभा जी सुकवाल पलौट 216,महंदा नागपुर-23154	सुंभा जी सुकवाल पलौट 216,महदा नागपुर-23154
21.	रविन्द्र लकौर जी आर-8 होटल एम आईजी अजमेर 2143205	रविन्द्र लकौर जी आर-8 मोटल एम आईजी अजमेर 2143205	रविन्द्र लकौर जी आर-8 होटल एम आईजी अजमेर 2143025	रविन्द्र लकौर जी आर-8 होटल एम आईजी अजमेर 2143205	रविन्द्र लकौर पी आर-8 होटल एम आईजी अजमेर 2143205
22.	मानुष डिसूजा लीलावती B-81 तीरूसीर-160423	मानुष डिसूजा लीलावती B-81 तीरूशीर-160423	मानुष डिसूजा लीलावती B-81 तीरूसीर-160423	मानुष डिसूजा लीलावती B-18 तीरूसीर-160423	मानुश डिसूजा लीलावती B-81 तीरूसीर-160423
23.	नचिकेतास कुमार 3,201 (ए) एल, होटल लुधियाना-231529	नचिकेतास कुमार 3,201 (ए) एल, होटल लुधियाना-231529	नचिकेतार कुमार 3,201 (ए) एल, होटल लुधियाना-231529	नचिकेतास कुमार 3,201 (ए) एम, होटल लुधियाना-231529	नचिकेतास कुमार 3,201 (ए) एल, होटल लुधियाना-231529
24.	आदित्य वेनुगोपाल वाल्कराज रोड टेले-86921940	आदित्य वेनुगोपाल वालकराज रोड टेले-86921940	आदित्य वेनुगोपाल वाल्कराज रोड टेले-86921940	आदित्य वेणुगोपाल वाल्कराज रोड टेले-86921940	आदित्य वेनुगोपाल वाल्कराजा रोड टेले-86921940
25.	एस० एल० जीलक्ष्मी ए/301-जे, डीन रोड रूबी नगर	एस० एल० जीलक्ष्मी ए/301-जे, डीन रोड रूबी नगर	एम० एल० जीलक्ष्मी ए/301-जे, डीन रोड रूबी नगर	एस० एल० जीलक्ष्मी ए/301-के, डीन रोड रूबी नगर	एस० एल० जीलक्ष्मी ए/301-जे, डीन रोड रूबी नगद
26.	रामा मुखर्जी 112/ए/4 एम टी रोड 9 बजे सुबह से 12 बजे दोपहर	रमा मुखर्जी 112/ए/4 एम टी रोड 9 बजे सुबह से 12 बजे दोपहर	रामा मुखर्जी 112/ए/B एम टी रोड 9 बजे सुबह से 12 बजे दोपहर	रामा मुकर्जी 112/ए/4 एम टी रोड 9 बजे सुबह से 12 बजे दोपहर	रामा मुखर्जी 112/ए/4 एम टी रोड 9 बजे सुबह से 12 बजे दोपहर
27.	दीप लक्ष्मी सेन 30/बी, बापत रोड टेले-86921940	दीप लक्ष्मी सेन 30/बी, पाबत रोड टेले-86921940	दीप लक्ष्मी सेन 30/सी, बापत रोड टेले-86291940	दीप लक्ष्मी रेन 30/बी, बापत रोड टेले-86921940	इनमें से कोई नहीं
28.	सावित्री घारीपुर 226-डी, सेक्टर-ए हाजीराबाद-22	सावित्री घारीपूर 226-डी, सेक्टर-ए हाजीराबाद-22	सावित्री घारीपुर 226-डी, सेक्टर-ए हजीराबाद-22	सावित्री घारीपुर 226-डी, सेक्टर-ए हाजीराबाद-22	सावित्री मारीपुर 226-डी, सेक्टर-ए हाजीराबाद-22
29.	नसरुद्दीन मुल्ला बी 142, पुरानी चर्च टेले-9120567805	नशरूद्दीन मुल्ला बी 142, पुरानी चर्च टेले-9120567805	नसरुद्दीन मुल्ला बी 142, पुरानी चर्च टेले-9120567805	नशरुद्दीन मुल्ला पी 142, पुरानी चर्च टेले-9120567805	नसरुद्दीन मुल्ला बी 142, पुरानी चर्च टेली-9120567805

		(a)	(b)	(c)	(d)
30.	रजनीश जोश 127, शिवाजी नगर नासिक-425796	रजनीश जोश 127, शिवाजी नगर नासिक-425796	रजनीश जोग 127, शिवाजी नगर नासिक-425796	रजनीश जोश 127, शिवाजी मागर नासिक-425796	रजनीश जोश 127, शिवाजी नगर नासिक-452796
31.	विघा कुमार कौर एस आर 6 अपार्ट 2.30 से 4.30 बजे	विद्या कुमार कौर एस आर 6 अपार्ट 2.30 से 4.30 बजे	विघा कुमार कौर एस आर 6 अपार्ट 2.30-4.30 बजे	विघा कुमार कौर एस आर 6 एपार्ट 2.30 से 4.30 बजे	विघा कुमार कौर एस आर 6 अपार्ट 2.30 से 4.30 बजे
32.	रोड निक्स बी० आर० दीया 7 बंग्लोज टेले-24798752	रोड निक्स बी० आर० दीया 7 बंग्लौज टेले-24798752	रोड निक्स बी० आर० दीया 7 बंग्लोज टेले-24798752	रोड निक्स बी० आर० दीया 7 बंग्लोज टेले-24798725	रोड निक्स बी० आर० हीया 7 बंग्लोज टेले-24798752
33.	लवकुश आनंद बी/102-D, रूप 8 बजे से 10 बजे सुबह	लवकुश आनंद बी/102-D, रूप 8 बजे से 10 बजे सूबह	लवकुश आनंद पी/ 102-D, रूम 8 बजे से 10 बजे सुबह	लवकुश आनंद पी/102-D, रूप 8 बजे से 10 बजे सुबह	इनमें से कोई नहीं
34.	विजय शंकर 90, कालिन्दी मेरठ-250002	विजय शंकर 90, कालिन्दी मेरठ-250002	विजया शंकर 90, कालिन्दी मेरठ-250002	विजय शंकर 09, कालिन्दी मेरठ-250002	विजय शंकर 90, कालिन्दी मेरठ-250020
35.	सुख बोध गौरकानी बेलनताई सी-314/डी पिन-2430149	सुख बोध गौरकानी बेलमताई सी-314/डी पिन-2430149	सूख बोध गौरकानी बेलनताई सी-314/डी पिन-2430149	सुख बोध गौरकानी बेलनताई सी-314/डी पिन-2430149	सुख बोध गौरकानी बेलनताई सी-314/सी पिन-2430149

उत्तरमाला

1.	*(c)*	2.	*(b)*	3.	*(a)*	4.	*(d)*	5.	*(a)*	6.	*(d)*	7.	*(b)*	8.	*(d)*	9.	*(c)*	10.	*(a)*
11.	*(d)*	12.	*(a)*	13.	*(a)*	14.	*(c)*	15.	*(c)*	16.	*(b)*	17.	*(d)*	18.	*(a)*	19.	*(b)*	20.	*(d)*
21.	*(c)*	22.	*(b)*	23.	*(a)*	24.	*(b)*	25.	*(a)*	26.	*(d)*	27.	*(d)*	28.	*(c)*	29.	*(b)*	30.	*(a)*
31.	*(d)*	32.	*(b)*	33.	*(d)*	34.	*(a)*	35.	*(c)*										

अभ्यास प्रश्न 4

निर्देश (प्र.सं. 1-35) *नीचे दिए गए प्रत्येक प्रश्न में बाईं ओर पहले कॉलम में नाम और पतों का एक युग्म दिया गया है फिर उसके बाद चार और ऐसे ही युग्म दिए गए हैं जो कि कॉलम* (a), (b), (c), (d) *क्रमांकों से दिखाए दिए गए हैं। आपको यह ज्ञात करना है कि इन चारों में से कौन-सा युग्म पहले वाले प्रश्न कॉलम में दिए गए नाम पते के युग्म जैसा ही है।*

	(a)	(b)	(c)	(d)
1. उषा चेडा 17/28 बनीपार्क जयपुर-308605	उषा चेडा 17/28 बनीपार्क जयपुर-306805	उषा चेडा 17/28 बनीपार्क जयपुर-308605	उषा पेडा 17/28 बनीपार्क जयपुर-308605	उषा चेडा 17/28 कनीपार्क जयपुर-308605
2. मनोज गोसाई 15 डी/राजपथ बीकानेर-16	मनोज गोसाई 15 डी/राजापथ बीकानेर-16	मनोज गौसाई 15 डी/राजपथ बीकानेर-16	मनोज गोसाई 15 डी/राणापथ बीकानेर-16	मनोज गोसाई 15 डी/राजपथ बीकानेर-16
3. अमोल बने चॉक, 2709 चुरू-365311	अमोल बने चौक, 2709 चुरू-365311	अमोल बने चॉक, 2709 चुरू-365131	अमोल बने चॉक, 2709 चुरू-365311	अमोल बने चॉक, 2709 चुरू-363511
4. भोला थुकाल अजमेर (साउथ) टेले-859693	भोला थुकाल अजमेर (साउथ) टेले-859693	भोला थुकाल अजमेर (सॉउथ) टेले-859693	मोला थुकाल अजमेर (साउथ) टेले-859693	भोला थुकाल अजमेर (साउथ) टेली-859693
5. विश्वजीत मायोंहॉस्टल, 17 अजमेर-396381	विश्वजीत मायोंहॉस्टल, 71 अजमेर-396381	विश्वजित मायोंहॉस्टल, 17 अजमेर-396381	विश्वजीत मायोंहॉस्टल, 17 अजमेर-396281	इनमें से कोई नहीं
6. राजेन्द्र बाबु 11/सी० पी० रोड, नीमाच-14	राजेन्द्र बाबु 11/सी० बी० रोड, नीमाच-14	राजेन्द्र बाबु 11/सी० वी० रोड, नीमाच-14	राजेन्द्र बाबु 11/सी० पी० रोड, नीमच-14	राजेन्द्र बाबु 11/सी० पी० रोड, नीमाच-14
7. सुभाष शुक्ला मीना मार्केट, जयपुर-386953	सुभाष शुक्ला मीना मार्केट, जयपुर-386953	सुभाष शुक्ला मिना मार्किट, जयपुर-386953	सुभाष शुक्ल मीना मार्केट, जयपुर-386953	सुभाष शुक्ला मीना मार्केट, जयपुर-385953
8. सलील भगत तोपरी की चाल भरतपुर-36	सलील भगत तोपड़ी की चाल भरतपुर-36	सलील भगत तोपरी की चाल भरतपुर-36	सलीम भगत तोपरी की चाल भरतपुर-36	सलील भगत तोपरि की चाल भरतपुर-36
9. लाड एक्सपोर्टस 113, एम० एल० रोड, डौसा-26	लाड एक्सपोर्टस 113, एम० एल० रोड, दौसा-26	लाड एक्सपोटर्स 113, एम० एल० रोड, डौसा-26	लाड एक्सपोर्टस 113, एम० एल० रोड, डौसा-26	लाड एक्सपोर्टस 113, एल० एल० रोड, डौसा-26
10. टी० के० चचर 132, एम० आई० जी० अलवर-365319	टी० के० चचर 132, एम० आई० जी० अलवर-355319	टी० के० चक्कर 132, एम० आई० जी० अलवर-365319	टी० के० चचर 132, एल० आई० जी०अलवर-365319	टी० के० चचर 132, एम० आई० जी० अलवर-365319
11. गौरी गुहा 27/74, मिल्ल क्वार्ट भीलवाड़ा-26	गौरी गुहा 27/74, मिल्ल क्वार्ट भीलवाड़ा-26	गौरी गुहा 27/74, मिल्ल क्वार्ट भिलवाड़ा-26	गौड़ी गुहा 27/74, मिल्ल क्वार्ट भिलवारा-26	गौरी गुहा 74/27, मिल्ल क्वार्ट भीलवाड़ा-26
12. नीलेश गुप्ता सुजानपुरा-6 टेली-986356	नीलेश गुप्ता सुजानपुरा-6 टेली-986536	नीलेस गुप्ता सुजानपुरा-6 टेली-986356	नीलेश गुप्ता सुजानपुरा-6 टेली-986356	नीलेश गुप्ता सुजानपुर-6 टेली-986365
13. चतुर्वेदी गांधी नगर, 6 टेली- 2436290	चतुर्वेदी गांधी डगर, 6 टेली- 2436290	चतुर्वेदी गांधी नगर, 6 टेली- 2436290	चतुर्वेदि गांधा नगर, 6 फोन- 2436290	चतूर्वेदी गांधी नगर, 6 टेली- 2436290
14. भोला सिंह 29, एलपीजी गेट गंगानगर-17	भोला सिंह 29, एलपीजी गेट गंगानगर-17	भोला सिंह 29, एलपीजी गेट गंगामगर-17	भोला सिंग 29, एलपीजी गेट गंगानगर-17	भोला सिंह 92, एलपीजी गेट गंगानगर-17
15. मीनल भट्ट 122 'सी' डी रोड कोटा-321936	मीनल भट्ट 122 'सी' एम रोड कोटा-321936	मोनल भट्ट 122 'सी' डी रोड कोटा-321936	मीनल भट्ट 122 'सी' पी रोड कोटा-321936	इनमें से कोई नहीं

		(a)	(b)	(c)	(d)
16.	नरेश राजन घर नं० 63/714, जयपुर-324110	नरेश राजन घर नं० 36/714, जयपुर-324110	नरेश राजम घर नं० 63/714, जयपुर-324110	नरेश राजन घर नं० 63/714, जयपूर-324110	नरेश राजन घर नं० 63/714, जयपुर-324110
17.	रीतू एक्सोना टेली-2638291 फैक्स-3628321	रीतु एक्सोना टेली-2638291 फैक्स-3628321	रीतू एक्सेना टेली-2638291 फैक्स-3628321	रीतू एक्सोना टेली-2638291 फैक्स-3628321	रीतू एक्सोना फो.-2638291 फैक्स-3628321
18.	रामा राव क्वा० नं० 4/632 डी जोधपुर-24	रामा राव क्वा० नं० 4/632 डी जोधपूर-24	रामा राव क्वा० नं० 4/632 डी जोधपुर-24	रमा राव क्वा० नं० 4/632 डी जोधपुर-24	रामा राव फ्लै० नं० 4/632 डी जोधपुर-24
19.	श्रीनाथ ट्रेवल्र्स 3/29 डी० एस० रोड नाथद्वारा-17	श्रीनाथ ट्रेवल्र्स 3/29 डी० एस० रोड नाथद्वारा-17	श्रीनाथ ट्रेवल्स 3/29 डी० एस० रोड नाथद्वारा-17	श्रीनाथ ट्रेवल्र्स 3/29 डी० एम० रोड नाथद्वारा-17	श्रीनाथ ट्रेवल्र्स 3/29 डी० एस० रोड नाथद्वार-17
20.	रूचा शाह हो० नं० 24, टोंक-326931	रूचा शाह हो० नं० 42, टोंक-326931	रूचा शाह हा० नं० 24, टोंक-326931	रूचा शाह फो० नं० 24, टोंक-326931	रूचा शाह हो० नं० 24, टोंक-326931
21.	प्राची अरोड़ा डींग हाऊस पिन-316629	प्राची अरोड़ा डींग हाउस पिन-316629	प्राची अरोड़ा डींग हाऊस पिन-316629	प्राची अड़ोरा डींग हाऊस पिन-316629	प्राची अरोड़ा रींग हाऊस पिन-316629
22.	राजीव सिन्हा सी-8 सी स्कीम झालावाड़-12	राजीव सिन्हा सी-8 सी स्कीम झालावाड़-12	राजीव सिन्हा सी-8 सी स्कीम झालावार-12	राजीव सिन्हा सी-8 की स्कीम झालावाड़-12	राजीव सिंहा सी-8 सी स्कीम झालावाड़-12
23.	कैलाश बाजपेयी 11/14 लिंक रोड धौलपुर-318221	कैलाश बाजपेयी 11/14 लिंक रोड घौलपुर-318221	कैलाश बाजपेयी 11/14 लिंक रोड घौलपूर-318221	कैलास बाजपेयी 11/14 लिंक रोड घौलपुर-318221	कैलाश बाजपेयी 11/14 लिंक रोड धौलपुर-318221
24.	दीपा जैन परिचय-632 कोटा-316933	दीपा जैन परिचय-623 कोटा-316933	दीपा जैन परिचय-632 कोटा-316933	दिपा जैन परिचय-632 कोटा-316933	दीपा जैन परीचय-632 कोटा-316933
25.	मैसर्स दार्जिलिंग स्टोरर्स टेले-639504 फैक्स-758989/91	मैसर्स दार्जिलिंग स्टोरर्स टेले-639504 फैक्स-758989/91	मैसर्स दार्जिलिंग स्टोरर्स टेले-639504 टैक्स-758989/91	मैसर्स दार्जिलिंग स्टोर्स टेले-639504 फैक्स-758989/91	मैसर्स दार्जिलिंग स्टोरर्स टेली-639504 फैक्स-758989/91
26.	विजय पाटिल 619, H.C.Comp. Khetri-365391	विजय पाटिल 619, H.C.Comp. Khetri-356391	विजय पाटित 619, H.C.Comp. Khetri-365391	विजय पाटिल 619, H.C.Comp. Khetri-365391	विजय पाटील 619, H.C.Camp. Khetri-365391
27.	रक्षा देशाई मे० नं०-1556, जी, टेले-6938951	रक्षा देशाई के० नं०-1556, जी, टेले-6938951	रक्षा देसाई मे० नं०-1556, जी, टेले-6938951	रक्षा देशाई मे० नं०-1556, जी, टेली-6938951	इनमें से कोई नहीं
28.	एल० जी० चौब तीसरी मंजिल, 112 रूम नं० 36/72	एल० जी० चौब तीसरी मंजिल, 112 रूम नं० 36/27	एल० जी० चौबे तीसरी मंजिल, 112 रूम नं० 36/72	एल० जी० चौब तीसरी मंजिल, 112 रूम नं० 36/72	एल० जी० चौब तीसरी मंजील, 112 रूम नं० 36/72
29.	गीता शंकर 29, P रोड महापुर-32631	गीता शंकर 29, P सड़क महापूर-32631	गीता शंकर 29, B रोड महापुर-32631	मीता शंकर 29, P रोड महापुर-32631	गीता शंकर 29, P रोड महापुर-32631
30.	नेहा अवस्थी देवालय ट्रस्ट फैक्स-545956/57	नेहा अवस्थी देवालय ट्रष्ट फैक्स-545956/57	नेहा अवस्थी सेवालय ट्रस्ट फैक्स-545956/57	नेहा अवस्थी देवालय ट्रस्ट फैक्स-545956/57	नेहा अवस्थी देवालय ट्रस्ट फैक्स-545956/57
31.	टी० एस० रौली चीफ इन्स्पेक्टर टेले-142639	टी० एस० रौली चीफ इस्पेंटर टेले-142639	टी० एस० रौली चीफ इन्स्पेक्टर टेले-142639	टी० एस० रौली चीफ इन्स्पेक्टर टेली-142639	टी० एस० रौली थीफ इन्स्पेक्टर टेले-142639
32.	विष्णु पी० जी० 136/339/IV/D-2 सिंधु नगर-6	विष्णु पी० जी० 136/339/IV/D-2 सिंधू नगर-6	विष्णु पी० जी० 136/339/IV/D-2 सिंधु नगर-6	विष्णु पी० जी० 136/339/VI/D-2 सिंधु नगर-6	विष्णु पी० टी० 136/339/IV/D-2 सिंधु नगर-6

	(a)	(b)	(c)	(d)
33. सुकेश टी० एस० डी० एस० पी० (विगी०) II विंग IV, 15/36/38	सुकेश टी० एस० डी० एस० पी० (विगी०) III विंग IV, 15/36/38	सुकेश टी० एस० डी० एस० पी० (विगी०) II विंग IV, 15/36/38	सुकेस टी० एस० डी० एस० पी० (विगी०) II विंग VI, 15/36/38	सुकेश टी० एम० डी० एल० पी० (विगी०) II विंग IV, 15/36/38
34. टी० के० बत्रा लाईन हाऊस 1509 चौऊमा-361403	टी० के० बत्रा लाईन हाऊस 1509 चौऊमा-361403	टी० के० बत्रा लाईन हाऊस 1590 चौऊमा-361403	टी० के० बत्रा लाईन हाऊस 1509 चौऊमा-364103	टी० के० बत्रा लाईन हाऊस 1509 चौगमा-361403
35. राज शेखर चौथी एवेन्यू (दक्षिण) जयपुर-365863	राज शेखर चौथी एवेन्यु (दक्षिण) जयपुर-365863	राज शेखर चौथी एवेन्यू (दक्षिण) जयपूर-365863	राज शेखर चौथी एवेन्यू (दक्षिन) जयपुर-365863	इनमें से कोई नहीं

निर्देश (प्र.सं. 36-40) *नीचे प्रत्येक प्रश्न में चार शब्द दिए गए हैं। यदि उन सभी को शब्दकोश की तरह वर्णक्रम से व्यवस्थित किया जाए, तो उनमें से कौन-सा चौथे स्थान पर आएगा?*

36. (a) Minority (b) Miniature (c) Ministerial (d) Minimalist

37. (a) Carbolic (b) Carbonise (c) Carbohydrate (d) Carburation

38. (a) Fraternity (b) Franchise (c) Frantic (d) Fraudulent

39. (a) Perferential (b) Prefabricate (c) Predictor (d) Predispose

40. (a) Transposrt (b) Translate (c) Transition (d) Transplant

उत्तरमाला

1.	*(b)*	2.	*(d)*	3.	*(c)*	4.	*(a)*	5.	*(d)*	6.	*(d)*	7.	*(a)*	8.	*(b)*	9.	*(c)*	10.	*(d)*
11.	*(a)*	12.	*(c)*	13.	*(b)*	14.	*(a)*	15.	*(d)*	16.	*(d)*	17.	*(c)*	18.	*(b)*	19.	*(a)*	20.	*(d)*
21.	*(b)*	22.	*(a)*	23.	*(d)*	24.	*(b)*	25.	*(a)*	26.	*(c)*	27.	*(d)*	28.	*(c)*	29.	*(d)*	30.	*(c)*
31.	*(b)*	32.	*(b)*	33.	*(b)*	34.	*(a)*	35.	*(d)*	36.	*(c)*	37.	*(b)*	38.	*(d)*	39.	*(a)*	40.	*(d)*

अभ्यास प्रश्न 5

निर्देश (प्र.सं. 1-35) *नीचे दिए गए प्रत्येक प्रश्न में बाईं कॉलम में नाम और पतों का एक युग्म दिया गया है और फिर उसके बाद और चार ऐसे ही युग्म दिए गए हैं जो कि कॉलम (a), (b), (c), और (d) क्रमांकों से दिखाए गए हैं। आपको यह ज्ञात करना है कि इन चारों में से कौन-सा युग्म पहले वाले प्रश्न कॉलम में दिए गए नाम पते के युग्म जैसा ही है।*

	(a)	(b)	(c)	(d)
1. हनरी ओलंगा सिमिनर क्रिकेटर जिबेबी-862157 पिन-325721	हनरी ओलंगा सिपिनर क्रिकेटर जिबेबी-862157 पिन-325721	हनरी ओलंगा सिमिनर किकेटर जिबेबी-862157 पिन-325721	हनरी ओलंगा सिमिनर क्रिकेटर जिबेबी-862157 पिन-325721	हनरी ओलगा सिमिनर क्रिकेटर जिबेबी-862157 पिन-325721
2. उतपाल भेल जोशपास डी बुन्डी-617926	उतपाल भेल जोशपास डी बुन्डी-617962	उतपाल भेल जोसपाल डी बुने-617926	उलपाल भेल जोशपास डी बुन्डी-617926	उतपाल भेल जोशपास डी बुन्डी-617926
3. कविता पोडरल फोन-629417 टी० सीरीज कम्पनी टेलैक्स-417521	कविता पोडरल फोन-629417 टी० सीरीज कम्पनी टेलैक्स-417521	कविता पोडरल फोन-624917 टी० सीरीज कम्पनी टेलैक्स-417521	कविता पौडरल फोन-629417 टी० सीरीज कम्पनी टेलैक्स-417521	कविता पोडरल फोन-629417 टी० सीरीजज कम्पनी टेलैक्स-417521
4. सविता सेठी पोप सिंगर फैक्स-321971 फोन-214751	सविता सेठी पॉप सिंगर फैक्स-321971 फोन-214516	सरिता सेठी पोप सिंगर फैक्स-321971 फोन-214755	सविता सेठी पॉप सिंगर फैक्स-321971 फोन-211751	इनमें से कोई नहीं
5. कोलियन कजन मैगना साऊड दिल्ली-416597 फैक्स-412759	कोलियन कजन मैगना साऊड दिल्ली-415697 फैक्स-412795	कोलियन कजन मैगना साऊड दिल्ली-416597 फैक्स-412759	कोलीयन कजन मैगना साऊड दिल्ली-416597 फैक्स-412759	कोलियन कजन मैगना साऊड दिल्ली-416597 फैक्स-412759
6. बैगा लड़का एफ० 369, अटलांटा एन० अमेरिका-36 रोड नं० 732/51	बैगा लड़का एफ० 369, अटलांटा एन अमेरीका-36 रोड नं० 732/51	बैगा लड़का एफ० 369, अटलांटा एन० अमेरिका-36 रोड नं० 732/51	बैगा लड़का एफ० 369, अटलांटा एन० अमेरिका-36 रोड नं० 372/51	बैगा लड़का एफ० 369, अटलांटा एन० अमेरिका 63 रोड नं० 372/51
7. जे० कोलिन्स चीफ मैनेजर फोन-317592 मोबाइल-1792543	जे० कोलिन्स चीफ मैनेजर फोन-315792 मोबाइल-1728543	जे० कोलिन्स चीप मैनेजर फोन-317592 मोबाइल-1792543	जे० कोलिन्स चीफ मैनेजर फोन-317592 मोबाइल-1792543	जे० कोलिपस चीफ मैनेजर फोन-317952 मोबाइल-1792543
8. रेनुका चौधरी ए + पी सिकन्दरा कूड-321759 दुकान नं० 214197 फोन-379215	रेनुका चौधरी ए + पी सिकन्दरा कूड-321759 दुकान न० 214197 फोन-379215	रनुका चौधरी ए + पी सिकन्दरा कूड-321759 दुकान न० 214197 फोन-379251	रेनुका चौधरी ए + पी सिकन्दरा कूड-241759 दुकान नं० 214197 फोन-3792 15	रेनुका चौधरी ए + पी सिकन्दरा कूड-321759 दुकान नं० 211597 फोन-372915
9. गिरी प्रसाद एस०/392, इंडियन बरनिया-712562 पिन-412157	गिरि प्रसाद एस०/392, इंडियन बरनिया-712562 पिन-412157	गिरी प्रसाद एम०/392, इंडियन बरनिया-712562 पिन-412157	गिरो प्रसाद एस०/392, इंडियन बरनिया-712562 पिन-421157	इनमें से कोई नहीं
10. हनमानट रा मेन डिलर जे० सी० टी० कम्पनी फैक्स-179215	हनुमानट रा मेन डिलर जे० सी० टी० कम्पनी फैक्स-197215	हनमानट रा मैन डिलर जे० सी० टी० कम्पनी फैक्स-179215	हनमानट रा मेन डिलर जे० सी० टी० कम्पनी फैक्स-179215	हनमानट रा मेन डिलर जे० सी० टी० कम्पनी फैक्स-791215
11. मोहन बाबू हैड मास्टर करमल-216914 पी० नम्बर-472951	मोहन बाबू हैड मास्टर करनाल-216914 पी० नम्बर-472951	मोहन बाबू हैड मास्टर करमल-216914 पी० नं०-472951	मोहन बाबू हैड मास्टर करमल-216914 पी० नम्बर-472951	महोन बाबू हैड मास्टर करमल-216914 पी० नम्बर-472951
12. नवान रबिया फैक्स-216257 टेलैक्स-121-9725	नवान रविया फैक्स-216257 टेलैक्स-121-9275	नवान रबिया फैक्स-216237 टेलैक्स-121-9735	नबान रबिया फैक्स-216257 टेलैक्स-11-9725	नवान रबिया फैक्स-216257 टेलैक्स-121-9725

		(a)	(b)	(c)	(d)
13.	एम॰ अलबीरेट जनत कोन्डा होन्सू-172541	एन॰ अलबीरेट जनत कोन्डा होन्सू-172541	एम॰ अलबीरेट जनत कोन्डा होन्सू-172541	एम॰ अलबीरेट जनत कोंडा होन्सू-172541	एम॰ अलबीरेट जनता कोन्डा होन्सू-172541
14.	पराग चेला टकला मकान चाईना-612578 टेलैक्स-477921	पराग चैला टकला मकान चाईना-612578 टेलैक्स-477921	पराग चेला टकला मकान चाईना-621578 टेलक्स-477921	पराग चेला टकला मकान चाईना-612578 टेलैक्स-479721	पराग चेला टकला मकान चाईना-612578 टेलैक्स-477921
15.	परकान्त बसौया चीफ एकाउण्टेंट फोन-216975 टेलैक्स-9172578	परकाम्त बसौया चीफ एकाउण्टेंट फोन-216975 टेलैक्स-917578	परकान्त बसौया चीफ एकाउण्टेंट फोन-216795 टेलैक्स-9172578	परकान्त बसौया चीफ एकाउण्टेंट फोन-216972 टेलैक्स-9172578	इनमें से कोई नहीं
16.	रामधर भंडारी दुकान नं॰ 3211 बी डोसा कॉर्नर डब्ल्यू-फोन-719264	रामधर भंडारी दुकान न॰ 3121 बी डोसा कार्नर डब्लू-फोन-719264	रामूधर भंडारी दुकान नं॰ 3211 बी डोसा कॉर्नर डब्लू-फोन-719264	रामधर भंडारी दुकान नं॰ 3211 बी डोसा कॉर्नर डब्ल्यू-फोन-719264	रामधर भण्डारी दुकान नं॰ 3211 बी डोसा कॉर्नर डब्ल्यू-फोन-719264
17.	जियान राजन पैटी ऑफिसर ढाका-719264	जियान राजन पैटी ऑफीसर ढाका-719264	जियान राजन पंटी ऑफिसर ढाका-719264	जिआन राजन पैटी ऑफिसर ढाका-712964	इनमें से कोई नहीं
18.	चन्दरश झा हाऊस न॰ खेतान मठो बेरी रोड-2146 ओरजाना वैली	चन्दरसा झा हाऊस न॰ खेतान मठो बेरी रोड-2146 ओरजाना वैली	चन्दरश झा हाउस न॰ खेतान मठो बेरी रोड-2146 ओरजाना वैली	चन्दरश झा हाऊस न॰ खेतान मठो बेरी रोड-2146 ओरजाना वैली	चन्दरश झा हाऊस न॰ खेतान मठो वेरी रोड-2164 ओरजाना वैली
19.	एच॰ हूमनपठपा सैक्टर-बी-2146 हेठी-269142 सतीजम इफोटक	एच॰ हुमनपठपा सैक्टर-बी-2146 हेठी-296142 सतीजम इफोटक	एम॰ हूमनपठपा सैक्टर-बी-2146 हेठी-269142 सतीजम इफोटक	एच॰ हूमनपठ्पा सैक्टर-बी-2146 हेठी-269142 सतीजम इफोटक	एच॰ हूमनपठपा सैक्टर-बी-2146 हेठी-269142 सतीजम इफोटक
20.	रामन खान एल-31, अनजाऊमन सारिफ कॉलोनी-6	रामन खान एल-31, अनजाऊमन सरिफ कॉलोनी-6	रामन खान एल-31, अनजाउमन सारिफ कॉलोनी-6	रमान खान एल-31, अनजाऊमन सारिफ कॉलोनी-6	रामन खान एल-31, अनजाऊमन सारिफ कॉलोनी-6
21.	गुल्ड़ापा जी साइंस टीचर कक्षा-पांच डी पेजर न॰ 175924	गुल्ड़ापा जी साइस टीचर कक्षा-पांच डी पेजर न॰ 175294	गुल्ड़ापा जी साइन्स टीचर कक्षा-पांच डी पेजर न॰ 175924	गुल्ड़ापा जी साइंस टीचर कक्षा-पाँच डी पेजर न॰ 175924	इनमें से कोई नहीं
22.	राजेशखर कम्पनी पेपर सप्लायर्स रोड न॰ 2169/बी एफ फैक्स-472159	राजेशखर कम्पनी पेपर सप्लायस रोड न॰ 2169/बी एफ फैक्स-472159	राजेशखर कम्पनी पेपर सप्लायर्स रोड न॰ 2169/बी एफ फैक्स-472159	राजेशखर कम्पनी पेपर सप्लायर्स रोड नं॰ 2169/बी एम फैक्स-472159	राजेशखर कम्पनी पेपर सॅप्लायर्स रोड न॰ 2169/बी एफ फैक्स-427159
23.	एल॰ नौगठी मेंगो वन्डर दुकान न-214/एल फोन-172453 पिन-470097	एल॰ नोगठी मेंगो बन्डर दुकान न-214/एल फोन-172453 पिन-470097	एल॰ नौगठी मेंगो वन्डर दुकान न-214/एल फोन-127453 पिन-470097	एल॰ नौगठी मेंगो वन्डर दुकान न-214/एल फोन-172453 पिन-470097	एम॰ नौगठी मेंगो वन्डर दुकान नं॰-214/एल फोन-172453 पिन-470907
24.	डिके गोविनस्वामी पी॰ के॰ चैम्बर्स फोन न॰-70432	डिके गोविनस्वामी पी के चैम्बर्स फोन न॰-74732	डिकै गोविनस्वामी पी॰ के॰ चैम्बर्स फोन न॰-74312	डिके गोविस्वामी पी॰ के॰ चैम्बर्स फोन न॰-70432	इनमें से कोई नहीं
25.	नवंयन महात्माजी 89, फेविज मेडिकल्स सम्पर्क :432105	नवंयन महात्माजी 89, फेविज मेडिकल्स सम्पर्क :432105	नवंयन महात्माजी 89, फेविज मेडिकल्स सम्पर्क :423105	नगंयन महात्माजी 98, फेविज मेडिकल्स सम्पर्क :432105	नवंयन महात्माजी 89, फेविज मेडिकल्स सम्पर्क :432150
26.	किनकर अग्निहोत्री 629, राजानी पार्क फोन न॰ 28951	किनकर अग्निहोत्री 692, राजनी पार्क फोन न॰ 28951	किनकर अग्निहोत्री 629, राजानी पार्क फोन न॰ 28591	किणकर अग्निहोत्री 629, राजानी पार्क फोन न॰ 28951	इनमें से कोई नहीं
27.	तसरीफ के॰ साई 65 A, जीवन हाल पिन-27759	तसरीफ के॰ साई 56 B, जीवन हाल पिन-27759	तसरीफ के॰ साई 65 B , जीवन हॉल पिन-27759	तसरीफ के॰ साई 65 A, जीवन हाल पिन-27759	तसरीफ के साई 65 B, जीवन हाल पिन-27579

		(a)	(b)	(c)	(d)
28.	इस्लाम मियां 790 नजीया लेन नया बाग-2857	इस्लाम मियां 709 नजीया लेन नया बाग-2587	इस्लाम मियाँ 790 नजीया लेन नया बाग-2857	इस्लाम मियां 790 नजीया लेन नया बाग-2857	इस्लाम मियां 790 नजीमा लेन नया बाग-2857
29.	मुनाजिम सहसन 7/25E सामा दुर्ग नौबतपुर, फोन-2734	मुनाजिम सहसन 7/25B सामा दुर्ग नौवतपुर, फोन-2734	मुनाजिम सहसन 7/25E समा दुर्ग नौबतपुर, फोन-2734	मनाजिम सहसन 7/25E सामा दुर्ग नौबतपुर, फोन-2734	मुनाजिम सहसन 7/25E सामा दुर्ग नौबतपुर, फोन-2734
30.	ए० के० हंगल 33 A, रोजनी गार्डन पिन न० 21477	ए० के० हंगल 33 A, रोजनी गार्डन पिन न० 21477	ए० के० हंगल 32 A, रोजनि गार्डन पिन न० 21477	ए० पी० हंगल 33 A, रोजनी गार्डन पिन न० 21477	ए० के० हंगल 33 B, रोजनी गार्डन पिन न० 24177
31.	रोहिणी हट्ंगड़ी नार्गजी स्टोट-31 फोन न० 27531	रोहिनी हट्ंगड़ी नार्गजी स्टोट-31 फोन न० 27531	रोहिणी हट्ंगड़ी नागजी स्टोट-31 फोन न० 27531	रोहिणी हट्ंगड़ी नार्गजी स्ट्रोट-13 फोन न० 27531	इनमें से कोई नहीं
32.	आसिफ अली जर्दायी पी० के० कॉलेज देवघर-53413	आसिफ अली जर्दायी पी० के० कालेज देबघर-53413	आसिफ आली जर्दायी पी० के० कॉलेज देवघर-53413	आसिफ अली जर्दायी पी० के० कॉलेज देवघर-53413	आसिफ अली जर्दायी पी० के० कॉलेज देवघर-53411
33.	रिक इन्दरफुर्थ C/o के चन्दर रफु स्ट्रीट न० 37 III मंजिल	रिक इन्दरफुर्थ C/o के चन्दर रफु स्ट्रीट न० 37 III मंजिल	रिक इन्दरफुर्थ C/o के० चन्दर रपु स्ट्रीट न० 37 III मंजिल	रिक इन्दरफुथ C/o के चन्दर रपु स्ट्रीट न० 37 III मंजिल	रिकू इन्दरफुर्थ C/o के चन्दर रफु स्ट्रीट न० 37 II मंजिल
34.	जे० टी० सुगुमोरी पी० जॉकी हॉस्पीटल वॉर्ड न-835	जे० पी० सुगुमोरी पी० जॉकी हॉस्पीटल वॉर्ड न-835	जे० टी० सुगुमोरी पी० जॉकी हॉस्पिटल वॉर्ड न-835	जे० टी० सुगुमोरी पी० जॉकी हॉस्पीटल बॉर्ड न-835	इनमें से कोई नहीं
35.	गोर्ज शोल्टी मकान न० 77 देवराज नगर-6782	गोज शोल्टी मकान न० 77 देवराज नगर-6782	गोर्ज शोलटी मकान नं० 77 देवराज नगर-6782	गोर्ज शॉल्टी मकान न० 77 देवराज नगर-6782	गोर्ज शोल्टी मकान न० 77 देवराज नगर-6782

उत्तरमाला

1.	*(c)*	2.	*(d)*	3.	*(a)*	4.	*(d)*	5.	*(d)*	6.	*(b)*	7.	*(c)*	8.	*(a)*	9.	*(d)*	10.	*(c)*
11.	*(c)*	12.	*(d)*	13.	*(b)*	14.	*(d)*	15.	*(d)*	16.	*(c)*	17.	*(d)*	18.	*(c)*	19.	*(d)*	20.	*(d)*
21.	*(d)*	22.	*(b)*	23.	*(c)*	24.	*(d)*	25.	*(a)*	26.	*(d)*	27.	*(c)*	28.	*(c)*	29.	*(d)*	30.	*(a)*
31.	*(d)*	32.	*(c)*	33.	*(a)*	34.	*(d)*	35.	*(d)*										

अभ्यास प्रश्न 6

निर्देश (प्र.सं. 1-35) *नीचे दिए गए प्रत्येक प्रश्न में बाईं कॉलम में नाम और पतों का एक युग्म दिया गया है और फिर उसके बाद और चार ऐसे ही युग्म दिए गए हैं जो कि कॉलम* (a), (b), (c) *और* (d) *क्रमांकों से दिखाये गए हैं। आपको यह ज्ञात करना है कि इन चारों में से कौन-सा युग्म पहले वाले प्रश्न कॉलम में दिए गए नाम, पते के युग्म जैसा ही है।*

	(a)	(b)	(c)	(d)
1. गिल पाठक 25/बी० एस० पी० बंगलौर-509258	गिल पाठक 25/बी० एस० पी० बंगलौर-509259	गिल पाठक 25/बी० एस० पी० बंगलौर-509285	गिल पाठक 25/बी० एस० पी० बंगलौर-50925	गिल पाठक 25/बी० एस० पी० बंगलौर-509258
2. फकीरा सिंह नानक सुभलार त्रिपुरा-752813	फकीर सिंह नानक सुभलार त्रिपुरा-752813	फकीरा सिंह नानक सुभलार त्रिपुरा-752813	फकीरा सिंह नानक सुभलार त्रिपूरा-752813	फकीरा सिंग नानक सुभलार त्रिपुरा-752813
3. मोन एण्ड सोनू कम्पनी एम० एस० बी० रोड जयपुर (राजस्थान)	मोन एण्ड सोनू कम्पनी एम० एस० बी० रोड जयपुर (राजस्थान)	मोन एण्ड सानू कम्पनी एम० एस० बी० रोड जयपुर (राजस्थान)	मोन एण्ड सोनू कम्पनी एम० एस० बी० रोड जयपूर (राजस्थान)	मोनू एण्ड सोनू कम्पनी एम० एस० बी० रोड जयपुर (राजस्थान)
4. मुकतार खान बाबू खान भवन बाजीरबाग (हैदराबाद)	मूकतार खान बाबू खान भवन बाजीरबाग (हैदराबाद)	मुकतार खान बाबु खान भवन बाजीरबाग (हैदराबाद)	मुकतार खान बाबू खान भवन बाजीरबाग (हैदराबाद)	मुकतार खान बाबू खान भवन बजीरबाग (हैदराबाद)
5. एवरेस्ट लग रूम न० 44 फोन-525826	एवरेस्ट लग रूम न० 44 फोन-525862	एवरेस्ट लग रूम न० 4 फोन-528526	एवरेस्ट लग रूम न० 44 फोन-52582	एवरेस्ट लग रूम न० 44 फोन-525826
6. सुलखाना पांडे पांड हैटरी फैक्स-022-569123	सुलखाना पांडे पांड हैटरी फैक्स-022-569123	सुलखाना पांडे पांड हैटरी फैक्स-022-5691232	सुलखाना पांडे पॉड हैटरी फैक्स-022-569123	सुलखाना पॉडे पांड हैटरी फैक्स-022-569123
7. टी० एम० पी० प्रोडक्ट एफ० एम० टी० नगर विषयालाग्राम	टी० एम० पी० प्रोडक्ट एफ० एम० टी० नगर विषयालाग्राम	टी० एम० पी० प्रोडक्ट एफ० एम० टी० नगर विषयलाग्राम	टी० एम० पी० प्रोडक्ट एफ० एम० टी० नगर विषयालग्राम	टी० एम० पी० प्रॉडक्ट एफ० एम० टी० नगर विषयालाग्राम
8. सी० बी० सी० सैन्टर सुपर बाजार फोन-064542260	सी० बी० सी० सैन्टर सुपर बाजार फोन-064542260	सी० बी० सी० सैन्टर सुपर बजार फोन-064542260	सी० बी० सी० सिन्टर सुपर बाजार फोन-064542260	सी० बी० सी० सैन्टर सूपर बाजार फोन-064542260
9. रानी रूप शाजा दुकान न० 46/28 शॉपिंग कॉम्पलैक्स	रानी रूप शाजा दुकान न० 46/28 शॉपिंग कोम्पलैक्स	रानी रूप शाजा दुकान न० 46/28 शोपिंग कॉम्पलैक्स	रानी रूप शाजा दुकान न० 46/28 शोपिग कॉम्पलैक्स	रानी रूप शाजा दुकान न० 46/28 शॉपिंग कॉम्पलैक्स
10. श्रीमती देवी पारवती एल० एम० सी० कॉलेज रायचूर-596218	श्रीमती देवी पारवती एल० एम० सी० कॉलेज रायचूर-596218	श्रीमती देवी पारवती एल० एन० सी० कॉलेज रायचूर-596218	श्रीमती देवी पारवती एल० एम० सी० कॉलेज रायचुर-596218	श्रीमति देवी पारवती एल० एम० सी० कॉलेज रायचूर-596218
11. कुमारी गुड्डी मुखनी इण्डस्ट्री फोन-0612-23292	कुमारी गूडडी मुखनी इण्डस्ट्री फोन-0612-23292	कुमारी गुड्डी मुखनी इण्डस्ट्री फोन-0612-23292	कुमारी गुड्डी मुखनी इण्डस्ट्री फोन-0612-23293	कुमारी गुडडी मूखनी इण्डस्ट्री फोन-0612-23292
12. डी० के० परनाडी फरनादीश विला गोवा-496528	डी० के० परनाडी फरनादीश विला गोवा-496528	डी० के० परनाडी फरनादिश विला गोवा-496528	डी० के० परनाडी फरनादीश विला गोआ-496528	डी० के० परनाडी फरनादीस विला गोआ-496528
13. एच० आर० ए० भिवास योगेन्द्रा सिंह पोस्ट बैग न-642	एच० आर० ए० भिवास योगेन्द्रा सिंह पोस्ट बैग न-42	एच० आर० ए० भिवास योगेन्द्रा सिंह पोस्ट बैग न-624	एच० आर० ए० भिवास योगेन्द्र सिंह पोस्ट बैग न-64	एच० आर० ए० भिवास योगेन्द्रा सिंह पोस्ट बैग न-642
14. डी० जी० सैन्टर नियर रेलवे स्टेशन कूच विहार (आसाम)	डी० जी० सैन्टर नियर रेलवे स्टेशन कूच विहार (असाम)	डी० जी० सैन्टर नियर रेलवे स्टेशन कूच बिहार (आसाम)	डी० जी० सैन्टर नियर रेलवे स्टेशन कुच विहार (आसाम)	इनमें से कोई नहीं
15. नीना गुप्ता नवीन गुप्ता फोन-325628	नीना गुप्त नवीन गुप्ता फोन-335628	नीना गुप्ता नवीन गुप्ता फोन-325728	नीना गुप्ता नवीन गुप्ता फोन-325618	नीना गुप्ता नवीन गुप्ता फोन-325628
16. वी० के० टाकरोस टकुर विहार विलरी (चेन्नई)	वी० के० टाकरोस टकुर विहारा विलरी (चेन्नई)	बी० के० टाकरोस टकुर विहार विलरी चेन्नई	वी० के० टाकरोस टकुर विहार विलरी (चेन्नई)	वी० वी० टाकरोस टकुर विहार विलरी (चेन्नई)

17. टिकला कारकेटरी एस० बी० नगवान कसगोड़ (केरला)	टिकला कारकेटरी एस० बी० नगवान कसगोड़ (केरल)	टिकला कारकोटरी एस० बी० नगवान कसगोड़ (केरला)	टिकला कारकेटरी एस० बी० नगवान कसगोड़ (केरल)	इनमें से कोई नहीं
18. श्रीमती शीला निया निकट कनाट प्लेस नई दिल्ली-110576	श्रीमती शीला निया निकट कनाट प्लेस नई दिल्ली-10576	श्रीमती शीला निया निकट कनाट प्लेस नई दिल्ली-110576	श्रीमती शीला निया निकट कनाट प्लेस नई दिल्ली-110567	श्रीमती शीला निया निकट कनाट प्लेस नई दिल्ली-11057
19. श्री मनोज सुबोध निकट पी० एंड टी० कॉलोनी ब्रेकागंज-196987	श्री मनोज सुबोध निकट पी० एंड टी० कॉलोनी ब्रेकागंज-196987	श्री मनोज सुबोध निकट पी० एंड टी० कॉलोनी ब्रेकागंज-196987	श्री मनोज सुबोध निकट टी० एंड टी० कॉलोनी ब्रेकागज-196987	श्री मनोज सुबोध निकट पी० एण्ड टी० कॉलोनी ब्रेकागंज-196987
20. बिसलन कार्डगो कार्डगो इन्डस्ट्री कारलोस 64/2 सी०	बिसलन कार्डगो कार्डगो इन्डस्ट्री कारलोस 64/2 सी०	बिसलन कार्डगो कार्डगो इण्डस्ट्री कारलोस 64/3 सी०	बिसलन कार्डगो कार्डगो इन्डस्ट्री कारलोश 64/2 सी०	बिसलन कार्डगो काडगो इन्डस्ट्री कारलोस 64/2 सी०
21. लला राज नारायण एस० टी० आर० स्टोर टैलक्स-2395618	लला राज नारायण एस० टी० आर० स्टोर टैलक्स-239561	लला राज नारायण एस० टी० आर० स्टोर टैलक्स-295618	लला राज नारायण एस० टी० आर० स्टोर टैलक्स-2395681	लला राज नारायण एस० टी० आर० स्टोर टैलक्स-239561
22. नारायण भाई एन० एस० मार्ग गराबुरा-72	नारायण भाई एन० एस० मार्ग गसबुरा-72	नारायण भाई एल० एस० मार्ग गसबुरा-72	नारायण भाई एम० एम० मार्ग गसबुरा-72	इनमें से कोई नहीं
23. श्रीमती गायत्री कुमारी क्यू न० 1 सी० आर० 336 राउर केला-769015	श्रीमती गायत्री कुमारी क्यू न० 1 सी० आर० 336 रोर केला-769015	श्रीमती गायत्री कुमारी क्यू न० 4 सी० आर० 336 राउर केला-769015	श्रीमति गायत्री कुमारी क्यू न० 1 सी० आर० 336 राउर केला-769015	इनमें से कोई नहीं
24. एम० एन० टिकराणी टी० एन० ओ० सी० रोड राजमुण्डेरी-64	एम० एन० टिकराणी टी० एन० ओ० सी० रोड राजमुण्डेरी-46	एम० एन० टिकराणी टी० एन० ओ० सी० रोड राजमुण्डरी-64	एम० एन० टिकरानी टी० एन० ओ० सी० रोड राजमुण्डेरी-64	इनमें से कोई नहीं
25. सैनी स्टोर स्टेशन मार्ग नालगुदा-569285	सैनी स्टोर स्टेशन माग नालगुदा-569285	सेनी स्टोर स्टेशन मार्ग नालगुदा-569285	सैनी स्टोर स्टेशन मार्ग नालगूदा-569285	इनमें से कोई नहीं
26. मिलर एच० सी० स्कूल मिलर अपार्टमेंट चेन्नई-329156	मिलर एच० पी० स्कूल मिलर अपार्टमेंट चेन्नई-329156	मिलर एच० बी० स्कूल मिलर अपार्टमेंट चेन्नई-329156	मिलर एच० सी० स्कूल मिलर अपार्टमेंट चेन्नई-329156	मिलर एच० सी० स्कुल मिलर अपार्टमेंट चेन्नई-329156
27. एस० सी० नायक बी० टी० नायक मैगालोर-56156	एस० सी० नायक एस० सी० नायक मैगालोर-56156	एस० पी० नायक एस० सी० नायक मैगालोर-56156	एस० सी० नायक एम० सी० नायक मैगालोर-56156	इनमें से कोई नहीं
28. श्रीमती आई० पी० पठनायक एम० पी० पठनायक पोडकरेठर-692	श्रीमती आई० पी० पठनायक एम० सी० पठनायक पोडकरेठर-692	श्रीमती आई० पी० पठनायक एम० पी० पठनायक पोडकरेठर-692	श्रीमती आई० पी० पठनायक एम० पी० पठनाक पोडकरेठर-692	श्रीमति आई० पी० पठनायक एम० पी० पठनायक पोडकरेठर-692
29. सोनू निगम II फ्लोर मुम्बई 189004	सोनू निगम II फ्लोर मुम्बई 189004	सोनु निगम II फ्लोर मुम्बई 189004	सोनू निगम II फ्लोर मूम्बई 189004	सोनू नीगम II फ्लोर मुम्बई 189004
30. एस० के० निवासियम एस० एन० पी० मार्ग जालपुधा-9 सी०	एस० के० निवासियम एस० एन० एन० मार्ग जालपुधा-9 सी०	एस० के० निवासियम एस० एन० पी० मार्ग जालपूधा-9 सी०	एस० के० निवासिम एस० एन० पी० मार्ग जालपुधा-9 सी०	इनमें से कोई नहीं
31. श्री के० एच० खान गली न० 56/2 ए० रानीगुन्ता-252625	श्री के० एच० खान गली न० 56/2 ए० रानीगुन्ता-252652	श्री के० एच० खान गली न० 56/4 ए० रानीगुन्ता-252625	श्री के० एच० खान गली न० 65/2 ए० रानीगुन्ता-252625	इनमें से कोई नहीं
32. श्रीमती शुक्ला कुमारी एस० एन० सिंह रंगाबुधम-869251	श्रीमती शुक्ला कुमारी एस० एन० सिंह रंगाबुधम-869251	श्रीमती शुक्ला कुमारी एस० एन० सिंह रंगाबुधम-86251	श्रीमती शुक्ला कुमारी एस० एन० सिंह रंगाबुधम-869215	श्रीमती शुक्ला कुमारी एस० एन० सिंह रंगाबुधम-86925
33. एस० आर० सिम्मी ववन अपार्टमेन्ट फोन-0512-8918625	एस० आर० सिम्मी ववन अपार्टमेन्ट फोन-052-8918625	एस० आर० सिम्मी ववन अपार्टमेन्ट फोन-0512-8918652	एस० आर० सिम्मी ववन अपार्टमेन्ट फोन-0512-891862	एस० आर० सिम्मी ववन अपार्टमेन्ट फोन-0512-8918625
34. श्रीमती जीवन एंड क० आई० एस० एफटी० एरिया भोपाल-6192583	श्रीमती जीवन एंड क० आई० एस० एफटी० एरिया भोपाल-6192583	श्रीमती जीवन एंड क० आई० एस० एफटी० ऐरिया भोपाल-6192583	श्रीमती जीवन एंड क० आई० एस० एफटी० ऐरिया भोपाल-6192538	श्रीमती जीवन एंड क० आई० एस० एफटी० ऐरिया भोपाल-6129583
35. टी० के० कुमारपुरा क्यू-न० आईवीजी 1222 गोरखपुर	टी० के० कुमारपुर क्यू-न० आईवीजी 1222 गोरखपुर	टी० के० कुमारपुरा क्यू-न० आईवीजी 1222 गोरखपुर	टी० के० कुमारपुरा क्यू-न० आईवीजी 1222 गोरखपुर	टी० के० कुमारपूरा क्यू-न० आईवीजी 1222 गोरखपुर

उत्तरमाला

1.	(d)	2.	(b)	3.	(a)	4.	(c)	5.	(d)	6.	(a)	7.	(a)	8.	(a)	9.	(d)	10.	(a)
11.	(b)	12.	(a)	13.	(d)	14.	(d)	15.	(d)	16.	(c)	17.	(d)	18.	(b)	19.	(a)	20.	(a)
21.	(a)	22.	(d)	23.	(d)	24.	(d)	25.	(d)	26.	(c)	27.	(d)	28.	(b)	29.	(a)	30.	(d)
31.	(d)	32.	(a)	33.	(d)	34.	(a)	35.	(c)										

अभ्यास प्रश्न 7

निर्देश (प्र.सं. 1-35) *नीचे प्रत्येक प्रश्न में बाईं ओर कुछ नाम, पता, अंक आदि दिए गए हैं तथा दाहिनीं ओर चार विकल्पों में से किसी एक में प्रश्न में दिए गए नाम, पता, अंक आदि की पुनरावृत्ति हुई है। आपको इसी हू-ब-हू पुनरावृत्ति वाले विकल्प को खोजना है।*

		(a)	(b)	(c)	(d)
1.	जोगा राय रायवादी, 178 वासय-400691	जोगा राय रायबादी, 178 वासय-400691	जोगा राय रायवादी, 178 वासय-401691	जोगा राय रायवादी, 178 वासय-400691	जोगा राय रायवादी, 178 बासय-400691
2.	गोपालजी नाटु फैक्स-680963 रगपुरा-41	गोपालजी नाटु फैक्स-680993 रगपुरा-41	गोपालजी नाटु फैक्स-680963 रगपुरा-41	गोपालजी नाटु फैक्स-68093 रगपुरा-41	गोपालजी नाटु फैक्स-680963 रगपुरा-31
3.	अश्विनी महत्तो 11/79 'जीत' घाटकोपुर (ई०)	अश्विनी महतो 11/79 'जीत' घाटकोपुर (ई०)	अश्विनी महत्तो 11/78 'जीत' घाटकोपुर (ई०)	अश्विनी महत्तो 11/79 'जीत' धाटकोपुर (ई०)	अश्विनी महत्तो 11/79 'जीत' घाटकोपुर (ई०)
4.	लाल भाई एस० कदपा बजार भिवानी-4138	लाल भाई एस० कदपा बाजार भिवानी-4128	लाल भाई एस० कदपा बाजार भिवानी-4138	लाल भाई एस० कदपा बजार भिवानी-5138	इनमें से कोई नहीं
5.	पनवारी आर० जी० सातरा-486369 टेली० (212)630	पनवारी आर० जी० सातरा-486369 टेली० (212)630	पनवारी आर० जी० सातरा-486369 टेली (212)630	पनवारी आर० जी० सातरा-486369 टेली० (212)620	पनवारी आर० जी० सातरा-4863369 टेली० (212)630
6.	शीला राजा 13/68 'बी' बिंग गोखले बाग	शीला राजा 13/68 'बी' बिंग गोखले बाग	शीला राज 13/68 'बी' बिंग गोखले बाग	शीला राजा 13/68 'बी' बिग गोखले बाग	शीला राजा 13/68 'बी' बिंग गोखले वाग
7.	के० के० डालमिया 3 फ्लोर, उत्तर विकासपुरी-71	के० के० डालमिया 2 फ्लोर, उत्तर विकासपुरी-71	के० के० डालमिया 3 फ्लोर, उत्तर विकासपुरी-71	के० के० डालमिया 3 फ्लोर, उत्तर विकासपुरी-70	के० के० डालमिया 4 फ्लोर, उत्तर विकासपुरी-71
8.	केशव जयदेव 6 उ जव 9ण30 केरल-409806	केशव जयदेव 6 उ जव 9ण30 केरल-429806	केशव जयदेव 6 द जव 9ण30 केरल-409816	केशव जयदेव 6 उ जव 9ण30 केरल-409806	केशव जयदेव 6 उ जव 930 केरल-409806
9.	इकबाल अली ब्धव एम० के० बूटा फोन-963981	इकबाल अली ब्धव एम० के बूटा फोन-963981	इकवाल अली ब्धव एम० के० बूटा फोन-963981	इकबाल अली ब्धव एम० के० बूटा फोन-9639881	इकबाल अली ब्धव एम० के० बूटा फोन-963981
10.	लक्ष्मी बेन पुना-406889 टेली-786318	लक्ष्मी बेन पुना-406889 टेली-786328	लक्ष्मी बेन पुना-406887 टेली-786318	लक्ष्मी बेन पुना-406889 टेली-786317	इनमें से कोई नहीं
11.	जीवन करन बीमा नगर न.-3-6III/D	जीवन करन वीमा नगर न.-3-6III/D	जीवन करन बीमा नगर न.-3-6III/D	जीवन करन बीमा नगर न-3-6III/D	जीवन करन बीमा नगर न.-3-6II/D
12.	प्रितेश मेन 17/51'जी' कोल्हापुर-31	प्रितेश मेन 17/51'जी' कोलाहपुर-31	प्रितेश मेन 17/31'जी' कोलाहपुर-31	प्रितेश मेन 17/51'जी' कोलाहपुर-30	प्रितेश मेन 17/51'जी' कोल्हापुर-31

		(a)	(b)	(c)	(d)
13.	अमीता मोगे 'सी' 9 फ्लोर नागपुर-478631	अमीता मोगे 'सी' 8 पलोर नागपुर-478631	अमीता मोगे 'सी' 9 फ्लोर नागपुर-47821	अमीता मोगे 'सी' 9 फ्लोर नागपुर-478631	अमीता मोगे 'सी' 7 फ्लोर नागपुर-478631
14.	मोहन बापू टेली-638836 विजया नगर	मोहन बापू टेली-638826 विजया नगर	मोहन बापू टेली-639836 विजया नगर	मोहन बापू टेली-628836 विजया नगर	इनमें से कोई नहीं
15.	सरोज खान गगन वाला थाने-463805	सरोज खान गगन वाला थाने-463805	सरोज खान गगन वाला थाने-462805	सरोज खान गगन वाला थाने-433805	सरोज खान गगन वाला थाने-463815
16.	उमग भावे उमा भवन सनगाली-431693	उमग भावे उमा भवन सनगाली-431593	उमग भावे उमा भवन सनगाली-431692	उमग भावे उमा भवन सनगाली-431693	उमग भावे उमा भवन सनगली-431693
17.	दीपक डी० लाल लालवादी कल्याण-408996	दीपक डी० लाल लालवादी कल्याण-408996	दीपक डी० लाल लालवादी कल्याण-408896	दीपक सी० लाल लालवादी कल्याण-408396	दीपक डी लाल लालवादी कल्याण-408996
18.	डा० एस० काकोडकर दीनार डिपो चैम्बूर-486965	डा० एस काकोडकर दीनार डिपो चैम्बूर-486925	डा० एस० काकोडकर दीनार डिपो चैम्बूर-486765	डा० एस० काकोडकर दीनार डिपो चैम्बूर-4836965	डा० एस० काकोडकर दीनार डिपो चैम्बूर 486965
19.	के० वी० टाडके टाके सेन्टर फैक्स-(22)653619	के० वी० टाड़के टाके सेन्टर फैक्स-(22)653619	के० वी० टाडके टाके सेन्टर फैक्स-(22)6619	के० वी० टाडके टाके सेन्टर फैक्स-(22)6533619	के० वी० टाडके टाके सेन्टर फैक्स-(22)653619
20.	काका बाबू 19/236, बेलचा मैसूरगंज-16	काका बाबू 19/226, बेलचा मैसूरगंज-16	काका बाबू 19/236, बेलचा मैसूरगंज-16	काका बाबू 18/236, बेलचा मैसूरगंज-16	काका बाबू 19/236, बेलचा मैसूरगज-16
21.	अर्जुन राज 195/50 दुर्गा-396381	अर्जुन राज 195/51 दुर्गा-396381	अर्जुन राज 195/50 दुर्गा-396381	अर्जुन राज 195/50 दुर्गा-396281	अर्जुन राज 195/50 दुर्गा-395381
22.	श्रीमती बबिता दा टैगोर रोड (उ०) अन्धेरी-69132	श्रीमती बबिता दा टैगोर रोड (उ) अन्धेरी-69132	श्रीमती बबिता दा टैगोर रोड (उ०) अन्धेरी-69122	श्रीमती बबिता दा टैगोर रोड (उ०) अन्धेरी-69132	श्रीमती बबिता दा टैगोर रोड (उ०) अन्धेरी-69332
23.	साहिल वेस्टरा 3 लेन, 91/14 दादर (पूर्व)	साहिल वेस्टरा 3 लेन, 971/14 दादर (पूर्व)	साहिल वेस्टरा 2 लेन, 91/14 दादर (पूर्व)	साहिल वेस्टरा 3 लेन, 91/24 दादर (पूर्व)	इनमें से कोई नहीं
24.	काले हरीश ब्धव बिलहाउस कनदीवाली-17	काले हरीश ब्धव बिलहाउस कनदीवाली-19	काले हरीश ब्धव बिलहडस कनदीवाली-17	काले हरीश ब्धव बिलहाउस कनदीवाली-18	काले हरीश ब्धव बिलहाउस कनदीवाली-17
25.	विवके रंजन पारले एण्ड कम्पनी टेली० 863683	विवेक रंजन पारले एण्ड कम्पनी टेली० 8636833	विवके रंजन पारले एण्ड कम्पनी टेली० 863693	विवके रंजन पारले एंड कम्पनी टेली० 863682	विवके रंजन पारले एण्ड कम्पनी टेली० 863683
26.	नीना गुप्ता प्प/4 (पाकेट 3) बसंत कुज-61	नीना गुप्ता प्प/4 (पाकेट 2) बसंत कुज-61	नीना गुप्ता प्प/4 (पाकेट 3) बसंत कुंज-61	नीना गुप्ता प्प/4 (पाकेट 3) बसंत कुज-61	नीना गुप्ता प्प/4 (पाकेट 3) बसत कुज-61
27.	दीना पाठक सिनेग्राम-32 पटना-763591	दीना पाठक सिनेगाम-31 पटना-763591	दीना पाठक सिनेग्राम-22 पटना-762591	दीना पाठक सिनेग्राम-32 पटना-763591	दीना पाठक सिनेग्राम-23 पटना-763591
28.	आगेश डी० जी० वंशी मुम्बई-401617	आगेश डी जी० वंशी मुम्बई-401617	आगेश डी० जी० वंशी मुम्बई-401617	आगेश डी० जी० वंशी मुम्बई-401517	आगेश डी० जी० वंशी मुम्बई-401917
29.	शारदा जी० एस० कोलूमल, 4 जालू-400069	शारदा जी० एस० कोलूमल, 4 जालू-400069	शारदा जी० एस० कोलूमल 4 जालू-400069	शारदा जी० एम० कोलुमल, 4 जालू-400069	शारदा जी० एस० कोलूमल, 4 जालू-400169

		(a)	(b)	(c)	(d)
30.	रामाकृष्णन टी० टी० नगर मद्रास-863519	रामाकृष्णन टी० टी० नगर मद्रास-963519	रामाकृष्णन टी० टी० नगर मद्रास-893529	रामाकृष्णन टी० टी० नगर मद्रास-862519	रामाकृष्णन टी० टी० नगर मद्रास-863519
31.	शुल्का राजू 25-सी/819 मीरा रोड-04	शुल्का राजू 25-सी/919 मीरा रोड-04	शुल्का राजू 25-सी/819 मीरा रोउ-04	शुल्का राजू 25-सी/819 मीरा रोड-01	इनमें से कोई नहीं
32.	करम दास बी० ए० (एल० एल० बी०) आगरा-326985	करम दास बी० ए० (एल० एल० बी०) आगरा-326995	करम दास बी० ए० (एल० एल० बी०) आगरा-336995	करम दास बी० ए० (एल० एल० बी०) आगरा-316985	करम दास बी० ए० (एल० एल० बी०) आगरा-326985
33.	जीत सिंह बी-एस, बान्द्रा मुम्बई-400110	जीत सिंह बी-एस, वान्द्रा मुम्बई-400110	जीत सिंह बी-एस, बान्द्रा मुम्बई-420110	जीत सिंह बी-एस, बान्द्रा मुम्बई-400120	जीत सिंह बी-एस, बान्द्रा मुम्बई-400110
34.	परेश रावल 13-8/681 मीरा रोड-04	परेश रावल 13-8/91 मीरा रोड-04	परेश रावल 13-8/681 मीरा रोड-04	परेश रावल 13-8/681 मीरा रोड-06	परेश रावल 12-8/681 मीरा रोड-04
35.	के० एन० सिंह वंशी मुंबई-401617	के० एन० सिंह वंशी मुंबई-401617	के० एन० सिंह वंशी मुबई-401617	के० एन० सिंह वशी मुम्बई-401617	के० एन० सिंह वंशी मुम्बई-402617

उत्तरमाला

1. *(c)*	2. *(b)*	3. *(d)*	4. *(d)*	5. *(a)*	6. *(a)*	7. *(b)*	8. *(c)*	9. *(d)*	10. *(d)*
11. *(b)*	12. *(d)*	13. *(c)*	14. *(d)*	15. *(a)*	16. *(c)*	17. *(a)*	18. *(d)*	19. *(d)*	20. *(b)*
21. *(b)*	22. *(c)*	23. *(d)*	24. *(d)*	25. *(d)*	26. *(c)*	27. *(c)*	28. *(b)*	29. *(a)*	30. *(d)*
31. *(d)*	32. *(d)*	33. *(d)*	34. *(b)*	35. *(a)*					

अभ्यास प्रश्न 8

निर्देश (प्र.सं. 1-35) *नीचे प्रत्येक प्रश्न में बाईं ओर कुछ नाम, पता, अंक आदि दिए गए हैं तथा दाहिनीं ओर चार विकल्पों में से किसी एक में प्रश्न में दिए गए नाम, पता, अंक आदि की पुनरावृत्ति हुई है। आपको इसी हू-ब-हू पुनरावृत्ति वाले विकल्प को खोजना है।*

		(a)	(b)	(c)	(d)
1.	प्रो० प्रशुन पैकल 45-C स्टूटेन्ट रोड वेस्ट बंगाल-92304	प्रो० प्रशुन पैकल 45-C स्टूटेन्ट रोड वेस्ट बंगाल-93204	प्रो० प्रशुन पैकल 45-C स्टूटेन्ट रोड वेस्ट बंगाल-92034	प्रो० प्रशुन पैकल 45-C स्टूटेन्ट रोड वेस्ट बंगाल-92340	इनमें से कोई नहीं
2.	जैको वेल्स जुनियार ISH/321 चर्चगेट मुम्बई-732043	जैको वेल्स जुनियार ISH/31 चर्चगेट मुम्बई-732043	जैको वेल्स जुनियार IIH/321 चर्चगेट मुम्बई-732043	जैको वेल्स जुनियार ISH/321 चर्चगेट मुम्बई-732042	जैको वेल्स जुनियार ISH/321 चर्चगेट मुम्बई-732043
3.	केरल ओ रेमन क्लर्क क्वाटर 85-C रोड	केरल ओ रेमन क्लर्क क्वाटर 58-C रोड	केरल ओ रेमन क्लर्क क्वाटर 57-C रोड	केरल ओ रेमन क्लर्क क्वाटर 85-C रोड	केरल ओ रेमन क्लर्क क्वाटर 85-B रोड
4.	मोहम्मद यशूफ 93/बी, क्यूरेधी नगर पिन-867341	मोहम्मद यशूफ 93/बी, क्यूरेधी नगर पिन-86734	मोहम्मद यशूफ 93/बी, क्यूरेधी नगर पिन-867341	मोहम्मद यशूफ 93/बी, क्यूरेधी नगर पिन-67341	मोहम्मद यशूफ 93/बी, क्यूरेधी नगर पिन-867342
5.	टीगीथाकर मित्रा 38/C-E, मित्रा भवन पिन 867341	टीगीथाकर मित्रा 38/C-E, मित्रा भवन पिन 867341	टीगीथाकर मित्रा 38/C-E, मित्रा भवन पिन 86741	टीगीथाकर मित्रा 38/B-E, मित्रा भवन पिन 867341	टीगीथाकर मित्रा 38/C-E, मित्रा भवन पिन 867342
6.	महात्मा नायर G/18 15, 11 फ्लोर जिला-पश्चिम	महात्मा नायर G/18 15, 11 फ्लोर जिला-पश्चिम	महात्मा नायर G/18 17, 11 फ्लोर जिला-पश्चिम	महात्मा नायर G/18 15, 14 फ्लोर जिला-पश्चिम	महात्मा नायर G/18 15, 12 फ्लोर जिला-पश्चिम
7.	यू० पी० लौर्ड 138/7 सालुंक बिहार पुना-411048	यू० पी० लौर्ड 138/7 सालुंक बिहार पुना-411048	यू० पी० लौर्ड 138/7 सालुंक बिहार पुना-41148	यू० पी० लौर्ड 138/8 सालुंक बिहार पुना-411048	यू० पी० लौर्ड 138/7 सालुंक बिहार पुना-411047
8.	तपन कुमार गाना 834-C, टेलर बिल्डिंग D. A. V. स्कूल लेन	तपन कुमार गाना 34-C, टेलर बिल्डिंग D. A. V. स्कूल लेन	तपन कुमार गाना 834-C, टेलर बिल्डिंग D. A. V. स्कूल लेन	तपन कुमार गाना 434-C, टेलर बिल्डिंग D. A. V. स्कूल लेन	तपन कुमार गाना 834-B, टेलर बिल्डिंग D. A. V. स्कूल लेन
9.	डॉ० कुतल साहा C/o सम्रित चक्रवर्ती 166/5 अशोक नगर	डॉ० कुतल साह C/o सम्रित चक्रवर्ती 165/5 अशोक नगर	डॉ० कुतल साहा C/o सम्रित चक्रवर्ती 166/5 अशोक नगर	डॉ० कुतल साहा C/o सम्रित चक्रवर्ती 66/5 अशोक नगर	डॉ० कुतल साहा C/o सम्रित चक्रवर्ती 166/3 अशोक नगर
10.	ब्रज नदन सिंह ग्राम + प्रो.-सिंघवारा जिला-मधुबनी	ब्रज नदन सिंह ग्राम + प्रो.-सिंघारा जिला-मधुबनी	ब्रज नदन सिंह ग्रा. + पो.-सिंघवारा जिला-मधुबनी	ब्रज नदन सिंह ग्राम + प्रो.-सिंघवारा जिला-मधुबनी	ब्रज नदन सिंह ग्राम + प्रो.-सिंघवाला जिला-मधुबनी
11.	स्वीर्गीय गोरी नन्दन पो.-खंजरपुर जिला-भागलपुर	स्वर्गीय गोरी नन्दन पो.-खंजरपुर जिला-भागलपुरा	स्वीर्गीय गोरी नन्दन पो.-खंजरपुरा जिला-भागलपुर	स्वीर्गीय गोरी नन्दन पो.-खंजारपुर जिला-भागलपुर	स्वीर्गीय गोरी नन्दन पो.-खंजरपुर जिला-भागलपुर
12.	कैल होआर्ड C-10, रोड कमरा न.-934 'ई'	कैल होआर्ड C-01, रोड कमरा न.-934 'ई'	कैल होआर्ड C-12, रोड कमरा न.-934 'ई'	कैल होआर्ड C-10, रोड कमरा न.-935 'ई'	कैल होआर्ड C-10, रोड कमरा न.-934 'ई'
13.	मरसल डी० मोर HPO-डोरांडा रांची-834002	मरसल डी० मोर HPO-डोरांडा रांची-34002	मरसल डी० मोर HPO-डोरांडा रांची-83402	मरसल डी० मोर HPO-डोरांडा रांची-834002	मरसल डी० मोर HPO-डोरांडा रांची-834000
14.	जिन्नी वेलर 53, ग्रांड टंक रोड (N) ईचापुर-32004	जिन्नी वेलर 53, ग्रांड टंक रोड (N) ईचापुर-3204	जिन्नी वेलर 52, ग्रांड ट्रंक रोड (N) ईचापुर-32004	जिन्नी वेलर 53, ग्रांड टंक रोड (N) ईचापुर-32004	जिन्नी वेलर 53, ग्रांड टंक रोड (N) ईचापुर-32000
15.	कैटिन कौसिक C-16 काटजुनगर फोन-720094	कैटिन कौसिक C-16 काटजुनगर फोन-720094	कैटिन कौसिक B-16 काटजुनगर फोन-720094	कैटिन कौसिक C-17 काटजुनगर फोन-720094	कैटिन कौसिक C-16 काटजुनगर फोन-720093
16.	टैली टेकसन 1/A मौनमेंट रोड सेरमपुर-712201	टैली टेकसन 1/A मौनमेंट रोड सेरमपुर-712001	टैली टेकसन 1/B मौनमेंट रोड सेरमपुर-71220	टैली टेकसन 1/A मौनमेंट रोड सेरमपुर-712201	टैली टेकसन 1/A मौनमेंट रोड सेरमपुर-712200
17.	आर्नजनी अंसारी BE-198 साल्ट लोक पिन-977243	आर्नजनी अंसारी BE-198 साल्ट लोक पिन-977243	आर्नजनी अंसारी EB-198 साल्ट लोक पिन-977243	आर्नजनी अंसारी BE-197 साल्ट लोक पिन-977243	आर्नजनी अंसारी BE-198 साल्ट लोक पिन-977244

		(a)	(b)	(c)	(d)
18.	अनादि कुमार वासु फ्लैट नं.-WIB(M) 12 कलकत्ता-9000959	अनादि कुमार वासु फ्लैट नं.-WIB(M) 12 कलकत्ता-900959	अनादि कुमार वासु फ्लैट नं.-WIB(M) 21 कलकत्ता-9000959	अनादि कुमार वासु फ्लैट नं.-WIB(M) 12 कलकत्ता-9000959	अनादि कुमार वासु फ्लैट नं.-WIB(M) 12 कलकत्ता-900095
19.	विशेश्वर दत्त बानीक 16/11, घाट मागही घंराह-68	विशेश्वर दत्त बानीक 16/11, घाट मागही घंराह-67	विशेश्वर दत्त बानीक 16/21, घाट मागही घंराह-68	विशेश्वर दत्त बानीक 16/11, घाट मागही घंराह-68	विशेश्वर दत्त बानीक 16/11, घाट मागही घंराह-86
20.	आईसा चौकरा आशावादी अर्पा. फ्लैट-2E, फोन-2373	आईसा चौकरा आशावादी अर्पा. फ्लैट-2E, फोन-2373	आईसा चौकरा आशावादी अर्पा. फ्लैट-2E, फोन-373	आईसा चौकरा आशावादी अर्पा. फ्लैट-E2, फोन-2373	आईसा चौकरा आशावादी अर्पा. फ्लैट-2E, फोन-2374
21.	चंचाल कु० सरकार 13ऐ, बंसी दत्ता रास्ता बरसात-743201	चंचाल कु० सरकार 13बी, बंसी दत्ता रास्ता बरसात-743210	चंचाल कु० सरकार 13ऐ, बंसी दत्ता रास्ता बरसात-743201	चंचाल कु० सरकार 13ऐ, बंसी दत्ता रास्ता बरसात-74321	चंचाल कु० सरकार 13ऐ, बंसी दत्ता रास्ता बरसात-743202
22.	विश्वजीत बाटीरा 71, जयशोर रोड दक्षा रोड-371	विश्वजीत बाटीरा 71, जयशोर रोड दक्षा रोड-371	विश्वजीत बाटीरा 71, जयशोर रोड दक्षा रोड-373	विश्वजीत बाटीरा 72, जयशोर रोड दक्षा रोड-371	विश्वजीत बाटीरा 71, जयशोर रोड दक्षा रोड-372
23.	प्रोतीभा कुब्दुरा 5/18, काली कुंदू लेन जाकीवारी-711093	प्रोतीभा कुब्दुरा 5/81, काली कुंदू लेन जाकीवारी-711093	प्रोतीभा कुब्दुरा 6/18, काली कुंदू लेन जाकीवारी-711093	प्रोतीभा कुब्दुरा 5/18, काली कुंदू लेन जाकीवारी-71193	प्रोतीभा कुब्दुरा 5/18, काली कुंदू लेन जाकीवारी-711093
24.	मधुलेखा घोष 783/2, ब्लॉक A कमरा न. 93/31	मधुलेखा घोष 783/2, ब्लॉक B कमरा न. 93/31	मधुलेखा घोष 783/2, ब्लॉक A कमरा न. 93/31	मधुलेखा घोष 783/2, ब्लॉक A कमरा न. 93/13	मधुलेखा घोष 783/2, ब्लॉक A कमरा न. 93/32
25.	आर० के० घोष 834-ई, रायबाड़ी पिन-711093	आर० के० घोष 834-ई, रायबाड़ी पिन-711093	आर० के० घोष 834-ई, रायबाड़ी पिन-711039	आर० के० घोष 834-ई, रायबाड़ी पिन-71093	आर० के० घोष 834-ई, रायबाड़ी पिन-711092
26.	दिप्ती के० घोष 13, रविन्द्र नगर डानकुनी-7118334	दिप्ती के० घोष 13, रविन्द्र नगर डानकुनी-7118334	दिप्ती के० घोष 13, रविन्द्र नगर डानकुनी-7118343	दिप्ती के० घोष 12, रविन्द्र नगर डानकुनी-7118334	दिप्ती के० घोष 13, रविन्द्र नगर डानकुनी-711833
27.	मोहसीन खान 14, मोहन शासयिटी 926, जोविन्द पाटिन	मोहसीन खान 1, मोहन शासयिटी 926, जोविन्द पाटिन	मोहसीन खान 41, मोहन शासयिटी 926, जोविन्द पाटिन	मोहसीन खान 15, मोहन शासयिटी 926, जोविन्द पाटिन	मोहसीन खान 14, मोहन शासयिटी 926, जोविन्द पाटिन
28.	गोविन्द्र प्रमाणिक 172/8 अशोक नगर 11, राऊरकेला	गोविन्द्र प्रमाणिक 127/8 अशोक नगर 11, राऊरकेला	गोविन्द्र प्रमाणिक 172/8 अशोक नगर 11, राऊरकेला	गोविन्द्र प्रमाणिक 172/9 अशोक नगर 11, राऊरकेला	गोविन्द्र प्रमाणिक 172/8 अशोक नगर 12, राऊरकेला
29.	अभ्रा वासु रॉय 42, मिडलेटन महल त्रिपुरा-722122	अभ्रा वासु रॉय 24, मिडलेटन महल त्रिपुरा-722122	अभ्रा वासु रॉय 42, मिडलेटन महल त्रिपुरा-22122	अभ्रा वासु रॉय 42, मिडलेटन महल त्रिपुरा-72222	अभ्रा वासु रॉय 42, मिडलेटन महल त्रिपुरा-722122
30.	संदीप बी० साहू 6, एम, जी, मार्केट टेलिफोन-820091	संदीप बी० साहू 6, एम, जी, मार्केट टेलिफोन-820091	संदीप बी० साहू 7, एम, जी, मार्केट टेलिफोन-820091	संदीप बी० साहू 6, एम, जी, मार्केट टेलिफोन-82091	संदीप बी० साहू 6, एम, जी, मार्केट टेलिफोन-820092
31.	एन० माथूरमणी ऐग्लो इंडियन कॉलोनी पिन-287795	एन० माथूरमणी ऐग्लो इंडियन कॉलोनी पिन-287795	एन० माथूरमणी ऐग्लो इंडियन कॉलोनी पिन-287759	एन० माथूरमणी एंग्लो इंडियन कॉलोनी पिन-287795	एन० माथूरमणी ऐग्लो इंडियन कॉलोनी पिन-278795
32.	साबाह-अल-जारीद C/o प्राईमर कोट, 7 गुवाहाटी, 781001	साबाह-अल-जारीद C/o प्राईमर कोट, 7 गुवाहाटी, 78101	साबाह-अल-जारीद C/o प्राईमर कोट, 7 गुवाहाटी, 781001	साबाह-अल-जारीद C/o प्राईमर कोट, 8 गुवाहाटी, 781001	साबाह-अल-जारीद C/o प्राईमर कोट, 7 गुवाहाटी, 781000
33.	पी० दास पाइलट पी० ओ० बॉक्स 1212 सेक्टर-14, चंडीगढ़	पी० दास पाइलट पी० ओ० बॉक्स 1221 सेक्टर-14, चंडीगढ़	पी० दास पाइलट पी० ओ० बॉक्स 1211 सेक्टर-14, चंडीगढ़	पी० दास पाइलट पी० ओ० बॉक्स 1213 सेक्टर-14, चंडीगढ़	इनमें से कोई नहीं
34.	बी० बी० कासलीवाल एच-41, चितरंजन मार्ग जयपुर-302001	बी० बी० कासलीवाल एच-41, चितरंजन मार्ग जयपुर-302002	बी० बी० कासलीवाल एच-14, चितरंजन मार्ग जयपुर-302001	बी० बी० कासलीवाल एच-41, चितरंजन मार्ग जयपुर-302001	बी० बी० कासलीवाल एच-41, चितरंजन मार्ग जयपुर-30201
35.	सानिध्या बौकारा चार्ली रोड-23 असम-785640	सानिध्या बौकारा चार्ली रोड-32 असम-785640	सानिध्या बौकारा चार्ली रोड-23 असम-785604	सानिध्या बौकारा चार्ली रोड-23 असम-785640	सानिध्या बौकारा चार्ली रोड-23 असम-786540

उत्तरमाला

1.	(d)	2.	(d)	3.	(c)	4.	(b)	5.	(a)	6.	(a)	7.	(a)	8.	(b)	9.	(b)	10.	(c)
11.	(d)	12.	(d)	13.	(c)	14.	(c)	15.	(a)	16.	(c)	17.	(a)	18.	(c)	19.	(c)	20.	(a)
21.	(b)	22.	(a)	23.	(d)	24.	(b)	25.	(a)	26.	(a)	27.	(d)	28.	(b)	29.	(d)	30.	(a)
31.	(a)	32.	(b)	33.	(d)	34.	(c)	35.	(c)										

अभ्यास प्रश्न 9

निर्देश (प्र.सं. 1-35) *नीचे दिए गए प्रत्येक प्रश्न में बाईं कॉलम में नाम और पतों का एक युग्म दिया गया है और फिर उसके बाद और चार ऐसे ही युग्म दिए गए हैं जो कि कॉलम* (a), (b), (c) *और* (d) *क्रमांकों से दिखाए गए हैं। आपको यह ज्ञात करना है कि इन चारों में से कौन-सा युग्म पहले वाले प्रश्न कॉलम में दिए गए नाम, पते के युग्म जैसा ही है।*

	(a)	(b)	(c)	(d)
1. कृति ऑटो पाटर्स कैलास दर्शन फोन न. 3860718	कृति ऑटो पाटर्स कैलास दर्शन फोन न. 386718	कृति ऑटो पाटर्स कैलास दर्शन फोन न. 3860781	कृति ऑटो पाटर्स कैलास दर्शन फोन न. 386071	कृति ऑटो पाटर्स कैलास दर्शन फोन न. 3860718
2. राकेश राजे विश्व शांती पुरूस्रामरोड पुने-418814	राकेश राजे विश्व शांती पुरूस्रामरोड पुने-148841	राकेश राजे विश्व शांती पुरूस्रामरोड पुने-418841	राकेश राजे विश्व शांती पुरूस्रामरोड पुने-448814	इनमें से कोई नहीं
3. सन् मेटल्स आदर्श नगर बरेली-400025 फोन-431441	सन् मेटल्स आदर्श नगर बरेली-40025 फोन-431441	सन् मेटल्स आदर्श नगर बरेली-400225 फोन-431441	सन् मेटल्स आदर्श नगर बरेली-420025 फोन-431441	इनमें से कोई नहीं
4. बाके ओ, नोमीक आई० एम० इसटेट ऑफ डब्लू ई हाईवे मीरा-401104	बाके ओ, नोमीक आई० एम० इसटेट ऑफ डब्लू ई हाईवे मीरा-401140	बाके ओ, नोमीक आई० एम० इसटेट ऑफ डब्लू ई हाईवे मीरा-40114	बाके ओ, नोमीक आई० एम० इसटेट ऑफ डब्लू ई हाईवे मीरा-401105	बाके ओ, नोमीक आई० एम० इसटेट ऑफ डब्लू ई हाईवे मीरा-401104
5. पारीख ब्रदर्स 72-74 गिरगधम ट्रीकम हाउस 64	पारीख ब्रदर्स 72-74 गिरगधम ट्रीकम हाऊस 46	पारीख ब्रदर्स 72-75 गिरगधम ट्रीकम हाऊस 64	पारीख ब्रदर्स 72-74 गिरगधम ट्रीकम हाऊस 64	पारीख ब्रदर्स 72-74 गिरगधम ट्रीकम हाऊस 6
6. मि० जूपिटर गुनडेंचम कान्डील रेस्ट टेले-2670345	मि० जूपिटर गुनडेंचम कान्डील रेस्ट टेले-2670435	मि० जूपिटर गुनडेंचम कान्डील रेस्ट टेले-2670354	मि० जूपिटर गुनडेंचम कान्डील रेस्ट टेले-2607345	इनमें से कोई नहीं
7. निरभ इंगलिस 8, सान्ते रोड फोन-4184342	निरभ इंगिलिस 8, सान्ते रोड फोन-4184342	निरभ इंगिलिस 7, सान्ते रोड फोन-4184342	निरभ इंगिलिस 8, सान्ते रोड फोन-4184324	इनमें से कोई नहीं
8. गिना फानेंडस माडोना डी 5/160, एच एस जी थाने-4184342	गिना फानेंडस माडोना डी 5/160, एच एस जी थाने-418342	गिना फानेंडस माडोना डी 5/160, एच एस जी थाने-418442	गिना फानेंडस माडोना डी 5/160, एच एस जी थाने-418432	गिना फानेंडस माडोना डी 5/160, एच एस जी थाने-4184342
9. ट्रेडस एक्सपोर्ट 18 अभिष्कार गितमाला थाने-400602	ट्रेडस एक्सपोर्ट 17 अभिष्कार गितमाला थाने-400602	ट्रेडस एक्सपोर्ट 18 अभिष्कार गितमाला थाने-400612	ट्रेडस एक्सपोर्ट 18 अभिष्कार गितमाला थाने-400502	इनमें से कोई नहीं
10. लाकोजी फुर्न जनजीवन बेलफेयर लिंकिंग रोड	लाकोजी फुर्न जनजीवन वेलफेयर लिंकिंग रोड	लाकोजी फर्न जनजीवन बेलफेयर लिंकिंग रोड	लाकोजी फुर्न जनजीवन बेलफेयर लिंकिंग रोड़	इनमें से कोई नहीं
11. छाया डिजाईन 51ए, एस० पी० मार्ग चिरा बाजार टेले-2014244	छाया डिजाईन 51ए, एस० पी० मार्ग चिरा बाजार टेले-2014144	छाया डिजाईन 51ए, एस० पी० मार्ग चिरा बाजार टेले-2014244	छाया डिजाईन 51ए, एस० पी० मार्ग चिरा बाजार टेले-201424	छाया डिजाईन 51ए, एस० पी० मार्ग चिरा बाजार टेले-2014243

12.	गौरंग प्लास्टिक 6बी, पंडितालया बैंगलौर-2240747	गौरंग प्लास्टिक 6बी, पंडितालया बैंगलौर-2240746	गौरंग प्लास्टिक 6बी, पंडितालया बैंगलौर-2240647	गौरंग प्लास्टिक 6बी, पंडितालया बैंगलौर-2140747	इनमें से कोई नहीं
13.	ऑफरेज इंरनेट 7, यूनिर्वसिटी इसटेट 68, मोहम्मद ओल्ड नई दिल्ली-110017	ऑफरेज इंरनेट 7, यूनिर्वसिटी इसटेट 69, मोहम्मद ओल्ड नई दिल्ली-110017	ऑफरेज इंरनेट 8, यूनिर्वसिटी इसटेट 68, मोहम्मद ओल्ड नई दिल्ली-110017	ऑफरेज इंरनेट 7, यूनिर्वसिटी इसटेट 68, मोहम्मद ओल्ड नई दिल्ली-10018	ऑफरेज इंरनेट 7, यूनिर्वसिटी इसटेट 68, मोहम्मद ओल्ड नई दिल्ली-110017
14.	डफ्फतरी एण्ड सन्स वेलवाड़ी इंडस्ट्री हन्सुर रोड मैसूर-571186	डफ्फतरी एण्ड सन्स वेलवाड़ी इंडस्ट्री हन्सुर रोड मैसूर-571286	डफ्फतरी एण्ड सन्स वेलवाड़ी इंडस्ट्री हन्सुर रोड मैसूर-572186	डफ्फतरी एण्ड सन्स वेलवाड़ी इंडस्ट्री हन्सुर रोड मैसूर-561186	इनमें से कोई नहीं
15.	ओलोपिंक ब्रोड ए-46, नायक नगर एल बी एस रोड सोईन-400822	ओलोपिंक ब्रोड ए-46, नायक नगर एल बी एस रोड सोईन-400822	ओलोपिंक ब्रोड ए-46, नायक नगर एल बी एस रोड सोईन-40822	ओलोपिंक ब्रोड ए-46, नायक नगर एल बी एस रोड सोईन-400281	ओलोपिंक ब्रोड ए-46, नायक नगर एल बी एस रोड सोईन-40082
16.	एम० के० नाने 305, तीसरी मंजिल 361, डी नौरोजी फोर्ट-बल-1	एम० के० नाने 300, तीसरी मंजिल 361, डी नौरोजी फोर्ट-बल-1	एम० के० नाने 305, तीसरी मंजिल 362, डी नौरोजी फोर्ट-बल-1	एम० के० नाने 305, तीसरी मंजिल 361, डी नौरोजी फोर्ट-बल-12	एम० के० नाने 305, तीसरी मंजिल 361, डी नौरोजी फोर्ट-बल-1
17.	हेमका आर्ट 86/99, एक पुल्पा पाली हिल फोन-3061537	हेमका आर्ट 86/99, एक पुल्पा पाली हिल फोन-306137	हेमका आर्ट 86/99, एक पुल्पा पाली हिल फोन-3061573	हेमका आर्ट 86/99, एक पुल्पा पाली हिल फोन-306153	हेमका आर्ट 86/99, एक पुल्पा पाली हिल फोन-3061537
18.	ईन कौंट क्राईसटल ऐबी लखनऊ-53 फैक्स-6262569	ईन कौंट क्राईसटल ऐबी लखनऊ-5 फैक्स-6262569	ईन कौंट क्राईसटल ऐबी लखनऊ-53 फैक्स-6262569	ईन कौंट क्राईसटल ऐबी लखनऊ-54 फैक्स-6262569	ईन कौंट क्राईसटल ऐबी लखनऊ-53 फैक्स-626256
19.	फोरमैक्स पाटे बाकुल बाग जूनियर, बसुन्धरा फैक्स-6118035	फोरमैक्स पाटे बाकुल बाग जूनियर, बसुन्धरा फैक्स-611803	फोरमैक्स पाटे बाकुल बाग जूनियर, बसुन्धरा फैक्स-618035	फोरमैक्स पाटे बाकुल बाग जूनियर, बसुन्धरा फैक्स-6118039	फोरमैक्स पाटे बाकुल बाग जूनियर, बसुन्धरा फैक्स-6118035
20.	एक्सथोर फ्राक्स 704, मेकर कैम्प नरिमन पवान्ट मुम्बई-400021	एक्सथोर फ्राक्स 704, मेकर कैम्प नरिमन पवान्ट मुम्बई-400021	एक्सथोर फ्राक्स 703, मेकर कैम्प नरिमन पवान्ट मुम्बई-400021	एक्सथोर फ्राक्स 704, मेकर कैम्प नरिमन पवान्ट मुम्बई-40012	एक्सथोर फ्राक्स 704, मेकर कैम्प नरिमन पवान्ट मुम्बई-40002
21.	यूनिवर्सिटी इमपैक्स पिरवाई विलर्स 13, सिता फलवाडी टेले-92-3738810	यूनिवर्सिटी इमपैक्स पिरवाई विलर्स 12, सिता फलवाडी टेले-91-3738810	यूनिवर्सिटी इमपैक्स पिरवाई विलर्स 13, सिता फलवाडी टेले-92-3738811	यूनिवर्सिटी इमपैक्स पिरवाई विलर्स 13, सिता फलवाडी टेले-92-3738811	इनमें से कोई नहीं
22.	वैपुर कैम्प 104, विमल अपार्ट नेहरू रोड 14, पापरवाड़ी	वैपुर कैम्प 104, विमल अपार्ट नेहरू रोड 1, पापरवाड़ी	वैपुर कैम्प 14, विमल अपार्ट नेहरू रोड 14, पापरवाड़ी	वैपुर कैम्प 14, विमल अपार्ट नेहरू रोड 15, पापरवाड़ी	वैपुर कैम्प 104, विमल अपार्ट नेहरू रोड 14, पापरवाड़ी
23.	तरुण पटेल फैक्स-352327 932, शिवाजी नगर पुणे-411016	तरूण पटेल फैक्स-352327 92, शिवाजी नगर पुणे-411016	तरुण पटेल फैक्स-252327 932, शिवाजी नगर पुणे-411061	तरुण पटेल फैक्स-352327 932, शिवाजी नगर पुणे-41101	तरुण पटेल फैक्स-352327 932, शिवाजी नगर पुणे-411016
24.	थोसा हरजी 257/59, युसूफ पोस्ट बॉक्स-3209	थोसा हरजी 257/59, युसूफ पोस्ट बॉक्स-3290	थोसा हरजी 257/58, युसूफ पोस्ट बॉक्स-3209	थोसा हरजी 257/59, युसूफ पोस्ट बॉक्स-3209	थोसा हरजी 257/59, युसूफ पोस्ट बॉक्स-3200
25.	जपत ट्रेड 56, मंगल दास छडा भाई 2864445	जपत ट्रेड 56, मंगल दास छडा भाई 2864445	जपत ट्रेड 56, मंगल दास छडा भाई 286445	जपत ट्रेड 56, मंगल दास छडा भाई 2864454	जपत ट्रेड 56, मंगल दास छडा भाई 286444

26.	पी० बी० साह देव-गंगा 22, गुंडावाडी राजकोट-225303	पी० बी० साह देव-गंगा 22, गुंडावाडी राजकोट-22530	पी० बी० साह देव-गंगा 22, गुंडावाडी राजकोट-2253022	पी० बी० साह देव-गंगा 22, गुंडावाडी राजकोट-225301	पी० बी० साह देव-गंगा 22, गुंडावाडी राजकोट-225303
27.	जेड के जीप 116, नारायण 41, बीबीजन स्टोर टेले-4965656	जेड के जीप 116, नारायण 14, बीबीजन स्टोर टेले-4965656	जेड के जीप 116, नारायण 41, बीबीजन स्टोर टेले-496565	जेड के जीप 116, नारायण 41, बीबीजन स्टोर टेले-496566	इनमें से कोई नहीं
28.	यसवंत राम वनस्टार 15/17, वाकल कल्वादेवी-8	यसवंत राम वनस्टार 5/17, वाकल कल्वादेवी-8	यसवंत राम वनस्टार 15/18, वाकल कल्वादेवी-8	यसवंत राम वनस्टार 15/17, वाकल कल्वादेवी-8	यसवंत राम वनस्टार 15/7, वाकल कल्वादेवी-8
29.	वर्ल्ड वाईड टेक मलकानी कैम्प टी टी सी ईन्डस्ट्री फैक्स-7638890	वर्ल्ड वाईड टेक मलकानी कैम्प टी टी सी ईन्डस्ट्री फैक्स-638890	वर्ल्ड वाईड टेक मलकानी कैम्प टी टी सी ईन्डस्ट्री फैक्स-7638809	वर्ल्ड वाईड टेक मलकानी कैम्प टी टी सी ईन्डस्ट्री फैक्स-763889	वर्ल्ड वाईड टेक मलकानी कैम्प टी टी सी ईन्डस्ट्री फैक्स-7638890
30.	क्यूम फेसटेंनिग 186, जेफरवाई एम० आई० डी० सी० वोसरी टेले-390237	क्यूम फेसटेंनिग 186, जेफरवाई एम० आई० डी० सी० वोसरी टेले-39237	क्यूम फेसटेंनिग 186, जेफरवाई एम० आई० डी० सी० वोसरी टेले-390273	क्यूम फेसटेंनिग 186, जेफरवाई एम० आई० डी० सी० वोसरी टेले-39023	क्यूम फेसटेंनिग 186, जेफरवाई एम० आई० डी० सी० वोसरी टेले-390237
31.	दिप जयोति सिल्वार टेते 19-बीटी कम्पाउंड फोन-8638071	दिप जयोति सिल्वार टेते 19-बीटी कम्पाउंड फोन-863871	दिप जयोति सिल्वार टेते 19-बीटी कम्पाउंड फोन-8638070	दिप जयोति सिल्वार टेते 19-बीटी कम्पाउंड फोन-8638071	दिप जयोति सिल्वार टेते 19-बीटी कम्पाउंड फोन-8638072
32.	डी विश्नुदास 80, मिन्ट रोड 40 आर० जिजकर बान्दरा (प)-50	डी विश्नुदास 80, मिन्ट रोड 44 आर० जिजकर बान्दरा (प)-50	डी विश्नुदास 80, मिन्ट रोड 40 आर० जिजकर बान्दरा (प)-50	डी विश्नुदास 80, मिन्ट रोड 40 आर० जिजकर बान्दरा (प)-5	डी विश्नुदास 80, मिन्ट रोड 40 आर० जिजकर बान्दा (प)-59
33.	आस्ट्रा मार्केट निना बिहार, माटुल्या सेटं -9820087556	आस्ट्रा मार्केट निना बिहार, माटुल्या सेटं -982008755	आस्ट्रा मार्केट निना बिहार, माटुल्या सेटं -982008756	आस्ट्रा मार्केट निना बिहार, माटुल्या सेटं -982008556	इनमें से कोई नहीं
34.	नानालाल पांडे 91, सेरिफ डेवीजी टेले-8051595	नानालाल पांडे 91, सेरिफ डेवीजी टेले-805159	नानालाल पांडे 91, सेरिफ डेवीजी टेले-805155	नानालाल पांडे 91, सेरिफ डेवीजी टेले-805195	इनमें से कोई नहीं
35.	के० सी० डियोचेक फौरेन बिल 127 ए-4458 चेम्बर-89	के० सी० डियोचेक फौरेन बिल 127 ए-4458 चेम्बर-89	के० सी० डियोचेक फौरेन बिल 127 ए-4457 चेम्बर-89	के० सी० डियोचेक फौरेन बिल 127 ए-445 चेम्बर-89	के० सी० डियोचेक फौरेन बिल 27 ए-4458 चेम्बर-89

उत्तरमाला

1. (d)	2. (d)	3. (d)	4. (d)	5. (c)	6. (d)	7. (d)	8. (d)	9. (d)	10. (d)
11. (b)	12. (d)	13. (d)	14. (d)	15. (a)	16. (d)	17. (d)	18. (b)	19. (d)	20. (a)
21. (d)	22. (d)	23. (d)	24. (c)	25. (a)	26. (d)	27. (d)	28. (c)	29. (d)	30. (d)
31. (c)	32. (b)	33. (d)	34. (d)	35. (a)					